自由中國

FREE CHINA

合訂本 第十九集

(第二十卷)

中華民國四十八年九月一日出版
社址：臺北市和平東路二段十八巷一號

自由中國合訂本第十九集要目

第二十卷　第一期

第二十卷　第二期

第二十卷　第三期

第二十卷　第四期

第二十卷　第五期

第二十卷　第六期

定價：精裝每冊六十元　平裝每冊五十元

自由中國

FREE CHINA

第二十卷 第一期

四十八年新年特刊

目錄

中華民國四十八年一月一日出版
社址:臺北市和平東路二段十八巷一號

半月大事記

十二月九日（星期二）

聯合國安理會決定再考慮韓、越加入聯合國案，並通過幾內亞入會案。

蘇俄「消息報」宣佈，蘇俄國家安全委員會主席謝洛夫被免職，但並未暗示調任何職。

十二月十日（星期三）

韓、越申請加入聯合國，又遭蘇俄否決；安理會拒絕俄提北韓入會建議。

艾森豪重申西方立場，美、英、法決心維持西柏林和平與自由。

十二月十一日（星期四）

世界人權宣言十周年紀念。

北約組織軍事會議在巴黎開始舉行，討論應付蘇俄的新威脅。

美國正告蘇俄及全世界，「將不爲威脅所嚇阻」而放棄對保護西柏林的權利。

十二月十二日（星期五）

蘇俄「塔斯社」恫嚇西方，如武力維持柏林，將觸發世界大戰。

聯大通過卅七國提案，譴責匈共政權暴行，促蘇俄終止對匈壓制。

俄又以照會遞交北約各國，對西方卽將舉行的巴黎會議作新的恫嚇。

十二月十三日（星期六）

美、英、法三外長在巴黎集議，商討柏林問題對策。

本會計年度開始以來，美對中東七國約旦、黎巴嫩、以色列、伊拉克、伊朗、土耳其、蘇丹撥款達二億一千餘萬元。

聯大通過廿國提案，設立太空研究委員會。

十二月十五日（星期一）

美、英、法三國發表聯合公報，重申西方堅決立場，維持柏林現有地位，拒絕俄片面廢棄在柏林所負之義務，不以東德爲俄代理人而與之交涉。

蘇俄集團表示，若東德與西方作戰，將予東德軍事援助，西方衝破封鎖的任何企圖，均將被視爲對東德的攻擊。

東西十國防止突擊會議中，俄提陸空視察建議，西方國家予以拒絕，認俄建議係政治圈套。

十二月十六日（星期二）

陳毅在北平宣佈，共黨中央委員會業已通過毛澤東所提「全國人民代表大會」勿再考慮選擧其爲中共主席的請求。

北大西洋公約組織開理事會議，斷然拒絕蘇俄通牒，表示西方絕不退出柏林，但決定將東西談判門戶保持開放。

十二月十七日（星期三）

北約各國外長商討加强原子、火箭防禦、對付俄對柏林威脅。

十二月十八日（星期四）

前俄總理布加寧在俄共中央委員會會議中承認：曾支持並爲被罷除要職之克里姆林宮領袖的反黨集團名義上的首領；大罵林可夫、莫洛托夫；要求准他以一個共產黨員的身份活下去。

北約組織理事會發表公報，拒絕俄對柏林威脅，並重申和平解決政治問題之決心。

十二月十九日（星期五）

美國空軍勝利地將一重逾四噸的人造地球衛星射入軌道，已正式命名爲「訊電軌轉行動」。

北約最高統帥諾斯達向俄提出警告，俄如貿然發動攻擊，西方決用核子武器。

十二月二十日（星期六）

美以備忘錄警告蘇俄，西方駐留柏林權利，在法理上勿庸置疑，謂俄若加強壓力使盟國離柏林，將危及俄佔領東德區合法權利。

艾森豪的耶穌聖誕文告自太空廣播世界。對衞星廣播的控制完全成功。

十二月二十一日（星期日）

戴高樂膺選法國第五共和總統。

十二月二十二日（星期一）

美對柏林地位備忘錄，德共悍然拒絕。

艾森豪將向國會提出美國下年度新預算爲七百七十億美元。

十二月二十三日（星期二）

俄最高蘇維埃通過明年預算總額爲一千八百餘億美元。

在光復大陸設計委員會第五次全體會議中蔣總統表示，中國國民黨與政府反對修改憲法。

十二月二十四日（星期三）

艾森豪發表耶誕文告，美國決心致力和平，面對威脅永不退却。

『自由中國』的宗旨

第一、我們要向全國國民宣傳自由與民主的真實價值，並且要督促政府（各級的政府），切實改革政治經濟，努力建立自由民主的社會。

第二、我們要支持並督促政府用種種力量抵抗共產黨鐵幕之下剝奪一切自由的極權政治，不讓他擴張他的勢力範圍。

第三、我們要盡我們的努力，援助淪陷區域的同胞，幫助他們早日恢復自由。

第四、我們的最後目標是要使整個中華民國成爲自由的中國。

社論

(一) 本刊的十年回顧

本刊是在民國三十八年十一月二十日出版創刊號。到今天算是進到十足歲的年度了。我們把這十年來的經過回想一想，酸甜苦辣的味道眞够瞧！這些酸甜苦辣，如果只是屬於我們幾個少數人的體驗，那就值不得浪費篇幅寫什麼回顧。可是，這裏面却反映着關係大家和大家子孫的實際政治。所以我們覺得這類的文字值得寫，也似乎值得大家花點時間來看它。

臺灣的言論自由，近年來有了進步。這句話是胡適先生去年夏天回國時講的，最近他又提到這句話。這句話確有事實根據，不是憑空說的。就以本刊爲例吧，七年前(四十年六月一日)，我們爲着一宗騙人犯罪的金融案件，發表過一篇「政府不可誘民入罪」的社論(第四卷第十一期)。那篇社論嚴格地根據我們當時所確知的事實加以分析、論斷、而結論到：

「我們對於這件事，固不必爲被害人喊寃。被害人這一次雖屬被誘犯罪，但他們當中總有少數人會經擾亂過金融市場的；其餘的人也未免利令智昏，有點咎由自取之處。但我們不得不認爲嚴重的，就是『以信立民』的政治原則，到今天政府中人還有未能嚴格遵守者；相反地，他們竟利用其權勢鬧出以詐使民的花樣來！這種事體的影響，其惡劣和深遠，遠非民間少數投機者擾亂金融所可比擬。現在，這件事已鬧得無可掩飾了，我們爲着愛護政府，爲着政府今後的威信，特在這裏呼籲政府有關當局勇於檢討，勇於認過，勇於把這件事的眞象明白公布出來，並給這次案件的設計者以嚴重的行政處分。這樣才可以表示這次誘民入罪的案件，只是某些不肖官吏做出的，而不是政府的策略。同時我們還要向中央的及省級的監察機關呼籲，請他們澈底調査這次事件的詳細內幕和責任，並督促政府適當處理。『自古皆有死，民無信不立』。爲政者，監政者，以及我們論政者，都應該時時刻刻牢記斯言。」

像這樣一篇態度嚴肅而措辭溫和的文字，在當時竟引起了很大風波。黨(國民黨)、政、軍三方面對我們的壓迫，接二連三地逼來（本社現在還存有這一類的證據照片，詳細的經過，我們不必講了。）以致引起海外輿論界的不平(例如香港工商日報等當時發表的社論)，而胡適先生更從美國寫信回來，叫我們在本刊發表(見第五卷第五期，四十年九月一日出版)，以表示嚴重的抗議。他說：「『自由中國』不能有言論自由，不能用負責態度批評實際政治，這是臺灣政治的最大恥辱。」

我們舉出這件往事，是在說明七年前我們的言論自由是如何地被扼制；也卽說明七年前官方人物的氣度是如何地狹小。像「政府不可誘民入罪」這樣一篇文章，竟被他們認爲「大逆不道」似的來對付！

現在確有了進步。近年來臺灣民營報刊所享有的言論自由比以前多了。就拿本刊來說，批評時政的文字不僅隨着可批評的事象之增多而增多，而且也比以前批評得更直率、更嚴厲、更深入。我們單就這一點來講，而把有關這一點的其他問題(如暗中迫害等)暫不提及，我們也得承認我們確有了相當程度的言論自由。

十年的經驗，使我們確信胡適先生所常說的另一句話：言論自由要靠自己去爭取，不能靠政府送給我們。我們引這句話，絲毫沒有驕傲的意思。我們只覺得，如果在爭取言論自由方面，我們有點貢獻的話，我們得歸功於愛好自由的人士以及海內外衆多的讀者不斷地給我們熱烈的鼓勵與支持。否則我們是站不住的。請試想，四十五年本刊的祝壽專號(第十五卷第九期)發行以後，我們所受到的圍攻，險惡到了什麼程度？有的罵我們是「共匪思想走私」，有的罵我們「爲共匪的統戰工作鋪路」，除了這些罪大惡極的罪名以外，國民黨的黨報竟欺騙讀者，揑造一個故事來公開鼓吹暴動，想製造一次所謂「羣衆義憤」，對本刊採取直接了當的行動，砸毀我們的房子，硬揍我們的主筆。在這樣險惡的風浪當中，如果沒有一股龐大的精神力量支持我們，說不定我們眞會被暴力摧毀掉。那時支持我們的精神力量，是什麼呢？沒有別的，只是海外一致聲援和鼓勵我們的輿論，尤其是本島成千成萬的讀者爭購本刊，使本刊在短短的五個月以內再版到了九次。這一事實，終於懾伏了暴力主義者，使我們得以再接再厲爲爭取言論自由而奮鬥。所以我們說，這些年來如果在爭取言論自由方面，我們有點貢獻的話，我們得歸功於愛好自由的人士以及衆多的讀者給我們精神上的鼓勵、支持。

近年來臺灣的言論自由，看起來是有了若干進步。但這並不是說，凡我民營報刊爭取言論自由的人們，處境也好轉了。先就本刊說，在四十六年八月至四十七年二月間本刊發表一序列「今日的問題」的社論以後，又受到第二度的大圍攻。在這第二度的圍攻中我們又被戴上一項「反攻無望論者」的帽子，接着又有所謂「賣國主義者」「亡國主義者」等等罪名。除這些文字上公開的攻擊、漫罵、搆陷以外，還有或明或暗或重或輕的恫嚇和利誘，經常在本刊主筆們的面前，分別要弄。這些事，我們眞是一言難盡。除本刊經常受到的攻擊誣衊或干擾以外，最近一兩年當中，還有幾件特別顯著的摧殘言論自由的事情發生，如公論報總主筆倪師壇以匪諜嫌疑的罪名被捕(本刊第十七卷第十一期有社論)，

「自治」半月刊橫遭查扣（本刊第十八卷第一期有社論），官方用經濟力量打擊民營報紙（本刊第十九卷第六期及第十一期有社論），以及出版法修正案的提出與通過（本刊第十九卷第一期有社論）。尤其是出版法事件，由於國民黨黨報所表現的狼狽態度和立法院大部份國民黨籍的立委堅持本案只可表決不容辯論這兩件事，充分暴露了執政的國民黨摧殘言論自由、新聞自由到了如何橫蠻而不講理的地步。

再說到本刊的發行，近年來所受到的干擾與防害，不僅未減輕，而且一天加緊一天。有許多機關設立的所謂「安全室」，和國民黨小組，經常給購閱本刊的人麻煩。有些公營事業的販賣部，向來是經銷各種刊物（包括本刊在內）的，近年來因爲國民黨部干涉而拒銷本刊。火車開行時供給旅客閱讀的書報，原來也有本刊的，但從去年九月間起，也因國民黨的干涉再不購置本刊了。

這些事都是在所謂在「言論自由有了進步」的最近一兩年以內發生的！

十年來本刊的言論，可分作三大類來看。

㈠從理論方面闡揚自由民主的眞實價值。在這方面我們嚴格地遵守科學的思想方法，同時也要澄淸流行一時的反科學的各形各色的玄想、迷想、妄想。因此我們對於關係思想的敎育問題，不得不特別關切。遇到以學術的僞裝來掩飾其政治神話的胡說八道，我們不得不「辭而闢之」。本刊第十五卷第七期的社論(一)「論君主的民主」，第十六卷第一期的社論(三)「論原子迷」，就是這一方面的代表作。我們深深地認識到，反共鬪爭，根本是個思想上的鬪爭。國民黨常以數十年反共的歷史自豪，但國民黨人能够眞正從思想上認淸敵我之分的究有幾人？有之，也只是仰屋興歎，而不能影響數十年來國民黨的所謂「反」共意識或「反」共作風。關於這方面的情形，在這裏我們不想多說，我們只想告訴大家，由於我們有上面所說的那個認識，所以本刊特別着意於健全的、純正的反共思想的建立，從而澄淸那些病態的、矛盾的以及來自權力慾的所謂「反」共思想。

㈡對於實際政治的批評並督責其切實改革。關於這類的文字，我們寫得特別多。所惹來的干擾、攻擊、誣衊、搆陷，大都也由於這一類的文字。上面提到的那篇「政府不可誘民入罪」的社論，就是本刊遭受軍事機關壓迫的第一篇文字。壓迫的惡例一開，後來陸續發生的事端也就多了。

這一方面的文字，近年來，我們特別注意於較長期的打算與根本問題的解決，而不斤斤在枝節問題上面作隔靴搔癢式的討論。因此，本刊在四十六年八月至四十七年二月間發表了一序列「今日的問題」的社論共十五篇（後來印行單行本時，另增入有關的社論四篇，共計十九篇。次序與標題，也有點變動）。在那些文章當中，我們幾乎把當前所有的重要問題都一一談到。問題儘管是個別地談，但我們是從一個基本的看法出發的。那就是，我們認定：政府歷年所叫喊的軍事反攻，事實上，這個「蓋然率」（Probability 當時譯作「公算」，曾引起很多人誤解）是很小很小的。所以我們希望政府好好地在「實事求是、持久健進、實質反共」的基本原則上做些反共建國的工作，不要以迷茫之情，狂熱之氣，天天在那裏叫喊馬上可以反攻大陸，因而使一般人形成「暫時忍受」和「暫時遷就」的心理，以致蹉跎歲月，一誤兩誤。因此，我們就接着指出經濟害於財政，財政害於軍事這個癥結，而主張大量裁減常備軍（詳細內容，請看第十七卷第四期的「今日的軍事」），以解開財經方面的結子。現在由於中美聯合公報的發表，我政府已正式宣布不以武力作爲恢復大陸的主要途徑，那末，我們一年以前所提出的主張，該可告無罪於天下了。

其次，我們認定民主政治主要地要靠政黨的制衡作用。我們反對地下組織，我們反對暴力革命，因此我們主張公開地組織反對黨，經由民主政治的常軌，以實現名實相符的民主政治。我們承認胡適先生所說的，有了反對黨不見得就可解決一連串的今日問題，但是我們却深信，如果沒有反對黨在政治上發生制衡作用，則今日一切重要問題，就不會有人去認眞尋求根本解決的辦法。反對黨雖然不是解決問題的充分條件，却是一個必要條件。所以我們在一序列的「今日的問題」當中，以「反對黨問題」一文作一結束。

㈢關於共產黨暴政的研究與報道。在這方面由於力不從心，我們寫的文章不够多。主要原因，就是無法看到大陸方面的資料。八年前我們曾經訂閱香港出版的共匪報紙，後來經治安機關查扣，一直到現在我們不能訂閱匪方報紙。有時爲了要寫一篇關於這方面的文章，就得以私人關係向保有這類資料的朋友借閱，或者請他們寫作。這一類的朋友又大都是國民黨員，他們有時又怕黨部責備他們與「反黨」的刊物合作，而不肯借資料給我們。這就是我們無法多寫關於共黨暴政文章的主要原因。有人說，國民黨是包辦反共。這句話對不對，我們不管它。如果說國民黨包辦匪情研究，則我們可以作證，證明這句話是千眞萬確的。

最後我們要提到的，是我們在處理投者讀書的時候所感覺到的內心難過。這些年來，來自各方面的讀者投書愈來愈多。我們每期刊登出來的還不到十分之一。有些投書所談的事情或涉及的問題，非常嚴重；有的只是說些個人的寃抑乃至小到家庭糾紛的事情，也向我們申訴。因此，我們感覺到讀者對我們的期望太大了。我們不能一一爲他們伸寃，爲他們尋求問題的解決，甚至於不能把他們所說的關係國家前途的嚴重問題公開出來。我們眞感慚愧。

十年的囘想，我們只能扼要地說這些話。從我們這篇文字中，也可反映出十年來的實際政治是在一個怎樣的動向中。言論自由是靠爭取得來的。我們自當牢記這一眞理而努力；最要緊的，我們還要靠衆多的讀者時時刻刻的策勵與支持。

社論

(二)

欣幸中的疑慮

——關於蔣總統反對修憲的聲明

我們非常欣幸，疑雲重重的修憲問題，終於因蔣總統在光復大陸設計委員會第五次全體會議中所作聲明而獲得澄清了。

這是一個大家所關切、爲各方面所紛紛揣度與傳說的重要問題。它已經醞釀了至少有一年以上，却是至今還沒有人敢於正式提出來討論，好像一提出討論，就會觸犯到某種禁忌似的。修憲本來是一件堂堂正正的事，贊成與反對都可以堂堂正正的提出，事實上却是大家對之噤若寒蟬，祇敢在個別場合竊竊私語，不敢在大庭廣衆有所主張。何以致此？這理由是大家都知道的。說穿了就是因爲它牽涉到一年以後蔣總統連任的問題。憲法第四十七條的條文說：「總統、副總統之任期爲六年，連選得連任一次。」到明年五月，蔣總統的第二任任期屆滿，依法不能連任，事實上，一年來修憲的醞釀，就正是準備修改這規定總統任期的第四十七條，以便利蔣總統之再度連任。爲一時權宜而把百年大計的憲法隨意修改，多數關心國家前途的人們，內心始終期期以爲不可。但當前的政治環境與政治空氣，却使大家有所瞻顧而不敢表白內心意見，黨政首要對之亦迄無說明，以致種種矛盾的傳說、紛歧的揣度，不脛而走，使整個問題爲疑雲所籠罩，且在重重疑雲的掩蓋之下，無數勾心鬭角的勾當，正在進行與發展。

因爲多數人不敢輕易表白意見，這就成了一個除蔣總統本人以外，沒有人可以澄清的問題，而且也是沒有人敢於催促蔣總統予以澄清的問題。終於，蔣總統在上月二十三日告知光復大陸設計委員會的全體委員說：

「自去年以來，國民大會有好些代表曾經提出修改憲法的問題，自然這是各位代表的職權，個人不便有所干預，但我可以代表中國國民黨、代表政府來說，我們不僅是沒有修改憲法的意思，並且反對修改憲法。……反共復國的武器，如軍事、政治、經濟、文化等等，莫不皆是，而憲法則尤爲反攻復國的有力的武器，所以我們必須尊重它，而且維護它，才能達到反共復國的目的……」

這一段話，眞使人感覺如同撥雲霧而見天日，我們要在此對蔣總統維護憲法的熱忱，表示最高的敬意。

前列引文，係根據代表政府的中央社消息。在這段引文中沒有直接提到憲法第四十七條與連任第三屆的問題。但無論如何，這是明確的表示了蔣總統已拒絕連任三屆。海外華僑社會與國際間，都是這樣的瞭解。例如二十四日香港工商日報所刊載從臺北發出的泛亞社電訊，就這樣說：「蔣總統今日宣佈，渠之本屆任期於明年五月十九日屆滿時，將不再競選中華民國行憲後之第三任總統。」文字上與中央社所發表者稍有參差，我們尚無法判明蔣總統在當時究竟是怎樣說的，但這應該是無關緊要，因爲兩種說法之實質上的意指，並無不同。海外僑胞與國際間對蔣總統聲明的瞭解是一致的，對他此一賢明決定的讚美，也是一致的。工商日報二十五日的社論說：「……這一段話，說來明朗堅決，殊足使一切愛護中華民國的人，都得到莫大的鼓勵與安慰。」合衆國際社二十三日華府電訊說：「美國政府官員對蔣總統所作於一九六〇年任期屆滿時，將政權移交於一繼承人的決定，表示歡迎，並預料蔣氏的觀點當爲國民大會所支持，大會將否決修憲之議。」在海外人士看來，這已經是無法再有所變更的最後決定了。

祇是，在國內的情形，却似乎稍稍有點不同。蔣總統的聲明，可說已把問題澄清了百分之九十九，却仍然留着最後一分的疑點。我們注意到：㈠在中央社的消息沒有直接提到憲法第四十七條及第三屆總統的問題。㈡對國家元首也是執政黨領袖這樣一個重要宣布，政府與執政黨的報紙沒有發表評論，也沒有轉載海外的讚美之詞。㈢民間報紙對蔣總統的聲明備加讚揚，却也謹慎着避免談及第三任的本題。㈣仍有一部分國大代表主張修憲，主張修憲者且都爲國民黨黨員。㈤各方仍有傳說，認爲蔣總統連任第三屆，可以經由其它方式來達成，如增加臨時條款或由大法官會議對憲法條文另加解釋等都是，不必定要修憲。由此種種，顯得連任問題，並沒有因蔣總統的不修憲聲明而完全成爲過去。

誠然，這祇是一些殘餘的疑雲，但我們認爲，即使祇是一些殘餘，也非常危險。它將成爲蔣總統盛名之累，甚至陷蔣總統於不義。誰都知道蔣總統是國民黨不可爭辯的領袖，黨內意見若有紛歧，莫不以蔣總統一言以爲決。世人甚難相信，偏偏在修憲問題上，國民黨人會違背了他們領袖的意旨而作相反的安排。如果國民黨的修憲論者仍然轉彎抹角的在進行其修憲運動，人們就會懷疑到蔣總統不修憲的表示祇是一種姿態，一種做作，蔣總統雖內心光明磊落，可質諸神明，但亦將百口莫辯，無法取信於天下與後世。再則，如果不經由修憲也居然可以達到連任，那更是成了明明白白的違憲。通達事理的國民黨員，當決不肯陷他們愛戴的領袖於違憲，但事實上却確實有增加臨時條款與大法官解釋之類的說法，我們眞不得不爲之慄慄危懼。

我們知道，一部分主張蔣總統連任第三屆的人士也有他們純良的動機，他們是認爲國事阽危，祇有在蔣總統領導之下可以渡過難關。對這現實的問題，我們也會作過深長的考究。如果暫且撇開憲法不談，專就現實需要來說，蔣總統連任有連任的好處，不連任也有不連任的好處。連任的好處是可以更有把握的維持政局的安定。但是蔣總統究竟已到古稀之年，能及早培養一位繼承人，蔣總統仍以國民黨領袖的地位，予以協助，實更有益於未來政局的安定。單從現實需要來對應否連任的問題作一抉擇，甚爲不易。但就法治立場言，一切權宜之計都是不妥的。現在，蔣總統已斷然表示了維護憲法的決心，何去何從，應該是無可猶豫的了，何不幸而竟仍有一些疑點使人感覺不安。如此，我們希望能更進一步看到最後一分疑點之澄清。

社論

（三）

從毛匪去職事件談共產政權的性格

上月十六日，中共僞外交部長陳毅向駐在北平的各外交代表團宣布；毛澤東曾向中共的中央委員會建議，請下屆的「全國人民大會」，勿再考慮選擧其爲「中華人民共和國」的主席，而中共的中央委員，已於十日的正式會議中，決定把毛匪是項建議通過。關於此項重大的變動，我們在北平正式宣布之前兩三天，即已獲知傳聞，當時我們祇是將信將疑。直至傳聞得到證實，事情是確定了，但環繞此一問題的種種疑團，仍然無法打破。匪方的宣布說毛匪「係爲黨及中國人民着想而作此決定」，究竟如何想法，則語焉不詳。毛匪之準備去職究竟是什麼原因？此是否表示毛匪權力之失墜？此一變動對中共今後的內外政策究竟有些什麼影響？關於這一聯串問題，我們這裏許多所謂專家們雖仍提供了種種看法，但是衆說紛紜，莫衷一是，使我們不知該相信那一個看法才好。但我們無論如何終不相信毛匪準備放棄僞主席之職，眞會出於自願。一個酷嗜權力的獨裁者會不遭逢任何嚴重的困難而輕易放棄權力，那是一件不能想像之事。縱然說，毛匪在去職以後仍可保有黨的領導權力，間接控制政治，但無論如何，總沒有一身兼掌握黨政大權那樣的乾脆而痛快。毛匪之去職，縱然形式上出於自願，亦必有其不得已的隱衷。

在北平宣布毛匪準備去職消息後二日，匪黨又把那同一次的中央會議之另一個關於人民公社的決議公布。此另一決議雖仍堅持人民公社應爲未來共產社會組織的基本單位，但已承認公社運動的推行，已因「缺乏經驗」而在鄉村遭逢阻力，又因「資本主義分子及知識分子對之仍有誤解」，而在城市遭逢更大的阻力，所以決定在大城市暫緩進行，並且預言其最後完成，可能還要等待十五年或甚至二十年以上。差不多與此同時，美國民主黨參議員韓福瑞記述最近訪俄期間赫魯雪夫對他的談話，說是赫魯雪夫根本不贊成中共推行人民公社，並且指爲「反動」。韓福瑞當然不會作無中生有的謊言。由他的報告可見目前東歐及南斯拉夫等國所傳俄國不滿意中共作法之說，也相當正確。我們不是什麼匪情專家，也沒有什麼特殊情報可資依據，但從已知的事實却可作合理的推想。毛匪此次下臺，是爲了人民公社試行失敗而受到內外雙重的壓力；至於內部壓力與外來壓力何者爲主要決定因素，則非我們所能臆斷。毛匪下臺對共匪今後政策的影響，當然是將使人民公社的運動趨於緩和，至少是暫時的緩和，這是匪中央委員的決議案所明白表示了的，用不到再去猜度。我們這裏有許多人，包含駐美大使葉公超氏在內，曾說匪黨今後將更强化人民公社運動，這種輕率判斷現已顯然的無法置信。

對整個經過，我們所能達到的瞭解，祇是這麼一個輪廓：中共推行人民公社，在內沒有獲得高級人員的一致支持，在外沒有獲得俄共的贊同，是一個狂妄而冒險的嘗試，結果是推行不能順利，遭逢人民特別是知識分子的反對，爲緩和一般情緒，乃由毛匪來擔當這個失敗的責任，並決定把公社運動暫時放鬆。截至今日爲止，我們所能知道的，止此而已。

從這樣一個事實經過，我們可以看出中共極權政治的許多弱點，但同時也可看出它的一些强點。其弱點是，那一種瘋狂的教條主義會使他們擔當一種無法完成的工作，而且，祇是出於極少數人或甚至一個人的衝動，就可以毫無準備的進行起來，不顧人們的反對，也來不及愼重考慮種種應該能夠預見的後果，在一股猛勁下躍進，既要澈底，又要迅速。公社運動本來說要五六年才能完成，事實上却在半年的時間內，完成了百分之九九，結果搞得雞飛狗走天怒人怨，倘再進一步，就會使匪黨統治的基礎也發生動搖。像這樣的作風是無時無刻不在替自己製造危機，但這正是共產主義之本質的「教條性」與强烈的「革命性」使然。中共侵佔大陸，祇有短短的十年，在經濟及社會制度方面已經作了這麼許多改變，玩了這麼許多花樣，而每次的經過都要帶來劇烈的震動，招致廣大的不滿，使其政權永遠不會達到眞正的穩定。

但共產黨徒雖慣於「蠻幹」，却未必一定蠻幹「到底」；每當他們發現自己所製造的危機擴大到眞正嚴重程度之時，他們也會停步，甚至也會退轉。他們也懂得在行使高壓政策以後，該用什麼方法來緩和反抗的情緒。他們甚至顯示出頗具「政治責任感」的樣子，當一項政策執行遭逢挫敗，還有人負擔挫敗的責任。如毛匪身爲最高領袖，却可因人民公社事件而受到黨內的批評與責難，並且由此而去職。此說明共產政權爲一種黨的獨裁，似與法西斯政權之個人獨裁多少還有些分別。可能，這正是共產政權强於法西斯政權的處所。由於黨內保潛在的活力，所以它儘管時時冒險衝撞，有仍能有制動機能，而不致走上絕路。它之所以能一次又一次渡過危機，這是一個重要的關鍵。

毛匪曾經說過：共產主義的鬪爭，要在戰略上渺視困難，而在戰術上則重視困難。他這個說法，事實上是師承列寧。列寧主義就是一種教條主義與經驗主義之神奇的混合。我們可以這樣爲它解釋：毛匪這說法，就是要求冒險的戰略與審愼的戰術，也就是目標不變，而方式與進度則不拘。共產主義的目標斷然不容放棄，這是教條主義的，但走近目標的路程則要在行動中摸索，這是經驗主義的。所謂「退一步，進兩步」，所謂「之字路線」(Zigzag line)，都應該從這上面去瞭解。他們對於人民，用的是絞刑吏那種「三收三放」的方法，當絞繩勒索得太緊時，也會放鬆一點，讓人家喘一口氣。人民公社之暫緩進行，也要從這個道理去瞭解。

共產主義時時在爲自己製造危機，這是它的弱點。我們總以爲人民對共產統治的仇恨會一天天累積起來，累積到相當程度就會爆發爲全面反抗而不可收拾。但實際上，它却常常能臨近爆發全面反抗的邊緣而把危機挽救過來。我

（下轉第11頁）

關於言論自由和反共救國會議

——四十七年十二月二十二日在臺北民主潮社講演

胡　適講
楊欣泉記

夏先生、朱先生，各位朋友：今天我的確沒有預備說話；我以爲夏先生頂多邀請一桌客人，七八人或至多十來人。沒有想到夏先生邀了幾十人，而且要我說話。同時我很感謝有這個機會碰到許多朋友。

我是十一月四日來臺北的；到現在已有一個半月。在第一天到臺北時已經是半夜了；當晚住在城裏，到了第二天早上就搬到南港去住。一個半月來，除非承朋友邀請吃飯或說話進城外，差不多沒有進城。我覺得南港那個地方很好；尤其是我的住處。用不着開窗，就可以看到一年四季常青的山。除了白天時常有幾位朋友來看我外，晚上很靜，可以寫點東西。在起初十七天中，居然寫了兩萬字關於佛教禪宗的文章。所以我告訴朋友說，在開始這十七天中，至少已獲得了一點生產。以後又隨時寫一點小東西。剛才夏先生同朱先生要我說話，這一陣子我都沒有機會研究世界局勢或國內政治，恐怕夏先生朱先生是希望我談談政治吧。的確，我現在還沒有學習；等到學習以後再談這個問題罷！

我回來以後，許多朋友把他們的刋物或著作送給我；我自己的書還沒有來，我的書架已經擺滿了兩大架。我有空時就看看這些刋物。我在本年四月間第一次回來時，感覺到自由中國的言論自由比四年以前更進步了。這恐怕都是今天在座的許多同仁和朋友努力所得的一種成果。我以前常說：民主與自由都需要養成一種習慣；就是要養成一種民主自由的習慣。民主潮第八卷第十三期至第十五期載有胡秋原先生一篇文章，標題是「言論自由在中國歷史上」。後來這篇文章印成小冊子，其序文裏引述五十年前嚴又陵(幾道)先生的一句話：「言論自由只是平實的說實話，求眞理，一不爲古人所欺，二不爲權勢所屈而已。」這是在五十年前學術界言論界的老前輩說的話，到今天恐怕還用不着去修改它。言論自由在事實上不過是說眞話，求眞理而已；爲什麼大家聽到言論自由便害怕？這就是因爲沒有養成這個習慣的緣故。諸位先生在這十年來，爲了民主自由，爲了言論自由，繼續不斷的努力，使大家慢慢養成了一種習慣。所以我感覺到言論自由的尺度，好像比四年以前寬得多了。這並不是主持政府的人有意要放寬言論自由的尺度，而是因爲大家看慣了，覺得言論自由不過如此，沒有什麼可怕。說幾句眞話，批評批評，起初雖覺得有點刺耳，但久而久之，大家養成了一種習慣，就不感覺到什麼了。所以我感覺到諸位先生在這幾年來的努力沒有白費。我常說：凡是有意識的努力，永遠不會白費掉的。佛經裏有一句話：「功不唐捐。」就是說，凡是有意識的努力，不會白費。所以我今天感到在座各位先生平平實實的「說眞話，求眞理」，都是「功不唐捐」。

只要大家都能養成這種習慣，對國家只有好處，沒有壞處。譬如民主潮第八卷第二十一期(四十七年十一月一日出版)的社論，討論中美聯合公報。我以爲民主潮那篇社論，立論很公道。中美聯合公報中主要指出兩點：第一、將金門馬祖這兩組羣島，同臺灣澎湖的防衛，連在一起，不能分離；第二、我們收復大陸，要靠實行三民主義，不完全靠武力，要靠自由中國能做的來維繫中華民族的人心。民主潮對於這兩點發表社論說：「等於事實上不能不接受的一個結論。」我覺得這也是說的老實話。在聯合公報發表後，有許多人批評說，現在已不靠武力打回大陸。在海外，如紐約，舊金山等地的僑報輿論，對聯合公報的批評很不好。今天我要報告：在公報發表以後，我有位很要好的朋友蔣廷黻先生(中國駐聯合國首席代表)，在我即將返國時到我寓所來看我，談了半個鐘頭。當時曾提到中美聯合公報。廷黻先生很樂觀。他說：「適之，聯合公報中所說『我們不能依賴武力反攻大陸』這句話，是一個新時代的起點，也是一個新轉變的起點。」他這句話，也許有人覺得太樂觀，就是我自己也覺得這樣。但當我回來後，根據所聽見或看見的，覺得廷黻先生的話，並不是太樂觀的。我們的國家和政府，在這一個重要的場合，很嚴肅的發表這個聯合公報，說了這句話，不是輕易的。聽說在交涉時，很費了二、三天工夫，才發表這個公報。儘管有些人不願意，但竟然能說出這句話來，是不容易的事。所以我在當時覺得蔣廷黻先生太樂觀；但回來以後，在各方面所聽到見到的，覺得大家是在朝這一條路上走。

怎樣會使得人人感覺到聯合公報裏這幾句主要的話是代表一個新的轉變的起點呢？譬如大家都希望軍費不要太重。蔣廷黻先生說：「一個國家拿百分之八十幾的預算來做軍費，是不能持久的。」我們能認清楚這一點，同時認清楚回到大陸去不能完全靠武力，就是新轉變的起點。據說政府的領袖是很誠心的在那裏研究這些問題。我們雖然不一定能接受蔣廷黻先生很樂觀的話，但是我們應該有一種耐心，希望政府朝這一條路上走去。但這不是一件容易的事；必須有一個長時期的計劃。譬如減少軍費，決不是一蹴可幾的事，要慢慢的或先減少到百分之七十幾，然後再減少到百分之六十幾。假定政府能在這方面做個起點，我們應該歡迎他鼓勵他。民主潮那篇社論的態度，我覺得很好。能够不說激烈的話，不說專爲大家拍手叫好的話，而是承認聯合公報裏我們所謂讓步的話是事實上不能不接受的。現在公報中既然說了這句「不能完全依靠武力」的話，我們希望他照這句話所含的意義去做，朝這個方向走去。

所謂「不能完全依靠武力」；記得六年前(四十一年十一月三十日)在三軍球場演講了一個多鐘頭，講題是「國際形勢與中國前途」。但我從來沒有說過靠我們這點武力可以打回大陸；我總覺得中國的前途是靠整個國際情勢。國際情勢到了相當有利的時候，我們光復大陸一定成功。那時我估計國際情勢一定會變；到現在已六年了。雖然我的預言沒有說得很準，但在大體上這個方向是對的。我們決不能靠我們這一點點武力要想打回大陸去。這幾年來，我也始終沒有敢說這句話。

其次，關於反共救國會議問題，曾有許多人問我。召開反共救國會議，是大家在這幾年來最關心的一個問題。但我對此一問題沒有發表意見。的確，我始終沒有發表過意見。大概在幾個星期前，偶然地和一二位朋友談起。我說，「我從來不希望有一個幾千人的反共救國會議，也不希望有一個七八百人的反共救國會議。」我曾參加過幾千人的制憲國民大會，也參加過幾千人的行憲國民大會。我覺得人數太多的會議，是不能解決實際問題的。也許人家要駡我；但我說的確是老實話。我對這個問題，雖然沒有仔細想過，不過我總覺得凡是對國家問題關心的人，都值得去想想這一件事情，就是：

美國歷史上的一個重要的會議，就是一七八七年在費城開了四個月的憲法會議。這是一段可貴的歷史，一個值得大家稱道的故事。今天我帶了一點材料；現在想藉這個機會，專門講一講關於費城憲法會議的故事。

一七七五年，美國爲獨立而戰；打了六年仗，到一七八一年得到勝利。那時獨立革命雖然勝利，但建國還沒有成功。那時十三個殖民地變成十三個邦，每邦都有他特殊的歷史。各邦對於它的獨立自主看得很重，都不肯放棄它的獨立自主權。那時雖然已有個大陸議會，算是全國性的議會；但這個議會沒有權訂立租稅的辦法，也沒有權決定組織一個政府的辦法。沒有一個獨立的司法制度；沒有一個統一的立法制度；也沒有一個有權的行政機構。因此戰爭雖然結束，獲得獨立，但建國沒有成功。那時有個基本法叫做「邦聯條欵」(Articles of the Confederation)，是以「邦」爲主體，中央政府無權無力。因此打了六年仗，無論財政問題，司法問題，通商問題都無法解決。這一邦的貨物過境到那一邦，那一邦就要收稅；邦與邦之間的經濟問題，通商問題，都無法解決。同時，在戰時發行的鈔票，一文不值。華盛頓曾說：「我要拿一車子的鈔票，才能換來一車子麥子。」那時美國所發行的鈔票，其貶值的程度，簡直是駭人聽聞。有個理髮店竟用鈔票來糊牆壁，因爲這樣比買花紙來糊更爲便宜。

現在再回過頭來說這個費城會議的起因。先是在某兩邦之間有一條河；兩邦主張各推代表來討論這條河的使用問題。後來覺得這樣還不够，還是多請幾邦派代表來談一談吧。於是兩邦代表發出通知，請十三邦都派代表於一七八六年於阿那普列斯 (Annapolis) 開會，來討論各種問題，如何糾正邦聯條欵的缺點，談談邦與邦之間的通商問題，或者更進一步的談談十三邦的共同問題。集會期到了，十三邦只來了兩邦，無法討論。在散會前，又決定再發通知給各邦，要求各邦於明年(一七八七)五月十四日派代表在費城開會，談談十三邦共同的問題。到了那天，仍舊只有兩邦出席，一是賓夕弗尼亞邦，一是佛吉尼亞邦。但這兩邦代表沒有散。從五月十四日一直等到五月二十五日，才一共到了七邦的代表，總算够法定人數，遂擧行會議。在五月二十五日，正式推擧華盛頓當主席，並推傑克遜爲書記。當時由佛吉尼亞代表團提出一個佛吉尼亞方案，要求直接談全國的問題，要求組織一個全國性的政府，有個全國性的立法院，有個全國性的司法組織(自最高法院到各級法院)，有個全國性的有權力的行政機關。五月三十日全會決議作爲「全體委員會」，來討論佛吉尼亞方案。這個會從五月十四日開到九月十七日才閉幕。經過了四個多月，十三邦代表始終沒有到齊，只到了十二邦。最小的洛特埃倫邦 (Rhode Island) 始終沒有參加。十二邦的代表人數最多時不過五十五人，而在最初開會時只有七個邦的代表而已。四個月費城會議結果，制定了憲法，出席四十二人中，有三十九人簽名在憲法上，然後再將憲法送給大陸會議。這個憲法第七條規定：「本憲法須經九邦批准，才能生效。」

參加費城會議的代表，有許多是了不起的。其中有華盛頓，有年齡最高的八十一歲的富蘭克林(Benjamin Franklin)，最小的是廿六歲紐澤西邦的臺登(Dayton)。在前後到會的五十五位代表中，有二十九人是受過大學教育的，半數以上是律師，有幾位大學教授，有幾位醫生，此外也有商人和農人。這些代表都是各該州的知名之士，個性都很强；但他們都有一種民主自由的習慣，希望彼此能够有瞭解調和的觀念，所以在五月廿九日那天曾有個議決案，就是在會議中的言論完全不公開，紀錄不發表。在開會時，雖然推了傑克遜擔任書記，但後來發現他的紀錄很簡單。所以這四個月的會議——歷史上一個重要的會議——可說是沒有紀錄。幸而代表中有位麥廸遜 (Madison)，他每天有日記，而且寫得很完備。等到以後麥廸遜連任兩屆總統下臺死了以後四年（一八四〇年，離一七八七年的費城會議五十三年），他的紀錄才發表。就是說費城會議中的發言紀錄，一直守了五十三年的秘密。說起來大家也許不會相信。中間還有一段很有趣的故事。自五月廿九日決議紀錄對外不公開以後，大家都盡量設法不使秘密外洩。八十一歲的佛蘭克林，是費城人。這位老頭子喜歡在下午和朋友喝杯酒；大家深恐老頭子多喝了點酒以後，會無意洩露會議中的發言，於是就推了幾位年輕代表去陪他，實際上是監視他，不使他洩漏會議的言論。

我曾經對外發表意見：我希望擧行一個人數較少的，幾十人的會議，沒有新聞記者，關起門來談談。這個意見引起臺灣和香港報紙批評我，認爲反共救國會議關起門來開是不行的。我說的故事是十八世紀的故事；現在是二十世紀了。大家認爲我這個主張，是最不民主不自由的。更說胡適之是反對言論自由，反對新聞自由。但我總以爲美國這一段歷史值得我們研究、考慮。爲什麼一個負歐美兩洲重望的老頭子在下午跑到酒店去喝酒，得派小伙子去監視他？為什麼這樣一件大事，一直要等到五十三年之後，才將紀錄發表出來？我想這不是完全沒有道理的。那時大邦佛吉尼亞提出來的方案，主張要一個中央政府，同時主張國會採兩院制，兩院都要平等；上下兩院議員的產生都要以人口為比例。而這個強有力的中央政府行政部門的一個人有權駁回立法機構(國會)所通過的議決案。此外，要有一個統一的司法制度，從最高法院到各級法院；要有一個健全完整的財政制度，聯邦政府可以有權向全國收稅。但這個大邦的提案，遭到若干小邦的反對。當時代表小邦的紐澤西州也提出一個方案，主張在國會裏各邦一律平等，每個邦有一票；不用這樣「强」的中央政府，主張仍維持從前「邦聯」的政府。中央政府行政部不要一人制，要有幾個委員的會議制。總統沒有權否決立法部門的提案。因此當時會場裏有兩種主張：一個代表大邦，一個代表小邦。大邦主張中央集權，小邦主張地方分權。後來，康涅狄克州 (Connecticut) 又提出了一個比較折衷調和的第三案：就是衆議院照人口為比例，但參議院則每州一樣，起初是每州一票，後來增為每州兩票。總算這個問題獲得了根本的解決。這三個提案，各由三個州提出，但不寫上任何一個人的名字。因為這些問題太大了！這是國家生死存亡的問題。雖然打了勝仗，獲得獨立，但建國尚未成功，十三邦彼此不合作，貨物過境要抽稅，理髮店甚至用政府發行的鈔票來糊牆壁，國家的危機依然存在。所以我想：他們為什麼要守秘密？為什麼發言不公開？為什麼這樣重要的會議紀錄，要過了五十三年才發表？我認為：第一個理由，為的是要會議裏的人人說話是和會場裏的同人商量，討論國家當前的大問題，不是向會場外的大衆說漂亮話，說激烈話，發自己的牢騷，或出自己的風頭，博羣衆的喝采。第二個理由，為的是要人人的主張不但可以自由發表，還要取得充分自由的討論，然後以個人的自由意志，情願調和，情願接受別人的修改；因為沒有新聞記者在場，說話不發表出去，一個人接受別人的批評指正，並不丟面子。如果讓外面的人都知道了，某人所說的是什麼，他就不免要堅持了，不肯輕易調和修改了。第三個理由，為的是要使人人得充分自由發表自己的主張之後，可以從容討論求得一個大家可以共同接受的解決國家當前大問題的方案。換句話說，這些美國開國的大政治家在開始時，就下了決心，要求得一個可以代表全體意志的共同方案。這真可以說是「大公無我」；因為在紀錄上沒有「我」，在報紙上也沒有「我」。沒有我才可以大公。如果紀錄都在報紙上發表了，就變成了「我的」主張；不免要武斷，要固執，要堅持，怕人家說我不是大丈夫；因此，我的主張就非堅持到底不可。所以一定要「無我」才能「大公」。我用十八世紀大哲學家盧騷說的話，他們是要求一個可以代表「general will」(公意)的方案。費城會議所以要秘密，就是基於上述三個理由。我並沒有一定的主張；我從不敢說某種方式是我們必須採取的會議方式；但我覺得像費城會議這種方式，是值得我們想想和研究考慮的。

憲法制成後，照第七章規定，須經十三邦中的九邦批准，聯邦憲法始可算成立。憲法於九月十七日通過最後定本；九月廿八日，大陸議會(Continental Congress) 決議將憲法送交各邦議會。於是贊成和反對憲法的議論大起。漢彌爾登 (Hamilton) 麥迪遜 (Madison) 翟約翰 (John Jay) 等主張批准這部憲法，主張維持强有力的中央政府。他們在紐約報紙上用 Publius 的筆名，發表了七十七篇文章。當然各州反對聯邦政府的也紛紛發表文章。這七十七篇文章，後來又加上八篇共為八十五篇，印成兩冊，就是所謂「聯邦論者」(The Federalist)。在八十五篇文章中，漢彌爾登寫了五十一篇，麥迪遜寫了廿九篇，翟約翰寫了五篇。他們替憲法辯護，希望各州批准；表示這不是他們個人的主張，而是十三州代表費了四個多月的工夫討論後提出來的一個替國家解決問題的方案。到第二年(一七八八年)七月二日，大陸議會議長宣佈憲法已有九邦批准；七月九日，大陸議會籌備委員會報告籌備改組政府的細目。一七八九年一月七日，選舉第一任總統華盛頓先生；三月四日，新憲法下的國會開始集會。

這段故事，到現在已有一百七十多年了，我覺得這個故事值得我們想想。我不贊成開一千多人或八九百人的反共救國會議。我們不是想藉這個會議來產生一個反對黨，或在這個會議裏罵罵人。我們聲明在先，假定我們考慮不要新聞記者，等於大家彼此互相發一個咒，在會場裏的說話，不完全是你的意見，也不完全是我的意見，而是完全為國家當前幾個大問題，謀求解決之道。我向同人請教，我願意接受同人的批評指正，絕不是出風頭，發牢騷。我想如能以這樣的態度來討論國家的若干大問題，也許多少有點裨益。至於事後發表消息或公報，我當然是贊成的。

我在上面所說的這一番話，實在是「雷門布鼓」。請各位原諒。

(上接第8頁)

們不能不承認這是它的强點。我們並不是說共產黨徒之暫時退轉就可以贏得民心，人民對於共產統治仍然是仇恨的，但他們卻能審慎的做到使仇恨不致發展為普遍的揭竿而起；祇要不是普遍的揭竿而起，他們就可以維持統治於不墜。

我們要消滅共產主義。我們知道自由世界絕大多數人都想要消滅共產主義。但我們實不免擔憂，多數人所設想的消滅共產主義的方式，大概不會如願以償。有些人等待共產世界內部的抗暴革命，但由於共產黨徒戰術的審慎，他們常是能夠臨近革命邊緣而止步。有些人期待共產統治會自己改變得較為合理，但由於共產主義戰略之冒險，等到變得稍稍合理時，它還是要向不變的目標挺進。俄國的流亡政治家克倫斯基早就說過：「不經由外來的力量，就幾乎沒有方法可以把共產主義消滅。」截止今日為止，似乎鐵幕內的一次一次的變化，都證明了克倫斯基的先見。

中國思想名著

先秦漢魏南北朝之部　共一六四種八一一八卷

楊家駱主編

儒家十六九種三百四十三卷——〔一〕荀子集解廿卷考證二卷唐楊倞注清王先謙集解〔二〕荀子約注卅二篇附荀子傳徵一卷荀子行歷繫年表一卷梁叔任撰〔三〕新語三卷漢陸賈撰〔四〕賈子新書十卷附錄一卷漢賈誼撰明程榮校〔五〕春秋繁露注十七卷漢董仲舒撰清凌曙注〔六〕鹽鐵論十二卷考證一卷漢桓寬撰清張敦仁考證〔七〕鹽鐵論要釋六十篇楊樹達撰〔八〕新序十卷漢劉向撰〔九〕說苑廿卷漢劉向撰〔十〕法言義疏廿卷汪榮寶撰〔十一〕潛夫論箋卅六卷漢王符撰清汪繼培箋〔十二〕申鑒注五卷漢荀悅撰明黃省曾注〔十三〕中論二卷漢徐幹撰〔十四〕顏氏家訓二十卷考證一卷北齊顏之推撰宋沈揆考證〔一五——六九〕儒家佚書輯本五十五種（漆雕子宓子景子世子魏文侯書李克書公孫尼子內業讕言甯子王孫子李氏春秋董子徐子魯連子虞氏春秋平原君書劉敬書至言河間獻王書兒寬書公孫宏書終軍書吾邱壽王書正部仲長子昌言魏子周生子要論王子正論去伐論杜氏體論王氏新書周子顧子新語典語通語譙子法訓袁子正論袁子正書孫氏成敗志古今通論蔡氏化清經夏侯子新論太元經華氏新論梅氏新論志林新書廣林釋滯通疑干子顧子讀書記嚴助書厲學）六十九卷清馬國翰輯

道家二十三種一百五十一卷——〔七〇〕老子注二卷晉王弼注附釋文二卷唐陸德明撰老子新考述略二卷楊家駱撰〔七一〕老子本義五卷清魏源撰〔七二〕莊子集釋三十三卷晉郭象注唐陸德明釋文唐成玄英疏清郭慶藩集釋〔七三〕莊子集解八卷清王先謙撰〔七四〕列子注八卷晉張湛撰〔七五〕抱朴子內篇二十卷外篇五十卷內篇校勘記一卷外篇校勘記一卷附抱朴子養生論一卷大丹問答一卷晉葛洪撰清孫星衍校正〔七六——九二〕道家佚書輯本十七種（伊尹書辛甲書公子牟子田子老萊子黔婁子鄭長者書任子道論洞極眞經唐子蘇子陸子杜氏幽求新書孫子苻子少子夷夏論）十七卷清馬國翰輯

陰陽家二種二卷——〔九三——九四〕陰陽家佚書輯本二種（宋司星子韋書鄒子）二卷清馬國翰輯

法家十一種六十三卷——〔九五〕管子校正二十四卷唐尹知章注清戴望校正〔九六〕商君書解詁五卷附錄三卷朱師轍撰〔九七〕愼子一卷逸文一卷清錢熙祚校〔九八〕韓非子集解二十卷附考證一卷佚文一卷清王先愼撰〔九九——一〇五〕法家佚書輯本七種（申子鼂氏新書崔氏政論劉氏政論阮子政論世要論陳子要言）七卷清馬國翰輯

名家六種十五卷——〔一〇六〕鄧析子校詮二卷附錄一卷王啓湘撰〔一〇七〕尹文子校詮二卷附錄一卷王啓湘撰〔一〇八〕公孫龍子校詮三卷附錄一卷王啓湘撰〔一〇九〕人物志注三卷魏劉劭撰西涼劉昞注〔一一〇——一一一〕名家佚書輯本二種（惠子士緯）二卷清馬國翰輯

墨家八種三十七卷——〔一一二〕墨經校詮四卷卷首一卷高亨撰〔一一三〕定本墨子閒詁十五卷目錄一卷附錄一卷後語二卷清孫詒讓撰〔一一四〕晏子春秋校注八卷張純一校注〔一一五——一一九〕墨家佚書輯本五種（史佚書田俅子隋巢子胡非子纏子）五卷清馬國翰輯

縱橫家八種十卷——〔一二〇〕鬼谷子三卷梁陶弘景注清盧文弨等校〔一二一——一二七〕縱橫家佚書輯本七種（蘇子闕子蒯子鄒陽書主父偃書嚴安書徐樂書）七卷清馬國翰輯

雜家二十五種一百二十卷——〔一二八〕尸子二卷存疑一卷清汪繼培輯〔一二九〕呂氏春秋集釋二十六卷附考證一卷許維遹撰佚文輯校一卷蔣維喬等輯校〔一三〇〕淮南子注二十一卷漢高誘注〔一三一〕論衡集解三十卷附錄一卷後記一卷漢王充撰劉盼遂集解〔一三二〕劉子新論十卷北齊劉晝撰唐袁孝政注〔一三三〕金樓子六卷梁元帝撰清謝章鋌校〔一三四——一五二〕雜家佚書輯本十九種（由余書博物記伏侯古今注蔣子萬機論篤論鄒子諸葛子默記裴氏新言新義秦子析言論時務論廣志陸氏要覽古今善言文釋要雅俗說）二十卷清馬國翰輯

農家十種二十二卷——〔一五三〕齊民要術十卷後魏賈思勰撰〔一五四——一六二〕農家佚書輯本九種（神農書野老書范子計然養魚經尹都尉書氾勝之書蔡癸書養羊法家政法）十二卷清馬國翰輯

諸子平議二種五十五卷——〔一六三〕諸子平議三十五卷清俞樾撰〔一六四〕諸子平議補錄二十卷清俞樾撰李天根輯

精裝本每部十二册定價一一六七元
平裝本每部四十八册定價一〇〇二元
平裝本每種單購價格見本局書目

世界書局股份有限公司印行
劃撥郵儲五八四三號
臺北市重慶南路一段九十九號

閒談政治

薩孟武

一　合理與合法

許多政治家往往不能認識合理與合法之有區別。固然合法的未必就是合理；而合理的未必就是合法，更是常見的事。政治家須於合法之中，求出合理的辦法；不宜只知合理，而置合法於不顧。合理與否，本來沒有客觀的標準，常由各人之主觀的見解而不同。甲說我的主張合理，乙也說我的主張合理，到底那一個主張合理，在古代專制國，是看那一方武力强；在今日民主國，是看那一方贊成人多，所以民主政治——多數決政治是因實際的必要，用以解決糾紛，使武力鬭爭不至發生。

多數人認爲合理的，在民主國，可由法定機關，依法定程序，制定爲法律。所以合法由多數人看來，往往就是合理。固然多數人的見解未必就是眞正的合理。但政治乃是「管理衆人的事」，衆人的事是目前的生活問題，不是永恒的眞理問題，而人類又有利己之心，其判斷政治問題，每以自己利害爲標準，所以多數人認爲合理者，往往有利於多數人，這比之獨裁政治由一人判斷政治問題，而只有利於一人者，當然合理多了。

固然有人以爲世上有先知先覺、後知後覺、不知不覺三種人物。政治問題若由先知先覺判斷，依先知先覺的見解，制定法律，則合法與合理可以一致。但是誰是先知先覺，又由誰判斷呢？阿斗不會選擇孔明，他所愛好的乃是宦官的黃浩。所以四萬萬人民果是阿斗，絕對不會依直接民權之法，選出孔明。我說我是先知先覺，他也說他是先知先覺，到底那一方是先知先覺，最後只有訴諸武力。故凡主張賢人政治的往往不惜贊成武力革命，孟子就是一例。

由此可知政治上最重要的是合法，捨合法而不談，專談合理，結果必增加政治糾紛，所謂「不間斷的革命」就由此發生。

二　主觀與客觀

許多政論家常犯一種誤謬：他們先有一個主觀的觀念，依其主觀的觀念，杜撰客觀的局勢，再依自己所杜撰的客觀局勢，以證明自己的主觀觀念之正確。討論國際問題，是用這種方法，討論經濟問題，也用這種方法，甚至報告任何問題，都用這種方法。觀其推論甚似無語不通，而察其所根據的資料，則知資料既係杜撰，結論自與事實不符。這種邏輯可以稱爲：「大膽假設，大膽僞證。」

這種論法在學問上固然是不攻自破，而用以說明現實問題，每可混淆視聽，而表現爲處處都是樂觀，處處都是進步的結論。蒙蔽世人，其過尙少，若令全國上下由此結論，失掉警惕之心，其罪實大。古人云：「知己知彼，百戰百勝」，不知自己之短，不識敵人之長，平時有自大之意，戰時有輕敵之心，這是兵家所忌。蘇俄放出人造衛星之後，美國學界大聲疾呼，以爲美國科學比蘇俄落後五年。我曾告訴學生，美國自謂落後，必不落後，縱令落後，而既有警惕之心，半年之內，必能「迎頭趕上去」。天下最可怕的莫如諱病不言，又依主觀的願望，杜撰樂觀的病態，復依自己所杜撰的樂觀病態，證明自己願望之必實現。

這種心理何以發生？一方有懈怠之心，同時有自慰之意，懈怠與自慰互相結合，那就不肯依客觀的局勢，努力革新，求主觀觀念之實現，而只能依主觀的觀念，描寫客觀的奇蹟。久假不歸，遂誤認奇蹟爲事實。

三　權限與權利

國家機關只有權限。權限與權力不同，權力沒有一定的內容與範圍，權限的內容與範圍則規定於法律之上。例如考試院所得考試的限於「公務人員任用資格」，「專門職業及技術人員執業資格」（憲法第八十六條）。權限又與權利不同，權利可以拋棄，權限必須行使，例如公務員懲戒委員會有審議懲戒案件之權（公務員懲戒法第五條），監察院既然依法提出彈劾案了，懲戒委員會必須審議，不得束之高閣。

今日秉權的人往往不知權限與權利之有區別。一方，有利於己，往往濫用權限。在法治國，平民濫用權利，而致侵害別人，尙須負責。官吏濫用權限，依憲法第二十四條規定，除受懲戒處分之外，尙須負刑事責任及民事責任，而受害人還得向國家請求賠償。他方，他們若有顧忌，又往往拋棄權限，不肯行使。權限固然是一種受了法律限制的權力，同時又是受了法律强制的義務。拋棄權限便是廢弛義務，這不但違反公務員服務法（第一條），倘若因此釀成災害，尙須受刑法上的制裁（刑法第一百三十條）。

一般人士只注意權限之濫用，而不注意權限之不行使。濫用權限，積極的可以引起禍國殃民的災害；拋棄權限，消極的可以阻碍國計民生的發展。這種現象，在下級公務員尙不多覯，最常有的還是上級公務員。他們不敢行使權限，或因人事關係，或受壓力挾制，要之，都是患得患失之心太重。悠悠風塵皆奔競之士，列官千百無謇諤之風，一則請示，二亦請示，有權處理亦請示，事機危急亦請示，官吏既幸於決定在朝，不憂於罪累，中樞又以爲大權由己，不究事情。所謂「層層負責」遂有其名，而無其實。

四　法令的統一

在同一期間，各種法令必須保持統一，不得自相矛盾。法令自相矛盾，不但喪失效用，而人民不知所從，又可使政府的威信因之失掉。法令能夠施行，在於政府之有威信。所謂威信，不是說，用威以行信；而是說，立信以樹威，即威是以信爲基礎。要使政府有威信，必須各種法令保持統一，而有一貫的精神。舉一例說，法律禁止人民買賣黃金美鈔，而留學生出國，又須用黃金美鈔結滙。試問這種黃金美鈔從何而來？私人之間既不許買，又不許賣，而國家與私人之間乃竟許賣而不許買。理由何在，吾人實難了解。恐臺幣之跌價，故乃設法貯藏黃金美鈔麼？發行臺幣的對於臺幣既無信心，何能維持臺幣的信用。貨幣乃各人身上所共有，而又爲各人每日所使用。人民對於外交也許漠不關心，而對於貨幣則甚敏感。這是事實，政治家不能抹殺事實，而須抓住事實，講求利用之法。「五銖當復」乃人心思漢的原因，也是光武成功的基本理由。關於臺幣與金鈔的關係，一方禁止買賣，他方又強迫出國學生拿出金鈔，小小的事竟然這樣矛盾，何能令人心服。

此外如一方限制肉價，他們對於電燈煙酒糖鹽又不惜加價以售。據報紙說，公共汽車火車明春又將加價。此種矛盾作風，縱令吾人諒解，認爲財政困難，然而一般人民的觀念必不如是。他們將謂「取之於人，唯恐其少，與之於人，唯恐其多」。政治是「管理衆人的事」，不是「賤買貴賣」的商業行爲。貪一時之小利，忘立國之本，此豈識微者之所爲。

×　×　×　×

總之，我們所希望於政府的：

①注意事實，依事實定下政策，無憑主觀揑造事實。

②決定政策之時，務須求其合法，萬不得已而有牴觸現行法令之時，亦須依「後法推翻前法」的方法，提出法案，由立法機關議決爲法律。

③負責當局必須認識自己所有的是法律上的權限，既不是不受限制的權力，也不是可以拋棄的權利。權限必須行使，在下者不得將責任歸之於上，在上者不得隨便干涉在下者行使權限。

④各種矛盾的法令必須留其一而修改其他。法令矛盾，惡吏必夤緣爲奸，對於國家，毫無好處。

四七、一一、一五。

論議會議員的言論不負責權

劉慶瑞

一

言論自由從個人立場言，是個人之精神文化活動的基礎，從國家社會的立場言，是民主政治的關鍵，所以可以說是民主國家人民的最根本的權利。但人民的言論自由並非絕對的權利，如有人濫用此項自由以妨害他人名譽或擾亂社會治安，自應負法律責任，而受法院的制裁。只議會議員爲民意代表機關，負表達民意之重責，並司監督政府之職務，故其職責所在，勢必對政府之行政及司法的各種措施加以澈底的批評，其言論有時難免過於激烈或有妨害他人名譽之嫌疑，但此時如對其言論加以限制或制裁，則又恐議會議員因此而多所顧忌，不敢盡其言責，結果扼殺民主政治的生機。因此，各國憲法大率特別保障議會議員的言論自由，卽議員在議院內所爲之言論及表決，對院外不負責任。議員的此種特權，稱爲議員之言論自由權或言論不負責權 (Parlamentarisches Immunität)。議員的言論不負責權，亦與議會制度一樣，淵源於英國，而隨着近代立憲主義的發展，漸爲各國憲法所採用。玆就其沿革、發展、及內容說明於下。

二

英國議會議員的言論不負責權，是英國議會經過約三百年間對國王及法院鬪爭的結果，於一六八九年的權利章典 (Bill of Rights) 始見確立。一三九七年 (Richard II 治世) 下議院議員 Haxey 因向下議院提出減少王室經費的議案，而觸怒國王，竟依叛逆罪被判處死刑。幸虧事後由於大主教 Arundel 的從中說情，罪減一等，倖免一死。二年後國王 Richard II 崩，其子 Henry IV 卽位。Haxey 乃向國王提出請願，謂該項判決有侵犯議會特權，而請求撤銷該項判決。國王採納 Haxey 的請願，經上議院同意之後，撤銷該判決，並應下議院的要求，宣告該判決爲完全無效。一五一二年，在 Henry VIII 之治世，又再發生一件有關議員言論不負責權之案件。有一下議院議員，名爲 Strode 者，因在下議院提出管理 Cornwall 錫鑛之議案（按此議案似與王室利益有關），被國王控告於 Stannary 法院，而被科以罰金與監禁之處分。然下議院於聞悉 Strode 被判有罪之後，立卽通過決議，宣稱凡對議員提出之議案、發言、辯論、或有關議會事項之宣言，採取司法追訴，均屬完全無效(註一)。

由上可知英國議會早在十四世紀就開始對國王力爭議員的言論不負責權，但議會的此項努力在 Tudor 王朝時代（一四八五—一六〇三）却受到甚大的挫折。蓋在此時，英國產生絕對王政的局面，使議會不能不屈居於王權之下，而歷代國王皆甚欲限制議員之言論自由及其討論事項。當時英國國王對議員言論自由的看法，可從一五九三年 Elizabeth 女皇給下議院的文告中窺悉其一斑。在這文告中，國王說：議員雖享有言論自由之權利，但此項權利並非認爲議員可以言所欲言，僅謂議員在議院內表決時，得自由表示贊成 (aye) 或反對 (no) 而已(註二)。因此，在此時，議員常因在議院內所爲之提案、言論，而受刑事處分。

到了 Stuart 王朝（一六〇三—一六八八），James I 由蘇格蘭入主英國，主張王權神授說，而欲獨攬大權，他方議會的權力也漸次增加，而堅持議會的優越，互不相下，遂發生了議會與國王的衝突。關於議員的言論不負責權，國王與議會亦各有不同之見解，而不免有理論上的爭執。國王以爲議員在議會之中雖應享有言論自由，但言論自由之權利不得對抗國王之大權，議員所能行使的自由乃僅限於表決國王所提出的預算案、法律案，或應國王之要求，對某項政策表示意見而已。他方議會反對這個主張，以爲議員的言論自由乃是英國之古來習慣所承認的議會特權，國王不得隨便予以限制。因此，在 Stuart 王朝的初期，議會常常向國王提出請願，甚至提出抗議，要求國王不應藉口王權而侵犯議員的言論自由。例如下議院在一六一〇年的請願書中謂：議會得自由討論有關人民之一切事項，乃是議會自古以來被承認而不容置疑的權利；此種討論的自由一經取消，議會之自由本身亦將隨之而消逝(註三)。又如下議院在一六二一年向國王 James I 提出的抗議書 (Protestation) 中謂：「議會之自由乃是英國人民自古以來享受而不容置疑的天賦權利。議會所可適當討論的範圍，包括有關國王、國家及國防的緊急事項、教會問題、立法、以及在國內日常發生之惡政的救濟等事項。議會議員當處理此等職務時，應有言論之自由，以便提議、討論並得到結論。議會議員不得因其對於與議會職務有關的事項，發表言詞、辯論、主張，而受追訴、監禁、或其他脅迫」(註四)。及至十七世紀中葉，議會議員因在院內之言論而受處罰的事例漸次減少。一六二九年下議院議員 Eliot, Hollis, Valentin 等人因其在議院內所爲之煽動性言論，受王座法庭 (Court of the King's Bench) 的有罪判決一案，算是最後的案件，嗣後不再發生類似案件。對 Eliot 等人的上述有罪判決，後來在 Charles II 的治世（一六六〇—一六八五）中，亦由上議院將其撤銷。其所持理由爲：議員在議院內之發言，只能由議會本身審判，不應由王座法庭審判(註五)。

由上可知在一六八八年光榮革命以前，議員之言論自由已有相當的進展。

光榮革命以後，議會遂乘此機會，於一六八九年的權利章典（Bill of Rights）中，明文規定議會經過三百年的奮鬪所獲得的寶貴權利。其第九條謂：「議會內之言論自由、討論、或議事，不應在議會外之任何法院或場所，受追訴或審問」(That the freedom of speech and debates or proceedings in parliament ought not to be impeached or questioned in any court or place out of parliament)。自此以後，在英國，議員因其在議院內所爲言論而受司法追訴之事，已完全絕跡，但至十八世紀中葉，仍時常發生議員因其在議院內所作的發言，而由政府免其在政府內的兼職。其最明顯而且最後的例子，可舉出一七六四年的 General Conway 案件。General Conway 因其在議院內反對 George Grenville 內閣的政策，而竟被免宮內官及武官的職位，但在這事件以後，這種免兼職的方法，亦視爲有違憲法，而竟被廢止。到這時期，英國議會議員的言論不負責權可以說完全確立(註六)。

至於英國議員之言論不負責權的範圍如何，依其法律及法院之判例，可扼要說明如左：

一、議員不但關於其在議院內所爲之言論，享受不負責權，就是關於以院令公布或出版之議事記錄中的言詞，亦無須負責。關於這個問題，英國於一八三九年發生一件「Stockdale v. Hansard 的案件。其內容是議會令一出版商 Hansard 出版議事記錄，而在此議事記錄中有誹謗原告 Stockdale 的言詞，於是原告乃控訴出版商以誹謗罪。后座法庭 (Court of Queen's Bench) 審判此案，而依普通法的原則判決：議事記錄如有誹謗之言詞，縱係以院令出版，亦不得免除其法律責任。此判決果然引起議會與法院的爭執，議會竟於一八四〇年通過議會記錄法案 (Parliamentry Papers Act) 而規定凡以院令出版之議事記錄，縱有誹謗言詞，亦不得對之採取任何民事或刑事控訴。後來這個法律再擴大其保護的範圍，凡私人報紙對議事的忠實 (bona fide) 報導，即使非出於議會之授權，亦得享受言論不負責權。

二、議員在議院內所爲之言論，雖無須負責，但議員若將其在院內發表之言論，在院外公開發表，則不論其係用口頭，或用書面，均不能享受不負責權，如有妨害他人之名譽，則須受法律之制裁。例如在一八一三年下議院議員 Creevy 因將其在議院內發表之言詞記錄送交報紙出版，而又因其中有損害他人名譽，竟被處以誹謗罪是(註七)。

三、議員在議院內之言論，雖對院外不負責任，但須受國會紀律之限制，即議員發言，不得對國王有所不敬，亦不得侮辱或攻擊議會、議長、或其他議員，否則得依情節之輕重，分別由議院科以譴責、拘禁、禁止出席、或開除之處分(註八)。

以上略述英國議會議員之言論不負責權如何確立，以及其內容。在這經過中，有兩點值得令人深思三省：第一、議員之此項特權並非天賦的權利，亦非恩賜的特權，乃是英國議會爭取自由之三百年奮鬪歷史的產物，故英國人民及議員均能知其價值而珍視之。第二、英國議會每遇議員之此項自由被侵害，則必起而力爭，且其所以力爭並非因斤斤計較議員個人或議會全體之特權，乃因鑒於議會所負職責之重大而挺身以赴之。蓋英人深知民主政治的發展有賴於議會制度之健全運用，而議會制度之健全運用，又須依存於議員能盡其職責之故也。

(註一) W.R. Anson, The Law and Custom of the Constitution, 5th ed., 1922, Vol. I, pp. 166-167.

(註二) Speech of the Lord Keeper on the Privileges of the Commons (1593), in C. Stephenson and F. G. Marcham (ed.), Sources of English Constitutional History 1937, pp. 372-373.

(註三) Petition of the House of Commons, 23 May, 1610, in G. W. Prothero, Seclect Statutes and other Constitutional Documents, 4th ed., 1913, pp. 296-298.

(註四) Protestation of the House of Commons, 18 Dec., 1621, in Prothers, Ibid., pp. 313-314.

(註五) W.R. Anson, Ibid., p. 168.

(註六) W.R. Anson, Ibid., pp. 169-170.

(註七) W.R. Anson, Ibid., pp. 174-176.

(註八) W.R. Anson, Ibid., p. 170; G. F. M. Campion, An Indroduction to the Procedure of the House of Commons, 1929, p. 43, 172.

三

美國繼承英國的傳統，在殖民地時代，其殖民地議會議員就有言論不負責任的特權。一七八七年的美國憲法亦採納這個原則，於第一條第六項第一欵規定：「國會議員不得因其在議院內所爲之言論或討論 (Speech or Debate)，在議院外受審問」。據美國最高法院在一八八一年 Kilbourn v. Thompson 一案中的解釋，憲法所保障的議員言論不負責的範圍，並不止於議員在院內所爲之言論 (Speech) 和討論 (Debate)，亦可包括議員所爲之投票 (Voting)，書面報告 (Written reports) 及其他一切與執行國會職務有關之行爲。在這案件中，最高法院說：「憲法所以保障議員的特權，並非爲議員的私益着想，乃是爲了使人民的代表能執行其職務而不受民事或刑事追訴的威脅，以間接保護人民的權利。因此，吾人以爲憲法的此項規定，不應嚴格解釋，而應寬大解釋。吾人欲解釋該項規定得保障議員以議員資格且爲執行職務所作之一切言論或行爲不受任何追訴。吾人以爲議員特權不能限於議院內，有時吾人應承認議員在議會牆圍之外，亦得享受此項特權」(註九)。對議員言論不負責權的這種寬大解釋，亦爲後來美國聯邦法院所沿用。例如在一九三〇年 Cochran v. Couzens

一案中，法院認爲議員在議院內的演講辭中，縱有與議員職務無關而損害他人名譽之言詞，也不得追求其誹謗責任(註一〇)。至於「議院內」的範圍如何，據Ogg教授所說，乃包括議院全院會議、委員會、及其他國會的機關。在這範圍內，議員得享受不負責權，但如果議員將其在議院內的言論，向外發表或出版，則不能享受特權(註一一)。又議員的言論雖對外不負責任，但如有越軌之處，當可由議院本身予以制止發言、譴責、或開除之處分。例如一九五四年十二月二日，上議院認爲議員 J.R. McCarthy 攻擊上議院和上議院「特權及選擧小組委員會」(Subcommittee on Priviledges and Elections)的言詞，有失議員之風度，及損上議院之尊嚴，而以六七票對二二票通過譴責案，以譴責之(註一二)。

英美國家所確立的議員言論不負責權，隨着近代立憲主義的發展，傳至歐洲大陸國家。法國大革命之後，於一七九一年制定的第一部憲法就明文規定議員的此項特權。自此而後，革命不已，政體時常變更，但迄至今日第五共和，此項特權常爲法國憲法所承認。例如一八七五年七月十六日的公權關係法第一三條規定：「國會議員執行職權所作之言論及表決，不受追訴或審問」；又一九四六年第四共和憲法第二一條及一九五八年第五共和憲法第二六條均同樣規定：「國會議員執行職權所作之言論及表決，不受追索、搜查、逮捕、拘留或審判」。據法國學者的解釋，議員不負責的範圍，不但包括議員在議院內所發表的言論，亦及於依議院命令出版的議事記錄和公開會議之議事的忠實報導。又所謂「執行職權」(l'exercice de ses fonctions)的意義，在廣義上，不但指在全院會議中的活動，亦包括在秘書處及委員會中的活動，且可及於對外的職權行使。不過，議員在公共會議、行政會議、或省區議會所發表的言論，則不能享受此項特權。惟在習慣上國會議員在省議會或區議會的發言，常視爲無須負責(註一三)。

德國在十八世紀間，尚未有積極的保障議員的言論自由。及至十九世紀，受法國的影響，各邦憲法始採用此項保障。惟其保障內容不甚完全，或規定對私人的誹謗不能享有不負責特權，或規定對議員之言論，如經議會同意即可追訴。到了一八七一年，德國始採用無條件的保障方式，其帝國憲法第三〇條規定：「帝國議會議員所作之表決及其職務執行上所爲之意見表示，無論何時，均不受司法上或懲戒上之追訴，亦不得在議院外追究其責任」。一九一九年的威瑪憲法第三六條也採用相同規定。據德國學者的解釋，議員之言論自由的特權，一見似乎是屬於議員的特權，其實這種特權只能視爲議會特權的反射權利，所以議員不能隨意放棄。言論自由權的內容包括表決及職務執行上的意思表示。所謂意思表示 (Äusserung) 有兩種意義，即不但指發言，亦指不發言在內。關於這個問題，德國在一八九四年發生一件有名的事件。是年，國會議員 Liebknecht 在國會內當大家起立唱呼皇帝萬歲時沒有起立。檢察署則以不敬罪之罪嫌，要求國會引渡其人。是時國會主張憲法所保障的意思表示之自由乃包括意思不表示之自由在內，而拒絕引渡。議員的上述行爲，無論何時，在議院外均不負任何責任(註一四)。一九四九年西德憲法第四六條的規定，大率與舊帝國憲法第三〇條及威瑪憲法第三六條相同，惟西德憲法另設一個例外，即規定議員之言論不負責權，對誹謗罪不能適用。此項例外規定，使西德憲法對議員特權的保障，比過去憲法都趨消極。德國的歷次憲法還有一個規定，與議員之言論不負責權有關，即憲法保障議事報告的無責任是。詳言之，關於議會本會議及委員會之公開議事的忠實報告 (Wahrhertstreue Berichte)，任何人均無須負責。此項保障，舊帝國憲法第二二條、威瑪憲法第三〇條、及西德憲法第四二條，均有之。

日本新憲法第五一條規定：「國會兩院議員在議院內所作之演說、討論或表決，對院外不負責任」。據日本學者的解釋，所謂「在議院內所作行爲」，乃指議員在行使職務上所作行爲之意，並非指議會場所的神聖之意，所以議員在議會場所外只開委員會或協議會時，也得享受其特權，反之，私人交談縱在議會場所內爲之，也不得享受此特權。又關於議員將其在議院內所作的言論對外公開發表或刊行時，究竟應否負責，日本舊憲法第五二條有明文規定須負法律責任。新憲法視此原則爲自明之理，故削除之。(註一五)

以上略述美法德日等國家對議員之言論不負責權如何加以保障。除上述國家而外，各國憲法大率有相似規定，其保障之方式可分爲下述三種：㊀保障議員在其任期中得享受不負責權。此種保障最爲澈底，但爲數不多，阿根廷一九四九年憲法第六一條即爲此例。㊁保障議員在議院內得享受不負責權，例如緬甸一九四七年憲法第六八條、韓國一九四八年憲法第五〇條、諾威一八一四年憲法第六六條、菲律賓一九三五年憲法第六條第一五項、及土耳其一九四五年憲法第一七條等是。㊂保障議員在執行職務上得享受不負責權，例如比利時一八三一年憲法第四四條、巴西一九四六年憲法第四四條、希臘一九一一年憲法第六二條、墨西哥一九一七年憲法第六一條、巴拿馬一九四六年憲法第一一三條等是。綜觀各國憲法規定，其內容與美法德日等國大同小異，故茲不再贅。

四

(註九) Kilbourn v. Thompson, 103 U.S. 168 (1881).
(註一〇) Cochran v. Couzens, 42 F (2d) 783; 282 U. S. 874 (1930).
(註一一) W. H. Young, Ogg and Ray's Introducton to American Government, 11th ed., 1956, p. 237.
(註一二) C. O. Johnson, American Government, 2nd ed., 1956, pp. 291-292.
(註一三) M. Prélot, Précis De Droit constitutionnel, 3me ed., 1955, pp.362-363.
(註一四) J. Hatschek, Deutsches und Preussisches Statsrechts, 1922, I, ss. 448-453.
(註一五) 法學協會編：「註解日本國憲法」下卷 (昭和三十一年)，第八〇三—八一一頁。

關於議員之言論不負責權，吾國憲法及法規有如下的保障。憲法第三二條規定：「國民大會代表在會議時所爲之言論及表決，對會外不負責任」。憲法第七三條規定：「立法委員在院內所爲之言論及表決，對院外不負責任」。憲法第一〇一條規定：「監察委員在院內所爲之言論及表決，對院外不負責任」。又臺灣省臨時省議會組織規程第二〇條規定：「臨時省議會議員在開會時所爲之言論及表決，對外不負責任」。再者，臺灣省各縣市議會組織規程第一八條亦規定：「縣市議會議員在會議時所爲之言論及表決，對外不負責任」。由此可知吾國各級民意代表機關—國民大會代表、立法委員、監察委員、臨時省議會議員、及縣市議會議員—的言論不負責權，均受法令的周密保障。至於此等保障規定的意義如何，如參照各國之制度和實例，依筆者之見，似可作如下的註解。

一、言論不負責的場所

議員言論不負責的場所，在國民大會代表、臨時省議會議員及縣市議會議員，爲「在會議（或開會）時」；而在立法委員及監察委員，則爲「在院內」。「在會議時」，意義較爲具體而明顯，當可解釋爲在議會擧行會議之時，不問其爲大會，或爲委員會。至於「在院內」，則意義較爲含糊，可能有三種解釋。第一說以爲「在院內」乃指在議院建築物之內之意，故凡在議院牆圍內之發言，均無須負責，不問其與執行職務有關與否。第二說以爲「在院內」仍指在院內爲執行職務所作行爲之意，故縱在議院建築物內，如其發言與職務無關，則須負責。第三說以爲「在院內」乃指在執行職務之意，故不問其發言是在議院建築物之內與否，凡與執行職務有關，則無須負責。筆者以爲第三說較爲合理。蓋憲法所以保障議員之言論不負責權，乃在於排除外界之威脅與干涉，使議員能盡其職責，而無所顧忌，故其言論不負責的場所界限應以該行爲與執行職務有無關係而定，不宜拘泥於議院建築物之內外。因此，第一說似失於廣泛，第二說又似過於嚴格。在第三說前提下，吾人可演繹三個原則出來：㈠議員在院內所作之言論，凡與執行職務有關者，當然無須負責，例如議員在大會或委員會中的發言是。㈡議員執行職務若須在議院建築物外爲之者，其爲執行職務上所爲之言論，縱非在議院內爲之，亦宜享受不負責權，例如監察委員爲調查案件，對被調查人員就指定地點所爲之詢問是（參照監察法第二六條）。㈢議員的言論縱在議院建築物內爲之，但如與執行職務無關，則不能享受不負責權，例如議員在議院內走廊或休息室內所爲的私人交談是。

二、言論不負責的內容

吾國憲法及法規關於不負責的內容，均規定爲「言論及表決」。所謂「言論及表決」，似可解釋包括提案、提案之說明、質疑、應答、討論、異議或動議之提出、表決、質詢（口頭或書面），及詢問等。

三、言論不負責的對象

所謂「對外不負責任」，是謂議員所爲之言論及表決，不負法律上責任，即不受刑事上或民事上追訴之意。例如議員在院內所爲之言論，縱有誹謗他人之處，不問其誹謗的對象爲政府官員或爲私人，均不得處以妨害名譽罪或請求損害賠償。關於這一點，吾國憲法既沒有像西德憲法那樣的例外規定，按各國之實例，宜應如斯解釋，惟在吾國，原選擧單位選擧人得罷免其所選出的國民大會代表、立法委員、監察委員、省縣市議會議員，故上述「對外不負責任」，只能解釋爲司法上不負責任，不能解釋爲政治上亦不負責任。又議員只能對外不負責任，對內仍須受議院規則的限制，故其發言有越軌之處，議院本身自得加以制裁。例如立法委員之發言超出議題範圍之外，或涉及私人問題者，主席得警告或制止，並得禁止其發言，其情節重大者，得付懲戒是（參照立法院組織法第一六條、立法院議事規則第八六條）。再者，議員關於議院公報的議事錄之內容，亦無須負責。惟議員如將其在議院內所作之言論，對外發表或刋行，則應負責，如有誹謗之嫌疑，自可追求其法律責任。此於吾國法令無據，然依各國法制，似可如斯解釋。

總之，議員之言論不負責權乃是近代民主政治的運用上所不可缺少的寳貴權利。惟此項特權的完善運用，尙須賴兩個因素的配合。一爲議會的自尊和自律。所謂「自尊」是：議會不應視此權利爲議員個人之私權，應視爲議會本身的權利，所以如議員的此項權利若受非法的侵害，議會不應採取隔岸觀火的旁觀態度。英國議會爭取此項特權的歷史誠可作爲吾人借鏡。所謂「自律」是：議會應自律其議員，以免議員的言詞有所越軌而損害他人名譽或毁損議會之尊嚴。二爲與論的批評與鼓勵。在民主國家，人民爲最高權力機關，而與論乃是人民表示意見之最有力工具。故與論應對議會的活動加以經常的監督，凡議會應據理爭取者，鼓勵其爭取，凡議員的言論有濫用自由特權者，予以公正的批評。如斯議會議員才能善用其珍貴的特權，而不至於濫用。

臺灣森林增產的重要性及其途徑

胡舒寒

一 前言

森林增產者，乃期林地在同一時間、同一空間，生長較原先更多和更佳的林木，俾爲人類提供最大之福利。

理論上，森林增產亦如糧食增產。糧食增產講求耕作面積的增加，森林增產亦不忽視將無林之荒地轉變爲有林之立木地；糧食增產講求單位面積產量的增加，而森林增產亦要求增加單位面積的林木蓄積；糧食增產重視育種、選種、培育，而森林增產亦不離棄此類原則；糧食增產之目的在供應吾人日常生活需要，森林增產之目的，正復相同。

一般人士咸重視木材增產，但森林增產並非即爲木材增產；固然，森林增產亦以增加「未來」之木材生產爲目標，但木材增產則以增加「目前」之木材生產爲目標。其性質上森林增產是爲「未來」打算，木材增產則只爲「目前」設想。爲「未來」打算，即不全然着眼於目前利益；爲「目前」設想，却常忽視未來利益；故森林增產與木材生產二者似屬相同，而實不相同。

二 臺灣森林增產之重要性

臺灣的森林面積，計佔本省土地總面積百分之五五·一，數字不可謂不大。再看此一面積中，「易到達林」（註：在目前情況之下，有關林道、鐵路或砍伐、運材等設備，僅予少量投資，即可經濟地進行採伐和集運林木，此種森林稱爲易到達林。）所佔面積，亦高達百分之六六·六；即本省森林大體上多能順利開發。但如吾人果爲此等數字所迷蠱而欣然色喜，不進一步以圖開發及改進者，則誠屬不智。蓋本省的森林面積固然不小，而臺灣有賴於森林資源之供應及保安國土之效用者，實感必要。

根據本省最近完成之全省戶口普查，本省人口當在千萬以上，以此千萬之人口分享一百九十六萬九千五百公頃之森林資源，每人所享不過「〇·一九七」公頃而已。此數字較諸一般國家：如美國之每人「一·八」公頃，加拿大之每人「二三·七」公頃，芬蘭之每人「五·三」公頃，日本之「〇·九七」公頃，菲律賓之「〇·八」公頃，則誠然相去甚遠；又以「易到達林」之面積言，臺灣每人爲「〇·一三一」公頃，美國則每人爲「一·二」公頃，加拿大每人爲「九·〇」公頃，芬蘭每人爲「五·一」公頃，日本每人爲「〇·二六」公頃，菲律賓每人爲「〇·五」公頃，似亦不能相伯仲。尤不容吾人忽視者，即本省人口增殖率之可驚。根據最近幾年調查，本省人口增殖率年平均約爲百分之「三·五」，全省每年增加之人口即在三十五萬人以上，此種增殖率之高，則殊爲其他國家所不多見。就吾人所知，世界人口增殖最速之國家，如日本、加拿大、智利，其人口增殖率亦不過爲「一·六」、「一·七」、「一·八」；即以一向保持人口增殖最高記錄之墨西哥來說，亦不過百分之「二·七」至「二·九」，較諸本省的百分之「三·五」，仍瞠乎其後。此種人口增殖率之高，其對森林方面之影響，將隨人口之增加而趨嚴重；另一方面，致使人們對森林之「保安」作用如防洪、防旱、防風……之依賴性加深；並對於本省木材消費量將日趨擴張；殊令吾人知所警惕，而作未雨綢繆計也。

今日臺灣每年之木材需要量，各方估計雖自一百三十萬立方公尺至一百九十三萬立方公尺不等，但如按用材最低年消費量約八十五萬立方公尺，薪炭材之取自立木蓄積者年約五十五萬立方公尺計，則年需要量一百三十萬立方公尺，似爲最保守的估計。但無庸置疑，此一數字自必隨每年遞增之人口數字而增加。據農復會前美籍林業專家沈格夫氏之估計：以未來工業之發展與乎人民生活水準的提高，假定木材之需求亦按同一比例增加，則以民國四十六年之木材需要量一百三十萬立方公尺爲基準，推算民國五十六年將需木材一百七十五萬五千立方公尺，民國六十六年將需木材二百二十一萬立方公尺，民國七十六年將需木材二百六十六萬五千立方公尺，民國八十六年將需木材三百一十二萬立方公尺。覩乎此種木材需要量之年年直線上升，吾人豈能熟視無睹，不當及早圖謀對策乎!?以言對策，竊以爲捨森林增產外，別無他途！

其次，吾人試再分析本省森林之現況，本省森林面積一百九十六萬九千五百公頃中，針葉樹林面積不過三十七萬三千公頃。此種利用價值較高之森林僅佔全部森林面積的百分之十九；而利用價值較低之濶葉樹林面積則爲一百四十二萬七千三百公頃，佔全部森林面積的百分之七十三。再言森林蓄積，本省森林蓄積每公頃不滿一百立方公尺者，達一百四十萬一千一百公頃，佔全部森林面積的百分之七一·一。可見本島森林大部分均屬蓄積貧乏。更就本島森林中之「易到達林」而言，則本島一百三十一萬一千六百公頃之「易到達林」中，針葉樹林面積不過十一萬一千九百公頃，佔全部易到達林面積的百分之八·五；而濶葉樹與針濶葉樹混交林及竹林則達一百一十九萬九千七百公頃，佔全部易到達林面積的百分之九十一點五。再就此等易到達林之蓄積觀之，則此一百三十一萬一千六百公頃之面積中，每公頃林木蓄積不滿一百立方公尺者，高達一百〇三萬六千公頃。故吾人由此可知：本省森林之易爲居民所利用者，大部分均爲蓄積貧乏而利用價值又較低之濶葉樹林。

本省現擁有之森林，實不容吾人引爲驕傲。由於本省木材價格之騰貴，與乎經常發生之水、旱、風災等損害，即可獲得有力佐證。但自另一方面言之，此種現況之造成，吾人之先輩以及吾人自身未能使本省森林「地盡其利」，善加經營、管理、利用，當亦不能辭其咎；往者已矣，來者可追，吾人苟欲爲自身打算，爲後世子孫造福，則今日應如何設法使此一蓄積貧乏而價值低劣之森林，轉變爲蓄積豐富、利用價值崇高之森林，似爲當務之急。此卽今日吾人從事森林增產工作之最感切要者！

三　臺灣森林增產之途徑

臺灣從事森林增產之重要性，已如前述。今後似應從增加森林面積與增加單位面積之林木蓄積二方面同時進行，今試指陳其可循途徑如後：

(一)　增加森林面積

根據農復會最近完成的全省土地利用與森林資源調查報告：本省現有草生地三十萬〇五千一百公頃，可造林之裸露地二萬〇一百公頃，合計三十二萬五千二百公頃。此等土地近因人口驟增，致部分轉變爲濫墾地；但大部分迄今則未施行造林。故此三十萬公頃之面積，亟應從速造林，使之轉變爲人工林（大部分可營造爲針葉樹林）以免永陷荒廢，則二十年後每公頃林木蓄積可達二百五十立方公尺，合計蓄積將在七千五百萬立方公尺以上。此一數字就森林增產言，就解決將來之木材供應言，實具重大之意義。

(二)　增加單位面積之林木蓄積

在增加單位面積之林木蓄積方面，自可循後述數途同時並進，但其中以伐採天然濶葉樹林，改植爲人工林之一途尤見切要。

甲、伐採天然濶葉樹林，改植爲人工林：本省之濶葉樹林由於過去伐採欠當或管理不良，致大都樹齡參差，林相惡劣，蓄積貧乏；且林中充滿利用價值甚低之劣等樹種，優良樹種如烏心石、臺灣櫸、樟樹、櫧類、櫟類、楠木類、雅楠類等則頗不多見；此種情勢且將因劣等樹種本身先天上所具備之頑強生活力，輔以後天上人們伐採濶葉樹林時「伐優存劣」之惡習而愈益加深。設非吾人及早謀求對策，則行見今後之濶葉樹林中，滿眼俱是劣等樹種矣！

再就本省森林之垂直分佈情形觀之，海拔高度在北部三百公尺以下南部六百公尺以下爲熱帶林，盡屬濶葉樹種；在北部三百公尺以上至一千五百公尺，南部六百公尺以上至二千公尺爲亞熱帶林（暖帶林），樹種包括濶葉樹及針葉樹；在北部一千五百公尺以上至二千八百公尺，南部二千公尺以上至三千五百公尺爲溫帶林，樹種包括針葉樹及濶葉樹；在北部二千八百公尺以上至四千公尺，南部三千五百公尺以上至四千公尺的寒帶林，乃單純之針葉樹林。當改植爲人工林時，原則上應改植利用價值較高而生長迅速之針葉樹及濶葉樹林，此可增進經濟收益。

1. 低海拔熱帶濶葉樹林區改植熱帶特用樹種—本省現有熱帶特用樹種，頗多具有大量栽培價值者，例如國防用材方面之柚木、輕木（白塞木）、桃花心木、木棉、印度紫檀、橡膠樹等；醫藥原料方面的規那樹、大風子、高卡等；染料及單寧原料方面的墨水樹、蘇木、胭脂樹、姜黃、甘露、阿仙藥、栲皮樹、相思樹等；香料原料方面的香水樹、檀香樹、檸檬桉、錫蘭肉桂等；油漆原料方面的油桐、椰子、漆樹等；此外，如咖啡樹、鐵刀木、麻六甲合歡等亦均有其造林之價值；此類樹種大多生長迅速可供特殊用途，如輕木（白塞木）可製飛機體型、水上飛機浮舟、飄浮水雷之附木、救生艇、救生帶、隔音板、雷氣絕緣體等，栽植後五年卽可伐採；拷皮樹、規那樹等則八年生卽可剝皮製藥，四年生的咖啡樹便可採籽；故吾人可斟酌生育地因子，擇其適於造林者，栽植於伐採後之低海拔地區，以供國防、醫藥、及工業上之需要。

2. 改植爲單純性之針葉樹林—針葉樹之特性爲樹幹通直、枝下高、木材之理學性質良好、易加工、且耐用、適於密植，故增加單位面積之林木蓄積多。根據農復會森林資源調查報告之資料換算，本省針葉樹林每公頃之林木蓄積約爲二百五十立方公尺，濶葉樹林之蓄積則每公頃尙不及針葉樹約四分之一，僅約六十二立方公尺而已；據本省以往造林之經驗，杉木在本省海拔六百公尺至一千四百公尺，柳杉在本省海拔一千公尺至二千公尺之地區，均見生長良好。二十年生之杉木，每公頃可收穫利用材積二百立方公尺；二十五年生之柳杉，每公頃可收穫利用材積二百四十立方公尺，足徵造林利益之大。此外，如琉球松、濕地松等亦均經證實具有造林價值。據本省林業試驗所調查，琉球松二十五年至三十年生者，胸高直徑達〇.五至〇.八公尺，四十五年生者，每公頃立木蓄積甚至可高達八百五十立方公尺；故今後大部分濶葉樹林經伐採後應即改植此類針葉樹種，俾增加單位面積之林木蓄積。

3. 酌留優良濶葉樹種，營造針、濶葉樹之混交林—本省之濶葉樹林中，尙不乏名貴之優良濶葉樹種，爲烏心石、臺灣櫸、樟樹、楠木、青剛櫟、柯杍、校力、江某等，均各有其優越之特質，而常非一般針葉樹材所可取代，故宜酌予保留，使其生生不息。但當混植松、杉等類已有造林成功把握之樹種，俾造成良好之針、濶葉樹混交林；如是，則一方面固可供應吾人名貴有用之濶葉樹材，又可提高單位面積之林木蓄積，而達成吾人森林增產之目標。

乙、造林事業之改進：本省造林事業，近幾年來，已漸有進步。據統計：自民國四十一年起，本省之國、公、私有林造林面積均在二萬公頃以上，且均能注意造林成活率，誠屬可喜！然則，吾人如敢於面對現實，虛心檢討，當可發現本省造林事業仍大有可資吾人研究與改進之處，誠如農復會前美籍專家沈格夫氏所坦白指陳：「本省造林最大之錯誤，厥爲選用不適該生育地因子之樹種，例如本人習見在臺灣中部，不論其生育地因子海拔高度、坡度、土質如何，凡全部選用於木造林；孰不知杉木爲需潮濕環境之樹種，並不宜種於南向陽光終日曝晒之坡地，就我人所見，杉木在北向者與種在南向坡地者，其生長情形有極爲顯著之差異，南向及土壤淺瘠之山坡應選用松及相思樹爲造林樹種；在海拔六百公尺以下地區，杉木已不適宜，但就個人所知，在本省海拔四百公尺，甚至四百公尺以下地區，仍有人栽植杉木。「至於「高山造林，柳杉幾成爲最佳之樹種，尤以各林場最多選用，在臺灣北部海拔二千公尺以上，南部二千二百公尺以上，柳杉並不適宜，雖有不斷之警告與常見之失敗，此項錯誤却未見改進，甚至在石礫之山區亦種植柳杉，少有人願研究是項造林不能成林之原因，亦少見有人予以置評」。此爲客卿以第三者身份實地觀察所作之評論，似無不公之處，實值吾人警覺。他如造林季節之把握，栽植技術之改進，撫育工作之實施，天然更新之進行等等，均有待吾人仔細研討與改進。就森林增產之立場言，造林事業實爲左右森林增產成敗之關鍵，苟造林樹種選擇錯誤，栽植技術惡劣，撫育管理失當，則吾人唯有迎接失敗耳！尤有進者，造林事業既費金錢又需時間，如一次失敗，金錢損失固屬可惜，而時間浪費尤屬不可補償與無法補救。是以吾人從事造林，事先當如何選擇適於生育地因子之優良樹種，栽植時當如何把握其成活，栽植後又當如何善加撫育管理，保證其生長得以欣欣向榮，俱不可不加注意！此外，高山造林，在未獲得確切把握成功之造林樹種前，吾人似不妨盡量利用優良母樹，實行天然更新，以達成森林增產之目的。

丙、林木育種事業之推進：林木育種乃導源於農業上作物育種之成功，故其任務亦一如作物育種，是在選取或育成生活力强，成長速而利用價值高之優異品種；換言之，卽在探尋「增產之捷徑」；吾人熟知：本省有名之「蓬萊米」，卽係本省約三十八年以前所育成之稻米新品種。此一品種不獨品質較本省原有之「在來米」品種爲佳，而產量亦遠較「在來米」爲高，就其對本省之貢獻而言，眞是造福不淺。林木育種固不若作物育種之可於較短期內見效，但吾人苟有信心、耐性，假以時日，則吾不信我人不能育出有如「蓬萊米」之優異林木新品種耳。事實上，世界各國，如瑞典、丹麥、挪威、荷蘭、意大利、英國、德國、澳洲、美國、日本等，在林木育種方面均已獲得相當之成就；不論選種或雜交育種，俱見卓著之成績，尤以雜交育種更能激發吾人之興趣。例如瑞典所育成的歐洲落葉松與西伯利亞落葉松之雜交種，卽較原種更具有優美之樹形，良好之樹枝以及生長迅速等優點；丹麥所育成的歐洲落葉松與日本落葉松之雜交種，其十五年生較諸同一年齡、同一環境下所生長之歐洲落葉松材積增達百分之三十；美國育成的西部黄松與索普羅拉姆松之雜交種，其生長率則四倍於西部黄松；又如美國閉果松與杜松之雜交種，卽具有杜松之優美樹型而又有閉果松之生長率；此外，各國對於白楊、松、杉等類樹種之選種與雜交育種方面，亦均有卓越之成就。至於本省在林木育種方面，則尙屬萌芽時期，若干林業機構已開始注意選種育種工作，惟尙無成就可言，目前如能利用世界各國林木育種上已通用的技術與方法，來展開臺灣的林木育種工作，前途是極有希望的。例如樟樹可能有幾個品種混雜在一起，如能着重選種工作，選出含樟腦成分高的品種，加以繁殖推廣可以應用到造林方面，引種的日本柳杉亦宜注意到種子的來源問題。又如臺灣扁柏的腐心病，如能在伐採時，留下能抗病之植株作爲天然下種之母樹，或可減輕此病的損失。希望最大的是杉木的育種工作，目前能就杉木各品種之習性加以比較研究。試行杉木各品種間及與巒大杉之間的雜交，將來或可能得出優異的新品種，如以杉木與白楊及松樹比較：杉木的材用價值高，抗病害的能力强，而且極容易用無性方法繁殖，凡此均屬於較爲優異的品性。如繼續研究及試驗下去，前途是極有希望的。本省森林增產工作如期獲致輝煌成就，則林木育種工作殊不容吾人忽視。

四　結論

臺灣森林增產的重要性及其途徑，已略如前述。吾人執行此一任務時，自必遭遇若干困難，例如鉅額造林經費的籌措，大量伐採濶葉樹後所生產之濶葉樹材的出路問題，林木育種人才之羅致及訓練等等，皆應預加考慮與籌劃，則前述各種困難無不能解決者。以造林經費之籌措來說，卽可由增加之伐木收入調撥；以濶葉樹材之出路來說，卽可藉設置人工乾燥木材廠、强制施用木材防腐、限制使用針葉樹材（針葉樹材中之名貴檜木，卽可指定爲出口材。）等方法予以解決。至於林木育種人才之羅致、訓練，則可藉特優待遇（蓋其功勞將不下於原子能之研究）與乎派遣出國學習等以求解決。

森林增產，實爲改進臺灣林業的必要之圖，希國人努力以赴，俾使沒落的臺灣林業，能走向復興之途。

請政府快救救慘遭迫害的印尼華僑！

——一個來自印尼的中國人呼籲

忠　靈

一　我們要為印尼僑胞呼籲

最近，印尼親共政府在變本加厲的迫害華僑，從限制華僑行動，封閉華文報刊、濫捕反共僑領、加緊迫害僑領、查封社團機構、毆傷華僑僑領、接管華僑企業,進一步到計劃强佔華僑學校……印尼這種殘無人道,違反人權自由的行爲，不但深深的剝奪了華僑社會的經濟權益，同時直接的影響到華僑的生存，使得三百萬的印尼華僑，陷于水深火熱，民不聊生的絕境。

華僑在印尼，一向安分守己；流血流汗，對印尼建國有着一份不可磨滅的大功蹟；反觀印尼政府，對于歷盡艱難的華僑，不但不表示謝忱，並且反目無情，忘恩負義的將槍頭對準手無寸鐵的華僑，極盡欺凌、敲詐之能事。這怎不令人痛恨，悲憤呢？

印尼政府的排華運動，並不限於這一次——要算這一次規模最大、行動最烈。回顧二次大戰剛剛勝利時，印尼初爲聯軍佔領，便有一些聯軍力量所接管不到的小村落，成爲了歹徒們乘火打刼的對象，搶、姦、殺，無所不爲。會有一盛產石油的火水山埠，所有華僑被集中屠殺，財產被搶空。由棉蘭開往馬達山高地的華僑貨運車，常常在半途被攔截，然後命車上的華人，排成長列，用機關鎗掃射，貨物被搶光,汽車用火燬掉……這都是嚴重違反當地治安的情事，即當地政府，非但不追查、嚴辦不法者，反而認爲這是「應該」的事，因爲「華僑都是該死的」。

華僑與印尼無仇無恨，對于印尼政府與人民一再的殘害華僑，我們除了氣憤塡膺、痛恨切骨外，我們向全世界愛好自由和民主的人士控訴，呼籲聯合國予以公平制裁，切實保障印尼華僑的人權。

二　半年來印尼迫害華僑的實況

㈠封閉華文報刊：印尼親共政府，首先向華僑頭上開刀的，是「封閉華文報刊」。此一法令公佈于本年四月十七日，印尼陸軍參謀長芮蘇賢少將以中央軍事執權人身份，頒佈列號No. 010—1958軍事條例，禁止任何人印刷出版，發行張貼，傳遞及出售非拉丁字母、阿拉伯字母及印尼地方語文之報紙、雜誌刊物。條例中稱，政府採取這項措施目的，爲阻止某一方面人士利用印尼社會感到生疏的文字通過報章雜誌危害印尼的安全。此項措施將使各方更爲認識印尼文化，增强與印尼社會往來。如有違令者，將被處予監禁一年或罰金一萬盾，此條例于一九五八年四月十七日公佈，于一九五八年四月廿四日起生效。

印尼政府這一項法令的公佈，顯然是在封閉所有在印尼的華僑報紙，使華僑新聞陷於阻塞的地步，讓所有的華僑，因爲看不到華文報紙，而不通外間消息，彼此之間無法聯繫，只有研讀印尼文字而接受其控制。

接着陸軍參謀總長芮蘇賢少將于五月廿三日又發表一項手令，修正其過去禁止出版、發行、買賣及張貼非拉丁文字、阿拉伯文字及印尼地方文字報紙、與雜誌的法令。據修訂後的法令現定，凡今後要繼續復版之非拉丁文字、阿拉伯文字及印尼地方語文之報紙雜誌，務須獲得陸軍參謀長的准許。這准許證將由陸軍參謀長執權人身份頒發，凡違者將按民法處理。在該手令的解釋條文中表示：由於全國人民都認爲對於國策應作廣泛的宣傳與報導，同時爲了使這些僑居印尼的外僑能對印尼的國策及各種措施與法令有進一步的認識起見，因此認爲有必要將禁止的手令予以修正，使上述意旨的報紙與雜誌可再行繼續復版。

印尼參謀長修正其過去禁止華文出版手令，表面上好像左右派報紙均得申請復版，實際上，印尼軍方早已與共匪大使館有默契，結果所有親共報紙刊物都獲准復版，只有反共報紙雜誌，雖費盡最大努力要求復刊，亦一律不能照准。

㈡濫捕反共僑領：印尼濫捕反共僑領，是從五月五日開始的。五月五日印尼椰嘉達軍方以「危害印尼治安」爲藉口，無理逮捕反共僑領。計有立法委員、中華商報社長馬樹禮；耶城中華總會理事長、大東銀行董事長王亞祿；僑務委員丘元榮，耶城華聯影業公司經理黃嘉瑞，中山中學校長李劍民，大東銀行董事鈕樹春；加瑪烈大學副校長李國元，亞非銀行總經理饒博基（印尼籍）；中央通訊社特派員謝善才（印尼籍），客屬華僑公會理事長梁錫佑（印尼籍）；前任中華總會理事長黃根源等十一人。

以後繼續被捕之僑領：五月十一日有自由報社社長徐鋸清，天聲日報編輯徐軼羣(僑商)二人。五月十八日有林香串(僑商)。六月四日有洪義順公會理事長徐梅盛。六月六日有沈海生(僑商)。七月四日有椰嘉達快樂世界遊藝場總經理陳興硯。七月中旬有陳宇宙(僑商)遭萬鴉佬軍方逮捕。七月廿四日有巨港中華總會主席沈伯英，巨港客屬公會主席溫伯輝二人。八月五日有泗水軍方限令葉立庚、楊少珍、楊光哲者三僑領自由離境。八月七日前被捕僑領馬樹禮、謝善才、梁錫佔、徐琚清、李劍民、李國光、黃根源、王亞祿、鈕樹椿、徐軼羣等突奉令移遷，除陳興硯、丘元榮暫留港口拘留外，竟於八月八日清晨被押往椰嘉達丹絨不得港口外約一小時航程之安魯斯島，隔絕探望。九月十五日有中山中學教務長彭精一，印華高商校長方希亮及反共僑領丘漢興等三人遭椰城軍方逮捕。九月十九日有萬鴉佬反共僑領李啓賢遭印尼軍方扣押並硬指其與革命軍有關，强迫承認各種罪行而被毆傷。

以上所列舉被迫害僑領之名單，只到九月底爲止，月來印尼無理逮捕反共僑領，實更形厲害。

在以上所列舉之名單中，除了部份從事文化工作的反共僑領外，大部份爲極富有的僑領，印尼政府的逮捕他們，名義上是說他們從事「不良」於印尼治安的活動，而實際呢，却是敲詐行爲，由印尼剛回來的人士都知道，所有被逮捕的反共僑領，每位只要花費三十萬的印尼幣就可交保釋放出來，這就是印尼排華運動的實際目的。

㊂查封社團機構：由逮捕反共僑領到查封社團機構，（內中多數是商業社團）是印尼排華運動達到一個高潮的階段。

九月十八日椰嘉達軍事當局宣佈禁止第一批五十二個同情中華民國的社團機構活動，其全部名稱如下：

一、中華總會，二、中華商會，三、廣肇會館，四、亞弄公會，五、福建會館，六、洪義順公會，七、醬業公會，八、藥王公會，九、江牌花裙商公會，一〇、保良堂，一一、魯成行公會，一二、華僑智育會，一三、呂同福公會，一四、牙業公會，一五、中華飲冰室同業公會，一六、中華醫藥施濟會，一七、華僑公會，一八、華僑促進社，一九、華僑教師聯合會，二〇、老巴殺中華會館，二一、青年劇社，二二、中華婦女聯誼會，二三、茶陽公會，二四、自由之友社，二五、印尼梅縣同鄉會，二六、穗州會館，二七、華僑體育協會椰嘉達分會，二八、徐益羣印務所，二九、中華商報印務所，三〇、天聲日報印務社，三一、自由報印務所，三二、快樂世界娛樂場，三三、快樂舞廳，三四、華光戲院，三五、快樂戲院，三六、華都戲院，三七、新都戲院，三八、新光戲院，三九、國泰戲院，四〇、好麗安戲院，四一、大東銀行，四二、中山中學，四三、廣仁學校，四四、印華高商，四五、老華學校，四六、光明學校，四七、自由學校，四八、中南學校，四九、三民學校，五〇、自强學校，五一、博愛學校，五二、華僑公營。

這些都是限於在椰嘉達的社團，但印尼的目的並不止於此，假如不早予阻止，全印尼五個大島，千餘個小島，三百萬的華僑中，將沒有一個集會場所。

㊃接管華僑企業：印尼政府將以類似排斥荷蘭僑民一連串的舉措，加諸在我們華僑身上。九月廿二日印尼軍方草擬接管 反共華僑企業及 有關機關的計劃，以用來約束打擊在印尼所有的華僑企業。因爲華僑企業佈滿在印尼各地，都有着輝煌雄厚的財力，早已被印尼人看紅了眼。這次在排華聲中，其所以要「接管華僑企業」，就是想吞沒這一批龐大的財資。

其實，印尼軍方的草擬接管華僑企業，是共匪赤化華僑的狡猾策略。因爲陣營堅强無比的華僑經濟界，根本沒有共匪插足之餘地，於是共匪就利用部份印尼人的排華心理，挑撥雙方的感情，而乘機插足其間，假政治之力量來殘噬華僑經濟社會（印尼的所以排華，大部份受着共匪特務的中傷，容在下節中再詳細揭發）。

㊄計劃强佔學校：這是十月六日的電訊報導可證明的事，印尼政府將在最近期間「佔領」所有的華僑學校。這一個消息並不是空穴來風，早在數年前，印尼當局已在積極訓練全國師資人材，以備將來接管僑校之用。本來預定是在一九六〇年間，全國師資訓練完成後實行。這次革命內戰及掀起大規模的反華運動，使這個計劃提早實現。

在印尼的僑校，爲數衆多，平素均以教導華文爲主，祖國的文化教育，便賴散佈在全印尼各地的華僑學校爲傳播；中印兩民族文化的交流，也以僑校爲主要的橋樑。華僑社會的繁榮、進步，更非靠這散佈在各地的華僑學校來維持不可。在這次大排華暴行中，僑校也難逃被蹂躪的厄運。

不論印尼政府的管制、强佔或印尼化華僑學校，中國文化將首遭滅頂，千千萬萬的華僑子弟將淪爲文盲，不諳祖國文化，中印之間的民族友情從此更形惡劣。

以上所說以椰嘉達爲中心的種種「排華」行動，只不過其中最重要的一部份，現將在全印尼各地如火如荼的猖狂展開。九月廿八日蘇北——蘇門答臘北部方面首先響應，東爪哇方面也決定着手進行，此種沒有人道的「政治打刼」行爲，假如不設法予以制止，三百萬華僑將遭遇被掃地出門的命運了。

三　共產匪幫如何煽動印尼排華？

這次印尼政府所以大舉實行「排華」政策，除了極少部份受着第二次大戰後東南亞落後地區偏激民族主義的影響外，幾乎完全是爲共匪挑撥離間的糖衣手段所迷惑。遠者不談，今年二月中旬印尼革命內戰爆發後，共匪駐印尼大使館便藉蘇加諾總統親共反美的機會，利用印尼政府軍佔領巴干峇魯所獲有革命軍遺留下來的武器，宣傳這些武器是來自自由中國的臺灣，製造印尼政府和人民對自由中國政府的怨尤，鼓勵並煽動印尼政府與人民對親中華民國的反共華僑的仇恨。排華的政策，就在此卑鄙的陰謀與無耻的勾當下，得以如火如荼的龐大展開，讓廣大的華僑社會普遍遭受空前未有、史無前例的浩刼。

以下，我們便談談共匪如何煽動印尼排華運動？

㊀惡性煽動，挑撥離間：共匪一心想「赤化」印尼，最可惡的是用言語到

處挑撥中印兩民族間的敵仇心理。共匪第一任駐印尼大使「王任叔」，更用「大使」的身份，周旋在被稱爲「無產階級」的羣衆堆裏，以一針見血的語言，儘情的挑撥、煽動。有一次「王任叔」竟這樣說：華僑初到印尼時，身上只穿着一條短褲，赤着背，肩上挑着一個擔子，兩手空空的一無所有，現在他們都衣著華麗，帶着堆滿如山的箱子，榮歸鄉里……。有不少頭腦簡單的土人，聽了這一段話，氣憤極了，當場就破口大駡：我們華僑吸他們的血，搶奪他們的金錢；印尼報紙也發表論著，痛責華僑的「不該」。話從堂堂一個「大使」口裏講出來，誰又不相信呢？

他們也像在大陸時僞裝國軍襲擊百姓的樣子，用右派華僑的身份，隨時隨地惡意煽動各階層印尼人民的不滿，仇恨之火到處燎燃，終於造成了今日不可收拾、如火如荼的排華暴行，使千千萬萬的僑胞橫遭不幸。

㈡孤立僑胞，各個擊破：共匪對華僑本身，也在任意傷害，把華僑們分成左、右、和中立三派，拉攏中立派，打擊反左派——右派。使華僑社會充溢着不寧靜的現象，僑胞間劃分立場，互相敵視。

民國三十九年與四十年間是華僑社會最紛亂與最黑暗的時候，左右兩派的華僑不分晝夜的攻擊得很厲害，生命財產爲此而損失巨大。同時還種下了印尼人民輕視華僑的不團結而乘機加以傷害的種籽。

共匪對右派僑胞，還有另一套對付方法，卽一方面用密告方式，揑造莫須有的罪名，唆使當地軍警大擧搜査華僑住家，濫行逮捕所謂「蔣幫份子」；另一方面製造恐佈氣氛，要脅華僑們就範，並且企圖孤立反共僑胞，各個擊中。自從印尼承認共匪近幾年來，華僑所遭受的荼毒，並不下於水深火熱中的大陸同胞。

㈢揑造事實，含血噴人：共產黨會利用當地的各種匪報——除靠攏的華文報外，還有印尼文的紅色報刊。對我僑胞的各項愛國運動，摘爲「一小撮國民黨」的工作或地下活動，共匪不論是那一種的陰謀行動，對我僑胞都儘可能惡意地以嫉視「國民黨」或「傾向臺灣」爲能事。

例如今年的革命內戰，匪共就藉此機會憑空揑造事實，煽動謠言，說我們由中國政府用武器援助印尼革命軍，反共華僑在從事參加地下革命工作，由「大使館」供給資料在左翼的印尼文報刊上，大事渲染。三月卅一日印共「人民日報」造謠誣指反共的華僑潛伏在銀行、學校、報館中，作顚覆印尼的活動。更荒謬擧出反共僑領名單，請求印尼政府逮捕。四月一日東星報有一條怪消息說：「蔣幫國民黨婦女團體之一的中華婦女聯誼會於三月卅一日中午焚燬了好些重要文件。」當地中文匪報誰知毫無根據也不顧事實予以渲染。有一次椰城朱子青僑領做生日，宴請親友及當地長官，東星報星期刊（印尼文）竟謂「蔣幫頭目秘密聚會，商定對付印尼政府辦法」。椰城「生活報」(左派華文報）竟然「翻譯」刋登，殊不知地點錯誤，出席人物也不盡符合，實在非常可笑。又指中華商報社長馬樹禮先生是「國民政府的第三戰區將軍」，曾經主持上饒集中營的事。可見匪共都是喪盡天良的含血噴人之徒。

半年來，印尼匪共的借刀殺人行動，部份僑領已慘遭池魚之殃，印尼華僑的未來命運已很悲觀，由於匪共的加緊活動，勢將有極大多數僑胞被迫害遭受蹂躪。

四　政府應該救救我們僑胞了！

反觀我們自由中國政府，對這件民國以來罕有的大規模迫害華僑的行動，竟不加重視，除了一二位有關僑務的官員及幾家報紙社論給予不關痛癢的一抨擊」外，我政府有關當局，對華僑遭受災害所表現的態度，尤令華僑失望。

共匪與印尼建立邦交的十多年來，華僑都以「自生自滅」孤苦伶仃的處境，與匪共周旋到底，並且爲維護中華民國，爭取自由民主，不惜巨大犧牲與匪作殊死戰。每年雙十國慶組團返國觀光，來臺升學僑生人數直線上昇，這些都是華僑在當地冒被拘捕危險而獲得的成就。

可是正當忠貞華僑遭受到空前未有的災害時，負有護僑責任的政府當局，竟然尋找不出一項解決辦法，甚至連公開印尼迫害華僑事實的起碼工作都沒有做到，這種有意粉飾太平，置華僑苦難呻吟於不顧的態度，顯然地說明華僑的愛國運動，今日遭受的禍害也是「咎由自取」的。

我們自然瞭解政府目前的處境，但護僑的行動並非除了出諸武力及煽僑之外，便沒有其他途徑！在印尼政府初步逮捕十二名僑領，封閉報紙時，我們曾聽說政府當顧及數百萬華僑之安全，不擬有所行動，恐刺激印尼政府。在當初某一時期中，這種措施或有必要。但現在印尼政府對忠貞華僑的迫害，已經普及到全面性的行動，所有不參加共匪「十一」僞慶的華僑都將成爲被迫害的對象。我們自然可以想像得到繼五十二僑團、僑校、商業機構被封閉之後，忠貞華僑經濟力量的全面總崩潰，自由人權遭遇蹂躪的時期已不會太遠了。在我們政府「不刺激印尼政府，顧全更多華僑安全」的原則下，華僑之處境已經急轉直下了，政府還有什麽理由不尋求積極的辦法來制止這種可能產生的惡果嗎？

十月二十四日於臺北。

戴高樂將軍與法國新憲法

巴黎通訊・四十七年十一月三十日

姜懷平

本年六月一日成立的戴高樂政府負有處理法國「第四共和」十二年來所未能解決的兩大問題的艱鉅使命。這兩個問題是：阿爾及利亞問題及法國制度的改革。關於前者，戴高樂將軍自上任迄今四個月間，雖三度親臨阿爾及利亞，使五月十三日以來發生的反對政府事件得以平息；事後更命令軍人退出「阿爾及利亞及撒哈拉救國委員會」(Comité de Salut Public de l'Algérie et du Sahara)，並禁止軍人在阿境參加下屆國會議員的競選。但就問題本身來說，雖戴高樂於公民複決投票通過新憲法後，於十月二十三日聲明在阿境實行停火，接受與阿爾及利亞民族主義份子舉行談判，以謀求解決之途；然而未能被九月間由「阿爾及利亞民族解放陣線」在開羅成立的臨時「政府」所接受。所以在目前的情況下來說，對於解決阿爾及利亞問題一事，尚不到成熟時期，有待法國「第五共和」新制度建立後的發展與演變。至於後者，戴高樂政府在成立的翌日即向國會提出，經通過修改一九四六年憲法第九十條有關修憲的規定，授權政府制訂新憲法以應法國局勢的需要。

新憲法的制訂經過

戴高樂政府於國會通過授權修憲後，即着由社會共和派籍的司法部長德柏 (Michel Debré) 負責主理，根據政府所提出並經國會通過的制憲原則和步驟，着手新憲的起草工作，並由內閣專設委員會研討擬訂，該委員會由戴高樂將軍親任主席，設有委員八人，計社會黨書記長莫萊 (Guy Mollet)，人民共和運動主席傅林蘭 (Pierre Pflimlin)，溫和派籍查奇諾 (Louis Jacquinot)，非洲民主同盟籍何夫艾薄愛尼 (Félix Houphouët-Boig'ny) 四位政務委員，司法部長德柏，內閣總理府辦公廳主任彭畢杜 (Georg'es Pompidou)，法制院 (Conseil d'Etat) 秘書長，並任內閣總理技術顧問的查諾 (Raymond Janot) 及法制院副院長賈杉 (René Cassin)——後四人均為法制院院長。經過兩閱月的研討磋商工作，於七月二十六日始由內閣會議正式通過一項包括十四章，計凡七十八條的「憲法初步草案」，並於二十九日正式公佈。

憲法初步草案的制訂係根據下列各項原則所完成：①國家的一切權力均應以普選產生；行政及立法兩權或直接產生於普選，或產生於普選後的民意代表。②行政及立法兩權應確切分離。③政府應對普選產生的國會負責。④保持司法權的獨立，使一九四六年憲法和人權宣言所賦予的自由獲得尊重。⑤新憲法應確定法蘭西共和國與其「協合民族」(Peuples associés) 間的關係。同時戴高樂將軍於向國會請求授權制訂新憲法時，於提案中明言新憲法初步草案經政府草擬後，得交由國會兩院合組的「憲法諮詢委員會」(Comité Consultatif Constitutionnel) 及法制院研議審查，最後再由內閣會議參考各方面提供的審查意見，制訂新憲法最後草案，提付公民複決投票表決。所以政府在擬定新憲法初步草案後，於七月二十九日首先送交「憲法諮詢委員會」研議。

「憲法諮詢委員會」由委員三十九人組成，其中十六人為衆議員，十人為參議員，均由參衆兩院所設普選委員會分別在其委員中自行推派，但參加兩院普選委員會的共產黨籍議員均未列入；其餘委員十三人則由政府於內閣會議時任命者。「憲法諮詢委員會」經推舉溫和派籍前內閣總理雷諾 (Paul Reynaud) 為該委員會主席，及參衆兩院普選委員會主席孟塔郎伯爾 (Geoffroy de Montalembert) 和戴讓 (René Dejean) 為副主席，於七月二十九日至八月十四日集會研討，並經通過審查報告書一種，由該委員會主席雷諾咨送內閣總理戴高樂將軍。「憲法諮詢委員會」於決議案投票時，除四名社會黨籍委員，兩名社會激進黨籍委員及非洲改組黨 (Parti du regroupement africain 簡稱P.R.A.) 籍委員拉明奈龜耶 (Lamine-Guèye) 等七人棄權，非洲改組黨籍杉高爾 (Léopold-Sedar Senghor) 缺席及雷諾因任大會主席未參加投票外，其餘三十人均一致投票通過。該審查報告書除包括「憲法諮詢委員會」主席送戴高樂的咨函，詳述委員會研議討論進行情形及憲草修正建議案，建議修正初步草案內容五十四條二件公文外；尚有其他意見建議書一件，將憲諮會開會討論所未能通過而仍富有參考價值的制憲有關意見一併提供政府參考。法制院院士六十名及各組主席在副院長賈杉主持下，以院士戴商 (Deschamps) 為政府草案審查人，於八月二十五日至二十八日集會。該院主要任務乃在就法律觀點對憲草提出審查，並以審查意見備供政府參考。戴高樂政府於憲草經憲法諮詢委員會及法制院審查研議提出意見後，均曾多次召集閣議予以討論；最後於九月三日內閣會議始正式通過新憲法最後草案，全文共分十五章，計凡九十二條。並於次日下午由內閣總理戴高樂將軍在巴黎「共和國廣場」(Place de la République) 親向全民公佈，發言時並要求法國國民在九月二十八日公民複決投票時對新憲法給予支持。

戴高樂的立場與憲諮會修正建議

法國此次制憲雖未能按照民主原則，在事先以公民複決辦法徵詢國民意見後，再由普選產生專事負責國家立法任務的國會，或選舉制憲議會以制定新憲法，付諸公民複決作最後表決。但就其所採步驟的表面看來，以政府要求國會通過授權內閣負責草擬憲草，再交由憲諮會及法制院相繼審議，最後付諸公民複決表決通過後頒行，觀之尙似沒有過份越出民主政治的常軌；然而事實上則未盡然，新憲法的起草工作是由德柏和查諾兩人，依照戴高樂將軍的意見一手草訂，憲諮會以及法制院的工作也只不過是形式上的略備諮詢而已。當戴高樂政府於七月二十九日將新憲初步草案正式公佈後，是時法國各界的反應雖不一致；但一般說來，各方意見對新憲初步草案頗多批評與指責，卽憲法專家們亦持不同程度的反對意見，認爲按新憲規定使行政權分掌於總統及首揆，成爲行政上的「兩頭制」(Dyarchie)，此項辦法將使行政權在運用上引起爭執的危險。在對新憲草案予以分析後，感到新憲各項規定實係爲戴高爾將軍所訂製者，又如對共和國總統授權過大，尤其初步草案第十四條所賦予總統在緊急時期的特權的授給，對國會職權削減過甚，對海外地區的規定亦未能顧及目前時勢的需要等等。

自新憲法初步草案送交憲法諮詢委員會研議後，除該委員會咨送戴高樂將軍的審查報告書經予公佈外，其餘無論憲諮會，或法制院，或內閣會議的討論均未曾披露。但僅就憲諮會審查報告書的內容，以及當時法國政府首長所發表的有關言論，足以看出戴高爾將軍在制憲方面是如何的堅持其自己的立場，其對國會議員不能兼任政府閣員及緊急時期總統特權的行使兩點態度，表現的尤爲堅決。但這却是當時各方指責最烈的規定。憲諮會於對新憲法初步草案提出研議時，在顧及戴高樂將軍所持的立場下，曾亦頗顧及當時各方對憲草的反應；故對遭受指責最烈的各條均經提擬修正建議。關於緊急時期總統特權的行使規定，憲諮會在初步草案第十四條：「如遇共和國制度，國家獨立，領土完整及國際義務之履行遭受嚴重緊迫之威脅，總統於正式諮詢首揆及國會兩院議長後，採取情勢所需之緊急措施，並昭告國民。」原文前冠以「如憲法會議認爲共和國制度……」字樣。對於國會議員不得兼任政府閣員事，初步草案第三十一條原規定國會議員於出任政府閣員時，其在所屬議院的遺缺應予遞補至該議院全部或部分改選時止；而憲諮會則建議修正爲：凡國會議員出任政府閣員期間，其在國會的議員職務以休假論。同時建議關於選舉國會議員的新選舉法，於經政府制訂後應提付公民複決投票表決後採行。然而這幾項重要的修正建議正因有違於戴高樂的原意，並未被採納。其他修正建議或被政府部分採納，有如總統選舉團的組成，或被否決，或須等候法制院審查意見始得決定，如初步草案第三十一條有關立法權力範圍的劃分。

綜析戴高樂將軍的意見，其主張略爲：①行政與立法權的確切分離，及使行政權擺脫政黨的控制；因而堅決表明國會議員不得兼任政府閣員。②首揆由總統任命，但僅對國會負責。③國家元首應負有維持國家法統的責任；在特殊時期應持以特權以保持共和國制度的延續。④總統選舉團必須擴大組織，以建立並維護總統必要的權威。至於有關海外地區者，戴高樂將軍則主張海外地區人民有自行選擇其前途的權力，並可選擇獨立的途徑。凡表示願接受新憲法者，或參加聯邦，或保持原有地位，共和國基於自由、平等及博愛的共同理想賦予新制度。

新憲法內容扼要

法國戴高樂政府於本年九月四日公佈，並於二十八日提付公民複決的新憲法全文，除弁言外，十五章中計：①國家主權，②共和國總統，③政府，④國會，⑤國會與政府間之關係，⑥國際條約與協定，⑦憲法會議 (Conseil Constitutionnel) ⑧司法權，⑨大理院 (La Haute cour de justice)，⑩社會經濟會議 (Conseil Economique et Social)，⑪地方制度，⑫集團 (La Communauté)，⑬協合協定 (des accords d'association)，⑭憲法之修改，及⑮臨時措施。茲將內容扼要分述如後：

㈠國家主權：(第一條至第五條)

新憲法於弁言中載明：「法蘭西人民鄭重宣告忠誠於一七八九年宣言所規定，並經一九四六年憲法弁言所承認及補充之人權及國家主權原則。」「根據此原則及根據民族自決原則共和國給予凡願接受之海外地區，基於自由，平等，博愛之共同理想及順應其民主的演進所建立的新制度。」並於第一條明述：「共和國及海外地區民族依其自願，於採納本憲法成立『集團』。『集團』基於其組成民族之平等及團結而成立。」

關於國徽、國旗、國歌、國箴及政府民有、民治、民享原則之各項規定，均與一九四六年憲法相同。至於公民複決權之行使，依一九四六年憲法的規定，僅限用於有關憲法問題，今新憲法第三條第一欵規定將其擴及至其他事項。同時，規定政黨及政治團體，於競選時其活動在不違反民主及國家主權的原則下絕對自由。

㈡共和國總統：(第五條至第十九條)

在一九四六年憲法中有關總統職權的規定是列在第五章的，新憲法則將其列於國會的前面，作爲第二章，這足以顯示總統在「第五共和」的地位及權限優於「第四共和」者。就新憲法的規定，共和國總統有維護國家存續的責任，及依法公佈法令，行使特赦權，派遣並接受外交使節，爲國武裝勢力的最高統帥，並爲有關國防會議的主席。總統任命首揆及經首揆提請任免其他政府閣員。總統經政府或國會兩院的建議得將若干特定重要法案依法提交公民複決。並於諮商首揆及國會兩院議長後得解散國會，新國會議員應在國會解散後二十日至四十日間選舉之；但新國會選出後一年內不得予以解散。同時新憲法第十六條規定，如遇共和國制度，國家獨立，領土完整及國際義務之履行遭受嚴重緊迫之威脅，以及憲法所賦的政府權力的行使停頓時，總統於正式諮詢首揆、國會議長及憲法會議後，將採取情勢所需之措施，並昭告國民。但於特權行使期間國會依法召集，且不得被解散。總統與國會兩院的通訊採用咨文方式；總統對國會兩院的咨文送經誦讀後，不得提交辯論。

至於共和國總統的任期則爲七年，但新憲法並未明定是否可連選連任。總統由國會議員，省議員、海外地區議院及市縣議會代表組成的選舉團選舉之；如於第一次投票時候選人不能獲過半數的多數當選，則舉行第二次投票以得票數佔第一位者當選。

㊂政府：(第二十條至第二十三條)

首揆雖由總統任命，但根據本章規定，政府僅對國會負責，是以法國今後的政治制度本體說來，仍本代議制的內閣制原則。但政府閣員不應兼任國會議員，任何公職或一切其他職業活動；至於國會議員出任政府閣員後，其遺缺則根據第二十五條的規定遞補之。

㊃國會：(第二十四條至第三十三條)

法國新憲法下的國會 (Parlement) 仍採「兩院制」，國會包括「國民大會」(L'Assemblée Nationale 卽衆議院，故該院議員仍稱衆議員—Député) 及參議院兩院，但參議院在名稱及職權上均與「第四共和」者不同，現由「第四共和」時的「Conseil de la République」而稱爲「Sénat」(此爲第三共和時所用的名稱)。國民大會由全民投票直接選舉產生。參議院則代表共和國各地方單位及僑居國外的法人，以間接選舉辦法產生。關於國會各院議員的任期、人數、選舉的方式，議員待遇，以及議員候選人有無參加競選資格，議員不能兼任的職務的條件，均另由組織法律訂定之。同時國會議員享有豁免權及不可侵犯權，其規定與一九四六年憲法略同；議員議會會期間除現行犯或經其所屬議院的許可外，不得因罪犯或過失被控訴或逮捕，在會期外除現行犯，經許可之控訴或確切之判決，則須經其所屬議院議員所選出之院務局 (Bureau) 之許可，否則不能予以逮捕。

新憲法第二十七條並規定選民對其所選代表，政黨對其所屬黨員的投票自由無强制約束權，且規定各議員應親臨投票，在組織法律特許授權代表投票時，亦僅能代表一人投票。

國會會期較一九四六年憲法的規定頗有減縮，每年集會二次，第一次自十月第一個星期二開始至十二月第三個星期五止；第二次於四月最後一個星期二開始，會期不得逾三個月，然而國會經首揆或衆議員過半數的請求召開特別會議討論特定議題，但經衆議員請求召開的特別會議應於首次會起十二日內閉會，且在閉會後一個月內僅首揆有權請求召集第二次特別會議。

㊄國會與政府間之關係：(第三十四條至第五十一條)

根據新憲法第五章的規定，法律創制權同時屬於首揆及國會議員，且在第三十四條明定應由法律規定的問題，其他事項統可由政府以行政法令規定之。如經法律規定的事項，政府得於諮詢法制院後以行政法令修改之。同時政府在執行其政綱時，可請求國會在一限定期間內以行政法令從事法律範圍內的若干事項，諸如此類足以顯示在新憲法中行政權力的加强。

關於法律的制定，如國會兩院分別在兩度投票後不能一致通過時，或政府在兩院分別在一讀不能通過時，宣稱該法律草案的緊急性時則首揆可請求兩院召開一「合組對等委員會」(Commission Mixte Paritaire) 提出建議，再由首揆提經國會討論，是時國會在未經政府同意時不得提出修正案。如此一步驟無所成就，則政府得請衆議院作最後決議。至於財政預算案立法程序問題，如衆議院在政府提出四十天後尚未經初讀通過時，政府可逕請參議院於十五天內予以討論。如國會於預算案提出七十天後未作決議，政府則可以行政法令付諸實施。

政府僅因衆議院通過彈劾案而去職。彈劾案須經全體議員十分之一之連署，於提出四十八小時後始得表決，須有過半數的贊成始能通過；如未能通過時其連署人不得在同一會期內另提彈劾案。又首揆得將其施政計劃或一般政策性之聲明於內閣會議討論後，提請衆議院舉行討論投票，如在二十四小時內未有有關彈劾案提出，則應卽視之通過。

㊅國際條約與協定：(第五十二條至第五十五條)

主要者有：共和國總統談判及批准條約，條約的生效應預經國會的同意。

㊆憲法會議：(第五十六條至第六十三條)

根據新憲法規定，憲法會議主要的職務是要監視關於總統選舉及公民複決投票的進行是否合理，並宣佈投票的結果；和處理關於議員選舉的一切爭議。同時「組織法律」在公佈以前，以及國會兩院議事章程均應先送憲法會議審議。共和國總統、首揆及國會兩院議長亦得將國會通過的法律，在依法律規定的期限以內提請憲法會議審議是否違憲。

在組織方面，第五十六條規定憲法會議由委員九人組成，其中三人由總統任命，其餘六人由衆參兩院議長各任命三人；委員任期爲九年，期滿後不得連任。此外各前任總統均爲該會議的當然委員，會議主席由總統任命之，在表決正反票數相等時，則根據主席意見取決之。

㊇司法權：(第六十四條至第六十六條)

新憲法第八章各條均爲保障法官的獨立性而設，同時設立「司法官最高委員會」(Conseil Supérieur de la Magistrature) 以保障法官的地位及維持法官的紀律。

㊈大理院：(第六十七條及第六十八條)

大理院由國會衆參兩院同數的議員組成；受理共和國總統及政府閣員的案件，但共和國總統僅在涉有叛國行爲，經國會兩院以秘密投票及全體議員絕對多數的表決後始得被控訴。政府閣員對在執行職務時其行爲構成犯罪者應負刑事責任。

㊉社會經濟會議：(第六十九條至第七十一條)

戴高樂將軍一度擬將一九四六年憲法中設有的「經濟會議」(Conseil Economique) 廢除，但經考慮後仍決定保留，並改稱爲「社會經濟會議」。在初步草案中原併於國會與政府間之關係章中，後經提出另設一章。該會議的任務在對政府送交的法律草案，法令或行政法令草案，以及法律建議案提供意見；並得委派代表一人出席國會陳述該會議的審查意見。同時政府亦應就一切有關經濟及社會性的問題諮詢該會議，至於其組織及工作程序等均以組織法律另訂之。

⑪地方制度：(第七十二條至第七十六條)

新憲法對於法國本部及海外地區制度及劃分辦法多與「第四共和」時代者相同。本章條文中對阿爾及利亞方面絕未見有若何特殊規定。對海外地區的規定中不同於一九四六年憲法者有第七十六條的規定，海外地區能保留其原在共和國中的地位，如經地方議會決議，根據第九十一條的規定取得法國海外省制的地位，或單獨或集合成爲集團中的一邦。

㈩集團：(第七十七條至第八十七條)

集團內的國家享有自治權，集團沒有行政會議、仲裁法院 (Cour arbitrale) 及參議院以區別僅代表法本部國會的參議院。共和國總統爲集團主席及代表。集團的權力範圍包括外交、國防、貨幣、公同財經政策，戰略物資原料的經營；但在未經協議時尚包括司法管制、高等教育、公同對外運輸組織及電信各項。同時以協議可規定其他權限或確定權限的移轉。

㈪協合協定：(第八十八條)

共和國或集團可與凡願與其協合以發展其文化的國家成立協定。本章的規定似有成立英國式邦協的傾向。

㈫憲法之修改：(第八十九條)

總統經首揆建議以及國會議員有權勸議修憲。修憲案須經國會兩院一致通過，並經公民複決通過始告成立。如修憲案在國會兩院已獲通過，經總統召集國會兩院聯席會，再以參加投票五分之三的多數予以通過，則可不經公民複決即告成立。但在法本國一部或全部領土被外國軍隊佔領時不得進行任何修憲程序；此欵規定似在避免第二次大戰時維希(Vichy) 政府時事件的重演。至於最後一欵規定政府共和制度不得爲修憲的目標一項，則爲代替一九四六年憲法第五章第四十四條規定「法蘭西皇族子弟不可被選爲總統」的一條文。

㈬臨時措施：(第九十條至第九十二條)

新憲法並以本案規定「第五共和」新制度的成立。在新國會選舉前，僅政府有權召集現行國會，新憲法頒佈後四個月內新制度應付實施。對於集團方面此限期則爲六個月。在一九五九年七月三十一日以前，新參議院則由現任參議員組織之。新制度各部門成立前，政府得以法令採取一切必要的措施；至於新國會的選舉法，政府亦得以法令訂定之。

公民複決投票結果的分析

九月二十八日公民複決投票最後統計數字，經全國投票核算委員會於十月四日正式遞交內政部，茲將此項數字列表如下以資參考：

地區	登記選民	參加投票選民	有效投票數	贊成票數	反對票數
法國本部	二六、六〇三、四六四	二二、五九六、八五〇	二二、二九三、三〇一	一七、六六八、七九〇	四、六二四、五一一
海外省區	三七三、一三五	二四六、九八八	二四三、一二〇	二一八、一八七	二四、九三三
阿爾及利亞省區	四、四一二、一七一	三、五一五、二一〇	三、四七六、三九四	三、三五七、七六三	一一八、六三一
撒哈拉省區	二八二、〇九九	二三六、三一三	二三五、四〇二	二三二、一一三	三、二八九
多果蘭、喀麥隆、Nouvelles Hébrides 及 Wallis futura 島法居民	一八、四八五	一三、九七六	一三、四三四	一三、九〇一	五三三
國外地區法僑民		三七三、三一六	三七〇、四〇九	三五五、一六三	一五、二四六
海外地區(註)	一四、一五一、二八八	九、九一一、三三七	九、八五四、二九一	九、二二一、五八五	六三二、六〇六
合計	四五、八四〇、六四六	三六、八九三、九七九	三六、四八五、二五一	三一、〇六六、五〇二	五、四一九、七四九

(註)：海外地區法屬西非洲的幾奈 (Guinée) 地方反對票佔多數，其意即不願加入法蘭西集團而決意獨立，故該區投票結果不包括在內。

就上表的數字統計看來，這次通過新憲法的公民複決投票的成功實在是驚人的表現。在法國本部贊成新憲法的票數佔百分之七九·二五，反對者僅百分之二〇·七五，爲四與一之比。如與海外地區票數一併計算，贊成者竟達百分之八五·一，反對者僅有百分之十四·九。這樣的比例數字，卽戴高樂本人亦意料不及。此次公民複決投票的結果，最顯著的表現該是共產黨的失敗，法共在「第四共和」的歷屆選擧中皆能獲得百分之二十五的選民；在這一次，共產黨雖自六月二日卽開始積極發動投反對票，但並不能得到其過去支持他們的選民響應，況在百分之十四·九的反對票中，尚包括社會激進黨的孟德斯法朗士 (Pierre Mendès-France) 派及白勒 (Jean Baylet) 與布爾諾斯牟奴里 (Maurice Bourgès-Maunoury) 等的勢力，抗敵民主社會同盟的選民，以及社會黨左派和其他組織的力量。所以一般說來，法共在這次公民複決投票中，實已損失選民達百分之二十至二十五之間。

雖然新憲法在公民複決投票中得到空前的勝利，却又並不能說所有投贊成票的法國國民對新憲法表示絕對的擁護，他們的同意擁護無寧說是對「第四共和」的無能表示抗議。況憲草自公佈至投票中間時間的短促，使一般選民對憲法草案無暇予以研究；所以他們贊成新憲法實無寧說是表示擁護戴高樂將軍，希望其解決法國所面臨的困難，而非對憲法有何愛好或嫌惡，一如法人在一七九九年時大家擁護拿破崙所提出的憲法一樣。然而新憲法究竟能否給「第五共和」帶來穩定的制度，仍使人懷疑，卽使戴高樂能制止法國政潮的頻繁現象，而誰又能不顧慮到法國今後會不再走回「第三共和」以前時常修訂憲法的舊轍呢？

此外，由於幾奈反對新憲法選擇獨立一事，是這次制定新憲法所帶來的意外結果。而此事將使法國在非洲遭遇許多新的困難，看來法國似必要承認幾奈的獨立。將來法國在非洲的其他屬地的獨立，恐是在幾年內所不能避免的，將來補救的辦法祇有賴第十三章的規定，以不列顛邦協形式來維護法國的地位了。

四七、一一、三〇於巴黎。

主客

思果

把人生當作在塵世的寄居，我們就都是客了。話雖如此，我們一出世就在搖籃中做了主人，等到嚥了氣，長眠在一間漆黑的，密不通風的小木屋裏，也絕不像是客。主呢？客呢？有時可眞也不容易分清楚。

有一天我乘公共汽車，那車上只有一個雙人座上還空了一個位置，但靠近窗子的一邊先坐了一尊二百多磅的健者。他本來佔的地方已經超過了三分之二，却又不便把兩腿稍稍靠攏一些。這種情形之下，我幾乎無地容身了。那時我想，我雖然和他付的同樣車資，他却像主人，我像客人。每一個乘客都會感到，如果他先坐在一張雙人座上，他便享盡了一切的權利！他愛坐多少地方就坐多少地方，又用不着讓座位給立着的女客，也沒有人在他的身旁擠來擠去。而後來的那人呢，他好像沒有出車錢，或者至多只付了一半車錢，只能很抱歉地，膽怯地，斜着身子，坐在先坐下的那人的身旁。

只有肥胖的人可以反客為主，有時甚至可以把先坐下去的那人擠走。這也是環境迫他如此，因為他如果不多坐一些地方，他就要跌倒了。

說起肥胖的人來，我就想起英國散文家痕特所寫的一篇講天熱的文章來了。那篇文章裏面說，五個胖子坐一輛馬車，恨那第六個胖子跑進來，認為他沒有權利生那麼大的塊頭。肥胖的人有兩個階段。第一是滑稽，那是剛剛比一般人肥一些的時候的樣子。和他熟一些的人無不拿他取笑，他也以諧角自居，成為性情好，受人歡迎的人物。他到朋友家在門外敲門，裏面問是誰，他會乾脆地回答：「胖子來了！」超過了這一階段，痛苦就漸漸加深了，如上樓越來越吃力，夏天的汗出個不停，要到深秋才有乾襯衫穿、等等，叫人看了要同情他。這時候他和骨瘦如柴的人同樣是憂鬱的傢伙——但也在這時他在公共車輛中，成了暴君，壓迫靠近他的別的乘客。因此別人見了他就怕了。

從這一種主客的關係，我就想起別的許多種主客的關係來了。不用說在朝的政黨是主，在野的政黨是客；搬進一所住宅的時候是主，到要搬出之前又像是客了。你碰到熟悉的一件事是主，碰到不熟悉的事就是客。從這裏我們不妨替主客二字下一個定義：主人就是負責招待，少不得要工作，生活比較安定的，和掌握權威，有控制力，居於主動地位，明白情況的人；反之就是客人。

在心理上我們總想做主人，這並不單單是因為作客，他鄉或寄人籬下，就感到淒然，事實上，像香港這個地方，忽然來了這許多逃難的，當地的人全頭痛透了，雖然有些外來的濶人肯花錢，使他們得到利益，倒是富有的人每年到外國遊歷，雖然作客，心情反而輕鬆。拿說話來說，除了像趙元任博士那樣的天才語言學家，多數人喜歡說他的本鄉話。我生長在江南，自幼出外，一直很少回家，終年說着客地的方言。雖然我學起外方話來還算容易，還算準確，可是我沒有說好一種純粹的異鄉話，甚至我的國語，也說得不够標準。因此我總羨慕那生長在北平或在北平讀書的人。我多麼希望終年都說我的故鄉的方言啊！這不是不願作客的心理作祟麼？有人一生不說一句外鄉話，別人聽不懂他的話活該，這是天生賦有主人脾氣的人。所以在別人勉力說你懂得的那種方言的時候，說得差些，你可千萬不要笑他，在精神上，他已經甘居下風了，他是客。

只有孩子們到了一處便是那地方的主人，他們一下就學會了當地的方言。當地的人也絕不會當他是外鄉人來看待。他們根本不記得故鄉，腦子裏甚至連故鄉的影子也沒有。人家說，孩子是國家的主人翁，慢着些，他一出國就不是的了。

我的環境，不但逼我說各處方言，還要逼我說一種我總說不好的番話，可見我命中注定要作客的了。從前的中國人不知有西洋文字，精通了中文就行了，倒是很省事的。我們現在拿起了筆，一不小心，常會寫出不像中文的中文來。除非自幼把外國文學好，有幾個人是眞正精通外文的？我們讀莎士比亞或密爾頓，不總隔一層麼？在這種事情上，我們不免總是個客人吧。難怪英國的吉辛說他出生在英國有他高興的理由，其中之一是，他讀莎士比亞是讀的英文原文，我們難道不因為世界上有杜甫、李白、而甘願做中國人麼？照他這種說法，似乎只有不能享受自己本國文學遺產的，才是住在祖國也等於住在異鄉的、天涯流落的人。

當然每一種職業圈子裏的人是主人，圈子外面的是客人，你到醫院去看病，那裏面掛號處的職員，管厠所的工人，還有神情可畏的看護（——且不說醫生），都是主人。那看護和醫生的白色的衣服，把你嚇昏，一種特殊的藥水味道也把你嚇昏；即使你是個最兇暴的傢伙，你也不敢在醫院裏撒野。那可憐的病人，不管他是什麼公司的董事長也好，軍隊裏的總司令也好，總失去了他的威風，在醫院裏只有聽話。他要出了醫院，才能恢復他的社會地位。因此，每一種職業都有尊嚴，給為了從事這種職業受苦和受委屈的人一些驕傲和安慰。剛才提起的那穿白色制服的看護，你如若在菜市碰見她，穿着便服，提着籃子，你就會覺得她不過是一個平凡的女子罷了。我的經驗，下了臺的戲子，看起來總比他在戲臺上小得多。連老虎離開了山都威風不起來。

我一開頭就說過，我們是主人還是客人的身分，有時很難分得清楚。你去拜訪一個人，主客的身分當然是很分明的，但當你坐下以後，他忽然請教你對於蘇彝士運河或匈牙利革命的事件的看法。你原來是國際問題專家，這一門他的無知令你驚奇，並且對他同情。於是你對他就題發揮了一番，說得頭頭是道，使他只有佩服和讚歎的分兒。這樣一來，頃刻之間你已經變了主人，他却變成了客人。你的話還沒有說完，忽然他的太太出來了，端出了她親手製的點心。她帶着笑埋怨她的先生：「你看你，人家朋友來了，不好好招呼人家，儘問這問那的！」然後她對你陪笑道：「×先生，吃一點我們自己做的蛋糕，看看蒸得鬆不鬆。」你本來有些饑餓，看見那蛋糕，口角幾乎流涎，嘴裏還說「您太客氣了，」可是老實不客氣就動手吃起來了，充分享受你做客人的權利。在吃蛋糕的時候，你總得騰出一些時候來稱讚那蛋糕的特點，這不是一件輕易的工作，因爲蛋糕也許做得很差。你要用言語欵待你的女主人，使她欣賞你的稱讚。這時你是主人，她成了你的客人了。讚美是一件工作——只有主人才須要工作；受人欵待是享受，只有客人才受人欵待，不管是物質的或是精神的。

這樣說來，主客的關係，瞬息間會變化的。另一方面請客來吃一頓飯，主客都很吃力，尤其在大城市中人人都很忙碌，我聽到人家請吃飯或者要請人家吃飯心就寒了。只有準會餓死的人會喜歡到人家吃飯，而這種人之是否有別人做他的主人，却很成問題。一個客人的出現，應該像名伶的出臺一樣，是一件令人驚喜的事。可是太太的菜還沒有弄好，要先生看住小孩，客人已經來了，眞是糟！等客人大吃一頓以後，發覺了小孩當天的功課沒有督促又早該送他們上牀去睡覺了，而且杯盤狼籍，眞巴不得他早些發駕。而客人呢，剛丟了飯碗就要起身，似乎不近人情，好像專爲了吃一嘴才來的，吃完了自然還要坐下來多談一下。按照主人的說法，他家並沒有菜，不過是大家撩撩，本該如此。吾鄉有句諺語，叫作「客散主人安」，我是拳拳服膺的。

至於那客人，帶些疲倦回家，而且爲了使主人滿意，多喝了兩杯酒，不勝酒力了，甚至嘴饞，還多吃了一塊牛排，在床上翻來覆去半夜不能入睡。最糟的是一場麻雀，輸去了一個月的薪水。他眞不曾料到今天手氣會壞到這個地步，「眞的，請三桌客都够了！」可不是兩敗俱傷？

只有碰巧坐下來吃兩碗飯，吃完就出門，似乎於主客最相宜，可是有時主人家沒有準備，第二碗飯都端不出，主婦可急了——這等於奇襲，很不道德的，可也有坐下來談久了，非扯謊走不了的情形。這種客人的滋味我嘗過一次，弄得進退兩難，所以到朋友家去坐，以飯後爲最宜，否則及時撤退，要時刻放在心裏。

俗說：「久病無孝子」，我們未嘗不可以說：「久客無主人」。客人住得久就不再是客人了，他不但不用主人欵待他，有時他也可以欵待主人。等他預備走了。在送行的酒席上，主人抱歉地說：「我們沒有拿你當客待，」客人感激地說：「打擾你們很久了，」他才恢復了他客人的地位。事實上，誰能受得了終年維持主客的關係呢？這種關係雙方都是牽制，多少是痛苦，人忍受痛苦是有限制的。所以主客關係的消失不是主人慢客，或是客人放肆，而是主客停止「演戲」，互相解放。

在每一件事情上，主客的關係都存在，讀者啊，您是客，不佞是東道主，這話是英國的必額彭(Max Beerbohm)說的。您看了這篇文章如果不滿意的話，算是我做主人的失敗，但是我希望您是一位了不起的客人，倘使有人問起了拙作的時候，您好像吃了別人請的一頓飯，心裏大不如意，可是口裏却說一句：「眞虧他費心！」謝謝您。

詩二首

李　經

(一) 美國行

總統號，黎明前，通過金門大橋，
　萬盞繁華的燈火
　歡迎一船遠渡重洋而來的心。
還鄉的開始査看更動了的電話和地址，
異國訪客忙着溫習旅行指南。

漸行靠近的海岸，一步一步地
　翻譯地圖上的描繪，以及
　百科全書上的記載。
整齊的鉛字忽然開始像人羣般嘈雜，
抽象的線條乃變成高架鐵道半空的側背

早晨的太陽掀開海霧，
　與一堆待解答的問題。
碼頭上，龐大的起重機
沉着地伸出幾何圖形的手，
　有禮貌地提取行李。

(二) 自由島島上望紐約市

肩負這樣重任的
　竟是一座小島；
摩天大樓挺起腰肢，
　短袖旗袍般賣弄風騷。

咬着大烟囱，
　豪華巨輪匆匆來去；
港口外，孤立的女神像
　高擧着銅鑄的火炬。

【註】紐約市區在曼哈登島「Manhattan」。自由島卽 Bedlose 島，在紐約灣內。上面有著名的自由神像。北望可見曼哈登島上的摩天樓以及東江開出的遠洋巨輪。

紅樓夢後四十回的考證問題（下）

——對林語堂先生的翻案提出商榷

嚴　明

（五）

高鶚和程偉元是否眞的找到失去原稿，這是問題的關鍵，然而這問題無法直接答覆，這問題包括兩點：

1.如果高、程眞是找回失稿加以補訂，則爲何百餘年來許多研究紅樓夢的人士，多表懷疑，更有人嚴正指出高、程撒謊，認定後四十回係高鶚所續。

2.高鶚和程偉元爲甚麼要說這樣的假話，來欺騙後世的讀者，並且有千千萬萬的讀者相信他的話，包括讀者林語堂先生在內。

高鶚是否眞的找到了原稿

高鶚是否找到失稿，這是一百七十年前的事，今天無法直接查實。不過我們仍是有方法查問到一個結果的，這就要把後四十回的書來考證一番了。前會說過，考證後四十回書是否爲原著，不能以其寫得好不好，俗不俗來斷定，這與鑒賞書畫不同，鑒賞書畫大多先看好不好，不過好不好的作用也只是在斷定其僞而並不能斷定其眞，即壞的一定屬僞，而好的不一定是眞。因爲許多贋品也有上佳之作，而能「以僞亂眞」。對於書的考證，更不能以優劣斷眞僞。其實好與不好是很抽象的，各人的看法亦多不同，如高鶚的後四十回書，受到很多人的指責和批論，但也有很多人認爲寫得很好（林先生就是說他好的），我們認爲好壞的問題在其次（並非不論），而眞僞的問題爲主要。關於這點應從兩方面來探討。一是書的情節有無不合，有無漏誤，而這些不合與漏誤之處又絕不會在原作者曹雪芹的筆下發生。二是文情風格是否一如原著，可與八十回作一比較，這兩點也就是本文所要提出的：對於後四十回疑問之發生的第二個原因。

關於第一點，我們不能以其大體上情節和前八十回符合爲滿足，必須指出其漏誤，而這些漏誤在作者曹氏手中絕不會發生，來作爲論斷。因爲我們知道以後的情節在八十回中都有伏筆，甚至在前五回中已有暗示，可以看出端倪。只要細爲留意根據線索，對於八十回後的情形，可以想像到一個大概。所以高鶚的續書亦主要是以八十回中的各種暗示和所伏的線索爲依據的，在情節上大致是符合的。不過由於紅樓夢一書頭緒紛繁，情節層出不窮，而且並非出自「空中樓閣」，加以作者曹氏的稀世奇才，千頭萬緒，寫來一筆不亂，洋洋灑灑，密密層層，一言，一行，一物都機緣深伏，處處有「草蛇灰線于千里外」之筆，可稱爲一部「百衲天衣」的書。在這種情形下，如果換一個人的手筆續下去，即使此人之才可敵曹氏，亦必因書中情節，未曾經歷而難免漏誤，這件「百衲天衣」必然露出破綻。

現在我們即將後四十回的漏誤作一個論述，首先將林先生分辯的幾點提出：

1.王熙鳳的結局——

鳳姐的結局，可以依據冊子中的兩句話：「一從二令三人木，哭向金陵事更哀」。前句應是個字謎，林先生說：這個啞謎沒有人打得出，後四十回沒有打出這個啞謎，也不能說它打錯。我們認爲不然，這啞謎作者曹氏是知道的，如果後書是作者所寫，應該打出這個謎。是的，這個啞謎，除作者之外，沒有人打得出，當然也沒有人能夠指出後四十回書有沒有打錯。然而就鳳姐的結局來說與兩句話都不切合，後書說鳳姐病死，靈柩運返金陵，這與「哭向金陵事更哀」的文情實在不大妥切。既然死了又怎麼哭向金陵，「事更哀」三個字的文氣也連不下去。如果說鳳姐被賈璉休棄，乞返金陵，這或者可合上「哭向金陵事更哀」的結局。再者在後四十回中，曾有鳳姐「衣錦還鄉」之籤（事見第一百零一回），這個「衣錦還鄉」之籤，固然與冊子中所說「哭向金陵事更哀」不合，即與後四十回的第一百十四回說鳳姐病死，尸返金陵的情況亦相矛盾。關於這點兪平伯曾有嚴厲的批論：「這不但是與八十回不合即在四十回中已說不過去了。他求的籤是：『……於今衣錦返家園』。後來寶釵說『這衣錦還鄉四字裏頭還有原故……』這似乎在後文應當有明確的照應，方合情理。那知道鳳姐後來竟是胡言亂語的病死了，臨死的時候，只嚷到金陵去，至於『衣錦』兩字，並無照應。說是魂返金陵，那裏有錦可衣？魂能衣錦或否，高氏又何從知道？說是尸返金陵，則衣錦作爲殮衣釋，也實在殺風景得很。況且書中既說賈氏是金陵人氏，則歸葬故鄉情事之常，又何獨鳳姐？又何必求籤方才知道呢？高氏所作不合前八十回，還可以說兩人筆墨不能盡同，至於四十回中底脫枝失節，則無論如何，高氏無所逃罪，況且相去只十四回，高鶚雖健忘也不至如此。我想，與其說高鶚底矛盾，不如說高鶚底迂謬。程偉元說他是『閒且憊矣』眞是一點不錯，他如不閒，怎麼會來續書，他如不憊，怎麼會續得如此亂七八糟呢？」（見兪平伯著紅樓夢辨，後四十回底批評一章）

兪氏的批評，或嫌過苛，然而後四十回所寫鳳姐的結局，無論與第五回的冊子或與一百零一回的籤都不妥切，則很明顯。問題倒並不一定在那句啞謎，林先生對這點的分辯，並無作用。

2.湘雲的早寡與金麒麟和白首雙星的事——

湘雲早寡是不錯的，至於「因麒麟伏白首雙星」這實在費解，是否指湘雲，很難說。一說是暗指賈母和張道士的隱事，說金麒麟原爲一對，本屬史家之物，一個留在史家，由湘雲佩着；一個則由賈母送給張道士，轉入寶玉手中。(此說非常奇奧，見紅樓夢索隱，平伯也述及)。一說是暗示湘雲後來與寶玉偕老，(亦卽說脂硯齋主人卽湘雲，雪芹著紅樓夢時兩人已結爲夫婦)此二說均難確定。不過湘雲嫁後，不是早寡，卽應早卒，這才符合湘雲底冊子中所示「展眼弔斜暉，湘江水逝楚雲飛」的結局。關於湘雲的事，我們可以承認後四十回沒有大錯。然而過於草率，對金麒麟事未作交待，湘雲以後的情況，亦支吾混過，因之也不能說他寫得很對。

3.香菱之死——

林先生認爲後四十回寫香菱因難產而死，也可以說是死於夏金桂之手。這點很有問題，在八十回中已說到香菱被金桂折磨得身染重病，後又因金桂之捉弄遭受薛蟠的毒打。如書中所述：「薛蟠更被這些話激怒，順手抓起一根門閂來，一徑搶着秋菱(按香菱已被金桂改喚爲秋菱)不容分說便劈頭劈臉渾身打起來，一口咬定是秋菱所施，秋菱叫屈……秋菱果跟隨寶釵去了……終不免對月傷怨，挑燈自歎。雖然在薛蟠房中幾年，皆因血分中有病，是以並無胎孕，今復加以氣怒傷肝，內外折挫不堪，竟釀成乾血之症，日漸羸疲，飲食懶進，請醫服藥不效」。(事見第八十回「美香菱屈受貪夫棒」)作者曹氏的意思明明說香菱跟隨寶釵去後，以有病之身復遭毒打，而致病勢嚴重，醫藥罔效，應當不久便死了。若不是高鶚續書時未曾注意此情，則爲何後四十回竟反說金桂自焚其身死在香菱之前，又說香菱被扶正。再者前書明說「是以無胎孕」，如何又說她難產而死呢？

其實高氏底續書，還有很多謬誤之處，是林先生這次翻案中未曾提到的，現在暫且摘幾點較顯明的出來看看，這幾點兪平伯亦均曾指出過：

1.巧姐的年齡

關於紅樓人物的年齡，曹氏是有其記憶中的根據的，縱有不脫小說誇張之例，然而却也都循着一定的時間進長。然而到後四十回就零亂了，尤其對巧姐的年齡更爲顚亂。後四十回開始敍及巧姐在第八十四回：「奶子抱着巧姐兒，用桃紅綾子小棉被兒裹着，臉皮發青，眉梢鼻翅微有動意。」這是嬰兒發熱將要抽筋的情形，看這樣子大概二、三歲光景。至八十八回：「那巧姐兒在鳳姐身邊學舌，見了賈芸，便啞的一聲哭了」這樣子也不過三歲左右。然而到了九十二回却說：「巧姐跟着李媽認了幾年字，已有三千多字，且唸了一本女孝經又唸上了列女傳。又聽寶玉對她講說文王后妃、姜后脫簪待罪、無鹽安邦定國和曹大家、班婕妤、蔡文姬、謝道韞諸人。……又講了些賢德的如孟光的荊布釵裙，鮑宣妻的提甕出汲，陶侃的母截髮留賓等。巧姐道：二叔纔說的也有念過的，也有沒念過的，念過的一講我便知道了」。巧姐聽懂而且念過這些，至少也得有七八歲。第八十四回至八十八回的四回中巧姐的年齡沒有增進，而第八十八回至九十二回的四回中，表現巧姐年齡的樣子就不同了。再至一百十七回巧姐忽又變成十三四歲談婚嫁的年齡了。以紅樓夢所敍自第七十一回賈母八秩大慶，到一百十四回賈母卒時享年八十二齡，這四十四回共計只兩三年時光，八十八回至九十二回僅五回，如何使巧姐由二三歲一變爲七八歲？再者一百十四回至一百十七回四回中其間所歷各事最多不過一、二年，又如何使巧姐由七八歲一變而爲十三四歲呢？所以兪平伯的評論說：是高氏爲了將巧姐配齊十二釵之數，所以勉強拼湊此事情。總要寫得漂亮一點。方可以遮蓋門面，他却忘了四回以前所寫的巧姐是什麼光景，於是他就暴長了一下。後來鳳姐病深，高氏要寫巧姐年幼，孤露可憐，以形容鳳姐結局底悲慘，於是他就暴縮了一下。到書末巧姐要出嫁，却不能不說她是十三四歲；因爲這已是最小的年齡，於是她又暴長了。高氏始終沒有注意到她的年齡，所以才鬧了這麼一個大笑話。

關於巧姐的敍述，自廿一回巧姐出痘疹開始到七十一回時，已經過約十年的光景，(事見第三十九回賈母問劉老老多大年紀，劉老老答七十五了。賈母向衆人道：這麼大年紀還這麼硬朗，比我大好幾歲呢！所謂大好幾歲至少也得兩三歲，故此時賈母的年齡應爲七十二三，到七十一回賈母已八旬大慶，其間應經過七八年的時光。加上廿一回至三十九回的十九回約三年，應約有十年左右，(兪平伯說前八十回計首尾九年，筆者認爲不確)因之八十回後的巧姐至少亦應當有十歲左右了。但是在第八十四回巧姐被敍及時依舊是用小紅綾棉被裹着的嬰兒，這顯見是兩個人的看法和寫法。因爲在八十回作者的腦中巧姐是日見長着的，而在後四十回作者的印象中，仍然只記得巧姐是個襁袍中的嬰兒。因之開始敍到時，仍然以原有的印象爲根據，忽略了她的成長。由此推敲，後四十回非原作者曹氏之筆，已屬顯見。

從巧姐的年齡錯亂中還可以附帶提出一點，卽是前述九十二回中說巧姐跟着李媽認了幾年字，有三千多字，包括女孝經、列女傳，而同時又特別由賈母口中說出鳳姐不識字。李媽是巧姐的奶媽，竟能知書識字，而出身世宦的鳳姐却不認得字，這種敍述，在同一回內的同一場合中，實在顯得不調和。其實鳳姐是識字的，這在第七十四回中曾經提到「鳳姐每每看帖看帳，也頗識得幾個字了……看了潘又安的信，便念給婆子們聽」，為甚麼前後不對？至於李媽是怎樣一個人，在一〇一回對她有幾句形容：半夜巧姐醒了哭着，平兒叫李媽拍着她些，李媽嘟嘟囔囔的駡道：『眞眞的小短命鬼兒！放着屍不挺，三更半夜嚎你娘的喪！』一面說一面咬牙便向那孩子(巧姐)身上擰了一把，那孩子哇的一聲大哭起來。李媽這個樣子，是像教了巧姐幾千字，念女孝經、列女傳的人嗎？

2.水月庵和饅頭庵搞不清

平兒將水月庵錯說成饅頭庵，幾乎把鳳姐嚇死。如書中所述：

「鳳姐本是心虛，聽見饅頭庵的事情，這一嚇眞嚇怔了，一句話沒說出來，急火上攻，眼前發暈，便歪倒了……平兒慌了說道：『水月庵裏不過是女沙彌女道士的，奶奶着什麼急呢？』鳳姐聽說是水月庵纔定了神……平兒道：『是我頭裏聽錯……』『我剛才也就說溜了嘴，說成饅頭庵了』」(見第九十三回)

按鳳姐前於送秦可卿靈柩至鐵檻寺，歇於饅頭庵時，為包庇一件官司，經由庵中老尼之手，勒索了三千兩銀子，害死兩條人命(見第十五回)因此，對饅頭庵事，一直心虛。

平兒雖然精細，亦難免有一時之失，把兩個庵名說錯，或有可能的。但是饅頭水月本是一庵，是不可分的。書中曾說明：「原來這饅頭庵就是水月寺，因他庵裏做的饅頭好，就起了這個渾號」(見第十五回)，這樣看來，平兒並未說錯，倒是作者弄不清了。水月庵、饅頭庵都是作者曹氏題的名，兩庵原是一庵也是作者所說明的，如果後四十回仍是曹氏所寫，則決不會對這兩個庵名生出問題，平白害鳳姐急壞，也白寫了這段文字。這只有另一個人續書時的疏忽，才會把這點弄錯。想當時高鶚寫時，只注意如何安插這段文字，有意提一下鳳姐的舊案，以便為寫鳳姐後來的惡果作張本。不想因此留下這個錯誤。

3.小紅沒有下文

在前八十回中，作者對於小紅曾極力為之一寫。尤其她與賈芸的一番戀情，曹氏也曾鄭重其事地有一番描寫。而後四十回中竟見不到她的下場，她和賈芸的戀愛也沒有了下落。作者既有意安排於前，為何失落於後，這只有續書的人忽略了原作者的本意。

關於林先生對俞平伯的辯駁，多屬是文情和文章的風味方面，可以併入第二點來討論。

其實文章的風格和個性，較之於內容情節，更為重要，亦更可以看出它的區別和高低。因為文章貴於有個性，不是勉強模倣得來的，尤其像紅樓夢這部書，若非親歷其間，則對書中的人事景物就很難描述得維妙維肖。續書的人，因為缺乏那一份親身的經歷和聯繫的感情，所續的書和原書自有一段距離。再者續書人的個性與原作者不同，表現出來的也就有所不同，這些都是考證後四十回是否出於一人之手，不可忽略之點。

關於第二點在寫法方面，尤其是文情、風格和文章底個性方面，後四十回與前八十回顯然有別，我們只要略擧對黛玉的寫法就可以發現其文情與前書不合。如黛玉的病情撩亂：

在前八十回中，黛玉也時時有病吃藥，然而都是隨着季節情況而敍及，她的病和她嬌弱嫉癡的性情，以及吟咏哭泣等行徑，調和襯托得很自然很純美，病況也敍得合時合理。可是八十回後，黛玉的病，忽好忽壞固然奇突，而且竟完全變成心病了。如第八十九回寫黛玉絕粒，九十回開始黛玉已經奄奄一息，紫鵑料已無希望，守着哭了會子，並急報賈母、王夫人去了。可是在同一回中接着又說黛玉聽到了侍書的話後，覺得自己和寶玉的婚事仍有希望，因此一想，竟然「陰極陽生」而好了。如紫鵑所說「虧她好了，只是病的奇怪，好的也奇怪。」這眞是奇突得不合情理，在八十回中從未有如此寫法。

(六)

現在再來看看俞平伯對後四十回的批評，被林先生斥之為胡鬧的幾點：

1.寶釵婚後以手段籠絡寶玉，始成夫婦之好。
2.黛玉贊美八股文章，以為學擧業取功名也清貴些。
3.寶玉中擧出家。
4.寶玉由一僧一道仙去，封文妙眞人。
5.賈政賈珍等復世職，後來孫輩蘭桂齊芳。所謂「沐天恩」「延世澤」。

我們認為俞氏指出這幾點批評，並非「胡鬧」。對這幾點寫得好不好，姑且不論，就其所表現的個性和志趣，顯與前八十回有別。

1.寶玉厭薄八股，亦討厭人家談論「仕途學問，處世立身」之道。他對寶釵有所不滿，亦在此處，他與黛玉情投意合者亦在此。他與黛玉的愛情之苗，除了他說的「親不隔疏，後不僭先」倆人從小一處長大長久相處之外，(其實這是表面的文章)主要是在他倆個性愛好的相投。黛玉從不勸他「仕途學問，經濟文章」，實為重要之一端。所謂「林妹妹從不說那混帳話」，這也是黛玉的個性和品格。然而這種性格一到高鶚手裏就變了，變成了寶玉亦致力於從前未曾講究的八股文章，因寶玉變了性格，連帶着把黛玉的性格也變了，說黛玉也勸寶玉勤八股，博功名，並說「要取功名，這個也清貴些」。

高氏為什麼要有這樣的轉變，這是高鶚與曹雪芹的思想性格和胸懷不同底原故。高氏是科擧出身，不脫世祿觀念，他認為寶玉在出家之前應報父母養育之恩，而報恩之方，惟「金榜及第」，並且認為寶玉既稱通靈，亦應該有這份才祿，為要寶玉中擧，就得以勤學八股為梯階。因高氏存有這種觀念，所以在續書一開始的第八十一回就是「兩番入家塾」，以此勸學八股，作為後面中擧，報父母之恩的張本。寶玉因此而變，黛玉亦因此跟着變。這一聯串的轉變為的是要使寶玉中一個擧人，使寶玉能以此報父母之恩，如此，寶玉一輩子的事就完了。不管這種轉變是把寶玉變好變壞，(高氏的意思，或許認爲這樣才把不學正途的寶玉變好了。）實非原著曹氏的性格，亦非寶玉的性格，而是高鶚的性格，這性格與曹雪芹顯然不合。林先生爲高氏而辯，說寶玉中舉是由於爲報父母之恩。其實中了個舉人，能說一輩子的事可以完了嗎？紅樓夢既是敍述寶玉由情、而痴、而迷、而悟，則中舉一節，是不是說在痴迷之中，必得中個舉人才可以「悟」，抑是「悟」了之後，還必得中個舉人報了父母之恩，才算完滿呢？

其實高氏要寶玉中舉，並不僅僅是以「便是兒子一輩子的事也完了」這句話爲交待的。而是爲了要使寶玉高發，有出息。所以說他成仙，不但成仙，還要皇帝加封爲「文妙眞人」。本來爲僧和成仙，對寶玉由悟而出家這點，是無何區別的。但是高氏之寫寶玉仙去是有用意的，因爲惟其仙去，才可以得到「文妙眞人」的封號。寶玉不但中舉，而且成仙，再加「文妙眞人」之封，這樣才滿足了高氏的心願，否定了原著開首所說「一技無成，半生潦倒」「獨自己無才不得入選」的自白，而替入高氏自己的心願。高氏的心願雖然完成，但書中的錯誤，也由此鑄成。

2.在八十回中，處處都暗示着賈府以後的衰敗，賈氏運終，羣芳盡散，寶玉悟由痴迷，夢醒南柯。高氏爲要使寶玉能得到「文妙眞人」之封，就得要「沐天恩，延世澤」和賈政賈珍復襲世職這回事，期能重承皇恩錫封寶玉。曹氏寫賈赦賈珍作惡多端，賈氏子弟驕淫狂蕩，豈能仍舊安享富貴？賈府荒淫糜爛，盛極而衰，又豈能家業復起富貴流長呢？高氏心志未灰，期以賈氏中興，然與第一回所謂「暮年之人，貧病交攻，漸漸的露出下世光景來」之眞情實意絕然不同了。

3.黛玉從不說那「混帳話」，爲何到後四十回會說呢？是黛玉變了，還是雪芹的筆走歪了？曹氏寫寶玉和黛玉的性格，以及他倆的愛情，均屬獨到之筆，多着力於他倆討厭仕途學問和功名利祿的相近個性上，此在書中處處可見。我們知道紅樓夢不是一部禮教之書，而是一部自懺自悟的情典，原只是使閨閣昭傳而已。紅樓夢有一股筆墨清香之味，也就在此特點上，然而到了後四十回，不但寶、黛的個性變了，而且滲入了一些名教中的意識。就曹氏本身的事實和八十回中所表現的，均沒有此種意識，這應當是高氏的筆寫的是高氏的意識。

4.寶釵婚後，以手段籠絡寶玉，成爲夫婦之好—這事情的本身雖無可議之處，但是這種寫法，並無趣味，大可省此一筆。俞平伯對此點的批評，或嫌過激，而其所以提出此點來評論，其主要作用亦在指出寫法上的不同。對寶釵的描寫，在八十回中處處與瀟湘媲美，端麗嫵媚，非常出色，與黛玉搶盡了鏡頭。到了後四十回却把她寫得黯然無光了。

5.寫寶玉失蹤後，光頭赤足，身披大紅猩猩氈斗蓬，向賈政倒身下拜，然後由一僧一道，夾住飄然登岸而去一節，平伯認爲這簡直是肉身成聖。因而其批論說：「依事實論，是不近情理；依風裁論，是畫蛇添足」。我們認爲寫得神秘一點，如果不傷大雅，却是無妨，卽八十回中也有不可言喩的神秘之筆。不過高氏這種成仙、拜恩、受封等夾纏在一起的寫法，卽使並無不合情理之處，亦是多此畫蛇添足一筆。平伯說：「……一百十九回，虛寫寶玉丟了，已很圓滿；何必再畫蛇添足……」這該是的論。

（七）

除以上高氏續書的情節漏誤和神情已非這兩點之外，我們還可以依據脂評來進一步研判。

在前篇所摘錄的脂硯評語中，已經說出八十回後的文稿中有：獄神廟一段文字，寶玉「懸崖撒手」一回目，和最後的「情榜」。高氏所續的四十回中，沒有這些文字。最後的情榜（林先生也承認有此）也沒有榜出。這是因爲高氏摸索不得，不知如何寫法。尤其是最後的「情榜」，爲總結紅樓人物之評，高氏更不知如何錄名，如何排序，以及如何評法。（如情榜的總評中有「寶玉情不情，黛玉情情」見第十九回脂評引「情榜評」。亦不知何解）所以不顧一切地不提它了。致使高氏所說的話，露出了馬脚。

全書並非一百二十回

林先生根據脂評第四十二回上的總評，認定本有百二十回一點，也有問題。脂評雖寫在第四十二回上，然而是說「今書至三十八回時，已過三分之一而有餘」。明明說三十八回已過三分之一而有餘。如係一百二十回，則三十八回就不能算是三分之一而有餘了。依據脂評，原計劃應爲一百回，此可以第二回開首脂硯總評：「以百回大文，先以此回作兩大筆以冒之，誠是大觀」爲證。再者脂評在四十二回上所說：「今書至三十八回」，是因爲初稿與抄稿的分回不同。初稿分回分得大，抄稿分得小。四十二回爲初稿的三十八回，照此推算則第八十回應爲初稿的七十三回，初稿尙有二十七回卽合成百回之數。初稿的二十七回到抄稿應爲三十回。因之八十回後，應該還有三十回，而不是四十回。平伯曾依據第二十一回脂評：「按此回之文固妙，然未見後三十回猶不見此之妙」爲證，而斷定後書爲三十回（筆者以爲脂評此處所指的三十回，是否卽是八十回後的三十回，尙不可確定）不過無論以初稿計，或是以抄稿計，八十回後所餘回數，不是二十七就是三十，決不會是四十回，其總回數不是一百就是一百十回，決不是百二十回。因三十八回無論對一百回或是對一百十回而言，都可以說是已過三分之一而有餘。如果是一百二十回就不對了。原著既然不是一百二十回，則八十回後也不應當有四十回，由此可證高氏底四十回，既不是失去的初稿，也不是抄稿，而是高氏的續書。

（八）

到此，後四十回是高氏底續書是可以認定的了。至於高鶚和程偉元爲什麼要說是找到失稿來騙人呢？這很簡單，因爲高氏在續書時，鈔本已流行了二十多年，雖然鈔本有多種，但都祇有八十回。讀者也都知道紅樓夢祇有八十回，如果忽然出了一百二十回本，則人皆曰後四十回爲他人之續作。因此不能不假言從藏書家、舊紙堆中、鼓擔上積得原稿加以增刪補定而成。瞞過讀者，以補讀者未見全璧之憾。高氏續紅樓夢，雖然他在文學上的地位和聲望不能和曹氏並驅，但是他的作品却與曹氏的作品等量齊觀，永偕不朽！

不過，憑心而論，高氏底續書，大體來說，也確實不壞，亦有許多優點。最主要的有二：一是寶玉和黛玉的愛情以悲劇終。二是紅樓羣芳的結局，除鳳姐和香菱之外，都按照原作者曹氏的意思，歸入了「薄命司」的册子。雖然鳳姐的後部情節不對，而其結局悲慘同入「薄命司」則不錯。至於其他寫得好的地方，如林先生所說的幾點，也都可承認。由此我們可以想像到高氏續書的態度是很爲審愼的，必定費了很大的心力，很久的時間。並且高氏也是一個具有相當文才的人，不過欲與曹氏相比，相去仍是很遠。至於林先生說：他不相信高鶚能在一年多內寫出四十回。誰說高鶚只寫了一年多？高氏自己只說過：「數年以來」又說：「歷年所得」。這「數年」和「歷年」怎見得就是一年多，而不是指五六年呢？按高氏於乾隆五十三年戊甲（一七八八年）中順天鄉試舉人，其續紅樓夢完成於一七九一年(乾隆五十六年辛亥)，如說應鄉試時爲了勤八股之學，無閒續書，則自其中舉至續書完成，其間亦有首尾四年，何況其於鄉試前，並非絕對不能寫書，故魯迅在中國小說史略中所說「其補紅樓夢當在乾隆辛亥時，未成進士，閒且憊矣」不確。不知林先生指他僅續了一年多是根據什麼？又說：如果高氏有此才能，爲什麼要續人家的書，而不自己寫一部書呢？關於高氏自己寫不寫一部書，是高鶚的事，拉不到後四十回的問題上來，我們認爲以高氏之才，寫一部相似的小說，並非不可能之事，惟不能相伴曹氏的大作流傳後世，爲千萬讀者所敬仰不已！同時高氏續紅樓夢，已經耗盡了最大的心力，能否再有餘力寫自己的創作，則非我們所能過問的了。不過我們知道高氏亦著有「吏治輯要」「蘭墅文存」「蘭墅十藝」等書，是一個能文的作者。

對於高氏續書的評論，平伯將它批評得庸劣之至，固屬失之過火，而林先生把它稱贊得一如原著，亦屬失之亂眞。我們認爲高氏所續之書，自有其所續之價值，惟毋論其價值如何，究竟是高氏底續書而非原著。因之，在考證上，我們寧可失之於平伯的苛論，而不可失之於林氏的亂眞。林氏批評平伯讀書粗心，則「以僞亂眞」，又豈祇粗心而已。

（九）

最後，我們認爲對紅樓夢後四十回的問題，應該可以澄清，並可以得到下列三點結論：

1. 八十回後的原稿迷失，且永未找到——如果找到了，必然會合成全璧傳世，同時也不會有人續書冒充。
2. 因爲原著迷失，致有人續書，而且續書的人，不祇一個，所續的書，也不祇一種。
3. 在續書中，以高氏續得最好，致高本能留傳得既廣且久。不過高本雖然最好，依然是高氏的作品，究非曹雪芹氏的原著，也冒充不了。紅樓夢一書非出於一人之手筆，百餘年來，很多人指出過，證諸實情，此話不虛，經此考證，應可肯定。亂林語堂先生這次翻案依然沒有能翻得了。

（民國四十七年十一月十日寫於中和鄉）

附註：本文上篇刊出後，承胡適之先生閱後寄來林先生的「平心論高鶚」一文（中央研究院刊印），林氏在臺大所講應係該文之要點，惟論高鶚文中所述較其所講者詳而豐，筆者未見該文，致本文對林氏所提商榷，係以其去臺大所講者爲對象爲範圍，至於「平心論高鶚」文中之較詳部份，容閱後再論。聖誕夜補記

讀者投書

(一) 評大專青年論文競賽

——兼責評選委員

王文瑞

記得在去年(四十六)九月間，中國國民黨中央委員會第四組、及臺灣省黨部、臺灣省教育廳、中國青年反共救國團等四單位，爲加强一般青年對三民主義的認識起見，特聯合舉辦「第二次三民主義論文競賽」。同時，根據當時各報章所載，該次論文競賽的評選委員，都是聘請在國內享有盛名的教育、文化界名流學者任之。

據說：參加該項青年論文競賽，計分爲大專青年和社會青年等五組。大專青年組的題目是：「中國國民革命的回顧與前瞻」。在當時參加各組競賽者中，以大專青年最爲踴躍，應徵的稿件當然也相當地多。在許許多多的應徵稿件中，嗣經那幾位評選委員詳愼評選結果，參加大專青年組論文競賽者，計選出最優作品韓榮貞、梁樹人、楊劍石、吳盛木、葉天行、會治津、張潤書、蘇振中、江聖希、游文融等十名。凡是獲選者，除了可得到一筆不大不小的獎金外，他(她)們的大名，還在當時各報章雜誌上出過一番風頭。同時，中國國民黨中央委員會所附設的改造出版社，還特別地將該次所舉辦青年論文競賽大專青年組所獲選的第一名至第四名(亦即韓榮貞、梁樹人、楊劍石、吳盛木)的作品，印成專冊，編入「青年論文選粹」(四輯)，同時還列爲該社知識青年叢書之一。由此可見這四篇作品，必定是這次論文競賽中最具有代表性的「佳作」了！

改造出版社所印成的這本「青年論文選粹」專冊，業於今(四十七)年二月間問世了，在這本專冊上第一頁「前言」，改造出版社還特別愼重地對該四篇大作，大爲讚揚一番，茲節略其內容如下：

「……從韓榮貞、梁樹人、楊劍石、吳盛木……等篇這許多代表作裏，我們看出中華民國的知識青年，對於『國民革命』都已有了深切的認識和堅確的信心，這是時代青年對於反攻復國建國所發生的新的交響樂章，非常值得我們重視和敬佩！

茲特將徵文精選之作一、二、三、四篇印成專冊，編入青年論文選粹(四輯)，同時列爲本社知識青年叢書之一，以饗讀者……」

此外，中國國民黨中央委員會對於這本所謂「中國青年代表作」亦極重視，認爲是一般青年的範本，所以當「青年論文選粹」出版後，即由該會分發給各級黨部、及機關、團體、學校作爲參考資料。

當這本珍貴的代表作—青年論文選粹，普遍發行後，筆者如獲至寶似的，原抱着欣慕的心情拜讀之下，不但感覺到千分地失望，而且感覺到萬分地詫異，因爲在該書的四篇精選中被列爲大專青年組代表作的「吳盛木」君那篇「大作」裏發現，原來「吳」君純純粹粹是個「文抄公」。

該篇係「抄」自刊載於中國國民黨黨史史料編纂委員會所出版的「國民革命畫史」，而原作者並非別人，他就是大名鼎鼎的中國國民黨黨史史料編纂委員會主任委員，亦即該次青年論文競賽評選委員之一的羅家倫先生。

有何爲證，筆者根據「國民革命畫史」這本書，由羅家倫先生所寫的「前言」裏，有一段文章是這樣寫的：

「……國民革命畫史正是採取『足徵』的史料，以表現中華民族在近代史的這一重要時期中可泣可歌的史實。以圖片爲主，並佐以本人所著『六十年來之中國國民黨與中國』一文，分段並列，俾增加讀者系統的了解……」。

而「青年論文選粹」中所謂「四篇精選」中的一篇，亦即是吳盛木君以四萬八千字所「抄」成之洋洋大觀的「大作」，內中竟有四萬二千字抄襲於「六十年來之中國國民黨與中國」一文，不過，吳盛木君略將羅家倫先生所寫原文的緒論與第五章後半段動些「手術」而已。

他的「手術」是怎樣地動法呢？簡單的很，就是把羅家倫先生原文中的第三章「摧毀一百年的枷鎖——取消不平等條約」予以腰斬，同時僅將原文的目錄更改一兩字，其餘一字不易地照抄。嗚呼！所謂「最優秀青年的作品」，原來竟是如此這般！

筆者對於吳盛木君的此舉，認爲係「吳老兄」期於貪圖那筆不大不小的獎金，抑或是爲了青年虛榮心的作祟，不予置評。

不過，對於主辦此次青年論文競賽單位所聘請的那幾位國內聞名的教育界、文化界的所謂「名流學者」，甚至於「專家」的評選委員的疏忽，豈不令人嘆惜？

筆者認爲在這次參加論文競賽許許多多的應徵稿件中並不是沒有比吳盛木君更爲優良的作品，(筆者在這裏要附帶聲明，關於該次論文競賽，筆者因愧於才疏學淺，未敢斗膽參加)，而是被評選委員們遺忘了；或者是吳盛木君的這篇「大作」稿運較佳，恰好被選評委員們抽到，獲了青睞；或由承辦單位任意塡個分數，委員們連看都未看，也未可知。但是評選委員們這種敷衍塞責的官僚作風，十足反映了中國國民黨中央委員會等四單位聯合舉辦青年論文競賽之舉動毫無意義！

最後再談到中國國民黨黨史史料編纂委員會與改造出版社，這兩者的性質雖然不同，但是在「血統」來講，兩者同出一源，等於是一個父親所生下的同胞手足，並且住在「一家」。根據「國民革命畫史」與「青年論文選粹」這兩本書上所載，前者的社址與後者的社址，甚至於主辦這次青年論文競賽的最高單位——中國國民黨中央委員會第四組的辦公處，同爲臺北市中山南路十一號之一。同是一家人，居然鬧此大笑話，豈不是滑天下之大稽嗎？

筆者眞想不出，由於這次「吳盛木的事件」，主辦單位及諸評選委員們，怎樣去把這筆「三民主義」的宣傳賬報銷？

四十七年十月。

讀者投書

(二) 從監所條例看司法行政部的法治精神

一羣監所管理員

編者先生：

掀開近年來的報刊，就看到谷部長口口聲聲的，一再强調整飭司法風紀，改進司法業務，連篇累牘，舉目皆是。究竟實踐了多少呢？僅就監所條例看看司法行政部的法治精神吧！

監獄條例及看守所條例，於民國四十三年十二月二十五日修正公佈，並於尾條明文規定：「本條例自公佈日施行。」監獄條例第十八條，看守所條例第十二條經修正爲：「……主任管理員及管理員均委任。」該項條例自修正公佈，到今天已經滿四年了，迄未施行，我們將近千名服務監所的管理員，仍舊還是雇員。

尤使我們困惑不解者：司法行政部，竟於司法專刊第六十四期(四十五年七月份版第二六八八頁）刊載四十五年度，司法行政部門施行計劃，上年度辦理情形第二項甲目：「各監所主任管理員及管理員均改委任，已通飭施行」云云。如此說來，各監所管理員，早在四十四年已改爲委任了，爲什麼我們到今天仍爲雇員呢？以全國最高之司法行政官署，不知爲何竟出此掩耳盜鈴，自欺欺人之舉！本年考試院將舉辦監所管理員升等考試，以爲改爲委任之程序，司法行政部竟函請考試院暫緩辦理。既說四十四年已通飭施行現又說暫緩辦理，豈非自打嘴巴？此舉更出乎意料之外。我們監所管理員，有多數已服務十年以上，另有部份爲隨政府撤退來臺始任此職，以往曾歷任各級軍公職務，且經銓敘登記，已取得簡、薦、委任各級公務人員任用資格。如將原編制上之雇員，依法改爲委任階級，其具備資格者，彙具證件敘任，不具備資格者，以同委任待遇代用，乃順理成章之事，何須必待升等考試？縱不論考試院以升等考試之辦法爲管理員改委任之方式適當與否，司法行政部也應積極促成實施，以符條例所規定，今竟函請考試院暫緩辦理（見本年十月二十四日中央日報第一版考試院第一八七次會議）依法定程序修正公佈之條例，已經一拖拖了四年之久，並未施行，還不算是暫緩嗎？難道要緩上十年百年嗎？照這樣情形看來：這項條例雖非胎死腹中，自降生落地早已名存實亡了！

傳說各監所主官及司法行政部部份高級官員們，對管理員改爲委任，不表贊同，故而設法阻碍施行。其藉口當然另有遁辭，實則其動因不外：監所管理員，如仍爲雇員，其免任權操之在單位首長之手，考核獎懲便於感情用事，召之即來，揮之使去，更便於憑關係任用私人，倘依法改爲委任後，一切自應按公務員任免法及考績法辦理，自無目前之便當耳。此顯然乃受個人權勢的迷惑，爲維持權勢，以逞私慾，不惜毀法亂紀，又何必妄言改革獄政，施行法治乎？

綜上事實，我們有幾點感想：一、司法行政部對本身所屬之重要機構組織條例，尚且如此拖延施行，足證權力不受法律拘束之一實例。二、依法修正公佈之監所條例，其中對管理員改委任一項規定，已拖延四年，仍未施行，而竟於司法專刊，登載相反之事實，此種作爲是否構成刑法第二一三條：「公務員明知爲不實之事實，登載於公文書，足以生損害於公衆或他人者」之刑事責任。三、各監所事務經費，在監所條例未修正前，原按管理員爲雇員，每人月照四十元計算，自四十四年度起，已按委任制增列爲一百元，是否會計按委任制，人事按雇員制，以便冒名頂領事務經費？四、修正監所條例，管理員改爲委任，原爲司法行政部所主動，依法通過公佈後，反延緩施行，而於司法專刊竟登載已通飭施行，事隔四年，又函請考選部暫緩施行，而自證其並未施行，前後不符，自相矛盾，不知何以自圓其說？五、據十二月八日報載，谷部長答立法院質詢有云：「司法行政部對司法人員待遇問題，一直在努力，現在仍在努力。」云云，依法規定，我們管理員的職位待遇，拖了四年，尚未施行，還要暫緩辦理，所謂調整待遇云云，眞叫我們哭笑皆非。況且調整公務人員待遇，事關行政院統籌之策，非部會各自爲政之事。

素仰貴刊倡導法治，維護民主自由，立論正確，我們既無地伸訴，事實也不容向上級質問或辯爭是非，敬懇惠賜一角披露，將我們沉痛的心聲公諸社會，並供司法行政當局參考。

此祝

撰安

一羣監所管理員四七、一二、二五

讀者投書

（三）中學教師分等考核制應取消

邢公俠

人事考核之難得公平合理，從殺人滅屍犯能被考列甲等一點，可以想見一般。蓋人為心靈活動的動物，考核辦法是死的，無論如何也難得正確客觀。何況握有考核大權的人，又多是憑一己的好惡去衡量人呢！

尤其是教師這一職務，和一般的人事關係又不盡相同。從任職的關係上說，是一種聘任制的自由職業；從其本身的任務上說，也是一種良心事業。因此在考核上似乎除了在消極的規定方面，他已違反了些什麼要求，或根本不能任教，主管方面應設法使其不得再濫竽教育界外；實在不必要列一套漫無標準的主觀條件，而每年來一次硬性的分等考核。致結果搞得多數人氣憤不平，寧非多此一舉！

試想誰應是甲等教師，誰又應是二等或三等教師，既無絕對標準，又非宿命註定，誰能心甘服氣！憑良心講，這種僅憑主觀的硬性將教師分等的辦法，實無尊師重道的意味，與我國師道的傳統是相違背的。這樣當然會影響學生對師長的觀感，更會打擊教師的教學情緒，對教師的人格不能不說是一種屈辱！

請先看看現在的考核情形吧！

因為考核標準不確定，幅度太大，比較開明的學校，多採輪派分贓制。人人都有輪一次甲等的希望，其餘也都考列二等以上，沒有三等的，使大家無話可說。但這樣雖可平憤，於考核的本意則早已失掉了。

私心頗深的校長，則以考核為武器。雖有考核委員會之設，但多指其心腹充任。而且校長有最後決定權，盡可以其一己好惡為升降。其結果常是教學素孚信譽的教師，考核決得不着甲等；而對校長恭順逢迎之流，雖確屬低劣，然考核恆列甲等。

一般學校的主任組長多全為甲等。大概是因為他們兼有官職，沒有功勞有苦勞的原因。實際這些人並沒有眞把學校辦好，其兼職也是自己鑽營來的。兼了職可以少任教學鐘點，多拿政府的職務加給，平日已得過報酬了，考核時又再包辦甲等，顯然是不以教學為主的官僚作風！

再就是考核委員自己都是甲等。照理既被任為考核委員了，為示大公無私起見，似應犧牲一次甲等以避嫌疑。可是這些人專門會互相標榜，自己抬高自己，恬不知羞！

以上就是目前考核的眞象。請問何能服人！

事實上辦理考核的本身也確有其困難。誰應列為甲等，誰該列為二等。誰過去是甲等，現在列為二等，會不會誤會。至於考入三等，非但使人不能升級，還等於把人當問題人物看，更易引起仇隙。就是想應付圓滿，也無法週到。

還有不合理的是限定甲等只能佔十分之三，這又不是學生的智力測驗，一定非成常態分配不可。何以不准好教師多於十分之三，或硬要以不好的教師去湊足十分之三呢？這樣的辦法還能合理嗎？要知道書是多數教師教的，決不是十分之三的人包辦得了！

照想政府規定此種分等考核的用意，無非獎善警惡。今既不能獎當其功，貶當其過；而且徒滋困擾，對一批名列甲等的教師還要多發半月薪俸作「獎勵」，豈不是費而不討好的事！與其如此濫，何如取消此一敝制，規定只要未違反某些規定的教師，每年均可增俸一級。反而可以節省開支，減少無謂的糾紛，不更合理而明智得多！

總之，對中學教師的分等考核辦法，不論制度的本身，或實行的結果上說，都是不合情理的舉措。因此每次考核一發表，總要引起些議論或風波。孰令致之，當然不是人不安分，實是一種不平之鳴。正如一位學養均很好的教師氣憤的說：「混賬東西才要爭甲等，我們是爭人格和正義呀！」

四七、十二

出版法條文摘要

立法院第二一會期秘密會通過
總統於四七年六月廿八日公布

第六章 行政處分

第三十六條 出版品如違反本法規定，主管官署得為左列行政處分。
一、警告。
二、罰鍰。
三、禁止出售、散佈、進口或扣押、沒入。
四、定期停止發行。
五、撤銷登記。

第三十七條 出版品違反第三十二條第三款及第三十三條之規定，情節輕微者，得予以警告。

第四十條 出版品有左列情形之一者，得定期停止其發行。
三、出版品之記載違反第三十二條第一款之規定者。
四、出版品之記載違反第三十二條第二款及第三款之規定，情節重大者。
五、出版品之記載違反第三十四條之規定，情節重大者。
六、出版品經依第三十七條之規定，連續三次警告無效者。

第四十一條 出版品有左列情形之一者由內政部予以撤銷登記。
一、出版品之記載，觸犯或煽動他人觸犯內亂罪、外患罪，情節重大，經依法判決確定者。
二、出版品之記載，以觸犯或煽動他人觸犯妨害風化罪為主要內容，經予以三次定期停止發行處分而繼續違反者。

第四十二條 出版品經依法註銷登記或撤銷登記或予以定期停止發行處分後，仍繼續發行者，得沒入之。

編者按：在此項出版法未廢止之前，本刊決將上項條款繼續刊登，一方面用以自我警惕，一方面讓世人知道我們的出版自由，受到怎樣的限制。

短評

（一）撤銷警備總司令部！

警備總司令部最近訂定了一項「請願須知」（見中央日報），規定人民請願時，須先向治安機關申請。很顯然，這是對人民請願權新加的一「法外」限制。

人民具有請願權，原為憲法第十六條所規定。對於此項權利，政府非在憲法第二十三條所限定的特定條件下，尙且「不得以法律限制之。」請問警備總部現如此「擅」加限制，究從那裏來的此項「特權」？

近幾月來，該部由非法「查扣禁售」書刊，侵犯了出版自由，又進而利用「取締流氓辦法」大捕人民，侵犯了人身自由，現又企圖透過「請願須知」，侵犯人民請願權了！像這樣下去，眞不知人民自由權利，將被摧殘到何種地步！更不知政府在人民的心目中，又將被造成怎樣惡劣的後果！是否存心把自由中國造成一個「警察國家」？

其實，警備總部的法律地位，根本便是一大問題。立法委員劉錫五在四十七年九月十六日向立法院提出的書面質詢中，便指摘該部「在法律上尙屬無所依據。」今天，已到非澈底追究其法律地位不可的時候了。老實說，像這樣一個沒有法律依據的機構，如竟聽其存在，便無異是鼓勵其違法毀法，濫用權力，希望立法院速予糾正，行政院速予撤銷。不然，憲法卽令不修改，也將變成有名無實！

（二）加價和加薪

在物價上漲聲中，鐵路公路客票加價案，近已由省政府正式通過，卽將呈請行政院核定了。據說這次加價比率，平均約較原價增加百分之三十五。此種比率，自不可謂不高，一且實施，是否將更刺激物價高漲，這一點，省政府的大員們，也許根本沒有顧及。

不過，公營事業的加價，政府固然顧慮得十分週到，但一般窮苦軍公教人員的加薪問題，儘管大家一叫再叫，政府當局却不眞正盡力解決！

時至今日，加價容有必要，但加薪實更有必要，那能只加價而不加薪？否則，難道是想把絕大多數的窮苦軍公教人員活活逼死麼？

（三）我國不是「一黨專政」麼？

火箭專家李元炯博士近在返美前於立法院說：「至今美國仍有人誤認我國是『一黨專政』，其實，我國目前有三大政黨，俟返美後，將向友人解釋」。

李博士這種希望維護祖國令譽之心，可喜！可愛！

不過，美國友人其所以認為我國是一黨專政者，恐並非由於不知道我們有所謂「三大政黨」吧？相反的，倒可能是因為明知我們雖也有民社和青年兩黨，但中華民國的政權，却一直把持在國民黨之手，一至於整個大陸的土地和人民，雖被國民黨斷送給中共政權，仍可抓緊政權不放，而不需負半點政治責任，反要黨化軍隊、黨化憲警特務、黨化各級教育、更澈底的造成淸一色的黨化局面。試想想：美國也好，其他民主國家也好，會有這樣一個掌握政權的政黨嗎？假使說，有三個政黨便不是一黨專政，大陸上的中共政權，豈不也可算為民主麼？事實既然如此，空口解釋又有甚麼用？

（四）魔術政治

南投鎭近舉行里長聯席會議時，各里長都認為現在推行的里民大會，是里長「騙」鎭公所，鎭公所「騙」縣政府，縣政府「騙」省政府，僞造開會紀錄及開會人數，一級「騙」一級，致令半點效果也未能達到，而建議政府重視此事，並希望予以改進。

其實，在我們目前這種政治環境裏，所謂民主，已所剩無幾，區區里民大會，那裏可能發生實際作用？這一點，政府當局何嘗不淸楚，既明明知道而又搞得煞有介事者，其本意，原只在做做民主姿態，「騙騙」老百姓而已，此之謂二十世紀的魔術政治。

因此，政府自然更樂得聽憑下級謊報。謊越大，便越能發揮魔術的妙用。可惜南投的里長們竟不能欣賞政府所要的這一套，居然天眞到對魔術認起眞來了，豈不叫「魔術大師」之流發笑甚至發怒乎？

（五）谷鳳翔何時撤職查辦？

轟動海內外的「奉命不上訴」案，雖經各方面同聲指責，却一直拖到最近，司法行政部始將臺中地方法院首席檢察官延憲諒，移送公務員懲戒委員會懲戒。

這一措施，既過於遲緩，又避重就輕。

不過，延憲諒總算移付懲戒，獨行政院對於應負行政及法律雙重責任的司法行政部長谷鳳翔，究將於何時撤職查辦，尙無所聞，顯更為海內外所關心。假使對這樣一位國人皆曰可去的部長，政府竟為了顧及所謂自己甚或國民黨的「威信」或「面子」而不撤辦，偏要等到過一時期再假借其他理由予以調職，則全國的人心，勢將因此而斷送。

現在，政府是寧可失盡人心而不願撤辦谷鳳翔呢？抑或是願意撤辦谷鳳翔來收拾人心呢？這兩者之間，必須加以抉擇了！

最近，我們又得到若干新的資料，且看監察院及政府的態度如何，而決定是否發表。

（六）黃市長「巧辯」

臺北市長黃啓瑞近在所謂「檢討就任一年半政績」時，却首先強調臺北市人口雖只有八十萬，然問題之複雜，決不減於世界任何大都市，加以財力有限，以致市政建設千頭萬緒，不是短短數年內所能完成云。

黃市長言下之意，似認為他在選舉時所發表的二十一項政見之成為空頭支票，不該歸咎於市長，反應歸咎於臺北市民。如此檢討，固竭盡「巧辯」之能事，其奈臺北市市民的眼睛是雪亮的，並不像黃市長想像的那樣容易受騙呀！

現在，僅就威脅全臺北市民的「黃禍」問題為例，這總不至有甚麼了不起的「複雜」可說了吧？但像這樣一個單純簡單的小問題，儘管大家叫苦連天，黃市長上任了整整一年半之久，居然沒有替大家解決，直到最近，才聽說還得拖到今年夏天才可能改善，請問這又拿甚麼理由來「巧辯」？

自由中國　第二十卷　第一期　內政部雜誌登記證內警臺誌字第三八二號　臺灣省雜誌事業協會會員　四四

給讀者的報告

今天，本刊已進到十足歲的年度。我們特發表社論㈠「本刊的十年回顧」，扼要指出過去言論自由的受到扼制，以及現在言論在表面上稍較自由，而在背地裡仍然受到迫害，諸如制止軍公敎人員訂閱本刊、檢扣本刊信件及文稿、警告爲本刊寫文章的人、竊聽電話、干擾印刷廠等，眞是一言難盡。

蔣總統近鄭重表示，反對修改憲法，這當然包括憲法第四十七條總統任期。現在，國外對於蔣總統決定不作「連任三任」的打算，同聲讚譽，而國內尚有一些疑雲，我們特發表社論㈡「欣幸中的疑慮」，坦白地提出我們的看法。

關於中共宣佈毛匪澤東決放棄「中華人民共和國」主席職務一事，我們特發表社論㈢「從毛匪去職事件談共產政權的性格」，指出毛匪此舉已顯示出面臨了重大困難，並進而說明中共極權政治的許多弱點和一些強點，而希望自由世界注意及之。

胡適博士去年十二月二十二日在臺北民主潮社的餐會上，發表了一項「關於言論自由和反共救國會議」的講演，由於這兩大問題極爲重要，若干讀者便來信要求本刊將全文刊登，以求知道胡博士的高見，故樂意將講演紀錄送請胡博士訂正後加以發表。

薩孟武先生的「閒談政治」大文，談到的有四大問題：一是合理與合法，二是主觀與客觀，三是權限與權利，四是法令的統一。薩先生談的這幾個問題，都很切中時弊，顯然是有感而發。而其見解之精闢，以及分析之深刻，非但足以廓清若干謬誤的觀念，且更足以發人猛省。

議員在議會內的言論對外不負責任，這已經是民主國家人所共知的原則。但在我們這個地方，竟有警察局長企圖對省議員在議會內的言論訴追論罪，劉慶瑞先生「論議會議員的言論不負責權」的大作，完全站在純學術的立場，就此項原則的沿革、發展、及內容，加以極客觀而詳盡的探討，而證明此原則實爲現代各民主國家所公認。

臺灣森林增產問題，顯爲當前經濟方面的重大課題。胡舒寒先生在其「臺灣森林增產的重要性及其途徑」的大作中，利用極客觀的數字和資料，說明了增產的重要性，並進而指出其途徑。本刊積壓甚久，至祈作者諒詧。

忠靈先生的「請政府救救慘遭迫害的印尼華僑」、及姜懷平先生的「戴高樂將軍與法國新憲法」，因稿擠而積壓甚久，敬請作者讀者諒鑒。

自由中國　半月刊　總第二二〇號　第二十卷第一期

中華民國四十八年一月一日出版

發行人兼主編　『自由中國』編輯委員會

出版者　自由中國社

社址：臺北市和平東路二段十八巷一號

Free China Fortnightly, 1, Lane 18, Ho Ping East Road (Section 2), Taipei, Taiwan.

電話：二　八　五　七　〇

航空版　友聯書報發行公司（香港九龍高打老道一一〇號）電話：五九一六四、五九一六五

總經銷　自由中國社發行部

經售者
美國　紐約友方圖書公司 Hansan Trading Company, 65, Bayar D Street, New York 13, N.Y. U.S.A.
紐約光明雜誌社 Sun Publishing Co., 112, Mulberry St., New York 13, N.Y. U.S.A.
韓國　漢城裕昌德號
馬尼剌　新疆書店
印尼　泗水文光圖書公司
緬甸　仰光振成書報店
印度　阿[illegible]文化出版社
北婆羅洲　西利亞坡青年書店
星加坡　友聯書報發行公司（小坡大馬路四六九號）
吉隆坡　友聯書報發行公司（馬華公會大廈三樓七室）
怡保　友聯書報發行公司（希尼華沙甘街十六號）
檳城　友聯書報發行公司（林連登律七十二號）
澳門　友聯圖書公司

印刷者　精華印書館股份有限公司
廠址：臺北市長沙街二段七一號
電話：二　三　四　二　九號

本刊經中華郵政登記認爲第一類新聞紙類　臺灣郵政管理局新聞紙類登記執照第五九七號　臺灣郵政劃撥儲金帳戶第八一三九號
（每份臺幣四元，美金三角）

自由中國

FREE CHINA

第二十卷第二期

中華民國四十八年一月十六日出版
社址：臺北市和平東路二段十八巷一號

目錄

半月大事記

十二月二十五日（星期四）

俄建議開歐洲安全會議，美國務院聲明拒絕。

蘇俄外長葛羅米柯在最高蘇維埃報告，重彈停試核子濫調，主張談判柏林問題，並以爆發大戰威脅西方國家。

十二月二十六日（星期五）

俄最高蘇維埃通過赫魯雪夫建議，對蘇俄教育作一重大改變，規定給蘇俄知識份子以手工勞動的經驗，並通過較寬大的新刑法。

俄最高蘇維埃通過侵犯俄國國界新刑法，外國飛行員犯俄境者，將處以十年以內之監禁。

十二月二十七日（星期六）

艾森豪下令成立聯邦科學技術委員會，負責整理各項太空計劃，以促進各研究機構間共同合作。

歐洲共同市場誕生，各國幣制在調整中。

英、西德、荷、丹、挪宣佈，持有各該國貨幣者，可以自由進行兌換。

法決定法郎貶值，貶值百分之十七·五五，並將發行新「高值法郎」。

十二月二十九日（星期一）

世界銀行及國際貨幣基金會的資金將大量增加，旨在加强自由世界之經濟資源。

北大西洋公約組織理事會議一致通過對俄覆文，拒絕俄對柏林問題通牒，惟仍敞開談判德國問題之門。

俄以洲際飛彈恫嚇西方國家，謂若對東德挑釁即觸發大戰；德共又叫囂要控制柏林交通。

英、西德、比、荷銀行支持法郎貶值計劃，使貶值後法郎不致波動。

美俄兩國簽訂協定，互相舉行文化展覽。

十二月三十一日（星期三）

美、英、法向俄提出照會，西方有權駐軍柏林，拒絕俄「自由市」建議；對解決德國及歐洲安全等問題，謂僅在無脅迫氣氛下舉行談判。三國對解決德國問題仍堅持全德自由選舉。

美國防部頒佈命令，簡化軍事指揮系統，美總統與國防部的命令將直接下達五個指揮部。

四十八年元月一日（星期四）

古巴總統巴蒂斯出亡，由執政團接管政府，皮德拉就臨時政府。執政團向叛軍提出和平建議。

蘇俄兩首領在致艾森豪的新年函件中，呼籲結束冷戰，艾森豪在答覆中，促俄解決柏林危機來表示他們願意和平共存。

元月三日（星期六）

俄副總理米高揚離俄赴美訪問。

蘇俄發射月球火箭。

元月五日（星期一）

古巴臨時總統烏魯提亞在聖地牙哥就職，卡斯特羅任三軍總司令，新內閣閣員亦宣誓就職。

艾森豪告國會領袖，將要求國會增加援外計劃經費，下年度援外預算近四十億美元，較國會去年通過數多六億美元。

元月六日（星期二）

美民主黨參議員韓佛瑞報導與赫魯雪夫會談經過，謂共匪實施公社暴政，赫氏認爲反動落伍，赫氏並指駐柏林的盟軍，是其喉嚨裏的一根骨頭。

比屬剛果人民暴動，要求剛果獨立。

米高揚向美國保證，西方繼續有至柏林的自由通路，這表示克里姆林宮對西方之反對蘇俄使柏林成爲一「自由市」之要求，作一重大讓步。

尼克森向米高揚表示，美國決心留守柏林，米高揚揚言俄不改變對柏林立場。

元月七日（星期三）

美國務院發表一小冊子評論俄總理赫魯雪夫驅逐西方出柏林的努力，指控俄政府竄改和歪曲了本世紀最近二十五年的歷史，以圖揑造事實，支持赫魯雪夫的運動。

美兩黨議員選出參衆兩院領袖：衆院民主黨爲雷朋，共和黨爲霍萊克；參院民主黨爲强生，共和黨爲竇克森。

米高揚在美表示共匪努力建立的公社是蘇俄已唾棄的東西，而且共匪正在予以修改。

美對米高揚在華府所發表的一切聲明綜合研究後獲得結論：俄對柏林問題態度，仍然一樣蠻橫。

美英承認古巴政府。

元月八日（星期四）

戴高樂就任法蘭西第五共和國總統。

亞洲地區十五個國家開始貿易談判，探討擴大彼此貿易可能。

六月九日（星期五）

艾森豪提出國情咨文，美與盟國團結一致，抵禦共黨任何侵略，建議繼續實行大規模軍事援助，勿縱容與共黨以協定建立和平。

美衆院太空會主席主張，美國太空發展計劃必須立即加緊進行。蘭德公司發表「太空手冊」報告書，預言俄不久將宣佈首次人類駕駛火箭飛行。

「自由中國」的宗旨

第一、我們要向全國國民宣傳自由與民主的真實價值，並且要督促政府(各級的政府)，切實改革政治經濟，努力建立自由民主的社會。

第二、我們要支持並督促政府用種種力量抵抗共產黨鐵幕之下剝奪一切自由的極權政治，不讓他擴張他的勢力範圍。

第三、我們要盡我們的努力，援助淪陷區域的同胞，幫助他們早日恢復自由。

第四、我們的最後目標是要使整個中華民國成為自由的中國。

社論

(一)

取消一黨專政！

——從黨有、黨治、黨享走向民有、民治、民享的大道

「中華民國政府認爲恢復大陸人民之自由乃其神聖使命，並相信此一使命之基礎，建立在中國人民之人心，而達成此一使命之主要途徑，爲實行孫中山先生之三民主義，而非憑藉武力。」這幾句話，由於是出現在經中美政府雙方鄭重會談後所共同發表的聯合公報，所以特別爲國內外重視。

政府高喊了多年的軍事反攻，本來只是憑空高喊的，現在敢於面對現實，敢於承認現實，說出「非憑藉武力」的話來，這是一大進步，是一大轉機。杜勒斯來臺會談返美後第一次招待記者時說，此次中美聯合公報的聲明，是包含「一項關於自由中國政府使命的新的陳述，其重要性是在着重於藉和平方法達成此種使命。」「我認爲此舉將使『重點轉變』，而將他們的達成該項使命建立於長期的基礎上。」近據胡適先生在「關於言論自由和反共救國會議」（全文見本刊第二十卷第一期）的講演中透露，我國駐聯合國首席代表蔣廷黻先生也認爲這一項宣示「是一個新時代的起點，也是一個新轉變的起點。」蔣總統近在光復大陸設計研究會致辭時，指出不僅僅憑藉武力作爲收復失土的手段，而特別强調只能「以武力爲後盾」，只能以「武力爲從」，便不失爲一個有力的註解。今後自由中國反共鬭爭之不得不採取新的政策，却已經是再也無法否認的事了。這正是四十六年八月一日以後，我們所陸續發表之「今日的問題」的基本觀點，即「實事求是，持久健進，實質反共。」（本刊四十六年八月一日之第十七卷第三期「反攻大陸問題」）

到現在，我們在政策上所當採取的「重點轉變」，其原則，理該是由「軍事第一」到「政治第一」。政府今後最重要的課題，顯然是如何運用政治的方法，開拓一個新的局面，創造一個新的形勢。

話說回來，政府自敗退臺灣以後，便高喊軍事反攻，起初有所謂「一年準備，兩年反攻，三年掃蕩，五年成功」，後來又有所謂「今年是反攻年」。十年來，政府便在這種高調下自我陶醉，而根本沒有想到，在這樣一種「以小敵大」和「以寡敵衆」的軍事劣勢下，我們要反敗爲勝，決不能專靠軍事，必須在政治上選擇一條反共的正路，做一番久遠的打算。然而，我們的政府，非但沒有抓住時機，在政治上建立一個反共的好基礎，反而囿於一黨一派之私，日積月累地打下了一個很壞的基礎。

現在，假使政府能由於中美聯合公報的發表，眞正認淸政治方法的重要，而在政策上具體表現出「重點轉變」，則亡羊補牢，尚未爲晚。

說到運用政治方法，我們便不能不提起中美聯合公報上所說的那句話，即所謂「實行孫中山先生之三民主義。」本來，在「三民主義」的下面，英文稿本上曾鄭重其事的加以特別註明，是指「Nationalism, Democracy, Well-being.」三者而言，其意爲「民族主義、民主政治、社會福利」。但這一極爲重要的註解，到我們的官方文書發表時，却被删除了。由於這一删除，我們早就懷疑政府對於政治方法的正確認識，到最近，從國民黨黨政當局再三提到「三民主義」時的言論中看來，更使我們擔心其將因此而加以新的曲解，順着目前所走的政治歧途，更向一黨專政的死路邁進。果如此，則政策轉變的結果，雖然轉變到注重政治方法的運用，却將是愈變愈壞，愈變愈不堪設想。所以，對於政治方法的具體內容，我們深感有加以正確說明的必要。

其實，在我們這個號稱實施憲政的國家，說到運用政治方法，自不能違背憲法的規定。事實上，國民黨所强調的三民主義，假使眞有政治上的何種意義，主要的理由，當是因其已成爲憲法的一部分。按照我們憲法第一條的規定：「中華民國基於三民主義，爲民有民治民享之民主共和國。」從這一條的規定看來，三民主義的確切內容與涵義，是要把中華民國建設爲民有民治民享之民主共和國。在國民大會制憲時，雖然大會是在國民黨控制下，但與會的非國民黨人士，起初仍舊堅決反對把三民主義列入憲法，到最後，爲達成妥協，乃在明定爲「民有民治民享之民主共和國」的條件下，才勉强同意把一個政黨的主義字樣，載入一個國家的憲法之內，用以遷就國民黨人的意願。關於這些過程，且不去細說，但無論如何，現在說到實行三民主義，依據憲法來解釋，應該是爲了建立一個民有民治民享的民主共和國，絕非爲了造成一個黨有黨治黨享的一黨專政國家。

根據以上說明，我們可以瞭解，政府今天所該運用的政治方法，理當是根據憲法的規定，向民有民治民享的目標努力。現在，我們便根據這一觀點，加以更進一步的說明。

所謂民有的意義，簡言之，係指國家的最高權力，是全國人民所共有，而非一黨一派所獨有。但近幾年來，我們政府的設施，却違反了這一觀念。

政府爲了加强黨權、鞏固黨權，於是打着國家自由的招牌，强調國家的神聖性、至上性、絕對性，從根本上否定了個人自由的價值，從而否定了憲法第二章所規定的人民各項基本自由。由限制出入境到非法逮捕、拘禁、審問、處

罰，而侵犯了人身自由；由管制新聞到不准批評政府的反共報刊入口，以至禁止軍中閱讀依法登記的出版物，終至於制定出版法，而侵犯了言論、出版自由；由管制人民集會到不核准「中國地方自治研究會」的登記，而侵犯了人民的集會、結社自由。結果是，人民不成其爲主人。政府在剝奪了人民主人地位的同時，又積極的建立龐大的政工制度，以便國民黨可以透過政工幹部之手，在全國海、陸、空各部隊中積極活動，從事黨化軍隊的工作，把國家的軍隊變爲一黨的軍隊，期使國民黨的統治地位，穩如鐵打的江山。這種做法，非但迫使民社、青年兩黨，只有永遠處於所謂「友黨」的地位，作爲政治上的點綴品，且使得號稱主人的中華民國人民，也只有永遠忍受國民黨的統治，而無法享有憲法所明確保障的神聖權利。政府仍恐這種黨有的基礎，終將由於全國人民的覺醒，而發生動搖，便又進一步推行黨化教育，乃至所謂「革命教育」，向下一代灌輸黨的教條，使中華民國國民，從兒童時期開始，便被慢慢塑造成爲國民黨的黨員。政府又恐這種黨化教育未必能全部收效，又進一步假借推行學校軍訓的名義，專門成立一個青年救國團，來篡奪學校原有的訓導工作，以求澈底控制高中以上的學校活動，企圖使得全國的青年學生，都成爲國民黨的政治資本。諸如此類，無非是想做到黨卽國家，國家卽黨，黨和國合而爲一，中國爲國民黨所獨有，而奠定國民黨在中華民國「萬世一黨」的基礎。

現在，政府假使眞想走上民有的道路，必先依據憲法的規定，廢除出版法，撤銷於法無據之警備總司令部，進而切實保障人民的各項基本自由權利，並使軍隊超出黨派關係以外，不至成爲國民黨佔有國家的工具，且進一步取消黨化教育的各種設施和活動，以及撤銷青年救國團，而使目前這種黨有的基礎，終有變爲民有的一日。

所謂民治的意義，簡言之，係指政府的活動，名實相符地受民意機構和與論的制衡，而非由一黨一派所獨裁。但這些年來，我們政府的設施，却朝着與此相反的方向走。

我們的國家和政府，既是在上述「黨有」的基礎下，人民的政治權力，本來便無從有效運用，加以大陸淪陷的局面，一直拖到現在，致令依法早該改選的中央民意代表，無限期的延長任期，而使人民的政治權力，更受到客觀環境的限制。政府在人民政治權力無從發揮的情形下，又假託「革命民主」的口號，誇張國民黨的領導權，一味的操縱與控制，事事以貫澈黨的領導爲主要目的。到最後，政府便乾脆向國民黨的極少數人負責，反忽視民意機構的法定地位和權力，而不依法向民意機構負責。於是，政府爲了奉行國民黨極少數人的意旨，國防會議、青年救國團、以及臺灣警備總司令部之類的機構，可以不經立法手續而設置；免試升學的措施，可以在立法院反對下依舊推行；防衛捐恣意浪費，可以不按立法院決議，用之於提高官兵待遇。監察院的調查權，也受到黨的壓制，而無法行使。司法的審判，也受到黨的干涉，而不能獨立。由於黨的統治普遍而深入，於是各級民意機構根本無法反映民意，更不能對人民負責。所以，爲民意代表所反對的電力加價案，立法院只有被迫通過；甚至摧毀人民言論自由和出版自由的出版法，立法院也只有依限用最快速度完成舉手任務。在地方自治方面，假使政府還多少有幾分實行民治的誠意，人民的政治權力，還可能得到一點發揮的機會。但由於政府一心一意要澈底完成國民黨獨裁的工作，於是在競選期間，便非法利用軍、公、教人員的力量來助選；在投票期間，又非法利用其指派的監察人員力量，使「監察」變成了「監視」，「秘密投票」變成了「公開操縱」，「自由選舉」變成了「干涉選舉」，甚至乾脆採取所謂「安全措施」而大量冒領選票；以至在開票期間，更非法利用這類人員增多非國民黨候選人的廢票；到最後，總是國民黨籍的候選人穩操勝券。卽令非國民黨籍的落選人員，對這類非法的競選行爲訴之於法，但國民黨還可以透過政干涉司法的途徑，盡力保障國民黨勝利的成果。縱然非國民黨籍人員，也僥倖而有一二人當選，但仍無法擺脫國民黨縣市黨部及外圍組織的牽制和干擾，在事實上無法行使職權。凡此種種，無非是使得中華民國的政治，上自中央，下至地方，完全以黨治來代替民治，弄到政治權責不明，甚至使政府只成爲國民黨的附屬機構；終至於黨卽是政，政卽是黨，黨政混而爲一，政治由國民黨所獨裁，進而企圖鞏固國民黨在中華民國「萬世一黨」的局面。

今天，政府倘若眞想走上民治的道路，又必須依據憲法的規定，由行政院眞正掌握國家的最高行政權，而向立法院切實負責，使得立法院的地位和權力，獲得具體的保障，進而反映民意，發揮監督政府的作用，並切實尊重與論界所反映的民意，且進一步依法實施地方自治，根絕任何非法操縱選舉和破壞地方行政的行爲，而使目前這種黨治的局面，也有變爲民治的一天。

所謂民享的意義，簡言之，係指國家和政府是爲人民的享受而存在，而非造成一黨一派的獨享。但我們政府的設施，却與此背道而馳。

中國人民在以上所說的「黨有」、「黨治」情形下，已喪失了應有的主人地位和政治權力，根本便無從保障並促進自己的利益。政府在人民共同利益受限制的現狀下，又利用戰時財政的名義，運用課稅權，徵收重稅，不顧人民的租稅負擔能力，如營業稅之類的不合理，使得一般工商業者，已到了非設法逃稅漏稅便無以自存的程度。納稅人的各種稅捐，雖然個個是血汗錢，但倘能用得正當，倒也無話可說，而事實却不然，政府並沒有想到人民負擔的痛苦，而特別愛惜，依法作合理的支出，相反的，却是恣意浪費。僅以防衛捐一項而言，每年便曾有五億零四百萬元之多，沒有依法列入中央政府的總預算，而秘密劃爲青年救國團之類機構的經費；這種把納稅人的血汗錢，用來供國民黨享用的事實，不過是人所盡知的一例而已。再以中央的國防經費來說，這筆費用之大，佔去了總支出的百分之八十五以上，使整個國家的財政和經濟不勝負累，然而像這樣一筆龐大的費用，也並非百分之百的用在「國防」方面，國民黨黨化軍隊的款項，便佔去其中一個極難統計的比例：諸如各級大小政工單位的支出、國民黨各級特種黨部的津貼、軍中各種黨化幹部訓練機構的開銷，乃至於軍中各式各樣「黨八股」報刊的經費和補助，無不包括在「國防」經費項下。至於省級單位的經費情形，也一樣的沒有例外。其中僅僅是國民黨臺灣省黨部一個單位，每年照例從臺灣省政府各單位弄到的津貼，數目之龐大，便足以駭人聽聞。據可靠的統計，四十五年度國民黨臺灣省黨部一年的預算數字，已高達兩千八百餘萬元（二一八、七九〇、五六四元），四十六年度的概算數字，更增加到三千一百餘萬元（三一、五八六、七六五元），至於四十七年度乃至於四十八年度又增加到甚麼程度，更不敢想像了。這樣龐大的開支，顯然不是國民黨黨員本身負擔的，而是加在全臺灣納稅人的頭上。這種事，已經是極不合法，但國民黨向灣省政府要錢的，除省黨部以外，還有很多其他的機構，例如以青年救國團來臺說，儘管明知全省教育經費困難，以致全省各國民學校大鬧教室荒，而鬧到不得不推行三部制、四部制來勉強應付，青年救國團却仍舊照例向教育廳要津貼，僅僅四十六年度一年的預算數額，便有八百二十七萬四千元之多。現在，臺灣省政府的主計部門，假使能把國民黨各機構向省級單位要去的錢，全部切實統計起來，其數目之驚人，恐怕不是任何納稅人所能想像得到的！其實，政府用以造成國民黨黨享的設施，並不是到此爲止，例如政府在公營事業的名義下，控制了生產總額百分之七十五的生產事業，輸出總額百分之八十五的貿易事業，以及資本總額百分之九十二的金融事業之後，便同時公開設置了產業黨部、公路黨部、鐵路黨部、以及郵電黨部等等，而公然非法利用公款，從事國民黨的黨務活動；甚至利用臺灣銀行的貸款，一次便貸給「中央日報」一百萬元，又一次貸給已欠債達六十五萬元之多的「中華日報」一百萬元，而扶植國民黨的黨報；乃至於利用外滙管制的權力，而做下了轟動一時的蘋菓舞弊案，使國家外滙耗費達五十萬美元，給國民黨中央黨部財務委員會換得約二千萬元臺幣的黨費。諸如上述，無非造成我國政府的經費，上自中央，下至地方，都可以被國民黨隨時非法享用，使黨費和政費不分，政費和黨費合一，變成政府的各種設施，都在直接間接替國民黨找財源；終至於造成人民的便是國家的，國家的便是政府的，政府的便是國民黨的，以至一切利益歸之於黨，利益被國民黨所獨享，企圖達到國民黨在中華民國「萬世一黨」的目的。

現在，政府如果眞想走上民享的道路，更必須依據憲法的規定，嚴格實行預算和審計制度，取消給國民黨任何單位的任何津貼，並進一步切實減輕人民的納稅負擔，且充分有效地運用美援，進而發展國民經濟，提高人民生活水準，而使得目前這種黨享的局面，更能有變爲民享的一日。

綜合以上的敍述，足見政府在政治方面的所作所爲，已經打下了一個很壞的基礎，現在若眞希望運用政治方法，開拓一個新局面，必須從澈底改換這個壞的基礎做起。然而，追本窮源，這基礎原是建立在一個錯誤的心理上，那就是企圖造成國民黨「萬世一黨」的一黨專政觀念。只要這一觀念，還存在於國民黨黨政當局的內心深處，便無法希望其跳出一黨專政的死路。因此，我們希望國民黨黨政當局，首先能澈底解開觀念上的死結，認清只有民主憲政才是反共的正途，也只有厲行民主憲政才是反共的唯一生路；然後以昨死今生的精神，改向民主憲政的大道邁進，進而在政治上建立一個全新的好基礎，以求一步步達到「民有、民治、民享之民主共和國」目標。

社論

（二）

「奉命不上訴」爲何「不予起訴」？

「奉命不上訴」案，是近年來違法瀆職涉嫌受賄而最具證據的一大案件。像這樣一件中外注目的大案子，新竹地檢處竟以不予起訴終結，竟「敢」以不予起訴終結。我們不得不大書特書，谷鳳翔想把今日臺灣的司法搞到「無法無天」的地步！

谷鳳翔在「奉命不上訴」案中犯有教唆瀆職罪嫌。這是本刊對於這個案情加以週密研究以後得到的結論（請看本刊第十九卷第十期社論㈠、同卷第十一期社論㈢、同卷第十二期社論㈢）。這個結論不是輕易得來的。我們用了許多確確實實的證據（如：白紙批上黑字的「奉命不上訴」五字；延憲諒當時向臺北請示的長途電話紀錄；監察委員陳大榕與黃向堅的談話筆錄，筆錄中寫上延憲諒告訴黃向堅，說是谷部長指示不要上訴的；又如谷鳳翔長期袒護延憲諒而不交付偵查，以及臺中地院「院」「檢」雙方敢於共同違法，抽回「聲明上訴書」等等），引了若干有關的法條，作了很審愼的推理，才得到那樣一個結論。現在這件案子的前臺主角延憲諒既經不予起訴處分，後臺主角的谷鳳翔也就可以不負任何法律責任了。谷鳳翔的手法，解脫了他自己的罪刑；國家的司法尊嚴，也被他的手法斷送了。

我們現在來看新竹地檢處對於延憲諒不予起訴的理由（不起訴處分書的原文登載在去年十二月卅一日中央日報第四版）。那些理由，在法律上在事理上都是站不住的。

第一、延憲諒的托詞是「因對李國楨瀆職案判決應否上訴問題，與承辦檢察官意見不同，倉促之間未及考慮，遽批爲『奉命不上訴』，原意是要他奉我的命令不上訴」云云，不起訴處分書便替他開脫，說道：「被告(指延憲諒)當時批示，曁(原文如此)以自己的意思命令檢察官不上訴，乃在簽呈內爲明確之指示，竟以含義不清之文字登載其上，以致責任不明，滋生誤會，其用語自嫌失當，惟此情形，究乏明知不實而爲記載之直接故意」。這一論斷，顯係故意把「奉命」二字輕輕放過。一方面，不駁斥延憲諒對於「奉命」二字的曲解；一方面又用「含義不清」、「滋生誤會」等輕鬆語爲延憲諒解脫。這實在是明目張膽地違反認定證據的經驗法則。在認定證據的經驗法則下，一切語言與文字，不得違背公認的意義或解釋。該處分書對這個具有關鍵性的「奉命」一詞，竟如此輕輕放過，其敢於舞文弄法，欺騙世人到了如何程度！新竹地檢處的檢察官眞這樣膽大嗎？天下人不盡是傻瓜，該處分書不是在臺北寫好送到新竹去的嗎？很多人也就這樣懷疑了。本月三日聯合報黑白集上的話，是富有代表性的。該處分書的上述說詞，不僅民間對之深感憤慨，而最高法院檢察署也表示不滿，據本月一日聯合報消息，「最高法院檢察署，昨已自報上閱悉本案之不起訴處分書，對該處分書以『奉我自己之命』的辯解作爲處分之依據，表示不能滿意。因最高法院檢察署令付偵查之原令，已明晰指出：以『奉我自己之命』的辯解，理有未通，顯非事實。」最高法院檢察署的這一表示，一方面是爲今日臺灣的司法保留一絲微光，一方面也顯現新竹地檢處對於本案敢於以不起訴處分，是有其更大的背景。

第二、不起訴處分書又藉口檢察一體，謂「檢察官應服從監督長官之命令，被告(延憲諒)爲該院首席檢察官，對於所屬有權爲何種之指示，自無假借上級命令之必要」。關於這一點，我們再度仔細研究，認爲所謂檢察一體，其精神應只限於法院組織法第三十條「檢察官於其所配置之法院管轄區域內執行職務，但遇有緊急情形時不在此限」及第三十二條「檢察長及首席檢察官得親自處理所屬檢察官之事務，並得將所屬檢察官之事務移轉於所屬其他檢察官處理之」這兩條所有的規定。雖然法院組織法第卅一條有「檢察官服從監督長官之命令」的規定，亦限於內部行政及第三十二條所定的範圍，不能擴大解釋首席檢察官有指揮檢察官起訴、不起訴、上訴或不上訴之權。若照該處分書的理論來講，不上訴的指示，既屬「依法有權」，黃向堅卽應服從，其應服從而不服從，則所提上訴書便不應認爲合法。不合法的上訴書應該無效。何以同一處分書又在後面引用法院組織法第二十九條「檢察官對於法院獨立行使職權」之規定，而認爲黃向堅違抗延憲諒命令之上訴爲有效？如果首席檢察官的「依法指示」之權沒有範圍，黃檢察官的上訴不但不應有效，他還應受違抗命令的制裁才對。如果檢察官應獨立行使職權，則延憲諒便無權指示不上訴；從而其批示就是實在奉到上級命令，或者是假借命令。如屬前者，卽應追究係奉何人之命，以期發現眞實，如係後者，當然是以明知爲不實之事實登載於公文書。兩者必有其一，不是前者就是後者；不是後者就是前者，決不能有其他的辯解。

第三、不起訴處分書最後認爲向第二審法院提起上訴，法律並無必補上訴理由的規定，遂謂「微論該上訴理由書已由檢察官向法院補行提出，卽令未提，依法亦無不合，是被告在該簽呈內所爲批示，不過係內部見解不同之一種意思表示，對於檢察官已向法院提起上訴，不生何種影響，自無足生損害於公衆或他人之可虞」。我們要問延憲諒所批「奉命不上訴」，祇是表達一種不同的意見呢？還是指示對於李國楨瀆職案第一審判決不提上訴？上訴是可以撤回的，撤回了便不能再提。黃檢察官假如服從了延憲諒的指示，不但上訴理由書不會送出，已提的上訴還須撤回。這樣的批示還能說「無足生損害於公衆或他人之虞」嗎？刑法僞造文書印文罪一章各條所稱「足生損害於公衆或他人者」，不是一定要發生損害，祇要有足以發生之可能（「之虞」二字的意思就是指「可能」而言），便已構成犯罪條件。何況延憲諒在批示之後又向院方抽回「聲明上訴書」，如果不是黃向堅堅持到底，則早已發生了實際上妨礙上訴的損害。

延憲諒批示的「奉命不上訴」，明明不是僞造文書，而官方偏要在僞造文書上做文章，本已文不對題。其結果又不敢按僞造文書的罪嫌去起訴，以免延憲諒代人負罪，或逼得他說出眞話來，因而爲他開脫，以致那份處分書寫得那麼糟。引用法律條文和專家著述，一味斷章取義，任意曲解，但仍不能掩飾其矛盾。前些時官方報紙所登的所謂本報訊（實卽同一機關送登的稿子，請看本刊第十九卷第十一期社論㈢）和現在這份不起訴處分書，從明眼人看來，這其間有一脈相承的心勞日拙的窘態。

延憲諒無罪了！他既不是瀆職，也不是僞造文書，那末「奉命不上訴」的批示，只好說是他糊塗到糊塗透頂才寫下的。一個當首席檢察官的人，如果糊塗到了在公文書上糊塗批示，還不該給以嚴厲的行政處分嗎？可是谷鳳翔對於延憲諒自始至終是袒護的。到了現在還要把他調到屛東地檢處去，仍然當首席檢察官，既不免他的職，也不降他的級。官階如故，職權如故。如果延憲諒所批示的「奉命」不是奉谷鳳翔之命，谷鳳翔何至袒護延憲諒到這種程度呢？事情很明白：教唆別人犯罪的人，自然不能回過頭來去懲罰被教唆的人。如果這樣作，被教唆的人可能被逼得說出實情來。由於這一可能的威脅性存在，所以谷鳳翔對於延憲諒，既不敢交付偵查於前，也不敢給以行政處分於後。

谷鳳翔始終袒護延憲諒，其原因，大家都可理解了。谷鳳翔毀壞了國家法律的尊嚴，而已經失掉了尊嚴的法律，自然對他毫無辦法。可是，輿論是良心的法庭 (the tribunal of conscience)，在良心的法庭之前，谷鳳翔是不能抬頭的。但是這對於谷鳳翔又有什麼關係呢！「笑罵由他笑罵，好官我自爲之」。本來是古往今來的官僚哲學。

一個政府偶爾有一兩個不肖的官吏，卽令是一兩個大官，並不是一件太可怕的事。可怕的是違法亂紀而證據鑿確的大官，既不受到法律裁判，又不受到行政處分，那末，這個政府本身，也就很難維繫人民的信賴了。這是個很嚴重的問題。因爲這個問題關係嚴重，所以在這個「奉命不上訴」案初被揭發的時候，我們就在第一篇社評（第十九卷第十期），特對監察院及行政院陳述我們的意見。當時我們希望於監察院的，是秉大公無私的精神，為國家法治前途着想，不要循私情，受請託，好好地處理這件案子。當時我們希望行政院的，是採取積極的主動的態度，不必等監察院有何表示，即課谷鳳翔以失職的責任，同時還更進一步澈查在這件案子當中，谷鳳翔是否還有其他更重大的罪嫌。現在，時間經過了兩月，本案在法律程序上既如此這般地告一段落，而監察權也不能發生作用，行政處分一點也沒有。這就影響到大家對於整個政府的看法了。

監察院有個時期，曾享有很高的聲譽，可是這一次陳委員大榕所提出的彈劾谷鳳翔案，竟遭擱淺，該院原有的聲譽，大大地貶損了。縱容一個違法亂紀的谷鳳翔，其事小，因縱容一個谷鳳翔，而貶損監察院的聲譽，而放棄監察權的行使，其事大。作為人民代表的監察委員們，總應該有一點政治責任心吧！大家還瞪着眼睛看你們是不是把谷鳳翔彈劾案一拖了之？再就行政院講，我們提過多次，陳院長向來是標榜法治的。標榜法治的行政院，對於一個違法亂紀的司法行政部長不僅不交付法律制裁，而且也不給以行政處分，這叫人民如何可以信賴政府呢？

谷鳳翔自始至終袒護延憲諒，自有其不得已的苦衷，大家都可理解。但我們所不能理解的，為什麼監察院和行政院都要袒護這樣一個違法亂紀、斷送司法尊嚴的司法行政部長，而不能通過彈劾案，而不能給以行政處分呢？難道谷鳳翔的後面，還有什麼其他力量支持嗎？如果真有一個力量在支持谷鳳翔，我們可以斷言，這個力量是反動力量，是摧毀國家命脈的力量，是逼着人民造反的力量！我們信仰自由民主的人們，是主張和平運動而深恐暴力革命的。所以我們經常地督責政府自己守法，才好叫人民守法，如政府自己對於一些違法亂紀的官吏一味袒護縱容，甚或在政府的背後還有大力在指使或支持。那末，臺灣政局的前途是不堪設想的。整個大陸丟掉了，剩下的這塊小小土地——臺灣，是不是也要丟得一乾二淨才甘心呢？四億多的人民，被害得陷於匪窟，剩下的一千萬人，是不是也要逼得他們都挺而走險才罷手呢？有權勢的人們啊，當夜深人靜，聽不到奴才們歌頌之聲而頭腦稍為清醒一點的時候，請想想吧。

社論

（三）

韓國的政爭與東方的民主

由於修改安全法而引起的韓國激烈的政爭，現正方興未艾。一面執政的韓國自由黨用盡一切可能手段，企圖剝奪反對派的所有政治武器，壓迫它們就範；一面在野的韓國民主黨亦正以大無畏的精神，再接再勵，不斷發動羣衆性示威行動，準備與統治黨的不合理的蠻橫作法苦鬪到底。韓國這種武打式的政爭，不僅使其國內有識之士為之齒冷，而且也引起了有關國際友邦的深切關懷。上月二十四日當韓國執政黨用特務警察的壓力，肅清會場，強力通過爭論中的安全法修正案後，美國務院即發表了一個辭句委婉而態度嚴正的聲明，勸告韓國執政當局不要因小失大，而損害了韓國的立國大業。接着，艾森豪總統亦曾以韓國友人的立場，親自致書李承晚總統，對韓國這一政局的發展表示關注之意。而結果，正如我們慣常所知道的，這些聲明、關切和勸告，都沒有發生任何功效。

韓國這種武打和不正常的政爭風氣，並不自今日始。早在一九五二年的韓國總統選舉，一九五四年的國會議員選舉，一九五六年的李承晚總統三次連任選舉，以及去年的議會選舉中，我們已經一再欣賞過。尤其一九五二年五月韓政府的大批逮捕反對派議員，一九五四年公然以槍托威脅年老望重的反對派議員不得發表競選演講，以及一九五六年五月反對派總統候選人申熙雨突然死亡所引起的種種問題，使全世界對大韓民國的言論自由、政治民主、選舉公正、及人身安全等等，大家內心都早有一個數。可是以上這一切不合民主常軌的作法，還沒有最近這次以武力強迫通過安全法修正案這樣糟。從一個正常的反對派的作法講，行使坐地「罷會」，以無賴手段抵制議會討論法案，並無值得可取之處；同樣的，從執政黨的立場講，竟用特務警察的非法手段，拳打脚踢，木棒與桌椅齊飛，把這些手無縛鷄之力的老議員，連綁帶拉，一齊拖出會場，然後使行清一色投票，實比反對派的作法更不像話。結果這一安全法修正案和其他二十二個法案，都以一百二十八票對零的絕對壓倒數獲得通過，並由李承晚總統的立即簽署而成為法律，這對執政的韓國自由黨來說，自是一項實力強大的證明，也是一項勝利，但對整個韓國前途說，正如當日漢城某一報紙社論所指：「這是韓國民主的死亡」。

一般人現在非常關懷韓國這一新安全法將使韓國言論自由，政治上的合法反對，以及自由選舉，從此將成有名無實的空洞名辭。但在我們看來，韓國通過這一安全法修正案時所用手段的惡劣，已使這一法案本身的好壞成為次要。因為民主自由政治是建立在一項公認的道德與正義標準之上，只有在所有國民衷心遵從這一公認標準的前提下，民主自由的政治才能維持，一切法案和政府命令亦才能發生效力，等到人民認為合理的民主程序已經破產，再無遵從這種標準的必要，屆時即令執政黨通過任何強有力的法案，結果亦都等於零。這次韓國通過這一安全法修正案的方式，便是破壞了民主政治所賴以存在的這種根本規範，所以即令韓國執政黨以此新安全法作武器，企圖由此箝制言論自由，壓服反對黨，和包辦以後的選舉，奈人心已失，人民不與合作，徒有安全法何為？

今日自由世界中所有國家，幾乎都有安全法一類的法案。美英法各國有，其他國家亦有。固然這種法案的名稱各不相同，其內容和性質亦絕沒有像韓國這一新安全法的對言論自由和反對黨活動採取一種斬盡殺絕態度，但某種程度的防止顚覆與間諜活動的法案則都有的。這些國家並不以有了這類法案而感恥辱，反而因這類法案能經過民主政治的正常程序和人民大衆的樂於遵從，而感驕傲。假若美英法三國的執政黨，也用特務警察的力量，阻止反對派議員的發言和合法反對，竟强力通過有利於執政黨的法案，企圖使執政黨長期穩操權柄，我們想這個自由世界恐怕早已完蛋了。在這一點上，我們認爲去年底日本首相岸信介的表現，不愧爲是一位東方民主先進國家的有修養的政治領袖。當時以自民黨在日本衆院的多數議席，岸信介要想通過警察法修正案並不困難，但岸信介寧可將這一法案先訴之於全國公意，然後又以政治家風度毅然將這一修正案撤回再議，以保持民主標準與規範的神聖性。結果並未如一般別有用心的人們所說，這種行動會破壞一個政府的威信，却反而鞏固了日本的民主基礎，避免了一些不必要的武打場面和無賴作風。

韓國這次犧牲如此重大的道德代價，通過這一使人詬病的安全法修正案，其動機並不如韓國政府所說爲了防制北韓共黨的滲透和顚覆活動，也不如某些人所說是爲了約束言論批評與反對黨活動的過份表現，而是爲了要絕對有效保持執政的自由黨長期包辦政權，和爲一九六零年的下屆總統大選作準備之故。因爲自一九四八年李承晚當選首任總統和他所領導的自由黨執政以來，不論韓國政府在施政上的表現如何，不論它採取何種辦法來壓抑反對黨活動，可是從過去數屆選擧的情況中，我們可以淸楚看出韓國自由黨及李承晚總統的個人聲望，正在隨着時日而俱減。如一九五四年議員選擧，自由黨所獲議席爲一一六席，一九五八年韓自由黨用盡一切合法與非法選擧花樣的結果，所獲亦不過一二五席，而反對派民主黨竟達八十席之多，首都所在漢城更落在反對黨之手。這種情勢使自由黨對它們的未來，產生了一種頗大恐懼。它們認爲一旦李承晚總統因年邁告退，或反對的民主黨在下屆大選中獲得多數，或李承晚總統因發生事故而由反對派的副總統張勉繼任總統遺缺，自由黨的政權必然就告結束。所以今日韓國自由黨政要們的萬全想法，就是既不要李承晚總統活着退休，亦不要民主黨在下屆選擧中獲勝，更不要張勉有繼承總統的機會。換句話說，自由黨要靠李承晚總統的庇蔭，準備掌握韓國政權永不放手。由於自由黨的根本想法如此，所以這次安全法修正案便成了達到這些目標的一項試金石，和一個初步的階梯。它們認爲祇要這一牛刀小試獲得順利成功，其他各種遠大步驟，自可一一獲得成功；也正因如此，所以這次安全法修正案不論付出何種代價，亦非成功不可。本月六日，韓國政府發言人已證實了李承晚總統將尋取一九六零年第四屆總統選擧的決定，看來終生總統之說以及準備修憲以除張勉繼承總統行動，不久亦將會一一見諸實際。因此我們可說，安全法修正案雖已使韓國民主由此遭受重大挫折，但並未使韓國政爭及流血從此停止。

我們雅不願多事討論友邦韓國的內政，但由韓國這一不知伊於胡底的政爭，使我們對東方國家的民主政治及遠景，不禁發生兩點感想。其一是關於反共和民主的問題，其二是關於國家民主建設與個人榮譽的問題。現在就乘討論韓國政爭的機會，對這兩問題談談我們的想法。

韓國執政黨在發動這次安全法修正案期中，口口聲聲說這是爲了防止北韓共黨的顚覆與滲透活動，認爲是反共所必需，而出於一種不得不然的情勢。換言之，假若韓國政府不採取這一箝制言論自由，壓抑反對派，和操縱選擧的作法，韓國即不能反共，將有陷於被共黨所顚覆的危險。假若再照韓國這一邏輯往前演繹一步，便就成了：反共就不能民主自由，民主自由就要被共黨所顚覆。我們相信韓國執政黨，頗以它們這種見解爲得意，我們更相信今日東方各國中，頗有些一知半解人士，也深信這種看法的正確。所以當他們看到某些國家的民主憲政被摧毀，而代以軍人寡頭執政時，便認此爲一好現象；當看到某些國家開始實行政黨政治，人民要求眞正民主時，便又認此爲一壞事情。這一觀點發展到頂點，便是獨裁都能反共，反共必須獨裁。現在我們所要問的是：反共與民主難道眞的不能並存嗎？反共就須要摧殘民主嗎？民主自由就不能反共嗎？這些問題的答案是很淸楚的。迄今爲止，共黨還未在任何一個眞正民主國家的內得權，而只在落後國家推行「革命」，便證明民主自由是一付共黨暴力鬬爭的免疫劑。要反共只有用民主自由，爲民主自由，和屬於民主自由，這種反共才有效，亦才有意義。假若反共不用民主自由的辦法，不爲民主自由的理想，不屬於民主自由的必然要求，那麼反共究竟爲了什麼？有些有識之士目睹韓國最近這次政爭，對東方國家的民主前途表示隱憂。其實這不是東方文化的缺陷，亦不是韓國處境的缺陷，而是韓國執政黨和在朝者的認識上和修養上的缺陷。日本是東方國家，日本却有民主，印度是東方國家，印度亦有民主（請不要懷疑我們支持尼赫魯）。所以問題不在民主對東方環境的適應性，亦不在民主與反共不能相容，而是在於少數的野心家假借反共的機會與藉口，企圖消滅一切反對派，永遠把持着國家政權而不肯放手。

其次，談到個人榮譽與國家民主建設的問題，我們就會想到華盛頓與拿破崙兩人的尖銳的對照。拿破崙爲法國開創了一個共和局面，但當大勢已定，國家權柄一到已手，這位老兄便野心大發，由執政而皇帝，作起萬世一系的美夢來。華盛頓爲美國的國父，取得美國獨立並爲美國奠定建國始基，德望極高，當年他假若願意的話，連任三次總統絕無問題，要作終生總統亦無問題，甚至要作皇帝同樣也沒有問題，但華盛頓在最重要的關頭只說了一句話：「連任一次總統已經够了」。華盛頓總統這種偉大的風範，影響了美國，影響了孫中山先生，也影響了世界上其他許許多多的偉大人物。拿破崙的那種自以爲不可無我的想法和個人野心，同樣也影響了袁世凱，影響了這世界上其他大大小小的獨裁專權者。所以孫中山先生一見革命成功，爲了促進國家統一與團結，便讓大總統職位於袁世凱，而自己則去致力於國家的建設大計，而袁世凱一見大權到手，便玩出一套十年總統，終生總統，和洪憲皇帝的把戲。實際上一個人對國家和人類的偉大貢獻，並不在他能執政多久，而看他的人格是否偉大，和能否爲萬世後代建立起一種不朽的風範。假若這位執政者人格偉大，能爲生民立命，爲萬世開太平，則四五年功夫就已經足够；反之，即令費盡心血連任十次八次，到頭來在人民喝倒的情形下退休，何若在聲望正隆盛之際急流勇退。華盛頓爲全世界的人所景仰，拿破崙搞到身敗名裂。愛國家亦復自愛的人，應知道何去何從了吧！

為中國地方自治研究會再說幾句話

朱文伯

上月一日(四十七年十二月一日——編者註)，本刊發行世界人權宣言十週年紀念特刊，我曾在「理論與事實——漫談人權保障問題」一文內，就集會結社的自由問題，說到政府與執政黨對中國地方自治研究會的籌組，一面延宕其申請登記的許可，一面大肆嚇阻與破壞，將反共的自由運動，和共匪的政治工作，故意聯在一起，實屬不可理解之事，就人權保障而言，也是一種不幸的作法。

又是一件巧合的事，就在該文發表的一天，臺灣省政府社會處，也將我們發起人聯名申請登記的覆文發出，其內容如下：

受文者　李萬居等　四七、一二、一、社二字第三〇四七八號

事　由　為台端等申請組織中國地方自治研究會一案復希知照由

一、台端等申請書為申請發起籌組中國地方自治研究會，檢附發起人略歷冊等，請核示一案，悉。

二、查本案經本處呈奉內政部(47)內錦字第一二〇號令，略以台端等發起組織中國地方自治研究會一案，核與非常時期人民團體組織法第八條之規定不合，未便准予籌組等由。

三、轉希知照。

四、本件副本抄送省府秘書處。

附還原件

文內所指非常時期人民團體組織法，是民國三十一年二月十日國民政府頒布的，其第八條規定：「人民團體在同一區域內，除法令另有規定外，其同性質同級者，以一個為限。」

我們看到這樣一件復文以後，內心非常苦悶。就復文本身而言，既屬違憲，又和中國現時實際情況不相符合。憲法第十四條規定人民有集會結社之自由，知識分子組織地方自治研究會，是受憲法保障的，它既不會妨碍他人自由，也不會違害社會秩序，任何法律不能加以限制。內政部引用的非常時期人民團體組織法，是行憲以前國民政府頒布的，那時還是一黨訓政時期。民國三十五年十二月二十四日，制憲國民大會第十九次會議通過，三十六年元旦國民政府公布「憲法實施之準備程序」，其中第一項就規定：「自憲法公布之日起，現行法令之與憲法相牴觸者，國民政府應迅速分別予以修改或廢止，並應於依照本憲法所產生之國民大會集會以前，完成此項工作」。三十六年三月，中國國民黨第六屆第三次中全會，為促進行憲，也通過了憲政實施準備案，其中第四項說：「國家法令有與憲法保障人民自由之規定相牴觸者，應由政府迅速分別予以修正。」因此，所謂非常時期人民團體組織法，顯然與憲法第十四條人民有集會結社之自由的規定相牴觸，自三十七年行憲國會民開大會之日起，早已不應存在了，何以時隔十年以上，內政部還要從故紙堆中檢出來引用呢？關於議員在議會內的言論責任問題，內政部也曾引用行憲以前的司法院解釋與內政部指示，因而引起最近臺灣省臨時議會及各縣市議會的抗議，內政部不能自圓其說，就向司法院大法官會議一推了事。現在又重蹈故轍，積習之深，未免令人懷疑內政部是否變成「復古部」，抑或幕後有人指使，不得不代人受過，照常作違心之論呢？

退一步說，非常時期人民團體組織法還未廢止，所謂與該法第八條不合云云，內政部也應該指明，在自由中國以內，與中國地方自治研究會「同性質同級」者，已經有那一個團體，受文者認為確係事實以後，才能心悅誠服。否則，誰知道做大官的葫蘆裏賣的是什麼藥？如果這個悶葫蘆發生效力，將來人民組織任何團體政府如果不高興，都可以「東扯西拉」，說是已經有相同的團體組織在先，「未便准予籌組。」道路傳聞，內政部官員們所指與中國地方自治研究會性質相同的團體是臺灣地方自治協會。如果屬實，我們就不表同意了。臺灣地方自治協會是半官方性質的，和警民協會，保健協會，護林協會，監獄協進會等等團體相類似，都是協助政府推進該項行政事務的，組成分子有官有民，可能官多於民，也可能人民之參加並非自動，係官方指名邀請的，領導人通常是官而非民。臺灣地方自治協會會員就是包括省縣市鄉鎮各級行政人員與民意代表的，領導人是現任省政府委員兼國民黨省黨部委員翁鈐先生，決不和純人民團體的中國地方自治研究會性質相同。而且一個頭上是「中國」二字，一個頭上是「臺灣」二字；一個是想研究自治法規，充實自治內容，一個是協助政府推行自治行政；一個是經費完全自掏腰包，一個是靠政府補助；一個是職員自行選舉，一個是變相政府指派，怎麼能說性質相同？

再退一步說，中國地方自治研究會與臺灣地方自治協會，多少有些相像，我們要問：民國三十一年國民政府公布非常時期人民團體組織法以後，中國境內是不是就沒有同一區域同一性質的團體同時有兩個以上呢？就我們所知，同是研究警察學術，在抗日戰爭期間與勝利以後，同時有警政學會與警察學術研究會等兩個團體；政府遷臺以後，同是研究憲法，同時有憲法研究會、憲法學會、憲政學會等三個團體；其他類似情形，內政部主管人員，知道的應該比我們更多。不過這些大同小異的團體，主持人多是執政的國民黨黨員，或與政府有關的人員，也許同是自家人，就不必談什麼法不法了，否則大家板起面孔來，可能都不好看，或兩敗俱傷。對於真正人民的組織，自應公事公辦，「官家可以

放火，百姓不能點燈」，「民不能與官爭」，是中國官僚政治的傳統作風。令人悲哀的是：國民黨自從民國十三年聯俄容共以後，學會了組織團體控制人民的法術。農工商學，三十六行，三教九流，五花八門，他們組織與領導的團體不知有多少，如果非常時期人民團體組織法永久有效，政府與執政黨始終沒有遵行憲法的誠意，則眞正的非國民黨人頭導的人民團體，恐怕不會有產生的一天。中央政府遷臺以前，臺灣黨化程度不深，旅臺的江蘇省同鄉會與泰興縣同鄉會與大夏大學旅臺校友會，都曾承同鄉同學推派由我負責過一段時期，但自大陸淪陷，羣賢畢集臺灣以後，隨卽要求改組，我也知趣曉事，退讓賢路。同鄉會校友會之類聯絡情誼的集合，對異黨人士都不能相容。其他政治性質的，或有權有利可爭的，更不用說了。

我們既然洞悉國民黨這一「革命民主」的性格，李萬居先生又何以領銜發起，我何以參加發起，而不勸阻許多朋友籌組這樣一個團體徒費心機自尋煩惱呢？我們的苦心孤詣，不能不在這裏表明一下。去年春天，政府決定將第三屆臺灣省臨時議會議員與各縣市縣市長的選舉，合併在一天舉行，執政黨的國民黨中央黨部，同時與在野的青民兩黨洽談，各政黨分別提名候選人參加競選，當時曾有口頭諾言，政黨提名競選，各地投開票所亦得由各黨派員監票，俾該次選舉能保持現代國家的公平守法的民主精神。乃青民兩黨追隨國民黨提名候選人以後，關於共同派員監票問題，政府却遲遲不肯解決，遂使在野黨及無黨派候選人疑懼起來，自動集合在臺中市，要求主辦選舉的臺灣省政府履行諾言，准由在野黨派員共同監票。省政府始則拒絕派員參加是項會議，繼則於選舉投票前兩日，藉口法無明文規定，復公開拒絕這些候選人的要求。加以該次選舉情況空前惡劣，執政黨為求得選舉勝利，不擇手段，公然指使公教軍警人員盡情舞弊，民怨沸騰，輿情大譁，這些候選人，無論當選落選，心情更為悲憤，選舉結束以後，又復集會臺北檢討得失。為謀今後選舉不致再蹈覆轍，為謀地方自治不致名存實亡，僉認自治法規尤其有關選舉部分，必須依據過去經驗，遵照民主憲政原則，切實加以修訂，並聞政府亦有統籌修正地方自治法規的擬議，於是決定卽以現有各候選人為基礎，邀集意志相同的人，組織一比較長期性的地方自治研究團體，並且為了避免各方指責區域性的色彩太濃，盡量徵求大陸各省人士參加，以期能集思廣益，共謀基層民主政治的進步，這就是中國地方自治研究會發起之由來。

組會動議決定以後，因各人事務紛繁，並不積極進行。今春臺灣省政府的地方自治法規修正委員會完成修正初稿，報由省政府核議後，不久卽將提交省議會審議，如再稽延，將坐失發表意見的大好機會，纔由幾位中堅分子推動徵求發起人，準備正式籌備並申請政府登記，我就是這個時候被邀參加的。恰巧胡適之先生在「自由中國」雜誌社宴會席上，曾經發表演說，鼓勵知識分子組織在野黨，政府與輿論界多認自治研究會可能就是新的在野黨的前身，或為新的在野黨鋪路。尤其執政黨方面的若干人士，不僅疑忌自治研究會是民主人士為組織在野黨的初步結合，同時還憂慮臺灣地方人士的結合，將加深本省人外省人間的鴻溝，當國際輿論有主張將臺灣國際化的傾向時，更怕此種結合有為國際綏靖主義者或臺灣獨立運動者所利用的危險。他們儘管有這些過慮，但不想從正面對地方鬱憤的民情加以善意的探索與疏導，卽不想在民主自治的尺度方面放寬，以期收攬已失的人心，只是故意將民主自由運動與共匪顚覆陰謀硬扯胡拉在一起，想用紅帽子吓唬人。我們深深知道，執政黨那些人的想法是搞錯了題目，臺灣地方人士的希冀的，止是充實地方自治內容，法令上已經交由地方自己處理的事，政府不必再加控制或少加干涉，民意代表與行政首長，既已准予民選，就應痛痛快快的讓他們自由選舉，政府只能從旁監督其是否違法，不應上下其手，徇情偏私，他們決沒有爭取政權反對政府那一套野心，更談不上什麼獨立不獨立的問題。至於對外省人的感情，也不是什麼特別嚴重的問題，中國人省與省、縣與縣，區域觀念多少是難免的。抗戰期間，政府播遷重慶，四川人和下江人(指外省人)之間的情感又何嘗能完全水乳交融呢？別說中國因交通阻塞，言語隔閡之故，人民彼此之間，情感上不免發生距離，就是美國，交通發達，言語一致，南方與北方東部與西部，乃至同一政黨人與人之間，也無法契合無間啊。

關於籌組中國地方自治研究會，李萬居先生的領銜，我的參加，就是想泯除政府及社會上某些人士可能的誤解。第一我們是中國青年黨三十多年的老黨員，青年黨既然不會自動解散，我們也沒有脫黨的意念，何能公然另組政黨？發起人中其他有國青民三黨黨籍的人，也和我們一樣。這是證明所謂為新的在野黨鋪路之說的無稽。第二我們是國家主義的信徒，國家主義的信徒，對外求國家的完全獨立，對內求國家的整個統一，絕對揚棄狹隘的地方觀念。所謂地方自治是在憲法規定範圍內的自治，決不能曲解為地方割據各省獨立。我們不僅是祇有國家主義的思想，而且從學生時代到現在三十幾年中間，所從事的愛國工作是政府中人多數明瞭的，從來不會一絲一毫違反國家利益過。第三李萬居先生今夏並曾正式聲明闢斥所謂獨立運動，這是在臺灣的人所知道的。李萬居先生雖然是臺灣籍，但他的夫人是湖南籍，臺灣光復以前，一直在大陸從事愛國工作。民國三十六年「二二八」事變，曾經遭遇地方暴徒的威脅過，他的言論，他的思想，全無封建地域觀念。我在臺灣光復初期以將級軍人身份來臺，旋改任新竹縣長，「二二八」當日因公來臺北，被暴徒襲擊，幸有臺籍義士救援，匿藏其家五晝夜，才始脫險，桃園寓所次晨被刼掠，家人化裝脫逃，亦僅以身免，大陸報紙電訊，已經說我遇難了。以後因青年黨之推薦任臺灣省政府委員六年，現在是靠國大代表的公費維持生活。以我這樣一個外省人，和臺籍人士都可以和洽相處，則所謂本省人外省人間的鴻溝，並非不能填補吧？至於共產黨的紅帽子，對於有三十多年絕對反共歷史的我們，應該是套不上的，我們自也不會聽任其他參加地方自治研究會的朋友們，甘受「共匪的利用」，作違反國家利益的勾當而不加以勸阻的。

在申請登記之前，發起人中間有人主張不必辦理登記手續，因為憲法有保障人民集合結社自由的明文規定，組織地方自治研究會，政府不致出而干涉，縱予干涉則爲爭取民主自由，任何壓迫加來，亦應抵抗到底，甚至殺頭坐牢，亦在所不惜，民主不是賜予的，是要靠爭取的，沒有犧牲的勇氣和決心，地方自治不會變得貨眞價實，可能還會倒退。但多數持重的人並不以爲然。他們認爲在平時或許有此必要，在此戰時，大陸陷匪，偏安臺灣，猶如大海孤舟，朝野之間，不宜各走極端。如果政府官員，明大勢，識大體，自屬國家之福，地方之幸，但如頑梗不化強調官權，萬一眞有殺頭坐牢情事，使全世界人士與海內外同胞，以爲自由中國政府的壓迫人民與反民主自由，比共匪政權好不了多少，爲親者痛，爲仇者快，地方未蒙其利，國家先受其害，光復大陸拯救同胞將永遠沒有希望。地方自治研究會的同仁，愛地方更應愛國家，才決定遵照政府規定手續申請登記，俟奉准後再行集會籌備，事勢雖較迂緩，但較有成功希望。不幸我們個人的苦心孤詣也好，多數同仁的愛國熱誠也好，均不蒙政府諒解與重視，一味採取高壓手段，一面稽延批覆，一面大肆嚇阻，威脅利誘，挑撥分化，打擊籌備意念，摧毀組織興趣，一若研究地方自治的理論與實際問題，乃大逆不道的狂悖行爲，詳情我在本刊「世界人權宣言十週年紀念特刊」中已有說明，此處不擬再贅。當時只以爲政府故意採推拖策略，延不批復，現在復文到了，硬是不准籌組，其違憲背理之處，前面已有說明。同仁中仍有主張不管政府批示如何，我們做我們的，看政府將怎麼辦者。多數持重者則仍主暫時觀望一個短時期，政府既已確認「光復大陸的正確途徑，是實行孫中山先生的三民主義，而非憑藉武力。」則此種反民主自由的作風，必難長久維持不變。

寫到這裏，正值光復大陸設計研究委員會召開第五次全體會議，蔣總統親臨致詞，他首先聲明政府與執政黨中央決不擬修改憲法，因爲憲法也是反攻大陸的武器之一；其次他重申光復大陸不完全憑藉武力的眞正意義，強調實行三民主義收復大陸人心的重要性。蔣總統這番言論，不只是對國大代表設計委員們講的，他是有意告訴全中國與全世界的，不是隨便說的。我們於喝采之餘，願意向我政府行政院立法院司法院監察院諸位先生們呼籲，蔣總統這些讜論，必須各院付諸實施，才能發生預期的效力。既認現行憲法與三民主義爲反攻大陸的武器，白紙寫上黑字嚇不倒人，憲法條文必須一一遵行，最低限度，已有諾言在先的各種規定，如行憲以前各種不合憲法規定的法令應即宣布廢棄；一再昭告海內外的臺灣地方自治與集會結社的自由，應即充實內容，與解除禁令。其餘種種不在本文範圍以內，不擬一一列舉。即就此三者而言，我們希望行政院本此原則發布政令；立法院本此原則制訂法律；司法院本此原則解釋法令；監察院本此原則糾彈官員。如果能够各盡厥職，我們相信海內外人心一定可以團結，政治反攻大陸必能獲得勝利。否則，三五年來，皇皇文告不知發表了多少，眞能兌現的實寥寥可數。這次如果再度失信於人民、失信於世界，言者自言，行者自行，不相配合，光復大陸的前途將屬黯淡渺茫。就地方自治研究會這一類的組織而言，由於民主自治的原則，乃世界潮流所趨，人權宣言所示，憲法明文所定，人民意志所向，我們縱不積極進行，後繼必將大有人在，不是高壓壓得了的啊。

民國四十七年十二月二十三日

屠克維爾論民主對社會及家庭關係的影響

李達生

屠克維爾 (Tocqueville)、柏克哈特 (Burckhardt)、和阿克頓爵士 (Lord Acton) 三人，是十九世紀歐洲最卓越的文化史家。他們對於人類爭取自由的歷史之研究，對於民主政治的特性之把握，和對於人類政治自由的體現及保存之體認等，在整個近代史上的學者與思想家中都是最傑出的。屠克維爾 (1805—1859) 氏早年曾訪問美國，對於北美的民主政治及社會制度之特性，做過深切的研究，返法後，先後出版有關美國民主政治問題的著作四巨冊，題爲「民主在美國」(Democracy in America)。屠氏巨著並非只討論美國的民主政治之問題；他是以民主在美國的發展爲例，而討論一般意義的民主政治之問題。因此，屠氏在該書中對於民主政治的討論，不但可用以解釋美國的民主，並可用以解釋所有民主國家的民主。屠氏巨著的最後兩卷之出版是一八四〇年，現在已經快滿一百二十年了。不過屠氏關於民主政治的見解雖然寫在百年以前，但却與時常新。

本文是據「民主在美國」一書中的一章改寫而成的。但原著所涉及的有關美國之材料太多，此等特定之材料對本文的目的已無關緊要，因此，筆者在譯述的過程中，乃儘量地加以删除，務使本文成爲一討論民主之一般意義的文章。本文原著是由前後兩部份組織成的；前一部份討論民主對社會關係的影響，而後一部份則是討論民主對家庭關係的影響。由於篇幅的限制，本文介紹前一部份較詳，而對後一部份的介紹則較爲簡略。

——譯述者

到現在爲止，世界上還沒有出現過這樣的一種社會：其社會條件平均到人們既不太富亦不太窮，而結果是既無主人亦無僕役。民主並不能防止這兩個階級的存在，但却可以變動他們的性質，並改動他們之間的相互關係。在貴族政治的國家中，僕役構成一個顯明的階級，其情形亦如構成主人的階級一樣。隨着貴族政治的產生，一個固定的次序很快地就會建立了起來；前一個階級（僕役階級）亦如後一個階級（主人階級）一樣，都分三六九等，秩序森然。在僕役社會中亦如在主人社會中的情形一樣，人們彼此都相互發生很大的影響：他們的習慣發展成熟之後，在無法律的場合下，他們的行爲恒被公衆與論所指導，並且經常被置於一種控制之下。

條件的平等常使僕役和其主人之間的關係發生變化，而把他們置換在新的相對關係之上。當社會條件是在幾近平等的情形之下的時候，人們在一生中的情形常常會發生變動；雖則仍會有一個僕役階級和主人階級的存在，但此等階級的組成份子却並非老是那些原有的個人，更非老是那些原有的家庭。那些發號司令的人們，其不一定能自保他們位置的程度，亦如接受命令者。在僕役的一方面來說，他們並不會從整個的社會中形成一組單獨的人羣，他們並沒有其特有的習慣、成見、或風度；他們並不以特殊的思想模式或感情的特徵而別具一格。他們並不以在他們特有情形下的罪行或德性而著稱，不過他們却分享其同時人的教育、意見、感情、德性和罪行；他們亦如其主人一樣，可能是誠實的人或汚穢的人。僕役的條件與他們的主人相較，並無何不平等之處。在民主社會之中，人們找不到像貴族政治的國家中，那種奴僕和主人所表現的特有的意義。在美國人們幾乎從來就找不到像從前歐洲那樣的隨從僕人；「從僕」在歐洲歷史上是常見的現象，但在美國却連一絲痕跡也找不到了。

在民主社會中，作僕役者，不但是在他們自己的一個階層之中相互平等，而和他們的主人之間亦可以說是相互平等。關於這一點須略作解釋，否則很多讀者將不能明瞭。在任何時刻，一個僕役都可能轉變爲一個主人，原因是他具有足够的發展起來之條件。因此，所謂僕役與主人之間並非甚麼不同的人。那末，爲甚麼後者會產生一命令的權利，而使得前者服從呢？那是由於雙方意志自由地暫時同意。他們之間的任何一方皆非在天性上對另一方面感到自卑；他們之所以變得如此，完全是由於契約在一段時間內發生效用的結果。

在契約的條欵規定之下，一方算是僕役，另一方算是主人；在這特定的事情範圍之外，他們都是一公益國家之公民——兩個人。在這裏要請讀者特別注意的是，契約這一概念背後的深刻含意，無論是對僕役或主人，都沒有任何的不同；權威和服從的明確界限，其在一切人心目中大體上都是一樣的清楚。

當一個社會上絕大部份的人已經長時間地獲得了彼此幾乎平等的條件時，當平等變成一個有根的並爲人所認可的事實時，則從不會被例外所影響的公衆意志，這時將對人的價值劃一界限；迨這一界限劃定之後，就絕不會有人，其價值會長期地停留在此一界限之上或以下。富足和貧困，權威和服從，偶然因兩個人之間的距離拉得遠一點，但這並無何特殊的意義；建立在尋常事物次序上的公衆意見，會把他們又拉到一個共同的平面之上，並在他們之間創生一想像的平等之標本，雖則他們的條件並不一定眞正的平等。這種具有無比威力的意見，甚至於可以穿透那些爲了他們自己的利益而拚命抵抗者的心窩；當這種意見征服了他們的意志之後，卽可以影響他們的判斷。在他們最裏層的信念中，主人和僕役卽不能再找到他們之間所處的根本地位有何區別，他們旣不希望亦不恐懼在任何時間遇到這種事情。因此，他們旣不輕蔑亦不憤怒，他們彼此之間的相處，旣不謙遜亦不高傲。主人之所以獲得權力，完全是由於他握着一張業務上的合同，而僕役之所以服從也完全是由於那同一張合同。他們彼此之間對於所處的地位並無爭吵，彼此都很瞭解其各自的條件和地位，他們亦都願意尊重那張契約。

假定我們把在貴族政治的社會中之那種溫暖而且有深切影響的禮俗和儀節，認爲亦可以在民主政治的社會中發生同樣的效力時，那實在是一愚昧的看法；在民主的社會中並非沒有禮俗和儀節，但它們對於人與人之間的關係上之影響並不太大。在貴族政治的社會中，主人和僕奴之間的生活是隔開的，他們之間的交往通常是透過一個第三者。在民主政治的國家中，主人和僕役是無何界限的；他們之間經常有私人性質的直接接觸，但彼此之意志並不混淆在一起；他們有共同的工作，但顯然也有共同的興趣。在這樣的一種人羣中，爲僕役者祇不過是覺得，他乃是暫時寄寓其主人之家中而已。關於他的祖先他一無所知——對他子孫未來的情形他亦無所知——他並不期望從他們的手中承受任何具有持久性的東西。他爲甚麼要把他的生命與其祖宗混合在一起呢？而又爲甚麼要做他們祖宗傳統延續的俘虜呢？兩個人之間的相互位置變動了，則他們彼此之間的關係也必然地要如此。

要把美國人的各種事例所起的反應都一一加以剖析的話，那將是一件不勝其繁的事情；然而爲了能使讀者有一明晰的瞭解起見，則關於人和地的特殊性則不能不作一確當的描述。在合衆國的南部，奴隸制度雖說在形式上已經取消，但在實質上却未能完全取消。而在北部則是另外一種情形：在僕役中佔絕大多數的不是自由人就是自由人的子孫；這些人在公衆的場合中都獲有競爭的地位；在法律的維護下，他們一生下來就獲得與主人站在同一水平的地位——這完全是美國政治的特質所促成的。他們並清楚地知道他們自己的確當地位，他們通常所表現的態度幾乎不是狂傲就是自卑。但在北部諸州，特別是在新英格蘭地區，有若干白人在工資方面同意他們的同伴所持的服從態度。這些處在僕役地位的美國人，通常在履行其職責時都很準時和明快；但他們這樣做時，却並不會想及誰是命令他們的人，當然他們對於命令者亦無自卑感；他們服從命令的行爲並無勉强之處。這類現象給人的感覺是，一般美國人都具有這類莊嚴的精神：獨立和平等。一旦選定了一項吃力的生活方式之後，他們絕不尋求間接的方法加以逃避；爲了建立工作中相互的關係起見，他們須對作爲其服從對象的主人作若干許諾；他們對基於其自己自由意志所作的任何許諾都加以充份尊重；尊重其自己的許諾亦卽是尊重他們自己。就着主人的一方面來說，他們除了要求其僕役忠實而有效地履行其職務外，便無其他要求：他們並不要求一禮貌上的標準，也不要求彼此間的忠心；只要明確和誠實，就作爲一個僕役來說已經够了。但讀者若看到了上面的敍述因而肯認民主社會無組織時，那就錯了。民主社會絕非無組織的社會，但其組織是建立在另一套基礎之上的；規律不同，但並非沒有規律。

我們在這裏無須檢查事物的新狀態是否劣於其以前的狀態，而只要把這種情形劃清楚就够了：因爲在人與人之間相處的最重要之事物，並非任何所予的命令，而是次序。但是關於下面的情形我們將如何解釋呢：在那悲慘和多難的時代裏，平等在革命的喧鬧中建立了起來——當民主被介紹到一社會裏去之後，仍須要爲剷除偏見及建立國家的風格而奮鬪。法律以及部份的輿論已經宣佈，在主人和僕役之間沒有天然的和永久性的尊卑之存在。但是這種新的信條還沒有在後者的心靈深處建立起來强固的信念，甚至於有些人拒絕接受這種說法；在其心靈的神秘反應中，主人以爲其自己是屬於一特殊和優越的種族，但他却不敢這樣說出來，僅只是在他被拖到同一的水平之路上來時，在其腦海中有些閃動而已。他對其僕役的權威因此而變得很萎縮，而同時也很嚴苛：他對於惠顧其僕役所應有的溫和之感情早已停止付出了，而待他發展之後，他卽對這情形感到驚奇；他自己變了，他的僕役也變了。在具有暫時性的家庭工作中，他要他的僕役形成一正規和永久性的習慣：他需要他們—僕役—對他們的奴隸身份表現滿足，而事實上在民主國家之內，身爲僕役者必將打破其奴隸之身份。

在貴族政治的國家中，常常發生這樣的現象：家務工作的環境並不降低從事這些工作者的人格，因爲他們既不知道也不會想像到其他的一切；這種存在於僕役和他們主人之間的可驚的不平等，常表現爲某種隱避的神命法律之必然的和不可避免的結果。在民主政治的國家中，家務工作之所以不降低從事這種工作者的人格者，那是因爲這種工作亦是出於自由選擇的結果，並且只是幹一段時間而已；因爲輿論並不貶低從事這類工作者的價值，亦不會在僕役與主人之間產生不平等。不過，當一個國家從一種社會轉變爲另一種社會，而此種轉變又正在進行之時，則處於轉變期中的人們之腦海中，幾乎老是會在貴族社會中的臣服和民主社會中的服從之間搖擺不定。於是服從者的心目中已經失掉其道德上的重要性；他已經不再認爲那是一種神聖義務的模式，並且他已經不站在純人的一面來看這個問題；對他來說，這也不是甚麼神聖或正義，他所採的服從之態度乍一看起來似乎有點降低他的品格，而事實上則只是一種有利的條件而已。在那一刻工夫，一個模糊和不完整的幽靈會常在僕役的心靈中出現；他們不能立刻看到他們應該享受的平等，究竟是在家庭事務之內抑或在根本擺脫了此類工作之後才能得到；在內心中，他們反抗其所服從的對象，但他們又必須從其所反抗的對象中獲取利益。他們在同意的情形下而役於人，但他們又羞於服從；他們喜歡他們工作的利益，但却並不喜歡那些主人；或者我們更可以說，他們眞不準知道他們自己是否願意做主人，他們拒絕考慮命令他們的主人是否是他們權利的簒奪者。

以上所討論的有關僕役和主人之種種，就某一限度而論，亦可以應用到地主和佃戶身上，不過關於這一問題的討論，不應該從它的本身開始。有一點在這裏似乎應該指出的，卽：民主的法律在基本上是導向大量增加自耕農的數目，而減少佃農。

在民主國家中亦如在貴族政治的國家中一樣，必然地都有地主和佃農，但二者之間的關係，在民主國家與在貴族政治的國家則大不相同。在貴族政治的國家中，佃戶所付給地主者除了地租之外，還有尊敬、關切和其他義務；而在民主國家中，佃戶只付給地主若干現鈔就够了。當產業分割或者易手時，則存在於家庭和土地之間的永久關連就宣告解體，而地主和佃戶不過是一偶然的結合而已。

他們之聚首主要地是爲了解決協定中的條件，條件一旦談妥，卽擧手而散；彼此之間就難得再看到了。他們是被一共同利益所湊合在一起的陌生人，他們認眞地談買賣問題，而他們的唯一目標則在賺錢。

在一個國家之內，隨着產業的再分割及財富的分配，下面的一種現象便隨之出現：以往富足的人們現在走下坡路了；而另外一些人，由於財富的新近增加，而致其需要在速度上遠快過可能供給的來源。對所有的這些人來說，最少量的金錢上之利益都具有重要性，因此，在他們中間很不容易有人會輕易放棄他可能的收入。由於階級的混合，規模很大的現成財富變得十分稀罕，因此，地主與佃農之間的社會條件亦就愈來愈變得接近了；任何一個人不會天然地具有不可抗爭的優越性，在兩個地位平等而又相互競爭的人中間所成立的耕租契約，固完全是一金錢的交易。假定一個人的產業延伸到一整個的行政區，而擁有一百個農場時，則在這種情形之下，很顯然的，他的影響當能及於千百人。不過，假定一個人要在經濟上獲致上述的目標時，那他就必須在其他方面作重大犧牲。一個擁有千頃土地的人在其他方面往往會毫無興趣，他亦無法獲得佃農個人間對他的尊重。

此外尙有一種徵徵使我們很容易地看出來一個大革命已在進行中。在中世紀時，幾乎所有的土地都是終身租佃或者是租佃的期限很長，但近來的情形却大大地不同了；照經濟史上的統計數字所示：中世紀九十九年的租約遠比近代十二年的租約爲多。於是，那時的人們乃因此而相信，家庭組織是具有永久性的；人的問題似乎已經永遠解決了；整個社會所表現的情形是，一切都已經這樣固定了，在任何情形之下，這一社會結構亦不會動搖。但在社會條件平等的年代裏，人類的心靈却另有一種不同的曲折；流行的意念是無需等待一切，一切都在變動之中。在這樣的一種意念影響之下，地主和佃農之間在討論租約時，會本能地拋開那些傳統的內容，而只注意眼前的交易：金錢。他們深怕這張今天對自己有利的契約在明天受到約束。他們對於其自身未來的情況不能預見，他們不信任自己。

在前文中我們所作的有關地主和佃農的很多斷語，都可以引用到廠主和工人之間的關係上去。由於地位等級的區分在社會上已漸不被人所注意，由於貧者之地位上昇而富者之地位下降，由於財富和產業的遺傳性減少，因此，無論是就實際或意見上來說，過去的廠主與工人間彼此所處之地位間的距離已日漸縮短了。在轉變的過程中，工人產生了一種對於他們的權利、未來、以及他們自己的更高傲的意見；他們滿腹是新野心和新欲望，他們被新的需要推動着。對於每一件事情他們都用着一種企盼的眼光去注視他們的顧用者，並且照顧到其顧用者的利益；爲了能分享起見，他們儘量地多付出勞力，在一定的限度內他們經常是成功的。在民主國家中也像在其他處一樣，絕大部的多量生產之工業都是在較小的代價下進行的。製造業的投機者多到不可勝計；他們的利益各有不同。因此，他們很不容易結成一個共同組合。在另一方面，工人們幾乎是永遠具有若干可靠的本錢，這些本錢能夠使得他們拒絕他們所不願意做的工作。在爲了爭取工資所作的持續鬭爭中，他們的力量被分散了；而他們的成功則又常常使他們從對此一事之注意，轉變到對另一事之注意。關於在民主社會中的工資問題，我們幾乎可以這樣說：工人階級的利益之增加是永遠不停的；因爲由於他們已經得到了較高的工資，遂使他們減少了對廠主的依靠性；他們所處的地位愈獨立，亦就更能增加其獲取更多工資的條件。

就整個而論，我們似乎可以做這樣的一個判斷：一緩慢和漸進的工資之增加是民主社會的一般規率。當社會條件轉變得更平等的時候，工資亦會作比例地提高；而當工資提高了之後，社會條件亦會變得更平等。然而一個更大的例外也在十九世紀發生：貴族政治被從政治的社會中淘汰之後，却在若干生產部門以「避難」的身份存留了下來，並且以不同的形式建立其勢力；這一點却嚴重地影響了工資率。由於發展大企業需要大量資金之故，因此，能進入這類大企業而參加競爭者數目自然很少；大企業的主權既經操在少數人之手，則這少數人就很容易聯合起來隨意規定工資。但在工人方面則適發生相反的情形。工人的數目通常總是很龐大，而且愈來愈多；由於時時有新的製造業出現，在相形之下並且工資頗高，因此，它們常能吸引其周圍的人去工作。但是，當人們從事於一種行業較久而一旦與生命發生重大關連時，如我們所知，他們即很難再脫離這種行業，原因是在他們已經養成了某一種工作的習慣之後，若再改換另一種行業即會感到不合適。這類工人通常只受過少量的教育和技術訓練，並且沒有太多可用的本錢；因此，他們之獲得工作常常是由於廠主的慈悲。當競爭或其他緊張局面發生時，廠的收益減少了，於是廠主就要減低他廠中工人的工資；這種減少往往是任意的，他總希望在市場上的損失能從對工人工資的減削中被補償過來。在這種情形之下，假定工人要罷工時，他就聽其自然；反正他是富人，有供給他拖延的條件；他往往要到工人感到筋疲力竭而非再返回工作不可時，不積極地主動要求工人復工。但工人却不能像他那樣的好整以暇；他們必須天天工作，否則即可能餓飯；因爲他們的財產就是他們的雙手。他們在長時間的壓迫下已經很脆弱了，而愈窮則他們所感受的壓力愈大：他們極不容易逃脫這個命運的因果循環。下面的一種現象是不足爲奇的：在某些工業部門中的工資有時突然增加之後，但相形之下，工人所得往往仍是很低；而在其他行業中，一般地說來，雖然只有很少的增加，但他們的收入仍然較多。

這種依靠和不幸的狀態在十九世紀及二十世紀早期的工業社會中一直存在着，它構成了我們上述的一般規律的一個例外。但是，正是爲了這種原因，對於民主政治社會中的立法者來說，再沒有比處理這種問題更緊要的工作了；因爲整個的民主社會是建基於下面的一個意念之上的：不能使任何一個階級永遠固定起來。當一個社會上絕大部份的人在開闢幸福的新途徑時，其困難尤甚於幫助少數人解決其需要的問題。

我們剛剛檢討過，在民主社會中，由於平等條件的變動而影響到社會中幾個重要組成份子的相互關係。對此問題現在我們可以作深一層的探索了。

在十九世紀時，一個家庭裏的幾個成員彼此站在完全不同的地位，乃是一極普遍的現象；在以往那種隔在父子之間的距離現在已經大大地縮短了；到十九世紀的初葉，所謂父權事實上已經不存在了。就美國的情形而論，類乎羅馬及貴族政治意義下的家庭，在美國歷史上幾乎從未存在過。歷史上的父權在美國家庭中，只有當孩子生下來第一年時才眞正存在；在那一年中，爲父親者恒有絕對的權威，而這種父權的出現之所以可能者，乃是由於嬰孩太幼小的緣故。但隨着孩子的走上成年，他們對父親所具有的那種親屬性的服從亦日漸放鬆：他是其自己思想的主人，並且很快地亦成爲其自己行爲的主人。就嚴格的意義來說，美國人幾可以說無青春期；在兒童階段結尾時，他即開始以成人的姿態出現並尋求其自己的路。假定我們把上述父權解消的史實，認爲是經過一種家庭鬭爭，在鬭爭中，爲人子者爲了要求自由而竟出以非道德的手段時，那就錯了。同一的習慣，同一的原則，使一個人肯認了他的獨立性，也使他給別人以獨立；要求獨立的權利是不可抗拒的。作父親的在很久以前即已見到他們權威的限度，而等時間到來時，不經鬭爭他們就投降了。作兒子的對於他能自立的限度看得很淸楚，時間一到他即成爲其自己的主人。在正常的發展中，到了適當時間以後，他即可以獲得他作爲一個成人的諸種自由，而無需作特別努力。

當人們在生活中用於回憶過去的時間比用於照顧現在還要多時，當在他們想及其祖先所費的時間尤多過想及他們自己時，則在這種情形之下，父親變成了過去和現在之自然的和必要的紐帶。在貴族政治的社會中，作父親的不單單是一個家庭的主腦而已；此外他還是其家庭傳統中的神使，習慣的解釋者，風度的仲裁者。當家庭的其他成員和他說話時，都得恭而敬之；他的愛常會使家庭的其他份子感到有些恐懼。當社會條件變得更民主的時候，人們選取他們一般原則的最重要的決定條件，是在用來判斷有關他們自己的一切時合法而美好，他們之所以採用前人的標準者，並非用來作爲一種信仰上的規律，而不過用作參考而已。在這種情形之下，父親意見之對子女的威力，一如往日他具有的法律上之威力，隨着民主政治的進展已日漸解消。

在民主社會中，產業的再分割或許是改變父子關係的最重要之因素。當一個家庭的父親之產業是很有限的時候，他和他的兒子經常要住在一起，分享同樣的職業。習慣和必然把他們拘束在一起，並強迫他們作經常的往來；不可避免的結果是使家庭上下變爲熟悉和親密，這樣就會使父親的權威減少其絕對性了，並且發展爲一可商榷的外在形式。現在在民主社會中，具有少數財產者構成了一個主要階級；這個階級推動民主政治的進展。

於是，在貴族的權力傍落之後，嚴苛的、習慣的、以及具有法理地位的父權也就隨之消失，而隨着父權的消失，一種平等的氣氛也就環繞着家庭事務而擴散開來了。屠克維爾認爲，由於風尙和法律變得更民主，因而父子之間的關係亦成比例地隨着親密起來，規律和權威不大被談到了，而信心和親切則日益增加。另一點顯而易見的事實是：當社會範籬逐漸被拆除之後，人與人之間天然會變得親密起來。在一民主的家庭中，父親所行使者，除了提供其經驗以豐富其家庭的成員之生活外，更無其他權力；他的命令在家庭中或者會有人拒絕服從，但他的忠告却永遠具有權威性。民主社會中，傳統的父權雖然多半消失了，然而子女對父親則仍然具有一種特別的信心。兒子對父親說話時可以少很多顧慮，因此他乃能經常說話，並且常打算把很多問題提出與父親商榷。主人與統治者消失了，但父親却依然存在。判斷兩種社會狀態的不同，最好無過於檢視在貴族社會中家庭談話的情形：風格永遠是正確的，多禮和生硬的，聽來非常的冷酷，令人感到在這種語言中毫無溫暖。但在民主社會的情形則適得其反；在一民主社會裏的家庭中，兒子與父親間的談話，語言中常反應着自由和熟悉的情調。人們只要把兩種談話的情調稍一比較時，即會立即發現他們是兩種不同的社會之產物。

一個相似的革命也發生於孩子們相互之間的關係之中。在貴族社會的家庭裏，亦如在貴族的社會中，每一個地方都預先標好嚴格的份位。不但是作父親的在家庭中是處於特殊的地位，享有很大的特權，而一個家庭中諸孩子們所處的地位亦不平等。年齡和性別決定了他們不可變的地位，因而決定了他們特權的大小；凡此種種都被民主給取消了。在貴族的家庭中，長子恒繼承家庭財產及其他權利的一大部份；他變成了家庭的首腦，就某種意義來說，他甚至於變成了其兄弟姊妹的主人。他和其兄弟姊妹間的區別是：偉大和權力歸於前者，而後者所享有的只是平凡和依靠。然而，假定我們因此而就認爲，在貴族政治的國家中，一家庭的長子在其家庭中所享受者只是各種特權時，或者認爲他的弟兄們最後變爲對他痛恨或羨慕時，那就錯了。就貴族社會的一般情形而論，長子努力積蓄財產和權力，其很重要的原因之一是爲了他弟弟們的幸福，因爲整個門庭的光榮全靠他的地位；作弟弟的通常總是支持長兄的一切，因爲這個家庭的首腦若能獲得偉大和光榮時，則此大家庭的每一支都可以分享，並能進一步地改善其處境。因此，一個貴族裏的諸不同份子往往會因此而團結得很好；他們的利益是相互關連着，他們的想法亦經常一致，然而他們的心却不諧和。

民主也照樣地可以把兄弟姊妹結合在一起，但所經過的途徑則與貴族社會的家庭完全不同。在民主的法律之下，所有的孩子完全是平等的，而結果都相互獨立；把他們團結在一起的，並非任何強制力量，但也沒有甚麼東西可以分開他們；因爲他們都承受着共同的基源，因爲他們都在同一的屋簷下訓練長大，因爲他們都得到同樣的照顧，並且因爲在他們之間沒有誰具有任何的特權把他們之間加以區分或分散，因此，等到他們長大之後，彼此在幼小時候所發展出來的那種親密依然存在。在這種情形之下，在外在生活上很不容易發生甚麼事情把他們原有的兄弟之誼加以損傷，因爲那種兄弟之誼是在毫無任何勉強的情形之下把他們日日帶到一起去之物。因此；民主之把一家庭的兄弟團聚在一起，並非由於利益，而是由於共同的社會往還，以及自由的意見及趣味之相合。民主分裂了他們的遺傳，但却使他們的心及意志成爲一致。由於民主的風格是這樣的美，因此，貴族政治的其他習慣亦隨着民主政治的出現，而漸漸消失；等到人們經驗過一段民主生活之後，他們無論如何亦無法把往日對貴族家庭的尊敬心恢復起來了。在民主的家庭習慣和民主的社會條件及法律之間只能選擇一項時，他們寧可選擇家庭習慣；不過這些因素都是不可分開的，無民主的社會條件及法律，而思享受民主的家庭習慣是不可能的。

我們在前文中對家屬愛所作的論斷，不但在上面所已經提及的範圍是眞實的，並且可以引用到所有從人性自然流露出來的感情上去。假定某一種思想或感情的模式是來自某種特有的生活條件時，則在那種生活條件發生變化之後，其與此相應的思想和情感亦都不會存在了。因此，我們可以知道，一種法律是可以把一社會上的兩個不同分子糾合在一起的；然而等到那種法律被取消之後，則他們仍然是分離的。沒有甚麼比在封建制度之下奴僕和主人之間的那種關係更嚴格和更緊密的了；然而隨着民主的出現，那種人與人之間的關係已不復存在；恐懼、感恩和感情，是以往把他們聯繫起來的紐帶，現在則早已消失，並且連一點痕跡也找不出來了。不過，無論如何，那種封建制度下的情感決非人類的天性，其隨着原有制度的消失而消失乃是很自然的事情。無論是在任何時間，如有一種法律試圖保護此類情感時，其結果鮮有不愈弄愈弱的；其目的是在增強此種情感的密度，但結果是愈弄愈稀薄，原因是這種情感以在毫無法律的保護下而聽其自然發展時最強。民主的出現與發展實挾有無比的威力，它幾乎把所有沿習下來的社會律都破壞了，而在另一方面，它又能防止人們再同意建立新的封建關係；它抹去了在貴族政治下各類習慣規律所引生的情感，然而它的其他情感只不過是被加以修正而已。民主把許多社會性的紐帶都弄鬆了，然而在另外一方面却又加強了若干合乎自然的紐帶。當它把一社會的各分子放置得較爲獨立之後，却把親屬之間的關係調整得更親密了。

從來沒有一種自由的社會是在沒有道德的情形下存在過的；因此，一民主的社會固然一方面須要依恃法律，但在另一方面它亦不能捨棄道德之助，也惟有在眞正的民主社會中，社會的道德基礎才最強固。

尊師重道哀教師！

——作為一個中學教師的感慨

胡虛一

過完漫長的兩月暑假，學校又開學了。開學不久，又度今年的「教師節」。今年的教師節，仍如往年一般，還是開會慶祝，放假請客，熱鬧一天了事。雖說排場上遠不如若干「政治表演」的壯觀宏偉，却也節目許多，表現亦頗「漪歟盛哉」了。我們見到，眞有所動。尤其當此「斯文掃地」，社會上普存「萬般皆上品，唯有讀書低」的心理，一年三百六十五天之中而有三百六十四天無人談什麼「尊師重道」之際，終因至聖先師的孔子過生，使得壓抑已久之師道，也有一日之揚眉吐氣，並使我們這些幹「人之患」的工作者，居然也在這一天受到尊敬起來，「尊師重道」的口號標語，隨處可聞可見，時間上雖僅一日而已，可是就我們這些以教書為生的人的面子上說，不能說不是一項「殊榮」。

筆者是一個中學教師。記得每逢我們的佳節，見到各地開會慶祝，隆重熱烈，放假請酒，煞是熱鬧一天。由這種種景象看來，我們感到似乎確實顯得與平日有些異樣，這一天眞像是很「尊師重道」的。可是正因為這一天情景的特別，乃又使我觸感而聯想到我們在其他的日子中所過的生活和遭際；一念及此，又不禁感慨系之！唐代詩人王維有一句「每逢佳節倍思親」的詩句，而我們今日做教師的人，每屆教師佳節，緬懷往日種種切切，大家似乎都是「每逢佳節感慨多」了！

感慨些什麼呢？請聽我慢慢的道來：

現在請先看我們做教師的人，在學校中，是一個怎麼樣的處境，然後就不難了解我們在學校裏是怎樣過日子的。近數年來，我所經歷到的幾所學校，聽到同行口中，流傳着這樣一句口號，就是所謂「四化主義」，而且在同行口中，常常脫口而出，幾乎成了一首歌謠。這「四化主義」是：

「校長職員官僚化！
校工老爺化！
學生太保化！
教師奴隸化！」

這「四化主義」中所指涉的情形，或非今日自由中國全體中學教師所同感？但起碼也是若干教師切身感受的一種慨乎之言！今日自由中國的中學校長及其所用的大小職員，雖非全是官僚化，但不能說今日自由中國內沒有官僚化的中學校長！今日學校的校工，固也有勤勞任事的，但也有表示「老爺」精神的！說到今日的學生，品學兼優者，固然有之，但一派太保作風，格鬬（如臺南成功大學學生與省立臺南一中補校結夥成羣打鬬事，屏東農專學生大鬧警察所事，均是報上大登特登的新聞）生事者，已是日常新聞，並不稀奇。而且我們更認為：在今日的社會風氣下，和今日學校一套訓導活動方式下，早已學風蕩然，眞品學兼優的學生，恐怕還抵不過那些衣着太保裝式的學生那股「英雄氣概」；眞正伏案不動作功課，肯下功夫讀書的學生，說不定還不是一個合乎標準的「救國團」的好團員，而要受到一些譏誚諷刺哩！至於教師，是否一律奴隸化？這也要分視情形如何而後定。大凡一個學校，如其校長是政治人物，當是一派官僚作風，那末他用的大小職員，無不都是「政治關係的安排」重於「教育需要」，在這樣安排下的大小職員，自然無不仰承校長氣息，「上行下效」，擺擺官僚架子的，所謂有斯校長有斯職員的。至他所用的校工，也各來頭複雜，背景不一；有的或是自己多年的部屬，有的或是上級長官介紹，這些校工，多屬油腔滑調，老油條式的人物。人一油條化，辦事就推拖拉，無法請得動了。於是校工「老爺化」了。凡在這充滿政治人物的學校執教的教師，如果他還堅持學校是作育下一代的場所，認眞為教育而教書的話，那末他不是處處感到捉襟見肘，便會覺得格格不入；勞苦窮困，固是「命中註定」，受氣受欺，更是「活該如此」。既處斯境，欲免奴化，其可得乎？至於在這種充滿政治氣息的學校裏，「黨化」、「團制」（救國團的控制），重於一切，還會培育得出品學兼優的學生來嗎？自然所培養訓練的，不是「戰鬬英雄」，便是「革命青年」了！

筆者時運不濟，自教書以來，幾全在充滿政治氣氛的學校中教書。筆者所遇見的幾位校長先生，幾全是政治人物。像有一位過去做過專員兼縣長，又一位曾任過保安副司令，還有一位幹過黨書記，可說都是「功在黨國」的「忠貞」之士。這類人物主持學校的校務，還會辦得好什麼教育嗎？你還想望他注重什麼「尊師重道」嗎？我在前面說過：這「四化主義」中所指涉的情形，或非今日自由中國全體中學教師所同感，但起碼也是若干教師親身感受的一種慨乎之言！教育當局，似乎也該特加注意！現在筆者願再就自己在最近數年來親身的感受，和耳聞目擊其他教師的遭際，來說明今日流行在若干教師口中的「四化主義」，並非子虛之談。

一、先說校長：我所遇見的幾位校長（或許還有更多的校長），對於教員和學校的關係，沒有一位是弄清楚的。依照現行法令，中學和相當於中學的職業學校、師範學校的教員，一律是由學校校長敦聘的，其關係可說是契約的「賓主關係」，而非任命的「主從關係」；這從聘書上所寫「敦聘台端為本校××科專任或兼任教員」的一行文字中可以確定。尤其是從「敦聘台端」四字、而且將「台端」二字提寫得高高的格式中，更證明被敦聘的教師，是如何受到該請聘學校校長的禮敬。然而筆者所遇到的幾位校長（或者還有更多的校長），儘管他們的聘書是「敦聘台端爲本校……教員」這樣寫，可是他們對於由這項聘約所發生的教員和學校之間的關係，似乎十分茫然！這些校長，都愛把教員看成他的部屬，儼然以長官的態度，面臨全校教員。開會固是訓話口氣，派頭十足；如遇教員有所商洽、面談時，他愛坐在他的那把圈圈大椅上，等待教師對他的「鞠躬如也」；如係書面，他又喜閱教師給他所寫「開頭鈞座」，「收尾職某某呈」的「簽呈」和「報告」。自然教員之中，也有一些人，弄不清自己在學校的身份和地位，更搞不明白與校長之間是什麼關係。還有一些人，爲了吃飯和老婆兒子，而家產田園，又俱在大陸，生計所迫，不得不自貶身份，降低地位，居然都以「卑職」之身，奉承「校長鈞座」，而其「鞠躬如也」，「報告簽呈」的。其實早有人如此說：今日的教育和師道，在教員報告校長，校長立正見廳長的作風下，已頹喪得一塌糊塗了。猶記得四十六年十二月，省府主席周至柔先生出巡南部時，會到筆者服務的學校巡視，先是校長命令全校教職員，一律排列校門，歡迎主席，而周主席則左手史狄克 (Stick)，右手大呢帽，一幅閱兵神態，好不驕傲，誰說中國的傳統是「重文輕武」！尤其我們那位敝校長恭迎主席趨前握手的那一九十度的大鞠躬，簡直是快要爬到地下去了！居然還拍成照片，掛在校長室，作爲主席巡視盛況之紀念。大概是後來有人譏議這幀「升官圖」故，掛不多久，就把這一張存而不掛了。唉！官氣瀰漫學府，那裏能容「尊師重道」！

尤甚者，還有一些軟骨人物，結成爲「公館派」（公館即指校長官舍，公館派，即指那些專仰校長鼻息經常跑校長公館的人物），專任校長「千里眼」、「順風耳」之任，大如魏忠賢的「東廠西廠」故事，凡不事校長如長官而不爲校長所怡悅者，無不都是這批「東廠西廠」人物向校長邀寵報功的工作對象。筆者所執教過的幾所學校，幾無一校不有這一類型的公館派人物。大凡這類人物，都與校長，不是鄉親舊誼，便是另有其他極密切的關係，可算得是學校的「樞密院」，校長的「智囊團」。他們對內，是做校長的「防護團」，對外則爲校長的「吹鼓手」，舉凡上級督學等類要員蒞校視訪，少不得要偏勞這些仁兄廣告裝璜一番的；自然校長爲這些大員所設的接風洗塵宴席上，也就少不得這些「吹鼓手」敬陪末座了，否則席間怎會「談笑風生」？賓主何以融樂？校長如何能表現「成績」？

「公館派」對「校長鈞座」，既是這般忠心恭順，自然人非草木，孰能無情？「校長鈞座」對待他們，自亦不薄。像平時工作馬虎，教課敷衍，固是沒有關係，就是在宿舍內「麻將四圈」，小小賭博，也可不聞不問，視若無睹。平時的利便好處，固是他們優先，到了年終考績，更是人人第一。總之他們有校長做大爺，開會更是他們的天下。在這樣的光景下，凡堅保師品人格的教師，雖不致在這股惡逆的氣勢下低頭彎腰，也只好忍氣吞聲，「做一日和尚撞一日鐘」了。

二、再說學校的職員：就筆者所見，不論大小，大多數是向「政治校長」看齊，各處室的主任組長，固也官氣十足，即連有些辦事務的書記幹事，也都是學校權勢的人物哩！他們的心目中，只有長官——校長，教書的算什麼呢⁉據我個人的遭遇，像我們平日批改作業需用的筆墨用具，尚且還要三申四請，拜托一番，才能到手，好像是他給你的賞賜似的。至於寓所玻璃門窗破了，或是電燈壞了，央求修理之時，更得要老兄前，老兄後，說盡好話，就像是要他花錢給你修理一樣。我至今還記得：三年前，某校一位庶務組長爲了食油和煤炭代金的事，拍案大罵一位教師的情形；又記得某一次，幾位曾爲校長舊屬的退伍軍人的幹事，晚上在宿舍內拉着胡琴，大唱京戲，使得鄰室一位教英語的教師無法工作，走去請他們不唱而引起的一場大鬧的情形，其中的一位，還尖着嗓門說什麼「老子們不是爲了抗日戡亂，犧牲了學業，不也是大學畢業嗎？他媽的！大學有什麼了不起，還不是一個窮教員！」這位教師氣得受不了，後來在動員月會上提出來，並擬建議學校，鑒於教師和職員的工作方式相異，最好請學校將宿舍調整，把教師和職員分開來住，免得相間一處，彼此影響。這一甚合情理的建議，不但校方未作考慮，而提此建議的這位教師，反倒陷入「環而攻之」、「四面楚歌」之中了。結果一學期未終，這位書生氣很重的教師，竟負氣的走了！，總之類此職員欺負教師（當然不敢欺負公館派的教師）之事，在今日學校裏，眞是司空見慣，不勝枚擧！今天的學校，依筆者看來，早已不是「教職員」，而是「職教員」了！

三、談到校工：筆者前面說過固有勤勞任事的，但也有油條化了的，並指出油條化校工的一些來歷，現在再就筆者所服務過的幾所學校情形而言，我見到的校工，大致可別爲二類，一類是「忠厚型」，多是本省籍的校工。他們多數都能遵守時間，克苦任勞，沉默寡言，因此凡屬像冲刷厠所，打掃校園，搬運物器等一類繁重的工作，大都落到他們的身上。另一類是「油條型」，大多爲大陸籍的校工。我所說的「來頭複雜、背景不一」的校工，均屬此型。他們多半好逸惡勞，油腔滑調（尤其是少數由退伍軍人轉業來的，更是滿嘴粗鄙），做起事來，避重就輕，更是推拖拉之能手，因此他們都願意做辦公室的工作，像照顧辦公室，看守傳達室，教員休息室，閱覽室，合作社，更愛派駐校長公館，（今日中學校長，除了專用三輪車夫一名外，家中不用一名校工的恐怕太少。）這兩類的校工，大抵前者做事多而重，請他做點事較易。後者做事少而輕，派他做事比較難；而且由於後者對前者的影響，「忠厚型」的也漸有發展爲「油條型」了！不過，不論這兩類型校工中之任何一類，幾乎沒有一個是咱們在學校毫無「權勢」的教師，可以請得動的。尤其是第二類型中的若干由退伍軍人轉任的校工，有時就是他們的頂頭上司——事務處，也奈何他不得。早幾年前，這類校工開口是「對黨國有功」，閉口是「找蔣主任去」！（按他們是由退伍軍人輔導就業委員會介紹來學校的，而該會主任是蔣經國先生）。對於這些功在黨國復有蔣主任照顧的英雄校工，誰還敢惹？我們這些本已可憐兮兮的教師，還想麻煩他們做點事嗎？萬一你要請他們做點什麼事，除非你叫他幾聲「老兄多幫忙」，巴結巴結他，或許可以如願以償，否則他就會給你一個「相應不理」！筆者教書以來，從不敢輕易煩勞校工爲我幫點什麼忙，做點什麼事，主要是怕遇見他們給我一個難看，有損我在學生面前的尊嚴。今年暑假，我又轉到現在的學校來教書，當我自運行李書囊到達學校時，天已薄暮，事務處的先生都下班了，我只好獨自一人將笨重的書箱行李，一件一件的背到學校原爲我安排好了的住房，這時校門場地上，有幾位校工在納涼，他們竟可袖手旁觀，不作一臂之助。

四、至於學生：照說應是我們最親近的人，也應是我們最可得到安慰的人，可是筆者這幾年教學生的經驗，充分使我失望！而且還有甚多教書的朋友，也都同深此感。之所以如此：一方面是由於今日學生的不宜去親近，另一方面是今日師生之間的感情，可謂已完全破產。爲什麼說做教師的人不宜親近學生呢？這只要能明察今日教育本質的人，卽不難了解這個問題的答案。前面說過，在今日學校一套訓導活動方式下，早已學風蕩然，而政治化了！衆所週知，「青年救國團」這一機構，雖說不倫不類，但誰都認爲它是一個想利用青年作政治資本的團體。而學校是青年的大本營，因此這個本質上就是政治團體的「青年救國團」，當然要在學校內設立「大隊部」了！校長兼任大隊長，訓導主任兼任副大隊長，大隊以下，由中隊而分隊，層層組織，至爲嚴密。更有工作委員會，遴聘校中國民黨籍的老師充任，負策劃校中「團務」之任。一個辦教育的學校內，爲什麼又要來這一套組織？其用心就在藉它去控制學生（在它說是控制它的團員），以好配合由它發動的等等種種名相繁雜的政治表演上之需要。這可說卽是今日學校的「中心訓導工作」！訓導工作，旣在控制學生，由思想以到行動，無一不在控制之列，因此便聞教育廳有對各中學作「不是國民黨員的教師，不得請其擔任導師」之暗示。如果你是一位不屬於這個組織系列之內的教師，你過於親近學生，或會受到這個組織的懷疑，明察暗訪，增加許多不必要的麻煩，「息事寧己」，還是少管管學生的事吧！老師理應親近學生，而導師又是最接近學生的，說眞是奇怪：很多認眞教學的老師，卽是國民黨員，也偏偏都不願擔任導師，卽此一點不是很明顯的說明了「今日學生不宜親近」的道理何在嗎？不願兼做導師的教師，旣抱少事以寧己，不願多親近學生的態度；而兼做導師的教師，只是在協助訓導主任做那以控制學生爲目的的訓導活動；這樣做，又勢必會引起學生的惶惑和反感。前者對學生是根本不管，後者對學生則另有所圖，這樣一來，師生之間的感情，何由建立？而不破產者可乎？所以有人說今日的學生沒有禮節，不知應對進退，這眞是太不知道內幕了！今日學生們路遇老師，有如路人；你這一期教他的課，他認得你是他的老師，下期你不教他了，他連睬也不睬你了！學生們背地談論老師，固是直呼其名「某某某」；如果你給他的分數不及格，說不定還要被他「幹他娘」（臺灣方言、罵人的話）「王八蛋」罵你一番哩！學生打老師的事，早有所聞，再重處罰，也還不是「記大過一次」了事。這種種情形，怎能使我們一些親身感受的教師，不慨乎言之的說一聲：「學生太保化」了呢？

五、最後談到我們自己：無可諱言的，今日中學教師的素質，也是良莠不齊，大有問題的。這些年來，在教育部張前部長的「好大喜空」的鴻展下，不斷的增班增校，致師資的缺乏，成爲一項直到今日仍是不易解決的問題。教師待遇菲薄，生活又至清苦，加以目前又是這樣不重師道，影響所及，卽原有的眞才實學的教師，遇機尚且離去，遑論再可請到飽學之士甘願到窮忙的學校來受氣受苦。於是乃有前教育廳長劉先雲氏「凡參加就業考試不及格的大專畢業生，願教書者，可以介派學校任教」之談話，由劉氏這一談話看來，教育下一代的學校，豈非早變成一個「破銅爛鐵」的收容所了嗎？在急謀解決「師資荒」的前提下，當然無法顧得「寧缺無濫」了，甚至還「寧濫不缺」！所以現在中學教師的素質，當然日趨下降！尤其是「三教九流」，眞是「無所不有」了！類此教師，本身都站不住，又何怪人家瞧不起呢？可是今日校長，又怎可從許行「巨屨小屨同賈」之說，竟連一個好壞也不分之呢⁉

我教書以來，由於親身種種感受，有如上述，常使我對古人所云：「得天下英才而教之，一樂也」的話，發生懷疑！古人如不我欺，那末我今日應該是快樂的；但爲何我們却是這樣的不快樂呢？同時我又常想：古代教師，視教書乃一莫大樂趣者，固或因其所教的學生，盡皆「天下英才」（其實不然，孔子也還有個「朽木不可雕也」的宰予），而最主要的原因，恐還是古代對老師的尊崇，並不是如今日只把「尊師重道」當作口號喊喊，標語貼貼的！請看禮記學記中的一段話：

「凡學之道，嚴師爲難。師嚴然後道尊；道尊然後民知敬學。是故君之所不臣於其臣者二：當其爲尸，則弗臣也，當其爲師，則弗臣也，大學之禮，雖詔於天子，無北面，所以尊師也。」

由這一段話中，可見古代爲人師表者，何等的尊嚴！卽高高在上的君王，亦不以師爲臣，以示尊崇，遑論其他黎庶人衆。教師如此崇高，又受到社會普遍尊敬，「尊師重道」，並非口號，那末做教師的人，自然樂於教書，從事「傳道、授業、解惑」、「誨人不倦」，而視「得天下英才而教之」爲「一樂也」了。可是我們今日的社會，因視讀書人不值錢，不重斯文，漠視師道，固不論矣，卽今日的學校，照理應當「尊師重道」，而「尊師重道」的情形怎麼樣，請看筆者以上所述，當不難了解。筆者自執教以來，卽從不奢望辦學校的人，如何看重我們，如何禮遇我們，只希望他們少給我們閑氣受，少給我打們官腔，使我們少碰到一些莫明其妙的橫逆之來就不錯了。事實上，今日「做官」、「搞黨」（指國民黨）、「弄團」（指青年救國團）的校長多，也卽是「政治校長」多，懂辦教育，能「尊師重道」的校長少。如果在一所由「政治校長」主持「黨化教育」、「團制青年」的學校中教書的教師，要想嗅到一些「尊師重道」的氣氛，眞可說是「緣木而求魚」啊！

以上所陳，還是就一般教師的遭際而言。至於像筆者這樣一個「自由教師」，其遭際就會更嚴重些！所謂「自由教師」，係指沒有任何黨籍的教師而言。今日的學校中，是否亦有民、青兩黨黨籍的教師，在學校從事有關本黨利益的政治活動，一如國民黨然，我固不知；然就筆者所執教過的幾所學校中，我見到凡具黨籍的教師，幾全皆國民黨的同志。就他們和我的生活比較而言，他們須受學校黨團的約束，我則不然；他們每月須開小組會，有時還須出席黨的委員會（這些會都在學校學行，或在禮堂，或在會議室，或在救國團的大隊部辦公室，簡直是一種公開的黨團活動），我則不須；他們又須接受黨之組織上的任務和命令（如擔任高三畢業班課程之同志，尤其導師同志，須設法爭取學生入黨等是），我則毋庸；因此在這些方面來說，他們是不自由的，我是自由的。雖然如此，但這並不就等於我在學校就有講學上的「不虞恐懼的自由」。你雖不開小組會，可是國民黨員的小組會上，可以討論你，檢討你，批評你，甚至通過決議，透過校長同志來對付你；你雖不是救國團的團員，可是救國團大隊部的工作委員會同樣可以討論你，檢討你，批評你，甚至作成討論題綱，發交由學生組成、導師指導的分隊會議來批評你。更有所謂「安全先生」（原先是保防小組，繼則公開設立「安全室」；後安全室雖在輿論嚴正指斥下撤銷，然又聞此安全任務，係由什麼「業務管制室」負責，總之不論名稱何易，所任「特務工作」則一）暗中在窺察你的言行，搜集你的資料，那知他背地在搞你的什麼鬼？給你什麼帽子戴!?凡此種種，都不是一個「作爲人師」的知識份子，所能忍受得了的！可是筆者和其他許多同我情形一樣的自由教師，却忍受了數年乃至多年之久，能不令人興嘆感慨嗎!?

總之，今日許多學校中，充滿一片官貴之氣，那還像是一個講學論道和讀書的場所！教師在學校既受到這些無情無理的凌辱和橫逆，那裏還有什麼尊嚴！受到學生的尊敬！「凡學之道，嚴師爲難」。在今日的情形看來，「嚴師」更是千難萬難了！這樣的搞下去，自由中國的教育，怎麼會不愈辦愈糟！學風又怎麼會不愈來愈壞！

所幸，自由中國的教育，目前尚有一線曙光。那便是教育界的大尅星張其昀氏去職了！今後的教育大計，是由一位篤信自由教育，主張個性發展，而且極受教育界尊敬的老教育家梅貽琦博士主持了！同時現任教育廳長劉眞先生，也是一位富有辦學經驗，有作爲，肯負責，頗想把臺灣教育辦好的實幹人物。對這兩位教育首長，我們固甚歡迎，同時我們也對他們寄予殷切的期望！尤其就中學教育的改進方面言，我們對劉廳長的寄望更切！我們認爲學校並不是一所「救濟院」，也不是一個「轉運站」，如果作爲一個教育下一代的學校言，那末我們目下學校中的人員，不論是校長、教師、職員、乃至校工的素質和品格，很顯然的有許多都大有問題！「人爲事始」，要辦好學校教育，希望我們的教育當局，對於學校校長的人選，應該千萬愼重！這裏筆者想引用臺灣大學傅故校長的幾句話，以作本文的結束，並盼我們的劉廳長對於遴選中學校長時，亦能引爲參考：

「我對於請教授，大有來者拒之，不來者寤寐求之之勢，這是我爲忠於職守應盡的責任。凡資格相合，而爲臺大目前所需要者，則教育部長之介紹信與自我之介紹信同等效力；如其不然，同等無效。」（見「傅孟眞先生集」第六册「兩件有關臺灣大學的事」一文，葉四〇六。）

四七、九、廿八。

臺灣警備總司令部來函及編者按語

頃閱　貴刊第十九卷第十二期社論「從憲法保障人身自由說到取締流氓辦法」一文，內多與事實不符，敬請惠予更正如左：

一、社論引用流氓孫秋源之妻（實係姘婦）蘇好子的話說：「我想來想去，這流氓的罪名是假的，因爲他在去年做了『自治』的編輯和『中國地方自治研究會』七十八個發起人之一，而惹下了今天這場禍是眞的……我說這話決不是推測，因爲李立柏先生（前保安司令部副司令，現任警備總司令部保安處處長——編者註）親自告訴李萬居社長說，我的丈夫經常在刋物批評政府，罵政府的，李社長還與李立柏先生替我丈夫辯過。」等語。查本部維護國家安全，執行政府法令，一向對事不對人，不問孫秋源是不是「編輯」或「發起人」，但問孫秋源是不是流氓？查孫秋源歷年脅迫婦女，拍攝春宮，並將春宮批銷全省圖利，毒害社會，戕賊青年，迭經受害人舉發或經警破獲，先後由臺灣省警務處通緝及法院科刑有案者計六次之多，其受害人，因顏面有關，忍辱含垢，不予申訴者，不知有幾！又累次詐欺行賄僞造文書，均經查證屬實。本部取締甲級流氓，實爲社會除害，不能因流氓係「編輯」「發起人」而「推測」，事理甚明，無待詞費。至本部副總司令李立柏中將（並非保安處長，本總部亦無保安處）接見李萬居先生，本不知李先生有何事來治，嗣承詢及孫秋源被捕多日，所犯何罪？可否保釋或早日移送法院，乃告以「孫秋源行爲不檢，多次拍攝春宮照片銷售，恐要交付管訓。至於辦刋物有無不法言論，是另外一回事，那要依法辦理的」，此乃就案件偵辦之性質而言，並未指認孫秋源之刋物有無不法言論，更無爭辯之起因，李先生近在臺北，豈容誣衊。

二、社論所指「保安司令部這種代法院職務的權力，是怎樣取得的，須知保安司令部銜名上之『保安』與刑法保安處分之『保安』是絕對兩事不可相混，這個『取締流氓辦法』是四十一年四月廿九日公佈的，恰在行政院公佈臺灣省戒嚴時期軍法機關自行審判及交法院審判案件劃分辦法前十一天，也許那時還勉強可以說，保安司令部是根據戒嚴法第十八條授權審判十項犯罪而行使其施保安處分之權，但在同年五月十日行政院命令劃分司法與軍法在臺灣省戒嚴時期審判範圍以後，他們應該知道『取締流氓辦法』第三條所舉情形，無一是屬於軍事審判範圍的了。」此實係不明眞相，出於誤會，查㈠流氓係取締施行矯正或命其學習生活技能，並非審判處以徒刑，自無是否與軍事審判範圍之疑義。㈡現行取締流氓辦法第五條規定「經調查登記審核明確之流氓，應分別爲左列處置：一、觸犯刑法者，依臺灣省戒嚴時期軍法機關自行審判及交法院審判案件劃分辦法之規定，分別送交有關機關審判。二、違警者發交該管警察官署偵訊處置。」第六條規定「依本辦法逮捕之流氓，合於刑法保安處分之規定者，軍司法機關於裁判時，應併宣付保安處分……」足見取締流氓與軍法司法審判，及保安司令部銜名上之「保安」與刑法保安處分之「保安」本是兩事，毫無相混。㈢本部目前執行之「臺灣省戒嚴時期取締流氓辦法」是民國四十四年十月廿四日奉行政院臺四十四法六一八三號令修正公佈施行，（四十一年公佈施行之取締流氓辦法同時廢止）乃是民國四十一年五月關日「行政院明令劃分司法與軍法在臺灣戒嚴時期審判範圍以後」這種權力的取得，根本與軍法司法審判範圍無關。

三、社論最後所指「……免得自由中國的人民，有隨時被戴上一頂『黑帽子』成爲官定流氓」云云。本部至感詫異。本部歷年取締流氓，極爲愼重，未稔　貴刊是否能指出凡經本部取締管訓之流氓，何人並無爲非作歹欺壓良善及曾犯前科等劣蹟，以便查究。否則本部取締人人痛恨厭惡之流氓，乃係除暴安良，並非所謂之「黑帽子」。

總之，臺灣省戒嚴時期取締流氓辦法，實爲戒嚴時期確保本省地方治安，維護公共秩序，防止少數不良份子犯罪之當然措施，感化兇頑，保障民權，乃係順應輿情要求之需要。何況輿論督責本部取締之尺度尚嫌太寬，未聞有主張放任流氓而不加取締者。茲特隨函檢送甲級流氓孫秋源歷年劣蹟紀錄一份，敬請惠予一併刋佈，但其中被害婦女之姓名，至懇切實保密，刋佈時予以略省爲荷。此致

自由中國社公鑒

臺灣警備總司令部敬啓

（下轉第29頁）

從「亞非作家會議」談起

香港通訊・四十七年十二月二十四日

薩摩訶

「人民文學」十月號有茅盾「祝亞非作家會議」的文章，他說：

「亞非人民早在二千年前就已經有來有往，並行了文化交流，這種文化交流會經豐富了各民族的民族文化內容，這是歷史所證明了的。我們的先人在文化交流工作上，從不吝惜貢獻自己的所長，也從不輕視人家的成就。……

「然而近百年來，這種平等兩利的文化交流，被外來的勢力所阻撓了。這外來的勢力就是西方國家的殖民主義。

「殖民主義還帶了文化侵略。」

「……但是，人民的反殖民主義的力量是不可抵抗的，殖民主義的末日早就到了，今天是亞非人民覺醒的世紀，亞非人民已經站起來了！民族獨立的革命浪潮席卷了亞洲非洲和拉丁美洲。把絞索套在自己脖子上的美國帝國主義被世界人民絞死的日子也不遠了。」

茅盾這些話正是正式對我們說明亞非作家會議是蘇俄冷戰中戰略的運用，與文化是沒有什麼關係的。

遠于一九五六年，中共蘇俄在印度策動了一個亞洲作家會議。亞非作家會議的計劃就是在那時候孕育的。這就是說，亞非作家會議是已經經過兩年的籌備與佈置了。

這個會議是在蘇俄的優斯盤干斯坦 Uzbekistan 邦都城 Tashkent 舉行的，由蘇俄任大會書記，參加了的國家有三十九國，代表近二百人。蘇俄盡東道之主，招待得周到殷勤，豪奢萬分。這些亞非作家，多數來自尚未獨立或獨立未久的國家，多少都有西方殖民主義對他們歧視的經驗；現在碰到了蘇俄伸出來的「兄弟般友情」的手，備受熱誠的推崇，大都是受寵若驚，完全投入了蘇俄的圈套。原來對于文化上交流聯繫的工作反而變成附帶的目的，而「反殖民主義」的情緒高漲，使這個會議完全變成了政治的號召與宣傳。

大會的籌備委員會是在莫斯科舉行，各國代表團的領袖，都是先兩個月去莫斯科的。據茅盾說：

「大會的籌備委員會一致通過了會議的程序如下：

一、亞非各國文學與文化的發展及其爲人類進步、民族獨立鬬爭中，在反對殖民主義、保衞自由與世界和平的鬬爭中的作用。

二、亞非人民的文化及其與西方文化的聯系。」

但是據印度參加亞非作家會議的一位印度作家狄斯班德（P. Y. Despande）的報告，程序上的「反對殖民主義」的詞句是蘇俄後來竄改的。

印度參加籌備委員會的是他們代表團領袖班納齊（Shri Tarashankar Banerjee）與亞南博士（Mulkraj Anand），當他們發現程序單上多了「反殖民主義」的字眼，就告訴代表團各代表。爲維持作家會議的原來彼此同意的超政治的文化立場與以文化交流作爲溝通東西隔膜橋樑的目的，而不希望把作家會議作爲蘇俄冷戰的工具，印度代表團一致議決要改正這個歪曲；但爲怕別國的代表誤會他們贊成「殖民主義」，乃主張在反殖民主義下面加以「反外力統治」（這當然是指東歐各國的情形）。雖經過奔走接洽，這個議程的改動，還是沒有成功，因爲想找另外一國的代表團作爲提案的附議者都未曾獲得。

當時印度代表團有人就主張退出這個會議，可是有人覺得不妥，因爲第一、當時亞非許多國家的代表團已經在非議印度，說因爲他們已經獲得獨立，所以對非洲與阿刺伯國家的反殖民主義不再感興趣，退出，自然更會引起誤會；第二、他們還覺得也許他們在大會中還可以有所努力以校正這個會議的方向，尤其在下一次的亞洲作家會議，這是已決定要在開羅舉行的。所以他們並沒有退出會議，並且想提出一些應該討論的問題：如促進亞非作家友誼的往還；如文藝與電影舞臺及廣播的關係；如兒童文學與其在教育上的意義；如亞非各國戲劇的發展……等，可是大會一開始，各國代表團領袖發言，一片都是反西方的殖民主義的演辭，整個的會場都是激昂的政治空氣，再也無法使人可以對于眞正文化工作有點注意。

蘇俄這次的成功並不光在會場上的操縱，而是正面的對自由文化一種挑戰。參加亞非作家會議的，除非共產黨國家以外，各國的代表多是本國知名之士，他們對于本國知識階層有很大的影響。亞非作家，因爲他們自己國家的政治與經濟地位的關係，從未被西方文化人士所重視，現在因蘇俄扮演的謙恭與熱誠感動了他們，自然很容易投入他們的懷抱。

中共在會議中當然是重要角色，他們在會場的內外，盡量作反美反臺的宣傳。一些參加這個會議的作家，所寫的報導，也祗是作恭維蘇俄，攻擊西方，並述及在會的代表們如何同情中共與憎恨美國的侵略臺灣，幾乎沒有一字涉及作家會議的求文化溝通與東西了解等等之實際任務。

共產黨的一套，本是如此，不足爲怪，但如要談到「殖民主義」，塔什干（Tashkent）這地方很值得我們注意，稍稍有點關于塔什干地方的歷史與地理的知識，就可發現，這實在是在對蘇俄的一種諷刺。

原來塔什干（Tashkent）是優斯盤干斯坦的都城。當蘇俄侵略于斯盤克塔資依克（Tadzhiks）土耳克買尼（Turkmenians）及寇吉斯（Kirghiz）之時，塔什干正是反抗蘇俄統治的中心。蘇俄用最殘酷的手段壓制所謂汎回族主義，汎土耳其主義，世界主義以及資產階級的國家主義（這些名稱都是蘇俄所加于那些不同地區的民族主義者的名稱），也正是在塔什干發動的。這些地區被蘇俄征服後，原來的阿剌伯文字，被蘇俄廢除，改用俄文。

中亞細亞的文藝作品，可以說經常是遭清算檢討的，詩人與作者在優斯盤干斯坦被蘇俄虐殺與囚禁的不知有多少。離塔什干不遠，佛加拿 (Fergana) 流域，曾經產生過詩人朱爾般 (Churpan)，他寫過許多反蘇俄統治的詩篇，如：

「你遭遇到什麼了，啊，美麗的佛加拿！
爲何你所有的花卉都枯萎了？
花園都被蹂躪，鳥兒不再歌唱。
過去歡樂的日子呢？——是否還會回來？」

朱爾般是于一九三七年被蘇俄殺害。

蘇俄的代表團中，很有幾位值得注意的人物。如小說家堪巴巴貢夫 (Berdy Kerbabayev) 是土耳克買尼斯坦的代表。他在一九三〇年前是參加反蘇的土耳克買尼民族主義的地下組織，被捕後，經過了自我批判，坦白悔過，保證以後擁護蘇俄，才獲得生存。如詩人美克蒂優遜 (Mekhti Husein) 是阿善貝然 (Azer Baijan) 的代表，兩年前因爲說一句許多阿善貝然的詩人不能視作爲俄國文豪們的學生，而大受打擊。

還有一個吐乏 (Tuva) 代表石爾助克・都卡 (Salchak Toka)。吐乏在一九四四年還是中亞西亞的一個小國。蘇俄把它併吞時，那位都卡先生出了不少力量，所以他一直是吐乏共產黨第一書記。

蘇俄對代表們豪奢的招待與隆重的禮遇，正希望參加的各國代表都能有像吐卡一樣的人物，而茅盾的言論與態度，正扮演這樣的角色。這大概也正是中共的面目了。

蘇俄所以要在塔什干那個地方舉行這個亞非作家會議，當然是爲便于籠絡與操縱。可惜亞非作家們並沒有注意到塔什干的背景與歷史。

論者以爲蘇俄在那個會議的收穫正可補挽巴斯脫內克 (Boris Pasternak) 事件聲譽上的所失。可是在中共則是多了一個宣傳的機會，這個機會究竟有多少收穫，我們自然還無法估計，但是那些會議中各國的代表，聽了中共代表們各種宣傳以後，帶回他們國內去，影響是不會小的。我有一個日本朋友，他認識兩個參加那個會議的日本作家，據他說，他們談話中都似接受了中共的代表們所給他們的宣傳，這因爲他們對中國曉得得太少，所以總是先入爲主也。

我以爲作爲國際間文化的聯繫與宣傳，臺灣常是落後一着，這因爲臺灣缺少內行的專人負責。又因爲書報刊物的限制，大部分作家對于這些問題都隔膜，一、二熱心作家憑一點偶見的材料，寫點海外或大陸文化界的情形，論斷上往往不很正確。

我以爲閉關自大的日子早已過去，臺灣應當爲中國的自由文化多有所發揮。常常聽到臺灣的文藝界還有寫作應否自由，作家有否自由等問題，心裏總覺得沉悶不安。

我們反共，必需是團結民主國家；因此也必需團結自由主義的作家。如果我們在臺灣舉行一個「亞非自由作家會議」，由中國自由主義作家邀清亞非自由主義作家到中國唯一的自由土地，共同討論些亞非文化交流，與加强自由作家聯繫等問題，則對世界的自由文化固然會有很大貢獻，對臺灣也自然有很多的幫助的。

一九五八、一二、二一。

讀者投書

(一) 軍人也贊成反對黨

老兵

編輯先生：過去九年，我對貴刊一直可望而不可即。理由：駐地偏僻，無法直接購買，若勞駕郵差，不但徒耗錢幣，反而自找麻煩，歷盡滄桑者如我，是不幹的。

數月前我回來了，且從前方。本來，前方與後方對軍人是沒什麼分別的，但後方有瀏覽報攤書店之便，可直接選購自己所喜歡的書而易免招惹麻煩，這是可喜的。當然，貴刊的「廬山眞面目」我也榮幸目睹了。

人皆說貴刊有點反動（？），以我的生活環境觀之，貴刊的確不是馴羊，但我仔細推敲，貴刊所說所論，不但諍諍正大，且勢所必發，尤其論組「反對黨」等文。

反對黨早該組了，不要再紙上談兵了，再談下去就眞的「百無一用是書生」了。障礙一定有的，執政黨出來架設鐵絲網也是勢所必然。但，世間那有一帆風順的事？汽車經過交岔路口還要停一停呢！考慮是必要的，考慮多反而喪失原先「非組反對黨不可」的銳氣。

軍隊是執政黨的天下，這是有目共睹的事實。但並不是全部。就我所知，起碼四分之一尚沒受其拘束。這些人之所以沒有入黨，並不是不夠格，相反地，都是有本事有骨氣的。正因爲有本事，纔不願隨聲附和；正因爲有骨氣，纔不願拍、媚自己看不慣的人。當然，吃虧的還是自己，因爲非黨員受監視，尤其在前方，一個黨員士兵就可監視一個非黨員軍官，至於升上尉，幹連級以上的主管更沒有份。如此，就有的是不爲一官半職而折腰的硬漢。但，人畢竟是政治動物，不願與自己所不喜歡的團體合作是一回事，若另外有一個態度光明正大，眞正爲民主政治而奮鬥的團體出現，他們還是要鼓掌贊成的。

最後，請恕我以「老兵」代替眞實姓名，因爲我尚穿着「二尺半」。

四七年十月二十五日

臺灣高等法院來函

函內書字第壹號

頃閱

貴刊本年一月一日第廿卷第一期「從監所條例看司法行政部的法治精神」一文，其中所載司法行政部函請考試院暫緩舉辦管理員升等考試一節，因與事實不符用特聲明如左：

查本院所屬各監所管理員升等考試一案，原定於四十七年十一月間舉行，嗣因臺海局勢受八、二三金門炮戰影響，突趨緊張，各機關均奉命積極疏散。本院鑒於監所人犯衆多，安全堪虞，除通飭速籌疏散處所俾便應變外，並嚴令加强戒備，以防不測，因此對管理員之升等考試，應否即行舉辦？乃不得不愼加考慮。嗣經分別徵求各監所首長意見結果，絕大多數均以值此時局緊張之際，戒護不容疏忽，如將管理員集中應試，深虞影響安全，且其他問題尚多，故關於是項升等考試，主張從緩舉辦。本院爲順應下屬意見，因特呈請司法行政部轉函考試院將管理員升等考試延緩舉辦。

以上各情，恐外界不明眞象，至希　惠予披露爲荷。

此致

自由中國社

臺灣高等法院書記室敬啓　四十八年元月三日

給亡命者及其他

周策縱

給亡命者

像受了傷的野獸舔着創傷，
你鮮紅的血只滴向荒涼的地方，
爲了潔白的生命而走向漆黑的死亡，
你高大的墓碑上將只刻着兩個大字：反抗。

有風雲就有你的脚印，
却沒有羅盤能找到你的方向。
你寶劍在長安的十字街頭，
你題詩在潯陽江酒樓的壁上。

雖然拋棄了名馬和愛人，
却昂頭渡過了絕望的烏江：
用白眼看漢宮裏烏壓壓的臣妾們，
三呼萬歲聲中股慄俯伏的可憐相。

你忘記過去像醉漢忘記格言，
走過陷阱去追求空谷的足音。
荒山野店露出一點燈光，
一宵的借宿也不爲屐案留影。

你風險的生命永遠被畫影圖形，
頭顱不合皇冠，只合懸着賞金，
大黑披風內陰深得非短劍所能測，
偶然冷笑而起使四座失色。

鷄聲裏原野的月色無邊嫵好，
美麗的眼睛留不住你和你的寶刀，
連影子也跟不上，你飄風驟雨般去了，
吻過搖籃裏啼哭的嬰孩而去了。

與威權不共戴天，
讓太陽對你發抖，
永遠給威脅以埋伏的威脅，
逼暴君的車駕慌忙爬過橋頭。

人世裏從來沒有你的聲音，
這短促的楚歌却爲你而沉吟，
我想你吞炭後嘶啞的喉嚨，
最宜於這生命旋律的波動。

一九五七、一、三〇，於哈佛。

遊興

我戴了黑色的眼鏡
來看這明艷的湖山
仲夏的綠林告訴了秋意
鵝黃的嫩草預示着凋殘

我戴了黑色的眼鏡
來訪這恬靜的翠湖
緋紅的火雲裏藏有風暴
湖水把淺藍笑成了惱怒

我帶了黑色的心境
與開花的伴侶同遊
歌聲唱着了我孩子時的夢
異國的風情吹起了鄉愁

一九五五、七、三，於密西根湖畔。

火炬

我永遠向黑暗前進，
我的影子就是光明。
看地獄有多深！
我不要燈，
我不要燈。

我燒破平靜的天空，
我的心燒得通紅。
聽！人聲洶湧，
我點起了暴風，
我點起了暴風。

我是一枝憤怒的筆，
用火花拼出象形文字，
風雲展開了千萬朵大旗，
我塗好了詩，
我塗好了詩。

我要找一條路
到一個境地去，
只要有雷雨，
也有遭遇，
我的脚步就是路。
你來吧你來吧，
我不能替你走路，
讓你的脚步
也就是你自己的路。

一九五七、一、一三，於哈佛。

溫泉

你從母親的心裏來，
告訴我那兒是多麼溫暖。
我捧着你活潑跳躍的水珠，
覺得我像初生的嬰孩。

越浸越濃的依戀也留不住你，
你淌過冰河，流到死海，
汗漬在浪花裏溶解，
你洗過的就是熱愛。
　我踏着早晨的露水
沿着山根去尋你的源頭，
我脚上的汚泥看來是越少了，
清冷的鵝卵石漸漸夾着小草，
前面是一片渾潤的嫩綠，
我站了許久，望着你送來的微波。

一九五八、一、三一，于哈佛。

磚

挨緊就是抵抗力，
卻擠得透不過氣來。
一層又一層，
被壓迫着，也壓迫着，
爲了要成個規模，
不是雕緻玲瓏，
就是壯麗巍峩，
只好服服貼貼，負着重擔。
但斜風細雨不斷地襲來，
常春籐的根鬚
把生命力偷偷伸到心裏，
就不安起來了，
一絲裂痕招來粉身碎骨，
又回到自然的懷抱裏。

一九五八、六、三，于哈佛。

你說

你說我們的路不相同，
你要向西我卻是向東，
在這邊我們應該訣別，
到那邊也未必相逢。

你說你是你我是我，
風吹花開依然是兩朵，
縱使同枝也不能交溶，
若要合一除非等花落。

你說你說的決不是謊，
月亮要落哪顧得海洋？
可是你把我望了又望，
你的眼睛更不會說謊。

一九五七、二、十一，于哈佛。

回信

我五歲的時候
爸爸從外面寫了封信給我，
我飛舞着牠向玩伴們炫耀：
「我爸給我的信！
我爸給我的信！
哼，我爸爸寫的，
寫給我的！」

孩子們張大了眼睛
一窠蜂擁上來看；
水晶般烏黑的眼珠兒
隨着那符一樣的鳥脚跡
歪歪倒倒地打滾。
「他說些什麼？……
你爸說些什麼？……」

「我可怎麼知道？
只我爸知道，
只我媽知道，……
哦，他定是要親我的臉——
那天媽對我說：
『別許他親，
你爸鬍鬚刺人。』
我就沒准他親！」

「你怎麼回信？」
「這個容易，這個容易！」
我就在信上親了個嘴，
孩子們七手八脚
把牠摺成個紙船兒
丟在飛跑的河水裏。

回來媽說：
「你沒寫你爸的通訊處，
河水也沒法替你寄呀！」
「可是媽，你不是說過麼，
那信上寫着有『爸爸』兩個字麼？」

一九五五、七、六，于安娜堡。

海燕

風暴快要來時
你纔想要個家
這海水茫茫向烏雲擁擠
也沒個你的天下

我扶住欄杆到船頭來接你
熱情點起了我眼睛的火炬
你居然忘記了我燈塔的標記
不顧那無情的風雨

你生命裏從來也不要最後的歸宿
落霞的錦被只抱住你失眠
啊，你哪能飛完人生的痛苦
感情的天氣全是變幻

我願在你翅膀上寄宿一晚
又恐風雲裏只有鬱悶
你我輕盈薄薄的衣衫
只宜於明月依稀的淸冷

愛國獎券

聶華苓

烏效鵬在宿舍裏燈光通明的走道上，一隻手拿着一張玉綠色的愛國獎券，一面走，一面低頭看另一隻手裏拿着的一張字據：

立約人顧丹卿　顧曹文娣　烏效鵬　萬守成　林阿珠　經萬發雜貨店老闆李金貴先生作證，合資購買第一八六期愛國獎券一張，淨得獎金，五人同意平均分配，並各抽二十分之一酬謝證人，恐口無憑，特立字據爲證，各執乙紙。

立約人顧丹卿　顧曹文娣　烏效鵬　萬守成　林阿珠

證人李金貴(萬發雜貨店印)

中華民國肆拾柒年肆月拾玖日

烏效鵬看完之後，便將字據疊了起來，由褲袋中掏出了一個絳紅色塑膠夾子，將字據塞進緊裏一層，緊貼着身份證，把夾子放回褲袋內，還用手拍了一下，這才走到顧丹卿夫婦的房門口，幌着那張硬挺挺的愛國獎券，振臂高呼道：「喂，二十萬！」

收拾廚房的阿珠拿着一塊烏黑油膩的抹布，呱噠呱噠跑到廚房門口，伸頭看到烏效鵬幌着獎券那嘻皮笑臉的神情，便將抹布使勁摔了一下，嘟噥道：「神經病！」萬守成由另一間房裏一手拿着一枝毛筆探出一個開了頂的禿頭來，看了一下，又轉身回到房裏把毛筆放下，退下了袖口的黑布筒，哈着腰走了出來，跟着烏效鵬走進顧丹卿夫婦房裏去了。

那是一間八個榻榻米大的房子，却開着一盞二百支光的電燈，他們實在蹩够了，唯有在這不花錢的公家電燈上才可出一口氣。在那帶點兒諷刺的燈光下，希望與絕望、夢幻與現實、掙扎與消沉，極不調和地混雜在一起，看上去很滑稽，令人有一種哭笑不得的感覺。兩個大竹床就佔據了大半間房，一個竹床上東倒西歪地睡着大大小小四個孩子，正如顧丹卿的太太文娣自己所說的，「像破廟的菩薩」。靠牆有一張不方不長的斑駁的桌子，上面放着好幾本雜誌，有以名人爲封面的內幕雜誌，以裸體女人爲封面的黃色刊物。四張活動椅子，桌子的兩旁各放一張，另外兩張折攏着豎立在牆邊，上面搭着小孩的濕衣服和開襠褲，褲子上散發着一蓬蓬熱騰騰的尿氣。牆角放着一隻褪色的赭色皮箱，側面貼着一張字跡糢糊的籤條，還隱約可見「由上海至臺灣：顧丹卿」幾個字，箱子上堆着大人小孩的乾淨衣服和未洗的臭襪子、破汗衫。牆上一邊掛着處裏全體同人元旦日團拜時所攝的一張合照像：正中間四平八穩地坐着他們的處長，站在處長右手的是烏效鵬，飛揚的眉峰、突突的兩眼、有稜有角的下顎、咬着牙、昂着頭，一臉挑釁的神情，彷佛是被人擠得無可奈何才忍氣吞聲站在那兒的；與他並排站着的是顧丹卿，他未老先衰，一付無形的千斤重擔壓得他扛着肩、微駝着背，晦黯的高高的額頭下，是一雙怯怯的、悚惶的、疲倦的眼睛；萬守成垂手侍立在最後一排，他個頭兒小，又上了年紀，不但別人瞧不起他，連他自己也瞧不起自己，只有離人遠遠的，一個人吊在一邊，躲在他那套終年不離身的舊中山裝裏，低着頭，翻着小三角眼，撇着眼角，欲哭無淚。另一邊牆上屬於顧丹卿夫婦五彩繽紛的過去，那兒掛着他們的一張結婚照，坎在泥金雕花的像框內：長長兩排衣冠楚楚的紳士和鬘光釵影的淑女，簇擁着一對新人，那時的顧丹卿與今天判

但我寧願和你平分驚險
總迎着潮頭前進
像你的翅膀有方向的先見
預告時代風暴的來臨

「不要去罷！不要去罷！
那兒是風暴的漩渦！」
哦，風暴的漩渦才是我的家
我永遠在未來裏生活

一九五六、四、一五，于哈佛。

細雨

把書拋到枕頭邊，
我躺在牀上細味着寂寞。
像一陣風
跑進房來的原來是你！
你緊緊地拉住我的手
說：「你着涼啦！」
我怕你就要去了。
你說你今天就得走了，
再也不能留了。
但你還是緊緊地拉住我，
摸摸我的額頭，
拍拍我的腰身，
又撫摩我的胸口。
你站起身來又坐下了，
可是你還堅持着說「我走啦！」
你却又坐着沒有起身。
我只覺得眼睛濕了，
也不知怎麼就把你失了！
醒來聽到門外正下着細雨。

一九五六、五、六，于哈佛。

若兩人，豐滿勻靜的額頭，清新靈秀的眼神，那麼有把握地、似笑非笑地望着前面。假在他身旁的新娘，嬌嫩得像一顆剛摘下的新鮮葡萄，由她那半驚半喜的眼色看來，大概她的心正卜卜跳動着、她的手正濡濡沁着汗的吧!?在這張照片旁邊的是一張沒有像框的彩色風景畫：一泓溶溶的春水，映着一片火燒似的芍藥，兩三隻藍色的鳥，彷彿害怕那烈火燒身似的，由花叢中拍翅飛起，一片亂紅像迸裂的火星，濛濛撲向水面。現在也正是草薰風暖的春天，然而，顧丹卿的春天却是用四顆大頭釘高高釘在那蒼白的、破陋的石灰牆上的，可望而不可及。

烏效鵬和萬守成走進房來的時候，顧太太正坐在床沿拍着一個剛放上床的睡着的孩子，抬起頭來說道：「今天開獎了，怎麼賣晚報的還沒來？說不定我們已經得了二十萬呢！」她現在脫胎換骨似地變了樣，變成了一顆小橄欖，乾的、皺的，中間挺着圓鼓鼓的大肚子。

顧丹卿坐在桌旁的一張椅子上，沒抬頭，也沒言語，看着他手上的一份黃色雜誌。

萬守成在顧丹卿對面的椅上坐下了，問道：「是什麼號碼？我又忘了，我背過好多遍。」

「七六一四九六，聽清楚了沒有？七六一四九六。」烏效鵬望着獎券唸着，然後把獎券遞給萬守成，「哪，乾脆給你，」一個人關在房裏背去。」

萬守成雙手接了過來，嘿嘿笑了兩聲，將獎券放在桌上，用一個沒有蓋的漿糊瓶子壓住了，搭下眼皮，眼睛望着獎券咕咕噥噥地說道：「昨天晚上財神爺給我託了個夢，他長的就跟我以前在家裏朱漆大門上貼的那個財神爺一模一樣的，嘿！」這時他才抬起頭來，眼睛望着烏效鵬，「他騰雲駕霧的到我面前來了，我爬在地上直磕頭，牙齒咯咯的直響，一句話也說不出來。還是財神爺先開了口，告訴我這次中特獎的是雙號，我想問他是不是我們這個號碼，怎麼也想不起來，我急的直搥頭，財神爺惱火了，舉起拳頭照着我的頭揮來，說：『你這個窩囊貨，連個獎券號碼也記不住，還有何用？』我一醒，原來是屋頂上那個漏雨的大破洞又垮了一塊石灰，正好打在我的頭上。」

顧太太笑道：「也許就是財神爺這一拳，你就交了財運了，我們沾你的光。」

烏效鵬一本正經地點頭道：「我看這次眞的要中特獎了，我買獎券的時候，賣獎券的那個小姑娘遞給我一張，我不要，我要自己閉着眼抽，在心裏卜了個卦，雙號就中獎，單號就完了。我這隻手，就像小鳥叼卦一樣，」他閉着眼，亂幌着右手的幾個指頭，「一叼，好！」他睜開眼來，雙手一拍，「就是個雙號！」

顧太太噗嗤一笑：「嘖、嘖、嘖，你那隻手還像小鳥？我說像熊掌。」

顧丹卿這時也無精打彩地笑了一下，仍舊看他的雜誌。顧太太瞟了他一眼，再也忍不住了，抱怨道：「噯，噯，你這人，一天到晚難得聽見你哼一聲，別人烏先生、萬先生到房裏來聊聊天，你也不理！」

顧丹卿放下雜誌，勉強笑了一下：「反正也聊不出個所以然來。」

「你看你這要死不活的樣子！我問你，你現在到底對什麼感興趣？」

「不知道。」

「我知道，」烏效鵬本來在房中那一小塊空地上踏着大方步踱來踱去，這時便站住了，望了望床上橫七豎八躺着的孩子，又望了望顧太太的大肚子，笑着說道：「生孩子！」

萬守成雙手抱在胸前，又嘿嘿笑了兩聲，他天生口拙，既不會開玩笑，也不敢開玩笑，頂多只有笑的份兒。

顧太太這一下子牽動了愁腸，沉下臉來，衝着她丈夫叫道：「生，生，生，一個個像沒喂飽的小雞。眞是，我就成了個造兒機，生了他也不管！」

「反正多一個餓不死，少一個也好不了。」

「唉，人在福中不知福，我老婆兒子丟在大陸，就是想管也管不了！」萬守成搭着眼皮自言自語。

烏效鵬忙陪笑道：「糟了，糟了，我這一句話撞下了滔天大禍。多生幾個還不好嗎？你看，」他像商品展覽會上的宣傳員一樣，一隻手向床上揮了一下，「這全是繼往開來的小國民！」

「以前在雲裏霧裏過，打獵、玩鳥、帶着一個畫架子在河邊的大樹底下打盹，」顧丹卿彷彿沒聽見烏效鵬的宣傳，若有所思地自顧自說下去，「一掉到地上來，脚還沒有站穩，就東逃西逃，挑起了一個大担子，人都壓癟了，還逼着我笑呢！」他抬頭衝着他妻子大聲說道，「告訴你，我哭都哭不出來了。人生，哼，」他陰森森地笑了一下，「一點也不錯！」

那三個人都張目結舌地望着他，尤其是顧太太，彷彿望着一個陌生人一樣。

「有這麼一個故事，」顧丹卿一隻手機械地捲弄着書角，「從前有一個波斯國王，他不懂人生究竟是怎麼回事，便集中全國學者來研究人生這個謎，研究了好幾年，那些學者著出了三百卷書，國王說：『這太多了，我一下子怎麼看得完呢？』於是學者們又費了幾年功夫把那些書取精摘要縮成了三卷書，國王又說：『我太老了，那能看這三大卷書呢？』那些學者只好把這三卷書再加以刪節。國王終於病了，臨終的時候，向一位大臣問那些學者研究人生的解答究竟如何了，大臣把他們的研究報告拿來了，這次的解答很簡單，只有幾個字：『人生就是：活着、受苦、死去。』國王點了點頭，闔上眼死了。」

「我就不相信這一套，」烏效鵬又開兩腿站在那兒，兩眼瞪着顧丹卿說道：「站起來呀！幹呀！」

「幹？哼！」顧丹卿冷笑了一下，「養不起老婆孩子，連三輪車都踩不動，還幹什麼？」

「別儘怪自己，我們沒有錯，錯的是這個時代！」

「你的老毛病又來了，」顧太太說道，「吃不飽肚子，怪這個時代；衣服破了做不起，怪這個時代；連水管子壞了、抽水馬桶壞了，也怪這個時代！」

「當然怪這個時代！」烏效鵬臉紅頸子粗地，「我們吃過苦，考學校睡露天，下雪赤脚穿草鞋，肚子餓了嚼蠶豆灌涼水，打日本鬼子我們拼過命，打共產黨我們拼過命。現在呢？一切的努力全落了空，你要往前走，到處堵着你！」

誰都沒答腔。萬守成怔怔地望着面前那張愛國獎劵，他不明白烏效鵬為什麼老是如此氣沖沖的，彷彿這個世界欠了他點兒什麼。那張愛國獎劵的正中央印着一個雕花屋簷、四角翹起的古城樓，樓前還有兩棵蒼勁的古松，他的家鄉也有一個城門樓，他小時候就常常在那城門樓底下抽陀螺，在城門樓上放煙火。成年以後他一直在外省工作，難得回故鄉一趟。抗戰勝利後，他滿以為從此天下太平，決定回鄉靠着那城門外的一片田地和一座小小的柴山安渡他的晚年，不再幹公家的差事了，「端人的飯碗，受人管。」他喜歡嘴裏啣着象牙嘴的旱煙袋、牽着小兒子在石板路上買棉花糖的無拘無束的生活。但是共產黨一來，他這個小地主也無法安身，隻身逃了出來，幸虧他會寫那一筆工工整整的小楷字，才做了一個永無昇遷的僱員。他這麼想着想着，不覺幽幽地嘆了口氣：「這——這都是命！」

屋內像冰凍般沉靜了好一會兒，突然遠處響起了一陣急遽的嗜嗜的救火車的聲音。烏效鵬指着窗外說道：「你們看，失火啦，火勢不小！」

萬守成與顧氏夫婦一齊湧到窗口，只見天邊一股濃烟像一條巨大的烏龍似的，在腥紅的透明的火光中，直向那幽藍的天空竄去。這三個人一下子驚呆了，烏效鵬在他們背後咬着牙說道：「燒吧！燒吧！」

「你瘋了？」顧太太掉過頭來瞅着烏效鵬。

「唉，這都是刼數！」萬守成不忍心再看火了，坐回原位。

顧丹卿也頹然在原位坐下。顧太太把晾在椅子上的衣服扔到牆角箱子上，自己在丈夫旁邊撐開了一張椅子，又遞了一張椅子給烏效鵬。但烏效鵬並未坐下，又在房中大踏步走來走去，時而做一個手勢，咬一下牙，走了一陣，突然站住了，跺了一下脚，地板震動了一下，天花板上便嘩啦劈頭垮下了一大塊石灰，正好打在烏效鵬身上。他一面撣灰，一面罵道：「他媽的，動一下就出毛病！」

「那兒好像都容不下你似的。」顧丹卿這時反而笑了。

「可不是？」烏效鵬氣呼呼地撣着灰說道：「我總覺得自己好像是囚在一個小籠裏的鷂鷹一樣，一拍翅膀，不是碰破了頭，就是碰傷了脚。」

顧太太笑道：「難怪你房裏連一個小床也不放，早上拆，晚上才支起來。」

「拆了床我好散步。」

「散步？」萬守成縮着頸子 眼睜睜地望 着烏效鵬。

「散步？」顧丹卿也楞楞地，「在一個三個榻榻米大的小房子裏散步？你莫不是眞瘋了？」

烏效鵬笑了一下，「這有什麼不可能？來回不停地走，走上幾百次，你想想，不也就等於長途散步了!?」

「要是我，來回轉三趟人就會轉暈了。」萬守成說道。

「我是訓練有素，不會暈的。」烏效鵬又開始在房中踱着，反背着手，碰着了垮下的石灰塊，就用力踢一脚。「不過，剛開始走的時候，我走的比較快，後來就越走越慢，走到最後我轉身的時候，就跟小學生下操向後轉一樣，一、二、三，」他果眞脚尖抵着脚跟照着口令轉了過來，「慢慢的，免得轉暈了頭。」

萬守成問道：「有時候你一個人在房裏嘰嘰咕咕地說些什麼？」

顧太太笑道：「有時還指手畫脚的。」

「我在跟自己打氣，」烏效鵬轉身衝着萬守成問道：「怎麼？你聽得見我說話？」

「聽得見，」萬守成點了一下頭，「在抄東西的時候，我的心最靜，什麼都聽得見，一根綉花針掉到地上我都聽得見。」

「你又在抄？抄，抄，抄，在辦公室裏也抄，回到宿舍裏也抄？」

「嘿嘿，消遣嘛！」

顧丹卿問道：「你又在抄什麼？」

「處長的通訊簿。」

烏效鵬不屑地問道：「你抄了這麼久還沒抄完？」

「嘿，那可不是件容易事！」萬守成談到他的本行，話就多了，沒縫地說下去，「七八百人的通訊處，一面抄，一面有變動，有了新交就得加上去，死了的就得刷掉。昨天還是活蹦亂跳的人，說不定今天我就把他刷掉了，」說到這個「我」字，萬守成挺直了身子，彷彿一下子比人高了一截。「閻王爺的陰陽簿上有了他的名字，我這兒就把他一筆勾銷了。處長這個通訊簿八九年來我經手整理了三次，一次刷一批，一次刷一批，刷呀，刷呀，刷——」萬守成本來是搖頭幌腦地越說越有勁，突然一下子停住了。

遠處的火光漸漸微弱下去了，牆角一棵孤獨的鳳凰木像鬼影子一樣飄動，一隻大黑貓在樹下悽惶地叫着；室內二百支燈光誇大了不可理喻的現實——箱子上兩腿叉開的孩子的破襠褲、天花板上奇形怪狀的破洞、地上慘白的石灰末、顧太太腹內躍動的小生命……無論如何，活着還是好的。不能再刷下去了！不能再刷下去了！人就這麼過一輩子麼？誰也不甘心。萬守成想起了他在大陸的老婆，鬪鷄眼、厚嘴唇，做起事來慢手慢脚的，但她給他生了四個兒子，把他奉若神明。田地、兒子、老婆，這都是一個人命裏少不了的東西。他渴望過那種有根有底的生活。他還要留着這一條老命回去。顧丹卿慢慢抬起頭來望着他的妻，她碰着了他那稀有的柔情的目光，不覺湊了過去，替他扯了扯襯衣的破領子，「明兒晚上早早把孩子們哄上床，在他襯衣正身上剪一塊布下來替他換條領子。」她這樣想着的時候，一隻手已被丈夫握住了。他們宛如嚴冬裏怕冷的兩隻刺蝟，帶着一身的刺，又緊緊偎在一起了。烏效鵬不再「散步」了，站在屋中央，昂頭望着天花板上那塊破洞，心裏想：「那些叱咤風雲的人物，就給那個小老頭兒那麼輕飄飄地一筆勾銷了⁉」他不服氣。他渾身是幹勁，總有一天，他會用轟轟烈烈的行爲，來證明他不是一個庸庸碌碌的人。

「阿珠，什麼燒焦了？」顧太太聳着鼻子聞了兩下，由丈夫手中抽出手來，跑到廚房裏去了，過了一會兒，才聽見她在廚房裏大聲笑道：「你們猜是什麼事？阿珠看情書，把熱在鍋裏的剩菜熱糊了。」

「太太，太太，」阿珠分明在和顧太太搶着什麼。「你給我，太太。」

顧太太幌着一張信紙走進房來，又轉身笑着對扯扯拉拉跟進房來的阿珠說道：「你讓我看看，我以前頂會寫情書的，我跟你做參謀。」

阿珠看見一屋的人都笑嘻嘻地望着她，便把身子一扭，兩手搗着臉，朝牆站着，一面咯咯地笑，一面跺脚說道：「太太，不行，他們笑我！」

顧太太那肯把信還她，烏效鵬接過信來，像宣讀聖旨一樣，雙手展開信紙，高聲朗誦道：

蔡先生：

你的信收到了，我讀了好几便。謝謝你根我改的醋字。我不會寫信，清你不要笑我。我美次回家看見了你，到台北來就沒有心作事。我我要是命好，不來台北作事，我就可以在你的小學當你的學生了。沒有讀書的人是不好的，你還說喜歡我，我一定要我弟弟多讀書，我爸爸又生並。我要是回來和你在一起，就不能作事，就不能爭錢了。他們怎末好呢？我在根你打手套，你奇車用。我太太要生小孩了，我最進不能回來了。前天我在員還買了一個戒只，是紅保石，七元錢。我太太說很好看。你以後根我買的一定更好看，你說過要根我買的。我心裏很南受，不能回來。我和先生太太他們買了一張將券，得了就好了，我就馬上回來。

祝你

快樂！

阿珠上　四月十九日

烏效鵬唸信的時候，阿珠也不作聲，兩臂環抱着頭伏在牆上，臉像剛下油鍋的辣椒，又紅又辣又燙，幸好牆是涼的，她把臉貼在牆上，一直到烏效鵬把信唸完了，她也不抬起頭來。顧太太打趣道：「阿珠，烏先生走了。」阿珠從肘彎裏斜瞟了一眼，跺了一下脚，說了一聲「騙人！」又伏在牆上了。萬守成笑得直打噎，顧丹卿的興緻好多了，也打趣道：「好，好，阿珠，這回烏先生可眞走了。」顧丹卿很少這麼輕鬆地開個玩笑，阿珠信以爲眞，掉過頭來，烏效鵬學着她的姿勢，身子一扭，兩手一摔，脚一跺，撅着嘴說道：「騙人！」逗的每個人都笑了，阿珠自己也咯咯的笑，仍舊兩臂圜抱着頭伏在牆上。

「花生——，花生——」那拖着愴涼尾音的小販叫賣聲響澈了這幽寂的窄巷。

「阿珠，快去，快去，人參菓來了！」顧太太推了一下阿珠，便打開桌子抽屜取錢。

顧家與烏效鵬、萬守成在一起開伙，單身漢的烏效鵬一提起那幾根根菜的伙食，就提議加伙食錢，每次都被顧太太以「入不敷出」爲理由一口否決了，但每晚那賣花生的打這兒經過，顧太太總要抓幾塊錢的。阿珠趁勢轉身將烏效鵬手中的信一把搶了過來，接過顧太太手中的錢，便一溜煙地跑了出去，捧來一包鹽水花生和一包椒鹽花生。阿珠也被大家留了下來「共襄盛擧」。他們全圍在桌前。烏效鵬剝出了幾顆肥嘟嘟的花生仁，一顆顆扔到空中，用嘴接住，嚼的喘喘直響。

「窮快活！」萬守成喂了一顆軟軟的鹽水花生仁在嘴裏，枯裂的嘴唇上黏着一小片烏紅的花生衣子。

「不管怎樣，人總得活下去，」顧丹卿在花生堆裏挑來挑去，挑了一顆瘦小的花生，剝開了，把兩顆起皺的乾癟的花生仁喂進嘴裏，繼續說道：「其實，人就是如此，不澈底，無論是快活還是煩惱，是恨還是愛，都不澈底，人生的可哀就在此。」

「可愛？還可愛？」萬守成到底上了年紀，耳朵不靈，把「可哀」聽成了「可愛」。他繼續說道：「眼看着一把老骨頭要丟在外頭了，連個送終的人都沒有，還可愛？那一天回到大陸了，那才眞是可愛的。」

「你的人生還不可愛？」烏效鵬最喜歡拿這位老先生尋開心。「我們處裏那位艷若桃李、冷若冰霜的處花可不是一眼就看上了你！」

「我看呀！老先生，」顧太太話未說出口，自己先笑了起來。「你得了特獎，第一件事就是做一套戀愛服：花格子襯衫，牛仔褲。」

「還把那幾根根白頭髮染一下。」阿珠一向沒把萬守成放在眼裏，每次有人開他玩笑，她就來趕熱鬧。

「我要是得了特獎——」萬守成把手裏拿着的一個空空的花生殼捏來捏去，眼睛望着桌上的那張愛國獎券，沒說完這句話就把下文嚥住了。他想到回大陸的那一天，他一定要像以前每次回家一樣，先在堂屋裏祖先的牌位面前三拜九叩磕了頭，然後便在上方一坐，老婆、兒子、媳婦、姪兒、姪女……一窠蜂地圍攏來，金手飾、衣料、皮貨……一樣樣地賞給他們。這一次他總不能空着手回去，他要錢，他要錢來滿足他父性的尊嚴——他在人面前低頭低够了。這些話他沒說出口，但他那一句「我要是得了特獎——」却把顧丹卿的話引出來了。

「我要是得了特獎，我也可以鬆一口氣了，我要輕輕鬆鬆過幾天，我眞是累，每根神經都累，」顧丹卿溜了他妻子一眼，她正穿着一件褪色的黑底洒紅花的布衫，外罩一件油漬斑斑的鐵灰色男人西裝背心。顧丹卿伸過手來把她的背心扯了一下，「這，這成個什麼樣子？男不男，女不女。」

顧太太挫了一下牙，橫了他一眼，正待發作，不料他說道：「我要是得了特獎，首先把我太太這一身衣服燒掉，我要把我太太打扮得像朵花一樣，把她捧在手上，誰都不准碰她！」

這幾句話正說到顧太太心坎上，不覺站起身來，一隻手搭在丈夫的肩上，一雙笑眼盯着他的臉，低聲說道：「你記不記得？一江春水向東流。」

「什麼?你說的什麼?」烏效鵬扔了一顆肥胖的花生在嘴裏。

「我只聽見什麼流呀流的。」萬守成嘴裏正嚼着花生，一說話，涎水由口角流了出來。

阿珠瞅着他抿着嘴笑。

顧太太抬起頭擠了擠眼說道：「不告訴你們，他自己心裏明白。」

顧丹卿帶着一臉的笑，解釋道：「這是我太太當年寫給我的情書上的一句話，她說我這個人就像是一江春水向東流。」

「喏，就像牆上那張畫！」顧太太望着牆上那張春江映亂紅的風景畫說道。

烏效鵬看了看那張畫，又扭過頭來看了看顧丹卿，笑着問道：「現在呢?」

「現在呀！」顧太太搭在丈夫肩上的那支胳臂使勁推了一下。「現在成了一潭死水。」

「那還不是你這團汚泥給堵死的!?」顧丹卿一聳肩，他妻子的手就給聳了下來。

「是，是，我坑了你，我害了你，誰叫你當初瞎了眼!?」顧太太抓了一把花生殼往地下一扔，像她的話一樣，嘩啦啦洒了一地。

「誰也不怪，只怪這個時代。」烏效鵬說道。

「烏先生老毛病又來了！」萬守成不吃花生了，掏出一塊烏黑的手帕抹了一下嘴。

「烏先生的話還沒說完，我知道，」阿珠存心要報復烏效鵬一下，學着他的姿勢，緊緊地揑着一個拳頭，臨空一搥，「他媽的！」

這一下把顧太太也逗笑了。烏效鵬說道：「你這個黃毛小姑娘懂得什麼?」然後轉向顧丹卿：「你老兄是公子落難。我呢?跟自己臉上貼貼金吧！我是英雄無用武之地。」他扔掉了手裏的一顆花生，抬起一隻胳臂，使勁鼓起了胳臂上的筋絡，「你瞧，我渾身都是力量。你可以閒，我是閒不得的。我要幹，一天到晚不停的幹，我是越幹越有勁。」他頓了一下，繼續說道：「我要是得了特獎，那點子錢，不够，我只有先拿它當本錢，做生意，賺了大錢，我就施展得開了，我要辦一個盲人學校，我母親是瞎子，我從小就許了這個願，我還可以……」

「還可以娶一個太太，」阿珠又報復了一句。

「對！」烏效鵬用力點了一下頭，但緊接着說道：「不過——，這年頭，娶太太似乎不是件容易事，你瞧現在有多少王老五?」

「時代眞是變了。以前，就憑我這塊料，」萬守成摸了一下自己的禿頭，「別說娶一個，就是娶兩個，也不成問題。」

「哼，烏先生，你有了錢，照樣娶得到太太。現在的小姐呀，只認得錢！」顧太太一提到現在的小姐就會撇着嘴批評兩句，她們把她的青春擠掉了，她不甘心。

顧丹卿沒有答腔，隨手拿起了一枝孩子們扔下的鉛筆頭，在包花生的紙上畫着，畫好之後，放下筆，微笑不語，那是一個題名爲「求婚」的漫畫：一個苦臉巴巴的男人雙手捧着一顆血淋淋的心，跪在一個女孩子面前，那女孩子偏着頭翹着鼻子問道：「錢呢?房子呢?」

烏效鵬一叠連聲叫好；萬守成一手抱在胸前，一手摸着他那稀疏的鬍子連連點頭；顧太太欣喜丈夫的寶刀未老，又不覺把一隻手搭在他的肩上；只有阿珠望着那漫畫撇了一下嘴，說道：「只要人好，要錢幹什麼?我要是得了特獎，我一個錢也不要，統統給我家裏，他們有飯吃，我就好了。我跟他吃什麼苦都不怕。」

「他?那個他?」顧太太這一問，羞的阿珠連耳根也紅了，扭身跑了出去，說道：「不理你們了！」

這時，烏效鵬兩眼直楞楞的，突然叫道：「賣晚報的來了！」

烏效鵬話一說出口，大家便向外湧，亂嚷着：「晚報！晚報！」萬守成手裏緊緊抓着那愛國獎券。

阿珠聽見了他們的嚷聲，便逕直跑了出去，買了一張晚報，喘吁吁地跑了回來，站在門燈底下，展開報紙，唸道：「第一特獎七六一四——」她還沒唸完，離她最近的萬守成搶前一步，喊了一聲：「可中了！」便將她手中的報紙搶了過來，轉身跌跌撞撞地往回跑，跑進自己房裏，就鎖上了門。

誰也沒料到這個窩窩囊囊的小老頭兒這一次如此眼尖手快。顧丹卿搖頭苦笑；烏效鵬恨的咬牙切齒的；阿珠跑回自己房裏，打開了一個花花綠綠的大包袱，摸出了一個小包，是一條破手絹包着的字據，她將字據取出揑在手裏，又蹬蹬跑到萬守成房門口，咕嚕道：「誰知道他關在房裏搗什麼鬼?幸虧我的字據好好的，沒有丢。」顧太太不知是在哭，還是在笑，臉上淌着淚，搥着門，大聲嚷道：「萬先生，老祖宗，別開玩笑，快開門！」

萬守成在房內鴉雀無聲，半晌，他才打開門，一句話也沒說，只是用那條烏黑的手帕拭額頭上豆大的汗珠子。

「怎麼樣?」烏效鵬一手搶過萬守成手中的報紙和愛國獎券，翻開報紙，是倒的，又顚倒過來。

萬守成又是照片上那副神情，翻着小三角眼，撇着眼角，哭喪着臉，搖頭說道：「完了，只差末尾兩個字，別人第一特獎是七六一四八一，我們是七六一四九六。連十塊錢也沒得到。」

「那你爲什麼不快開門?讓別人像嚎喪一樣，在你門口叫！」顧太太氣的肚子顫巍巍的。

「我眼睛喜花了，半天看不淸。」

報紙、獎券、字據，全扔在萬守成的房門口。萬守成關上門，又套上了袖口的黑布筒，伏在桌上抄寫處長的通訊簿去了；阿珠跑回房中，伏在床上，在她給蔡先生的信尾加註道：「我們的將券一元也沒得到，我不能馬上回來了，下次我要一個人買一張。」烏效鵬回到他那間三個榻榻米的斗室中，又開始了他的長途散步，但是，這一次走了兩三個來回便突然停住了，又開兩腿，反背着兩手，伸長了頸子，用他那走了板的腔調高聲唱道：「……我好比，籠中鳥，有翅難展。我好比，虎離山，受盡了孤單。我好比，南來雁，失羣飛散。我好比，淺水龍，被困在沙灘……」顧丹卿不堪騷擾，砰然關上了門，關也關不斷烏效鵬的叫嘯，皺着眉頭轉過身來，發現他妻子正坐在床沿，兩手按着肚子，歪着嘴，一臉痛苦的神色。顧太太因爲興奮過度，當晚就進了醫院，又生了一個繼往開來的小國民。

(上接第19頁)

甲級流氓孫秋源歷年劣蹟紀錄

孫秋源，廿九歲，高雄人，無業，妻許素娥，於四十三年十月離婚，四十七年六月與其拍攝春宮夥伴蘇好子(本名蘇好)姘居於臺北市西園路一段二二〇巷十弄三號。

一、四十一年至四十二年經常夥同攝影師陳康提等，在高雄孫秋源住宅，及臺南善化郊外一帶脅迫婦女拍攝春宮照片，經警破獲底片卅六張，人犯四名，主犯孫秋源逃逸，經臺灣省警務處犯罪通報第二八三號第一版通緝有案。

二、四十二年十二月脅迫婦女×××在其高雄住宅表演及拍攝春宮照片，被人檢舉破獲，經高雄地方法院以訴字第一五一三號判決書科罰鍰三百元有案。

三、四十三年十二月十二日因誘騙臺南女子×××，在臺南市全城旅舍先予姦淫，次即準備拍攝春宮，被害人掙扎逃脫報警，該孫某逃逸，經臺灣省警務處以犯罪通報第七〇一號刊載案情通緝有案。

四、四十三年九月間，夥同女子蘇好(現名蘇好子)在臺北市西園路七十六號表演及拍攝春宮，經警當場破獲，主犯孫秋源逃逸後經捕送臺北地方法院及臺灣省高等法院，兩審判決科處罰鍰一百元有案。

五、四十一年以後經常在臺北市北門口一帶，批發供應春宮照片，先後經現在北門口一帶銷售風化照片之陳千根、劉克漢、王丕東等指證有案。

六、四十一年以後，經常在高雄、臺南、嘉義、臺北一帶批售春宮照片，據孫秋源到案後自行供認有案。

七、四十七年九月，開付臺北市西昌街一七〇號錦昌印刷廠主陳大路一五三〇元彰化銀行空頭支票乙紙，後經陳大路多次追討，孫某即將支票搶去撕毀(陳大路談話筆錄有案)。

八、四十七年九月間，開付陳大路郵局撥款單一一七七號票面四百元一紙，陳大路拒絕收受，孫某在票背加註「負責支付否則負法律責任」字樣並加蓋私章，但結果仍係空頭支票(支票一紙存案)。

九、積欠臺北市景陽街二段二二九號王家坤三百元拒不償還，因其態度蠻橫，受害人不敢追索(王某有談話答錄存案)。

編者按：臺灣警備總司令部的「更正函」是去年十二月二十四日送來的。當時因該函第二節以下均係討論「取締流氓辦法」之是否合法，不屬事實範圍，不合更正之體例，故即函覆，請另送更正函，該部旋謂該函為辯駁書，堅求刊登，而又不肯將「更正」字樣改為「辯駁」。本刊不願多為名詞之爭，爰於本期照登，但是我們也有幾點意見說明如下：

一、本刊社論「從憲法保障人民身體之自由說到取締流氓辦法」，旨在就純法律觀點，討論「取締流氓辦法」是否違法而已。至於引述孫秋源妻蘇好子函，不過是作為該社論的引子，對於孫秋源是否流氓一點，並未下結論，任何人一讀原文，便可知道。相反的，孫秋源是由於「經常在刊物批評政府、罵政府的」，倒是出之於警備總司令部副司令李立柏之口，現該部雖來函否認這一點，但我們却要在此說明的：本刊記者曾親自問過近在臺北市的李萬居社長。據李社長說：李立柏確曾向他說過那句話。近兩月來，海外報刊已紛起抨擊，「自由人」早在四十七年十一月廿二日便有劍聲先生批評過，接着在十二月廿七日又有齊中人的詳細報導。近據「自由人」一月三日報導，「祖國周刊」近並為此發表社論「孫秋源被捕忠告臺北當局」，據說「該社論認為孫秋源之被捕是和龔德柏、孫立人、倪師壇案相同，是『當權者排除異己，而誣害無辜』的舉措。」「該社論因此認為孫秋源之被捕，對於臺灣本地將發生不良的影響，亦將打擊臺省同胞的民主政治運動。」相繼在一月十日出版的「新聞大地」也對此加以指責說：「這件事，自設計至執行，政府中司其事者均不甚高明，亂戴人一頂黑帽子，是無以服悠悠之口的。羅織入罪，用左道旁門的伎倆，總非國家之福，矧在厲行法治，團結反共，光復河山重任當前？」是非自有公論，不用再說。

二、現即就該函所言而論，該「更正函」所附「甲級流氓孫秋源歷年劣蹟紀錄」，如果屬實，關於「表演，拍攝及批售春宮照片」是刑法上的妨害風化罪，關於「空頭支票」是票據法上應科罰金之行為，關於「拒不償還」債務是民事問題，其「態度蠻橫」，可能構成刑法上的妨害自由罪或公然侮辱罪，可都不是應歸軍事審判的。其中已經法院判處罰金的，不應再罰，未經法院判決的，自應仍由法院審判。況且這些行為俱已過去，他並不是現行犯，該部未受法院囑託，未有檢察官或推事簽發的拘票，有什麼權力逮捕他？公論報社長李萬居和警備副總司令李立柏的談話，據「更正函」所載，也值得大家注意的。李社長問「孫秋源被捕多日，所犯何罪？可否保釋或早日移送法院？」他這一問完全合於提審第二條(人民被逮捕拘禁時，其執行機關應即將逮捕之原因以書面通知本人或其本人指定之親友，至遲不得逾二十四小時；本人或其親友亦得請求為前項之通知)。李副總司令答「孫秋源行為不檢，多次拍攝春宮照片銷售，恐怕要交管訓。」他這一答便完全抹煞了憲法第八條(第一項「人民身體之自由應予保障，除現行犯之逮捕由法律另定之外，非經司法或警察機關依法定程序，不得逮捕拘禁，非由法院依法定程序，不得審問處罰。……」第二項「人民因犯罪嫌疑被逮捕、拘禁時，其逮捕拘禁機關應將逮捕拘禁之原因，以書面告知本人及其本人指定之親友，並至遲於二十四小時內移送該管法院審問。……」第三項略)。倘李副總司令口中的「管訓」係指違警罰法第二十八條裏的「施以矯正或令其學習生活技能」，那末此一措施，根據該條之規定，是以「因游蕩或懶惰而有違警行為之習慣者」為對象，其實施時間又必在處罰「執行完畢後」。孫秋源近年辦理「自治」及「自治研究」半月刊，已有正當職業，不能說他游蕩或懶惰，「更正函」所指「拍攝春宮照片銷售」是四十三年十二月十二日以前的事，到四十七年十月被捕時已經三年又十一個月沒有再犯的情報，時效未失，何以警備總司令部忽然心血來潮，要想「管訓」起他來？如果說他過去的行為構成犯罪，便應由法院審判。李副總司令聲言「那是要依法辦理的」，我們不知其「管訓」是根據什麼立法院三讀通過的「法」呢？還是他「以意為之」的「法」？

三、「更正函」對於我們指摘「取締流氓辦法」第三條所舉情形無一屬於軍事審判範圍一節為出於誤會；其實不然。對於違警行為人之施行矯正或命其學習生活技能，在違警罰法上有其必要之條件，前面已有說明，不再贅述。違警是情節還未達到犯罪程度之行為。犯罪須由司法機關依法定程序審判，違警須由警察機關依法定程序處分，均不容其他機關越俎代庖，均不屬軍事機關職掌，確是沒有疑義的。以孫秋源的案子為例，「更正函」責其在四十七年九月間兩度開發空頭支票，並認為「累次詐欺行賄偽造文書」，這都是刑法上的罪名，依照臺灣省戒嚴時期軍事機關自行審判及交法院審判案件劃分辦法之規定，應即移送法院審問，有罪當然判罪，不是「管訓」所能了事，無罪當然釋放，更無「管訓」之餘地。「更正函」又謂「目前執行之臺灣省戒嚴時期取締流氓辦法是民國四十四年十月廿四日奉行政院令修正公布施行，四十一年公佈施行之取締流氓辦法同時廢止，舊辦法之已廢止既據警備總部函開在案，自無問題，但修正的辦法之於四十四年十月廿四日公佈施行則非事實。查新舊兩辦法均於第十一條規定「本辦法自公佈日施行。」舊辦法是四十一年三月廿一日行政院代電抄發，同年四月廿九日臺灣省政府與臺灣省保安司令部會銜公佈的。修正辦法固然是四十四年十月廿四日行政院令發，自仍須由省政府與保安司令部另行公佈，但該兩機關不可能於同日公佈，那是我們敢斷言的。事實上，查遍「中央日報」自十月廿四日起至十一月廿四日止，並未見有該一辦法，不知究竟是如何公佈的？也是何時公佈的？並且有一個官文書證明其未經公佈，便是四十四年十二月司法行政部出版的中華民國法令彙編。其第四冊載有修正的「取締流氓辦法」，註明行政院令發日期，而將省政府與保安司令部公佈的年月日闕如未塡。足見實未公佈。舊辦法已廢止，新辦法未公佈，無異說臺灣現無「取締流氓辦法」存在。本來這種既違法又違憲的辦法有亦無效，現既無有，警備總部的逮捕孫秋源更失依據。

四、衆所週知，一個故意殺人者依法固應處死，但須經法院判決確定，正式執行。倘有人自命仗義，將這個殺人的兇手殺掉，在法律上却又多了一個殺人犯。取締流氓亦然。流氓還是人民，豈可不依法定程序擅行逮捕？不依法定程序擅行管訓？我們再以孫秋源為例，「更正函」之「劣蹟紀錄」，既然他在四十三年以前「多次拍攝春宮照片銷售」，已經捕送地方法院及臺灣高等法院判科罰金，迄今未有再犯紀載，在他辦理「自治研究」半月刊之際忽然以「甲級流氓」名義，將其逮捕，這不是給他「黑帽子」戴嗎？至於他開發空頭支票，詐欺行賄偽造文書，警察機關有此紀錄，我們不願說他沒有嫌疑，但未經審判，我們不能說他有罪。警備總部便認定他是「流氓」，決予「管訓」，這不是「官定流氓」嗎？

讀者投書

革命軍人爲何要以「狗」自居？

陳懷琪

編輯先生：我是一個幹了二十幾年「革命」的軍人，但是，我自承愚昧，一直到現在還不大了解「革命」的意義以及革命軍人的身份究竟是什麼！

今年十一月初，我以優秀幹部的資格奉令參加國軍三民主義講習班第××分班受訓。這個每年照例都要在軍中「勞民傷財」的國民黨軍隊黨部舉辦的講習班，究竟能否收到他們預期的效果，這裏且不管它；現在，我且把我這次在班上受訓所發生的幾個疑問寫出來，以就教於先生及所有的親愛讀者之前。

今年國軍三民主義講習班的主要宗旨是：「堅定反攻復國信念，鞏固革命領導中心。」一個是反攻大陸問題，一個是革命領導問題，要弄清這兩個問題，於是對貴刊去年八月一日所發表「反攻無望」（這當然是他們給貴刊戴的帽子）的論調以及貴刊「破壞領袖」的「荒謬言論」就一一痛加駁斥，好像今年的三民主義講習班就是專爲了要駁斥「自由中國」的「毒素思想」而才開辦的，每一個教官不管上什麼課程，總要先把「自由中國」痛駡一頓，才好像盡了責任，而且腔調一致，駡來駡去都脫不了上級原來給他們寫好了的那些根本自相矛盾、無法自圓其說的口號和教條，使我們這些受訓的同學下課後，都搖頭嘆息，這些教官們的可憐和幼稚？

貴刊那篇「反攻大陸問題」的社論，我曾拜讀過，在我的記憶中，那篇社論的內容與現在政府「對反攻大陸不以武力爲主要途徑」的政策並沒有什麼不同的地方，然而不料此論一出，各方大加攻擊；尤其是政府機關報竟將「反攻無望論」的帽子加在你們的頭上，並且斷章取義的亂加解釋，有意地想使一般人民由於他們所造成的錯覺而對貴刊發生不好的印象，其用意之可惡，其手段之狡詐，眞爲識者所不齒。更可怪者，現在政府竟又實行與所謂「反攻無望論」者同一的政策，那它不也成了「反攻無望論」者了嗎？

教官在强調鞏固革命領導中心的時候，他說大陸剿匪的失敗，完全是由於共匪以及共匪同路人對革命事業破壞的結果。他說這些人破壞革命事業的方法是攻擊領袖，分化羣衆，逼領袖引退，使國家失去元首，三軍失去統帥，革命失去導師，以致演出大陸淪陷的一幕。如此說來，大陸失敗的責任，既與國民黨無關，更非是領袖的領導錯誤，乃是由於羣衆對領袖離心離德的結果。根據這個前提（暫不管它是否正確）教官們就下了一個結論，那就是：「只有『現在』的領袖才能領導我們反攻大陸、光復河山。」換句話說，如果沒有現在領袖蔣公的領導，反攻復國的大業就根本無望。

我不否認領袖近數十年來對國家民族的偉大供獻；但是我絕對反對「只有現在的領袖才能領導着我們反攻大陸」的這種不正確論調。「反共抗俄」是我國的國策，就目前國內外局勢看，這個國策不一定就是明天可以完成的，說不定它可以繼續十年甚至更長一些的時間。總統自己最近也指示我們應作長期的奮鬥。而總統是一個人，「凡人皆有死。」儘管我們高叫「總統萬歲。」這只是表示我們吶喊的人對他的崇敬；理智的想一想，一個人能活到一百歲最多活到一百五十歲已是世界上罕見的事，現在我們把「反共抗俄」的期望唯一的寄托在他個人身上，萬一他有最後的一天，那我們唯一的期望又該誰屬？「只有」總統才能領導我們反攻大陸，那麼這個「只有」的「總統」如果有萬一的一天，我們的反攻大陸就眞要完全無望了！這是使我始終懷疑的一件事情，國民黨爲什麼要作這樣低能的宣傳？

更使我莫名其妙的，有一天我們班裏的訓導主任給我們講話。他說以前有人駡戴笠是領袖的走狗，戴笠不但不怒，反而很榮幸的以狗自居；現在我們革命軍人也要以領袖的「走狗」自居。如果有人攻擊我們的領袖，我們就毫不客氣的咬他一口。天呀！「革命的聖人」居然變成咬人的「狗」！無怪乎當貴刊前年「祝壽專號」出來以後，各方面都朝向你們亂咬一氣，原來他們自認是「狗」啊！

「堅定反攻復國信念，鞏固革命領導中心。」六天的「訓」是受完了，然而我沒有學到甚麼新的學問，相反的我發生滿腹的疑問，我變成一隻咬人的「狗」。以上數點，請借貴刊予以披露，並請先生及其他愛好貴刊的讀者們予以指教。耑此並祝

撰安！

讀者　陳懷琪敬上　四十七年十一月廿七日

出版法條文摘要

立法院第二一會期秘密會通過
總統於四七年六月廿八日公布

第六章　行政處分

第三十六條　出版品如違反本法規定，主管官署得爲左列行政處分。
一、警告。
二、罰鍰。
三、禁止出售、散佈、進口或扣押、沒入。
四、定期停止發行。
五、撤銷登記。

第三十七條　出版品違反第三十二條第三款及第三十三條之規定，情節輕微者，得予以警告。

第四十條　出版品有左列情形之一者，得定期停止其發行。
三、出版品之記載違反第三十二條第一款之規定者。
四、出版品之記載違反第三十二條第二款及第三款之規定，情節重大者。
五、出版品之記載違反第三十四條之規定，情節重大者。
六、出版品經依第三十七條之規定連續三次警告無效者。

第四十一條　出版品有左列情形之一者由內政部予以撤銷登記。
一、出版品之記載，觸犯或煽動他人觸犯內亂罪、外患罪，情節重大，經依法判決確定者。
二、出版品之記載，以觸犯或煽動他人觸犯妨害風化罪爲主要內容，經予以三次定期停止發行處分而繼續違反者。

第四十二條　出版品經依法註銷登記或撤銷登記或予以定期停止發行處分後，仍繼續發行者，得沒入之。

編者按：在此項出版法未廢止之前，本刊決將上項條款繼續刊登，一方面用以自我警惕，一方面讓世人知道我們的出版自由，受到怎樣的限制。

短評

（一）豈獨南美為然？

艾森豪總統的弟弟、拉丁美洲問題專家米爾頓・艾森豪近曾警告美國政府：拉丁美洲國家的人民對於美國不顧民主力量在南美之增加，仍繼續支持各國獨裁者的事實，使得美國與各該國家間的誤會，有日漸加大的趨勢。他認為美國如想恢復在南美失去的友誼與聲望，應重新製訂對南美獨裁者的政策；把以往對獨裁者擁抱的態度改為握手的態度，而對民主力量應表示友誼。

看到這一段報導後，眞使我們感慨萬端。其實，美國外交政策的這種錯誤，何獨在南美洲為然？做為自由世界領袖的美國，要想在亞洲獲致長久有效的反共力量，也應改變對亞洲那些有獨裁傾向的領袖們的態度，至少要從擁抱的態度改變到握手的態度，促使他們走向民主化。這樣才能得到亞洲人民的永久友誼。才不致發生像伊拉克那樣尷尬的事。美國，站在對抗極權國家的自由世界，至少應該約束這個陣營中的每個成員要有民主自由制度的起碼水準，不應坐視一些獨裁者們成為自由世界的贅瘤和盛名之累！

（二）就「法」言法

行政院近以書面答覆立委唐嗣堯的詢問稱：「關於流氓問題，因『流氓』一詞涵義廣泛，範圍難以確定，兼之缺乏具體取締辦法，處理極感束手，除已在修正違警罰則案中增加具體條欵外，經於四十四年核准修訂臺灣省戒嚴時期取締流氓辦法，飭由臺灣省政府會同前省保安司令部公布施行，藉圖補救。歷年以來，依據上項辦法登記之甲等至丁等流氓，共計六一五二名，取締二九九九名。」

老實說，流氓之為害社會，人所共知，對於任何眞正具有流氓行為的人，絕無人願予辯護。不過，在現代法治國家，法律之前，人人平等，取締流氓，仍須依法行事。現在，政府却不經立法手續，而擅自制定此一「辦法」，又由警備總司令部這種於法無據的機構來執行。這行為的本身，便顯然違憲、違法，我們其所以「期期以為不可者」在此。

總之，流氓之應予取締是一回事，然究竟何謂流氓？又如何取締？則是另一回事，政府若眞無意給老百姓製造「黑帽子」的話，便該在這些方面把觀念弄清，依合法途徑交法院來處理。

（三）周主席進步了？

省主席周至柔近向省議會就當前施政方向提出報告時說：「作為一個負責的省政府，就必須確切尊重人的尊嚴、權利和義務，充分鼓勵人的智慧、抱負和希望，使全省同胞的精神生活得到不斷的滿足。」

這番話，在現代民主國家，固早已成為常識之談。然如今出於周主席之口，倒是十分新鮮。周主席此說，假使並非朗誦秘書人員草擬的講稿，而眞是代表自己觀念轉變的話，這的確是他個人政治知識的一大進步。不過，所謂尊重人的尊嚴云云，究非空口說白話所能了事。僅以警察打人一事而言，周主席顯然有權制止，也有責任制止，倘竟聽任其相習成風，發展下去，則民命尚且難保，人的尊嚴云乎哉？

（四）輿論的力量！

在一月七日的晚報上，登載着警務處發表的三縣市警察局長調動的消息，其中包括企圖侵犯省議員言論自由的高雄市警察局長李連福在內。據該處發言人當時說：這是為了「適應業務需要」。然據一月八日「大華晚報」報導：「高雄市警察局長李連福之所以於昨天被警務處內調督察，主要原因是省議會今天舉行警政工作報告及質詢。此一人事調動命令，於昨天中午由郭永處長請周主席批准，當即命令該處發言人必定要當天晚報見報，藉以與省議會聯絡感情，從而緩和今天警政質詢之空氣。」

郭處長這一措施，總算是接受輿論，而表示其承認李連福之企圖侵犯省議員言論自由之不當，在今日政治環境中，畢竟還是可喜的。

（五）非不能也，是不為也！

軍公教人員的待遇調整問題，各有關主管一直認為是無力解決的難題，然近據行政院長陳誠說，這不是不能解決的問題。

同時，陳院長曾進一步指出：各單位的加班費、出差費，名稱很多，如果把變相的津貼和不必要的支出都合起來，納入正軌、有些單位便够了，不够的也用不到多少錢便可以解決；甚至在軍隊方面，也有很多不切實際、名為福利的支出，如果把這些錢集中，也用不到多少錢便可以改善官兵待遇。

由此觀之，今日政府單位流弊之大，已到了十分驚人的地步，而政府之不解決全國軍公人員的待遇問題，非不能也，是不為也。老實說，政府若還要聽任這種情形繼續存在，便無異鼓勵大家違法舞弊。尤其是既已明知可解決，若仍不解決，更無異逼大家違法舞弊。然而，陳院長又究竟要到何時才拿出辦法來解決呢？

（六）政治廣告

立法委員侯督庭近為臺中縣長林鶴年兼營「中國日報」一事，向行政院院長提出質詢時，特別指出那是份沒有銷路的報紙，全靠臺中縣政府經費來維持。

其實，今日臺灣，各級軍政單位，自行創辦報刊，早已相習成風，以致官辦報刊，多如牛毛，五花八門，數不勝數。各單位主管之創辦這類報刊，反正有公欵可以利用，不必考慮銷路問題，其目的，原只是為了經常刊登自己各式各樣的「玉照」和封面「題字」，以及逢年過節發表一兩篇由幕僚代筆用自己姓名發表的「訓詞」，甚至每期出現一些向自己歌功喝采的「妙文」，可以隨時丑表功一番而已，此之謂「政治廣告」。

給讀者的報告

中美聯合公報發表後，顯示政府今後最重要的課題，是如何運用政治方法，開拓一個新局面。但是，提到運用政治方法，我們有鑒於國民黨黨政當局作法和言論，深感有加以正確說明的必要，因此特發表社論㈠「取消一黨專政！」根據客觀事實，坦白指出近幾年來政府的設施，都是走的一黨專政的死路，只有取消一黨專政，才是「從黨有、黨治、黨享走向民有、民治、民享的大道」。

「奉命不上訴」案自經本刊公開揭發後，雖引起中外重視，但對於這樣一件大案子，新竹地檢處竟敢予延憲諒以「不予起訴」終結。這眞是二十世紀的奇聞！我們不得不大書特書，谷鳳翔想把今日臺灣的司法搞到無法無天的地步！所以，現再發表社論㈢『「奉命不上訴」爲何不予起訴？』駁斥新竹地檢處的不予起訴理由，在法律上在事理上都站不住。最後我們提醒政府，如對於一些違法亂紀的官吏一味袒護從容，臺灣政局的前途是不堪設想的！

韓國因修改安全法所引起的武打式政爭，現正方興未艾，我們特在社論㈢「韓國的政爭與東方的民主」中，指出韓國這次用武力强迫通過安全法修正案，其動機，是爲了絕對有效保持執政的自由黨長期包辦政權，並爲一九六〇年的下屆總統大選鋪路。韓國此種做法，更使我們對東方國家的民主政治及遠景，發生兩點感想，特在文內一併提及。

政府不准「中國地方自治研究會」依法籌組一事，早引起全國人民的驚駭和關注，現特發表朱文伯先生的大作。朱先生爲該會發起人之一，相信朱先生所說的話，已足以反映和代表該會的看法，倘政府眞無意剝奪人民的集會結社自由，便該特別重視朱先生說的話。

李達生先生的「屠克維爾論民主對社會及家庭關係的影響」大作，是根據屠氏巨著「民主在美國」中的一章改寫而成。屠氏是十九世紀歐洲最卓越的文化史家，其對於民主政治的見解，眞是與時常新。我們希望國民黨內迷戀於一黨專政的朋友們，也能細心讀讀這篇討論民主政治一般意義的佳作。

政府對於窮教員的生活、工作、環境，雖然不願予以認眞改善，但每逢教師節那一天，却總要假惺惺的搞甚麽「尊師重道」。胡虛一先生的「尊師重道哀教師！」大文，便是一個身爲中學教師親身經歷的感慨。

李先生和胡先生的大作，都寄來很久，由於稿擠和編排困難，一再延期，務請作者與讀者共諒。

周策縱先生爲哈佛大學博士，文學造詣很深，承將大作「給亡命者及其他」交本刊發表，並將陸續爲本刊撰稿。謹致謝意。

自由中國 半月刊 第二十卷第二期 總第二二一號

中華民國四十八年一月十六日出版

發行人兼主編：『自由中國』編輯委員會

出版者：自由中國社

社址：臺北市和平東路二段十八巷一號

Free China Fortnightly, 1, Lane 18, Ho Ping East Road (Section 2), Taipei, Taiwan.

電話：二八五七〇

航空版：友聯書報發行公司（香港九龍高打老道一〇號）電話：五二六四、五九二六五

總經銷：自由中國社發行部

美國經售者：紐約友方圖書公司 Hansan Trading Company, 65, Bayar D Street, New York 13, N.Y. U.S.A.

紐約光明雜誌社 Sun Publishing Co., 112, Mulberry St., New York 13, N. Y. U. S.

韓國：漢城 [illegible]德號

馬尼剌：新[illegible]書店

印尼：泗水文光圖書公司

緬甸：仰光振成書報店

印度：阿拉哈巴中印文化出版社

北婆羅洲：西利亞坡青年書店

星加坡：友聯書報發行公司（小坡大馬路四六九號）

吉隆坡：友聯書報發行公司（馬華公會大廈三樓七室）

怡保：友聯書報發行公司（希尼華沙甘街十六號）

檳城：友聯書報發行公司（林連登律七十二號）

澳門：友聯圖書公司

印刷者：精華印書館股份有限公司　廠址：臺北市長沙街二段七一號　電話：三三四二九號

本刊經中華郵政登記認爲第一類新聞紙類　臺灣郵政管理局新聞紙類登記執照第五九七號　臺灣郵政劃撥儲金帳戶第八一三九號（每份臺幣四元，美金三角）

自由中國

FREE CHINA

第二十卷 第三期

目錄

中華民國四十八年二月一日出版

社址：臺北市和平東路二段十八巷一號

（２）

半月大事記

元月十日（星期六）

俄照會美、英、法三國，建議舉行國際會議，討論對德和約草案，促於兩月內在布拉格或華沙召開；西德東德均獲相同照會。

俄向廿七國提出對德和約要點，禁止德國擁有或使用核子武器。

美國務院正式透露，蘇俄副總理米高揚會晤杜勒斯時，曾提出備忘錄，說明俄對柏林及德國問題立場。

元月十一日（星期日）

俄建議重開防止核子突擊會議，美國務院發表聲明，謂正檢討會議記錄，檢討完畢後再考慮重開談判。

米高揚在洛杉磯談話，謝彼洛夫並未被貶；馬林可夫亦未被處死；自稱曾多次反對史達林。

元月十二日（星期一）

北大西洋公約組織常設理事會商討德國問題；西方三國緊急磋商，俾能迅速獲致聯合立場。

西德總理艾德諾拒絕俄建議，堅持全德自由選舉。

元月十三日（星期二）

西方盟國將答覆蘇俄，如欲恢復防止核子突擊談判，應禁止商談政治問題，討論範圍限於技術問題。

俄暗示米高揚訪美爲和平攻勢之一。

杜勒斯斥俄對德和約建議爲愚蠢，指出中立德國計劃是行不通的，强調德國必須與歐洲國家聯繫。

六月十四日（星期三）

美向西德重申保證自由選舉統一德國。

杜勒斯告美參院外交委員會，美國必須堅定立場，促以「節約與犧牲」來對付共黨的經濟和軍事擴張。

元月十五日（星期四）

俄對北美廣播一項聲明，要求談判德國問題，稱俄立場有伸縮性可以談判。

元月十六日（星期五）

俄促恢復防止突擊會議，美予以斷然拒絕，盼俄研究解決目前歧見，俾能先獲致避免僵持談判辦法。

關於蘇彝士運河戰爭而引起的財務問題，英與阿拉伯聯合共和國已達最後協議。英埃外交關係將告恢復。

元月十七日（星期六）

艾森豪會晤米高揚，商談美俄關係問題。米高揚謂曾作「一次有益的意見交換」；米高揚並曾交赫魯雪夫私函一件。

艾森豪向米高揚率直表示，美與盟國完全決心要維護其在柏林的地位與權益。艾、米所談問題包括柏林、德國、裁軍、貿易等問題。

美中央情報局長艾倫告美國會領袖，不信蘇俄擁有核子動力飛機。

元月十八日（星期日）

寮國已經就越共胡志明軍隊佔領寮國領土並拒絕撤退一事，向聯合國提出控訴。

元月十九日（星期一）

日內瓦停試核子會議中，美英提出新建議，放棄他們一項主張：即停止核子試驗條約的年限應與裁軍方面的進展相連繫的主張，但堅持該約在國際管制下生效。

艾森豪向美國會提下年度龐大預算，總數爲七百七十億元；新預算着重應付當前共黨威脅，其中四百五十八億屬於防務費用。

元月廿日（星期二）

米高揚晤美副國務卿狄倫，促美減低貿易限制，狄倫予以斷然拒絕，謂在俄未緩和世界緊張情勢前，美國會將不可能撤銷貿易限制。

美派遣軍援考察團即來遠東地區訪問，從事研究修改美軍經援助計劃。

米高揚離美返俄。

關於停止核子試驗問題，俄應西方要求，商討管制制度。

元月廿一日（星期三）

艾森豪在記者會表示，美願隨時與俄談判，惟決不受强迫擺佈，謂俄對緊張世局未提讓步建議。

對於設立核子管制機構問題，美、英、俄三國意見漸趨接近。

元月廿三日（星期五）

美與伊朗、巴基斯坦談判特別防禦協定。

美正草擬柏林遭受封鎖時的對付行動計劃，考慮以陸空聯合努力維持交通，並正與各盟國進行商討。

元月廿四日（星期六）

日本自由民主黨選舉總裁，岸信介當選連任。

俄對柏林問題表示，若西方同意於五月廿七日前開始談判，俄國可能暫時取銷它五月廿七日把東柏林交給東德共黨政權的最後期限。

美國務院催促蘇俄鄭重考慮柏林問題。

元月廿五日（星期日）

日內瓦停試核子談判，俄要求管制制度中有否決權，美聲明此係談判之眞正威脅。

俄稱東柏林移交東德限期可展延三個月。

元月廿六日（星期一）

巴格達公約國集會，商防衛中東新計劃。美將與巴約各國分訂防衛協定。

『自由中國』的宗旨

第一、我們要向全國國民宣傳自由與民主的真實價值，並且要督促政府（各級的政府），切實改革政治經濟，努力建立自由民主的社會。

第二、我們要支持並督促政府用種種力量抵抗共產黨鐵幕之下剝奪一切自由的極權政治，不讓他擴張他的勢力範圍。

第三、我們要盡我們的努力，援助淪陷區域的同胞，幫助他們早日恢復自由。

第四、我們的最後目標是要使整個中華民國成為自由的中國。

社論

（一）科學教育的基本認識

梅貽琦先生接長教育部之最顯著的特點，就是特別注重科學教育。去年十月十八日梅部長在立法院教育委員會聲稱，自由中國的「科學教育過分落後」，今後必須設法提高。消息傳來，所有自由、開明、進步的知識分子，無不樂聞。提倡科學教育，他怎樣着手呢？依據梅部長同日在立法院教育委員會的報告，我們知道他是預備從兩方面着手的。第一、「在中學教育方面，充實學校科學設備，並提高數理化博物等科之師資。」第二、「在大學教育方面，注意科學教育，增加科學設備。」這兩方面所涉及的對象雖有中學與大學之不同，但是辦法是一貫的，而且基本着眼點是一樣的，卽是：注重自然科學及其技術。既然如此，我們可以知道梅部長心目中所想的「提倡科學教育」就是「提倡自然科學的教育」。關于這一層面，我們認爲極有商榷的必要。

首先，我們要明白表示的，我們並非以爲際此時日「提倡自然科學的教育」乃一不重要的事。其次，我們不能根據上面徵引的話斷定梅部長不知科學精神、科學態度、及科學的思想方法之重要。我們在這裏所要說的是：第一、就教育的百年大計着想，有較自然科學更爲根本重要的科學精神、科學態度、及科學的思想方法；第二、目前梅部長從事「提倡科學教育」，在根本上所走的還未完全脫離一八六三年以來所謂「辦理洋務」的道路。嚴格地說，這條道路只能說是治標。今日我們要提倡科學，必須更上一層樓，直接去治本。從歷史的眼光看去，一個國家或社會接受外來事物最初的動機，常常聯續地影響甚至決定着其後學習之「選擇的注意力」、學習的心理、以及學習的內容。學習科學本來可從兩方面着手：第一是從「爲知識而知識」着手，卽是爲「致知」而習科學；第二是爲「致用」而習科學。我們要把科學習好，從「爲知識而知識」着手才是根本正途。可是，我們習科學一開始就抱着「致用」的目標。這已經差人一等。不僅如此，我們習科學並非出于自願歡迎，而是被「西洋人」的堅船利炮硬逼出來的。在這種心情之下習科學，潛意識中已經悶着一肚子氣；更加要向我們平素瞧不起的「夷狄之邦」學習。而且由此一學習舉動，證明我們堂堂華夏文明禮義之邦，尙有許多根本不懂的學問，這很有損大國尊嚴。在這種心理狀況和事實背景之下習科學，所以幾十年來總是不大順利。

簡括的歷史考察可以幫助我們對于這種情形得到親切的了解。

自鴉片戰爭失敗以後，中國常受西方列强欺凌。而西方列强恃以欺凌中國的，主要地就是科學知識與技術所形成的軍事力量和工業力量。中國經過英法聯軍入北京等等侮辱與挫敗，對于西方這股力量不能說一點感覺也沒有。薛福成記述胡林翼的一個故事可明此點：「有合肥人，劉姓，嘗在胡文忠公麾下爲戈什哈。嘗言楚軍之圍安慶也，文忠曾往視師。策馬登龍山，瞻眄形勢，喜曰：此處俯視安慶，如在釜底；賊雖强，不足平也，既復馳至江濱，忽見二洋船，迅如奔馬，疾如飄風。文忠變色不語，勒馬回營，中途嘔血，幾至墮馬。……蓋粵賊之必滅，文忠已有成算；及見洋人之勢方熾，則膏肓之症，着手爲難，雖欲不憂而不可得矣。閻丹初尙書，向在文忠幕府，每與文忠論及洋務，文忠輒搖手閉目，神色不怡者久之，曰：此非吾輩所能知也。」

洪楊之亂平定以後，自一八六三年起，曾國藩、李鴻章這一輩人致力於辦理「洋務」。例如，在上海、天津等地開設江南機器製造局；選派學生赴歐美深造；購置鐵甲兵船，設輪船招商局；開辦水師學堂；設立南北洋電報局，種種等等。這些措施，都是因吃了洋人的大虧，感到非急起直追學習補救不足以圖存，而硬逼出來的。

但是，卽令是這些出于被動的措施，也不爲當時士大夫所普遍贊同。一八七二年就有人提議停辦輪船製造局。主持新政的李鴻章覆議奏摺中期期以爲不可。他說：「……此三千年一大變局也。西人專恃其槍炮輪船之利，故能橫行於中國。中國向用之器械，不敵彼等，是以受制於西人。……」顯然得很，他們雖較當時一般文人經生了解「此三千年一大變局」，可是這種對于科學的了解畢竟是膚面的。關于這一方面，梁啓超的批評頗爲中肯。他說他們「知有兵事而不知有民政，知有外交而不知有內治，知有朝廷而不知有國民，知有洋務而不知有國務，……以爲吾國之政教風俗，無一不優於他國，所不及者惟槍耳、砲耳、船耳、機器耳。吾但學此，而洋務之能事畢矣。」

從這一番批評看來，梁起超對于科學的了解似乎比李鴻章輩高出一籌。可是，他對于科學的基本部分並無眞正的認識。因此，他的情感固然藉着他的筆端動搖了千千萬萬的人，可是也動搖了他自己，使他自己做了自己思想的俘虜。一九二〇年左右，歐洲大戰剛剛結束。史賓格勒 (Spengler) 的「西方之沒落」思想彌漫歐陸。若干思想家將歐洲這一場浩劫歸咎於科學。情勝於理的梁啓超在這種思想空氣的感染之下，著作了「歐遊心影錄」。他在這部書裏，大斥科學之爲害人羣，很動情感地指摘科學家的人生觀之流毒。正如胡適在「科學與人生觀」的序裏所說的：「他很明顯地控告那『純物質的純機械的人生觀』把歐洲全社會『都陷入懷疑沉悶畏懼之中』，養成『弱肉强食』的現狀，——『這回大戰爭，便是一個報應』。他很明白地控告這種科學家的人生觀造成

『搶麵包喫』的社會，使人生沒有一毫意味，使人類沒有一毫價值，沒有給人類帶來幸福，『倒反帶來許多災難』，叫人類『無限悽惶失望』。梁先生要說的是歐洲『科學破產』的喊聲，而他舉出的却是科學家的人生觀的罪狀。梁先生摭拾了一些玄學家誣衊科學人生觀的話頭，却便加上了『科學破產』的惡名。」這一番話，無異把今日中國人的反科學言論，先期予以批駁。

在維新與守舊兩種思想激盪之際，出現了張之洞的折衷思想。他的這種思想表徵於一個口號：「舊學爲體，新學爲用」。張氏在勸學篇的序言裏說：「圖救時者言新學，慮害道者守舊學，莫衷於一。舊者因噎而廢食；新者多歧而亡羊。舊者不知通，新者不知本。不知通，則無應敵制變之術；不知本，則有非薄名敎之心。夫如是，則舊者愈病新，新者愈厭舊。交相爲瘉，而恢詭傾危，亂名改作之流，遂雜出其說，以蕩衆心。學者搖搖，中無所主，邪說暴行橫天下。敵既至，無與戰；敵未至，無與安。吾恐中國之禍不在四海之外，而在九州之內矣。」同書設學第三說：「新舊兼學：四書五經，中國史事，政書地圖，爲舊學；西政，西藝，西史，爲新學。舊學爲體，新學爲用，不使偏廢。」

張之洞所說「舊學爲體，新學爲用」就是後來所說的「中學爲體，西學爲用」之所自出。張之洞此說一出，可以調和新舊兩派，所以頗可迎合現實。他這一說，一方面將「中學」的「聖諭」地位保住了，在另一方面也讓人在這一「不動搖根本」的條件之下肆習西學。

稍一分析，我們不難發現張氏這種說法是講不通的。這種說法固然給予中國人以情感方面的安慰和面子的滿足，可是幾十年來却使中國科學未能向基本處生根與發展。「體」與「用」的劃分，毫無經得起推敲的根據。誰能於實際的運作中在「體」與「用」之間劃出一條界線？爲了節省討論的筆墨起見，我們暫且在此姑且承認「體」與「用」這一劃分。卽令承認這一劃分，張之洞的「中學爲體，西學爲用」的說法還是不可通的。「中學」之「體」是泛道德、泛價價、泛禮儀、泛感情的。科學如其有「體」，這個「體」是「爲知識而知識」的基本態度，及科學的思想方法。西方人因爲有了科學的這種「體」，所以才展衍出科學的「用」。「中學」的「體」是那樣的一種「體」，而不是科學由之而展衍出來的「體」，那末怎能與科學銜接調和呢？僅僅把西方的一點點科學之「用」移植過來，在何處生根呢？如果沒有地方生根，那末怎會繁榮滋長呢？如果我們不培養一點科學的態度，科學的精神，並學習科學的思想方法，而只在目前這一復古的蒙昧的氣氛中學一點數理化，那末我們的科學教育永遠只像浮在泥水上的幾滴油而已。這個樣子弄科學，卽使再花五十年，也不見得能使我們這個社會發生實質的變革。

在「中學爲體，西學爲用」這一口號背後，還有一種思想，卽以「中學」爲中國文化的根子，科學不過是外來加上去的枝葉而已。這一中國文化的根子，是特殊的，是有顏色的。科學是無顏色的，是中性的。無顏色的，中性的東西與特殊的和有顏色的東西並不衝突；不僅不衝突，而且科學應須從屬於這一「本體」。例如，現在西方世界，科學與基督敎相安無事。甚至在共產世界，馬列主義駕乎一切之上。共產黨徒將科學放在馬列主義之下，也能構成一個可以運用的政治秩序。由此可見科學這一無顏色的、中性的東西，並不與各種民族文化或特殊的「意識形態」衝突；而是可以被安放在它底下，爲它而服務。既然如此，「中學爲體，西學爲用」這話可奉爲不朽的金科玉律。

過去的歷史和現在的事實都不爲我們證實這一點。凡稍有歷史常識的人都可知道，在過去，基督敎與科學之間的衝突是頻仍而嚴酷的。宗敎對科學的逐漸而又出於勉强的讓步，只是最近才算到了尾聲。自古以來，科學家爲眞理而與敎會權力衝突以致遭受迫害者，不知凡幾。根本原因之一在什麼地方呢？根本原因之一，就在有顏色的世界觀和社會觀永遠總是與無顏色的世界觀不相容的。而無顏色的世界觀又足以動搖宗敎的權威，所以，演變所及，不是敎權對科學家施以壓力，就是敎權被科學削弱到無力再對科學家施以壓力。照我們今日看來，物理科學這樣無顏色的科學與宗敎應該是不會有衝突的。其實不然。布魯諾 (Giordano Bruno) 旅行歐洲時，宣揚哥白尼 (Copernicus) 的天文學說，被敎會斥爲「異端」，卒致於一六〇〇年時被焚身死。伽利略 (G. Galileo) 爲發表與聖經衝突的太陽中心論而備受敎會迫害，更是科學史中有名的事件。紅衣主敎巴魯尼斯 (Cardinal Baronius) 說：「聖靈只預備在聖經裏告訴我們如何走進天國，而沒有告訴我們天國是怎樣走的。」就在幾十年前，美國南部幾州聘請敎授時，必須言明不敎授達爾文的演化論。其他科學與宗敎衝突的事例，多到不勝列舉。時至今日，科學與各種「意諦牢結 (ideology)」的衝突，則强烈地表現於政治衝突之中。

可知我們提倡科學教育，並且想要獲致有效的成果，那末必須從培養科學的根本着手。這裏所說科學的根本，卽是前舉科學的態度、科學的精神、以及科學的思想方式。科學的態度表徵於一個設準。這個設準就是「什麼」。凡是什麼而說不是什麼，不是什麼而說是什麼，都是反科學的。依照這一設準，我們可以作下列的展演：

第一、重經驗。客觀的經驗世界不隨人意調度。幸喜有這樣的一個世界存在，我們才有科學知識可言。第二、非權威。科學並不反權威 (anti-authoritarian)，但却非權威 (non-authoritarian)。這就是說，科學並不以反對權威或打倒權威爲目的，但是科學也不從屬於任何權威。無論是宗敎權威，還是政治權威，或是道德權威，都不能加諸科學。在這些權威之中，如果有任何一種加諸科學，科學的研究結果一定因遭受歪曲而失其原形。第三、尙合理的懷疑。敎條只可絕對信仰，却不容許懷疑。科學是容許懷疑的。懷疑無寧係科學致知的推進方式之一。科學的精神是求精確，是在證據面前放棄成見，是在由推論而得到的結論面前放棄感情。這就是「面對事實」。科學的思想方法是行

(5)

解析，力求證據，並依據邏輯來得結論。由此我們才能得到科學知識。我們有了科學知識，才可免於個人、羣體、及文化中特有的偏見，並從而養成一開啓的心靈，以適存於當今競爭激烈之世。如果不走這一條路，那末我們不僅只能養成一批心胸閉塞的人，而且充其量只能敎育出一批製肥皂、製蠟燭的技術人員。

現在，若干熱情有餘而認知不足的人士將赤禍泛濫歸咎於五四之提倡科學與民主。這種說法，絲毫經不起與事實對照。關于這種說法，我們現在只提出兩個問題：第一、直到目前爲止，環觀斯世，是科學昌明的地區赤禍泛濫，還是科學落後的地區赤禍泛濫？第二、近三四十年來，赤色思想之瀰漫，是眞正訴諸嚴格科學的說理所致，還是藉着詩歌、小說、文藝等等作情緒的鼓動和幻想的激發所致？

不錯，目前共產世界也在積極提倡科學。可是，我們不要忽略了，他們只要科學的一半。而且這一半是科學之不屬根本重要的一半，卽是「製器利用」。共產黨徒不敢提倡科學的態度，與科學的思想方式。科學的態度與科學的思想方式，像一個透明無色的玻璃版。任何有顏色的思想或敎條只要塗上去一點點，玻璃版上卽刻可以清楚明白地看出來。這是任何企圖拿有顏色的思想來統治思想者所不能忍受的。共產黨徒能不能依據前述「什麼就是什麼」的設準，說「社會主義的天堂」裏人民的生活水準遠不及「資本主義的地獄」人民的生活水準？我們在前面說過，科學的態度尙懷疑。世界共產黨徒能否容忍治下人民對馬列敎條懷疑？共產黨人的確是想拿馬列之學作「體」，拿科學的一半作「用」，以此構成其統治的精神骨幹。卽令如此，他們還是必須對科學讓步。據「新階級」一書的著者吉拉斯透露，在鐵幕裏面，卽令對于應用科學家，共產政權還得讓步：他們不能硬性規定科學家非究讀馬列主義不可。他們眼看科學家們對于馬列主義淡漠的情形，也只好睜一隻眼閉一隻眼。事實顯明地擺在我們面前：科學的眞理與任何敎條是無法調和的。不是敎條掃蕩了科學，便是科學啓蒙之光廓淸了敎條。

依據以上的指陳，我們不難知道，自由中國要眞正想科學在中國生根，那末必須注重科學的根本部分。復次，我們要想在防止赤化思想方面收到實效，也只有提倡科學的態度、科學的精神、以及科學的思想方式。這是我們對於提倡科學敎育的基本認識。

社論 (二)

從韓國政爭看我國的民主運動

本刊上期社論，曾以「韓國的政爭與東方的民主」爲題，論及最近韓國因修改安全法而引起的激烈政爭。在那篇社論發表以後，韓國情況有了新的發展。當那篇社論執筆之時，安全法修正案業已在形式上經議會通過，並由李承晚總統簽署而成爲法律，執政黨的勝利似已成爲完全的，在野黨的抗爭沒有生效，美國政府所提溫和而懇切的勸告也沒有生效，反之，報紙並且傳聞執政黨還要進一步再度修改憲法，期使李承晚成爲終身總統。韓國的反民主勢力竟然如此頑强，我們乃不得不以極度失望的心情，感慨脆弱的韓國民主基礎之終被毁棄。但事實上，韓國在野的民主黨並沒有因安全法修正案在形式上業已成爲法律而放棄努力，他們英勇的宣布要進行流血鬪爭，再接再厲，誓死不屈的要爭取修正案之廢除；韓國各大城市民衆，亦爲此而舉行示威，作民主黨的有力後盾。終於，整個情勢顯現轉機，到一月二十日，李承晚總統乃在國務會議上正式宣布，韓國政府將繼續保證新聞自由，而新聞自由問題也正就是安全法修正案所引起的主要爭論之一。又本來李承晚總統會斷然拒絕與民主黨首領張勉副總統會面，現在，民主黨的另一首領趙炳玉氏則已與執政黨的國會議長李起鵬氏發表聯合聲明：「試圖覓致緩和目前不安情勢之道」，同時並透露李總統業已允諾與民主黨人晤談。我們雖尙未能確知最後結局如何，執政黨之被迫讓步，終是民主勢力之初步勝利；此一初步勝利是民主黨人準備以生命爲代價來換取的，値得我們贊揚。

在韓國鬧安全法修正案的前一些時候，日本曾鬧過警察法修正案事件，再前一些時候，我國也曾鬧過出版法修正案事件，這三起在三個隣近國家分別而連續發生的紛爭，在其進行期間，性質上非常類似，它們都是爲了執政集團要擴大統治權力而企圖限制人民自由，侵凌基本人權，乃因此遭逢强烈反對。但是，這三項紛爭的結果却全不相同。日本的執政黨照樣在議會擁有多數，而它內部對警察法修正案的意見也是一致的，但並沒有强制通過，而是由執政黨徇在野黨及一般輿論的要求把原案撤回。在韓國，安全法修正案雖在形式上成立，而執政黨仍然不得不在强烈反對與國際間道義壓力之前讓步，同意以協商方式解決善後問題。獨我國的出版法修正案，却是在「黨紀」的大力推動之下，甚至違背了一部分執政黨籍民意代表的自身意志，强行通過，隨卽公布實施。在此以後，反對之聲，居然頓時銷聲匿跡，大家祇好做得個逆來順受。我國統治力量之强大，眞値得別的國家的執政者羨慕，但如果爲民主政治的前途着想，則我國實不僅趕不上日本，甚至也還趕不上韓國。在韓國，反對黨尙能在國會佔八十議席以與執政黨的一二五席相抗衡，在我國，則兩個「合法」「友黨」再加上無黨派分子，在最高民意機構也祇佔那麼一個微小的比數。在韓國，在野黨表現得那樣轟轟烈烈，而我國的「友黨」則祇是做了政治櫥窗裏的裝飾品而已。在韓國，人民還可以爲了反對一個法案而舉行示威，而我國則已做到人民請願都要先向治安機關申請。在韓國，輿論機關大都能保持獨立立場，在觀念上用不到接受一個固定的規範，而我國的報紙刊物，即使是私營的，也大部分要聽從執政黨的宣傳指示。由此種種看，我們在那一點能比得上韓國？日本是更不用說了。這也無怪三個性質上相同的法案，會在三個國家遭逢不同的命運。

可以這樣說，日本的民主政治，幾乎有了穩固的基礎。在韓國，已多少有一點基礎，雖然這基礎仍嫌脆弱。而在我國，却是連一個脆弱的基礎都還沒有建立起來。所以，日本當無問題，它的民主政治沒有受到威脅，相反的，却是因此次執政黨之撤回警察法修正案而更形堅強。韓國的問題是，有些人要把這基礎毀棄，而另一些人則誓死要把它保全。而我國的問題，却是要把這個基礎從頭建立。我國之所以尚能在名義上稱爲民主國家，祇靠了一部憲法，而這部憲法的民主精神，亦早已在「非常時候」的藉口下被種種特殊法令所破壞無餘，而現在却尚有人主張更從文字上把憲法作違反民主精神的修改，寧不可悲。

無論在什麼國家，無論在什麼時代，統治集團幾乎都有一種擴大統治權力的動機。祇是，在民主政治有穩固基礎與優良傳統的國家，統治者已漸漸養成一種不敢觸犯傳統的心理習慣，因而生出一種自制力量，即使有些事明明能夠做到亦不敢暢所欲爲。在民主政治具有若干基礎的國家，擴大權力的動機當其見諸行動之時，尚可能在所遭逢的阻力之前迫不得已的退轉；而此種阻力之大小，當然與民主政治基礎之厚薄恰成正比。祇有在連脆弱基礎都不具備的國家，無限制擴大權力的行爲，才可通行無阻，而且常常連法律都可以成爲達到此一目的的工具。

我們自省趕不上日本，已經够慚愧的。但是我們這一個亞洲第一個推翻君主專制的國家，竟還趕不上贏得獨立不過十多年的韓國，却又是什麼道理？這當然不是什麼民族性使然，而是由於韓國的民主資產，縱極微小，多少總還是「正」值的，而我們的民主資產則爲「負」值。這項負值的資產，就是三十年來根深蒂固的一黨專政。而一黨專政之局，又與執政黨的革命主義具有不可分離的血肉關聯。我們的執政黨靠革命起家，靠軍事力量完成統一，就從開始時即養成一種心理狀態，滿以爲國家由我締造，就理應享有長期執政的特權，以致連「黨外無黨」之類的口號，都可以公然提出而不自覺其非。在革命政黨奪取政權之後，不可避免的會是一種把持一切的獨佔之局，而我國則把這種獨佔之局稱爲「訓政」，自己高高在上，完全蔑視了人民應有其自由獨立的意志。我們雖然有時尚能聽到「還政於民」那麼一句話，但要將一手把持的東西「還」出來，是非常的不易，事實上也從來沒有眞正實踐其諾言。今天，雖號稱憲政，而執政黨仍然改不了革命主義的心理狀態，製作出一套令人無法懂得的「革命民主」理論，逢到依憲政常軌不易做到的事，輒訴諸「革命性的」非常手段。而所謂非常手段，事實上就是法律以外的手段。試想，我國的執政黨，除了掌握行政以外，一手抓住立法，一手抓住司法，此猶不足，却還要在法律以外自詡革命而便宜行事。這樣，欲求起碼的法治且不可得，又怎能盼望由上而下的培養民主基礎！韓國就不是如此情形。韓國沒有獨一無二的革命黨。它的獨立不是由於革命成功，而是由於一次國際戰爭。在獨立以後，沒有一個勢力能獲得機會造成百分之百的獨佔局面。由此種種，韓國乃能在一開始即比我們較具備民主的規模與氣象。至低限度，韓國的民主主義者還有一個堡壘可以堅守，而我國的民主主義者却還要從最基層的一塊石頭建築起一座堡壘來。

我們說這一番話，意思決不是說我國的民主運動進行如此不易，儘可知難而退，不必妄求。有許多古老國家，民主運動都要經過這麼一個艱苦的階段，何以我們就不能像人家一樣的把困難克服？我們的意思也不是要替自己的毫無成就委卸責任而予以曲諒，相反的，我們正是爲此而感覺無比的慚愧。我們說這一番話，是要提醒我國的民主運動者，我們擔任的工作，較韓國所擔任者困難幾倍，而韓國的鬪士尚且準備爲保衞民主堡壘而付出生命的代價，我們豈能無所犧牲！胡適之先生在七年前曾經說：「言論自由同別的自由一樣，還是要靠我們自己去爭取的；法律的賦予與憲法的保障是不够的。人人應該把言論自由看作最寶貴的東西，隨時隨地的努力爭取，隨時隨地的努力維持。」（民國四十一年十一月二十八日在「自由中國」雜誌三週年紀念會的講詞）我們必需更加上說：爭取自由民主還得有人挺身而出，不避艱險，準備付出一切必需的代價。一分耕耘，有一分收穫。我們不能希望僥倖成功，却依然相信付出的代價也決不會白費。韓國民主黨的英勇鬪士們已爲我們作出一個崇高的榜樣了。

社論

（三）

痛定思痛談免試升學

行政院對於號稱「劃時代」的免試升學，最近終於接受了各方面的意見，斷然下令教育部轉飭教育廳立刻停辦。從今年秋天開始，國民學校畢業的學生，便都不再免試升學，新竹和高雄兩縣市的「試辦」，也同時一律停止。

從去年傳出陳誠組閣的消息起，尤其在陳內閣組成時，斷然更換了創辦免試升學的教育部部長後，各方面卽紛紛主張將新竹、高雄兩地的免試升學，從速停辦。大家的希望，雖然拖延了半年之久，直到最近才實現，但在今天這種政治環境下，這已經難能可貴了。在今後，陳內閣倘能本着這種精神與態度，再大刀濶斧的從事政治改革，眞正的做到「求其所當爲，盡其所能爲」，則我們可以肯定的說一句：中國政治還是有希望的！

遠在四十五年三月一日，當教育部決定「國民學校畢業生免試升學初級中等學校方案」，企圖在臺灣全面推行時，凡是稍知實情稍有頭腦的教育家、民意代表、以至輿論界，幾乎無不反對。同時，大家不止是反對，並且把種種必然遭遇的困難，以及一切可以預見的惡劣後果，都一淸二楚的說了出來，希望有關方面爲國家百年教育大計着想，加以鄭重考慮。本刊也在同年三月十六日那一期上面，發表了一篇社論，題目是「國校畢業生免試升學方案平議」。在那篇社論中，我們除認爲「本案在現階段中缺點甚多，如經費之無法籌措，如師資之無法拼湊，以及實施後之中學程度降低等等」，並特別指出：「在臺灣目前的處境，這個方案不是立刻行得通的，如欲勉強行之，其結果是利未見而害先至，不僅不能作爲延長義務敎育年限爲九年之準備，反嚴重的損害了義務教育的素質。」我們在三年前說的這一番話，雖是針對全面推行而言，但今天僅由兩縣市「試辦」的事實證明，卽不幸都一一言中。請想想：當時要不是大家堅決反對，眞按前任教育部部長張其昀一人的私意，而在臺灣全面推行，則後果之惡劣，豈堪設想？

現在，新竹縣第一屆接受免試升學的學生，轉眼就要畢業了。至於新竹與高雄兩地其餘接受免試升學的學生，也已經渡過了整整的三學期或一學期。這些學生，大多數是在沒有校舍、沒有敎室、沒有設備、甚至沒有敎員的環境下，而接受教育的。加以本身的素質，參差不齊，甚至於國校的基礎，本來就很壞。因此，儘管在免試升學的學校裏，接受所謂初中教育，但實際上所得到的，多半是一無所有。其中受害最大的，要算是就要畢業的學生，大家被一誤再誤之後，前任教育部部長又企圖掩飾免試升學學生畢業後的升學率，從去年秋天開始，便把很多人編入了所謂「職業班」。在新竹縣的畢業班學生中，被編入「職業班」的，便有八百人以上，佔去畢業班的三分之一左右。事實上，這種所謂「職業班」，既沒有專門設備，又沒有專門教員，甚至也沒有專門課程，完全是有名無實，欺騙和愚弄學生的空頭招牌而已！天下誤人子弟之事，寧有過於此者！總之，這些學生們求學的寶貴光陰，便這樣的被白白糟蹋了。時間已經一去不返，永遠無法追回，更永遠無法補償，眞令人言之心痛！

今天，免試升學固然是停辦了，但在新竹和高雄兩地，因「試辦」免試升學而造成的問題，却並未因此而解決。相反的，倒是千頭萬緒。今天，最重要的事，當無過於善後問題。很明顯，這一問題，現已困擾着新竹和高雄兩地免試升學的學校、學生、以及學生家長。

根據報紙上透露的消息，教育廳已經邀集過新竹和高雄的教育科長，會商善後問題，並決定由兩地的縣市政府，提出具體辦法，報廳核示。現在辦法是否已在着手擬定，其內容又將如何決定，我們固然還不知道，但我們願趁此機會，提供幾項起碼的原則：

第一、裁併學校：現在還沒有完整校舍仍佔用國校教室的學校，以及只有三班五班的分校分班之類，一律裁撤，而歸併到設備較全、規模較大的學校去，以求集中財力、人力，節省無謂浪費。

第二、整頓人事：自學校員額編制，以至校長與教職員的人選，都乘機予以全面調整，尤其對於若干已轉入地方政治漩渦及辦校成績較差的校長，更應裁汰，以求由人事的健全，推動教育的進步。

第三、補助經費：對於新竹和高雄兩地的教育經費，教育部和教育廳應設法予以額外補助和特別貸款，以求各學校自校舍、教室、圖書、儀器、以及教職員宿舍，都能很快獲得全面充實。

至於詳細具體的善後辦法，希望新竹和高雄兩縣市的教育主管部門，在擬訂之前，能普遍徵求各免試升學學校教育人員及學生家長的意見，並切實調查實際情形，再不要像教育部當初擬定免試升學方案一樣，只是完全聽憑一二人的空想了。

各級法院應不應該隸屬於司法院？

——依據憲法第七十七條之「正」解，司法院究竟是個什麼性質的機關？

雷　震

近年以來，尤其自谷鳳翔任司法行政部長以來，大家認爲臺灣的司法界，常有下列四種的毛病：

一　審判失去了獨立的精神，司法往往變爲政治上的工具；

二　審判上不公平，常有畸重畸輕之嫌；

三　主管司法行政人員精神之墮落，大有江河日下之勢；

四　司法人員的風紀，日趨敗壞，失去了司法的尊嚴。

這是一般的看法。甚至有人認爲「今日臺灣的司法，比日據時代還不如。」所以「今天臺灣人對日本還念念不忘。」（見四十六年五月監察院年會司法檢討會曹委員德宣發言紀錄）

監察委員陳大榕在同次司法檢討會上，對司法部門有如下之陳詞，其悲憤塡膺之心情，溢於言表：

「司法本來是人民的一個保障。人民如有寃抑，就要向司法陳訴，希望司法幫他伸雪。但是現在臺灣的司法，我們同許多司法界的人談起，都是搖頭嘆息，都覺得現在的司法非常黑暗。司法關係一般人民心理，非常重大。如果司法不能够保持憲法所賦予的獨立精神，甚至有貪汚舞弊的情事，那就要喪失人心，影響士氣。現在臺灣的司法，可說都有剛才所擧的這種弊病，未能保持獨立的精神，講人情，有貪汚，許多人談起來都感到頭痛失望。」

職是之故，大家認爲今日的司法，非從速加以澈底的改革不可，而其改革方案，有人主張：

（一）高等法院及地方法院，應由行政院劃出來，改隸司法院管轄，以免行政干涉司法。

（二）最好更進一步，把司法行政部暨其所屬檢察機構，一股腦兒由行政院搬到司法院。這樣司法就可獨立，而審判就可公平，法院本身亦可弊絕風淸。

關於第一點，四十七年度監察院年會總檢討會議對於一般政治檢討意見第二十九項，可謂這種意見的代表之作。第二十九項全文如下：

「爲求審判之獨立，憲法第七十七條規定，法院應屬於司法院。現最高法院雖屬於司法院，但高等法院及地方法院則尙屬於行政院。本院曾請大法官予以解釋。現聞各方觀念漸趨一致，法院改隸，可望實行。允宜早日實現，以符憲法規定。」

請注意上項意見中有這樣一句話，卽「現聞各方觀念漸趨一致」，就是說各方面都認爲各級法院均應隸屬於司法院。所謂「各方面」者，也包括王雲五氏主持的行政改革委員會的。該會報告書中，已明明白白提出此項意見。據監察院的解釋，這是憲法第七十七條所規定的。今天僅將最高法院屬於司法院，而高等法院及地方法院尙屬於行政院，顯然是違憲的。故作結論說：「允宜早日實現，以符憲法規定。」

關於上述第二點，據一位監察委員告訴我們說，大法官中早有此項意見，卽將司法行政部暨其所屬檢察機構一併改隸司法院，可期審判獨立，工作便利，並希望監察院的「政治檢討意見」能具體的提出此點，俾他們容易下手作出解釋。惟此項要求，監察院未予採納，故未作是項決議。

×　　×　　×　　×

我們現在要提出疑問的是：

第一　憲法第七十七條的規定究竟是什麼意義？監察院和行政改革委員會眞正搞明白了其眞正意義沒有？

第二　在現狀之下，如果所有審判機關，卽各級法院一齊隸屬於司法院管轄，是否可以保持司法獨立，審判公平？往事可鑒，不能憑空論斷？

第三　如果把高等法院及地方法院改隸司法院，而各級檢察機構仍屬於行政院，是否可以運用自如，毫無牽制？

第四　如果把司法行政部連同各級檢察機構全部由行政院搬到司法院，是否可以運用自如，毫無扞格？

茲依照上列順序，逐項說明我們的意見如下：

×　　×　　×　　×

第一　我們認爲監察院所作的上述解釋，說「憲法第七十七條規定，法院應屬於司法院」，絕對是「武斷的」、「粗疏的」解釋，而未從憲法這條條文的字義上作仔細的推敲，也未從「權力分離」這一原則來考慮這個問題。監察委員們看到現象之不合理——法院分屬兩個系統和審判不能獨立——亟思有以糾正之，乃提議改隸，確有他們一番苦心。惟遽作此項解釋，顯係受了訓政時期司法院體制的影響，在觀念上不免尙有過去殘餘的意識形態。我們認爲今天在司法院之外，又搞出一個最高法院，且將司法行政割裂爲兩段，乃是「行憲後走了樣子的地方」，不是憲法的原意。固然，行憲後走了樣子的地方尙不止此，這也是其中之一。這裏我且引用拙著「制憲述要」關於這一問題之意見（該書六一頁至六二頁），以說明憲法第七十七條的眞意：

「現行憲法第七十七條規定：『司法院爲國家最高司法機關，掌理民事、刑事、行政訴訟之審判及公務員之懲戒。』照這條條文的意義，司法院本身卽爲最高法院，應毫無疑義。國民政府於三十六年三月三十一日公布之司法院組織法第四條規定：『司法院分設民事庭、刑事庭、行政裁判庭及公務員懲戒委員會』，卽係根據這個精神來立法的。這正合乎制憲的原意。這條法律雖經公布，但未實行，乃於同年十二月二十五日加以修正。而此項修正的司法院組織法，又復沿襲了國民黨訓政時期的舊制，於司法院之外，另行設置最高法院，以掌理民事和刑事之審判。修正的司法院組織法，乃是絕對的違反了憲法的原意。從上述第一次司法院組織法第四條之條文，更可明瞭修正司法院組織法之不合理。

現在，不僅司法院變爲一個無事可做之多餘機關，而司法行政又復割裂爲二：卽最高法院之司法行政，由司法院管轄，而高等法院以下之司法行政，則歸於行政院之司法行政部管轄。這不僅是變更了憲法的原意，而且是誤解了司法權——審判——之本意。」

看了上述的文字，我們可以明瞭憲法第七十七條之原意所在，卽司法院本身就是最高法院，是「掌理」民事、刑事審判之機關，非居於「監督」地位來掌管司法行政之機關，否則該條所稱「最高司法機關」之「司法」二字，就無法來解釋了。如果照監察院的解釋，各級法院包括「最低」級的地方法院，均應屬於司法院管轄的話，則「司法院爲國家『最高』司法機關」一句話中之「最高」二字，根本上就說不通了。蓋「最高」二字明明表示司法院這一級審判機關，是國家的「最高」司法機關，何能强辭奪理的硬說：「憲法第七十七條規定，法院應屬於司法院」呢？這個「應」字是從那裏冒出來的！這不是武斷粗疏是什麼？這不是誤解憲法原意是什麼？這不是因襲訓政時期的舊制是什麼？其詳當於次節論之。

其次，如果司法院在掌理民事、刑事和行政訴訟之審判及公務員之懲戒各事之外，還要賦予「兼理」司法行政之權，則與憲法第七十七條所說：「司法院爲國家最高司法機關」之「司法」二字，又是不相符合了。而且這一條文明明白白的說，司法院之職權，只「掌理民事、刑事、行政訴訟之審判及公務員之懲戒」，何嘗要求它去「兼管」司法行政之事呢？讓我再提一件鐵一般的證據，卽現行憲法的母體「政協協議之修憲原則」。該原則第四條列有：「司法院卽爲國家之最高法院，『不兼管司法行政』，由大法官若干人組織之。大法官由總統提名，經監察院同意任命之。各級法官須超出黨派以外。」由此憲法所據以產生的老根子來看，益可瞭解憲法第七十七條司法院卽爲最高法院，不應「兼管」司法行政。牽强附會是最要不得的！

× × × ×

第二　論者以爲高等法院及地方法院改隸於司法院之後，卽可保持審判之獨立。上述監察院所提的意見，一開頭便說：「爲求審判之獨立，憲法第七十七條規定法院應屬於司法院」。聞行政改革委員會之建議，也是用了類似的字句。這個見解之違反憲法的規定，已如上文所述，在事實上，僅僅這樣改隸，也是達不到「保持審判獨立」之目的的。有人說改隸之後，行政干涉司法的情形，可能比較好些，可是依照當前的事實看起來，連這一點「比較好些」的希望，依然是會落空的。我們要矯正錯誤，必須找出錯誤的癥結所在，然後才可對症下藥。不然，就是牛頭不對馬嘴了。茲分析今日審判不能獨立之實際情形於後。這是有目共覩的事情，不是我們憑空臆斷的。

今日外來干涉司法審判之「第一」位，要數到國民黨而非行政院。如果我們對這第一位隨時干涉者無法阻止，不能約束，各級法院今後搬到那個院子裏放着，其結果都是一樣的。搬家的希望會完全落空的。當時參加制憲的民社黨、青年黨出席人員有鑒及此，故堅持列入今日憲法第八十條這一條，卽「法官須超出黨派以外，依據法律，獨立審判，不受任何干涉」，而不惜以退席來表示。在其他國家之成文憲法，雖然也有類似的條欵，但沒有我們憲法第八十條那樣斬釘截鐵的列出來，而且明明白白的寫出：「法官須超出黨派以外」。這就是在我們制憲的時候，青民兩黨的人士偏偏堅決主張要加入這一條的理由。他們不是無的放矢，而是根據多年的實際經驗而堅決要求加入的。因爲他們過去在長時間的訓政時期內，受盡了國民黨「黨化司法」的痛苦，他們有許多許多黨員遭受了很多的災難和慘痛的犧牲。而且他們是想爲「眞正」的民主政治奠一基礎。我們憲法第八十條的規定如果不能「認眞」實行，各級法院無論隸屬於那一院，國民黨各級黨部照樣會用種種方法「橫加干涉」，法官很難拒絕其干涉而獨立審判，除非像黃向堅那樣硬漢子。大家只要看看這幾年的選舉訴訟，就可明瞭上面所說的實際情形。

在選舉訴訟事件之中，我們幾乎可以說：非國民黨員告國民黨員的舞弊案子，總是不得勝訴的；而國民黨員告非國民黨員的案子，法院總是宣判原告勝訴。有人說選舉訴訟的判決詞，都是臺北寫好送出去的，我們也不敢說這完全是栽誣的。青年黨負責人朱文伯先生「我看『選賢與能、節約守法』」的文章（載本刊第十六卷第八期）和民社黨負責人蔣勻田先生在「選票與人心」的文章（載本刊第十六卷第十期）內，都提到今日臺灣選舉訴訟之極端的不公平，一致認爲在選舉訴訟上，幾無是非可言。而民社黨的監察委員劉行之在前述同一監察院年會檢討席上，對於臺灣今日司法獨立與選舉的關係有過極沉痛的呼籲，認爲今日司法每受外力的干涉，因而失去公平的審判。由於審判的不公平，更可增加人民對政府的怨恨。他說：

「談到司法獨立問題，我要談司法與選舉問題。……我認爲在臺灣的選舉訴訟，應該眞正獨立審判，不要受外力的主使。選舉是公平競爭，發生了問題，要公平審判。選擧不公平，已經錯誤，訴訟不公平，更增加民怨，使競選者與選民對司法懷疑，對選擧失掉興趣，而失掉政府的威信。政府如爲維持一個不關重要的議員，犧牲選民，則不免失去人心，同時讓這不滿人心的怨恨繼續發展下去，更可能有嚴重的後果值得顧慮。」

上述這些毛病，若謂將高等法院和地方法院改隸司法院之後就可以減少些，即國民黨的干涉就比較少些，除非他是大傻瓜，誰也不會相信這一說法的。除非國民黨是眞正的覺悟到「司法獨立是維繫人心、減少民怨之要道。」

其次，使司法失去獨立、審判不能公平的，就是把「司法變成爲政治的工具，用以打擊異黨分子」。這也是國民黨幹的，最少是國民黨在幕後發蹤指使的。法院不恤人言指責，公然敢把青年黨監察委員何濟周視爲「現行犯」而加以逮捕羈押（按現行犯之規定，載在刑事訴訟法第八十八條，有一定的涵義，而各國刑事訴訟法規都有類似的規定，天下的法官的解釋都是一樣的，絕無例外），就是一個很明顯的例子。立法委員程琇也是因爲賄賂問題（包啓黃的案子裡暴露出來的）而被判徒刑二年，何以未當做現行犯而先行逮捕羈押呢？因爲她是一名國民黨黨員，而何濟周則是青年黨黨員，故法院被迫曲解法律而視其爲現行犯，在判刑以前卽予逮捕羈押，梛出世界上現行犯歪曲解釋之特例。視何濟周爲現行犯一事，監察委員包括有正義感、是非感之國民黨籍監察委員在內，一致痛斥其非，認爲解釋何濟周爲現行犯一事，造成我國司法上之一大恥辱，應受歷史的裁判。曹委員德宣（國民黨籍監察委員）詞嚴義正的說：

「談到現行犯問題，我們對何濟周委員的犯法，認爲是罪有應得，咎由自取，不予同情，但是他不是現行犯，又是另一個問題。當時本院同仁調查認爲不是現行犯，司法委員會就應該提案糾正，可是司法委員會沒有做到，我覺得這不但在司法界留下一個惡例，在本院同仁也是一個遺憾。」

（見四十六年度監察院年會檢討紀錄）

陳委員大榕（國民黨籍監察委員）也反對假借現行犯名義。他認爲這種曲解法律的做法是不公平的，是喪失司法尊嚴的。

葉委員時修（青年黨籍監察委員）更憤慨的說：

「目前的司法成了政治的工具，根本說不上獨立分立。司法捲入政治漩渦，製造不平，製造冤獄，以致怨氣冲天。政治上要對付一個人，便利用司法羅織人罪。此類例子甚多：以何濟周一案來說，就是政治的報復。他如林頂立案，也是有着政治成分在內的。司法聽政治的支配，爲政治的附庸。」（見同上會議紀錄）

上述這套作法，當然是國民黨在背後操縱指使，否則法官決不「敢」妄作主張，但，是不是把各級法院搬家了，就可矯正其失，就可弊絕風清，就可審判獨立，除非是一個大傻瓜，誰也不會相信的。

再其次，使司法不能獨立，審判不能公平的，就是所謂「司法配合國策」之措置。四十六年度監察院年會檢討時，黃委員寶實（國民黨籍）對此有沉痛之指責。他說：

「司法配合國策，這是司法審判不能獨立的一個最大原因。因爲有這個口號，許多案子發生出來以後，馬上政治作用參加進去。本來是一宗普通的司法案件，一變而爲『政治性』的案件，譬如過去尹仲容的重大案件，因爲看到香港方面共匪出的小冊子，指責臺灣文官貪汚，所以要法院審判尹仲容無罪，藉以證明文官不貪汚。一個案子發生後，馬上有『配合國策』的作用參加進去了。假定國家的司法，隨着政府行政部門的好惡，要司法當局配合，對於我喜歡的人，卽使犯罪也不判刑；對於我不喜歡的人，就希望關在牢裏幾年。這還成什麼司法呢！我們要司法獨立，絕對不能用司法配合國策的口號。要知道這個口號是違憲的。如用這種口號，永遠不能使司法獨立。」

葉委員時修也指責所謂司法配合國策之不當。他說：這樣做法，法治如何建立得起來？所謂自由民主豈非空談？蓋自由民主之根本精神，端在「大家」守法一事。

以上的例示，爲使一般讀者和提議法院改隸者易於了解起見，故在行文上「特別」分開立論，細加剖析。在多年「黨國不分」的體制下面，上述的三個實例是「同位一體」、「流出一源」。蓋在「一黨訓政」、「一黨獨裁」多年積習之下，司法審判之受「黨國」的支配，早已司空見慣，而視爲「當然」、「應該」、「合理」之事，無足怪異。而且無時無地無之，黨國掌權諸公，從不以此爲「惡」。只就最近鬧到中外資爲笑談、擧國騷然之「奉令不上訴」一案言之。國民黨臺灣省黨部主任委員任覺五爲李國楨說情曾兩度函請司法行政部長谷鳳翔設法不予上訴（下命令的人，當然不是任覺五）。谷氏曾將此函遍示有關方面，以求推卸責任，以冀社會諒解（實際上責任推卸不了。有此函件益證明延憲諒是眞正「奉了命」的，奉了谷鳳翔的命令的），而任氏爲何一再竟敢致函說情，自非局外人可得而知了。惟他敢於爲訴訟說情而「公然寫信」，可見這些國民黨員早已目無司法獨立之事。這都是在「一黨訓政」、「一黨獨裁」之長期支配之下，早已相沿成習、視爲當然之事了。

更有勝於此者。谷鳳翔在「奉命不上訴」案揭發後，曾將此函報告行政院長陳誠。故陳氏特於去年十二月十日邀請監察委員及立法委員的國民黨部委員和國民黨中央常務委員吃飯時，曾公開說明監察委員此次未通過陳大榕委員之彈劾案，是一件極爲明智之學。他以副總裁之地位（這日邀宴是以國民黨副總裁的身份），不僅不斥責任覺五氏違法瀆職，反請監察委員從此罷休，不必再扯了。如再扯下去，就要扯到國民黨身上去了。（這件彈劾案必定胎死腹中。

社會上已經公開談論說：「監察院對於此案是不了了之」。結果到底如何，請老百姓睜開眼睛看看其演變吧！），陳氏作此縱容部屬違法瀆職的息事寧「黨」之舉，毫不覺得黨部干涉司法之不合理。可見國民黨要員，對於黨部干涉司法，早已視爲「當然」之事。由於此一事實，也可看出國民黨人對於監察權同樣是不尊重的。今日執政的國民黨人士還要硬說他們是遵守孫中山先生遺教，或是三民主義的信徒，而用三民主義來作政治反攻的武器，其誰信歟？自已不能切實認眞推行，還望有人來相信麼？

說到行政干涉司法，就狹義來講，我們似可把它分之爲二類：一是主管司法行政部門以外之壓力或請托。這裏面當然不只限於行政院一個院。二是主管司法行政部門之發意。爲求司法審判之獨立，要把高院和地院改隸司法院管轄的意圖，只有在第二個場合才能有效。但司法院當局諸公又如何？我們實不敢預下斷言！

總之，國民黨爲「黨的利益」、「黨的方便」（當然包括黨部主持人個人之利益和方便在內）、「黨的江山」等等，旣大開干涉之門於先，而主管司法行政之輩，爲公爲私，當可效法於後。「上有好者，下必有甚焉」，不是說得明明白白的了嗎？

× × × ×

第三　把高等法院及地方法院改隸司法院，而各級檢察機關仍屬於行政院，造成審判與檢察分隸兩個系統，其弊害分述如下：

㈠審判與檢察看上去雖是刑事訴訟上的二個階段，其實互相關連，不可視爲絕對兩事。一般人鑒於刑事訴訟法規定，檢察官偵查的結果如爲不起訴處分，被告卽不經法院審判而開釋，遂以爲檢察與審判無關，檢察官可以與法院分開，實爲極端錯誤的觀念。憲法第八條第二項對於人民因罪嫌而被逮捕拘禁時，嚴格限定其逮捕拘禁機關「至遲於二十四小時內移送該管法院審問」，而不是說移送偵查。偵查而不羈押，不影響嫌疑犯的身體自由，期間儘管長，不發生違憲問題；如果偵查中認爲有羈押的必要，「嚴格」根據憲法規定，卽須經過法院的審問。德國的檢察官便無自行羈押嫌疑犯之權，必須聲請法院審問，決定應否羈押。

我國刑事訴訟法施行於憲政以前，其第一〇八條規定：嫌疑犯的羈押，在偵查中不得超過二月，如須延長，應由檢察官聲請所屬法院裁定。易言之，檢察官有權決定二月以下的羈押，已與憲法的明文顯有出入，在大法官會議解釋檢察官非憲法上所稱法官之前，由於法院組織法規定：㈠檢察官對於法院獨立行使其職權；㈡檢察官之任用資格旣與推事相同；㈢實任檢察官又與實任推事受有同等之保障，習慣上對於檢察官無不以法官目之，遂不覺其羈押權之不符憲法精神（根據「憲法實施之準備程序」，行憲後應將刑事訴訟法第一〇八條依照憲法第八條之規定予以修改的）。大法官會議的解釋公佈後，社會觀感並未改變。倘審判事務全部劃歸司法院，獨將檢察官留在行政院的系統之下，且又保持其原有的權力，站在憲法的立場，便更扞格不入。

㈡王雲五氏主持的行政改革委員會似乎也看到這一點，所以該會的方案，一方面宣稱檢察官仍爲司法官，一面仍將檢察官配置於各級法院，使他們在司法機關裏面去行使原有的職權。但是行政與司法是兩個各自完整的權力，旣不可割裂，亦不可侵犯。司法獨立實際上就是「審判獨立」，不應視爲「司法行政的獨立」，高地兩級法院移歸司法院是割裂了行政權，檢察是司法工作的一部分，保留在行政院是割裂司法權。

該方案擬在行政院仍設司法行政部，內分典獄及人權兩司。人權司掌理人權保障和寃獄賠償。就這兩司職務而言，實不足以當司法行政之名。尤其檢察官旣受司法行政部之監督，完全在行政之控制下，仍稱爲司法官，無論在理論上或法律上都說不通。他們是不是因爲大法官會議已經解釋檢察官不是法官，便稱之爲司法官以示區別呢？請問「法官」與「司法官」的界說怎樣定法？這個「司法官」由行政方面配置在法院裏，是否可以構成法院的一部分？是否可以行使憲法賦予法院——祇賦予法院的權力？警察，無疑的是行政人員。警察逮捕了犯罪的嫌疑人在二十四小時內移送法院，却又由行政系統下的檢察官來接受，而繼續拘禁，這樣，你們便認爲符合了憲法的要求麼？老實說，祇有將司法獨立解釋爲「審判獨立」，不包括司法行政事務，而將「審」「檢」兩方全體作爲構成法院的成員，才能做到眞正的司法獨立，才能符合憲法的規定。像行政改革委員會的方案，過於遷就現在環境，用心雖苦，是不能達到他們所企望的目的。

㈢上文特別提出要「司法獨立，應將『審』『檢』兩方全體作爲構成法院的成員，才能做到眞正的司法獨立，才能符合憲法的規定」，茲再補充說明其意義如下：

「審判獨立」的眞實意義，要包括檢察這一部份的工作在內，絕對不能僅僅指爲推事的「判案」而言。須知檢察官偵查案件，決定起訴或不起訴，上訴或不上訴，要全憑證據、認定證據的經驗法則、條理、法律和個人的良心而論斷，也是一種審判的工作，不能受到一絲一毫監督長官、尤其司法行政長官之指使。換一句話說，檢察官對於偵查案件後之行動，不能有一點點「奉令」之事。這樣才可以做到眞正的「司法獨立」。現行法院組織法第三十一條規定：「檢察官服從監督長官之命令。」這只限於內部行政及同法第三十二條「檢察長及首席檢察官得親自處理所屬檢察官之事務，並得將所屬檢察官之事務移轉於所屬其他檢察官處理之。」所定的範圍，不能擴大解釋爲有權指揮所屬檢察官辦案子，卽起訴、不起訴、或上訴、不上訴之事。其詳細理由請參看本刊第二十卷第二期社論㈡「奉令不上訴」案爲何「不予起訴」？如果僅僅做到推事判案的獨立，而於檢察部分又有「奉令不上訴」之事，這樣的司法算不上是獨立的。此次提議改隸之人，實在忽略了這一點。

㈣民國十五年以前，在北京政府之下，審檢本屬分立，一稱審判廳，一稱檢察廳。那還是所謂三權憲法時代，審檢同受司法部監督，却因各立門戶，彼此對立。當時立法機關雖然受盡壓迫，議員也多不知自愛，但是司法確保持相當的獨立。國民政府成立以後，審檢歸併，改稱法院。各級法院配置檢察官，除最高法院設檢察署，於所置檢察官中以一人爲檢察長外，其他法院，檢察無組織，但以一人爲「首席」檢察官。首席也者，顧名思義，並非長官。但是司法行政部却准許他們自稱某某法院檢察處，並制定各級法院處務規程，使「首席」做起檢察官的上司來，相沿成習，忘其違反立法的原意。法院預算本是整個的，而爲首席檢察官者，無不與院長爭。部裏爲了便於指揮檢察官，不無偏袒，「院方」便不得不劃出一部分經費聽任「檢方」支配。三十年來，審檢名雖歸併，實際上各謀方便，多所磨擦。至於最高法院與檢察署之不協調，稍知內情者更是談起來無不蹙額。現在的計劃，形式上審檢不再分設機關，却硬生生的在移歸司法院的法院裏配置幾個屬於行政系統的檢察官，請大家平心靜氣的想一下，將來會變成什麼樣的一個局面！

㈤民國十七年底國民政府成立五院之初，全部司法職務，包括審判與行政都劃歸司法院。司法院不甘寂寞，覺得轄下沒有一個部不够味兒，將原屬國民政府的司法部，加上「行政」二個字，改稱「司法行政部」。於是審判有法院，行政有部，司法院無事可做，虛耗公帑之餘，便從解釋法令入手，開始其對於審判的「干涉」。法令的解釋，是裁判權的作用。美國各級法院都有解釋憲法及其他法令之權，但非定於憲法，而是本於裁判權的作用自然取得的(註一)。北京政府由大理院（即最高法院）統一解釋法令(註二)，國民政府起初亦由最高法院行使此權。

司法院成立之後，便將這統一解釋權奪取過來。實際解釋還是最高法院的庭長們作的，但須經由司法院審核公布。這一審核，裏面便大有文章可做。君不見四十三年出版的司法院解釋彙編(第一冊第一三四頁)有一則民國二十一年六月七日院字第七五四號解釋說：

「已嫁女子死亡時，依法尚無繼承財產權，則繼承開始時之法律雖許女子有繼承權，而已死亡之女子究無從享受此權利，其直系卑親屬自不得主張代位繼承。」

但同冊第一八八頁又有一則民國二十三年四月二日院字第一〇五一號解釋說：

「凡繼承開始在民法繼承編施行後，如民法第一千一百三十八條所定第一順序繼承人有於繼承開始前死亡者，不問其死亡在於何時，其直系血親卑親屬，均得依同法第一千一百四十條代位繼承其應繼分。」

民法繼承編是十九年十二月二十六日公布，二十年五月五日施行的。對於同一法條，同一司法院何以在不足二年之內，有此「絕對相反」的解釋？在前一解釋公布前，上海正有一個很大的遺產案，男女雙方鬪爭劇烈，男方佔有財產實力雄厚，女方在法律上却站得住脚。解釋未出，先有風聲，女方不信國民黨宣傳多年，執政後又已訂入法典的「兩性平等」的原則會被推翻。但是事實告訴她們，她們的信仰是錯了。男方所聘訴訟代理人及幕後的顧問，聽說「一共」支出代價五十萬兩白銀。這是盡人皆知的事情，尤其法曹界這一方面。不過國民黨及其政府，過去一直對於貪汚事件是「容忍」的，是不願「追究」的，是怕「家醜外揚」的。國民黨執政三十年，對於國家和人民，爲功爲罪，後世自有定論，惟就司法制度和司法獨立這兩件事情來說，國民黨確是貽禍匪淺，爲國家之罪人。國民黨之失去大陸人心，多年來黨部干涉司法和司法審判之不公平，造成許多寃獄，當爲其最大原因之一。審判公平與人心向背，關係甚大，我們再不可貽誤因循。幾千年來，人民對於政府的希望，只有二事，一是審判公平，平反寃獄；一是捐稅不苛不擾。故過去爲官者，對於「刑名師爺」與「錢穀師爺」，都是愼重人選，以免喪失人心。

像上面那樣強詞奪理違背繼承法原則的解釋，究竟不能長久維持下去。所以它的「效用發生以後」，經過一個時期便又變更了。制憲國民大會推翻政協憲草的結果(註三)，於司法院置大法官，專司法令解釋，便是因循訓政時期的惡例。在抗戰之前，司法行政部曾一度改隸行政院，旋又再歸還司法院，抗戰末期又搬到行政院，以迄於今日。每一改嫁，高地兩級法院便成了粧奩，不！不！應該說像「拖油瓶」，拖來拖去，「越拖越不獨立」。行政改革委員會誤解司法獨立的眞義和無視歷史的教訓，「强裂審檢」，使分隸兩個系統，行見審判未能獨立，檢察益受干涉。

第四　如果把司法行政部連同各級檢察機構全部由行政院搬到司法院，其弊害有如下者：

㈠審檢一併改隸，乃是恢復曾經數度實行的舊制，那便連司法行政部的全部職掌，都移歸司法院，這正是司法院當局所求之不得的。這個辦法的基本錯誤，在於割裂行政權的完整，其理由前面已經說過了。有人主張，改隸後，司法院不必再設立一個司法行政部，這是簡化機構的問題，不影響行政權之被割裂，亦不影響司法院之直接的或間接的干涉審判。現在司法院的性質，因爲行政院有一個司法行政部，大家還有點弄不清楚，一旦改隸，司法院便更明顯的成爲一個行政機關，架在法院的頭上，縱無黨的干涉，也說不上什麼司法獨立。

㈡司法機關之調查犯罪，逮捕人犯，不能不假手警察，甚或軍隊。卽以民事而言，其執行亦有時不免需要警察之協助。所以刑事訴訟法規定憲兵及警察爲「司法警察」，須受法院指揮。現高地兩級法院不隸司法院，最高法院之檢察署亦不隸司法院，檢察官對於憲警，尚且未能依法充分指揮；曾由前國民政府制定調度司法警察例，行政院制定檢察官與司法警察機關執行職務聯繫辦法，公佈施行，而仍不能運用裕如。法院連同檢察官全部移隸司法院後，行政系統下的司法警察機關豈不更不受指揮？高地兩級法院隸屬於行政院，由行政院劃分軍事機關與司法機關審判案件的範圍後，軍事機關還利用什麼「取締流氓辦法」，不時侵犯司法機關的職權，審檢一同移隸後，那個「臺灣戒嚴時期軍法機關自行審判及交法院審判案件劃分辦法」，必遭破壞，使其名存實亡，那還有什麼司法獨立之可言？

司法行政部即和檢察機關一併移隸司法院之說，在今日固是假定的，可是人言嘖嘖，而且有前車可鑑，故預作說明如上。

× × × ×

根據上文的明細分析和不厭求詳的闡釋，我的結論應該十分明白了。我們的司法制度早已被「五院制度」這一口號攪得昏天黑地，因此不能不多費一點篇幅，對於司法獨立的意義詳為說明。為的是一國之司法不能獨立，必致寃獄重重，人民怨氣沖天，不僅政治不能上軌道，還要失去人心，天下大亂的。對於這個問題，我相信能够了解的人一定不少，但誰也不肯說出來，怕的是觸犯一知半解的黨八股先生們。其實孫中山先生倡導的是「五權」憲法，決不是「五院」憲法，在他的五權憲法講演裏，他不是明明白白的說：「五權憲法的立法人員就是國會議員，行政首領就是大總統（筆者註：請大家不要誤會，以為這樣便非行總統制不可，在責任內閣制下的行政首領還是總統。英王非但是英國名義上的行政首領，英國的海空軍且冠以皇家字樣，可沒有人認為他們是王室的私產，或不受內閣的節制），司法人員就是裁判官，其餘行使彈劾權的有監察官，行使考試權的有考試官」嗎？其後提示的司法院，也是為了保持「司法權獨立」的目的，所指實係行使審判權的司法機關，毫無必須「兼管」司法行政之含義。後來主其事者，天天想擴充自己的權力，凡是和司法沾上一點邊的東西都要一齊搬過來，以遂其機關多職員衆之統治慾。結果把行政割裂了，把司法獨立也隨之而毀掉了。

當年政協憲法草案，在司法院這一章的「章名」，擬用「司法權」或「司法」字樣，而未採用司法院，可是制憲國民大會一部分國民黨籍代表又怕孫先生之五院制度被黨外人士推翻，故極力主張改成司法院，致造成今日觀念混淆的結果。其實，五院各章的「章名」，如果他們主張一律將「院」字去掉，或改為「權」字，那才更合於五權憲法的精神，更忠於孫中山先生的主義。

為使讀者易於明瞭起見，我再綜合歸納上文的說明，提出結論於左：

一　我們要做到眞正的司法獨立，必須澈底實行憲法第八十條。為求嚴厲實行憲法第八十條起見，我們應該矯枉過正，所有推事、檢察官一律不准入黨，凡已入黨者，不論屬於國、青、民那一黨，限期脫離。這樣，像前年臺北地方法院院長趙執中競選國民黨第八次全國代表大會代表之事可以絕跡，務使法官今後再不捲入政治漩渦。須知你今日要求人家投票選你，人家異日也可要求你徇情枉法。到那時，你有什麼辦法板起面孔，拒絕人家。

二　撤銷最高法院與行政法院，實行民國三十六年公布之司法院組織法，由司法院本身設立民事庭、刑事庭、司法裁判庭，及公務員懲戒委員會，使司法院本身變為司法機關，以符合憲法第七十七條之規定。

三　監督司法最好的方法是上訴制度，由上級法院以裁判的方式糾正下級法院的錯誤。各級法院互無隸屬關係，上無監督機關，才能免於外來干涉，獨立行使職權。專制時代，司法不獨立，但重視人命，死刑須待刑部核准，然後執行。現制因襲舊章，死刑亦須由檢察官報經司法行政最高官署令准（刑事訴訟法第四百六十四條，第四百六十五條）。但現在的所謂司法行政最高官署為行政院之司法行政部，於是最高法院所為死刑之判決還須經司法行政部令准，實在太不合理。刑事訴訟法上這兩條應即删去，另定一條，略為「諭知死刑之判決確定後，司法院之檢察長（當然，最高法院裁撤後，司法院內還是應該有檢察署的）不於三個月內提起非常上訴者，執行之。」刑事判決，如在確定後發現其審判違背法令，除由檢察長提起非常上訴外，別無合法的救濟方法。三個月的時間，也足够檢察署研究死刑判決之有無違背法令了。其他凡屬刑事訴訟法上須經司法行政最高官署令行之事，一律改歸檢察署辦理。

四　行政權應保持完整。所有「司法行政」，包括司法院在內，統歸行政院司法行政部掌理，不得割裂。司法行政部可改名為「法務部」。基於同一理由，考試院只掌考選銓敍，不兼理考試行政，在行政院下面設一「試務部」，辦理考銓行政。（我想過去如果採用這個制度，不割裂行政權而各自為政，考試及格人員，行政院一定可以多用幾個。）其下均不應有部（部惟行政院有之，審計亦不應稱部），庶幾可以做到眞正的司法獨立與考試獨立。司法與考試兩種官吏之任免，本屬行政權，祇須其資格、程序及保障見諸法律，不慮行政之任意去取。觀於大法官及考試委員由總統提名經監察院同意後，其任命仍由總統名義及行政院長副署行之便可知。因而總統提名，亦須行政院長副署，否則即屬違憲。蓋總統對外行文，無論用何種方式，一律須經副署也。

五　為免行政院主管司法行政人員對法官之升遷調動，暗中可以上下其手，各級法院設一「人事銓衡委員會」，各級法院之人事升調，由各級法院人事銓衡委員會決定後，報請法務部照辦。今改革方案將法官人事調遷之權由行政院之司法行政部移到司法院，換湯不換藥，能够治得了什麼病？即過去聽命於司法行政部長官者一變而為聽命於司法院長官了，半斤八兩，一點不差。

六　用數字規定法院推事檢察官每月一定要結案多少件，這是最不合理的事情。推事檢察官辦一件案子，決不能與鐵工廠工人做一個螺絲釘相比。鐵工廠工人可規定每日至少要做多少螺絲釘，推事和檢察官的辦案，決不能有此硬性規定。故監察院總檢討會議第三十條檢討意見是合情合理，司法行政部此項結案限數規定，亟應廢除，以免辦案草率。因之，須從速增設法院，增加推檢員額。

七　法官和檢察官本身必須健全，自己要能够站得起來，無論審判、檢察，對於環境和壓力，要有「富貴不能淫，威武不能屈」的精神，則眞正司法之獨立，才有達成之希望。一個國家要養成這樣健全的法官和檢察官，必須在學校教育的期間，養成學生有「自尊」、「自愛」、「自律」、和「自重」之精神，故「黨化敎育」必須立卽取消，「青年救國團」必須立予撤銷。否則，憲法第八十條不過等於白紙寫上黑字罷了。

八　最後亦爲最重要的，就是提高司法人員之待遇，俾足仰事俯蓄之資。必須推檢能够廉潔，而後司法審判才可望其眞正獨立。如僅去掉外來之干涉，而內部貪汚徇情不剷除，則一切設計，一切辦法，均會完全落空的。

註一　在草擬法律的時候，國會可以把立法的大意很精確的表達出來，但是等到實際上把每條法規施行到某一種情況時，常常會發生法理不明的困難。因此，當一條法律付諸執行時，該條法律卽需要解釋才成。按照普通的習慣，總是把一件案件提到聯邦法院，情形好似一件「試訟」（所謂試訟，卽同一法院中有同類諸案件時，約定將其中一件付諸審判，依其判決，而決定其他案件），聯邦法院主席推事的判決，不僅是解決了該一案件，同時更發生了解釋有關的法律的作用。在這種情形之下，推事在無形中又盡了政府司法部門一個極重要性的任務，卽係「將法律加以解釋說明。」參看迦特琳・瑟克勒赫得遜 Catheryn Seckler-Hudson 所著「我們的憲法與政府」（Our Constitution and Government）一書。此書由美國司法部免費分贈美國全境各公立學校作爲敎材。

註二　前清宣統元年十二月二十八日奏准和民國四年五月重刊之「法院編制法」第三十五條：「大理院長有統一解釋法令必應處置之權，但不得指揮審判官所掌理各案件之審判。」

註三　政協憲法草案第八四條：「司法院設院長一人，大法官若干人，由總統提名，經監察院同意任命之。」原意所有司法院之推事均爲大法官，在制憲國民大會討論時，被江代表一平提議在大法官若干人下面加入「掌理本憲法第七十八條規定事項」一字樣，大會代表未深加研究，遽卽決定，致有今日之錯誤。試問憑空解釋，如何可下？天下那有專設若干大法官專門解釋憲法或法令之事？此胡適之先生所以反對一千多人的制憲會議的由來也。

民意代表在議會內的言論對外不負責任問題

李聲庭

英美兩國議員在議會內的言論與行爲是受完全保護的，卽對外絕對不負責任。就英國的民主憲政史而言，這件事可以遠溯到第十四世紀，可見其淵源之長，到今日差不多有六百年了。下面是作者目下能够搜集到的英國憲法史上的一連串判例，無疑的這些例證可供我們這尙在民主學步的國家作有力的參考。

討論民主與自由這樣的大問題，最好的辦法和最能使人心服的是拿出證據來。如果並無堅强的基礎作理論上的根據，只是信口開河憑自己的直覺寫文章，是有學術素養的人所不取的，而且讀者也不欣賞這種無論證的强辯。每個人都有權公開討論民主與自由這樣的大問題，但最要注意的一點是不要忘記了歷史。中國成語所謂「以古爲鑑，可知興替。」別人奮鬪了六百年所得的輝煌成績可能在另一區域內被破壞得半文不值。何況我們今天正在學步。如果跌一交便爬不起來便只有永遠被人牽着或提着，終身沒有自己能站立起來的機會。短短十年的憲政比之人家的六百年漫長時間眞個是小巫見大巫。我們却不必自卑，只要肯努力，肯學習，肯向先進國家多多請敎，總有一天會能自己站得起來，而且還能健步如飛。只怕天天喊大話，忘記了根本大計，只想找些枝節的事敷衍，裝點門面便以此自得，便以此飄飄然，那末眞是不求長進，了無出息。孫中先生再三勉勵我們要「學歐美的長處」，要「迎頭趕上歐美」，這兩句話在今天尤其有他的將殊性與重要性。可惜有些人因孫先生已死去了三十多年，幾乎忘記了他的一些至理名言！

凡談論民主與自由誰也不能否認英國是最早實行憲政與民主政治的老祖宗。當我們尙在極端專制的時代（中國的絕對專制從明太祖廢宰相開端，清朝變本加厲），英國的制度便已形成了近世民主國家的型態。追本溯源，英國的民主與自由傳統是凡想了解與討論民主與自由的人所不能不首先硏究的。否則不明白民主與自由的來龍去脈以及其生長繁榮的過程而侈談民主與自由是詭辯，不値有識之士一顧的。

議員在議會內享有言論自由的特權，事實上是遠在六百年以前，不過見之于判例的第一個案子是發生于一三九六年與一三九七年之間。Haxey 這人曾作過英王查理第二的秘書，他並非國會議員。他間接向國會提案裁減皇室的過度開支。英王大發雷霆，國會則判處他以叛國罪（中國專制時代的大逆不道）。但當亨利第四繼位後卽把原判決撤銷，認爲這種判決違反英國歷史上的傳統與良好慣例；這種判決不僅對 Haxey 個人不利而已，且足以貶損國會的威信。這是當時的最高司法機關（英王和貴族院）第一次正式承認議會應享有提案與言論自由的特權。

一四五一年發生了 Thomas Young 案。下院議員 Young 在國會提案請宣佈以 Duke of York 爲王位繼承人。英王亨利第六把他關在倫敦塔監獄內。到一四五五年經英王核准：認爲這種處分不當，將原判決撤銷；並命樞密院賠償 Young 的損失。這一次明白宣示議員在議會內的發言雖國王亦不能過問，這是保障議員個人享有言論自由特權的最早的案子。

半個世紀之後第三件案子發生了。一五一二年當英王亨利第八在位時，下院議員 Strode 在國會提議管制錫鑛工人而被法院判刑。但國會則通過一法案撤銷法院的判決，並明文規定：凡法院因議員提案、演說、辯論而對之提出控訴爲無效。這是英國憲政史上第一次以明文規定：議員在議會內有絕對的言論自由權以保護議員無恐懼的行使其職務。法院無權加以干涉。

議員在議會內享有言論自由的特權雖經國王幾次的承認，但對于特權的限度，國王和下院的意見常常不同。因此有一五四一年的所謂議長請願書 Speaker's Petition，爲議長 Moyle 向英王提出：堅持議員有絕對的言論自由權。一五九三年又有議長 Sir Coke 的請願書。都經英王批准。爲了防止國王利用法院侵犯議員的特權起見，國會制定一項規則：凡國會通過的法律須高出于普通法 common law 之上；而國會的高等法院須獨立于 Westminster Hall 法院之外。

事實上英王常不遵守諾言，時時因議員的提案或言論而加以逮捕、拘禁。一六二一年國會提出抗議書，聲明：「每一議員除經所屬議會加以申斥外，對于任何提案，有關國會的演說、議論等概不受彈劾、禁錮或干涉。」

到了一六二九年又發生了一件案子。Sir John Eliot 及其他數人在議會內發表不當言論及攻擊議長而爲王座法庭召去審問。他們當時便抗議法院有管轄權，因爲這種事件只有國會本身才能處理。法院不理仍判他們徒刑。國會于一六四一年通過決議：認爲法院這種行爲是違法，是侵犯了議員的特權。到一六六六年(另一書載一六六八年)經貴族院審核的結果，將王座法庭的判決撤銷，並決議支持下議院的決議：凡國會議員在議會內所作的任何言論不能在國會以外加以處理。

其後在一六四二年當英王查理第一時代有五個議員 Pym, Hollis, Hampdon, Haselrig, Strode 在議會內發表言論攻擊英王。這種事在當時的英國認爲是大逆不道罪 (high treason)，比普通的判逆罪重。英王親自帶領御林軍前往國會抓這五人。國會把這五人藏起來；英王抓不到人只好打道回宮。在路上經過時，人民大叫特權，特權 (privilege, privilege)。英王這一次自討沒趣，而國會保護自己的議員的慣例也因此建立了起來。

一六六七年時有一議員在國會內散發議會所印的公報，這公報上登載有謬誤而具有誹謗性的陳情書。法院認爲這是國會內部的事，卽使公報上的登載對私人誹謗也不能加以干涉，因爲法院無權管轄國會及議員在議會內的言論與行動。

英國光榮革命後，一六八九年的 Bill of Rights 中第九項卽明文規定：「國會中的辯論及進行程序不應受任何法院或國會以外任何處所的彈劾或訊問。」因此國會議員在國會內之一切言論無論如何不法，法院是無管轄權的。有一八八七年的 Dillon v. Balfour 爲證。法院對這案裁定：認爲雖然這種言論足以構成一般訴訟原因；但議員受特權的保護，法院對之無管轄權。

從上面所引述的判例可以看出：凡議員在議會內的一切行爲和言論卽使構成妨害他人名譽罪，法院也無權管轄；因此可知議員所享有的言論自由是絕對的。有人說：不過其言論應與職務有關，否則不受保障。以英國六百年間的慣例而言，這種說法是無根據的。而且英國下議院于一九四七年通過一議案：議員有義務去維護這傳統特權。

此外，證人在議會作證也享受與議員在議會內的言論自由特權，司法機關不能過問。

美國獨立革命成功之後，制定憲法時便在第一章第六條第一欵明文規定：「議員在兩院議會內任何言論或辯論不受外界的審問。」這是承襲英國數百年來的優良傳統與一六八九年的 Bill of Rights 所承認的特權而來的。因爲美國人習慣了英國這一良好的傳統，所以一直沒有發生大問題。在美國三權分立的大原則下，總統既無權逮捕人，法院也不受總統的指示拿法律作行政機關的工具去壓迫人民，立法機關尤其不放鬆他自己應享的特權。美國既無特別法院，也無特種監獄。如果司法機關認爲不犯罪的話，任何人都不能亦不敢逮捕、拘禁人。據作者所知美國自開國到今約一百八十年只有兩件判例 Kilbourn v. Thompson (1881), Cochran v. Couzens (1930) 都經最高法院判決：法院對凡控告議員在議會內所作的言論，卽令有觸犯刑法之處也不能受理，因法院對這種事無管轄權。因此約翰遜教授 Claudius O. Johnson 在「美國政府」一書中便說：國會議員在國會內對無辜與正直的私人作無情的攻擊而完全不受誹謗罪的控訴。至於對政府官吏的指摘與攻擊便認爲是損害政府威信的話，美國人聽了會笑掉下巴的。在美國式的民主政治制度之下，一個人除非不想爲官作吏，如有此念頭的人，第一件事要能忍受的便是議員的責問與報紙的批評。美國人認爲沒有容忍的雅量的人是不配做人民的公僕。杜勒斯國務卿這樣能做事有聲望的人眞夠得上夙夜匪懈爲國宣勞的人，可是在國內受議員的指責與報紙的批評，可以說無日無之。如果說這些指摘與批評是侮辱、是誹謗的話，杜勒斯恐怕沒有時間與精力去處理全世界自由國家間的反共大事，只能把辦公室搬到法院去以便一天到晚打「民主官司」告別人誹謗罪了。約翰遜教授又說：議員這種全無顧忌的言論唯一對付的辦法，便是國會本身對不守議會規則的議員可以有權處罰。第一步是警告，卽喚起他注意議事規則。第二步是申斥。第三步是：如得三分之二全體議員的同意開除議員。但這一點國會雖行使過二十次之多，而是議員爲了有重大罪行而被開除，單是言論不當是絕不致受這種處罰的。如果被指摘的人不甘心，最好的辦法是自己辭去公職參加下一屆競選。如果能把那亂說話的議員打敗，那算是你有本事。同時也可證明選民並不擁護這種信口開河的人作代表。否則，選民擁護這議員，民主政治下的官吏是無何奈何的！

中國有句俗話：做官是免不了受氣的。據作者粗淺的看法：做官而受人民代表的氣總比受上司的鳥氣好。因爲人民到底是主人，上司則和你一樣是公僕。如果有人能這樣想，便符合中國人的做官哲學：笑罵由人笑罵，好官我自爲之，豈不心安理得？天下只有無不是的父母，沒有無不是的爲民父母，事實上，何況你還是人民的公僕呢！

神話與魔術

羅素原著
劉世超譯

人在行爲方面之異於禽獸者不僅由於人能深謀遠慮和使用技巧，並且同樣要緊地還由於人有幻想的能力。無疑的，高等動物都有某種程度的幻想。人們有時可以觀察到一些狗也像挪威英雄一樣地在夢想着他們狩獵時的快樂。但畜牲的幻想力究竟有多高，我們只有猜想。人的一舉一動主要是受着由幻想產生的龐大信仰系統的支配，顯然畜牲在這方面還不能和人一樣。

人爲什麼對這或對那有所信仰呢？我們研究人信仰的根由可分兩種。他們有時信仰一件事是根據證據，譬如一些在科學研討中或在法庭中被認爲相干的那類證據，而有時他們信仰一件事則純乎因爲他們相信他們的「感覺」是對的。正如旦尼森（Tennyson）所說：

如果當我虔誠的信心沉入睡眠時，
我聽到有聲音在說「不要再信仰了」，
又聽到不斷崩裂的支柱傾倒在無神的深淵；
我胸中的熱力便會把那冰冷的理智中再冷凍的部份也加以熔解，
我的心會像一個憤怒的人一樣站起來，回答說，「我已經感覺到了。」

在旦尼森的時代，他心中所感覺到的是當時開明教士們的宗教信條。而在較古的時代，人們心中所感覺到的却是女巫應被燒死，小孩應作犧牲，父母應被吃掉。旦尼森的信仰與早期的這些信仰所根據的證據，是不相上下的。就大體上講，當人們變得愈文明時，人在建立信仰過程中所憑藉的證據的範圍也變得愈大，而幻想的範圍是愈來愈小。但是，即使在最文明的社會裏，幻想在決定人信仰和支持一種社會制度方面所具的作用還是極其大的。

雖然因幻想而生的信仰即使是正確的，也不過是碰巧如此，但這類信仰對人類的生存却有非常的重要性。合於科學意義的知識是很不容易獲得的。人類要不是靠那些在科學上不能承認的盲目信仰，也不能繼續長久生存下去。自然，盲目信仰常會召致災害；譬如老鼠會吃到有毒的食物。但如果老鼠一定要在吃下之前把食物作一番科學化驗，他們會老早餓死了。因此他們還是以冒險爲佳。而且無根據的信仰之爲用還不只在這些簡單的地方，他們又能用於提供假設，這些假設可能在日後竟得到科學上的證明。幻想力不止在藝術和改善人與人之關係方面有價值。它對科學中最純粹最枯燥的部份之重要，亦如在抒情的詩歌中一樣。我說這一番話只不過是當作開場白，因爲在後文的大部份中，我將論及無根據的信仰，從人類有史以來一直到現在，所加之於人類身上的不幸和痛苦。

幻想本身並不含有信仰，詩人們並不假定他們的虛構具有眞實性。當幻想使未知的事物具體，

詩人的筆便將它們描成形，
詩人是給予虛之事物以居所，
並給它們取上名字。

但莎士比亞立卽進一步指出，幻想如果活躍到足够的程度，則它會使人去相信那被幻想的事物：

強有力的幻想有這般的技巧，它如果領會到一些快樂，它便也立刻察覺到那快樂的賜與者。
或者，在夜晚，當人幻想到恐懼時，
他是多麼容易把樹堆當成了熊！

我們或者會認爲，幻想之左右人的信仰是由做夢開端。夢有時是如此逼眞，如此具有預兆的力量，以至有科學訓練的頭腦亦難擺脫它的影響，不能遥把它對未來事物所具表面意義視爲無稽而加擯棄。在古時，人無不把夢視作預兆而懷疑其重要性的。就是我們現代人，雖然並未自覺地接受古時的那種迷信，但當我們從某個夢魘中醒來時，還會發現我們一整天中都在受它沉悶的重量的壓迫。弗洛衣德的一個理論很流行，卽夢是表示人希望的。無疑，有一部份的夢確是如此，但我以爲夢亦同樣容易表示人的恐懼。弗洛衣德廻避這種結論所根據的意見，在我看來不免過於憤世疾俗。他認爲，如果你夢見你最親愛的朋友死去，那是表示你眞正恨他而願意他死。我覺得這是毫無意義的。如果人再把夢見自己受苦也解釋成由希望引起，我甚至認爲是荒謬了。以上所說這點是有其重要性的。因爲人類建立的諸種大系統，如魔術符咒，宗教儀式，神話等都是由夢或是由性質相近的白日夢的領域中產生出來的，而這些大系統影響人類生活之深且巨，絕不亞於科學智識所由出的技術和實際觀察。而且幾乎無例外地，這些大系統，從伏都教的魔術到法國宗教改革家加爾文（John Calvin）的神學，主要皆因恐懼而生，在此，恐懼的情感比其他任何單獨的情感都更佔重要的地位；固然希求滿足之心在指示如何避免恐懼時亦有其作用，但最能激起人幻想的還是恐懼的情感。

我並不假裝說以上所言能適諸一切幻想的信仰。有些幻想的信仰就沒有情感的內容，而只是信仰者覺得可以作如是的預料。我有一個女傭相信三月生的人特別容易染皮膚硬化症。亞里斯多德相信老鼠咬對於馬是危險的，特別如果這老鼠是有胎的話。大多數未受過教育的人相信氣候受月亮盈虧的影響。畢達哥拉斯認爲人當起床時留印子在床上是危險的。相當數目的英國人相信英國是被 Shalmaneser 放逐後的以色列十支族（Lost ten Tribes）。這樣的例眞是不勝枚擧。但凡是信仰而未生根於深的感情之中者，照例對社會全不重要。

對社會重要的那些不理性的信仰幾乎全出於人性中的一個傾向，就是人容易認爲凡對個人或種族的情感重要的事物，亦必在外在世界的因果關係中有其重要性。依着人的性情或所處環境的不同，有些人覺得這個世界不能是如此殘忍無情，竟專以拂逆人的心願爲事；而另一些人則由於恐懼的情感比較佔勝，總是覺得他們所怕的事就要到來了，他們並創造一套神話來爲自己恐懼作解辯。此兩種錯誤皆出於人之自視太重要。人們總難相信外在那個世界對我們的希望和恐懼其實並不關心。我們能想像它對我們是仁慈的，亦能想像它對我們是敵視的。但大部份人在大部份時間內，幾乎完全不能想像那外在世界對我們慾望之能否滿足根本不注意。

這點與人之不理性信仰的另一泉源有關。那另一泉源即是人性中的另一傾向，就是人容易認爲自然界變化的因果必定與人之慾望與情感有相似的地方。火山爆發與地雷似乎是在表示憤怒。於是我們想像有一發怒的神靈在引起它們。在另一方面有個慈善的神爲我們下雨以助五穀之生長。無生命的東西是難以想像的。倘若我們樹林裏有了樹神，讓泉水中有了水神，那些無生命的東西就讓人容易理解一些。在加利略以前，人們一直認爲物體如果不去管它就會停止運動。亞里斯多德認爲天上行星需要四十九個或五十五個鬼神來不斷沿着軌道推動才能運行不止。人們把因果了解成一種純物質的，自行發生作用乃是一極近代的觀念，而且這觀念之還能逐漸盛行，完全靠了人們能對昔日幻想的信仰系統的引誘加以抵抗。

凡無觀察與推理作基礎的任何信仰可被視作一種標記，足以指出發明這些信仰的人心中最佔優勢的激情是些什麼。依此觀點來看，人類的歷史實在極爲黑暗可怕。凡由迷信而促成的行動大都屬於殘忍的一類。人們所創造的神話中大部份除人類已有的眞正痛苦外，還要增加些想像中的痛苦。野蠻人舉行儀式時的跳舞使人恐怖，並且很容易成爲一個無必需發生的殘忍行爲的序曲，譬如其後就可能用人命作獻祭。在一切早期人類或現在野蠻人的記載中，我們會發現無數可怖的事加諸人身，因爲他們想像這類恐怖的事能幫助人達成某些有用的目的。但在另一方面，我們却很難發現從不理性的信仰中會得出仁慈的風俗。在希臘羅馬時期，雖然還流行些純屬嬉戲的殘忍行動，譬如羅馬的競技，但在此一時期基於迷信的殘忍行爲已無早期之盛。可是到黑暗時代，迷信的殘暴再度盛行，特別是表現在迫害異教徒與女巫方面。

體現在宗教方面的那些神話顯示人對死亡的恐懼。大部份在基督教以前的宗教都宣稱，死者如有知，是會過得很不快樂的。到不久以前爲止，基督教也是一直對人講，人類中的大部份將受永恆的折磨。現在教會是不再宣講這種教義了，現在的女巫和異教徒也不再像早先那樣地受到懲罰。從這一些改變中，我們或可引出一個結論，就是恐怖與殘忍之左右現代人心已沒有以前的年代中那樣厲害了。這種說法我想無論如何可以適於西方世界，印度及錫蘭。但在共黨世界中，神學的那一套殘暴又以新的形式出現，凡涉及這些事時，我恐怕我們是沒有理由抱樂觀的。

人類歷史告訴我們，在大部份時間和大部份地區裏，人常對快樂表現一種不理性的恐懼。這種不理性的恐懼，一直是引起無數不必要的災難發生的原因。如果有人認爲對快樂的反感只適用於別人的快樂，那不免失之膚淺。在人性中實在有一植根甚深的情感，就是感到自己的快樂是危險的。苦行的衝動是有極深根基的。希臘人很怕當時那位司償罰的女神納米西斯，他們覺得 Hubris, Insolent Contemptnous 是會受懲罰的。我們之中大部份人怕誇耀自己的健康和幸運，因爲我們有一迷信的感覺，認爲這種誇耀將召致不幸，這種感覺一直還存留在我們心中，即使我們已能堅信這種感覺毫無根據。不過這種感覺在現代人心中究竟已變得淡薄，只不過是先時社會中左右人心的那種強烈自卑自賤的情感的一點淡淡的影子而已。在基督教世界中和在印度，苦行一直被視爲聖賢的標記。最高的神聖地位是保留給那些獨身者。人們過去認爲能取悅於神的那些事物，可以奇怪地顯示出人們自己的感情，爲什麼莫羅赫神高與以小孩作他的犧牲？我認爲對此事的部份解釋必定是人認爲快樂是件壞事，而創造一個極其野蠻的神似乎可以爲人的這種情感找到辯護。對此事以及其他類似的宗教犧牲，我們還有另一部份的解釋，就是人們假想神對人所珍貴的事物也是同樣的貴重，因此，人如把自己所享有的這些珍貴東西讓予神，就能充份證明他們對神的忠誠。同樣的情感，以殘忍程度較輕的形式變成基督教虔誠情感的一部份。下面的聖詩就是一個很好的例證：

如果您叫我放棄我所珍貴的東西，
那它就從不會是我的。
我只不過是把原是您的東西交給您，
那樣的事將會實踐。

爲什麼聖者奧古斯丁斷定，未受洗的小孩將進入地獄？我不認爲這是他恨小孩。我以爲他那心理的根源是他恨自己。恨自己這種情感是比一般人有時所想像的更爲普遍，而且這種情感容易以對別人施行殘暴來作發洩。那些把小孩犧牲給莫羅赫暴神的人們，是覺得他們自己應在他手裏受苦，但他們却希望以孩子作替代去滿足他。

有罪感或犯罪感乃是一個整套情感的一部份，而這一大套情感是與人的兩個相關而又正相反的慾望密切關聯的。所謂這兩種慾望就是人的統治慾和被統治慾。大部份人這兩種慾望是兼而有之的；但有的人統治慾强一些，另一種人被統治慾强一些。希望被統治的慾望是和希望統治的慾望同樣深刻、同樣是自發的。唯其因爲有這兩種慾望存在，社會不平等的制度才得維持這麼多年代。國王、祭司以及貴族之所以可能存在就是因爲事實上雖然有些人以支配別人爲樂，而另外有些人却能在服從中尋得顯然同等的快樂。甚而至於那些有絕對統治權的人還有個想法，就是相信有一些比他們更有權力的天神存在，或是相信只有一個天神存在，比他們自己的權威更大，而且相信天神應接受他們的服從崇拜和他們由其臣民那兒所得到的一樣。這樣相信能使他們得到滿足。在一切還有些力量的社會制度中，總免不了這麼一套領袖與隨從的階級。在階級的某一段，一個人是領袖，而在另一段他又是隨從。以上所言特別在宗教信仰的範圍內最爲眞實。那些創造宗教的人，或者是使宗教普及的人，都是些非凡的人物，宗教對他們的影響，就是在最崇奉宗教的社會中，也比對一般人都大得多。不過一個宗教領袖究竟在那些地方與衆不同，那會因人和因不同宗教而異。有一型的宗教領袖是在統治慾與被統治慾兩方面都超過常人。我以爲羅耀拉(Loyolar 1491-1556 西班牙人，於1533年創辦耶蘇會，譯者註)就可算作這一型人的一個完全適合的例子，對於具有這型腦筋的人而言，有罪的觀念連同一套相合的神話背景是最合適不過了。以對神的關係而言，他自己是一個可憐的罪人。他可以在獨自私下祈禱時降低自己的身分，而不致對別人失面子。他可以捨棄自己的快樂以求寬恕。爲此他也可以自動去忍受痛苦，他相信他所忍受的痛苦比地獄的痛苦較輕，因此可以此作替代。就以這樣的方式，當他的幻想創造出天上的權威，而他承認在他與那些權威的關係方面，自己只是個可憐的小蟲時，他服從的慾望就充分得到了滿足，而又決不至變成他統治慾望的障礙。反之，既然所有人都是有罪的，而他又會英勇地向自己的罪惡作過鬬爭，那麼他就有全權使用他從自我約束中所獲得的性格的力量去從事管教別人的任務。那也是同樣快慰的事情。從他自己的苦行主義出發，他很容易地進一步就去剝奪別人的快樂，那些他自己已經放棄了的快樂。他這種作法，雖然在我們看來或許正是追求權力，但他在自己良心制裁之前却好像在從事爲善的工作一樣。大多數嚴厲的道德家，常常一想到快樂就把快樂當作聲色之樂。當他們規避這些聲色之樂的時候，他們却沒有注意到，權力的快樂，也就是對他們那類性情的人最具引誘力的快樂，並未被他們置於他們律己自制的範圍之內。就是這一型的心理盛行於一些有力的人士心中，乃使罪的觀念得以如此普遍。因爲這種觀念，能把人對上天的恭順與他在地球上的自重配合得如此完善。現在罪惡的觀念對人幻想的左右力，已不若在中世紀時那樣厲害，不過它仍統治着許多牧師、官吏與教師的思想。當偉大的阿納博士散步於哥莫湖邊時，他所沉思的並非景色的美麗。據他自己說，他是在思量道德上的罪惡。我恐怕使他產生那些黯淡的思想的，不是教師們道德上的罪惡，而是學生們道德上的罪惡。不管到底是那種情形，總之，他終歸有了一個堅定不拔的信念，就是小孩需受鞭打。信仰罪惡這觀念對於有德行的人的巨大報酬之一，就是使得他們有機會去施痛苦於別人而毫不感到遺憾。

人的幻想利用發明神話的辦法已經建立起一個與我們成見相調協的宇宙。在這宇宙裏，因果關係是充滿了感情的，是表示愛或表示恨。在這宇宙裏，有些天上的權威存在，人們要用種種方法去平息或緩和他們的憤怒，一如人們對塵世上的帝王一樣，甚至所取手段也完全模仿在塵世上認爲對帝王有效的方法。在這個宇宙裏，人類把自己本身的各樣情感一齊亂七八糟地投射到那外在的世界去。我們人有愛，於是神就可以成爲仁慈的；我們恨，於是神就可以成爲殘暴的；我們希望去服從一個絕無問題的權威，於是就是敬神的；我們希望施展絕無問題的權威，於是我們相信自己是神的代言人；我們感到恐懼，於是我們就匍匐在地；我們感到希望，於是我們就把眼睛擧向上天。人的每一種情感，皆依次在神話中得到表現。恐懼心產生了對神鬼的恐怖，希望心產生了對天堂的期待。如果有地震發生，那必是因爲我們有罪；如果五穀豐登，那是因爲我們虔誠的結果。外在世界中整個因果的程序，是按照人的情感的路線進行的。一切並不是像人所希望的那樣，當事與願違時，那便是出於神的憤怒。這樣的世界就像一個吵吵鬧鬧的大家庭，有時候是令人不安的，但却永遠是那麼舒適安逸。

在過去的四個世紀中，科學逐漸爲我們呈現另一個極其不同的世界，這個科學的世界用以取信於人的根據也大不相同。科學家叫我們相信這個世界，並非因爲這個世界就是我們所期望的世界，而是因爲這個世界是人所發現的；又並非因爲詩人的意境會提示出這樣的世界，而是因爲慢慢堆積的事實使這樣世界成爲可能的。物理學愈深入物質世界的秘密，我們發現世界與我們所想象的愈相逕庭。我們對自然世界的認識(在目前所認識的範圍之內而言)，是僅僅通過感覺而得到的。可是雖然我們只能靠感官去認識它，我們却被迫得一結論，就是那自然世界無論怎樣都與我們感官察覺到的大不相同，結果只能說我們最多認識它抽象的邏輯結構。幻想的地位並未因此而取消，不過已經變爲一個立憲君主。它不再能隨意地去發明，但是能在科學方法所允許的範圍內活動。誠然，在這種限制內它又發現了新的天地。昔日但丁(Dante)可以在二十四小時內把他那時的宇宙全部走完。但現代天文家所設想的宇宙，即使以光速來走，也要走上千百萬年。而且在它的邊界之外，還有數不清的星雲，都至少有銀河系一般大，在向遙遠不可見的天邊永恆的離去。這個天文學的新世界雖然大，却是寒冷的。其中沒有一處可以使人類渴求溫暖的心情得到慰藉。因此那些維護固有系統的人便抱怨說，這是唯物主義，又說科學遺忘了精神方面的價值。凡持這種論調的人，唯有忘却已往那些神話對人類的爲害——長久年代中人類的犧牲、殘酷的儀式、人會在鐵柱上被燒、以及人爲尋求知識而受過的那些刑罰。他必須忘記人按照自己的形象來創造神時所派給神的殘酷性。維護舊系統的人們必需忘記這些殘酷的幻想。他們必需忘記千百年來恐怖心如何用地獄、地獄的恐怖、和極度的痛苦來折磨人類的心靈。他們必需忘記，神話世界之還能對其殘忍的成分稍加清除，是由於它不顧響應科學的召喚。科學已成爲人類的解放者，因爲它粉碎了神話爲殘忍行爲所提供的那些藉口。

我們可以說，過去的科學確是如此，現在已經不是那樣的情形了。我們可以說科學現在已經進入了一個破壞的新領域，正以遠比黑暗迷信所能產生的更壞的情況威脅着人類。這危險是眞實的。凡是清醒的人都不會低估這危險。但是，如果我們要想成功地克服這個危險，我們所用方法決不是回到古時的神話，更不是去容忍正引導人類走向毀滅的現代神話。如果人類要得救，就有賴於更多的科學，而不是更少的科學。我們所取途徑必須是先去了解人及人的各種衝動，去發現能把這些衝動導向快樂與滿足的方法，而不是和從前與現在一樣，把這些衝動引向未爲人類所預想過的、希望過的災害。

紐約通訊・一月六日

凱瑟在美國企業界的成就

毛樹清

在美國自由企業的廣濶天地中，亨利凱瑟(Henry J. Kaiser)是繼羅基斐洛，尤乃基，杜邦，亨利福特之後最晚傑出的一個。上個月，美聯通訊社還發過一條電訊，說現在美西擁有十五億以上資產的「財閥」亨利凱瑟，年青時候曾經在紐約省北部的英城一家中國南貨店中當收賬員，每星期賺一塊五毫錢的工資云云。亨利凱瑟今年七十五歲了，美聯社電訊中所謂的「年輕時候」，至少在六十年以前，我翻遍了凱瑟的傳記與奮鬪史，都沒有提到過這件事。大抵，凱瑟有過一個勤苦的年青時代，大概是沒有問題的，正惟其飽嘗過人間的「苦中苦」，所以他懂得如何在赤手空拳中開創他的事業。距今七年以前，美國雜誌大王亨利魯斯出版的幸「福雜誌」上，曾經連載過好幾篇介紹亨利凱瑟父子企業集團的長文，幸福雜誌稱凱瑟是汽車大王亨利福特以後、美國企業界上的一顆光茫萬丈的新星，說凱瑟能够在短短幾十年中開天闢地建立起他的「工業帝國」，一方面固然碰上了第二次世界大戰的時機，但主要還是靠凱瑟自己的氣魄，與過人的精力，比這些更重要的。幸福雜誌指出：在他的能大刀濶斧起用年青人，他能在年青人之中選拔優秀進取的經營人手，用高速度與卓越的效率，趕上了其他穩健保守的企業組織。幸福雜誌說：戰爭建立了凱瑟的工業榮譽，因爲戰爭所要求的，是無比的高速效率。亨利凱瑟在第二次大戰期中，替美國政府造了一千五百條大小船舶，其中頂快的速率是四天半造成一條，曾經使美國總統爲之震愕。凱瑟於一九四二年，曾經向白宮建議，戰爭時期全部陸軍一律空運，以爭取一分鐘一秒鐘的時間，當時被人嘲笑爲好高騖遠之談。事後證明以美國龐大的工業潛力，陸軍空運幾乎是一點不稀罕的事。幸福雜誌說：亨利凱瑟長處是永遠樂觀，他爲爭取一個計劃的成功，忘記其他一切。他每起身自很早，上辦廳時，坐在汽車裏不斷哼的那隻「可愛的今天，可愛的早晨」流行小調，有位追隨亨利凱瑟十多年的「老部屬說：老頭呎樣樣都令人敬佩，就是有時候有點固執，如果他能多增加若干幽默感，那對於公司的辦事效率，一定還要大大增加？」

二十世紀最早的幾年，亨利凱瑟那時候還祇二十歲左右，他在加拿大的英屬哥倫比亞省，作塡路的營造小包商，在加拿大積聚了一點小資本和小經驗以後，他開始伸入美國西海岸活動。一九二七年，他透過朋友的介紹，替古巴政府簽訂了一張建築公路的合約，那條公路包括兩百英里的路面和五百多座大小橋樑，全部工程費達二千萬美元，古巴當局知道這條路修築不易，給凱瑟極從容的時間，但凱瑟過人的精力，較預定時間早三年就完了工。這件三十多年前的往事，至今仍是老頭兒教導他後進的座右銘，也是凱瑟進自美國企業家的最重要一著。那時候，美國西岸雖然在急需開端，但任何大的工程、大的建築，都由美國東岸有歷史性的建築公司派人前去主持，凱瑟對這件事，很不服氣。一九三〇年，美國聯邦政府決定在西部興建胡佛大水閘，凱瑟聯合了西岸的其他五家營造商，參加投票，用最經濟的估價，果然一投而中，這就是三十年前聞名西岸的所謂「六公司」聯珠組織，當「六公司」後來承造沙斯塔大水閘之時，美國政府發現了一個大問題，那便是洋灰（水泥）在西岸最感缺乏，因之，政府再度招標供應大量水泥的廠家，亨利凱瑟於訪問了好幾名水泥工程專家之後，又以最經濟的估價投得了標，他用最迅速的建築效率，在加利福尼亞的聖賀須附近，化七個月時間，造成了第一座水泥工廠。那時候，西岸正在到處大興土木，洋灰的需要量無限龐大，凱瑟看見第一座水泥廠的出貨供不應求，因之便加建第二第三座水泥廠，使他從一個單純的營造包商，跨進了美國工業家之門，一直到現在，美國企業界的人，還在說，亨利凱瑟是靠製洋灰起家的。那些洋灰廠，就是現在全世界最大的水泥公司之一：永久水泥公司的發祥之地。永久水泥公司在美國西部十一州，包括阿拉斯加及太平洋島嶼，都設有工廠，前年完成了四千五百萬美金的擴充計劃，永久水泥公司的百份之四十股票，掌握在亨利凱瑟手裏，是凱瑟工業集團的重要機構之一。

羅斯福新政時代，美國西海岸的工業，獲得迅速勃興，在聯邦政府的財政支持之下，西岸的橋樑水閘不斷興建，亨利凱瑟承造了最有名的金門大橋，屋崙大橋，承造了布尼維大水閘，大哥李水閘，使他的建築名望達到了美國第一流的高峯，今天，在凱瑟企業集團之下，有一個叫作「凱瑟工程公司」的重要部門，(簡稱KE)，不但已變成了美國偉大工程建築的極有把握的記號，而且已成爲國際工程建築的權威之一。凱瑟工程公司的國際部門，現在正在替印度大達鋼鐵廠在占姆希普鎮建築一座規模極大的鍊鋼廠房，全部建築費預計達一億三千四百萬美元，這座廠房建成以後，將使印度鋼廠的年產量，增加一百三十萬至二百萬噸之多。大達鋼鐵公司是印度最大的民營組織之一，凱瑟工程公司派有一百名美國技術專家及動員兩萬印度勞工在興建，預計不久就可以完成，這座鍊鋼廠中，將包括有亞洲最新的鍊鋼爐，將使印度的工業面目，爲之一新。

凱瑟工程公司同時也在替巴西的一家鋼鐵公司建築鍊鋼廠房，替巴西一家汽車公司建築吉普車廠，替巴拉圭建築好幾處都市自來水上下水道，替伊朗建築兵營及軍事工具，替非洲的黑人新國迦納建造水力發電及水泥廠，鋼鐵廠和鋁廠，替美國的屬地波多黎各建築水閘與發電工程……。在海外的許許多多工程建築與設計之中，凱瑟最主要的，還是在澳洲的建樹。五年以前，凱瑟工程部門，和澳洲簽了一張六千萬美元的合同，在澳洲東南部的大雪山底下，開鑿一條全長十四英里，直徑二十六英尺的運水隧道，在隧道的出口，建築兩座鋼筋水泥的水閘。凱瑟工程公司動員一百四十四名工人分晝夜三班開工，以每天鑿通八十七英尺的驚人速度，較預定日期提前兩年完工，創造了隧道工程紀錄上的奇蹟。澳洲政府最近和凱瑟當局最近又簽了一連串的合約，其中包括增添的水閘，山底電線，陸地隧道等等這些工程，預計在一九六三年可以竣工，但據凱瑟主持人的表示，如果沒有意外事件發生，一定會較預定時日提前完成。

迅速是龐大工業效能中的最主要條件，在第二次大戰期間，美國應付兩洋作戰，在東西海岸同時擴建各項軍需工業，那時候發生的一個最大問題，便是美國的鋼鐵工業全部集中在密西西比河以東，西部嚴重地感覺鋼鐵短絀的恐慌。戰時運輸條件緊急萬狀，東部的鋼鐵運輸到西岸，費時廢事。於是乎，凱瑟決心在加利福尼亞建造一座鍊鋼廠。他選中了加州南部的芳塔那鎮作廠址，於一九四二年年初破土，九個月之內，不但全部竣工，而且開始鍊鋼，但鍊鋼不但需要器材，而且需要鐵鑛的鑛苗，需要大量的燃煤，需要石灰石，這許多原料都在美國的東部大量出產，西岸一向就從來未所聞及，但亨利凱瑟用最大的魄力，在猶他州，在阿利筍拿州，在新墨西哥州，開採到了足够的鑛苗，燃煤，與石灰石。凱瑟鋼鐵廠去年一年的營業額，超過兩萬萬美元，它已成爲美國密西西比河以西的「唯我獨尊」的鍊鋼權威。更因爲美國的人口在繼續西移，西部在不斷迅速開發，處處需要大量的鋼鐵供應。因之，凱瑟鋼鐵公司，也在繼續不斷計劃擴充，年年在增添新型設備。據美國東岸鋼鐵工業界的人士說：凱瑟鋼鐵廠是近五年來凱瑟工業集團中成效最卓越的一個，預計再過若干年，它不但可與東岸的首屈一指的鋼鐵廠看齊，而且將領導太平洋四週的鋼鐵市場。這也許是亨利凱瑟自己當初所始料不及的。

亨利凱瑟雖已超過七十二高齡，但他聲明非到九十歲決不退休。他有一位能充分繼承父志的兒子愛德加、凱瑟，和一羣願意跟他賣命的經理人才和優良工程師。他告訴他兒子：作爲一個大企業家的秘訣是要能知人善任，要能用人不疑，要多聽部屬的意見，不要自作聰明滔滔不絕。他的私生活是儉樸簡單而有規律，六年以前，當他的老妻去世之後四個月，他娶了他的女看護續弦，結婚那天，他在公司的業務會議上說：「我需要的祇是一個能照顧我的女人，我沒有時間去選擇追求，所以草草續弦一個就算了！」亨利凱瑟就是那樣一個專心致志於事業的一個人，事業心使他變成了大企業家！

「日本的今天與明天」之一

日本在摸索中

東京通訊・四十七年十二月五日

郭恒鈺

日本，在戰爭結束後，從無衣、無食、無住的敗戰的廢墟中，忍辱負重，埋頭苦幹；從恢復舊觀進而面向「世界第一」力爭上游。今天，在國際上，日本已經是國際社會裏的重要一員；在工業上，日本以亞洲的先進自居；在政治上，日本要充任兩大陣營的掮客，取尼赫魯而代之。前後對照，這不過是投降以後短短十三年的事。現代化的生活享受，高度的文化水準，進步的科學工業，日本堪稱亞洲第一。多少來過日本的人都會點頭讚嘆：小鬼子，了不起！

日本，這個以藝妓、切腹、武士道馳名世界的國家，隨着國際地位的不斷提高，已經成為國際會議的召開地。其實國際地位的提高，並不是一個絕對的因素。京都奈良的「蓬萊殘影」，箱根熱海的溫泉混浴，袖珍收音機，照像機，大腿舞，脫衣舞，黃色表演，土耳其浴，還有日本的象徵——櫻花與富士山，不知道吸引了多少遊客而為日本政府撈了一筆可觀的外滙。難怪林語堂博士形容這個蕞爾島國是東海仙島，蓬萊殘影。

日本，在觀光遊客的禮讚背後，也與其國家一樣具有兩面，而且是强烈的，矛盾的兩面。

日本實行的是民主政治，地地道道的民主政治。但實際上，則常用「暴力」代替討論。偷襲、突擊、軟禁國會議長，引誘對方使用暴力，製造藉口，然後以牙還牙，這是自民、社會兩黨的家風。報紙曾用盡最低級字眼形容這種行為，並且認為兩黨萬歲之聲正是日本代議政治的葬歌。神道思想，軍國教育，那是戰前的事。獨立以後，日本要從根本民主化，所以特別重視民主精神的教育。但身為師表的先生們，則首先漠視自己的責任及學生的權利，罷教遊行，參加政治鬬爭。而且更進一步的「教育」小學生跟着先生採取同一立場，罷課遊行，反對政府的不當措施。在大學裏，學生自治會因某一問題未獲致校方的圓滿解決，或因反對政府某種措施，擅自派出隊伍，攔阻全體學生登校聽課。日本的民主教育，在實行伊始就留下一個可怕的陰影。

日本勞工階級的待遇，遠比普通的公私職員的薪金優厚。例如最近的罷工問題結束不久的王子製紙，就是一家待遇較好的工廠。平均工資三萬二千，半年的紅利是六萬元。每一工人家庭都有二三十萬的貯蓄，都有電視設備。但是為了花紅問題，勞資雙方意見不一，談判破裂，工會決定進行罷工。這一罷工，一直繼續了六個月之久，為日本的勞工史寫下了新的一頁。開始是經濟鬬爭，最後則演變而為以勞協改訂案為中心的權利鬪爭。罷工期間，工人沒有從廠方領到一分工資，而且最令人驚異的是，工會為了支持這個長期罷工運動，一共用掉了五億日幣之鉅。其間警察彈壓，工人反抗，雙方負傷迭出。至於工會本身也因為對鬪爭方針的意見不能統一而分為兩組。兩組工人互毆血鬪，並且擴及老婆孩子；太太們在公共浴場中潑水互罵，孩子們在學校裏拳打脚踢。直到十一月廿二日，這一具有歷史意義的長期罷工，才算妥協結束。日本政府及有關方面刻正慎重研究這一事件的起因，背景、以及它對日本勞資關係與今後工人罷工運動的影響。日本應該從這一不尋常的事件中得到些什麼。岸內閣對於警職法修正案之所以採取强硬態度，王子罷工是一個重要因素。

戰後日本社會混亂，世風日下，犯罪激增，尤其是少年犯罪，造成這種現象的原因雖很複雜，但作家、出版界、電影商的「啓蒙」，不無影響。「太陽的季節」，為戰後的日本文藝作品留下一個典型。跟着這個寫作路線而出版的暢銷小說是：美德的動搖、氾濫、四十八歲的抵抗、完全的遊戲、十八歲的抵抗……。在某一星期雜誌主持「不道德教育講座」的人，竟是一位知名的大作家。某一電影公司則專門把這些以「不倫」、「反抗」為主題的作品拍成電影，使觀衆從視覺上進一步的具體理解。出版界為了鈔票，讀者願意欣賞，兩者意外的和諧，所以從來沒有把它當作一個問題提出來檢討。

目前，某一電影公司正在拍攝一部問題電影——「大東亞戰爭與國際裁判」。這家公司——其實是日本——打算通過這部影片向世界宣佈：偷襲珍珠港，發動第二次世界大戰，日本沒有「責任」。這個問題要追溯到羅斯福總統執政時期的美國對外政策。換句話說，這個「戰爭責任」應該記到羅斯福總統的賬上。駐日美大使館以不符事實為由，要求修改，但為影片公司所拒，而且這部片子已快殺青。東條英機在國際裁判法廷高喊「有罪」，十年後的今天，日本人自己改判「無罪」，這將是歷史上的一個大寃獄。是非曲直，我人無法斷言。不過，在這部以大東亞戰爭為主題的影片中，沒有提到中日戰爭，也許血淋淋的「戰爭犯罪」使日本人沒有勇氣下筆？日本人是一個具有傳統的民族，也是一個善變難以把握的民族。明治以來對於外國人的自卑感，對於封建權力的卑屈感，大和民族的優越感，常常在權威的支配下，或在失去支配的權威的情形下，有着種種不同的變化。

日本，在特殊的地理條件下培育的民族性格及傳統，鎖國政策的深遠影響，明治以來日本歷史的特殊性，還有對於自己曾經一度熱愛狂信的「國家」，因戰敗而深感失望，因失望而喪失了愛國心……：這許多特殊的因素告訴我們：盲目的權威一旦消失以後，日本就不知不覺地陷入虛無、懷疑的黑暗深淵中。從而造成今日日本在政治、經濟、文化、社會各方面的混亂與貧乏。日本人在權威的支配下或在羣衆團體之中才有安定感，才顯得强而有力。軍國主義，共產思想都能在日本找到了空隙，這是一個理由。大和魂給日本留下了「輝煌的」的一頁，也給日本帶來了悲慘的厄運。兩顆原子彈擊敗了日本軍閥，也粉碎了大和魂。日本在摸索，而且還要繼續的摸索。

解凍的時候

蔡文甫

這是一個公共汽車招呼站。

徐太太剛站定在行列後，把挾在右臂的白底黑星點的手皮包抓在左手裏。一個男人從她身後擦着她的左臂走上前去。

她眞怪那個傢伙沒有禮貌，如不是她的上身扭轉一點，一定撞在她的身上了。

一直盯着他。她以爲他會走到那前面票亭裏去買車票。等他買完票回轉時，她要輕蔑地瞪他一眼。但他沒有停下，仍懶散地向前走着，像無人鞭打時拉磨的驢子。

忽然，他的右臂彎起，手腕向內旋轉，接着撥出一個美妙的姿勢。她的心猛然震動，這姿勢太熟悉了，那不是小趙嗎？

一點都不錯，卡嘰布的學生制服，右袖口有銅錢大的一塊藍墨水蹟。頭髮亂亂的歪在一邊；黃皮鞋的顏色已變做灰白。這些就代表着小趙，小趙就是這樣滿不在乎哩！

她自己也覺得有點好笑，實際上她並不知道小趙姓什麼。三個月前，她發現他搬住在她後面一條巷內的前樓，打開樓上的後窗，就可以看到他坐在窗前的桌旁。她猜他的年紀不會超過二十二歲，他每天還挾着書本上學哩。她爲了要稱呼他，就把百家姓上的第一個姓加在他的頭上，便暗自叫他做小趙。

她慢慢知道，他什麼時候起床，睡覺，什麼時候外出，什麼時候回家了。

一天，她伏在窗口，整理凋窗枱上的兩盆黃菊花，抬頭便見小趙凝視着她，她不知道他是看花還是看人，但內心却很慌亂，連忙縮進身體，關起玻璃窗，拉起白底紅花的綢窗帘。

這樣做完後，她才發覺自己的舉動錯了。以後，她就變得很大方了。她把縫紉機移在窗前，不時從針線上抬起頭，碰着他的目光，也不故意閃避了。

當然，她家中是沒有那許多衣服要縫紉的。她在窗前澆花，剪花，化裝……這樣，每天要有半天的時間在窗前渡過。她看到他的窗口上、房間內，遍掛着汗衫、短褲、手帕、襪子、襯衫……，她看到他在房間內兜圈子、吹口哨，狂吼亂叫。她看到他在巷內走來走去，常常右小臂彎起，手腕旋向內側，然後再向外撥出一個美妙的姿勢。

她在巷口碰到了他，他嘴角掛着笑，帶着異樣的眼神看着她向她走來。那像是她剛結婚，她丈夫把她摟攏來向她說好話時的眼神一樣。她想，他要和她講話了。當他走近她時，她垂下眼皮低頭匆匆走過，她祇看到他緊裹在小腿上的褲管和發霉的黃皮鞋。

離開他三步，她就後悔了。她爲什麼要裝得那樣冷淡？他們是鄰居，爲什麼不能點頭，打招呼，或是談話呢？她想，她以後還會碰到他的。但以後她又碰到他幾次，他沒有向她微笑，也沒有用那樣的眼神看她了。今天，他爲什會跑到這兒來？又怎會走在她的身後？他一定已跟着她走了很長的一段路了。

她最初想不到小趙會走到這兒來，所以看了他的背影竟認不出他。小趙走在她的身後，會不會認識她呢？如果他能回過頭來看她一眼，就可以確定他是不是看到她了。但他還是把雙手插在褲旁口袋內懶懶地走着，像根本就不知道她在他背後注意他。

小趙已走到這條路的盡頭，轉彎後，不論向南向北，她都無法看到他；她已完全絕望了。當然，她自己也不知她希望得到什麼，難道就是他的回頭一顧嗎？

他開始向左轉彎，低頭數着步伐。再向前走兩步，他就脫離她的視線了。

什麼？他已掉轉身來。轉身時，他的目光不是直射向她嗎？他一定是看到她了。

他沒有走原來街道，却順着街道對面走廊向右走。現在，她不能再盯着他，便向右橫跨半步，和她前面的人站在一條線上。

這行列中，她是第五個。她身前站一個五十多歲的老頭。頭上灰白的短髮根根豎立，腦後有一個三角形的紅疤，疤上光光的沒有一根頭髮。

他的身材和年紀都和她的丈夫彷彿，可是她丈夫的精神和體格就比這老頭差多了。

她丈夫今年五十六歲。在二年前得了半身不遂的癱瘓病，一直躺在床上。近來，已能扶着拐杖走一段路了。她每天下午拉着他的膀臂，在家的附近散一會兒步。她傍着傴僂的丈夫，才覺得自己年青，她三十五歲，已是四個小孩的母親，她時常以爲自己年老了，現在才知道眞正年老的是她丈夫，他已老得禁不住接受春的氣息了。她想，他的病痊癒後，也許會和他面前的老頭一樣健壯，但什麼時候他的病才能復原呢？

她沒有再想下去，她的思想又跳到小趙身上去了，她估計時間，認爲小趙已走到她的對面，或是已走到她的背後去了。她裝作向四處閒眺的樣子轉過頭去。

「啊——」她內心驚呼着，眞不相信自己的眼睛。小趙竟停在對面走廊，微笑地看着她。他碰着她的目光時，慢慢拔出褲袋中的右手，擧在他的面頰旁，手心向上，四指連續的彎曲着。

「他在向我招手？」她問自己道。「這不是做夢吧？」

她的心猛撞着，一陣輕微的顫慄透過全身。這事來得太突然了，她眞以爲自己是在夢中。恍惚間，她像站在長滿綠樹青草的高嶺上，幸福之神在對山的巔峯向她招手。她在山上深深地呼吸着，跳着，舞着，直飛向對面的山頭，可是那高山却像灰沙似地塌瀉在她的脚畔。她伸手抓住黑色的烟囱，抓住被燒燬的樑柱，然後跌落在地上。

她浸了一身冷汗，兩隻手心也濕透了。她打開手提包，揑出藍花紅點的手帕，印自己額角上的汗絲。

轉過頭，她環顧前後左右，看小趙是不是和她身旁附近的人打招呼？可是人們都閒適地站着，誰都沒有向走廊那邊看去，更沒有人表現出偶然碰到朋友的那種欣慰的表情。那麼，小趙定是向她招手的了。

小趙彷彿已看出她四處張望，是表示對他的舉動懷疑。於是，她又看到他向他招了招手。

這是千眞萬確的事，一點都不會錯的了。但她怎麼辦呢？

太陽從她身後的上空斜射下來。她低頭看着地面自己的苗條身影。現在她特別强有力地感到，她自己是非常美麗，非常年青；她需要愛，需要力，需要狂熱……這時她微微地察覺到有一股生命之流，在她的內心深處波動。大地在向上空逆升，潛藏在她內身的力，抬起了她又把她摔倒在地上。她眼前是一片糢糊，她不知道現時是白晝、是黑夜？更不知道春、夏、秋、冬。

她很久前就隱隱地想到過，她會和小趙談話，和小趙並坐在一起，他蠻横地擁着她……每次想到這裏，她就不敢想下去，也不讓她自己想下去。現在他就在眼前，她就這樣横過馬路走到他身旁去嗎？

公共汽車搖搖擺擺滾着車輪來了，挨在她身旁停下。車門打開後，三個人輕捷地躍下，站在她前面的人，接連地跨上車。

車身將她遮住，她看不到小趙，小趙也看不到她了。但她怎麼辦呢？跟着別人上車？還是停在這裏，等車走掉，再走向他身邊？

現在她眞有點恨他了，他爲什麼不走近來，却要她走到他那兒去？那樣，她的處境，或許不會如此困難了。

「爲什麼站在這裏？不上車！」

這是她身後一個男人的責問語氣，她聽得有點刺耳，轉頭想看一看他爲什麼要說這樣不客氣的話，可是後面的兩個人，已在她和車身中間擠向前去跨上車。她急忙的跟着，趕到車門，車駛走了。

她眞的留在這兒了，覺得有點後悔。現在想起她是要急着去看生病的叔父，看完病人，還要順道經過幼稚園，把她四歲的小女孩接回。如就誤太久，時間就來不及了。她希望在下一趟車來的期間，小趙已離開此地。那末，她就可以按照原來的步驟去做了。

於是，她側轉頭向對面看去。小趙正微笑地向她點頭。在這微笑中，她好像看出他嘉許地說：「我以爲妳會乘車走掉，現在妳却留下來了。妳很勇敢！」

她感到又氣、又急，她怎樣將這輕視還給他呢？

她直向對面走廊走去。她必須親自問他，她爲什麼要留着她了。

她已穿過馬路，快要踏上走廊。她雖沒有看着小趙，但在眼角中可以覺察到他在凝視着她。這時，他倏地旋轉身，向走廊的另一頭走去。

她楞了一下，脚步遲疑了。他爲什麼要離開這兒？難道這是暗示她要她跟着他走？他應該和他說明才對啊。

「太太！買吧，最好的橘子。」

她吃了一驚，甦醒過來。她正站在走廊外的橘攤房，眼睛注視那些橘子。當然，她什麼都沒有看到，但小販却以爲是好的主顧來了。

他把黃得發黑的草帽，向腦後一推。抓起一隻大的橘子，抛在空中，然後再用手接住。說：「五塊一斤，保險不酸。」

是的，她想起來了，應該帶點橘子給生病的叔父。揀了一隻竹籃，叫他裝滿。她現在有時間考慮自己應該怎樣做了。小趙仍一直的向前走，沒有回頭，如果他回頭就可以看到她不是走向他身邊，而是來買橘子的。這樣，她的自尊心也可以維持了。

橘子裝好，秤好，她打開手皮包拿錢時，從貼在皮包蓋裏的長方形小鏡中，偷看一看自己的面孔。這下可把她嚇壞了，她的面色爲什麼這樣蒼白？今天爲了要去看病人，所以她沒有塗胭脂，也沒有擦口紅。她是在她叔父手中敎養大的，叔父曾告訴過她不少道德的敎條，也不許她濃裝艷抹。她現在已成人，並且快要老了，本不需要遵守他的敎訓，但爲了去看他的病，不願意使他不舒服，所以就這樣樸素的走出門。誰知這樣巧會碰到小趙，而小趙在這最後的剎那間，看到她憔悴的面容就貿然的離開了她。

原來她略嫌瘦削的面頰，抹上一點胭脂，就顯得豐潤些，至於眉角的皺紋，她可以將眉毛畫得彎些，長些，就可以掩飾一部份。但現在她看不出自己臉上有可愛之處了。就連她表哥曾經讚美過她的眼珠，像龍眼肉似地又大又亮，現在看起來也暗澹無光了。

如能有一個僻靜地方，給她五分鐘的時間，她想，就是三分鐘也好，讓她把自己修飾一下。但現在是不可能了，她不能在大街上化裝；而且，小趙已背轉身走了。

她從小販手中接過竹籃，向小趙走的那個方向看去，他已轉過彎，無法看到他了。

她覺得自己應該回頭走向車站，這樣一切的困惑，就全部解決了。

但她的脚仍順着走廊往前走，如轉彎後，仍看不到他在前面，她就掉頭走回車站。她這掠想。

跨上走廊，她覺得行人特別擠，不時有人會碰着她的膀臂。她現在說不出自己是希望轉彎以後見到小趙，還是不要看到他的影子？她有時覺得這走廊無限的長，像永遠走不完似的，她要加快速度趕過去。有時她又覺得這走廊太短了，轉彎以後，見到小趙，就眞的跟着他走嗎？

終於到了轉角的地方。

剛掉過身，一個壓低喉嚨的粗嗓音，在牆角襲過來：

「妳慢慢跟我來吧！」

她看清他是小趙。這是她第一次聽到他講話，他講得這樣突然，她還沒有來得及回答，他又轉身走了。

眼看着他走遠，她還是楞楞地呆立着。在短短的一句話內，她聽出他的聲音堅決而有力，還帶着命令式的語氣，她爲什麼不拒絕他呢？她眞恨自己的軟弱。

但他不讓她有說話的機會，她目光仍盯住他的背影，他有濶壯的肩，兩腿强健而有力，像充滿了自信。

他愈走離她愈遠，如果她再不跟上去，就要看不到他。當然，她已走到這裏，他又和她說過話，無法再回頭了。她一直把他看作不懂得什麼的小孩，想不到他會這樣做，現在倒要看看他究竟怎樣對待她了。

她把竹籃換在另一隻手裏，開始向前走。

小趙走在前面的橫道上，又向左轉彎。他側轉頭看她一眼，他們的目光凝結在一起。在這眼神中，紡彿他在告訴她：「你跟我走這條路！」

「好吧！」她對自己說，「不管什麼路，我都要跟着走下去了。」

忽然，她感到恐懼起來。她這樣跟着他走，會不會被別人看見，或是別人已在注意她的行動？

她站定了，急忙掉頭張望，見滿街的人都來去匆促的走着，沒有一個她所熟識的人，好像也沒有一個人注意着她。她這時正站在一個綢緞店的門前，店內站在布疋旁的女店員，正含笑地對着她，彷彿在說：「不要猶豫，請進來吧！」

她又踅轉身向前走，因她看到小趙橫跨過街道，走向另一條小街。

小趙走路的速度慢下來，拔出褲旁口袋的右手，搔着腦後的短髮，像是遇到一個困難的問題，無法決定該怎麼辦似的。

他的手放下，接着又撥出她所熟悉的一個美妙姿勢，便跨上走廊。

他已停在那門前，回轉身凝視她，她又看到那眼神——要把她抱起來摔她在床上的眼神。

沒有等她走近他，他就翻身走向那門內。

「天哪！」她內心驚呼道：「那不是旅館嗎？」

一點兒都不錯，兩扇門上的白色玻璃，顯出的紅色大字，已吸住她的目光，她的心跳得非常激烈。

這一切太像夢幻了。旅館內的一個房間，祇有她和小趙二人。門、窗緊閉，他們互相凝視。然後小趙慢慢走近她，開始擁她、吻她，於是世界越來越擠，越來越靜；但她的耳中、腦中却嗡嗡地響起來，她已暈了過去……

這種感覺太熟悉了，那還是十幾年前的事，她才二十歲，經常和她表哥玩在一起，一天夜晚，在她家院子裏，表哥把她擠在牆角上，開始吻她。她的膀臂也箍緊了他，兩隻小腿彎起來，脚心抵在牆上。於是，擠呀，擠呀……她感到混身發酥，便暈倒在表哥懷內。她發覺自己眞正愛上了表哥，誰知道他却很快地離開了她。她永遠失去了表哥，才和現在的丈夫結婚。此後就從沒有這種感覺發生了。

她也走到旅館的門前了，看到小趙一隻手滑着樓梯的扶手、一隻手在盪呀盪的爬樓梯。她覺得他把全身的力量都用在兩腿上，樓梯也被踏得特別響，他像對一切都有十分把握似地。

她停留門前，目光跟着他的背影一級級上升。漸漸看不到他的頭，看不到他的上身，祇見他那窄小的褲管，和發霉的黃皮鞋了。

「我眞的跟他進去嗎？」她問自己道。

當然不能。她想，那樣是太看輕自己了。他如要她進去，也該等在門前，好好的向她說一聲。怎麼就這樣獨自進去了呢？

轉過身來，她就向回來的路上走去。當她轉身時，忽然看到他蹲在樓梯盡頭，用詫異目光，直望進她的眼內。他彷彿輕聲的說：「爲什麼不進來？難道還要我抱妳上樓？」

她掉頭跨進門，踏上樓梯。

她看着一個女侍領他走進房間。她也慢慢的跟了過去。

侍者出來了，但她並沒有進去，祇是在房門外看着他。他仍將兩手插在褲旁口袋內，很快地掃了她一眼。

「進來呀！」他說。

這時，他該有讓她說話的機會了，她想，他把她帶到這裏還能一句話不說嗎？

她聳動提竹籃的肩，覺得橘子太重了。「爲什麼要我進去？」她問。

他頓着左脚，樓板似乎抖動了一下。「有話進來講啊！妳不怕別人在這兒看到妳？」

她環顧左右。她太怕別人看到自己了。祇要有一個認識她的人見她站在旅館的房門口，她的一切都完了。現在她對於他剛才在前面匆匆的走，不和她說明原委的事，剎那間就原諒他了。他正是怕人們看到她哩。

她低頭看着自己的鞋尖，踏進房門。她脚上穿的是一雙新鞋，鞋頭尖尖的。她喜歡穿這樣的鞋，可以顯出自己纖細的脚，正配合她苗條的身材。

慢慢移步到窗前。她沒有看他，但她聽到身後門閤上時，自動的彈簧鎖發出的「咣嚓」聲。她突然感到燠熱起來。

這房間內的一切對她都很陌生。她略一凝神，紡彿可以看到自己房內的傘套、彎，柄烟斗、銀色玩具槍、揉成一團的手帕……而這裏的牀、竹椅、窗帘都帶着霉味——該說是豆豉兒味。

她身前的窗門半開着，風掀起粗花布的窗帘拂着她的面頰。她不願意面對着他，她把自己憔悴的臉藏在陰暗的窗帘旁。還是讓他看着她的背影吧。她想。

「我跟我自己打賭，」她聽到他說：「我說妳不會來，可是，妳却來了。」

什麼？他說出這樣的話，究竟是什麼意思？此刻，她覺得他完全不是她所想像的小趙了。她忽然有一種被騙的感覺——被騙了巨額的金鈔，一個永遠無法補償的損失。

「來了又怎麼樣？」她猛抽轉身，用力地吐出每個字。

她看出他有用意地看了她一眼，發出一個微笑，像是嫌她淺薄，連這樣的話也聽不懂似地。

「來了很好。」他的右臂彎起，手腕向內旋轉，又撥出一個她最熟悉的手勢，說：「這裏是床，那裏是門……」

他的話沒有說完，一定是看到她的臉色變了沒有說下去。但她知道他將要說：「隨妳自己選擇吧！」

她立刻就有一種被侮辱的感覺。而他手勢所給她的傷害，要比他言語所表現的明顯些，强烈些。

她眞恨自己爲什麼要跟他走到這兒來了。但她心裏一開頭就明白：她像一座火山，在這二年當中，被埋在冰天雪地之中，經過一個强大的地震——震碎了冰雪的外衣，把潛藏在內部猛裂的火燄，噴露在春的原野。人類的天性，將會衝破一切的障礙和束縛，撕毁她叔父所有的教條……可是現在呢，她却像被關閉在一隻船艙內，海洋上的巨大風浪，衝撞開緊閉着的窗門，她發現只是獨自飄盪在海洋的中心，孤立，無助。她迷亂了。

她抬頭看着他，一小撮彎曲而發亮的頭髮，垂在他的額角。她盡量抑制自己洶湧如潮的思念，不讓隱隱約約的罪惡的光亮，從思念的罅隙中爆發出來。

「你要我來，就是爲了侮辱我？」她說，覺得已能控制自己激動的情緒了。

「當然不是，」他張着手臂慢慢向她走來。說：「妳知道，妳比我……」

她退後一步，將橘子籃兒放在長方的矮茶几上。她想，事情眞如預料的一樣發生了。他將擁抱她，吻她，她將暈倒在他的懷內。現在他却站住了，他的話也停頓了。他爲什麼不說下去？那句話該是：妳比我年紀大，妳有丈夫，妳有孩子，妳不在乎這些……

「妳眞的不在乎這些嗎？」她問自己道。

房間裏很靜，靜得可以使她聽到厨房的爐灶中火燄噼噼拍拍的跳動聲。她忽然想起來了，那不是火燄的跳動聲，而是微風播弄着窗帘磨擦着玻璃。這不是她的家，而是在旅館內，她和一個陌生的年青人單獨的對立着。突然有一種恐懼，和一種她不敢想的希望向兩處撕着她的心——

「妳比我要懂得多，」小趙接下去說，「妳不會吃虧的！」

他已挨在她的身旁，她可以聽到他短促的鼻息聲，又看到他那異樣的眼神了。可是，他說的是多麼輕薄的話啊！

「拍！」一記耳光，重重地落在他的左頰上。

「到那邊去，」她說，手指着門。「把它打開。」

他猶豫地驚異地看着她的臉，終於慢慢走到門旁，旋動門扭。

門打開了，她向門外走去。走了數步，便聽到小趙的聲音：「妳忘記籃子了。」

她出門時太緊張了。但此刻不想再回去拿那竹籃。她知道自己，如再轉回去，可能就不會像這樣輕鬆的出門了。

她踏完最後兩級木板樓梯，聽到他把頭伸出樓梯口說道：「她瘋了!?」

夜奔

王敬義

只是那有規律的震動——火車已經開了。車廂裏的燈光造成一個快樂的世界，把黑暗攔在外邊，不許黑暗進來。車廂尾門的玻璃上反映出一長排的燈——整個車廂頂上的燈全在上面，一盞不少，無論火車衝到那裏，它們都跟着。

易雪濤看着玻璃門上的燈出了神。他買的對號車票座位方向與車行方向相反，而座位又是最靠車尾的一個。他不看玻璃門上的燈看甚麼？

玻璃擦得眞乾淨；柴油特快車上甚麼都比較乾淨。易雪濤最怕坐火車鬧得一頭一身都是煤屑與灰塵。因此他竭力避免出門。家裏最舒服。尤其是夏天。洗過澡坐在樹蔭下喝冰綠豆湯，那裏也比不上家裏舒服。他是一個貪舒服的人，一個結過婚的人，一個有兩個小女兒的人。

但這個夏天，他妻子帶了小孩到她姐姐家去。她姐姐住在屏東。她能下決心帶小孩從臺北到屏東去，眞是令他吃驚的不得了。他送他們大小三個上了火車；他們一走，家裏冷冷清清，他做甚麼事都不習慣；那一天的晚餐他就煮了一大鍋飯，以爲他們還在家裏呢。

以後的日子，上午他仍舊按時去公司辦公，不過不帶「便當」，午飯在公司附近小館裏吃湯麵。下午三點鐘下班坐交通車回家，可是回家以後的時間就不知如何打發了。百無聊賴時他便坐在樹蔭下出神。不過沒有人燒綠豆湯給他吃，沒有小孩纏他，咭咭呱呱的吵他。他頂受不了的還是來來去去的人投給他的注意。於是他扯直喉嚨同他們打招呼，不必要的咒罵天氣。如果別人牽着小孩，他就乾笑着說：「小妹妹裙子眞漂亮！」或者說：「小弟弟，你又長高了！」他比較對小男孩沒有好感，因爲他自己沒有男孩。

但他寫信給他妻子，從不提他苦悶、煩惱。他拿了一本公司的信箋放在家裏，寫信時用毛筆蘸飽了墨，一揮一掃信就寫成了。寥寥幾十個字，內容不過是要他妻子特別當心孩子。每夜他都要寫一封信，第二天上班把信封摺起來放進褲袋，然後偷偷拋進公司門口的郵筒裏，拋信時一定要聽到信封落在筒底上發出的聲音。他覺得寄太多信給妻子會惹人訕笑，所以他很謹愼、很秘密的做這一件事。他妻子不大回信給他；偶而寄一封信來，公司的工友將信遞給他，總要蹙起眉梢裝出費解的樣子，鼻孔哼一聲，重將信放下，繼續辦公。等到別人不注意時，他緊張的拉開抽斗，那封信就被鎖進抽斗。

別人在他背後議論他，他全知道。他們總是說他可憐，結婚遲，怕老婆。他結婚是比較晚，四十二歲才有第一個小孩，但他並不以爲這就是他可憐的地方。至於說怕老婆，他妻子比他年輕，他在某些時刻對她讓步，他覺得是應該的。所以別人談他，他不生氣。他只有相信他們在羨慕他，甚至在對他嫉妒。否則的話，他們爲甚麼要這樣注意他？

他自己是從來不注意別人的。例外的是在他結婚之前那四、五年，他曾注意過女人。那時候，別人給他一個綽號：「老色迷」。但他仍舊注意女人，他要結婚嘛。

他的家是很幸福的。他的妻知道節儉，一年燙一次頭髮，電影半年不一定看一場，不僱下女，兩個小孩全是自己看管。她又會踩洋機，小孩衣服，他的睡衣褲、襯衫、……都由她來做。他不能再要求她注意容貌，哪個女人背着小孩，又做飯又洗衣服，還能漂亮？

笑他的妻樣子難看的人眞多。還說：「女人像這樣醜的怕不多見！」他倒不難受。他自己的樣子，別的不說，就憑那付一千八百多度的近視眼鏡，他還能好看？他雖略有儲蓄，但他的妻並沒有享受到甚麼，也從不曾要求甚麼享受，更從不曾抱怨過生活苦，像這種女人，哪裏去找？他一直說他自己幸運。

他同他的妻相處時，說話不多。關於家裏的事，他根本無話可說。她管理他的薪水，每月將剩餘下來的錢還給他，要他存到郵局裏去。有時他想安慰她，說她太辛苦了，却又說不出口。他不會客套，不會安慰人。她不會客套，也不需要安慰。時日久了，他覺得不說話也好。小孩不知不覺大了起來，家裏還怕沒有聲音？

同鄰居沒有交往，是她要這樣做的，但他是贊成她的。他怕透了是非，一生謹言愼行，任是這樣，是非還纏着他哩。他的妻能不東家長西家短的，他簡直感激她。

在他的記憶裏，他的妻只哭泣過一次。那是他的大女孩得了很麻煩的病，熱度不退，醫生說有腦炎的嫌疑，但後來終於痊愈了。孩子退了熱，便平靜的酣睡起來，蓬頭垢面的妻，守在小床旁邊，竟嗚嗚的哭泣出聲。他本拿起公事包要去上班，聽她哭泣就在門口停下來。他不知她爲甚麼傷心，又覺得問她爲甚麼不免冒昧。可是她哭個不停。他踅回房間，見她雙手捧着臉，她也許以爲他已經走了。於是他悄悄的再退出來，決定不去打擾她，自己上班去了。待他下班回家，她忙着炒菜，除去眼圈略有些紅腫，同平時完全一樣。他不問她，她也沒有告訴他。以後他時常猜測她哭泣的原因，編出很多原因，又一個都不相信。他知道如果他問她，也還是得不到解答的。因此他只有耐心的等待，也許有一天她會自動告訴他。

「也許有一天！」他訕訕的自語着。「不可能！」

「不可能！」奔馳中的火車說。「不可能！」「不可能！」火車說了又說。車窗外依然是無邊際的黑暗，他又看到玻璃上反映出的長排的燈。好輝煌的燈，一盞連着一盞。好體面的人，走來走去都是體面的人。不論男人、女人，都是體面的人。他有些激動，端茶杯的那隻手，一陣陣的抖顫着。「她會告訴我的，爲甚麼不？」他想。低下頭去喝茶，把吸進嘴裏的茶葉梗子吐出來。一口茶水喝得猛急了，嗆了，他大聲嗆着，茶杯裏的水濺得他襯衫上，褲子上都是。他不知所措的站起身，强忍住咳嗆，歉疚的對同座位的人笑。笑也笑不動；附近都是冷冷的欣賞的眼光。

他又坐下，把茶杯放進鐵絲圈。

「不可能！」「不可能！」火車還在說。

他想起他的妻要去看她姐姐時堅定的神情。事前他完全不知道。她告訴他要去屏東時，出門所需用的東西都已包裝好了。她說她妹妹來信，她姐姐想念她。「車票呢？」他問。「車票到火車站再買，或者先上火車在車上補票，」她說，胸有成竹的樣子。他不忍心再說甚麼，尤其不忍心她帶了兩個孩子出遠門，這樣熱的天氣，不是自討苦吃嗎？同時也是他所不能瞭解的。

他不能瞭解的事，難道……？她不會給他看她姐姐的來信，難道她騙他？他親自送他們上的火車；下着大雨，雨像瘋狂了似的，月臺上只聽一片雨聲。她隨着人羣擠上了火車。背上背一個孩子，手上抱着一個。他將行李從車窗口遞給她，她接過行李也沒有說話。後來她探出頭來好像要告訴他甚麼，火車却拉響汽笛，噴出濃煙，緩緩移動了。雨點敲着月臺的鐵皮頂，震得他耳朵都聾了，火車可是在一剎間就走得無影無踪，只留下一股濃煙在急雨中被肢解、被擊散。

他的妻走時好像有甚麼心事。當時他却沒有注意，雖然他會模模糊糊的感覺到。也許是她姐姐生病了？或者她娘家有甚麼人從大陸逃了出來？

「不可能！」「不可能！」火車說着、說着、突然喘了起來，慢慢攤瘓了，停住了。新竹站到了。一分鐘，車只停一分鐘，又開始奔馳，說着相同的、單調的三個字：「不可能！」

妻走後就是突如其來的電話。他的妻打長途電話到他辦公的地方去。電話裏她要他來高雄接他們回去。她匆匆的告訴了他一個旅館的名字，叫他即刻動身，不等他有機會問她話，她便把電話掛斷。

她在哪裏打的電話？人不是在屏東嗎，怎麼又去了高雄？他不瞭解的事太多了。她打電話是下午，他買到去彰化的柴油特快車票，當晚就在臺北上了車。公司裏他請了一天假，是他第一次請假。

到彰化後再換車去高雄，他想。到彰化還可以在旅館睡一夜。總比在火車上坐一夜好，坐一夜火車下車時還不是滿身煤煙？他不講究衣着，但他喜歡潔淨。

此刻，他有些懊悔了。爲甚麼她寄回來的信，他看都不看就鎖在抽斗裏？她來信不多，可是也有三、四封。他太自信，以爲她信裏無非是寥寥幾個字報告平安，看同不看都是一樣的。她平日很少說話，信上自然話也不多。這些原因之外，當然，他不拆信也因爲別人太注意他。……

「我應該看看信的，」他想。「至少在動身前，應該先看看信。要是沒有事，她會寫信嗎？要是只是報告平安，一封信不就够了，何必寄三、四封信來？……她肯花錢打長途電話，顯然是發生了事故，她是從來不亂用錢的，一個電話至少要六、七十塊錢，她怎麼捨得？……」

「不可能！」「不可能！」火車好像存心要激怒他，不停的嘮叨着。火車穿過一個又一個山洞，在山洞裏，火車聲顯然比較沉悶，就像一個人傷風塞了鼻子。

「不會是孩子生了急病？」他想。如果是小孩生病，你就應該找醫生看病，不疼惜錢！他嘟噥着。你打電話叫我來有甚麼用？

他同她在一起已生活五年了，但這是第一次他發現她無能。做事不是這樣做法的，要交待清楚！可是，她呢？也許是他太寵她，她要去屏東，收拾了東西就走了，她憑甚麼這樣自作主張？她徵求過他的意見嗎？好，出了事再來找他。簡直是在戲弄他。

他還在對自己生氣，忽然他看到車廂裏旅客正紛紛站起身來。原來車已到臺中站。不久，車再開行。大部分的旅客已在臺中站下車，這時車廂中顯得很空。隨車侍應生在打掃，果殼、煙蒂、糖紙、……掃出高高的一堆。然後又收去茶杯，放進格好的大木盒中，一盒一盒疊起來。他伸了一個懶腰，打着哈欠，一個長長的哈欠還沒有打完，車已到達終站——彰化——了。

他隨着十幾個旅客從出口走出車站，把車票遞給檢票員。車站外有提着紙燈籠接客人的人，見他出來，一湧而上。那些紙燈籠上都用紅字寫出旅館的名字；蠟燭吐出長火苗夾着一陣陣的黑煙。燈籠左幌右盪的，往哪裏看都是白紙寫着紅字的燈籠；於是他喝住一個燈籠，隨它幌幌盪盪的去了。

提燈籠的是內地人，小小的個子，一口北平話，穿一身條布褲褂。「先生哪兒發財啊？」他說。

易雪濤在喉嚨裏含糊的應着，「好久才到？」他問。

「前邊，前邊，」提燈籠的人陪着笑說。「一轉灣，你看，前邊亮着門燈，就到了。」

「有熱水吧，」易雪濤說。「我想洗個澡。」

「有，有，包您滿意，」他說，說着，到了門口。旅館裏面燈光昏昏的，櫃臺上却沒有人。那提燈籠的張羅他坐下，斟了茶水，將一份晚報塞在他手裏，「坐！坐！馬上有人來！」話沒有說完，便提着燈籠跑到後邊去。

不久，一個本省籍女郎，揉着惺忪的睡眼，左手倒提着一串鑰匙，帶他去看房間。她穿着木屐，踢着水泥地，深更半夜聲音特別響。他覺得奇怪：難道客人都不怕吵？那條走廊不算短，走了一半，她停下來，轉動鑰匙開了門，扭亮燈。房間很陳舊，陳舊得有些霉氣。房正中是一張雙人床，灰白的床單，蝦紅色的被子。靠窗有張方桌，兩把椅子。他只好點點頭，表示可以。那女郎一扭身要走，他喚住她，「有臭蟲沒有？」他問。她不回答，踢響着木屐去遠了。半晌，她拿了表格要他塡，還放了一小錫壺茶在桌上。她去後，喝那壺茶，却是冷的。再仔細看這房間，一扇窗有一格玻璃破了，用一張牛皮紙遮着。桌面上都是塵土，手指一按就留下一個淸楚的印子。

他脫去鞋，衣服也不脫，便熄燈睡覺。枕頭上有貝林髮臘的香氣，不新鮮的香氣。他才要入睡，先前提燈籠的人來敲門，問他要不要洗澡，說熱水已經燒好。他謝過他，又閉上眼。忽然隔壁有女孩哭聲，哭得很急迫，一霎間就死寂了，好像是作了惡夢。他聽這哭聲似乎有些耳熟，一時又記不起曾在哪裏聽過。同時，令他驚愕的，他竟沒有睡意了。無論他怎樣閉緊眼睛，他總聽見自己的心跳。枕頭上不新鮮的髮臘香氣又一陣陣的撲進他的鼻孔。壁虎吱吱的叫着，叫幾聲便休息一下。蚊子也開始了攻勢，叮在他耳邊不去。他只有坐起身，把燈扭亮；想要把蚊帳放下來，却又嫌髒，不肯伸出手去。

這時，有一聲嘆氣，從鄰室傳過來。這一聲嘆氣沉重而長，雖是亮着燈，他也還是感到幾分恐懼，覺得毛髮都聳立起來。屏息聆聽，但再聽不到有甚麼可疑的聲響了。呆坐了片刻，他又躺下身，只是燈沒有扭熄。

他不知甚麼時候睡着的，睜開眼時，窗子上已是一片耀眼的晨光。頭頂上的燈還亮着，燈很疲倦了。看錶是七點一刻鐘，他忙起床，臉也不擦，匆匆去櫃臺結賬。

到了街上，他辨淸方向，朝車站走去。他等到南下的火車，就爬進車廂。隆隆的響着，火車又開動，並且逐漸加快速度。他買了一杯茶，喝茶的時候，熱氣飛上他近視眼鏡，使他看不見東西。他掏出手帕揩擦鏡片，一邊擦一邊想，如果不是她莫名其妙的打電話來，這時他正在家門口等交通車去上班呢。他搖搖頭，無可奈何的苦笑着，鄰座都沒有坐人，他環視了一下，又笑起來。

火車在一個小站停下。這班車是慢車，逢站必停。他知道着急也沒有用，只得耐心等待。下一站車停時，他向月臺上的小販，買了兩枚茶葉蛋，慢慢的剝去殼吃着。

很多煤屑落在他身上，才抖乾淨又是一層。他又氣惱又懊悔。早知如此，搭夜車直達高雄不好嗎？他的妻不知出了甚麼事，現在在高雄的旅館裏一定急死了。他自己原來也是無能，這樣一件小事都處理不好。

猛一抬頭，火車到臺南。他買了一份報紙，心驚膽戰的去看社會新聞那一版。這天，這一版只登了一件兇殺案。大標題很醒目，十四個大字是：

「一天謀殺三條命
離奇驚怖十二時」

案情是一個少婦背着自己的丈夫與別人有染，並且生了孩子，而丈夫却不知道，以爲自己的妻子是貞潔的。一直到一天，他的妻藉口探親帶了幼女離開了家，很久也不回來。然後，她突然打電話給他，說她在某日要回家了。他只當是她要從娘家回家。哪知道，到了約定的日子，她並沒有回來，而警察却登門來找，說他的妻已被謀殺了。謀殺他妻的便是她的姘夫，那男人先殺死了他的妻，再將她的幼女帶到另一家旅館用毛巾勒斃了小女孩後，自己也服安眠藥自殺。小女孩之被殺，原因是她是他倆的孩子。他倆既然都不能活，她也不便活着受苦。那少婦打電話回家，是倦鳥知還，而她的姘夫以爲她已變心，就下了毒手。老實的丈夫，到這時才知大禍已降臨在他頭上。

易雪濤讀完這段新聞，全身都是冷汗。他所不瞭解的事情，似乎都能從這段新聞中摸出頭緒來：他的妻的古怪的沉默；小孩病愈後她的哭泣；她突然決定要去屏東，並且從高雄打長途電話來，……。然後他又想起前一夜在旅館投宿，鄰室小女孩的哭聲與那可怖的嘆氣聲。……

丟掉報紙，他站起身，從這個車門走到那個車門，他不知要怎樣做才好。車外那一望無際的綠油油的稻田，遠方起伏的山崗都那樣平靜，平靜中却含有幸災樂禍的意味。陽光催眠了大地，但無法消滅他的恐懼。第一次，他發現自己孤獨、醜惡與可厭。他相信他的妻恨他，從不會愛過他，而他的以爲他們彼此敬愛僅僅是一個笨拙的謊。他全身都顫抖起來；他這平凡的一生太可怕了！火車轟隆轟隆的響着，噴出濃濁的黑煙，汽笛尖叫着，但他沒有去死的勇氣。他又謹愼的縮回身子，走回他的座位。高雄站快到了。

火車到站後，他是第一個跑出車站的人。三輪車拉他到了那家旅館，旅館裏的茶房帶他到他妻子的房間裏。他惶恐的邁進她的房間，她穿着洗褪了色的黃綢睡衣褲，坐在床沿上，呆板的對他笑了一下，沒有說甚麼。他的孩子都在——他的世界保全了。

他想解釋爲甚麼在路上就誤了這樣長久，但在她沒有表情的面孔前，他將要說的話又嚥回去了。她找了一條綠格子的毛巾，浸濕了，遞給他揩臉。大女孩瞪大了眼睛注意着他每一個動作。他揩過臉，重戴好眼鏡，「你……你到高雄……」他說。

她打斷他的話，「小妹病了，」她說。「我們要回去，我怕一個人管不了兩個小孩。我姐夫送我到高雄，他本來要送我回臺北的，……我本來沒有想到打長途電話，……小妹發燒，這邊又沒有熟醫生，我想還是回臺北看醫生……」她斷斷續續的說，鼻孔掀得很大。

她很少講這麼多話，他想。這時，「哇」的一聲，睡在床上的小妹哭起來，她便走去抱她起來。他湊過去，用手撫小妹的額角。「燒得挺厲害嘛！」他說。他看她時，她的眼睛也正看他。雖然他還有很多不能瞭解的事，但他感到他們已接近些了。「明天，」他說，避開她的眼睛，尷尬的。他想說「明天我們再回去」，但他說：「你說，……我們最好甚麼時候回臺北呢？」

讀者投書

(一) 何必「逼上梁山」啊！

——國民黨爲何開除省議員許世賢等黨籍

李超羣

自從中美聯合公報發表後，政府與國民黨是否向國人實踐諾言，實行三民主義呢？事實告訴我們，不但沒有，暗底下正在加緊控制；國民黨對其黨員是如此，政府對人民也是如此。最顯明的例證；如省議員許世賢、楊紅綢、黃占岸等，因爲參加「中國地方自治研究會」的發起人，所以國民黨的當局即分別以莫須有的罪名而加以制裁。政府方面並強詞奪理的引用「非常時期人民團體組織法」不准中國地方自治研究會組織，這種種措施就是不憑藉武力的政治反攻大陸的主要途徑嗎？

許世賢省議員被國民黨開除黨籍的「事實」與「理由」的全文如下：

中國國民黨臺灣省委員會決定書

(47)臺紀字第二一三一號。

黨員許世賢不服從黨的命令及決議與參加地方自治研究會案。

檢舉人：省委會第三組。

被檢舉人：許世賢，女，年四八歲，臺灣嘉義人，任省議員，黨證臺登字第三二七八號。

決定：許世賢開除黨籍

事實：黨員許世賢任臺灣省議會議員，據報；該員在省議會第三次大會會中不接受黨的命令，違反黨的決策，於四十七年六月簽署並總力支持反對修改出版法案，對黨的疏導拒不接受，八月五日又擅自鼓動罷免省議會議長黃朝琴同志，平時與黨外議員相勾結，供給黨外議員對本黨及政府之攻擊資料，近且簽名參加反對本黨之「中國自治研究會」爲發起人，不惜公開叛黨，請予議處，以維黨紀等情。

理由：查黨員許世賢平時在省議會中不接受黨的命令及黨團決議，違反黨的決策，且簽名爲反對本黨之「中國地方自治研究會」發起人，事證明確，依黨章第五十六條第一、六兩款之規定，爰決定如右。紀律委員會　中華民國四十七年九月廿四日

讀上文後，我們不得不提出下列問題：所謂「反對修改出版法案」云云，如立法委員國民黨籍者亦簽署反對修改出版法的約在百人以上，這些立委並未因此被開除黨籍？就是省議會黨團幹事會書記許金德省議員，亦表示反對修改出版法案，（省議會有紀錄可查）何以未開除黨籍？決定書中「有擅自鼓動罷免省議會議長黃朝琴同志」之語；我們根據省議會副議長謝東閔對中央社記者發表談話，「議會同仁們頗爲融洽，並無罷免議長之事」，且指斥少數報紙雜誌在造謠中傷云云。可見罷免議長云云，乃莫須有的罪名。至於勾結黨外議員攻擊政府與黨，這更是遁詞根據這個邏輯的演繹，凡是國民黨的黨員，則不得與黨外人士交遊往來。如果有的話，則是勾結並供給資料攻擊政府及國民黨。那末？國民黨豈不孤立，豈不成爲黨與人民敵對的地位嗎？於是，我們認爲開除黨籍的主要因素是參加了「中國地方自治研究會」，因爲根據國民黨臺北縣三十三區黨第三次小組長聯席會議，報告事項，其中第一條：「民青兩黨議員，以中國地方自治研究會名義爲號召，羅致失意政客，參加『配合匪的政策』，合法掩護非法與香港『第三勢力』勾結，其目的在反黨、反政府」。（自由中國半月刊十九卷第十二期「國民黨眼中的『共產黨同路人』」）國民黨既然視自治研究會的人爲「匪」，許世賢等被開除黨籍乃當然的事。

復據楊紅綢向某一省議員透露：彰化縣黨部決定開除他的黨籍：其理由與事實；「是宴請黨外人士的省議員吳三連、郭雨新、郭國基等，召開秘密會議，組織反對國民黨的集團」。並以四十六年十二月一日出版的「自治半月刊」爲「叛黨的證據」，因楊紅綢在本屆省議會首次大會總質詢時，批評國民黨「一手包辦」選舉之不當，所以也被認爲不服從黨的命令。

我們經常聽到看到國民黨中央黨部秘書長張厲生邀請黨外人士如吳三連、高玉樹等聯歡，這是不是和黨外人士交遊往來呀！爲何國民黨籍省議員就不能與黨外人士往來呀！再者陳兼行政院長（國民黨副總裁）這次在光復大陸設計委員會中，公開讚揚二無黨胡適、民社黨張君勱、青年黨左舜生不是「逃兵」，而是各自努力反共云；這又作何解釋呢？

其次，我們所要談的是政府不准中國地方自治研究會組織，這是不民主的，違法的。

中華民國憲法第十四條：人民有集會及結社之自由。省政府與內政部的命令：「核與非常時期人民團體組織法第八條之規定不合，未便准予籌組」。（內政部四七內錦字第一二一〇號令，省社會處社二字第三〇四七八號函）這是侵害人民權利而違憲的事證。

省議員許世賢於一月八日質詢社會處長傅雲時說：政府不准自治研究會組織，是根據「非常時期人民團體組織法」第八條規定：「人民團體在同一區域內，除法令另有規定外，其同性質同級者，以一個爲限」。據說是因爲現有中國地方自治學會，所以不准中國地方自治研究會組織。因此，許議員列舉：過去，訓政時期；（即抗戰時）有戴笠組織的中國警察學術研究會與李士珍（在臺）領導的中國警政學會。現在，臺灣有中國憲政學會，中國憲法學會，中國憲法研究會，爲例，這些同性質同級的社團何以例外呢？無論在訓政或憲政時期，社會團體政府均未以三十一年二月十日由國民政府公佈的「非常時期人民團體組織法」來限制人民結社的自由，此次政府卻引用該法，不惜甘冒國人與輿論的責難，此非剝削人權走向極權的道路而何？傅雲在省議會的答復；前後極爲矛盾，初則謂職業團體受限制而社團不受限制，再則依法受限制，最後說是「奉命」而執行。

同時我們讀「中國地方自治研究會」的宗旨，其內容根本沒有「反政府及反國民黨」的。而是堅絕的反共，促使民主憲政的實現。今執政的國民黨，竟誣該會會員「配合匪的政策」。民青兩黨是合法的政黨，兩黨黨員都是一貫反共的。該會發起人中多數是中華民國各級民意機關的民意代表，我們希望國民黨將「罪證」向國人及全世界民主人士公佈。

讀者投書

(二) 所謂「精神講話」

詹同章

一般主持訓練或教育工作的人，往往利用時間或專定課程，給予受訓者或受教者以思想灌輸或精神鼓勵，這叫做「精神講話」。精神講話的用意，本來是很好的，可是必須有一個前提，那就是講話的人必須自己思想純正，所講的話有內容、有力量，然後才能收到精神講話的效果，否則，就要適得其反了。記得過去在大學裏讀書的時候，同學們流傳一句口語：「天不怕，地不怕，只怕精神來講話！」如此這般的精神講話，可謂是毫無意義了。

時下一些自命爲青年導師的先生們，也喜歡對青年們精神講話，而且講話的次數頻繁，講話的時間也盡量拉長，好像是講話不多，就不足以表明自己是勤於職守，心中有一種「講話爲負責之本」的感覺。同時又以爲講話若不拉長時間，就不足以顯示自己學問之淵博。因爲有這兩種心理在作祟，所以往往不必要講的話，也要講；三言兩語可以講完的話，非嚕嗦半天不可。這樣一來，講話的人固然浪費口舌，聽講的人更是反感厭惡。雙方俱苦，所爲何來？

其實，講話效力之大小，並不在其語句之多少。禪宗之一棒一喝，即能使人頓悟；聖哲之一言一語，即能傳誦千古。諺云：「黃金一兩，勝過生鐵十斤」，在質不在量。據說當普法戰爭時，普魯士的參謀長毛奇將軍，以說話簡單著稱，如此重大的戰爭，自須對將士們有所訓示。其時有朋友甲乙二人，會打賭猜測毛奇的講話能有幾個字，甲道：「這次戰爭太重要了，他的講話一定會打破慣例，而超過十個字。」乙說：「不然，一定和往常一樣，不會超過十個字。」結果乙失敗了，因爲毛奇講了十一個字。後來普國在這次戰爭中却得到了決定性的勝利。第一次大戰時，美國統帥潘興將軍帶兵到法國，在 Lafayette 墓前獻花致詞時只說了三個字："We are here"。可見講話不在多少，只在講得是否有力量。講話有內容有力量的話，三言兩語，就能發生很大的效果；否則，廢話連篇，言之無物，雖長何用！

西洋有句名言：「講話是銀，沉默是金。(Speech is silver, but silence is gold.)」這是提醒人講話不要太多。孔子也說過：「身教者從，言教者訟。」這是告訴人要少說話多做事。現在有一句流行的成語：「戡亂期間，一切從簡。」這是說在此非常時期，婚喪喜慶一切禮儀，都要盡量節儉，不可浪費。我認爲這句話很有意義，應該擴大應用到每個人的言行方面。奉勸所有愛好講話而不切實際的先生們，要三復斯言！

出版法條文摘要

立法院第二一會期秘密會通過
總統於四七年六月廿八日公布

第六章　行政處分

第三十六條　出版品如違反本法規定，主管官署得爲左列行政處分。
一、警告。
二、罰鍰。
三、禁止出售、散佈、進口或扣押、沒入。
四、定期停止發行。
五、撤銷登記。

第三十七條　出版品違反第三十二條第三款及第三十三條之規定，情節輕微者，得予以警告。

第四十條　出版品有左列情形之一者，得定期停止其發行。
三、出版品之記載違反第三十二條第一款之規定者。
四、出版品之記載違反第三十二條第二款及第三款之規定，情節重大者。
五、出版品之記載違反第三十四條之規定，情節重大者。
六、出版品經依第三十七條之規定連續三次警告無效者。

第四十一條　出版品有左列情形之一者由內政部予以撤銷登記。
一、出版品之記載，觸犯或煽動他人觸犯內亂罪、外患罪、情節重大，經依法判決確定者。
二、出版品之記載，以觸犯或煽動他人觸犯妨害風化罪爲主要內容，經予以三次定期停止發行處分而繼續違反者。

第四十二條　出版品經依法註銷登記或撤銷登記或予以定期停止發行處分後，仍繼續發行者，得沒入之。

編者按：在此項出版法未廢止之前，本刊決將上項條款繼續刊登，一方面用以自我警惕，一方面讓世人知道我們的出版自由，受到怎樣的限制。

(三) 當兵的還敢談享受?

一羣丘八

編輯先生：

四十七年一月調整待遇，僅僅一年，近又在高喊調整待遇了，這樣一年一度的調整待遇，作爲一個革命軍人的我們，實在不敢當，雖然增加不多，但也足證政府當局以及各高級長官在享受無止境之餘，對下級官兵的一點關切之忱。如由大陸來臺的老兵，每過一年即可獲得一元的「優厚」年資加給，是多麼的榮耀！如把它積存下來，十四年後豈不是一斤很好的上肉。

去年調整待遇時，國防部曾於四十六年十二月十九日，以(46)昂旭字第二九三〇號政治指示，以「對調整待遇的看法」爲題，通令三軍，由各級政治指導員向每個丘八宣讀，該指示有如此一段：「第三、大家來到臺灣爲的是革命，爲的是反共抗俄，並不是爲了享受才來臺灣，因此我們在待遇方面絕不能希望太高。這應該是我們革命軍人的正確認識，否則就不配做革命軍人。……」國防部此一指示可說是瞎人說瞎話，暈了腦袋，完全找錯了對象，因爲就目前校級人員以下的待遇，即如增加十倍甚至百倍，諒也談不到享受，何況大家的希望原就低得可憐呢！

最後我們要問：誰在克苦耐勞，反共抗俄，誰又在苟安享受，醉生夢死，這毋庸狡賴，大家憑良心，就可得到極正確的答案。

一羣丘八　元月十七日

短評

（一）二十世紀的「酷刑」

一月十六日，正當行政院副院長王雲五於記者招待會宣稱：「切實保障人權案」已經總統核定優先實施，「中央日報」却同時登載了一段摧殘人權的驚人消息。

據該報報導：曾一度涉嫌「八德鄉大血案」終以無罪獲釋的官家良，近向各軍、政、司法機關呈遞「陳情書」時，訴稱曾「無辜遭非法拘禁十月及酷刑逼供毆成重傷，診治罔效，勢成沉疹」。其間曾「受過九天的疲勞審問，三天的酷刑毆打」，其中包括「鞭、鎚、脚蹋、灌辣湯、食草灰、槓壓、拔指甲、通電、呑木焦、懸空吊等等」聞所未聞的酷刑，令人有人間何世之感！

假使政府一方面口口聲聲說保障人權，一方面對這類摧殘人權的行爲却置若罔聞，則人民對政府的信心，是永遠不會建立起來的。

（二）以「法」違法

近幾月來，大家鑒於人權之未獲重視，便大聲疾呼地要求切實依法保障。最後，好容易才聽到政府決定廢止「治安機關羈押疑犯申請延長羈押規定」的消息。

但是，現正在大家眼巴巴的盼望着合法的新辦法制定時，却聽到政府決定改爲派遣各地檢處檢察官，親赴各縣市警察局就近辦理訴訟案件。這固不失爲新辦法，但此種「移樽就敎」的辦法，絕不是老百姓所希望的。

很顯然，其所以又決定這種辦法的目的，根本不是想保障人權，相反的，倒是企圖保障治安機關的侵犯人權。我們必須指出：這與憲法第八條限制逮捕機關至遲於二十四小時內「移送該管法院」的規定不符，完全是違法的。不知政府憑甚麼竟如此決定？請在法律上拿出理由來！

（三）谷鳳翔逍遙法外！

關於「奉命不上訴」違法案，自新竹地檢處予延憲諒以「不予起訴」處分，而監察院對谷鳳翔的彈劾案一事，又企圖不了了之之後，乃使國人對於司法進入絕望階段。最近，由於公務員懲戒委員會斷然予延憲諒以撤職處分，並停止任用一年，眞如石破天驚，方使人心爲之一快，而給國人留下一線希望。

對於延憲諒的做法，公務員懲戒委員會說得好：「其行徑直同兒戲，其情節無異枉法，實開司法史上空前未有之惡例」。不過，「奉命不上訴案」的醜劇，固然是延憲諒主演，但根據種種事實與法理上的論證，幕後必另有導演，而涉嫌最大的便是身居司法行政部部長的谷鳳翔。法律之前，人人平等，現在延憲諒已多少受了處分，難道谷鳳翔可逍遙法外不成？

（四）取消「黨化司法」

省議會近鄭重通過一案，建議政府轉請中央禁止司法人員加入任何 政黨，以維 司法獨立審判。

說實在話，今日司法之所以弄到不能維護公正，失去獨立，原因固多，然其中最主要的一點厥爲「黨化司法」，使審判常受到黨的直接與間接干涉。而黨的干涉之所以能順利進行，在於法官之多半爲國民黨同志，在所謂組織立場，必須服從黨的命令。

所以，幾年來，在各方面一致抨擊之下，儘管政府也深知人心不可盡失，不得不表示整飭司法之決心，然在國民黨始終無意放棄對司法的控制之下，一切都不過說說而已。爲今之計，果欲求法官能依法作獨立審判，首在使法官（包括檢察官）能脫離政黨，超出於黨派以外，不使憲法第八十條的規定成爲具文。

（五）支票請在臺灣兌現

省議會質詢時，省議員李萬居述及他所主持的公論報社中的從業人員幾年來遭受的迫害情況，實令人悲痛萬分。不出幾年的時間中，計總編輯黃星照、副總編輯李福祥、總主筆倪師壇、編輯阮景濤、編輯陳秀夫、記者江涵、嘉義辦事處副主任童金龍、礁溪營業主任兼記者劉枝屁、東勢營業主任兼記者張光熾，先後或以莫須有之罪名判刑，或以甲級流氓之罪名逮捕；有的被嚴加管訓，有的送往小琉球拘禁。

按公論報爲臺灣唯一之純民營報紙，却遭受到國民黨政府這樣的濫施打擊，橫加迫害。而另一方面，政府於最近兩屆新年時向大陸同胞廣播，提出六大自由的保證，向大陸同胞說甚麼「保障人民言論、出版、集會、結社之自由……免除一切控制迫害的恐怖，以恢復人民選擇生活方式的自由」等等。

依我們看，這六大自由向大陸同胞保證尚在其次，當務之急還是先在臺灣保證兌現！

（六）錢！錢！錢！

政府近決定從今年起，致力於長期發展科學工作。一項由教育部和中央研究院擬訂的「國家長期發展科學計劃綱領」，已決定自今年一月開始實施。

我國自「五四」高喊科學與民主迄今，歷時卽已有四十年之久，直到今天，政府才決定發展科學計劃，爲時雖嫌太遲，畢竟還是可喜的。

不過眞要發展科學，至少有兩個主要條件，一是人，二是錢，缺一不可。據報載此一計劃的第一年欵額，僅定爲臺幣二千萬元，另美金二十萬元，正在與美援方面妥商中。這數目，在我們這個素不願在科學上化錢的政府看來，的確不能說不多，然由臺大校長錢思亮所說「這項專欵似乎少了一些」的委婉說法看來，便知道實在還不够得很。

今天，政府如眞有決心發展科學，而又感到財政困難，何不把青年救國團、省訓練團之類浪費巨額國帑的單位，一個個撤銷呢！

自由中國　第二十卷　第三期　內政部雜誌登記證內警臺誌字第三八二號　臺灣省雜誌事業協會會員　一〇八

給讀者的報告

政府在最近決定，從今年開始，要致力於長期發展科學教育。這個好消息，使我們感到教育部梅部長重視科學教育。惟我們必須更上一層樓，要重視科學精神、科學態度、及科學的思想方法。因此，特發表社論㈠「科學教育的基本認識」。

在韓國的激烈政爭中，由於在野黨的誓死奮鬪，終獲得初步勝利，這不禁使我們想起了我國的民主運動，特在社論㈡「從韓國政爭看我國的民主運動」中，坦白指出我們這個在亞洲首先推翻君主專制的國家，今天在民主政治的運動上，不但比不上日本，而且比不上獨立不過十多年的韓國。其主要原因，便是我們有着三十年根深蒂固的一黨專政。因此，我們特別提醒我國的民主運動者，我們爭取自由民主，必須有人挺身而出，不避艱難，準備付出必需的代價。一分耕耘，才有一分收穫。

免試升學一事，業經行政院斷然下令停辦了，我們現以沉痛的心情，特在社論㈢「痛定思痛談免試升學」中，提到這一方案在決定時，大家便把實施中種種必然遭遇的困難，以及一切可以預見的惡劣後果，都清楚的說了出來，無奈公意未被重視，以致落到今天這種下場。現在，我們特別希望教育主管當局，重視其善後問題，並順便提供了三點原則性的意見，即裁併學校、整頓人事、補助經費。

雷震先生的「各級法院應不應該隸屬於司法院」大文，是針對目前爲朝野各方面所共同關心的法院隸屬問題提出檢討。雷先生是從純法律的觀點，依憲法第七十七條爲基本根據，而提出了不同於各種主張的獨到見解，主張撤銷最高法院，使司法院成爲名副其實的最高司法機關，能眞正掌理民事、刑事、行政訴訟之審判及公務員之懲戒。本文的主張，可以代表本刊，本來打算用作社論發表，但因篇幅較長，才改爲專論。

企圖侵犯省議員言論自由的前高雄市警察局長李連福，現雖被調職，但鑒於政府對此基本原則認識不够，特再發表李聲庭先生的大作。李先生在其「民意代表在議會內的言論對外不負責任問題」大作中，以英美兩國的一連串判例，證明了這種原則。

劉世超先生譯的「神話與魔術」大文，是說明一種無根據的信仰，從人類有史以來到現在，所加於人類身上的不幸和痛苦，但科學却爲人類呈現了一個不同的世界。最後並指出科學雖已進入了破壞的新領域，但我們所該用以解救的方法，決不是任何古代或現代的神話，而是有賴於更多的科學。

毛樹清先生經常在自由中國及海外各報刊撰通訊，對國際局勢瞭解甚深，這次承蒙寄來通訊「凱瑟在美國企業界的成就」，敬致謝意，並盼毛先生經常賜稿。又承郭恒鈺先生從日本寄來「日本的今天與明天」通訊稿三篇，現特發表其中第一篇「日本在摸索中」，並致謝意。

自由中國　半月刊　第二十卷第三期　總第二二二號

中華民國四十八年二月一日出版

發行人
兼主編　『自由中國』編輯委員會

出版者　自由中國社

社址：臺北市和平東路二段十八巷一號

Free China Fortnightly, 1, Lane 18, Ho Ping East Road (Section 2), Taipei, Taiwan.

電話：二　八　五　七　〇

航空版　友聯書報發行公司（香港九龍窩打老道一一〇號）電話：五九一六四、五九一六五

總經銷　自由中國社發行部

經售者

美國　紐約友方圖書公司 Hansan Trading Company, 65, Bayar D Street, New York 13, N.Y. U.S.A.

紐約光明雜誌社 Sun Publishing Co., 112, Mulberry St., New York 13, N. Y. U. S. A.

韓國　漢城裕昌德號

馬尼剌　新讀書店

印尼　泗水文光圖書公司

緬甸　仰光振成書報店

印度　阿拉哈巴中印文化出版社

北婆羅洲　西利亞坡青年書店

星加坡　友聯書報發行公司（小坡大馬路四六九號）

吉隆坡　友聯書報發行公司（馬華公會大厦三樓七室）

怡保　友聯書報發行公司（希尼華沙廿街十六號）

檳城　友聯書報發行公司（林連登律七十二號）

澳門　友聯圖書公司

印刷者　精華印書館股份有限公司　廠址：臺北市長沙街二段七一號　電話：三三四二九號

本刊經中華郵政登記認爲第一類新聞紙類　臺灣郵政管理局新聞紙類登記執照第五九七號　臺灣郵政劃撥儲金帳戶第八一三九號（每份臺幣四元，美金三角）

自由中國

FREE CHINA

第二十卷　第四期

目錄

中華民國四十八年二月十六日出版

社址：臺北市和平東路二段十八巷一號

半月大事記

元月廿七日（星期二）

蘇俄總理赫魯雪夫在第廿一次俄共代表大會上演說，修言蘇俄新七年計劃的一項主要任務是要結束冷戰及緩和國際緊張情勢；攻擊南斯拉夫，強調俄匪間無歧見；並自詡俄火箭方面成就。

赫魯雪夫在印度國慶酒會談話，謂由於米高揚訪美結果，俄美兩國關係可能趨於緩和。

日首相對國會聲明，拒絕採取中立政策，強調日將與民主國家密切合作。

美空軍參謀長懷特說，美戰略空軍已訂定計劃，敵人倘敢發動戰爭，美將毀其兩萬多處目標。

元月廿八日（星期三）

艾森豪在記者會表示，美在彈道飛彈方面正有極顯著的進步。

周恩來在俄共大會上演說歌頌俄帝。

杜勒斯在美衆院外委會聲稱，俄所提結束冷戰建議，乃圖削弱盟國抗共力量。

巴格達部長會議發表公報，呼籲注意共黨威脅，加強公約地區防務。

元月廿九日（星期四）

艾森豪在國會提出安全計劃報告，指出共黨威脅嚴重，強調美正在發展遠東安全情況。

元月卅日（星期五）

美國防部長麥艾樂在美參議院作證時宣稱，美發展擎天神飛彈，俄境目標均入射程。

艾森豪強調援外重要，美如削減援外款項，將增自身安全開支。

俄共大會紛紛抨擊「反黨集團」。

俄揚言其武裝部隊已再削減三十萬人，俄現保持常備軍四百五十萬。

南斯拉夫對俄所加攻擊，責其會使用「編造的謊言」。

『自由中國的宗旨』

第一、我們要向全國國民宣傳自由與民主的真實價值，並且要督促政府(各級的政府)，切實改革政治經濟，努力建立自由民主的社會。

第二、我們要支持並督促政府用種種力量抵抗共產黨鐵幕之下剝奪一切自由的極權政治，不讓他擴張他的勢力範圍。

第三、我們要盡我們的努力，援助淪陷區域的同胞，幫助他們早日恢復自由。

第四、我們的最後目標是要使整個中華民國成為自由的中國。

戴高樂發表「爐邊談話」，促阿爾及尼亞叛軍立即停止戰鬥行動。

元月卅一日（星期六）

美國中央情報局局長艾倫杜勒斯提出警告，共黨份子在俄集議，乃陰謀破壞自由社會。

二月一日（星期日）

對蘇俄所提中立化要求，日本將予嚴正拒絕。

二月二日（星期一）

艾森豪向國會提出報告，美國太空發展計劃去年已有卓越成就，五顆人星衛星與兩具太空飛車，去年內經十七次之試驗而成功。

共黨頭目在俄京繼續討論經濟計劃，並反覆抨擊「反黨集團」。

美英法德四國小組在華盛頓舉行會議，草擬對俄提德國問題照會覆文。

二月三日（星期二）

俄扣留德境美車隊，美向俄提強硬抗議，斥俄顯然蓄意製造事端。

杜勒斯赴歐，與盟國會商，對德國問題向蘇俄提出一個對案。

蘇俄國防部長馬林諾夫斯基向西方表示，俄已有氫彈彈頭洲際飛彈，並妄指西方核子武器已過時。

二月四日（星期三）

艾森豪在記者會宣稱，美國防禦力量堅強，俄無能力將之摧毀，認俄誇耀其飛彈力量純是宣傳。

艾森豪拒絕透露是否在美國海岸外曾有未經判明身份的潛艇在深水下被炸毀。

美國防部長警告共匪，如發生韓戰式戰爭，美將使用原子武器。

法國及非洲十二邦組成「法蘭西聯合國」。

美派員與俄交涉後，美軍車隊獲釋。

二月五日（星期四）

美指控俄國戰鬥機曾於去年九月故意擊落一架無武裝的美國運輸機。

赫魯雪夫在俄共大會發言，重彈和平濫調，肆意詆譭美國，揚言要在經濟賽中擊敗西方。

赫魯雪夫在俄共會議建議邀請艾森豪訪俄。

俄俄共大會結束，對赫魯雪夫經濟計劃，無異議一致附和。

美英外長會談同意，重申決不退出柏林。

二月六日（星期五）

杜勒斯戴高樂舉行會議，對於維持柏林通路，雙方意見完全一致，決不接受德共管制交通之提議。

二月七日（星期六）

杜勒斯赴西德與艾德諾會談，擬定對策防止蘇俄作片面改變。

二月八日（星期日）

杜勒斯赴歐前在國會報告，西方寧冒戰爭危險，絕不願犧牲西柏林；任何封鎖的戰術，美英宣稱行動與計劃是一致的。

杜勒斯離德返美時暗示，盟國對柏林問題將向俄提出和解方法；沒有交換條件決不對俄讓步。

社論

(一)

自由中國之路

——十年了！

我們從大陸撤退來臺，忽忽十年了！當時三十歲的人，現已四十歲。當時四十歲的人，現已五十歲。當時五十歲的人，現已垂垂老矣！人生本來沒有多少個十年。而有作爲的歲月，尤其不多。我們是否還要獃下去呢？究竟獃到什麼時候爲止呢？這類問題，密切地關繫乎每一個人的前途，所以我們每一個人有權利提出這些問題。

十年以來，政府人士聲言基本的目標是「反共抗俄，反攻大陸」。在這一基本目標之下，官方人士藉以推動政治之最基本的原理原則是什麼呢？十年來的事實把他們心目中的基本原理原則清清楚楚的擺在大家面前。他們認爲三十年來他們實行一黨專政一點也沒有錯，可惜行得不够徹底。大陸淪陷他們一點責任也沒有。中國局面之所以致此，內而怪若干人鬧民主自由，外而怪美國人不够幫忙；遠之怪不該掀起五四運動，近之怪大家不够聽話。怎樣才能保證「反共抗俄，反攻大陸」成功呢？他們認爲必須繼續厲行一黨專政。他們認爲厲行一黨專政，是「反共抗俄」唯一不二的靈丹妙藥。一黨專政的實施方法，就是將臺灣視爲一黨的黨產，在「國家」的名義之下，藉着政府機構，從政治、軍事、經濟、教育、社會，各方面進行全部的黨化控制。十年以來，以反共領導中心人物自居者念茲在茲的中心工作就是這一件工作。十年以來，他們無日不自誇進步。而一究其實，所謂的進步是什麼呢？簡單得很，除了在美援之下的若干技術性的東西以外，就是向着一黨專政邁進！十年以來，國家軍隊之已遭徹底黨化，這是有目共睹的事實；而政府的任何部門，警察機構，特務組織，交通郵電，每一事業機構，各個工廠，最大多數的報紙、刊物、電臺等傳播消息的工具，甚至一切大、中、小學，都無一不在黨部控制之下以及黨的細胞之或明或暗的監視之下。時至今日，幾乎在臺灣的一切官方機構，黨員享盡一切特權與便利，而非黨員則想謀一碗飯吃也是很困難的事。臺灣雖小，可是在世界實行黨化的國度中，却是很佔地位。凡此等等，都是藉「反共抗俄」這一頂大帽子來進行的。

十年以來，在一黨控制之下，在出入境的嚴格限制之下，在境內一切異己的分子已經煙消雲散，一切不够聽話的人已被大陸赤潮捲去。在臺灣，無論是街頭巷尾的標語上，或在學校和訓練機構中，以及在最大多數報紙和刊物上，甚至在中小學校的教科書中，一年三百六十五天，幾乎天天擁護之言盈耳，歌功頌德之聲遠近皆聞。依據一黨專政人物的要求來說，這種光景，不能說不是自「以黨治國」以來空前未有的盛況。照理說來，厲行黨政到這種深度與密度，應該收到「反共抗俄」之奇效了。

然而，去年十月二十三日中美聯合公報發表，結果却是「不使用武力」來「反攻大陸」。我們已經不止一次說過，在這個世界上，一國「獨行其是」的時代已到尾聲了。任何國家想要有重大的行動，必須考慮國際形勢並取得與國的支援。這些年來，無論就國際形勢說，還是就自由中國本身的力量說，都不能拿軍事力量「反攻大陸」。一九五〇年韓戰爆發，大陸赤色勢力將百餘萬軍隊投擲於韓國戰場，與聯合國部隊爲敵。這正是「反攻大陸」的黃金機會。高嚷「反攻大陸」者並沒有去反攻。前年赤色統治者搞「大鳴大放」，大陸自由的知識分子紛紛起來，躍躍欲試，亟思有所作爲的樣子。高嚷「反攻大陸」者並沒有對這些人物伸出援助之手，更沒有利用形勢去「反攻大陸」。去年赤色勢力內部鬪爭糾紛，毛澤東不得已宣佈下臺，「人民公社」搞得天怒人怨。這也是出兵剿賊的良機。可是，高嚷「反攻大陸」者還是坐失良機。顯然得很，這些重大的例證告訴我們，高嚷「反攻大陸」者並非心裏不想「打回大陸」，而是「非不爲也，實不能也」。中美聯合公報之發表，不過是把這一既成事實加以說明而已。可見厲行一黨專政，並無助於「反共抗俄」。

中美聯合公報之發表，等於把一張底牌揭開。十年來鐵的事實證明武力反攻大陸的「蓋然率（公算）」很低，而擺在大家面前的，是一個茫茫了無已時的前途。面臨這樣的一種前途，我們今後的去路是什麼呢？依照我們的解析，不外乎下列兩個可能之一：

第一、就這樣「拖」下去。拖一天算一天。拖一年算一年。能「拖」，就表示是「存在」。可是因爲要「存在」，於是不能不繼續一黨專政。因爲要繼續一黨專政，所以不能不在這個小島上繼續擺設這樣龐大的一個統治機構，並且配置這樣龐大的兵力，以及衆多的警察力量，和特殊力量，以及開辦各種各色的政治訓練機構。

第二、趁此時機打開十年來的死結，作和平的轉變，鬆開一黨專政之手，讓人民得以依據憲法的程序，眞正作自己政治的主人，再拿民主自由所滋生出來的力量，創造一個新的局勢，開啓新的反共機運。

這兩條道路所產生的結果是不難預料的。如果走第一條道路，那末並沒有奇跡會出現，大家只有在此高壓政策之下僵下去。僵下去的結果，一定的「油乾燈熄」。過去的無窮歷史往事，可以爲我們例證這一點。後之視今，亦猶今之視昔。難道目前把持權力的人眞個要「不見棺材不流淚」？如果走第二條路，那末在一陣脫骨換胎的過程之中，臺灣可能成爲名實相符的自由民主燈塔。這個燈塔，射出一點光，在顯明的對比之下，澈照着赤色大陸的黑暗，讓痛苦的人民因看見一線光明而在心靈深處把希望之火維持不滅。這個燈塔放出一點熱，讓海內外千千萬萬反共人民在赤魔的殺氣騰騰中獲得一點心靈的溫暖。這一點溫暖，會使他們自動地集結起來，滙合爲一股眞實的反共的力量。

目前，以反共領導中心自居的人物所走的是哪一條路呢？

從中美聯合公報發布以來的種種跡象觀察，他們所走的顯然是第一條路。十年來臺灣統治形態之建築，是靠着這幾種原料：權威、諾言、暴力、金錢、官爵。中美聯合公報一發布，靑天霹靂，以反共領導中心自居的人物之權威大受打擊，「打回大陸」的諾言大打折扣。爲了應付這一頽勢，他們目前工作的重心，顯然在怎樣恢復因此而喪失的權威，並且救住「打回大陸」的諾言。這一工作怎樣進行呢？照常理而論，最好的辦法是拿實際的行動來答覆中美聯合公報：發動軍隊反攻大陸。但是，如前所述這是礙難實行的事。於是，最近便的辦法就是從耍弄文字魔術着手，從前叫「反攻大陸」，現在因受中美聯合公報的限制，不能叫「反攻大陸」，而改叫「光復大陸」。這是爲了透過文字遊戲，使一般人因中美聯合公報而產生的「從此已矣」的印象模糊起來。除此以外，其餘的事，就是加强控制，一切照舊。

我們現在要問：搞這些小手法，弄這些小動作，究竟於「反共抗俄」的大目標有何助益？以反共領導中心自居的人物，在「反攻大陸」的實際行動日益減縮的時候之所以還在口頭上死咬着一些空大口號不放，內心深藏之最基本的動機無非是想把這當作一個「基本國策」，藉口「基本國策」來壓抑要求放棄一黨專政而實行民主自由者之言論與活動，專憑這一藉口來維持他們的權勢。爲了支撑其權勢，不惜在只有一千萬人口的小島上，屯養六十萬大軍和無法知悉其數目的警察以及特務工作人員。爲了養住這樣龐大的統治力量，臺灣得經常負擔總預算的百分之八十五的「軍費」。臺灣這樣重大的負擔，自古至今，從中到外，那有先例？這種情形，怎不使經濟瀕於崩潰的邊沿？怎不令公務人員生活的困苦年甚一年？像這個樣子的光景，又怎能持久？

自古以來，「小本錢做大生意」總是致敗之由。既然就臺灣本身的實力而論，就臺灣今後所處的國際形勢而論，不能單獨憑藉武力來反攻大陸，那末自由中國所能够做到的事而且應該能够做到的事，只有在自己能持久站穩之中來「維持一個反共的希望」。

也許有人說，我們在面對赤色大陸勢力的時候，只能做這一點事，這太消極了，而且太小視自由中國的力量了。

這是由於不知世事艱難而說出的話。我們認爲要「維持一個反共的希望」是一件積極的工作，而且是一件不易眞正做到的工作。同時，我們要直率地指出，十年來以反共領導中心自居的人物連這一點工作也沒有做到。他們不僅沒有做到這一工作，並且由於他們採取自私自利、唯我獨尊、打擊一切的布爾希維克的極權作風，將若干本來滿腔熱血從事反共工作的人，逼得消極退避。十年以來，他們藉强制的力量來樹力和鞏固他們這個「中心」。結果，他們得到了一切形式，却失去了一切內容。

我們知道，要人從內心深處維持一個反共的希望和不拔的意志，這是談何容易的事！這必須以領導中心自居者具有高尙的風範，確乎具備令人眞心服膺的政治品格，確乎具有「天下爲公」的襟度。今日在臺灣搞權力政治的人物，何足以語此！

十年來臺灣官方似乎形成「舉國一致」的樣子。之所以辦到這一點，並非拿思想原則和道德力量來領導：分析到最後，不過是目前所行的一套辦法幾乎使人人都感到恐懼而已。當人在一方面感到恐懼，而在另一方面看到口稱擁護時卽有些微利祿可圖，自然趨之若騖。「馬後桃花馬前雪，叫人那得不回頭！」這樣的政治品質，怎能使人從心底誠服和嚮往？十年來臺灣確曾有過不少熱鬧鏡頭，如慶祝節日和祝壽之類。然而一究其實，不過是藉宣傳、金錢收買，和官方發動所造成的。這對於「反共抗俄」又有什麼幫助？

我們要能「維持一個反共的希望」，必須向自由西德學習、和自由西德同走一條路。十年以來，自由西德與赤色東德緊逼對峙。然而，自由西德不會像我們這裏的「領導中心」藉「反共抗俄」來壓制民主自由；自由西德不會像我們這裏的「領導中心」一年到頭空喊口號濫貼標語；自由西德更不會藉反共爲名把社會生機斲喪殆盡。恰恰相反，自由西德十年來在艾德諾和愛爾哈特(Erhart)的負責之下，迅速走上復興之途。現在，西德經濟力量之暢茂，僅次於美國。在短短十年之間，自由西德已成一片民主、幸福、康樂之土。東德人民之歸附有如潮湧。近年東德人民冒險移往西德的總數超過三百萬。這不是任何宣傳所能辦到的結果。自由西德何能致此呢？其中並無奧妙，她只是一切照自由世界的常識去做而已。什麼常識呢？政治民主：藉此面對東德的極權。經濟自由：藉此答覆東德的統制。學術獨立：藉此對照東德之以學術作政治的工具。

可惜得很，十年來自由中國雖然標榜反共，可是官方人士所作所爲，在實際上大多是違背這些常識的。之所以致此，原因之一，係因今日以反共領導中心自居的人物，有些在當年曾與赤色分子合作過。由於這一度合作，他們染上了若干布爾希維克式的想法和作風。所以，卽令到了「反共抗俄」的今天，他們的想法和擧動還是有意無意地以布爾希維克爲藍本。於是，十年來自由中國一方面要「反共」而同時多少又要「做共」。這構成自由中國在反共過程中之一個基本的「矛盾」。

人一有了「矛盾」，無論在思想上或行爲上都不會順暢的。

官方人士依着這條路滾下去，於是不能不口裏咬着「革命」死不肯放。咬着「革命」死不肯放者，就不能不伸拳頭，呼口號，講主義。拳頭伸多了，口號呼多了，主義空談多了，久而久之，就養成一種狂激而囂浮的心理狀態。狂激而囂浮的心理狀態遇到重大的挫敗時，便一方面流入極度的虛無，另一方面就是空講面子。流入極度的虛無，便趨向極端的現實以求滿足。空講面子的心理，一與統治慾結合，就變成「統治的膨脹」。十年來的自由中國，就在這兩種心理狀態交互作用之下輕輕地溜過去了。

歷史是無情的，「適者生存」的鐵則誰能逃過？古往今來，在每一次巨大的變動之中，被淘汰掉的政權不知凡幾！受池魚之殃的人民更不知凡幾！天下那有僥倖的事呢？然而，事在人爲。自由中國要能在這樣危機四伏的世界站立得穩並且「維持一個反共的希望」，最重要的地方是必須從基本上改變十年來這種空講面子的主義，而另換一種認識方法。這種認識方法，就是「正視事實」。所謂「正視事實」，卽是正視國際的事實，也正視臺灣內部日漸發展的事實。這就是去主觀而就客觀。我們必須認淸，能否去主觀而就客觀，這是臺灣局勢今後能否扭轉的一個根本關鍵。如果我們能够去主觀而就客觀，那末隨之而來的便可有一番大的改造。怎樣改造呢？前述取法乎西德，乃一般的原則。除了這一般的原則以外，自由中國還有自由中國特定的問題：爲了合於政治民主的原則；必須結束一黨專政，取消黨化教育，黨部退出學校，撤消一切政治性的訓練機構，厲行司法獨立，切實推行地方自治。爲了減輕臺灣地方的負擔，必須實現精兵政策，裁簡超過需要以外的警察及特務工作人員。今後自由中國能否有生機，端視我們所提示的能否一一付諸實踐而定。

十年以來，本刊立言，無一不是本着科學與民主的原則，爲民主反共而執筆。然而，因爲我們的這種基本出發點與極權、虛矯、愚頑、浮囂者不同，於是我們的言論常常遭受到圍剿。可是，我們深信我們十年來所信持的是眞理，且爲今後中國人民尋覓光明的指標。因此任何反理知的惡罵，都不能動搖我們這項信念。我們認爲我們在本篇所說的是自由中國獲致坦途的正確基本方針。

社論

（二）軍公教人員待遇爲何不能合理改善？

關於軍公教人員的待遇問題，本刊幾乎每年都有一兩篇文章談到。我們曾經再三指出這個問題的嚴重，我們曾經再三爲這個問題的解決而呼籲。可是最近一次的調整是在去年一月，而其辦法則爲：兵餉增加百分之五十（調整後二等兵餉爲每月四十元），士尉校將官加成遞減，自百分之五十至百分之二十五不等。官兵副食費每月增加十元。至於中央及地方文職人員則照原支薪給加一個月。原爲十三個月，調整後增加了十三分之一，也卽原支薪給總額的百分之七點七弱。

上一次這樣的調整，除掉那些每月可領幾千元或幾萬元乃至幾十萬元特支費而公館開支又可設法報銷的首長們，以及慣於利用職權、枉法貪汚的官員以外，凡是純靠法定薪給過活和贍養老老小小的軍公教人員，莫不深感失望而至於憤恨。尤其是文職人員，一想到百分之七點七弱的所謂「調整待遇」，都不免有被人施捨小帳的羞辱感。

現在事隔一年，物價又漲了很多。大多數淸廉的軍公教人員，無不爲「水益深而火益熱」的生活發愁、叫苦，尤其大中小學的教師們，其教師尊嚴，已被可憐的待遇摧毀殆盡了！（在教育界甘心出賣靈魂而乞得較優收入的，究屬少數例外。）

我們對於這個問題，常常作廣泛而深刻的研討。我們覺得，這個問題之不能合理解決，有其根本的障碍在。這個障碍如不去掉，縱令我們擧出許許多多慘痛的實例，爲軍公教人員叫苦呼籲，天天叫，天天喊，力竭聲嘶，也是白費。要求解決一個問題，必先對這問題有所認知。有了認知，固然不一定就能解決問題，但如果沒有認知，那更是隔靴搔癢。

我們認爲軍公教人員待遇之不能合理改善，第一個原因，也卽最根本的原因，牽涉到我們政府當局（有決策權力的當局）的基本政治觀念。我們隨時可以體會到，政府當局的基本政治觀念，似乎只是一點統治術的觀念。他們以爲政治就是統治術的運用，而不了解政治是爲「人」服務的，尤其不了解所謂「人」者不是僅僅要活命，而是要在足以維持「人」的尊嚴的條件下活命。「人」的尊嚴這一觀念，是共匪絕對否認的。但在我們反共的政府中，能够眞正了解「人」的尊嚴，尊重「人」的尊嚴的人，實在也不多。因爲不多，不能對政治措施發生決定性的影響，所以在我們的政治措施當中，也有些把人不當做人的地方。

認知了這一點，我們就可以曉得軍公教人員待遇之不能合理調整的關鍵所在了。政治既不是爲「人」服務而只是一種統治術，那末作爲統治術工具的軍公教人員，當然也只有工具價值了。工具價值的維持，很簡單，只要維持它物理上的存在就够了，也即是說，只要他們不餓死也就行了。至於說要讓軍公教人員的生活水準足够維持人的尊嚴，這種具有關鍵性的意念，在若干政府當局的腦子裏，恐怕連一點影子也不會有。這就是軍公教人員待遇始終不能合理改善的根本原因。

其次，我們要再指出一個較低層次的錯誤觀念。這個錯誤觀念，常常表現於官方的說詞。這類的說詞，有時也被一些不用頭腦的人接受。那就是用「財政困難」爲理由來解辯軍公教人員待遇之不能合理調整。關於這一點，我們以前曾經辯駁過。現在我們還要再度指出，財政的目的是在使政府的政務（廣義的政務）能够順利而有效率地推行。政務之順利而有效率地推行，靠的是軍公教人員能够安心工作。如果軍公教人員不能安心工作，政務如何推行？政務不能推行，就是財政的目的沒有達到。所以談到財政，就得把籌發軍公教人員合理的俸給列爲第一要着，否則就不成其爲財政。歷年來政府當局每每以「財政困難」作爲軍公教人員待遇不能合理調整的藉口，好像所謂財政也者，不包括軍公教人員俸給的籌發在內！這是觀念上又一個嚴重的錯誤。這個錯誤的觀念，比起上述那個荒謬的基本政治觀念，雖然是在一個較低的層次，但對於軍公教人員待遇問題的解決，却同樣地發生障碍作用。

現在，我們再從更低的一個層次，也即是就所謂財政困難這一層來講。今日的財政困難，究竟發生在什麼地方？對於這個問題，我們稍一研究，即可發現一件事，即政府應當用的錢，都被許多不正當不合法的用途扯去了。四十六年十一月立法院所揭發的防衞捐的實際開支，就是一個例子。「防衞捐收入總額，年達九億五千四百萬元，其中五億零四百萬元未列中央預算，歷年支用未盡得當。」這是立法院決議案中的明文。防衞捐有總額半數以上的開支是用在不正當的用途，佔國家總預算百分之八十五以上的秘密國防費，其實際支出，能盡得當嗎？對於這個問題，我們固然不能從問題的本身求一解答，但我們可以問問，國民黨各級黨部的龐大經費是從那裏來呢？（國民黨員固然也每月繳納黨費，但其總額有限，是可以估計出來的。）組織龐大而活動的花樣又特別多的青年反共救國團，經費是那裏來呢？各形各色或明或暗的國民黨的許多訓練機構（陽明山革命實踐學院及其分院，不過是大家所知道的一個機構而已），經費是那裏來呢？還有許多許多見不得人而終歸有人知道的鬼鬼祟祟的開支，其總額也是很大的。這些開支在國家預算上都沒有名目，但實際上都是國庫的錢，不過用了某些堂皇的名目掩蓋住，而最大可能的名目，就是佔預算總額百分之八十五以上的所謂國防費。

十年來，政府年年空喊反攻，時時强調軍事第一，以致把所謂國防費膨脹到預算總額的百分之八十五以上。在這個龐大而秘密的國防費當中，有多少是不正當不合法的開支，我們從防衞捐的實例以及上面所列舉的那些在預算上沒有名目的開支來推想，不難想出一個大概來。現在由於去年十月中美聯合公報的發表，我政府已明白宣告，「中華民國政府認爲恢復大陸人民之自由，乃其神聖使命，並相信此一使命之基礎，建立在中國人民之人心；而達成此一使命之主要途徑，爲實行孫中山先生之三民主義，而非憑藉武力。」這一公報，確爲我政府勇於承認現實的一個表示。十年來浮誇虛矯的作風，應該一變而爲實事求是，精兵簡政，把納稅人血汗賺得的錢，用之於有益於反共建國的途徑，停止一切不正當不合法的開支浪費，那末，軍公教人員待遇的改善，在不增加發行的條件下，不是不可能做到的。問題就在政府當局能否改變他們的基本政治觀念，不再把軍公教人員看作統治術的工具而承認其還有「人」的尊嚴。同時還要看那些領有巨額特支費而公館開支可以設法報銷的決策者，對於軍公人員待遇的改善是否具有誠意，具有決心。至於「財政困難」云云，現經我們剖析，大家該已知道這是個不成理由的藉口。

社論

（三）

從立委律師鳴槍事件說起

上月二十九日晚間九時許，臺北市民生路二葉公共食堂，突來一位兼任律師的立法委員劉兆勳，爲找尋遺失文件而向女侍鳴槍示威，此事一時引起輿論界的重視。因爲除了在黑社會之間，極少發生在公共場所任意開槍情事；人民的自衞手槍，有種種的限制，且不准隨身携帶出外；甚至軍人與治安人員，在非執行職務時亦不輕易携帶武器。所以劉委員的一槍，的確有點驚人。據說，治安機關正在那裏調查槍枝的來歷，以及導引劉委員開槍的眞實原因。但是，直至今日，報紙仍未有續息發表，可能又是由於「各關係人均有來頭」（引用一月二十九日聯合報語）之故，無法深究，祇好不了了之。

據已發表的消息，劉委員鳴槍事件，與一項尚在進行中的訴訟案有關。劉曾代表汐止鎭的郭正財控告松山鋼廠經理洪金木及警務處專員盧毅祥侵佔等罪，但在鳴槍之前日，劉却與洪、盧等人在公共食堂杯酒聯歡，隨即低語密談，後又發生爭執，同時且有被告律師關大成，而關大成也是一位立法委員。劉的「重要文件」，就是在這個地方「遺失」，究竟是什麼文件，至今不得而知，但一般均猜想至少對一方不利，否則劉應不致如此情急。我們攪不清楚案情的眞實內容，但請大家注意三點：

㈠在一件訴訟案中，原被告兩造律師爲立委；

㈡兩造律師在酒家秘密談判；

㈢在談判時又故意把重要文件隨身攜帶，大概是因爲條件談不攏而致「遺失」，所以又要帶了手槍去索回。

單單這樣的情節，即已洩漏了其中必有許多不可告人的隱秘。因爲兩造律師秘密談判，以及拿重要文件去逗引對方等等，都不是律師在執行業務時的正常行爲。再說，如果是一位平常的律師，像這樣任意開槍，當不爲治安機關所容許，劉律師委員在鳴槍後居然無事，顯然也靠着立法委員這塊招牌。律師是一項保障人權的神聖職業，但也可以利用特殊地位，包攬詞訟，爲非作歹。律師而兼具立法委員的招牌，享有種種豁免，就更是如虎添翼，這就難怪具有此種特殊身分的律師，無不業務興隆。

早在六年半以前，本刊（第六卷第十一期）即曾發表過原之道先生的一篇專論，題名叫「立委三年成法（官）（律）師」，對我國現行律師法及法院組織法中不合理規定詳加批評。根據那兩個法律的規定，凡是做過立法委員三年以上的，即可取得律師執業資格，或充任簡任推事與檢察官。立委充任法官，應是指立委離職以後，因爲法官爲公職人員，現任立委當無法兼任；但律師則爲自由職業，同時兼任，現竟習以爲常。又，本刊第十七卷第十一期社論「我們的中央政制」（今日的問題之「九」）一文，更强調主張立委不應兼任律師，亦不應兼任會計師。我們作此主張，理由有二：

第一是，當過三年立法委員，未必就精通法律。法律是一門非常專門的知識，決非粗粗涉略者所能全盤熟悉。立法委員則爲人民代表，並無資格上的限制，且出身於各種職業，他可能是某一方面的專家，卻不一定是立法專家。立法委員的職務雖能使他接觸到一部分法律，卻並不能因此就對法律全部瞭解。當過國會議員就可獲得律師資格，世界各國均無此例，祇有原爲律師之議員，才有兼任情事。現行律師法及法院組織法，均爲行憲以前所公布，任立委三年可取得律師資格一項條文，實爲行憲前的立法委員爲自已規定的一項特殊權利，並且是一項最不合理的權利，行憲後實應取消。

第二是，立法委員在法律上享有種種特殊保障，因此在行爲上也享有種種特殊的方便。立法委員不是特殊階級，那些特殊方便，也並非絕無流弊，而且的確有一些立委利用此種方便，以達成一些不正當的私利目的。如過去有些立委牽涉在外滙舞弊案中，在地方法院檢察處有記錄可稽。諸如此類，都不免損害立法院的聲譽。法律所以不得不對立委給予各種保障，原意是要使立委們得以充分行使人民代表的職權，而不致受到阻滯、干擾、與威脅。而那些連帶引起的流弊，則可說是爲那更大的利益而不得不付出的代價。但我們總希望代價是較爲輕微的。立委們所享有的方便，如祇關係到私人生活，害處不大，但若身兼律師，問題就嚴重了。把那些方便利用到人民訴訟案件中來，顯然將影響到私人的尊嚴與獨立。有些立委律師，甚且以特殊身分者自居，在法庭上也居然可以橫衝直撞。（曾有一位立委律師，在法庭上强迫法官接受他自已對於法律條文的解釋，所持的理由是這條「法」律爲他所「立」，所以他的解釋必然正確。）像這樣利用特殊地位與勢力來把持訴訟，更是何等危險。

立委任職三年即可兼任律師，現在的立委，任職均在三年以上，照說，今天所有的立委們都可以掛起律師的照牌來。事實上並不如此。許多潔身自好的立委們，也知道這項特權在本質上是不合理的，所以從不動念。有些立委委員已經取得了律師執照，也因爲輿論的指責而自動放棄開業，並退出律師公會。像這種從善如流的精神，値得我們十分欽佩。所以我們除主張律師法中此一不合理條文應由立法院自動予以修改外，更希望現已執業的立委律師，能效法某些立委的榜樣，在條文未修改前自動停止執業。這樣，我們相信對司法風氣之改善，對立法院聲譽之提高，定能有一些補益。

林肯一百五十年的生日紀念

胡　適

我很感謝「美國之音」邀我參加林肯總統的一百五十年大慶典。

我是一九四六年制定中華民國憲法的國民大會的一個代表，我想說一個故事，讓我的美國朋友們知道林肯的思想怎樣會變成了中華民國憲法的一部分。

中國革命的領袖，中華民國的「國父」孫中山先生生平常說，他所提倡的三民主義和美國林肯總統的三句話是相通的：林肯說的："the government of the people, by the people, for the people" 當時還沒有適當的翻譯。中山先生自己的翻譯是「民有、民治、民享的政府」。他說，他的民族主義就是「民有」，民權主義就是「民治」，民生主義就是「民享」。

孫中山先生死在一九二五年。他死後二十一年，這些思想就概括在中華民國憲法的第一條裏，這一條的全文是：

中華民國，基於三民主義，爲民有、民治、民享之民主共和國。

所以我們可以說，林肯的蓋梯斯堡演說的一部分，現在用孫中山先生自己翻譯的文字，永遠生存在中華民國的憲法裏。我相信這是我們中國人民對林肯表示的最高的崇敬。

今天我們慶祝林肯一百五十年的紀念，正當全世界的危機時期，我們不能不感覺林肯的生平事業對我們有一種新的意義。

這種新的意義就是：林肯當日面臨的是一個分裂的國家，我們今天面臨的是一個分裂的世界。分裂林肯的國家的，是一種把人作奴隸的制度。分裂我們今天這個世界的，是一種把人作奴隸的新制度。

在一百年前，林肯曾宣言：

「一個自己分裂的家庭是站不住的。

我相信，在一半是奴隸，一半是自由人的狀態，這個政府是不能長久存在的。……將來總有一天，或者全部都是奴隸，或者全部都是自由人。」

林肯本人是反對奴隸制度的，他相信一切的人，在無論什麼地方，都應該自由。

但他也是一個搞實際政治的政治家，所以他總不免有一種希望，——一種無可奈何的希望：他總希望，反對奴隸制度的人們能够「限制這種制度的推廣」，能够「把這種制度認作一種不可再推廣的罪惡，但是因爲這種制度確已存在我們的社會裏，我們只好容忍他，保護他」。

他這種希望，若用近幾年流行的名詞來說，可以叫作「圍堵」和「共存」的政策 (the policy of "containment" and "co-existence")。

但是林肯沒有機會可以實行他的「圍堵奴隸制度」的政策。從他當選作美國大總統，到他就職，在短短的幾個月裏，已有七個南方的邦宣告脫離聯邦國家了，他們已成立了一個臨時政府，並且把獨立各邦境內多數砲臺也佔領了。

林肯就總統職之後三十九天，戰事就爆發了，——那個可怕的戰爭一直延長到四年之久。

林肯總統遲疑了一年半，方才頒布他的釋放南方各邦境內全部黑奴的命令。最後的解放黑奴命令是一八六三年元旦頒布的。

當他遲疑未決的時期，林肯在一封信裏曾說：

我的最主要的目的是要救這個聯邦國家。……如果不解放一個奴隸而可以救國，我要幹的。如果解放全部奴隸而可以救國，我也要幹的。……

當時戰事的延長擴大，使他不能不承認釋放奴隸的命令不但是道德上的必要，並且是軍事上的必要。

直到今天，全世界最不忘記的、最崇敬的林肯，就是那位偉大的奴隸解放者林肯。

我們現在紀念林肯的生日，我們很自然的都回想到他在一百年前說的那幾句富有預言意味的話：

我相信，在一半是奴隸，一半是自由人的狀態，這個政府是不能長久存在的。……將來總有一天，或者全部都是奴隸，或者全部都是自由人。

林肯在一百年前說的這幾句話，今天在我們的心裏得着同情的響應，正因爲我們現在正面對着一種新起的、更殘酷的奴役人們的身體與精神的奴隸制度，——這種新起的奴隸制度已經把一個很大部分的人類都變作了奴隸，並且還在很嚴重的威脅着整個世界。

我們在自由中國的人，在自由世界的人，都常常忍不住要問問我們自己：

我們這個一半是奴隸，一半自由人的世界能够長久存在嗎？

這個一半是奴隸，一半是自由人的世界究竟還能够存在多少時呢？

我們還要問：

是不是將來總會有一天，——正如林肯在一百年前懸想的將來總會有一天，或者全部都是奴隸，或者全部都是自由人？

我相信，這是林肯在今天給我們的新意義。

一九五九年一月廿九日。

（二月十二日是林肯的生日——編者敬註）

明仁的婚約在預兆些什麼？

徐逸樵

一

明仁是日本現在的皇太子。他的婚約已於一個月前婚約宣佈後幾天裏面大大被報導過、評論過。

在這裏，我無意數說當時報導的情形和「緣談」(註一)的經過，我想指出的只是這一婚約的成立對於日本政治、社會所啓示的是什麼，或者對於日本未來的變化所預兆的是什麼。

爲得喚起讀者的回憶，讓我簡要地先提起二點：㈠這位皇太子的愛人(「皇太子妃」)是一位普通「平民」、叫做正田英三郎的大小姐正田美智子，英三郎雖然是「日清製粉公司」的有錢大老闆，可是他的身分和皇室之尊相較，究竟離「門當戶對」的傳統甚遠甚遠；㈡他們的婚約可以說是自由戀愛的結晶，因爲他們的相識、相親、相愛是從前年在輕津澤避暑地打網球打出來的。在他們相識之前，這位皇太子勇敢地抗拒過宮內臣僕們所提議的名爲「詮衡」而實係強制的許多次和舊皇族、舊貴族小姐的「緣談」(這種臣僕的提議，事實上就是代表天皇、皇族和整個頑固階級的提議)，在他們相識之後，這位皇太子勇敢地在四面楚歌中始終堅持他自己的主張。這一些，從日本皇室的傳統看來，確是具有革命性的了不得的大事。

我說這是一件了不得的大事，並不是因爲他的婚約贏得了日本內外當時如許的歡呼聲和祝福聲，也不是因爲他和一位平民小姐訂成了婚，而其成就足以向英國愛德華七世誇耀、示威。誠然，英國的宮廷、社會不允許愛德華七世以帝王之尊和一位平民女性結婚，確是英國民主招牌史上永遠洗刷不了的大汚點，可是一方面，愛德華七世居然敝屣了帝王之尊，寧願和那位平民女性辛普遜夫人過其長期間海外放浪生活，這，如果只就「戀愛至上」或所謂「自由第一」一類觀點來說，其成就之大還是遠在明仁的婚約之上的。

因之我所謂「了不得的大事」之意，並不是指什麼日本皇太子居然也搞成了「自由戀愛」這一事件本身，而是剛剛所說的，指這一婚約的成立對於日本政治、社會所指向的重大啓示，直截了當說，是指對於日本政治社會的未來可能發生的重大影響。

二

這一婚約的成立和其發展(結婚和婚後生活等等)對於日本政治、社會可能發生什麼重大影響呢？在試答這問題之前，應該先查查日本歷史上有身分做皇后的是那些女性。這是比較專門而枯燥些的問題，請讀者耐心看一看。

日本天皇在法律上的一夫一妻制開始於明治時代。在這以前，只就天皇的法定妻妾人數說(請注意「在法律上的」和「法定妻妾人數」等文字)，至少有皇后(正妻)一，妃(平安時代稱爲「中宮」)二，夫人(也稱爲「女御」)三，嬪(也稱爲「更衣」)四，共計十人，分爲四等。這些話說來太多，我們只能就皇后本身出身身分史稍微談一談。

日本皇后的出身身分史，在六世紀前，因無確實的史乘可考，茲不具論。七世紀後一直到現在約一千三百年間，凡是被立爲后而有史乘可考的，不是皇室或皇族(註二)出身，便是藤原氏一族出身。此外間有二、三權臣的女兒充任的(註三)，然而爲數極少，應該看做偶然現象。在這裏需要特別說明的是藤原氏一族所出的皇后。藤原氏是六四五年後進行了好多年纔完成的「大化改新」(這是模仿當時的唐制使得日本變成了古代統一國家形態的大政變和大改革事業)的最大功臣。藤原氏本姓中臣，因有大功於「大化改新」，被賜姓爲藤原。這個藤原貴族的一個傑出人才叫做不比等的，在八世紀之初，成功了把自己的女兒光明子立爲聖武天皇的皇后的陰謀(七二九)，於是開了日本史上皇族以外的女性被立爲后的記錄；而由於這一陰謀的成功，便一躍而爲日本史上最大的貴族，從而開了外戚專政的端緒。這所謂外戚專政，就是日本史上所謂天皇的外祖父「在天皇幼時則爲攝政、到天皇成人則爲關白」的左右逢源的「攝關政治」(註四)。而這樣的政治事實上乃是藤原一門所包辦的。那眞所謂只此一家並無分店的名物。

日本的皇后，在藤原光明子被立爲后以前，本來全是皇族本身的土貨，這種天皇與后的關係事實上還是天皇氏(註五)同族近親的性關係，可是到了光明子被立爲后以後，藤原氏一族便喧賓奪主地變成了皇后的大量供應者——供應的數目比皇族本身的土貨還多得多(註六)。當然，光明子被立爲后並不是唾手而得的；她需要先被千難萬難地送進宮內作妾，然後憑着母家的權勢、陰謀和她自己的才色，一步一步地登堂入室，成爲皇后。可是這種手法，到九世紀後半以後，特別到十世紀初期以後，變成了藤原貴族控制天皇的常套，於是出現了剛纔所說的成爲藤原氏的專利品的長期「攝關政權」，繼續達百餘年之久(八五八—一〇八六)，絕少間斷。所謂絕少間斷，是說這中間縱有極短時間的空白，也不過因爲藤原氏的「性機器」不靈，供應不上女兒。所以在那時間中藤原家日夜祈求產生女兒的狂迷和兄弟叔伯之間競爭地供應女兒乃至供進以後姊妹姑姪之間爭寵之烈，成爲日本史上最富趣味的怪事。值得注意的是，這個長期的「攝關政治」，其後雖然由於武士勢力的抬頭(武士就是武裝土豪)，出現了鎌倉幕府以後一直到德川幕府沒落(一八六七)為止約七百年間的長期封建政權，而實質上歸於消滅，可是在這中間，藤原貴族以其女兒做皇后而自已則做天皇外祖父(外戚)之舉，還是一直到了明治、大正，史不絕書。這所謂藤原貴族，當然包括西園寺、九條、三條、二條、近衛、經大寺、鷹司、大炊御門、洞院等其後變了姓的家系；這些變距的姓當然是由於各種理由而被改易的，可是他們本來不僅是和藤原同根，而且還是藤原的主根。

我們從上面簡陋的敘述，很容易地可以得出這樣的結論：千餘年來日本皇后的出身，在有史乘可考的範圍內，不是出於皇族本身，便是出於藤原氏一族；而且那些藤原氏出身的皇后的血，由於藤原氏累代和皇族婚嫁和皇室常常把餘子送給藤原氏，免致血脈中絕(註七)，事實上就和皇族的極近極近，接近同系。因之可以說，千餘年來日本天皇的婚姻事實上就是同族近親婚。

三

應該特別注意：日本皇室的同族近親婚是使日本皇統「庸化」的主因，同時又是使日本皇統「神化」的主因。庸化和神化原是不易兩立的，然而正惟因為不易兩立，斯日本皇統所以「畸形化」，從而日本社會所以受其巨大影響而陷於硬化也。

請先談第一點。

同族近親婚是使血統庸化的主因，這大概已經成為遺傳學、優生學上的定說。這種學說的究竟我不知道，不過據園藝作物上的常識，任何作物，和適當的異種交配，往往枝幹轉為茂密而果實趨於碩大；和同種交，習以為常，則枝幹瘦弱化，果實細劣化，似為一般現象。此一理論，可以適用於人類的存續現象，當然可以適用於日本皇統的存續現象。據日本無數可靠的記載，日本歷代的天皇，生理上、精神上病弱、畸形、缺陷的極多極多，夭折不育的尤其不少。這種事實，屬於古昔的現在無暇細談，只就明治維新前後的例子說：孝仁天皇(在位自一八一七—一八四六)擁有妻妾六，共出子女十五，而其中十二人均於未滿三歲前夭折；其子孝明天皇(在位一八四七—一八六六)擁有妻妾七，共出子女六人，而除明治一人，竟無一人被育成人者；明治天皇擁有妻妾六人(事實上)，共出子女十五，而夭折不育者亦達十人(正妻昭憲皇后無出)，此同族近親婚對於次代身心上起了惡劣影響極重之鐵證也。至於純粹對精神上之惡影響如何，茲姑以明治天皇之情形作為旁證。日本人，特別是戰前許多所謂日本「學者」，無不交口盛譽明治為「大帝」、「為英明絕倫」之「英主」，然而這位「大帝」是否眞正配得上稱為「英主」，却大成問題。據許多可靠的日本記載，明治天皇在卽位初期，對於岩倉具視等維新功臣極畏懼，至於相見時不敢仰視，不敢仰視的原因在於其父孝明天皇因為不願同意倒幕而被岩倉等所暗殺，於是構成了明治天皇在潛在意識中對於他們濃厚的恐怕。同時這位天皇又於卽位前二年「禁門之變」(註八)時一度氣絕，氣絕的原因在於聽到了透進深宮的槍聲，為之駭極失神，隨之倒地。曠代英主在青年時代之氣魄(精神)尚且如此，則其餘可以知矣。

日本皇室多產低能病弱的子女，乃係無可爭辯之事實。對此事實，愚忠之流引為日本憂，而梟雄之徒竊為自己喜，從而拼命維護此反自然的劣生傳統，不遺餘力。何也？蓋愚忠之流誤為皇室之好歹，就是日本本身之好歹，而梟雄之徒，例如平安時代的藤原貴族，鎌倉以至德川時代的歷代將軍和其左右，明治維新以後的長州閥、薩摩閥和東條軍閥巨頭，方以為皇室的庸弱正是他們遂心所欲地操縱之，利用之，以遂其野心的最良的條件、最好的機會。這種惡毒心理現象化的結果，就是日本人民千餘年來所受到的無可補償的大災禍。

可是皇統的庸化直接影響於日本的還比較小，談到皇統的神化(上面所說的第二點)，那就影響於日本甚至其「善隣」者可眞大了。

四

日本皇統的神化曾經成為威脅世界民主、和平的大禍根。這個大禍根在十餘年前日本戰敗跟後，曾經大大為同盟國人所嚴重注意，並曾嚴重研求對策，冀其永遠絕跡。戰敗的次年(一九四六)元旦，現在的天皇昭和，為得和緩同盟國人這種憤怒感情，曾經下詔否定自己是「現世神」，勸導日本人民不要再拿「神」看待他、崇拜他。這個詔書通稱為天皇「人間宣言」的所謂「元旦詔書」。在這詔書裏面，昭和這樣鄭重對他的國人說：「我和國民之間密切關係之發生，始終是基於相互的信賴和敬愛，並不只是基於神話和傳統，同時也不是基於以天皇為現世神，以日本國民為優於他民族的民族，從而賦有支配世界命運的那種空洞無稽的觀念。」可是這樣的詔書雖然發出十多年了，而事實上他和他一家的神味還在「御香飄緲」着，彷彿像日本淺間山(火山)的白煙還經常在噴冒着一樣；同時日本的反動政治家和右翼們則無時不想在借口恢復天皇的神性，作為他們重圓像戰前那樣荒謬幻夢的最有力工具，又是有目共覩的事實。

所謂皇統神化是什麼一回事呢？據日本千餘年來無數御用學者的說法和無數被他們麻醉了的愚夫愚婦們的看法，日本天皇一族是活在現世的神族，而天皇則是這個神族的中心；這個作為神族中心的天皇，不僅很自然地要永遠支配日本，而且也很當然地會進一步支配整個世界。這就是戰前響徹雲霄而至今尤為吾人耳熟尤新的所謂「八紘一宇」的怪談。

日本皇統神化的有效對象還不只皇族本身而已，同時還拖泥帶水地濺到日本民族全體去。據那些「學者」和愚夫愚婦們的說法，包括天皇一族在內的日本整個民族本來就是天生地造的一個完整的大家族，這個大家族中的其他家系和成員，其身分地位之尊，雖不及天皇家系那樣神聖高貴，可是一樣地也帶着或多或少或濃或淡的神色、神味，而為世界任何其他民族所不可能具有、不可能比擬；這樣以天皇家系爲中心，爲頂點所形成的日本民族，是從天地開闢以來被天神所老早規定好了的一個天衣無縫的金字塔式的(階級性)神聖大家族。這個大家族，據他們的怪論，那是世無倫比的秩序，是天生地造地應該君臨其他民族和支配整個世界的東西。

這種怪談肇始於七、八世紀間幾個不知天高地厚的皇帝(註九)和幾部東拉西扯胡說亂造的史書(註十)，那是衆所周知的。這種怪談其後跟着政治的紊亂和皇室的式微而久久消逝了，或至少不爲日本一般人所重視了，可是一到明治維新以後政治略有起色，又突然大量復活起來，並且變本加厲地大大渲染狂妄起來，於是一步一步地驅使日本政府完全成爲對內壓迫搾取，對外瘋狂侵略的工具，終於造成了禍延東亞兄弟民族和導致了自己幾乎粉身碎骨永世不復的大悲劇。

這種怪談之爲無稽是無待說明的，可是曾經長期間內大大風靡過日本社會，甚至到現在還拖着濃厚尾巴，乃是不容否認的事實。

那麼，這種怪談爲什麼會能成立和存續至於如許長久的呢？所謂皇胤（皇種，皇血）神聖的怪說當然是其中最重要的武器。而爲得使這個武器永遠繼續生效——永遠矇蔽着被欺騙的人民，使他們迷信皇胤的神聖，當然需要把皇后的出身制限於幾個自許爲特別高貴的家系，使得皇室的婚姻永遠緊縮在與世間隔絕的單調的硬殼裏面；因爲這樣擺佈，纔能夠把皇室造就令人不可捉摸的神秘境界。這樣制限、緊縮的結果，在日本皇室的歷史上，和同父異母姊妹婚，和姑母婚，和姑祖母婚，和姪女婚，和姪孫女婚等事實，幾於俯拾即是，不足爲怪。日本一向以飽學孔孟之教自誇，而獨於此天地人倫之至理則拒絕之，誠不能不爲日本的儒道怪。

當然，日本千餘年來皇后的身分事實上並不是個個都是出於那樣高貴的近親的，可是那些都是較少的例外；同時那些例外又當然不會被那些學者們所樂開樂道的，不，他們對於那些例外毋寧是掩蓋否認不遺餘力的，原因是，例外是出於無奈，而洩露却有損於皇統的神化。那末例外是怎樣發生的呢？日本歷史上離亂之時甚多，斯皇室被奚落之時亦甚多。特別在「戰國時代」（一四六七—一五七三）和其前後，有靠稀飯充飢的天皇，有用蚊帳蔽體的天皇，有靠鬻字賣卜以糊口的天皇，也有流浪無依投靠無門的天皇，試問這樣的天皇，最低限度的生活且難保持，焉有論長論短選婚擇配的餘地？他們和痴心的平民女婚，卽婚而也不擧行儀式，並不足怪。何也？時易而世變了，皇孫們也知道通權達變了。然而這一些，從那些學者們看起表是無傷於皇統神化之雅的；他們所念念不忘的只是把這種家醜怎樣掩蓋起來，不至於往外飛揚。

五

略談同族近親婚之影響於皇統者既畢，有一事焉，不能不順便提及，那就是日本人自古迄今重視家系的觀念。所以需要特別提及，因爲重視家系的觀念與重視皇統的觀念之在日本是緣分異常深的，深到難解難分的程度。

家系爲何？和皇室的場和所謂皇統者同科，一族（氏族、家族）向有的系譜＝血統圖也。上面已經說過，日本人受了御用史學者和「國學」者的長年麻醉，視天皇一族爲整個日本民族的中心或頭腦，而其他各族，則以其祖先的身分地位爲標準，梯階式地、金字塔式地依次位置於天皇一族之下。他們的傳統觀念既然是這樣，因之具有高貴家系的人，如往古的豪族、貴族、中世近世的貴族、武士，明治以後的華族、士族和以新式資本起家的新貴們，當然樂於拼命地去保持向有的家系，藉以自誇誇人，耀世眩俗，縱使只有比較微賤家系的人，爲得尊重那個神聖大家族中一單位的固有的職能，也認爲有義務去牢牢保持固有家系的必要。可是世間事，盛極必衰而物極必返乃是運行的鐵則，這種封建的體系，一遇到社會離亂而傳統板蕩，未有不隨之傾圮，而或多少或少爲之改觀者。改觀的情形如何？例如德川封建政權（一六〇三—一八六七）到了中葉以後，商業資本迅速抬頭，寄生的武士階級生活大感困難（那時他們的生活頗像清末的旗人），於是向日不爲武士們所齒的商人（稱爲「町人」，地位身分本來甚低），乃得乘機以金錢收買他們的高貴家系。這一來，向日以高貴家系自誇的一部分武士掉下來了，一部分不爲人齒的下賤「町人」上升去了。其實，這樣的門第交流何獨於商人與武士之間爲然，連皇族與平民之間也不能例外。不是嗎？平安末期自鳴爲源、平兩氏之苗裔者蓋不知凡幾(註十一)，而最近戰敗跟後不是有所謂熊澤天皇其人者出現，硬要和昭和天皇爭正統、明黑白嗎？

我們關於日本人崇拜家系的勁頭掛一漏萬地寫了一大堆，爲得是什麼呢？無非要證明日本人重身分、愛傳統、好面子的封建性。這種頑固的封建性是日本人一來就拿出系統地剝削、奴役弱者的拿手慣戲的最大根源，是日本民主化、和平化的最大敵人。這種情形與史實說來太多太多，在此只好擱筆。可是有一點應該特別記住：這種封建性的主流是出於日本人對於「高貴」家系的嗜好性和盲目崇拜性，而這種嗜好性和盲目崇拜性的主流又是出於日本皇室對於所謂「皇統」（事實上是自稱「神統」）的虛僞的執着性。

六

題目是「明仁的婚約在預兆些什麼？」我們應該言歸正傳了。

明仁的婚約對手是一位平民女性，婚約的成立是出於自由戀愛。這，顯然是日本皇室史上史無前例的革命的壯擧。

我們從前面所談到的日本皇室的同族近親婚的歷史和他直接間接的影響出發，如果可以許可我們作一大膽而又合理的推斷的話，那末這一婚約的發展（結婚和婚後生活等等），無疑地，對於日本皇統的庸化與神化的糾正將成爲最大的推進力，從而對於日本千餘年來積重難返的頑固的封建性的糾正，也將成爲最大的推進力。日本皇統庸化和神化的糾正和日本頑固封建性的糾正都是使日本眞正民主化、和平化的大路，這理由在前面已經說過。至於由此而日本皇統眞正實現「人間」化、健康化，乃其餘事。

這樣說起來，明仁的婚約和乃父的「人間宣言」相較，對於日本未來的影響之重與意義之大，是不許相提並論的。爲什麼呢？「人間宣言」只是一場空話，空話以後日本皇室的死守因襲、傳統、儀式、作法固如初也。明仁的婚約呢？如果此後能夠讓他們二人自由發展「人間」的生活，那末他們將會向皇室和皇族社會不斷地送進人類社會的新空氣，而將那蘊蓄了千餘年的神類社會的舊空氣惡空氣慢慢放出去；同時通過這種日本核心社會的眞正的新陳代謝作用，日本千餘年來的封建性、非民主性甚至好戰性也會眞正解體。這種解體的道理，和密不通風的木乃伊受着新鮮空氣的吹拂而解體是一樣的。

七

作者於明仁訂婚之日的上午在一位日本朋友家裏談天，席間這位朋友的年近七十的老太太也在座。談話涉及明仁的婚事，老太太情不自禁地憤然對我說：「那眞使我們失望極了！怎麼可以和『庶民』小姐結婚呢？那我們此後眞是再不願向皇宮低頭了。」我問她爲什麼呢？「還不是變成和我們一樣了嗎？」這是她的答復。

是的，「還不是變成和我們一樣了嗎？」就是眞正民主化的初步；而這樣的民主觀要等到離裕仁（昭和的名子）的人間宣言十幾年之久的明仁的婚約發表，纔閃動在這位代表千萬頑固日本人的老太太的腦裏。

不過話又得說回來；日本封建的、反動的勢力是異常根深蒂固的。這一對未來少年夫妻（據說再過幾個月就要結婚）是否會因戀愛的成功而又忍受封建反動勢力的壓迫再縮回到那個神化了的硬殼中去還呢？不是嗎？保守黨政府正在拼命地進行和平憲法的修改（註十二），御用的文化人正在拼命地嘔歌戰爭（註十三）；而在明仁婚約發表的次日，日本三大報之一的某大報居然又登出什麼正田一家幾百年來有來頭的光榮家系來了。我爲這一對未來的少年夫妻祝福，我又爲日本眞正的民主化、和平化的前途祝福；然而我又不禁爲這一對未來少年夫妻揑一把大汗。（終）

註一：「緣談」是使有情人成爲眷屬的洽談過程，可以譯作「做媒」。

註二：「皇室」與「皇族」有別。照現在的規定，「皇室」成員指天皇、皇后和他們的子女，「皇族」指秩父宮、高松宮、三笠宮（都是昭和的親兄弟）、閑院宮、伏見宮、東伏見宮、山階宮、賀陽宮、久彌宮、東久彌宮、梨本宮、北白川宮和竹田宮等。

註三：在古代只有橘清友，在古代與中世之交只有平清盛，在近代只有德川秀忠三個權臣的女兒做過皇后。

註四：「攝關政治」中「攝政」、「關白」之職源出於我國。「攝政」是皇帝年齡過小或過老而不能直接主政時所設的代理職或輔佐職。「關白」源出於漢書霍光傳「諸事皆先關白光，然後奏御天子。」

註五：日本天皇一向無姓，只能以「天皇氏」代之。

註六：自光明子被立爲后以來一直到現在爲止被正式立爲皇后的共計五十四人。其中除出於皇族者十二人和註㊂中所擧的三人以外，其餘三十九人都是藤原氏所出。光明子以來皇后的數目實際上是不止此數的，其未見諸史乘者大概是離亂期中的可憐天皇不明不白成了婚的皇后。

註七：例如近衞（這是藤原氏的改稱之一）第十九代的近衞信尋和一條（這也是藤原氏改稱之一）第十四代的一條昭良都是後陽成天皇（在位：一五八七—一六一一）的皇子。一條家的這個皇子的血統其後中絕了，而近衞家的這個皇子的血統則一直繼續到現在。因之十餘年前敗戰跟後畏罪自殺的那位貴公子近衞文麿事實上就是王孫。這種例不一而足，不能一一畢擧。

註八：「禁門之變」是明治維新跟前長州閥的尊皇攘夷派和薩摩、會津藩的軍隊激戰於蛤御門前的事變，時在一八六四年七月。那時薩摩、會津兩藩都是反對攘夷的。

註九：有計劃的製造天皇是神的把戲開始於天武天皇（六七三—六八六），時爲我國唐高宗時代。

註十：主要的史書是「古事記」和「日本書紀」，都是由天武天皇捓意而分別完成於七一二年（古事記）和七二〇年（日本書紀）。其中尤其是日本書紀在行文、構思和內容方面都有許多地方仿自我國古史、書。

註十一：日本皇族在九世紀初，因爲人數太多，國庫負擔太重，曾被大量分批賜姓（皇族本無姓），降爲「臣籍」，遷居於京外一定地方。這種被賜的姓，不是叫做源氏，便是叫做平氏。十世紀後天下漸亂，各地土豪乘機蜂起。這些土多自稱爲源氏或平氏後裔，並奉源氏或平氏後裔中之健者爲首頭，準備向京都問鼎。他們自稱源氏或平氏，是因爲源平二氏本出於皇族，而自己亦本出於皇族故也。

註十二：日本現政府正在積極進行修改憲法。他修改憲法的大目的有二個；其一是想修掉第九條「放棄戰爭」的條欵；其二是想增大天皇的權力。其實，增大天皇的權力就是增大自己的權力。爲什麼呢？「明治憲法」（戰前的憲法）中天皇的「大權」是够大了，可是眞正享受這個大權的決不是傀儡化的天皇，而是操縱這個傀儡的長州閥、薩摩閥和其後像東條一類的新軍閥。

註十三：最近日本文藝、小說、軍事讀物之類的好戰氣味漸漸濃化，一部分電影界尤其反動得起勁。「明治天皇和日俄大戰」、「天皇、皇后和日清戰爭」剛剛過去，「海陸軍流血史」、「大東亞戰爭和東京裁判」之類又快登臺了。

四十七年十二月二十日於東京。

言辭與思想及行為的關係

徐傳禮

一

我們人類有異於禽獸的最重要的特性，大半是由於我們能够創造出我們自已的系統；使我們發出來的聲音，記錄下的痕跡，包含着一套特殊的意義。舉一個例子說，如果有一個陌生的人，對着我們大叫：「小心！」我們就會很快的跳開，因而我們沒被急馳的汽車撞傷或壓死。我們所以能逃此羅難，得歸功於大多數高級動物所共有的一種類以爲生的合作方式——也就是說，用那互通消息的聲音(語言)，拯救了我們。人類還不僅如此，除了發展這種有聲音的語言而外，又運用了種種不同的方式，諸如在平面的泥板上，小的木塊上，以及石頭、羊皮或薄紙片上，做了一些比較有持久性的記號，來代替語言。這些記號，使得那些在空間上與時間上和我們相距很遠很遠，聽不到我們聲音的友人，可以從它那裏獲得到我們所欲表達的心意；使得我們能够更清晰地了解到成千成百個我們根本沒有機會見面的人，他們是如何的感覺和思想；使得我們不再發現他人業已發現過的事物，重蹈他人業已違犯過的錯誤，使得我們可以累積地承繼前人的知慧和成果，解決我們將要或已遭遇到的問題和困難；使得我們能够賡續不斷地在運用，它們的歷程中，開掘我們人類合作進化的更大可能。

二

「言辭」好像很奇特，一句話、一個字「在不同人的眼裏，有時候會有不同的意思」。所以人們不但受他聽到的和看到的或運用到的言辭的影響，並且還受他無意中對言辭所下的臆斷的支配。因此這「言辭與現實有關係」的一個假設，也就能够使人們不必像動物一樣的單純的爲着爭奪食物或領袖地位而鬪爭；他可以「掠奪」和「巧取」代表食物(例如：票據，地契……等)或領袖地位(例如：勳章，證書……等)的表記；不必重複那不運用言辭的禽獸的簡陋方式。禽獸是從不注意到某一樣東西，可以代表另一樣東西的，它們沒有我們人類所謂「象徵的過程」(Symbolic process)。

「象徵的過程」是說：只要有兩個或兩個以上的人，就可以彼此同意隨時以這一件東西代替那一件東西。譬如這兒有兩個符號，X和Y：

我們可以約定以X代表1，Y代表2。我們也可以隨時變更我們彼此同意過的計劃和約定，再以X代表紅樓夢，Y代表桃花扇，或是以X代表杜魯門，Y代表史大林。我就這樣把符號隨心所欲毫無限制的創造和運用，並給予它各種不同的價值。

事實上也是如此。不論我們走到那裏，我們都可以看到正在進行中的「象徵過程」。印第安人的頭上插了幾根羽毛，海軍制服的袖口上縫了兩條金線，和警察手裏的漆棒，郵差肩上的綠袋，以及麋鹿的牙齒與和尚的袈裟……等。無一不是代表不同的社會關係，不同的貴賤標幟，不同的工作和職業。所以過着「象徵過程」生活的人們，所做或想要做的事情，所享有或希望享有的物件中，很少是祇有機械或生物的價值，而沒有另外的象徵價值的。

此種象徵的過程，使人類產生了最有用、最精巧、最複雜的符號(言辭)，並且使沒有言辭就不能實現的種種人類的偉大成就，得以實現，但它也產生了許多不合理的行爲。范柏倫寫過一本叫做「有閒階級說」的書，該書中指出：一切時髦豪華的衣飾，都是極富象徵意義的。漿得挺硬的襯衫，超過三吋的高跟鞋，又尖又長的紅指甲，以及其他種種使身體感覺並不十分舒服的裝飾之最重要的目的之一，無非是表示穿着者是無需勞動爲生的人。祇要帶上一隻純金的手錶，掛上一串珍珠的項鍊，他或她就會以爲自己眞的和美麗的人一樣的「美麗」，高貴的人一樣的「高貴」了。

因此我們要想不被「象徵過程」所派生的流弊所迷誤，就必須要先了解符號和它所代表的事物之間，並不一定有着必然的聯帶關係。我們可以說：「我餓了，」而事實上說這話的人，可能是隨便講講，他根本就沒有一絲一毫的饑餓感覺。所以有很多事實，看來非常的簡單，但我們若是眞的把問題仔細的想一想，就會知道它的內情，並不如此。很多人都有點似是而非的覺得外國文根本就是不合理的，他們把前後顚倒過來說。有些人覺得「蛇」是一個臭惡、卑鄙與奸詐的字，因而蛇就變成了「臭惡、卑鄙與奸詐的動物」。可是我們都知道：蛇並不奸詐。只要一個人把符號絕對的當作事實，結果就會把梅蘭芳看作是美艷如花的少女，把路易士史東看作是嚴肅異常的法官。而事實呢？前者是年過花甲的老翁，後者可能連法衣怎麼穿都不曉得。此種眞假不分，虛實混淆的現象，對於許多人已不僅是把象徵的符號眞個地當作現實，簡直是把符號代替了現實。這些人愈相信象徵的符號，就愈看不清原有的事實，以致產生了要得榮譽獎，而在考試時作弊希望得到高分的學生。

但這裏要申明的，我們並不是說象徵的過程絕無是處，我們祇是說我們每一個人都曾經因象徵的理由而承繼到一些無用的知識和謬誤不實的妄見。故而我們業已學得的成績，總有一部份要予捨棄——這也就是說，要把一些不符合事實的觀念，重新地加以改造與重建，使我們自己相信我們由祖先承繼來的遺產，也就是我們人類共同搜集到的科學與人文方面的知識，能夠供給我們一些眞能代表實際經驗的正確地圖。

所以我們於「談話」「行文」之時，祇要能注意到：有兩種不同的方法，可以使我們的腦子裏裝進錯誤的和這個世界不合的地圖，我們就能大大地減少了錯誤。第一種是別人供給我們的地圖，那個地圖本來就是錯誤的；第二種是別人供給我們的地圖，雖是正確無錯的，但我們自己把它誤解了，因而創造出錯誤的地圖。

三

正確的「報告」，必須謹遵着下面兩個原則：㈠它是可以證實的，㈡它是儘可能的避免推論 (Inferences) 和判斷 (Judgment)。因爲「報告」具有這樣「眞」的性質，所以大家都互相信任各人的報告；同時我們人類求生存的慾望和環境，也強迫我們非如此相信不可。譬如像美國那樣的國家，有幾打不同的宗教派別，如果各教派都堅持使用自己的方法，來稱呼自己的年月時日，他們不僅要將這些名稱翻譯來翻譯去，並且還要有幾打不同的日曆、時鐘、以及商業、火車……用的時刻表。那麼他們現在的生活，就會不可能了。所以我們在日常生活中的說話或寫字，每天都有無數的場合，需要我們將自己的意思用每個人都同意的方法，陳述出來。

推論則不然，它是根據已知的事物，對未知的事物所作的陳述。從一個女子的言辭動作，我們可能推測出她的教育和家庭背景；從一雙粗硬刺人的手，我們可能推測出他從事屬於何種性質的職業。推論有的可能有對於本題極豐富的經驗爲基礎，有的可能完全沒有。一個好的機械師，往往祇要一聽馬達開動的聲音，就可以對於他內部的狀況，得到完全正確的推論；一個老兵，只要槍聲一響，他就可以立刻知道那槍是六五的還是七九的口徑。可是一個外行的人也要推測，他的推論也許是完全錯誤的。但是一切推論都有它相同的性質——那就是說，它們都是根據了已經觀察到的事物，對於並不直接知道的事物，所作的結論。

跟隨着這種結論而來的，就是「判斷」。所謂判斷，就是一個人對他所指述的事、人、物的一切贊許或不贊許的表示。因此「判斷」的含義，大多數是一個人的意向指示；故「判斷」也就無法恆等於「報告」。一篇報告文不可以說：「張三根本就不理人，」它祇能根據事實不帶情緒的說像下面的話：「小毛「昨天我們幾個人遇見張三，他似乎看見我們，然而彼此都未打招呼就走了。」如果我們是個賊」不遵守「報告」的原則，那麼一定有不少人把「阿香跟我說謊」，「小毛是個賊」一類的話，當作是陳述的事實。其實「說謊」，「賊」這類字在通常的狀態下就預先包含着某種的推論或判斷。「小毛是個賊」大可以用「小毛曾經被判偷竊罪，在拘留所裏住過三個月」的話來代替。說一個人是「賊」，這簡直是等於說「他從前偷過東西，將來還會再偷」。這就是預言多於報告了。

當然帶着推論或判斷的言辭是難免的，因爲我們人常爲自己的「喜」「怒」「哀」「樂」所左右，所以常不知不覺地說出一些幼稚和衝動的「怒詞」(Snarl words) 或「悅詞」(Purr words) 來。一個人惱了，他會罵道：「該死的東西！」「狗都不如！」但他高興的時候，會像小猫一樣溫存，口中喃喃地說：「珍珍是世界上最好的女孩子！」「該死的東西」究竟代表了什麼呢？「最好的女孩子」究竟說出那女孩子是怎樣的：什麼也沒有，它祇不過表示了那一個人憎惡與快慰罷了。所以對於這種直接表示贊成或者不贊成的最簡單的判斷的話，我們就要小心地確定它們的意義，它們究竟是屬於那一類的。否則，我們就很難獲得正確和精密的答案。

「程伊川是少有的聖人，還是頑固的學究？」「王莽是偉大的政治家，還是篡位的小人？」「古典樂與爵士樂那一種是要得的？」像這一類的問題，祇允許你在兩極端之間，挑選一個。祇要你挑選了一方面，它便會把你拖到和對方一樣固執和愚昧的陷穽裏去了。那麼我們爲什麼不換一個方式說：「你爲什麼喜歡(或不喜歡)程伊川(或王莽、爵士)呢？」也許當我們聽到我們的朋友表示了他們的意見以後，我們會變得比以前更公正一點，更聰明一點。如果我們不注意到這一點，我們就會從能看到的事實，一下子跳到判斷上去。那就是說，使我們從「寃會」忽然跳到「流氓」，從「資本家」忽然跳到「剝削者」。反之，一個頭腦清楚，思想敏銳的人則不同。他知道事實和判斷，以及事實和推論間的不同；他可以觀察到和分辨出那些是某些人爲了自私自利的目的，故意揑造與煽動起來的狂熱行動；那些是某些人運用巧妙的偏倚報告方法，想使我們下達可怕的判斷與推論的言論。祇要我們能學會到這一點，我們就不會硬派給人家以錯誤；一定會感覺到原來自己也同樣的會有所偏倚。

四

人類能夠把語言作爲純粹陳述事理的工具，還是比較晚近的事。遠在現在的語言沒有產生以前，我們人類就像下等動物一樣，用各種不同的「吶喊」、「呼叫」來表示自己的內心要求，例如饑餓、寂寞、畏懼、勝利與性慾等。在逐漸進化的過程中，這些都依次的分化和推廣，而形成今日的語言。雖然我們今日的語言已進步到精確的報告程度，但我們每個人在大多數的場合，有大多數的事情仍是先表示內心感覺而後才作事實報告的：「唉(表情)！尤三姐死了(報告)；我想每一個人都會感到難過的(推論和判斷)。」這種言辭常作有聲音的，表達情感的姿態運用，叫做象徵前 (pre-symbolic) 的用法。這種用法包括它的推廣用法是很多的，它顯示的原則是：當我們遇到此類語法的時候，不僅要注意講的人講什麼，並且還要注意講的人怎樣講。譬如大多數社交場合的談話，都是沒有什麼目的的，最多也祇有爲「發聲音而發聲音」的目的。可是我們在茶話會或聚餐會上，一定都得談話，從天氣談起，一直到皮鞋的樣式和女明星的演技，眞說得上天南地北，無所不包。或許在這些談話之中，根本就沒有絲毫交換知識的價值，但它仍是必需的。我們見到人，總說：「你近日好嗎？」「下次務必再來！」這些社交辭令，不管你心裏是不是這樣想，不說就要得罪人。所以語言的本身，就自然的作了團結社會的工具。如果你不能適當的應用它，你就會招來許多無味的麻煩。下面有一個例子，也是許多夫婦間常發生過的：

太太：逸民，你爲什麼不跟我講話？

先生：(正在細讀一本哲學書，這下可給打斷了。)什麼？

太太：你爲什麼不跟我講話？

先生：沒有什麼話可以講的呀！

太太：你不愛我啦！

先生：(思潮完全打斷，有點惱了。)唉！別傻啦！你知道我是愛你的……(忽然覺得應該按照邏輯，給他個打破沙鍋問到底。)我有沒有跟別的女人在外面胡逛？我不是把薪水全部都交給了你？我不是在爲你和孩子們做苦工，連命都不要了嗎？

太太：(爭他不過，可是仍不滿意。)可是我還是要你講話。

先生：爲什麼？

太太：唔，因爲……。

在某種意義上，先生的話當然是對的，他的行動是他愛情外向的證明，比什麼言辭都響亮有力。但是在另外一方面，太太又何嘗不對。除非我們繼續的和人交談與來往，我們又怎麼能知道別人願不願意和我們來往呢？

很多人就常有這種想法，以爲象徵前的言辭，是無需的。不錯，從某種立場看，例如宗教的儀式，卽大可不必。主持儀式的祭司或牧師，按照一定的格式，用參加的人都不能了解的語言(猶太教用希伯來文，天主教用拉丁文，中國和日本的佛教用梵文)，唸出一些辭句。結果呢？這些祭司或牧師們根本就沒有傳授一點知識給到場的人。但是我們是不是因爲這一點，就輕描淡寫的說他們，不過是表示人類的愚蠢，卽算了事。不，他們的確也有一種作用。祇要我們留心一下例如結婚的儀式，就可領悟其中一二。所以從另一個觀點說，有時候「儀式」確實可以顯示出參與者彼此之間的「信心」；儀式性的辭句 (ritual utterances) 有時候也眞的能够重新加强我們的社會「團結」。我們人類的社會，也就這樣地靠着大家對於一套一套固定的言辭刺激，有了共同的反應，才能維持完整，不致游離鬆弛的。

下面我們就再進一步地討論言辭說明性與感動性的意義。

凡是備有工具性質的報告式的語言，經過大家公認，並且能够用別的言辭表達出它的「客觀」意義的，就叫做說明性含義 (informative connotations) 的字。例如：我們說「牛」，除非我們就眞的看到一頭牛，立刻的把它指出來，否則，就無法立刻指出它的外向意義。可是我們却可以說出它的說明性的含義：「牛，哺乳類，反芻偶蹄，四足家畜，常由農人飼養，用作耕田，拉車，食肉……等。」這些含義，人人都能會意。在另一方面，感動性的含義 (affective connotations) 就不會了。它是指它在聽的人心裏所喚起的各種感情氣氛而言的。例如：我們說「牛」，就會有人想到：「牛的力大，終日勞苦，或吃草擠乳……等。」

因爲字的含義有這樣的區分，所以說的人與聽的人都必須識解到言辭的內容，才不致於誤解言辭之中的含義。有一位中年太太對來訪的客人說：「那個丫頭淘氣死了！」「丫頭」是「女佣人」或「小女孩」；「淘氣」是「不聽話」或「瞎胡鬧」的意思。現在我們要問：我們能照着這言辭的表面解釋嗎？是絕對不能的。這位母親不但無意嫌惡她那位女公子，實在是在誇獎她活潑可愛哩！

可是言辭就因爲這樣過度的擴張使用，結果反而使得許多字的感動性的含義，常常在實際應用的時候，成爲它本身的嚴重障礙。沒有錢的人懶得提錢，但常說自己「阮囊羞澀」，別人「手頭寬裕」。人們在飯館或電影院，問那裏的侍役「休息室」或「洗手間」在那裏，事實上很少有人眞的爲休息或洗手而去的；假使要有人問他們：「你去那裏做什麼？」那些紳士淑女或許會臉紅的。十九世紀時，美國高貴的夫人和小姐們，不肯說「胸」，「腿」等字眼，所以吃鷄的時候，祇好用「白肉」和「黑肉」來代替「鷄胸」、「鷄腿」了。雖然如此，這些禁忌的言辭，仍有它某部份的社會價值。當我們忿不可遏，需要用粗暴的方式來表示行動時，也許說幾句平常認爲不雅的言辭，罵幾句禁忌的話，就不致再去打人了。至於禁忌的話和包含有極度感動性含義的言辭，是不是應該全部的排斥或接受，我們覺得那是不必要也是不可能的。我們的注意點是：要想有利的運用言辭，不但一方面要對言辭說明性的含義，多幾分有意的統制；另一方面也要增進了解言辭和運用言辭的能力，但這不能專靠加强我們對言辭的說明性含義的認識，同時還要依靠社會經驗，在許多種不同的情況裏和許多種不同的人們接觸以及閱讀文學等方法，使自己對於言辭感動性的成分，能有更多的了解。則我們就可以對具有說明性與感動性的字眼，靈活與適當的運用了。

五

言辭不但能影響我們現在的一切，並且和未來事件間也維繫着不可分離的關係；可是很少人了解它。孩子向父母懇求在他生日那天給他做件衣服，長官命令他的部屬在明日拂曉以前要攻下那個城堡。這些「懇求」「命令」並沒有描寫什麼外向世界的景色，它唯一的目的，是在促進某些事件的發生。所以這類言辭要被巧妙運用的時候，我們就可能聽到這樣的話：「願爲大衆服務的跟我來，自私自利的隨他去！」「這次戰爭是上帝的戰爭，按照上帝的神旨，我們一定會勝利的。」這些是不是眞如此，是不能拿科學來證明的，但它或許眞能影響別人，幫助事情的成功。

這種指示性的（directive）言辭大多都是說及未及的，有的是明白說出，有的是含蓄暗示，但它們共同的特點，都是代表尙未存在的地圖。說的人都明示暗示的要我們做他們所欲指示的事情。譬如說：「祇要我當選，我就會減輕你的稅捐，」「你要學會英語嗎？這裏包你三月速成，」「本報是全國言論最公正，內容最豐富的大報。」在這些諾言中，有的可能眞的實現，有的根本就無法實現，事實上我們每天都會遇到一些永不免現的諾言。但是某一些帶有刺激情緒力量的指示性言辭，只要我們適當的運用，仍有它的好處。所以在冬令救濟的運動中，用「救人一命，勝造七級浮屠」，「只有爲善的人，才能進入天堂」的一類感情的話，我們並不反對。當人家對着我們講大道理，鼓起我們愛己愛人，修德修行的情緒，我們也不反對。主要的問題是：倘若我照你所說的做了，結果是不是如你所允許的一樣？倘若我接受你的哲學，我的內心是不是就能得到平安？倘若我訂了那份報紙，它所刋載的是不是眞的公正詳實？倘若我送了花旗口紅，我的女朋友是不是眞的再理我？因此我們堅決地反對不免現不守信用的錯誤印象的諾言。這種諾言，不僅虧損了我們合作的信心，而且破壞了人類的社會團結。所以每一個運用指示性言辭的人，必須儘量把握着道義上的責任，以免引起無法實現的期望。一切開出空頭支票的人，例如：允許立刻消滅貧窮的政客，或建議別人用他那種「有意想不到的功效」的補藥，即可使夫婦重歸於好的廣告商。他們所說的這些無聊之言，不論是存心欺騙，或是愚昧和誤解，他們所造成的結果是一樣的。他們多一次成功，別人就多一次失望；人的失望多一次，信心也就多一次的虧損。

當然，我們也了解到在指示性言辭意義下，在絕對多數的場合，我們是不得不同意別人（正如別人也同意我們一樣）和我們彼此之間所同意的規則。我們同意行車時靠右邊走，別人也同意這樣做；我們同意承擔一個團體的義務，這個團體也同意給我們權利。我們就這樣共同的用自己的力量，去努力實現未來事件的言辭。

但我們要注意的，就是有許多我們業已熟悉了的社會指示與伴隨着它們而來的儀式，確有些已腐朽不堪，必須有效改進，方能順利的使用。譬如說，有一對思想成熟責任心很重的男女，也許在法院公證處祇花上五分鐘的時間，舉行一個簡單的婚禮；可能他們的婚姻，比那些吹吹打打，鑼鼓喧天，擺下幾十桌上讌，糜費了無數時間與金錢所結成的婚姻，要成功得多。有許多人不去硏讀民主的眞正意義和實踐民主的方法與態度，專門注重形式，說起來口號連天，這樣結果，不但他自己不知道民主是什麼，可能還會把民主搞成相反的意義。所以我們運用指示性言辭之時，必須要注意以下幾點，才不致犯了過多的錯誤。

一、人類的言辭，對於任何事物都不能全部的說出。故指示性言辭的陳述與允諾，也始終是「未來地域」的「地圖輪廓」。未來的事情是我們無法預測到的，因此我們現在所推斷的事情，往往與未來不合。不論我們怎樣發誓要永遠做個好父親，可是沒有一個人能每天都做好父親的。這也就是說：任何指示都不能使將來完全按照我們心願的格式出現，祇要我們能夠領悟到這一點，就可以不致於有不可能的期望，和不必要的失望了。

二、不要把指示性與說明性言辭，混爲一談。譬如說：「出家人與人無爭。」「法律是大公無私的。」這一類的話是設立目標，也就是理應如此的。它並不一定和現實的狀況完全符合。如果我們忘記了「應然」與「實然」的區分，見到了一個跟人打官司的和尙，或有一個受了寃獄的朋友，我們即再也不信任「和尙是出家的佛教徒」，或「法律是公正的」說法，那我們就根本的錯了。

三、把指示性言辭裏沒有意義的，當着眞有其事，造成一種幻想。然而幻想是靠不着的，幻想的後面緊跟着就是失望。譬如許多報上，常登着這樣的廣告：「××啓事：本人婚後十年，未生兒女，去年春經友人介紹，服用××大醫師祖傳秘方××付，今年即舉一子，特此登報銘謝。」於是未生過兒女的太太們，就認爲吃了這劑藥，一定可以生兒育女。你想想：這些太太們怎能不趁興而來，敗興而歸。

四、錯認含糊言辭爲明確言辭。譬如說：有一位競選者答應「保護工會」，你投他一票，他上臺後通過的法律，却使工會裏的職員，暴跳如雷，而他却還說是爲了「要使工會會員不致受領導的流氓份子操縱」哩！你責他失信嗎？也許他最初的意思，可能眞是如此的。

六

柏列茲曼說過：「一個字眞正的意義，當然祇能從一個人怎樣用它看出來，不能以他怎樣講而定。」這是說一個字的確鑿含義，往往會被言者的情感、好惡、意見所決定；這個人所說的，可能與這個字的原義毫不相干。他或許有指示性的目的，當他把那個字說出口的時候，他已經加上了太多的推論與判斷了。我們想想：一個充滿推論與判斷的言辭，還能使我們相信它和它的原義一模一樣嗎？爲着解說這個問題，早川博士畫了一個非常有趣的分類圖：

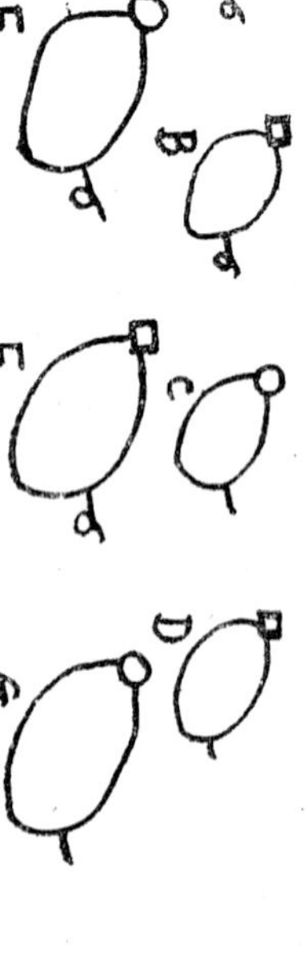

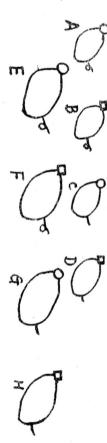

前面像圖畫似的八件東西，我們就算它們是八個動物吧。四個小的，四個大的；四個捲尾巴，四個直尾巴；四個圓頭，四個方頭。最初你對於它們根本就不注意。忽然有一天，你發現到這些小的把你的稻子吃了，大的却沒有。於是那些本來對你無關的動物，就有了差別。你把A、B、C、D的共同特性擇出，叫它們「幼蟲」，E、F、G、H叫做「成蟲」。你把幼蟲趕走了，留下「成蟲」。可是你鄰居的經驗却不同：他發現方頭的動物會咬人，圓頭的不會，因此就揀出B、D、F、H的共同特性來，叫它們「方蟲」，把A、C、E、G叫做「圓蟲」。但另一個鄰居却發現尾巴彎的會殺蛇，尾巴直的不會。他就揀出了另外一組共同的特性來：A、B、E、F叫做「强蟲」，C、D、G、H叫做「弱蟲」。請想一想，假若有一天你們三人相聚，恰巧A從你們面前經過。你說：「那邊跑來的是『幼蟲』。」你的第一個鄰居却說：「那邊跑來的是『圓蟲』。」而另外一個鄰居又說：「那邊跑來的是『强蟲』。」那麼這些動物究竟叫什麼呢？也許正在你們爭吵之時，又來了另外一個鄰居，把它叫做「肉蟲」，因爲它可以吃，把不能吃的叫做「壳蟲」。雖然這個鄰居也參加了辯證，結果仍是與事實無補。

「它究竟叫什麼名字呢？」這是沒有意義的問題。所謂沒有意義的問題，就是指一個無法回答的問題。符號和它所代表的事物之間，一定要有必然的關係，才能有一「正確的名詞」。可是在前面我們已經看到，這種關係事實上並不存在。那就是說：你們各人之間所注意的焦點不同，你們所意指的內容不同；也就是你們之間的利害與分類不同。

很不幸的，少有人能注意到上面這個問題。我們沒有考慮到把被拘留過者稱作犯人，是何等嚴重的事。當我們看到了梳飛機頭的男孩，就說他是「太保」，穿牛仔褲的女孩，就說她是「太妹」。不但沒有顧及到他本人許多眞的特性，並且硬派給他這個名詞的情感含義所暗示的一切性質，並且冒然對阿根作最後的判斷：「我說嗎！犯人總歸是犯人，沒有辦法。」於是乎「上海人」、「福州人」、「交際花」、「老小姐」、「窮鬼」、「洋奴」諸如此類的名詞，就在一種草率的判斷和固定的反應下，繼續不斷的出現了。這種判斷的不公正，不但是顯而易見的，而且會使我們的思想路徑與方式，日趨頑固和僵化。

所以我們要想解脫這種精神上的危機，把我們從迷矇的霧裏引出來，就是要記着我們在日常生活的談話或公開的辯論和論戰中，千萬不要說出許多極端的話。例如：「搞政治的畢竟是搞政治的」，「女人畢竟是女人」，「商人畢竟是商人」。這類說法的錯誤，固人所共知，但很多人都常這樣說。讓我們再看看說這類的話，在事實上是怎樣發生的。

「老吳，昨天我太太跟我大吵大鬧，她罵我沒跟她買皮大衣。」

「這有什麼希奇，我的那一位比嫂夫人還絕哩！……女人畢竟是女人。」

這一類話看來很簡單，似乎像一個報告，其實並不簡單，也不是一個事實的報告。第一個「女人」代表一般的女人，從小姑娘到老太婆都在內；後一個「女人」就推演到「女人」的含義了。它包含的指示是說：「女人除去好吵好鬧，向丈夫要錢買皮大衣外，別的什麼都不幹。」

趙大：「錢二的作風太惡劣了，對朋友怎能這樣？」

孫五：「『還好』，遠不及『汪震』。」

請注意「還好」和「汪震」這個人名的含義以及孫五說這句話的目的。

客人：「聽說你家女佣人又病啦。」

主人：「是呀！我家這位「小姐」，眞是「千金」之體啊!!」

這裏我們當會了解到：「小姐」「千金」的廣泛運用和主人情感的意思表示。

另外我們再舉一個有趣的類似例子：是說一個在外國發了財回來的「金山阿伯」到銀行提欵，銀行裏的出納員說他在支票上所寫的「8」字寫得太難看，那位阿伯對他笑道：「是的，你的『8』字好，阿伯的『八字』也好」。前一個「8」字，的確是數字上的「八」字，後一個「八字」卻是指「命」而言。這就是說：「八字」好，就是「命」好，一個人祇要命好了，那怕他連「八」字都不會寫，也是沒有什麼關係。

通觀以上所論，我們得知我們之所以說錯聽錯、是因爲我們混淆了各種不同的抽象階層，不經思考的亂下結論，以致有後悔不及的現象。所以我們要想使得我們所作所言，能够更密切的更客觀的接近事實，就應該把社會的試驗標準，盡量的推向科學的試驗標準；也就是我們前面所提及到的分類結果。這是說：科學家所要的結果，是祇要我們分類法能產生的結果，可以預測到就行了。因此我們相信：這種普遍有用的分類制度，在更有用的分類制度還沒有發明以前，我們目前用它，還可以求出相當程度的「眞」。

七

在我們這個社會裏，有很多人常常喜歡用二元價值的觀點(The two-valued orientation)來論物陳事，好像天地之間祇有正和負、好和壞、熱和冷、愛和恨、剝削和被剝削、聖人和壞蛋、資本家和產業工人……等。這樣的分類法正不正確呢？我們的答案是否定的，但我們承認它在原始的社會裏倒是很自然的想法。原始人終生的和風雨、仇敵、野獸、疾病或者他們以爲附在自然物裏的惡魔戰鬬；他們的確是：「不是生，卽是死。」就因爲這個緣故，他們的文化被這樣的定住了。有一些原始民族連狩獵和捕魚，都必須用固定的方法，遵守固定的格式，以求成功。所以他們永遠不進步，永遠缺乏文化的交流，也就永遠不能發展他們的語言和文字。

如果把這種二元價值觀點引用到政治上去，其結果就會像早川博士所說的：假若有一個政黨覺得自己完全是對的，除它之外，別的政黨根本就沒有存在的理由，那麽當這樣的一個政黨掌握政權的時候，反對黨便會立刻的被禁止發言。在這種情況下，那政黨便會宣佈它的哲學是全國法定的哲學，它的利益是全民族的利益。德國納粹黨說道：「任何與國社黨爲敵的人，都是德國的敵人。」即使你非常愛護德國，祇要你在什麽事最能裨益德國這一點上，和國社黨不同意，你就要被清算。在一黨專政制下，以最原始形態出現的二元價值觀點，便成爲一國的法定思想。

最妙的是，希特拉給他的政治制度，找到了兩個頂重要的名字：「雅利安」代表一切好的；「非雅利安」（或者「猶太」）代表一切壞的。於是乎兎子變成了德國的外來客人（因爲它膽小），獅子變成了遠居海外的德國僑民（因爲它勇敢）。日本人被歸屬於雅利安族是够荒謬了吧！但這對於希特拉本身的事業，尙無大害。但他犯了最大的錯誤，是把物理學又强分爲「雅利安」與「非雅利安」。可是最先發明原子彈的，是從「非雅利安」物理學得來的理論。這對於他眞可謂不幸之至。

二元價値觀點的另一結果，就是使我們產生了高度的戰鬪精神，和人對人不人道的行爲。納粹的獄吏和劊子手，並不是懷着暴怒或者魔鬼般幸災樂禍的心情，去執行他們可怕的任務的，他們祇是覺得那是他們的責任而已。希特拉說過：宣傳的功用，就是要使人能够把平常必須暴怒才做得出來的事，冷靜鎭定的完成。祇要我們認眞相信二元價値的宣傳，那種宣傳便眞個會產生這樣的結果，因爲一個人會深信不疑地相信：「都是那些混蛋在搞鬼」，因此，「祇有一個辦法對付他們」。

有了二元價値觀點，就天然地需要一個一黨制，因爲眞理祇有一個，旣然知道了眞理，爲什麽還浪費時間去聽別人的謊話呢？所以像蘇俄那樣的國家，連女人生個胖孩子，都是由於馬克斯主義的指導，那麽還有什麽爲求知識而求知識、爲硏究科學而硏究科學的話好說呢！

除非我們能够採取多元價値的觀點，我們就不能達到一個適當的目的；二分法的領導卽使能把我們帶向一個結果，這個結果也是與目的相反的。而多元價値觀點則不同。它使我們區別細密，使我們想到的與活動的方式多；這也就是說，使我們對於人生中許多複雜的情形，能作更合適的反應。在原始社會中，無論你生什麽病，巫醫祇能給你唱一支歌，跳一隻舞。而我們却可以開出許多簡單的或複雜的診方。

也許有很多人會這樣說：多元的價値觀點，會造成「猶豫不決」，「拖泥帶水」的情勢。這是不够正確的，當我們排解一個糾紛，調停一個爭論，我們不去多方的觀察與估計，我們的結論能不錯誤嗎？不去精密的推敲，祇說「是與不是」，那麽這種「快刀斬亂麻」的結果是什麽呢？結頭固然是解開了，可是繩子也沒有用了。

因此，一個科學的與民主政體愈是發達的社會，它的價値觀點就愈富於彈性，愈能適應大衆的需求。尤其是科學性的語言能够繼續不斷的供給我們無窮盡的價値觀點、無窮盡的方法；使我們按照目前的實際情況，調整自己的行爲，使我們更確鑿的更適當的和再進一步的運用語言。

八

爲着減少和避免思想與行爲犯着更多言辭上的錯誤，我們應熟記下面幾個規則：

1. 一張地圖並不就是它所代表的地域；言辭也不就是事物。
2. 言辭的意義不在言辭中，而在我們的腦裏。
3. 前後文決定意義。
4. 一個字可能有許多錯誤的評價法。
5. 指示和說明之間，有着不短的距離。
6. 一字不祇一意。
7. 二元價値觀點是發動用的機器，不是駕駛用的機器。
8. 小心定義，它是用言辭來解釋言辭：所以我們要多引實例。

註：Ⓐ本文所用「言辭」、「字」、「語言」三名詞，在某種意義上，它們的內容是相同的。Ⓑ本文係根據 S.I. Hayakawa: Language in Thought and Action，並參證柳之遠譯語言與人生等語言學論著改作，特此申明。

香港通訊．一月廿四日

請看香港發出的臺灣政治颱風警報

方望思

「自由之窗」的香港，這個夾在大陸和臺灣之間的小島，近幾年來，已變成了一所政治氣象台。現在，無論是赤色大陸和臺灣孤島有甚麼風吹草動，大家常可以預測到政治上將會有甚麼大風暴。

從去年十二月二十三日蔣總統發表了反對修憲聲明後，國內外對于蔣總統這種放棄三任總統的斷然決定，曾加以一致的喝采。香港的輿論界，自然也不例外。例如在十二月二十四日，香港便有「眞報」和「新生晚報」等著論贊爲「明智」；接着在十二月二十五日的「星島日報」，也做了類似的贊揚；即被臺灣當局一向看做眼中釘的「自由陣線」，也在十二月二十九日以「蔣介石先生放棄再任總統」爲題的社論中，贊揚蔣總統的「明智」。

不過，當大家正在一致贊揚聲中，發現來自臺北的官報和黨報，對于蔣總統自動放棄三任總統的大事，却不予贊揚，反而一致保持了高度的緘默。同時，又看到十二月二十五日召開的國大年會中，既有修改憲法的正式提案，且有不修改憲法而使蔣總統繼續連任的臨時動議。大家便感覺到事情極不單純，可能還有複雜的內幕，於是心頭便隨着產生了另一種情緒，是驚奇，是惶惑，是疑懼，是揣測……

一月六日出版的「聯合評論」，便乾脆以「千萬不可修改憲法」爲標題發表評論，坦白指出已有人懷疑蔣總統的反對修憲，是「以退爲進」，歸結到「現在蔣總統雖然已宣佈他反對修改憲法，可是他是否將貫澈初衷，仍有待于事實的證明啊！」

事情似乎特別湊巧，素來被海外人士認爲最足以反映甚至代表蔣總統看法的蔣經國先生，偏偏又在這時候，突然打破了緘默，于一月四日出版的臺北幾家官報上，發表了一篇「我們是爲勝利而生的！」文告式文字。雖然這是註明「寫給英勇的克難英雄和政士們」的，但却充分流露了蔣經國先生對當前某項重大問題的看法。

蔣經國先生的文章，處處引用漢明威「老人與海」的故事。其中雖然有的是隱喩，有的是借喩，有的是明喩，但只要看過那篇文章的人，却不難領會到蔣經國先生的用意何在。文內最引起香港政治氣象臺注意的，似乎無過于下面一段話：

「老人是可愛的，亦是令人敬佩的！他留給我們最深刻的印象，就是他永不灰心，永不放手的意志和毅力，構成了永不失敗的象徵。他那朋友的小孩，對老人是鼓勵，亦是希望。……這一個繼起的生命，代表了未來的希望。有一天，當老人的肉體隨着歲月逝去的時候，他那堅強奮鬪的精神，將藉着這繼起的生命重新顯現，使下一代的青年人獲得啓示和鼓舞。」

由于這類政治跡象，大家便推測到臺灣的政治氣象，又將有新的變化了。於是，香港各自由反共報刊，由贊揚蔣總統的反對修憲聲明，轉而爲一致强調反對修憲。

在一月五日，除掉「新生晚報」又發表了「希望于蔣總統者」的短評，重又提起已使人懷疑蔣總統是「以退爲進」外。同一天出版的「祖國周刊」，也在「總統任期與修憲問題」的社論中，特別對于主張修憲一派人士的意見，痛加駁斥，且進一步提出極有力的相反看法：「今日的實際政治問題，癥結自不在修改憲法，而在如何澈底遵行憲法。」一月九日，左舜生先生又相繼在「聯合評論」發表「讀了蔣先生反對修憲的演辭以後」。左先生特別强調到一點：「蔣先生這次的談話，一面他是站在政府的立場代表政府說的；一面他是以國民黨總裁的身份代表國民黨說的。過去主張修憲的人，我知道仍以國民黨的黨員爲最多，即一般從政的國民黨員，正式參加修憲活動的雖不多，可是希望把憲法修改一兩個字，使蔣先生仍得連任第三任總統的人，也不見得完全沒有。這次蔣先生既以二重的身份代表了黨與政府反對修憲，只要這般修憲的主張者與希望者，不根本否認蔣先生可以代表黨也可以代表政府，他們的這種活動，似乎可以適可而止了。蔣先生儘管沒有權干預國大代表行使職權，但他確有權遏止國民黨黨員採取與國民黨主張相反的行動。」

可是，隔了不到幾天，又從臺北寄來的一月十四日「聯合報」上，看到了史尙寬先生「目前憲法是否有修改之可能與必要之商榷」長文。史先生的文章，雖然圈子繞得不小，但最終的意見却很明顯，那就是史先生所謂：「依憲法第四十七條規定『總統副總統之任期爲六年，連選得連任一次。』現任蔣總統已連任一次，其第二任期亦將屆滿，而在此勵員戡亂反共抗俄時期，復國在望，尤有賴于蔣總統之領導，故非修改憲法不可。」史先生到後來雖有幾分吞吞吐吐，欲說還休的味兒，且特別註明「純係個人意見」，但史先生不但是國民黨黨員，而且是現任大法官，現在却不先不後的說了這番話，難怪更引起大家的揣測了！

現在，由我們一些站在香港政治氣象臺的人看來，從蔣總統反對修憲的聲明發表後，由黨報官報的保持緘默，而國大年會的提案和臨時動議，而蔣經國的大文，而史尙寬的「高論」，已顯示一個政治大颱風又將降臨臺灣。現在，只見臺灣上空一片烏雲，政治氣壓在劇烈變化，已到該放出政治颱風警報的時候了！寄語在臺灣的朋友們，密切注意吧！

一月二十四日寄自香港。

中共迫害學術界的新高潮

辛　明

香港通訊・一月五日

中共中央統戰部御用報紙北平光明日報，最近以「徹底批判資產階級學術思想」爲版頭，對著名學人展開批判運動。首先遭到狂妄批判的，有經濟學權威僞北大校長馬寅初、史學界的雷海宗、政治學界的楊人楩等人。他們並非因爲新的主張和理論而得禍，乃是大鳴大放期間以及以前的舊案重提和宣判，茲分別報導如下。

一　雷海宗的歷史分期得禍

雷海宗是北方學術界的名人，在此不必多加介紹，他在前年大鳴大放時期，把多年來在共黨檢査制度下不敢送出去的一篇論文：「世界史分期與上古中古史中的一些問題」，在去年七月號「歷史教學」月刊上刊出。這篇文章的主要論點，是以「生產工具論」作爲歷史分期的根據，與共黨敎條社會發展史所根據的歷史唯物論的觀點，處於不能「和平共存」的地位。

雷海宗在文章開首提出了生產工具發展的四個階段：石器、銅器、鐵器、機器。雷海宗在該文中引用馬克斯「政治經濟學批判」序言中關於社會經濟形態的一段話：「大體說來，亞細亞生產方式，古典生產方式，封建生產方式，以及近代的資產階級生產方式，可以看成爲社會經濟形態的幾個遞進時代。」而雷海宗則把馬克斯這種分期，分別劃入他的四個歷史階段中，文中說：「馬克斯的亞細亞生產方式，就是銅器時代，就是近年來一般所謂早期的或不發達的奴隸社會；馬克斯的古典社會，就是鐵器時代的第一階段，就是近年來一般所謂奴隸社會；馬克斯的封建社會就是鐵器時代的第二階段，就是中古時代。」雷海宗這樣以他的生產工具爲標準的劃分來代替馬克斯對於社會經濟形態的劃分。所得到的「罪名」大要如下：

㈠說雷海宗「以生產工具來劃分社會發展的階段。表面上看是談奴隸社會的問題，實際上可以使人以相同的生產工具——機器，來混淆資本主義與社會主義根本性質上的區別」。說雷海宗「就是這樣以暗示、影射的手法來偷運他的反動的貨色，企圖以使用相同的生產工具（機器）來模糊資本主義和社會主義的界限」。

㈡說雷海宗在該文中强調社會發展「極不一致，並無簡單公式可循」的說法，是對「黨根據社會發展規律所進行的革命鬥爭」的一種挑戰，說雷海宗「在這裏豈不是想對黨所領導的革命進行翻案嗎」？

㈢說雷海宗「否定生產力中人的因素，實際上也就否定了生產關係」等於「否認階級鬥爭」。「那麼我們黨過去對反動階級所進行的階級鬥爭，在雷海宗眼裏看來，豈不也全盤錯了嗎？那麼這不是要求資本主義復辟和帝國主義捲土重來又是什麼？雷海宗惡毒居心豈不昭然若揭了嗎」？看共黨這種欲加之罪置人於死地的口氣，眞是令人髮指。

總之，把雷海宗說成是爲了「反對社會主義事業，披着學術的外衣，採取借古擬今的手法，創造出一套荒謬絕倫的理論」，用以否定「社會發展規律」、「否定階級鬥爭，動搖和推翻歷史唯物主義的理論體系」。雷海宗在反右派鬥爭和交心運動時受迫害頗多，被指爲連續不斷地「向黨的指導思想馬克斯主義射出了幾支毒箭」，歷史分期的「生產工具論」是其中之一。

二　楊人楩舊著遭清算

在不久之前，北大批判所謂資產階級學術思想的風暴中，政治學方面的教授首當其衝，在中共學校黨委和團委指使之下的學生作爲迫害學人的工具。組織所謂「北大歷史系同學批判楊人楩先生資產階級學術思想的座談會」，他在會上曾說他「在解放後雖然未曾眞正批判過去錯誤的資產階級學術思想，但也不會公開的搖晃白旗」。這是第一回合要他坦白時所說的話，但是中共學校黨委，立刻加以羅織，翻出舊賬進行清算。

一九五六年十月楊人楩將他自己廿年前一篇舊作：「聖鞠斯特」送去出版，這本書是法國大革命時期政治家聖鞠斯特的評傳。是他二十年前在國外寫的一本書。接受學校黨委支配的積極分子的歷史系學生和教師，說它是「一本徹頭徹尾充滿了資產階級歷史唯心主義與眞正科學背道而馳的書」。

楊人楩在他把這本書送去重版的時候，正是陸定一闡釋毛澤東百家爭鳴百花齊放的講話發表不久。他在「重版後記」裏說：「在閱讀近人論聖鞠斯特的若干著作之後，也覺得對於我這一舊作似乎不必大加修改」。而這句話居然被作爲提出清算的藉口，說「一九五六年秋，正在國內外反動的修正主義浪潮高漲，資產階級知識分子向黨翹尾巴最嚴重的時候，楊人楩送了這樣一本東西去重版，並宣稱不必大加修改，甚至連解放以來所慣用的馬列主義『花邊』、『護照』都乾脆不要了，這不是楊人楩公開向馬列主義歷史科學挑戰又是什麼？這不是公開的搖晃白旗又是什麼」？

此外，還指責楊人楩有一次對學生提到這本書的時候所說「這才算科學研究」的一句話，是「僞科學的」。說「楊人楩寫這本書每章史料引用都達百幾十處，但是絲毫沒有馬列主義的著作」。這就是所謂不科學的唯一根據。

對楊人楩清算的總結是：「對這樣一本徹頭徹尾唯心主義，與科學毫不相干的東西，不是什麼修改的問題，而是應該把它徹底拋掉」。這個清算，不僅是把楊人楩最珍視的著作：「聖鞠斯特」列爲禁書，同時楊人楩的教書生涯也要遭到災難。

三 「社會主義」進路上的馬寅初

馬寅初是聞名國內外的經濟學權威，雖然作了共產統治下的僞北京大學校長，但是他的經濟理論和主張仍被中共視爲「向社會主義過渡」路上的一座大山。馬寅初於一九五六年十二月和一九五七年五月，先後在「人民日報」上發表了兩篇論述「綜合平衡」的經濟問題的文章。一九五六年正是中共大冒進的一年，大混亂不協調的一年，馬寅初的這兩篇文章，等於是向中共統治者的政策和敗績挑戰。但是當時中共對於馬寅初的理論無力反駁，經過八大二次會議，提出所謂多快好省的社會主義建設總路線之後，馬寅初的理論如不全面清算就無法推行中共所謂的社會主義建設總路線。在劉少奇的主持之下，從去年（一九五八）四月十九日開始在「光明日報」和「人民日報」上登載批判馬寅初的「資產階級學術思想」的文章，到目前爲止，已有三十一篇之多，中間馬寅初曾經兩度爲文反駁，之後中共對馬寅初的圍剿，轉以北大學生爲主力展開孤立馬寅初的活動，進一步在北大學校黨委指使之下以經濟系二年級學生爲主組成了所謂「批判馬寅初經濟思想小組」，據稱「奮戰兩個月寫出了十三篇論文」，着重攻擊馬寅初的「團團轉綜合平衡論」、「新人口論」和「資本主義工業的社會主義改造」的主張。去年（一九五八）十一月廿九日御用的光明日報對着這三個方面刊出了以「批判馬寅初經濟思想小組」名義的三篇類如宣判性的文章。這是中共迫害馬寅初的第三回合。

馬寅初在論「綜合平衡論」方面的理論和說法，最刺痛中共的幾點如下：

㈠指責中共的計劃經濟制度缺乏科學基礎，他指中共的經濟計劃是「人爲的計劃」，不可能制訂得合理，也不可能實現。他說「把國民經濟各部門各地區聯系在一起……要制訂出適當的指標是很難的」，「而且掌握編制國民經濟計劃的領導同志，又是常常心中無數，時而保守，時而冒進，不按客觀經濟規律辦事」。

㈡在建設速度問題上，馬寅初反對中共的「多快好省」，尤其是反對「優先發展重工業」。馬寅初認爲國民經濟高速度的發展，給工人帶來了災難，他說：「解放後國民經濟的恢復與發展得太快」，這句話實在的意思是說中共壓榨勞動太兇。馬寅初舉例說：「旅大市一萬一千多戶職工無房屋住，家屬安置在招待所辦公室……老少三輩或兩三戶擠住在一個房間……住在澡塘、地下室、廚房等終年不見陽光的地方更多，使職工難以保持足够的休息而影響身體健康。大連是沿海城市，可見內地更爲嚴重。」

㈢在工商業方面，馬寅初指責中共「國營商業」是「只此一家，別無分店」的「官字號」。因爲是「官字號」所以「不能調查市場和人民的需要，造成了物資堵塞現象，物資不能調劑，以致生產受到阻碍」。馬寅初並說中共所稱社會主義制度下的「國營商業和合作社營商業」，根本不是爲人民服務的機構，「而是主觀主義和官僚主義作風盛行的企業」。他並說：「農產品成了國營商業，合作社營商業獨家採購，以至壓低壓價的現象太嚴重了。」

㈣馬寅初對中共的計劃價格進行了激烈的攻擊，他認爲中共統治下的價格是一種「人爲的不合理」。並且進而指出中共的某些經濟弊害，「一個重要的因素，就是因爲沒有來自其他方面的價格競爭，使問題不容易暴露」。他主張要「物價隨供求波動，允許價格競爭的存在，才能使價格自發的達到合理」。

四 給馬寅初所加的罪名

中共給馬寅初所加的罪名眞是繁不勝擧，玆就其中主要者列擧於後：

㈠在批判馬寅初「團團轉綜合平衡論」方面，說他是「站在資產階級立場運用資產階級觀點，大量地歪曲中央首長（指周恩來，李富春）的報告和發言」，打着「幫助青年讀者理解政治經濟學中最主要的兩個原則——綜合平衡和按比例發展規律」的幌子，「否定國民經濟的高速發展」，「反對大躍進」，「攻擊商業工作」，「要計劃調節讓位給價格競爭」，「否定計劃經濟的優越性」，「要社會主義讓位給資本主義」。並說他「散佈社會主義前途黯淡無光的悲觀論調」。

㈡在批判馬寅初新人口論方面所加的罪名，主要說馬寅初是馬爾薩斯主義者。馬寅初「新人口論」中得出的主要結論，是「人口的增殖，就是積累的減少，也就是工業化的推遲」。他認爲「中國人口多而且增殖快就必要造成消費多而積累少的局面」，「人口問題是決定一切的中心問題」。馬寅初作此種結論的根據，是着眼於應首先解決和提高中國人民的生活問題。由是而反對中共的優先發展重工業的理論和高度壓搾的積累資金。在這種情況下，給馬寅初的「新人口論」所加的罪名是這樣的：「馬寅初的新人口論完全是一本反馬列主義的著作，馬寅初是站在資產階級的立場，用馬爾薩斯主義的觀點來談中國的人口問題，因此，馬寅初全部人口理論，不僅違反了黨的社會主義建設總路線，而且還直接歪曲了黨的一些重要政策，企圖把黨引到資本主義的道路」。

㈢馬寅初在一九五五年寫成一篇「我國資本主義工業社會主義改造」的文章，是綜合當時中共和私營工商業兩方面的意見寫成的，但是這篇文章未遭到攔駕。這次清算時却把它拿出來作爲清算的項目之一，說這篇文章，在「社會主義革命矛頭指向資本主義所有制」的時候，「却大喊民族資產階級是四友之一，要長期共存下去」。說他「澈頭澈尾地反對馬克斯剩餘價值的理論，以爲資產階級殘存利益辯護」。「一貫的反對黨對資本主義工商業的改造政策」。

自由中國　第二十卷　第四期　小乖驢

小乖驢

楊海宴

一

那時候，小乖驢二十六歲，也許是他個兒小，性情順，大家都叫他小乖驢，始終無人知道他的眞姓名。他喜歡笑，笑聲如嫩羊叫。老爺揍他屁股，像揍小孩屁股一樣，把他擱在自己膝蓋上，用手掌不停的揍，他仍是「嘿嘿嘿」的笑。

小乖驢敬愛老爺，簡直像敎徒敬愛上帝一樣。老爺是陝西人，把「喝酒」說成「哈酒」。小乖驢是湖北人，也跟着把「喝酒」說成「哈酒」。「咱們弟兄哈幾杯。」老爺常講這句話，以致小乖驢也有這句口語了。王老爺的跟班麻大哥，錢老爺跟班小四哥，龔老爺跟班雀兒，都與小乖驢碰在一起時，小乖驢便挽着他們的手說：「去，咱們弟兄哈幾杯。」

小乖驢當眞「哈酒」嗎？老實說，他是不「哈」的。他說酒又辣又嗆嗓子，實在沒得味道。但陪着「咱們弟兄」，他還是「哈幾杯」。只是把酒端到唇邊，裝做「哈」的樣子。小跟班分成好幾派，各派的勢力以老爺們的勢力爲消長，且一經劃派，便壁壘分明，各不相讓。唯有小乖驢無所謂，對任何一派都友好，而任何一派也都歡迎他。正因爲如此，他無形中形成了一個非常重要的人，那就是各派的居間調停人，甲派與乙派相爭，或者丙派與甲派有交涉時，他總是折衝其間，並且常因他片言居要，紛爭立決的。但他自己並不知道自己的重要，更沒有利用過他這無形中形成的重要位置，也許正因爲這點，他爲各派人所愛，爲各派人所重。

小乖驢是光頭，小腦袋，小身子，小手，小脚，猛一看去，象個剃髮的靑秀小尼姑。

二

老爺很高大，臉面很黑。五十多歲的人，但却壯健如四十許。他雖已有六個太太，卻仍每到一處都有陌生美麗的女人，坐在他那穿着黃色長統馬靴的膝頭上。

老爺喜歡小乖驢，像喜歡一頭小動物似的。只有小乖驢知道老爺皺眉時是需要甚麽。

小乖驢知道老爺這幾天心情不愉快，並且也知道其中的原因，老爺到這裏來時，曾與最寵愛的那位六姨太嘔了很大一塲氣。

六姨太是一個小美人，小乖驢覺得那眞是美得奇怪。五官細小，配搭均匀，像那紙紮的女玉一樣，兩個新剝的桂元核似的眼珠子，映在眼白裏，像浸在新鮮的牛奶裏。尤其是當她覷着人笑時，紅唇微開，露出一列細白牙齒，而眼睛微微眯起，眼珠略略斜到眼角邊。小乖驢每看到這個笑法，渾身不知爲甚麽打顫，心裏無緣無故歡喜，又無緣無故害怕。彷彿看到她的這個笑，同時就看到老爺嚴峻的目光在盯着自己。

老爺到這裏來，是爲了主持一項高級軍事幹部會議的，並對這些幹部有所指示。老爺向不帶女人出門，他只把女人從外面帶回去，像一個最謹愼的收藏家一樣，從不把她們展覽出來。可是這位六姨太卻不理會那一套，吵死吵活要跟老爺出來。她人雖小，可是嗓門尖銳而高揚，眼淚多，潑勁足。吵架時那副兇狠樣子，那個一口氣如連珠砲能說二十句話不須換氣的本領，那副天不怕地不怕的神氣，彷彿跟平日嬌小美麗的六姨太，完全是兩個人似的。老爺雖是塊頭大，然而嘴巴笨，性情燥，不能應付這個小美人。

「爲甚麽我不能去，你說，你說，你以爲我不知道，你到外面又要去弄個臭×……」她連珠砲似的嚷着。她膽子又大，說話又粗，彷彿世界上沒有甚麽話不可用嘴說出來的。老爺越是氣，越是說不出話，只是鐵靑着臉，咬緊牙齒，眼睛露出兇光望着她。小乖驢是知道老爺脾氣的，若是眞氣到頭上，他就會像摔破一隻杯子一樣，用他那粗壯有力的手臂扼死她，以前那個四姨太就是這樣被扼死的。站在一旁窺視着的小乖驢，爲六姨太躭心不已，他希望自己能像俗話所說的那樣，變成一個菩薩坐到她肚裏去，告訴她千萬不可再吵，再吵就危險極了。

幾次老爺氣得像一頭怒獅，撲到六姨太面前，但她以帶笑的、輕視的、詢問的眼光看着他，那眼光彷彿說：「你敢動我一根毫毛嗎！你動手呀，你怎麽不動手呢！」這時，她所有全身的美麗，似乎一刹那間都集中在她目光裏。而暴怒如獅的老爺突然如泥一樣的坍下來，顯出一種爲小乖驢從未見過的神情，是那麽沮喪，那麽愚蠢可憐的樣子，往日那種嚴厲而鎭定的氣色一掃而光，小乖驢又爲老爺覺得難過起來了。

「我不希罕你，」她繼續尖嚷：「你要走你走好了，你把小乖驢留下。」

小乖驢猛的一怔！這句話活像五十磅重的冰棒打在小乖驢頭上，從髮根到脚心都感到冰冷起來……

三

自從到這裏後，小乖驢心裏很少寧靜過，時常想到老爺離開時與六姨太吵架的那些事，並且一想到這些事，就無端的心驚膽顫起來。

「我爲甚麽要怕呢？」小乖驢想。「甚麽事都沒有。她要說那樣的話與我何干？『我不希罕你，你把小乖驢留下。』這話是她說的，我爲甚麽要怕？」

小乖驢彷彿質問甚麽人似的。

他又想起有一次與幾個跟班弟兄喝酒時的情形

，也許是王老爺的跟班麻大哥多喝幾杯酒的緣故，突然談到六姨太身上，麻大哥吸着鼻子說：「那女人有甚麼了不起，我跟她睡過覺的。」

「你不怕砍腦袋嗎！」小乖驢卽刻忿怒的說。要不是看在多年兄弟面上，他那次幾乎揍了麻大哥。

「但我爲甚麼要爲這句話生氣呢？」小乖驢想。「並且現在我爲甚麼又要怕呢？六姨太的話，麻大哥的話，都與我無關。」

「無關，無關，與我無關！」他突然嚷出聲來，彷彿要擺脫甚麼人的糾纏。

「難道是這個意思嗎？六姨太要留下我？」小乖驢彷彿突然有甚麼靈感似的驚愕的想，同時臉上露出一種怔忡困惑之色，像是一個窮光蛋走在人羣裏，突然面前有人伸出一大綑鈔票給他，這個窮光蛋怕對方弄錯了人，不知道接受還是不接受。

「是的，是這個意思。」小乖驢喜悅的想。「我要是蓄起頭髮就更漂亮一點了。」他摩着自己的光頭頂，是那樣愛惜的、孤芳自賞的摩着，半閉着眼睛，彷彿爲一股溫情所激動。而同時六姨太平日所有的美麗影子，一幅接一幅的展現在他的眼前，他把雙臂抱緊自己的肩，頭低着，嘴唇吻在自己的手臂上，恍惚是吻在軟軟的肉上……

然而這種微妙、陶醉、甜蜜的思想，是突然而來，又突然的消失了。每當小乖驢在這種迷離恍惚的陶醉境界中，他就像被人潑了一盆冷水，突然驚駭的醒過來。有如一隻狼在享受一頓豐美的食物時，突然感到威脅自己生存的獵人已經降臨，因而猛然有着一種警覺的本能。於是老爺那副魁梧、醜惡、嚴厲的身影便顯現在自己的眼前，一種犯罪的恐懼使他顫慄起來，而從前在自己心底那麼威嚴、那麼熟悉的老爺，突然在他眼前變得陌生起來、可怖起來，竟是可怖到這樣的程度，以至於在內心掀起一層連自己都不知覺的反抗情緒。

「我爲甚麼要怕你？」小乖驢忿忿的說。彷彿自己站在老爺的面前，這樣的質問他。他從來沒有這樣的疑問，就如同老鼠從來沒有懷疑過爲什麼它要怕貓。可是現在，由於一種切身利害的衝突，由於一種慾望的需要，由於一種不被自己所知、而又亟須瞭解的要求，小乖驢把自己少得可憐的智力，積極動員起來了，他要尋找這個答案，——我爲甚麼要怕？我爲甚麼要怕？我爲甚麼要怕？

小乖驢所想到的僅只有一點，那就是因爲他是老爺，所以自己應該怕他。牛爲甚麼怕它的主人？因爲牠不耕田時，主人可以用鞭子抽牠。「就是這樣，」他想：「我爲什麼怕老爺？因爲老爺也可以像對付不耕田的牛一樣的對付我。」他覺得老爺有權力叫人當官，有權力給人榮譽，有權力叫人受苦，有權力叫人享福，甚至有權力叫人去死！小乖驢跟隨老爺這麼多年，曾經不止一次見過這些事實。因爲老爺一時的高興，某個人就被升官了，那個曾經瞞着老爺引誘四姨太的漂亮的侍衛長，就是因爲老爺一時的高興升他去做團長了。又有許多人因爲老爺只皺了皺那副粗黑的眉毛，就被拖去殺了頭。而這一切權力，在小乖驢心裏覺得，唯一的原因，只因爲他就是老爺。

自從老爺與六姨太嘔氣，小乖驢跟隨老爺到這裏來的幾天中，當他單獨一個人的時候，他就那麼深沉的想着，隱約感到一種憂鬱的樂趣。只是他在想這些的時候，並不如上面所描述的這麼有層次，很具體，不！他只是很模糊很紛亂的在內心湧起這些概念罷了。他是個外形細小的人，一些動作也帶着這類小巧的人所常有的一些有趣的小特性，譬如他在想着這些時，喜歡像叫花子似的蹲在一個牆角裏，雙手抱住膝頭，背靠在牆壁上，把自己的下頷，像鐘擺似的在兩個膝頭之間抹來抹去。有時用手隨便檢起地上一根草枝，在地上畫着方形的或圓形的圖案，畫好用脚擦去，又重新再畫。有時又停止一切動作，只蹲在地上，時而用右手摸摸脚後跟，好像要拔起鞋跟一樣。

在小乖驢想着這些的時候，由於一種類似某種動物經過長期豢養，因而對主人產生一種神聖不可侵犯的忠馴之心，使小乖驢對於自己這些想頭，有着一種犯罪的感覺，認爲這些思想對老爺是一種不敬，是一種叛逆。

四

此刻，小乖驢從那副蹲着的姿勢站起身來，抖擻似的伸了一個懶腰，然後又扳響指節骨。他看了看窗外，窗外是黑漆漆的，由於習慣，他知道老爺快要回來了，於是零亂緊張的心情，反而漸漸的寧靜下來。他希望老爺立刻就會回來，好像一個孤獨很久的小孩，急切盼望他的保護人到來一樣。他開始做着老爺回來前的一些例行工作，諸如準備拖鞋、掛好浴衣、整理白天那些來拜候老爺的人所留下的名片、秘書請示的公文等等，他做着這些時，是極伶俐極熟悉的。

這是位於江南某城郊的一座堅固美麗的新式別墅，從外面看去，聳然獨立，如一隻雪白的鵝。當老爺同他身後遠遠尾隨着的幾個衞士，一道進入前花園後，小乖驢已一如往日那樣的卑恭的在廳前佇立恭候了。

老爺是一個高大而嚴厲的人，面色黑而陰鬱。他走路時有一股很容易令人察覺的囂張和帶怒的神氣，顯然這是由於他的意志從未受到阻撓的結果。在他經過小乖驢身邊時，像經過一張桌子或任何令人不在意的物品那樣，視若無靚的過去了，繼續走若干步後，纔冷淡而又極有把握的回過頭來，好像他必然會看到小乖驢是跟在自己身後的。

他進入那間戒備嚴密、佈置特殊的休息室後，小乖驢就開始忙碌起來，面部單純的微笑着，顯然是因爲見到老爺，先前那點零亂不安的心情都一掃而空了。當老爺在小乖驢已成習慣性的服侍下弄得非常舒服，而在一張堅固美觀的大躺椅上躺下時，他用特別的眼色望了小乖驢一眼，一種既嚴厲、又憐憫，又有所詢問的眼色。小乖驢在這一望之下，不知怎麼，突然感到一種柔情的衝動，很傷心起來，恨不得想抱住老爺痛哭一場，把這幾天來自己的想頭、自己的痛苦，像傾訴給自己的父母聽一樣，傾訴給老爺聽纔好。這種柔情親切的感覺，只有在小乖驢被老爺抓起，橫放在自己膝頭上，像揍小孩似的，用手掌揍他屁股時纔有的，所不同的是那樣的時候，小乖驢是「嘿嘿嘿」的笑的，而現在他却只想很痛快的哭一場，希望用一場痛哭來消滅他日夜感覺到的那點沉悶、不安、恐懼的壓迫，而恢復以前主僕間那一直存在的坦直、親切、和那點類似虐待所產生的親如家人的舒適之感。

每當小乖驢做完那些因爲老爺入室休息時所必須做，而且已做過千萬遍的瑣事後，他就會靈機一動，很迅速的找出一些老爺開心的事來做。然而現在，這一段空隙的時間最難挨。可是這時候老爺突然坐起身子問道：

「你眞的喜歡梅香嗎？」梅香就是六姨太的名字，老爺問這句話時，用眼角瞟了小乖驢一眼，但他語氣是那樣的平靜，無法從這句話裏體會出任何意思。小乖驢幾乎不相信自己的耳朵，開始的一刹那，吃驚的望着老爺。但那恐懼的眼光裏，卻有着一種無法掩飾的新奇的喜悅之色。他隨卽像旋風一樣，撲落在老爺脚邊，好像一個被判重罪的囚犯請求減刑一樣，用哭訴的聲音說道：

「我沒有，我賭咒，老爺，……」

「我知道你沒有，」老爺露出一排白牙齒微笑說：「我知道，你起來，我只想問問你，你起來……」

老爺現在顯然的愉快起來，好像是小乖驢那點極端恐懼慌亂的行動，使他突然愉快起來似的。小乖驢憑他長久養成的察言觀色的經驗，已經能確定自己的危險完全過去了，也就慢慢的恢復了平日鎭定的神氣。

「你索與在那邊坐下吧，」老爺說：「我跟你好好的談談。」

小乖驢帶着一種恭敬從命的神氣，小心翼翼的在一個小圓櫈上坐下。

「想想看，女人有甚麼用呢？」老爺開始說話了，他四平八穩的躺下來，好像怕冷似的哈了一口氣，這是他開始長篇大論習慣性的信號，充滿着一種施惠於人的寬大神氣。「其實，女人算甚麼？我早就跟你說過的，普天下有兩種人最無用、最可憐，但也是最好玩的人。你要知道，一種人就是女人，另一種人就是讀書人了，這兩種人是最無用，也最好玩的了。像我的那個古秘書——我的秘書長，你知道的，他一心想做大官，可又不懂做官之道，成天說大話，跟人鬧意氣，又酸腐，又吃醋，完全跟女人一樣。想當官那能這樣呢，你想想看，當官第一要有兵權，兵力越大，官就越大。其次就要像你這樣，」

「老爺，我不想當官，」小乖驢連忙認眞的說，好像深恐人家奪去他目前的地位一樣。

「我知道你不想當官，可是你眞是最好的當官的料，你看，現在當大官的人，幾個不像你一樣？又忠誠，又聽話。小乖驢，可惜你不願當官，你眞不願當官嗎？」

「我跟老爺慣了，當官有甚麼好。」

小乖驢就是這點可愛，常是無意中說出極老實的話。他除了在危及自己生存時，有點謊言僞行之外，平時他那順服老實的天性，總是溢于言表。他也就是憑着這點天性，取得老爺的信任和歡心。

五

小乖驢沒有想到在六姨太說過那樣的話後，老爺仍對自己這麼的好。自從經過這次談話之後，他對老爺眞是感到一種無法報答的恩情。而從此之後，自己所有的恐懼也就完全平靜下來了。

老爺到這裏來，原只爲召見若干高級幹部指示一番，很短的時間就能完成這種工作了。不到半個指，主僕倆連同老爺的衞士，仍然回到老爺的總指揮部。可是，另一件不愉快的事發生了，原來那位六姨太在他們抵步的前一晚卽告失蹤，不過，僅數小時後，仍然被老爺四出找了回來，並且據六姨太自己說：她纔不是出走呢，「爲甚麼我要走？」她尖銳的嚷道，「你想藉口把我趕走嗎？」這個嚴厲而陰沉的老爺，對於六姨太這點質問反而無詞以對了。

六姨太在小乖驢眼裏，雖然只分別不到半個月，可是好像完全又變成了一個新人似的。她眞是越看越看不厭的。她那看人時略爲斜視，因而更其嫵媚的明亮眼睛，她那笑時小嘴露出的一線白齒，比以前更有着一番新的動人的力量。小乖驢回來後，由於自己對老爺的感恩心情，他總是避免接觸六姨太，原來在自己心中一時興起的蓄髮念頭，也很堅決地把它打消了。但他心裏却無法避免不想看到她，六姨太那副巧小輕盈的影子隨時隨地都在眼前，尤其是那樣的笑……

小乖驢眞苦惱，非常之苦惱。要命的是心中常常湧起許多問題在迫求他的解答，一刻也不能使自己安靜，他竟然變得像個很深沉的人了，常是茫然不知所措的，那個像嫩羊叫的「嘿嘿嘿」的笑聲，是輕易聽不到了。

小乖驢有一個老伯，是一位拜把弟兄的父親，那位拜把弟兄在一個戰場上死去後，這老伯就完全由他贍養。老伯很愛他，他也很愛老伯。在這樣的時候，老伯的家，就成爲他唯一的避難所了。他常常在空閒時候，到這個老伯家裏走動。

像一般人把心底的秘密，傾訴給最親近的人聽一樣，他也常常跟老伯談起自己最近的心事。老伯六十多歲，卻仍瘦硬健朗，個子很高，白眉毛，白鬍鬚，聲如宏鐘。

「你想要命，就莫妄想。」老伯在聽完小乖驢的心事後，就這樣很簡單的對他說。

小乖驢覺得這話很對，但他不喜歡聽這樣的話，這不是他所需要的回答，他需要人的支持。

他又想到古先生，——老爺的那位秘書長。本來小乖驢是很喜歡古先生的，卻因爲老爺不喜歡古先生，甚至是看不起古先生，所以自己也就拿不定主意了。古先生有很多新鮮的話，是他從來沒有聽到過的。

「小乖驢，你有娘嗎？」

「我當然有娘的。」

「你老爺也有娘嗎？」

「當然有的。」

「你拉屎嗎？」

「怎麼？我怎麼不拉屎？」

「你知道老爺也拉屎嗎？」

「當然的，你眞好笑，問這些話。」

「你有娘，老爺也有娘。你拉屎，老爺也拉屎。你跟老爺不是一樣的人嗎？」

「怎麼是一樣？他是老爺，我是小乖驢。」

小乖驢從老伯那裏出來，在回老爺公館的路上走着時，便想起跟古先生談的這番話。「我跟老爺一樣是人？」小乖驢想。他因爲這個觀念的新奇意味而「嘿嘿嘿」的笑出聲來。難道同樣有娘，就是同樣的人嗎？並且同樣的拉屎！呸！他想起拉屎的樣子，總覺得應該有一點不好意思，但也因爲這點，使小乖驢有一點疑惑起來，當眞一樣嗎？小乖驢掀動着嘴唇想，像一隻小豬一樣。那次古先生還說人沒有偉大渺小之分，只有善惡的區別。但這點太抽象了，小乖驢更不懂。

回到庭院深重的兩層大洋房時，小乖驢所想的那些問題，仍然得不到結論。一會是古先生的談話，一會又是老伯的那兩句「要想活命，就莫妄想。」交迭的在他耳邊響。他抓了抓耳根子，每逢他有甚麼事想不通時，他總是這樣抓耳根的。最後他朝地上用力吐了一口痰，就很安靜了。彷彿所有心事，都隨這口痰吐了出來。

他走進老爺的休息室裏。老爺今天早晨告訴過他，說他在晚上九十點鐘可以回來，現在正是等待伺候的時候了。外面月色很好。纔交秋呢，初涼的夜，有一種如夢的輕爽恍惚的感覺。剛纔在回家的路上，小乖驢看到很圓很亮的月亮，就很歡喜的想到過六姨太。但那只是一刹那，覺得自己像走近火邊似的退縮了回來。

「小乖驢，你一整天到那裏去了？」小乖驢走進老爺房間時，六姨猛的問道。他是那樣意外，因爲六姨太是從來不到老爺這間休息室來的。她正如小乖驢平日所想像的那樣媚笑的望着他，穿着一件月白的衣服。不知是因爲歡喜，還是因爲緊張，小乖驢的臉通紅的。

「我去看老伯去了，我跟老爺講過的。」

「你爲甚麼不跟我講？」她說這話時，面部沒有表情，只是語氣固執，不能確定是當眞生氣，還是開玩笑。但是小乖驢倉皇失措，她又是那麼甜的笑了。

「老爺今天晚上不回來了，」她說：「你還打算在這裏等他嗎？」她憐憫的望着小乖驢，嘴角抹着那樣一點笑，好像是看到一個有趣的小動物似的。

小乖驢沒有回答，他忘記了回答，他忘記了一切。他只是呆呆的望着她，望着她那樣的眼睛，那樣的笑，那樣被衣服束得緊緊的身體。他不知道自己是在望着她本人，還是望着他平日所想像的影子。外面很靜，夜更深了……

這房間沒有床，只有一張很舒服的大沙發。

六

小乖驢像做了一場夢，並且因爲這場夢，好像突然使自己變深刻了。老爺那天晚上還是回來了的，並且當場抓住了他。就從那天晚上起，他就被關起來了。他知道自己以後的命運，但奇怪的是他一點恐懼也沒有，他只恍惚的感到溫柔、纏綿、香軟、像夢魘一般的壓着他。

沒有一點懊悔的意思，他滿意而幸福，覺得自己像一個人，他第一次感到一點眞正勝利的愉快。

「你是娘生的，我也是娘生的，爲甚麼你是老爺，我就是小乖驢呢？」他想，仍然習慣的抓了抓耳根子。但他立刻停止抓耳根了，並且厭惡的皺了皺眉，好像厭惡自己這個動作似的。「但我現在不是小乖驢了。我也是人。不過我快要死了。」

「死有甚麼關係呢？好多人都要死的。甚麼是死？」他突然着急的在內心問道。他開始對生命覺得一點婉惜了，彷彿一個人丟了一筆錢，過了很久時間後偶爾想起時，仍然覺得惋惜一樣。他慢慢的回想起以前的生活：跟老爺出遊、跟小弟兄們「哈」酒、到各處瞎玩……他越想越覺得生命的可戀了。

「我不要死，我不要死！」他突然叫出聲來。「還是讓我當小乖驢吧，饒了我吧，我不，不！我不要死啊——」

但回答他的是一片寂靜，他驚駭的停住了，於是又厭惡的皺了皺眉。

「哼！我不是小乖驢。」他熱淚滿面的說，「我不是，不是，不是，我是個人！……」

書刊評介

「戴季陶先生編年傳記」評介

沈雲龍

編者：陳天錫
出版者：中華叢書委員會

戴季陶（傳賢）先生，原籍浙江吳興，先世經商四川，以清光緒十六年庚寅十一月生於廣漢；民國三十八年己丑二月，因服用安眠藥過量，歿於廣州，得年六十（1890—1949）。戴先生在世的六十年，正是中國近代史上的大動盪時代。他是同盟會成立的那一年，以十六歲的少年，自川赴日留學，雖習染於當時革命風氣的薰陶，然直到民國前一年，才由富順雷鐵崖（昭性）的介紹，加入同盟會。所以，他在革命黨元老一輩中，應是黨齡較輕的一位。

他於民國前三年自日本法政大學畢業歸國後，擔任上海民鐸報編輯，撰寫社論，用「天仇」筆名，詞鋒犀利，言論激越，極受讀者歡迎。但這個報紙却是立憲派人湯蟄仙（壽潛）創辦，社長爲陳布雷（訓恩）先生的大哥屺懷（訓正）。有個時期，戴先生因事請假，即由布雷先生代理筆政。他們兩位是同年同月生，陳稍長於戴數日，同爲南社社友，在清末民初的上海言論界，都負有相當聲譽的。而在兩人少年時代，戴先生十五歲肄業成都客籍學堂，因不滿學校措施，而被黜革；陳先生十七歲肄業寧波府立中學，亦以學潮記過，而自請退學；一種豪放不平的氣概，和多少帶點蘿蔓蒂克的性格，在某些方面也有其相似之處。可是中年而後，陳先生趨於極端謹愼，不矜不燥，平易近人；戴先生歸於弘揚佛法，精氣內斂，外示無爲，這大概由於涉世既深，個人修養及環境變化，都不無有其影響，若與早年時期相較，均是前後判若兩人的。

辛亥光復，各省相繼起義，戴先生隨同陳英士（其美）及今總統蔣公，不惜冒生命危險以促成上海獨立，其後二次革命，討袁失敗，亡命日本，相偕參加中華革命黨，歷經艱困，共過患難，公誼私情，迥非泛常，因而奠定他一生事業的基礎。自民元迄民十四，他入侍中山先生幕中爲記室，參預密勿，決疑定策，是國民黨內有數的「日本通」，其地位僅次於胡（漢民）汪（精衞）。國民黨改組，他在黨務、宣傳、及黃埔軍校方面均擔任要職。中山先生逝世北京，他是簽證遺囑九個人之一。民國十七，國民政府實行五權政制，他受任爲考試院長近二十年，差不多與訓政時期相終始。此二十年中，時局動盪不已，他和布雷先生同爲最高當局所倚任，俱是黨政領導階層的核心人物。及至大陸淪於赤匪前夕，兩人相繼歿世，戴稍後於陳約兩個月。布雷先生遺有自撰五十歲以前之「回憶錄」影印行世，季陶先生死去已逾九年，尙未能如同張溥泉、陳果夫、居覺生諸先生有遺集之類的編訂。依筆者私見，像他這樣一個人，與現實政治有將近四十年的密切關係，至少應該先有一部內容精彩而又完備的傳記，來敍述他生平經歷的。

本年六月，教育部主持的中華叢書委員會，出版陳天錫編「戴季陶先生編年傳記」一冊，分上下兩卷，將近三十萬字，據編輯體例所稱：『季陶先生生平經歷事迹甚多，按年編次，大而國家政治，小至個人行爲，凡有所知，皆加記載。』似乎是非常詳盡的。編者長於戴先生五歲，自考試院成立，即始終相隨，其關係在僚屬賓朋之間，故編撰戴先生傳記，實爲最理想的人選。不過，這部傳記，十之七八用之紀敍戴先生擔任考試院長時期的一切建制設施，分門列擧，包羅甚富；而每一年次之下，所附記當年時事概要，黨務概要，以及抗戰戡亂諸戰役，亦佔去不少篇幅，如果以之研討考試制度的演進，或作爲民國以來大事記看待，確有其參考的價值，但就純粹傳記本文而言，僅佔全書十之二三，賓主似乎不大相稱，對於戴先生生平尤其是早年的重要事迹，尙有不少的遺漏，極易予人以詳其所略而略其所詳的印象。假若能多方彙集資料，不僅內容將更見充實，即對戴先生個人的了解，也有很大的幫助。例如下擧兩件有關戴先生的重要史實，爲編者所忽略，是頗有美中不足之感的。

第一：在這部傳記中，間有引述戴先生的若干函扎，可以由此看出他對友治事的許多見解，這是第一等的直接史料，任何寫傳記的人，必須加以運用，決不可缺少的。以戴先生與今總統蔣公的早年關係，其往來函扎，極爲重要，雖然不容易搜集，但散見於毛思誠編「民國十五年以前之蔣介石先生」一書中，即有數通，可資參證。當民國九年十一月間，陳烱明（競存）自閩回師廣州，軍政府總裁岑春煊等宣告下野，舊桂系軍閥陸榮廷等遁回廣西，中山先生特自滬偕伍廷芳、唐紹儀赴粵，謀重開政務會議。時蔣公方居奉化故里，中山先生屢電召其赴粵，而蔣公以廣東內情複雜，遲遲其行。戴先生特自粵趕回於十二月二十五日親往勸駕，强之去粵。據毛思城書中所記：（十年一月四日）『去歲杪，戴傳賢來函，力迫公出山，公滋不悅，因相與爭鬧。事後，公兩致書自表歉意。』其第一信發於一月五日，書云：

『日前一劇開場之初，實以兄聲色俱厲，不容我置喙餘地，太予人難堪。兄固愛我者，凡有勸解，無不順從。然弟素性急燥，平時對人，又欠恭敬，而對兄則十分忍耐，故於吃虧受氣之餘，不知不覺之間，蘊釀之久，是以爆發於今茲患難相共甘苦同嘗之日。事後思之，自愧更又自笑，爲人不自愛惜，暴棄傲慢，一至於此，有何面目以對良師益友耶？茲引曾滌生誡其弟沅甫與彭雪琴相爭時之家書一節，以爲我二人取照寶鑑，則往後交誼益加深摯，未始非因此而玉成也！尙祈曲宥愆尤，不吝教益，幸甚！』

戴先生接此書時，正居吳興潛園，卽於是月十四日作覆，其原文亦收入毛思誠一書中，惟已稍加刪略，茲照錄如下：

『介石我兄惠鑒：尊書敬悉！是日弟不自知何所開罪於兄，惟自信對兄爲一腔熱誠。卽勸兄赴粵，雖屬爲公，亦有一半係爲兄個人打算。無故而逢兄之盛怒，意與索然，自怨多事。回湖舟中，尤覺有餘痛在。……弟此次回滬以來，曾爲粵省擬成數萬言之法律案。今尙有數案在起草研究中。學究能事，本僅在此；雖曰偷安，尙足自怨耳！赴粵一層，早晚必行之，惟目前則研究事項，粗具條理，不欲便又棄之，從事旅行，非欲終作潛園寄客，以君平自命也。而兄則與弟情形有不同者，兄之活動範圍，乃在直接擔當方面之任務，閉門家居，僅可云自了而已。前月兄云：「促我出山作事，是促我之壽命」。此語弟聞之頗痛，蓋弟亦大以此爲慮者。俗語云：「江山易改，本性難移」。兄之自我之强，有不可當者。然而杯酒失意，輒任性使氣，不稍自忍。以此處世，深虞召禍；卽不然，亦足以礙事業之成功。時非上古，焉有人能爲兄之錚臣，日事起居注者？卽有之，又惡能必兄之聽許，則辭家萬里，擔當國事，禍患之來，常爲人所不能知者。苟兄非確能堅忍自持，致意於中正和平，日以此意三復之，則弟非不愛兄者，又焉敢苦勸兄之出山耶？弟年來力勸兄之赴粵者屢，自信爲愛兄故。前日聞兄之言，思之至再，遂不敢復有所勸，亦自信爲愛兄故。兄函恐弟有餘憤，弟之對兄，惟有一愛在，愛之變體，成爲痛則有之，決不成爲憤也。至於遇事忍耐沉靜，以中正和平自持一層，卽兄家居亦宜如是。對於家人雇僕，同鄉戚友，更不宜動輒任性使氣，有不如意，則罵詈隨之。……兄試思之，先生(按指孫中山先生)之事業，自始至終，日日趨於成功之一途；自其主倡革命以來，其所持主義，在中國之推行，進步之速，或較各國革命史上成績爲優；然先生之所長何在也？靜江與弟，皆認忠厚和平，爲先生唯一優點。吾人從未見先生以己所不欲者施諸人，亦未見先生在私人關係上，對人有絲毫怨仇之心，而不嗜殺人，尤爲國中與全世界政治家所僅見者，中正和平四字，殆其生性。其他思想學問識見之優長，皆不過爲涵養其偉大人格之工具，而決非其偉大人格之本質也。吾人日與先生處，而能見及此點者，已爲不多，能學得此點者更少。執信亦同輩中之一特殊人格，然與先生根本不同點，則在於此。弟深知之，而不能望先生之德量於什一，非不欲學也，質不如也，然甚願與兄共勉學之耳！今日覺生函來，云先生又有電催兄去。展堂三次來函，皆殷殷致意，此皆愛兄之深者，決不宜以爲害兄而漫置之也。書不盡意，伏惟宥我魯直而垂察焉。弟傳賢謹啓。』

蔣公接信後，復於是月二十日寄以第二函，原書云：

『十四日來教，語語悽激，讀竟，泫然不知爲懷，間有一二意含譏刺，尤予人以悚惕。吾謂孫先生待友，其善處在簡直痛快，使人畏威懷德；(按張其昀著國父的風度一文中，卽抄此兩句，惟改爲「其善處則簡直痛快」，殊覺拗口。)靜江待友，其善處在不出微言，使聞者自愧；而兄之待友，限格太嚴，鋒鋩太露，度量不甚寬大，此其所以少遜於孫先生與靜江也。然兄之待吾，私愛之厚，道義之深，有過於孫先生與靜江之待吾者，而吾之待兄，固亦奉爲畏友良師，然而敬憚之心，終不能如對孫先生與靜江者，其故雖由年齡相若，忘形已久，習慣自然，然兄之好惡偏宕，感情用事，辭氣時涉矜厲，是亦其大端也。粵中自成風氣，孰有如孫先生之以誠待人者，而其內容複雜，尤非吾兄所能盡悉，如以對我個人言之，則揮之使去，招之使來，此何等事，而謂吾能忍受之耶？氣度太褊狹，則或有之。然吾人妄自尊大固不可，輕自菲薄，亦何可爲耶？趨炎附勢，夤緣於權豪之門，貪位戀棧，乞憐於無情之友，是豈吾輩自重黨員人格之道乎？兄嘗言英士對兄常懷畏忌，是以與英士感情未洽，甚不願與英士代譯日語。使當時有人强兄與英士共事，吾知兄必起而反對，以爲大不然者。今日兄之强我與競存共事，不禁有同病相憐之感，毋乃兄亦責人重而責己輕乎？假如兄與我易地相處，則兄亦不知如何爲懷矣！於此則謂兄之於我，尙須恕宥若干也。來函謂我有促我出山作事是促我之壽命一語，此係兄誤聽弟言，或誤會弟當時之意也。弟當時只言我的性質暴戾，不適合於世，必離隔朋友，獨居深山荒野之間，或可延長命運之，此蓋弟因兄平日規戒之言而有感，自恨任性使氣，處世動輒得咎，不如嚴居穴處，或可免於隕越，是亦自怨性燥，並非怨兄促我出山，而我亦惟以出山爲懍懼，並非不願出山之語也。總之弟不願自居偷安，亦決不願自外於世，畏譏避怨，是或有之，而貪生怕死，則未之有也。澈底之事，根本之計，則樂爲之；不實之事，無益之學，則不樂爲也。弟處世之病，在乎極端，故有生死患難之至友，而無應酬敷衍普通之交好，所言如此，所行亦如此，於此則或有江山易改本性難移之感慨！至故交之督責，親友之規勸，則嚶嚶鳥鳴，惟恐求之不得，豈有不肯樂從者。吾之取重於兄者，增我智識，長我學問，助我事業諸益，尚在其次，而在不客氣，不敷衍，規勸督責，不稍假借，時時能導我以正，强我從善，此弟之所以不能須臾離兄者，而兄之所以不輕棄夫弟者，諒亦不以弟侮慢爲罪，而終望弟有成業之一日乎？吾甚願吾兄規勸不怠，吾尤望吾兄爲我之孫先生與靜江，則中正或能變化氣質，而漸進於道義。凡人之善惡，以環境造成爲多，本性亦未始不可移易耳。赴粵決以援桂動員之日爲期，未知吾兄能否同行？此行可謂有人無我，言之不重，徒自愧悔而已！』

從這些函扎中，可知蔣公與戴先生私誼之篤，語語出自肺腑，又各有歉然自責的風度，決非常人所可幾及。誠如是月二十一日胡漢民致蔣公書中所謂：『中山先生與競存、汝爲、仲元，俱盼兄來，季陶私自離粵，弟切責之，渠乃欲挽兄來以自贖，相迫太切，其意則可諒也。』因此，蔣公終於是年二月應召去粵，這一場爭執，也就很快的煙消雲散，彼此不着一點痕跡。這是革命史上一段佳話，置諸戴先生傳記中，一定生色不少的。

第二：戴先生是中共最初發起人之一，當民國九年夏秋間，他正在上海經營交易所，和陳獨秀、李大釗，邵力子、沈玄廬、沈雁冰等，準備籌組中共，有關中共黨綱的最初草案，即由他起草。等到次年七月一日中共在上海正式成立之前一日，他表示和國民黨關係太深，中山先生在世一日，不能加入別黨，但願以交易所的贏餘，來幫忙共產黨的黨費。這一段經過，筆者在「中共匪黨的創始」(載民主潮七卷十四至二十期）一文中，曾根據確實可靠的資料，加以引證。這正足以說明戴先生的磊落光明，個人出處，絲毫不苟，因而覺得在他的傳記中，是不必爲之諱言的。及至民國十三年，國民黨實行聯俄容共，戴先生擔任中央宣傳部長及軍校政治部主任，共產黨幹部卒以前事耿耿於心，知其不能合作，竭力排之去粵。戴先生回滬，曾於是年七月五日，致書蔣公，略云：

『介石吾兄惠鑒：弟匆匆便去，未能先事告兄，歸滬後，屢欲有所言，而千頭萬緒，不知從何說起，學筆者屢，方擧旋又放下，不若與他人書時之易爲，蓋親愛之至者，益難爲言也。……國事當時代轉換之秋，舊秩序已破裂，新秩序未建成，人自爲意，必不可免。蓋社會心理在革命期中之必然狀態，無足憂，亦無足懼，吾人但有正確之見解，與寧靜之態度以對之，斯得矣！……吾兄以飽經憂患之身，具堅貞不拔之氣，沈毅豪俠，殆衆程不識李廣爲一人，豈不甚可敬佩！惟所慮者，社會之改造，非僅賴個性之統馭所能成功。……兵兇戰危，載舟以此，覆舟亦以此，操之之難，恐倍於他業，若只賴個性以爲統馭，臨之以模範矜式，恐非持久之道。蓋在時代之社會心理上，其爲暗示者小，而其爲感化者薄也。弟爲此說，詞晦而理昧，不足以盡意，然吾兄且誌之，三年後，當有顯明之例示吾人耳！二十年奔走四方，刺激既多，心理早呈變態，不僅過敏而已。是以自持甚疏，而論人論事，往往有當，兄常謂弟之盛言厲色，易使人難堪，此誠有之，今稍稍自損，欲求有合。惟三十既往，行且近無聞之年，求學已難，所入惟情性之改革，豈易爲哉！且彼此之友誼，且四千日，既有所知，不敢不告。且恐弟不言，則終無第二人能言，亦無第二人敢言，在兄左右之賴以出入者，於此等處則不惟不敢，且更不知，是弟之言之，蓋不得已也！嗟呼！十年以來，舊友彫喪，餘者幾何，寂寞之感，當有同情；對此狂人，必加宥恕耳！弟傳賢頓首。』

蔣公覆書，則表示矢志爲黨犧牲，據毛思誠書中所記，謂原稿已佚失。戴先生於此函中，業已預知共黨包藏禍心，決非某個人之模範矜式所能統馭，其語氣甚爲含蓄，然果於三年後，國共即告決裂，似亦不爲無見。現在，這部戴先生編年傳記，僅述其民國十四年七月著有「國民革命與中國國民黨」一書，以揭破共產黨之陰謀篡竊，與喚醒國民黨同志之受愚分化，致爲共產黨深切痛恨。以及是年十月他與沈玄廬加西山會議，又有暴徒數十人指斥其爲共產黨，加以兇毆之一幕。(見原書卷上四〇至四一頁)編者對於戴先生最初發起組織共產黨，與夫在粵被共產黨排斥之經過，均略而不敍，則西山被打，羣衆誤會，遭受兩面夾攻之由來，就無從明其底蘊了。

除上述兩項以外，本書尙有幾處值得商榷：

①原書卷上三五至三六頁，民國十二年時事概要：謂：『二月二十一日，總理由滬返粵任大元帥，三月一日，組織大本營成立，任總裁爲大本營參謀長，並派與張繼赴俄考察。』按蔣公任大本營參謀長爲是年六月十七日，非三月一日，其赴俄考察，則在八月十六日，卒同沈玄廬、張太雷、王登雲等，由上海乘神丸啓程，張繼恐係張太雷之誤。依據張溥泉先生全集中年譜和回憶錄紀載，是年並無赴俄之事。

②原書卷上七七頁，民國十二年傳記本文：『先生又與全國賢達及專家學者，發起編修黃河志、組編纂會，先生任會長，朱騮先、黃棨庭應榆副之。』黃似係王之誤。

③原書卷上七頁，民元前十年傳記本文：『先生受業於勾容徐子休先生之門。』與一三〇頁民國二十五年所記：『二月上旬，華陽徐子休先生逝世於成都。』前後籍貫不同，似應求其一致。

這是筆者瀏覽本書以後所發現的，姑擧數端而已。但編者以七旬高齡一手編纂將近三十萬字的這部戴先生編年傳記，其辛勤可知，其風誼尤可佩！而體例謹嚴，行文流暢，遣詞亦極有分寸，甚合史家筆法，較之前幾年中央文物供應社出版的那部「胡漢民傳」，僅僅四萬字的一本薄薄的小冊，而內容竟有不少錯誤；那麽，這部戴先生傳記，對於研究近代政治人物或民國史有興趣的人，就不失其爲值得閱讀的一本好書。　四七、十。

讀者投書

（一）新年語痛

田心

今年的年，本不想到大哥處去，准備醺然一醉後，蒙頭大睡，等着夢中新年偷換舊年。但大哥盼之甚切，只得打消原意。除夕天的下午，等我千辛萬苦弄到一張票，到臺中的時候，已是除夕夜了。我們弟兄倆過年那種强顏歡笑的淒楚心情，不在此贅述，我現在要講的是我與大哥在初一的一段談話。

初一我由外邊回來時，見大哥似木雞般坐在椅子上。

「大哥！你這樣靜坐着，打開收音機聽聽多好！」

「收音機不聽的好。」

「爲甚麼？」

「因爲我聽 到國家民族的 口號就作嘔。」

「國家民族的口號不是反共抗俄很需要的嗎？」

「你不懂得，我不能怪你，因你十幾歲就穿上軍衣，一直在軍中受國民黨的思想教育。」

「國民黨的 思想教育 難道會使人愚蠢嗎？」

「犧牲個人自由，去求國家自由的思想教育，那會使人愚蠢呢？」

「是的啦！犧牲個人自由，去求國家自由的思想教育，是教人愛國，是教人效忠領袖的呀！難道你不愛國，不效忠領袖嗎？」

「你說的對，你再出去玩吧！」

「不！你剛才說我不懂，我要你解釋。」

「我的解釋，你聽得下嗎？」

「大哥：怎麼啦！你忘了我們是同胞手足啦？」

「你是我的好弟弟，也是我在臺灣最親的人。」

「既是這樣，爲甚麼不解釋呢？」

「我很想解釋，不過怕你會認爲我的解釋是謬論，致使兄弟反目。」

「不會，絕對不會！我相信大哥是希望我做一個有用的人。」

「你相信我，我就高興。」

「你快說吧，我等得不耐了！」

「我用問答方式解釋，好嗎？」

「好的。」

「雁，你知道嗎？」

「我知道，知道牠是一隻海濶天空逍遙自得的飛鳥。」

「牠本是一隻海濶天空的飛鳥，可是被人捉到了，把牠養在籠子裏，用好的餵着，牠痛快嗎？」

「牠也許會感到 沒有海濶 天空的自由而悲傷。」

「如果養久了？」

「養久了，牠會完全忘記。」

「你怎麼知道牠會完全忘記呢？」

「因見過人家養的雁，長得胖胖的，可以證明牠完全忘記海濶天空逍遙自得的自由，否則，決不會長得這樣胖。」

「雁可以拿來與人相比較嗎？」

「可以的，我記得吳稚暉先生說過：『人是兩手一個大腦的動物，與其他的不同，衹在程度上的區別罷了。』雁是一隻動物，所以可以比較。」

「你已經 知道雁在籠子 裏養久了會完全忘記海濶天空的自由，人被他人的思想統理久了會不會完全忘記對自己的責任？」

「自己甚麼責任？我在軍中十年了，長官從未訓示過，他們衹是一而再，再而三，三而四……的訓示：『要犧牲個人自由：要無條件效忠領袖！犧牲個人自由，無條件效忠領袖，才是愛國者，才是好戰士，前途才有光明。』」

「你覺得這種訓示對嗎？」

「我沒有考慮——不——不敢考慮。」

「爲甚麼？」

「因爲軍中黨（國民黨）員甚多，非黨員的一言一行，都有黨員監視着，稍一不愼，就會送入玩劣（今改爲軍紀實踐隊）隊，該隊的管理是不人道的。」

「對這監視生活你過得貫嗎？」

「初則痛苦，現在好像也貫了。」

「你也像那隻雁一樣，在籠子裏養久了也會長得胖胖的，是嗎？」

「也許是，但我是個人，總該設法逃出來。」

「這倒不難，只要照中外名學者的有關思想問題的話去細思力行。」

「中外名 學者的 有關思想的甚麼話？」

「難道這（在軍中）十年沒有看點書嗎？」

「有呀！有時間就看，不過所看的都是國防部總政治部印發的。」

「你不會去買所愛看的書嗎？」

「去買！那麼容易。」

「爲甚麼？」

「因爲指導員經常宣佈：『其他黨（國民黨除外）派及自由人士所出的甚麼書甚麼書都不許看。』這些書名記也記不了，萬一買錯了，思想問題的帽子就給你戴上了，這頂帽子一戴上，就壓得你喘不過氣來。」

「既是這樣，我學兩位名學者的有關思想問題的話告訴你，你記在日記本上吧。」

「好的，我先把鋼筆打滿墨水。」

「中國名學者胡適先生，他說：『被孔丘朱熹牽着鼻子走，固然不算高明；被馬克斯列寧史太林牽着鼻子走，也不算好漢。我自己決不想牽誰的鼻子走。我只希望盡我微薄的能力，教我的少年朋友們學一會防身的本領，努力做一個不受惑的人。』又說：『至於人生觀，各人不同，都隨環境而改變，不可以一個人的人生觀去統理一切。』又說：『現在有人對你說：犧牲你們個人的自由，去求國家的自由！我對你們說：爭你們個人的自由，便是爲國家爭自由！爭你們自己的人格，便是爲國家爭人格！自由平等的國家，不是一羣奴才建造得起的。』

「外國名學者易卜生，他說：『社會最大的罪惡，莫過於摧殘個人的個性，不使他自由發展。』又說：『我所希望於你的，是一種眞實純粹的爲我主義，要使你有時覺得天下只有關於你的事最要緊，其餘的都算不了甚麼……你要想有益於社會，最要緊的法子，莫如把你這塊材料鑄造成器。』

「中外名學者甚多，尤其他們的名言更多，無法一一指出。只要你能將這二位學者的這些話去細思力行，你的思想就不會被他人統理：你的鼻子就不會被他人牽着走，就可以成一個對自己負責的人。」

「謝謝大哥！」

四八、二、十二。

讀者投書

(二) 向臺北市長黃啓瑞進一言

王夢熊

編輯先生：現在我以臺北市市民身份向現任市長黃啓瑞先生請教一個問題，更歡迎公開答覆，表明心跡，向市民交代。記得閣下就職之初在議會發表施政報告時，曾特別標榜要絕對做到「用人唯才」，在當時的確使我們感到很高興，可是現任臺北市財政局稅務課課長白清傳的任用，不僅是否定了「用人唯才」的原則，相反是違法任用。因爲白清傳沒有財經方面的經歷，三次向省府財政廳報請核委均未獲准，這是鐵的事實。可是現在曾經財政廳明令發表的稅務課課長羅丙蓀女士（市府人事室有案可查）却被任命爲指導員，而課長的職務仍舊由白清傳擔任，像這種事我想黃市長雖然繁忙，但是絕對不會不知道的。旣然知道了這件事，這就是違法任用私人（否則不會明知其無財經經歷三次報請財政廳核委）。果如此，這不是黃市長自相矛盾嗎？旣標榜「用人唯才」復「硬用私人」，如此不是前功盡棄，自毁前程嗎？

同時財政局稅務課長白清傳更有涉嫌貪汚凟職的行爲，茲列舉數點較有根據的事實於後：一、白清傳串同課員張昭賢利用職權向煤商索取回扣每噸達二百元之多（實價每噸三百元報銷五百元）。二、扣發屠宰場員工雨鞋及工作衣。規定每年發給兩套（該欵列有預算），現在四十七年度已過，上項員工應領衣物尚未發放。各屠宰場辦公費依照管理員人數（每人每月二百元）多寡發給，以臺北屠宰場爲例，管理員九人，每月辦公費應發九百元，實際每月僅發五百元。三、明知臺北屠宰場獸醫鄭松江現住蘭州街一四七號房屋，係家畜市場配給該員居住（自四十一年起），仍准其每月領取房屋津貼四十元（自四十三年五月至現在），顯屬串同詐欺侵佔公帑。

上述這些事實，也許黃市長不明究竟，我們希望你詳細的調查一番，根據事實善爲處理，因爲祇有這樣做，才能對得起選你的市民，扭轉你政治生命的危機。不過你假如不打算繼續競選，我想則又另當別論，否則你竟以「用人唯財」與「硬用私人」的作風硬幹到底，市民們不敢再領教了！

讀者王夢熊敬上　四十八年元月廿日于臺北市

出版法條文摘要

立法院第二一會期秘密會通過
總統於四七年六月廿八日公布

第六章　行政處分

第三十六條　出版品如違反本法規定，主管官署得爲左列行政處分。
一、警告。
二、罰鍰。
三、禁止出售、散佈、進口或扣押、沒入。
四、定期停止發行。
五、撤銷登記。

第三十七條　出版品違反第三十二條第三欵及第三十三條之規定，情節輕微者，得予以警告。

第四十條　出版品有左列情形之一者，得定期停止其發行。
三、出版品之記載違反第三十二條第一欵之規定者。
四、出版品之記載違反第三十二條第二欵及第三欵之規定，情節重大者。
五、出版品之記載違反第三十四條之規定，情節重大者。
六、出版品經依第三十七條之規定連續三次警告無效者。

第四十一條　出版品有左列情形之一者由內政部予以撤銷登記。
一、出版品之記載，觸犯或煽動他人觸犯內亂罪、外患罪、情節重大，經依法判決確定者。
二、出版品之記載，以觸犯或煽動他人觸犯妨害風化罪爲主要內容，經予以三次定期停止發行處分而繼續違反者。

第四十二條　出版品經依法註銷登記或撤銷登記或予以定期停止發行處分後，仍繼續發行者，得沒入之。

編者按：在此項出版法未廢止之前，本刊決將上項條欵繼續刊登，一方面用以自我警惕，一方面讓世人知道我們的出版自由，受到怎樣的限制。

(三) 我們的薪餉到那裏去了？

一羣第七期海軍預備軍官

編輯先生：我們是第七期的海軍預備軍官。去年十二月卅號在海軍士校結束入伍訓練。今年元月四號分發至海軍專科學院受分科教育或其他單位見習。現有數點敬請貴刊披露，並望有關當局作答覆。

一、因爲元月份的薪餉提前在十二月份發給，所以元月份的主副食均需向士校領取，再繳交給見習單位。一月共卅一天，而士校僅發給廿七天的糧票及副食金，其他四天以放假爲由扣發。請問國家是否有任何法令規定軍人在放假期中不得吃飯？

二、受入伍訓練時副食金每人爲八十二元一月，而在士校，沈承先大隊長宣佈時是每人每天二元三角（合六十九元一月）。按本期海軍預備軍官共一百九十九人，在第一個月中，有七十多位海專同學參加特考（共八天），而公佈的第一月伙食結餘爲兩千六百元（以後沒有公佈過），只是副食金即結餘了十三元，外加七十多人八天的主副食，如何可能仍只結餘兩千六百餘元？在不知道每月副食是多少之前，我們不敢有疑問，而現在我們十分懷疑爲什麼大隊長要欺瞞我們，那多餘的錢又到什麼地方去了？

三、在士校的三個月中，補給證上的肥皂和草紙配給票均被撕去，而我們沒有領到過半張草紙，一塊肥皂，（有同學親眼看到過領下來的東西。）請問這些肥皂草紙到什麼地方去了？

上面所舉出來的，是最明顯的幾個例子，其他如扣發煙票（一月份的）及伙食上的問題（沒有一棹菜够吃的。）等，不可勝數。海軍士校是我國海軍最大的訓練機構，現在在海軍中服役的常備兵，都是由這個機構訓練出來的。一踏入軍隊，就遇到這些不能令人滿意的事實，我們很難想像國軍是進步到了那裏？

寫這封信的目的，是希望能引起當局對某些問題的注意。軍隊中爲什麼會有這些現象發生？而這些現象爲什麼能不被揭發？我想這都是個値得執政當局三思的。專此

敬候

撰安

一羣第七期海軍預備軍官上　二、四

短評

（一）車禍！車禍！

春節期間，據說臺北市由於治安單位的加強工作，各電影院的「黃牛」，幾乎已經絕跡；而盜竊案件雖有數起發生，但案情都不嚴重。這點效果，治安人員的努力，自然不能忽視。由此觀之，目前政治上較爲重大的應與應革之事，假使政府能實事求是，盡其所能爲，未必只有永遠糟下去。

不過，在全省車禍頻聞聲中，僅僅臺北市一地，在短短幾天的春節期內，仍然發生了八起之多。看將起來，治安單位在交通管理方面，需速求改善和對策之處，還是很多。

奉勸治安單位，現在再不能只在搞甚麼「交通安全宣傳週」上面想花樣了，而該根據過去無數次「血」的教訓，再針對目前客觀環境，拿出具體有效的辦法來。關於這一層簡單的道理，不知治安單位認眞澈底的考慮過沒有？

（二）臺北市一年白淌了多少水？

臺北市近年雖然擴充了雙溪水源，但由於市民逐年增加，仍感不敷應用，尤以每年夏天，常常鬧水荒。所以市政當局經常籲請市民要節約用水，勸大家不可用自來水灌溉園中花草樹木。

可是，我們若細細檢查市內公共場所和私人家中的自來水龍頭，立可發現有許許多多的開關是壞的，終年漏水不停。愛國西路女子師範學校對面有一間公共廁所，建築年代不久。記者去過兩次，每一次均聽到嘩喇嘩喇的放水聲音。我曾去關龍頭，但開關壞了，任聽流水不停。那裏也有照料之人，但何以竟不報告主管機關去修理？此不過一例耳。

又臺灣自製的抽水馬桶，粗製濫造，用了不久，放水的部分就壞了。因此經常漏水，怎樣修也修不好。而臺灣自造的自來水開關，大都品質惡劣，極易損壞。因此我有兩點疑問：

第一、臺北市當局終年大聲疾呼的籲請市民節約用水，而公共場所有許多自來水開關，何以聽其終年漏水，而不派人去檢查而加以修理？

第二、像抽水馬桶，自來水龍頭這樣極簡單的工業，我們高喊工業建國這多年，何以至今天還是造得這樣壞，而主管生產的機關也不想法改進？

（三）調查乎？疏通乎？

關於海埔新生地的放領，立意本來不錯，然像這樣一件小事，實施結果，據臺南市議會專案小組調查所得，竟又鬧到官民勾結操縱。像這樣的事實，怎不使人懷疑政府是否有能力辦好甚麼事？

海埔新生地的放領，鬧到如此下場，已經是一大怪事。最近省議會組織專案小組調查時，却是以當初參加放領實務、今應被列爲調查對象的陳火土議員爲召集人，又是一大怪事。省政府地政局又指派當初主辦放領工作、今也應被列爲被調查對象的第四科科長王新民和視察王國鈞二人，陪同省議會專案小組調查，更是一大怪事。

在這樣一連串的怪事之下，難怪高雄縣議會海埔新生地專案小組某委員要說：今之所謂調查也者，實際上只是疏通罷了！

其實，政府如眞有決心調查，根本便不該像這樣的調查。

（四）監察院明察秋毫不見輿薪

埔里鎭農會一位事務員，因檢擧上司集體貪污而遭解聘處分案，監察院已於最近派員調查。

監察院對於如此小單位的小案件，居然能重視本身職責，絕不放鬆，眞可以稱得上明足以察秋毫之末，可喜！可喜！

按道理說，監察院對於大單位的大案件，自然更不應放鬆。可是，事實却不盡如此；甚至由近一年來的若干事例證明，倒是恰恰相反。至於谷鳳翔彈劾案之不成立，而企圖不了了之，不過是人所共知的一例而已。

孟子所謂明足以察秋毫之末，而不見輿薪，我們的監察院諸公，似可以當之而無愧了！

（五）羊毛出在羊身上

臺北市四千餘位市立中小學校教職員及教育工作人員，即將在互助的原則下，成立一個福利會，以辦理會員結婚、眷屬喪葬、子女教育、及籌建會員宿舍等等有關福利問題。

在教育人員「公叫」加薪而始終不被重視之下，現由主管當局發動，採取這種自助助人的辦法，固顯出主管當局的小聰明，然在教育人員待遇如此菲薄的限制下，自顧尚且不暇，是否還有餘力助人？坦白說，羊毛出在羊身上的辦法，是不合理的！

爲今之計，政府對於無數窮苦軍、公、教人員的生活問題，如眞有意解決，實在已到非調整待遇不可的時候了。難道搞搞自助辦法，也可以解決大家的生活嗎？

（六）三輪車的管理與就業

臺北市議會近修正通過一項三輪車管理辦法，並預定從二月十六日起正式執行。

現在臺北市的三輪車，已有二萬多輛，早已超過實際需要。近幾年來，三輪車之間，爲了爭地盤而發生的鬪毆事件，固與此不無關係，然在營業如此困難的情形下，以三輪車爲業者，何以仍舊愈來愈多？這顯然已牽涉到就業問題。假使我們在採取管理時，竟忽略了此一根本問題，實在是捨本逐末。

現在，按照新管理辦法規定，流動三輪車夫，必須首先轉業。據統計，臺北市二萬多輛三輪車之內，其中有班頭的營業車，僅佔去八千五百輛，而流動三輪車，至少有六千輛。對於這一羣人的就業問題，若不能予以適當解決，使能保持原來收入而足以養家活口，則管理辦法是否合理，已大成問題；是否行得通，實更成問題。

給讀者的報告

我們從大陸撤退來臺，忽忽十年了！十年來，政府所做的中心工作，却是厲行一黨專政。由於中美聯合公報的發表，證明擺在大家前面的是茫茫了無已時的前途。面臨這種前途，我們特在社論㈠「自由中國之路」中指出：今後我們的去路有兩條：第一條是就這樣「拖」下去，第二條是趁機打開十年來的死結，作和平的轉變。因此我們誠懇希望政府能從根本上離開十年來所走的死路，澈底取消一黨專政。

近年來，由於物價的不斷上漲，大多數清廉的軍、公、教人員，無不爲生活發愁、叫苦。我們特在社論㈢「軍公教人員待遇爲何不能合理改善？」之中，指出問題的根本障碍。其中最根本的原因，是政府當局不把人當人的基本政治觀念錯誤。其次，財政當局不把軍公教人員的待遇視爲財政份內之事。事實上，軍公教人員的待遇改善，在不增加發行的條件下，也可能做到的。問題是在政府當局能否改變其錯誤觀念，並拿出誠意和決心。

關於立法委員兼律師的劉兆勳在上月底向女侍鳴槍示威事件，早已引起與論界的重視。據報章已發表的消息，劉委員的鳴槍，與一項尚在進行中的訴訟案有關。因此，我們感到此一事件性質的嚴重，特在社論㈢「從立委律師鳴槍事件說起」中，重新強調本刊六年半前原之道先生「立委三年成法(官)(律)師」的意見，以及第十七卷第十一期社論「我們的中央政制」(今日的立法院)的主張，我們除希望對於律師法中立委三年便可以兼任律師的不合理條文，由立法院自動修改外，並希望現已據此執業的立委律師，能在條文未修改前自動停止執業。

胡適博士「林肯一百五十年的生日紀念」大文，原是應「美國之音」之邀而發表的廣播詞。承胡先生迻交本刊發表。林肯在一百年前曾宣言：「我相信，在一半是奴隸，一半是自由人的狀態，這個政府是不能長久存在的。……將來總會有一天，或者全部都是奴隸，或者全部都是自由人。」胡先生特別認爲這是林肯在今天給我們的新意義。

日本皇太子明仁與一位「平民」訂婚的事，早已轟動了整個世界。徐逸樵先生在「明仁的婚約在預兆些甚麼？」的大作中，詳細分析其對於日本政治社會的未來影響。徐先生從日本歷史上有身分做皇后的女性上，說到千年來日本天皇的婚姻，事實上就是同族近親婚，而促成了日本皇統的「庸化」和「神化」；進而指出「庸化」直接影響於日本者還小，但「神化」曾經成爲威脅世界民主、和平的大禍根。所以，明仁的此種革命性舉動，對於日本皇統的「庸化」和「神化」的糾正，乃至於對頑固的封建性的糾正，都將成爲最大的推進力。

徐傳禮先生的「言辭與思想及行爲的關係」大文，是一篇討論人類思想和行爲常在言辭上犯錯誤的專論。徐先生對於這一問題，列舉了很多日常可以經歷的事例，做了一番詳盡的說明。徐先生的大文寄來很久，直到本期才發表，敬請原諒。

二月十二日是戴季陶先生逝世十周年紀念，本刊特發表沈雲龍先生「『戴季陶先生編年傳記』評介」，可使大家知道另一些寶貴的史料。

現職陸軍工兵基地勤務處製造廠中校行政課長陳懷琪來函，以本刊第二十卷第二期所刊「革命軍人爲何要以『狗』自居？」之陳懷琪，雖與其同姓同名，但並非一人，特此聲明。

自由中國 半月刊 第二十卷第四期 總第二二三號
中華民國四十八年二月十六日出版

發行人兼主編：『自由中國』編輯委員會
出版者：自由中國社
社址：臺北市和平東路二段十八巷一號
Free China Fortnightly, 1, Lane 18, Ho Ping East Road (Section 2), Taipei, Taiwan.
電話：二八五七〇

航空版總經銷：友聯書報發行公司（香港九龍彌敦道一一〇號）電話：五九一六四、五九一二六五
總經售者：自由中國社發行部

經銷者：
- 美國：紐約友方圖書公司 Hansan Trading Company, 65, Bayer D Street, New York 13, N.Y. U.S.A.
- 紐約光明雜誌社 Sun Publishing Co., 112, Mulberry St., New York 13, N. Y. U.S.A.
- 韓國：漢城裕昌德號
- 馬尼剌：新疆書店
- 印尼：泗水文光圖書公司
- 緬甸：仰光振成書報店
- 印度：阿拉哈巴中印文化出版社
- 北婆羅洲：西利亞坡青年書店
- 星加坡：友聯書報發行公司（小坡大馬路四六九號）
- 吉隆坡：友聯書報發行公司（馬華公會大厦三樓七室）
- 怡保：友聯書報發行公司（希尼華沙甘街十六號）
- 檳城：友聯書報發行公司（林連登律七十二號）
- 澳門：友聯圖書公司

印刷者：精華印書館股份有限公司
廠址：臺北市長沙街二段七一號
電話：三三四二九號

自由中國　第二十卷　第四期　內政部雜誌登記證內警臺誌字第三八二號　臺灣省雜誌事業協會會員　一四〇

本刊經中華郵政登記認爲第一類新聞紙類　臺灣郵政管理局新聞紙類登記執照第五九七號　臺灣郵政劃撥儲金帳戶第八一三九號（每份臺幣四元，美金三角）

自由中國

FREE CHINA

第二十卷 第五期

目錄

中華民國四十八年三月一日出版
社址：臺北市和平東路二段十八巷一號

半月大事記

二月九日（星期一）

杜勒斯自歐返美發表聲明，盟國決心維護柏林；對俄計劃，各國獲致協議。

二月十日（星期二）

艾森豪表示，赫魯雪夫若有正式邀請，始考慮訪俄。

杜勒斯在國會作證，認爲目前沒有一個辦法可以退出金門馬祖而不致使自由世界喪失整個遠東；並認爲蘇俄與中共之間，並無嚴重的裂痕。

二月十一日（星期三）

希、土簽訂協定，同意塞浦路斯島獨立。

美軍援計劃考察團抵華作實地研究。

二月十二日（星期四）

東南亞各國防阻中共滲透，擴大抵制中共貨物傾銷。寮國宣佈廢棄日內瓦協定對軍援的限制。

伊朗政府聲明，俄伊談判破裂。

日擬與中共作「大使」級談判，我國提出抗議。

二月十三日（星期五）

日決遣韓僑往北韓，韓國提出正式抗議；日韓建交談判已告破裂。

二月十四日（星期六）

美海軍軍令部長勃克在國會作證，美國擁有飛彈潛艇，敵人無法避免毁滅。

艾森豪宣佈杜勒斯患有癌症。

韓促聯合國採取行動，阻止日將韓僑遣送共區。

二月十五日（星期日）

日首相岸信介對遣僑問題發表談話，謂日將繼續從事努力，俾使韓國能夠諒解；並謂若日韓關係趨惡化，將向聯合國呼籲由第三國調解。

二月十六日（星期一）

西方向俄提出照會，建議舉行四外長會議，討論整個德國問題；表示東西代表應被邀與會以備諮詢；指出俄圖切斷柏林通路將危及世界和平。

伊朗外交部長宣佈，美伊將簽軍事協定。

二月十八日（星期三）

赫魯雪夫揚言將柏林交東德後，西方如衝入西柏林，即等於戰爭的開始，並宣稱將單獨與東德簽約。

艾森豪不理赫魯雪夫新恫嚇，重申維護柏林立場；並謂如柏林發生射擊，必爲俄所發動；表示願在合理建議基礎下，談判整個德國問題。

二月二十日（星期五）

希臘外長宣佈，塞浦路斯島將與希土聯盟，堅定加入西方陣營；英希兩國將重建傳統的密切友誼。

美海軍軍令部長勃克發表演說，謂美國報復力量領先，具有摧毁蘇俄能力；俄如掀起戰爭，將無法阻美反擊。

聯合國大會復會。

美國副國務卿狄倫演說警告世界，提防俄帝經濟侵略，俄圖利用經濟力量攫取世界。

二月二十一日（星期六）

英首相麥米倫抵俄訪問，試圖緩和世界情勢。在莫斯科機場對赫魯雪夫發表談話，赫魯雪夫致詞，重彈「和平共存」濫調。麥米倫在宴席上促赫魯雪夫愼勿估計錯誤，致冒戰爭危險。

美爲加強報復力量，製造空中發射飛彈，較之固定基地更能困擾俄防務。

阿拉伯聯合共和國總統納塞在阿聯成立週年紀念會中透露與赫魯雪夫的通信中，赫魯雪夫保證支持阿拉伯聯合共和國。

美陸軍部長布魯克演說，痛斥共產主義邪惡，譴責匪毁滅人性。

二月二十二日（星期日）

麥米倫在莫斯科與赫魯雪夫作正式會談。

日首相岸信介聲明，日本決不承認中共政權。

英駐塞浦路斯島總督下令，釋放一千名政治犯；塞島希裔居民領袖馬卡里奧斯勉塞島人民，致力於和平及國際合作。

納塞和狄托一同抵達大馬士革，傳納塞將與伊拉克總理卡塞姆會晤，確定阿伊兩國今後關係。

二月二十三日（星期一）

美總統對新援外案全力爭取國會支持，對任何重大削減均將予以否決。

麥米倫、赫魯雪夫進行正式會談，範圍廣泛，涉及裁軍僵局。

『自由中國』的宗旨

第一、我們要向全國國民宣傳自由與民主的真實價值，並且要督促政府(各級的政府)，切實改革政治經濟，努力建立自由民主的社會。

第二、我們要支持並督促政府用種種力量抵抗共產黨鐵幕之下剝奪一切自由的極權政治，不讓他擴張他的勢力範圍。

第三、我們要盡我們的努力，援助淪陷區域的同胞，幫助他們早日恢復自由。

第四、我們的最後目標是要使整個中華民國成為自由的中國。

社論

(一)

冤獄賠償制度之建立不容再緩了！

——兼評立法院刑事補償法草案

根據我國憲法第二十四條規定，公務人員不法侵害了人民的自由或權利，除該公務人員應依法律受到懲戒、並負刑事及民事責任之外，被害人是有權就其所受損害，向國家依法請求賠償的。這條法律的用意有三點：即㈠使公務員執法時有所戒懼，不敢枉法胡爲；㈡受害人有權依法請求國家賠償其所受之損害；㈢國家須負連帶賠償的責任，不能僅以懲處違法之公務人員爲已足。由此可以減少非法逮捕、拘禁、審問和處罰，以保護人民身體之自由，並消除濫用職權，來封閉、沒收和毀損財物，以免造成傷亡和冤獄等等事件。不過憲法祇能立下一個原則，至於請求應如何提出，賠償應如何取得，那是有待於法律來作明白規定的。

現行憲法公布了已經十二年又二個月，而施行也已滿了十一年二個月又七天，時間不可謂不久，而這個關係人權極爲重要的法律却還沒有制定，以至制度不能建立，冤獄重重而無從求償。人民遭受不法逮捕拘禁的事，幾乎無日無之，不因輿論的指摘而稍戢，不因民意機關之質詢糾彈而稍斂跡。僅僅臺灣這塊不到一千萬人的小地方，祇在四十五年七月至十二月的半年之中，各法院受理的提審案件便有四十一件之多(見行政院權責委員會的報告書)，其中能被押上一年半載，無罪釋放的，還算是大有福氣的人。像一言遭忌便喪失自由至八年之久的龔德柏，像八德鄉血案中被拘受刑、弄到遍體鱗傷、幾至殘廢、現仍在彰化醫院中治療的現任少校軍官官家良(詳情見本刊本期通訊欄)，那種殘酷凶狠的例子，在那一個現代的民主國家中還能舉得出來呢？國家對他不應該負責麼？不應該賠償麼？可是他能向什麼機關，用什麼方法去要求呢？閱報獲悉官家良經無罪判決釋放後，他的血淚「陳情書」曾於去年十一月呈監察院、副總統和司法行政部，去年十二月二十日又呈遞立法院、國民黨中央黨部和軍政各機關，請求法辦使用酷刑威逼口供之公務人員，並要求賠償一切損害與醫藥費用，而迄今如石沉大海，杳無消息。

冤獄賠償在西洋的歷史已很悠久(英國在一四五五年，就有冤獄賠償的例子，見本刊第二十卷第三期李聲庭氏著「民意代表在議會內言論對外不負責任問題」)，雖然英美與大陸國家的制度各不相同。英美沒有特定的冤獄賠償法，遇有這種事件發生，則由國會專案議決，撥欵賠償被害人。大陸國家多有制定專法者，其內容則繁簡不一，但使受有冤屈的人民得請求國家賠償的精神與作用，實無二致。瑞士的專法，名爲「國家民事責任法」，內容僅有三條，桂裕教授在最近出版的「訪美雜記」(見該書第八十六頁，三省書店發行)中曾爲全部舉出，我們轉錄如下：

第一條　日內瓦州及行政區對於司法官於執行職務時，因故意、過失或疏忽之不法行爲，致第三人受有損害者，應予賠償。

第二條　日內瓦州及行政區對於公務員或僱員於執行職務時，因越權行爲致第三人受有損害者，應負賠償之責，但以不能證明已盡相當注意，以防止損害之發生者爲限。

第三條　前二條規定之民事訴訟，仍依聯邦債務法一般之規定。

國家的責任，本不僅以刑事訴訟上所造成的冤獄爲限。上舉瑞士的「國家民事責任法」，實是不能再簡單的法律，但却將國家的責任與請求的方法規定得一清二楚。一九四七年制定、一九四八年施行的意大利共和國憲法第二十八條規定：「國家及公共團體之公務員與職員，就其所爲侵權行爲，依刑法、民法及行政法之規定，負直接責任。此際，民事責任及於國家與公共團體」。我國憲法第二十四條規定：「凡公務員違法侵害人民之自由或權利者，除依法律受懲戒外，應負刑事及民事責任，被害人民就其所受損害，並得依法律向國家請求賠償」。這些都是和瑞士的國家民事責任觀念相同的。很多國家的憲法都有類似的規定，如日本戰後新憲法第十七條，大韓民國憲法第二十七條，西德憲法第三十四條等等。有的國家對於冤獄一事，却又另設專條，例如上述日本憲法第四十條規定：「任何人於被羈押或拘禁後，已受無罪之判決時，得依法律之規定，向國家請求補償」。因此，日本的「刑事補償法」却已接着制定施行。(查日本戰後新憲法，係於一九四六年十一月三日公佈的，而「刑事補償法」即於一九五〇年頒佈施行，旋經一九五二年、一九五三年及一九五四年三度修正。日本過去也有「刑事補償法」，認定被拘留後受無罪之判決時，對國家有補償請求權，但對此設有種種的限制。新憲法第四十條則將那些限制一概廢除，凡是受監禁後而確定無罪的，都可以請求補償)。而我國不要說像瑞士那樣廣泛規定的「國家民事責任法」尙未制定，即連那樣縮小範圍的冤獄賠償法的制定，還是遙遙無期，怎不令人失望？

立法院對於這個問題，雖不是沒有注意到，但冤獄賠償法討論經年，擬定了一個以五元以下折算一日之低價的「刑事補償法草案」，不久之前，聯合報把它全文刊載出來(見四十八年一月三十日聯合報)，並報導僅僅由該院司法委員會初審通過。那末，何時可以完成三讀程序而公布施行，固難斷言，縱使施行，效果如何，亦不可樂觀。

立法院處理這個法案，可謂竭盡審愼之能事。去年，民刑商法委員會還邀集了司法行政當局及一班學者和名流們，開了一個規模相當大的座談會，徵詢大家對於這個法律應否制定、以及如何制定的意見。與會的人看法頗不一致，有的贊成，有的懷疑，但沒有一個反對。當然，忠於黨治、推行司法配合國策的司法行政當局是不會主張冤獄賠償的。但是他也不敢「公然」異議，不過繞着圈子說話，希望立法院將此法案拖延下去罷了。因爲他和他們這一羣人只知有黨權而不知有人權，根本不認識民主爲何物，也不曉得治國要以民心之向背爲依歸，爲着在表面上多多少少裝點民主的樣子，喊喊所謂「六大自由」的口號而已。其實，他們心目之中何嘗有半點民主和人權存在。但是我們所不瞭解的，因實行民主而始能存在的代表人民的立法院，爲何多所顧忌，竟把這樣一個範圍狹小、補償低廉的法案竟一研再研而擱置起來？

據我們所知，少數懷疑的人所持的理由最大者不外下列兩點：第一、近年冤獄雖多，但經司法機關審判的案件，因有上訴、再審及非常上訴的救濟，亦常能判明是非，昭雪無辜。若賠償制度一旦建立，深恐法曹顧慮責任，躊躇游移，轉足減少平反的機會。第二、國庫艱難，冤獄衆多，盡行賠償，力不從心。其實，這些都是過慮，也是「蔑視人權」的說法。今日冤獄的造成，由於審判者少，由於不法拘禁者多，如憲警和特務機關之濫肆捕人、拘禁、刑訊等等。司法眞能獨立，人權受到尊重，冤獄自然減少，像對八德鄉血案中嫌疑人犯之非法拷問、殘害人命等等，自然就可減少了。我們且看瑞士自一九〇〇年公布了「國家民事責任法」以來，却只發生了一件案子；英美在近二百年間的國家賠償事件，也是屈指可數的。由此便可以知道冤獄賠償制度之建立，可以促使公務人員處理事務之「審愼將事」的。在我國今日，如果有了此法，最少可使憲警和特務機關不敢隨意捕人，濫施酷刑了。須知民主國家的法律，其主要目的，不僅在於拘束人民，使其不敢爲非作歹，同時也是要拘束公務人員之行爲，使其依法執行職務，臨事小心謹愼，不敢違法非爲了。

我國司法儘管執政的黨時時的想利用它，干涉它，作爲政治上的工具，以對付他所不喜歡的人，却還有些法官，我們相信，是能無畏無懼，不屈不撓，祇受法律的拘束，不受人事干擾的。我們不是說司法不可能有錯誤，否則法院便不須有三級三審的制度。但是審判而不濫施羈押，便不容易構成冤獄。無論拘捕或羈押，在刑事訴訟的程序上，皆有其必要的條件，本不輕易爲之。現在各地看守所在押的嫌疑人犯，可以說十九是軍事機關逮捕移送的。而軍事機關裏所關的老百姓，更不用說，大都是非法拘押。

軍事機關之敢於如此亂來，還不是賴有違憲的法律與命令爲之撐腰麼？如果對於不法拘押所生的損害一律由國家補償，政府爲了避免加重國庫的負擔起見，將會對於若干法律迭經權責研究委員會認爲：「在行憲前頒布，在行憲後並未依憲法之規定作澈底之修改」、但「涉及人民之權利義務，至深且鉅，應爲通盤之檢討，以符民主法治之精神」者，予以廢止或修改；也將會對該會之「保障人權改進方案」及行政改革委員會所提「切實保障人權案」，加速實施。公務人員將會因爲由其故意或過失所造成的冤獄，國家賠償後可轉向他們求償，而生儆惕戒愼之心，不致於一無忌憚，不問權責，對於無辜的人民任意逮捕，無限拘禁了。

說到這裏，我們不禁有兩點感想：

第一、黃季陸氏主持「權責研究委員會」的時候，他還是行政院的政務委員，王雲五氏主持「行政改革委員會」的時候，先是考試院的副院長，後是行政院的副院長，均是政府的高級官吏。兩氏的改革方案，均特別提到保障人權，並且希望政府切實改進，足見兩氏平素聞悉今日自由中國人民的人權已受到嚴重的迫害，已至不能不設法糾正改進的階段，故前者有「保障人權改進方案」，後者有「切實保障人權案」。王雲五氏且於本年一月十六記者招待會有所說明，謂「切實保障人權案所建議，皆爲憲法賦予人權之保障，而目前事實多與法定不合，因摘取較顯著之具體事實，作爲佐證，俾政府得以研究改善，切實執行」(見一月十七日臺北各報)。何以行政負責當局和主管司法行政人員平素對這類慘絕人寰的刑訊和蔑視人權的行爲，竟能熟視無覩而無動於衷呢？「惻隱之心，人皆有之」，若連人類起碼條件的同情心竟一點也沒有，還談什麼自由民主、人權法治和政治反攻啊！

其次，今日司法機關有許多地方是自已放棄職權，甘心作軍事機關之附庸。如縮小軍司法範圍之事，經國人抗爭多年，才有了四十三年十月十四日行政院再度修正軍司法劃分辦法公佈施行。不料劃分辦法施行之後，司法機關往往放棄職守，有許多不屬於軍法範圍的案子，竟徇軍事機關之請求，由他們塡發傳票傳喚嫌疑人犯再交由軍事機關去偵查。南投中興村徵購地皮的舞弊案子，當周至柔氏主政之初，卽發交前保安司令部辦理。該部主辦人員認爲此案應屬於普通司法的範圍，如由他們自動辦理，卽屬違法之事，乃商准臺中地方法院檢察處塡發傳票傳喚嫌疑人犯交由他們偵查。這種放棄職責、或俯首聽命司法機關竟甘爲之，自由中國今日的政治究竟到了一個什麼樣子的局面，請大家捫心想想，豈僅違法失職而已，實已到了胡作妄爲不顧一切的程度。

一般人企求已久，尙不可得的冤獄賠償，我們此時無意主張將它擴大到像瑞士「國家民事責任法」那樣的範圍，儘管根據憲法我們應當如此主張，有權

(5)

這樣要求（我們憲法第二十四條之精神，實與瑞士一樣）。我們祇望冤獄賠償制度從速建立，使目前毫無保障的人權，稍獲保障，使身體備受蹂躪、毫無補償的人，稍有補償。但是立法院的「刑事補償法草案」，卻連我們這一點最小的願望都不能做到。

這個草案第一條開宗明義，首卽標出「依刑事訴訟程序或軍事審判程序受理之案件，有左列情形之一者（按卽受無罪判決或不起訴處分確定前曾受羈押者），受害人得依本法請求國家補償」。那也未免將範圍縮得太小了。憲法規定：「人民除現役軍人外，不受軍事審判」（第九條），故非現役軍人而受軍法審判，其判決根本違憲，於法無效，縱令判罪，仍是冤獄之至。況且現在軍事機關逮捕人民，決沒有根據什麼軍事審判程序，像警備總司令部隨便以一頂「黑帽子」戴在人民的頭上，便稱之爲「流氓」，逮捕之後而加以長期拘禁，美其名曰「管訓」，還說是「除暴安良」，「並非審判處以徒刑，自無是否與軍事審判範圍之疑義」。本刊當時卽曾率直的答復說：「對於違警行爲人之施行矯正，或命其學習生活技能，在違警罰法上有其必要之條件……。違警是情節未達到犯罪程度之行爲。犯罪須由司法機關依法定程序審判，違警須由警察機關依法定程序處分，均不容其他機關越俎代庖，均不屬軍事機關職掌，確是沒有疑義的」（見本刊第二十卷第二期臺灣警備總司令部函和編者按語）。因此逮捕「流氓」，而剝奪其自由，不管「管訓有無必要」，總是「冤獄重重」，怎可不予補償。照上述立法院的草案來看，這種被警備總部擅自違法羈押的人，便不合規定，無法請求補償。非但此也，該草案第二條又將雖受不起訴處分或無罪之宣告而其「行爲違反公共秩序或善良風俗或應施以保安處分者」劃去，使不得請求補償。保安處分見諸刑法，施行也應有一定的合法程序，我們姑且不去討論此一例外之當否，但所謂違反公共秩序或善良風俗，在刑法上有「妨害秩序罪」、「妨害風化罪」，如果一個人的行爲構成犯罪，便應依法起訴，便應依法判罪。既不起訴，或起訴而宣告無罪，便證明他沒有防害秩序，沒有妨害風化，怎樣又說他們的行爲違反公共秩序或善良風俗呢？眞是欲加之罪，何患無辭。這不是與「取締流氓辦法」互爲呼應使其合法化嗎？這是我們對草案不能贊同的第一點。

其次，「刑事補償法草案」第三條規定：「補償金額依羈押徒刑或拘役執行之日數，以三元以上，五元以下，折算一日支付之」。死刑除上述之補償外，另「支付三萬元以上，五萬元以下之撫慰金」。這些金額並沒有規定適用何種幣制，國家法令既皆以銀元爲標準，本法意亦相同。銀元一元折合新臺幣三元，等於說，人民一日之自由，定價爲新臺幣九元至十五元。按官價折成美金爲二角五分强至四角一分强。若照本月報載美金市價，折中以五十對一計算，祇合美金一角半至三角。生命之賤，至於此極，竟連草芥都不如了。有人會以爲刑法上徒刑易科罰金，也不過一元以上三元以下折合一日，國家補償時以三元以上，五元以下折算，已經多了二元。對於這個問題，就數字來比較，已實似是而非。易科罰金是人民已經犯罪而判決確定，且限於罪之極輕微者，還要由法官斟酌決定，稍重之罪，便不許易科。冤獄補償是人民根本沒有犯罪，祇因官吏之違法或錯誤而受羈押，不僅在精神上受了損失，而且在物質上又受了損失，卽停止作工，無法獲得報酬。總之，爲什麼人民犯罪不能一律得以金錢贖回其自由，而國家便可以低價收購人民的自由？其實，罰金是刑罰，是國家儆戒犯罪、維持社會秩序的一種工具，其意義不在數額之多寡。冤獄賠償是與民法對於侵權行爲各項規定，站在同一法理基礎之上，兩者是不可以相提並論的。

上面所說兩點，我們希望立法委員們能從長考慮，合理加以補充和修正。自從中美聯合公報發表，政府已對海內外宣告反攻大陸不憑藉武力，而從政治措施入手之後，大家更感覺臺灣有厲行民主、推進法治、修明內政、保護人權的迫切需要。但如一個冤獄賠償制度都建立不起來，還談什麼法治與人權？還談什麼政治號召和政治反攻？立法委員們能注意到這個問題，原是我們應該引爲快慰的。但是拖延了那末久——憲法施行已滿十一年，才經該院司法委員會初審通過了一個草案，限制賠償範圍之狹與賠償數額之小，實與現狀太不適合。這種「象徵性」的冤獄賠償，不是人民所需要的，更不是人民所切望的，也不可能發生絲毫的宣傳作用，有之不如其無。我們政府有無決心在臺灣實行「六大自由」，我們寧可說，我們的代表立法委員們有無決心去督促政府，厲行民主、推進法治與保障人權，這個合理的冤獄賠償制度能否順利建立，實爲一大試金石。

社論

(二)

從法理人情說違章建築之處理

被稱爲「都市之癌」的違章建築問題，由於一月三十一日臺北市長春路違建區所發生的拆除糾紛，而再度引起人們的關注。那一次的警民「混戰」，據報載參加的住戶達百餘人之多，一時棍棒與亂石齊飛，且有一位警員重傷身故，事態可謂嚴重。我們對此事本身不擬有所褊袒，當然更不贊成人民聚毆警察的非法暴力行爲，但總感覺經此次不幸事件以後，市府處理違章建築，多少總該比過去更加審慎一點。不料到二月十八日，市公務局又正式公布，要在最近將信義路三、四段八德路，協防司令部附近，及市立醫院附近等四個地區的百數十家違建拆除。臺北市黃啓瑞市長自就任以來，我們還看不到對市政有什麼了不起的貢獻，獨獨對於違建的處理，却是雷厲風行，拆房屋的數量，遠遠超過了歷屆前任的記錄。這種不怕糾紛，不顧困難的勇氣，雖至足令人佩慰，但像這樣一再的製造人民對政府的不滿，其是否明智，實在頗可懷疑。

違章建築本來不應該成爲嚴重問題。其所以嚴重，主要是由於政府極度放任於前，而後來却突然間又要嚴格執行。違建居然成爲廣大的區域，數量多至以萬計。這樣的既成事實之存在，很明顯的是政府長期縱容的結果。現在，政府却又板起「公事公辦」的面孔，把所有責任都推在違築住戶身上，不管是自行構築的，或是由買賣與轉讓得來，公務局通知一發，就要拆除，硬把既成事實改變，是這樣才使問題變得嚴重起來。因爲人民事實上早就以爲違建係政府所默許，現在却又變得認眞起來，政府有「誘民入罪」之嫌，就當然要引起被拆住戶的反感了。

從法律的觀點看，已經存在的違章建築，政府可予以拆除，但並非一定要予以拆除，才算合法。關於違建之處理，其所依據的主要法律是於民國三十三年九月修正公布施行的「建築法」。該法第十七條說：「私有建築未經聲請核定並領得建築執照以前擅自興工建築者，市縣主管建築機關對於起造人及承造人得處以建築造價百分之一以下罰鍰或於必要時將該建築物拆除之。」文中有「必要時」字樣，可見市縣政府如不予拆除，亦不爲失職。又，第十七條應祇適用於正在「興工建築」者，充其量亦祇能擴大及於最近興築完工者。至於已存在多年的建築，則祇能適用第三十一條，其文曰：「建築物有左列情形之一時，市縣主管建築機關得令其修改或停止使用，必要時得令其拆除：一、妨礙都市計劃者；二、危害公共安全者；三、有礙公共交通者；四、有礙公共衞生者；五、與核定計劃不符者；六、違反本法其他規定或基於本法所頒行之命令者。」於此，我們應注意兩點：一是對已經存在的建築遇上引各種情形時，政府應「令其拆除」，而不是自己動手來强制執行；二是近來政府所常用的「妨碍市容」的理由，在建築法中完全找不到根據。此外，第四十三條規定，對傾頽或朽壞之建築物，得以通知業主限期拆除，逾限未拆得强制拆除；第四十四條則規定，遇地震火災等重大事變而不及通知業主，亦得逕行拆除。建築法所給予市縣政府拆除人民房屋的權力，已列舉於此。這個法律，頗顧及人民財產利益，所以對政府權力，限制較嚴。再綜合言之，祇有三種場合方得强制執行：一是正在興築中或甫告完成而未領執照的建築，二是可能傾頽而業主又違令逾限未拆的建築，三是爲了應付緊急危害。

至於現在政府處理所謂違章建築，則是依據於民國四十六年十一月由行政院核定，於次月由內政部公布的「違章建築處理辦法」。我們首先必需指出：它不是法律，因爲它未經立法機關審議通過的程序。它祇可算是建築法第三十一條所稱的「基於本法所頒行之命令」。所以「處理辦法」，祇有與「基本」的建築法之文字與精神相符合的規定，才是有效的；如有違背建築法之處，實可視爲非法而無效。我們把「處理辦法」詳加研究，發現其有甚多處所均與建築法相違背；僅就政府强制拆除的權力一點來說，即可舉出：㈠「處理辦法」對於新建築之未領得執照者，規定一律予以拆除，並非如建築法那樣祇規定於「必要時」始得拆除之。(見「辦法」第十八條及十九條。)㈡「處理辦法」對存在多年的違章建築，並非如建築法那樣祇能命令業主自行拆除，而賦予拆除大隊以强制執行的任務。㈢對應予拆除的條件，除建築法第三十一條所規定的各項目以外，又加上「防空疏散」、「國際觀瞻」、「軍事設施」、及「對市容有重大影響者」各欵，其中防空與軍事兩項目的，猶可謂「公共安全」一項之廣義的伸引，但是觀瞻與市容的理由，則完全於法無據；市縣政府倘以此爲理由而强制拆除人民房屋，無論其是否違章，均屬非法損害人民的財產，人民實可對市縣政府提起控訴。由此我們可以看到，違章建築所違之「章」，本身在法律上就站不住，而政府乃適用此一本身尙成問題的「處理辦法」，一再實行强制拆除，而居然至今未有人根據法理來予以抗辯，這也是祇有我們這個國家才會發生的現象，眞正的民主法治國家，對涉及人民生存與權益之事，決不會如此的蠻橫與輕率。

其次，我們暫且離開法律的立場，再從事理與人情來看。旁的不說，把人民的住屋拆除，以致流離失所，連生存感受到威脅，這總是一件非常可怕的現象。據我們所知，因住屋被拆除而傾家蕩產者有之，甚至於走頭無路而自殺者有之。每當強制拆除時，住戶有拖兒帶女跪地求免者，有號啕大哭者，那幅淒慘的景象，令人酸鼻，而民選的地方官吏，居然可以視若無睹，眞可算得是鐵石心腸。像這樣大批大批的拆屋，且不說被拆住戶要怨恨，即連一般人民，也不會贊同。坦白說，一般人民事實上也感覺不到違章建築之存在有什麼不好。都市居民所深感痛苦的，是自來水供應之短缺，大糞之無法清除，以至公共汽車之擁擠不堪這類事，市縣政府倘能把這些人民切身問題解決一兩件，市民才會歌功頌德。至於人家住人家的房子，不管它是否違章，與我何干。人民並不感到違建存在之害處，因此把它盡行拆除，對人民也沒有什麼好處。沒有人眞正痛恨違建，所以發生強制拆除之事，祇有同情住戶，決不會支持政府。像這樣大批拆除，究竟所為何來？

當然，我們並不是說政府絕對不准拆除一間房屋。譬如某處地方的確立即準備闢建道路或興建重要工程，不要說違章建築，即使是不違章的，政府也可價購拆除。但事實上，現在拆除房屋，都並非有此種健全的理由。譬如所謂都市計劃，未必就在最近期間就要實施。尤其是像臺北市這樣，這個計劃還是日據時代遺留下來的，現在人口增加一倍以上，連市府也準備重訂，卻還是根據此一不復適用的計劃，把許多土地保留，在保留地上的建築，一律視為違章，隨時可加以拆除。如所謂公園保留地者，公園之興建，尚不知何年何月，而人民對土地的利用則受到限制。相反的，已經存在的公園，如臺北市的新公園，尤其是植物園，卻興建了許多並非供人民遊覽的公家房屋，弄得園地一年比一年縮小。旁的不說，甚至專為取締人民違章建築而設的拆除大隊，它的辦公處就正是在新公園裏面音樂廳旁邊的屋子，直到最近，市府才感覺不好意思，準備遷移。像這樣，政府可以佔用已有的公園，而人民卻要為尚未存在的公園而保留。又如去年高雄市警察局曾把鼓山區的一所在十年前造成的違建拆除，而目的是為了要在那片地上構築警察宿舍（見去年八月十日聯合報外埠版）；人民原有是違章的，而新建警察宿舍即不違章。像這種祇許公家佔用而不許人民方便的事例，是數見不鮮。難道說都市計劃之類，祇對人民適用而並不對公家適用嗎？至於如「國際觀瞻」之類，更是豈有此理的理由，政府竟是把國家面子看得比人民生存更重，又如何能贏得人民的擁戴！

即在人民之間，同樣的違章建築，有的被強制拆除，有的始終安然無恙，政府的處理，極不公平。本來所謂妨礙公共交通與危害公共安全之類，可以見仁見智，沒有嚴格的客觀標準，於是拆與不拆之間，執行人員就大可上下其手。首先，住戶的身分有決定的影響。凡是有地位、有勢力的人，他們住的違章建築（違建不一定是棚戶陋屋，也有高樓大廈），就從未聞有拆除之事，住屋被拆除的，照例都是些攤販、車伕、難民之類。執行人員以拆除為威脅而勒索賄賂，以至違建住戶之自動致送紅包情事，更是非常普遍，例如去年臺北市即有拆除大隊及工務局人員勾結，要業主拿出五千元即可准予免拆之勒索案發生，後被揭發而移送法院訊辦。（見去年八月二十四日聯合報）這不過是業已被公開揭發，且調查屬實的一案而已，未經發現者，尚不知有多少，且早成公開秘密，大家幾已視同當然，祇是未經人正式檢舉而已。為市縣長者，縱不一一搜集到證據，至少應該知道像這樣的處理違建，正好為貪污舞弊製造機會。拆除房屋本來就是一件最足以引起不安之事，再加以處理不得其平，更叫被拆住戶難以心甘情願，倘若辦法再不見改善，類似新生北路那樣的不幸事件，就難保沒有重演的可能。

違建的大批拆除，市縣議會並不贊同，且常有議員出面為住戶呈情。輿論對之也一再提出批評，有一家報紙建議要把拆除大隊「拆除」，其厭惡之情，溢於言表；另一家報紙則認為那是在「拆」政府的「臺」，毫無必要製造政府與基層人民的對立。我們眞感覺奇怪，熱心拆除的民選市縣長何以竟能無動於衷，他們縱不為人民的福利與生存着想，難道也不為他自己下屆競選時着想。人民是不會支持「拆屋市長」的，他們對已投的一票，都已後悔莫及。如果市縣長至今仍無覺悟，則省府應密切注意此一問題。現在一切都不談，最重要的莫過於收攬人心。市縣政府縱無優良表現，至少也該少做幾件叫人民痛心疾首的事了。

容許我們再說一遍：我們並非認為政府絕對不該拆一間房屋，眞正有必要時仍可依法拆除。但我們建議：㈠從速改訂都市計劃，使之更適合今後的需要與當前的現實，儘可能避免以房屋林立之違建區為保留地，為新計劃所不禁的房屋，即使過去為違章，亦可補發執照，使業主得以從此免除被拆除與被勒索的威脅，得以安心居住。㈡改正「違章建築處理辦法」，刪除其與建築法不相符合的條文。㈢縱令有些房屋仍需拆除，亦以儘少拆除為原則，且應避免強制執行，而改取多予補償，勸其自動拆遷的辦法。㈣究竟應否拆除，不應由公務局發號施令，而應組織包含議會代表及社會公正人士的委員會，兼顧法理人情，會商決定之。

讀者投書

(一) 我們對海軍總部的期望

一羣第七期海軍預備軍官

編輯先生：

二月十五號的貴刊刊出我們一封投書之後，據說海總部已派人南下澈查，於此可見海軍究竟仍有其一貫之傳統。茲另有數點敬請貴刊披露。

一、在專科學院中，有人要我們全體同學，簽名否認上封信是出自本屆預備軍官之手。站在學校本身立場，此種做法固無可厚非，但此種態度適有助於混淆而無補於事實之澄清。

二、今天士校某補給上士，將大批草紙送至專科學院。這批草紙係由一補給上士交出。由此可見即是士校當局亦非常可能是被下級蒙蔽。

三、我們建議進行調查此事的負責人員，最好能用妥善的方法，普遍徵詢預備軍官的意見，供作參考。

由於以上三點，都有助於海總當局澄清事實。我們請求貴刊儘可能在三月一號出版的貴刊上，將此信刊出。專此　敬候

撰安

一羣第七期海軍預備軍官上　二月二十日

社論

（三）

關於陳懷琪投書事件的簡報

二月十八日、十九日連續兩天，聯合、中央、新生等報同時登出「陳懷琪警告自由中國雜誌啓事」；十九日中央日報又以第四版幾乎三分之一的篇幅（廣告篇幅除外）刊佈一則「本報訊」，而四行標題的文字，則爲「冒用名義刊登投書、虛構事實損人令譽、陳懷琪警告自由中國社，決循法律途徑提出控告」；二十日官營的軍中廣播電台及復興電台又根據所謂陳懷琪的談話廣播一番。

這是一個引人注意的大架勢！

這個架勢一擺出來，本刊的作者、讀者、以及若干中外記者們，就心我們又要遭受打擊了。他們紛紛打電話、寫信、或親自來找我們問這件事的眞相，困擾中得到的深摯同情與關切，是特別令人感激的。我們在這裏除向大家敬表謝意以外，應該把這件事簡略地報告出來。

在說到這件事以前，我們得聲明一點。卽，我們處理這件事情，一開始就抱着保護投書人的態度。所以我們忍了一兩天，而最後仍不忍把這件事的全盤底蘊一點一滴拿出來擺在大家的眼前。現在，我們還是抱定這一主張，只要事態不致再被擴大，只要外來的架勢不致逼迫我們不得不採自衞的手段，那末，我們仍然要以保留的態度，來報告這件事情。辦政論刊物的人，遇到要替大家說出心裏話的時候，固然要勇於做大家的喉舌，說得痛快淋漓；但是遇到要保護投書人（我們對於一般的投稿人，都負有道義上保護的責任。）的時候，我們也不得不自我容忍。我們這篇報告的內容之所以仍不能詳盡者，理由在此。

現在，我們簡略報告這件事的大概經過如下：

這件事是由本刊第二十卷第二期（一月十六日出版）登載了一篇署名「陳懷琪」的讀者投書「革命軍人爲何要以『狗』自居？」一文引起的。那篇投書主要內容，是報道去年十一月初國民黨軍隊黨部在軍中舉辦的三民主義講習班的兩個宗旨，以及教官們對這兩個宗旨的發揮。第一個宗旨是堅定反攻復國信念，第二個是鞏固革命領導中心。在第一個題目（或宗旨）下，教官們痛駡本刊四十六年八月一日所發表的「反攻大陸問題」那篇社論，但在中美聯合公報當中，我政府卻已公開承認收復大陸不以武力爲主要途徑。因之投書人說這些教官們是「自相矛盾」，說他們是「可憐和幼稚」。在第二個題目下，教官們的結論是說「只有『現在』的領袖才能領導我們反攻大陸、光復河山」。對於這個結論，投書人的批評是這樣說的：

「我不否認領袖近數十年來對國家民族的偉大供獻；但我絕對反對『只有現在的領袖才能領導着我們反攻大陸』的這種不正確的論調。『反共抗俄』是我國的國策，就目前國內外局勢看，這個國策不一定就是明天可以完成的，說不定它可以繼續十年甚至更長一些的時間。總統自己最近也指示我們應作長期的奮鬪。而總統是一個人，『凡人皆有死。』儘管我們高叫『總統萬歲』，這只是表示我們吶喊的人對他的崇敬；理智的想一想，一個人能活到一百歲最多活到一百五十歲已是世界上罕見的事，現在我們把『反共抗俄』的期望唯一的寄托在他個人身上，萬一他有最後的一天，那我們唯一的期望又該誰屬？『只有』總統才能領導我們反攻大陸，那麼這個『只有』的總統如果有萬一的一天，我們的反攻大陸就眞要完全無望了！這是使我始終懷疑的一件事情，國民黨爲什麼要作這樣低能的宣傳？」

這是那篇投書的主要內容。這樣一篇文字，實在是以負責任的態度來談國事。我們看不出有什麼過不去的地方。至於書尾提及戴笠以狗自居那個故事，更是投書人爲「革命」軍人訴不平，爲「革命」軍人爭人格的表示。決扯不上相反的方面去，說是「誣衊革命軍人」。

這篇投書自一月十六日經本刊發表以後，時過半月，到了一月三十日本刊收到現職陸軍工兵基地勤務處製造廠中校行政課長陳懷琪君的來信。這封信的全文已由中央日報於二月十九日用「本報訊」登出。我們請大家看看那樣一封充滿火藥氣和膏藥味的文字，像不像一封所謂「更正函」？如果陳懷琪君只要聲明該投書人陳懷琪不是他這個陳懷琪，而別無其他作用的話，他爲什麼要說「詆譭國家元首、動搖反共抗俄領導中心、誣衊革命軍人、簡直就是我們的敵人——共匪，對我們實施心理作戰，瓦解我們戰鬪意志。……」這類亂加我們罪名的話？他又爲什麼要說「本人……向以信仰三民主義，崇敬國家元首，……」這一類自我表白的話？一封六七百字的所謂「更正函」，說到本題的地方竟不過幾十個字。其餘的絕大部份，都是與所謂「更正」毫不相干的。當我們看到陳君這封來信以後，想到箇中情形，或不簡單。於是，當天晚上，我們寫了一封信，請他在次日（三十一日，星期六）或隔日（二月二日，星期一）來本社一談。我們的信是照他來函所寫的地址——陸軍服務社三〇一號房間，着人在三十一日上午九時左右送去的。信送去的時候，他不在。送信人照服務社人員的吩咐，把信放在陳君的床上。奇怪的是這封信送去以後，一直到本刊第二十卷第四期付排清稿的時候，其間有十多天，陳君終沒有來。他的來信曾說到「本人爲貴刊無端誣賴，特別請假來臺北，現投宿陸軍服務社三〇一號房間，希於三日內賜予函覆。」陳君既把這件事看得這麼嚴重，特別請假來臺北，而我們又在他所指定的時限以內函請他來本社一談。他爲什麼久久不來呢？這時我們對於陳君，確是非常惦念的。在惦念的心情中，我們雖沒有把那封不成其爲更正函的來信全文發表（不成其爲更正函的信，我們沒有全文發表的義務），但我們在第二十卷第四期的「給讀者報告」中寫上一段：「現職陸軍工兵基地勤務處製造廠中校行政課長陳懷琪君來函，以本刊第二十卷第二期所刊『革命軍人爲何要以狗自居？』之陳懷琪，雖與其同姓同名，但並非一人，特此聲明。」這一段報告，我們是在沉重的心情下寫出的。這一段報告登出來，陳懷琪君所要聲明的目的當然達到了。

本刊第二十卷第四期於二月十五日下午在臺北市開始發售，十六日上午十時許，我們所惦念的陳懷琪君竟親自到本社來了。（據他說，我們約他來談的那封信，他沒有收到，）當時他還是希望我們登他那封所謂「更正函」的全文。我們就把我們只能做到這種程度爲止的理由委婉的說給他聽，他聽了以後雖然有點失望，但我們彼此間的言詞和態度都很客氣。（至於陳君在各報警告啓事內和二月十九日中央日報所載的消息，說本社接見陳君的人，「態度蠻橫」云云，這句話我們不管是否眞的出自陳君之口，我們都不怪他。）我們聽到他是浙江人說話的聲音，送出門口時，還親切地問他府上那裏，他說是「義烏」，我們說義烏過去屬於金華府，然後送至大門口告別。臨行時，陳君也沒有說要登報警告我們。

事隔一日，對付我們的大架勢擺出了：十八日「陳懷琪警告自由中國雜誌啓事」在各報上面登出了，十九日又照樣在各報第一版再登一天。（廣告費算起來總該在三千元以上！）接着還有電臺的廣播，以及中央日報所刊佈的「本報訊」等等。我們面臨這一架勢，起初（十八日）還不想有何表示，到了十九日看到中央日報那則「本報訊」以後，我們不得不作自衞的準備，於是我們一方面與律師聯絡，一方面對陳懷琪的所謂「警告」，擬定啓事一則，於十九日下午七時前送聯合、公論、中央三家報紙刊登。聯合、公論兩報於二十日登出，中央日報則延至二十一日下午五時（中間在二十日及二十一日曾派人三番五次的詢問）本社派人到該社索回啓事原稿時，始決定照登，所以直拖到二十二日見報。在二十二日中央日報登出本社啓事的同時，它的第四版又登了一則「本報訊」，報道陳懷琪對於本刊啓事的反駁。同時，其他官報如新生報、中華日報等，也都登載了類似的反駁消息。那些反駁的話，都是脆弱得自己站不住的，用不着我們再說什麼，同時我們也不管那些話是否眞的出自陳君之口，我們絕不怪他。

這件事演進到中央日報登出我們的啓事的時候，似乎不再擴大了。因此，我們所要報告的話，也就到此爲止。我們希望這件事不致再被擴大，不致逼得我們將一切直接間接有關文件製版公佈才好。同時我們更希望陳懷琪君經過這件事以後，生活如常，身心健康。

今日的小學教育

陳　康

關於今日的小學教育，最嚴重的問題自然是惡性補習，因爲它直接戕賊兒童的身體健康。惡性補習只是一種私下的行爲並無法律根據。然而卽在小學的現行制度之中也有幾點，在筆者看來，似應修正。本篇丟開惡性補習不談——因爲人皆知其不是，只討論以下幾點。

㈠兒童在校時間太長。小學從四年級起功課是整天的；兒童上下午皆在學校。早晨七時前卽赴校，下午五時後始回家，除去星期六的下午和例假每日皆如此。在校的時間太長，在家(睡眠除外)的時間太短，也卽是和父母接觸的時間太短。從一個觀點看，這樣的制度也許是很好，因爲它可以減少父母許多麻煩；然而從另一觀點看，它會產生很不好的結果。人普通講，人是理性的動物；然而我們不可忽視，人也是情感的動物。其他動物固然沒有一個能作一些邏輯推理的，然而它們中間也沒有一個能哭會笑。因此我們不但要發展人的理性，同時也要培植他的情感。誠然不錯，人與人的往來最好皆本諸理性，合乎法律，這樣可以免除許許多多的大小爭端；然而這並非說人與人之間，在任何情境下，皆須杜絕情感。如若一件事可以同樣的完成(所牽涉的皆相同)，何必一定要板着面孔去做，却不和顏悅色的去做？人究竟不是一副機器，無情的生活是人不能忍耐的。因此從兒童時代起培植情感卽屬必需。雖然在學校裏情感並非不能培植；然而情感培植的主要場所終是家庭。在慈愛氣氛下長成的兒童其性情往往是和藹的。兒童在校的時間愈長，他們損失了在慈愛氣氛下，培植情感的機會也愈多。這種損失我們不可因爲它是隱藏不易見的，就忽略它，因爲它對於兒童自身，對於他們以後在社會上的待人接物皆會產生不良的影響。

其次，在校時間太長，他們在家庭中無形學習的機會被減少的也愈多。一般人自覺的或不自覺的承認：兒童在家庭中耳濡目染無形中學得父母的知識和技術的機會比較其它的人特別多。一個生長在木工家庭的兒童和一個生長於醫師家庭中同年齡的兒童，儘管他們皆未學習家業，然而前一個兒童知道一些怎樣用鋸子鋸木頭，用釘錘釘釘子一類的事，後一個兒童知道怎樣用聽筒或怎樣使用檢溫器一類的事。誠然，這些並非卽是那些足以稱爲某一行業的知識或技能，但是它們却是以後學習某一行業的基礎。因此家庭在無形中已經供給了兒童以後可以用爲學習某一行業的基礎。兒童在校時間愈長，獲得無形家教的機會被剝奪的也愈多。誠然人可反對說：我們並不提倡職業世家。然而社會上也不反對子習父業。旣不反對，我們爲兒童留着這種機會豈非比較斷送這種機會更是合宜些？如若一個兒童將來另習它業，這機會雖然保留着他可以不利用，但是這並無碍於他的另習它業；如若他繼習家業，這種機會爲他斷送了，豈不對於他的學習有損？

㈡小學科目太繁多，也許有人批評我說：以上的話根據一個錯誤的假設，彷彿兒童在校並未學習什麼，只是將時間浪費了；事實上不然，他們是忙於功課的。筆者並未如此假設，我知道他們在忙功課，而且還嫌他們所習科目太多呢。當我的大孩子在小學一、二、三年級的時候，我每晚就着他的興趣爲他講些歷史故事，假期裏教他讀一些書。但是到了四年級，他下午五點鐘以後才回家，晚間還有學校的功課——至少是寫大、小字和做日記——要做，以前那樣的教讀只有作罷！我家的情形如此，其他人家的情形想也大致相同，如若他們在空餘時間裏也給他們的孩子一些學校以外的教育，所教的儘管各家不同。小學教育是國民教育，是每個兒童必須接受的教育。旣是每個兒童必須接受的教育，所教的也必須僅限於每個兒童所必須學習的。因此教材的範圍必須減至最小；凡非一切兒童共同必須的皆應除去；這樣方可留出空餘時間來以便兒童們另受合乎個性和才能，爲未來工作和生活作舖路工程的基本教育。教育兒童和餵養一羣綿羊不同。餵養一羣綿羊我們可用同一方法，不必注意它們之間的差別，因爲一隻綿羊的任務和其它任何一隻沒有什麼不同：此卽是供給羊毛。然而兒童將來在社會上的任務，如若不是各各不同，至少也是各行不同。國家是一個複雜的統一，不是一個單純的統一；它須要各種職業的人，決不只須要任何一種行業的人。因此在教育方面必須重視人與人之間的差異，不亞於重視他們的彼此相同。小學教育，因爲是共同教育，不能分門別類，至少它也不應阻碍兒童另受其它教育的機會。因此小學科目不能太繁，時間不能佔去太多；它必須留出時間來讓兒童作將來學習專門行業的準備。大多數的人安居樂業，社會方可安定；無業游民是社會上的紊亂和犯罪的來源。要人樂業，必然先讓人學得一種職業；否則欲樂無從。要學一種職業以卽早開始爲宜。前幾十年的情形和現在不同，那時「三百六十行」中無論學習某種行皆是卽早開始的。現在小學畢業生在普通常識等方面比較以前同年齡的兒童高出很多，但在職業和技能方面落後很遠，因爲今日的小學教育不但使這些知識和技能的學習不可能，而且甚至家庭中一點點耳濡目染的機會也剝奪殆盡。其所以如此，乃因爲小學的科目繁多；因此必須歸併和裁減小學的科目。

㈢用毛筆寫大、中、小楷。小學科目中第一個應當廢除的是習寫毛筆字。因爲學寫大、中、小楷不是一切兒童皆必須的。誠然，未來的大書家產生於今日兒童裏；大書家須要卽早練習書法。但是我們不可忘記，比較大書家的數目不知多出許多倍的人也產生於他們裏面。這些更多的人離開小學以後，也許根本不再抓一次毛筆。讓這些人在小學裏花費了許多時間學寫大、中、小楷，豈非虛擲光陰？爲何不將這些時間節省出來以作一些對於他們未來工作方面切要的知識上或技能上的準備？主張兒童在小學裏學寫大、中、小楷的理由是保存中國文化。書法，毫無疑義的，是中國文化中優美藝術之一，而且它還是中國人獨創的美術；它極值得保存，應當保存。然而保存這種美術不是盡人皆能；我們只有期望很少數的人——未來的大書家——來完成這種任務。然而從今日的兒童裏不但產生出未來的大書家，而且還產生出更多的對於此道毫無成就希望的人。我們何能將保存書法之重任也同樣加在這一些人的肩上？此非只是強人所難，而且必是徒勞無功。書法既然不能由他們保存，他們用於學習大、中、小楷的時間那就是白費了！這裏也許有人問我：若照您的意見將學習毛筆字一科從小學課程劃去，結果豈非原來經過練習可以成爲大書家的兒童，在那種情形下也無機會成爲大書家了？您既主張保存這一門美術，却同時要毀滅保存它的機會。此非自相矛盾而何？我的回答是：在現行的小學制度之下若將習毛筆字一科廢除，結果也就是斷絕了中國的書法。但是如若小學四年級以上的課程不整個的佔據了兒童的時間，却挪出一部份時間來讓兒童有機會在校外自由學習：在那種情形下，對於書法有才能和興趣的兒童可以集中餘留下的時間去臨摹（因此成功的機會也愈大），對於此道無望的兒童也可以作其它行業的準備。這樣一方面，書法可以更易保存，另一方面，光陰不致虛廢：何不採此兩全之道，而必強迫人走那條對它無出路的途程？

㈣做日記。其次應廢除的是做日記。遠在十餘年前，我在昆明教書的時候，即聽見同事的子女以做日記爲苦；十餘年後同樣的情形在我自己的孩子身上發現。這一科目實是苦兒童所難。兒童生活沒有什麼變換，尤其是從星期一到星期五，每天必須做日記，那裏有事可記？只是這一點已是廢除小學做日記的充足理由了。再者，練習做日記不是滿足每個兒童長成以後的需要的。大約只有幾種人的日記最有價值。其一是叱咤風雲的政治人物的日記，因爲它留給以後的歷史家許多它處無可尋覓的政治秘密的材料。另一是大學說家或大事業家的日記，它或者示人以學說的發展和方法、或保存了事業進展的詳細過程。其它日記若有人作，價值似乎也不太大，而且事實上，普通一般人也很少寫日記的。在小學裏訓練兒童學習一種他們感覺苦惱的技術，即使學成，離開學校以後大多數人便將它拋棄不用，或者雖仍採用，然而產生不出什麼有價值的結果來，那又何必苦兒童所難，花費許多時間來學習它，却不將這些時間留作它用呢？若謂做日記借以訓練作文，我的回答是：做文章不是一件要緊的事，尤其對於兒童不是如此。對於小學裏的學生在智育上重要的是充分教以基本常識。「施比受更是有福」不幸在今日已變爲一部份所謂學人的信條。我們至少希望下一代的人首先多多的充實自己，然後再寫作。因此我們不要讓兒童從小即養成一種無中生有的寫作習慣。作繭時的蠶不吃桑葉，却能吐絲。這乃因爲它桑葉已經吃飽了；否則它吐不出絲來的！

其實小學的科目只是以下幾門即已足够：國語、常識、算術、以及在小學初年級名爲唱遊的。其它科目皆宜合併或裁減。體育、音樂、美術等等，相當於小學初年級的唱遊，可以合併爲一科，作爲廣義的唱遊（或用其它統括的名稱）。此科的目的在增進兒童身心的健康和養成合羣愛羣的習慣；其重要在此，並不在各項目的內容。國語和常識也應歸併爲一科；國語即以常識爲其內容。常識一科範圍很廣，它包括歷史故實、社會狀況、自然現象等等：舉凡其中對於兒童共同須要的知識，同時又可以爲他們在小學階段上的智力所可了解的，皆當循序列入。這樣歸併了以後，小學科目只有三門：國常、算術、和廣義的唱遊。每日上課時間半日可够，節省出其它半日時間作爲兒童在家各就其才能和興趣學習未來的職業，或至少作學習未來職業的初步準備。這樣的調整比較現行的制度要合宜些。

地方自治乎？省府官治乎？

——對省府所擬地方自治法規七種修正草案的總評

傅　正

一

現行臺灣地方自治法規十三種，省政府予以簡化合併爲七種修正草案後，已於四十七年十二月二日送請臨時省議會審議。這七種修正草案的總說明，自經省議員李萬居在其主持之公論報連載後，由於與臺灣地方自治前途關係重大，引起了各方面的普遍重視。但是，因爲省政府始終沒有把七種修正草案的全案公開發表，使大家感到不知道葫蘆裏究竟賣的甚麼藥，而不便說話。最近，個人基於選民關心地方自治的立場，特從一位省議員那裏，借到省政府提出的七種修正草案全案，經過詳細研究，覺得有一些意見，必須老老實實的提出來說一說。由於牽涉法規太多，爲了說得清楚起見，不得不盡可能詳盡些。

臺灣省地方自治法規，自從三十九年先後公布施行以來，雖經四十一年和四十三年兩次修改，但其足以阻礙地方自治的條文，仍然很多。因此，近幾年來，常聽到批評自治法規的聲音；尤其每逢地方選擧時，更會聽到修正自治法規的主張。據臺灣省政府這次提案時表示，也正因爲「不僅各級民意機關、地方團體、及社會人士常有修正之建議，卽中央對此問題亦甚注意」，所以才於四十六年十月底，專門成立了一個臺灣地方自治法規修改委員會，直至四十七年三月底該會結束時，始將現行臺灣地方自治法規十三種，全部研擬修改完竣，而簡化合併爲現在送審的七種修正草案：一、「臺灣省各縣市實施地方自治綱要」修正草案(以下簡稱「綱要」草案)，二、「臺灣省各縣市議會組織規程」修正草案（以下簡稱「議會規程」草案)，三、「臺灣省各縣鄉鎭縣轄市民代表會組織規程」修正草案(以下簡稱「代表會規程」草案)，四、「臺灣省各縣市選擧罷免規程」草案(以下簡稱「選擧罷免規程」草案)，五、「臺灣省各縣市選擧罷免事務所組織規程」草案(以下簡稱「選擧罷免事務所規程」草案)，六、「臺灣省縣市選擧罷免監察委員會組織規程」修正草案(以下簡稱「監委會規程」草案)，七、「臺灣省妨害選擧罷免取締辦法」草案(以下簡稱「取締辦法」草案)。

照道理說，現行臺灣地方自治法規，旣有這樣一次極爲寶貴的修正機會，省政府研擬修正草案時，便該眞正接受各方面的意見，朝着促進臺灣地方自治的目標，把應該保留的保留，應該修改的修改。可是，事實究竟如何呢？這可從七種修正草案中關係最爲重要的條文裏，就其對於現行法規的保留部份和修改部份，用條文做具體的證據，而分別加以客觀說明。

二

這一節首先要說明的，是七種修正草案對於現行法規保留的部份。這一部份可說的雖然很多，但最爲重要的，有下述兩點：

第一、保留選擧監察辦法：這一點，可由「選擧罷免事務所規程」草案第十四條證明。這一條規定：「各投票所開票所置監察員若干人，監察投票開票工作，由縣市監察小組聘請各該縣市鄉鎭縣轄市民意代表及公正人士擔任之。……」此項條文，完全是按現行「臺灣省各縣市議會議員暨縣市長選擧投票所開票所辦事細則」(以下簡稱現行「投票所開票所細則」)第九條照抄而來。其餘如「監委會規程」草案第三條、第七條、第八條第二項，都把所謂「公正人士」字樣保留了下來。

選擧之有監察辦法，按理原在保證選擧結果之公正合法。在臺灣地方選擧中，根據現行法規規定，有臺灣省選擧監察委員會、各縣市監察小組、以及各投票所開票所監察員的設置。在這三種人員中，尤其是直接執行監察任務的監察員，其工作，諸如監察投票所開票所管理員於辦理投開票時有無違法情事，以及監察投票人投票時有無違法情事等等，無一不是最足以證明選擧結果之是否眞正的公正合法，關係最爲重要，也最爲各方面所重視。

根據現行「投票所開票所細則」第九條規定，監察員是「由縣市監察小組聘請各該縣市鄉鎭縣轄市民意機關代表及公正人士擔任之。」事實上，選擧時被聘請做監察員的，絕大多數都是所謂「公正人士」，但是否眞的公正，早已是一大疑問。其中尤其在第二屆地方選擧中，高雄市楊金虎競選市長，出現了七千八百多張廢票；彰化縣石錫勳競選縣長，更出現了一萬四千多張廢票，加以國民黨候選人廢票之少，使大家極端懷疑公正人士的「公正態度」。於是在四十五年底，第三屆地方選擧之前，民青兩黨才向國民黨提出了必須也可由他們各推薦監察員的要求。其實，在美國便是這樣。據麥格魯德(F. A. Magruder)敎授在「美國政治制度」(Amarican government)中曾經指出，美國在選擧時，「每黨可在投票處派有『監察員』一名，如果他對任何人的選擧資格發生懷疑，可以要求該人出具證明。他並監視選擧票是否經過公正的點數。」到了四十六年四月，第三屆地方選擧競選期間，在野黨和無黨無派候選人集會臺中時，更一致堅持民、青兩黨的要求，但國民黨黨政雙方負責人員在推拖敷衍之餘，終又在第三屆地方選舉投票前兩日（四十六年四月十九日），由省民政廳長連震東對外發表談話，藉口法律並無明文規定用那些人云云，而公然予以拒絕。因此，民社黨被迫於投票當日（四十六年四月廿一日），在各報登載啓事稱：「既無互相監督之心理保證，因此不便以在野黨身份，向國人證明選舉的結果之義務。」到最後，由於在各地區投票所開票所內，相繼有種種違法舞弊的事實被揭發，誠如蔣勻田先生在四十六年五月十六日「民主潮」所發表「要大改臺灣省妨害選舉取締辦法」的大文中指出：

「據一般失敗的候選人說：他們的失敗不緣於違法的宣傳；不緣於違法的助選；不緣於命令軍公教人員集中投某類候選人的票；也不緣於選舉幕太公開，失去秘密自由投票之意義；因爲這些違法行爲，都阻不了臺灣人民爭民主自由的意向。最重要的是投票與計票的一黨包辦，使選舉的結果，完全違背了民意的表現。自高雄、嘉義兩縣揭發投票所監察人代選民秘密投大量選票之後，一般失敗的候選人與一般失望的選民，更是振振有詞的懷疑全體的選舉結果。」

從第三屆地方選舉中的這類事實證明，由所謂「公正人士」擔任的監察員，非但不是保證選舉結果之公正合法，而且是在保證一項不公正不合法之結果。所以「公正人士」之公正與否，大家就可想像而知了。

這一次，省政府在研擬修正草案時，按理自不應再保留現行選舉監察辦法。換言之，理該修正爲監察員由各政黨及無黨無派候選人按比例推荐，並對臺灣省監察委員會以及各縣市監察小組的委員，加以相同的明確規定。然而，現由上述「選舉罷免事務所規程」草案第十四條與「監委會規程」草案第三條、第七條、第八條第二項觀之，省政府却將現行選舉監察辦法，全部保留了下來。

很顯然，省政府的保留現行選舉監察辦法，這是企圖在今後的地方選舉中，仍可以此爲工具，而把持監察員的聘定，以便透過黨化的所謂「公正人士」之手，造成「不公正」「不合法」的選舉結果，進而把持整個臺灣的地方自治。

第二、保留自治監督規定：這一點，可由「綱要」草案第四十二條證明。這一條規定：「縣市自治之監督機關爲省政府，鄉鎮縣轄市自治之監督機關爲縣政府。」此項條文，又完全是按現行「臺灣省各縣市實施地方自治綱要」(以下簡稱現行「綱要」)第四十二條照抄而來。

按照憲法第一二一條規定：「縣實行縣自治。」此所謂自治，另由憲法第一二二條至第一二八條有關縣的條文看來，包括有召集縣民代表大會，依法制定縣自治法，以及縣民依法行使選舉權、罷免權、創制權、複決權等在內。在憲法關於縣的這一節內，根本便找不到「自治監督」的明文。至於憲法第一二七條規定：「縣長辦理縣自治，並執行中央及省委辦事項。」縣在執行此類委辦事項時，按法理推論，固須接受中央及省的監督，但這種監督，只限於中央及省委辦的事項；而且中央委辦的是受中央的監督，只有省委辦的才受省的監督。換言之，縣只有在省的委辦行政方面受省的監督，在自治行政方面並不應受省的監督。

事實上，依據憲法第十一章關於「地方制度」的規定，省和縣都同樣是自治團體，這與國民黨一黨訓政時期之爲官治的行政區域，性質上根本兩樣。同時，在憲法第十章關於「中央與地方之權限」的五條條文內，並非只把中央與地方的權限加以劃分，而是把中央、省、縣三者之間的權限，都用列舉的方式，加以明確的劃分。根據此類規定，何種事項由中央立法並執行？何種事項由中央立法並執行或交由省縣執行？何種事項由省立法並執行或交由縣執行？何種事項由縣立法並執行？都有一定的範圍。屬於省的職權，中央固不能侵犯。屬於縣的職權，中央不能侵犯，省亦不能侵犯。如有未經列舉的事項發生時，憲法第一一一條還規定了一個明白的補救辦法：「其事務有全國一致之性質者屬於中央，有全省一致之性質者屬於省，有一縣之性質者屬於縣。遇有爭議時，由立法院解決之。」換言之，若遇有憲法未曾明白規定屬於省或縣的事項發生，以致省和縣發生爭議時，省尚且無權解決，而必須送由立法院解決。由這種權限詳細劃分的立法精神觀之，可見縣的自治權是受憲法保障的，也無所謂省是縣的「自治監督」。關於由省立法而交由縣執行的事項，省固然可以監督，但這仍只是前面所說的委辦行政的監督，而非自治行政的監督。假使硬要據此而稱省爲縣的「自治監督」，則中央又何嘗不可稱之爲縣的「自治監督」？因爲中央同樣可以對某些事項立法後交由縣執行。

在現行法規中，只有省政府組織法第一條規定：「省設省政府，綜理全省行政事務，並監督地方自治。」才有所謂「監督地方自治」的字樣。但是，這一項法規，是三十三年四月二十八日公布的，還是國民黨一黨訓政時期的產物。其立法精神，原與後來制定的憲法相反。按照國民政府在三十六年一月一日公布的「憲法實施之準備程序」第一項規定：「自憲法公布之日起，現行法令之與憲法相牴觸者，國民政府應迅速分別予以修改或廢止，並應於依照本憲法所產生之國民大會集會以前，完成此項工作。」但我們號稱行憲雖已有十二年之久，一部作爲實施憲法地方自治的「省縣自治通則」，由立法院審議雖也有十二年之久，却不幸而始終被「擱置」。結果是，臺灣雖然號稱實施地方自治有九年，縣市長已經民選過三次，然而省政府的組織，仍舊以早該廢止的省政府組織法第四條爲根據，從省政府委員以至省政府主席，都是由行政院會議議決而提請總統任命。相反的，倒是憲法第一一三條規定的「省設省政府，置省長一人，省長由省民選舉之」，完全變成沒有實際意義的條文。

到了三十九年四月二十二日，臺灣省政府公布現行「綱要」作爲臺灣一省實施地方自治的基本法規時，竟又依據早該廢止的「省政府組織法」第一條所定原則，在第四十三條中規定：「縣市自治之監督機關爲省政府」。於是乎，一個「官派」的省政府，竟可對「民選」的縣市自治機構，儼然以所謂「自治監督」自居，進行地方自治的監督工作，使「民治」受制於「官治」，而不成其爲「民治」。

今天，我們縱然姑且承認憲法中的省確實是縣市的「自治監督」，這至少也必須在憲法規定的地方制度完全實行以後。然而，從上述「綱要」草案第四十二條觀之，省級在沒有依憲法實行「自治」的情形下，却又將「自治監督」的規定保留了下來；同時更進一步在其他法規中擴大了「自治監督」的權力。

老實說，省政府之保留自治監督規定，這顯然是「官派」的臺灣省政府，企圖變爲「民選」縣市自治團體的統治機構，進而控制整個臺灣的地方自治。

這一節所說，只限於七種修正草案對現行法規保留的部份，而且又只提到其中最重要的兩大點。但是，僅由保留選舉監察辦法和保留自治監察規定兩點觀之，是見臺灣省政府研擬修正草案的過程中，並未接受各方面的意見，而是順着政府的一貫路線，企圖進一步摧毀臺灣的地方自治而已。

三

在這一節要接着說明的，是七種修正草案對現行法規修改的部份。這一部份可說的更多，但限於篇幅，也只能指出下述最重要的兩大點：

第一、加强控制選舉工作：關於這一點，可從兩方面說明，一是取消簽署制度，二是增加競選限制。現在，便依照這一次序，分別說明如下：

一、取消簽署制度：這一點，可由「選舉罷免規程」草案第二十二條證明。這一條規定：「各種選舉參加競選者，應於候選人登記期間內，備具左列證件，向該主辦選舉機關，申請登記爲候選人……」這是將現行五種選舉罷免規程中，屬於「臺灣省各縣市議會議員選舉罷免規程」第十五條、及「臺灣省各縣鄉鎮縣轄市民代表選舉罷免規程」第七條所規定的選民簽署制度，加以澈底取消，而完全改用候選人申請登記辦法。

不過，簽署制度固然不完善，但把簽署制度取消而完全改用登記辦法，却更不完善。現代的民主政治，是無法離開政黨的，所以民主政治下的選舉，通常也離不開政黨提名制，但我們雖也有所謂三個政黨，在臺灣各種地方選舉中，却始終沒有採用政黨提名制。

在三十九年，臺灣準備實行所謂地方自治而草擬有關選舉法規時，關於候選人的登記候選，本來是仿照「國民大會代表選舉罷免法」第十二條及「立法院立法委員選舉罷免法」第十二條的規定，採用由選民簽署和由政黨提名的兩種制度。即由選民簽署也可以，由政黨提名也可以。這種規定，本來較爲完善。但到了政府主管機關審核此項草案時，也許是認爲在我們這個國民黨是唯一執政黨的環境裏，早已造成其他政黨無法競爭的局面，所以便乾脆排除了政黨提名制，祇採用選民簽署制。到了四十二年八月，修正「臺灣省臨時省議會議員選舉罷免規程」及「臺灣省各縣市縣市長選舉罷免規程」時，又將這兩種最重要的地方選舉中之簽署制度，同時予以取消，乾脆改用候選人申請登記辦法。不過，到了四十三年第二屆地方選舉時，國民黨對於臨時省議員和縣市長的競選，却又單獨採用對外不公開的黨內提名制，而且特別嚴格執行非經提名即不得競選的限制。這一措施，固然顯示國民黨對政黨提名制的重要性，已多少增加了幾分認識，但更重要的原因，還是國民黨企圖把持選舉。其結果，在各縣市造成了「一人競選」的局面，可以不競而選，穩操勝券。直至四十五年十月，民、青兩黨的負責人，在聯名致函國民黨當局，對於第三屆選舉提出五項建議時，其中第一項便是主張修改選舉法規，正式確立政黨提名制。但到了四十六年第三屆地方選舉時，國民黨黨政方面雖以限於「時間」無法修改爲理由，沒有確立這項在野黨和輿論界共同主張的制度，總算採用了公佈其候選人名單的變通辦法。這種辦法，固然並非就是政黨提名制，然却無異表示國民黨也已接受了政黨提名制的原則，至少已承認在臨時省議員和縣市長的地方選舉中，確應採用這種制度。

這一次，省政府既有如此充分的「時間」修改，按理便該確立政黨提名制。可是，從上引「選舉罷免規程」草案第二十二條證明，却只是將選民簽署制取消而已。至於政黨提名制，却根本並未確立。省政府只在說明中指出取消簽署制的理由：「此種制度，原爲防止一般人隨便參加競選，但實施結果，並不發生防止作用，且有候選人得票數，不及簽署人數之多，如再保留，似嫌太重形式，故取消簽署制度，幾爲各方一致之要求。既不切合實際，因此本草案特將此一制度，予以取消。」至於早爲各方面所主張且爲國民黨承認的政黨提名制，却一字未提。

關於省政府硬不確立政黨提名制的道理何在，我們固不得其詳，但由政府唯恐反對黨成立的心理，以至於連一個「中國地方自治研究會」都不准籌組的措施觀之，其動機並不難推斷。這無非是企圖在選民心目中，冲淡政黨的色彩，造成選民的錯誤認識，以爲政黨在地方選舉中毫不重要，而不知運用選舉權選擇自己贊成的政黨，使政黨政治極難獲得健全的發展。在未採政黨提名制而只採登記辦法的情形下，非但國民黨對於有聲望、有號召力的非國民黨籍候選人，可以指派幾個黨員登記候選，分化對方選票，轉讓自己選票；政府對於各投票所開票所的監察員，更可以此爲理由，拒絕由各黨共同推薦，以利採取像「安全措施」之類違法舞弊的手段，而保證國民黨獨霸選舉的局面。到這種局面成爲定局後，非國民黨人員，縱然都看穿了所謂「競選」的眞相，不願出來做「陪選」活動，國民黨仍可用自己的同志，擔任「陪選」工作，既可避免「一人競選」的啞劇上演，更可收到「一黨競選」的悲劇效果。

簡括的說，省政府在取消簽署制度後，只採用候選人登記辦法，且又不仿照英國人民代表選舉法第二十六條、第二十七條的辦法，限定候選人必須繳納一定數額的保證金，在所得選票未達一定數目時予以沒收，其目的，無非是企圖造成便於控制整個臺灣地方選舉的局面。

二、增加競選限制：這一點，可由「取締辦法」草案第十五條和第十六條證明。其中第十五條是這樣規定：「候選人之競選宣傳或活動，不得違背法令，妨害交通、及公共秩序、與善良風俗、或結衆組隊遊行。」這一條是現行「臺灣省妨害選舉取締辦法」(以下簡稱現行「取締辦法」) 所沒有，是這一次增加的。其中第十六條關於候選人不得有的情事有這樣一欵規定：「發表政見違背國策或詆譭政府。」這也是現行「取締辦法」所沒有，完全是這一次增加的。

現在，先就「取締辦法」草案第十五條增加的規定而言，其中所謂不得「妨害交通」、及「公共秩序」、以及「結衆組隊遊行」三項，雖在現行「取締辦法」第五條和第十條之中，可以找到類似字樣，但此類限制，都早該取消；這現却又另增加所謂不得「違背法令」與「善良風俗」兩項，而合併為一條。這明明是增加了競選限制，省政府却美其名曰「放寬競選活動」。省政府在總說明所持的理由是：「原臺灣省妨害選舉取締辦法除於第五條規定活動方式之外，硬性規定不得有任何活動，此不但有背民主精神，且實導致地下活動之主因。故本辦法對於此點，特加注意，除於第七條第二項明白規定：候選人『在不違反本辦法有關各條規定範圍內，得自行辦理前條規定公辦以外之競選宣傳』外，並於第十五條對候選人的宣傳活動，作一反面的規定，明白指出候選人之競選宣傳或活動，祇限於不得違背法令、妨害交通及公共秩序、與善良風俗、或結衆組隊遊行。換句話講，除了這些不得之外，其餘都得為之，這對候選人之競選活動，不但已大見放寬，且已明確劃出競選活動『得』與『不得』的範圍。選務監察機關，對法令之適用，亦將較有根據矣。」事實上，這些近乎詭辯的說法，完全是欺人之談。現行「取締辦法」第五條的規定，的確一如省政府所謂「有背民主精神」；然而，這次擬定的「取締辦法」草案，並未眞的加以刪除，只是分別的規定在第六條第九條之中而已。不但如此，現在明明還擴大了「不得」的範圍，却硬說是「放寬競選活動」，眞不知是何所據而云然？

從純法律的觀點說，這一條所規定的各項限制，根本沒有一項是合理的。因所謂不得「妨害交通、及公共秩序、與善良風俗、或結衆組隊遊行」云云，在違警罰法中，已分別設有「妨害交通之違警」、「妨害安寧秩序之違警」、「妨害風俗之違警」等專章，對於何種行為始構成違警，並當加以何種處罰，以至依據何種程序處罰，均有極為明確的規定。假使「取締辦法」草案第十五條中所說，便是指違警罰法所定有關情事而言，便用不着另加規定。如果其中妨害「公共秩序」一項，是指刑法第二編第七章「妨害秩序罪」而言，則犯罪構成之要件如何，以及刑罰的範圍如何，刑法也已經規定淸淸楚楚；而此種罪刑，又必須由法院依法裁定，別的單位無權認定，也用不着另加規定。如果其中「結衆組隊遊行」一項，是指戒嚴法第十一條的嚴格規定而言，也必須是「認為與軍事有妨害者」始得停止，或在「必要時」始得解散之；而且也唯有「戒嚴地域內最高司令官有執行」權，並非在任何情形下可由任何單位限制之，更用不着另加規定。至於不得「違背法令」，如果這是指依法制定的有關法令而言，候選人不得違背，原不在話下。總而言之，同草案第二十三條既已載明：「本辦法未規定事項，適用刑法及其他有關法令之規定。」所以，「取締辦法」草案第十五條的各項限制，全無必要。否則，假使此類籠統的限制，是包括違警罰法、刑法、以至戒嚴法都不禁止不處罰的行為在內，而企圖予以處罰，那根本是違法，更沒有加以規定的理由。總之，從法的觀點言，此類限制，沒有一項應該存在。

現在，再就「取締辦法」草案第十六條規定而言，所謂「違背國策」或「詆譭政府」，在現行「取締辦法」中，連類似的字樣也無法找到。至於這兩種限制，究竟是根據甚麼理由而增加？又到底是指些甚麼？草案中都無進一步的明確解釋或具體規定。然而，從同草案第二十條規定看來，設若候選人違背了其中的任何一項，由縣市監察小組查明屬實後，便可逐級呈報到上級主管機關，「取銷其候選人資格」；縱令已經當選，也可被法院據以為「當選無效之判決」；甚至可能構成刑事犯。結果比較違反上述同草案第十五條之規定，尤為嚴重。

實際上，這一條規定的兩種限制，更不應增加。例如所謂「違背國策」，假若這裏所用國策二字，是指憲法上的基本國策，那應該是政府實際施政的原則。至於候選人發表政見時，提出研究或批評，却無關緊要。何況此類條文，牽涉範圍過於廣泛；而其涵義，有的又極為抽象。像這樣的規定，如硬要遵守，大家在無所適從的情形下，除掉說些不切實際的空話外，勢將無從眞正發表政事實上，以目前人所共知的所謂「司法配合國策」之說推論，「國策」見。也者，多半就是指國民黨一黨的「黨策」。假如眞是這樣，則任何非國民黨籍的候選人，也必須遵守國民黨的黨策，既是絕對的不通，而且是絕對的違法。至於說到「詆譭政府」，可能是指批評或指責政府的意見而言，假使眞是如此，這在現代民主國家，早成為非執政黨候選人發表政見時的必然現象，已毫不足怪，絕不是競選中所該限制的。在今天的臺灣，任何非國民黨籍的候選人，如果也必須像國民黨候選人一樣，不能批評或指責政府，甚至也只有一味的向政府歌功頌德，那又何必競選？更如何競選？倒不如乾脆一律改為助選。何況按刑法第二編第一章關於「內亂罪」的規定，也只限於「顚覆政府」有罪，尚未聽到「詆譭政府」有罪，實在不應增加此種規定。總之，站在法的立場來說，「取締辦法」草案第十六條增加的這兩種規定，都全不合理。

老實說，省政府對於競選這樣重要的活動，竟在這兩條之中，擬定了如此籠統不合理的限制，其目的，無非是企圖先在法規上留下伏筆，以便於所謂自治監督，將來可利用其不應有的解釋權，再授權選擧時的監察小組，於必要時作爲非法干涉競選活動的藉口，進而控制整個臺灣的地方選擧。

根據以上所述，無論是取消簽署制度，抑或是增加競選限制，目的都只有一個。那便是加强控制選擧工作，先使得臺灣的各種地方選擧，完全操縱在政府之手，以便促成國民黨一黨包辦選擧而已。

第二、擴大自治監督權力：關於這一點，又可從三方面說明，一是提高自治監督停職權，二是强調自治監督免職權，三是確定自治監督解釋權。現在，我們也可分別說明如下：

一、提高自治監督停職權：這一點，可由「綱要」草案第四十八條證明。這一條規定：「縣市長、鄉鎮縣轄市長、村里長，對上級政府委辦事項，如抗不遵行、或奉行不力、或違法失職，情節重大者，各該自治監督機關，除依法處理外，得呈准先行停止其職務。」這是將現行「綱要」第四十七條規定，加以澈底修改而成。

依照現行「綱要」第四十七條規定，縣市長對於上級政府委辦事項，縱然有所謂抗不遵行或奉行不力之事發生，而且情節重大時，尙須「送經臨時省議會同意後」，省政府始得予以免職。唯有在所謂「戡亂期間」的特殊情形下，始「得由省政府先行停職，派員代理，同時送請臨時省議會同意。」從此種規定看來，可見現行「綱要」原則上是不承認省政府享有停職權，僅承認在法定的特殊情形下，始可以行使此項權力，但仍須「送請臨時省議會同意」。可以說，停職權的行使，「戡亂期間」是必要條件，「送請臨時省議會同意」是必經程序。官派省政府的停職權，有了條件與程序的雙重限制後，即無法對民選的縣市長濫用。換言之，只要沒有得到臨時省議會的同意，縱然是在「戡亂期間」，又縱然是以「奉行不力」之類法定理由，省政府仍無權將縣市長停職。這種規定，一方面是防止省政府的濫權，一方面又是保障縣市地方自治的獨立。

但是，現從上引「綱要」草案第四十八條看來，不僅在原則上確定了停職權，而且把行使此項權力的條件和程序，都一併删除了。這種極關重要的雙重限制删除後，只要省政府認爲縣市長對於上級政府委辦事項，有「奉行不力」一類行爲而且情節重大時，僅僅乎經過「呈准」的手續，便可以行使停職權。所謂「呈准」，按照省政府在提案說明中的解釋，就是「呈請上級機關核准」。其實，省政府的上級機關是行政院，而省政府自主席到委員，又都是經由行政院議決後提請任命的。因此，按一般的常理推論，行政院對於省政府呈請的事，不予核准的可能性，必定是很少。如進一步以臺灣的政治實情推論，不管是行政院或省政府，又都是掌握在國民黨一黨之手，當省政府行使停職權時，必更可獲得行政院的支持。所以，無論從那一方面說，「呈准」的手續，形式上似乎也是一種程序，實質上却不會有甚麼限制作用。在這種不必「送請臨時省議會同意」的情形下，省政府固可以隨心所欲的濫用職權，國民黨更可以透過省政府的這一權力，來排除任何在野黨或無黨無派的縣市長了。

至於省政府如此修改的理由，據說是因爲內政部四十年內民字第四一三五號代電，有過這樣的指示：「民選縣市長，前經行政院解釋，除公務員懲戒法關於降級之處分不適用外，其餘各條欵均應一律適用。」省政府便以此爲基本根據，進而說到公務員懲戒法第二條、第十一條，歸結到可依該法第十六條第二項的停職規定辦理。其實，這種理由並不能成立。

民選的縣市長固然也是公務員，然其出任公職，究與一般公務員之出於任命不同。現行公務員懲戒法是民國二十年六月八日公佈施行的，最後一次的修正也是在民國三十七年四月十五日，距離後來在臺灣實施地方自治的時間還很遠，顯然都還沒有顧慮到是否完全適用於經由民選的縣市長。現在，根據省政府所轉引行政院的解釋，認爲該法除降級處分外，其餘一律適應。其理由如何，因未見詳細說明，固不得而知；但由該法其他條欵推論，這種解釋，並不能成爲定論。從該法第三條第二項爲「政務官」設立例外的立法精神推之，這無非因爲政務官不同於一般事務官，除擔負法律責任外，還須另負政治責任。同樣的，民選的縣市長，在法律責任外也有政治責任。因此，似乎也該享有若干例外的保障，並不應如同行政院所解釋，唯有「降級」這一點例外。退一步說，縱然承認行政院解釋是百分之百的合法，但省政府所據以擬訂的規定，仍然不能說是合理。按公務員懲戒法第十六條第一項關於停職規定，停職應由懲戒機關發動。只有省政府在提案說明中所引用的同法同條第二項規定，停職才是由長官發動。按理說，省政府如果只採其中一項，便該站在保障地方自治權的立場，採取該法第十六條第一項規定。縱認爲地方自治權無保障必要，也該兼採該法第十六條第一、二兩項的規定。現在，省政府只求提高本身權力，反採取該法第十六條第二項規定，顯然極不適當。再退一步說，縱然承認省政府也可以採取這一項規定；然而，現在官派的省政府與民選的縣市長，其關係也絕不同於長官與所屬公務員。因此，諸如省政府某廳長對於其所屬科長之停職處分權，以及省政府某科長對於其所屬科員之停職處分權，官派的省政府，並不能將其引用於民選的縣市長。其實，依「選擧罷免規程」草案規定，對於選民的神聖罷免權，尙且加以種種繁複而又嚴格的限制，省政府又那裏反可以享有這樣大的停職權？總之，省政府據以修改的理由，是不能成立的。

坦白地說，省政府提高自治監督的停職權，是不合理的。其目的，顯然是企圖借用此種規定爲工具，在非國民黨籍候選人僥倖當選時，便可以藉口「奉行不力」之類的理由，輕便的予以停職，收到排除異己的功效，進而使得非國民黨的縣市長，除非也完全聽憑國民黨的擺佈外，便永難安於其位，以求控制整個臺灣的地方自治。

二、强調自治監督免職權：這一點，可由「綱要」草案第四十六條證明。

這一條規定：「縣市長、鄉鎮縣轄市長、村里長因心神喪失或身體殘廢致不能勝任職務者，各該自治監督機關得予免職。」這是根據現行「綱要」第四十六條第三欵的不合理規定，重新增加的一條條文。

根據前面所說，無論是關於自治監督的規定及其停職權，都是完全不合理。然而，由這種免職權的規定觀之，一個官派的省政府，對於各縣市民選的縣市長，却又可用「心神喪失」或「身體殘廢」致不能勝任職爲理由，逕行予以免職，逕行使停職權的「呈准」形式，也一概免除；而完全聽憑省政府的自由裁量，所以省政府在提案說明中稱之爲「自由裁量權」。其權力之大，更難免使人懷疑，今天臺灣實施的地方自治，根本是十足的官治。

其實，在同草案第四十五條第三欵，對於「受禁治產之宣告者」應予免職，已有明確規定。按民法第十四條規定：「對於心神喪失或精神耗弱致不能處理自己事務者」，法院可依法宣告禁治產。如經這種宣告，另據民法第十五條規定：「禁治產人無行爲能力。」所以，像此類無行爲能力的縣市長應予免職的規定，自然是合理的。不過，一個「心神喪失」或「精神耗弱」的縣市長，既可由法院依法定程序宣告爲禁治產人而被免職，則同草案新增第四十六條，對於僅因「心神喪失」還未被宣告爲禁治產人的縣市長，又另賦予省政府行使「自由裁量」的免職權，便全無必要。至於「身體殘廢」，在民法上尚且不構成無行爲能力的要件，自更不應據以爲免職的理由。

據省政府在提案中說明稱：「至心神喪失其程度甚輕而不影響其處理公務及身體殘廢無碍業務操作者，或其情形甚爲嚴重但未經法院爲禁治產之宣告者，其應否免職，宜給予自治監督機關以自由裁量之權。」由此觀之，則縣市長即使是所謂「心神喪失其程度甚輕而不影響其處理公務及身體殘廢無碍業務操作者」，只要省政府認爲應予免職，也可「自由裁量」。其結果，按同草案第四十七條規定，且「不因其被免職原因之變更或消滅而失其效力。」足見自治監督這種可「自由裁量」的免職權，還具有絕對的效力。

話說回來，現行「綱要」第四十六條第三欵規定，對於「心神喪失或身體殘廢不能勝任職務者」，列爲得予免職之原因，誠如省政府這次在提案說明中所論，極爲不當。這次能在「綱要」草案第四十五條第三欵中，修改爲「受禁治產之宣告者」，的確比較合理。但是，既認爲此類規定不當，却又根據其原意，而另增列「綱要」草案第四十六條。這種換湯不換藥的做法，結果把省政府自認爲不當的規定，依然保留了下來，並沒有眞正的修改，眞是滑稽可笑。其實，根據省政府在提案說明中所論，此種規定，實在應乾脆加以取消，才是合理。

老實說，省政府的强調免職權，其目的，無非是本着提高停職權的原意，企圖用作控制非國民黨縣市長的工具，以進行排除在野黨及無黨無派縣市長的工作，進而控制整個臺灣的地方自治。

三、確定自治監督解釋權：這一點，可由「綱要」草案第六十六條及「取締辦法」草案第二十五條證明。其中「綱要」草案第六十六條規定：「本綱要規定如有疑義，由縣市自治監督機關之省政府解釋之。」這一條，是現行「綱要」所沒有，完全是這一次增加的。其中「取締辦法」第二十五條規定：「本辦法如有疑義，由縣市自治監督機關之省政府解釋之。」也是這次增加的新規定。

現在，僅就「綱要」草案第六十六條所增「解釋權」而論，據省政府在提案說明中稱：「查省政府既爲縣市自治之監督機關，依照內政部規定，本綱要如有疑義，應由省政府解釋之，特增列此條藉資依據。」其實，內政部的規定是不合法理的。按現行「綱要」第一條規定：「臺灣省各縣市地方自治在省自治通則及省自治法未公佈前，依本綱要之規定實施之。」此一規定，現仍原封不動的保留在「綱要」草案第一條。可見此項「綱要」，是具有省縣自治通則及省自治法的效力。省縣自治通則之解釋權不可能操之於省政府，已不待細說。即就是省自治法的解釋權，按憲法第一一四條規定觀之，也是操在司法院。由同樣道理推論，「綱要」的解釋權，只應操在司法院，實無疑義。所以，確定自治監督解釋權，是不合理的。根據相同理由，「取締辦法」第二十五條的規定，也一樣的不合理。至於「選舉罷免規程」草案第七十二條新增加的類似規定：「本規程如有疑義，由省政府民政廳長兼選舉監督解釋之。」而把解釋權賦之於一個民政廳長，更是顯然不合理，又何用多說？

至於與解釋權有連帶關係的「審核縣市單行規章」權，更是不能忽視，必須一併提出討論。按「綱要」草案第十六條第二項規定：「縣市議會議決前項第二欵縣市單行規章，應函由縣市政府轉報省政府備案，省政府對該單行規章，應依本綱要第十七條之規定予以審核。」所謂本綱要第十七條是這樣規定：「縣市議會議決事項，與中央法令或省法規牴觸者無效。」此項規定，是現行「綱要」所沒有，完全是這一次增加的。另按「議會規程」草案第十三條第二項也規定：「縣市議會議決前項第二欵之縣市單行規章，應函由縣市政府轉省政府備案，省政府對該單行規章應依本規程第十四條之規定予以審核。」所謂本規程第十四條是如此規定：「縣市議會議決事項，與中央法令或省法規牴觸者無效。」此一規定，也與「綱要」草案增加的規定相同，是現行「臺灣省各縣市議會組織規程」所沒有，完全是這一次增加的。

依據憲法第一二五條規定：「縣單行規章，與國家法律或省法規牴觸者無效。」至於是否牴觸，究應由何種機關解釋，雖然憲法並無明文規定，但可由法理推之。據憲法第一一六條規定：「省法規與國家法律牴觸者無效。」另據憲法第一一七條規定：「省法規與國家法律有無牴觸發生疑義時，由司法院解釋之。」根據此種規定作類推解釋，縣市單行規章與國家法律或省法規有無牴觸發生疑義時，當然也應由司法院解釋。按照憲法規定，省原該是屬於自治團體，辦理自治行政的省政府，當然不應擅行司法院的解釋權。

其實，依照憲法規定，縣市單行規章，固不得與國家法律或省法規牴觸；但是，省法規也不得與國家法律牴觸；而法律又不得與憲法牴觸。換言之，唯有憲法才是具有最高效力的國家根本大法，其次才是一般國家法律，再其次才是省法規。因此，假使縣市單行規章雖然違反省法規，卻並不違反國家法律，而是省法規違反國家法律，那當然是省法規無效，而非縣市單行規章無效。又假使縣市單行規章雖然同時違反了省法規和國家法律，卻並不違反憲法，而是省法規和國家法律違反憲法，那當然是省法規和國家法律無效，而非縣市單行規章無效。現在，不管是發生上述兩種情形的任何一種疑義，都必須由解釋來作最後的法律解決。據憲法第一七三條規定：「憲法之解釋，由司法院爲之。」又據憲法第七十八條規定：「司法院解釋憲法，並有統一解釋法律及命令之權。」都只有司法院大法官會議依法享有解釋權，省政府絕無此種權力之可言。

至於省政府硬是確定這種解釋權的理由，只見在「綱要」草案的提案中這樣說：「本條增加第二項，規定縣市議會議決之單行規章，應報省政府備查，係爲避免該單行規章與中央法令或省法規發生牴觸。」事實上，根據前引「綱要」草案增加的第十六條第二項所定，明明說的是「審核」，在說明書中卻又避重就輕的說是「備查」，眞有些牛頭不對馬嘴。由常情推論，並非省政府眞不明白這兩者的性質不同，而是企圖以此混淆是非，掩人耳目。現在，僅由這種不敢和不能正面提出理由的說明看來，更可以反證連省政府也自知增加這種規定，在法理上是站不住的。

簡單的說，省政府確定自治監督解釋權，是不合理的。其目的，無非是企圖以此類規定爲工具，以求隨時對於七種修正草案中種種籠統的規定，作有利於國民黨候選人或縣市長、或不利於非國民黨候選人或縣市長的解釋，並嚴格控制縣市議會的立法，進而控制整個臺灣的地方自治。

這一節所說，又只限於七種修正草案對現行法規修改的部份，而且也只提到其中最重要的兩大點。同時，在這兩大點之中，總共又只提到其中最主要的五方面。然而，僅由加强控制選擧工作與擴大自治監督權力兩大點觀之，更證明臺灣省政府在研擬修正草案的過程中，又沒有接受各方面的意見，而是順着政府的一貫路線，企圖更澈底的摧毁臺灣地方自治而已。

四

綜括上述各節所論，僅僅就七種修正草案的主要精神，指出了幾個重要之點，沒有說到的還多得很，諸如限定候選人的消極資格問題、規定縣市長的覆議權問題、限制縣市議會審核預算的時間問題，延期辦理改選問題、以及解散議會重選問題等等，都有不當之處，值得愼重研討。

但是，僅由本文全部論述證明，現行法規中不該保留的保留了，不該修改的修改了。其間又脈絡相通，有一個共同的可怕企圖。這企圖，顯然是要利用七種修正草案中一切極籠統極不合理的規定，造成一個省政府官治的環境，由控制各縣市選擧，到控到各縣市長與議會，進而控制整個臺灣的地方自治，以求在形式上是「民治」，而實質上是「官治」，進而完成臺灣地方「黨治」的任務。

老實說，今天的臺灣地方自治，官治氣氛已經過於濃厚，而造成了大家普遍的失望。假使省政府眞無意澈底摧毁地方自治，在這次研擬七種修正草案時，便該眞正接受多年來各方面所提出的意見，根本不該抱如此可怕的企圖。

現在，省政府在研擬七種修正草案時，其處心積慮，竟一至於此，我們還有甚麼可以再說？只有把一線希望，寄托在臨時省議會。但願身爲民意代表的省議員們，旣接受了全省選民的付託，願獻身於地方自治，今面臨這一審議七種修正草案的重要關頭，自然要尊重民意，根據法理審議。總之，凡有碍臺灣地方自治發展的條欵，必須一律删除；凡足以促進臺灣地方自治的規定，也必須充分納入。唯有這樣，此項法規，才眞正算得上是臺灣地方自治法規，而非「臺灣省政府官治法規」。

臺灣省地方自治法規修正草案芻議

王 地

臺灣省係自卅九年七月開始實施地方自治，以憲法規定，縣市自治須召集縣市民代表大會，依據省縣自治通則，制定縣市自治法後，始得實施。省縣自治通則迄未完成立法程序，縣市自治法無從制定，故本省縣市地方自治，係屬提前實施，而以「臺灣省各縣市實施地方自治綱要」爲依據，而成爲實施本省縣市地方自治之基本母法。各項自治法規，自頒布以來，雖經兩度修改，然在實施過程中，發現未臻理想之處仍多，近省政府乃作第三次修改之議，現尚在省議會審議中。該項省府所擬訂之臺灣省地方自治法規修正草案，已由省議會函送各縣市議會及鄉鎮代表會徵詢修正意見以備參考。筆者不揣淺陋，謹就從第一屆起忝充臺中縣民意代表以來，實際見聞所得，略抒芻見。

「自治」就政治的本質言，是以民意爲出發點；政治的發展，在深植人民的權力，適應民間的需要。以「達到爲民所有、爲民所治、爲民所享之目的。」此次省府所擬地方自治法規修正案，只顧技術上利於監督問題，而忽略了「權」之提高，相反地削弱議會之職權。

其一、縣市議會之職權名雖列有十項，但現在實際所行的，較顯著者僅「議決縣市自治事項」與「聽取縣市政府施政報告及向縣市政府提出詢問」二項而已。即以「詢問」一項，縣市政府主管，每多以敷衍塞責虛詞應對，當場唯唯諾諾，耳邊之風，過後即如雲烟，習以「老油條」爲能事。修正「臺灣省各縣市議會組織規程」第十七條更限制議員詢問日期之編列，「不得超過總日程四分之一」，該規程第十五條規定「每四個月開會一次，每次會期三日至十日」，如會期三日者，四分之一詢問日期還不到一日。如十日者只有二日半，餘剩七日半時間用於討論提案。至於延長會期至十七日者，則有四天可進行詢問，其餘十三日討論提案。似此偏重提案討論，亦有失議會之本體。偏重詢問固爲不良風氣，然而全無詢問則失去成立議會意義。我們只恐詢問不正確，涉及私事，而以感情發言，不怕詢問或建議之多。民意代表是全體民衆的「代議士」，對於縣市政府處於監督地位，故有聽取縣市政府施政報告之權，如有疑問，自得提出質詢，或提供應興應革之建議，否則何能「充分發揮質詢之功能」。事既不明，理何能直。亦就難以審議一縣（市）之政事了。且縣市政府之組織有民政、財政、建設、教育、兵役、合作、人事、主計、警察、衞生、民防、稅捐等科室局處，及附屬之事業機關，單位既多，辦理事務亦繁，若以會期四分之一編列詢問日程，實際上亦有困難。其實，設有少數議員詢問時風度欠佳或脫離正軌，涉及私事之處，儘有防止改善辦法，此係屬會議技術之研究運用，自不能因噎而廢食，剝削議員之質詢權利。何況議會政治特出之處，就是議員在議會內能自由表示其意見，熱烈發言，無所畏憚，亦無所束縛。故修改法規實不應加列限制詢問日期之條文。

其二、縣市政府未能尊重民意機關議決，對於議案之執行，以是否符合自身之意願爲前提，時有設詞搪塞，動輒「呈省核示」，甚以「未便照辦」一復了之。蓋縣屬單位在省級均有其主管機關，係採取「一條鞭」之指揮，居於本位觀念，「官官相爲」乃屬難免。至修正「臺灣省各縣市實施地方自治綱要」第四十四條「縣市政府對縣市議會之議決案，如認爲窒碍難行時，得於該議決案送達縣市政府五日內，敍明理由，呈請省政府核可後，送請縣市議會覆議時如經出席議員三分之二維持原案，縣市政府，應即執行。」則形同具文。改善之道，自應提高議會職權，切實尊重民意機關議決，省府盡量減少牽制，使職權免致淆混，縣市政府對於議案之執行無所傍藉諉卸。

其三、縣市議會有議決縣市預算及審核縣市決算與檢查縣市公庫之權。但依照省政府解釋却不能查核有關收支內容憑證，如對科目與預算 認有不符之處，亦僅得「向地方行政主管諮詢或指定其主管列席說明」而已，然根據「各縣市鄉鎮各級民意機關監督地方財政應注意事項」第二條第四欵「各項經費之支出，應審查有無違法及不當情事。」則非檢查支出帳目憑證，何從斷定「有無違法及不當情事」？故應在議決縣市預算及審核縣市決算原條文之下加入「並得檢查有關帳目及憑證」，始能符合職權之實際行使。又修正「臺灣省各縣市議會組織規程」修正議會職權條文，加入縣市議會審議縣市預算「應於收到預算案後一個月內審議完畢。」限制議會審議縣市預算之時限，相反地却未予縣市政府限定編送預算決算期限。以過去經驗而論，歷年縣市預算之編送，每因縣市政府對於財源無法確定，而未依照預算法之規定提送審查，並非議會遲不審議，事實上，議會均在預算案提出後，一會期內審議完竣，（如未能配合於定期大會提出，則另召集臨時大會）絕少有故意延緩審議情事發生。如認爲修正條文有加以議會審議預算期限之必要，似應同時亦予縣市政府規定提出預算案之期限，以免偏袒之議。

其四、「臺灣省各縣市實施地方自治綱要」修正草案，新增第六十六條「本綱要規定如有疑義，由縣市自治監督機關之省政府解釋之。」殊爲欠妥，予人輕易之感。「臺灣省各縣市實施地方自治綱要」雖非由中央立法，但其功能已相等於「省縣自治通則」前已述及，本省實行縣市地方自治，即以該「綱要」代替「省縣自治通則」爲依據。該「綱要」規定如有疑義，似應依據中華民國憲法第一一四條及第一一七條規定之原則，由司法院解釋之。

以上所述，係就犖犖大者，屬諸地方自治之基本原則，略爲申言，其他條文細節，因限於篇幅，不及備述，尚希先進宏達，予以指正。

永遠的模倣者

「日本的今天與明天」之二

東京通訊・一月三日

郭恒鈺

明治以後，西歐的作家送給日本人一個不太高雅的綽號——永遠的模倣者！

來到日本的中國人，不論公幹私事，身份高低，都像趕集的老客，對於百貨公司裏陳列的東西，讚不絕口，愛不釋手。但由於飛機携帶行李的重量限制，無法按着清單一一採購，遺憾之情，溢於言表。在生意經上動腦筋賺鈔票，耍噱頭，日本商人有其無法「模倣」的特長。日本人自己稱這種特長曰：「商魂」。近幾年來，日本人正利用這種商魂想要在國際市場上打開一條血路，解救日本商品出路的窘境。日本商品在國際市場之漸被重視，科學的進步，潛心的研究，獨到的工夫，都是不可忽視的因素。但在商品設計方面，日本人始終在「倣造」的圈子裏轉灣抹角。諸如汽車、摩托卡、照像機，小至暖水瓶、絲袜的包裝、廣告圖案，絲毫不改，襲用不誤。其亂眞的程度，就是內行人也眞僞莫辨。因模倣而引起的「意匠盜用」的抗議，則來自英、法、德、美，還有遙遠的芬蘭。許多國家不願參加在日本學辦的國際商展，就因爲怕被「盜用」。

商品的模倣，其動機是利潤，其損失是有形的。但是，戰後的日本要從商品的模倣再進一步，自電影、文學、生活、語言、享樂各方面廣泛地全盤西化。

仇討式的時代劇是日本版的西部電影。日本正在製造「和製」的希區考克。以美國式的十代、犯罪、强盜爲主題的電影及電視電影，在總製片量中竟佔有一個可觀的數字。不過，美國的西部影片雖然逃不出一個死的公式，但它却以正邪分明，「民主精神」爲依歸（例 Red River, Shane, High Noon）。而日本的時代劇則告訴觀衆有仇必報才是好漢；它的公式是製造仇討的偶像（例忠臣藏、赤穗浪士、四十七士）。「月光强盜」的出現，應該說是「月光假面」的實演。少年犯罪的激增，電影界在有意無意之間發生了啓蒙作用。「冷暖人間」大膽地寫出年青人與上一代的思想衝突，暴露了美國小城裏面的醜惡面，但作者沒有忘記告訴讀者應走的路。而「太陽的季節」所留下來的問題，並不能說是一個正確的啓示。英國作家威爾遜（Wilson）曾指出日本文學的模倣趨向，但他沒有進一步的具體說明(註二)。我以爲這句話的引伸是，日本的作家把寫實主義帶到一個歪曲的方向。

現代化的電化生活，日本人已接近世界水準。從此再進一步，日本人要從生活上澈底西化。例如一年一度的聖誕節，就是日本人瘋狂慶祝的一大「年中行事」。前年聖誕夜消耗在酒吧、酒家(Cabaret)、飯店的鈔票，據估計便已高達一億日幣之鉅。我主耶穌勢將爲這些信仰神道、崇奉佛教的異教徒的熱情所感動。但當他發現在聖誕夜東京一地要動員兩萬警察防止酗酒、犯罪、暴行的時候，又將深深感到自己的誕生在日本竟成了罪惡！

戰後日本語言的變化，是一個值得重視的現象。容易閱讀的新聞記事是讀者不斷向報界發出的呼籲。實用漢字使用範圍的逐漸縮小，就是基於這一要求而實現的。另一方面，日本的新聞界、出版界、廣告界則放棄已經使用多年的自己語言，盲目而廣泛地使用用日本假名表音的外來語——主要是英語。發音奇特，涵義轉化，在漢字、假名之外又爲讀者帶來了一筆龐大的負擔。世界最高的東京電視塔，日本人不喜歡用這個「塔」字，因爲它太陳舊落伍了，因而名之曰：「東京他瓦「(Tower)」，百貨公司裏賣肉的地方曰：「米特考那 (Meat Corner)」，洗衣店曰：「道來苦里寧姑 (Dry Cleaning)」。Service 這個字日本人寫作刹畢斯。在日本，刹畢斯涵義之多，用途之廣，就是英美人也自嘆弗如。根據日本人的習慣用法，這個字的意思是：服務、減價、廉賣、免費、贈送、侍候，還有女人灌米湯。有女人陪坐的茶室又曰：「刹畢斯喫茶」。諸如此類，不一而足。一位研究語言學的美國人，擔心這種現象將引起日本語言的混亂。這位洋人的擔心會不會是一種杞憂，姑且不論，但吸收外來的文化是日本人的特長，而許多東西經過日本人吸收之後，莫不變形走樣，則是事實。

復興之後，日本要從各方面廣泛地提高日本的國際地位。「世界第一」，就是目前日本人拼命追求的目標。日本現有世界最高的電視塔，世界最快的火車，擬建中的世界最大的室內棒球場，最現代化的國立劇場。另一方面，東京的酒吧、小酒攤、酒家、夜總會、跳舞場、喫茶店、彈子房、電影院、麻將俱樂部之多，也同樣享有世界第一的記錄。其中以喫茶店爲例，計有純喫茶、音樂喫茶、畫廊喫茶、美人喫茶、Nude喫茶、Service喫茶、Tango喫茶、Jazz 喫茶、Western 喫茶、Chanson 喫茶、Rockabilly 喫茶及 Dance 喫茶。東京「週刊女性」雜誌說喫茶店的演變，可以代表了日本的變化。並頌之曰：「時代的感覺，風俗的先端。」最近又出現一種侍應生身着皇軍軍服，以「人間魚雷」、「神風」等爲各種酒名，並以戰前的官銜稱呼客人的軍隊酒吧與軍隊酒家。在數寄屋橋附近的一座九層大樓，竟是一個吃喝玩樂的消費大厦。最近一位年近不惑的韓國人跳樓自殺，在他的遺書中留下這樣一句話：日本玩的地方太多了！

明治以後，日本開始廣泛地模倣與日本固有文明在性質上完全相反的歐美文明，奠定了富國强兵的維新基礎。繼打垮滿清之後，再敗帝俄，從而爲日後的大陸政策鋪下了路。大正以後，在西歐崛起的新興德國勢力，又轉移了當時日本人的模倣視線；放棄歐美文明，對於軍國化的德國，亦步亦趨。觀念上的跳躍，使日本走向了歪曲的文化方向，終於步納粹後塵，招致了亡國的悲劇。今天，日本人盲目地、瘋狂地所追隨與模倣的美化，正是共產主義者筆下所形容的美國資本主義社會的淫靡頹廢的那一面。而且在這一面的大躍進，日本確已趕過美國。有人認爲戰後日本人生活的淫靡消沉，是長期困乏生活後的反射作用。這一反射作用不會持久，終將在矛盾中統一起來。長谷川如是閑也爲文指出：「今天許多現象已經脫離了日本的有形無形的文化形態，但這不過是一時的現象(註二)。」最後這位老人以樂觀的態度展望日本的明天。但是，這許多脫節的、歪曲的「反射作用」、「一時的現象」，究竟還要持續多久？究竟給日本人帶來了些什麼影響？換句話說，明天的日本是否會一如長谷川如是閑所展望的那樣樂觀，或是另一齣悲劇的序幕，或是宇宙時代「忠臣藏」式仇討的前夜？明天的事實才是一個可靠的答案。

第十二次朝日國際(外國選手三人)馬拉松比賽，日本選手再度奪魁。報章雜誌，大書特書，因爲日本人又得到一個「世界第一」的記錄。國家民族的未來，正與漫長的人生旅途一樣，不是短距離的田徑賽，而是一場艱苦而遙遠的馬拉松。政治上的左右搖擺，經濟上的短視現實，文化上的模倣抄襲，日本人始終在短距離的田徑賽裏兜圈子。從如醉如痴亦步亦趨的美化模倣中冷靜下來，從大和民族兩千六百年的悠久歷史中找出日本人值得誇耀的光榮傳統與美德，從明治鹿鳴館以前的時代裏發掘出日本人的眞正面目，站得高一點，看得遠一點，今天的日本，需要貞永信義選手跑馬拉松的運動精神。

註一："That is the most depressing aspect of the imitative quality of the Japanese literature I have read. .....But much of the imitation is so depressing because the writers are not in touch with the latest and most fully felt trends in the literature of the West." 原載一九五七年十月卅日 Sophia Gazetle。

註二：「明治以後的日本文明」，原載一九五八年十一月三日東京新聞。

讀者投書

在美國・念臺灣 (二)

張仲凱

儆寰先生：許久沒有給您寫信，實在是因爲到支加哥大學後太忙，三個月期間可以說是晝夜苦讀。在本國十年前受的訓練本已落伍，再加畢業後十年荒廢，自覺在學術上至少退後廿年。我們研究國際政治還停留在外交史階段，他們已由解析而進入創造理論階段，他們的研究方法早已利用許多其他學科，如心理學、社會心理學、文化人類學等，並已進入科學數學階段。我們不僅在自然科學落後，就是在社會科學方面也落後多矣。這是來到支加哥後一點點感慨。

最近讀到「自由中國」，對於「自由中國」再接再勵，堅苦奮鬪的精神，感到無限的欽敬，同時自己感到十分慚愧，未能盡到力量。

最近美國研究政治外交 (指哈佛、耶魯、普林斯頓及支加哥等大學) 有一種新趨向，就是他們已由分析進入研究「怎麼辦」。換言之，即由消極轉向積極的趨勢。這是一個非常可喜的現象。

最近讀到一些關於政治外交的著作，都不僅是分析完了就算了事，而是最後提出解決的辦法。譬如 Robert A. Scalapino 著的 Democracy and the Party Movement in Prewar Japan 一書係加州大學出版的。Scalapino 分析日本的戰前政黨運動。日本具備民主政治的基本條件——如獨立國家、工業化、及教育普及等。雖然在一九一八至一九三二年有過一段政黨內閣，但是仍不能走向眞正民主。他追究其原因可能是傳統與文化背景的關係，後來的工業化也不能帶來民主。最後他認爲實現民主，必須强調下列兩點：

一、「堅持人的尊嚴」(Innate dignity of man) 並承認國家最後的目標是促進國人的整個發展。

二、承認選擇的自由是民主建構的基本要件，並積極保障人權，建立政黨競爭制度，以及實現「敞開社會」所必要的其他條件。

最後他還建議民主先進國家與落後或後進社會實行長遠互助與瞭解以實現民主。(這一點頗似「自由中國」社論「我們看美國外交政策」的論點，不過說的委婉一點吧了。)

有人認爲我們工商業不發達，實現民主的條件不太够。日本戰前工商業是發達的，但是戰前日本仍不能民主。所以在自由中國實現民主，決不能等待工商業發達。事在人爲，自由民主的實現是靠人來做的。我深深覺得「自由中國」努力的方向是正確的，宣揚民主自由的眞實價值，如果全國人民在思想上接受民主自由的觀念，傳統及文化思想就會隨之轉變，這樣就可以逐漸促進民主政治的實現。

最近時常想在一個國家內促進民主的實現，單靠國內的努力有時也是不够的，戰後的日本德國能够逐漸走向民主，外來的力量是很重要的。現在世界已經縮小，彼此互相依賴。民主先進國家似應協助落後或後進國家的民主化。否則在落後或後進國家民主化，可能是一段較遙遠的旅程。

肅此敬祝

聖誕快樂

晚張仲凱上　十二月十七日

八高三年和中京景物

雷　震

一　求學與戀愛之不可得兼

我於民國九年八月底由東京來到名古屋。過去我由神戶坐火車至東京，或由東京乘東海道線火車西下往京(京都)、阪(大阪)、神(神戶)等市，均要穿過名古屋的市中心區，但是都在夜間，特別快車停留時間極短，而夜色蒼茫，倏去忽來，雖然經過了好幾次，從來沒有下過一次車，對於這個歷史上有名的都市，簡直沒有一點印象。

這是我第一次來到名古屋這個都市。到達後始知第八高等學校的校址，還在很遠很遠的郊外瑞穗郡，在當時乃是屬於愛知縣管轄，距離市區尙有好幾公里。民國十年名古屋市區地盤再度擴充之後，把八高附近一帶土地全部劃入市區之內，八高校址始改列爲市區。當時市區的電車，在這一方面原只通至鶴舞公園爲止，至民國十二年春，才由鶴舞公園延伸至八高校園附近。在我畢業的時候，延伸的一段電車軌道雖已全部舖竣，實際尙未通車，只學行過試車一次。我們那個時候從學校或住所要往名古屋市區跑一趟，等於中國內地鄉下人上街趕集一次，看做一件相當重大的事情，非有萬不得已的事故，絕不肯輕易跑這一趟。因爲每次往返一行，總是走得精疲力竭，上氣接不來下氣似的。我在名古屋三年之中，未會上過一次電影院和娛樂場所，路遠而不方便，當爲其原因之一。

我們來八高學校的路線，如在名古屋車站下車，須坐電車至鶴舞公園，再步行或坐人力車前往。日本當時的人力車，價極昂貴，比今日的「的士」還要貴得多，平常除搬運行李或患病就醫之外，做學生的實在不敢問津。而八高附近，如非事前洽妥，根本沒有人力車可雇。這個時候，名古屋地方尙無用錶計算價格的出租汽車。還有從東京來的火車，也可在名古屋站的頭一站「熱田」車站下車，費用可較名古屋車站便宜，但所有的特別快車，不論白天或夜間，均不停靠此站。熱田車站到八高學校路程的遠近，正和鶴舞公園前去差不多，而我住的宿舍，則由鶴舞公園前往反較爲捷近。

我到了八高學校辦過報到註冊手續之後，就住進距離學校約有大半公里多遠的「御器所町」的「慶親館」。這是一所寄宿學生而極其簡陋的公寓，一棟建有二層樓而中間有個天井的矩形「回」字式的房子，大約有毛三十個房間，大部分是寄居八高的學生，也有少數房間是名古屋高工的學生住在裏頭，而中國學生則佔了絕大部分，故課餘時談天說地，話古論今，倒不覺得寂寞，也不像是遠適異國似的。我一住就是三年，直到我畢業之後離開名古屋遷去京都那一天爲止。可見我之安土重遷，不喜移動。

慶親館在八高學校附近算是一所比較大的學生宿舍，房間儘管陳舊簡陋，而中國學生仍是留戀不捨。因爲住的中國學生特別的多，而腥氣逼入的魚類菜肴就不會拿出來吃，菜飯的做法均比較適合於中國人的口味。我與羅君鴻詔均連住三年，就是爲了這個緣故。這個宿舍之生意興隆，房間很少閒空，其理由還不止此，而飯菜可口不過其一端耳。緣宿舍的經營和管理，是老闆鈴木一家共同擔負：伙食由老闆娘子親自烹調，老闆則搬菜端飯至飯廳，大小姐除助理廚房工作之外，兼司房間的打掃和整潔諸事。大小姐姿色雖不惡，可惜是個啞吧，年屆花信而尙無如意郎君。寄住宿舍的青年學生們，可能有人同情她的不幸，但無人願意親近她，或者更進一步去戀愛她。二小姐原於學校放課後常來幫同照料，端茶送水，分信送報，故與學生接近之機會甚多。我住進宿舍後第二年春天，她在高等女學校裏似乎畢業了，此後就未外出另謀高就，(日本當時的高女，等於中國今日的初中日本當時女子一般的教育，只到此爲止)，整天待在宿舍裏幫同照料。這樣一來，問題就多了。過去宿舍的房間有時空出來，此時全部有客人，故更需要助理的人員，二小姐分擔的工作則益發加重，而與學生接近之機會則益發加多了。

二小姐比日本一般的婦女身段略微高些，修長個子，瓜子臉盤，膚色潔白，頭髮漆黑，兩眼脈脈含情，見人笑口常開，芳年約爲十七八歲，而聰明活潑，體態窈窕，說話時鶯聲宛轉，嬌羞自持，充分現出少女的美麗，眞有「沉魚落雁之容，閉月羞花之貌」(這是我們當時的評語)。因此，遂成爲多數學生角逐爭奪的對象了。如此奔競演變不到半年的光陰，她就和我同入第一高等特別預科、而此次同被分發來八高肄業的理科學生蔣君發生戀愛，而天下大局由此「定於一尊」了。開始雖是陳倉暗渡，深恐同學覺察，不久戀愛有了結晶品，一年之後就生下一個男孩。此後雙宿雙飛，儼若夫婦，大家亦不以爲異。而在名義上無父的男孩不便在宿舍內公開撫養，據說送到附近的鄉下人家裏養育去了。蔣君因爲捨不得這一個 Schön，(Schön 即「美人兒」之意。八高學生稱呼漂亮美麗的小姐爲 Schön)，竟甘心情願在校留級一年，俾可多多厮守一年。一說因爲戀愛結晶品的小孩未會處置妥當，館主不准許他離開。學生時代之不可妄談戀愛，除因談情說愛浪費時間妨礙讀書而外，這類麻煩的事情，亦足以妨礙求學而有餘的。聞蔣君離開名古屋去東京帝大之後，美女不甘寂寞，又和名古屋高工的中國學生發生戀愛，亦若蔣君之雙宿雙飛，如同夫婦，其下場如何，我就不得其詳了。我自離開八高之後，和蔣君未再見過，他的下文亦不得而知了。

還有我們宿舍的隔壁人家有兩位千金小姐，當時都是當小學教員，早出晚歸，姿色雖極平常，可是那二十掛邊的年華，都有一般動人的少女美，而燕語鶯歌，又都駕乎我們宿舍的二小姐之上。因爲這兩位小姐喜歡唱歌，在學校裏敎的「歌遊」(卽唱歌遊戲)，返寓後歌聲繚繞不絕，一壁之隔，猶可欣賞餘韻。因此，亦就成爲我們宿舍中諸位男士追逐獵取之標的了。惟這兩位小姐，則不同凡響，架子擺得十足，對於我們「支那」學生，是不肯隨意假以顏色的。和我同入特別預科而又同被分發至八高的理科學生周君，係長崎經商的寧波華僑之子，在日本進小學和中學，故日語極其流利，日俗相當嫻熟；其舉止動作，一如日本少年。而且家道富有，不靠官費幾個錢來維持生活，於是廢寢忘餐，朝夕進攻，不久遂入轂中，而成爲隣居的座上賓了。周君一下課就跑到隔壁去廝混，有時連身上揹的書包都來不及卸下，不曉得那裏有這許多時間可供消磨。人在戀愛期間，光陰似箭，只愁過得太快，觀此信不誣也。

隔壁人家並不供給晚飯，故周君晚飯時間常不一定，有時竟弄得很晚才回來吃飯。一到冬天，飯菜冰冷，周君常用開水泡飯，狼吞虎嚥，只求充饑，無暇咀嚼，如果不是五臟神不肯罷休，恐怕他連吃飯都不記得吃了。周君每晚流連忘返，恒至夜靜更深，宿舍全室學生都睡着了，他才躡手躡脚的溜返寓所睡覺，風雨冰雪無阻，天天如是，夜夜如是，習以爲常。假日還要侍奉小姐到市區看電影，或逛「大丸」百貨公司。這是經常的功課，不可或缺。因爲每晚睡眠特遲，有時遲到半夜三更，故次晨頭一堂功課就常常遲到，而睡眠惛懵，聽課時全不知道先生所講的是什麼，致常遭學校生徒監之嚴厲譴責。

周君習理科，而理科的功課，如數學、理化、繪圖諸科都是硬碰硬的功課，知之爲知之，不知爲不知，絲毫無法含糊鬼混。凡是沒有用心聽講和時而習之的功課，決無法「取巧」通過考試。第一年學期考試的結果，果然不出大家所料，周君的成績惡劣不堪，如果是在學年的考試，勢非留級不可。我德不劭而年事略高(其實我不過比他大一二歲，他是一個baby face，看上去非常年輕，而能被少女們賞識憐愛，也就是爲了具備這個優美條件)，周君又係寧波人，與我誼屬同鄉，而我和周君又是同來八高肄業，大家要我對他加以懇切的勸告，希望他要以身體與學業爲重。其時他正陷於二個妮子之間而疲於奔命，以致面黃肌瘦，精神萎頓，舉止無力。可是年輕人在戀愛高潮的期間，忠告等於廢話，有時反覺多事，變成好管閒事。因爲在埋首苦幹、聚精會神以求對方之垂愛的期間，父母之言，亦常常置若罔聞，何況一個萍水相逢的同學的勸告，更是不值一顧，周君沒有當面加以拒絕，已屬是萬幸了。周君果然口是心非，表面上唯唯諾諾的接受同學的勸告，表示以後用功讀書，保養身體，以副同學的關懷和雅愛，而暗中則往來如故，深夜返寓如故，晚飯不按時用饍如故，學校曠課廢學如故，生徒監屢加斥責又如故。在此期間，周君唯一新的作法，就是絕對不和我們往來，偶爾返寓期間，一定避開我們的視線。無奈一人精力有限，周旋於大小二妹之間，已是精疲力竭，還要因應他們父母的要求，伺候父母的顏色，其奔波效命之過度，固不待言也。結果積勞成疾，不到一年的光景，周君罹上了肺病，繼以咳嗽咯血，力不能支，竟至臥床不起，而天不假年，迨休學遄返長崎家中療養時已經來不及了。學生時代之不可妄談戀愛，誤墜情網，於此又可獲得一個明證。周君離去之後，繼起直追者仍然大有人在，爭先恐後，各顯身手，又表演了一場熱烈的爭奪戰。這次是日本學生間的比武，與支那學生無關。所謂「歷史的敎訓」，所謂「前車之鑑」，都不過是一些書獃子用以勉勵歷練未深的後人耳，在一般的實際行爲上，大都不會發生什麼效力的。

二　八高訓育制度和生徒監中村寅松

日本各高等學校當初剏建的時候，以東京之第一高等學校，仙臺之第二高等學校，京都之第三高等學校，金澤之第四高等學校，熊本之第五高等學校(以上五校同爲一八八六年設立)，岡山之第六高等學校(一八九〇年設立)，鹿兒島之第七高等學校(一八九一年設立)，亦稱造士館，直至名古屋之第八高等學校(一九〇七年設立)爲止，均以第一、第二、第三等等數目字爲學校的命名。當時的用意，大概是使社會上看到這些數目字的校名，卽可聯想到各校設立之順序，亦可明瞭其設立先後的由來，但沒有料想到日本國力的膨脹，竟突飛猛晉，國家各方面發展的結果，已到了非大量增設高等敎育機關，則不足以適應社會之急劇的需要。這正如日本開始建設鐵路的時候，只想儘量省錢省力，先求普遍敷設，故只用三呎六吋的狹軌來建設鐵路，萬未想到工商業迅速發展的結果，運輸大量增加，需要寬軌鐵路來增加行車的速度，但全部改建，則工程浩大，無法進行，是一樣的情形。

大正六年(一九一七年)日本政府召開臨時敎育會議，其結果則於大正七年(一九一八年)十二月公布現行「高等學校令」，決定大量增設高等學校，以實現原敬內閣(註二)擴充高等敎育機關的計劃。這個新的計劃，要新設大批的高等學校，以減少當時考生的激烈競爭，因爲那時投考第一高等學校的考生，常有在錄取額十倍以上的。同時在另一方面，還把當時的許多專門學校，視其情形需要，陸續升格爲單科大學，如將若干醫學專門學校升格爲醫科大學，東京高等師範學校升格爲東京 文理科大學(現在改爲敎育大學)，東京藏前之高等工業學校升格爲東京工科大學，一橋之東京高商升格爲東京商科大學(現改爲一橋大學)等是。

高等學校既決定大量擴充，以應日本國力發展的需要，原以數目字作爲校名的辦法，在第十個數目字以上的學校，如第十一高等學校以次，第二十一高等學校以次的稱呼，在使用時頗覺不便，而喊起來也感到不甚順口，故自大正八年以後新設立的高等學校，則不以數目字命校名，而以學校所在地的地名爲學校的名稱，如在新潟市設立的，稱爲新潟高等學校，松本市設立的稱爲松本高等學校，山口市設立的稱爲山口高等學校等是。當大正九年初夏，我在第一高等特別預料畢業考試之前，學校命我塡寫志願分發學校的時候，日本的高等學校已經建立了十有五所，至大正十二年底，在日本本土已有高等學校二十五所，再加上皇族和貴族子弟讀書的學習院附設的高等科一所，臺灣高等學校一所，共有二十七所。這些都是國立的。此外，還有地方政府(北海道及府縣)所設的公立高等學校三所(卽富山高等學校，大阪浪速高等學校和東京府立高等學校)，和財團法人所設立的私立高等學校四所(卽東京府的武藏高等學校，成蹊高等學校和成城高等學校，兵庫縣的甲南高等學校)，總共有三十四所。

第八高等學校設立於明治四十一年，卽一九〇七年，比一高、二高、三高、四高和五高後了二十年，比六高後了八年，比七高後了七年。當我被分發去讀書的時候，八高僅僅成立十三年，在前期各高等學校(以數目字命校名者)之中，可謂是後起之秀。

當民國九年夏我到名古屋的時候，當地的高等教育機關，除第八高等學校外，尙有名古屋高等工業學校和愛知醫學專門學校。至民國十一年春季，新設的名古屋高等商業學校已開始招生，而愛知醫專則已升格爲愛知醫科大學。聞戰後合併了許多學校而設立了名古屋大學，而把第八高等學校併爲該大學的教養部，卽等於該大學之預科。

八高雖是一個後起的新建的學校，因爲設在工商業尙未發達的小都市鄉間，故校舍建築，實驗室設備和運動場規模等等，遠不如一高之完備宏偉，班次亦不若一高之多，而訓育方面却特別嚴格，一切採取管理與夫統一的制度，不像一高之對學生採取自由放任主義，校內生活交由學生會自治、自理。我踏進八高校門第一個直接的印象，乃是全校學生穿着整潔的制服，帽子戴得端正，皮鞋也擦得乾淨，說起話來彬彬有禮，非若一高學生以穿髒衣、戴破帽、着爛皮鞋爲光輝榮耀，而走起路來，大搖大擺，老氣橫秋，旁若無人的驕傲態度所可比擬。

八高教育的根本方針，在訓育方面，既對學生採取嚴格管理的政策，故校中之禁規甚多，如不准學生蓄長頭髮，梳西式頭，剪平頂，留鬍鬚，不准學生穿黃皮鞋，不准飲酒，不准交女朋友，不准談戀愛，更不准上酒家等等，名目繁多，頗有動輒得咎之苦。這類苛雜繁瑣的管制，確實增加了學生和學校管理人員之間的許多無謂的摩擦糾紛，而不一定可收什麼成效。不准留鬍鬚一事，這在靑年人倒不大成問題，而不許蓄長髮，梳西式頭，剪平頂，則問題就會隨時發生。按照學校規定，學生頭髮要剪成「光頭」，其長度不得超過二分。不許剪成「平頂」，更不許留成西式頭。可是年輕的學生們，最討厭剪光頭，似乎光頭含有「侮辱」「褻瀆」的意思，不止是感覺難看或不美觀而已。因此，學校愈是禁止學生留髮，學生愈喜留髮，好像頭髮可以增添靑年人無上的風采似的。蓋把頭髮梳成西式頭，由左右三七邊分或從中間對分，塗上頭油或髮蠟，俾頭髮漆黑發亮，光彩奪目，却可增加靑年人不少的漂亮美麗之感。「愛美」本是人們天生的性情，而年輕人尤其愛好修飾以增加美麗，蓄髮似爲增美上必不可少之條件。剪平頂雖不若梳西式之美觀，但比「搗杵式」之光頭，總是漂亮得多。

我當年的頭髮很茂盛，爲着留長頭髮曾和「生徒監」發生過不少不少的麻煩。我的反抗性特強，他愈是不准我養長髮，我愈要梳西式頭。幸好一般敎書先生不管這類事情，只有生徒監一個人來管，結果裏裏外外，他忙到監無可監，監亦無效的地步。「法令滋彰，盜賊多有」，或卽此之謂歟！

又如禁止學生飲酒，這條禁令也是無法澈底實行的。因爲要包括學生在校外的行動，故管理取締，均不容易切實辦到。例如，每逢學年開始後不久，每級必舉行「級會」一次，大都是湊集份子，在料理店裏大吃大喝一頓。可是每次在這種聚餐會的席上，學生必定要求級任導師准予飲酒（級會舉行時，級任導師一定要參加的）。迨准許飲酒之後，學生不僅飲酒而已，還要猜拳行令，最後必定有人酩酊大醉，醉後大發酒瘋，走出館子在街上拍掌跳舞，放聲高歌，甚至醉倒在街上，要同去的朋友扶他回寓。我那一級的級任導師，是英語教師岡部次郎先生。第一學年聚餐時，特別請他參加。他患眼疾已有多年，所以滴酒不飲，而全級學生當着佳肴美饌擺在餐桌的時候，羣起要求岡部先生准予開戒飲酒一次，俾可痛痛快快的歡樂這一晚上。他起初還是推三阻四的，說飲酒犯校規，總是不大好。無奈頑皮的學生繼續哀求，一再籲請，好像不達目的誓不罷休似的。情不可却，最後他還是答應了。並謂只許這一次，下不爲例。這眞是掩耳盜鈴的作法。第二學年聚餐時，學生又復如法泡製，照樣暢飲一番。到第三學年聚餐時，岡部先生索興不來參加了，而學生之酗酒酣歌則更甚。故禁止學生飲酒的規定，僅爲有名無實的「具文」耳。學校當局熟知之而仍不廢除這一禁規，可見天下的事情，多屬知之非艱，行之維艱也。

講到不准飲酒的道理，我初至八高時，校長爲岡野義三郎先生，他常常在上修身一課時，和我們說到飲酒不僅爲害身體，且係犯罪的幫兇者。我到八高後約有一年多，他卽被調到東京去主持學習院的校務。他素以嚴格管理學生著稱，對校務極爲認眞，每週修身一課，他總是親自主講，大都講些爲人處世的道理，而多係依據儒家「仁義」和「孝弟忠信」的學說。他儘管處事嚴格，而對學生講話聲音很低，極爲客氣，其誠懇誨人的態度，他離去時我是懷念不捨的。他說飲酒爲害甚烈，除有傷害胃腸戕賊身體外，大多數犯罪的人，尤其是殺人犯者，當其行兇之前，往往大量飲酒以壯其膽，故飲酒必須戒絕。但他又說抽煙對身體不僅無碍，且可助人在思考時的進展，不僅寫文章的時候大有幫助，做外交官的人如能抽烟，當外交談判或討論問題，一時談話接不上來，或想不到適當答話的時候，正可藉着取烟、擦火、吸烟等等的動作來消耗時間，俾可思考正在討論的問題，或繼續應取的態度，以及如何說話，如何答復等等。在準備抽烟或已在抽烟的時候，且可由坐而起立，由立而復坐；在抽烟中間，又不妨走動幾步，看看窗外景色，和天氣晴雨。如不會抽烟，斯時必須呆坐枯索，不僅自己乏味，且不易應付那種尷尬的場面。又如飯後抽烟，可以幫助食物之消化云云。「飯後一支烟，等於小神仙」一類的說法，在日本也是相同的。

我未做過一天外交官，不悉外交官是否需要以吸烟來換取思考時間和幫助談判的必要，可是根據我個人寫文章的經驗，我過去一度是這樣想的，也是這樣做的。在抗戰前，我在中央軍校和中央大學教書編講義的時候，先是幫助「時代公論」，後來幫助「日本評論」寫文章的時候，總是大吸香煙，一支將完，又接上一支，及講義編好文章寫完，則煙灰滿桌，煙蒂滿缸。有時不小心，還要殃及衣服，以致短衫小褲，破洞累累。後來於民國二十三年春，因氣管發炎，咳嗽頻仍，我很認眞的禁過一次煙，時間約有二年多。我那時和徐逸樵、羅鴻詔、馬宗榮諸兄創辦「中國新論」月刊（其目的是督促政府抗日，喚起人民反對日本侵略，一直出了四年，直至民國二十七年七七事變發生後，還出了一期即停刊），當我寫文章的時候，則特別開戒，仍舊大吸其烟，直至文章寫完時爲止。文章一寫完，立即停止吸烟，如是者有二年之久。民國二十四年底我自動又開烟禁，恢復吸烟，這類問題當然不會發生了。三十八年春，我爲辦「自由中國」刊物，曾來臺灣開會一次，每天東奔西跑，大量吸烟，夜間睡眠又不足，於是氣管炎極劇，咳嗽不止，遂於是年三月二十九日決心禁烟，從那時起到現在，時間快滿十年，而香烟絕未上口。當三十八年底「自由中國」半月刊要出版的時候，不僅要看來稿，還要撰寫文章，即使在看稿和撰文的時候，我仍舊不吸烟，也不想要吸烟，既未感到不習慣，也未覺得文思不上來。可見吸煙可助思考之說，只是吸煙的人自圓其說，想藉此來作自求解脫的說法，絕不會眞有其事的。現在醫學上有「吸煙可以生癌」的說法，更與前說是背道而馳的了。惟我個人積數十年之吸煙經驗，認爲吸煙一無是處，酒類少飲倒無妨碍。

各高等學校均設有「生徒監」(註三)一職，專司監督學生在校內的行動，等於過去中國學校的「學監」、「舍監」，今日學校的「訓導長」、「訓導主任」之職。惟八高的生徒監則權力極大，對於學生行動之管理，幾乎無孔不入，無遠勿屆。當我讀書時擔任生徒監者爲中村寅松先生，其管理學生，特別嚴厲與瑣碎。他的名字叫「寅松」，日本人對「寅」字讀法和「虎」字同音，日本學生在背後咸呼之爲「老虎」。如學生遲到或缺課而未塡寫請假單者，老虎必寫一條子找你去談話，詳細盤詰遲到或曠課的理由。學生於回答問話之後，無論是謊報或實有其事，必須趕快的認錯道歉，深深地對他行一個九十度的鞠躬禮，然後退出。否則他必打破砂鍋問到底，嚕囌不休，還說這樣不合，那樣不是，學生沒有不討厭他的，但無一人怕他。平心而論，生徒監一職，確是不好做的。他是盡忠職守，「管」人不倦，確實做到問心無愧的地步了。

生徒監照例要擔任講授修身一課。修身一課的內容，除說明學校臨時發生的問題和當前重要時事外，主要爲講述倫理學，道德問題，亦即哲學的一部分，內容十分廣泛。他的學問既不佳，口才又非常遲鈍，當他上課講書時，一些狡黠頑皮的學生，常常故意提出很難的問題向他發問。他愈是回答得緩慢，學生愈是接二連三像連珠炮似的追問窮詰不已。最後他總是結結巴巴的支吾含糊解答了事。有時打了退課鐘，自然爲他解了圍。故在課堂上他老是吃癟的。我們只有在這個時候，看他那窘像畢露而幸災樂禍。

八高還設有「指導教授」的制度。每一教授，須負責指導學生數人。凡新生入校時，由其本人選定某教授爲指導教授後向學校申請之，再由校方轉達那個教授，經其同意後決定之。然後在校方之指導名冊上登記一下就是了，此外並無別的手續。被指導的學生遇有任何疑難的問題，不論是有關學業，抑或個人私事，均可隨時請教於指導教授，他必須盡其可能的爲你解答或解決之。這就是他的「指導義務」。我與羅君鴻詔的指導教授爲英語教師岡部次郎先生。我倆在三年當中，除於元旦之日去向他拜年一次，他請我們吃點糖果之外，未有任何其他接觸。所謂指導教授云云，在我看起來，也是有名無實的制度，儘管其原意甚善。

八高學校很注重體育和軍事訓練。體操教員和軍事教官都是日本士官學校畢業生而任過多年下級軍官退役後來充當的。八高不僅對於徒手體操和軍事操練特別認眞，對於軍事演習，野外露營和實彈射擊等等，每年均要大規模的舉行一次，借用名古屋第三師團駐軍的場所，一切動作如正式行軍一模一樣。軍事教官中有一位總其成的，乃是官拜上校的田中由雄先生。他當時年紀約有六十左右，神采奕奕，常常騎着高頭大馬來發號施令。日本人對於「上校」(日人稱之爲「大佐」)的軍銜，原已相當重視，何況士官學校畢業而官拜上校者寥寥可數。照日本當時軍職升遷的規則，所有將官必須陸大畢業，田中先生是士官畢業而升到上校的，故學生對他特別尊敬。還有一位體操教員叫做「鵜飼坦」的，爲人忠厚，熱心教學，雖在隆冬冰天雪地之時，他仍要在操場上上體育的課(雨天多上術課，不上操場)。這時他興緻勃勃，常常脫去上衣，打着赤膊喊口號，教我們練習徒手體操和跑快步。學生看到他這股動作，有些傻頭傻腦的戇勁，不僅私下竊笑，而且常常和他開玩笑，他毫不介意，照常喊着一二三、一二三的口號而跑快步。因爲加速度的操作，正可減少他打赤膊的寒冷。他有時明知學生是在故意捉弄他，而亦不加以譴責。

據我數年留意的觀察，軍事教官在學生面前，似有一種「自卑感」。一高如是，八高亦如是。似乎他們以爲自己學識淺陋，不如學生遠甚，故對於學生的態度，處處特別客氣，從無疾言厲色嚴辭譴責之事。有時學生犯了校規或偶有錯誤，軍事教官總是用勸告的方式，而言語之溫和與客氣，使受之者常常感到愧悔交集。可是淘氣慣了的學生，偏偏喜歡借事生非拿着體育教師些微錯誤而和他們開玩笑。

此外爲訓練學生精於各種運動的技術起見，還請了一位美國人名 William Parkhil 者，專司其事。弓道、劍術和柔道，均有專任教員，擔任教習和指導。由此可見八高對於體育和軍事教官陣容强盛之一斑。

我在八高三年中最苦的一件事，就是上體育一課，無論是徒手體操，抑或軍事訓練。在我這一班上，我的個子長得最高，上體育一課時，我必須做排頭。做排頭的人，要注意先生喊的口令。如報告數次，須從排頭報起。向右看齊時，排頭必須硬着頭頸，雙目向前直視，不得任意幌動。還有向前走，向後轉，跑快步等等，排頭都要起着「帶頭作用」。萬一排頭發生了錯誤，後面都會跟着錯下去，故當排頭的人，必須時時注意先生的口令，絲毫不可懈怠或疏忽。上體育一課我最認眞，就是爲了這個緣故。我是一個好勝的人，尤其我是中國人，更不願在外面丟醜。體育考試我的成績特別好，乃是事實上逼得我非認眞操作不可，非我對體育有特別的興趣。

我這個高個子，在日本房子裏頭吃過了不少的苦頭。日本木造房屋，室內各個房間出入的門，高爲日本尺五尺八寸，全國一律（窮家的門還有五尺六寸的），而我的身高則是五尺九寸六分（日本尺和市尺差不多），比門高過一寸多，出入一不小心，就會常常碰頭。尤其從洗面處和廁所出來的時候，更會常常碰頭。有時碰得兩眼冒火，苦不可言。臺北看到的影片 Sayonara 一片男主角動輒碰到房門的情形，我是受過同樣的苦痛。不料今日來到臺灣，又常遇到碰頭的矮房子，眞是禍不單行了。

八高課室桌子甚矮，只能適合日本學生坐的。我在那裏坐了近三年，有時扒在棹子上連抄兩堂講義，抄完退課時，常常腰酸背痛而不能起身。當然，上英文日語等課，用不着低頭伏在桌上，故三年中並不感到十分痛苦。不意七七抗戰後遷至後方重慶，二十七年年底，一度尾椎骨部分作痛，當經寬仁醫院大夫骨科專家陳恒義先生檢查，認爲身體屈坐太久，尾椎骨的筋放長了，卽尾椎骨的筋受傷了，醫治經年始告痊癒。爾後又時發時癒，可能就是八高三年伏在低矮的課桌上所種下的病根。

三　零食與胃病

日本全國各高等學校係於民國九年暑假後才改行新制的。過去大中小各級學校的學制均由每年九月起爲新學年的開始，至次年八月三十一日爲一學年。自改制之後則改從每年四月起，至次年三月三十一日爲一學年。就是說，過去各級學校原在暑假期間招考新生，改制後改在春假中擧行新生考試。學校的改制完全是爲了顧及考生的健康關係，要把原在炎熱酷暑的夏季裏辦理的入學考試，改於氣候溫暖的春季中擧行。因而把學年的開始期間和結束期間均變更在春天了。日本國立的大專學校的入學考試，在當時，競爭是非常激烈，如第一高等學校的入學考試，其應試學生常在錄取名額的十倍以上，在盛暑炎天中擧行入學考試，不僅對於一般考生的健康大有妨碍，且時有考生因用功過度而昏倒在考場的情事，而辦理考試的人員，除極少數地區如仙臺、北海道等地外，無不感到有揮汗如雨之苦。

自從決定改制之後，除各高等學校外，我於民國六年春在日本的時候，已看到各大專學校和中等學校均在春假裏招考新生，而各高等學校直延至民國九年九月起始改行新制，故我參加的一高特別預科的入學考試，還是在七月炎天中擧行的。中國夏季的天氣，不論是大陸或臺灣，一般均較日本炎熱得多，可是大專及中等學校的新生考試，迄今仍在三伏炎夏中擧行。根據日本改正學年期間的理由，我們的學制關於此點，頗不合理，今後學校對考試新生工作，如能改在氣候溫暖的春季裏擧行，我想對於考生的健康一定大有裨益。希望主管教育的當局和從事教育的人士提議改正，其受惠者何止青年學生而已。

我於民國九年暑假後進入八高一年級肄業，原來要到次年暑假前才能讀完一年級功課，如不留級，次年暑假後卽可升爲二年級。因爲改制的關係，我在次年春假前卽結束了一年級的功課，春假後卽升爲二年級。因此，這一學年的功課非常吃緊，連禮拜六下午還要上課，有時禮拜天還要補課、趕課。就是要把三個學期學習的功課，加緊底於兩個學期內教完。

由於功課太過加緊之故，我不僅夜間時常失眠，又生了一場久治始癒的胃病。民國九年年底胃病開始發作，初起時只是飯後感覺胸膛阻塞，好像吐不過氣似的。而腹部繫皮帶的地方常常感到不舒服，有時內衣及褲帶碰到腹部的地方，也感到不舒服。但是也說不出病狀的所以然。及至一個月之後，走路時覺得左腹下部有點作痛，當疾行趕路時尤甚。學校上午的課，須於中午十二時正退課，先生還要常常遲退，而下午一時十分卽須上課。我們都不願吃冷飯辨當，故午飯總是趕回寓所用膳。由學校回到寓所要走上七八分鐘，故時常需要疾行趕路。

過去我沒有生過胃病，故初發病時毫不在意，照常上課，照常吃飯，雖經八高的校醫診治服藥，不僅沒有痊愈，反而消化一天不良一天，胃病一天重似一天，後來行路時只能用手按着痛處而行走。其時名古屋市區有一專治胃腸病的醫生，醫道精湛，經驗豐富，名氣很大，每日前往求診者甚衆，許多同學勸我也去看一看。因往市區看病一次，必須請假半天，故一直等到是年過年學校放年假的時候，我始前往求治。

這位醫生年紀有五十左右，東京帝大畢業，在名古屋行醫多年，專治胃腸的毛病，故有「胃腸專家」之稱。他診斷我的病狀後，說我患的是「胃擴張」，給我幾天服的粉藥，勸我當心飲食。這和一般醫生應付胃病人並無不同之處。惟他堅囑我不要吃稀飯，少喝湯水，少飲流汁，要儘量吃乾東西，對於食物要多用咀嚼的功夫，不要囫圇吞棗似的狼吞虎嚥，這與一般治胃病者常勸病人多吃流汁物的說法頗不相同。如是者醫了好幾個月，直到次年春假還未痊愈。就是吃藥時很好，藥一停又變壞。他看到我的胃病在醫藥治療上無大進展，心中十方不安，遂和我研究攝生的方法。我是八高的學生，當時高等學校的學生，猶如天之驕子，社會對他們很崇拜，他雖是老前輩，對我們仍是特別客氣。他問我喜不喜歡吃零食。日本人把零食稱爲「間食」。我告訴他不僅喜歡吃零食，而且天天要吃。讀書的時候，常常感到口中寡淡無味，而旅邸飯菜又不合口胃，這些都是要吃零食的原因。就是當餐越是吃不飽，越是需要用零食來補充，零食愈是多吃，當餐愈不想吃飯，兩者是互爲因果。我在伏案讀書的時候，老是感到口中乏味，喜歡在口中含一粒水果糖，一粒化完之後又接上一粒，幾乎接連不斷。而水果糖價廉物美，經濟上也十分合算，故案頭上經常置有水果糖一瓶。日本人稱水果糖爲「多羅拍斯」(drops)。

醫生說，吃零食不僅是胃病的造因，也可能變成胃病不易治癒的結果。他勸我在短期間內務必禁吃零食，俾胃病可以早日治癒。他的理由是這樣的：胃病之所以難以治癒，因爲不能使患處有充分休息的機會，胃部即令在患病的期間，還是要天天工作，攝取食物中之營養部分，以滋養身體之所必需，如若不然，不僅身體營養不足，影響健康，更使胃部機能退化。如果不吃「間食」，使這一餐與那一餐中間，有幾個鐘頭的間歇，俾胃部可以獲得充分休息的機會，而胃的機能就可恢復疲勞，充分發揮效能爲下一餐來工作。我從那一天起，遂堅下決心，禁吃零食，以後除每日三餐，和偶爾吃點水果外，幾乎不吃零食，直至今天爲止，儘管有味美質佳的點心放在面前。這段期間已有三十七八年了。我不僅那次的胃病因不吃零食而很快的確告痊癒，以後偶在應酬席上貪吃飽食，胃部感到膨脹難過，而翌日晨餐即少吃，或竟至不吃，務使胃部得以充分休息，故以後就未患過嚴重的胃病。根據我個人數十年之攝身經驗，零食對於胃部眞是害多益少，故特錄出這一段治癒胃病的經過，以貢獻與久患胃病而尚未痊愈者作爲參考。

四　八高教授陣容之一斑

八高學校的教授，除少數堪稱優良教師者外，一般的均比一高當時的教授差勁得多。我在這三年中所聆教過的教授不下二十人，其學識和講解能够使我衷心誠服的，眞是少之又少。數學一課教授解析幾何和高等代數。照我當時的觀察，先生自己尙未搞通，故講解的時候結結巴巴，極不順口，其結果是教者諄諄，聽者藐藐。原來文科的學生，對數學一課，大都不感興趣，大家只是虛應敷衍，讀完這一年就算有個交代了，那個也不想在這上面多用功夫。我的學期考試，數學成績只有五十幾分，先生打了個「赤圈」(註三)記號，作爲不及格。在學年考試前，我硬用博聞强記的功夫，不管懂與不懂，把定律和公式記上一大堆，所以學年考試，居然考到了七十幾分，連我自己也不敢相信。據說理科的數學教授很好，教課時講解極爲認眞，務使學生了解而後已。其中有一位年輕教授，學問好而講解淸楚，學生對他很敬佩，他自己也很驕傲。他的名字叫做「椎尾詞」，而「詞」字在印刷所裏竟無鑄就的鉛字，每次印名片，印刷所必須爲他另刻這個新字。他不了解他的父親何以要用這個罕見的怪字作他的名字。這個「詞」字，不僅日本通用的漢和辭典查不到，即中國坊間所編印的字典也查不到，後來我爲好奇心所驅使，在康熙字典上居然查到這個稀字了。其意思我到現在還不很明白，據說他的父親是一位漢學家。

教「哲學概論」的先生，是一位十足的德國派。他講書的時候，我只聽到 Kant, Windelband 等等人名，和 A Priori, Transscendental; Vorstellung, Gegenstand; Immanent, Transscendent; Vernunft, Verstand; Noumena, Phenomena, Sein, Sollen; Katagorie 一連串的術語。或者「Kritik der reinen Vernunft」(純粹理性批判)、「Kritik der Praktischen Vernunft (實踐理性批判)和「Kritik der Urteilskraft」(判斷力批判)之類的名詞，內容不曉得說了些什麼。他雖循循善誘、辛辛苦苦的教了我們一年，我個人眞不知領悟了多少？在學期和學年考試時，也只有靠着死背强記的功夫，根據課堂上所抄的講義默寫複記一遍而已。當然談不上有什麼心得。不過話又要說回來，康德及新康德派的西南學派，所講的那一套哲理之玄微奧妙，實在不容易領悟了解，可能我資質駑鈍，不能領悟其中三昧，那就不能完全歸咎於先生之「教學無方」了。

又物理學先生教了幾個月愛因斯坦的「相對論原理」，也是一種「知之爲知之，不知爲不知」的教法，不管學生懂與不懂，他總是照着他的認識教下去。好在我一開始就已經存着玄秘難懂的主觀，認爲相對論原理這套東西，總是莫測高深，聽不懂乃理所當然耳，故心中毫不感到驚異。讀文科（廣義的）的學生，對於數理化這類功課，很多是讀之而不求其甚解也，我還算是好學深思的。還有河村信一先生，他原是在理科教授植物學的教師，因爲文科一年級新增「經濟地理」一課，一時找不到適當的教授，由他暫時來兼代。他的教法也是不得要領，有點東扯西拉的教法。也可能是經濟地理一課，在當時乃一新起的學科，其範圍尙未十分確定，自無適當之教本可資參考。惟河村先生則十分坦白，一開塲就表明他不是這一門的專家，此次因爲學校拉夫，他不過是暫時濫竽充數罷了。

(下轉第30頁)

讀者投書

（三）「革命性」的逃稅

司徒舜

編者先生：這裏有一紙頗堪玩味的文件，先行摘錄如左，再陳述我的意見。

× × × ×

一、革命實踐研究院嘉義地區結業同學十月份聯誼會及聯合分院結業同學合併舉行慶祝　院長七秩晉二華誕暨　母院成立九周年紀念聚餐各項費用現已結算清楚，計：

①預定和菜十八桌，因分院同學參加聚餐者過少，除當時洽請明故宮餐廳僅允減少一桌外，尚多餘五桌，此係由於籌劃欠周，計算錯誤所致，此五桌之費用，應由弟負責支付。

②實用和菜十二桌，每桌包括壽酒一瓶，原議定價款二〇〇元，計二四〇〇元，除不開統一發票，剔除筵席捐二一八.二〇元外，應付二一八一.八〇元。另超用壽酒十八瓶，每瓶十五元，共計二七〇元。又鉛印同學通訊錄一一〇本，價款一〇〇元。鉛印開會通知及籌備會議紀錄三〇〇份，價款一〇〇元。寄發開會通知郵費二〇元。以上各款，合計費用二六七一.八〇元。

二、上項欠款……送弟親收爲荷

敬致

〇〇〇學長

弟金遠詢　拜啓

十二月十六日

× × ×

對於右列錄件，需要補充說明的：①這封油印通啓，（文內標點符號是我加的。）由金遠詢具名，並加蓋私章，金是中國國民黨嘉義縣黨部的主任委員。②錄件中的……部分，係例行的催款用語，爲節省篇幅，故節略。

此一文件最先給予我的印象非常良好。據我所知，該院同學，大都是公敎人員及民意代表之類的社會人士，能够經常舉行聯誼會，其作用當不僅限於情感交流，尚有相互檢討相互策進的意義在內；而另一方面，他們愛戴院長及母院的熱忱，在師道式微的今日，尤令人具「難能可貴」之感。

再仔細一看，使我欽佩的猶不止此。該院以「革命實踐研究」爲名，從這個文件中，已可證明這般同學確在身體力行，毋忝校訓。第一，如此具有三重意義的聚餐，僅用二百元一桌的和菜，其節約的程度，深合「革命實踐」的要求。第二，我國餐館之有小賬，由來已久，這種違反「革命實踐」的陋習，人皆知其積重難返；然而此次聚餐，却獨少這一項的開支，其「革命性」的扭轉行動，實不可等閒視之。第三，金遠詢在該院嘉義地區同學中的分量，由這件函啓的措詞可以想見。儘管他事前「計算錯誤」，——例如預定十八桌和菜，只印一百十本的同學通訊錄。——但是事後他已坦率自承「籌劃欠周」，並且自願支付五桌費用一千元，假如這筆賠墊眞的能不動用公欵，則這位金先生一個多月的薪津已經報銷。如此謙抑的態度，如此犧牲的精神，揆諸「革命實踐」之道，應無愧色。

於欣賞這許多「革命實踐」的成果之餘，我只有一點想不通，那就是「不開統一發票，剔除筵席捐」這句話。這句話雖然轉灣抹角，但是簡單說來，——只有兩個大字——「逃稅」。逃稅是不名譽的事，也是犯法的事。不名譽而犯法的事，竟在「革命實踐」的氣氛中發現，且敢公然用文件印發出來，眞是不可理解的事，眞是最使人灰心短氣的事。

從這裏，我們可以尋出稅政爲人詬病的根源之一，可以隱約看到一副副陽奉陰違玩法自私的面孔，更可以預想到官商勾結包庇舞弊的必然後果。事情雖不太大，然而做這種事的人，正是研究過「革命實踐」自命爲改造社會的人，觸類旁通，問題不能不算是相當嚴重。尤其是在此一地區居於領導地位的金先生，我不知道，這般同學，午夜捫心，將何以對院長？將何以對母院？

爲今之計，我建議金先生，仍本「革命實踐」之旨，再來一次承認錯誤，乾脆的到嘉義稅捐稽征處自行檢舉，接受應得的處罰。能如此，才可表明革命實踐研究院結業出來的同學畢竟不平凡，能够勇於悔過！

可是，檢舉時必須注意一點，千萬不可將明故宮餐廳拖下水，因爲它是迫於權勢，不得不爾！

讀者司徒舜上

出版法條文摘要

立法院第二一會期秘密會通過
總統於四十七年六月廿八日公布

第六章　行政處分

第三十六條　出版品如違反本法規定，主管官署得爲左列行政處分。
一、警告。
二、罰鍰。
三、禁止出售、散佈、進口或扣押、沒入。
四、定期停止發行。
五、撤銷登記。

第三十七條　出版品違反第三十二條第三款及第三十三條之規定，情節輕微者，得予以警告。

第四十條　出版品有左列情形之一者，得定期停止其發行。
三、出版品之記載違反第三十二條第一款之規定者。
四、出版品之記載違反第三十二條第二款及第三款之規定，情節重大者。
五、出版品之記載違反第三十四條之規定，情節重大者。
六、出版品經依第三十七條之規定連續三次警告無效者。

第四十一條　出版品有左列情形之一者由內政部予以撤銷登記。
一、出版品之記載，觸犯或煽動他人觸犯內亂罪、外患罪、情節重大，經依法判決確定者。
二、出版品之記載，以觸犯或煽動他人觸犯妨害風化罪爲主要內容，經予以三次定期停止發行處分而繼續違反者。

第四十二條　出版品經依法註銷登記或撤銷登記或予以定期停止發行處分後，仍繼續發行者，得沒入之。

編者按：在此項出版法未廢止之前，本刊決將上項條欵繼續刊登，一方面以用自我警惕，一方面讓世人知道我們的出版自由，受到怎樣的限制。

官家良申寃的「陳情書」

本年一月十六日中央日報登載，曾一度涉嫌「八德鄉大血案」終於以無罪獲釋的官家良，近向各軍、政、司法機關，呈遞「陳情書」。這份「陳情書」不僅呈遞軍、政、司法機關。而且也分送立法院、監察院及若干政要。本刊茲探得該「陳情書」，特將全文發表。我們且看有關機關對於這件事如何處理。中央日報透露這件案子的時候，同時報道行政院副院長王雲五於記者招待會宣稱：「切實保障人權案已經總統核定優先實施」。中央日報編輯部對於這兩件新聞的處理，是值得大家贊佩的。——編者

陳情書

四十七年十二月十一日
于彰化花壇八〇三醫院

事由　爲無辜遭非法拘禁十月，酷刑逼供，毆成重傷，診治罔效，勢成沈疴，伏請撤查究辦，賠償一切損害，用維基本人權及保障軍人最低權益由。

一、家良籍隸廣東，現年卅七歲，先父諱澄，畢業黃埔四期，先後隨國父暨總統東征北伐抗日諸役，無役不與，民卅六年秋，因舊傷復發，不治逝世。家良繼承父志，入軍校十七期攻讀，卒業後即參加抗戰戡亂，轉戰南北，直至卅八年隨(67軍)部轉駐舟山，參加中外馳名之登步戰役，爾後隨(67軍)部撤臺。回憶自獻身革命，凡十七年之戎馬生涯，無不赴湯蹈火，出生入死。撫心自問，殊無負黨國之培育，更無愧於良知與職責。

二、民卅九年隨軍抵臺前後，服務於第二軍與大陳島衛戍部隊。四十三年第一軍團成立，奉調司令部供職，迄今數年，無不竭盡棉薄，努力從事於崗位工作。孰料人心險詐，竟於去(46)年六月三日突被刑警總隊誣指以八德血案涉嫌，深夜扣捕至臺北六張犂（前保安部分所）秘設刑庭，不分皂白，先以逾時九晝夜（0/06.40 至 1800/06.13）之疲勞逼供，後即用布矇雙眼，拖至一行刑之隔音室。首問招不招，我答事出寃枉，從何而招？該辦案人員馮丹白，即汚言凌辱，謂漫說是一個少校，就算你是總統兒子，來了此地，不招也得要招，這裏是來得出不得的地方。接着即用刑逼供，並强要我跪下受刑。我答以身爲頂天立地之革命軍人，頭可斷，血可流，膝不可屈。而辦案刑警莫庸、林、丁(不詳其名)即將我踢倒，並罵道：你們軍人，平時耀武揚威，以爲不可一世，瞧不起警察，今天讓警察給點顏色手段你看看吧！不要說一個少校，就算是少將上將，到了我們手裏，也休想活命。有本事你出去呼寃，再來較量到底誰高誰低。如是連續三晝夜（0700/06.14 至 1900/06.17）之毒刑拷打。家良以身可殺志不可屈的決心，故拷打死去活來，亦不作僞供。豈料該刑警等復以卑劣下流手段，而用匪諜罪相恐嚇。家良憶自從戎十九載，轉戰南北，畢生忠黨愛國，事實斑斑可考，痛心疾首之餘，祇忍辱吞淚，閉目求予一死。該刑警又謂：打死了你，等於打死一個螞蟻；最多塡一張死亡證書，說你是病死或畏罪自殺。似此目無法紀，仇視革命軍人，汚蔑國家元首，草菅人命之偵訊，人權兩字，蕩然無存！最後彼等欲置我於死地，以達成其交差目的，即用穆萬森之假口供給我看。並說：他不會寃枉你的，千萬人他不咬，單咬你，該你的死運到臨了吧！此時刑警即用殺雞驚猴手法，將穆萬森手足雙拷，如拖豬狗似的，拉至草坪拷打，以示恫嚇威脅，又不准對質。最後將慘絕人寰之刑具，陳列室內，(諸如鞭、鎚、脚踢、灌辣湯、食草灰，槓壓、拔指甲、通電、吞木焦等不勝枚舉。）旋即反復交施。其時自知置身刑警魔掌，毒刑之下，絕難生還，故祇求一死，以解受刑痛苦。惟處此求生不能，求死不得之環境，血肉之軀，再難忍耐，只得被迫依照辦案人員揑造之事實，一字一淚，脅從繕寫自白書及簽署，由辦案人所自僞編口供筆錄。刑總辦案，暗無天日，用刑逼供手段之毒辣，不僅曠古奇聞，且尤令人不寒而慄，此乃我民主國家之一大諷刺耳。

三、辦案人員逼供目的達成後，家良亦唵唵一息，當晚即由刑警用車押送至臺北市洪外科診斷(住二號房與同案被害人景兆榮一起醫療)，並動手術。調治期間，規定每日津貼十元之營養費，亦被看押刑警吞蝕。迄七月十日下午九時，又派車矇眼押我至刑總三樓，由馮丹白、朱爲焱、莫庸會同軍團政四科崔紹烺中校、諶敬文少校等會訊，由馮丹白問我說：你供詞不實，有欠坦白，現在是你說實話的機會，可以從新自白過。我當時將辦案刑警如何用刑逼供實情，哭告刑事科長朱爲焱（現調板橋分局長），請其念及無辜，賜予秉公援救。後即押返六張犂，由一丁刑警繼續加刑，先反銬我兩手辱罵。翌晨一林刑警又用長鐵銬將我懸吊室內，使雙足離地，再度逼我否認昨晚對朱科長所說之供詞，並要我承認原供後，始予免處吊刑。第三晚，馮丹白又偕同諶敬文少校來六張犂分所逼供，由馮丹白問我何以言詞反覆，我又將重刑逼供實情面報。此時諶敬文少校利令智昏，爲圖與崔紹烺中校非法獲得攤分獎金，即面請馮丹白再用重刑。馮丹白當時以原部隊代表尚且主張用刑，即取出刑具，再行脅逼須承認原供。

查崔紹烺、諶敬文二員，身爲政工，且代表部隊出席查辦本案，理應激發天良，秉公理正義，申雪寃屈。誰知該崔員等爲謀取巨額獎金，不僅不顧軍人品德及政工愛護官兵信念，反而喪心病狂，欺矇部隊，見利忘義，與刑警狼狽爲奸，串通揑造事實，迫害忠貞，敗我軍譽，誠爲軍中之敗類，官兵之仇敵。試問似此敗類，當權軍中，上下其何以堪？而士氣更何賴以維繫？

四、刑總謊謬處理本案公諸社會後，交受社會

輿論指謫，而李葆初（現任警務處副處長）馮丹白等乃傳訊苦主葉震，詢以與所謂本案幕後人官修齊有否寃仇，葉答不僅與官某無寃仇，且素昧平生。接着復訊穆萬森爲何亂咬官某叔侄，穆萬森答全出於刑警重刑教唆。案情演變到此，刑警總隊遭受各方交相責難，於是在七月卅一日下午釋放官修齊。按理我與官修齊同案被害人，亦應同時釋放，然刑警人員以我身爲現役校級軍官，無辜嚴刑酷典，遭受凌辱，不無顧慮，以致不敢同時釋放。乃於今(47)年三月三日另以企圖殺陸豪之「莫須有」罪名，移送前保安司令部起訴。幸蒙保安司令部軍法處法官明鏡高懸，洞悉全情，於四十七年二月廿五日以(47)守字字第五二九號不起訴處分書，予以不起訴處分開釋。計前後共遭囚禁十月另十天，始恢復自由，返部復職(四月十一日復職)。

五、家良無辜遭受十月餘鐵窗，精神肉體之凌辱，且在牢時迭遭苦刑，死去活來，身體被毆成殘廢，經臺北刑總特約建安診所診治可稽。返部後仍頭暈目眩、四肢麻木數月餘。茲且午夜夢回，膽戰心驚，胸部時感疼痛，曾由部函請八〇五醫院透視檢查結果，發現除患活動性肺結核外，尚染因傷招致之嚴重心臟病症(如附病況證明)，現入陸軍第八〇三醫院治療。

查家良原身心健康，有(45)年體檢紀錄表可考。現精力頹唐，身心衰弱，乃告貸典賣調治，以期再爲黨國效力。惟軍人待遇低微，境況窘困，雖數月告貸醫治，毫無見效。似此無辜受害，橫被摧殘，而辦案人員蔑視人權，草菅人命，兇殘惡毒，反而逍遙法外。言念及此，悲憤曷極，蒼蒼者天，天理何在？

查「人民身體之自由應予保障」，又「人民因犯罪嫌疑被逮捕拘禁時其逮捕拘禁機關……至遲於二十四小時內移送該管法院審問……」在憲法第八條第一項第二項分別定有明文。復查刑法第一二五條第一項規定：有訴追或處罰職務之公務員，濫用職權爲逮捕或羈押者，或意圖取供而施强暴脅迫者，均應處以一年以上七年以下有期徒刑。茲者家良於四十六年六月三日無辜被捕，遭受嚴酷刑訊，長達九月之久，遲至四十七年三月三日，始被移送該管軍法機關。是該刑事警察總隊之所爲，不但違憲，直已觸犯刑章。爲此陳情，伏乞嚴究第一軍團辦理本案之政工中校崔紹烺（已調第九軍政四科）、謝敬文少校，勾串刑警，陷害忠貞，以明證典刑，並嚴懲有關本案刑警人員，誣指迫害之罪，及負責賠償一切損害與目前醫藥費用，以維法紀，而保人權，則家良幸甚，黨國幸甚！

六、本陳情書除以正式報告呈請第一軍團司令鑒核外，本件分呈中央黨部、副總統、立法院、監察院、三軍黨部、參謀總長、蔣副秘書長、總政治部，陸軍總司令、警備總司令、及國家安全局長、臺灣省府主席，副本抄呈臺灣省警務處處長。

被害人　官家良
陸軍步兵少校

通訊處：彰化花壇臺字〇八三五附六號信箱第六病室

附診斷證明書照片乙紙（略——編者註）

（上接第27頁）

當時日本所有各學校，不論是大專學校抑或中等學校，對於教師好壞和去留，學生絕對沒有講話置喙的餘地。故對於不滿意之教師，也只有勉爲其難的悉心聽講，依樣畫葫蘆的照抄講義，讀完這一課就算了事了。像中國那時的學校，動不動要鬧風潮，把教師轟走的事情，在日本則是絕無而僅有的。民國元年下半年我在湖州第三中學校讀書的時候，我們這一班學生硬把一個國文教員轟走了。因爲有一個學生在課堂上質問一個典故，他當場竟答復不出，我們遂認爲他的學問不行，不配教我們的書。不料他不久竟飛黃騰達，到中國最高學府北京大學豫科去充當國文教授去了。可見被轟掉的教員，也有因禍得福之事。

此外如小松原隆二先生和澤村寅二郎先生的英語，櫻井正隆先生的德語，栗田元次先生的日本史和東洋史，今井貞臣先生的西洋史，松尾長造先生的心理學，都還教得不錯。惟櫻井先生有些夾舌，土音極重，初上課時很不容易聽懂。至於栗田先生對於中國民族的偏見，容於次節詳論。我當時對於日本首都以外地方上的學校師資素質之差，曾有這樣的結論：東京係首善之區，人文薈萃，羣賢畢集，所以好的教授特別的多。可見人才之不肯下鄉，固不僅中國一國爲然也。日本學生對於這個問題，因無比較的資料，可能不會感覺孰優孰劣。我曾在一高特別預科讀過一年，那裏的教授都是由一高的教授來兼任，故對於教師之優劣，具有特別的敏感。

註一　原敬氏（1856—1921）是日本平民第一次組閣，故時有「平民宰相」之稱，也是日本的政黨內閣（由政黨黨魁當選爲代議士而組織內閣，世人謂此時才是眞正的政黨政治）開始抬頭之時。原氏初充記者，一度任大阪每日新聞社社長，並擔任外交官駐華駐法有年，且任外交部次長。加入政友會後，初任幹事長，旋任總裁，在此期間，除任代議士外，一任遞信部長，三任內政部長，於大正七年（1918）拜命爲內閣總理。爲要通過普通選舉法法案，他一度解散議會，總選後政友會在議會中佔絕對多數，造成日本議會政治之黃金時代。惟因原氏提倡政黨政治，抑制軍人干政，故少壯軍人恨之極深，致於大正十年十一月四日趁他前往京都出席在京都舉行之政友會近畿大會時，被少壯軍人和黑社會團體所派之中岡艮一暗殺於東京火車站內。在其被刺前幾個鐘頭內，曾接見由美返國之董顯光先生，囑其努力於東亞之和平。觀此原氏已預料到日本軍人要闖禍，破壞東亞和平。又原氏生前已預料到他有被軍人暗殺之一日。

註二　生徒監卽「學生監」之意。日本高等學校及中小學校的學生，均稱之爲「生徒」，對管理學生的人稱爲「生徒監」。大學的學生始稱爲「學生」，故管理學生的人，則稱爲「學生監」。這是學制上規定的名稱，日常講話並無這樣嚴格的區別。

註三　「赤丸」讀 Akamaru。就是在這一門功課上面打個紅圈圈，表示這一門不及格的意思，高等學校學年考試凡有兩個赤丸記號者必須留級，無補考辦法。

（待續）

短評

（一）兒童玩具

陰曆新年，做父母的大都要替他們的孩子買些兒童玩具。這是應該的。

有一天，記者在公共汽車上看到一對夫婦帶着兩個五六歲的兒女。男孩手上是一支小手槍，女孩手上是一把皮製的小刀（匕首形）。父親敎他的兒子對準女兒的胸膛開槍；母親敎她的女兒用刀砍對方的脖子。在車上鬧得哈哈笑。天呀！好一個戰鬪性的家庭敎育！

記者心中常常想到的兒童玩具問題，經這次親眼看到的戰鬪敎育而感到更形嚴重了。

人類的前途，是走向光明或黑暗，是興旺或毀滅。今天的兒童敎育太重要了。記者想在這裏大聲疾呼，以促進人類幸福爲宗旨的聯合國應該趕快規定一個兒童玩具的製作標準。這一代的人大多是不可救藥了。我們希望大家的子孫，再不會過我們這一代人的苦難生活。

（二）反共歟？效共歟？

英記者吉傑克是在一九五八年以「唯一駐中共區非共黨外國記者」的身份，在中共區渡過了九個月後，便被北平中共政權藉口「毀謗」而驅逐。當然，這「毀謗」的罪名，完全是憑空揑造的。

近據該記者在「共黨把我踢出中共區」中指出，眞正的被逐原因，是由於沒有「遵照共黨意思去寫」。

其實，在中共極權統治者的心目中，根本不把人當人。對於任何不遵照「黨」的決策和指示去寫的人，隨便加上一個罪名，早就不是甚麼稀奇的事。倒是我們這個號稱自由反共的政府，對於若干稍稍多說了幾句老實話的民營報刋及其從業人員，非但企圖引用出版法加以處分，而且企圖隨時套上一個罪名，才是咄咄怪事。

（三）苛捐雜稅

高雄縣發動的民衆「捐」建警察宿舍工作，近已進入第二期，預定欵項爲二百萬元之巨，以求興建八十棟之多的警察宿舍。此項「捐欵」工作，現正由該縣警勤區警員爲主要勸募人，正在積極「推進」中。

目前租稅之重，早就超過了人民負擔能力。尤其一般公司行號，早已到了非逃稅漏稅不可維持的地步。照道理說，政府便該體邮人民的艱難困苦，不要一味的任意增加人民負擔。

可是，近年來，一般升斗小民，除掉必須繳納名目繁多的租稅以外，還要應付勞軍捐欵、救貧捐欵，以及支援金馬捐欵等形形式式的「捐欵」，現在弄到各縣市的警察宿舍，也非「捐欵」不可了。眞不知那些龐大數字的稅收，政府到底搞甚麼去了？

（四）立法院要「自立」了！

近聞立法院已決定在二十三會期內，討論立法委員本身的「紀律」問題。據說這是因爲若干立法委員，在外面做生意、招搖、吵架……

大體說來，立法院在這幾年來，也不是全沒有做一點有益於人民的事。不過，由於其中有的過於不知自重自愛，反而利用地位，從事種種違法舞弊的活動，使得立法院三個字，在老百姓的心目中，留下了惡劣的印象，把立法委員當做了知法犯法的特權階級。

照理說，立法院是要代表人民監督政府的。假使立法委員硬不爭氣，自己還站不住脚，甚至有把柄抓在政府首長手裏，請問怎能被政府首長瞧得起？更如何能有效的監督政府？

（五）學術與廣告

青年救國團學辦的青年學術年會，其中農業年會在一項人口統計中，居然大膽的下結論說：臺灣「爲世界上人口密度最高地區。」

大華晚報有見於此項結論之錯誤，特發表社論評斥，並在結論中不勝感慨系之的表示：「我們以爲學術研究的成果，是長期鑽研的累積，青年人不可能『頓悟成佛』，或像中愛國獎券致富一樣，因參加一次年會便成飽學之士。鼓勵青年勇於創造發表是對的，但更重要的還要使青年博學多聞，愼思明辯，才不致流於浮誇之言，爲驚人之說。」

該報這一番高論，誠是十分正確，但在青年救國團負責當局，一定會笑該報過於天眞。其實，像青年救國團那樣一個黨化青年的機構，那裏眞有意於甚麼學術？更那裏配談甚麼鼓勵青年學生研究學術？只不過因爲「學術」兩字，可以多少發生一點「廣告」作用而已。

（六）看陳院長的「勇氣」和「決心」

行政院陳院長近在施政報告中特別强調說：「現在我們在政治、軍事、經濟與社會、文化各方面，必須有勇氣面對問題，發掘缺點，有決心來解決問題，改正缺點；決不推拖敷衍，使可解決的問題變成不可解決的問題，使可改正的缺點變成不可改正的缺點。」

陳院長這番話，很切中時弊，想必是有感而發。

政府退守臺灣，從事反共復國的準備工作，已經十年了。十年的時間，該不能算短。但是，十年來，在政府因循、粉飾、以至浮誇之下，沒有問題的成了問題，小問題的變成了大問題，可以解決的問題變成了無法解決的問題；終至於問題愈來愈多，愈來愈大，愈來愈無法解決。

時至今日，若眞想扭轉目前的殭局，的確必須政府當局先拖最大的「勇氣」和「決心」。但陳院長是否有此「勇氣」和「決心」，還要等待事實證明。

自由中國　第二十卷　第五期　內政部雜誌登記證內警臺誌字第三八一號　臺灣省雜誌事業協會會員　一七二

給讀者的報告

我們鑒於官家良之事例，深感臺灣冤獄重重而無從求償之嚴重，特發表社論㈠「冤獄賠償制度之建立不容再緩了！」指出大陸各國均已制定專法，而我國連範圍極小的冤獄賠償法之制定，還遙遙無期；同時指出立法院的「刑事補償法草案」，並不能使身體備受蹂躪的人民，稍獲補償。我們認為一項合理的冤獄賠償制度之建立，已到刻不容緩的時候了。

一月三十一日臺北市長春路因拆除「違章建築」而造成的流血慘案，使大家感到「違章建築」問題的嚴重，我們特發表社論㈡「從法理人情說違章建築之處理」，提出一些坦率的意見。從法的觀點看，市縣政府所依據的「違章建築處理辦法」，本身就站不住。從事理與人情看，把人民的房屋拆除，以致流離失所，連生存感受到威脅，更是十分可怕的現象。至於執行之不公平，專以攤販、車伕、難民之類為對象，以至執行人員之貪汚舞弊，更是不合情理。我們除誠懇希望黃市長不要做「拆屋市長」，並希望各縣市長都不要在拆屋上求表現外，而且提供了三點建議，供給政府參考。

關於由「陳懷琪警告自由中國雜誌啓事」所造成的一項有關本刊事件發生後，承蒙本刊的作者、讀者、以及若干中外記者們，就心我們又要遭受一次打擊，而紛紛探詢眞相。在困擾中得到的深摯同情與關切，是特別令人感激的。我們首先在這裏向大家表示謝意，並請諸位放心，我們繼續為民主自由而奮鬥的方向與態度，是永遠不會改變的。現在，我們特在社論㈢「關於陳懷琪投書事件的簡報」中，仍舊抱着保護投書人的態度，只能把這件事的大概經過，做一個簡單的報告。這一事件的是非曲直，大家不難判斷，實在用不着我們多說了。

陳康教授的大文所討論的問題：「今日的小學教育」，顯然是為人父母者所共同關心的重要問題。陳教授的大作，是針對小學的現行制度，提出了幾個要點，主張加以修改。一是兒童在校時間太長；二是小學科目太繁；三是用毛筆寫大、中、小楷；四是做日記。意見十分寶貴，值得主管當局重視。不過，有一點請大家不要忽略，那就是陳教授的意見，顯然是以一個正常健全的家庭做立論基礎。

關於省政府擬定的地方自治法規七種修正草案，現正在臨時省議會審議中。很明顯，此類法規對於未來的臺灣地方自治，影響甚大。本刊基於一向關心地方自治的立場，特在本期同時發表傅正先生「地方自治乎？省府官治乎？」與王地先生「臺灣省地方自治法規修正草案芻議」兩文。傅先生是從七種修正草案中關係最為重要的條文裏，就其對於現行法規的保留部份和修改部份，用條文做具體的證據，而分別加以客觀說明。分析出不該保留的保留了，不該修改的修改了，其企圖是在造成省政府「官治」的環境，進而完成臺灣地方「黨治」（國民黨）的任務。王先生是根據其從第一屆起充任臺中縣民意代表的實際經驗，簡要的指出是在削弱議會的職權。總之，希望臨時省議會在審議時特別愼重，使得將來通過施行的法規，眞正是臺灣地方自治法規，而非「臺灣省政府官治法規」。

頃接臺灣省政府新聞處四十八年二月廿三日新一字第〇六七三號函，謂按照出版法第十三條及第廿條之規定，新聞紙雜誌及書籍等出版品應翔實記載發行人姓名、登記證字號、發行年月日、發行所印刷所之名稱及其所在地，而本刊未作上述之完全記載，應於文到之日之下一期起予以改進。本刊除發行人一項未刊出外，其他各項均於每期刊出，今特於本期起於底封面第三欄加印「發行人雷震」一項，特此敬告讀者。老兵先生二月廿四日晚來函頃已拜收，本期不及發排，歉甚！對於各方面讀者投書，本刊一向歡迎，特此奉告。

自由中國 半月刊　第二十卷第五期　總第二二四號
中華民國四十八年三月一日出版

發行人　雷震
主編　『自由中國』編輯委員會
出版者　自由中國社
社址：臺北市和平東路二段十八巷一號
Free China Fortnightly, 1, Lane 18, Ho Ping East Road (Section 2), Taipei, Taiwan.
電話：二八五七〇

航空版　友聯書報發行公司（香港九龍窩打老道一一〇號）
電話：五九一六四、五九一六五
自由中國社發行部

總經銷　美國　紐約友方圖書公司
經售者　Hansan Trading Company, 65, Bayer D Street, New York 13, N.Y. U.S.A.
紐約光明雜誌社
Sun Publishing Co., 112, Mulberry St, New York 13, N. Y. U. S. A.

韓國　漢城裕昌德號
馬尼剌　新疆書店
印尼　泗水文光圖書公司
緬甸　仰光振成書報店
印度　阿拉哈巴中印文化出版社
北婆羅洲　西利亞坡青年書店
星加坡　友聯書報發行公司（小坡大馬路四六九號）
吉隆坡　友聯書報發行公司（馬華公會大廈三樓七室）
怡保　友聯書報發行公司（希尼華沙甘街十六號）
檳城　友聯書報發行公司（林連登律七十二號）
澳門　友聯圖書公司

印刷者　精華印書館股份有限公司
廠址：臺北市長沙街二段七一號
電話：三三四二九

本刊經中華郵政登記認為第一類新聞紙類　臺灣郵政管理局新聞紙類登記執照第五九七號　臺灣郵政劃撥儲金帳戶第八一三九號　（每份臺幣四元，美金三角）

自由中國

FREE CHINA

第二十卷 第六期

目錄

中華民國四十八年三月十六日出版
社址：臺北市和平東路二段十八巷一號

半月大事記

二月廿四日（星期二）

赫魯雪夫發表演說，斷然拒絕西方所提舉行四外長會議討論柏林與德國問題的建議，同時拒絕了西方在日內瓦會議上的立場，主張召開高階層會議，就柏林、德國、核子試驗、和整個的東西糾紛等問題達成決議。

麥米倫續與赫魯雪夫密談。

英國、希臘、土耳其三國公佈塞島協定，保證建立塞浦路斯共和國。

二月廿五日（星期三）

艾森豪在記者會中表示，美國對保持西方盟國在柏林的權利與義務的決心，將不作一寸的讓步，堅決表示不與俄就柏林問題舉行談判，認為與俄舉行高階層會議將無用處。

赫魯雪夫發表蠻强演說後，麥赫會談情形冷淡，顯然未能協調西方與蘇俄之關係。

日內瓦停試核子會議中，美率直質問蘇俄，該會有無續開必要，對管制網建議俄再度悍然拒絕。

二月廿六日（星期四）

非州南羅德西亞全境進入緊急狀態，國民大會黨曾策動暴動，總理宣佈該黨為非法組織。

美在大西洋底電線，數次發現被人切斷，電纜可能係被蘇俄漁船損壞。美國務院將循外交途徑與俄聯絡。

二月廿七日（星期五）

美國陸軍參謀長泰勒表示，面對原子飛彈威脅，美應表現冷靜堅定，預料俄侵略態度將加劇。

二月廿八月（星期六）

麥米倫續在俄觀光，抵列寧格勒時，米高揚與葛羅米柯趕往迎候。

為大西洋電纜被切斷事，美向俄提正式照會，曾派海軍登俄漁船，美官員表示保留要求賠償權利。

三月一日（星期日）

美海軍檢查俄漁船事，俄誣指美「蓄意挑釁」，竟謂美目的「在於破壞和平」。

『自由中國』的宗旨

第一、我們要向全國國民宣傳自由與民主的真實價值，並且要督促政府（各級的政府），切實改革政治經濟，努力建立自由民主的社會。

第二、我們要支持並督促政府用種種力量抵抗共產黨鐵幕之下剝奪一切自由的極權政治，不讓他擴張他的勢力範圍。

第三、我們要盡我們的努力，援助淪陷區域的同胞，幫助他們早日恢復自由。

第四、我們的最後目標是要使整個中華民國成為自由的中國。

麥米倫在列寧格勒再促舉行東西談判，藉以討論東西緊張局勢的原由。

美兩黨參議員持共同見解，認為柏林問題事態嚴重，可能觸發戰爭危機，傑克遜促美總統總動員軍隊，以表明立場堅定。

赫魯雪夫向西方國家又表示軟化態度，謂上週發表的演說祇是一種競選演說而已。

三月二日（星期一）

伊朗已通知蘇俄，兩國間一九二一年所訂條約中，有關允許蘇俄部隊在某種情況下進入伊朗的條欵，伊朗已視為無效。

對商討德國及柏林問題，俄照會美英法德，同意舉行外長會議，但以隨後舉行高階層會議為條件，並圖挾帶波蘭、捷克參加高階層會議。

三月三日（星期二）

麥米倫續與赫魯雪夫會談。

麥米倫離莫斯科返英，英俄發表聯合公報，對德國問題未獲協議，但同意在管制下禁止核子武器。雙方同意擴展兩國文化關係。

麥米倫離俄前對記者談，柏林情勢牽涉危險，應該由談判而非由武力解決，赫魯雪夫道別演說又重彈和平濫調。

莫斯科電臺透露，赫魯雪夫曾向麥米倫建議英俄不侵犯條約草案。

美發射太空火箭「先驅」第四號，將越月球繞日旋轉。

三月四日（星期三）

赫魯雪夫宣佈蘇俄將其對於西柏林的管制權轉讓與東德；揚言與東德訂和約；重提立即舉行國際會議簽訂全德和約的要求；並要求西方自西柏林撤軍。

艾森豪對記者表示，美不顧俄任何壓力，永不放棄柏林權責，解決辦法必須具有建設性精神，反對舉行無成功跡象的高階層會議。

三月五日（星期四）

赫魯雪夫表示願意延展五月廿七日柏林危機期限。

美與土耳其、伊朗、及巴基斯坦三國分別簽訂防禦協定。

三月六日（星期五）

艾森豪與兩黨領袖會商，決對柏林局勢採取堅決立場，對抗蘇俄的任何威脅。

三月七日（星期六）

赫魯雪夫發表狂妄演說，又以戰爭恫嚇西方，並謂將與兩個德國簽訂和約。

伊拉克北部陸軍發動武裝革命，成立政府，對抗親共政權。

美對柏林政策堅定，兩黨聲明一致支持。

三月九日（星期一）

約旦王胡笙訪華。

伊拉克革命軍發表廣播，保證遵守國際義務，要求外國切勿干預。

美陸軍部長宣稱，美已詳擬軍事計劃，準備應付柏林危機。

赫魯雪夫表示柏林佔領若結束，可由中立軍隊駐守，謂俄不反對聯合國管理柏林。

社論

（一）

我們反對軍隊黨化

軍隊黨化，是我們一向反對的。

作爲一個現代化的民主國，軍隊只能屬於國，不能屬於任何一個黨。軍隊裏面，只許有邦國的軍政軍令，不許有任何政黨的任何活動或措施。這是現代民主國應該絕對遵守的一個起碼條件。所以在我們中華民國憲法裏面，明明白白有下列兩條規定：

第一百三十八條　全國陸海空軍須超出於個人、地域、及黨派關係以外。効忠國家，愛護人民。

第一百三十九條　任何黨派及個人，不得以武裝力量爲政爭之工具。

憲法是現代邦國的構成法。邦國靠它構成，政府靠它產生，人民的權利義務靠它規定和保障。作爲一個現代邦國的公民，人人都有權責維護這部憲法。因此，我們沒有理由不反對執政的國民黨在軍隊裏面的一切活動。那些活動無可爭辯地是觸犯憲法第一百三十八條及第一百三十九條的明文規定。

以上是簡單地就「法」的觀點講。現在，我們再把法所依據的政治道理併起來看：

政黨是實現民主政治的一種必要機構。人民的政治願望，必須而且只有藉政黨的選擇來表現。政黨爲爭取人民的選擇，必然地經常有些政爭。政爭的誰勝誰敗，取決於人民的公平投票。「公平」投票的要義，就是要各政黨把他們的政見訴之於人民的自由選擇，而不訴之於武力的刼持。

一個政黨，靠武力奪取政權，已經乖離了民主的政黨政治的常軌。如果一個政黨取得政權以後，還要長期地靠武力來把持它的政權，而不信賴人民的自由選擇，這更說明這一政黨的精神墮落。精神墮落的結果，外形的武力也要癱瘓，而政權也要隨之瓦解的。國民黨在大陸的政權是這樣丟掉的；今天大陸的共匪政權也將因此而垮台。此所以我們有反共必勝的信念，此所以我們要在臺灣反對軍隊黨化。

取消軍隊黨化，才可以使軍隊脫離政治漩渦；取消軍隊黨化，才可爲建國打下一個安安穩穩的基礎。換句話講，爲建國前途着想，取消軍隊黨化，是第一要着。國民黨在三軍中的任何活動都是違憲的，應該一概停止。現役軍人應該只知有國，不知有黨；只知有中華民國憲法，不知有何黨義。憲法第一條「中華民國基於三民主義爲民有民治民享之民主共和國」這一條文，是要就整個句子讀下來而不可斷章取義的。「民有」、「民治」、「民享」三詞，是中山先生從林肯所講的 the government "of the people", "by the people" "for the people" 翻譯過來的。中山先生常說，他所提倡的三民主義和林肯所講的這句話是相通的。只有在這一了解之下，即三民主義與民有民治民享的意義是相通的這一了解之下，中華民國的人民才接受憲法第一條的規定。某些人以爲三民主義是國民黨的主義，三民主義既規定於憲法，那末在軍隊裏宣傳三民主義，推行國民黨黨務就不算是違憲。這完全是一個曲解。如果這種曲解能够成立的話，請問憲法第一百三十八條及第一百三十九條的明文規定又如何解釋？有法律常識的人總該知道：凡是對於某一法條的含義加以解釋，決不能與同法的明文規定相衝突。這是解釋法條時一個必須遵守的消極條件。軍隊必須超出於黨派關係以外，是憲法明文規定的，所以我們決不能引用憲法中其他任何句來爲黨化軍隊辯護。

一年半以前，本刊討論一序列的「今日的問題」時，其中「我們的軍事」那篇社論（見第十七卷第四期）曾談到軍隊黨化這件事。我們說過：「國民黨的特種黨部在軍隊裏面活動的結果，使黨員與非黨員士兵之間發生隔膜，離心離德，乃至相互猜忌。……於是他們處處小心，深恐說錯了半句話，情緒這樣地長期抑鬱。有點心理學常識的人，都可以想像得到今日官兵們的一般精神狀態。」這是我們一年半以前說的話，現在的情形，絲毫沒有改善。爲着振奮軍心，提高士氣，我們不得不還要提到那篇社論。

本刊是一政論性的刊物。我們的政見，是要訴之於全國人民公判的。但是，歷年來本刊竟被列爲軍中禁讀的刊物之一。對於這件事，我們雖感覺不滿，但我們並不特別重視。因爲我們始終認定，靠武裝力量來支持或推行某一政治主張，總是初民階段或落後地區的辦法。我們從來沒有想到把我們的意見訴之於武力。相反地，執政的國民黨一方面既把本刊列爲軍中禁書，而另一方面它自己却經常地利用軍隊裏三民主義講習班這一類的機構，宣傳本刊的「罪惡」，把本刊的言論故意曲解，故意誣衊，而加上莫須有的罪名。而且在地方選擧的時候，國民黨的軍中黨部竟指示其同志和其眷屬出來助選（請參閱本刊第十七卷第四期社論「我們的軍事」）。這種作法，就是把屬於邦國的軍隊，把憲法所規定的「効忠國家」「愛護人民」的軍隊，拖進政治漩渦，變成政爭工具。這一作法，我們爲維護憲法，要反對；我們爲穩定建國的基礎，要反對；我們即以國民黨的諍友自居，也要反對。一個政黨的基礎，如果不建立在人心的信賴上，而祇妄想靠武力來撐持，其前途畢竟是可悲的。

社論

（二）治安機關無權查扣書刊

——從「祖國周刊」被扣說到書報雜誌審查會報之違法

曾經正式獲准在臺灣發行的香港祖國周刊（持有僑務委員會登記證臺敎新字第一八二號及內政部登記證內警僑臺誌字第零二四號），最近曾爲該刊連續被扣達十一期之多，特分函在臺灣的一些報社與雜誌社，請求代爲呼籲政府當局准予放行。本社同時更收到該刊第二十五卷第八期的一篇社論剪稿，題名爲「懇告臺北當局」。這篇社論對該刊被扣經過曾作詳細的陳述。社論說：「本刊自獲准內銷至今，足足四年之中，在臺的發行工作也是一直不絕如縷的。本刊經常遭受臺灣當局的檢扣，經常是扣掉兩三期之後再勉强放進一期，作爲本刊仍被許可內銷的象徵。現在，自本刊第三〇九期起，連這象徵性的、不絕如縷的內銷許可也實際形同取消了；在檢扣機關的權力之下，本刊的臺灣讀者，連過去那種十期之中總可見到四期或五期，即使被扣的各期，一部分也還能在補寄之後收到的這種微末機會都已喪失了。本刊自去年十二月起，一連被檢扣了十幾期，補寄的也不復能寄到，本刊業已完全不能進入臺灣了！」附帶的，這篇社論又報告說：該刊的姊妹刊物（同屬友聯書報發行公司出版）「中國學生周報」自民國四十一年七月創刊並申請內銷，另「銀河畫報」自民國四十七年三月創刊並申請內銷，雖然前者只是學生課外讀物，後者只是一般娛樂刊物，至今都未獲得批准。這兩個刊物，我們由於偶然的機會看到了幾期。「中國學生周報」多刊載青年學生所需要的基本知識，幾乎從不談及現實政治問題；至於「銀河畫報」，內容完全刊載有關臺港自由影業活動的圖片與文字。二者均找不到一絲一毫「違礙」之處，不讓它內銷是毫無理由的。我們並且知道，與「銀河畫報」完全同樣性質的「國際電影」，却早已獲准內銷，在省內各地均有出售。

祖國周刊是一份以分析報導共匪實況爲基本內容的刊物，堅持反共立場，始終如一。該刊有時也刊登一些關於臺灣現況的記載與批評。但該刊所標揭的原則是：㈠維護中華民國的法統；㈡根據憲法來督促政府實行民主；㈢對政府及執政黨的批評必以事實爲根據。我們就所能夠看到的該刊各期（包含曾經被扣而補寄收到的在內）來仔細檢討，實難發現有違背前述三項原則之處，相信該刊的在臺讀者，都可以爲我們此言作證。至於我們所未能看到的各期，究竟是否有不便在臺灣發行的處所，我們未便妄斷。但如最近這樣連續十幾期被扣，却確實是不可思議的。難道說，這連續十幾期的內容都不便在臺灣發行？如果確實是十幾期的內容都不便發行，則內政部早該列舉理由，堂堂正正的撤銷該刊的內銷登記證，讓大家看看所據理由是否確實站得住，必需有站得住的理由，才能使該刊內心折服。

該刊「懇告臺北當局」那篇社論，曾推測當局之所以事實上阻礙該刊發行而又不正式宣布撤銷登記，是由於下列的兩個可能：「㈠阻止本刊入臺是治安機關的單獨行動，主管登記的內政部與僑務委員會並不知情，至少並未下命令給治安機關這樣做。……㈡阻止本刊入臺，是政府當局預定的步驟，表面維持本刊入臺發行的許可，而暗中指使縱容治安機關檢扣本刊，期望壓迫本刊自動放棄在臺灣的發行努力。……」

我們不知道該刊所舉的兩個可能，事實究屬何者。但是該刊之被檢扣係出於治安機關，却是完全可信的。旁的不說，即證以總統府行政改革委員會所提的建議中「調整警察職權」一案，據我們獲悉，即有如下的一段文字：「書報雜誌等出版物之管制與處分，依出版法規定，應由內政部及行政官署辦理。但前臺灣省保安司令部，成立書報雜誌審查會報，會報決議取締書刊事項，均以會報記錄命令警察機關執行。該會報對外既不公開，對警察機關，又不以正式公文送達，僅以會報紀錄，命令執行，於法殊有未合。」據我們所知，參加上項會報者，計有國民黨中央黨部四組、六組、敎育部、僑委會、外交部、內政部、及國防部總政治部等單位。在保安司令部歸併於臺灣警備總司令部以後，情形仍未有改變，該會報仍由臺灣警備總司令部派員負實際責任。又，本刊前接獲李小岑君來函，爲他的先人李石岑先生「中國哲學講話」一書（此書爲民國二十一年及二十二年的演講稿，由聽講者筆記而成）被查禁而呼籲，亦指明查禁之舉，係出於警備司令部；李君且不知道警備司令部所舉「爲匪宣傳」的理由，究竟是指此書全部，抑屬某一部分而言。由此更可旁證查扣書報係由治安機關辦理一節，至今沒有改進。

我們必需嚴正指出：㈠治安機關查禁書報，是一項違法的擧動。依據四十七年六月二十八日修正公布的出版法規定：「主管官署得爲左列行政處分，」列擧的處分中有「禁止出售散布進口或扣押沒入；」又同法第七條規定：「本法稱主管官署者，在中央爲內政部，在地方爲省（市）政府及縣（市）政府。」法律條文如此明確，斷不容有任何誤解與曲解，治安機關之查扣書報，爲顯然的違法越權。㈡附屬於治安機關的書報雜誌審查會報，居然有黨部代表直接參加在內，且可以其決議命令警察機關執行，那就成了名副其實的「以黨治國」，任何國家都未聞有這樣的體制；這大概是由於黨國不分，早成習慣，視同應然，所以連這樣大的漏洞都至今沒有人發覺。

我們知道，治安機關非法查禁書刊，在我國已行之有年，幾成慣例，至今未見有人提出公開指責。也許大家是這樣想，即使嚴格依照最近修正的出版法執行，像那樣的繁苛條例，已使憲法所保障的言論出版自由受到重重束縛，政府照樣可以警告、罰鍰、禁止、扣押、停止發行、甚至於撤銷登記，這些嚴厲處分究竟由那一個機構主管，已經不是重要的問題。不錯，在這樣的立法之下，言論出版自由之充分保障，固已難言，但無論如何，倘由內政部，或省縣市政府執行，據我們設想，總還該舉出理由，將出版物中那一點違反那一條法令，通知出版人才能執行處分，終不致像治安機關對付祖國周刊那樣「不告而誅」的連續檢扣達十餘期之多，也不致像對付李石岑先生的遺著那樣以籠統的「爲匪宣傳」爲理由而查禁，而受處分者居然不知道所謂「爲匪宣傳」究竟是指那一章、那一節、那一句，抑或是指全部著作而言，像這樣胡裡胡塗、不清不楚的查禁與扣留，又豈是法治國家所應有的現象？爲着言論出版自由，我們縱不能立時爭取到出版法之廢止或再度修正，但退求其次，我們至低限度也得要求迅卽改變治安機關扣查書刊的那種很明顯是非法的慣例。

社論

（三）海埔新生地的開發問題

臺灣西海岸海埔新生地的開發，政府不但已宣傳了多年，而且也準備了多年。但是，第一期申請開發工作剛開始，便發現漏洞百出，弊端叢生。近一兩月來，翻開報紙，眼見有關海埔新生地的消息，只是「官民勾結」、「壟斷頂讓」、「瓜分鯨吞」之類，難怪各方面以「烏烟瘴氣」四字來形容。

這一件事，政府原是想做到從無到有，變滄海爲桑田，立意本來是很好的。現在，由於主管單位與經辦人員之處理不當，却鬧到全國騷然，從一般生活受到嚴重威脅的貧苦漁民農民，而鬧到縣市議會、而縣市政府、而臨時省議會、而省政府、而監察院、終至於鬧到行政院，弄得幾乎無法收拾。

關於這件事的全盤經過，各民營報紙已經報導得很多，用不着我們再在這裏源源本本來敍述。據我們所知，現在大家所注意的，顯然是集中在下列幾點：政策是否正確？辦法是否完善？主管單位有無違法措施？經辦人員有無舞弊行爲？

說到政策，省政府所一貫標榜的，便是所謂「利用重於分配」。直到二月二十三日，省民政廳長連震東在監察院提出報告時，首先還在强調這一點。對於此項決策，監察院於二月二十四日提出的糾正案中，便公開指爲「只顧及經濟價值，重視資金開發，而忽視貧苦漁民歷年胼手胝足賴以維持生活之事實。」行政院陳院長接着在二月二十六日的院會中也指出，這「與耕者有其田的精神不相符合。」這一點，無論是輿論界或地方民意機構，早就一致提出類似的指責了。儘管如此，但在我們看來，這一問題，可以見仁見智，各有各的說法；省政府的政策，倒未必沒有道理。

然而，縱然假定「利用重於分配」的政策，具有百分之百的正確性，按理也只求對於海埔新生地，能加以合理而經濟的利用，並非必須制定一種苛刻不合理的辦法，而置貧苦漁民農民的生活於不顧。然而，省政府擬訂的辦法，却對於已存在的公認事實，以及貧苦農民漁民的權益，絲毫不加顧慮。諸如嘉義縣的布袋、臺南市的鯤鯓、高雄縣的小港、新打港等墾殖區，都是些內海既成地，遠在一兩百年以前，無數貧苦漁民農民，便在那裏自漁自食；世代相傳，以至今日。事實很明顯，說開發則早經開發，說利用則早就利用。今天所存在的問題，絕不是有沒有開發利用的問題，而只是如何在經濟上加以高度開發和利用的問題。可是，省政府偏偏要否認這種事實，硬把這類地區列在所謂「新生地」範圍，而對於漁民早經從事的揷蚵養蛤和圍築魚塭，一概認爲是擅自開發，也就是所謂違章建築，連優先承墾承租的權利，都不在辦法中予以設定。其實，卽令是基於「利用重於分配」的說法，對於這種內海既成地，也沒有劃入新生地範圍的必要。老實說，這種做法的結果，只是把這些已經開發利用的土地，由大多數以土地爲第一生命的窮苦大衆之手，轉入絕少數所謂「財勢人士」之手，藉以轉手牟利。至於是否眞正達到高度開發利用之目的，却還是在不可知之數。

再退一步說，縱然假定辦法是百分之百的完善，沒有一點漏洞，最低限度，主管單位的各種措施，也必須眞正依據辦法辦理，絕不應有違法之處。按照臺灣省政府在四十七年十二月一日正式公佈的海埔新生土地開發區域圖並受理申請的公告規定：受理人民申請開發時間，是從四十七年十二月十五日上午八時起，到四十八年一月十三日下午六時止。而省地政局、省農林廳、以及高雄縣政府，却早在四十四年十一月五日，便已受理申請開發登記。又據臺灣省海埔新生地開發辦法第十七條規定，申請人「應向該管縣市政府辦理申請手續」。而省地政局、農林廳，却擅自受理申請，而混淆了申請程序。另據同辦法第十九條及「臺灣省海埔新生地開發申請案件審查會議規則」。第三條規定，初審機關是縣市政府，省主管機關只有複審權。而省政府由民政廳出面邀請的地政局等各廳、處、局、會等機關首長或代表舉行的省審查會議，却先直接提會審查；而在高雄縣新打港二百七十九戶申請案中，逕行核定了十一戶；在高雄縣小港九十九戶申請案中，逕行核定了十二戶；將全部開發面積分配完竣之後，才發交高雄縣政府，使得該縣政府在正式申請時期，反而無法受理人民的申請登記。這是省審查會議侵犯了縣政府的初審權，而澈底破壞了審查權限。凡此種種措施，主管單位都難逃違法的罪嫌。

不過，主管單位這類明知故犯的措施，情形固然已十分嚴重，但比這更嚴重的，還有經辦人員為何不惜以身試法，而敢於採取此等措施？這便使人想到由各方面傳出的種種消息。根據各報報導，已經被公開揭發的涉嫌舞弊事件，主要的有以下幾點：一、臺南市議員吳頂專揭露的瓜分海埔新生地一千七百餘公頃的密約書及兩份黑名單，其中所謂六位權勢人物，便有三位與省地政局有關，包括有該局第三科科長簡清榆的太太簡柯木椒，現任該局測量員的林水彬、曾任該局臨時雇員的王建都。這件事，並經臺南市議會海埔新生地專案調查小組加以進一步的指證。二、臺南市東山農業生產合作社偽報簡柯木椒等人的戶籍，以及該社二十幾位社員名下的指紋，都是由他人代捺。三、臺南市政府民政科合作股在東山農業生產合作社申請備案時，不依法令審核，並且越權核准了屬於臺南縣的忠義、豐成兩家合作社，以及屬於嘉義縣的豐南、協成兩家合作社。四、高雄縣西海第一農業生產合作社，從減少社員、行文造冊、申請登記、以至拿到登記證，前後經過只有八小時。據該縣合作室主任侯芳明和主辦股長高寶森都對外說：「是上面先答應他們的。」五、高雄縣議員林天補指出：某人獲得了三項申請，在甲會社他申請了三十餘甲，在乙會社申請四十餘甲，再在丙會社申請了六十六甲。在申請時據他所悉，帶了六七十萬元到臺北活動一週，獲得通知准予申請及繳齊公共設施費，即將大部土地轉讓，轉讓價格由每甲二千元至五千元不等。六、高雄縣議員陸雲皆在臨時省議會專案調查小組召開的座談會上指出：「省地政局某次派一大員前來高縣處理申請開發海埔新生地的事，曾接受各生產合作社的各別招待，住在鳳山某旅社，不敢登記姓名，怕被人曉得了，但他的大名我已查出。」七、省地政局在測量海埔新生地時，自己有測量隊不用，各縣市有測量人員也不用，而諉由中原理工學院的學生去測量。諸如此類，只不過犖犖大者，却無不是直接間接牽涉經辦人員舞弊的罪嫌。

總括的說來，海埔新生地的申請開發，主要是由於辦法不够完善，加以主管單位又有種種涉嫌違法的措施，以至於經辦人員還有種種涉嫌舞弊的行為，才鬧到今天這樣「烏烟瘴氣」的地步。

可是，面對這種現實，省政府雖然不得不先後派員調查，甚至於表面上鄭重其事的由有關廳處長暨委員十一人，組成了一個專案調查小組，從二月二十二日起，赴各縣市進行所謂調查工作。然而，該小組所到之處，都是馬不停蹄，行色匆匆，完全是走馬看花；甚至踪跡飄忽，行動神秘，一至於據「公論報」傳出的消息，在臺南市考察的是「麻將」和「酒女」。結果在所謂調查完畢後，參加小組的各廳處長暨委員於二月二十一日地政局舉行會議研討時，竟然一致認為開發辦法甚為完善合理，不用修改，僅部份申請技術及處理程序有欠妥當云云，而輕描淡寫的企圖粉飾了之。難怪到了省民政廳長連震東又相繼以這種觀點和態度在監察院報告時，要被負責切實調查此一事件的監察委員蕭一山斥為「牛頭不對馬嘴」，而遭受到監察委員的同聲指責了。

現在，行政院能知道海埔新生地申請開發問題之嚴重，採取斷然的措施，決定成立一個專案小組，依據事實需要，重新研擬一套完善的辦法，這在原則上的確可算是一種比較明智的決定。不過，我們希望行政院在處理這件事時，特別要尊重專家學者及地方人士的建議和主張，尤其要聽取貧苦漁民農民的意見。同時，希望監察院及其他有關機關，對於一切涉嫌違法舞弊的主管單位和經辦人員，必須澈底查究，以明眞相和責任，絕不能再事放縱包庇，而聽任政府的信譽日趨敗壞。

敬告各學校同學

上期本刊刊登啓事，各學校在校同學，長期訂閱本刊者，以對折優待，此係指現在高中以上學校讀書的同學，初中及小學同學，恕暫不優待。

容忍與自由

胡適

十七、八年前，我最後一次會見我的母校康耐兒大學的史學大師布爾先生(George Lincoln Burr)。我們談到英國史學大師阿克頓 (Lord Acton) 一生準備要著作一部「自由之史」，沒有寫成他就死了。布爾先生那天談話很多，有一句話我至今沒有忘記。他說，「我年紀越大，越感覺到容忍(tolerance)比自由更重要。」

布爾先生死了十多年了，他這句話我越想越覺得是一句不可磨滅的格言。我自己也有「年紀越大，越覺得容忍比自由還更重要」的感想。有時我竟覺得容忍是一切自由的根本：沒有容忍，就沒有自由。

我十七歲的時候（一九〇八）曾在競業旬報上發表幾條「無鬼叢話」，其中有一條是痛罵小說西遊記和封神榜的，我說：

王制有之：「假於鬼神時日卜筮以疑衆，殺。」吾獨怪夫數千年來之掌治權者，之以濟世明道自期者，乃懵然不之注意，惑世誣民之學說得以大行，遂舉我神州民族投諸極黑暗之世界！……

這是一個小孩子很不容忍的「衞道」態度。我在那時候已是一個無鬼論者、無神論者，所以發出那種摧除迷信的狂論，要實行王制（禮記的一篇）的「假於鬼神時日卜筮以疑衆，殺」的一條經典！

我在那時候當然沒有夢想到說這話的小孩子在十五年後（一九二三）會很熱心的給西遊記作兩萬字的考證！我在那時候當然更沒有想到那個小孩子在二、三十年後還時時留心搜求可以考證封神榜的作者的材料！我在那時候也完全沒有想想王制那句話的歷史意義。那一段「王制」的全文是這樣的：

析言破律，亂名改作，執左道以亂政，殺。作淫聲異服奇技奇器以疑衆，殺。行僞而堅，言僞而辯，學非而博，順非而澤以疑衆，殺。假於鬼神時日卜筮以疑衆，殺。此四誅者，不以聽。

我在五十年前，完全沒有懂得這一段說的「四誅」正是中國專制政體之下禁止新思想，新學術，新信仰，新藝術的經典的根據。我在那時候抱着「破除迷信」的熱心，所以擁護那「四誅」之中的第四誅：「假於鬼神……以疑衆，殺」。我當時完全沒有想到第四誅的「假於鬼神……以疑衆」和第一誅的「執左道以亂政」的兩條罪名都可以用來摧殘宗教信仰的自由。我當時也完全沒有注意到鄭玄註裏用了公輸般作「奇技異器」的例子；更沒有注意到孔穎達正義裏舉了「孔子爲魯司寇七日而誅少正卯」的例子來解釋「行僞而堅，言僞而辯，學非而博，順非而澤以疑衆，殺」。故第二誅可以用來禁絕藝術創作的自由，也可以用來「殺」許多發明「奇技異器」的科學家。故第三誅可以用來摧殘思想的自由，言論的自由，著作出版的自由。

我在五十年前引用王制第四誅，要「殺」西遊記封神榜的作者。那時候我當然沒有夢想到十年之後我在北京大學教書時就有一些同樣「衞道」的正人君子也想引用王制的第三誅，要「殺」我和我的朋友們。當年我要「殺」人，後來人要「殺」我，動機是一樣的：都只因爲動了一點正義的火氣，就都失掉容忍的度量了。

我自己敍述五十年前主張「假於鬼神時日卜筮以疑衆，殺」的故事，爲的是要說明我年紀越大，越覺得「容忍」比「自由」還更重要。

我到今天還是一個無神論者，我不信有一個有意志的神，我也不信靈魂不朽的說法。但我的無神論和共產黨的無神論有一點最根本的不同。我能夠容忍一切信仰有神的宗教，也能夠容忍一切誠心信仰宗教的人。共產黨自己主張無神論，就要消滅一切有神的信仰，要禁絕一切信仰有神的宗教，——這就是我五十年前幼稚而又狂妄的不容忍的態度了。

我自己總覺得，這個國家，這個社會，這個世界，絕大多數人是信神的，居然能有這雅量，能容忍我的無神論，能容忍我這個不信神也不信靈魂不滅的人，能容忍我在國內和國外自由發表我的無神論的思想，從沒有人因此用石頭擲我，把我關在監獄裏，或把我綑在柴堆上用火燒死。我在這個世界裏居然享受了四十多年的容忍與自由。我覺得這個國家，這個社會，這個世界對我的容忍度量是可愛的，是可以感激的。

所以我自己總覺得我應該用容忍的態度來報答社會對我的容忍。所以我自己不信神，但我能誠心的諒解一切信神的人，也能誠心的容忍並且敬重一切信仰有神的宗教。

我要用容忍的態度來報答社會對我的容忍，因爲我年紀越大，我越覺得容忍的重要意義。若社會沒有這點容忍的氣度，我決不能享受四十多年大膽懷疑的自由，公開主張無神論的自由了。

× × × ×

在宗教自由史上，在思想自由史上，在政治自由史上，我們都可以看見容忍的態度是最難得，最稀有的態度。人類的習慣總是喜同而惡異的，總不喜歡和自己不同的信仰，思想，行爲。這就是不容忍的根源。不容忍只是不能容忍和我自己不同的新思想和新信仰。一個宗教團體總相信自己的宗教信仰是對的，是不會錯的，所以它總相信那些和自己不同的宗教信仰必定是錯的，必定是異端，邪教。一個政治團體總相信自己的政治主張是對的，是不會錯的，所以它總相信那些和自己不同的政治見解必定是錯的，必定是敵人。

一切對異端的迫害，一切對「異己」的摧殘，一切宗教自由的禁止，一切思想言論的被壓迫，都由於這一點深信自己是不會錯的的心理。因爲深信自己是不會錯的，所以不能容忍任何和自己不同的思想信仰了。

試看歐洲的宗教革新運動的歷史。馬丁路德 (Martin Luther) 和約翰高爾文 (John Calvin) 等人起來革新宗教，本來是因爲他們不滿意於羅馬舊教的種種不容忍，種種不自由。但是新教在中歐北歐勝利之後，新教的領袖們又都漸漸走上了不容忍的路上去，也不容許別人起來批評他們的新教條了。高爾文在日內瓦掌握了宗教大權，居然會把一個敢獨立思想，敢批評高爾文的教條的學者塞維圖斯 (Servetus) 定了「異端邪說」的罪名，把他用鐵鍊鎖在木樁上，堆起柴來，慢慢的活燒死。這是一五五三年十月二十三日的事。

這個殉道者塞維圖斯的慘史，最值得人們的追念和反省。宗教革新運動原來的目標是要爭取「基督教的人的自由」和「良心的自由」。何以高爾文和他的信徒們居然會把一位獨立思想的新教徒用慢慢的火燒死呢？何以高爾文的門徒(後來繼任高爾文爲日內瓦的宗教獨裁者)柏時 (de Bèze) 竟會宣言「良心的自由是魔鬼的教條」呢？

基本的原因還是那一點深信我自己是「不會錯的」的心理。像高爾文那樣虔誠的宗教改革家，他自己深信他的良心確是代表上帝的命令，他的口和他的筆確是代表上帝的意志，那末他的意見還會錯嗎？他還有錯誤的可能嗎？在塞維圖斯被燒死之後，高爾文曾受到不少人的批評。一五五四年，高爾文發表一篇文字爲他自己辯護，他毫不遲疑的說，「嚴厲懲治邪說者的權威是無可疑的，因爲這就是上帝自己說話。……這工作是爲上帝的光榮戰鬪。」

上帝自己說話，還會錯嗎？爲上帝的光榮作戰，還會錯嗎？這一點「我不會錯」的心理，就是一切不容忍的根苗。深信我自己的信念沒有錯誤的可能(infallible)，我的意見就是「正義」，反對我的人當然都是「邪說」了。我的意見代表上帝的意旨，反對我的人的意見當然都是「魔鬼的教條」了。

×　　×　　×　　×

這是宗教自由史給我們的教訓：容忍是一切自由的根本；沒有容忍「異己」的雅量，就不會承認「異己」的宗教信仰可以享受自由。但因爲不容忍的態度是基於「我的信念不會錯」的心理習慣，所以容忍「異己」是最難得，最不容易養成的雅量。

在政治思想上，在社會問題的討論上，我們同樣的感覺到不容忍是常見的，而容忍總是很稀有的。我試舉一個死了的老朋友的故事作例子。四十多年前，我們在新青年雜誌上開始提倡白話文學的運動，我曾從美國寄信給陳獨秀，我說：

此事之是非，非一朝一夕所能定，亦非一二人所能定。甚願國中人士能平心靜氣與吾輩同力研究此問題。討論既熟，是非自明。吾輩已張革命之旗，雖不容退縮，然亦決不敢以吾輩所主張爲必是而不容他人之匡正也。

獨秀在新青年上答我道：

鄙意容納異議，自由討論，固爲學術發達之原則，獨於改良中國文學當以白話爲正宗之說，其是非甚明，必不容反對者有討論之餘地；必以吾輩所主張者爲絕對之是，而不容他人之匡正也。……

我當時看了就覺得這是很武斷的態度。現在在四十多年之後，我還忘不了獨秀這一句話，我還覺得這種「必以吾輩所主張者爲絕對之是」的態度是很不容忍的態度，是最容易引起別人的惡感，是最容易引起反對的。

我曾說過，我應該用容忍的態度來報答社會對我的容忍。我現在常常想，我們還得戒律自己：我們若想別人容忍諒解我們的見解，我們必須先養成能夠容忍諒解別人的見解的度量。至少至少我們應該戒約自己決不可「以吾輩所主張者爲絕對之是」。我們受過實驗主義的訓練的人，本來就不承認有「絕對之是」，更不可以「以吾輩所主張者爲絕對之是。」

四八、三、十二晨。

論憲法之修改及其程序

李聲庭

憲法之可以被修改，恐怕凡研究過憲法的人均無法否認。第一、憲法制定時不能預料到的問題以後隨時間的推演而發現，為了適應事實上的需要，因此憲法必須修改，否則憲法便成了死法。近兩百年來凡成文憲法沒有不可以被修改的。只有一兩個國家的憲法明文規定某些項目不得作為修改憲法的議題。如法國憲法規定共和政體不得作為憲法修改的議題是。第二、憲法制定時的民意過了相當時期後不一定仍存在，即是說相當時期後的民意不一定與制憲時的民意相合。民主政治的原則指示應當讓現在的民意有表示的機會。正猶之乎定期選舉一樣使選民對代表與官吏有表示信任或不信任的機會。憲法之可以被修改，也是使民意有重新考慮的機會。所以若干年後的民意認為憲法雖適合于以前制憲人的民意但不適合于現在人民的意見，按民主政治的理，論憲法自然可以被修改。這一問題的本身不應當有所爭論。至于何以要修改以及修改有無必要可以說是政治上的問題，而不是法律上的問題。政治上的問題不能由少數人作決定。所以在這裏討論憲法是否有修改的必要至多不過表示作為一個公民的一點意見而已，其餘千千萬萬的選民贊成或不贊成是無法預知的。談到憲法如何修改的問題，即憲法修改的程序問題便是一個法律上的問題，而且是一個純法理的問題。這個問題不是投票所能決定的，也不是只知道注釋法律條文或在條文上尋章摘句所能解答的。必須略懂憲法學原理與法理學才能得一比較滿意的結論。目下一般對憲法修改程序的爭論大多不出注釋法派與文義解釋派的見解，因此作者認為有加以補充解釋的必要。

我國憲法在目前情形之下是不是有修改之可能，這要看憲法第一百七十四條規定憲法修改的程序如何而作論斷。按憲法第一百七十四條的規定，憲法之修改應依左列程序之一為之：㈠由國民大會代表總額五分之一之提議，三分之二之出席及出席代表四分之三之決議，得修改之。㈡由立法院立法委員四分之一之提議，四分之三之出席，及出席委員四分之三之決議，擬定憲法修正案，提請國民大會複決。此項憲法修正案。應于國民大會開會前半年公告之。

由國民大會提議修改憲法，一般的說認為目前國民大會代表的人數無論如何無法湊成，因此沒有人認為這一項修憲的途徑可行。於是大家的目光便集中于第二項由立法院提出憲法修正案提請國民大會複決的可能性。這是目下討論憲法修改問題的人集中的焦點所在。作者本文的重點也在表示個人對這一項修憲程序提出法律上的見解。至于大法官會議將來如何解釋，以及將來事實上的確曲解這一項程序而修改了憲法那是另一個問題。作者只知道從法理學上來討論這個問題。為了討論問題自然免不了批評別人的意見，希望被批評的人從研究問題的態度出發，如有反駁意見歡迎公開討論。

作者所持意見的大前提是：憲法第一百七十四條第二款由立法院立法委員四分之一之提議，四分之三之出席及出席委員四分之三之決議中所規定的人數，到底應解釋為總人數、或為選出的人數、或為現在能夠出席的人數均無成見，作者並認為這點可由大法官會議（注意：大法官個人無資格事先公開表示意見）加以解釋以息爭論。惟第二款規定立法院制定了憲法修正案之後提請國民大會複決的程序問題非常重要。因為目下憲法之能不能修改就以這一點為關鍵。有人認為因為憲法無明文規定因此大家也就免不了有所論辯；否則如第一款則只有總額的解釋容易加以解決。這一點不是人數本身的問題，而是剛性憲法與成文憲法修改時程序難易的問題。而且這一點關係我們的憲政百年大計，所以作者特別鄭重提出討論。

作者認為即使由立法院擬定憲法修正案提請國民大會複決，國民大會複決立法院所提出的憲法修正案仍應依照憲法第一百七十四條第一款之規定程序由國民大會代表總額三分之二之出席，及出席代表四分之三之決議方能修改。作者所持的理由有如下述：

㈠修改憲法是一件非常重要的事絕不宜以普通程序行之。憲法既明文規定有極嚴格的修改程序（憲法第一百七十四條第一款）便足以說明中華民國憲法是屬于剛性憲法這一類的。如果容許另闢途徑，不經嚴格的特別程序而可繞道去行普通的程序在法理上是說不通的。因為在法律上有一個原則：凡直接不能作的也不准以間接的方法去作 (No man can do indirectly that which he is forbiden to do directly. Bird v. Holbrook, Court of Common Pleas, 1828. 4 Bingham 628)。如果直接不能作的事而可以間接的方法去作，那末法律便失掉了它的意義。大家以後便只找間接的方法去達到目的，直接的禁止便完全成了具文。中國話所謂開後門，後門一開正門便無人進了。舉一個淺顯的例：由臺北通往板橋如果有兩條公路可達，一條收通行稅，一條不收，那末收通行稅的路便沒有人車通過，設關收稅這一回事便成了具文。我們民國了幾十年，又高唱了幾十年法治，可是始終沒有走上民主與法治的康莊大道，其中最基本的原因便是凡遇到正路不方便的地方總是去找斜徑，只圖目前近功而漠視了百年大計。這種「舍正路而勿由」的結果，到今天仍然沒有建立起一點制度。如果憲法的修改因為第一款的嚴格規定行走不方便便去另尋捷徑，結果所及便破壞了全部憲法的完整性與成文憲法的尊嚴。此例一開，後患不堪設想，這一點大家應充分了解才對。

㈡法理學上還有一個原則：在同一條文之內有兩項或兩項以上的規定，第一項明文規定了，第二項便不再重複。這是省文而並非闕文，省文是省去不必重複的。但如果第二項有欲與第一項的規定相反或不同的地方時便應當以但書加以例外的規定（我國法律條文可供參考的甚多，如民法第二十二條規定：遇有左列情形之一者其居所視爲住所：㈠住所無可考者。㈡在中國無住所者。但依法須依住所地法者不在此限。這種但書例外的立法例足以證明憲法第一百七十四條第二款沒有但書規定例外時是不能解釋其爲應當例外的。）這一點大概凡稍懂法律的人都知道，否則法律文字便太繁複。憲法第一百七十四條第二款沒有規定國民大會複決立法院提出的憲法修正案的出席人數與決議人數是因爲同條第一款已經有明文規定，因此第二款便無重複規定之必要。反過來說，如果認爲不應當依照同條第一款的嚴格程序時便必須以但書規定例外的情形。憲法第一百七十四條第二款最後一個項目：此項憲法修正案應于國民大會開會前半年公告之。這便是同條第一款的例外規定。因爲憲法第一百七十四條第一款規定由國民大會代表總額五分之一提議的憲法修正案，則無須乎于國民大會開會前半年公告之。這種規定于國民大會開會前半年公告的限制爲同條第一款所未規定而且也爲同條第一款之例外事項，故必須特別加以明文規定。倘沒有這一特別例外的規定，則立法院提出憲法修正案在時間上應與同條第一款無任何區別。由此反證憲法第一百七十四條第二款沒有重複同條第一款關于國民大會出席人數及表決人數的程序，便是暗示依照前款規定的程序無疑。否則便當如第二款最後一個項目一樣以明文規定同條第一款的例外情形。現在既無但書例外的規定，當然應解釋爲與同條第一款的規定一樣辦理。

但有人以爲憲法沒有明文規定便可適用國民大會組織法第八條。既然明知修改憲法乃憲法上一個重大問題，又認爲其複決程序宜明文規定于憲法之上，那末何以自應(?)依國民大會組織法的規定，認爲只須有代表三分之一以上出席及出席代表過半數之同意即可複決呢？國民大會組織法第八條所謂「除憲法及法律另有規定外」是指憲法沒有明文規定而言。憲法第一百七十四條第一款有明文規定國民大會修改憲法的特別程序，其第二款既在同條文之內且事件的性質同爲修改憲法，不再重複同條前一款的規定是省文而非闕文，怎麽可以解釋爲憲法沒有明文規定呢？退一萬步言，即以國民大會組織法第八條的規定而論，只需國民大會代表（這裏總額、全體等又發生解釋問題尚在其次）三分之一以上人數之出席即可開議，而其議決便可以出席代表過半數之同意爲之。如果這樣簡單的程序便可修改憲法的話，簡直拿修憲開玩笑，隨時隨地可以修改憲法了。憲法第一百七十四條第一款規定的嚴格程序算是多餘的了。試假定國民大會代表總額爲三千人，代表三分之一以上爲一千零一人，出席代表過半數同意爲五百零一人。這樣少而又少的人數便可修改憲法，那末所謂「修改憲法乃憲法上一個重大問題」又如何自圓其說？

㈢憲法修改不因爲由國民大會提出或由立法院提出而發生國民大會代表出席人數與決議人數的不同程序，因爲同是修改憲法，而修改憲法是一件非常重大的事。前面說過，因爲憲法第一百七十四條第一款明文規定由國民大會代表總額五分之一以上提議修改憲法時須經國民大會代表總額三分之二出席及出席代表四分之三議決方能修改憲法，所以于同條第二款不必再爲重複的規定，這是法律上的省文。不加細察的人則以爲是闕漏，以爲當時制憲的國民大會代表粗心大意忽視了這個相當嚴重的問題，因此有「其複決程序宜(?)明文規定于憲法之上」的語句而表示遺憾。但據作者的看法這正是當日制憲國民大會代表立法技術的高明處。否則每一條文其中各款都要重複前面已經有的規定，那末我們這部憲法一定會超過現有的字數若干倍。這是學過法律的人都知道的所謂省文。同條第一款規定是甲，如果同條第二款不欲與前款的規定相反便省去重複，否則便當以但書作例外的規定爲乙。這種立法例即暗示後款跟隨前款的規定不必再多費文字去重複一遍。有人對這些地方不能了解便武斷的說憲法無明文規定，想另尋捷徑找國民大會代表組織法來解釋憲法。第一、憲法是母法，國民大會組織法是子法。解釋憲法的時候只能拿母法去解釋子法，怎麽可以拿子法來作解釋母法的依據呢？其實這一點已有人明白指出：國民大會組織法第八條及同法第三條「固不得以組織法之規定而爲憲法解釋之依據也」，並說：「自憲法第一百七十四條第一款之規定之目的觀之，所以限定爲『代表總額』者，在於修憲須從愼重，不可以一時之變遷，而可左右其人數」，可見其並不是不知道修改憲法須從愼重，須經極嚴格的特別程序。但到他在後面論及憲法第一百七十四條第二款時便忘記了前面所說的話，却另外拿一些學不出半點理由的「自無解釋必需依此程序之理由」「程序無須必爲相同之理由」等話來搪塞，何前後不一致如此？第二，憲法關于本身修改的程序已有明文規定，國民大會組織法第八條在這裏便無適用的餘地。

㈣又有人說：立法院制定的憲法修正案其內容已具憲法的雛形，因此不必依特別嚴格程序便可由國民大會複決。請問什麽叫做已具憲法的雛形？所謂「已具憲法的雛形」是一個法律學名詞？還是一個政治學名詞？還是一個杜撰的名詞？怎麽知道立法院提出的憲法修正案便已具憲法的雛形，而國民大會經代表總額五分之一提議的憲法修正案便不具憲法的雛形呢？拿米煮飯時，多放水煮成的叫稀飯，少放水煮成的叫乾飯，把米湯淘掉的叫蒸飯，不把米湯淘掉的叫悶飯。不管是稀飯或乾飯，也不管是蒸飯或悶飯，同樣是可以充饑的飯，無論如何是由米加火加水煮成的，其本質一點不變。何以另外加上一個杜撰的名詞便認定「祇須有過半數代表（這是指國民大會代表組織法第八條未修改前的法定開會人數，民國四十三年修改後變爲三分之二）之出席及出席代表過半數之可決憲法之修改程序即爲完成」呢？

㈤有人又說：「關于此項複決程序，憲法既未明定應依同條第一款之規定，自無解釋必需依此程序之理由」。這種說法犯了邏輯上的錯誤。憲法第一百四十七條包括兩款。第一款以明文規定了憲法修改時國民大會集會與決議的特別程序，第二款如無與同條第一款的規定有相反的必要時便可省去不必重複前面已經有的規定。所謂「自無解釋必需依此程序之理由」一語如果改爲「自無解釋不應依此程序之理由」則尚合乎邏輯原理。因爲按邏輯的原則：凡對正面的答覆不加以解釋，不列舉理由尚可說得過去。但如對問題作反面的解釋時便非擧理由不可。如不擧理由人家怎麽知道你的反面的理由在那裏呢？所以這句話等於白說了。退一步言，即使認爲「自無解釋必需依此程序之理由」一語沒有邏輯上的毛病，那末反過來也可說：「自無解釋不必依此程序之理由」了。總不能只容許一方面，可以「自無解釋必需依此程序之理由」而不容許他一方面可以「自無解釋不必依此程序之理由」，對不對？何況既不能解釋何以「自無解釋必需依此程序之理由」的理由，便不免近乎武斷；武斷可以用之于官腔，但與討論問題或研究學術便相差很遠了。又說：由立法院擬定憲法修正案由國民大會複決，必須兩方面協同合意，始可修改憲法。這樣一來便愈說愈離題遠了。修改憲法是國民大會的職權，只有國民大會有修改憲法權，立法院只有提案權。國民大會對立法院提出的憲法修正案接受不接受完全由國民大會本身單獨決定，不受立法院的任何拘束，怎麼說得上必須兩方面協同合意？兩方協同合意是訂條約或訂契約內的事，怎麼可以混到憲法學上來談？既然必須兩方面協同合意便是表示兩方面的地位平等，彼此都有討價還價的機會，但請勿忘記立法院提出的憲法修正案是提「請」國民大會複決。國民大會由其單獨意思表示對立法院提「請」的憲法修正案既可否決，也可可決，一點無徵求立法院同意的必要，有何「兩方面協同合意」之可言？如果說兩方協同合意便已昭示愼重，那末憲法第一百七十四條第一欵規定憲法修改時由國民大會代表提議、同時又由國民大會本身表決而沒有另一方參加「協同合意」便不足以示愼重了，是不是？這樣解釋憲法不但不着邊際；而且徒然引起一些不必要的麻煩，不免畫蛇添足。國民大會與立法院在我國憲法上的地位平等嗎？平常喜歡談談五權憲法權能分開理論的人總不致於否認國民大會在我國憲法上的地位在立法院之上吧？那末「兩方面協同合意」又是什麼樣一回事呢？其次所謂「雖一爲法律規定，一爲憲法上規定，然而法意上則無不相通之處也。」這句話的意思想必是說彼此你來我往，適用于法律的也適用于憲法，才說得上「不無相通之處」。如果眞是這樣說的話，大法官便完全忘記了憲法是根本大法，憲法是法中之法。如果兩者可以相通，那末解釋法律違憲時應當以那一個爲依據呢？前面明明說過：「固不得以組織法之規定，而爲憲法解釋之依據」，何以這裏又說「在法意上不無相通之處」？豈不是把憲法也當作普通法律一樣平等看待？那末成文憲法便不免因此失掉了它爲法中之法的崇高意義了！

㈥有人又說：蓋國民大會之修憲複決權與修憲創制權程序無須必爲相同之理。這裏有兩點不妥當的地方必須指出：第一、原文對國民大會的修憲複決權與國民大會的修憲創制權既沒有說明兩者是否相同，如何能驟下結論硬說國民大會之修憲複決權與國民大會之修憲創制權程序無須必同之理。這裏與前面一樣既不列舉理由只強調無須必爲又犯了武斷的毛病，而且在邏輯上也說不通。事實上，憲法第一百七十四條第二欵所以規定立法院提出憲法修正案的嚴格程序的理由是由于立法院只不過是一個立法機關；而不是一個制憲機關。又因爲立法院在修憲的地位上在國民大會之下，故立法院的修憲提案便非經極嚴格的特別程序不可。不能因爲立法院的憲法修正案在立法院內已經過嚴格的特別程序才能提出便解釋國民大會複決這種憲法修正案時不必依憲法第一百七十四條第一欵的特別程序。第二國民大會代表總額五分之一提出的憲法修正案國民大會則以決議通過；立法院經過嚴格的特別程序提出的憲法修正案係向國民大會提「請」，故國民大會以複決加以通過。複決與議決名辭不同並不因此影響程序。不能因爲憲法第一百七十四條第一欵用決議兩字，國民大會便須經特別程序；而同條第二欵用複決兩字國民大會便只須經普通程序。這在法理上無論如何說不過去的。進一步說，何以創制權運用時的程序必須嚴格，而複決權運用時的程序反而不必嚴格，這又是什麼理由？由國民大會代表本身提出的憲法修正案國民大會必須經過嚴格程序才能議決；由另一機關提出的憲法修正案國民大會反而無須經過嚴格的程序便可複決，這又是什麼理由？是不是因爲主卑客尊的緣故？唯一可能的理由是立法院在我國憲法上的地位在國民大會之上，因此國民大會有義務接受立法院的憲法修正案。恐怕如果必經嚴格的特別程序不易獲得通過，於是只適用普通程序以便容易通過。否則所謂「具有憲法的雛形」，所謂「兩方面協同合意」等說法都是不着邊際的空話，不但不能支持自己的理論，反而顯得理屈辭窮。至于下面又提及依總統副總統選擧罷免法及由監察院向國民大會提出彈劾案有不同的規定一事也有幾點值得注意：㈠總統副總統選擧罷免法第九條與第十條第十二條既有不同之規定，可見只有在應適用不同的程序時才分別由各個條文作不同的規定。憲法第一百七十四條第一欵及第二欵不作不同的規定卽係暗示第二欵的程序應與同條第一欵的程序相同的意思。㈡彈劾案的提出與罷免案的提出兩件事的性質各不相同（大法官想不致于不懂得彈劾案之提出是因爲被彈劾人有失職違法情事，而罷免案之提出則不一定被聲請罷免人有失職違法情事），因此有不同的議決程序。（據第一屆大法官會議解釋：民意代表並非監察權行使對象。由此可知彈劾案與罷免案的性質不相同。有人已經加以解釋說：「在這場合，國民大會並不是罷免機關，而是彈劾案的審判機關，故其議決程序與罷免案的議決程序不同。」）修改憲法無論由甲提出或由乙提出，始終是一回事，這裏無適用類推解釋之餘地，因此兩者在法意上並無相通之處。㈢彈劾案及罷免案的處理在國民大會的程序如何進行憲法無明文規定，因此法律可以規定其進行的程序。憲法修改的程序憲法第一百七十四條第一欵已有明文規定，因此法律便無適用之餘地。㈣總統副總統選擧罷免法其中各條有不同的規定，是否違憲也還値得硏究。不能因其有不同的規定便類推解釋修改憲法也可以有不同的程序。何況前面已經承認「固不得以組織法之規定而爲憲法解釋之依據」，那末怎麼可以又說以總統副總統選擧罷免法之規定而爲憲法解釋的依據呢？

總之，修改憲法是一件非常嚴重的大事，歷史上的敎訓實在値得我們今天採取特別愼重的態度來處理。法國在一百五十年前的事我們不必去談，但中國在四十多年前發生過的事想必有人親身經歷過，何健忘如此？那時孫中山先生還發起過護法運動。今天卽使有修憲之必要，甚至非修憲不可也得要顧及法理問題。作者甚不贊成拿「事實上的需要」去破壞法統。一個良好的傳統須經過很長的時間才能建立起來，但要加以破壞則不過一朝一夕便行。法統一壞，其餘尙有什麼制度可言？國家又何能長治久安？作者在「自由中國」半月刊第十九卷第八期發表的「勉新任大法官」一文尙有提醒大家去重讀一遍的必要，尤其是作者引司馬溫公說的那幾句話。

社會學的幾個變遷

張天增

由於近百年諸社會學家不斷的研究和探討，社會學的知識進步得很快，自然也比從前更爲可靠了。現在我們對于社會的構造、形成和變遷已有了相當的認識。今日社會學的社會系統學說、功用學說、分析方法、社會行動學說和社會多因論等，都是由十九世紀中諸社會思想家的盡力研究而得到的。爲了能充分的明瞭今日社會學的知識，我們絕不可忽視了上一輩社會學者們的假設與研究。換言之，今日的社會學學說可說是過去社會學學說的更正和再進一步的探索。研究過去的社會學說，我們可以得到兩種益處：一、避免再犯同樣的錯誤，二、繼續他們的有用的思想和假設，再進一步的實際研究與證實。例如我們中國有句俗語「民意卽天意」，這句話人人都懂得，尤其是用起來相當動聽，但若認眞的把這句俗語研究一下，就知道在某一社會環境中是對的，在另一社會環境中就不適用了。什麽是民意？其發源與形成如何？在一個交通方便與一個交通不方便的社會中其質量是否有別？這些問題都不是那麽簡單。尤其是在今日民主的社會中，「民意卽天意」更與原來性質大不相同了。

我們若把上一世紀的社會學學說，與今日的社會學學說比較一下，不難看出種種的變遷。就我個人的意見，其中最大的變遷有四。這並不是說沒有別的變遷，不過在這裏我先提出四個主要的變遷，把牠們分析一下，以供有興趣者作個參考。我所說的四個變遷卽：一、從社會有機學說變到社會系統學說。二、從綜合討論變到分析研究。三、從極端的行爲學說變到社會行動學說。四、從單純原因論變到社會多因論。

（一）從社會有機學說變到社會系統學說

社會有機學說是把社會看作一個有生機體，主張社會就是一個有生機體。這個學說與一般的「有生機的比喻」不同。爲使人容易領會一個學說自然免不了要用些比喻，但若把這些比喻看作就是所比喻的實體，那麽就不免要出錯誤了。

烈林非而得 (P. Lilienfeld 1829–1903) 曾說社會如同一個自然的有機體，並是一個眞正的實體。社會是一個高等的有生機體。他把有生機的細胞比作社會中的個人，有生機的組識比作單純的社會人羣，有生機的器官比作複雜的社會機關，細胞間的體質比作社會的自然環境，社會中的經濟、法律和政治行動作爲有機物的生殖形態和個體，社會中貨物的轉移比作未消化的食物，征服者是男人，被征服的是女人，比作精蟲與卵子的競爭，移民好比是有生機體內的白血球。

我們要注意的是烈氏把這些比喻看作眞的了。他以爲我們能够在社會中和有機物中發現同樣的結構、器官和功能。

色服爾 (A. G. Schäffle 1831–1903) 自認其學說多來自孔德、斯賓塞和烈林非而得等人的著作。他說一個社會的構造、生命、和組織很相似有機體的相同部分。他曾說過建築和公路是社會的骨架，積聚的物品是細胞間的物體，經濟是營養，貨物和人的移動是運動器官，技術的設置是筋肉系統，標號和交通是神經的功用，礦物、殖民和宣傳就好如有機體的自身支持與生長。

色氏所舉出的這些比喻並不是什麽了不起的事，但他對于社會的觀念還有高層的研究方法。他雖然把社會當作一個有生機體，然他研究社會的現象倒用「系統」的方法。他曾說過，社會學非研究整個社會的現象如同一個整體不行，否則牠就不能供給我們一些靠得住的知識。若我們把「組織上的完體」換成「系統的整體」，那麽這個概念就太重要了。因爲「社會系統」是今日社會學上的一個基本概念。

色氏用這個概念去研究人民和團體。他認爲人民是有持久性的。他們在心理上都彼此有關，佔據某一個地區，並能够創造一種文化。他把社會包括在人民的所有物中。這個人民全體因爲互相交際和接觸，並佔有某一地區，再具有其特殊的文化形式就形成一個社會。

福野 (A. Fouillée 1838–1912) 雖然未曾入過大學，但因天資過人，又自幼好學，故成績非常優良。他先後寫了很多的文章。他以爲社會是一個非常的有機物體。因爲社會是由契約而成的個體。這個觀念在當時很爲人注意。

福氏的社會學說也是有生機學說。他所指出的在社會和有生機物中間的相同點和斯賓塞的大致相同。不過福氏又强調此二者之中還有一些根本不同處。因爲社會的統一個體是由于衆人的意志而來，人們都願意共同分擔全體的需要。假若沒有人們間的內在同意和缺乏整體的表示，那麽就不成社會了。在一個社會中間存在着不顯明的接觸，這些接觸因人們的行動才表現于外。

「整個的表示」是一個基本的意念力量。意念力量是從社會中生出來的。但牠的實際處所却在個人。這些意念力量有其本身的遺傳性，也就是說這些意念力量按着一種內在的規律而發展。社會發生意念力量，但意念力量又影響社會。在這方面好像要說文化、社會和特性的互相關係。「意念力量」是指着文化而說，「整體的表示」是指着文化特性而說，又「意念力量」是從人羣中發出(社會)。綜合起來卽是說一個社會有其特殊文化。

握木斯 (René Worms 1869–1920) 的社會有機學說是一個極端。在他的 Organism and Society 中，他曾說過社會是一個由生物而組成的自治團體，這些有生物的活動都是共同的。他指出在社會和有機物間有四個共同點：1.外形的構造是按時地而異並具有各種不同的形態。2.內在的構造也因着同化與分解而時常改變。3.部分中間有彼此分工合作的功用。4.無論社會和有機物都有生殖的能力。他也承認在社會與有機體之間有其不同處，但他以爲這些不同處並不關緊要，因此他主張研究社會學最好要用生物學的理論和方法。

實際上說起來，用有機體來比喻社會的構造與演變，並不新奇。因爲古來的先哲都嘗引用。尤其是十九世紀初葉，德國的哲學家和政治家都不斷的常用有機體的比喻。可是把這種比喻當作一種科學學說，斯賓塞要算是第一人了。斯賓塞自己也承認社會與有機物有別，又說這種比喻不過是一個研究社會的方法如同蓋房子所用的架子一樣，可是當他運用這種比喻時，他倒把架子當作眞房子了。

倘若我們把這類的學說仔細的考慮一下，他們的說法自然太過極端了，但是他們所以要主張社會有機學說的理由，無非是希望說明社會中的一切部分彼此都有相關的性質。這個概念直到巴來濤 (Vilfreds Pareto 1848–1923) 才澄清了。他說社會是一個有平衡性的系統。這個系統中的每一部分都彼此互相影響，凡一部分起了變化時，其他各部分和整個系統都要受到影響。這個概念在研究社會現象上很是重要，尤其是研究社會變遷更是少不了的工具。因此社會系統的概念，社會功用學理也有了相當的根基。

(二) 從綜合討論演變到分析研究

凡對於社會學或社會思想史稍微有研究的人們都能看出來這個趨勢。最早的社會學者如孔德和斯賓塞諸人，他們的著重點和內容都相當的大，又無所不容，幾乎包括宇宙萬象。再者他們的定理都是推論出來的。我說推論出來的並不是說他們從事實上推論出來的，而是說他們把某個定理按着邏輯的方法先設想好了，然後再去找事實。把所找到的事實，不管牠們的實際環境，而硬把牠們塡在他們已有的定理方式上。表面看起來，他們的定理好像是按着科學方法而得到的，因爲他們都是主張實驗與邏輯科學方法的主要人物。但在實際上，他們的定理却只是一些假設。例如孔德的社會和思想進展的三階段定理，斯賓塞的社會進化定理。他們二人的思想步驟大同小異。他們的思想步驟是什麼呢？第一、宇宙一切事物都是順着直線定律進行的。第二、他們二人都追求一個包括宇宙萬象的普偏定律。

孔德可說是一個綜合家。他有意構造一個定律能包括物理、生理和社會諸現象。在表面上看來，孔德確實創出一個「社會學」名詞和其步驟出來，可惜他並沒有遵守他自己所主張的。但這並不說他對于社會學絕無貢獻。他的方法雖不合科學，他的理論雖充滿着一些無根據的推論，然而在大體上他所討論的問題却值得我們的注意。我們今日的社會學中有很多的重要概念與社會分析方法，都是從他的理論中發展出來的。例如社會的構造：靜態的社會，動態的社會和社會變遷等現象。靜態社會的意思是說社會各組織團體間的互相關係和人們間的互相關係。動態社會的意思是說社會如何變遷或者已變的新社會現象。又因動態社會與他所說的社會進步有密切的關係，於是動態社會也就成了他的思想中最重要的一部分。

孔德說，社會之所以可分爲靜態與動態兩方面，不過是爲着研究的便利，故絕不可把社會分成兩類事實。其用意也不過是把實際社會現象從兩個不同的方面去看罷了。這一點是孔德的最大貢獻。關於社會變遷，說也奇怪，孔德是第一人首先把進步樂觀的概念和發展的概念分得清楚。但可惜當他論到社會變遷時，他常帶着些道德和政治的意味在內。三階段的定律在實際上只不過是一個思想發展的分析(神學、形上學和科學)，可惜孔德却把這個分析用於社會發展現象上。人們生活的現象常是順着三個階段進行(征服、抵抗、和工業)。至於社會變遷的原因，孔德以爲民族、氣候、和政治行動是主要的因素。他並沒有把這些因素加以詳細的分析與討論，然而他却指出政治行動是可爲人支配的。

斯賓塞是一位社會進化論的學者。他曾經表示過社會團體是一個特別的秩序或組織。他也曾用有機物體來講解社會現象。社會常因着要生存而與其他社會和環境來競爭。因爲社會間的彼此競爭，於是社會才產生各種不同的和特殊的機構。斯賓塞把社會制度分成三種主要典型：一是支持制度(婚姻和氏族)，二是分配制度（經濟制度），三是管理制度（宗教和政治）。社會的構造好像一個平衡的系統。這個系統之所以能保持不亂，也正是因爲那些不同的制度互相作用而成的。可是社會系統的概念直到巴來濤時才澄清了。

再者斯賓塞因受了達爾文進化論的影響，他就倡言社會由競爭而生存，並且社會是順着直線式的定律而往前進行。社會之可以退化倒不爲他所注意。他的論調是十分樂觀的。他希望有一日社會能够自己演進到一個完善的境界。因此斯賓塞也犯了不科學的毛病。

說到這裏，我們可以看出孔德和斯賓塞二人的理論，在大體上來說，供給了我們不少的應研究的現象。至於現象的本身他們都未曾深切的研究。在他們以後的諸學者有見於此，於是他們就盡力的研究社會各部分的現象，而不做大規模的計劃，更沒有希望發現什麼普遍定律的野心。這個趨勢在一些學者的研究著作中很容易看到。我們這裏可以擧幾個例子。

列普來 (F. Le Play 1806–1882) 可說是社會學者中最先的一位去研究社會的實際情形。他研究的對象是家庭。他所用的方法是每一個學社會學的人都應當知道的。他同意孔德的看法，把家庭當作社會最基本的單位。但他要更進一步的研究家庭的現象，他把家庭的支出與收入做爲家庭生活程度的表示。換言之，即是說，家庭的生活程度可以在支出與收入的數字上表示出來。再者家庭需要工作才能支持，工作又要受地理環境的支配，於是列普來也就集中研究地理環境、工作和家庭諸現象。

龔普洛維茲 (L. Gumolowicz 1838–1906) 的社羣研究又是一例。他雖沒有把社羣來一個系統的分析或分類，然而他却把社羣分作兩個典型：一是簡單的社羣(這些社羣的組織是根據血統關係和共同文化而成立的)。二是集合社羣(如國家)。在這兩種社羣中他特別注意到衝突的現象，但是他並沒有忽視了適應、同化和內在的分化諸社會現象。換言之，這些社會現象也就是社羣的動力學。

拉曾豪凡 (G. Ratzenhofer 1842-1904) 並不像龔普洛維茲的那樣注意社羣衝突與征服。他却注意到利益調和的社會功用。拉曾豪凡看到在社羣的過程中，個人的利益往往屈服於社會的公共利益。這個觀念自然並不太新奇，因爲亞利斯多得和多瑪斯都曾談到這個問題。拉曾豪凡認爲社會是一個獨立的構造。故此他就盡力的研究社會過程中的主要成分。拉曾豪凡把利益看作社會的動力。同時他又把利益看作是個人生理的要求。因此拉曾豪凡的出發點是社羣中的個人，然龔普洛維茲的出發點却是社羣的本身。後來斯莫爾就用拉曾豪凡的論點去研究社會的過程。

從上面所說的，我們可以看出來社會學的內容漸漸的縮小了。都集中在社會過程本身上和社會過程的諸因素，還有社羣間互相的關係。但這些論題還是免不了太廣泛也太複雜，於是有幾位學者就注意到使用典型的分析方法去整理與研究社羣現象，比方陶尼斯 (F. Toennies 1855-1936) 的 Gemeinschaft 和 Gesellschaft，德爾汗 (E. Durkheins 1858-1917) 的 Mechanical 和 Organic 社會現象。今日的都市社會學和鄉村社會學、工業社會學和農業社會學都是從典型分析方法脫變出來的。還有枯里 (C. Cooley 1864-1917) 的 Primary Group 和 Secondary Group 的分析方法。再進一步而有「人格」和「社會行動學」之建立，都注意到「人格」的形成，社會價值的來源與功能，和「社會角色」的重要性。於是社會行動學理也就成了今日社會學的基本出發點。換言之，社會系統、文化系統和人格系統都以社會行動爲基礎。於是社會、文化和個人間的互相關係也比以前的討論更爲淸楚而容易研究了。

(三) 從極端的社會行爲學說到社會行動學說

極端的社會行爲學說是受了自然科學方法的影響。上一代的社會學者有很多都以爲社會學也當按着自然科學的方法去研究社會現象。因爲他們的假設是只有從實驗與觀察而得到的知識才是可靠的。那麼，人們的心理現象既然不可實驗與觀察，所以我們可以不去管牠。他們把社會現象和自然界現象同歸一類。這個極端的社會行爲學說雖曾爲幾位學者所重視，但因社會學的知識日增，大多數的社會學家覺得有很多的社會問題都不能够用極端的社會行爲的方法去解釋的。例如人們的動作都是有意義的，人是有意志的動物。人們的動作並不像自然界的行爲。對于自然界的行爲我們不能知道牠們內在的意義，我們祇知道這些行爲是按着一定的規律而動作。然而人們的行動則不然，我們能知道他們「爲什麼」要如此動作。他們有選擇的力量。社會行動常是因着挑選或估價所致成。假若人們的生活都是按着自然規律而行動，那麼人的意志、社會價值和、互相預料等現象就講不通了。因爲我們不能光閉着眼睛武斷的說這些社會現象都不存在。比方我之所以要學社會學，是因爲我認爲它是一門專門的知識和有一定的價值，不然的話我可作別的事情。並不是按着什麼自然的規律我非學社會學不可。按着極端社會行爲學說就不能講解了。色烈 (M. Scheler) 說的很對，人是唯一能說「不」的動物。換言之，就是說人是有意志的動物。

極端的社會行爲學說在今日雖失去了重要性。但我們却不能否認牠對于社會學的方法(社會行爲的調查和計算)所有的貢獻。要知道社會統計學只能供給我們一些對于社會現象的情況，或引起我們的注意，而不能給我們內在的原因。比方說由統計方法我們可能知道今日少年犯罪數字的上升，並覺得是一個十分嚴重的社會問題，然而統計方法却不能向我們解釋爲什麼這個現象却要發生在今日。

社會行爲固然很重要，但是人們的行爲都是有意義的，所以社會價值、社會角色、互相期待和願望，以及爲達到目的所用的方法都要一樣的看重才可。這幾點也就是今日社會行動學說的主要內容。

(四) 從單純因果論到社會多因論

單純因果論者中最著名的一位要算是馬克斯了。他的學說是相當簡單的。即凡一切社會文化的現象都是跟着經濟生產的方式而改變。那麼一切社會文化現象的基本原因也就是經濟生產的方式。只要稍微讀一點今日的人類學的著述，就不難看出馬克斯的學說是無事實的根據了。尤其是由韋伯 (M. Weber) 的實際研究所得的結論，證實了至少人們的思想是推動經濟生產方法的一個主要動力。莫爾根 (L. H. Morgan 1818-1881) 受了馬克斯的影響，他以爲社會進化是由于實用技術的推動。費伯崙 (T. Veblen 1857-1881) 也是這一派的人。

科斯德 (A. Coste 1842-1901) 的主張是，促使社會發展的原因是人口的稠密。按着科斯德的意見，社會的發展有五個階段，鄉村、都市、大都市、首都、和聯邦的首都。在這五個階段中因着人口密度的不同，於是政府、經濟生產、財產制度和各種不同的社會組織也因之而有別。然而他覺得宗教、哲學、文學和美術却不在他所研究之範圍內。因爲他以爲文化問題並不屬于社會學的範疇。他又明言社會的組織並不受這些思想的影響。

基德 (B. Kidd 1858-1916) 是一位宗教進化論的學者，他主張宗教是社會進化的原動力。他說理性並不是社會進化的原動力，因爲理性只能使人更注意個體，甚致相反社羣。然而社會進化是一種有羣衆性的，並能使人團結。宗教擁有超本性的制裁，有培養人們爲人犧牲的力量。只有宗教才可能統一人類和社會。宗教並能保衞文化抵禦摧殘文明的惡力。他曾說回顧基督教在創始的幾個世紀中，只因着宗教的力量社會才免於整個的破壞。中世紀末葉的社會情形也是因爲宗教的力量才能有那麼偉大的成就。日後的政治經濟的自由不也是因爲反教的力量而發生的嗎？這不是完全證明宗教是社會進步的唯一力量嗎？今日的湯因比也是這一派的學者。

革比諾（A. Gobineau 1816-1882）是一位主張種族決定論者。他這個學說是從他所要答應一個問題的結論中發展出來的。問題是「爲什麼國家會敗壞呢」。他很武斷的說，宗教的熱狂、宗教的衰敗、奢華、淫佚、腐敗和暴虐都不能講解社會的瓦解。因爲有許多國家雖然有這種現象，但仍能繼續存在，故其眞正的原因乃是種族的混合。他以爲種族的現象支配着歷史上的一切主要問題。

種族的好壞才可能講解社會的興敗，唯有高等的種族才能使其社會進步。因此他就很武斷的說一切高等文化都是屬于雅利安種族。換言之也就是白種人。他認爲種族的純潔在性質上高于混合的種族。文化的敗壞是種族混合的結果。

革比諾不但犯了人類學上的一個大錯誤，因爲就種族而言，本無性質的高下，人們的內在能力絕不能由種族而決定。還犯了一個社會學上的大錯誤。因爲種族混合或者文化交流往往形成一個更較豐富的文化。他所犯的錯誤，一則因爲當時缺乏正確的人類學知識，二則因爲響應法國人們的自傲心理，所以當時他的學說並不爲人所責難。可是這個種族優秀的觀念後來傳到德國，就變成了納粹主義的信條。到十九世紀末年和廿世紀初葉傳到美國，美國限制移民的法案也是受了這個觀念的影響。

巴克爾（H.T. Buckle 1821-1862）是一位主張地理決定論者。本來巴克爾的理論是社會歷史的過程是由于外在的現象影響人心，同時人心也影響外在的現象。可惜他祇討論了第一部分。按着他的意見，文化的進展是靠着勞心階級的興起。勞心階級的興起又要靠着生產過於消費的剩餘現象。那麼剩餘的現象要看氣候、土壤、和食物諸因素的關係而定。在人類最初的時候，食物的剩餘一方面是靠着人們的力量和勞力的秩序，另一方面是靠着自然的富源。勞力的好壞要看氣候而決定。因爲溫帶的氣候使人強而有力，熱帶氣候使人精神不振，冷帶氣候使人們的習慣不調和。故氣候是勞力好壞的原因。但勞力的生產量又要靠着土壤的肥沃。

巴克爾相信地理的影響人生在原始人時代是最大的，可是因着文化的進步，地理的影響人生也漸漸的縮小了。巴克爾的理論雖不健全，但却受當時學者們的歡迎。今日我們由研究的事實已證明地理只能限制社會文化的發展而不能決定社會文化的發展。

由此，我們可以看出來他們的共同缺點是太注重某一個因素，而忽略了其他諸因素。因爲社會現象是一個非常複雜的現象，我們非顧及到各種因素的互相作用，絕不能發現社會現象的眞面目。這也就是我們今日社會學上所說的社會多因論。

四七、十一、於紐約。

修訂國民學校課程標準問題商榷

趙英若

十月三日中央日報載稱：「修正國民學校課程標準問題，教育部曾邀集專家、教授，舉行座談會，交換意見，現此項意見已由教育部國民教育司整理完畢，將提請梅部長作最後決定」云云。筆者認爲課程標準之修訂，宜採取十分審愼之態度，其所用之方法，宜力求科學化，力求客觀，力避主觀，宜以較長時間的有計劃實驗與緻密的調查作爲客觀的事實根據。溯自民國十七年以來，關於此項課程標準之修訂與頒布，不下五六次矣。若干年來爲識者所詬病者，在於國民教育方面之教材、教法、以及教育者之精神問題，其癥結實不在於課程標準本身方面也。筆者對於此一問題，願就管見所及，略爲論列。玆先就此項標準的產生說起。

一　國民學校課程標準的產生與修訂

㈠暫行標準公布時期：我國自民十八年起始有國民學校課程標準的頒行。先自十七年十月起，由教育部聘請專家，組織「中小學課程標準起草委員會」，從事課程標準的起草工作。經過整理、審查、修正之後，到十八年八月，草案整理完成，由教育部通令頒行，稱爲「小學課程暫行標準」。同時教育部又通令各省市教育廳局，組織研究會，並指定學校，就「小學暫行課程標準」，從事研究試驗工作。

②第一次標準公布時期：經過上述各教育主管機關（僅有浙江、江蘇、廣東、熱河等省教育廳，及南京市、上海市等少數機關）與學校方面研究試驗的結果，提出意見。經將各方對於「暫行標準」的意見，整理完成之後，到二十一年十月，正式公布，稱爲「小學課程標準」，取代了前此的「暫行標準」。此爲我國初等教育有正式課程標準之始。

㈢第二次標準公布時期：第一次的標準公布之後，經過三年，到二十五年，各方面又有請求修改小學課程標準的聲浪。教育部乃編列問題，分發各地小學教育研究會研究。後來彙集研究報告，又邀集小學教育專家，討論修訂的辦法。二十五年六月，修訂完成，七月公布施行。

㈣第三次標準公布時期：第二次的標準公布之後，經過四年多的施行，這時正值對日抗戰，各地方國民教育已經實施，各方面認爲課程標準又有修訂的必要。因此，在三十年的四月間，教育部又召集了小學教育專家，集議商討修訂小學課程標準的辦法，並分聘部內外人員爲修訂小學課程標準委員會委員，分別修訂各科標準。這一次的修訂工作，從三十年四月開始，到三十一年十月全部公布。

㈤第四次標準公布時期：三十四年八月，日本戰敗投降後，教育部以三十一年修訂施行的標準，偏重抗戰時期的一般設施，爲求適應勝利以後的建設需要起見，提議重行修訂。此次修訂工作，自三十四年九月間開始於重慶陪都，三十五年復員還都南京後，繼續進行，到三十七年九月，修訂完成，公布施行。此項修訂，係由專家及富有經驗之實際從事教育工作人員，分任其事。

㈥第五次標準公布時期：上述第四次標準公布之後，共匪作亂，大陸各省相繼淪陷，我政府遷來臺灣，此項課程標準，只能在本省一地施行。後來一部分人士又認爲其中國語、社會兩科課程標準，還不能和當前「反共抗俄」的國策相配合，教育部復於四十一年十月，邀集國民教育專家，及實際從事國民教育工作人員，商討修訂。到四十一年十一月，國語社會兩科課程標準，修訂完畢，公布施行。其他各科課程標準，則仍沿用三十七年九月修正公布者。經這一次修訂之後，改稱「國民學校課程標準」。此因根據法令，我國初等教育機關，已由小學校而改爲國民學校也。

以上爲國民學校課程標準的產生和修訂工作的大概情形。計自十七年至四十一年，前後二十四年間，連暫行標準在內，公布了六次的課程標準。平均適爲每隔四年公布一次，亦卽每隔四年修訂一次。其中歷時最長的，爲第四次的修訂工作，計先後歷三年，包括還都復員的一段時期在內。歷時最短的，爲第五次的修訂工作，修訂之科目計兩科，時間僅匆匆一個月。

若以修訂的方法與步驟言，其中稍由實驗調查等客觀的方法進行者，勉強只有兩次，其餘四次的修訂工作，率皆付諸專家、權威之流之手，客觀的價値甚少，主觀的意味極其濃厚。

二　課程標準與課程不同

一般的觀念，以爲課程標準就是一種課程，可以之爲教材，可據之以編爲教科書。其實不然，課程標準並非就是課程。在三十七年九月公布的小學課程標準中，始把課程標準與課程兩個觀念分開來。大概的說，課程是學校課業的進程，是依年級時令等把教材要目以及教學的注意事項等等詳細編列成的。課程標準只是課程的標準，並非卽是課程。這等於尺只是用來量衣服的度，並非衣服。所以這一次修訂的課程標準，是富有彈性的。其中規定：各省市地方教育主管機關，應根據該項課程標準，分別編訂適用各該地方之課程，使全國南、中、北各部，甚至邊疆地方，海外僑校等，都可按照該項標準，分別編訂各自適用的課程，各自施用。

三　適當的課程是最重要的

前既言之，課程標準乃是課程的標準，並非即是課程。三年一修，五年一改，若無客觀的實驗基礎，仍將無補於實際。吾人應在課程本身，即教材方面多加研究，多下工夫，才是當務之急。

或曰，課程須適合時代，今日爲「反共抗俄」時代，自應修訂課程標準，以適合此時代之需求。實則「反共抗俄」等教材，可不必訂入國民學校（中學則可）的課程標準之中，只須編作補充教材，以培養兒童「反共抗俄」之意識足矣，不必佔去小學生太多之基本學習時間也。筆者認爲國民學校之教育爲國民基礎教育，其標準之修訂，不可輕率從事，更不可以修訂課程標準一事來標榜其業務功績。似乎以爲修訂一次課程標準，就算做了一件重大工作，對於課程亦即教材本身的問題，反視若無睹。過去政府機關的通病之一，每致力於法規、條例、章則等類的制訂，一旦制訂完成，便算了事，其後如何認眞實施、推行，常忽而不問。這是最要不得的。

一般教育工作人員，與學生家長們，在學校教學或家庭作業上遇到了某種困難，即批評教科書編得不好，又轉而怪到課程標準的不合理想，不管教科書與課程標準確都有問題存在。但這些想法，也一樣是籠統不加分析而沒有實驗與統計根據的。不過目前國民學校教科書的編得未能盡善，確是事實。

吾人既主張課程標準不宜輕率修訂，並且認爲課程即教材本身的編制工作，比課程標準的修訂工作更爲重要，則對於現行國民學校教科書的批評討論，自屬必要。筆者無意於遽作現行國民學校教科書的評斷，但願就其編撰與使用方面，提供兩點原則上的意見。

㈠關於教科書的編撰方面：現在國民學校最新的教科書，即爲國立編譯館新編而取代舊教科書的暫用本。這新編暫用本的性質是一種國定本，以其由國立編譯館主編並經教育部核定者也。據筆者所知，此項暫用本稿件之編撰，採取由一人編撰辦法，而經由審查核定者。姑置其本身之有無缺點（事實證明常有缺點經人發現而提出修正者）不論，即就其所採方法之原則言，宜就一人編撰之辦法，加以擴充而爲由多人撰稿，再由多人審查，其人數至少三人，多則五人、七人，甚至七人以上，亦無不可。採取集體撰稿，集體整理，集體審查之辦法，如此可增多商討之機會。集體之後，不妨再行分散斟酌，分散之後，再行集體整理，作爲初稿。初稿確定之後，再印刷多份，廣徵對於各該科目有實際研究或富有經驗之教育者之意見。如此總可較爲完善些，庶免由一人編撰者閉門造車、孤陋寡聞之弊。例如過去兩年間由國立編譯館主編之國民學校常識課本四冊，本已先後編成，並已經教育部核定後，即供全省各國民學校應用矣。經應用兩年之結果，各方對於此項課本表示不滿之意見，紛至沓來。所指缺點，或由於其本質上之錯誤或不恰當者，或由於其形式與內容上之不合兒童心理者。此項由國立編譯館主編，並經教育部（張其昀任內）核定之國民學校常識新課本第一、二、三、四四冊，終於被迫重編，其重編之第一冊，又於本學年度第一學期印發各校應用矣，是否已臻完善，不得而知。此種新課本被迫重編之事，固未必由於主編機關之無人材，或教育部方面之失察，或由於兩方面之草率從事，以致浪費人力與公帑，但至少則由於編撰與審定等方法之不合科學原則也。

㈡關於教科書之使用方面：目前由國立編譯館主編之國民學校新課本，係以「暫用本」的姿態出現。既曰「暫用本」，自應有暫用的限度。於暫用期間，更應作有計劃的嚴肅的實驗，再用科學方法，經由測驗統計等客觀的步驟，製成報告，作爲修訂改善的事實根據，俾臻完備。但此項新課本，自四十二年開始編印以來，除僅僅在各該課本之「編輯要旨」中提及：「本書奉教育部核准爲暫用本，先行試敎，如有未妥善處，希望各校教師隨時提供意見，以作修訂時之參考」等語外，却並未指定學校，從事某種條件的實驗，更未聞有向各方廣徵意見之舉。此種辦法，苟非出於自滿，亦足顯示其不合科學原則也。

四　對於幾種課程的意見

筆者主張課程標準不宜草率修訂，目前但求國民學校採作教材之國定本教科書（一種實際的課程）能編得完善些，以切合客觀的需要。如其必欲修訂，則下列數點，可注意及之。

㈠公民訓練方面：現行公民訓練標準中的訓練規條，自第一學年至第六學年，計共二百六十二條，其中低年級部分八十八條，中年級部分七十九條，高年級部分九十五條，平均每一學年四十三條，每星期約一條有餘，不妨力求減少，以期切合實際而增加其訓練之效果。

㈡常識課程方面：自國民學校第三學年起，宜把常識科目中之社會自然兩項分開來，分立課程，俾便分開教學。即將自然科方面之課程，自第三學年起至第六學年，連成一貫，使科學教育植根於幼年時期，以適應時代精神，而符合重視科學教育之旨。同時將社會科方面之課程，亦自第三學年至第六學年連成一貫，以加强該科之學習效果。

㈢國語課程方面：國語課程中的作文教學，雖已規定自第二學年起，但並未規定每週的次數，以致各校對於作文的教學，多未盡其能事。此應明白規定：第二、三、四三個學年中，每週須有作文練習兩次，第五、六兩學年，每週至少須有作文練習一次，以期增進國校學生的語文程度。筆者認爲目前學校中的語文教學頗有問題，否則，何以經過小學六年，中學六年，各佔每週教學時數最多的本國語文程度，其在小學畢業者，固未必能粗通文字，即畢業於中學而文理淸通者，亦並不太多。此無他，乃由於教材教法之未盡得宜也。

以上數點，爲筆者一人之見，如確有客觀的需要，則即使不改課程標準，亦可以命令規定之也。

五　美國的課程研究及其趨勢

美國在一九一〇年以前的課程研究工作，多半操自高等學校、私立學校校長、各科專家、及一般名流學者之手。他們所用的方法，是主觀的，不是客觀的；是籠統的，不是分析的。到了一九一〇年以後，課程的研究始逐漸趨向科學化方面。其時測驗運動和學務調査運動等一般科學上的實驗方法，漸爲教育者所採用，因而立定了科學的實驗的課程之基礎。

一九一一年美國成立一新的「課程研究委員會」，其研究方法精密而有系統，範圍擴充，就各方面去觀察研究。該會自成立起至結束止，經過八年的時間，編成報告四巨冊。第一次報告於一九一五年出版，內容略爲幾個應該達到的標準，初等教育方面之時間經濟的實驗，以及各市學校的課目、時間、學級等的分析研究等。第二次報告於一九一七年出版，內容進一步討論「什麼是應該教的」。第三次報告於一九一八年出版，其內容更進步了，研究的步驟更趨向於客觀方面了。其中所討論的，大部分仍然是關於「什麼知識和技能是應該教的」。到了一九一九年，第四次報告刋行，該委員會的研究成績，已進入一新時代，對於課程分析之精，可說無以復加。報告曾用綜合法將各種學習的實驗成績作總結。同時更介紹關於讀書、寫字、算術、圖畫和樂歌一類的教學方法，也都是從實際研究得來的。

美國的課程研究，自一九一〇年後始趨向於科學化和分工化方面。各家所研究的對象和問題雖有不同，然皆不外從客觀方面選取材料，憑事實以下結論，與前此之向壁虛造者迥不相同。就他們對於課程的主張言，可分爲兩派：一派爲保守派；主張保存過去文化，根據舊課程而徐圖改造。一派爲革新派，主張從現代生活中去發現新需要、新材料，以創造新課程。他們一方注重研究社會，同時也注重研究兒童。因此，他們的步驟是：①研究富有社會價值的事物和技能，一切材料都要以社會標準來衡量。凡對於社會有利者取之，否則舍去。②研究瞭解現實生活必需的基本觀念、共同信條、以及組織問題（這裏包括所有社會的、職業的、理智的、藝術的等在內，對於全部課程關係至切）等。③研究各年級適用的教材。許多科學的實驗，關於各年各級適用的材料，可得到很多的成績。這便是編制課程時最重要的根據。④研究兒童的錯誤，困難所在，及他項學習問題，這是心理學發達的自然結果。以上①②兩項是傾向於社會中心的，③④兩項是傾向於兒童本位的。

到了今日，美國小學的課程，分爲三種類型，卽科學中心、兒童中心、及社會中心三種課程。故各級學校，並無劃一的課程，更無課程標準的規定。惟通常的課程內容，多包含讀、寫、算、史地、科學、美術、工藝、家事、體育等。各校所設課程，多爲共同必修者，與中學課程之選修科目多於必修科目者不同。今日美國小學的課程，已越來越富於彈性，若干小學在課程進度方面，採取極富彈性的時間分配制。課程內容已予重新組織，相關的敎材與活動，已予統整融會，例如史地、公民、經濟之統整爲社會科是也。（本節據學人出版社版呂俊甫著「美國教育新論」第八五頁）

六　結論

關於國民學校課程標準的修訂，不可草率從事，須知課程標準，並非卽是課程。目前迫切需要的，乃是適當的課程，良好的敎材，以及良好的教學法與教育者之修養。如果必欲修訂，則前述美國的課程研究方法可資借鑑，卽其方法必須是科學的、實驗的、客觀的；而不是主觀的、籠統的、沒有實驗根據的。尤須注意者爲社會中心教育問題。目前社會中心教育的聲浪極高，但今日美國小學的課程，除了社會中心的類型外，同時與此並行的，尙有學科中心與兒童中心兩種類型。這一點也是極關重要的。

四十七年十一月二十日

大學生活三月號第四卷第十一期目錄

每月一日出版每冊　港幣五角　新臺幣三元

祖國周刊

第三二二號要目

民國四十八年三月九日出版

新加坡通訊・四十七年十一月十二日

中共對東南亞及當地華僑的陰謀

葛偕吾

一　東南亞一瞥

東南亞俗稱南洋，乃指南海及其附近諸地而言。東南亞的範圍，有廣義的和狹義的分別；廣義的東南亞，是包括大洋洲在內；狹義的東南亞，則僅以中南島，包括向東伸展的馬來半島，與東印度羣島，以及菲律濱羣島為其範圍。本文所稱的東南亞，卽本於狹義的範圍。

今日東南亞地區範圍內的國家，包括在馬來半島已獨立一年的馬來亞，及實行自治的星加坡，在東印度羣島的印度尼西亞(簡稱印尼)；在中南半島的越南、高棉（今稱柬埔塞）、老撾（今稱寮國）、緬甸及泰國；在菲律濱羣島的菲律濱等國，以及英屬的北婆羅洲，與葡屬的帝汶等殖民地。

在上列的國家中，有與我同立於反共陣線的友邦菲律濱、泰國、和越南；有與我未建邦交而立場非共的國家馬來亞、星加坡、和寮國；有親共與中共有邦交的國家印尼、緬甸、柬埔塞、和北越共產政權。至於英屬的北婆羅洲，及葡屬帝汶，則隨其宗主國的意向，分別立于非共及反共的地位。這些國家，無論其為反共、非共、或親共，其民族大多落後，政治大多脆弱，國防組織大多尚乏基礎，人民大都呈現窮困，乃是共產赤化的良好地區；加以東南亞地區，形勢險要，而物產豐富，於是遂成為共產國際侵略集團的侵略目標。

二　中共侵略箭頭指向東南亞

中共的作風，一向師承俄帝；其向外擴張的途徑，亦唯俄帝的馬首是瞻，亦步亦趨。為配合俄帝的北讓(卽對北方稍讓一步)、南進的政策，中共對東南亞各國的滲透顛覆工作，很早就不斷在積極進行。日內瓦「四國會議」中，俄帝聲明不能討論共黨問題，這等於說共黨滲透顛覆陰謀的進行不能停止；而東南亞在共產侵略集團的日程表上，是必要得到的。因為，第一、東南亞各地生產大宗的樹膠、米、錫鑛、椰油、木材、煤油等重要物資，都是共產侵略集團最需要的戰略物資。第二、東南亞各國現有的抵抗力比較薄弱，雖然有東南亞公約組織的軍事聯合防衞；但各國內部已或先或後給共黨滲透得很深，俄帝與共匪，自然不肯輕易放手，讓已將到口的肥肉，跌落於民主國家手裏。

但是，俄帝與共匪的最高戰略原則，是不打沒有把握的仗；在目前國際情況之下，或將設法避免大規模的軍事戰爭；而盡量加强行奸用詐的政治戰爭。東南亞有千百萬的華僑，分布於各行業，散居于各城市鄉村，在政治戰爭中，具有偉大的潛力，憑他們多年的交遊，與廣泛的接觸，要選擧可以大事拉票；要籌欵可以集腋成裘；要造謠可以東傳西播；要暴動可以血流遍地。中共是最機詐的，也是最會取巧的，他們認識了華僑力量的宏大，所以在政治戰的場合中，極力注意爭取華僑。

東南亞各國，不論是在政治上、軍事上、經濟上、以及社會上，都較歐美先進國家落後；新興的國家，又大都忙於內政；自尊心過大，目光甚短，不能高瞻遠矚；相互之間，又缺乏同情和瞭解。這些因素，都正是共產集團求之不得的機會。中共針對這一點，一面以武力威嚇，脅迫弱小國家就範；一面以親善姿態，籠絡各非共國家「中立」。這種毒辣政策，迫得東南亞各國，除了菲律濱完全追隨美國外，其餘都或多或少受其影響。中共匪幫利用歐美人民的厭戰心理，和各小國的倖存心理，以「和平共存五原則」，倡議「和平共存」，提倡「中立主義」，迎合東南亞各國的獨立心理，藉此以孤立美國，切斷自由中國與東南亞地區華僑的關係。

數年以來，俄帝共匪在東南亞地區利用民族政治糾紛，及經濟落後困難，所進行的分化與挑撥，已獲得相當效果；今後俄匪在東南亞地區投入的經濟作戰實力，卽使不會大量增加，但過去所投下的經濟資本所形成的潛力，將逐漸發生作用，變為顚覆資本。

政治戰和經濟戰，中共匪幫的箭頭，都指向東南亞，而且是雙管齊下，獲得相當成果。加上東南亞地區千萬華僑的人力、財力、物力，是筆宏厚的大資本；這筆大資本，中共如能爭取到手，則對東南亞侵略陰謀的進行，可以事半而功倍，且可以達成孤立自由中國的陰謀。所以中共對於旅居東南亞華僑之爭取，是費盡心力，用盡技巧，不擇手段，無所不用其極。但由於東南亞大部份華僑尚能够認清順逆，明辨是非，所以中共的陰謀，尚未能全部實現。

三　東南亞華僑的分佈及其特質

華僑流寓東南亞，源遠流長，足跡遍城鄉，人口之衆，分佈之廣，擧世無可匹擬。且因身居異域，一切客觀環境不同，故其所具的特點亦多。

㈠華僑人口的比較：世界的華僑人口，據估計約有一千四百十餘萬，大多數聚居南北緯零至二十度以內，緯度愈高的地方，則人數漸少。亞洲的華僑約計一千三百七十八萬人，約佔華僑總人數百分之九七・三二；而亞洲方面，又以東南亞卽南洋地區為最多，其中泰國居其首，馬來亞聯邦次之，印度尼西亞又次之，星加坡、越南再次之。華僑所以密集東南亞的主要原因，因東南亞各地位於東半球南北緯零至二十度之間，接近我國沿海一帶，水陸交通往返便利；物產豐腴，氣候溫暖，生活適宜的關係。

世界華僑人數，據民國四十五年三月底的統計，爲一千四百一十五萬九千零五十五人；若全世界人口總數爲二十六億二千萬人（一九五五年聯合國統計年鑑，世界人口統計數字）則華僑人口約佔全世界人口百分之〇・五四；易言之，卽全世界人口每千人中，有華僑五人至六人。又根據四十四年中華民國年鑑人口統計，我國全國人口總數爲四億六千七百六十萬七千四百八十五人，則華僑人口約占我國全國人口總數百分之三・〇三；易言之，卽我國人口每千人當中，有華僑三十人。以性別論，則華僑男多於女，以籍貫論，則福建、廣東二省居其最大多數。以職業論，則以從事于工商事業者爲最多，從事于農礦事業者次之，從事於自由職業及其他職業者又次之。

㈡東南亞華僑的分佈：今日華僑人數最多的地區，厥爲東南亞各地；但基于國籍問題所處立場之不同，各地華僑的數字，彼此的統計都有很大的差異。我國國籍法以血統主義爲基礎，在外華僑雖因出生於居留地，或因同化而取得居留國的國籍，在未依國籍法放棄國籍以前，仍視爲我國國民。而現在東南亞各國的國籍法，除星馬默認雙重國籍外，其餘大部採取屬地主義。因此，僑居地官方的統計數字，與我國僑務機關的統計數字，相差甚大。如泰國官方估計華僑人數，只有五十二萬四千零六十二人（一九五一年南洋年鑑），但我國截至民國四十五年三月底的估計，却有三百六十九萬人。越南官方估計南圻、中圻、北圻的華僑人數，只有七十二萬一千九百八十九人（一九五三年越南統計年鑑），而我國四十五年三月底的估計則約有一百萬人。其他地區，類此情形者甚多。我們現在研究南洋地區華僑的分佈狀況，是依據僑務委員會民國四十五年三月底彙編的資料。茲列表如次：

南洋華僑人口分佈

僑居地 中文	僑居地 英文	人數 合計	備考
馬來亞	Malaya	二、三八六、八八三	
星加坡	Singapore	九二六、四四三	
聖誕島	Christmas Island	一、五三八	
印度尼西亞	Indonesia	二、〇〇〇、〇〇〇	
菲律賓	Philipine	三八、八一七	
泰國	Thailand	三、六九〇、〇〇〇	
越南	Viet-Nam	一、〇〇〇、〇〇〇	
東埔寨	Cambodia	二一七、九二八	
寮國	Laos	三、一七五	
緬甸	Burma	三六〇、〇〇〇	
北婆羅	North Borneo	八二、五九一	英屬
文萊	Brunei	八、三一三	英屬
砂勞越	Sarawak	一八〇、〇五一	英屬
荷屬帝汶	Timor	四、〇〇〇	
總計		一〇、八九九、七三九	

觀上表所列，東南亞地區華僑人口，計有一千零八十九萬九千七百三十九人，佔全世界華僑總數百分之七六・九八，佔亞洲華僑總人數百分之七九・〇九，足見東南亞地區華僑事務的重要。談海外工作而忽略東南亞地區，眞所謂捨本而逐末；談海外僑務工作而不放重點於東南亞各地，必難收理想的效果。

㈢東南亞華僑的特質：

1.僑胞在東南亞，寄人籬下，因受居留地政府不平等的待遇與歧視，其愛國熱情與民族意識特別强。

2.僑胞多係爲生存而居留東南亞，不依賴國家的經濟、政治、或軍事力量爲後盾，而能於異國創事業，故多具有冒險、創造、刻苦、耐勞的精神。

3.東南亞僑胞，對鄕里宗族觀念，極爲濃厚，其分佈地區，多因籍貫及氏族而集中；僑團的組織，亦以會館及宗親會爲最多，具有潛在力量。

4.東南亞華僑的職業，多屬固定，且多爲世代相傳，多年累積而來，多數在經濟上、社會上，具有深厚力量；若干地區的華僑，且對當地政治具有影響力。

5.東南亞若干地區，限制新客入境，婦女入境，尤屬困難，若干青年僑胞不得不與外人結婚；其所生子女，血統漸雜，多具有雙重國籍。

東南亞華僑，身居海外，平日對國事，甚少聞問，而其對祖國盛衰的關切，却是無微不至；益以他們本性純潔，對國家向無苛求，其依違取捨，較易引起國際間之重視。所以中共匪黨自始至終，卽處心積慮，用盡奸謀，以誘騙東南亞華僑的歸附。

四　中共怎樣爭取華僑

中共深知東南亞華僑的人力、財力、物力，具有可資利用的價値；且深知東南亞華僑世代相傳，與當地各方面的關係，甚爲密切，可利用以之作爲對東南亞各地滲透、顚覆活動的工具。因此，除採用「欲取姑予」的手段，實施㈠保護僑滙政策，加强吸收僑滙；㈡對華僑投資事業採取優惠政策，誘騙華僑向大陸投資；及㈢照顧歸僑、僑眷的利益，擴大爭取華僑歸向以外，並在東南亞各地，對當地華僑進行下列陰謀：

㈠中共的新殖民地主義，目標是在東南亞；爲要擴大力量，達到顚覆目的，有一套破壞當地政府與華僑感情的陰謀。這個陰謀，就是利用各地排斥華僑的運動，以籠絡當地華僑。其法約言之如下：

1.促使當地共黨及其工具，策動當地政府與人民排斥華僑，或大或小，或久或暫，要循環往復，繼續不止，使當地華僑的處境，日感困厄。

2.在當地華僑感受到壓迫時，策動華僑反抗排華；然後對華僑所受的壓迫，假意同情；進而由匪幫及其工具，對當地政府及其負責官員，加以抨擊，以博取華僑歡心。

3.乘華僑感受壓迫、苦悶難洩之時，對東南亞華僑抨擊自由中國政府的無能，不能替華僑解除痛苦，解決困難，以轉移當地華僑對自由中國的信心。同時，乘機宣傳美國是一個紙老虎，對東南亞事務，沒有影響力，不能主持公道，調協爭端，以打擊美國的威望。

4.在東南亞各地排斥華僑的大題目之下，隨時利用臨時發生的事件，或假仁假義，策動討好華僑的新運動，以籠絡華僑。由於中共有計劃的推行，在每一運動中，或多或少，都可吸收到一批「積極」份子，增强統戰力量的效果。

㈡中共爲俄帝擔負顚覆東南亞各國的任務，單靠和平共存的口號，尙不易達成。因此，乃圖利用當地華僑，進行滲透活動，以便於內外夾攻。這個陰謀，就是以解決華僑雙重國籍問題，便利政治陰謀的運用。「華僑雙重國籍」問題，導源於民國四十三年(一九五四年)中共匪黨與印尼政府所簽訂的所謂「關於雙重國籍問題」的條約。主要內容，是限定具有雙重國籍的華僑，在兩年時間內，就中共僞政權與印尼兩國中選定一個爲國籍，不准再保有中華民國國籍。這一解決華僑雙重國籍問題的陰謀，印尼政府已組織委員會負責進行；僞「華僑事務委員會」，亦一再宣稱，將擴展至所有有「邦交」的華僑居留國，以擴大政治陰謀的運用。中共此舉的陰謀目的有三：

1.不顧東南亞華僑對祖國的傳統觀念，以出賣華僑雙重國籍問題的行爲，作爲與東南亞親共國家政治交易的資本。

2.藉解決華僑雙重國籍的問題，迫使旅居東南亞的僑胞向中共匪黨低頭，以束縛華僑反共活動，打擊並消滅自由中國在東南亞各地的潛力。

3.强令東南亞華僑，取得僑居地國籍，便利中共的第五縱隊在選舉或政治活動上佔得優勢，以進行內部滲透與顚覆。

㈢東南亞華僑的經濟事業，力量雖甚宏厚，但內在存有若干弱點：其一、是各地華僑的經濟活動，多數偏向經營小規模零售業，和手工性的行業，在商業上居於附庸地位。其二、華僑經濟事業，多爲獨資或合夥經營，不慣於採用股份公司的經營方式，因而資本薄弱，經營方法落後，無法與資力雄厚現代企業化的商業資本競爭。其三、是華僑保守性濃厚，在經濟活動上恒不能合作，有時且互相爭奪，因而減損本身力量，甚至兩敗俱傷。其四、是僑營的事業，多屬於小規模經營，信用有限；而僑商本身又缺乏健全的信用制度與金融機構，以致資金的週轉，頗爲困難。加以僑居地政府重稅政策的推行，貿易與外滙的統制，國營政策的實施，民族化經濟事業之扶植等，使僑胞的經濟活動，不免遭遇若干困難。

中共針對東南亞華僑經濟上的弱點，於是展開貿易攻勢，擴大與各地華僑的貿易關係，實行經濟滲透，促使僑商逐漸陷入中共的經濟體系，無法擺脫中共的控制。其方式如下：

1.將搜括大陸人民所得的物資，以補貼政策，廉價大量向東南亞各地傾銷，造成僑商樂而與之交易，進而爭取僑心的歸向。

2.以免息貸款及先期付貨的優厚條件，勾引東南亞各地僑胞設立大陸土產公司或分支代理行莊，拉籠華僑，建立永久的經濟關係。

3.設立金融機構，或華僑經濟合作社（如銀行錢莊），對僑商進行貸款，以討好華僑。

4.鼓勵東南亞華僑發展當地經濟事業，促使華僑逐漸滲入當地人民經濟中，而取得控制權，進而掌握東南亞市場，奪取僑居地國家及英美的經濟勢力；然後運用經濟上的控制力量，遂行其政治上的顚覆陰謀。

㈣中共對東南亞的文化滲透，是引誘僑生返回大陸接受其思想教育與技術訓練，再選拔具有特務技術者，遣回原地從事特殊工作，最近僞「華僑事務委員會」更作進一步的決定，鼓勵僑生就地學習當地語文，加强進行文化的滲透。過去中共赤化東南亞華僑學生，和滲透華僑學校的方法，是先派幹部任教師，及職業學生入校任酵母；再利用色情、金錢、和美麗的謊言，欺騙、吸引一般僑生入彀，成立「讀書會」、「出版社」、「助學會」各種外圍組織；進而以暗殺、毆擊的恐怖相威脅，把持學校行政，控制校長教員，以達成其刼奪僑校的目的。今日此種滲透製造暴亂的方式，因當地政府與正義華僑的防備，已難輕易獲逞。所以中共又改變手法，轉移目標，披上學習當地語文的外衣爲掩護，進而向當地文化界人士以及當地學校，進行滲透活動，以遂行其混水摸魚的詭計。

㈤中共爲爭取東南亞僑胞的歸附，提出「愛國」、「團結」、「互助互濟」、「愛國不分先後」等口號，進行爭取當地僑胞的歸附。並採用金錢收買，名利拉攏，女色引誘等手段，配合進行。中共對東南亞僑胞，另有一項絕技，即以中立運動爲掩護，所有受其愚弄者，須僞裝中立立場，一面唱些反共論調，一面則極力攻擊自由中國政府，以動搖僑胞對自由祖國的信心。同時，運用並透過朋友、親戚、同鄉、同宗、同學、同業的關係，四出活動，彼此聯絡，以不談政治，專事聯絡感情爲餌，引誘僑胞墜入陷阱，終至立場變亂，方向轉移，而變作中共的應聲蟲。最近更把重點放在「銀彈攻勢」，和發動「互助互濟」上面，圖使僑胞受其利用而不自覺；及至醒悟，則泥足已陷，又難于自拔了。

五　結論

現在的東南亞各國中，無可諱言，大部已爲中共的政治滲透所懾服，內部佈滿共產黨勢力；僅有泰國、越南、與菲律濱等國，是共產主義尙沒有生根的地方。菲律濱四面環海，且有美國的軍事基地雄踞其間，中共自然未敢作攻堅的嘗試。越南與中國大陸比隣，且有北越的胡志明虎視眈眈，在國防上是最暴露的一環，只要共匪認爲時機成熟，可以隨其所欲，隨時侵擾；但越南的地位，究沒有泰國

精兵·除害·團結（附錄）

—四十八年三月十日在立法院質詢全文

齊世英

自從蔣總統和美國杜勒斯國務卿發表聯合聲明，強調不憑藉武力反攻大陸以後，我國朝野人士紛紛發表政治反攻的見解，一致主張要改革政治，大家都開始說實話，這是一件令人興奮的現象。現在我想提出幾件應該立卽着手的比較基本的政策性問題，向陳院長請教。

一、採行精兵制度，平衡預算問題

無論從臺灣的人口和天然資源的觀點，或財政經濟的現狀而言，我們都沒有力量可以經常維持現在這樣龐大的一枝軍隊。國軍的數量固然已經很大，但是我想更重要的應該是軍隊的素質是否够得上國際水準。我們軍人，尤其是中下級軍官及士兵，因爲待遇太低，薪餉不能維持正當的生活，因而不免影響士氣，這是人所共知無庸諱言的事實，也是國家對不起忠貞官兵的事情。歐美國家且不說，如果祇以亞洲兩個同樣因赤禍而被分裂的韓國與越南來比較，我們軍人的待遇仍然與人家相差懸殊。但是另一方面，我國的軍事費用在國家總預算中所佔的比例之高，却是舉世無雙。因此，我們的財政有了赤字，引起通貨膨脹，物價高漲，影響一般人民的生計，國軍官兵同樣受害。現在人民的負擔和國民所得比較已相當沉重，實在不能再增加負擔了。目前已進入太空時代，軍事思想早已邁向重質而不重量的方向，陳院長在報告中也提到精兵政策，調整國軍員額，平衡預算等等，但是事實上距離預算的平衡很遠，國家的根本病源還是不能清除。我們如果眞的要清除病源，似乎應該把軍費縮減到人民可以負擔的程度。我們應該一方面採取精兵制度，加強火力，準備一旦時機到來，隨時反攻，一方面把國軍中裁減下來的人力，用在各種建設，把裁減員額所省下來的開支，加在繼續服役的官兵身上。這樣做，反攻與建設可以同時兼顧，軍人的正當生活也可得到解決。請問陳院長有無更進一步裁減國軍員額的計劃？非戰鬪員額相當龐大，請問是否考慮儘先裁減？在總動員體制下，常備兵額縱然減少，一旦有軍事行動，可以隨時動員後備軍人，不愁兵無來源。軍事預算的分配也不够合理，請問陳院長是否考慮加以調整？

我今天只是就政策方面提出質詢，至於裁減國軍員額連帶發生的安置問題與退役金的籌措，以及提高繼續服現役的官兵待遇等技術問題，相信是可以擬出妥善辦法的。

當然，重返大陸，拯救水深火熱中的大陸同胞，是每個人的希望，也是政府與人民的神聖任務和無可逃避的責任，爲了達到這個崇高目標，當然需要軍事力量，但是如意算盤往往是行不通的。我們必須把敵我全部力量認識清楚，所謂知彼知己，然後再要把國際方面的各項因素估計正確，才可以成功。在目前的短時期內，國際間不容易發生大戰，臺灣海峽又有我們的盟友美國的強大海空力量協防，我們正應趁此難得的機會，痛下決心，從事政治反攻的準備，以實際行動證明我們履行中美聯合聲明的誠意。祇要我們能採行精兵制度，使預算平衡，則其他如經濟建設的資金問題，軍公敎人員待遇問題，政治風氣與社會風氣問題等，都必然可以迎刃而解。

因爲陳院長是軍人從政，瞭解國軍情形比較清楚，對於控制預算又比較認眞，所以希望陳院長能從這個問題着手，做爲改革政治的開端。

二、解除人民痛苦問題

現在民間有一種說法，說自由中國有五害：黨部、特務、司法、稅務、警察。聽說陳院長在某種

重要。泰國是東南亞組織的核心基地，其形勢雄視中南半島與馬來半島；取得泰國，卽可以囊括中南半島，進而席捲馬來，威脅整個東南亞。所以共匪在東南亞的主要目標，可能要選定泰國。近幾年來，中共早已利用泰國前總理乃比里，組織「自由泰國」，從事對泰國的煽動與腐蝕工作。最近並將自由泰國的傀儡組織，自北平遷移至雲南南部的邊境；積極訓練泰共部隊，極盡一切努力，裝備「泰國人民軍」，以從事「解放」泰國的任務。

東南亞華僑遠離祖國，身處異域，備受僑居地政府與人民的歧視與壓迫，已非一日。所以他們希望祖國的強大，使他們能揚眉吐氣，比任何人尤爲迫切。中共匪幫深切瞭解東南亞華僑這種心理，因此，在近幾年來，盡其所能，在國際間，虛張聲勢，製造虛聲，眩耀國力，以滿足東南亞華僑這種自大心理，而加以利用。今日東南地區年輕的華僑，其內心不乏蘊藏親附中共匪幫的情緒，就是爲中共這種國際間的虛聲所懾服。僑胞愛國情熱，常超過其政治意識，他們昧於中共乃俄帝的附庸，凡所作爲，無非奉俄帝之命；因而于不知不覺之間，被自大的愛國情熱所激動，爲共黨利用爲侵略工具而不自知。中共對華僑，是採用打擊上層、聯絡中層、團結下層的手法，所以在下層樹有基礎，而我們的做法，却只是聯絡幾個僑領，爭取上層、疏忽中層、放棄下層，置廣大的僑衆於不顧。若非中共自暴自棄，在大陸上作出許多損害華僑利益的行爲，影響其海外的工作；則今日我們在東南亞與中共爭取華僑的政治作戰方面，早給共匪打垮了。共匪對東南亞僑務工作，是有整套計劃的；他們說做就做，絕不會像我們這樣拖泥帶水，慢條斯理的推拖。我們瞭解中共對東南亞華僑的陰謀，如果尙不能在這一方面和共匪比賽一下，則我們是無法與共匪東南亞爭取僑心。東南亞的僑心若果失去，則是表示我們海外僑務的全部失敗。僑務當局們，是應該奮發進取的時候了！

民國四十七年十一月十二日於新加坡。

場合說過臺灣有四害。不管四害也好，五害也好，即使說只有一害，在政府的責任上說，也必須趕快把它除去。請問陳院長爲人民除害的計劃如何？關於害的內容我想大家都清楚，在此地不再多說。

此外，還有一件更嚴重的事，使人人感到恐懼，但却很少有人敢說出來的，就是今天臺灣一直在施行戒嚴令，使非軍人常受到軍事審判，而且由於實施戒嚴法，所以懲治叛亂條例，檢肅匪諜條例，以及匪諜自淸辦法等也廣泛應用，眞不知發生多少流弊，使人有談虎色變之感。但是，事實上在眞正需要應用戒嚴法的時候，像前年「五二四」羣衆搗毀美國大使舘等機構的時候，戒嚴法反倒發生不了作用，因之又實行了一種無法律根據的宵禁。這樣一來，無異表示戒嚴法變成政府限制人民自由剝削憲法所賦與人民權利的工具。我們今後旣然要以政治作爲反攻的主要憑藉，當然就要改革政治，就不能使人民經常在戒嚴令下生活，請問陳院長是否有解除戒嚴令的計劃？我認爲至少在臺灣澎湖非臨戰地區，應先取消戒嚴令，如有必要，可以隨時再依法宣佈戒嚴。韓越兩國與共黨政權陸地相連並無海峽天險阻隔，但是兩國現在均未像我們這樣一直實施着似乎永無盡期的戒嚴令。

三、自由中國的人民團結問題

在海外的愛國反共人士常說，他們看得出來，自由中國人民在近幾年來對政府似乎有一種離心現象，這是很值得警惕的。在臺灣，我們也常可以聽見有人說「許多事都是對政府不能說，不必說，說也沒有用」這類的話，這也是很值得注意的。我們的政府是人民選出，替人民服務的，如果人民對政府存有「不能說，不必說，說了也沒有用」的心理，這是不是可怕的現象！

在政府的立場，我認爲，應該儘量鼓勵人民有話就說，要能做到「知無不言，言無不盡」的地步，才能溝通意見，使政府成爲大家的政府，否則政府如果變成衙門，自然就會逐漸與人民疏遠了。我想擧一件事爲例，向陳院長請教。

去年七月有一部分臺灣籍和外省籍的人士發起組織了一個「中國地方自治研究會」，正式依法向政府主管官署申請立案。據我瞭解的，這些人都是有相當名望而且在地方上有相當影響力的人，顧名思義，他們要研究地方自治，當然是想集思廣益，希望研究所得能對政府有所貢獻，也就是要溝通民間與政府的意見，加强團結。然而出人意外的，政府竟不准他們成立這樣一個組織。不准的理由說是依照非常時期人民團體組織法第八條規定：「人民團體在同一地區域內，除法令另有規定外，其同一性質同級者，以一個爲限」。事實上，其他人民團體同一性質同級者，政府早已核准成立了不止一種，旣有前例可援，何以核准那些而又批駁這個呢？而且，批駁所根據的條文又與憲法的精神不合。政府的這件措施旣不能叫人民心服，於是有人批評說，政府不願見人民團結，以便控制，又說政府對這批發起人的動機不放心，所以不敢使他們有組織。我希望這些話都是不正確的。然而我們也知道，凡是政府做得對的，無人不贊成，不擁護，更無人忍心反對；但是如果政府做得不對，祇想用種種方法來箝制大家不說話，事情就會好嗎？請問陳院長的看法如何？對此一不合法事例，是否有糾正的計劃？

四、團結海內外反共人士問題

政府聲言要召開反共救國會議，已有好幾年了，在陳院長上一任行政院長期間，曾於民國四十三年二月向本院提出第十三會期施政報告，其中就說明召開反共救國會議是當年兩大工作之一，而且行政院會邀請了若干位人士商討如何籌備。但是到現在擧國上下一致殷切期望加强政治反攻之際，政府方面對召開反共救國會議，却反而顯得沉寂了下來。不知是不是政府怕召開這個會議，將引起與會者對政府的批評而諸多不便？我認爲如果政府有可以被批評的地方，就應該改，不該諱疾忌醫，我想政府是有批評才有進步的，這也是政治家的責任問題，我想陳院長應該有一個明確的交代。再請問陳院長，政府對反共救國會議的政策究竟如何？打算何時召開？我去年出國考察，常有人問到這些問題，他們都是極端反共而且熱愛自由祖國的，大家都希望在自由祖國旗幟之下，團結一致，打倒共匪，早日將自己的家人親友從大陸水深火熱的暴政中拯救出來。我沒有聽到他們想來臺灣做官，他們更不忍心在此時此地苛責政府，但是他們都願意貢獻自己力量，使反共復國大業早日完成，請問政府對他們的這一片赤誠是不是應該虛心接納？

這些年來，我總是這樣想，而且常對人如此說：我們現在臺灣，地方雖然小，但是內外一切條件，都遠比共匪在延安的時代好得多，他們能在幾年之內把大陸全部控制，而且現在更使全世界對之側目而視。以我們今天的基礎，又何嘗不可以在幾年之內把大陸光復，使世界和平永遠維持下去。我認爲只要我們今天有決心在臺灣改革政治，努力團結海內外的同胞，我堅決的相信，在短期內，中華民國必仍可返回大陸，重建爲富强康樂的國家，繼續發揚光輝燦爛的歷史與文化。

談話的藝術

梁實秋

一個人在談話中可以採取三種不同的方式，一是獨白，一是靜聽，一是互話。

談話不是演說，更不是訓話，所以一個人不可以霸佔所有的時間，不可以長篇大論的絮聒不休，旁若無人。有些人大概是口部筋肉特別發達，一開口便不能自休，絕不容許別人插嘴，話如連珠，音容並茂。他講一件事能從盤古開天地講起，慢慢的進入本題，亦能枝節橫生，終於忘記本題是什麼。這樣霸道的談話者，如果他言談之中確有內容，所謂「吐佳言如鋸木屑，霏霏不絕」，亦不難覓取聽衆。在英國文人中，約翰孫博士是一個著名的例子。在咖啡店裏，他一開口，老鼠都不敢叫。那個結結巴巴的高爾斯密一插嘴便觸霉頭。Sir Oracle 在說話，誰敢出聲？約翰孫之所以被稱爲當時文藝界的獨裁者，良有以也。學問風趣不及約翰孫者，必定是比較的語言無味，如果喋喋不已，如何令人耐得？

有人也許是以爲嘴只管吃飯而不作別用，對人乃鉗口結舌，一言不發。這樣的人也是談話中所不可或缺的，因爲談話，和演戲一樣，是需要聽衆的，這樣的人正是理想的聽衆。歐洲中古時代的一個嚴肅的教派 Carthusian monks 以不說話爲苦修精進的法門之一，整年的不說一句話，實在不易。那究竟是方外人，另當別論，我們平常人中却也有人眞能寡言。他效法金人之三緘其口，他的背上應有銘曰：「今之愼言人也。」你對他講話，他洗耳恭聽，你問他一句話，他能用最經濟的辭句把你打發掉。如果你恰好也是「毋多言，多言多敗」的信仰者，相對不交一言，那便只好共聽壁上掛鐘之滴答滴答了。鍾會之與稽康，則由打鐵的叮噹聲來破除兩人間之岑寂。這樣的人現代也有，相對無言，莫逆於心，巴答巴答的抽完一包香煙，興盡而散。無論如何，老於世故的人總是勸人多聽少說，以耳代口。凡是不大開口的人總是令人莫測高深；口邊若無遮攔，則容易令人一眼望到底。

談話，和作文一樣，有主題，有腹稿，有層次，有頭尾，不可語無倫次。寫文章肯用心的人就不太多，談話而知道剪裁的就更少了。寫文章講究開門見山，起筆最要緊，要來得挺拔而突兀，或是非常含蓄，或是非常爽朗，總之要引人入勝，不同凡響。談話亦然。開口便談天氣好壞，當然亦不失爲一種寒暄之道，究竟缺乏風趣。常見有客來訪，賓主落座，客人徐徐開言：「您沒有出門啊？」主人除了重申「我沒有出門」這一事實之外沒有法子再作其他的答話。談公事，講生意，只求其明白清楚，沒有什麼可說的。一般的談話往往是屬於「無題」「偶成」之類，沒有固定的題材，信手拈來，自有情致。情人們喁喁私語，總是有說不完的話題，談到無可再談，則「此時無聲勝有聲」了。老朋友們剪燭西窗，班荆道故，上下古今無不可談，其間並無定則，只要對方不打哈欠。禪師們在談吐間好逞機鋒，不落迹象，那又是一種境界，不是我們凡夫俗子所能企望得到的。善談和健談不同，健談者能使四座生春，但多少有點霸道，善談者儘管舌燦蓮花，但總還要給別人留些說話的機會。

談話的內容總不能不牽涉到人，而所謂人，則不是別人便是自己。談論別人則東家長西家短全成了上好的資料，專門隱惡揚善則內容枯燥聽來乏味，揭人陰私則又有傷口德，這其間頗費斟酌。英文 gossip 一字原義是「教父母」，尤指教母，引申而爲任何中年以上之婦女，再引申而爲閒談，再引申而爲飛短流長，而爲長舌婦，可見這種毛病由來有自，「造謠學校」之緣起亦在於是，而且是中外皆然。不過現在時代進步，這種現象已與年紀無關。談話而專談自己當然不會傷人，並且缺德之事經自己宣揚之後往往變成爲值得誇耀之事。不過這又顯得「我執」太深，而且最關心自己的事的人，往往只是自己。英文的「我」字，是大寫字母的 I，有人已嫌其誇張，如果談起話來每句話都用「我」字開頭，不更顯着是自我本位了麼？

在技巧上，談話也有些個禁忌。「話到口邊留半句」，只是勸人愼言，卻有人認眞施行，眞個的只說半句，其餘半句要由你去揣摩，好像文法習題中的造句，半句話要由你去塡充。有時候是光說前半句，要你猜後半句；有時候是光說後半句，要你想前半句。一段談話中若是破碎的句子太多，在聽的方面不加整理是難以理解的。費時費事，莫此爲甚。我看在談話時最好還是注意文法，多用完整的句子爲宜。另一極端是，唯恐聽者印象不深，每一句話重複一遍，這辦法對於聽者的忍耐力實在要求過奢。談話的腔調與嗓音因人而異，有的如破鑼，有的如公鷄，有的行腔使氣有板有眼，有的廻腸盪氣如怨如訴，有的於每一句尾加上一串格格的笑，有的於說完一段話之後像鯨魚一般噴一口大氣，這一切都無關宏旨，要緊的是說話的聲音之大小需要一點控制。一開口便血脈僨張，聲震屋瓦，不久便要力竭聲嘶，氣急敗壞，似可不必。另有一些人的談話別有公式，把每句中的名詞與動詞一律用低音，甚至變成耳語，令聽者頗爲吃力。有些人唾腺特別發達，三言兩語之後嘴角上便積有兩灘如奶油狀的泡沫，於發出重脣音的時候便不免星沫四濺，眞像是痰唾珠璣。人與人相處，本來易生摩擦，談話時也要保持距離，以策安全。

八高三年和中京景物（二續）

雷震

五　學生在校活動

我個人在八高三年的肄業期間，每天感受最大的壓迫與苦惱，就是忙於應付外國語這類功課的預習。我是英語科，第二外國語是德語（德語科第二外國語是英語，第一高等與第三高等設有法語科，其第二外國語亦爲英語），每週有九小時的英語和四小時的德語（過去英語科有九小時英語和八小時德語，而德語科有十三小時德語和四小時英語）。

當時高等學校對於外國語的教法是：上課時先由教師指名某生站起來朗讀一遍，然後解釋一遍，每人大約爲一頁。如果學生發音正確，講解清楚，先生可能就此派斯，自己不再另讀另講。如果教師認爲某生的誦讀與講解或有錯誤之處，或有尚需補充的地方，教師則自讀一遍，自講一遍，問問學生是否了解和有無疑問。然後再令另一學生繼續讀講。大多數的場合，都是採用後面的辦法，由教師於學生讀講後重讀複講一遍，使學生的了悟更爲深刻一些。學期學年考試的時候，由教師選出數節未讀過的英文令學生譯成日文和幾段日文譯成英文。因此，我們每晚必須查閱字典，把次日要上的外國語的文義和發音弄個明白，即令次日自己輪不到讀講，其他學生的讀講和教師的讀講，也可聽得更爲明白些。有時遇到查閱了字典還不够明白的地方，特別做個記號，俾次日可以用心聆聽。如果再不了解，可在課堂上或下課時問明先生。教師大都是依照點名簿的順序指名某生讀講，每堂約爲二人或三人。也有不依照點名簿的時候，這是極爲偶然的。所以如非次日要輪到自己讀講的時候，字典當可查得馬虎一點，俾可騰出一點功夫去做別的功課或看看有關的參考書。

我們中國留學生，要比日本學生多着一層困難。我們對英語、德語和日語均是外國語，每每查出了英語德語的意義後，又不能了解日語的確切意義，故又須再查日語字典。尤其算到要輪到自己讀講的那幾天（明明算好輪不到，如遇要輪到的幾個學生突然請假，可能臨時輪到了），還要把日語的發音查個明白，否則還是講不出來。日語字典原是爲日本學生的應用而編印的，有時只標明字義而未標出讀音，有時只註出「漢讀」而無「訓讀」，若用漢讀來解釋，說起話來又不够 idiomatic。因此，我們在預習的時間上，幾乎要比日本學生花上加倍的功夫。

中國學生學習日本古文，也等於學外國語，有時比學習英語德語還要困難，如「源氏物語」和「萬葉集」之類的古文，都要花上很大的功夫去做預習的工作。如果一個人沒有花上四五年甚至再多一點的專修功夫，而能讀通日本文，能說像樣的日本話，能寫日本文而無文法上的錯誤，那才是稀奇的事情。尤其是中國人學習日本文，大都是不會學得很好的。因爲那時日本的書籍中，尤其是法律經濟一類的書籍，漢字用得很多很多，大家只把夾在文章中間的漢字看明白了，以爲就可通曉其文義，了解其內容，故不肯再下功夫去學習。還有些人覺得日本文值不得花大功夫去學習，因爲回國之後用處不很大。而日本近代的一切學問，無論自然科學或社會科學都是從西洋搬過來的，日本人沒有一點創造的東西，我們與其間接的從日本文來翻版，倒不如直接去向西洋學習。留學生大多是存着上面幾種心理，所以，中國人寫日本文很少沒有文法上的錯誤。換句話說，中國人習日本文，大多是粗枝大葉，得過且過，混過了事，很少有人認眞去學的。

日本大專學校的先生講書，都是要學生抄筆記，這眞是一件苦不可言的事情，尤其對我們這些外國學生來說。遇到老師念得快的時候，一堂講義抄下來，往往右手合不攏來了。一點印象也沒有的功課，初上課時簡直是無法抄起，何況我們的日本話究不能和日本人一樣，聽講是要打個折扣的。先生有時講笑話或故事，我們很多聽不懂，見到日本學生發笑，我們也跟着笑笑而已。因此，我對於抄筆記一事也作了一番預習的功夫。如心理學、論理學、法學通論、經濟原理之類，我自己腦中原來一點概念也沒有，而教師係用日本話講解，初抄時簡直是丈二和尚摸不着頭腦，我於是把這類書籍，先用中國文寫的，繼用日本文寫的，不問懂與不懂，高速度的讀了一遍，只求知道這些書的內容究是講些什麼。腦中有了模糊的輪廓之後，果然抄得比較好些，有時比日本學生還要抄得清楚。

功課中最感頭痛的，乃是學習日本歷史。日本人名地名之難讀難記，較之我們當年讀遼金元史尤有過之，故抄講義時十分吃力。我用了上述一套預習的功夫之後，其他功課的講義果然抄得不錯，惟獨對於日本史的講義，起初只能抄下五六成，即用力預習也沒有大用，故每次俟教師講完後，須借用日本學生的講義來補充。比我早一年的中國學生陳君堯成，他的日本史的筆記抄得很好，在中國學生當中，恐怕算是數一數二的。日本歷史不僅神話部分過多，而且有一部分是出於僞造的，故中國學生大都不願意用心學習。羅君鴻詔抄東洋史筆記用中文抄，也是一種特例。日本文的構造是每個句子的動詞須放在名詞之後，故他用中文抄寫東洋史筆記時，先將置放動詞的地位空出來，俟一句講完後再把動詞塡入。

就高等學校的整個教育方針來觀察，日本高等學校的教育，大部分是語言的訓練，再加上必須具備的基本知識的灌輸。以文科方面而言，除英語、德語、日語（科目上稱爲國語）、漢文、修身、體操和軍事訓練等爲三年中每年必須教授的功課外，只敎一個學年的，有數學、物理、化學、日本史、東洋史、西洋史、經濟地理、哲學概論、論理學、心理學、法學通論、經濟原理等等功課，俾一個學生經過三年的教育後，就可有「自修」的能力。所以高等學校的教育，實際等於中學教育之延長，着重基本訓練，故不完全等於大學的預科教育。根據大正七年公布之「高等學校令」，說明高等學校以完成男子高等普通教育爲目的，而特別努力於充實國民道德之培養。故學校在功課之餘，儘量使學生參加各種運動，如棒球（日人稱爲野球）、網球、足球之類的團體運動。此外如柔道、劍術、射擊、游泳、騎馬等均有專人教練。在校學生並組織有各種團體，如游泳俱樂部、登山會、遠足會、騎馬會等等，經費以會員自己負擔爲原則，如游泳會夏季在海邊需要設備，學校可能補助若干。還有詩歌社、繪畫會一類文藝性的團體，亦係學生自動組織。

爲養成和提高國民對於民主政治的議會政治的興趣，每年舉行「議會演習」一次。由學生自己組成若干政黨或政團，有的在朝，有的在野，開會的時候，儼然是一個議會活動的雛型：有政府的施政報告，也有議員的質詢，復有政府主管機關的答復，最後有提案的討論。惟上午下午的角色，須換班扮演，即上午在朝的團體，下午就立於在野的地位。其未參加團體的學生，有的做新聞記者，有的坐在旁聽的席上做旁聽人。大家興趣十足，搞得井井有條，殊可佩也。總之學生在校這類活動，完全由於學生自發自動，有時僅僅報告學校當局耳。

六　瞧不起中國人的栗田教授

八高全校的教授對於中國人（民族）的態度，除栗田元次教授一人特殊外，其餘的教授並無顯著的好惡。一般說來，無特別好感，亦無特別惡感。

栗田教授擔任日本史和東洋史兩課的講座。所謂東洋史者，其中有百分之八十是中國史及與中國有關連的歷史。他講述中國歷史的時候，對於中國民族的輕蔑態度，常常使我們中國學生不能忍受。他是特別的瞧不起中國人，認爲中國民族是自私自利、散漫頹廢、消極苟安、不求進取、有奶就是娘……等等，今日已經衰老到了無可救藥的地步。換句話說，他認爲中國民族將要亡國滅種的。雖然，他講到印度歷史的時候，也是不大看得起印度人的，但他認爲印度當時之所以不能獨立，乃是「英日同盟」一條約幫助了英國人的統治。所以他對英日同盟也是極端詛咒的，認爲這個條約，對於日本則是害多利少。

當時一般日本人，多是看不起中國人的。我在日本讀書十年，目擊身受，隨時隨地感到遭受侮辱的痛苦。在這裏我想略略說一說我個人觀察所得的結果。

日本人看不起中國人的原因甚多，除日本於明治維新後，諸般改革獲有成就，一躍而與英美法德諸雄並稱列强而感到夜郎自大、特別瞧不起中國人外，其使日本人對中國人印象最惡劣者，在中國人方面，則有以下數端。第一、中國留日學生之良莠不齊，壞的學生不僅不用功讀書，努力求知，而且到處闖事，玩女人。第二、中國在日若干商人，一有機會就想法走私套滙(註)，而知識水準之低落，不僅不明瞭世界的局勢，即對中國歷史、中國文化和中國事情，所知亦屬有限。第三、過去革命黨人在日本私生活之靡亂荒唐，和窮極無聊時之胡作非爲等等，都是造成日人輕視中國人的原因。關於留學生和革命黨人之逸事趣話，不肖生的「留東外史」裏面記載甚多，其中雖有若干穿插和揑造，但大部分均係事實，不過易姓更名，對若干地方加以特別渲染和過分誇張罷了。此外，當時中國內部軍閥混戰，革命陰謀，政治腐敗，官吏貪汚，盜賊橫行，民不聊生，更足加深日本人輕視中國人和加速侵略中國的心理。大正時代，日本有一個政治和尚名大谷光瑞者，著了一本書，叫做「對支橫議」，說中國有五種「匪」，即「土匪」、「學匪」、「兵匪」、「官匪」、「政匪」，可見日人之侮辱中國人到如何程度也。其實若大谷光瑞這種流氓和尚，爲軍閥之走狗，天天鼓吹侵略中國，我們也可稱之爲「匪僧」也。

若上述這種自貽其咎的地方，我們應該痛加反省與切實戒除的。據說勝利後中國人去日本，還有靠着勝利國的便宜而大做其走私的勾當和非法的經營商業。時至今日，政府派駐日本的若干機構，尙有不能精誠合作的事情，尤其特務機構之系統紛歧，互相詆毀，騰笑外邦。還有强請入大學肄業而實際又不去上課，只想撈一張文憑做個資格等等，又重啓日人輕視我們的心理。中國之友的「朝日新聞」老記者嘉藤隆治先生過去數度來臺，曾向我當局痛切言之，但迄今仍未見有若何事實的糾正，豈眞中華民族已至不堪救藥的地步乎！

栗田教授對於中國歷史懷有許多偏見和歪曲解釋，今天我無法加以一一記述，現在只舉出幾個例子，即可以概其餘。

他認爲「孔子問禮於老聃」是不對的。依照老子的哲學見解，老子應該生於孔子之後，因爲老子的思想已談到自然界現象。抱定這種見解的固不止栗田教授一人，可是他很同意西洋人某君的說法。某君認爲老子的哲學思想是和當時歐洲的哲學思想頗爲接近，以自然現象爲認識的出發點，因而推定老子是東歐或中央小亞細亞的人，而不是出生於中國的人。老子到中國來的時候，年紀已經很大，故中國人特稱之爲「老子」。又謂中國民間出版的老子畫像，多是騎在牛背上，這可能象徵着老子來中國時年事已高，而騎着牛來到中國的。我未研究過老子的身世，不敢批評栗田教授對老子之見解偏差到如何的程度，茲將這一點回憶寫出來，以供研究老子學人之參考。這僅是他在學問上對某個問題的見解，固不能因此而即說他有侮辱中國人的意思。

栗田教授鑑於清朝在當時只有十萬滿洲人的軍隊而能長驅直入，且竟入主中國達二百六十年之久，這完全是中國人倒戈相向、賣國求榮以助其征服之功，和靦顏事敵、見利忘義以助其統治的結果。於是他認爲中國民族「有奶就是娘」，如洪承疇、吳三桂、尚可喜等爲一己的榮華富貴而不惜屈身事敵。其結論則認爲中國當時軍閥之互相殘殺，禍國殃民，惟圖建立個人的統治，而毫無國家的觀念，完全是循着過去的傳統路線。故日本人之向大陸發展（侵略之意），乃勢有必至，理所固然，正如水之就下，係一自然的趨勢，一面因爲日本自身謀發展計，同時亦係爲世界求進步計。他並認爲這是日本在世界政治上應負的責任。其誇大狂有如此者，豈止侮辱中華民族而已也。

他又看到過去異族之入侵中國，都是由北向南，先把北方的基礎鞏固之後，再徐圖向南侵略，或用蠶食的方法，或出之於大舉。故他主張日本向大陸發展的途徑，亦應因襲故技，以滿洲爲中心而逐漸向關內移動。

他又說明中國人過去所稱的「天下」，是一個「世界」的觀念。天下也者，就是世界的意思。他由此竟推論說：「中國本身並不是一個現代的獨立國家」。總之，他是爲日本向中國侵略覓求理論上的根據。可是栗田教授這些說法，完全忽略了近代歷史的演進中，釀成世界局勢發生變動的最大因素，乃是普遍的民族覺醒的運動的潮流所激盪，而中國民族的覺醒運動，也正是沿着這一方向而前進：就是要求中國民族之獨立與平等。

栗田教授又說中國過去的文化，比當時它周圍的民族的文化來得優秀，故中國雖數度亡於異族而受其統治，但可用它的優秀的文化來同化僅恃武力而無特殊文化的異族統治者，而使其逐漸喪失其强悍的武力而終趨於滅亡，於是又回復了中國民族自己的統治。但自西歐更優秀的文化東漸之後，中國文化再無同化外來文化的力量，而又不能適應外來文化之入侵，故中國民族自然而然的趨於衰弱和沒落了。他說日本則不然。日本民族的適應性特別大，過去在「大化革新」時，能接受中國文化而形成其後的日本的文化，今日又能接受西洋的文化而消化融合，以充實日本自己的文化。所以日本民族才是世界上唯一優秀的民族。而日本民族在此半世紀以來的發展和成就，就是證明了日本民族的優秀的地方。他既將日本民族之如何的優秀，過分加以誇張渲染，所以很自然的會輕視它周圍的其他民族。

我當時聽到栗田教授這一番妙（謬）論之後，我對他最不能了解的是：他既是一個研究歷史的學者，而他對自己的學問又很自負，學生一般都對他很表示尊敬，認爲他是讀了不少歷史典籍的學人，何以對於世界上有史以來幾千年中間，多得罄竹難書的各個民族興亡盛衰之史跡，以及各朝施政得失的因果，不去努力苦究，闡明眞相，而只一味的炫耀於明治維新以後幾十年之成就，遽認此乃由於日本民族之優秀所致，而忽略了世界上其他民族過去對於世界文化所作之貢獻。又只一味的以「日本皇室的萬世一系」爲日本民族在世界史上無比的光榮，而故意忽略所謂「萬世一系」者，乃由於幕府制度的偶然產生和繼續發展的餘蔭，一般懷有政治野心的權臣武夫，只求爭取實權，發號施令，而早已採行了「虛君制度」的結果。就是說，野心家所爭取的不是有名無實的皇室，而是握有實際權力可以號令全國諸侯的「將軍」。將軍者，幕府首長之特稱也。

對於日本皇室之所以能保持所謂「萬世一系」者，照我個人的看法，就是像中國周朝的戰國時代一樣，諸侯中之有能力而內政修明者，日趨强大而稱雄稱霸，挾天子以令諸侯，發號施令，爲諸侯之盟主，成爲當時實際上的統治者。用現代政治的形式來解釋，這個時候的日本皇室，也可說是等於今日英國之國王，而握有實權之幕府之將軍，則等於今日英國之內閣總理。所不同者，內閣總理之權力，由人民經由選舉賦與之，有一定年限，而將軍之實權則依靠自己實力奪取的，並無年限的限制。我說日本已採行了虛君制度者，乃是此種比擬的說法。職是之故，儘管日本皇室，仍是一脈相傳，而幕府則有賴家，實朝以下繼續維持九代之「鎌倉幕府」，足利氏之「室町幕府」，而維持了將近三百年的德川氏之「江戶幕府」。其間織田信長、豐臣秀吉兩氏雖未號稱幕府，而其實權則如幕府一樣。這樣形式的武家政治，在日本前後亘六百八十年之久，故在政治上興亡盛衰者爲幕府之將軍，而皇室倒可以苟延殘喘以至於所謂萬世一系也。

幕府者，照日本人的解釋，係將軍之居所，即武家政治總攬之廳舍。漢武帝的時候，衞青出征匈奴，張有大「幕」爲其行軍之居所，因其討伐匈奴有功，武帝遣使在幕中拜他爲「大將軍」。日本武家遂仿此稱其居處爲「幕府」，史家遂稱這個時候的政治爲幕府政治，皇室不過一個傀儡耳。

栗田教授認爲日本民族既是優秀的民族，凡是優秀的民族皇天應給以發展求進之機會，而現在所住的區域太小，自應向各方去發展。他之盲目的鼓勵日本民族向外侵略，好像這是「奉天承運」的使命，這正和後來希特勒提出「德國人的生存空間」是如出一轍的。（待續）

註：第一次大戰中間，日本禁止硬幣金圓出口，凡旅客出國者，可隨帶金圓五枚，即一百日圓。而中國商人就利用留學生到日本銀行兌換硬幣。因爲我國是銀本位，日幣對中國幣的比價跌到二分之一以下，而日本金圓在中國上海等處，比日本紙幣要值錢得多，故中國商人就利用這個機會來賺錢，我的朋友中受商人欺騙到銀行兌換硬幣而被警察拘留詢問者有幾個人，故知悉此事甚詳也。

讀者投書

（一）

卡文逃稅闖關案之檢討

劉金輝

一　前言

本省歷年來欠稅案件積壓如山，素爲人垢病。而自白雪溜求團事件到卡文逃稅復闖關案，更可見稅捐機關對於某些涉外稅收事件，常遇特殊阻碍，一籌莫展。對於本省居民之欠稅，遲早可函請法院追繳，問題還算簡單，但是對於涉外稅收案件，如納稅人一離國境，則稅捐機關除向該欠稅人居住地之法院提出告訴外，便無法追繳了。因此，稅捐處對於涉外的稅收，應予特別注意。否則，如稍一疏忽，不但將使主管機關瀕添麻煩，而且尚使公庫蒙受損失。如最近發生的海狐號(原名伶人號)船長卡文漏稅脫逃的事件，便是一個顯明的例子。

二　卡文逃稅闖關事件之本末

幾月以前，有一美籍魔術師名約翰卡文者，曾率團於臺北某戲院連演魔術數十場，哄動一時，但積欠綜合所得稅新臺幣五萬零八百餘元，未曾繳清即溜之大吉。北市稅捐處催繳無門，勢將成爲懸案。不料卡文在日本表演完畢後，乘海狐號遊艇轉往菲律賓上演，離日之後，中途遇惡劣天氣，遊艇機件及帆布均受損壞，無法繼續航行，終於在十一月廿一日深夜十一時半飄浮至基隆港外，爲港口軍事當局發現，經訊問後，即派艇將其拖入港內，停泊於殷台公司後面之某碼頭，卡文並雇商修理損壞，預計停留旬日。

臺北市稅捐處第四課負責人自報上獲悉卡文被風浪送回基隆後，以機會難得，遂託基隆稅捐處數度派稅務人員携帶稅單前往通知卡文完稅，都撲了個空。直到廿七日，才由基隆警方在基隆找到他，可是該卡文竟藉詞稅單爲中文書就，他看不懂，拒絕接受納稅通知單。臺北市稅捐處在接獲基市警局之通知後，乃於廿九日派股長張某赴基，請該卡文照章納稅，同時，並分函臺灣警備總司令部及警務處，請禁止卡文於完稅前離境，扣留海狐號。照當時情勢看來，卡文這次勢非將稅繳清不可了。

不過，事隔數日，基港當局並未接到命令，故始終未扣留海狐號。而卡文却狡滑之至，船尚未完全修竣，就突然在十二月一日清晨六時左右，藉口試車，將船駛離船塢。至六時半，竟轉舵直駛外港。六時四十分，駛出防波堤。在海狐號尚未出防波堤時，即被港口船舶監視哨發現，當即詢其是否已辦出港手續，卡文回答說是試車，並不離臺。但該艇越防波堤後，即揚長而去。監視哨遂電詢基港治安單位之檢查所，該艇是否已經過檢查。該所告以未經檢查，並旋即電監視機構，由該機構派艦追緝之。

負責追緝之我海軍某艦，在距岸約三浬之外追及該艇，並警告該艇停航，該艇不予理會，我軍艦遂繼續追踪，並且向上峯請示，層報至海軍總部。海總以茲事體大，遂與外部連繫。及我軍艦繼續追踪監視該艇至距基廿五浬處時，接獲指示放棄追踪，當即返航。卡文等扁舟闖關，竟告成功。不但未繳稅金，連船隻修理費也未償付，向海專借來鐵錨一隻亦未交還，至於該艇有無私載客貨出境，則不得而知。

三　關於逃稅的檢討

我們仔細研討卡文逃稅闖關事件後，深覺我國對於此類涉外事件之處理，既失之過寬，更缺乏警覺。茲將當局措施失當之處，擇要論述於後：

綜合所得稅之課繳程序，依稅法之規定，不但麻煩而且需時甚久。這種程序，適用於涉內案件，固尚無大碍，可是一旦涉及涉外案件，則每每手續還沒有辦清，而納稅人已遠離國境，弊端彌深。故對於此類涉外稅收案件，理應乘納稅人在臺期間，盡速催繳，而且必俟其辦清繳稅手續，才可允其離境。因此，數月前卡文在臺演出後，即應會同有關單位，着其辦清完稅手續後，才可准其離境。而我稅捐機關竟未出此，實一大失策。又由卡文此次來臺後，稅捐機關才想到通知他完稅的事實看來，我們知道稅務機關不但前次沒有向卡文催繳綜合所得稅，而且似乎根本就沒有通知他完此稅。如此將國家收入視若無物，更是一件不可寬恕的失措。

又根據報載，北市稅捐處曾分函有關機關，請拘留海狐號，但數日後基港當局還沒有奉到命令，致使卡文得以伺機逃逸，我有關機關行政效率之低，於此可見。

卡文這次抵臺後，稅捐機關派員携單通知他完稅，這一步驟是應當的。但是我依法執行公務之人員，數度携帶稅單造訪卡文，却居然未能將稅單留下，眞可說是滑天下之大稽！不但未留下稅單，而且十一月廿九日當我臺北市稅捐處張股長親往基隆執行此項公務時，竟有卡文同僚名鮑文者對張股長口出不遜，而我工作人員竟然也忍讓而退，忘記了此行之目的，更是豈有此理！卡文等既身在中國領土上，自應受中國主權之屬地管轄，繳納稅捐，是他們應盡的義務，無論就道德抑或法律言，卡文均必須依章清繳之；我行政機關依法課以綜合所得稅，這是我政府的權利，無論依國內法，還是依國際法，我政府均有強制他繳納的權利。今卡文抗不接受稅單，其同夥更對我執行官員肆行謾罵，則其視我主權爲何物，實令人不敢想像！而我執行公務之人員，三番四次奔走於「海狐」船舷之上，屢受拒而屢前往，這種百折不繞的精神，似乎值得我們深深的敬佩；他們在碰壁又挨罵之後，竟然都能忍辱「負重」，低聲下氣的携單回處，充分的發揮了我國傳統的恕道精神，似更應使我們感佩得五體投地。但是，他們對於黃臉黑髮的中國同胞，是否也能這樣忍讓與寬恕則大成問題，他們究竟是否明瞭他們此行的目的何在？有沒有想前跑幾趟基隆碼頭是否要耗公帑？則使我不得不生絕大的懷疑！他們不是專責前往催稅嗎？爲什麼不將稅單留下？

至於說到卡文拒受稅單之唯一理由——他看不懂中文，故不能接受——三尺童子也知其爲强詞奪理，官員竟予採信，更是不可思議的事！不懂中文，可以拒受稅單，準此，文盲的人民便可以拒受一切納稅服役的通知單或征召令，這可以辦得到嗎？如果說卡文不是中國人，故情有可愿，然則何種文字印就的通知單，卡文才會接受？今日世界，交通發達，四方人物過境聘訪觀光經商，實乃常事，而且自由中國更在亟圖發展觀光事業，將來各國訪客必然大量踴至，如依上述的「服務態度」，則不但稅務機關要以幾十種文字印就稅單，車站前也須懸掛以數十種文字書就的票價時刻表，各業也須顧用許多精通各國語言的售貨員、售票員……等等，各機關的警衛更須精通數十國語言，否則，遊客可以「不懂你說什麼」爲詞而橫衝直闖了！這些，又是可能的嗎？

四 關於闖關的檢討

海狐號闖關的成功，也就是我港務、海軍及要塞當局的失敗。在今天這樣的非常時期，一艘時速僅九浬的小遊艇，居然能順利的闖出「防衛森嚴」的基隆港，而且遠揚海外，這件事情，實在令人心悸！

如前所述，海狐號企圖闖關，在六時四十五分時，已爲我負責監視之單位發覺，並召艇追緝。但是據報紙之報導，我軍艦出發時已逾七時十分，從發覺到發動追捕，竟歷時半小時，效率如此之差，實在太危險。好在海狐號時速僅九浬，如爲時速逾二、三十浬的外籍船隻，豈不是可以橫行無阻、暢所欲至了嗎？

我軍艦在距基港外三浬之處，追及海狐號，但以其處已爲公海範圍，故未敢逕行拿捕，只一面繼續跟蹤，一面向上峯請示。經海總與外交當局磋商後，均認爲茲事體大，應愼重從事，乃電令該艦回航。負責當局此項措施，自以爲是顧及公海自由之原則，其實，公海自由的原則不是絕對的，「緊追權」便是一項例外。然負責當局只知其一，而不知其二，未計及我國之權益，更未打算確保國庫之應有收入，至於替海狐號修理的商人和海事的損失，自然更被忽視。負責當局這種措施，實在有重大失職之嫌。因爲當時我艦確有充分權利拿捕該艇回港。茲試從國際法之觀點說明如下：

我國現爲主張三浬領海寬度之國家，因此，距我領海基線逾三浬以外爲公海，屬公海制度管轄，各國船舶均享有航行自由，我國軍艦對於公海上的外國船舶，不得加以干涉，這些，都是國際法的規則。就此點而言，則本案中我海軍放棄在公海拿捕海狐號，是對的。但是，國際公法中對於此項海洋自由之原則，尙有數項例外之規定，「緊追權」(Right of Hot Pursuit) 即其一。依國際法對緊追權之規定，我軍艦有充分之權利行使緊追權，在該處公海中拿捕海狐號。

所謂緊追權，即沿海國主管機關有妥善理由相信外國船舶觸犯該國法律與規章時，得令軍艦等對該外國船舶予以拿捕；如該船向公海逃遁，沿海國軍艦可緊追不捨，一直追入公海，以期達到拿捕之目的，沿海國此項權利，謂之「緊追權」。緊追權之行使，有三個要件：

①緊追權之起點須在領海：要拿捕該犯法船舶，自首須命令其停航；該船不允停航時，始需緊追。而緊追之第一個要件，便是在軍艦發出停航命令時，必須該船尚在本國領海之內，或剛離開領海駛入公海。

②緊追不得中斷：軍艦開始緊追之後，如中途停止緊追或回航，便不得再對該船行使緊追權。

③緊追權以他國領海爲終點：如被追之船逃入他國領海，不得繼續追入他國領海。

我們明瞭了「緊追權」之內容及條件後，再來看該案之事實：

海狐號未辦報關出口手續，更未經港口檢查所檢查即擅自私闖出境，觸犯港口管制辦法及海關緝私條例等法令，同時，該船載運有逃稅偷渡之嫌者卡文，其事實甚顯；而且該船行爲鬼祟，是否尚載有違禁品、私貨、人犯等出境，不無疑問。故我當局實應確知該船在我領水內時，即已觸犯我法令，有關機關可予拿捕，如該船逃向公海，我亦可派艦行使緊追權，這一點是無容置疑的。問題在當時情形是否具備行使緊追權的三個條件。

就第一個條件言，我艦既在距港的三浬之公海上，即已追及海狐號，則在海狐號尚在我領海中時，我艦必已距該艇不遠，此時我艦必可以用在該艇上看得見或聽得清之方式，命令該艇回航，如該艇拒不聽命，即可行使緊追權，予以拿捕。故此條件之具備當無疑義。就第二個條件說，我追踪之艦隻既未中斷緊追，當然也具備了這第二個條件。而第三個條件更是不成問題。三個條件既然都具備，我艦便有充分權力可行使緊追權，將該艇拿捕回港，科以處罰，並追繳欠稅等。如此，不但保全了國家的尊嚴，而且國家的財富也不會受到損失；商人也可拿到修理費，鐵錨也可物歸原主。同時，由於我當局措施均根據國際法規則，絕不致會引起國際爭端。

可是，事實的發展完全不是這麼回事，經過層層請示後，我軍艦竟奉令放棄應行使的權利返棹回航。不但使五萬餘稅款及數目不算小的修理費等一概付諸流水，而且還使我國家主權與尊嚴受到損害！至於有關當局爲處理本案而耗費的金錢、時間、物資和精力，更是不必說了！

五 結論

由於負責當局的一連串錯誤，終使卡文等狡黠奸惡之徒，得以逞其詭計，不受我國法律之拘束，造成國家損失。今卡文既已遠揚非國，我政府雖仍可按外交途徑，請美國政府爲顧全兩國友好關係，而對卡文使用壓力，强制卡文清繳稅款及了清債務；但是當初他在基隆時可予扣留而不扣留，闖關時可予拿捕而不拿捕，捨有效之途徑而不由，反勞外交當局作外交交涉，成功的希望實在太渺茫！

卡文走了，因他而引起的一場風波大致已告過去，此事最後勢將拖成個不了了之。我政府和若干國民吃了點虧，也只有認了。

前事不忘，後事之師。政府當局爲求不再發生類似事件起見，應在發現「亡羊」之後，立即「補牢」，果能如此，則在失之東隅之後，未始不能收之桑榆，而卡文逃稅闖關之事件，反足爲國家之福了。四七、十一、五。

讀者投書

(二) 請教育當局制止學店之風！

尤錫光

近年來教育上最爲人所詬病者，厥爲學店之風的逐漸形成，此實爲教育之失敗也。我們願在此提出愚見。

一、最近林語堂博士發表來臺觀感，將臺灣惡性補習列爲最壞最可怕風氣之一。像近年來臺北市補習班有如雨後春筍，相繼設立，商業氣氛太重，唯利是圖，儼然爲一牟利學店。甚至有許多教授們都做了該等補習班之公告招牌，誠爲教育而悲！當局雖再三申令，嚴禁惡性補習，然其盛也依然如故。如此駭人聽聞之牟利學店不速予制止，則無異徒託空言，則所謂禁止惡性補習也者，無異捨本逐末。希望當局下決心加以制止，以防其蔓延腐化下去。

二、教育之可貴者在其有眞純爲國育才之動機，與乎不含帶商業氣質。可是目前學校眞能具此抱負與理想者不多，教育不啻成爲知識販賣所。此誠教育之失敗，言之殊爲可痛。尤以某些私立學校更千思百計，巧圖濫收學費。舉例言之，最近臺北某私立學院會有超收學費之舉，雖經家長屢次投書，並經教育部命之退還，然該校不獨置之不理，抑且暗中示人以如繳不起學費則不必至該校可也之謬言，誠令人痛心之至。該校所以濫收原因；就講義費一項言，則高至二百五十元，其他服裝費之超收，更可想而知。平實而論，講義費每期五十元則足用有餘，何至如此之巨數？莫怪乎引起該校家長與學生之普遍反感。以目前臺灣經濟生活狀況而論，一普通公務員擔負一子女一學期五百元學費及其他費用，已屬困難，遑論三倍於此之學費乎？我們誠覺辦教育不知如何致力於校務之發展，以爭取社會人士之讚助，而千思百計巧思抬高學費，洵非辦教育之根本要道也。學校若演成「有錢來買，無錢不賣」的知識販賣所，富戶階級之專利品，則何貴乎有學校之設立？如香港新亞書院創辦人錢穆先生之慘淡經營，以身作則，克苦耐勞，外而爭取國際人士之支持，內而謀求師生之衷誠合作，在精神力量感召之下，大家和衷共濟，爲道不爲利，以故學譽蒸蒸日上，洵非偶然也。以此知辦教育須得其法，而切勿墨守成規，固陋自執。凡百端事理，非不能也，皆不爲也，今之辦教育者，誠應以此爲借鑑。我們盼當局對於部分超收學費之私立學校，應督令其退還，並於每學期收費之際，嚴予查核，杜絕濫收之學，以免增加額外困難之負擔。

三、近年大專聯合招生會有效杜絕金錢買賣，濫竽倖進之風，爲了禁絕學店之風，爲了教育前途着想，我們盼教育部亦能針對此問題，對於大專招生作極其愼重之計。我們覺得近來學風敗壞，素質低落，我們覺得應有開放學禁之必要，只要其具備相當設備，則准其設立，以鼓勵私人興學，庶可互相競爭，以謀教育素質之提高，如此亦可使某些公私立學校能知所圖謀，振作發展。

四、近今大專學校教員，寅緣攀進，濫竽充數者不乏其人，我們誠覺有望當局做一次全面調查裁汰之必要，以維高等教育之素質。

以上淺見，望祈重視是幸。

出版法條文摘要

立法院第二一會期秘密會通過 總統於四七年六月廿八日公布

第六章 行政處分

第三十六條 出版品如違反本法規定，主管官署得爲左列行政處分。
一、警告。
二、罰鍰。
三、禁止出售、散佈、進口或扣押、沒入。
四、定期停止發行。
五、撤銷登記。

第三十七條 出版品違反第三十二條第三款及第三十三條之規定，情節輕微者，得予以警告。

第四十條 出版品有左列情形之一者，得定期停止其發行。
三、出版品之記載違反第三十二條第一款之規定者。
四、出版品之記載違反第三十二條第二款及第三款之規定，情節重大者。
五、出版品之記載違反第三十四條之規定，情節重大者。
六、出版品經依第三十七條之規定連續三次警告無效者。

第四十一條 出版品有左列情形之一者由內政部予以撤銷登記。
一、出版品之記載，觸犯或煽動他人觸犯內亂罪、外患罪，情節重大，經依法判決確定者。
二、出版品之記載，以觸犯或煽動他人觸犯妨害風化罪爲主要內容，經予以三次定期停止發行處分而繼續違反者。

第四十二條 出版品經依法註銷登記或撤銷登記或予以定期停止發行處分後，仍繼續發行者，得沒入之。

編者按：在此項出版法未廢止之前，本刊決將上項條款繼續刊登，一方面以用自我警惕，一方面讓世人知道我們的出版自由，受到怎樣的限制。

(三) 奇怪不奇怪？

章船

編輯先生：

本月十七日某報短評「奇怪不奇怪？」讀後似有所感！自由中國何止孫秋源事爲奇怪，奇怪的太多了，多得不勝枚舉！茲略舉四則，請大家看看，是不是比孫秋源事更奇怪！

一、憲法第八十條明文規定：「法官須超出黨派以外……」。及軍事審判法第二章第十九條規定「軍法官任職期間不得參加政黨活動」。但事實上大部份法官是國民黨員。你說奇怪不奇怪！

二、金馬砲戰，葉公超在美國說民衆傷亡在三千以上，大大超過了軍人傷亡數字，可是官方發表的民衆傷亡數字僅僅一百餘人。你說奇怪不奇怪！

三、貪污之風，迷漫整個自由中國，西藥案、中興村案、中興橋案等等，莫不舞弊百出，還天天在高唱如何如何進步。你說奇怪不奇怪！

四、去年十二月廿三日蔣總統在光復大陸設計委員會第五次全體會議中明確昭告國人反對修改憲法，但是還有少數自命不凡的國大代表、大法官竟敢違抗蔣總統的訓示，仍嚷着要修改憲法？你說奇怪不奇怪！

以上四則奇怪，謹借貴刊一角，賜予披露爲感！並祝

撰安

讀者 章船 謹上 一月十九日

短評

(一) 旁觀者清

據一家晚報報導的漏網新聞說：最近有一位紐西蘭記者拜訪行政院陳院長時，曾當面提出了三項建議，其中一項是「希望報刊發揮言論自由。」

「發揮言論自由」，本該是報刊的職責，相信那位外國記者先生不會不知道，現在却不向報刊提出，偏要向我們政府的最高行政首長建議，眞是耐人尋味。

陳院長在聽過這一建議後，內心究作何感想，固非他人所得而知，但我們站在自由中國報刊一分子的立場，的確有說不盡的感慨。

按理說，說話吞吞吐吐，含含糊糊，應該是我們報刊的奇恥大辱。但是，在目前這種環境下，辦一份眞正的民營報刊，只要稍說了幾句老實話，便隨時可能遭受到各色各樣意想不到的麻煩和打擊。「話到口邊留半句」，雖是君主專制時代的誡條，但此時此地誰又敢不遵守？(梅)

(二) 團結才能反共

青年黨近在中央黨務委員會通過的宣言中坦白指出：「朝野各方本有反共必須團結的共同認識，但事實上似尙無達成眞正團結的具體跡象可尋，其原因不止一端，但其主要關鍵總是操在政府。」

近幾年來，儘管大家今天也喊團結，明天也喊團結，但由於政府當局的內心深處，總存着「非我同志，其心必異」的想法，於是產生了種種獨佔、獨覇的做法，一至於自封爲「革命領導中心」，而拒人於千里之外。

別的姑且不談，僅以高喊多年的反共救國會議一事而言，這原是團結一切反共力量的最佳途徑，但政府却一拖再拖，始終沒有誠意把團結之門打開。

反共是全中國愛自由愛民主人士的事，也只有把一切反共的力量團結起來才有希望的事；但願國民黨政當局，能切實考慮青年黨的話，澈底朝着團結反共的方向邁進。(正)

(三) 議員好威風！

高雄縣漁會及漁民近向縣議會提出的「陳情書」中說：「有少數議員，竟也參加海埔地之申請，奪取漁民大衆之生活，顯與其政見相違背，令人痛心，恐將導致未來選舉無人投票。」

這一段話，原是合情合理的話，不料獲准申請海埔新生地並已繳欵的該縣議員薛成風看到，便認爲明明說的是他，無異「指着和尙駡禿驢」，除在大會大肆咆哮，並限制二十五位漁民代表自由行動，使他們餓了一整天之外，繼又向大會提議要漁民代表向漁會道歉，居然又經大會通過。

讀到這種消息，眞令人啼笑皆非。我們有如此議員，如此議會，難怪做官的更要騎在老百姓頭上了。不過，我們究不能聽憑這種議員無法無天，除希望大家要用選票制裁外，並希望對於限制自由行動的事，澈查眞相，以法律制裁之。(梅)

(四) 廢止總動員法

行政院副院長王雲五近在立法院答詢時表示：根據總動員法所擬定的若干法規，其已不合適用者，政府正考慮廢止。

老實說，假使我們眞還承認是實行民主而非「黨主」，像國家總動員會議組織條例，規定國民黨中央黨部秘書長，也是該會議常務委員會常務委員，又如何能不廢止？

嚴格說來，不但根據國家總動員法所擬訂的若干法規，早就應該廢止，卽令是國家總動員法的本身，也已經勢難適用。此項法律，還是遠在民國三十一年公布施行的，原在貫澈抗戰目的。現抗戰結束已十三年之久，距離法律的制定更已有十七年之久。局面既已大不相同，保留的結果，只是給行政機關大開方便之門，可以找到濫權的根據，任意侵犯人民的自由權利而已。

爲今之計，政府若眞想正本清源，便該乾脆廢止國家總動員法。(正)

(五)「黃禍」何處來？

臺北市水肥委員會近在市議會首次質詢中，成了衆矢之的，被攻擊得體無完膚，招架乏力。

「黃禍」問題，確已成了目前臺北市民的嚴重威脅。可是，市政府明明知道，却始終沒有認眞爲大家解決。據市議員李賜卿指出，原來市政府擅行准許水肥委員會動用了管理費達八十九萬元之多，移作購置該會總幹事精美宿舍及水肥大樓去了，而沒有用在加强水肥清理方面。

很顯然，「黃禍」之成爲臺北市市民的大患，非但水肥委員會要負責，黃市長也難辭其咎。至於黃市長憑甚麼擅准該會動用管理費，更有澈底查究的必要，希望有關單位把這事搞個一清二楚，並要認眞的清除「黃禍」。(田)

(六) 兵不在多而在精

立法委員齊世英近在立法院質詢之中，正式建議政府採取精兵主義，減少軍費開支，以平衡預算，並可移作經濟及調整公教人員待遇之用。

善哉！齊委員的建議，眞是一舉而數得，政府尙何樂而不爲？

其實，大家鑒於時代與環境之需要，早就希望政府能在這方面拿出決心和辦法，但總怕大帽子壓人而不敢說。現在，齊委員既然向政府正式提了出來，的確有鄭重考慮採納的必要。

不然的話，如果政府還要毫無原則與條件的維持一支龐大的部隊，長此下去，不僅財政經濟將不堪設想，卽令就軍事本身而論，也是害多益少。(正)

自由中國　第二十卷　第六期　內政部雜誌登記證內警臺誌字第三八一號　臺灣省雜誌事業協會會員　二〇四

給讀者的報告

軍隊黨化，是我們一向反對的。本期特發表社論㈠「我們反對軍隊黨化」，重申我們的主張。我們認爲軍隊只能屬於國，而不能屬於任何一個黨，是現代民主國家應該絕對遵守的。我們除了從法的觀點，指出這是憲法的規定外，並從法所依據的政治道理上，說明這是使軍隊脫離「政治漩渦」，並爲建國打下安穩基礎，使民主政治走上正常軌道的主要條件。

在香港出版的「祖國周刊」，曾依法運臺銷行，最近居然連續被扣達十一期之多。我們基於維護自由與法治的立場，特發表社論㈡「治安機關無權查扣書刊」，根據該刊所說的事實，以及總統府行政改革委員會所提的建議案，指出附屬於臺灣警備總司令部之內的「書報雜誌審查會報」的查扣書刊行爲，完全是違法的。今天，縱不能廢止出版法，至少這種違法行爲是該立即取消的。這對政治反攻來說，是有極大幫助的。

海埔新生地的開發，近來鬧得烏烟瘴氣，幾成不可收拾的局面。我們特在社論㈢「海埔新生地的開發問題」中，指出目前所注意的四個要點，並提出我們的看法。在我們看來，這一問題之造成，主要是由於辦法不够完善，加以主管單位又有種種涉嫌違法的措施，以至於經辦人員還有種種涉嫌舞弊的行爲。因此，特別希望行政院能妥善解決此一問題，並希望監察院及有關機關能對涉嫌違法舞弊之事，澈底查究，以明眞相和責任。

胡適先生「容忍與自由」的大作，特別指出一切對異端的迫害，一切對「異已」的摧殘，一切宗教自由的禁止，一切思想言論的被壓迫，都由於深信自己是「不會錯的」的心理。「我不會錯的」心理是一切不容忍的根苗。沒有容忍，就沒有自由。所以胡先生特別强調容忍之可貴。這一提示，固然給那般自以爲是而迫害異已的權勢中人以敎益，同時也是我們爭取自由的朋友們所應珍視的。胡先生在百忙中於本月十二日凌晨趕完這篇文章，交由本刊本期發表，尤爲本刊感激。

從蔣總統公開宣佈反對修改憲法以來，却另有一種修憲的活動在暗中積極推行。海外的輿論，早已引以爲憂。我們站在贊成蔣總統主張的立場，總覺得這是一件極爲重要的大事，有拿出來討論的必要，本期特發表李聲庭先生「論憲法之修改及其程序」的大作。李先生是從純法理學的觀點，反駁某類主張修憲的意見，指出憲法第一七四條之眞義。

張天增先生的「社會學的幾個變遷」大文，是從純學術的觀點，說明社會學學說的主要變遷有四：一、從社會有機學說變到社會系統學說；二、從綜合討論變到分析研究；三、從極端的行爲學說變到社會行動學說；四、從單純原因論變到社會多因論。

關於國民學校課程標準問題，顯然是事關國民敎育的重大課題。趙英若先生在其「修訂國民學校課程標準問題商榷」的大文中，對此問題，提出了平實穩健的看法和意見，特別强調如果一定要修訂國民學校課程標準，其方法必須是科學的、實驗的、客觀的；而不是主觀的、籠統的、沒有實驗根據的。

這一期梁實秋先生「談話的藝術」一文，是他最近特別抽暇爲本刊寫的，我們要向梁先生特別表示謝意。

自陳懷琪投書事件發生以來，承蒙各地作者讀者的慰問以及提出意見；尤其是三月三日下午一點三十分本刊發行人雷震先生赴臺北地檢處應訊時，承蒙兩百多位作者、讀者、暨中外記者先生的關懷，以至於在應訊庭走廊上始終守候；以及臺灣大學署名「無名生」同學的捐欵郵票一百元補助訟費之用；都十分感激，謹此致謝。

上期第三頁上欄第十八行「通訊欄」三字，爲「附錄」之誤，特此訂正。

自由中國 半月刊 第二十卷第六期 總第二二五號
中華民國四十八年三月十六日出版

發行人　雷震
主編　『自由中國』編輯委員會
出版者　自由中國社
社址：臺北市和平東路二段十八巷一號
Free China Fortnightly, 1, Lane 18, Ho Ping East Road (Section 2), Taipei, Taiwan.
電話：二八五七〇

航空版　友聯書報發行公司（香港九龍窩打老道一一〇號）
電話：五九一六四、五九一六五

總經銷　自由中國社發行部

經售者
美國　紐約友方圖書公司 Hansan Trading Company, 65, Bayer D Street, New York 13, N.Y. U.S.A.
紐約光明雜誌社 Sun Publishing Co., 112, Mulberry St., New York 13, N. Y. U. S. A.
韓國　漢城裕昌德號
馬尼剌　新疆書店
印尼　泗水文光圖書公司
緬甸　仰光振成書報店
印度　阿拉哈巴中印文化出版社
北婆羅洲　西利亞坡青年書店
星加坡　友聯書報發行公司（小坡大馬路四六九號）
吉隆坡　友聯書報發行公司（馬華公會大厦三樓七室）
怡保　友聯書報發行公司（希尼華沙甘街十六號）
檳城　友聯書報發行公司（林連登律七十二號）
澳門　友聯圖書公司

印刷者　精華印書館股份有限公司
廠址：臺北市長沙街二段七一號
電話：三三四二九

本刊經中華郵政登記認爲第一類新聞紙類　臺灣郵政管理局新聞紙類登記執照第五九七號　臺灣郵政劃撥儲金帳戶第八一三九號
（每份臺幣四元，美金三角）

自由中國

FREE CHINA

第二十卷　第七期

目錄

中華民國四十八年四月一日出版

社址：臺北市和平東路二段十八巷一號

半月大事記

三月十日（星期二）

俄提議四國駐防西柏林，美予以斷然拒絕。

美英法將向俄提出照會，表示西方願在五月中旬舉行東西外長會議，如外長會議產生有價值結果，高階層會議當在七、八月間舉行。

三月十一日（星期三）

艾森豪重申決心，維護美對柏林權責。

三月十二日（星期四）

赫魯雪夫離柏林返俄，俄與東德聯合公報，對於俄與東德單獨簽訂和約一事，並未提及。

美國參衆兩院通過夏威夷成為美國一州。

三月十三日（星期五）

俄共高級人員蘇斯洛夫等人抵倫敦訪問。

艾森豪咨告美國會，要求卅九億元援外款項，指出共黨核子毀滅戰潛力日增，警告國會勿對援外款項作粗率削減。

美助理國務卿勞勃森宣稱，美將加强援助中國，遏阻共匪勢力擴張。

三月十四日（星期六）

艾森豪發表電視演說，呼籲以堅定及勇氣對付俄對柏林威脅，表示俄對西柏林「自由市」的建議無法接受。

三月十五日（星期日）

美將繼續在遠東海面偵察追蹤可疑俄船，美認此係預防俄突擊的重要措施，謂俄船乃俄潛艇補給站。

美空軍參謀長懷特表示，美國駐歐軍事力量足夠應付柏林危機，須用一切方法在柏林寸土必守。

三月十六日（星期一）

艾森豪發表演說，報告柏林情勢，重申美在柏林堅持到底的意向，斥俄企圖迫使盟國退出柏林。

俄軍機侵入伊朗領空，伊朗向俄抗議。

俄與伊拉克簽訂經濟協定。

艾森豪向赫魯雪夫建議，今夏舉行高階層會議，但須外長會議先替解決柏林危機舖路。並重申美國不放棄對柏林的權責。

三月十七日（星期二）

約旦王胡笙離華飛美訪問。

艾森豪總統的「德瑞波委員會」提出報告，建議以更多新武器援助中韓越南等國，强調美不應減少防務支持計劃。

『自由中國』的宗旨

第一、我們要向全國國民宣傳自由與民主的真實價值，並且要督促政府(各級的政府)，切實改革政治經濟，努力建立自由民主的社會。

第二、我們要支持並督促政府用種種力量抵抗共產黨鐵幕之下剝奪一切自由的極權政治，不讓他擴張他的勢力範圍。

第三、我們要盡我們的努力，援助淪陷區域的同胞，幫助他們早日恢復自由。

第四、我們的最後目標是要使整個中華民國成為自由的中國。

三月十八日（星期三）

美國防部長在衆院呼籲，堅決抵擋共黨侵略，强烈支持艾森豪卅九億援外案。

三月十九日（星期四）

赫魯雪夫突表示同意五月舉行外長會議，但又要求二次大戰各國集會，共同擬定對德最後和約。

英首相麥米倫抵美，與艾森豪會議。

三月廿日（星期五）

臺灣省行政會議揭幕，周至柔說明開會意義，盼切實研討改善省政設施。

西藏反共部隊向拉薩推進中。

三月廿一日（星期六）

關於舉行高階層會議問題，艾麥獲致折衷方案，堅持會議須廣泛討論各項建議，在開高層會議之前，須先開外長會議。艾麥已商獲協議，拒絕中歐的擺脫計劃。

西藏反共進入高潮，拉薩爆發戰火，共匪圖謀拘禁達賴，遭到普遍反對。

印外部已證實拉薩有戰事。

蘇俄主張高階層會議在中立國舉行。

臺省行政會議開大會，黃啓瑞提出本年八項重點工作。周至柔提出議案，劃分省與縣市權責。

三月廿二日（星期日）

西藏反共戰事擴大，江孜已在藏人手中，康巴族稱殺死匪軍已有五萬，共匪圖挾制達賴以平息反共藏民。

納塞公開拒斥赫魯雪夫的指責；回教同盟代表在開羅聲言，將向「紅色帝國主義」作戰。

艾麥會議結束，三天會談七項問題：高階層會議、外長會議、歐洲安全、應變計劃、氫彈試驗、中東問題、貿易問題。

三月廿四日（星期二）

關於四國答覆蘇俄照會，西方盟國商獲協議。拉薩再度發生戰事，萬餘僧侶參加抗暴行列；西藏兩大寺院遭匪砲壞，藏胞領袖集議支持反共鬭爭。

達賴喇嘛行蹤，各方傳說不一，印報傳已逃到鄉間，一說已經被匪挾走。

伊拉克正式宣佈，退出巴格達公約組織。

三月廿五日（星期三）

艾麥所定高階層會議的條件，俄報表示不滿，謂註定將失敗。艾森豪獲報告，戰火蔓延西藏全境。藏胞正展開大規模游擊戰。

艾森豪在記者會表示，除非外長會議獲進展，美不參加高階層會議。

社論

(一) 軍事改革的起點

四十六年八月十六日本刊發表的「我們的軍事」那篇社論，其中有這樣一段話：

「臺灣六十萬陸海空三軍，是自由中國反共反攻的資本。這句話，有兩點必須的補充：㈠武裝部隊只是我們反共反攻的資本之一，而不是我們唯一的資本。我們所更應重視、更應珍惜、更應好好把握的資本，是大陸上的四億五千萬的人心。㈡資本並不永久是資本。如果安排得不好，調配得不當，資本就變成了負債。這是我們現在討論軍事問題時兩點基本的認知。」

我們這段話，在歷年來「軍事第一」的口號下，是不大中聽的。可是，客觀的現實，畢竟不是虛妄的宣傳所能扭得過的。所以到了四十七年十月二十三日中美聯合公報發表的時候，我們政府也不得不正式而公開地宣告：

「中華民國政府認爲恢復大陸人民之自由，乃其神聖使命；並相信此一使命之基礎，建立在中國人民之人心。而達成此一使命之主要途徑，爲實行孫中山先生之三民主義，而非憑藉武力。」

公報上這一段話，與我們老早以前關於軍事問題的第一點基本認知，完全一致。我們說，武裝部隊不是反共反攻的唯一資本；而更應好好把握的資本，是人心。公報說，恢復大陸人民自由這一使命的基礎，建立在人心；而達成此一使命的主要途徑，不是憑藉武力。

對於政府這個宣告，有些人──平常對於國事深謀遠慮而又肯以負責任的態度說出自己的看法的人，大都是表示樂觀的。例如蔣廷黻先生認爲這是一個新時代的開始，胡適先生認爲這是一件不容易的事──難得的事（見本刊第二十卷第一期胡適「關於言論自由和反共救國會議」講演詞）。

「一個新時代的開始。」「一件不容易的事。」這類話，都是對政府在認知上有了進步，表示樂觀。

認知，應該接着有相對的行動。自中美聯合公報以後，大家都這樣盼望着，盼望政府言行一致；以「人心第一」代替「軍事第一」作爲行動的方針。

其實，「軍事第一」這個口號，多年來已變成某些作用的藉口，而其本身却沒有什麼眞實的內容。我們看，軍人的生活，無論物質方面或精神方面，都够苦，並沒有在「軍事第一」的口號下合理改善。軍人生活都不能合理改善，還說得上「軍事第一」嗎？

「軍事第一」這個口號，保持了不必要的龐大兵額；而官兵們的生活，却因龐大的兵額而不能合理改善！

「軍事第一」這個口號，保持了國防費佔國家總預算百分之八十以上的比例；而國防費的內容，却在軍事秘密的藉口下，不讓立法院審核！

「軍事第一」這個口號，把軍事變成了輿論界的 taboo。凡軍中不好的現象或不應有的事情，一概不許發表；更不歡迎批評。

現在，政府既已宣告不以武力爲恢復大陸人民自由的主要途徑，而又宣稱這一使命的基礎，建立在中國人民之人心。這正是以「人心第一」代替「軍事第一」。這確是一個明智的轉變，是一件不容易的事，是一個新時代的起點。

就政府的認知方面來看，是轉變，是一個新時代的起點。可是，行動呢？

上月二十日報載，自四十三年美援運用委員會開始辦理輔導安置退除役官兵計劃以來，總計退除役官兵已達七萬餘人。隨着這個消息的宣布，我們還聽說政府現正籌劃開始裁減軍隊。這個傳說，究竟是確有其事，還是報載的那則消息的誤傳，我們尙未得到確證。假定這一傳說確有其事，我們就得承認這是軍事改革的起點。

在今日的國家問題中，我們早經發現：經濟害於財政，財政害於軍事。如果軍事問題得到適當的解決，財政問題就比較好辦；財政問題減少，經濟問題也比較容易解決。從而其他問題也就不難着手了。所以遠在一年半以前，我們就提出裁減常備兵額的主張，作爲軍事改革的起點(見本刊第十七卷第四期社論「我們的軍事」)。這是由於我們對於軍事問題有第二個基本的認識，即：「軍隊是我們反共反攻的資本，但資本並不永久是資本。如果安排得不好，調配得不當，資本就變成負債。」所以我們主張裁減常備軍，繼續不斷地訓練後備軍。就我們的財力講，這才是妥善的安排，我們的財力已不能繼續支持這樣龐大的軍費。就現在新型的武器講，這才是適當的調配；現在的武器，已用不着繼續保持這麼龐大的兵額。如果仍保持原有的兵額而不適度裁減的話，不僅有打腫臉充胖子的苦痛，而且也叫人家笑我愚昧。

裁軍，並不等於減削軍力。相反地爲着振奮軍心，提高士氣，從實質方面加强作戰力量，必須從裁軍開始。因爲，在我國龐大的軍職人員名額中，事實上包含了許多非戰鬪人員在內；這些非戰鬪人員中的一大部分，不僅沒有必要，甚且成爲一種累贅，在軍中製造矛盾，影響軍心士氣。這些多餘的非戰鬪人員被裁減下來，將使軍隊獲得實質的改進。我們已聽到一部分政府當局喊出「精兵主義」的口號，據我們瞭解，這當然也是「兵不在多而在精」的意思，與我們所提裁減兵額沒有不同。政府的看法如果確實和我們的一致，那末，中美聯合公報發表了以後，現在該是行動的時候了。

其次，我們說到軍費。常備軍適度裁減以後，原佔國家總預算百分之八十以上的國防費，其比例數應當大大減低。國防費的項目及其實際支用情形，立法院及監察院有分別審核的權責。軍事部門，只是國家體制的一部份。爲保全國家體制的完整，決不許軍事部門形成一個獨立王國。歷年來國防費由於不經人民代表機關的審核，於是它就掩蓋了許許多多非法的開支，也掩蓋了許許多多不光明、乃至敗壞氣節的開支。這些開支所引起的後果，有的是破壞制度，有的是喪失人心。現在，政府如果眞能做到以「人心第一」代替「軍事第一」作爲行動的方針，國防費就得讓人民代表機關嚴格審核，這是軍事改革的第二個要點。

最後，我們還要特別强調一點，即：軍事不是不可以批評的。這句話，並不蘊涵着我們否認軍事有秘密。但就我們的理解，軍事秘密應該限於軍令，尤其是戰時的軍令。至於一般性的軍政，不應以軍事秘密爲藉口而不許批評。經驗告訴我們，不見天日的東西，總是容易霉爛的。對日抗戰後期及戰爭結束的初期，我們的軍隊，號稱六百萬。其中除少數幾個兵團曾與共匪作英勇戰鬪，在戰史上留下輝煌記錄以外，大部份的軍隊却一天一天腐化下去。這未始不是當時禁止輿論界觸及軍事問題而釀成的惡果。輿論界不能觸及軍事問題，至少有兩大害處。第一，爲非作歹的軍事人員既無輿論批評指責，他們就可少些顧忌，而更大膽胡作妄爲。第二，最高軍事當局不能從輿論方面而只靠各種官式報告來了解軍情，有時是會被蒙蔽的。被蒙蔽以後一旦發現軍中實情與想像中的情況不一樣，那就來不及挽救軍事的頹局了。這是大陸時期的慘痛教訓。這還不足够叫人反省、叫人警惕嗎？所以，我們今天要趁軍事有了開始改革的希望的時候，特別强調軍政也應受批評。軍政受到批評，則軍事改革——如有何改革的話——不會停止在一個起點的上面，而可日新又新繼續地改革，使我們的國軍，無論就那方面講，都可與一個現代化民主國家的軍隊相比而無愧。這樣，不正是政府所希望、所祈求的嗎？

輿論批評，有助於一切改革。軍事改革，也要靠輿論的批評來推動。

社論

（二）

重視西藏掀起的抗暴運動

自印度不斷傳來的報導，從三月十三日起，西藏又一次比以前更爲猛烈的對共黨極權統治的反抗運動已經展開了。這幾天，藏胞的抗暴行動有如怒火燎原，自雅魯藏布江邊的拉薩、江孜，已經擴張至西藏全境。僅持劣質和極簡單武器的藏胞，對中共開進西藏的部隊正展開慘烈的戰鬪。

在自由世界與共黨陣營間由於冷戰的進行，時局正在低氣壓沉悶下的今天，鐵幕中又爆發了這樣大規模的反抗極權統治的革命（西藏面積一百二十餘萬方公里，就地域的廣濶言，大於九萬餘方公里的匈牙利十三倍有餘），這是使我們感到極興奮的事！

中共統治大陸近十年了，在前年的大鳴大放期間，教授、青年學生、與一般知識份子對共黨政權的指斥和抨擊，充分顯示共黨思欲控制人民思想的失敗。不過，這還只是言論、思想上的反抗；這次西藏爆發的抗暴革命，是大陸上出現的第一次規模最大的對共黨統治的反抗運動，這已經是行動上的反抗了。雖然由於西藏對外交通的阻隔，由於電訊報導的不明確，抗暴革命進行的詳細情況如何？抗暴人民在面對訓練精良的共黨軍隊進撲下究竟能够抵抗到多久？我們的政府和自由世界能否在最短的時間內予抗暴人民以最有效的接濟？對這些，我們尙不得而知。可是，這也足以說明一個事實：只持暴力極權統治的政府，無論如何不能彈壓住人民對於爭取自由的渴望！

這次西藏的抗暴運動，也可促使世界上一些短視而對中共估價過高的人士們醒悟。因爲這正可以暴露出中共對大陸極權統治的失敗。共黨極權政府，愈要實行高壓政策，愈要實行「公社」暴政，愈益引起天怒人怨，愈益引起反抗運動。共黨政府除去了依存武力生存之外，已經完全背離了人民。這樣的一個政府，如果將來還要讓它混進聯合國，還要承認它是合法代表中國人民的政府，那豈不是正違反了四億五千萬渴望自由的中國人民的意願！

據最近的消息，中共對於陷入起義軍手中的各據點，正動用飛機和重砲進襲，企圖撲滅抗暴運動的火燄。記得傑佛遜曾說：「自由之樹的成長，是由志士和暴君的鮮血來灌溉的。」我們除了對抗暴運動中爭取自由的藏胞志士表示最虔誠的敬意之外，同時以沉重的心情就言責者的立場，向自由世界和我們的政府呼籲。

中國爲全世界自由與奴役鬪爭之一環，我們雅不欲再重提十年前自由世界對中國政府在大陸與共黨鬪爭挫敗時毫不值顧的錯誤，但如果這尙不失爲一種寶貴的教訓，則此次大陸上爆發大規模的抗暴革命，自由世界實不應再瞻顧徘徊，坐視西藏的武裝革命在孤立無援下被共黨殲滅，而應立即採取行動給他們以有效的援助。如此，將會使大陸上的部份地區能够先飄揚起自由的旗幟。

回憶一九五六年匈牙利革命時，自由世界對匈牙利雖然湧起同情的熱潮—

對匈牙利投奔自由人士的妥爲安置和踴躍捐輸，可是由於對匈牙利革命軍始終沒有武器的供應，致使這一驚天地、泣鬼神的革命志士們的血淚白流了。它僅只把歷史點綴上壯烈的篇章，但却沒有使匈牙利在一九五六年的冬天改變成爲自由的國土。這一事件，直到今天仍可說是近年來國際間最大的憾事。現在，面臨着西藏掀起的抗暴運動，自由世界絕不應再蹈覆轍，放過使中共崩潰的良機！

至於我們的政府在這時應該有甚麼作爲呢？我們知道：以西藏距此的遙遠，以政府今天所能動用的人力、財力、物力之有限，我們不能期望政府有甚麼了不起的擧措——這是我們一向所持的態度。我們不願放言高論苛求政府做力所不及的行動，但是我們也不願看到政府僅只是在「召集緊急會議」、「討論西藏情勢」、「發表鄭重聲明」……中蹉跎時間，像過去幾次對僑胞事件的拿不出一點兒具體辦法一樣，但求敷衍搪塞過去。三月二十五日，青年黨領袖左舜生氏在香港「自由人」報上就西藏反共運動曾向政府說：

「在過去的若干年，我們本來有過兩度可以試行反攻的機會：一度是韓戰打得難解難分的時候，一度是大陸上大鳴大放鬧得如火如荼的時候。這裏的所謂『試行反攻』，乃是說反攻的規模不必太大，成功的希望不必太切。質言之，便祇是一種反攻的象徵而已，可是連這一點政府也並沒有表現它一種嚐試的勇氣。

……………………………………

現在西藏大規模的反共運動已經繼續相當的時間了，政府的態度又如何呢？

據藏蒙委員會委員長李永新說：『西藏的反共起義，其規模較匈牙利革命爲大，情勢亦更緊張。』………政府的負責當局不早已說過：『只要大陸有類似匈牙利的革命起來，自由中國便不能袖手』的話嗎？何況它的規模比匈牙利更大呢？……」

相信左氏的看法，定能代表海外很大一部份人士的意見。我們雖不完全同意此一看法，但我們希望這次政府能夠就力之所及，做出些具體的、有效的幫助藏胞抗暴革命或是能夠對他們有所補益的行動。只要我們的政府確是在那裏盡力而爲，自然會得到海內外與身陷在鐵幕中的同胞的諒解。

時間已經太窘迫了，政府應該趕快的拿出辦法來！

社論

(三)

從中日更動大使檢討中日外交關係

最近中日兩國都更動了它們駐東京和臺北的大使。日本駐華大使堀內謙介請辭而代以井口貞夫，中國駐日大使沈覲鼎請辭而代以張厲生。中日兩國這種外交人事更動並不一定含有重大的政策意義，但此時此地兩國同時作這種更動，至少使人覺得中日兩國現亟需作某種努力和調整，來加强兩國外交關係。

談起中日兩國關係，今日自由中國人士都有一種有苦難言之痛。因自中日兩國雙邊和約簽訂以來，自由中國對於日本邦交原存有頗高希望，以爲經此和約可使兩國從此加强聯繫，切斷日本對大陸的幻想，將共同負起安定西太平洋的任務。可是事實上，中日兩國雙邊和約不但沒有達到自由中國方面所預期的目標，而且亦根本沒有阻止住日本與大陸共匪政權圖打交道的那種想法。在中日和約簽訂初期，當時日本首相吉田茂和外相岡崎勝男，還堅持日本的對華政策完全和美國的對華政策相一致。及至一九五四年秋吉田茂訪問歐美各國，在由英赴美的大西洋途中，他便宣布日本的對華政策將在英國與美國之間採取一中間路線。換言之，當時的日本對華政策就已經拋棄了中日雙邊和約的路線，嘗試在大陸問題上準備冒險一步。所謂英美之間的中間政策者，就是一面仍跟美國一樣繼續拒絕承認大陸上的共黨政權，另一面却要像英國一樣準備和大陸作生意。待吉田下台，鳩山繼任日本首相並與蘇俄復交以後，日本對大陸幻想更形濃厚，一時日本商人和政客絡繹於香港與北平道上，大陸共諜亦紛紛進入日本活動。結果不僅日本商人與北平僞政權之間簽訂了商務協定和含有政治意義的漁業協定，而且日本駐日內瓦總領事與共匪代表之間也曾有過短時的領事官會議，以商討遣返大陸地區的日俘問題。從那時以後，中日兩國外交關係可以說只有在某一時候顯得太壞，從沒有在某一時候顯出更好。而大多數的時間，兩國關係都是在一種不愉快狀態中。這些已淸楚表示出：第一，中日雙邊和約是一個失敗的和約；第二我們的對日外交是一項失敗的外交；第三、中日兩國間這種尷尬的外交關係由來已久，並非自今年或去年才開始。

時至目前，中日兩國關係已不是「不愉快」三個字所能形容的。自本年一月下旬起，日本首相岸信介和外相藤山愛一郞已曾一再聲明，它們將與中共擧行大使級會談，將簽訂政府之間的貿易協定，將派執政黨的代表團赴大陸，與之商談恢復貿易及其他問題。日本政府及自民黨的這種說法，雖然至本文執筆時止還未見諸事實(至於它們是否已作秘密接觸，我們不得而知)，但日本社會黨幹事長淺沼稻次郞所率領的一個代表團，已於上月完成大陸之行。淺沼在大陸談話，會公然詆毁美國爲日本及中共的共同敵人，會後與北平僞政權所發表的聯合聲明，提出要在日本放棄對中共的敵視，放棄「兩個中國」及不阻止恢復正常關係的三大條件下允予恢復貿易談判之外，並提出遠東集體安全條約，遠東原子中立區及臺灣地位等種種重大的政治問題。日本政府當局對於社會黨這種乖張狂妄行動的反應，除了斥責淺沼反美言論的不當，重申與美國及自由世界的聯繫外，對於其他種種則未表示正面態度。過去有人譏諷日本執政的自民黨與在野的社會黨之間在對大陸貿易問題上實行競賽；以現情來看，我們甚至懷疑它們兩者在此方面是否在唱雙簧。縱使日本政府及自民黨完全不同意社會黨這種作法，但它們並未站在光明正大的立場即時糾正社會黨這種錯誤，確實也給日本人民帶來了一種迷惑。

對於日本商人與大陸之間的私人貿易，我國政府過去已經表示過諒解的態度。但現在共匪已明白表示對日本貿易與政治完全不可分，無政治解決，即無貿易可言，而且以解決政治問題爲先決條件。這是一種對日本的高壓手段，是一種毒藥，可是社會黨代表却已吞下了這劑毒藥，向中共作了無條件投降。現在擺在日本政府及自民黨面前的，一個是斷然拒絕社會黨這種作法，拒絕共匪這種貿易與政治問題關聯的勒索，從此放棄大陸市場，在自由世界地區內尋求解決日本的經濟困難；另一個便是企圖檢取微小的經濟便宜，在表面拒絕而暗地接受的情況下，與社會黨亦步亦趨，逐漸向着與大陸共黨妥協的道路走去。在我們看來，日本的經濟困難是可以單純經由自由世界地區謀獲解決的。在過去許多年，日本並無這一大陸市場的依靠，即有之，其實際貿易額亦爲數有限，而日本經濟的發展與繁榮則如故。過去如是，未來亦應無問題。所以日本當局假若選擇一個不與大陸共黨妥協的政策，堅定與自由世界合作，完全拒絕共匪假手於社會黨的這種勒索，不僅非常應該，而且也是可能的。可是日本當局在事實上是否有此睿智，我們不能沒有疑問。

日本現時這批大陸貿易熱者，都有一種似是而非的說法，以爲日本若缺少大陸市場，日本經濟即無法維持。這種說法正和戰前日本侵略中國時所持的荒謬論調，前後如出一轍。當時日本軍閥在國際上掩飾侵華罪行的一個藉口，便是日本缺乏「生存空間」，除非向中國大陸覓得土地，日本民族即無法生存下去。可是當日本無條件投降，盟國剝奪了它的戰前的一切殖民地，把日本所有人民趕回日本的四個小島以後，我們並未聽說日本有何生活不下去的說法。相反的，它們很滿足於它的現有國土，表示不但無意再侵佔別人的土地，甚至連他們自己原有的千島羣島及色舟、齒舞兩島都不想收回。現時日本高唱不作大陸貿易日本經濟即無出路的這批人，應該記着日本對大陸的貿易，並不是一個日本經濟的永久可靠的出路。共產政權現時也許眞需要日本的某些商品，也許因爲政治動機不能不購買日本的一些商品，作爲釣餌，但一到某一時機，大陸共產僞政權可能突然採取行動，完全斷絕與日本的貿易，使日本感到措手不及。假若果到那一天，那麼日本的所謂無大陸貿易即無經濟出路的說法，又將作何解釋？我們不否認現時日本與大陸在某種程度內有進行貿易的可能性，同樣，我們也不能否認一到某時共匪會突然斷絕對日貿易的可能性。假若日本見不及此，把經濟出路的大注押在大陸貿易方面，其結果日本將爲自身的存在種下無可挽救的大禍。所以爲日本的經濟出路着想，日本對於大陸只能作爲一個補充市場看待，能作多少生意就作多少生意，能作幾天生意就作幾天生意；絕不能作爲一個正常的市場，把日本經濟的繁榮與否建立在這種幻想上。假若能照前一種作法，日本能從大陸市場賺取若干利益；假若要照後一種作法，日本無疑將要吃盡大虧。

再從非貿易立場來看日本這種作法，我們更覺得這是日本的一種玩火的行爲。日本以爲它們和大陸共黨接近，後果全歸它們自己。其實這種行動損害日本的長遠利益猶在其次，主要的還是損害到整個遠東國家和自由世界的永久安全與地位。戰前日本怙惡不悛，不斷侵略中國，一面使中國元氣大傷，國本動搖，一面日本亦陷入泥沼，自取覆亡。眞所謂兩敗俱傷，漁翁得利，替國際共黨製造了一個赤化中國大陸與亞洲的最好機會。假若當年日本軍閥稍有政治遠見，不作併吞中國非非之想，使中日兩國間不以互鬭而以互讓精神互助合作，協力反共，則上次亞洲戰禍可以避免，如此今日大陸固不至於爲共黨所陷，日本亦如何能演變到這步境地。現在日本又面臨一個重大的歷史關頭，假若日本當局不以過去的覆轍爲鑒，仍只顧眼前利益，一味投機取巧，其結果不只是自由中國與現在的日本受害，而且將使共爲未來席捲整個亞洲舖平道路。我們覺得除非整個日本甘心接受淺沼這批人的愚弄，準備向共黨賣身投靠，自絕於美國與自由世界的廣大友誼；否則，日本朝野上下，明辨是非，區別眞正利害，在對大陸貿易問題上採取一斷然態度的時機業已來臨。

再從我們自身講，今天中日邦交所以招致失敗，一面是由於日本的缺乏遠見，與不守國際正義立場，一面亦由於我們的人謀不臧，政策錯誤與努力不够有以致之。中日雙邊和約的未盡妥善，已爲衆所詬病，即以數年來我們的對日外交政策看，日本與共匪之間接觸正不斷增强和深入，而我們却永遠拿不出任何有力的對策。時至今日，我們的對日政策，是十年前的政策；我們的對日外交官員的頭腦，是三十年前的頭腦；我們的對日外交作風，是上一個世紀的作風。任何人都知道在今日辦外交，絕不能僅以轉遞幾項外交文書和在外交宴會酬酢寒喧爲已足，必須密切注視駐在國的輿論及民情動向，設法爭取該國廣大民意對我們的同情與支持。試問戰後以來我們的駐日外交官已作到這些沒有？我們在日本所斤斤爭取者，並非廣大的民意和文教勞工各界的人士，而只注意執政黨內的少數人，尤其是屬於過去時代，目前已無甚影響力的那些人物。結果，我們雖不斷邀請日人組團來臺訪問，但這批人一返國，即不敢公開發表對我們的支持意見，反而肆意批評我們，以博取國內民意的好感；我們有時也對日本不當行爲提出書面抗議，但這些抗議很少爲日本報紙所刊載。就此情形來看，我們對日外交的實效如何，已思過半矣。

至於我們駐日使館內部人員的良莠不齊，工作上的尾大不掉，派系龐雜，以至於互相傾軋排擠，有功互爭，有過互諉，據聞使駐日大使館已呈現一種眞正的「戰國」情況。我們承認任何一國的駐外使館內部，都免不了有意見分歧現象，甚至館內紛爭公諸於世者亦所在多有。但我們現在駐日大使館的眞正悲劇，並不在內部有不協調的情況，而是政府沒有魄力能消除和糾正這些不協調的情況。各國大使館是一種治外法權單位，而我們的駐日使館不但對日本政府有治外法權，而且對我們自己的政府同樣也具有治外法權。我們不忍心完全揭爲政開這一問題的眞相，但政府的沒有能力糾正駐日使館內部的人事糾葛，及統一駐日工作的機構，我們深自覺得是一種笑話，一種恥辱，是一種曠古未見的奇聞。

未來整個亞洲的前途，取決於中日邦交的前途，而中日邦交的前途，又取決於現時中日關係的調整。我們本諸愛護日本，促進中日兩國合作友好的立場，特對日本當局提出忠告，尙望在中日兩國同時更動駐東京及臺北使節的今天，兩國能檢討過去，策勵來茲，使中日邦交由此展開一新紀元。

社論 (四)

寫在臺灣全省行政會議之後

從三月二十日到二十四日，臺灣省政府召開了一次爲期五天的全省行政會議。總計大會出席列席人員，共達一百六十八人之多，其中包括省政府委員、各廳處局首長、各縣市長、乃至有關業務的科室主管。由於此項會議的召開，是臺灣實施地方自治以來的第一次，所以特別爲各方面重視，大家總希望省政府耗費龐大人力和財力的結果，多少能得到一點促進臺灣地方行政改革的成效。現在，會議已經結束，我們不妨根據客觀事實來說說。

關於此種導源於官治時代的行政會議，是否還適合於此時此地，這本來是一個値得研究的問題。這一點，鑒於民營的「公論報」首先就以社論提出了否定的答案，所以不打算再多事申說。不過，省政府召開會議的實際成效如何？我們認爲還有澈底檢討的必要。

據大會秘書長連震東等在會議召開前夕對外扼要宣稱：會議目的是在檢討過去省政的得失，策定今後努力的方向，並將着重於加强省與縣市以及縣市與縣市之間的配合與協調，進而提高行政效率，鼓勵全省上下一切力量，以加速全省各項建設的展開。這一說法，等到省主席周至柔在大會開幕典禮中致詞時，更做了較爲詳盡的發揮。在我們看來，假使開會的目的眞能實現，這次會議才說得上有相當價値。

可是，從會議的全部過程中觀察，却令人懷疑究竟有何價値？最低限度是會議的實際成效，並沒有達到對外宣稱的目的。

這一次的會議，從外表上看來，的確是熱熱鬧鬧。由開幕典禮、而訓詞、致詞、上致敬電、討論議案、綜合講評，乃至於贈送親筆簽名照片留念，可謂應有盡有；除此之外，還排列了兩個比較特別的節目，即所謂「講述各縣市政績考評結果」，以及「縣市優良政績報告」。然而，一究其實，却又是空空洞洞。例如所謂四十一項的政績考評，相當的客觀和公正，已經無法做到；何況是由一個官派的省政府，對於民選的縣市長，用此種不可靠的標準，去考評其政績，自然更無必要。至於政績報告，連官報中與省政府關係最密切的「新生報」，也深感「頗有自我宣傳之意」，當然更用不到細說。事實上，其中最大家所關注的，顯然還是討論議案。說到議案，除掉省政府擬定的九項中心議題，還有省府各廳處及縣市政府提出的一般提案一百二十五件。形式上，各與會單位主管人員，似也知道討論議案的重要性。但是，按照大會日程的分配，討論九大中心議題的時間，只不過六小時；至於一般提案，從綜合審查到討論，總共也只有六小時。其中例如一般提案，除掉歸併、保留、撤回者以外，還通過了七十三件。可是，這七十三件性質不同、內容複雜的提案，只在三月二十四日上午九時到十二時舉行的第六次大會中，化了短短三小時來討論。以三小時來平均分配，則每件案子所佔的所謂「討論」時間，實際上還不到兩分半鐘。現在，請大家仔細的想想，在不到兩分半鐘的時間限制下，究竟如何去討論議案？老實說，不但中心議題無暇鄭重討論，即就是一般提案，若眞要一字一句的淸淸楚楚讀一遍，恐怕還來不及呢！更那裏說得上發表不同的意見，提出來彼此斟酌？

在大會開幕典禮中，儘管周主席在致詞時首先强調說：「本人懇切希望這次會議，是一次成功的會議，而且我們必須努力使這項會議，成爲一次成功的會議。」可是，周主席在同一致詞中接着又說：「我們常聽到有些同人，敍述他們的困難，不是說編制太小，就是說經費不足；不是說手續太繁，就是說掣肘太多。其實，我們要曉得，比起以往大陸上的情形來，今天擔任地方行政工作的人，所具備的條件，眞可說是得天獨厚。」這段話，充分流露省當局自始便缺乏面對現實的勇氣，而不願大家把問題揭開來說。也正因如此，這次的行政會議，特別注重「政績」，既有講評在先，又有報告在後，於是，在一片歌功喝彩之下，最後除掉承認周主席領導有方外，若干實際問題，自然只有照例在「圓滿閉幕」聲中，不了了之。

其實，今日臺灣的行政問題何在，省政府不會不知道。據我們所知，在不久之前，總統府臨時行政改革委員會提出總報告時，其中與臺灣地方行政有關的建議案，都能以事實爲佐證，指出問題的癥結。例如其中較爲重要的第五案，也就是「改進臺灣省縣市權責劃分及指揮系統案」，對於目前臺灣省政府與縣市政府之間的根本問題，便老老實實的說了出來：

「向例臺灣省政府每年頒行各縣市施政準則，列擧中心工作，達百數十項，幾於事無巨細，無所不包。其中涉及地方自治事項範圍與職權者尤多，結果遂不免過份侵越縣市政府應有之職權。」

這還只是省政府與縣市政府的權責劃分問題。至於指揮系統方面的問題，越權的情形，則更爲嚴重：

「臺灣省政府各廳處，每由於業務上之需要與工作上之便利，直接指揮縣市政府各有關單位。縣市政府各局、科，亦每每越級，逕向省政府各廳處請示。此種單線領導與越級上呈之作風，不特侵越縣市長之行政指揮監督權，而且形成機關內部，上下脫節各不相謀之情形，而臺灣省政府各廳、處及縣市各局、科橫的聯繫，亦因之極感困難。」

至於此種「單線領導」和「越級請示」的作風之形成，該報告書更有一番澈底的分析，並進而提出了一項正確的主張：

「其中最大之原因，乃係臺灣省縣市政府各局、科首長，多係由省政府各廳處直接委派或推介者，即事先已建立了人事上不可分離之關係。爲糾正此種作風，必須授縣市長以人事權。」

很顯然，省政府的侵越縣市政府職權，是省政府與縣市政府之間的最大問題，也是臺灣省行政上最嚴重的問題。省政府明明知道，如眞要促進臺灣全省行政，便非遵照改革不可。

最近，由省政府一手擬定的七種地方自治法規草案，終於在臨時省議會順利通過。這一套足以摧殘臺灣地方自治的法規，既然在全省最高民意機構通過，而沒有加以重大的修正，省政府固可以順理成章的以此做爲摧殘臺灣地方「自治」的工具，乃至於對抗總統府臨時行政改革委員會建議案的擋箭牌。不過，省政府既選擇在七種自治法規通過後這一時機，召開全省行政會議，如眞能朝着促進臺灣全省行政的方向努力，豈非多少還可以發生一點補救作用？

在這一次的全省行政會議內，省政府特別在所謂中心議題中提出了一案，即「省級機關與縣市機關權責劃分方案」。事實上，這也是九大中心議題中關連到制度的基本問題。

省政府首先在此項議題的「前言」中坦白承認：「縣市已爲自治團體，依法得以其自已意思，處理地方事務。但在事實上，地方行政制度仍依舊貫，上級政府對於縣市之指揮監督，過嫌嚴密，不克培育地方自發機能，其結果，不獨使事權糾纏不清，且亦招致地方人民之不滿。」這段話，是承認總統府臨時行政改革委員會建議案的正確。可是，接着在擬定的改進方法中，却並未接受該會的意見。相反的，無論是「劃分自治事項與委辦事項」、或「確立省縣財政關係」、或「明定指揮與監督系統」、或「任免獎懲權」的所謂改進方法，大多數都是依據剛通過的地方自治法規中若干有關的不合理條欵，而加以擬定乃至擴張的。簡單的說，就是擴大了省政府的行政權，而未建立縣市政府行政權，使得總統府臨時行政改革委員會的建議完全落空。

省政府這次召開的全省行政會議，居然不接受總統府臨時行政改革委員會的實貴意見，乃至做了相反的決定，這眞是一件不可思議的事。由於會議帶來了這樣的結果，眞看不出省政府召開全省行政會議的實際成效何在，而使人懷疑省政府召開會議的目的究竟是甚麽，尤使人對於中國行政改革的前途感到無限悲觀。

第七期海軍全體預備軍官來函

頃見貴刊第二十卷第四期一三八頁及第二十卷第五期一四七頁刋登關於第七期海軍預備軍官之函件殊感驚異。查我們全體同學，整日埋首功課，從未向貴刋寄投隻字。貴刊前載一羣第七期海軍預備軍官所投兩函，顯係他人盜用名義，有意破壞我們反共抗俄團結之力量，絕非我們第七期海軍預備軍官所爲，玆經全體同學商討決定除另報請查究外，敬希　查照惠予更正，以正視聽爲荷。此致

自由中國半月刊

第七期海軍全體預備軍官啓　三月廿六日

稅務司來函

受文者：自由中國半月刊

一、按照關章規定並非經商之遊船可勿庸向海關呈遞艙口單辦理進出口手續。

二、貴刊第廿卷第六期「讀者投書」欄內劉金輝君所投之「卡文逃稅闖關案之檢討」一文中所紀「海狐號未辦報關出口手續」「觸犯海關緝私條例法令」等，核與關章未符。

三、爲恐外界不明特函請惠賜更正無任感荷專此敬請

撰安

稅務司周彼得　謹啓　四十八年三月十七日

在陰黯矛盾中演變的大陸文藝（上）

東方旣白

一

去年諾貝爾文學獎金給「齊伐哥醫生」的作者巴斯端納克(Boris Pasternak)。巴斯端納克是一個詩人，他雖一直靠翻譯爲生，可是他有餘力可以寫他的詩與長篇小說。「齊伐哥醫生」(Dr. Zhivago)寫了多年，不用說，他在史太林治下早就動筆，這使我想到蘇俄的文藝世界與中共治下的文藝世界是並不十分相同的。

在中共治下，一個文藝作家想安安全全離開政治鬪爭與各種任務的生活，寫點自己想寫的東西，是很少可能的，他必須被迫寫淸算人以及其他任務性的文章，他必須參加各種的集會，他必須對組織報告他每天的所做所想，如果他寫些與黨的號召無關的詩文，那麽一開始就已被組織批判與阻止了。

雖說中蘇的文藝理論都是馬克斯恩格斯的那一套，而所標榜的也同是社會主義的現實主義，對于文藝作者的要求與控制仍是有許多深淺輕重之別。

中共的文藝政策是長期地在游擊時代與邊區控制中形成的，它要特別强調文藝爲工農兵服務。因此他與無產階級文藝以及馬克斯恩格斯所標榜的革命文學很不相同。尤其是在中共的邊區時代，所謂「工」也僅是兼手工業的農民，所以工農兵的口號，實際上祇是農與兵而已。

當時中共的文藝是純粹遵奉政治任務的一項工作，譬如通俗化就是邊區政權下的一種要求，延安曾經產生過許多簡單通俗的幼稚的作品，如「兄弟開荒」之類，而被譽爲很大的成就。這與在都市裏發展的所謂左翼作家的理想與趣味是完全不同的。所謂左翼作家，我這裏指的是「解放」前在都市裏成長的那些左傾作家，他們都是從馬恩的理論來信奉革命文學的，對于無產階級文藝的知識，大都來自德國日本與蘇俄，而所謂無產階級是指都市裏的工人，這與中共當時所提倡的文藝可說是完全不同的。

這兩種文藝上不同的態度，是有他無法調和之處，又加以人事意氣上的磨擦，就形成了尖銳的衝突。這衝突第一次見于抗戰期，上海左聯的「民族革命戰爭的大衆文學」的口號與黨所號召的「國防文學」口號的爭論。這個爭論，大家都知道是魯迅與周揚領導上的衝突，可是一直影響到十幾年後胡風與馮雪峯輩之被淸算。第二次衝突是在延安。抗戰以後，中共的延安膨脹成一個很重要的城市，許多都市裏的左傾人士奔附中共，他們對于延安的期望與革命的理想同當地實際情況自然是不符的。這些新進去的成份與延安當地勢力的衝突，遂引起了毛澤東的整風運動。文藝方面也是一樣，這些都市裏奔附的知識分子對當地領導文藝工作的幹部當然不會融洽。一九四二年，毛澤東的「延安文藝座談會的講話」可以說正是對着這個衝突而發的。

在毛澤東的「延安文藝座談會上的講話」中，他要作家去從工農兵學習，改造自己，他肯定地說文藝爲工農兵服務，文藝爲工農兵而寫。這可以說，毛澤東是很明顯的在支持延安原來的文藝方向與領導。文藝爲政治服務，文藝是宣傳，這原是共產主義者共同的說法。但說文藝爲工農兵而寫，則是中共第一個提出來而是專爲適合當時延安的需要的。

毛澤東的「延安文藝座談會上的講話」，當時就未爲在重慶及其他區域的許多左翼作家所贊同，胡風與馮雪峯，所謂眞正魯迅派的人，就都表示過反對的意見。

當中共佔有大陸以後，文藝路線一直遵循着毛澤東的「延安文藝座談會上的講話」。這篇講話也已經成了不能改變的經典，因此也就是不能反對的信條，不同意見的人最多是在這些信條中作些不同的解釋，但再無人敢在原則上作什麽批評了。

中共文藝政策的失敗，實際上是要不要文藝的問題，如果不要文藝，祇要政治的宣傳，那就取消一切文藝活動就是，那原是很簡單的；如果還要文藝，那麽在這樣的敎條高壓下，文藝是很難發展的。照邏輯上說，如果毛澤東的文藝理論是對的，那麽在延安時代所稱譽的文藝，應當仍爲我們所欣賞的文藝才對，爲什麽如「兄弟開荒」「白毛女」一類的東西，就已不能有存在的價値與意義了呢？這是毛澤東的文藝理論無法解釋的事情。當毛澤東無法解釋那些爲工農兵所寫、爲暫時的政治服務的文藝作品，還不如像遠離我們時代的一首唐詩一首宋詞一般的爲讀者所欣賞時，那些作家們會想到當年魯迅所領導的左聯時代的精神與乎魯迅在文藝與文藝間的主張與態度了。

因此，我們很容易看出中共文藝政策的矛盾是文藝與政治的矛盾，也可說是毛澤東文藝理論與魯迅的文藝思想矛盾。

魯迅雖然認爲文學是宣傳，但他並不認爲宣傳就是文學。一切宣傳未臻文學水平的不過是傳單和標語。這與毛澤東的說法相差就很多了。第一它與共產黨「政治掛師」的主張衝突，一件文學作品，儘管藝術水準很低，因爲政治上有意義，就被譽爲傑作，這是現在大陸上的風尙，照魯迅的說法，當然是祇能放到宣傳部的傳單裏去才對。第二它與通俗化的主張衝突。毛澤東主張文藝爲工農兵服務，所以要通俗化，尤其利用許多通俗的民間藝術如「民歌」「順口溜」「大鼓」「彈詞」以及一切地方戲等的形式，而一律把它當作文藝的作品，這當然與魯迅的說法是不相容的。

魯迅是一個主張全盤西化的人，他常常勸青年不讀線裝書，他又說自已的小說是得力于西洋的小說，他在文藝上的要求與爲工農兵服務方向可說很不一致。

這些是魯迅與毛澤東的文藝思想不同，也就是都市的革命作家與邊區的幹部作家的不同，這兩派人士，在修養上，前者多少會一二國洋文，後者不會；前者讀過較多的書，後者則過了較多的「生活」——「同工農兵一起鬪爭的生活」，前者懂得更多的馬克思主義，後者懂得更多的毛澤東主義。

二

中共據有大陸以後，一方面，因爲足够的地盤與權位，可以使兩派的人都有自已的天下，一方面因爲有許多非共的作家，也即是所謂共同的敵人要他們去鬪爭與清算；所以這兩派的矛盾並沒有怎麼顯露，但是骨子裏的對立則一直是存在的。等那非共的作家們一一被清算鬪爭改造征服以後，這兩派的衝突就又尖銳起來。最大的爆發就是胡風事件。

關于胡風的被清算，各種報導與論述都有很多，我這裏不想再複述，但有一點，即在自由世界的朋友中，有許多人以爲胡風是反共的，或者甚至以爲他是有類乎民主思想的思想，這則是很錯誤與幼稚的看法。

胡風是魯迅派的人員，在我上述第一次衝突，即關于「民族革命戰爭的大衆文學」與「國防文學」口號之爭中，胡風就是與周揚對立的，「解放」以後，胡風雖有一些「文聯」「作協」裏委員等名義，但僅是有職無權的空銜。在極權國家中，權力是一切，沒有權力，就沒有一切的自由，他既無出版的地盤，也無發表的園地。他要出版與發表，都要經過別人的審查考慮與決定。因此每個人必須爭取權力，胡風也決不是例外，他必須爭取領導權才有生路。但當他看到他無法「取周揚而代之」之時，他就主張全國辦七八個刊物，各自發展，這也就是「分權」——分掌領導權的思想。胡風發現許多同情他而不滿周揚派的人，他就與他們聯絡，成了一個勢力，這勢力想得黨的上級的賞識與同情，如不能打倒周揚也希望可以成爲一個與周揚分庭抗禮的勢力。胡風的企圖不過是如此而已。

胡風被清算後，文壇上曾有一度「平靜無事」。接着是大鳴大放開始，可是鳴放時期，許多人——甚至當初根據「黨」的立場清算胡風的人——的所鳴所放，其意見都落到胡風的窠臼，這則是很有趣的一個現象。鳴放不到一月，反右派運動掀起；在這個運動中，被清算的文藝界戲劇界音樂界的人數以千計，然而，歸納這許多被清算的罪案，還是不出下面幾個問題。

㈠領導問題——沒有人敢明目張膽的說文藝不要黨領導，但批評領導之不當與乎「外行領導內行」一類的話則是很普遍在鳴放。其實所爲黨領導之成爲文藝的阻碍，也可見于中共自己的供認：

「束縛和阻碍文藝工作的原因很複雜，有的由于領導部門對于文藝工作的特性缺乏認識，有的由于某些不切合實際的形式主義制度，有的則由于某些幹部以「任務觀點」的辦法來處理文藝工作，有的來自部分的文藝幹部的宗派主義和狹隘主義……」（一九五七年六月號文藝月報社論）

另外一方面，則是「領導權」的爭奪。我們可以說，在爭奪領導權的人事中幾乎沒有一個不是想得上級之賞識與提拔而來領導別人的。這爭奪有中央的，有省級的，有市級的，有縣級的各種層次的領導權的爭奪。

㈡政治標準與藝術標準問題——「政治標準第一」現在雖是已成無人敢否定的經典，但在實際的取捨與欣賞上往往就成爲問題。如：不像作品的政治口號是否比政治意識糢糊的成熟的作品爲可取呢？爲政治任務而趕的作品是否可較無政治內容的作品有價值呢？

㈢普及與提高問題——雖然也沒有人反對文藝爲工農兵服務的口號，但是作品的好壞很難與普及成正比例，作品是否要一定爲工農兵所懂的水準。

㈣暴露黑暗與歌頌光明問題——文藝所寫的一定有正面與反面，反面就是黑暗；一個作家觀察到社會的黑暗，寫出來，就是暴露黑暗，中共一方面不要人寫黑暗則要人歌頌光明。另一方面，中共又要人深入工農兵去生活；而深入工農兵生活的作家，所看到的偏又都是黑暗。所以這有一個不能解決的矛盾。中共所標榜的社會主義的現實主義就是要人把黑暗改作光明，困難僅作陪襯光明，使英雄有用武之地而已。可是稍有良心的作者因爲不願撒謊，或者希望上級了解黑暗之所在而有所改正，因此往往就犯了錯誤。

㈤民族形式問題——中國自五四運動以來，所謂新文藝，都是吸收外來的形式，現在中共則極力要利用舊形式；即借用民間各種唱演之歌曲與草臺戲等形式而加以新內容，這當然爲宣傳之便。可是被視作爲文藝上很大的收獲，就不爲有教養的作家與藝術家所贊同。

這五個問題，其實都是老問題，也可以說是以魯迅爲代表的根據馬恩理想的無產階級文藝與毛澤東爲代表的實際應用的革命文藝主張上不同的問題；這些問題，在鳴放中顯露的竟成了大的罪愆，這是中共自己也意料不到的。最奇怪的，不但清算胡風的人，在鳴放中自已落了胡風的舊轍，而且年紀輕，一直受黨訓練培養出來的作家也犯了同樣的錯誤，這可見這問題正是文藝與政治的矛盾了。

三

從馬克斯恩格斯的理想的無產階級文藝出發的左傾文藝與在延安時代中共的實際應用的革命文藝之矛盾，這反映在實際上有三種的衝突。

一、是一個作家個人內心上的衝突。許多從大都市裏去延安的革命作家（以及畫家與音樂家），他對于文藝的要求與實際政治任務對他的要求，使他們心裏永遠有一種無法解決的矛盾。他也許不屑寫任務性簡單的作品，也許由于政治的要求而謀克服自己藝術的要求，也許由于仔細的思考而發覺了政治要求之可笑，因而苦悶不安。許多在邊區的作家，由于他藝術的天賦與對于修養的進步，他對于藝術創作的要求有超于政治上的限制，也起了突破成規的念頭，因而發生不安。

二、是上邊已經談及的，那羣大都市的文藝作家與邊區原有的作家的衝突。

三、是領導與被領導的衝突。因為領導的人都是黨的幹部，他們要求文藝作家為黨服務，因為處處同作家們有衝突。也卽是外行領導內行的衝突。而結果則是阻碍文藝的發展。

這三種衝突，當然是由來已久的矛盾，中共在文藝上的清算鬭爭可以說都是由于這三種的矛盾而爆發的。

關于第一種個人心上的衝突，而終于為忠于藝術的良心而主張修改文藝政策或寫了違反政策的作品，這可以說是自王實味以來很顯明的表現在一切被清算的人身上。關于第二種的情形，我可以引證一個黨員作家王若望在鳴放時所說的話來說明：

「當此紀念毛主席『在延安文藝座談會上之講話』十五週年紀念之際，我感到痛心的是毛主席這個文獻竟被某些人作為宗派主義的護身符，比如，個別從解放區來的黨員作家，他們會以『我是解放區來的，我是一貫執行毛主席的文藝為工農兵服務的方針的，我的作品就是體現了工農兵方面的。』自豪……問題是他們的這種自豪產生了合于邏輯發展的排他性。說完這段話以後，緊接着還聽到這一類的語言：『你們是未經改造的，你們是缺乏工農兵勞動階級的感情的，誰知道你們在國統區做些什麼？要知道：我們有熟記一切老作家過去歷史的天性。……』這可見大都市歸附過去的作家們是多麼的在被歧視了。關于第三種衝突的嚴重性，則可以從中共自己的自白中看到，上面所引的一九五七年六月號文藝月刊的社論：

「……恰如許多同志所指出，束縛和阻碍文藝工作的原因是複雜的，有的由于領導部門對于文藝工作的特性，缺乏認識，有的由于某些不切合實際的形式主義的制度，有的是由于某些幹部以『任務觀點』的辦法來處理文藝工作，有的來自部分文藝幹部的宗派主義與狹隘觀點……」

如果沒有鳴放運動，這些衝突還不會暴露多少，我們或者還不能如此清楚的可以看到。鳴放運動是一方面使我們知道這些矛盾與衝突，另一方面則使我們知道許多我們從來不知道的事實。

關于中共為什麼發動這個鳴放運動，我們到現在還無從了解。但有一點是很清楚的，是毛澤東錯誤地估計他的威望，也錯誤地估計人民與黨的矛盾。所謂「鳴」「放」是對幹部的主觀主義、官僚主義與宗派主義的批判。原意或者是想稍殺那些幹部們的威燄，使黨與人民能比較和洽相處。竟沒有想到「鳴」「放」暴露了黨與人民的對立。毛澤東于一九五七年二月二十七日發表「關于正確處理人民內部矛盾的問題」的講話後，就產生了一種鳴放的理論。三月五日，陸定一在「人民日報」發表的那篇「紀念整風運動十五周年」的文中，他很清楚的認為中國歷史已經發展到：

㈠我們國家已經是一個社會主義國家，階級已經基本消滅，反革命勢力已經基本肅清，知識分子已經過了思想改造，全國人民已經組織起來，這種情況，就與革命暴風雨時期不同了。

㈡第二，我國有極其廣大的小資產階級、民族資產階級參加在統一戰線之內，因而人民內部的矛盾不是很少而是很多。

㈢人民已經取得政權，而且共產黨已成為領導政權的政黨。不熟悉的任務，艱難的工作，對黨提出了極其繁重的要求。——這種地位會便于主觀主義的發展，因而也便利于官僚主義和宗派主義的發展。

這種說法在文藝戰線上，就有了新的響應，如六月號文藝月刊的社論：「在新形勢面前」裏所說：

「……從文藝方面來說，大家都一致地承認：文藝整風，知識分子的思想改造，對資產階級文藝思想的批判，以及反對胡風集團等運動的必要性和這些運動中所得的巨大的成績，而且，也由于經過這些運動，才給『百花齊放，百家爭鳴』的政策奠定了基石。但是，在全國範圍的敵我之間的大規模的階級鬭爭的歷史基本上結束，曾經長期是國內的主要矛盾的敵我之間的矛盾基本上解決之後，國內主要矛盾的性質已經發生了一個根本性的改變——由敵我之間對抗性的矛盾轉為人民內部非對抗性的矛盾。而我們文藝工作者——特別是文藝事業的領導幹部，絕大部分却對這新形勢缺乏明確的認識，因而，就必然會承襲着前一階段的作風和作法，來對待新階段中的問題，以舊的眼光來看新事物，把過去敵我鬭爭中的經驗當作一成不變的規律，這就必然會阻碍文藝事業的發展，形成與『百花齊放，百家爭鳴』方針背道而馳的種種清規戒律……」

這就是說，在文藝工作上說，他們認為胡風集團清算了以後，敵我的矛盾已經消滅，以後的矛盾都是人民內部的矛盾了。解決人民內部的矛盾，舊的「狂風暴雨」式的清算鬭爭對待敵人的方法已經不適用，而應該改為「和風細雨」的討論了。

可是大鳴大放不到一個月，這個敵我對抗性的矛盾轉為人民內部非對抗性的矛盾的判斷就完全破產。中共所看聽到的都被認為是對抗性的矛盾，不用說民主黨派與共產黨間存在着對抗性的矛盾，連自己黨員與黨員幹部與幹部間也都存在着對抗性的矛盾，連本來應當是人民內部的矛盾的，在鳴放中出現的竟也都轉為對抗性的敵我的矛盾了。

在文藝線上，我上面所說的三種矛盾，暴露出來的都被中共認為不但是對抗性的而且是轉為你死我活對抗性的矛盾。于是，中共的那套狂風暴雨」式的清算鬭爭壓殺的舊方法終于又不斷的施出來，「在新形勢下」，把所謂人民內部非對抗性的矛盾都可以作敵我對抗性矛盾來處理了。——這就是反右派與反修正主義的鬭爭。

四

在反右派反修正主義運動中，被清算鬪爭的文藝作家，少說說也在千名以上。我並不想也不能把這些作家一一列出來。本文的作意也並不是在作這個報導。但是，我也必須選一二個作爲例子，來看看這些所謂右派也者究竟是犯了我上面所說的那幾種的錯誤。

A　丁玲

丁玲是有二十多年黨齡的作家，曾得過史太林的文藝獎金，她的被清算，罪名是反黨，但是細查她的言行，她反的不過是「作協」級的領導。這就是說，她不過是想爭取領導權而已。所謂「作協」級的領導，也正是周揚的領導。丁玲一再說：「周揚統治文壇二十年」，足見她所反的不過是周揚而已。

丁玲在延安的時候，已經有許多牢騷。我們曾經聽說過她同中共的要人們有戀愛上的糾紛。她在延安解放日報發表的「三八節有感」，恐怕正是反應當時的情緒。她當時任延安解放日報的副刊編輯，王實味的「野百合花」也是她給發表的。但是這些文章，實在也談不到對「黨」或當時「政府」有什麼敵意。或者反是希望「黨」與「政府」有所改進；我們在民主社會中，批評政府的文章，份量重于像「野百合花」不知有多少，但是從來沒有成爲一個事件。可是在共產黨治下，王實味終于被清算，而丁玲也受到過一點打擊。

全國「解放」後，丁玲的地位很不錯，看不出她與領導上有什麼對立。到一九五四年，中國作協對文藝報資產階級方向的檢查，對丁玲有過批評。一九五五年，作協的黨組對丁玲有很大的鬪爭，甚至把案件定名爲「丁、陳反黨活動」。但是對外並沒有公佈。丁玲當時曾低頭認錯。不過她雖是遭到貶抑，失去了實權，但仍有作協副主席等名位。

于是，在鳴放期內，當黨要對主觀主義宗派主義作整風的號召時。丁玲與陳企霞就想對她所認錯的一九五五年的結論翻案。由于這個翻案才引起了很大的對她打擊。這是一個重大的鬪爭，自一九五七年六月六日到九月底，足有二個月的時期，前後開會有二十六次。會議原是全國作家協會黨組召開的整風會議，因爲這次整風是對宗派主義主觀主義教條主義的整風，所以丁玲得趁機會對周揚鬪爭，大概前三次會議丁玲的確很佔優勢；據後來文藝報(十九期)的報導：

「……他們誣蔑中共中央宣傳部和中國文聯，中國作協在一九五四年對文藝報資產階級方面的檢查；他們企圖推翻作協黨組在一九五五年對丁玲陳企霞反黨活動所作的結論；他們攻擊作協一九五六年進行的肅反工作；他們通過會前的陰謀活動與會上的公開煽動，影響和博得了一部分出席會議的人對他們的同情，製造輿論要求作協黨組重新討論他們的問題，並公然瘋狂地要追查一九五五年作協黨組開會鬪爭他們的責任和動機，要求查看中共宣傳部辦公會議的紀錄。」

可見當時丁玲趁機反攻很激烈，曾使周揚與劉白羽對丁玲公開道歉，對一九五五年肅反中對丁玲所加反革命的帽子認錯。

第四次會議，周揚有一番新的佈置，所以拖延到七月五日才開，他把會議擴大，所有中宣部文化部與文聯各協會的人都參加進來。周揚還找來一個女作家柳漢在天津的口供，供述她所寫的攻擊文藝界黨領導的兩篇文章，是陳企霞授意寫的，第七次會議時柳溪又被從天津調來出席供證，以後丁玲一直被鬪爭着，終至低頭認罪。這次清算結果，丁玲失去了一切職位，並被開除黨籍，一度傳說在作協揩地板。

B　陳企霞

陳企霞在延安時就與丁玲同事，任解放日報副刊的編輯，解放後，丁玲任文藝報主編時，他是副主編；後來丁玲離去，由馮雪峯繼任，陳企霞還是副主編；一九五五年肅反中，他與丁玲被稱爲「丁陳反黨集團」，他曾寫了三封匿名信給黨的上級領導同志。在鬪爭中他先不承認這匿名信是他寫的，後來終于屈服承認。

陳企霞似乎沒有什麼作品，也沒有什麼異于「正統理論」的意見。他似乎是事務上的人物，所爭的也許祇是權位。在極權統治下，祇有掌握到權力才可以有名有利有自由。這也是爲什麼一個作家不能安安心心去寫作，而要尋死覓活的去爭取權力的原因。

C　馮雪峯

馮雪峯是中共一個很重要的人物，他入黨有近三十年的歷史，還是二萬五千里長征的成員，到陝北後被派到上海；一九三四年回到江西瑞金，一九三六年又回到上海，抗戰軍興，他回到故鄉，據說不聽黨的指派，還對黨的領導人物發牢騷，一九四一年他被國民黨所捕，在上饒集中營就了兩年，「解放」後任中共「上海文聯」主席，後赴北京，任「全國作家協會副主席」，一九五二年繼丁玲任「文藝報」主編。一九五四年，他在「文藝報」上將俞平伯的「紅樓夢研究」一書，推薦甚力。這本書後來被批判，第一篇批判它的文章，作者是李希凡與藍翎，文藝報轉載那篇文章時，馮雪峯在後面加了貶抑的按語。後來俞平伯被鬪爭，牽涉了馮雪峯，俞平伯認錯後，倒沒有什麼，馮雪峯反而很嚴重，沒有把上海文藝界的黨組織看在眼裏，他追隨魯迅，支持胡風，在「國防文學」與不意這時候出來一個胡風，胡風被邀來，原是爲鬪爭馮雪峯的，而胡風爲洩多年來之積憤，借此機會對周揚及其同黨袁水拍大施攻擊，揭穿許多壟斷操縱文壇的種種內幕，當時周揚與袁水拍就移轉目標，清算胡風。從這件事件上看來，若胡風當時不攻擊周揚等，也許馮雪峯會先被清算，因爲胡風借此反擊，所以就先鬪胡風。馮雪峯當時雖也受打擊，失去文藝報主編的位子，但仍是作協的副主席人民出版社社長，這些職位，大概也是並無實權的空銜。

馮雪峯在上海的時候，是最接近魯迅的人，據馮雪峯說，爭取魯迅親共，大部分是他的功勞。胡風之接近魯迅，也是由馮雪峯引進，一九三四年馮雪峯到江西瑞金，胡風在上海，無形中代替了馮雪峯，經常的接近魯迅，凡是文藝界的人要見魯迅，要預先由胡風聯系，據說張天翼要同魯迅談一次話，曾給胡風壓了大半年。

一九三六年，馮雪峯回到上海，那時等于是共產黨的文藝欽差大臣；他似乎

「民族革命戰爭的大衆文學」之爭論中，馮雪峯也是反對「國防文學」的口號的，左聯後來解散，大概也因爲黨的「國防文學」口號失敗，黨在領導上失去控制力之故。當時馮雪峯還同胡風合辦一個「作家」雜誌，在那個刊物上馮雪峯用了呂克玉的筆名，發表對文學運動的意見，後來又指明這是「對周揚先生的關門主義與機械論的批評。」

「機械論」這個名詞是根據列寧的話而來，列寧于一九〇五年在「黨的組織與黨的文學」一文中說過這樣的話：

「無可爭辯的，文學事業不允許機械的平均，劃一少數服從多數，無可爭論的，在這種事業裏無條件的必須保證個人的創造性，個人所愛好的廣大領域——思想和幻想，形式和內容的廣大領域。」

馮雪峯這樣批評周揚，正是代表魯迅所領導的左聯的態度。二十年後，胡風被清算時，也說過「機械論統治文藝二十年」的話。

馮雪峯用列寧這個觀點看中共文藝政策及毛澤東的在延安文藝座談會上的講話，自然有很多是不對的。一九四五年他在重慶新華日報副刊上寫過一篇具體地諷刺毛澤東的文藝意見文章，還有輕蔑的口吻說：「提倡政治性的先生們，如果我問三次，你能回答出來嗎？」關于民族形式，他也反對利用，他說：「舊形式可利用的有效的是非常的少，而民間藝術裏面，有很多有毒的反動的要素和過于落後的東西」。

馮雪峯被清算時，說他的文藝思想與胡風是一致的，這恐怕不能說沒有道理，實際上，他與胡風正是代表魯迅所領導左聯時代的文藝思想。（待續）

臺北市政府公共關係室來函

一、貴刊廿卷第四期刊載「臺北市一年白淌了多少水？」一文，經轉據自來水廠查復如後：「查本市公共厠所龍頭損壞情形，本廠早已注意及之。實緣各公共厠所年來大部份乏人看管，不但龍頭時有被竊，且時有使用人加以撞壞，今日裝妥，明日被竊，時裝時失，誠有裝不勝裝之感。猶以中華路通化街一帶，公共龍頭及公共厠所發生以上情形，尤以爲甚，保修益屬困難。前經本廠研究一種公共厠所置用之龍頭，係用無開關一支口徑約五mm彎曲鐵管製成，出水孔甚小，流水微細，任其自流，以爲如此特種龍頭，應無盜竊之價值，盜風固可杜絕，然時有使用人則嫌水流微小，加以拆除破壞，似此情事，不勝枚舉。即就愛國西路女子師範學校對面公共厠所而言，經常派工修繕，如去年十二月卅一日修理水管三處，本年元月三日裝修龍頭三只，二月廿七日再派工裝設十三mm龍頭乙只，以上裝修工事，均有案卷可資查考。欲求消彌盜竊破壞諸端之發生，除飭本廠員工加强查巡外，惟有籲請社會人士關懷愛護公共設備暨警察機關時予協助加强監視，保持完整，庶幾杜絕壞竊情事。」

二、特函奉達，敬希　惠予刊佈爲荷。此致

自由中國　臺北市政府公共關係室啓

胡適之先生給本社編輯委員會一封信

自由中國半月刊的編輯委員會的各位同人：

我今天以編輯委員會的一個分子的資格，很誠懇的向各位同人說幾句話。我在四十一年就懇求你們許我辭去「發行人」的名義，那時我已預料到今天發生的刑事訴訟案件一類的事遲早必會發生，發生時應有發行人能實際負責。若用一個遠在國外的人做「發行人」，那種辦法只足以叫人認爲不負責任的表示，實際上也不是爭自由的正當辦法。

此次陳懷琪的事件，我以爲我們應該檢討自己的編輯方法的是否完善。此次事情由于「讀者來書」。編輯部沒有調查「陳懷琪」是眞名假名，就給登出了。這是根本最不合編輯「讀者來書」的普通原則的！這是我們的大錯誤。

凡讀者投書，①必須用眞姓名，眞地址，否則一概不給登載。②其有自己聲明因特殊情形不願用眞姓名發表者，必須另有聲明的信用眞姓名，眞地址。否則不給發表。

我很誠懇的盼望我們大家作一次嚴重的檢討，切實改善本刊的編輯方法。例如「讀者投書」的編輯，必須嚴格的實行我上面指出的兩條辦法，（國外通行的辦法還有一條，就是加上聲明，投書人發表的意見，並不能代表本社的意見。）

此外，我還有兩三個建議：

①本刊以後最好能不發表不署眞姓名的文字。

②以後最好能不用不記名的「社論」。當年的獨立評論與現代評論皆沒有不署名的社論。

③以後停止「短評」。因爲「短評」最容易作俏皮的諷刺語，又不署名，最容易使人看作尖刻或輕薄。（新青年的「隨感錄」，每週評論的「隨感錄」，各條尾皆有筆名，可以指定是誰的筆名）。

有人說，社論須署名，則社論更難找人寫了。我的看法是，爭取言論自由必須用眞姓名，才可以表示負言論的責任。若發言人怕負言論的責任，則不如不發表這種言論。所以我辦獨立評論五年之久，沒有發表一篇用假姓名的文字。我們當時的公開表示是「用負責任的態度，說平實的話。」這種態度，久而久之，終可以得到多數讀者的同情和信任。

以上諸點，我誠懇的提出來，請大家不客氣的討論批評。

胡　適　敬上

四八、三、五日下午

「容忍與自由」書後

毛子水

胡適之先生發表「容忍與自由」一文以後，許多朋友以爲我一向亦是一個「容忍主義」者，要我寫一篇文章來湊熱鬧。如果我能够稍微申明胡先生的意思，這是我所願意做的事情。

就「自由」一詞最好的意義講，它可以說是人類文化史上最可寶貴的東西。所以，能够不妨害別人的正當自由，乃是一個人的一種基本的道德。反之，一個人如果做出妨害別人的正當自由的事情，乃是最不道德的。不過人類雖然可以稱爲文明的動物，却沒有完全到了文明的境地。絕大多數的人，都不能無偏、無黨、無固、無我。一個人不能無偏、無黨、無固、無我，便很容易會妨害人家的正當自由。但一個人要修養到「四無」的境地，如非天縱的大聖，便須有極艱苦的克己的功夫。這種克己的功夫，表現於言行的，即是「容忍」。胡先生說，「容忍是一切自由的根本：沒有容忍，就沒有自由。」我以爲「克己」是胡先生所說的「容忍」的一個意義。

在現代一個民主國家裏，非特官吏和議員需要虛心聽取別人的意見，即每一個公民亦須這樣。但虛心聽取別人意見的雅量，亦非有很好的修養不能。具有這種修養的，千萬人裏恐怕亦難得幾個。平常人所以肯聽從別人的話，多半不是由於修養，而是迫於社會制定的規則。小而會議規則，大而國家的憲法或「世界人權宣言」，都是這種規則的例子。一個人要遵守規則，有時便不能從心所欲。這種守法的習慣，是民主政治的基礎，亦是人類獲得眞正自由的基礎。我以爲「守法」亦是胡先生所說的「容忍」的一個意義。

不過胡先生所說的「容忍」，並不是一味的優容，一味的强忍；它亦有哲學的基礎。

民國三十五年的秋天，胡先生就任北大校長後作一次開學禮的講演。他在這個講演裏，曾引了呂伯恭「善未易明、理未易察」的話做綱領。胡先生所說的「容忍」的哲學的基礎，就是「理未易明」的道理。(在呂伯恭後，朱元晦答陸子靜書中曾用過「理未易明」這句話。)

現代文明國家的憲法，都規定人民有思想自由和言論自由的權利。這種規定，可以說是根據「理未易察」的道理的。因爲理未易察，一部分人或大部分人所認爲對的不見得便對，所認爲錯的不見得便錯。所以無論那一個人有什麼意見，只要不是全不帶理性的，都可以發表。但人和人中間不能沒有思想上或言論上的不同。彼此自由，必致彼此衝突。只有我們心中時常記得理未易明的道理，才能忍耐或接受和自己不同的思想和言論。

這個理未易察的道理，可以說是十九世紀末葉詹姆士和杜威諸人創立實驗主義時所根據的一種重要的原則。近代英美思想家所以卓絕，就在他們能够善用這個原則於人生的各方面。胡先生在四十年前介紹實驗主義於我們的學術界，實在是我們學術史上一件極值得紀念的事情。

× × × × ×

當胡先生這篇文章初發表的時候，朋友中頗有懷疑他爲什麼忽然要變更他的爭取自由的態度的。他不是一向主張「自由是要人們去爭取的」麼？以容忍和自由混爲一談，那還能爭取自由麼！

這種懷疑，初聽起來似乎是很有理的。但稍加思維，便可釋去。胡先生的容忍態度，可以說是和他的實驗主義俱生的；早在他引用呂伯恭「善未易明、理未易察」以前便具有了。關於爭取自由一事，就我一向了解胡先生的而言，決不會因爲提倡容忍而罷休的。

不過胡先生的爭取自由，既不用武力，又不用漫罵，更不用陰謀詭計。用這些東西做爭取自由的工具，乃是他生平所厭惡的事情。就言論自由一端而講，他是最希望我們中國有眞正言論自由的報紙和雜誌的，因爲這是民主政治的命脈所在。但胡先生所提倡的言論，是平正的言論，是誠信的言論；是善意的勸說，不是惡聲的罵詈。他對於壓制言論自由的人固不以爲然，對於偏激失中的言論亦所不取。他所以發表「容忍與自由」這篇文章，並不是叫人家不要去爭取自由，乃是要勸告爭取自由的人須懂得「理未易察」的道理，須有「克己」的功夫，須有「守法」的精神。就筆者四十年來的觀察而言，胡先生從沒有一天疏忽了「厚責己而薄責人」的態度。我想，他這篇文章，無論要爭取自由的人，或應該容納他人意見的人，仔細一讀，都可得到很大的益處。

以上是筆者試圖申明胡先生意思的話。當然有「郢書燕說」的地方。

關於國家和個人自由的問題，筆者亦願在這裏發表一點鄙見：建立國家最大的目的，就在保護國民的自由。所以我們不能因國家而損害國民的自由。但若國家敗壞，則國民的生存且成問題，何況自由！這是爭自由的人所不可不知道的。一個眞正偉大的政治家，既能使國家維持適宜的權力，同時又能使人民的正當自由得以盡量發展。

一個笨人傳述一個聰明人說的話，決不會正確的，因爲他會不知不覺的把他所聽到的變換成他能够懂的話。我寧願讓我最厲害的同行的敵人來傳述我的話，而不願意一個不懂哲學的朋友來傳述。

羅素—西方哲學史第十一篇。

胡適論「容忍與自由」讀後

殷海光

自由中國半月刊第二十卷第六期載有胡適之先生論「容忍與自由」的一篇文章。這篇文章是近四十年來中國思想上的一個偉大的文獻。這篇文章底義蘊是中國人應走的大方向的指南針。如果近半個世紀以來，中國人對于政見，對于國事，對于意諦牢結(ideology)，都抱持這篇文章裏所說的態度，那末中國何至於寃死幾千萬人，我們底國邦何至於弄得像今天這樣「天下滔滔」。

近幾十年來，許許多多人爲了爭什麼「主義」，而打仗，而流血，這實在是愚而可憫的行爲。我們試閉目靜思：打仗流血何曾解決了半個問題？這種結果之所以產生，就衆人而言，最重要的激動力之一，就是「我不會錯」，我「站在正義的一邊」，我「代表光明的一面」這類心理。具有這類心理的人，總以爲「眞理只有一個」，而且「這一個」就在我手裏。別人要反對，那還得了！這種想法，一經持之甚堅，就會產生一種狂激情緒。這種狂激情緒，在古代是異教迫害的原動力，在現代是反民主的地區之思想迫害以及政治迫害的原動力。

以爲「眞理只有一個」而且「這一個」就在我手裏的人，常將「眞理」看作是巴黎凱旋門那樣「不證自明」的東西，常把「眞理」看作聖保羅教堂一樣巍峩不拔並永垂不朽的建構。這完全是一種「獨格碼 (dogma)」。自蘇格拉底，柏拉圖，亞里士多德，以至於羅素，杜威，愛因斯坦，這些優秀的頭腦，無一不是以追求「直理」爲最大的努力目標。但是，在這些人物之中，沒有一個人說「我已經得到最後的眞理」。羅素現在還活着。如果有人問他「什麼是眞理」，他一定感到困難的。這些第一流的頭腦對于「眞理」尙且這樣感到困難，而我們有些人只憑一點訓練，灌輸，或扛起「理性」這類字眼，居然就這樣十足有把握地說得到「眞理」，並且依之而小則罵人，大則取人首級。這與野蠻社會憑做夢來殺人有什麼不同？

我們知道，兩點之間最短的線不一定是一條直線。二加二並非一定是四。這一切都要視背後的建構條件而定。在人間世，並無絕對的眞理，只有相對的眞理。在眞理的大海之中，我們所取的不過一點一滴而已。我們眞個要得到眞理的話，除了辛勤以外，還有什麼捷徑可走？我們有這樣的了解，才會知道自我認知能力的渺小，因而可能對于異己養成一種「容忍」的態度。

也許有人說：「這麼說來，你是不是認爲人不可以堅持己見呢？」從作者在上面所說的，一點也推論不出「人不可以堅持己見」這個結論。我只是認爲，當着我們堅持己見的時候，我們不要忽略別人堅持己見的權利。如果我們希望別人尊重我們自己堅持己見的權利，那末我們也就得尊重別人堅持己見的權利。這就是「容忍」的表現。自以爲得道，以教主的姿態出現，要善男信女無條件地信奉，這個時代快近尾聲了。科學掃蕩盲目信仰的威力正與日俱增。習于科學思想方法的人最能了解「容忍」在理論技術方面的重要。

也許又有人說：「如果我們所見與別人不同，一眞而另一爲假，互相矛盾而不同眞時，那末我們是否不問清紅皀白，讓二者同時存在呢？」不是這樣的。作者並不反對人各是其是，各非其非。我無寧贊同這樣。可是，問題就在用什麼方式來各是其所是並各非其所非。有人動不動搬出「馬列主義」來壓人；有人動不動抬出「傳統文化」來壓人；有人動不動搬出「正統」「道統」來壓人；有人動不動拿「革命哲學」來壓人。一究其實，這些東西不是訴諸權威，便是訴諸暴力。無論是訴諸權威也好，訴諸暴力也好，一概都是作者所說的「不講理」。從邏輯的觀點看，這些都是「不相干 (non sequitur)」。我們要支持自己底論說，有而且只有訴諸經驗與邏輯。這裏所說的經驗，有兩個列指：第一是原手的經驗 (first hand experience)。這是一般人可以憑感官直接得到的。第二是全部經驗科學知識，包括行爲科學在內。

離開了經驗與邏輯而談「眞理」，只有越談離題越遠。近幾十年的人所談的「主義」，很少不是空話的。爲了空話而打羣架，結果只有愈打愈亂。幾十年的經驗事實告訴我們，戰爭不能眞正解決問題。戰爭不僅不能眞正解決問題，而且製造了更多的問題。近幾十年來，中國人一直陷入這個大悲劇之中。人造的「主義」不過是一堆語文而已。爲了語文而犧牲性命，這與爲着尋求光明而撲燈之蛾何殊？

也許又有人詰難道：「提倡容忍是不是對共產主義也同樣適用？」時至今日，共產「主義」是什麼性質，已成不甚值得追究的問題。我們所反對的是共產黨，我們之所以反對共產黨係因他們不把人當人，把人當做蜜蜂螞蟻看待，把人當做政權底建築材料。這些實際行爲，已構成危害人羣的罪犯行爲。有罪犯行爲的人，當然應該治以應得之罪。

從運作的觀點看，一切「主義」在文字方面的異同根本不是重要的事。最關重要的事是實行「主義」的實際步驟，尤其是它所引起的情緒類型和對待異己的反應方式。如果有甲、乙兩種「主義」，二者底招牌不同，「理論體系」不同，但是二者實行的步驟在基本上相同，所引起的情緒類型相同，對待異己的反應方式相同，那末，從運作的觀點看，二者是異形而同質的，因此二者應該視爲同一個「主義」。因爲，它們所產生的實際結果，或所予人的實際影響，是一樣的。在這種情形之下，二種「主義」底名稱不同，「理論體系」不同，對于大多數人是沒有意義的。縱然二者互相反對，在身受之者可視爲一坵之貉。只有書呆子，或拜字教的信徒，才會在名詞術語方面來分別這兩種主義，才會因這兩種主義在名詞術語方面不同而眞的把二者當做不同的主義。自古至今，從中到外，幾乎沒有一個藉搞羣衆運動起事者不說「我底主義好」。希特勒，斯達林，……這些人物總不會說：「我是要來害人的。」在這種實況之下，在口頭上爭辯那個主義好那個主義壞有何意義？

胡適之先生在這篇文章中所擧的例證應能發人深省：羅馬舊教是不容忍的。可是，等到新教在中歐北歐勝利以後，新教領袖們又漸漸走上不容忍的老路。高爾文 (John Calvin) 竟把一位獨立思想者塞維圖斯 (Servetus) 活活燒死。高爾文居然說「嚴厲懲治邪說者的權威是無可疑的，因爲這就是上帝自己說話。……這工作是爲上帝的光榮戰鬪。」這一段妙語，我們只需改動幾個字，就可翻造成中國若干年來流行的「革命」術語：「嚴厲懲治反革命者的權威是無可疑的，因爲這就是人民自己說話。……這工作是爲人民的光榮戰鬪。」

其實，這類異形而同質的事例眞是史不絕書。法國大革命時的宣言是「人與公民權利宣言」。這項宣言是盧騷哲學底反映。宣言中最引人注意的語句有：「人是生來自由的並且仍然是自由的，而且是權利平等的。」人底權利是「自由，財產，安全，以及對于壓迫的反抗。」「除非在法律許可的情況之下並依法律所許可的形式，否則不得對任何人提出控訴，予以逮捕，或監禁。」宣言中又明示宗教自由，言論自由，和出版自由。照信仰或附和這一宣言的人看來，法國人從此應該可以獲致自由，平等，與福樂了。可是，繼丹敦 (Danton) 之後，又起來一位羅伯斯比爾 (Robespierre)。他是盧騷福音之狂熱的信徒。他自認爲是最忠實于盧騷福音的先知先覺。他長期控制着雅各賓黨 (Jacobin Party) 和國會，並且利用他底權勢淸除反對其政策的人。他認爲對舊日皇族不應容忍，將其中許多人處死。僅僅巴黎一地，被置于斷頭臺上的約二千五百人。這形成法國大革命期間的「恐怖統治」。

看了這些實例，主義迷們應能覺悟，主義製造家們用語言文字所作的空中樓閣是一回事，實際的行爲是另一回事。空中樓閣人人會造。空中樓閣可供觀賞。然而，空中樓閣之不同，對于我們實際的居住有什麼相干？我們何必去注意？

以「革命」者，衞道者，正統者自居的人士應該知道，「革命」，「道統」，「正統」，這等等名詞人人可用。如果你抓住這些名詞，你底對方也抓這些名詞，並且都以爲「我不會錯」，而又都不訴諸其他的標準，那末除了在口頭文字上作功夫以外，只有搬出胡適之先生所提到的「王制」來「殺」了。殺的結果，就是今日之「天下滔滔」。適之先生十七歲時因反對講鬼神而要搬出「王制」一來殺人，這可以說是「少年胡適之迷妄」。奈何五十年後的今日，一般四十以上年紀的缺乏容忍態度的「革命」者，衞道之士的思想模態，還停滯在「少年胡適」的階段？甚矣哉，思想成熟之難也！我們不從這條死巷退出，別找活路，中國還會有希望嗎？

容忍，在思想言論方面的對象，必須是普遍的，不可有例外。一有例外，則不容忍的「精神」就會從這個缺口擠出去，成爲迫害異己的「大道理」，而造成全面的不容忍。共產主義者說，別的都可批評，唯獨共產主義不可批評，於是思想統治造成。自古至今，衞道之士說，批評別的「邪門外道」猶可，批評「道統」則罪大惡極，於是言論迫害以至於人身迫害臨頭。這輩子人如果一朝手有斧柯，那末我們講民主與科學的人士殆將成爲刀下之鬼。胡適之先生底老朋友陳獨秀先生端的不明白這個道理。他提倡白話文太熱心，意興太高，以至於認爲別的事都有「討論之餘地」，而「獨於改良中國文學當以白話爲正宗之說，其是非甚明，必不容反對者有討論之餘地；必以吾輩所主張者爲絕對之是，而不容他人之匡正也。……」在陳獨秀先生，自以爲「改良中國文學」爲一「絕對之是」。他爲此「絕對之是」，而「努力以赴」，而「不容他人之匡正」，正是「理直氣壯」，正是「擇善固執」。可惜，他太熱心了，熱心到狂激的地步，以至陷入武斷的態度而不自覺。就憑這股狂激之情和武斷的態度，加之他誤以爲唯物論就是科學，他領導着中國初期的共產主義運動。等到他晚年蹋跼四川時才開始覺悟自己底錯誤，但爲時已晚了。胡適之先生則數十年來始終謹守着杜威哲學的園地，堅穩地爲中國之現代化而努力。如果我們說獨秀先生像黃河，那末我們就應該說適之先生像密西西比河。密西西比河是只有灌漑之利而無泛濫之患的。

同樣是容忍，要求別人對自己容忍易，要求自己對別人容忍却難。同樣是容忍，無權無勢的人易，有權有勢的人難。容忍，是屬於「自我訓練」(self-discipline) 一類的行爲。當無權無勢的人面對權勢時，他受到種種限制和壓力。這種種限制和壓力使得他不能不調整自己底言論或行動之角度以適應求存，或達到某一目標。所以，無權無勢的人較易對人容忍。阿克頓爵士 (Lord Acton) 說：「權力使人腐潰，絕對的權力絕對地使人腐潰。」歷代暴君底行爲就是顯明的例子。當着沒有外力抑制而猶能自律，這只有最高「心性修養」的人才辦得到。在通常的情況之下，一般人是當有外力抑制時他就收歛些；當外力不存在時，他就放肆些。平凡的人總是多些。有權有勢的人在「心性修養」方面似乎更屬平凡。有權有勢的人頤指氣使慣了。他言欲爲無窮則，行欲爲後世法；到了現代更變爲「主義」等類「絕對眞理」的化身。要這類人士學習容忍，眞比纜繩穿過針孔更難。適之先生是歷史大家。他一定知道，就咱們中國而論，自古至今，容忍的總是老百姓，被容忍的總是統治者。所以，我們依據經驗事實，認爲適之先生要提倡容忍的話，還得多多向這類人士說法。我們認爲胡先生不應以這個社會對你底「無神的思想」容忍爲滿足，而應以使千千萬萬人不因任何「思想問題」而遭監禁甚至殺害爲己任。

「容忍」，無疑是解決中國問題在心理狀態方面的基本鑰匙，容忍一行，則衝突可消，僵凍可解，且週身「氣血活暢」，生機立現。目前的不容忍，無疑是自斲生機。「容忍與自由」這篇文章，可以說是一位老成人物和新文化運動的領導者對目前中國的動亂怎樣解決之一個總的啓示，也是值得大家細讀與深思的文獻。

香港通訊・三月二十五日

西藏反共革命的長成與發展

萬夫雄

一　前言

路透社二月二十七日及三月一日印度新德里電訊，報導西藏康巴族反共義士已發展至五萬人，他們以簡陋的武器和大無畏的精神給予西藏的中共軍以騷擾和打擊，以鮮血和肉彈寫下最壯麗輝煌的反共史詩。電訊傳來，舉世震驚，它不啻在自由世界投下一枚烈性炸彈。倫敦每日電訊以「西藏的勇戰」爲題，發表社論加以讚揚和詳述。合衆社和法新社駐印度記者，也在三月四日和五日，對西藏的反共革命續加報導。全世界各地的輿論，也都密切注意着「世界屋脊」的反共戰爭的繼續發展。

與此同時，三月一日在香港出版的「時代批評」半月刋，刋出了鵬飛君所著「火網中西藏去來」一文。在這篇萬言的長篇通訊中，作者以他親身經歷的事實，較路透社、法新社、合衆社的電訊，更詳盡地報導了西藏反共革命的事實眞相，筆者設法與鵬飛君取得聯繫，進一步對西藏反共革命的形成有了具體的認識，本文便是以第一手的資料作爲評述基礎，僅少量地引用了中共所出版的書刋的資料。在這裏，筆者深深感謝鵬飛君的合作，他所供給的珍貴的資料，是他以生命的代價所換取來的！

二　對西藏的基本認識

在論述西藏反共革命之先，我們必須認識現階段西藏政權的組織形式，和中共對西藏的統治策略，這樣，才容易抓住問題的重心。

中國內地若干地區的「和平解放」，是在共軍兵臨城下的情勢下易幟的，而西藏却是在中共部隊離拉薩還有七百公里便宣布「和平解放」了；時間是民國四十年五月二十三日，由西藏地方政府全權代表阿沛、阿旺晉美，代表凱墨、索安旺堆，士丹旦達，土登列門，桑頗、登增頓格，和中共「中央人民政府」首席代表李維漢，代表張經武、張國華、孫志遠，在赤都北平共同簽署了「中央人民政府與西藏地方政府關於和平解放西藏的協議」。

西藏的「城下之盟」雖已簽署了，但共軍並沒有馬上入藏，而是停在昌都地方，普遍地學習「中央人民政府的民族政策」，作爲一切入藏準備後，才在民國四十一年的二月十四日，在西藏的首府拉薩舉行「入城式」。

西藏地方政府過去的組織形式，是封建、宗教、獨裁三重形式的綜合體，終身不能結婚的達賴喇嘛統理全藏，它的名稱是「達賴堪布會議廳」。這個會議廳等於內地省政府委員會，參加會議的「堪布」，是全藏各大寺廟的主持人，精通藏文經典，掌管教律的大喇嘛，和達賴的高級侍從人員。達賴堪布會議廳之下，設四個噶倫，這四個噶倫中有二人爲僧侶，二人爲俗官，僧侶中的一人爲首席噶倫，等於省政府的秘書長，其他爲副秘書長。

省一級的機構，計爲孜康（管理全藏審計和俗官的委派、調遣、訓練）、馬基康（西藏地方軍司令部）、扎什洛初列定（電機鑄幣局）、拉恰列定（管理全藏各級政府的財政收支）、則恰列定（管理達賴私人的收支）、索朗列定（農務局）、甲播列空（鹽茶局）、雄克機作康（糧食公庫局）。

省以下共有六個基巧，等於內地的省政府行署，計爲衛苦基巧（前藏總管）、藏空基巧（後藏總管）、戈爾松基巧（阿里總管）、絳曲基巧（藏北黑河總管）、洛甘基巧（山南總管）、塔工基巧（塔博、工布總管）。

基巧之下爲「宗」，等於內地的縣，主官「叫宗本」。宗之外有「谿」，主官叫「谿鷄」。宗谿之下有「庚布」，等於內地的鄉鎮長。

西藏人民大部信奉佛教中的黃教，其餘的信仰紅教、黑教、花教，各教的喇嘛出任政府官員，約佔全部官員的百分之六十五，這些官員的官階爲達賴一品，噶倫三品。省級單位主官和基巧是四品，宗本七品，谿鷄九品，庚布是從九品。這種官階，是清代雍正皇帝征服西藏後所設立的官階，一直沿襲了三百多年。同時，名義上管理西藏的「達賴堪布會議廳」，等於省政府委員會的形式。但是，堪布會議廳的主持人達賴喇嘛，有至高無上的權力，形成一個獨裁的小王國。因此，稱西藏地方政府的組織形式，是封建、宗教、獨裁的綜合體是非常恰當的。

這種封建、宗教、獨裁的綜合體形式的西藏地方政權，在「和平解放西藏的協議」第四條，是允許保存的。就是說，中共的軍隊、警察、特務雖然到達了西藏，但西藏地方政府，並不改組，更不「改造」。

軍事方面，西藏地方政府原有九個代本，（每個代本等於一個步兵團，但兵力只及中共步兵團總兵力的三分之一强）當一九四九年十二月，中共進入西康的雅安之後，西藏地方政府集中了七個代本佈置在昌都阻擊中共軍。在昌都一役，被中共二野陳錫聯兵團第十八軍，一舉而全部擊潰。但「和平解放西藏的協議」中，規定西藏地方政府依照保存四個代本的兵力，即爲古松代本（警衛代本，額定一千人，每次五百人值勤，警衛達賴所居之布達拉宮）、扎什代本（即在昌都被擊潰的第二代本，在拉薩整編而成，額定一千人）、江孜代本（即被擊潰的第四代本，經整編而成，額定五百人）、警察代本（原來的砲兵代本，額定五百人，擔任拉薩市的地方警察）。代本之下爲如本（管二百五十人），如本之下爲甲本（管一百人），甲本之下爲定本（管二十五人），定本之下爲居本（管一〇人）。這四個代本的兵力，全部駐防拉薩，歸馬基康（西藏地方軍司令部）指揮，受拉薩朗子轄監督（拉薩朗子轄，爲拉薩市長。現任拉薩朗子轄，爲拉薩哲蚌寺的大鐵棒喇嘛兼任，大鐵棒喇嘛，等於內地寺院，僅次於住持的首座和尚）。

「和平解放西藏的協議」第八條：「西藏地方軍隊，將逐步改編爲人民解放軍，成爲中華人民共和國國防武力的一部份」。但是，七年了，西藏地方軍隊並未改編，這個協議中的「逐步改編」，不知要就擱到什麼時候？

在中共「尊重西藏人民的宗教信仰」的原則下，西藏的寺廟被保存了。在寺廟中的喇嘛們，可以繼續唸他們的經文、做他們的功德，絕不受到中共的干擾，與大陸各地寺廟中的和尚，被强迫還俗、强迫勞動改造相比，同爲佛門子弟，幸與不幸，有霄壤之別！

喇嘛是西藏的特殊階級，由于西藏社會仍保持着封建社會的形式，平民升爲貴族，絕不可能；但作了喇嘛，却有升一級的可能，平民家中有了兩個以上的兒子，父母們都會鼓勵或强迫其中一個兒子去作喇嘛。因此，在全藏一百二十七萬人中，喇嘛佔了十二萬五千人（喇嘛是不能結婚的，偌大的男子被强迫禁慾，這是造成西藏人口不繁殖的重要原因！其他原因則是醫藥缺乏，死亡率高，和高原氣候不如熱帶地方的容易生育）。

西藏地方人民泰半貧苦，無法接受教育，故文盲極多。而喇嘛在寺廟中飽食終日，最起碼的是認識了經典中的藏文，有些更利用長期空閒的時間，研究經典，文化程度甚高，故喇嘛們又是藏胞中的知識份子。共產黨員是以黨性代替人性的，而佛教中的支派黃教和其他教派，宗旨都是慈悲爲懷，發揮高度的人性！兩種不同的人生觀，兩種不同的思想體系，在西藏却奇異地併存了七年。

在鵬飛君刊載於三月一日「時代批評」的通訊中，報導了四項重要的事實，足以加深我們對西藏現狀的瞭解，經徵得他的同意，加以引申和補充。

第一、「解放了七年的西藏」，並沒有實行「土地改革」！因爲西藏的土地共分爲三種，一種屬政府土地，它的收益，一部份是西藏地方政府和各省級單位、各基巧、和一百三十五個宗谿政府的主要經費來源；一部份則是奉獻給西藏人民的精神領袖、政治領袖達賴喇嘛的私人享受。一種是寺廟的土地，供給全藏一千四百多個大大小小的寺廟中的喇嘛的口糧、香燭、燈油的費用。如西藏最大的寺廟哲蚌寺，長駐喇嘛七千七百人，「掛單」的遊方喇嘛和「朝聖」的喇嘛，每日也有二三千人，眞是鐘鳴鼎食，消耗非常鉅大，而開支則以土地收益爲大宗。一種是貴族土地，供給爲數達三百戶的貴族及其家屬的享受。佔全藏人口百分之五十四的農民，百分之九十七是雇農和佃農，只有百分之三的自耕農，但所佔的土地，僅爲全藏可耕農地的百分之二（根據北平「中國青年社出版」的「新中國的新西藏」所作的統計，這種中共的官方統計，是可以置信的。該書作者爲龔思雪。）根據共產主義的理論，無產階級最多的地方，是最容易爆發無產階級的階級鬪爭的。但事實上，西藏人民長期地在樂天知命，慈悲爲懷的佛教思想薰陶下，思想上很難接受共產主義的理論誘惑！同時，中共在西藏的統治，是懷柔與安撫的政策，利用達賴、班禪兩個精神偶像，以籠絡西藏人民。而這兩位「活佛」，便是最大的地主，中共怎敢在太歲頭上動土？所以西藏七年來並沒有實行「土地改革」，更談不到實行「農業合作化」與「人民公社」了。

第二、西藏盛產羊毛、皮革、和中國山藥的麝香、貝母、冬蟲夏草等。而這些商業的經營者，百分之七十二是由西藏各大寺廟的廟有市場、掌權大喇嘛及貴族們所經營的，百分之二十二是由印度、尼泊爾商人經營的（其中印人最多），百分之六才是西藏小本貿易商人所經營的（根據北平「新知識出版社」何思源著「旅藏紀行」。一九五六年三月出版）。如果中共要和內地各城市一樣，實行「工商業社會主義改進」，就必須向西藏地方有勢力的人物開刀。然而，目前的情勢，中共並沒有向這些「剝削階級」進攻！

第三、在中國大陸，人民藏有武器是非法的，輕則監禁，重則死刑，造反的工具在中共九年的殘酷統治下，可以說百分之九十九已被沒收了。但是，西藏地方却有公開買賣武器的事實存在！鵬飛君親眼見到西藏的城鎮，有藏胞買賣武器，雖然這些城鎮有「人民解放軍」四人一組的巡邏，有「人民警察」維持交通，但却熟視無睹！同時，掛着一枚或兩枚步槍和手槍的藏族牧民，在街道上揚長而行，與中共的武裝人員交臂而過，「互不侵犯」。這種情形，我們只有從描述一百年前美國西部開發初期的電影上曾經見到，而鵬飛君却在二十世紀六十年代的極權統治下見到，比較起內地的人民，西藏入民眞是天之驕子！這原因是牧民在荒山叢林中放牧牛羊，沒有武器自衞是不行的。而他們更把武器當成「流動財富」，手中無錢便賣槍，手中有錢便買槍。他們把武器當成第二生命，如果要强迫繳械，除非是在戰鬪行動中付出大流血的代價。這種傳統延續了將近一百年，決非中共短期的統治可以打破，而中共也只有聽之任之。

第四、除西藏之外，中國大陸所有中共武力到達的地方，都是使用「人民幣」，儘管人民對這種毫無準備基金、而又隨時貶值的「廢紙」，深深厭惡，却必須要使用它。否則，「破壞金融」的罪名便加到頭上了。而西藏，人民普遍地拒絕使用「人民幣」，中共不得不從內地各省，調集大量銀圓到西藏來購買軍糧、副食。變通的維持額面的辦法，是中共的「國營貿易公司」和「人民郵政」，必須使用人民幣。故西藏各城鎮的民營交易，是一片叮叮噹噹的銀圓聲。西藏地方政府與入藏的十八軍會有秘密協議，允許人民有自由拒絕收受入藏中共軍隊、警察、特務的人民幣。鵬飛君的一個朋友因剛入藏情況不熟悉，以人民幣和藏民買水菓，爲藏民所拒絕，並招呼「人民警察」將他拘捕，禁閉二小時後徹告釋放。這種人民集體堅強的意志與行動，給予中共統治一個沉重的耳光！

從上述情況的綜合報導和分析，我們可以看出中共對西藏的統治面貌。西藏人民之所以享受較多的自由，並不是中共的「德政」，而是中共極權統治者，在西藏人民團結一致的力量前，迫不得已向現實低頭。中共的統治者是不甘心的！入藏的中共各級幹部和士兵，更不甘心。然而，「形勢比人強」，他們只有無可奈何的就範。

三　中共長遠統治西藏的策略和步驟

中共對於成年的、老年的西藏人民，是無法加以「思想改造」的。中共中央深知，對於這些在長期的封建思想、宗教思想所浸潤出來的人民，中共的任何宣傳都無法施展其使倆。所以，中共中央有一套「二十年澈底解放西藏」的計劃，這計劃共分一個重心、兩大支柱、百萬移民！

一個「重心」的重心，是師仿愛新覺羅王朝統治西藏的故智，爲了使讀者認識中共對西藏的分化政策，故筆者對此一歷史事件不憚瑣屑加以引申。

原來在篤信佛教的西藏，共有六位活佛之多，而爲西藏人民最崇拜的是前藏拉薩哲蚌寺的住持達賴活佛，與後藏日喀則扎什布倫寺的住持班禪喇嘛

（傳說中的達賴是觀世音菩薩轉世的，班禪則是阿彌陀佛轉世的）。滿清的雍正皇帝征服了西藏，除了在西藏設立駐藏大臣，更賜予達賴和班禪以崇高的封號，由達賴管理前藏，班禪管理後藏。這樣便收到了藏人互相牽制互相監督之效，這是一種高明的統治技術。

前藏統治的地區，包括農產品出產豐富的拉薩平原，和每年入息最多的哲蚌寺；而後藏統治的區域，却是非常貧瘠的。達賴與班禪之間、以及他們的高級侍從與各級官員之間，爲了彼此之間的權位與利益，展開了明爭暗鬪的政治鬪爭。這種政治鬪爭，從滿清雍正皇帝劃分前後藏的統治區後便已存在，三百年來，持續未已。到了第九世班禪和十三世達賴當政以後，這種鬪爭更加尖銳。

第九世班禪比十三世達賴年輕，因爲曾從達賴受「比丘戒」，與達賴有着師徒關係，使達賴與班禪原來平等的地位有了懸殊。這一歷史錯誤的鑄成，造成了西藏內政分裂的悲劇。

十三世達賴是很精明幹練的，幹練的結果便是權力慾的高度擴張。班禪既是他的徒弟，他對於後藏不但在政治上執權，同時在經濟上更嚴格地控制着扎什倫布寺和後藏各大寺的財源。這種措施，使九世班禪深爲不滿，後藏的官員更加痛恨。

滿清宣統元年（一九〇九）達賴特自拉薩前往北平朝賀宣統登基，回到拉薩時，滿清政府指派的川軍已到達昌都，準備恢復原來的康藏舊界。達賴請求駐藏幫辦大臣溫宗堯，不要川軍入境，溫氏不加理會，川軍於是在宣統二年二月間到達拉薩，達賴和少數高級侍從，逃亡到印度大吉嶺，受到英國駐印度殖民地政府的保護。

十三世達賴的名號被清政府革除了，駐藏大臣溫宗堯且主張擁立班禪以代達賴統理全藏，但班禪秉性怯懦，不敢接受。到宣統三年，武昌起義，滿清覆亡，中華民國成立，滿清駐藏部隊瓦解，十三世達賴在中華民國元年六月間，由印度回到拉薩，第一步便是將曾經接濟入藏川軍軍糧的弟穆寺住持喇嘛處死，其餘五百多喇嘛，或慘殺或充軍，無一倖免，而班禪也遭受到軟禁。

民國十二年十一月，班禪趁佛教沐浴之期，連夜逃出日喀則，翻越岡底斯山，經過甘肅臯蘭，到達北平，向北洋政府請援。但當時的北洋軍閥正在混戰，無力應付邊陲的紛爭。以後的二十多年，班禪也只有在內地十餘省宣揚佛法，過其「流亡活佛」的生涯。

十三世達賴在民國二十四年圓寂，第九世班禪也在民國三十六年十月三十日，在青海省玉樹縣圓寂。但西藏兩大精神領袖間的紛爭，並未因達賴與班禪的先後圓寂而結束，因爲前後藏的僧侶與貴族間，也一樣捲入了政治紛爭的漩渦中。

十四世達賴，在民國二十八年，於青海省西寧市的祁家尋得；二十九年二月十四日，正式擧行「坐床大典」，他便是現在的達賴、丹增嘉錯。

十世班禪在民國三十二年在青海省循化縣一個貧苦的藏胞家中尋得，因無法回藏，於三十八年七月，在青海省塔爾寺「坐床」，他便是現在的班禪額爾德尼，却吉堅贊。

民國三十八年九月，中共軍到達西寧，首先到塔爾寺把班禪及其高級侍從人員，加以軟禁。一方面不惜使用欺詐哄騙的手段，使班禪及其高級侍從，受其愚弄；一方面又以「發送班禪回藏」的權位之餌，使班禪及其侍從，甘於利用，爲虎作倀。故三十八年十二月，班禪便在青海西寧發出呼籲，希望西藏境內僧俗人民，歡迎「解放軍」入藏，完成全國的統一。這篇文告，由中共大量印成藏文，分發給各地藏民。

中共二野十八軍在民國四十一年（一九五二）二月進入西藏後，第十世班禪才在這一年的四月二十八日，回到西藏。在中共的安排下，西藏兩大精神領袖，作第一次歷史性的會晤，表面上，氣氛是愉快的，但骨子裏二人各懷鬼胎，傳統的仇恨，現實的利害，是無法將他們之間的裂痕彌補的。

中共對於達賴喇嘛，是使用「安撫與懷柔的政策，在精神上給予他以榮譽。他是「西藏自治區籌備委員會」的主任委員，名義上依然高過班禪；他到內地和北平遊覽時，中共又鋪排了盛大的歡迎場面；在物質上給予他以高度的享受。路透社新德里民國四十二年（一九五三）五月的電訊，報導「西藏代表團」在印度，中共的「大使館」特購贈了五十多萬元的各種新式電氣設備，其中有兩隻三千元的金鍰是給達賴和班禪的；此外，又陸續從香港購去許多高貴的日用品，餽贈達賴及其高級侍從人員；其他中國大陸出產的特產水菓、日常用品，更不惜自北平「空運」到拉薩（根據新華社民國四十四年七月十一日電訊）。中共不惜一切手段和方法，以軟化達賴，是希望他對中共的統治不加反抗。

中共「澈底解放西藏」方案的重心，却是寄託在班禪額爾德尼、却吉堅贊的身上。

班禪之能夠結束他的「流亡活佛」的生涯，回到後藏扎什倫布寺，作爲藏民的第二精神領袖。這一切榮譽、權位、享受，完全是憑藉中共之力，自然對中共唯命是從。

據鵬飛君在「火網中西藏去來」一文，正確地報導出西藏兩大城市的政治氣氛。在拉薩，除了有中共的駐藏軍事、政治、經濟單位之外，藏胞對政治顯然是不熱心的！布達拉宮廣場前就沒有毛澤東的像片，達賴和他的侍從拒絕在布達拉宮前掛毛澤東像的理是：拉薩是藏語中的聖地，布達拉宮更是地聖中「神」的居所，「人」是不能冒犯「神」的！西藏的中共幹部，也只好忍氣吞聲地將鉅幅毛澤東油像，掛在布達拉宮前中共新建的「中共西藏工作委員會大禮堂」。而日喀則，政治氣氛却非常濃厚，鉅幅毛像，到處可見，圍紅領巾的少年先鋒隊員，滿街都有。原來「活佛」在西藏人民心目中是至高無上的，相傳能蒙「活佛」摸一摸頭頂，即能長壽百歲。而班禪竟不惜以活佛之尊，爲日喀則「西藏少年先鋒隊」第一隊「授旗」；又經常參加「西藏愛國青年聯誼會」的政治活動；班禪的母親和姐姐，更親自加入「西藏愛國婦女聯誼會」，爲西藏婦女參加中共的政治活動「起帶頭作用」。

中共感到班禪的德威與聲望，都未建立，目前僅仗恃着班禪額爾德尼活佛這個空虛頭銜，懾服藏人。爲了要建立以班禪爲統治西藏的重心，中共這幾年便大力培植班禪的德威與聲望，以大量的物資，包括日用品和銀圓，交給班禪到全藏各寺廟中「布施」，到西藏的民間以視察的名義，廣結民心。待有利時間到來，中共西藏軍區司令員張國華，便會像滿清駐藏大臣溫宗堯一樣，以班禪來代替達賴！這，便是中共「澈底解放西藏」方案的重心。

瞭解情況，是中共在政治上的重要步驟，也是「澈底解放西藏」的兩大支柱之一，因爲要使統治勢力深入到語言文字風俗習慣完全不同的藏胞中間，語言文字風俗習慣的學習是最重要的工具。針對這一目標，中共在拉薩的「西藏軍區幹部學校」，成立藏語藏文訓練班，藏語班爲期六月，藏文班爲一期一年，抽調全藏的中共幹部，輪流訓練，務使每一個漢族幹部，都能像藏族幹部一樣，深入到西藏每一個角落去工作。除拉薩之外，在日喀則、江孜、昌都、青海省的西寧、玉樹，分設了藏語藏文訓練班；在北平「人民大學」邊疆學系，其中一部份畢業學生，則是日後派到西藏去充當中級和高級幹部的。

吸收貧苦藏胞作幹部，在中共認爲是建立基層統治的最好方法，拉薩布達拉宮廣場前中共新建的三大建築，藏族幹部學校就與中共西藏工作委員會、西藏軍區司令部，鼎足而立，可見中共的重視。七年來，這個學校畢業的幹部，共有三千人，現在他們都已成爲中共的爪牙，其中「優秀」的，則送到北平「民族學院」去深造，畢業後再送回西藏，這些經過深造的藏族幹部，大部已批准成爲共產主義青年團員，其中且有升級爲共產黨員的！中共計劃在民國四十九年（一九六〇）在西藏的每一個「庚布」——即村鎮，都有兩個以上的藏族幹部，和一個漢族幹部，他們必須與藏胞同住同食，生活打成一片，以便於控制藏胞的行動。

要使「長期在封建主義、帝國主義、佛教落後思想三重毒素」所薰陶出來的西藏成年人與老年人，思想徹底改造過來，是困難的，故中共積極從教育上着手，以改造下一代的藏胞。中共所創辦的拉薩小學，剛成立時學生極少，但這學校不但學費雜費全免，而且免費發給每一個學生一套藍布面、羊毛皮裏的制服，物質貧乏的西藏人民，一生中很難穿到幾套新衣，藏胞們貪圖一套新衣，紛紛送子弟去讀書，連老年人也參加了，祖孫三代同讀小學一年級的事極多。中共明知他們是貪圖一套制服，反正只要藏胞能到學校中聽中共教員說教，也就多多益善，不加限制。故拉薩小學人數，飛速增加，一九五八年度下學期，學生人數達到一千八百人，日喀則小學更高達二千四百人。現在，拉薩、日喀則、江孜三所小學，計劃發展爲中學。同時已在昌都、波密、噶大克、帕里、黑河等二十四個城市新設立二十四所小學。中共西藏工委會教育局，準備在全藏完成五十所小學、三所中學的計劃。這，便是中共改造西藏下一代思想的行動指南。

移民百萬是中共對西藏最狠毒的一着棋子！這種移民的行動，在民國四十一年十月，中共「國務院總理」周恩來發出青年到邊疆去開發的號召之後，便開始移去了淮河流域和河南省的水災災民二百萬人，這些移民都分配在青海和新疆，移向西藏邊境的只有五萬人。

移民西藏的困難是，內地人民無法適應高原的生活，必須先在海拔二千餘公尺的青海過慣之後，才能進入海拔四千五百公尺的拉薩和地勢更高的城市。七年來，沿青藏、康藏公路，新設立許多汽車站，「草原之家」便在汽車站附近建立起來，從內地各省調集來的「反革命份子」以及遭受天災而無法生活的農民，一批一批的移殖到這些「草原之家」，安家落戶。一九五八年夏季，進入西藏的移民已達三十萬人。（據北平「中國青年社」出版的「建設祖國的邊疆」一九五八年十二月出版，作者陳寒）將來到百萬人後，內地移民與西藏土民，就達到數量的平衡了，進一步移殖到二百萬人，則形成了喧賓奪主之勢！這種大規模移民政策，是激底赤化西藏的長遠而狠毒的陰謀。

四　西藏反共革命的形成

遠在中共軍進入西藏之初，西藏高級領袖中堅決反對「和平解放」的死硬派，是曾任達賴堪布會議廳首席噶倫的錫朗．魯旺，因爲他在西藏政局具有舉足輕重的力量，足以左右達賴的意向，中共覺得這個障礙是必須不計一切代價劊除的！在入藏未久，即派出十餘特務化裝藏胞，以卑鄙綁票手段將錫朗．魯旺綁架，錫朗・魯旺的秘密失踪，引起西藏僧俗人民的普遍不滿，中共卻表演一套「貓哭老鼠」的手法，將這個責任推在「帝國主義份子」的頭上，並大力恭維錫朗・魯旺是一位愛國英雄，全藏「解放軍」一定協助西藏地方警察「嚴懲兇徒」。這幕賊喊呼賊的醜劇，是逃不過西藏有識之士的眼睛的！火種便燃燒起來了。

由少數曾經在英國及印度受過教育的貴族知識份子爲發起，並拉攏一部份有勢力的喇嘛支持，成立「西藏人民黨」，這個黨，由曾任西藏代表團長，於民國三十九年十一月七日，向聯合國呼籲制止共軍入藏的薩卡巴任主席，最初的目的是想在政治上取得發言權，而成爲類似民主政治下的反對黨。因爲西藏人民普通反對中共的政策，人民黨的基礎由上層的少數貴族、僧侶，發展到廣大的羣衆中間。這種民主政治下的反對黨，是不能存在於中共的極權統治的，人民黨被中共西藏軍區司令部勒令停止活動，引起人民黨和同情它的西藏人民的反抗，于民國四十一年（一九五二）五月三日，在拉薩舉行大示威，參加的僧俗羣衆達一萬五千人，要求共軍退出西藏的口號，響徹雲霄，羣衆並遷怒於與中共簽訂「協議」的阿沛．阿旺晉美，罵他爲「藏奸」，在他的私邸前投擲石子，與軍警發生衝突，雙方死傷七十餘人。

中共眼見事態嚴重，採取緊急措施，委派阿沛．阿旺晉美爲「西藏鎮壓反革命委員會主任委員」，「西藏軍區第二副司令員」朶噶．彭錯饒傑爲副主任委員，名義上這個「鎮反委會」全是藏族高級幹部主持的，「鎮反」的武力也全由留用的西藏地方部隊擔任，而實際則由中共駐西藏的特務頭子范明幕後指揮，讓阿沛和朶噶這兩個降將手中沾滿西藏人民的鮮血，使他們更能效忠中共。中共這種「以藏制藏」的陰謀，是非常週密而毒辣的！

「鎮壓反革命」在西藏是遭受困難的！西藏地方情況，與內地各省完全不同，如果中共的統治太嚴酷，勢必引起全民的反抗，故西藏的「鎮反」並不是大規模的！而且爲時僅三月，便由達賴出面發表一篇文告，呼籲西藏的僧俗人民，遵守西藏政府與中共中央的協議，不要妄生事端，同時宣布取銷「西藏鎮壓反革命委員會」，停止「鎮反」。由於達賴的精神鎮攝力，藏民的公開反抗暫時停止下來，但秘密的反共事實，則繼續未已。

在西藏的東南部，與阿薩密及緬甸之間，有許多半開化的民族，其中人口最多的叫康巴族，該族人民勇敢慓悍，因僻處山鄉，經濟落後，生活困難，男子大多參加西藏的地方軍隊，以當兵爲職業，故康巴族男子，是西藏地方部隊的有力構成條件。

中共入藏之前的昌都一役，西藏地方軍的主力被中共擊潰，中共對於戰敗被俘的八百九十八人，和投降的四千一百二十七人（根據中共新華社民國三十九年十一月八日重慶電訊）繳械之後，給予短期的「教育」，便釋放「回鄉生產」了。

五千多被釋的士兵中，有三分之二是康巴族的男子，這些「職業士兵」，以軍營作爲他們的家庭，有些軍齡達十多二十年，（西藏地方軍隊是實行募兵制的！當兵等於終身職）沒有軍隊，他們便失業了，回鄉生產嗎？他們的老家是貧瘠的山鄉，既無田地，又無牛羊，除了一部份轉業爲雇農與牧民之外，大部份都成爲反共遊擊隊，專事偷襲中共的軍糧庫與運輸車。由於他們對西藏地理熟悉，行動神出鬼沒，七年來，一直被中共西藏軍區視爲「盲腸」，他們的力量由最初的數千人，發展到如路透社所報導的五萬人，在情理上是合乎邏輯的。

目前，西藏沒有實行「土地改革」和「工商業社會主義改造」，但是，單獨擁有土地或兼營工商業的西藏貴族和僧侶，耳聞眼見大陸各省「土改」和「公私合營」後的慘狀，怵目驚心，有理性的人都會知道這種悲慘待遇，不久就會降臨到他們的頭上，這些人雖然沒有拿起武器反抗中共，在暗中給予康巴族反共義士以精神和物質上的援助，是不可否認的事實。鵬飛君的報導和路透社的電訊，都證實了這一點。

五　對西藏反共革命的展望

目前，全世界的自由人士，正注視着世界屋脊的反共革命，千千萬萬的人對西藏勇戰的反共義士，寄以由衷的祝福，西藏反共革命的未來演變，是自由人們關切的課題，筆者不揣固陋，以貧乏的對西藏問題的常識，參加鵬飛君的見解，特提供一些對這個問題的看法：

1. 自由世界中若干輿論，對現階段西藏反共革命，抱持着高度的樂觀，有些人且認爲這便是中共政權立即崩潰的徵兆。筆者對這種見解不敢苟同，因爲，西藏的反共革命，固然令中共統治者頭痛，但今天這一股反共的力量，還不足以動搖中共在西藏的統治，更不足以動搖中共在大陸的統治。對敵人過份輕視，是會養成自己思想的痲痺的！

2. 流亡到海外的一部份人，迷信「大陸人民即將自動起來全面抗暴」的美夢，見到西藏反共革命爆發，認爲「光復大陸，指日可待」，這是太天眞的想法。由於漢、藏人民之間語言、文字、風俗、習慣的不同，藏胞對於藏區以外的政治，興趣毫無。即使有一天反共藏胞將中共在西藏的勢力完全驅逐，也只能做到光復西藏，他們不可能將兵力伸向藏區以外的地方，爲海外流亡人士，光復他們的故鄉！西藏反共革命，在全面反攻中，只能起呼應及牽制作用，反攻的主力，必須全中國人民一致的行動！

3. 西藏幅員雖廣，但人口極少，根據中共官方的統計，藏族人民共三百七十五萬，大部居留于青海、新疆、寧夏、西康、四川邊境，西藏境內僅一百二十七萬人，中共對人口統計數字，一向是誇大的！（如一九五一年宣布爲六億，一九五六年就宣布爲六億五千萬了）故西藏人口的統計數字，或者是誇大的，或者是正確的，而不會減少。男女老幼一百二十七萬人中，究竟能有多少人參加反共武裝？這是一個問題，同時，天時、地理的限制，糧食和供應品的貧乏，是大規模反抗行動的阻礙，這一點我們必須認識！

4. 中共在拉薩、日喀則、江孜三地，已建築機場，據鵬飛君單獨向筆者透露，在拉薩機場駐有中共空軍一個團的兵力，擁有螺旋漿雙引擎戰鬪轟炸機、螺旋漿單引擎偵察戰鬪機共五十多架，每週來往北平、拉薩的四引擎機也是軍用運輸機改裝的。當鵬飛君他們的車隊在唐古拉山附近遭反共游擊隊突襲時，幸得空軍助戰，才將游擊隊驅退，並擊斃擊傷四百多人。從這個具體事實去推論，反共武裝火力太差，更無空軍助陣，突擊偷襲則有之，對中共的主力，尚無法對抗。

5. 原來藏軍的高級將領，如阿沛・阿旺晉美，朵噶・彭錯饒傑，桑格旺堆等，迄今尚爲中共所利用。這些「藏奸」對反共藏民的活動情況，相當熟悉，是反共游擊隊的一大剋星！

6. 藏胞視拉薩爲聖地，達賴、班禪爲活佛，而拉薩、日喀則爲中共所盤踞，達賴、班禪爲中共所刼持，故康巴義士不敢在拉薩近郊作戰，在戰略指導上受到扼制，一且中共裹脅達賴、班禪向反共義士招降，勢必分化並影響反共義士的戰鬪意志。

以上是對西藏反共革命不太樂觀的六點看法，至於樂觀的看法，則是：

1. 西藏總面積一、二二五、六四〇平方公里，佔全國總面積八分之一。在這樣遼潤的土地上，反共游擊隊大都是在高山峻嶺中生長的，地理熟悉，他們既能適應高原的氣候，又能終年居住牛毛帳，在海拔七八千尺高山紮營，更能以「糌粑」——以青稞麥製成的乾麵——及冷水裏腹，三四個月不舉烟火而不生病。具有這樣優良的特殊條件，進可以攻，退可以守，只要善於運用化整爲零、化零爲整的戰術，將使共軍的進剿，無法可施。

2. 西藏東南的左納宗與印度卡曼區的杜廣村相對，反共康巴義士，曾一度佔領左納宗作爲基地，勝利時便揮軍北上，縱橫全藏，局勢惡化便退守左納宗，必要時退入印度，或迂迴藏邊，保守實力，而中共却無法在印度境內追捕，反共游擊隊却可利用這個矛盾，在中印邊界，縱橫自如。

3. 中共在西藏未曾實行「土地改革」，糧食更未「統購統銷」，民間尚有餘糧及雜糧，同情反共康巴義士的西藏人民，隨時可以將餘糧供給遊擊隊，而且各大城市的貴族和僧侶，更是反共游擊隊的支持者，故康巴義士的糧食供應，目前尚不感困難。

4. 西藏各地城鎮，尚有公開買賣武器的事實存在，數十年來，由印度輸入西藏民間的英製各式武器，包括步槍和手槍，最少有六十萬枝，雖然其中有許多已陳舊，以最保守的估計，可使用的武器不會少過二十萬枝，（根據英國前駐錫金行政長官白爾氏所著「西藏的過去與現在」一書）在這個民槍佔全國第一位的地區（以人口密度爲比率，因湖南一省，爲中共所收織的民槍達四十萬枝）反共游擊隊的武器彈藥的補充，在目前這種游擊戰爭的情況下，是不虞匱乏的。

基此所述，我們對西藏反共革命，既不想過分樂觀，以自陷于自我陶醉、自我痲痺的錯誤心理；也不宜過分悲觀，認爲中共勢力太大，反共游擊隊力量太少，不足以予共軍以沉重打擊。我們正確的態度是，把西藏反共革命，當作中華民國反攻軍事的一部份，當作自由世界解放鐵幕總行動的一個環節。因爲，西藏反共革命在全球性反共戰略上是具有重大意義的！看我們怎樣與西藏反共義士携起手來，密切配合；看我們怎樣通過中印、中尼、中不、中錫的邊境，給予他們以精神上物質上的支援。如果這樣做了，西藏反共革命將一天天壯大，將入藏共軍全部埋葬。如果反共義士孤軍無援，他們仍必然存在的，因爲他們具有天時、地利、人和三大優勢條件，但是，却不可能給予中共軍以重創了。

再見，火車的輪聲！

朱西甯

灼熱發亮的鐵軌伸展在崗陵與海濱之間，枕木晒成油漬漬的黑色。

夏日當午，靜靜的白熱，如死亡般靜寂。在一切不規整的自然景物當中，嵌上這樣子一道修直的鐵道，像是釘在大地上的一個鐵鈀，將地球上某一條裂縫箍住。這是一種不甚和諧的構圖，生硬的拼湊，彷彿默示人類的智慧前途，將是絕望的，或者是輝煌的。

鐵軌熱漲，啣接的縫子密得僅可塞進一兩張名片的樣子。一個人，不知從哪裏來，沿着鐵道，一步一根枕木，自言自語，像跨着臺步似的走着。現在他停下，在那副已有裂紋的近視眼鏡後面，一對不甚正常的眼睛閃亮了，他終於在鐵軌上找到一處較寬的接縫。

這個人有四十多歲的光景，不看他的頭髮，可以這樣子判斷。他的髮色已是全白，但粗硬和濃密的程度不弱于一個剛開始發育成熟的大孩子的滿頭盛髮。他有一隻準直的鼻梢，一張菲薄而苦楚的嘴唇。稀疏幾根可以數得淸的短髭，如收割後田裏留下的稻根，枯黃的。他的臉孔正像那稻根下面的泥土，乾皺而黯淡，有苔綠的底子。在他的臉上唯一顯出神彩的眼睛，也似那副已有氷紋的眼鏡一樣，一種散失而凌亂的光澤，是未經冶煉的礦質所放射的。

他身上共有三個口袋，都在黃卡機布的短褲上，上身則只穿一件骯髒的汗衫，後襟沒有紮進褲子裏面——也許紮是紮進去了，又揉搓出來了，拖得長長的。他就在那三個口袋裏摸來摸去，反覆找什麼，臉色是逐漸的困惱，而致失望。在他背後，遠處碧青的大海，是皎潔而閃灼的，海水的藍似乎染進了那一頭濃密頭髮的白，不斷的四處飛揚着肥皂般的白泡，以至於不論這個人外表如何的失修，也顯得異乎尋常的潔淨了。

「一塊鐵片，明明交在這隻手裏的。」他看看自已的左手，不甘心地繼續在三個口袋裏搜尋，眼睛翻上去，像對上天喁喁祈禱。「也許不是這隻手，也許……」他舉起右手，迎着强烈的太陽，手指伸了，又拳了。

「另想辦法吧……」他好像是在責成右手。於是開始在路基的石子中間尋找，探身向前，彷彿一隻白鶴。「難道還不醒悟？一個造福人類的大發明比鑄造偶像更……我說的『更』……那個『更』以後的意思，我說不上來，人都懂得就是了！」

他檢起一塊薄薄的石片，端詳了一下，丟掉了，又繼續尋找。往北的一端，可以看見點點黑斑的車站，揚旗雜在重叠的電桿叢中。在近一些的地方，隱然一顆黑芝蔴似的物體傍着鐵路移動，好視力的人可以辨別出那是一個騎單車的人形。在這樣的炎日幅射下，地面的蒸氣如水流一般。那黑芝蔴逐漸的大了，彷彿在那水流中漂浮。

這個人終又檢起一塊更薄的石片，回來尋到原地，把石片試着嵌進鐵軌的接口裏。石片仍嫌厚了一些，又略帶楔狀，只能够嵌進三分之二，就必須敲打進去了。他物色到一塊合手的大鵝卵石，着手敲打。在空曠的山崗脚下，鐵軌發出淸亮的振動，每一響聲便好像在大氣中震蕩出長長一道金光。石片逐漸深嵌進去，部份粉碎了，最後留下一點鋸齒形狀，突出在鐵軌的平面上。

汗水從稀疏的短髭往下滴，被鐵銹染紅的路石上現出汗滴的斑點。他開始利用手裏的鵝卵石去磨銼那些突出的鋸齒，要把它們磨平。

騎單車的沿着與鐵路平行的小道駛近。是一個戴白鐵盔的鐵路警察，粗壯肥碩的軀體，幾乎可以把那輛單薄的白色跑車壓垮。

單車停住，人還跨在上面，那樣子似乎不是專爲這事來的。

「你那是做什麼啦？」路警顯然沒想要干涉這事，順便問一下而已。路警也戴一副眼鏡，是白金屬架的。對于這樣一位黝黑的彪形漢子，眼鏡似乎只有裝飾的意義。

白頭髮的人繼續做他的工作。路警第二次質問時，他方始抬起頭，並且站起，興奮而抱歉的，搓着雙手說道：「這是要原諒的，用了石頭。原打算用一塊鐵片。誰在搗蛋！」

「不，我只問你現在在做什麼？」

「所以現在只好用石頭片代替。」他用滿是鐵銹的手指剔一下眉毛上的汗水。「只剩一點點沒有磨平了。」說着重又蹲下，更爲加快手底下的工作。

警察想，這人也許有些聾，不然不會這麼混扯。他咬着嘴唇，似想用點兒腦筋來了解這事。他用那一對慣于偵查的銳利的眼睛，掃視這個人的周圍。

「你住在什麼地方？」

「很可能。」這個人停下手底的工作，並沒有抬頭：「很可能不如鐵片。你知道，這個接口地方要是不能塡得密，塡得平滑，沒有縫隙，就沒有辦法證明那個假設了。」

胖子放下單車，習慣的去下鎖。手觸到鎖柄又縮回來。他走到白頭髮的身旁，提提褲管往下蹲。這麼肥胖的人，在這樣酷熱的天氣裏，實在是很辛苦的。

「要理想一些的話……」白頭髮用大拇指摩弄着接縫的地方：「不很平，也許要用一點黃泥塗上去。你那裏裝什麼藥膏沒有？」

「藥膏？」路警跟着這人的手指望去，指的是他跑車坐墊後面的漆皮盒子。

「不要藥膏也行。你總會帶點羊毛脂，石臘——或者一些 Schmalz 。」

路警也伸過手去，摩弄着嵌進石塊的接口地方。「我告訴你……」肥短的食指指着對方的鼻尖，白盔底下的眼睛嚴厲得如正要宣讀判決書的法官，不過他又不知道怎樣來判決才合宜。如果他說：「你照實說出你的陰謀吧！」那樣會連他自已也感到大驚小怪得不像話。這裏的治安能够保證：能嚇人一跳的響聲，除掉冒冒失失燃放的鞭砲，大概只有輪胎爆炸了。而他身上這一副武裝，天知道，同他那副平光眼鏡一樣，等于裝飾。那副平光眼睛是一個相士勸他配的，爲要冲冲他那對眼睛裏的兇煞之氣。其實，他是個幾乎沒脾氣的老好人，同大部份的胖子一樣。

白頭髮站了起來，回身望着路基下面那一遍窪地，一面摸索着把拖在褲腰外面的汗衫往裏塞。

「我們下去找點黃泥成嗎？」他彈着還蹲在地上的路警的盔頂，又用手去摸摸。鋼盔幾乎是燙手的。「你不怕腦神經被炙傷？斗笠不是好一些嗎？」

胖子是好性情，不過也覺得不很舒服。他是個盡責的鐵路警察，白盔代表什麼，他說不出。但不可以讓誰隨便摸弄，却是斷然無疑的。他去推他的單車，決定要過問這事了。單車不宜爆晒，應該送到前面那株小樹下。那是公家的車子，據他所知，後輪內胎，單他經手已補過五次之多了。

找一點黃泥不應該太費時間的。然而這位路警的追問盤查，使得白頭髮分心了。他有些失魂落魄的樣子，在那些起伏的石頭和深草之間蕩來蕩去。碰巧左近多半都是山地特產的那種含沙紅土。結果那個好心警爺替他在一處卽將乾涸的水塘邊上，用黑黑胖胖的指頭抹給他一團精細的浮泥。

「眞的嗎？你能發明什麼呢？」胖路警吃力的挪動着穿着短統靴子的胖腿，跟在這人背後追問；「你哄不了哪一個，告訴你。我在鐵路上服務快十年了，我懂得比你可多。你不要看我這麼胖，瞎唬瞎唬的。」

「那要看……」那一個人蹲下來，仔細在那嵌進石片的接縫上塗抹黃泥。「那要看能不能絕對的封閉空氣。希望不至于晒裂了，你頂好替我採一片鮮嫩樹葉蓋在這上面。」

「唬不了我，你可知道？告訴你，你想讓鐵軌脫釘，你以爲我外行，不懂，哼！」胖子疊着手絹，換一面乾的擦拭頸子上的汗，熱得裂着嘴巴。「你那是犯法的，我只好帶你到站上去。你別以爲另外我還有事情，我可以不去吃喜酒的……」

「你怎麼還不去呢？」白頭髮生氣了：「那末，你吃喜酒去吧！沒你，一片葉子我照樣找得到。」

這位警察臉有些變色，他看看錶，也許決定要犧牲那頓喜酒了。時間原就緊湊，他抽出一個小時的空，交由他的同事代理值班。他自已連這一身裝束都沒有來得及換下。

「跟我同站！」路警揮手指着他來的那個方向。顯然這麼一位好脾氣的胖警察在執行公務時，也並不嚴厲。

「你知道下一班車還有多久？」

「不行，下一班車沒來以前，我得通知工務段，取出你那塊石頭。」

「工務段有現成的鐵片嗎？」白頭髮興奮的跳起來：「頂好我們一起去，我知道應該用多大尺寸的鐵片。」

胖子無可奈何的側過臉去，長歎一聲，但又忽然一震，在同一個瞬間裏，他發現了兩點：雜在叢立電桿中的揚旗落下了；他斷定這個人不是一個聾子，而是個神經失常者。

「趕快，取出來！」路警命令着，並迅速瞥一眼遠處的揚旗。

白頭髮的眼睛再度閃出鋒芒的光灼。「你身邊原來有鐵片？是我失掉的那一塊？怎不早說呢？」

「車快來了，你知不知道！」

「恐怕來不及換了，還有幾分鐘？」這人與高彩烈的神色也是與常人不同的，他翻着眼睛，鼻孔張大，嘴唇翹着，顯得更薄。路警幾乎是惶恐的退縮了，靴子倒踏着路基上的石子，像走在冰窩子裏。對方固執的伸着一隻手，迎上來：「一定，一定要先讓我看看大小厚薄合不合用！一定要看看是不是我那一塊！」

「取出那塊石頭！」胖警察吼着，揮動他的手臂，但像婦人似的，因爲他手裏握着手絹。

「取出來！不然，我來動手取！」路警也够執拗的，他重複他的意志，甚至掏出一柄萬能刀，一面解着扣在腰帶上的鏈條。

「好吧，不管怎樣，我們頂好不要去動它了。」白頭髮伸出一隻脚遮在已經塗上泥巴的接縫上。路警不理會這個，從他的萬能刀槽子裏扳出一支鑿刀，拉着架子要去取那塊石片。兩個人於是發生爭執。最後白頭髮仆倒在鐵軌上，用肚子護住，拼死也不讓步，一面亂嚷着，像個專門搗亂的孩子。胖子是不能用大力氣的人，上身制服已經汗濕透了。他放棄了爭執。「喂，老兄！你這樣不行的，萬一出了事，多少人的安全！你聽我勸，我不送你到站上去。」

實在這位胖警爺已讓暴日烤炙得昏眩了，鐵軌和發亮的石頭子兒向每一角度反射出刺眼的光芒，密而紊亂的綠點在他的眼膜上竄躍。同車站相反方向的鐵路頂端——在兩條鐵軌交併成單線而隱入村落樹木的那裏，路警看到了淡淡的一縷黑煙。

這個被看做神經失常的人一直俯臥在那裡，到他發現胖子把那柄小刀重又扣回腰帶上，他這才撐起胳臂，弓着身子，然後把耳朵貼近鐵軌，一面眨動眼睛，向上望着路警微笑。那翹起的唇角露出自嘲和滿足；一個老人在反省的時候，發現年青時一個可笑的錯誤時，就是這樣子笑法的。

「你頂好少在那裏走動！停下來！停下來！」那人打着制止的手勢，耳朵離開鐵軌的時候，頗有心得的點點頭，彷彿說：「好，一切都就緒了！」但他仍俯伏着，用指頭細心的去摸弄那漸漸發乾的黃泥。

「你知不知道，你要使鐵軌變形了。」

「自然。」他側臉望着路警，不時貼近耳朵去諦聽鐵軌上的動靜。「一個大發明，留下的幸福是長遠的。不可以犧牲一班列車嗎？你總不能說這一班車一定會脫軌。」他不知是被一種什麼樣的熱情所迷惑，擺動着那一頭有着成熟美的白髮：「只要能證明那個假設，你還不懂嗎？只要能證明……」他被火車汽笛聲打斷了話頭。那是逗人心慌意亂的長鳴，使他突的站起，一隻手遮在眼上，向傳來汽笛聲的方向眺望，努力想把身體提得更長更高。白熱耀眼的日光刺戟着衰退的視力，他並不能看到什麼。

「你要發明什麼呢？你告訴過我的，是吧？我忘了。」

路警現在確定這人是個神經病患者了。對待這種人，他只有採取這種順水推舟奉迎的詢問技巧，並且立刻非常滿意他這種技巧。

「我告訴過你？」

「不是嗎？叫什麼名字來？一點記不清了；連你的尊姓大名我也忘了。」胖子彈着腦門，作尋思狀。為了彈腦門，他還把鐵盔往後推了推。他這種扮演使對方感到困惑。對方提提鬆在胯骨上的腰帶，望着路警，又望望遠處的海，「我不知道該叫什麼名字。我沒有先取名字……」他茫然而嚴肅的說着，沉入迷惘，好似失落了什麼，在盤問自己。

「那就笑話了，名不正……」

「不重要，名字不重要！」他從迷惘中驀然醒轉過來，頓時却又憂傷滿面的：「有一天……海水乾了，還叫做海？現在就發愁先取什麼名字嗎？」隱隱的火車聲，像遠遠聽見的起伏的海潮，這使他歡躍了：「大胖子，取名字去吧！頂容易的事給你！」他好像可以拋開一切不理似的，轉身跪在剛才的地方，虔誠的俯伏着。他注視鐵軌的接口，又注視火車駛來的方向，他那種焦灼不安的興奮，不知為什麼，看在胖子的眼裏，像一隻小家畜，吃飽了，喝足了，開始撒歡兒。

略斜的火車像一口黑棺材，不甚顯明的蠕動着。如馬蹄奔跑一般的車輪聲裏，似還夾雜某種絃樂彈奏的單音。

「過來，到一邊來！」路警搶前一步，一面喝道。他不能再兒戲了；縱令他自認已經不能防止鐵軌脫釘的意外，他還該有能力來維護一個人的生命安全。他那種聲色俱厲的呵責：「你想死！」使人覺得出了亂子的埋葬費一向都是要他出的。

對方可沒有理會這呵責。那一點黃泥很快就乾了，有精細的裂紋。這位發明家張惶四顧，雙手一無是處的徒然亂抓着。他煩燥的摔動雙肘，抵制路警的喝叱，希望一切不要攪擾他。然後他伸長了頸子，對正接口地方，讓嘴裏的涎涎滴到上面，用指頭去細心塗抹。

火車只有兩百公尺距離，一切將只是轉眼間的事。胖子沉不住氣，插手抱住這人的後腰，往後拖。被抱住的人想回轉身來，他抓不住鐵軌，便抓枕木，抓路石，用脚踢打路警的靴子，把碎石頭子兒踢得四處飛迸。機車呼嘯着衝過來，只見機車的活塞桿和六鐵輪橫七豎八的從面前打過去。緊接着是，灰煙、飛輪、車風、汽笛急鳴，鐵器震耳的擊打。這人在路警的抱持下，忽然放棄了掙扎，頭垂到地上，白髮在急熱的風裏飛舞……。

一切迅速的平息了，兩個人喘哮着，面對面看着對方臉上滾流的汗珠，喘息着。逐漸遠揚的車輪聲，像一條大鐵鏈拖着跑的聲音。

「就聽不見了！……」

「走！我們不嚕嗦！」路警指着車站，摔一下下巴，有些動氣，彷彿車站是給他主持正義的。

「我的實驗完成了，就聽不見了；以後，人類就聽不見火車這樣轟隆隆，隆隆，轟隆隆，隆隆！……」那人囁嚅着，用黑粗的指頭把垂在前面的一綹白髮掠後去。「再聽不見了，機械的音樂——Adieu！」他打着快活的訣別的手勢。

嘩啦——嘩啦——石子在笨重的深統皮靴下響動。路警從小樹下把那輛跑車推過來。

「走！」胖子裂着嘴擦汗，帶着怒容，還有點兒漠然的神情。

「用不着了！」這個人臉上的怒氣却頓然消失，差不多是友善的：「大致，我們的假定成立了，謝謝你們鐵路局，合作太不够！我們不必再去麻煩工務段了，Ade！」

「走！沒什麼可說的！」

在這樣熱騰騰的火傘下，換另一個人，也許會沒有胖子這番耐性了。但他慢慢的覺得，他沒有發脾氣的必要，人家就會知道，他犧牲五十元（他已封上這個數目的賀儀）一餐的喜筵，救了一個企圖臥軌自殺的瘋子。或者換另外一個說法——他犧牲了五十元的一餐喜筵，為捕拿一個陰謀犯，這陰謀犯畏罪企圖自殺。那是值得的。

「多謝多謝，本人宣告實驗完成。」那人努力想抽出被抱住的胳臂。「這是你們自己的事。其實我會被碾死麼？你影響了實驗。鐵塊不用了。」

路警是不肯鬆手的。

從這裏到車站，還有一段路程。在這種炎熱的氣候下，更顯得這是令人發愁的長途。傍着鐵路僅由少數行人踏出的一條小道，使他這個騎術並不高明的胖子坐在車上，連騎帶走，隨時需要兩條腿左右保險才行。胖子騰出左臂看錶，衣袖被汗濕了，貼着手臂，手錶蒙在袖子裏。他想，也該有十二點半了。帖子上正是這個時候入席，吃的事情大家總是很守時的。他決心周旋下去，並且決定換一個方式：「那末，我請你到站上吃碗涼粉解解暑氣。」

白頭髮被拖住一隻胳臂，腦袋側向另一方，獃獃在沉思什麼，眼睛急速的眨着。

路警重複他做東的誠意。

「可以減小角度，可以那樣……」瘋人跟自己點點頭，臉上和胸前盡是棕紅的鐵銹。他望着胖子的倒瓜子臉，慢慢的，他躲在破鏡片後面的眼睛透出笑意，嘴巴也笑了。他拳起一隻腿，用力頓了一下，同時大姆指和中指叭的打出一聲。「可以！」他喜悅的嚷着：「可以！理論上成立；六十度，再不就大于六十度。你認爲呢？」

「我請你到站上去吃涼粉。」胖路警舔着又乾又黏的上顎。

「或者從另一面來立論；我可以那樣從兩點來證明我的理論……」他竟馴服的、無知覺的跟隨路警緩緩走向車站的方向。

「你住哪裏？」路警問。並放慢步子，讓對方走到前面。「就住在附近嗎？大壩村？」

「我們可以假設一下，」這人彎下腰，上身抵在膝蓋上，手指頭伸在鐵軌上比劃着：「假設正中有一條兩至五公厘的深溝，你懂嗎？——這麼說好了，把垂直的接縫變成中間平行的溝，你明白嗎？」

「是的是的，你走着講，我聽得懂。」路警催促他走。

「鐵軌上沒有垂直接縫，只有平行深溝，車輪滾轉起來，不可能發出響聲——轟隆隆，隆隆，轟隆隆，隆隆！」他做着音樂指揮者的手勢。「現在我們可以進一步推斷，把這條平行線增加角度，增加到一個無聲極限——三十度，你懂嗎？接縫又產生了，不過是互成平角……」說着又搖搖頭，彷彿是否定或歎息什麼，傴僂前行，嘴巴在繼續同自己講這講那，講別人聽不見的話。

從車站那邊，又一個騎單車的路警很顯明的向這邊急駛而來。方才經過這里的那班列車鳴笛出站了。

「好，多謝！」白頭髮轉身往回走：「我要趕回工廠去，工作還多，論文、模型、什麼什麼的。」

胖子把單車提起，橫着攔住去路，緊持請他吃涼粉去。

「你知道，模型可以完全證明這個。」

「那末，你的工廠在什麼地方？我們好連繫。」

「不是還在我那間老醫院裏麽？你想想看，模型只好用木料做，不影響的。」

「當然。一定不要客氣，吃碗涼粉去。」路警抓住這個人的褲子，急切的等着他的同事。「你那間老醫院呢？在什麼地方？」

「你知道，廠長還在等我的實驗報告，我們一定要在這個月底完成。」

「你那間老醫院在什麼地方？」

「不就是現在的工廠嗎？我以爲你什麼都知道，你什麼都不知道——人家花這麼多錢雇你！」這人顯得很憤怒，搖愰着腦袋。

另外那位路警駛近來了，迎面喊着：「新娘子可漂亮？……那是誰？吃喜酒吃醉啦？」

「一個……」胖子眞還不知怎樣向他的同事來介紹這個神經病患、或者陰謀犯、或者自殺犯。「這個人……」

趕來的路警是個中號的胖子，接近時，煞車的尖銳叫聲非常刺人神經。這似乎使白頭髮發狂的痛苦起來，那雙汚手捧着臉，手背痙攣的暴起一根根青筋。胖路警從這人的背後向他同事暗暗做了一串手勢，大致的說明了這是個什麼人。「我請他吃碗涼粉去，他客氣！」說着擠擠眼。

「那末，走吧！」這新來的中號胖子有淩人的盛氣，不過也是臉冷心腸熱的那一種人。「既請就去，客氣，就不好了！」他過來拉這人，似乎就不如大號胖子那樣多懂一些神經病患者的心理了。

三個人極不順利的跋涉到車站，對于兩位盡職的鐵路警察無異于穿過一次大戈壁沙漠。大胖子又饑又渴，體內水份大約全部蒸發淨盡了，周身衣着像是才從水裏爬上來那樣濕，額頭上留下帽盔壓的紅印子。大胖子本來就有個好胃口，現在又餓得發抖，五塊蛋糕壓做一叠往嘴巴裏塞，彷彿是要堵住一個洞口。

這是個三四等的小站，但客貨運却很忙的樣子。這個瘋子——或說是罪犯——被安置在站長室。這人在生理上似乎全然沒有受到氣候影響，安于現實的坐在一隻箱櫃上，張着嘴，傻望着牆壁上各式粗劣的圖表，指頭停在膝蓋上兀自劃着什麼。這裏可以聽見外間售票房裏那位有淩人盛氣的路警大喊大嚷打着電話。

「……是啊！我是啊！我是車站！這裏啊，有個形跡可疑的……嗄，形跡可疑的……妨害鐵路安全，又有啊，自殺嫌疑……嗄，是的。所以請派出所啊，派位同志來……就是說了，姓名住址都問不出……喂喂喂，我們這裏只兩位大員哪！……」

這邊，胖子還在繼續堵塞那個洞口，他彷彿發覺他的同事在電話裏弄錯了什麼，大步搶出去。

在屋角裏，三角公文櫃的腿子上拴着一隻像個小猫似的乳猴，正拖着鐵鏈，用後爪去扒地上的蛋糕屑。那距離還遠，它却一再努力着，並不灰心。

「站長呢？」一個生滿絡腮鬍的腦袋探到窗口上。

「站長呢？」白頭髮應着，癡傻的望着那個鬍子腦袋。他站起來，搥打着胸部，一個深呼吸，便向前邁一步。汗衫前襟上還帶着在鐵軌上揉搓的鐵銹痕跡。皮靴踏出的響聲使他中止了深呼吸運動。他伸出索討的手勢，伸到胖路警的重下巴底下。後者和一般饕食的胖子一樣，吃相很邋遢，嘴角粘着許多蛋糕屑。

「涼粉麽？稍等一下，馬上，馬上。」

「我要一張紙！快點！」這人氣虎虎 坐到寫字枱前，拿起一支沾水筆。胖子像被什麼噎住，瞪着眼睛發楞，不自知的把手裏的空玻璃杯送到嘴邊。

「你坐到這邊來，那是站長的。」

「我要一張紙，快點！」

「到這邊來，我給你。」

「你怎麼只會說話呢？Sage nichts－快點！」

這人握着沾水筆走過來，彷彿是提着一柄劍。路警雙手護住大肚皮。這人在走過來的途中，却被那隻仍然一無所得的小猴子吸引住，唇角上苦楚的皺紋立即加深了，毫不遲疑的過去解那鏈條。但當他拾起地上一張作廢的行李卡片之後，似乎他又忘掉原來的事了。他把卡片放在嘴邊含住，雙手插進口袋摸索，拉出一團亂糟糟的皮尺和黑鞋帶，由另一個口袋掏出縐做一團的草紙，破爛的零票子，還有一顆白圍棋子掉落地上。他把這些重又塞回去，翻着眼睛在記憶什麼。他似乎有這種時時搜抄口袋的習慣。胖子也不作聲，一旁觀望着，扇着蒲扇，把空玻璃杯放在嘴邊乾咂。

白頭髮俯在寫字枱一角，在卡片上畫下一個圖形：

畫着，他跟自己說，「就是這樣的，就是這樣；鐵路的一個大革命……」他問：「站長呢？我要同他談話。」

「就來，馬上。」

「他這麼隨便亂跑？」這人發脾氣了，把手裏的沾水筆栽到寫字枱上。

「他出勤，不是亂跑，知道嗎？」

胖子點點頭，不時跕着脚尖，向那一面高高的窗子之外探望。另外臨月臺的一面低窗那邊，一個只穿一半制服的鐵路工人伏到窗臺上。「巡官！」那是對警察們的尊稱。「就去嗎，現在？」

「勞你自已跑一趟，大約就在三六八號平橋這邊百十步遠。」胖巡官想起再穿過一次大戈壁，就膽寒了。「很好找，上面還塗了泥巴。騎車子去好了，鑰匙給你。」

工人用繞在頸子上的黑毛巾抹了抹鼻翅，無可無不可的歪嘴笑笑，轉而抖着那一串鑰匙，（其中還有一隻牛角質的鞋拔子），逗起猴子來：「猴崽兒，嘎！嘎！」

一輛沒有拖曳列車的機車氣勢洶洶闖進站來，同一個時間，一位警察闖進站長室裏。

「辛苦辛苦！」胖路警趨前熱烈的握手歡迎。

他們開始交換一陣意見，雙方都努力使用行話與警法刑法一類的術語，然後他們開始盤查，詢問一些簡單的、幾乎是對一個幼稚園的入學幼童的那些口試。

「你到底叫什麼名字？」路警搓着肥臂，望着警察搖搖頭，表示他不止一次詢問這話，都沒有得到答覆。

「Doktorat！」這是白頭髮首次答覆他們。他在那張卡片上繼續畫着一道又一道虛線的線條。

「你不要以爲我們不懂英文，」來的這位警察雙手插着腰，踱兩步，又叉開雙腿站住，帶着負氣的樣子：「英文很簡單。你要說本國話才行。」

「要說本國話才對。」胖子很同意警察所說的「我們」。

「你們走開！或者替我把站長找來。」

「不要混扯！」這位警察比較性急一些。「那很簡單，你要是照實說，什麼事都沒有。」

「人不是爲着名字才怎樣！去找站長來。再不，罰你們找部長來！」

警察回頭望望胖子，後者用手裏的蒲扇打着大腿，無可奈何的搖搖頭，還咂咂嘴。

「那很簡單！」警察向胖子說：「要是裝瘋，過過電就知道了。」

「那就勞駕帶回去處理。我這兒值班，不大好走開。」路警說道。

警察閉上眼，挪動一下脚跟，似乎對什麼考慮了一下。

「我們用電話連繫。」胖子說，摘下眼鏡，迎着亮檢視鏡片。他顯得那樣消閒，彷彿表示他沒有意思要逃避什麼。

「多少伏特？」白頭髮伏在寫字枱一角，急促的寫着，頭也不抬的問。卡片被已經損壞的筆尖刮得起毛，筆尖夾進一些紙纖維，寫出墨團似的字體使人愈認不得了。他寫上一陣，才直起上身，望着兩位警察：「這裏，只有二百二。你們知道我多少？天生的兩千二百伏特！我早量過，在德國！站長呢？」

「你這麼裝瘋賣傻，並沒有便宜可佔，知道嗎？」

「二十三年了！」

「你跟我走！」警察的話被站裏的機車汽笛壓下去，只有他自己才知道他說了什麼。

機車震憤似的發動了，啌——啌——啌啌啌啌啌……月臺上黑煙裹着煤臭，低垂在地面上，風是一點也沒有。警察等着車頭蠕蠕的遊出站，又重複他的命令，同時緊緊腰帶，要開始行動的樣子。

「要那樣？要到你那裏查紀錄？你們不憑腦子記憶？腦子派別的用場啦？站長也許知道。你們這些人！」白頭髮提提褲子，回過頭去看進來的兩個人。「站長呢？」他問那兩個人。那裏面的一個就是方才從窗口探進頭來的那個鬍子。另一個是站上的，胸袋裏露出軋票的鉗子柄。

「就誤了一班車，到底就誤了。」鬍子小聲唸着，謹愼的，彷彿是在監視下，不敢錯走一步的似的，走過去解那隻小猴子。那小猴子不識相的完全誤會了，以爲人要幫助它去取得地上的蛋糕屑，便拚命掙直了鏈條去扒，鬍子揍了它一耳光。

那位胸袋裏裝着軋票鉗的年青人負氣似的當門站着，兩眼盯住天花板，好像對什麼他都充耳不聞了。但他被人從後推了一下，不耐煩的偏過身子讓路，準備發作的樣子。可是他又變得很和藹謙恭了。因爲那是站長。

除掉白頭髮這人仍在急促的埋首書寫，屋子裏的人似乎多少都調整了一下姿勢。然而一切仍使站長不甚習慣似的，略皺着眉，看了看所有在場的人們。

鬍子拖着小猴兒，一路哈腰打恭同負氣的青年人退了出去。

「我來給站長報告一下……」

「我知道了。」站長用手裏的紅綠旗擋住胖路警的報告。他摘下帽子，檢查一下帽頂，捏捏，彈彈，又吹了吹，輕輕掛到燒瓷掛勾上，然後走向他的座位。他幾乎沒有出汗，制服像才漿燙過、還掛在衣架上那樣平整。在他，好像一切都必須不容錯亂一步，就如火車必須在鐵軌上行駛一樣。但他掃一眼仍在埋頭書寫的這個人時，神情就變了。

「你就是站長？」白頭髮瞥一眼站長，重又揮筆疾書。那麼一點小的卡片，正面反面差不多都寫滿畫滿了。他沒等誰說什麼，頭也不抬的說道：「告訴我交通部長的通信地址。」

站長楞住了。他原正掏出一盒隨身攜帶的藥膏，準備搽一搽鼻翅旁的一塊頑癬。他終于忠厚的答道：「自然是交通部。」

「可以嗎？那樣？」

「可以。」

站長拉掛錶，瞟胖路警一眼，就走向臨月臺的窗口。胖子隨着那眼色跟過來。

「坐一〇四次守車，請你 趕快送他回××站去。」

「站長認識他嗎？」

站長不作聲，盯着手裏的掛錶。太陽約略偏西了一些，塗着鉛油的木窗臺已經照上一指寬的日光。他試着觀察那日光是怎樣的向窗裏移動。

「這人——」他低聲說：「受過大刺激，不得志。」

「不是我，早做輪下鬼了。」

站長感到那陽光移動有如鐘錶的時針一樣，簡直是觀察不出的。「自殺倒不至于。」他用指甲輕輕掐着那遍頑癬，掐出一個一個小月牙印。

「看樣子，還有點學問呢！」街上來的那位警察帶着機密的神色說。

「你們也許想不到，」站長仍望着窗臺上的日光：「××出名的三博士，他是一個。」

胖路警扇着蒲扇，替自己扇，也替站長扇。站長搔着頭，又連連打着呵欠，以至吐字含混不清：「從德國學醫回來，他倒用中藥開藥方，誰放心請這樣醫生！醫院倒閉了。」

兩位警爺對笑笑，搖搖頭。

「是有些神經！」胖子抱着膀子，扇子打着背。

「另外還有個博士也是留德的，學製車輪鋼珠。國內沒有那種工廠，也變成神經病了。」

「怎麼想起學那個？什麼不好學？」

「還發明過方的玻璃呢！」

「方的？」警察笑得嗆出咳嗽，別過臉去。

「免得滾到地上打掉。」站長慢條斯理塗着癬藥膏，嘲笑的點點頭。「這兩個博士就終天混在一起，到處惹麻煩……沒辦法！」

月臺上陽光耀眼，烈日燃燒着地面和一切暴露在地面上的物體。

「把他帶走吧，到下行月臺去。」站長說：「不能讓他認出我，不然麻煩就多了。」

「就這樣算了嗎？」胖子臉上的肥肉好像頓然鬆軟了，垂下來，但立卽又恢復原狀，因爲他發覺站長用一種疑問的眼光望着他。

站長揮一揮手，逕自背過身去，反剪着手朝着窗外。

這個白頭髮博士是他同宗的長輩，他有所歉疚，他很快的感覺到了自己怎會如此淺薄，在不相干的人面前奚落自己的同宗。然而他又彷彿有一種由妒忌得到的滿足的暢快。這些情緒在站長的內心裏起起落落複雜的交替着。在一個較老大的氏族當中，似乎是避免不了這些微妙的衝突的。

站長把雙手撐在窗檻上，但一點也不曾望着平板乏味的月臺、發亮的路軌、道外那些錯落的年久失修的貧民草房與生銹的鐵棚子。他在用手指輕敲着窗扇，半側着身子，他可以從窗玻璃上大致看到背後的情況。

他們經過他的背後，還不曾步出站長室的時候，博士囁嚅着：「多幸福的論文題目：『再見，火車的輪聲！』」。然後他們出現在炎熱的月臺上，那一位警察也陪着進站去了，兩個人好像是挾持着一個盜賊，緩緩繞過去，穿過鐵道，爬上對面的月臺。

站長略略退後，退至室內的暗處，以便繼續窺望。博士的背影給他一種單純的蒼涼之感，笨拙的體態，遲鈍躑躅的步子，白髮披散着，在日光下閃亮，使人不能信以爲眞，彷彿是獸毛禽翎，人體上沒有那種東西。

現在，博士靠在一根柱子上，摘下眼鏡，鼻尖貼着手裏的紙片在讀着。

「多幸福的論文題目：『再見，火車的輪聲！』」站長唸着這兩句話，回到自己的座位。他想理解這瘋話時，他那微微下垂的嘴角翹了上去，顴骨上透出一絲笑意。

「生存全是有意義的麼？」他發生一點無關緊要的疑問。隨手去拔取面前那支插在寫字枱面上的沾水筆。筆桿拔下來了，筆尖還深深嵌在木頭裏。他繼續的想：「唉，早離苦海吧！」

他衷心的爲那博士祝禱。他低下頭看看掛錶，然後凝視着壁上的紅綠旗。「給老二買點 什麼吃的呢？病才好，該補補。」

他是個好站長，也是個好父親。

四七、十、廿二　鳳山。

八高三年和中京景物（三續）

雷　震

七　誇大狂和仇視美國

當然，這類「自誇狂」的日本人，固不止栗田教授一人，如教授西洋史之今井貞臣教授，也是一個百分之百「自誇狂」的人。當民國八年巴黎和會開幕的時候，日本首席代表西園寺公望氏用日語演說，於是今井教授在課堂上一再誇稱的說，日本語已走上了世界外交的舞臺，成爲今後國際會議的語言之一，其欣喜歡愉的態度，好像着魔發瘋似的。我當時深深感覺日本民族究竟根基太薄，得意忘形，大有「暴發戶」的氣派。日本當時的報紙和刋物，事無巨細，一味自誇自炫，更是助長和煽動了一般國民自誇狂的氣燄。

這種過度的「自誇狂」，就是造成日本掀動二次世界大戰的原因，也就是造成後來毀滅日本的結果。因爲過度的自誇狂，對於一切事物，就不容易心平氣和的去探究原因結果，而只知盲目的向前橫衝直撞了。故我過去常常的說，九一八事變也好，七七事變也好，乃至第二次世界大戰也好，如將造成這些事變或釀成這些侵略的一切責任完全歸諸於窮兵黷武的日本軍閥和特務頭子，實非公平正確之論。一般文人學者和知識分子之不知天高地厚，而成天盲目的自吹自擂，殫精竭慮的製造自誇狂的根據和理由，陷一般無知國民於夜郎自大，只知有己而不知有人的心理，對軍人侵略的野心更是火上加油。日本之偷襲珍珠港，以爲這一下子就可殲滅了美國的太平洋海軍，使其今後無法有恢復舊觀的一天，就是這種自誇狂的心理在作祟，也就是這種自誇狂的極高度的表現。因爲有了自誇狂的陰魂到處作怪，迷人心竅，則一切判斷均喪失了理性，以爲普天之下，只有他們自己才是偉大，只有他們自己才是最具有智慧之人類，其餘的世界均係渺小而微乎不足道也。

獨裁政治都是患了自誇狂的毛病，而獨裁者也就天天以「領袖」、「領導者」自居而恬不知耻，希特勒和墨索里尼之流，也就是被這種自誇狂毀滅掉的。今日共產黨徒及其同路人都是走上了這條路，赫毛固不必說了，埃及總統納瑟也是一個很好的例子。

由於過度自誇狂而失却理性的緣故，由於教師和報刋集中宣傳和咀咒美國的緣故，致令日本人全國上下一致認爲他們在中國侵略之不能隨心所欲和得心應手，完全由於美國鬼子之從旁掣肘，故意爲難。他們認爲這個山姆大叔既對美國本洲問題用什麼「門羅主義」關上大門，拒絕別國發言，爲什麼獨對亞洲問題，尤是對中國問題偏偏要來插嘴，多管閒事。這不僅是存心要與日本搗蛋，不讓日本發展，簡直是侮辱了日本，傷害了日本，與日本過意不去。所以，非先把美國鬼子打倒，日本決不能稱覇於亞洲。因而全國上下仇視美國，視美國爲眼中之釘，日本與美國則勢不兩立，這正如抗戰前我們仇視日本和痛恨日本一樣。當時學校的教師，不論是大專或中小學，都是經年不斷的在培植學生仇恨美國的心理，我在八高就學三年之中，除英語教授澤村寅二郎先生一人外，其餘的教授，一提到美國人，都是多多少少表示討厭和痛恨的樣子。例如教師們經常說美國是個濶大少，貪玩好耍，不能吃苦，不會打仗，空有巨大的軍艦，沒有作戰的優良水兵；只會建築摩天大厦，樣樣要做世界第一，萬事以 make money（賺錢）爲目的，不知道德文化爲何物。總之，他們認爲美國只有物質文明，而無精神文明。日本人這樣普遍的經常的灌輸和製造仇恨美國的心理，無非爲他日對美戰爭作一伏線，不僅要喚起國民同仇敵愾的心理，且欲使全國上下輕視美國，覺得美國不值一戰。這樣才可使大家走上對美備戰之路。

澤村寅二郎教授係在大戰中渡歐留學，休戰後不久歸來，在八高教英文不到一年，即去東京帝大任文學部講師去了。他在八高教納斯欽（John Ruskin）的散文選，頗有直接教法的味道。在課堂上他一再稱讚美國軍隊於第一次大戰中，在歐洲戰場上的英勇作戰，表現成績良好，殊出乎一般人意料之外。他並說美國人平常雖有大少爺的作風，打仗則很認眞。美國開到歐洲戰場的軍隊，開始時秩序很壞，缺乏組織與訓練，但不久就變好了，紀律嚴明，作戰勇敢。他認爲這是由於美國平時施行了民主教育，發展個性，重自發自動，把基礎打得好的緣故。因此，他極力呼籲日本今後要注意平時的教育工作，要提高國民的知識水準。恰恰在這個時候，日方輿論方面也極力鼓吹要提高人民的知識程度，俾可與英美競爭覇權。

美國政府限制日本每年移民的數額，也是使日人仇恨美國的原因。日本當時的報紙上，經常爲文斥責美國歧視有色人種和限制日本移民政策之不當。在這些地方，我們也很同情日本人的說法，因爲美國當時對有色人種確是歧視得很厲害。

總之，以我當時的觀察，日本和美國終須出於一戰，不在疆場上一決勝負，日本人絕對不會甘心的。因爲一般國民受了這樣明目張膽的宣傳，受了這樣潛移默化的教育，他們似乎眞眞感到：他們隨時隨地都在遭受美國的欺侮與凌辱，故非給以嚴重的報復則寢饋難安。按照日本的軍部、野心家、民族主義狂熱者等等的安排，要先在日本人的心靈深處，培植仇恨美國，把對美國同仇敵愾的心理造成之後，再遇事尋覓製造啓釁開火的機會。珍珠港偷襲之前，日本人在製造仇恨美國這一工作，是用了很久很久的功夫，也確實發生極大的效力。不然，以日本當時之國力，又怎敢與美國一戰？我在日本十年，眞是無時無地不在接觸這種場面，冷眼旁觀，對於事件眞相更易看得明白。

八　中京鳥瞰和飼蠶比較

名古屋市區位於愛知縣的西部，沿着太平洋的海岸線則有伊勢海灣，而名古屋海港卽在灣之盡頭。海港與市區連成一起，爲「本州島」(註)正中東西兩面最狹窄的地方。市區距離東京爲三七七公里，距離京都（西京）爲一四七公里，因其位置介於東西兩京的中間，故名古屋地方夙有「中京」之稱。鐵路線則東海道幹線貫穿市區的中心，而於中央線幹線及關西線幹線在市區相滙合，形成十字交叉的交通線，再接上其他公私經營的鐵路線和公路線，致水陸交通均極便利。故名古屋都市自市制頒行之後，日趨發達，在民國十年，全市人口不過六十餘萬，至民國二十年，由於工商業之急劇的發展，市區人口已超過一百萬以上，至第二次大戰之前，名古屋已成爲僅次於大阪和東京的大工業區。過去僅以出產磁器著名的名古屋地方，由於交通便利，市區空曠，發展有所憑藉，故自民國十年以後，各種工業次第興建起來，尤其在軍事工業當中，名古屋已成爲飛機製造業的中心，一躍而爲日本製造飛機的第一位。因爲這一項工業，乃是第一次大戰之後的新興工業。在二次大戰中，名古屋市區遭受美軍轟炸最烈者以此故也。

「名古屋」三個字的漢字稱呼，古有「那古野」、「那古屋」、「名護屋」或「那古邪」之不同，但均以Nagoya的發音而配以同音之漢字，及至明治維新之後，始乃統一於「名古屋」三個字的漢字。觀此可知日本人過去使用漢字的方法，是以漢字來配合日本人固有的發音，此卽所謂「訓讀」之由來也。日本古書之不易讀和不易解者，因有許多地方是用漢字來配合日本固有之發音，與漢字原來之意義完全不同。其中尤以人名地名用這種方法最多，這和中國以漢字翻譯外國人名地名者正相類似。

名古屋在古時爲尾張國的中心，過去曾產生如織田信長、德川家康等建立日本的封建制度，尤其是「幕府制度」的重要人物。而聞名全國的名古屋城樓，就是在慶長十五年（一六一〇年）由德川家康將軍命令北國和西國的諸侯而鳩工興建的。其中五層樓的天守閣，其屋頂的兩端上及四面出水的簷角上，均鑲有金製鰲尾，日人稱之爲「金鯱鮮」，金光燦爛，輝煌奪目，很遠很遠就可看到。而城閣之設計與建築，可稱美輪美奐，世罕其匹，不僅爲日本唯一有名的城樓，亦爲名古屋都市招攬遠地遊客來瞻仰的名物，惜於第二次大戰之中，被美國空軍所炸燬，而有名之「金鯱鮮」亦化爲烏有了。名古屋市民在地方復興工作大部分完成之後，於一九五七年設立「名城再建籌備會」，從事城堡的再建工作，以謀恢復舊觀。且預定於一九五九年十月，卽名古屋市市制頒行的七十週年紀念之日完成。其工事費用預定爲日幣六億圓，約合美金一千六百萬元。日本復興工作之迅速，於此可見一斑。

八高校園的周圍，無論自鶴舞公園起走來，或從熱田車站起走來，當我在八高讀書的時候，沿途還是一片水田和若干旱地，只有疏疏落落的人家點綴其間，稍爲像樣一點的大村莊一個也沒有，其荒涼景象，完全和鄉村一樣，一點沒有都市的色彩。只有緊靠在八高校園的瑞穗町和我寄宿的慶親館的御器所町兩處，每處才有十幾家零零落落的店舖，如澡堂、理髮室、郵局、當舖、飲食店、文具店、魚肉舖和水果攤、蔬菜攤之類，稍爲像樣一點的東西，非上名古屋市區則不易買到。而上述這些舖子，亦僅係供給八高學生的需要，故一屆假期，則生意清淡，有的飲食店竟爾暫時歇業。自八高往西走有「八事山」，山不甚高，而蒼松翠柏，林木茂盛。這一帶更是荒涼寂寞，幾乎沒有人烟。我於晚飯後常喜一人散步其間，連鷄鳴犬吠之聲都聽不到。有一兩次在田疇之間散步，我邊走邊唱，引吭高歌，竟把偷吃菜蔬的野獸驚起狂奔，使我駭得渾身出汗。我並非怕鬼，乃怕豺狼野狗噬人。及民國十一年秋，名古屋高等商業學校建立之後，這一帶才有幾家店舖的住宅出現。聞說現在這一區域已成爲名古屋市民的住宅區，而八事山則闢爲市區的公園了。我離開名古屋市已有三十五年，其發展之速，殊堪驚人。由於工商業之突飛猛晉，人口自然向都市集中，過去的水田旱地，現已變爲庭園屋基了。

八高附近的水田，夏季種稻穀，冬季多種蘿蔔，間有種麥子和豆類，和我家鄉正是一樣，天氣也差不多，冬季下雪結冰。我在這裏三易其寒而兩易其暑（因爲改制縮短了一個學期），所見略述於左：

這裏所種的稻子全是蓬萊米，卽大陸上無錫蘇州一帶所種的粳米。據說過去這一帶出產的稻米，質地非常不佳，產量亦少，旋經三次施工改造土壤，除掉土壤所含的過多植物性地質，再施用鹼性的人工肥料，故今日所產之蓬萊米，品質優良，味美而營養豐富，已成爲日本全國最佳的食米了。這是受了近代科學教育之賜。日本的農業學校和園藝試驗所，其研究和試驗的結果，馬上就會應用到實際農作物上面，除這裏所說的稻米改良之外，在水菓改良方面，尤有顯著的成績，如梨子、蘋果，柑子、葡萄、水蜜桃等等，均是經過多次的改良，現在的產品眞是一年比一年進步。

回憶我們在大陸時代，農業學校則自農業學校，而農人則自農人，兩者之間簡直不發生一點關係。我出國十年後回到家鄉裏，看到農家無論種田或養蠶，都和我未出國的十年前一模一樣，完全遵守祖宗所傳之老法，一點地方沒有改變，連傳染病和消毒的起碼知識一點也不具備。換句話說，十年間的光陰沒有使他們的生產技術有一點進步。我常常感到我們的教育之所以失敗者在此，而鄉人之不相信科學者亦在此，因爲科學教育和他們實際生活從來沒有發生過一點直接的關係。（待續）

註：日本全國係由四個大的島嶼組成的，其中最大的一個叫做州本，其餘爲北海道、四國、九州三個島，我國夙稱日本爲扶桑三島，或日本三島，實係錯誤，因未把北海道與本州分開之故。

讀者投書

也談「惡性」補習

顧問摶

現在臺灣最普遍的「惡性」補習，素爲國人所詬病，然因相沿日久，積習成風，教育機關，雖三令五申，不僅補習之風未戢；反而變本加厲，愈補愈惡了！最近，教育當局，也深感問題嚴重。首遭其殃的，是臺中篤行國校×教員，爲教育廳一紙公文解聘。接着教育廳派出大隊人馬，組成了教育輔導小組，劉眞廳長也親自出馬，視察教務，照理惡性補習也該掩旗滅跡了！但「惡性」補習在部分家長的掩護下，已紛紛轉入「地下」。因此，欲想強制取締「惡性」補習，而不作根本的打算，望可收到事半功倍之效，難矣！

誠如官方所說；造成「惡性」補習的內在因素，是由於我們的教育經費過少，人口率激增，一般國民生活水準提高，也就形成了就學率的遞增，使中學乃至大學的容納量不能與升學率成正比。誠然；這實在是形成「惡性」補習的主要問題。但問題並不是憑空掉下來的；如當時我們能及時警惕，隨着人口及升學率逐年改變，增加校舍，改善各種有利的環境，問題也不至於如今天這麼嚴重了。就教育經費言；歷年列於教育方面的經費爲數確屬過少。用於美其名曰：「青年救國團」，曰：「民族精神教育」者，其費用之大，其浪費之多；據說竟達三、四億元之鉅。如執政黨諸公，眞能明足以察秋毫之末，亦可以見與薪的話，那就應該興利除弊，將這種斷送國家新生命脈、貽害無數青年前途的投資，爲什麼不移用於興建校舍，廣植各級學校，自可竟有教無類的全功。能如此；「惡性」補習教育，自將消聲匿跡，也用不着袞袞諸公操心勞命了。

然而；吾人從憲法第二十一條規定看：「人民有受國民教育之權利與義務。」換言之，憲法規定凡是中國國民，均有權利及義務接受國家所給予的國民教育。可是祗要我們冷靜地去想一想，國校雖未收取學生的學費，但在美其名「自由樂捐」的號召下——如敬師、敬軍、修葺教室、修築籬笆、購置窗簾、美化學校環境……及畢業捐、家長會費、圖書費等等，如此洋洋大觀，不下數十種；平均每生每月捐出的多則百元以上，少則亦有幾十塊。不僅此也，尚有什麼補充教材，什麼補習費。補習又分學校補習、老師家中補習以及教員移樽就教到府補習。學校補習平均約三、四十元，老師家中補習、多達數百元，少也百數十元，到府補習小賬另開了！嗟乎！誰無父母，誰不願其子女出人頭地在金榜題名呢！因此，雖節衣縮食，不得不三鹹其口，應付裕如。設若家境潦倒，無法應付者；唯有仰天長嘆，恨老運不濟，望子不能成龍也。

然就一個未成年的兒童身心而言；每日從清晨五時許起床（平均如此）到學校上課、補習，直到補習完了時，總共需要十六小時。兒童們的天眞、活潑的身心，怎能應付如此沉重的負擔呢！上焉者，尚能勉強克制。下焉者，對讀書視爲長途，對學校以及補習視爲可怕的吃人所在。如此，不僅有失國民教育的基本精神；徒爲國家造成更多的病夫，爲社會帶來更多的不良少年——太保太妹。再就所謂「補充教材」而言；有益兒童身心的、啓發兒童智慧的、誘導兒童上進的補充教材，應爲家長們所歡迎，可是我們現在所說的補充教材，不但不能誘導兒童上進，反祇有徒增兒童書包的重量、家長們的經濟負擔，實無一利可言。難怪外人談我們大學教育是造就一般幹部的訓練班，中學教育是革命教育的先驅。而小學教育，外人雖未道及，但從充滿政治色彩的課本看來，已使人咋舌三嘆了。可是一般無恥的「文氓」們，利用各種關係，走盡各種路線，大量推銷「補充教材」。現就最近強迫推銷的一本「三民主義兒童讀本」而言；這本小冊子是本年二月出版的，發行者是基隆月眉路七四號實踐出版社。這本「三民主義兒童讀本」是奉中國國民黨中央委員會第四組二二○九號審核批准發行的。全書計廿課，計分：一、民權的來源。二、人同獸爭。三、人同天爭。四、人同人爭。五、國家民族自由。六、個人的自由。七、不平等和假平等。八、眞平等。九、人生以服務爲目的。十、革命口號。十一、權能劃分。十二、專家政治。十三、政權與治權。十四、民生問題。十五、近代社會進化。十六、社會進化的定律。十七、民生主義的辦法。十八、增加農業生產方法。十九、民生的需要。二十、育樂的重要。

我們從上面二十課的標題目錄看來，確是浩瀚滂礡，美不勝收了。其措辭典雅；雖天才兒童，亦難接受。故有「國之大事，在祀與戎」（見該書第三課、人同天爭。）難怪小學生們要查辭源、翻辭海；也難怪小學生的家長們雖咸認惡性補習對兒童身心有害，然爲讀書不能不求甚解，故不能不逼着孩子走上「惡性補習」教育一途。教員們既不能領取出差費；又不能在小學生身上巧立名目揹油。可是肚皮交關，何不順水推舟，將良心一橫，雖師表蕩然，也在所不辭了。因此；到今天，非「惡性」補習不足以「金榜題名」，非「惡性」補習不足以平步青雲——走上中學之門。

「惡性」補習，在這許多的主觀與客觀的情形之下形成了。始而補習，繼而「惡性」，從而一變而爲「惡習」了。現在已弄得民怨沸騰，童子而不能聊生的地步。如果長此以往，不僅教育之風範不能樹立，東亞「病夫」之譏不能卸除；其後果是民族之元氣大傷，民族之幼苗悉成弱不禁風的病態兒童。嗚呼！則國家新生之基殆盡矣！而我們奢言救國，奢言建國，豈不因果倒置，殆爲歷史之譏嗎？幸政府尚不乏明知之士；如現任教育部長梅貽琦先生。梅先生自走馬上任後，首倡取消大專聯考制，次及免試升學問題，再申取締「惡性」補習教育之決心。然而七年之病，求三年之艾，積習已久的病態，及潛藏的暗礁，能否允許梅先生大刀潤斧地去做，這要看我們的當道者能否放棄成見，取消「青年救國團」及違背社會進化的一切非法（違憲）的組織。倘能如此，可將這筆龐大的開支（包括軍訓的全部經費）用於廣植學校，培養優良的師資，從而提高教員的待遇。則兒童幸甚，青年幸甚，國家更幸甚焉！

四七、十一、廿七。

短評

（一）召開國是會議

民營的「聯合報」，由於對法統問題的關切，最近連續發表社論，主張召開國是會議。

根據該報的說法，此項會議，可視爲反共救國會議的擴大，不僅討論到反共救國的具體方略，也討論到如何維護法統，並使民主憲政得以順利持續的問題。據最近報載，蔣廷黻博士和夏濤聲委員，也同意這個主張。

很顯然，他們這些主張，理該獲得朝野鄭重考慮。我們希望政府能够欣然接受，不必多所顧忌，今天大家只希望推翻共產政權，沒有人存心要與政府爲難的。（正）

（二）人民代表與新聞自由

美聯社三月十一日曾有一則電訊（自美國芝加哥發出），報導紐約前鋒論壇報一位女記者因在法庭中拒絕透露新聞來源被判坐監十日，以致美國衆議院及十個州的立法局提出「保護新聞記者對新聞來源保守秘密」的法案。

這一項法案主要的有四點：

一、報紙出版人、編輯或記者，不得被强迫述出其秘密採訪的新聞來源。

二、採訪、發行、廣播、電視、新聞等工作者，不得以拒絕透露新聞來源，而被處藐視法庭罪。

三、報紙無線電及電視人員，不得被迫在任何法庭或政府機關中，在任何案件中，舉例或透露其新聞來源。

四、新聞記者應有豁免透露新聞來源之特權，若彼等已向新聞來源保證守秘密，而新聞又非保證守秘密不能獲得者，則應有此豁免權。

這一則電訊，是報道美國的人民代表機關如何地維護新聞自由。我們不知道，我國的各級人民代表看到這個電訊，有何感想？（藝）

（三）標準警察

高雄縣鳳崗派出所警員馮誠齋，近在臺糖小火車鳳山車站附近，不惜冒生命危險，搶救了一個臥軌自殺的人。可是，自己却因躲車而昏倒，以至失去知覺，險些喪了性命。

馮警員這種捨身救人的行爲，已多少改變了人們對警察界的觀感，的確值得表揚。

近幾年來，警察人員在治安方面，並非全無成績，例如破獲若干走私案、竊盜案、以至於賭窟、烟窟之類，都是大家所知道的。可是，由於若干警察人員，在取締違章建築、取締攤販、處罰交通違警、乃至執行各項任務時，或態度惡劣，或措置失當，或濫用權力，或違法舞弊，終於一件件日積月累，在社會上留下了一個不良印象，被認爲「五害」或「四害」之一。

其實，只要警察人員都能以馮警員爲榜樣，人民的印象，並不難慢慢改變過來的。（梅）

（四）保安處分執行法

「保安處分執行法」一案，近將由立法院審議。據說在此項法案依法通過公佈後，對於少年犯、流氓、常習犯、及其他被法院裁定應移付保安處分的人犯，究應受何種處分，將有一定之規範可循。

保安處分的本意，原在防止犯罪，以求保護社會安全。我國在刑法中也採用這種制度，可惜歷時二十餘年，由於保安處分執行法沒有制定，使得有關單位及人員，常可任意行事，而侵犯人民的自由權利，却沒有收到保安處分的預期效果。

現在，立法院能想到制定法律，雖然爲時嫌晚，畢竟還是可喜的。但願立法院在審議時，能切實根據憲法的基本精神，爲人民的自由權利多多着想。（梅）

（五）外交需要人才

最近，由於外交使節的大調動，使大家發現外交人才的貧乏；接着由於在聯合國爲國爭光的外交鬪士蔣廷黻博士的返國述職，又使大家深感外交人才的重要。

近十年來，我們因爲整個大陸失陷，在國際政治上難關重重。可是，蔣代表憑他個人卓越的條件——學識淵博、見解精到，常能贏得若干國家代表的支持，在外交上打勝仗。尤其是我國在聯合國的席次，仍能維持到現在。這顯然與蔣代表個人才智的運用，是有很大關係的。

我們希望政府鑒於這種事例，至少在外交方面，能盡力培植人才，絕不可唯奴才是用。（正）

（六）「肥水」不落外人田

臺北市水肥會的各種措施，雖屢經輿論的非難與市議員的抨擊，却是至今未見有些微的改善。

到了最近，連臺北縣的議員也指出：臺北市水肥會設在該縣境內的水肥庫，因不甘水肥賤賣，竟將水肥傾瀉於河中，不但使農民無法買到肥料，影響了生產，更影響該河下游飲用河水的居民的健康。像這樣不讓水肥肥田，竟將水肥「肥水」之事，眞是一大奇聞。

按道理說，臺北市水肥會的職責，應該是除「臭」。但現在不僅市內的臭氣未能有效清除，却又讓臭氣遠播到鄰縣去。不知主管水肥的機關首長，對於這一臭聞，也有所聞否？（田）

自由中國　第二十卷　第七期　內政部雜誌登記證內警臺誌字第三八一號　臺灣省雜誌事業協會會員　二三六

給讀者的報告

在社論㈠「軍事改革的起點」中，我們指出中美「聯合公報」的發表，認爲反攻大陸不單憑藉武力，而且臺灣的經濟能力，也不能維持這樣一枝龐大的軍隊。我們早已主張採取精兵主義。直到最近，據傳政府已經決定裁減軍隊，如果確有其事，我們認爲可算是軍事改革的起點。不過，我們還進而指出國防費讓人民代表機關嚴格審核，是軍事改革的第二個要點。最後，我們又特別强調「軍政」可以批評的道理。

最近在西藏發生的抗暴運動，已震撼了鐵幕內外。本期除登載了萬夫雄先生「西藏反共革命的成長與發展」長篇通訊外，並在社論㈡「重視西藏掀起的抗暴運動」中，指出這是大陸上出現的第一次規模最大的對共黨統治的反抗運動。中共現正企圖以全力壓制，我們呼籲自由世界和我們的政府支援。

鑒於最近中日兩國大使的更動，我們深感中日兩國的外交，有加以徹底檢討的必要，特發表社論㈢「從中日更動大使檢討中日外交關係」。在我們看來，中日外交是一種失敗的外交；其原因：一方面是由於日本的缺乏遠見和不顧正義；一方面是由於我們的人謀不臧，政策錯誤與努力不夠。總之，深望雙方能討檢過去，策勵來茲。

從三月二十日到二十四日，臺灣省政府召開了一次爲期五天的全省行政會議。由於這是臺灣實施地方自治以來第一次舉行的全省行政會議，所以特別爲各方面重視。現在會議已經結束，我們特在社論㈣「寫在臺灣全省行政會議之後」中，說明這一次的會議，外表上是熱熱鬧鬧，實質上是空空洞洞。我們特別提到總統府臨時行政改革委員會的寶貴意見，並指出沒有被這次會議所採納。

東方既白先生的大作：「在陰黯矛盾中演變的大陸文藝」，是一個純文藝工作者，對於在中共極權統治下的大陸文藝界所作的精闢和詳盡的分析。全文完全是以客觀的事實和具體的資料做證據，而非憑主觀的錯覺和抽象的形相而推斷的，是一篇極有分量的文章。由於篇幅較長，從本期起，分三次連續發表，敬希作者與讀者共諒。

胡適先生「容忍與自由」的大作在本刊發表後，儘管大家讀了反應未必完全相同，但各方面的重視卻是一致。臺北市民營的「自立晚報」，便已在三月二十四日以「容忍與自由」爲題，發表社論，以示響應。本刊已陸續聽到和看到各方面的反應，限於篇幅，本期只能同時刊出毛子水和殷海光兩先生的大作。毛先生和殷先生的大作，都是讀過胡先生大作後的感想，這或者正可代表一些不完全相同的反應，希望大家細細體味。毛先生還另外附來羅素的一段話，作爲他大文的補白，特一併刊登。

編輯委員胡適之先生最近給本刊全體編輯委員一封信，現特在本期發表，作爲我們今後編輯方針的檢討和改進。

本刊發行人雷震，爲了「陳懷琪事件」，於三月二十五日下午二時至四時，赴臺北地方院檢察處第二次應訊時，承蒙很多作者與讀者關懷、慰問，極爲感激，謹再致謝意。本期由於編排上的限制，「出版法摘要」暫停一期。

自由中國　半月刊　總第二二六號　第二十卷第七期

中華民國四十八年四月一日出版

發行人　雷震

主編　『自由中國』編輯委員會

出版者　自由中國社

社址：臺北市和平東路二段十八巷一號

Free China Fortnightly, 1, Lane 18, Ho Ping East Road (Section 2), Taipei, Taiwan.

電話：二八五七〇

航空版　自由中國社發行部

總經銷者　友聯書報發行公司（香港九龍高打老道一二〇號）電話：五九一六四、五九二六五

美國經售　紐約友方圖書公司 Hansan Trading Company, 65, Bayer D Street, New York 13, N.Y. U.S.A.

紐約光明雜誌社 Sun Publishing Co., 112, Mulberry St, New York 13, N. Y. U.S.A.

韓國　漢城裕昌德號

馬尼剌　新疆書店

印尼　泗水文光圖書公司

緬甸　仰光振成書報店

印度　阿拉哈巴中印文化出版社

北婆羅洲　西利亞坡青年書店

星加坡　友聯書報發行公司（小坡大馬路四六九號）

吉隆坡　友聯書報發行公司（馬華公會大厦三樓七室）

怡保　友聯書報發行公司（希尼亞沙甘街十六號）

檳城　友聯書報發行公司（林連登律七十二號）

澳門　友聯圖書公司

印刷者　精華印書館股份有限公司　廠址：臺北市長沙街二段七一號　電話：三三四二九

本刊經中華郵政登記認爲第一類新聞紙類　臺灣郵政管理局新聞紙類登記執照第五九七號　臺灣郵政劃撥儲金帳戶第八一三九號（每份臺幣四元，美金三角）

自由中國

FREE CHINA

第二十卷第八期

目錄

中華民國四十八年四月十六日出版

社址：臺北市和平東路二段十八巷一號

半月大事記

三月廿六日（星期四）

美、英、法三國答覆蘇俄照會，同意今夏開高階層會議，會前先舉行四國外長會議，拒絕波蘭、捷克以平等地位參加會議。

三月廿七日（星期五）

美國原子潛艇「鰩魚」號在北極冰層下航行，打破距離與時間的記錄，對飛彈戰爭有重大關係。

三月廿八日（星期六）

美國務院發表聲明，指責共匪壓迫藏胞。

三月廿九日（星期日）

美國防部正在研究柏林危機應變計劃。

尼克森在記者會上聲明，美國軍事力量强大，決不接受敲詐威脅，强調美英關係已更良好。

三月三十日（星期一）

美國防部長麥艾樂强調美國强大混合部隊，足以嚇阻毀滅敵人。美軍事首長向國會作證，美國現有武器可毀滅蘇俄多次，美具有壓倒性的原子報復力量。

納塞發表演說，責俄干預內政。

三月三十一日（星期二）

美英法西德四外長集會，擬訂與俄談判方針。

達賴喇嘛已抵山南。共匪封鎖邊界派偵騎追蹤達賴，曾圖進入拉薩印領館搜尋。

四外長集會檢討德國前途問題，向俄建議原則大致已告決定，統一全德，並使歐洲獲得安全。

四月一日（星期三）

俄就美機高度問題，向美提出恫嚇，謂若美機在一萬呎以上飛行，即將顯然導致「複雜的後果」。

美國務院表示，美機飛行柏林空中高度，絕不接受蘇俄限制；英亦表示不承認任何高度限制。

美英法西德四外長續商柏林問題。四國外長再度聲明，不在俄威脅下退却，僅表示願與俄作「建設性談判」。西方在四外長會議中對於如何與俄談判德國問題，主要歧見未能消除。

四月二日（星期四）

共匪電臺廣播稱，達賴已入印度。

西藏三十萬抗暴軍準備反攻拉薩，匪正調派重兵圖施鎮壓；拉薩東南戰事再度爆發。

北約理事會在美開幕，艾森豪發表演說，譴責共黨危害和平。

四月三日（星期五）

印度宣佈決予達賴以外交庇護。

四月四日（星期六）

艾森豪發表演說，警告勿對共黨姑息，謂共產黨最終目的是征服世界，自由世界決不能在西柏林示弱。

北約盟國完全同意，西方繼續留駐柏林。

尼赫魯派高級顧問，專程迎接達賴。

藏境戰事仍在蔓延中。

美國防部長麥艾樂在國會作證，柏林如果遭俄攻擊，美國勢將從事作戰，包括使用核子武器等方法在內。

美向俄提書面答覆，申明美飛機往來柏林時，有權選擇任何高度。

北約理事會發表公報，支持西方三國對德政策，重申維護柏林決心，並警告共產黨不許染指西柏林，九公約國軍隊在鐵幕邊境舉行盛大閱兵。

四月五日（星期日）

尼赫魯對記者表示，印度深切同情西藏，與匪關係陷於窘迫。

艾森豪決心不參加宣傳式的最高階層會議。

四月六日（星期一）

北約盟軍最高統帥諾斯達表示，北約盟軍力足以支持西方三國柏林政策。

達賴在印度周密守護下，暫留多旺靜養。尼赫魯計劃儘先與達賴會晤。

俄指美違反柏林飛行規則，美國務院斥爲「無稽」，並謂俄誣指美機侵犯俄領空行動，已生敵對氣氛，使外長會議展望黯淡。

四月七日（星期二）

美國務院否認盟國對於如何和蘇俄談判柏林和德國問題發生歧見，表示盟國對未來對俄談判，基本政策已獲致協議。

四月八日（星期三）

東南亞公約組織部長理事會議在紐西蘭揭幕。美對東約各國代表重申對匪堅定態度。

西藏抗暴戰鬪仍在拉薩東南進行。大批匪幹入藏，對被拘藏民進行「洗腦」。

四月九日（星期四）

東南亞公約組織部長會議完成軍事報告審議，對於某三國所提增設經濟機構案，會議主席紐西蘭總理認爲可由可倫坡計劃來處理。

共匪在西藏暴行使印度感受威脅，議員要求增派軍隊警戒邊界。

『自由中國的宗旨』

第一、我們要向全國國民宣傳自由與民主的真實價值，並且要督促政府(各級的政府)，切實改革政治經濟，努力建立自由民主的社會。

第二、我們要支持並督促政府用種種力量抵抗共產黨鐵幕之下剝奪一切自由的極權政治，不讓他擴張他的勢力範圍。

第三、我們要盡我們的努力，援助淪陷區域的同胞，幫助他們早日恢復自由。

第四、我們的最後目標是要使整個中華民國成為自由的中國。

社論

(一)

國是會議應該從速召開

民國四十二年雙十節蔣總統正式向國人宣告「要從速籌開」的反共救國會議，政府一直沒有召開。到了五年半以後的今天，由於「聯合報」連續發表了幾篇主張召開國是會議的社論，臺北的輿論又在把舊事重提了。

叫做「反共救國會議」也好，叫做「國是會議」也好。名稱沒有太大的關係。總之它是一種高度政治性的會議。它的總目標在於反共，在於建國。對於這種會議，我們是一向贊成召開的。贊成召開的理由，基於我們對於國事所抱持的基本態度。我們的態度，就是：

㈠不灰心，不消極；

㈡反暴力，反革命。

由於不灰心，不消極，所以儘管政府好像沒有十足的誠意實現蔣總統的諾言，我們仍然要來談這個會議而主張召開。由於反暴力，反革命，所以我們對於國事的革新，總是希望政府虛心聽聽各方面的意見，採納各方面的建議，不要老是自以爲是，一意孤行，結果，從喪失人心而逼得人民造反。

在以前，本刊對於所謂「反共救國會議」，曾先後發表過三篇社論(四十二年十月十六日出版的第九卷第八期、四十五年十月十六日出版的第十五卷第八期、四十七年十一月一日出版的第十九卷第九期)。講過了的話，我們不再說了。現在要說的，是根據當前國內外的情勢，給以前說過的話加以若干補充。

這種會議的總目標，在於反共，在於建國。我們想，這該是大家所一致承認的。現在就從這個總目標說起。

自中美聯合公報發表以後，我們很高興看到政府對於反共這個問題已有了正確的認識。我政府已「認爲恢復大陸人民之自由，乃其神聖使命；並相信此一使命之基礎，建立在中國人民之人心。而達成此一使命之主要途徑，爲實行孫中山先生之三民主義，而非憑藉武力。」這就是說，今後在反共的措施上，要從過去所喊的軍事第一轉變到政治第一。既然如此，那末，展開一個政治的大變革，該是政府不能規避的責任了。可是，自中美公報發表以後，半年來尚看不出政府在這方面有何重大的作爲。行政院行政改革委員會所擬的改革方案，就「行政」的觀點看，確實有它的價值。如能一一實行，對於行政上許許多多的毛病，可能減輕或消除一些。但就「政治」的觀點看，近年來反民主、反法治的趨勢(表現這種趨勢的事例，經本刊指出的已經不少。這裏不必再舉例)，究竟不是這個方案所能扭轉過來的。這個方案是屬於「行政」層次的，而不屬於「政治」層次。草擬這個方案的委員們當然也不能以扭轉政治的趨勢爲己任。但是近年來政治上反民主、反法治的趨勢，正是我們政府一天一天喪失中國人民之人心的處所。要把恢復大陸人民之自由這個使命建基於中國人民之人心，就非扭轉政治上反民主、反法治的趨勢不可。民主、法治，是政府當局經常自我吹噓的，但事實上大家看得很清楚，反民主、反法治的事例却一天多似一天。這一矛盾現象，有兩個可能的解釋：一是政府當局經常在說謊；一是他們被屬僚蒙蔽。我們且假定他們是被屬僚蒙蔽。有所蔽，就得解開。開大門，開窗戶，看看外面實際的景色，聽聽外面大家的呼聲。邀請政治上有代表性的人物，開一次國是會議，可能有這個功效。國是會議不一定能夠扭轉政治上反民主、反法治的趨勢，但它可能是扭轉這一趨勢的開端。爲反共，爲建國，這個開端太重要了，這是我們主張從速召開國是會議的第一個理由。

隔海的共匪政權，現正大搞其「人民公社」，大陸人民的人心，在這個時候應該最容易嚮往在臺灣的中央政府。同時，西藏的抗暴運動，又在如火如荼地擴展，也可鼓勵大陸人民反共的情緒。這時，如果我們政府當局一變其歷年來「天下爲私」、「黨高於國」的作風，示人以豁達大度，召開一個包括海內外所有反共力量的國是會議，就憑這一政治號召，也可收獲事半功倍的反共效果。軍事戰要把握時機，政治戰也要把握時機。這是我們主張從速召開國是會議的第二個理由。

至於國是會議討論些什麼具體的問題，我們想，這該是沒有什麼大多爭論的。因爲大家既首先肯定這種會議的總目標在於反共，在於建國。凡是不超出這個總目標範圍以外的重要問題，應該都可提出來討論。政府方面也用不着在這方面擔心，擔心有人藉提案來與政府爲難。因爲這種會議是個政治性的集會，沒有什麼法定的權力。它的任何決議，終要政府經過法律程序來執行，它本身是沒有法律拘束力的。沒有法律拘束力的東西，如果能夠成立而又要它可以執行，必然是基於各方面的政治諒解和協議。既以諒解和協議爲前提而不以多數決作爲議案通過的條件，即令參加會議的分子，政府方面只佔少數也沒有關係。所以我們認爲在國是會議中，凡是關於反共建國的大問題，都可提出來談，在原則上應該沒有什麼限制。但爲求集中討論以便獲致結論起見，事先商洽一個具有彈性的議程，也未嘗不可。

社論

（二）

論進口管制之開放

在四月七日那一天，臺北市所有的重要日報，都不約而同的以專欄地位，各自刋出了一篇關於本省燈泡工業的報導。這些專欄，係分別由各報自己的記者執筆，所以文字不盡相同，但其內容却是一致對燈泡工業的「進步情形」竭力贊揚。許多不同的報紙會在同一個時間注意到這件絲毫不具有時間性的事，如此「巧合」不免使我們多少要感覺驚異。那些專欄所描寫的進步情形究竟是否實在，我們願意留給省產燈泡的個別使用者自己去判斷，不予評論。但我們要在此擧出三點事實，請大家注意：

㈠本省最大的燈泡工廠，既非國營，亦非民營，而爲一種性質非常特殊的黨營事業，其盈餘歸執政黨的黨部所有，且受到管制輸入與限制設廠的雙重保護。

㈡至少在過去，省產燈泡常有搖頭、斷絲、漏氣等等毛病，壽命奇短，其品質之低劣，久爲消費者所詬病。

㈢最近期間，外滙貿易管理當局大唱「自由貿易」之說，已經把若干種物資的進口管制予以解除，准許進口商「自由申請」，並且表示今後仍擬依此方向發展，將其它尙在管制中的物資，陸續選擇的予以開放。

以上三事，表面上看去好像各自獨立，不相連屬，按其實際，却是脈絡相通。開放進口管制，是政府政策一百八十度的轉彎；而且，現在主張自由貿易最力的當局，也正就是過去堅持保護政策，設計出那些管制辦法來的人物，這就更不免使人感覺意外。尤其微妙的是，過去許多反對管制的論者，現在却並不十分支持政府政策之改變，反而認爲進行得太快，並且選擇也不盡恰當，如十四馬力以下的發電機、油墨、自行車等項物資之開放進口，就會受到各方面的責難。綜合大家意見，似乎對逐漸開放的原則並不反對，却多數認爲正在發展進步之中、也就是過去的保護政策業已開始收效的那些工業部門，不應遽予開放，最應該開放的，是那些產品品質始終不見提高，却反而能在國內市場取得壟斷地位的工業部門。究竟那一項工業產品最應該開放進口呢？人們會很現成的擧出燈泡工業爲例，因爲至少過去產品之低劣，早已有口皆碑，這種觀感，一下子實在不容易改變過來。此次燈泡工業之所以要發動廣大宣傳，大概是爲了先發制人，俾能在其它物品一一開放進口以後，猶能獨享到保護之利；而燈泡工業之所以能使這麼許多報紙都樂於代爲宣傳，就更不得不使人聯想到它的特殊背景上去。

我們不擬在此研討關於自由貿易與保護政策的理論，這些理論，現在幾乎已經是盡人皆知，說來說去，也不過是那幾句話而已。我們今天所面臨的並不是理論問題，而是事實問題；並不是原則問題，而是技術問題；甚至還不是經濟問題，而是政治問題。如果僅就理論或原則的角度來看，那就甚少值得爭議之處，似乎多數人都贊成把過去的重重管制，以漸進的選擇的方式予以開放。問題是，這所謂選擇，究竟是依據當局者一時的靈感，還是應該有一個較爲恒久的客觀的標準？我們所要追問的是：每一項管制措施之採行與取消，是否都經過審愼的考慮，並在各方面予以適當的配合？事實上，在解除管制聲中，我們會聽到許多奇突的事例，顯示一種較爲客觀的選擇標準，事實上並不存在，而且也根本沒有注意其它措施的配合。有些工業，剛在不久之前在政府的積極「輔導」之下，給予低利貸欵等種種優惠，准許其在國外採辦大量生產器材，鼓勵其發展，曾幾何時，甚至在國外定購的器材還沒有到達，就開放其同類產品之進口，使企業者深悔當初決定投資之錯誤。也有些工業，政府爲促進其外銷，無形中縱容它在國內市場聯營壟斷，以內銷利益來貼補外銷的損失，現在對此種工業的產品也在考慮開放進口，更無異是使之放棄內銷市場的基地，到國外去打游擊，叫它如何能够生存下去？還有一些產品，主管當局對其品質毫無瞭解，祇因一時誤會而突然間決定開放進口，等到開放以後却又感覺後悔，準備稍待時日，從新恢復管制。諸如此類的情形，竟不一而足。再如現行關稅，尙有成品稅率低於原料的不合理事實存在，在這樣的稅制沒有修訂以前卽輕易開放管制，其對國內工業的後果，當然更是不堪設想。由此可見，當局之選擇，是輕率而任性的，既無周密的調查，更未咨詢衆意，就無怪要招致多方面的非難。

最使我們感覺不安的是，這種完全依據個人判斷的選擇，有時可能還不免夾雜得有經濟因素以外的考慮。外貿管理當局爲辯護其開放政策，曾提出如下的論據。他說：如果一項工業，其生產效率始終不能提高，就應該開放進口以促使其進步，若仍不能進步則不妨聽任其被淘汰；如果一項產品本身已經是進步的，它就應該具有充分的競爭實力，不必畏懼進口之開放。照此說法，則燈泡工業就首先應在開放之列。因爲，如果其產品仍如過去那樣低劣，就應開放進口以刺激其進步；如果它的產品確已如各報專欄所描寫的那樣價廉物美，它就可以不必畏懼開放。事實上，燈泡並沒有開放進口，而且預計將來也不會開放進口，其原因可能正就在它是一種黨營事業，當局者的政治考慮，將使它享受民營工業所無法享受的長期保護。倘若事實果眞如此，則開放的選擇將更無法找尋公平而客觀的標準了。所以我們說，這甚至不是一個經濟問題，而是一個政治問題。

像這樣的開放進口，是否能够眞正做到當局者近來所提倡的自由貿易呢？我們的答覆是完全否定的。首先，所謂「自由申請」這一手續程序，即在根本上違背了自由貿易的原則。既然要「申請」，則准許與否，仍將出諸管制當局的裁量，他們仍然可以依據自己的判斷來限制各種物資進口的數額，並不能眞由市場的供求關係去決定。所以，物資預算及進口申請逐筆審核的辦法一天不予廢除，就根本說不上是自由貿易，也就無法獲致自由貿易所應能獲致的那些利益。這樣的體制，即使把一切物資的進口申請盡行開放，在本質上也仍然是管制主義的，更何況當局者可以今天把某項物資開放，明天又把開放取消。要改變制度，難免爲將來的遠大利益而忍受目前的若干害處。但是，像當前所執行的那種改變方法，將是付出代價而收不到補償。

如果政府當局確實有意要向自由貿易的前途邁進，則我們願在此建議兩個步驟：

㈠首先放棄物資預算及進口申請逐筆審核的辦法，而不必急急於個別物資進口管制之開放，要開放，也應先選擇那些生產效率過於低落的工業部門來實行。在這種情形下，至少在準許進口的物資那個範圍以內，可以經由市場的供求關係來改變價格結構，並從價格結構來改變國內的生產結構，使能達到各種生產要素之最經濟而有效的利用。

㈡修訂關稅稅率，務使各種國內產品仍能在國內市場獲得某種有限度的保護，（舉例言之，如果有一項產品，國貨與外貨的成本與品質均不相上下，則宜藉關稅政策使外貨在國內市場的價格稍稍高於國貨）；在稅率周密訂定以後，再來撤消進口的硬性管制。這樣，在競爭之中仍有保護，而在保護之中也使工業仍受到競爭的威脅，以促使其不斷進步，得以兼收自由貿易與保護政策之利。

社論

（三）

留學生赴美的簽證問題

近幾年來美國對我外交關係中，最不易使人瞭解的一種現象，便是其駐華使館對我留學學生在簽證方面所給與的多種留難，有時甚至是毫無理由的率然拒絕。我們認爲在中美兩國傳統的敦厚友誼和今日利害與共的關係之中，有這種現象存在，不僅是不幸，就久遠處看，且是甚爲不智的。

派遣學生出國留學，原是我國自淸末以來敎育上的一項重要政策。數十年來，舉凡思想學術、科學技藝有所進步，政治社會有所革新，大都和留學政策具有密切的關係。到了今天，一方面由於國勢衰微，處處落後，他方面由於反共事業艱鉅，人才的需要孔亟，留學政策無寧是政府應該着意推行，盡力扶持的大事。若政府委實無力公費派遣，對於自費出國留學學生就應善盡協助之責。可是考察這幾年的情形，不要說留學生在簽證方面遭受困阻時，政府袖手旁觀，並未過問，就是在辦理國內各項手續方面，也是難關重重。首先，具有大學畢業資格的學生須檢具學歷證件通過敎育部舉辦的自費留學考試，而報考的要件之一便是持有國外大學或研究院的入學許可證明。考試幸經錄取，尤須完成預備軍官或預備士官的軍事訓練，更須繳驗留學國所要求的保證金存欵證明，敎育部方始發給「留學證書」。持此留學證書及其他名目繁多的保證書，申請書，才能像蝸牛爬竿似的由區公所，團管區，警備總司令部等機關辦理出境手續，繼向外交部請領護照。觀乎這一套繁難的過程，一步有差失，則前功盡棄。若不是志向堅定，勇氣和毅力卓絕，早在開始的時候，便望而却步了。

但是國內這些有違政策原意的諸種措施，只算是有志到國外謀深造學生的初步難關。留學生在出國前普遍所遭遇的最嚴重障碍，乃是留學國駐華使館的簽證問題。歷年來敎育部自費留學考試錄取的學生中，除少數志願去日本、西德、加拿大、西班牙等國而外，百分之八十以上是希望到美國去讀書的。關於簽證手續和應具備條件，各國使館規定固不相同，然其中以美國的最稱繁難。就已經滿足所要求條件而獲得簽證的百分比而言，也以美國的爲最低。

美國大使館除按照其例行規定外，更要求留學生必須依其擬留學年數而具有在美國銀行、或經臺灣銀行而存入紐約中國銀行的定額保證金的存欵證明。此項保證金的數額規定爲每年兩千四百美圓，作爲其居留美國期間生活費用勿虞困乏的證明。其次，申請簽證學生尙須備有一紙保證留學期滿卽便回國的保證書，此項證明書爲其服務機關或預留職位機關所出。再次，留學生尙須通過大使館的英文考試。如果一個學生都已充分具備了這些條件，還要考察其是否有父或母，夫或妻，或兄弟姊妹或其他親屬尙在美國居留者，如有親屬一人在美，卽構成拒絕簽證之理由。更有進者，如果申請者原籍大陸，隻身來臺，至今尙無家室，大抵不予簽證。

我們必須鄭重指出，以上所述，沒有一項是可以作爲拒絕簽證的充分理由的，沒有一項能夠合乎國際往還所應遵守的一般禮貌，更沒有一項可與美國歷年援華政策相協調。而且，除了對中國留學生外，未聞美國對其他國家學生在簽證方面曾有類似之規定。據我們所知，在自由世界中，至少美國對越南、韓國、日本等遠東國家均無類似的不合理要求，更不用說對歐洲各國了。須知保證金一項本是一種不信任的表示。家長供子女學費，是源源供給的，除少數巨富，大都不可能將巨額欵項存入外國銀行而預作子女教育費用。美國富甲天下，多數學生攻讀高級學術尚須自賺學費，半工半讀，一般中國家庭，何能更勝於美國人家庭？若入學許可書上有攻讀三年始可取得學位之記載，即求其先有七千餘圓美金存欵，實在近乎苛求。即就英文考試一項說來，表面似覺可通，實際上則未盡情理。學習一種語文必在該語文應用國爲最方便，爲最有效率，乃淺而易見的道理。並且一個學府在頒給外國學生入學許可之前，照例都有資格審查，但問其學術修養及可能的造詣，本不以語文程度爲前提。我們不相信美國來華之留學生必皆研習中文有年，且其中文程度可相當於一般中國赴美留學生之英文程度。我們也敢斷言，美國大使館對於中國留學生英文程度的要求必不爲美國著名學術機構所贊許。何況語文及格的標準，本沒有一個可資遵循的準繩；於是取捨於方寸之間，遽以爲拒絕簽證的藉口，當然不能使人心服了。然美國大使館正是拿這個辦法來作爲「嚇退」中國留學生的重要手段。至於其他限制，均可以「無理」一詞來概括。

竊其主要用意，美國似在運用各種方式以阻止中國學生赴美留學。據傳聞，美國認爲中國學生在美國的數量過大，同時並深以中國學生留居美國遲滯不歸爲慮。這或許正是何以必須有回國保證以及有親屬在美即拒絕簽證的所由起了。若如此，我們便須說明，現在留美學生可能是自從中國第一個留美學生容閎以來數量上最多的一個時期，恐怕也是世界各國留美學生最多的一個時期。此乃由於美國在學術研究、科學技術方面已逐漸達到世界上的領導地位，亦由於美國政治進步，經濟繁榮，且肩負着自由人類對抗共產極權的使命所致。青年人到美國，是因爲有所學習，有所取法，有所借鑑而往，美國應引此以爲光榮；何況提倡國際文化合作，智識交換，技術援助，正是美國不遺餘力所推行的外交政策。至於說中國留學生久居不歸，也非事實眞象。從讀研究院到獲得博士學位，非三年五載不爲功，好學者類皆有此雄圖和耐心。且近兩年來，已有不少留學生陸續回國。我們承認在數千名留美學生中，確有相當數目學成後而仍留居美國者。但他們大都是在民國三十八年以前由大陸去美國的。現在家陷大陸，然而他們大都反共，共黨曾用許多巧技也未能誘騙他們返回大陸。而且這批留學生現在已近中年，率皆學有專長，他們正以其專家的智識造福於美國社會。他們之中不乏飲譽國際的學者，正致力貢獻於美國。去年獲得諾貝爾獎金的科學家楊振寧和李政道兩博士便是這批不得已而滯阻於美國的中國留學生。

稍有遠見而瞭解中國歷史的美國人士，必不以中國留學生之一部分居留時間稍久以爲慮。滿清末年，中國學生在日本者超過兩萬之數。這批學生後來紛紛束裝歸來，從未作長期居留日本的打算。數年之後，中國學生遊學歐洲者，以巴黎及倫敦兩地爲中心，人數也在萬人以上，究有幾人最後入籍於英法？然則現在留美學生總數不過數千，且半數以上爲大陸淪陷前前往者，而美國政府竟憂惶不遑，進而限制由臺灣赴美的學生，何其氣度、認識、遠見，竟不如當年的英、法及日本？

最後我們要建議我們的政府，應儘量向美國據理交涉，取銷其使館阻滯中國學生赴美留學的不當作爲；並且要在國內儘量簡化學生出國的手續，將留學政策鄭重其事的努力推行，使有志青年得以發展其才學，完成其在學術上的宏願。不過，鑒於這種種事實，我們不得不建議準備留學的中國學生，今後應盡量向學術發源地的歐洲發展。

今日臺灣之市政

李先良

一　前言

臺灣地方基礎良好，社會秩序安定，爲民國以來大陸任何一省所未有。我政府處於長期安定之良好環境中，允宜各方皆有長足之進步，市政一端，豈能例外。臺灣市政建設，早於一八八五年清庭決議建省，以劉銘傳爲首任巡撫即開始，其中較重要者，除繼續發展初期建設之水利城防道路郵遞外，爲對於鐵路電報郵政以及其駐節臺北之市政工程，諸如街道溝渠電燈給水環境衞生等市政建設，均見有計劃之推進。瀏覽臺灣文獻所載，劉氏經理市政，率先以建設爲人民示範，誘導民間資本合作，故劉氏治理雖僅五年，但成就之多，頗有可觀。迨一八九五年，日本入據臺灣後，更注重於市政之建設，並從事於都市計劃之規訂，完成而頒行者有七十二城鎭之多，至今仍爲一般縣市所沿用。一九四五年中日戰事結束，臺灣光復，迄已十有四年，時間不爲不長，但與接收之初相較，市政進步何在？苟有可謂建設者，類多追隨於事後需要者居多，主動計劃發展者絕少，若謂規模，實無一有，甚至舊時之良好規模，亦多不能維持而逐漸頹廢損壞，瞻望前途，不勝杞憂！當今科學進步，技術發達，世界市政，亦隨之而一日千里，如不力圖急追，瞬即落伍。惟市政設施，經緯萬端，綜觀各國市政之有成就者，扼其要點，不外於市政制度上、計劃上、法案上、建設上、解決問題上，確立良好之規模，筆者謹就此以論今日臺灣之市政。

二　由市政制度上論

地方政府有雙重職能，一爲國家行政機關，奉行上級命令；一爲地方自治團體，實行地方自治。但如何可使此雙重職能，行使完善，則需中央、省與縣市之職權，劃分淸楚，卽所謂事之屬於全國性質者歸中央，事之屬於全省性質者歸省，事之屬於地方性質者歸縣市是也。惟有行此均權之治，地方自治始有成就，否則便爲中央集權統治。近代世界各國市政，莫不實行地方自治，我國憲法第一二一條及第一二二條亦規定縣市實行地方自治，並須依據省縣自治通則，制定縣市自治法。該項自治法，在美國稱爲 City Charter，今人譯爲市憲。市憲者，乃爲一市的根本大法，乃爲一市政府組織、職權、功能，及市民行使四權的法律依據，亦爲一市地方自治之法律保障也。美國各市因能制定市憲，確確實實行使自治，故市政有成就，有長足進步。我國雖以行憲十年爲號召，但立法院已完成二讀之「省縣自治通則」草案，竟久擱不提，以扼阻各縣市自治法之產生，另以卅九年頒佈「臺灣省各縣市實施地方自治綱要」作代替，究其內容，與自治之眞諦相去甚遠。其理由：①縣市自治法，須根據省縣自治通則制定，而省縣自治通則，又爲立法院所訂定，由是縣市自治程度之高低寬嚴悉可操之於立法院之手。世之論地方自治者，立法的自治法 Legislative Home Rule 與憲法的自治法 Constitutional Home Rule 相差甚遠。蓋憲法的自治法，可不受立法機關的干涉。今在臺灣求之立法的自治法而不可得，是則自治之性質相差更遠矣。②姑就以行政機關頒行之臺灣省各縣市實施地方自治綱要而論，其最重要之人民四權行使，縣市政府及議會之組織，及縣市之預決算，不在綱要內規定，而須於綱要之外，另以法規規定之(見該綱要第十條、第十九條、第卅七條)，可見地方自治之權，悉操之於省之統治。省之統治愈嚴，地方之事務，便無不在省之管轄範圍以內，一切皆受干涉，不復有自主自治權之存在可能。③省頒法規之外，認爲不足時，又頒行細則須知，如臺灣省政府每年均頒發有「各縣市施政準則」，「縣市鄉鎭預算編審原則」，以及其他一般通則準則等類甚多。據最近某視察團報告中有謂：「就四十七年度所頒施政準則，列有中心工作一一五項，一般工作二一一項，幾於事無鉅細，無所不包，其中涉及地方自治事項之範圍與職權者尤多，均係逕以行政命令飭令縣市政府遵辦。對於預算編審，必待省頒『預算編審辦法』及補助數額後，縣市方可着手編審。對於預算已經由縣市議會通過後，須送省備案，省對縣市所送預算案，以補助款項爲理由，可以任意刪削變更。對於預算執行，省又釐訂『臺灣省統一縣市財政收支命令辦法』，及『臺灣省各縣市執行預算注意事項』，名爲嚴格執行預算，力求收支平衡，使縣市財政納入正軌，實際爲全部干涉地方之財政，無復有自治財政之實際矣。對於人事權，臺灣省實行『人事集中管理制』後，所有各廳處局，以及縣市鄉鎭，乃至區里工作人員，均須層報省府人事處，以主席名義核定委派，各機關人員調動或缺額，亦須由省府派用。在人事上縣市長既無權任免，但對於所屬局科單位，應宜有監督指揮之權，名義上則有之，實際上亦無之。其內情則爲上級政府常以主管單位，直接方式，指揮縣市政府內部單位。此外縣市警察局、衞生院、及稅捐稽征處等單位，均係直接秉承省府有關廳處辦事，縣市長已無權過問。至於各縣市議會有關決議地方自治事項，或縣市單行規章，因縣市政府例須呈報省府核定，省常以對各縣市有經費補助關係，對縣市議會之決議案，多爲核改云云。」凡此種種，均爲削奪縣市地方自治實行之事實。④過去在大陸，尚未實行地方自治，推行新縣制時，每一公文案件，尚分別列爲自治事項或委辦事項，或屬於自治經費或委辦經費，如今一概不分，卽分亦等於不分，可見今之情形，猶不如昔。⑤目前人民與當局，同有誤認爲縣市長及議員之民選，卽爲地方自治之實行，殊不知自治之眞諦，爲「均權之治」與「自治法」之制定，無此兩大保障，自治等於虛名。要知今日選舉爲政黨所控制，政黨對黨員之提名，尚不民主，何能對人民之競選，賦予民主乎？總之，上級政府干涉愈嚴，縣市政府受束縛愈大，以中國傳統集權之治，向不注重於技術之指導 (technical assistance)，一切以命令來督責，縣政市政，處此情形之下，何從可以獲得進步？

其次，就市政府組織型式而言，世界趨勢走向强性市長制(strong mayor system)，此係指政府權責較大，議會對政府控制程度之較淺而言。若我今日臺灣情形，議會政府，同受省府控制，政府又受議會干涉，除此而外，政府尚更有黨部國民黨之管制，不僅爲市長議會制中之弱性市長制，直爲弱性市長制中之弱弱性市長制。加以市長民選，類多無從政經驗者充任，如此欲求市政發揮，效率增進，安可得乎？由是憂心市政者，認爲應採行美國之市經理制 (city manager system)，俾擔任行政首長之市經理，由專家充任，不屬黨派，不限地籍，對議會負責，市長僅擔任名義上之首長，不負實際行政責任。以今日臺灣情形而論，大可採用，惟此制之施行，唯一大前題，即國家須確實爲民主國家，實行均權之治，若臺灣尚未臻此程度，亦無從實行。另有人提出提高主任秘書爲幕僚長之職權者，或增加副市長以爲襄助者，或增加市長之助理人員，添設參事專門委員高級技術人員，形成高級管理者(Top management)。甚至有提議改科爲局增加工作人員者，此事若可由地方人民自行決定，均不失爲改進地方市政辦法之一。但目前省府，不能允許地方有此斟應需要、伸縮之權力，市政制度，在此硬性完全被支配下進行，亦爲不能進步之重大原因。

談到議會與政府之關係，亦未盡善。按憲法第一二四條「屬於縣(市)之立法權，由縣(市)議會執行之」，僅有原則性之規定。至「省縣自治通則」，尚未頒佈，如何列舉，尚不可知。至「臺灣省各縣市實施地方自治綱要」中第十五條，列舉縣市議會之職權有：1.議決縣市自治事項，2.議決縣市單行規章，3.議決縣市預算及審核縣市決算，4.檢查縣立公庫，5.議決縣市稅、縣市公債及其他增加縣市民縣市庫負擔事項，但對於市預算不得爲增加支出之提議，6.議決縣市財產之經營及處分，7.議決縣市政府提議事項，8.聽取縣市政府施政報告，及向縣市府提出詢問，9.接受人民請願，10其他依法律賦予之職權等十項。除1.2.3.5.10項因省政府有最後決定之權，暨4.6.7.9.四項職權係被動性質外，實際縣市議會具有獨立之全權者，僅8.項之後半條向「縣市府提出詢問」，由是議會開會之最精彩者爲質詢權之行使。檢討各地議會，莫不耗於質詢之時間多於討論研議議案之時間，政府對於議會之首務，亦在全力如何應付議會之質詢。流弊所至，議會質詢，溢出範圍，轉而因私意要求不遂而肆行攻訐，政府答覆，亦復多方敷衍，以此了事。似此情形，市政不在議會監督決策與政府不在對議會負責之下進行工作，人民對於議會政府，亦不視爲議會是代表人民的議會，政府是爲人民服務的政府。由是人民對於政府，漠不關心，市政上缺乏此項原動力，市政當然不易改進。以視今日美國，市政學者咸認爲市民不關心市政(Apathy)，乃一重要問題，紛紛研擬促進之方，多注重於直接民權之行使，其不能直接者，亦必注意於對議會監督力量之加强以提高民權，如市憲例皆規定議會公開 (open to public，指會議公開、議程公開、提案公開)，開會多定於晚間擧行，以便市民參加，開會時旁聽市民，可經議長許可，起立發言，提供參考。由是議題對於市民有切身關係者，紛紛參加，議會亦必儘量聽取人民公意，爲代表民意之決議。竊意臺灣今日，大可倣效，蓋今日議會，一經選出成立，人民既無絲毫說話餘地，議員復多脫離市民，罷免權雖設，以行使繁複，亦等於零，故不能不有一經常之力量，以監督議會。

總之，市爲一羣人實行自治最好的所在，惟有行自治的市，市政才易進步，我人不能說因人民程度不够，不予以自治，必須受上級干涉。要知上級的干涉，才是人民不進步的原因。

三　由市政建設計劃上論

臺灣省自光復後，都市人口，一直在增加不已，工商業亦日在發達之中，都市有此兩因，必然擴大發展，但如不循有計劃的發展，勢必問題叢生，不能解決。至臺灣各地都市計劃，至今仍沿用日人所制定，遠者如臺北臺中已將六十年，近者至少亦逾二十年。今昔情勢，早有變易，計劃自多不合，需待重定或修訂者，當爲首務之急。然以今日自由中國，對於主持都市計劃之行政，尚未盡善，其可得而批評者，約言之有以下幾點：

第一以工作性質言：就行政組織上，中央有內政部都市計劃委員會，縣市有都市計劃委員會，及省建設廳有主管各縣市都市計劃部門之設置。就各該設置部門之工作內容觀之，內政部之都市計劃委員會，並不曾從事於全國都市計劃原則與政策的決定，亦未以技術指導，協助地方政府完成都市計劃的制訂，目前工作，幾已成爲區域劃分變更決定委員會。計凡各縣市城鎭實施都市計劃之土地使用變更，小至一街一弄，學校場地的變更，統統歸由內政部核定。這些事情，本可由地方都市計劃委員會就地決定，至多呈由省方核定，均較內政部爲切實。所以今日內政部的都市計劃委員會工作，乃是捨其重而取其輕，忽其要而收其煩。省既爲呈轉機關，至多簽註一些意見，亦復無事可做。談到縣市都市計劃委員會，人員經費兩缺，組織不健全，祇有形式，不能負起都市計劃委員會的任務，尤其是調和政府各部門的計劃，綜合爲全般性的客觀計劃，同時做到政府和議會間最好的顧問和研究機構。

第二以都市計劃法令言：國府於廿八年公佈之「都市計劃法」，內容廣泛，不切實際，今日既不據此而行，自應早爲修改重頒。中樞對於臺灣今後都市發展，採何種政策，亦可規定於都市計劃法中，不必於目前徒呼防空疏散，並用都市建築管制之治標辦法，而不從澈底根本要圖下手。若母法既定，從而各地之都市計劃可依此而制訂或修訂，並付之實行，爲今後數十年都市發展之準繩。其次，根據歐美實施都市計劃之經過，如無分區劃分管制章則 (Zoning Ordinances)之擬訂執行，都市計劃雖至完美，亦無以保障爲有效之實行。蓋該項章則，列擧都市計劃中土地分區使用之住宅商業工業等區，何種建築不許存在，其許可之建築物，必將高度、面積、院地比例、用途，一一規定，除此而外，復列明該章則執行之機關，人民不接受時之訴願機構 (Zoning Appeal Board)，以及不接受仲裁時之處分等等條文。此項章則，從整個市政上看來，消極方面做到防止都市不合規則之建築，雜亂發展，杜絕喧擾，妨害安全之事件，到處發生，積極方面做到增加公衆之衞生、健康、安寧和幸福。換言之，該章則在使每一所建築，每一塊土地，構成都市全面發展中爲有秩序的一分子，同時又確定私人所有之房屋土地的價値，不會受到政府任意的處理和另外不合規則的建築攙入或使用，遭致侵擾與損失。臺灣在日據時代除頒佈「都市計劃律令」之外，復有「臺灣都市計劃律令施行規則」，此項規則之性質，與上述大致相同。惟有我光復以後，無此規定，都市計劃，亦在似行非行，不加注重，致造成今日到處皆有不合規則之建築，將日人舊有之規模，亦爲之而逐漸破壞。由是言之，內政部除重新修訂都市計劃法外，爲使各地推行都市計劃，具有法律性及成效計，應再頒訂「分區劃分管制章則通則」，爲各地制訂本市分區劃分管制章則之依據。

第三以都市計劃核訂之步驟而言：一般人誤以爲都市計劃爲建築師之事，爲繪圖員之事，實際乃係集許多專家學者及地方人士共同參加彙集之結晶。蓋都市計劃無論擬訂或修改，必須經過四個步驟：1.全般之研究調查，2.決定地區範圍，決定發展目的，3.將調查結果，加以估計，提出問題，一一分析，4.着手製擬總計劃。其中有關道路計劃，交通運輸計劃者，須有土木工程師及交通工程師參加；其中有關土地分區使用計劃者，須有地政專家及地皮商參加；其中有關學校圖書館公園運動場綠地計劃者，須有教育家園藝家體育專家參加；其中有關發展工商經濟計劃者，須有工商實業家參加；其中有關涉及法律手續者，須有法律專家參加；最後總其成者，尙須有政治家設計家參加。草案既成，尙須提經市民之同意或議會之通過，而後才算完成。由是以觀，我臺灣各地都市計劃委員會中，是否網羅各項專家而組成而工作？恐人材難覓的結果，多爲兼職兼名而多不負實際責任者，其能得專設一二工作人員者，已屬難能可貴矣。歐美先進國家，已瞭解市政上之任何一項建設，如不從全面都市計劃而入手，其損時耗費必大，若遇不適用時而重新更改時，其損失尤較新設者爲大，故一切端賴都市計劃而進行。雖然，市政人材，到處難找，惟歐美國家，能加培植，反觀我國在大學中，有關市政學及都市計劃之課程，實無一二，有之亦不過選課一二學分而已。以視歐美等國，皆有都市計劃學院，市政學院之設立，以培植人材，應都市之用，我實落後之至。然我都市人口，增加速度，超過世界各國，國家如此忽略，社會如此輕視，誠屬不可思議之事！

第四以從事都市革新言：都市重新，在先稱都市重建或都市再發展，爲都市計劃中的一部門。都市經過多年歷史而建成，都市建築不能不隨時間悠久而陳舊，都市設計不能不因科學技術進步而致原有建設爲落伍，都市人口不能不因增加而感原有建設不敷應用。因此，趨勢所至，必定有的區域，由陳舊、落伍、不適用，而致零落破爛，成爲貧民窟 (slums)，成爲腐蝕地區 (blighted Areas)，如不革新，其結果逐漸走到整個都市的衰落。因此都市重新或重興(或稱革新)，首先便是掃除此貧民窟與腐蝕地區，代以新的建設，使都市再發展再繁榮，走向現代化。在美國甚多城市，進行都市重新工作，其程序，大致可分爲三步驟：第一、先防止腐蝕地區或貧民窟的蔓延及於完善地區。防止方法，在於嚴格維持房屋良好狀態，及規定改善重建辦法；第二、凡可以局部改建之區域，使之改建，成爲健全之地區，其目標在於放寬街道減少人口車輛之擁擠，供設公園運動場等；第三、無法可以改建之地區，全部拆除，代以新與有計劃的建設，配合全面都市的現代發展。在臺灣今日，欲追踪美國，固不可能，但亦不可忽略，竟至疏於違章建築之防止，致造成今日都市之癌（作者按美國之貧民區並不是違章建築，尙認爲都市之大病）。鑒於今日當局對取締違章建築之辦法，一再妥協放寬，不僅一二十年內無法肅清，且將變非法爲合法，永遠妨碍都市之秩序、衞生、交通、治安、永遠阻碍都市有計劃之建設。至於新建築物之許可者，因無分區劃分管制章則之施行，因有克難之提倡，允許克難房屋之建築，散入於各地區之間，或新興地區之中，甚至高尙之住宅區，亦不免有此存在，此無異散播腐蝕之細菌，逐漸侵蛀，不僅影響四周房地之價値，且時日既久，亦可使都市趨於衰敗。其須負市府職責及民意代表者，因選舉關係，不得不曲徇人情，允許工廠攙入住宅區或商業區者，放任不良營業之存在商工區及住宅區者，或任其造成既成事實而承認之者，凡此均爲破壞都市計劃之行爲，造成今後改造之困難。由前所述，我們已忽略都市計劃在先，又無都市重建在後，都市祇有人口增加，而無建設，即有建設，亦無計劃，如此必陷都市於衰敗紊亂之境地，此乃談都市發展者視爲最可引以爲憂的事情。總之，都市計劃是具有遠見的計劃，以解決今時和將來的都市問題，已爲世界各國所注重，也應該早日注重實行才是。

四　由市政問題上論

由於大多數人民集中於都市，日常要過衣食住行育樂的生活，所以都市方面，便須有供應此種設備。但都市人民本身，不能解決那些事，必須靠政府從工程、公用、交通、衞生、教育、公園運動場等等設施，以滿足都市人民的要求，減少問題的發生，使它們獲得舒適便利安全和幸福。都市建設隨科學技術進步而進步，從而都市人民可以享受更高更好的都市文明——建築、機械、美術、劇院、音樂、學術、和民主自由。臺灣各地都市，無不因人口增加而在日夜的擁擠澎漲中，但市政上的建設，並不能趕上此要求而比例的增加，尤其我們科學落後，人力財力缺乏，形成愈久愈困難，問題愈多愈嚴重的局面。茲所可得而提出者，約爲：

1.上下水道問題：上水道指自來水如何充分供應每一住戶每一工廠而言，下水道指如何迅速使雨水汚水在地下排洩而言。兩者均須有全面計劃的水管系統，及水管器材的合乎標準規範，兩者均須有提前超過現有人口數量的設備。上下水道，有關於都市之環境衞生，有關於市民之身體健康，其設備如何，可卜該市市政之進步與不進步，可卜該國國家之先進與落後，蓋其工程，無不與現代科學技術之進展而同其進展。如水源之調査研究，水廠之設計，水質之加氯加氟，輸水壓力之提高，供水經營之管理，無不日新月異，力求經濟，積極改進，增加效率。筆者在美參觀，彼等競以全州第一，全國第一，全世界第一，以比擬自誇，其各項設備之新顯，誠足嘆爲觀止。我臺灣此時，如能做到用水不缺，生水消毒，無一個細菌存在，水管器材合乎標準，恐此非十數年不爲功。至躋於美國之列，則需學習新設計，新理論，培植新工程人材，建立新器材工廠，如此又非三數十年不爲功。目前頭痛醫頭，脚痛醫脚之辦法，甚至聽任頭痛脚痛而無辦法，求其最低之標準，亦難乎其難，此乃嚴重問題之一，不可不謀解決。次言下水道，其在臺灣有此設備者僅少數城市，此少數城市，亦僅極小部分有此設備，且皆爲日管時代所建。即如臺北市首都而論，據臺北「市政與教育」月刊第二期所載，題爲「臺北市之環境衛生與下水道」文云：「本市下水道，除數條混凝土暗溝外，下水道設施，大部份爲合流式明溝。日據時代，曾爲英籍顧問巴敦氏之建議，除人糞尿用人力挑運外（據稱每日有將近七百噸水肥需清運），一切由厨房、浴室、洗衣、工廠及公共場所排出之廢水及雨水，皆藉街道兩旁之側溝以排入淡水及基隆兩河。日人依四十五萬人口設計全市下水道……光復以後，人口驟增，原來設計，已不足以應現在需要，乃未按照原案繼續實施，以致本市下水道之興築，缺乏一確實之計劃，其排水之程序，亦無一切實之系統。除城中區比較完備外，其餘各區，甚至主要幹線，多未完備。溝渠多係土質明溝，本身既未鞏固，且經年失修，水路寬狹不一，斷面參差不齊，起伏彎曲，阻碍暢流。且近來地面建築物增加，道路改築柏油式混凝土路面，雨水逕流，水溝遂無法容納現時代之需求，加以違章建築，如雨後春筍，垃圾亂倒溝中，溝渠被塞，水流受阻，一遇豪雨，污水四溢……對於環境衛生，關係尤鉅。天旱季節，污水滯流，蚊蠅滋生，臭氣難聞，怨聲載道，影響市民健康與市區清潔，莫此爲甚」云云。此文係臺北市下水道勘測隊長陳震基所作。臺北係國都所在，尚且如此，其他各市概可知矣。下水道之建設，乃爲一相當艱鉅耗資的工程，其難辦甚於自來水，地方政府無力舉辦或發行公債亦不勝舉辦者，在各國大都由中央補助協辦，如美國於一九二九年後不景氣時代，聯邦政府 P.W.A. 計劃之一，即爲協助地方完成下水道計劃，我臺灣對於此項工程，亦須仰賴中央協助，所有下水道工程，包括污物處理工廠，必須迎頭趕上，以最新顯之設備，配合都市計劃而實施。我人深知當局即能於今日計劃舉辦，亦非二十年後所能解決全省各主要城市之此項問題，衡以此後財政普通艱難，人材缺乏，短期內舉辦恐無望，是則都市人口之日愈增加，而下水道的問題日愈嚴重，人民之呪咀怨聲，亦必日益加甚矣。

2.交通問題：都市交通，乃爲都市發達的重要因素。都市交通，在設備方面，不僅要使任何兩個地點連結起來，以便人們可以迅速到達它們的住宅、商店、工廠、學校、機關，同時還要聯接到都市以外其他的都市其他的省，甚至於其他的國家。現代的都市，如果滿五十萬人以上的人口，而無汽車（指公共汽車）鐵路以大量輸送，這個都市便不能存在。講到大量流通，便應注意到街道計劃、公路計劃、公共汽車計劃、鐵路計劃、空運計劃、停車計劃等等。臺灣各現有市，至多五年到十年，多能超過五十萬人口，在目前是否注意到上述的各項計劃？是否開始實行計劃？目前全省祇不過二萬輛汽車，已發現各城市車輛擁擠，如果要像美國五萬人口的都市，即有經常二三萬輛的汽車在城內行駛，將不知如何行動？（平均美國二點四個人即有汽車一輛）我們知道遇到過年假日，一個地方，一天有五萬以上的人旅行，所有交通工具，便無法輸送，一個星期以前，便買不到一張車票，所以往後設想，眞是問題嚴重之至。玆祇就疏暢交通車輛行人之街道與人行道而論，日人設計之城市中心區幹道，係以兩行之汽車道而設計，包括人力車自行車在內，因人行道不修，行人亦步行街道之中，加以原先設計，一切交通均以通過市中心幹道爲原則，致市中心之道路，無不形成擁擠、交通不便之現象。若今後人口增加，車輛加多，如何可以疏暢，除非放寬街道，同時增建環城幹道，使過路之車輛，不必穿過市中心以爲補救。但兩者因街道兩旁已有建築，不易拆除，擴充路面，並非易事，雖可以單行道暨限制車輛爲救濟，但處處皆爲單行道，處處缺乏交通工具，則都市無復交通可言。由於街道放寬之不易解決，隨之而停車問題，亦不易解決；車禍問題，亦不易解決。美國因城市車輛之多，停車問題尚未解決，是則我將爲所有之各交通問題，均不得解決。最可恥者，臺灣城市街道兩旁無人行道，或有而斷續不修者，即如臺北市而言，除衡陽街、中山北路、重慶南路等處少數街道有人行道外，餘皆不全，致所有行人、自行車、三輪車、板車、牛車、卡車、汽車，混一在起，同時街道兩旁，皆有水溝，人車隨時皆有互撞翻跌之虞，安全一道，早失保障。又臺灣已成傳統之習慣，一爲舖設柏油，祇及路面二分之一或三分之一，每使人車搶行柏油路面，發生車禍；一爲修築路面，包工者常是一日打魚，十日晒網，阻碍交通，莫此爲甚。臺灣今日表面交通似乎發達，若談大量輸送，所有各交通計劃之配合，相差太遠；若單談街道，世之都市標準，認爲兩旁有人行道者，兩邊砌以階邊石者，始得稱爲街道。如此而言，我全臺灣各城市中，幾無幾條街道可稱矣。

3.都市空氣淨化問題：都市居民，若終生吸息於污染空氣之中，必然損害健康，減短壽命，故淨化空氣（Air pollution control）已爲今日市政之重要工作。臺灣人口密度，幾爲世界之冠，而今後保持此紀錄，似無問題。除此之外，更因房屋稠密，無煤氣設備，塵煙滿天，空氣污濁，恐亦爲世界之冠。目前都市空氣，所以汚濁，其最大之源爲㈠燃燒生煤，㈡工廠設備不善，又毗連市廛，㈢所有燃煤裝置，不求完善，㈣無排煙設備所造成。若祇以厲行禁止燃燒生煤，而不能以煤氣代替，工廠設備，不能改善，則仍不能肅清都市之烏煙瘴氣。尤可怪者，在日據時代，工廠限設於工業區，必處於下風地帶，但光復後，當局任令工廠手工業製造廠攙入市區內之住宅區商業區，不加禁止，致大小煙囪，到處皆是，住戶受其煤煙煤屑之侵害者，不知凡幾，其有提訴政府取締者，皆無結果，尤其民選縣市長以後爲更甚。筆者認爲政府執行法令，即爲消極之建設，故今後絕不曲徇情面，絕對禁止工廠設於住宅區及商業區，絕對禁止燃燒生煤，改以熟煤或油類代替，俾使污染空氣之源減少一部份，俾使工廠擾亂之聲，爲之掃除，誠爲當務之急。至於改用電氣煤氣，尤爲治本辦法，惟其設備之難，亦如上下水道之不可一日而就，或須經多少年後方可實現。

4. 新市成立問題：農業進步，工商業發達，一方促進原有都市之發展，一方增加城鎭之單位。雖該項單位，在法定尙未取得市的地位，成立市政府，但其集居之人民，已具有互相倚賴分工合作之經濟關係，而需求市政工作之設施，以應其都市生活之需要。在美國各州規定凡人口滿若干，居住一地者，(有少至規定爲五百人以上者)，可以根據憲法或法令呈請成立爲市。故凡工業國家，其趨勢幾將爲擧國皆市。我國爲農業國家，設市歷史，僅卅餘年事。至於臺灣，光復以後始劃全省爲八縣，九省轄市，二縣轄市；復於卅九年七月又調整爲十六縣，五省轄市。按世界都市均在發展增加，何以我經調整後反將市數減少，誠不可解。由於此項對時代開倒車之措置，此後臺灣增設新市，甚爲難能。然臺灣光復以來，昔之荒隅，今已成爲村鎭；昔之村鎭，今已成爲城市之形態；昔之小城市，今已成爲大城市；昔之大城市如臺北者，今已成爲臺北大都會市矣。若論現有之鄉鎭，大者達三五萬以上之人口，小者亦超五千至一萬人以上之人口。若鄉則爲完全農業經濟之性質，若鎭則已具有爲附近農村所產農產品之交換所，走上商業經濟性質，同時以農產品轉爲加工之機器製造品，略有工業性質。換言之，鎭的社會和經濟形態，已爲市的雛形。當今有人主張，將鎭廢除，以人口數目達到若干人以上，工商業發達到某種標準時的鎭，改爲縣轄市，其未及此標準者，則仍爲鄉，使縣轄市和鄉有一明顯的界限，此項理論，甚合乎市政學的原理。不過在美國維持鎭與市，完全由人民自行決定。鎭的市政建設，必因人口增加而發展起來，迨最後成立爲市時，市政府已具有良好基礎。故在臺灣，應將較大的鎭合乎某種標準時，允許成立爲縣轄市，縣轄市達到某種標準時，應該成立爲省轄市。今臺灣省不知有多少的鎭，如桃園鎭，豐原鎭，新營鎭擁有多量的人口，具有工商業的基礎，它是迫切需要市的公共工程公用事業的建設，如果不許它成市，等於扼制它的發展和建設。我們認爲執政者，若是農業經濟時代鄉村的頭腦，不會瞭解工商經濟時代縣市的需要，所以這是一個問題，一個縣與鎭同受制度上的限制，使其人力財力皆不能建設自己的縣與鎭的發展爲市的問題。

5. 臺北都會區域問題：一個市由於工商經濟文化敎育政治交通的發展，不僅使人口增加的結果，向四郊發展，而成爲各個社區，同時四周縣市鄉鎭，亦倚附這一個主要的市，結成經濟和社會密切的關係而造成一體，這便稱爲都會區域 (Metropolitan area)。在市政學上，稱主要市爲中心市，鄰近縣市爲衞生市，在隣近縣市與主要市之間的社區爲邊區 (Fringe)。臺北市年來已日漸顯著的成爲臺北都會市、它的都會區域，已把基隆、臺北縣、桃園、新竹的社會和經濟關係，日益交織成一起，同時由臺北市向外發展的結果，把新店、景美、中和、木柵、三重鎭、板橋、士林、新港、陽明山、松山、南港等處造成日趨發展的新社區。我們對於這一個都會區域內的臺北市，稱爲中心市，隣近縣市，稱爲衞星市，新店等地，可稱爲邊區。在這一個都會區域內，人們白天向臺北中心市去工作，諸如買賣、讀書、辦公，晚上回到衞星市邊區家裏。如今因疏散的關係，各機關遷移市外，又多了一批白天向市外辦公，晚上回到市區住所。此外再加以工業商業農業交易的關係，不是使該區域的人民的社會和經濟生活形成一體麼？但是行政區域仍分劃爲各個縣市政府單位，市政上的建設，又限於自己行政範圍以內，不能爲全面區域規劃適應，豈不是都會區域的問題由此發生麼？都會區域問題，世界各國皆有，而且苦思研究，尙未有完善最好的解決辦法。臺北區的問題，自然亦逐漸愈來愈嚴重。譬如今日以疏散防空爲急務，若祇有臺北市境內道路放寬，不把四郊道路築寬，不在四郊有公用事業，設備防空疏散問題能解決麼？公共汽車祇在市境行駛，不連接四郊，行的問題能解決麼？上下水道，環境衞生，祇從市境設計，不向四郊規劃，飲水排洩，清潔問題能解決麼？此外如學校、公園、圖書館、運動場無一而不是如此。若祇有臺北市辦理建設，四郊人民進來享受，而不負擔分毫財稅，這是公平麼？若爲全面建設，又豈臺北市的財政所能單獨肩起麼？所以在這種情形延續下去，臺北市本身將陷於無力建設而紊亂下去，同時四郊區如新店中和等邊區，亦因逐漸稠密擁擠而更需要市政上的工作，但因無力建設的結果，而亦趨於百廢待擧，勢必各陷於困境。作者對此，曾爲文提出此時臺北市唯有以歸併辦法，擴大市區，才是解決今後都會問題較爲澈底計劃，若等待愈久，歸併辦法，不能實行，都會問題，便會更嚴重而更不易解決。

6. 房屋問題，學校問題，公園綠地游憩問題，噪音問題，均將因都市人口增加而成爲嚴重問題，茲因篇幅已長，不再論述。

五　結論

市政工作，經緯萬端；現代市政要求，不僅要實現地方自治，不僅要有都市計劃，不僅要解決建設問題，同時還需要防止因人口擁擠集居的結果，產生貧窮與奢侈、貪汚與欺詐、犯罪與道德墮落、陰謀與反動等等社會問題和經濟問題。惟有奠立完成了完善的市政制度、市政計劃、和市政建設，然後社會問題經濟問題才易解決，以建立現代化的都市，創立人類都市的文明。

由農業進展至工業，都市漸趨發展與重要，人口向都市集中，市政更趨重要。臺灣自光復以來，已增人口三倍，二十年後，必定再可增加現有的一倍。美國是因爲科學工業的發達，正趨向全國都市化，我們臺灣是因爲人口的激增，亦走向全省都市化。我人想像達到二千萬人口的時候，臺灣南北都市境域，可以毗連起來，但不知到那時市政的遠景，是繁榮繁盛呢還是繁雜繁亂呢 (Prosperous or a mess)？二十年的時間並不長，我人可拭目以俟之。

二月十六日。

科學是什麼？

潘毓剛

雖然，近年來提倡科學研究的呼聲響澈雲霄；但是，許多事實却充分反映出我們這社會裏對科學認識的缺乏。由某大報大事渲染某青年發現「以太」存在的怪事和某大報於元旦特刋以巨大篇幅刋載某副教授「能子論」的謬說等事件看來，更可知縱使在一般知識分子中能够明瞭科學是什麽的人也不多。而能够認識科學研究的重要和研究精神的人則可能更少。在這種情形下，只憑一點外來刺激而發生的狂熱是無法提高我們的科學水準的；甚至，還可能因誤解科學研究而鬧出更多的笑話。作者有鑑於此，特爲文簡述科學的意義如下：

一　純粹科學與應用科學

一提到「科學」人們往往就聯想到原子彈、火箭、噴射機……且認爲這些便是科學。這是最普遍的但也是最錯誤的觀念。因爲這些都不是科學的本身，祇是科學應用方面的一部分成果。Montaigne 說：「科學是偉大的裝飾品，同時也是很有用的工具。」這是常爲科學家們所樂於引用的一句話。因爲這句話說明了科學包含二面：一面是有用且實用的知識本體和得到這種知識本體的方法，這便是應用科學（applied science）或技術學（technology）；另一面純係靈智上的研究（intellectual study），是與繪畫、彫刻或文學相類似，其目的祇是在滿足心智的需求而不是以實用爲前題的，這便是純粹科學（pure science）或基本科學（fundamental science），所以純粹科學祇是人類無利害觀念的好奇心的產物。

一些研究純粹科學的人有時認爲堅持實用價値的應用科學者是心靈低賤的唯物主義者，對於所有較高超的生活問題都是愚昧無知的。然而，應用科學者却常常譏諷純粹科學者是祇會讀研學理而不實際的夢想家，對於世界實際的需求是茫然無知的。其實這些都是偏見。事實上純粹科學與應用科學並非如此對立且不相容。相反的，二者之間有着互依互存、互用互生的密切關係。誠然，很少人會反對靈智上的興趣是比物質上的興趣高超且脫俗的說法，因爲靈智上的志趣正是人之所以異於禽獸的地方。但是我們也不能否定我們免於冷凍和饑餓的欲求。今日，大多數人都同意科學有純粹和實用二面，而這二面各有各的價値，且事實上這兩面構成了一個不可分的個體——科學。

純科學的研究既然是純靈智的研究，那麽它研究的目的當然是在求知，即在了解物質世界的一切，揭發自然界的奧祕，至於研究所得的結果有無實用上的價値都是在所不計的。但是純粹科學的研究是不是就如一些淺見的人所認爲不切實際毫無用處的工作呢？顯然，不是如此。我們若以現實的利害觀點來判斷任何東西的價値往往會發生極大的謬誤的。因爲純科學研究成果的影響和利益都比較間接且比較不容易被人體會出來。對等性定律的推翻我們除了知道這件事實外，對我們日常生活似乎並沒有什麽改變，但是噴射客機的建造成功却能於相隔數千里之遙的地方朝發夕至，因此淺見的人便認爲到底還是應用科學者的功績偉大。但是，倘無數學、物理、化學等純粹科學的知識作基礎，噴射客機根本不可能建造成功。倘無原子物理學的基本知識，原子彈更無由產生。今日機械和電器的世界何嘗不應歸功於力學和電學上的研究？物理和化學的研究對於技術應用所促成的發展眞是不勝枚舉。所以我們不能不承認所有近代工業的偉大成就都是起源於無功利心，不以實用爲前題，純以求知爲目的的靈智研究。而且，許多純粹科學研究的發現，當時看起來似乎毫無用處，但經過若干年代却顯出它無比的價値。例如三百多年前 Galileo 觀測到的太陽黑子現象，當時似乎毫無重要性，但時至今日，我們已發現這些黑子不但對無線電波有影響，甚至對氣溫、降水量、颱風發生的頻繁率和農業都有重大的影響。所以純粹科學研究愈澈底，則應用愈廣，同時也唯有澈底瞭解純粹科學的成果，才能談到發展應用。因此純粹科學的研究也叫做「基本科學」的研究。退一步來說，純粹科學縱使無上述的各種價値，但爲求知欲的滿足何嘗不是如文藝欣賞一類的精神生活上的享受？宇宙中大至銀河的緩動，小至電子的疾旋，在在都充滿了引人的神秘性。由此我們可知純粹科學研究實有崇高的地位。對於經濟薄弱、科學落後的國家，純粹科學的研究非但不是不切實際，浪費財力人力的工作，而是唯一迎頭趕上先進國家和發展實用科學的不二法門。除非我們永遠甘落人後，等着模仿別人已經算是陳舊才公佈的一些研究成果的應用，否則便應積極展開基本科學的研究。經驗告訴我們，急功好利往往會適得其反的。

由上面看來，是否應用科學的價値遠不如純粹科學呢？這也不然，應用科學對於我們日常衣食住行等方面的貢獻是盡人皆曉的。但除此之外，應用科學還能提供純粹科學研究的題材，促成純粹科學研究的進步。所以 Louis De Broglie（法籍諾貝爾物理獎得獎人）說：「假如純粹科學不斷續貢獻研究的成果，那麼工業的進步將受到相當的阻礙，甚至於停頓；但純粹科學與實際應用保持密切合作，亦可從中得到同樣大的利益。」

二　科學研究的精神

科學研究的精神可以說全部表現在科學研究的方法上，因爲科學是最講求方法的系統學問。但本文不擬詳細討論科學的研究方法，而只就科學方法的基本精神提出來討論。多數人都知道精確（accuracy）爲科學特性之一，但是我們也可以說「差不多」是科學特性之一。許多人誤認爲「差不多」是不科學的，但科學研究上許多地方都用「差不多」的觀念。用「差不多」只要用得得法仍不啻是科學的。這種「差不多」的方法用科學上的術語來說便是所謂「近似法」（Approximation）。我們幾乎可以說量子理論是奠基於近似法上，微積分是奠基於「差不多」的觀念上。至於應用科學如工程方面的計算都是只算到某一「差不多」的地步。但是科學上的「差不多」並不是隨便可以用的，應用「差不多」的觀念是有一定條件和一定限度的。科學上講求精確也同樣有一定條件和限度。Werner Heisenberg（德籍諾貝爾物理獎得獎人）的「測不準原理」（Principle of Uncertainty）便告訴了我們，在原子宇宙中所有的事件均是測不準的，因爲原子中的行爲具有測不準的因素，所以如果奢望藉更精密工具的發明以求進一步的探索小宇宙，那是件徒然的事。而且我們因受了感官上的限制，許多科學上的量度我們都無法分毫不爽地量度出來的。例如在某個工程上我們作某一量度時，憑官感能力的估計只能量到某單位的小數點後二位數，假如我們在量度的紀錄上寫一個小數點後數十位的數目，那無異是畫蛇添足，自找麻煩，同時也失去了精確的意義。所以科學上所講求的精確，並不是吹毛求疵的精確，也不是畫蛇添足毫無意義的精確，而是有意義的精確或相對的精確，也就是精確的近似或近似的精確。

其次，我們要認識科學的研究決不是一蹴可成的，任何一項科學上偉大的成就都有其基礎和背景。許多人以爲牛頓發現萬有引力只憑蘋果落地所啓示的靈感，這種想法是很不正確的，假如沒有 Kepler 的行星繞日運行定律以爲牛頓思考的憑藉和牛頓本人在基本科學上的修養，就是蘋果掉下來打腫了他的頭，也不可能發現萬有引力。牛頓在古典力學上的偉大貢獻一部分也要歸功於 Galileo, Descartes 等人的努力。所以科學上的研究決非急功好利、好高騖遠之徒所能從事的。要想研究工作有進展，有成就，唯有打好學問基礎，腳踏實地，埋頭苦幹，一步步地前進。不能投機，亦不能存僥倖的心理。某副教授發表能子論，某青年宣稱發現以太的存在，某學生揚言在新公園試射「天蒂火箭」……這些都是誤解了科學或因急功好利之心而發生的輕率舉動，但報紙上還大事渲染，因而造成的不良影響是很大的。因此我希望以後報紙要愼重處理科學新聞，最好也能學歐美各大報設立科學記者或科學編輯，才不致把許多不正確的科學觀念輕易地灌輸給讀者。

科學的研究是很重視新見解的，但新見解一定要有嚴密的推理作爲憑藉，而不是信口開河。而且科學的研究也不應迷信於權威，只要你有充分理由和證據，任何權威的學說都可以推翻。反過來說，縱使是最偉大的權威人物，若非依科學方法而發表的武斷臆說亦不必信服。愛因斯坦說：「我從不相信不證自明的眞理」，這也就是說，任何沒有充分理由和證據的學說都不足輕信。而且沒有經過自己大腦審密的思索也不要輕信任何權威之言。美國前化學會會長 Hildebrand 說：「科學的進步很少達到絕對的眞理，而祇是一步步地接近眞理。」由此可知科學上的研究無所謂權威性，而且也無止境，要保持學術的水準唯有不斷地研究，否則便會落伍。

最後，我們要認識科學研究工作是極重視合作的。縱使是一位天才，如祇憑其個人的見解從事科學研究，其成就必然有限。科學的史實便可充分證明科學研究中合作的重要。所以「原子能和平用途之父」Niel Bohr (丹麥籍諾貝爾物理獎得獎人)說：「科學的成就是人類共同的貢獻，且係歲月將人們的努力聯絡起來解釋的知識基礎。」

三　科學家應具的條件

本世紀來科學的突飛猛進是衆所週知的事。這種進步固然大大改善了我們若干物質生活的條件，但却也帶來人類極大的毀滅危機。因爲科學應用得當即可造福人羣，應用不當則可毀滅人類。而得當與不得當之間的選擇大部取決於科學家的良知。所以健全的人格修養、仁慈的心胸和明敏的是非感都是科學家所不能缺少的。誠如 Niel Bohr 所說：「我們每增加一分知識和能力無異是更增大我們一分責任」。如何將原子能應用於和平用途上？如何消除原子時代的人類毀滅危機？這些都是應該深思的問題。有些科學家甚至致力於將科學方法應用到道德上，而提倡以道德科學 (moral science) 來改進世界人類的關係。例如 L. Pauling (美籍諾貝爾化學獎得獎人)所撰的道德科學一書便已於今年問世。由此可見有許多科學家對人類的命運有極大的責任感，而我們所需要的科學家也正是這一類有良知有人性的科學家。

人文科學上的知識也是科學家們所不能缺少的。誠如愛因斯坦所說：「一個人僅學習一門專門技術是不夠的，由於這種技術，他可以變成一部有用的機器，却不能養成一個和諧地發展內個性。讓學生們在價值上獲得深切的瞭解和活潑的感情，這才是主要的。他必須培養一種生動的美感和道德感。否則，即使他擁有專門知識，亦無異於一頭訓練有素的狗，而非一個和諧地發展的人。他必須學習瞭解人類的動機、幻想和苦痛，俾與他的同伴和他的社會建立一種適切的關係。」

任何人都有錯誤的時候，所以科學家應有承認自己錯誤的勇氣。堅持成見足以阻礙科學研究的進步，同時也違反了科學研究的方法。而且承認錯誤並不見得表示自己的愚笨，相反地，顯出自己對眞理認識的睿智。但是科學家也應有堅持眞理的毅力，不爲威迫利誘而輕易改變信心。Copernicus 不因宗教的迫害而改變地動說的精神是值得科學家們效法的。

科學的研究需要創造性和特出的心裁，而這些是與科學家的心理狀態密切相關的。所以從事科學研究的人一定要有濃厚的研究興趣、勤苦工作的熱誠和淡泊於名利的個性。如此才能安於位，且才能腳踏實地地持久研究工作。

作爲一位科學家還須要極豐富的想像力，因爲許多科學上的研究是非常抽象的。而且由於我們受感官能力的限制，往往曲解了客觀物質世界的本性。我們要想正確地描述客觀物質世界，必須靠我們的想像力來彌補感官上的偏差。科學上許多偉大的發明都是想像力的恩賜。

科學家應具的條件除上述各項外，尚有講求澈底和精確的個性、集中意志、清晰表現意見、敏銳的觀察、分析的能力和健康的身體等等，因限於篇幅，故不擬一一贅述。

四十七年十二月十九日晨一時卅分。

參考文獻

1. Louis De Broglie: Physics and Microphysics.
2. Niel Bohr: Atomic Physics and Human Knowledge.
3. Norman Campbell: What is Science?
4. Joel H. Hildebrand: Principles of Chemistry.
5. Werner Heisenberg.: Physics and Philosophy.
6. Michael Sveda: What is Science all About?
7. Lincoln Barnett: The Universal and Einstein. (陳之藩譯：宇宙與愛因斯坦)
8. E. Bright Wilson, Jr.: An Introdution to Scientific Research.
9. Ira Remsen: What is Science?

在陰黯矛盾中演變的大陸文藝（中）

東方旣白

丁陳事件被牽涉的人很多，但因爲大同小異的罪名，所以不一一列舉。反右派鬬爭是全國性的。可是都有不謀而合不約而同的意見與思想，我現在再選了幾個比較有代表性的或者選幾個比較不同的典型的作爲例子。看看這些「人民內部的矛盾」，怎麼又變成了敵我的矛盾了？

五

A　吳祖光事件

丁玲、馮雪峯、陳企霞都是中共的老黨員，對于黨的一切應當無所不知，他們爭的是領導權。自然希望黨的文化事業有所改進，但覺得非由「改變領導」入手不可。吳祖光則是一個對于馬列主義、社會科學一點都不了解的人。他在抗戰時因爲左傾，做了共產黨的外圍，才把他提拔起來，很快的成一個劇作家，實則作品一直沒有成熟。當時共產黨的統戰工作，是極力吸收青年作家做它外圍，對于依附共產黨的青年作家無不讚譽捧揚，使其完全爲共產黨所領導，吳祖光就是這樣一個被共產黨提拔出來的作家。

「解放」後，當初捧他爭取他的朋友，現在都做了官，他自然很感寂寞，于是同一羣青年的朋友來往，無形之中陶醉在一個小圈子裏，把他的家當作沙龍，常常聚集一些較空閒的朋友，也卽是較無地位或較失意的文化人在一起，談話中自然常常批評文藝界的種種。鳴放期中，他毫無保留的發表了幾篇很大膽的文章。因此反右派運動時就受到淸算，他之所以敢如此大膽，也正證明了他的無知，他似乎始終不了解黨治的政治，以爲大鳴大放眞可以言所欲言了。譬如魏金技巴金一類人，對于宗派主義領導上也有批評，然其措辭圓滑婉轉，就完全不同了。

他在文聯第二次整風座談會發言（一九五七年五月三十一日）直接地叫黨趁早別領導藝術工作。他說：

「有很多有稱號的作家、演員，長期不演不寫，不作不工，在舊社會這樣便會餓死，今天的組織制度却允許他們照樣拿薪金，受到良好的待遇。作了工作的會被一棍子打死，不做的反而能保安全。……鼓勵不勞而食，鼓勵懶惰，這就是組織制度的惡果。『解放』後我沒有看到什麼出色出品。一篇作品，領導捧一捧就可以成爲傑作，這也是組織制度」。又說：

「組織力量把個人的主觀能動性排擠完了。我們的戲改幹部很有能耐，能把八萬個戲變成幾十個戲，行政領導看戲稍有不悅，藝人回去就改，或者一篇文章，一聲照辦四海風行……」

這不但是攻擊組織制度，而且攻擊到「行政領導」了。對于領導問題，他又說：

「……組織制度是愚蠢的。趁早別領導藝術工作。電影工作搞得這麼壞，我相信電影局的每一個導演、演員都可以站出來，對任何片子不負責任，因爲一切都是領導決定的。甚至每個藝術處理，劇本修改：也都是按領導意圖作出來的。一個劇本修改十幾遍，最後反不如初稿，這是常事。

「我和蔡楚生同志，過去是朋友，對于藝術問題常常爭論。可是現在他是局長，是領導，他說的我只能照辦。」

關于吸收黨員問題，他說：

「有人攻擊積極分子，這樣提出來是必要的。因爲積極鬬爭別人而入黨的人，假如現在證明鬬錯了，這樣的黨員的人格就有問題，這樣的黨員多了，非黨之福。」

關于文聯，他說：

「文聯是人民團體，但是也和文化部一樣衙門化了，今天的政府機構和過去封建統治的機構有什麼兩樣呢？」

關于文藝評級，他說：

「文藝評級也是等級制度，不評還好，一評意見就大了。毛主席也沒有法子公平。由于文藝評級造成許多隔閡。」

關于肅反：

「肅反這種鬬爭方式，卽使在專制時代也都是罪惡的。如電影局，在肅反時，有一位同志被鬬，他的愛人因之便和別人結了婚，後來證明鬬錯了，結果拆散了人家的夫妻。」

對于整個文藝界，他說：

「……過去從來沒有像這樣『是非不分』『職責不淸』，年靑的領導年老的，外行領導內行，無能領導有能。最有羣衆的黨脫離了羣衆，這不是亂，什麼才是亂。」

吳祖光這話是在整風座談會上講的。這所謂整風，原是對宗敎主義官僚主義的一些幹部的整風，吳祖光這些話倒是盡了鳴放的責任，他大概也是根據「言者無罪，聞者足戒」的諾言來說的，可是也注定了他的被淸算了。

吳祖光還寫了一篇「談後臺」的文章，他說革命前的後臺常是生氣勃勃，快活愉快，是溫暖的家庭，是創作的泉源。而現在，「後臺每一個人都好像倒提一口氣」，他說到有一次到後臺去，寫道：

「有一天晚上，春風坦蕩，我央求一位劇院的行政幹部同志帶我去一下後臺，我忽然感到今天的後臺那樣冷靜，後臺的每一個人都倒提一口氣，安靜是要的，但是這裏好像有一種不必要的緊張，我爬了三層樓，悄悄的推門進去，找到了扮演玉春的楊薇同志，悄悄的講了不到三句話，忽然房門悄悄地推開了，一張面孔伸了進來，于是陪我到後臺的哪位同志立刻走出去了，過了幾分鐘他又進來，對我說：『沒事了，是保衞工作的同志問你是幹什麼的，說明白了。』」

吳祖光的「談後臺」倒是第一次揭露了中共特務怎麼監視控制每一個演員了。

吳祖光同丁玲、陳企霞、馮雪峯，雖都是對領導上不滿，但是性質是不同的。丁玲馮雪峯很想爭取領導，吳祖光不過是覺得黨對他冷淡，沒有像「解放」前一樣把他看重的牢騷。吳祖光的小圈子據說也形成了一個小家族，往還的都是年青的文化界朋友，彼此欣賞，自我陶醉，許多青年把吳祖光的家當作家長的懷抱，使彼此得到交流的溫暖，清算時他的罪狀雖也是與黨爭羣衆，服膺胡風的文藝理論，以及「個人才華」「自由」與「玩世不恭」這類的陶醉。但是與丁玲馮雪峯的所謂反黨集團，自然是完全不同的。

B　鍾惦棐

如果把吳祖光代表戲劇界的右派，那麼鍾惦棐正是電影界的右派。鍾惦棐是一個黨員，曾長時期地任黨的宣傳機構的工作，以黨員身分進行電影評論與文藝批評。曾任新影第二總編輯，後任文藝報的編委。他在鳴放時期竟發表了幾篇「電影的鑼鼓」「爲了前進」等文章。他說電影工作者一百個爲工農兵，但是工農兵並不愛看這些電影。他公開提出修正黨的文藝方針，否定黨對文藝事業的領導。一九五七年五月他親自主持了長春電影製片廠座談會，說是分裂了黨羣的關係。六月上旬，長春電影的右派份子鬧事，鍾惦棐意識到是那次座談會起了作用。六月中，當丁陳集團清算時，說他還響應了他們。他的罪狀是：一、抹殺人民電影事業的成就。二、企圖動搖電影爲工農兵服務的方向。三、全面反對思想上與行政上的領導。四、用狡猾的手法提出外行不能領導內行。五、無條件的提倡票房價值，企圖使資產階級電影復辟。六、不許反批評說成績，否則就是打悶棍，不虛心。七、分裂黨羣關係。

清算鍾惦棐是從八月四日開始，繼續十五次會議到九月底才告段落。他自然低頭認罪，並且承認在文藝界紀念「在延安文藝座談會上的講話」十五周年時，就已經認爲黨對文藝工作所指示的一些基本原則已過時了。黨不能在政治上領導藝術。領導各部門的藝術創作，應通過各部門的美學。如戲劇美學，音樂美學。他于是就狂妄地計劃化五年時間寫一部「電影美學」來代替人民電影事業的領導，所以鍾惦棐也可以說是個人主義形的右派分子了。可是他是一個有很高黨齡的黨員。

C　蕭乾

與吳祖光鍾惦棐不同型的，有作家蕭乾。蕭乾本是大公報記者，「解放」前曾派駐英國多年。「解放」後，他在文藝報任外文室的副總編輯。在鳴放時期，正巧輪到蕭乾掌管「文藝報」總編輯的工作，他當時就寫了「人民出版社爲什麼變成衙門」「今不如昔」一類的文章。他鼓勵張友松馮亦代等寫文章向黨攻擊。張友松寫了一篇「我昂起頭，挺起胸來，投入戰鬪」發表在第九期文藝報，人民文學出版社總編室來函駁斥，但是蕭乾不主張發表那封信。六月一日蕭乾在人民日報上發表一篇文章，題目叫做：「放心，容忍，人事工作」，他在「放心」一段說是因爲敎條主義而形成了一種「革命世故」。他說，「挨了批評明明心裏不服，不還嘴，反而搶先檢討之類。」「對人不即不離，發言不痛不癢，什麼號召都人云亦云地表示一下態度，可對什麼沒有自己看法。」這種情形，都因爲黨的領導不够放心之故。在「容忍」一段裏提倡了「自由」，他要黨容忍異己者「應該包括你所不喜歡的人，容忍你所不喜歡的話」。這些都沒有什麼新的意見，但是在第三段「人事工作」上，則給我們一個很清楚的中共在各機關所謂人事科的一個眞確的面目。他說：「我知道有些非黨幹部乾脆把人事科看作駐在機關裏的派出所。」

這個「『派出所』所掌握的是一個『保險櫃』裏放着每個人的人事材料，這些材料，都是『少數』積極分子的反映，自然不見得可靠。負責掌握這個派出所的人則是『跟大家不大往來的老幹部』，他們『平時對幹部成見一大堆』。呆頭呆腦，文化很低，祇是保險櫃的一個看守者。」

蕭乾暴露中共人事制度的可怕，這自然是免不了要遭清算了。

但是值得一提的是對于蕭乾的清算不光是在思想或作品上，而特別看重在他的歷史與性格上，說他是一個澈頭澈尾的洋奴與政客，說他在「紅毛長談」一書中，又大肆汚蔑蘇俄，發表反蘇謬論，並且把「人民解放戰爭」描寫成爲「極端恐怖」「禍國殃民」的「不義之戰」。

參加鬪爭蕭乾的有他的前妻梅韜，她說「蕭乾的靈魂是極其黑暗腐朽的」，如蕭乾曾對她說：他「向來是脚踏兩隻船，從不落空，」嚮往着資產階級的生活方式：「名譽地位和女人」。她又說「蕭乾確是按照他這種人生哲學辦事。在解放以前，蕭乾一方面同共產黨人接觸，另一方面又在美帝國主義和宋子文支持下，籌辦實際由國民黨出錢，而標榜所謂『中間路線』的反動的新路雜誌。並同美國駐華大使司徒雷登過從甚密。解放以後蕭乾身在北京，心在英國，他以前存在倫敦的兩千磅欵子，一直遲遲不取同，以充『不時之需』。」梅韜還說，卑劣透頂的蕭乾在找職業甚至搞女人時也都是「脚踏兩隻船」的。

這裏梅韜所刻劃的蕭乾，大概沒有大錯，這使不同情這清算的人，恐怕也很難同情蕭乾的。蕭乾型的人在中國很多，也正是政權交替時的一種普遍的典型。這是與上面所說的幾位都是不同的。

D　徐懋庸

在舉了這些同樣罪名，但是不同典型的一些作家之後，我還想舉一個徐懋庸。徐懋庸有黨齡二十年，一九三六年，當周揚與魯迅爭領導權時，徐懋庸曾經寫了一封信給魯迅，在馮雪峯被清算時，曾揭發了魯迅的回信是由馮雪峯起草的，馮雪峯在這點上說是挑撥離間了魯迅與黨的關係，當然是罪大惡極的。現在清算徐懋庸，說他「背着當時共產黨在上海文化界地下組織，擅自寫了一封極爲惡劣的信給魯迅先生，給黨和人民的事業造成了損失。」徐懋庸的信也成了一個罪案。

清算徐懋庸是在十一月二十六日到二十九日，中國科學院社會科學部和中國作家協會主持參加了三百多人。

徐懋庸最大的罪惡就是曲解恩格斯的學說，說當前中國資產階級和工人階級幾乎已經沒有區別，主張兩者之間求同而不應求異，認爲求異就是宗派主義。

徐懋庸認爲黨的領導幹部是一羣不學無術，祇靠地位來實行領導的官僚主義者。

徐懋庸主張人有「共同的人性」，認爲否認這「共同的人性」者乃是矯情，資產階級分子之所以可能改造成爲社會主義制度下的勞動者，乃是由于有「共同人性」之基礎。

徐懋庸在半年之中寫了近百篇的雜文，對黨諷刺。他說：「看近來的趨勢，小品文的鋒芒，大都指向較小的幹部，很少接觸到大幹部的思想作風。但小品文自己的『驕傲』，都很不願意祇給小幹部充盤尼西林，怎麼辦？」這裏徐懋庸的「小品文」想瞄準高級幹部了。

徐懋庸攻擊高級幹部，竟把那些「八級高幹」「九級高幹」「省委書記」「部長級領導」和「一個更高級的領導」……等等竟寫得連一個像樣的也沒有。他們或者被辱罵爲「順從主子而又制服主子」的奴才，或是被挖苦爲「不學無術」只是靠兜售「秘本」，向人兜售「靈丹妙藥」的江湖騙子，或者被醜化爲「昏庸」「多忌」「怯懦」「心胸狹隘」「色厲內荏」的膿包樣的統治者。

但是徐懋庸自己呢？他竟沒有想到自己。他在「解放」後曾任武漢大學副校長，也正是八級幹部。據說他因爲破壞了黨的關于知識分子的政策，被檢查、批評、教育後，調到一個較小的範圍去，但他又利用「權力」，搞小集團，又受了檢查、批評、教育，于是被送到科學院去做研究工作，但他利用心有常閑的時間，半年中，「寫了二十多萬字的雜文想來對黨報復。」

當中共清算右派分子時，徐懋庸寫了一篇「武器刑具和道具」，他說同是一把刀子，在戰士手裏是武器，在劊子手手裏就是刑具。又說：「對于一個並不是敵人的人，用了種種的力量，使之處于毫無爭辯的地位，然後從『捕風捉影』的『確鑿證據』出發，而無情批判之，殘酷鬪爭之，指爲假馬克斯主義，判爲反動，終于取得偉大的勝利，那麼，這『勝利』也不過是劊子手的勝利。」而徐懋庸也終于「使之處于毫無爭辯的地位」被「無情批判」與「殘酷鬪爭」，而裁判爲反動了。

六

作爲一個共產黨員，如黨對他的要求，他應當把黨當作父母妻子愛人兄弟朋友，他應當除黨以外，一無所愛，一無所敬，如果他的父母是反黨的，他應當爲黨滅親，如果他的愛人是非黨的，他必須把她說服，……這是沒有還價的。如今，一個黨員忽然愛上了文藝，不用說，他必須叫文藝爲黨服務。但是文藝這個東西有一個奇怪的本質，它往往使人產生一種獨立的思考，更敏銳的感覺與更銳利的觀察力。一個人越愛文藝，就越不願文藝成爲政治或其他什麼的奴婢。這大概是一個無法解決的矛盾。

我這裏想再舉一個例子，看看一個作家的成長，及其在政治要求與藝術要求中的變化。因爲這個例子是我認爲最值得我們注意的事件，恐怕也是中共認爲最值得注意的事例。

這就是劉紹棠事件。

劉紹棠是一個才二十二歲的青年作家。在「解放」那年，劉紹棠才十三歲，是一個帶紅領巾初中一年級的學生，他于十七歲就正式爲共產黨黨員，可說是一個一直在「新社會」成長的人，是完全由「黨」的敎育培養出來的人，但僅僅是幾年工夫，他就完全變成一個與黨的文藝政策相反的文藝意見，這不但使我們可以看到文藝與政治的某種基本的矛盾，也確使中共對于這矛盾感到相當的詫異，無怪乎鬪爭劉紹棠在中共成了很大的一件事情。

鬪爭丁玲、陳企霞、馮雪峯的大會，最多不過三五百人，鬪爭劉紹棠的大會，則有一千多人，由中共青年團中央宣傳部、中國作家協會青年作家工作委員會和中國青年報三個單位聯合主持，這三個單位于事前早已分別開過多次會議，召集了在北京的許多青年作家，中國作協的主席副主席書記副書記茅盾老舍等也都參加，可見對這事件的重視了。

劉紹棠在中學時代就寫了「紅花」「青枝綠葉」「大青騾子」「擺渡」等的小說。當時河北文聯就發現他的文學才能，調他到編輯部實習了一個時期，以後又送他繼續上學。

一九五一年，天津日報的文藝週刊就開始發表他的作品，以後中國青年報也提携他，介紹他認識許多老作家。劉紹棠第一個小說集「青枝綠葉」出版，他在後記裏寫過：「我，一個直接由黨栽培起來的青年，即使有星星點點的成績，也都是滲透着黨的心血的，因此我沒有理由驕傲、自滿，我要遵循毛主席的文藝方針，長期地投到火熱的鬪爭生活中去，在堅苦的鬪爭生活中鍾煉自己，也要努力學習政治理論和文藝作品，求得把寫作水平提高一步。」

一九五四年，劉紹棠進北京大學中文系，但沒有多久，他忽然感到大學生活妨礙他寫作而要求退學，當時康濯及中國青年報都勸他不要退學，他一再保證，說要回到故鄉深入生活，預備在農村基層黨政組織中擔任實際工作。這樣報社才設法幫助他退學，爲他安排在他自己家鄉的黨組織裏擔任實際工作。可是他去了不久又嫌這些工作麻煩，就擱寫作時間。他開始看不起農民，覺得在農民那裏學不到什麼，認爲從鄉親和家人聽來的素材已經寫不勝寫，這樣「他就在北京買了房子，偶而回鄉幾天，也要在北京蒸好了一籃子饅頭，帶下鄉去吃。」他還經常三兩個月不過黨的組織生活。中國青年報關心他，有時特地請他開會或談些什麼，他都很反感，還寫信給報社黨委會，說他已經是一個各方面都相當成熟的黨員作家，希望少管他些，他需要多讀古典作品與埋頭寫作……等。

匈牙利革命事件後，劉紹棠忽然想「大膽懷疑」「獨立思考」「發表創造性見解」，在大鳴大放時間，他發表了一些文藝理論文章，說蘇俄近二十年的文藝作品比前二十年「遜色」。說「中國近十五年來爲工農兵服務之文藝絕大多數都是公式化概念化圖解政策條文的作品。其原因就源于我們的文藝領導長期都以敎條主義爲『正統』的理論指導思想。」他還把毛澤東「在延安文藝座談會上的講話」劃分爲「綱領性」與「策略性」兩部分。他認爲向工農兵以普及爲主、以文藝爲政治服務的方針是策略性的理論。這理論在文學藝術上不但不能起「促進」反而起「促退」的作用。他認爲毛澤東策略性的理論是指導當時的文藝運動的，綱領性的理論是指導文藝事業的。因此根據策略性運用而寫的作品「藝術性」一般很差，思想性也有很大局限性，因此這些作品絕大多數藝術生命是不長的，能夠保存下來不多的……

「不但如此，劉紹棠還發覺他自己早年寫的那些歌頌「祖國的幸福生活，可愛的人物與模範的故事」「寫眞性很差」，不過是「對故鄉孩子氣的安慰」，他開始主張「寫眞實」，于是他的作品忽然「暴露黑暗」起來，揭發了共產黨統治下之陰暗。

對社會，劉紹棠說：「只有同志，沒有朋友，說話得小心，不然彙報上去，就都算做罪證。」對大學生活，說：「減少政治課，減少組織生活，多寫文章，多坐圖書館。」對農村，他說：「由農民幹部搞生產，知識分子搞精神建設」。什麼是精神建設呢？「就是要把農村過去的婚喪節日，去親家……等風俗保存下來，再加上蘇俄、東歐、西歐小說中看到的那些農村色彩加進去，通過文化娛樂活動，把農村搞得五顏六色。」對于糧食政策，他認爲「留給老百姓糧食太少」，說：「老百姓很苦，缺吃少穿。」……

這些當然都是被清算時的罪名，矛盾在批判劉紹棠時說：

「……過早地讓青年作家來做專業作家的辦法必須改變，把青年的業餘寫作者過早地提爲專業作家或者要他到編輯部去提高，使得他脫離了生活，使得他們容易滋生驕傲自滿的情緒，而在職業作家自給的辦法下，又使得他們粗製濫造，劉紹棠如果一直在農村，在那裏做一些工作，也許不會墮落到這個地步。」

茅盾所說劉紹棠「墮落到這個地步」，實際上不過他有了「獨立思考」。在許多被鬪爭被清算的人們中，都有不道德的行爲和生活被揭發出來。如艾青之姦淫少女，如蕭乾之投機取巧、陰狡自私，如吳祖光的自大驕橫。而對劉紹棠則實在說不出有特別不好之處。他唯一不對之處，祇有下鄉時帶着一籃子好饅頭，但是這也正是說明他所說的「老百姓很苦，缺吃少穿」的事實，使他必須帶足夠的糧食下鄉而已。細細研究劉紹棠的長成，覺得他倒是一個最好的例子，說明一個人在成長之中，當他觀察能力思考能力慢慢地成熟起來，他就逐漸地發現共產黨的謊話與淸楚地看到所謂工農兵之被統制壓迫剝削之痛苦了。劉紹棠因爲一直很順利，年紀輕，不像許多老作家們懂得政治世故，他心直口快，相信了大鳴大放「言者無罪」，因此出了岔子。像這樣的情形當然不祗是一個劉紹棠。不過他是最值得注意的一個而已。(待續)

勘　誤

上期「在陰黯矛盾中演變的大陸文藝(上)」一文中第12頁下欄，「C馮雪峰」此節的第十行「沒有把上海文藝界……在『國防文學』與」應排在此頁最後一行。特此更正，並謹向作者讀者致歉。

～～編　者～～

代　郵

役人先生：

四月二日的來信收到，謝謝你的關懷以及很多寶貴意見。我們自當繼續本着「『自由中國』的宗旨」而奮鬪，還請隨時給我們指示。

編者敬啓

西藏抗暴的經過與影響

香港通訊・三月卅一日

王厚生

關於西藏抗暴運動的詳細情形，由於空間距離之遙遠，與消息之阻隔，雖有外國通訊社的報導，我們仍未知其詳。至三月廿八日，中共新華社發表「關於西藏叛亂事件的公報」；三月廿九日，又發表三月十日至十七日期間，達賴喇嘛和中共駐西藏代理代表、西藏軍區政治委員譚冠三之間的六封來往信件。我們所了解的情形才比較更為清楚。

讀公報和六封來往信件後，我有一種感想，公報和信件所述都有矛盾的地方，信件的眞實性也有疑問。不過，對於抗暴的日期和經過，雖語焉不詳，却可得一輪廓。先看公報所述的日期。「西藏地方政府上層反動集團在拉薩的武裝叛亂，三月十日就開始了。」「於三月十九日夜間在拉薩向人民解放軍駐軍發動武裝進攻。……已在二十二日徹底地粉碎了拉薩市區的叛匪」。「終於在三月十日公開撕毀十七條協議」(按：一九五一年中共和西藏地方政府所簽訂之協議)。「他們在三月十七日悍然將達賴喇嘛劫出拉薩」。「三月二十日上午十時，中國人民解放軍西藏軍區部隊奉命對罪大惡極的叛國集團進行討伐」。

六封信件的日期是：

三月十日，譚冠三致達賴喇嘛。

三月十一日，達賴喇嘛覆譚冠三。

三月十一日，譚冠三致達賴喇嘛。

三月十二日，達賴喇嘛覆譚冠三。

三月十五日，譚冠三致達賴喇嘛。

三月十六日，達賴喇嘛覆譚冠三。

新華社在發表以上信件的電訊中說，「達賴喇嘛的三封信都是他親筆寫的」。這句話成了多餘，容易引起疑竇。即使是眞實的，我們也可知達賴喇嘛方面確有周密的佈置和計劃，因為在達賴喇嘛的三封信中，一再為局勢的紛亂表示不安，並且說「我正盡一切可能設法處理」，最後表示如有指示，請坦率告知。這樣，一直敷衍到十六日，見情勢急迫，十七日離開拉薩城。根據公報，西藏地方政府——噶厦，有委員六人，稱為噶倫，在六個噶倫中，二個傾向中共，其餘四人一致反共，其中之宇妥・扎西頓珠已於一九五七年逃到印度噶倫堡，進行反共活動，另外三人都參加了這次的抗暴運動。親共的桑頗・才旺仁增已於三月十日被打傷，另一人為阿沛・阿旺晉美，他是達賴喇嘛和譚冠三之間的傳信人，(註：譚冠三致達賴喇嘛第一封信，是由中國佛教協會西藏分會副會長、達賴喇嘛的侍讀嘉措林活佛傳遞給達賴的。)現被中共委任為「西藏自治區籌備委員會副主任委員兼秘書長」。

我們從六封信件的日期可以看出，三月十日至十七日，共軍根本無法接近達賴喇嘛，抗暴軍的力量相當强大。其次，抗暴舉動早於三月十日開始，何以達賴喇嘛和譚冠三之間還能通信？這是很可懷疑之點。阿沛・阿旺晉美竟能在一周之間安全擔任雙方的聯絡和傳信工作而不被打死，也很可疑。如果新華社所傳不虛，確是三月十日開始「叛亂」，十七日夜間達賴喇嘛「被劫出拉薩」，十九日夜間「發動全面進攻」。那末，我們只能對三月十日開始的「叛亂」作這樣看法：所謂「叛亂」，是拒受中共軍政當局的命令，宣佈獨立，雙方劍拔弩張，間有射擊，但未爆發全面戰事。從十日至十七日，為抗暴軍方面的軍事部署時期。譚冠三在三月十一日給達賴喇嘛的信中說：「現在反動分子竟敢肆無忌憚，公開地狂妄地進行軍事挑釁，在國防公路沿線（羅布林卡北面的公路）修了工事，布置了大量機槍和武裝反動分子，已經十分嚴重的破壞了國防交通安全。」在這期間，駐西藏中共軍方似尚未接北平的開戰令。但有一件事是非常明顯的，中共想盡方法要活捉達賴喇嘛，他們不願達賴在戰亂中死亡，也不願用武力將達賴迫走。所以從三月十日至十七日，中共似等待達賴喇嘛改變主意，所以十分忍耐。至於他們用其他方法千方百計企圖誘騙達賴也是一定的，不過我們現在不知道他們所曾施用過的方法。

事實上，三月十日，拉薩的確召開了一次民衆大會，將十七條協議公開撕毀了(見公報)，宣佈獨立，並且成立人民會議(見三月十二日達賴喇嘛給譚冠三的信)。這在中共眼中，自然可說是「叛亂」了。等到達賴喇嘛在三月十七日夜間出走後，中共已無忍耐之必要了。或許，中共當時還不知達賴已走，所以，戰事才延至三月十九日夜間爆發。也許，達賴走後，中共軍方報告北平，北平開會，下令進攻，至正式衝突延遲到十九日夜間，也有可能。新華社公報上所謂「三月十九日夜間向人民解放軍駐拉薩部隊發動了全面進攻」，可能與事實不符，說不定中共先動手，藏民已作準備，故一觸即發。新華社公報的話，無非逃避責任，配合「西藏地方政府和上層反動集團……勾結帝國主義」之宣傳。在公報的另一處，又說「他們的叛亂是受帝國主義，×××匪幫和外國反動派策動的」，其用意正復相同。

戰事爆發後，進行得很是慘烈，單拉薩市區，持續達三天之久，至二十二日始告沉寂。西拉寺和德里篷寺兩大寺院的喇嘛拒絕中共之招降，曾作逐室惡戰。初步估計藏方死亡在五千人以上(法新社加爾各答三月廿八日電)，拉薩全城之男子幾乎逃光，數名少女為免被共軍俘虜，蹈火自殺。電燈與自來水設備已告破壞。據新華社公報稱：「截至二十三日止，已俘獲了叛軍四千餘名，繳獲了各種槍八千餘枝，輕重機槍八十一挺，八一迫擊砲二十七門，山砲六門，子彈一千萬發」。公報未說明這類武器由「帝國主義或外國反動派」製造，可見共軍之軍械庫已被抗暴軍破獲。拉薩城之戰事雖被鎮壓，但公報又稱：「現在我軍正在……繼續向西藏一些其他地方的叛匪進行掃蕩中。」抗暴戰事擴大至拉薩郊外和西藏其他地方，已很明顯。

新華社這次已無可掩飾，坦白地在它的公報中承認西藏人民對中共暴政的仇恨，謂「西藏叛國分子的叛亂活動，由來已久。……自從一九五一年……簽訂了關於和平解放西藏辦法的協議（即十七條協議）以來，他們就蓄謀撕毀這一協議，準備武裝叛變。……西藏自治區籌備委員會早已於一九五六年四月成立。但是，由於西藏地方政府中反動分子的阻撓，自治區的籌備工作很少進展。十七條協議中規定藏軍要改編，西藏社會制度即農奴制度要按照人民願望加以改革，這兩項重要任務，都因為反動分子的阻撓，不能實現。中央為了等待這些反動分子的覺悟，還在一九五六年底，就告訴他們，在六年內，即第二個五年計劃期間，可以不進行改革，也不改編藏軍。……在這以前，這些叛國分子即已利用他們在噶廈中的合法地位，糾集上層反動勢力，勾結外敵，實際指揮康藏兩地一些最反動的大農奴主，在雅魯藏布江以東、以北、以南若干地方，組織叛亂武裝，……從去年五、六月間起，西藏地方政府和上層反動集團就指示叛匪竄擾昌都、丁青、黑河、山南等地區」。以上所引，全是中共的片面之詞，抗暴有之，「叛國」則不見得。實際上，假使中共不干涉西藏的宗教、政治和習俗太甚，不實行怨天尤人的土地改革，不改編藏軍，以上「叛國分子」「反動分子」的「陰謀活動」，是可以避免於無形的。

西藏地方政府——噶廈——不滿中共的統治，上面已經說過，親共和反共的委員（噶倫）是二與四之比。達賴喇嘛本人，我相信他是反共的。新華社公報說他是「被劫持」的，完全不符事實，藉此安撫藏民和自我解嘲而已。現任印度國大黨主席甘地夫人（尼赫魯的女兒）對達賴喇嘛的印象極好，她說：「我深知達賴喇嘛係有思想有智慧的人，他是能循現代路線領導其國家的」（合衆國社孟買三月廿七日電）。又據法新社新德里三月廿八日的電訊，謂「流亡的事情，對於達賴喇嘛並不是一種新的意義，當他於一九五六年訪問印度的時候，他曾請求在印度隱避，這已經不是一件秘密的事件，但後來被勸阻，再回拉薩。」達賴喇嘛並非被劫持而是決心反共，是顯而易見的。目前，達賴喇嘛大概留在金沙江以南抗暴軍基地，不得已時，仍以前往印度較妥（現已到印度——編者註），因為今日的形勢不同，尼赫魯受國內和國際輿論的壓力，無法再推卸道義上的責任。況且，甘地夫人在三月廿七日曾說過，根據國際法，印度將給予由西藏逃來的難民以政治庇護。這話是否特別向達賴喇嘛致意，我不敢說。

達賴喇嘛反共和決心逃亡，中共自亦明白，不過，格於形勢，不好對達賴採取行動，而且，就公報的內容看，中共對達賴及其周圍的勢力表面上還採用綏靖的政策，實際上是等候機會，設法將達賴弄走，所謂「調虎離山」的政策。終於，機會來了，中共的「第二屆全國人民代表大會第一次會議」定於四月十七日舉行，達賴喇嘛為西藏十二人民代表中之一，理應前往北平出席。

中共的選舉，實際是指派，達賴被指派為人民代表，自然無可奈何，但可引起嚴重問題的，是去不去北平出席。在西藏人民和地方政府方面，相信為此問題早有打算，深怕達賴一去不返；在中共方面，當然也詭謀百出，決意「調虎離山」，免得他日另生問題。於是，雙方各用心計，一在誘使達賴去北平，一在阻止達賴去北平。但在情理上，中共似佔上風，因達賴喇嘛既為人民代表，理應出席，何況，第一屆人代大會第一次會議於一九五四年九月舉行時，達賴曾往出席。理論上，這次也無理由可以拒絕不去。正因為中共佔了這一上風，迫得西藏地方政府方面走上武裝保駕的道路。讓我說一說雙方是怎樣鬥智的。

根據新華社公報，三月十日那天，達賴喇嘛原定到「人民解放軍西藏軍區禮堂看戲」，又稱到軍區禮堂看戲的事，是達賴自己在一個多月以前提出的，三月十日這個日期，也是他自己決定的。這裏，我們可以見到，中共早在一、二月間已作爭取達賴到北平去的工作了，否則，達賴喇嘛不會在一個多月以前就談三月十日看戲的事的。自一九五〇年中共進軍西藏後，八、九年來，達賴喇嘛一定不止一次地到共軍軍區禮堂看戲，為什麼這次發生如此重大的爭執？根據新德里三月廿一日路透和美聯兩家通訊社的報導，中共要求達賴隻身前往軍區司令部，不准携帶衞隊，於是引起藏人憂慮，認中共此舉，在謀拘禁達賴喇嘛，藏民乃聚衆包圍布達拉宮，作保護達賴之姿態，一面請印度駐拉薩領事館出面調停，或加干涉，抗暴運動即由此引起。新華社公報也承認有其事，稱「西藏叛亂集團到了這一天（按：即三月十日），却大肆散佈西藏軍區部隊要扣留達賴喇嘛的謠言，並且以此為藉口，發動武裝叛亂」。

中共佈下羅網，誘拘達賴，其用心昭然若揭，無法抵賴。不准達賴携帶衞隊，可能也是事實，因恐衞隊隨行，碍難扣留，又恐對達賴發生類似槍傷等之意外。至於是否「看戲」和「看戲」是否由達賴喇嘛自己決定，我都表示懷疑。因為譚冠三在三月十日給達賴喇嘛的第一封信中並沒有提到「看戲」的事，他的信是這樣寫的：

敬愛的達賴喇嘛：

您表示願意來軍區，這是一件很好的事，我們表示熱烈的歡迎。但是由於反動分子的陰謀挑撥給您造成很大的困難，故可暫時不來。

此致

敬禮並祝保重

譚　冠　三

一九五九年三月十日

假使達賴喇嘛到軍區去的主要目的或節目是「看戲」，譚冠三爲何不在信中提及？倒是達賴喇嘛在翌日的覆信中，才提到「看戲」的事，他的覆信說：

親愛的譚政委同志：

昨天我決定去軍區看戲，但由於少數壞人的煽動，而僧俗人民不解眞象追隨其後，進行阻攔，確實無法去訪，……

達賴喇嘛親筆呈

觀達賴喇嘛的語氣，「看戲」的事又不像是「在一個多月以前提出的」。我的看法是：「看戲」是圈套，自很明顯，中共可能已在一個多月以前輕描淡寫地提出，當時，達賴不察，可能已經莫明其妙地同意，事後，他本人及其內閣感覺事態嚴重，謀求補救。三月十日廢除十七條協議的民衆大會旨在宣佈獨立，唯有在獨立的情形下，達賴喇嘛可拒任中共指派之人民代表，因而可拒絕離藏前往北平。中共要求達賴喇嘛攤牌，從三月十五日譚冠三致達賴的信中看得出，該信的最後幾句是：「另外，第二屆全國人民代表大會第一次會議已決定於四月十七日舉行。特此告訴您。」這才是開門見山的話！也是逼迫達賴表示態度，你到底去不去？大概到這一天，中共已忍無可忍了，作最後一試，靈與不靈，好作決定。達賴喇嘛在第二天(十六日)覆信中隻字不提「全國人代大會」的事，他的答覆很巧妙：「……一旦幾天之後，有了一定數量的足以信賴的力量之後，將採取秘密的方式前往軍區，屆時先給你去信，……」達賴及其內閣知道對方强迫攤牌，拉薩已不能居，乃於十七日離走。假使中共不逼，達賴可能在拉薩多留幾天，以便調集拉薩城內外的抗暴軍，或一舉擊潰中共駐軍(城內四萬人)或讓達賴先離開，隨後凱旋迎歸，或掩護作戰至達賴抵安全地帶爲止。這是就西藏地方政府事先有周密計劃來說的。我們如仔細觀察上面六封信件的日期，可以發現二點：先由譚冠三去信，後由達賴在第二天(非當天)覆信；從十二日至十五日，中間有二天無信札往還，如達賴喇嘛眞的認爲「反動的壞分子們正在藉口保護我的安全而進行着危害我的活動」(三月十一日信中語)，他爲什麼不在那二天中給譚冠三寫信，如果說他受「反動的壞分子們」阻止，不能寫信，那末，他怎麼又能在十五、十六二天中連續作收信和覆信的活動呢？我以爲，西藏地方政府方面顯然是有計劃的，他們本想爭取時間，結集軍力，與共軍作一次決戰的。

現在，我們應該注意一下西藏抗暴運動的影響了，茲從四方面來說：

第一、現在臺北的國民黨政府因爲未能及時採取有效的支援工作，以致西藏的抗暴運動未能順利進展，這不僅使西藏人民、大陸其他地區人民深感失望，卽海外僑胞亦深爲怨忿，這對於國民黨政府的威信，極有損害，但是，西藏抗暴運動尚未完全熄滅，政府如有決心和氣魄，仍可把握時機，大可有所作爲。

第二、對中共的影響可由兩方面來說，首先，是國際性的影響，中共因武裝鎭壓西藏人民要求自治和自由的鬪爭，將使亞非國家改變一向對她友好的態度，這與蘇俄因鎭壓匈牙利革命而遭世界各國唾棄之情形相仿。中共進聯合國之展望將更黯淡。其次，中共與西藏之間的關係將永難搞好，抗暴勢力將日益增强，中共除常駐龐大軍力外，很難再在西藏立足。西藏的戰爭狀態一旦延長，有激勵大陸其他地區，特別是西南、西北反共起義的作用，我們安知中共政權之崩潰，非由西藏抗暴開其端呢？

第三、中共與印度之間的關係將告惡化。印度輿論對中共頗有責難，各政黨(除共黨外)領袖們已在孟買組織印藏團結委員會，將舉行集會和示威，表示對西藏人民的同情。尼赫魯受到來自三方面的指責：西方和其他自由國家的輿論指責，國內若干政黨領袖們的指責，以及中共的指責。新華社公報中所謂的「帝國主義」，是指的那一國？噶倫堡(Kalimpony)被指爲「叛亂的指揮中心」。公報中說：「中國方面從來沒有干涉過印度的內政，也沒有在全國人民代表大會及其常務委員會上談論過印度的內政，並且認爲對一個友好國家的內政進行這樣的談論是不禮貌和不適當的」。這顯然又是罵尼赫魯，因爲尼赫魯曾於三月十七日、廿三日在人民院發言，對西藏局勢「表示關切」和「在我國引起很大的注意。」

第四、自由世界除美國國務院譴責中共的聲明外無動作，這無疑會損傷共產集團中反共的民氣，是極可注意的不良影響。

四十八年三月卅一日九龍。

「日本的今天與明天」之三

日本的文化人

東京通訊・三月五日

郭恒鈺

林語堂博士在完成了他的遠東訪問之後，經由美國專欄供應社發表了他的遠東訪問印象記。文中指出他應邀在日本外國記者俱樂部發表攻擊蘇俄的演詞，朝日、讀賣、每日三大新聞未予刊載，隱約地指出日本的新聞界影響了九千萬讀者的「言論自由」。任何一個來自外國的人，甚至具有良知的日本人，都會發現今日日本新聞界、出版界、以及所謂文化人的左傾現象，從而對於紅色勢力與思想在這一方面的滲透與氾濫，深抱隱憂。

日本的 Pen Club 對於警職法修正案會發表過義正詞嚴的反對聲明，但對蘇俄小說家巴斯特納克問題的態度，則始終模糊曖昧，而且在去年十二月十日諾貝爾獎金頒獎之日正式歡迎與作家無關的蘇俄「莫斯科藝術座」的訪日團員。外國名著在日本譯述出版之快，世界馳名，但榮獲諾貝爾文學獎金的「齊瓦哥醫生」，却遲至今年三月才姍姍問世。個中消息，曲折經緯，我人無法獲悉，因爲報章雜誌皆無報導。不過，Pen Club 中三位研究日本文學的外籍會員 Joseph Roggendorf, Edward Seidensticker, Ivan Morris 却因日本 Pen Club 對於巴斯特納克問題的態度及其著作遲不出版，於去年十二月兩度向川端康成會長提出了「給日本 Pen Club 的抗議書」。刻正來日訪問的英國名作家寇斯特勒 (Arthur Koestler，「正午的黑暗」作者) 也認爲日本的 Pen Club 是一個「政治性」的組織，而拒絕了該會的邀請("...I came to Japan, I stated publicly that I do not wish to get involved in any poliitcal controversy, and that I shall not address any political organization or Clnb. The documcnts published in the article I have refered to convinced me that the Japan Pen Club unfortunately belongs to the latter category." Mar. 2, 1959, The Mainichi)。讀完了抗議書、Pen Club 的覆函，以及寇氏的公開信，對於這個複雜的問題，不難窺知一二。日教組(日本教員組合)爲反對實施「勤務評定制度」而發起的勤評鬪爭，以及全學連(全日本學生連合) 配合這一鬪爭而發動的政治學潮，會給日本的教育、政治帶來了空前的混亂。但是評論家、言論界對於這樣一個具有高度政治性鬪爭的評論，從未觸及問題的核心而肯於究明這一問題的底流原因。在那樣多的評論文字中，對於家長父兄的行使暴力，不惜口誅筆伐，全力抨擊，但難以找出揭露「三大財閥」之一的日教組的經濟來源及其政治背景的文字。像這類的例子，俯拾卽是；像這類的現象，也使多少關心日本的人深抱隱憂。

言論界的左傾現象，文化人的媚共言論，像一片紅色的烏雲籠罩着今天的日本。但是，如果對於支配今日日本言論界的文化人的背景及新聞社的編輯態度加以剖視的話，我們會發現在言論界方面，日本沒有眞正的共黨同路人，也沒有爲實現共產主義的最高理想而奮鬪的紅色文人。言論界、文化人的左傾現象，媚共言論，不過是日本人的「商魂」在文化方面的另一表現而已。

中村哲，這位經常在改造、中央公論、朝日新聞、東大新聞執筆的「花形論客」，現任法政大學法學院長、全日本民主主義文化會議常任委員、民主主義科學者協會會員。這位專攻憲法學的政治學者，在戰後以批評天皇制度、反美親蘇而聞名，但在戰前他會認爲：「帝國憲法是日本國家的永遠的規範，……它的永遠性因(天皇的)聖慮而見諸明確。」(昭和十六年三月號改造，「政治的現實與政治的責任」)至於「日本這個國家究竟應向那一個理想目標前進？我們必須闡明它的內在的理念。卽日本的國體必須實現我們不斷闡明過的一君萬民的統治，亦卽應實現聖德太子第十七條憲法所說的：『君命臣受，上行下效』的政治。惟其如是，才是基於日本國體的根本理念而產生的政治力的結果。」(昭和十六年九月號日本評論，「政治力的條件」)在昭和十七年，當日本人陶醉於大東亞戰爭的初期勝利時，他說：「我們必須樹立以八紘一宇的東亞政治理想爲內在理念的戰爭論！」(昭和十七年二月號改造，「民族戰爭與强力政治」) 這位八紘一宇的戰爭論者，現在竟是亞洲太平洋地區和平會議日本準備委員、和平教育委員會委員、和平問題懇談會委員，——高喊和平，擁護和平憲法的民主人士！

以「我心的歷史」聞名於言論界的文學博士柳田謙十郎，曾被推爲「中共國慶祝賀使節團團長」、曾任「和平」雜誌的編輯評議員、左翼雜誌「葦」的編輯顧問、亞洲民族親善協會會員、亞洲太平洋地區和平會議日本準備委員、日本戰歿學生紀念會理事長、「人生手帖」雜誌的特約作家，在戰前竟是一位叫囂八紘一宇論、天皇絕對論、極端戰爭論的「戰爭販子」。柳田博士說：「戰爭是賦與我人面對現實的一種不可逃避的歷史的事實。逃避戰爭，就是逃避人生；否定戰爭，就等於否定歷史！」(昭和十四年二月弘文堂出版之「日本精神與世界精神」一二一頁)「在這裏，我人對於神武天皇肇國的御精神，對於自始卽予闡明了的八紘一宇的意義，不能不深受無限之感召。……所謂眞正的日本性格，厥爲放之四海而皆準的八紘一宇的性格。」(昭和十八年二月號日本評論) 這位八紘一宇論者、極端戰爭論者，到了戰後，竟鄭重爲文指出：「現在我是民主主義者，以唯物論爲哲學的最高眞理；不僅祇有社會主義才是我人實踐政治的行動原理，而且相信共產主義才是歷史發展的究極形態。但我並非共產黨員。」（昭和廿八年一月號和平、「論日本共產黨」）也許正因爲柳田博士不是共產黨員，所以在戰前會這樣明確地否定過馬克斯主義。「如果說反覆地實行某種階級鬪爭，或者某種社會經濟機構的創造就可以產生一個永遠沒有戰爭的和平世界，我以爲那無異是水中撈月。」（「日本精神與世界精神」一二六頁）

今中次磨，這位東大畢業的法學博士，廣島大學的法學院長，和平問題懇談會委員，戰前在改造、中央公論等雜誌經常執筆謳歌聖戰，盛唱大東亞共榮圈論。但是，戰後則搖身一變以進步的政治學者、和平主義者的姿態，再度出現。他說：「當我們主張和平、反戰、反對再武裝，甚至中立的時候，必須現實的予以論證何以這樣才是正確的。……首先，闡明不需要再武裝的理由，才是先決問題。」（昭和廿七年五月號世界）但是，如果掀開今中博士在戰前昭和十六年十一月由日本青年外交協會出版的「東亞政治的新階段」一書，將令人懷疑自己的眼睛。「華南亦應置於日本的支配圈內，……使華中與日本妥協，……上海也與大連一樣闢爲國際自由港，由日本負責行政管理。倘能如此，日本的資本主義才是萬萬歲；日本在國際上的躍進，今後將日益旺盛。」（三一九頁）「換句話說，在亞洲方面，必須組織一個爲保全解放亞洲各民族的共榮圈。惟其如是，才是指導現代政治之新階段的新國際政治理念。」（序言）「如果支那不承認日本這一在亞洲地位的正當要求，支那勢將永與日本進行戰爭。日本對於日漸擴大不安的亞洲殖民地的情勢，不能因日本自己的滿足而袖手無視。」（三三八頁）聖戰的禮讚、領土的野心、帝國主義的醜惡面目，已在這幾行字裏流露無遺。不僅如此，戰前的今中博士還是一位反馬克斯主義的理論家。他認爲：「馬克斯主義的政治觀是分裂爲兩部份而存在的。卽在階級鬪爭的鬪爭過程以外，一無所有；沒有中心。……政治權力就是支配階級，所以其他階級與政治權力是對立的。因爲沒有統一兩者的政治力量，所以國家是分裂的。換言之，在鬪爭關係以外，國家並不存在；僅有兩個階級的鬪爭關係，而且這就是政治。所以它忽略了必須同時存在的統一的那一面。」（昭和十六年十一月號日本評論、「矛盾與統一的政治」）曾幾何時，這位反馬克主義者，又開始强調共產陣營的强大，謳歌共產主義了（昭和廿七年五月號世界）。

在昭和廿五年以「現代文學論」榮獲讀賣文藝評論賞而紅遍評論界的淸野秀吉，曾主持過早稻田大學的文藝時評講座，曾任 Pen Club 副會長、文藝家協會會長、社會泰晤士編輯局長、著作權協議會代表理事、和平問題懇談會會員。這位擁有許多堂皇銜頭的文藝評論家，在大正時期，他是普羅文學的鬪士，左翼雜誌「文藝戰線」的筆客。但至昭和六年彈壓普羅運動時期，則猛烈地攻擊普羅派。從中日戰爭進入大東亞戰爭時期，又以「文學界」爲地盤，禮讚戰爭，擁護軍部。到了戰後，「淸野老」對於和平問題異常關心，於昭和廿五年八月十五日在「社會泰晤士」上發表了七項和平呼籲。這篇文字不知道博得多少人的俯首讚頌，因而在和平問題懇談會的名單上添上了大名。但這位六十四歲的「便乘學者」、和平鬪士在戰前的言論，却另是一副面貌。「在戰時體制下的現在，一種不遵循國策路線的放任作爲，無論在國民生活的任何部門，都無法容許。當然文學也應該循國策路線挺身奮鬪，而且這是絕對的。……所謂國策，就是國家當前的政策。究其根源，厥爲祖國擴大自己，高揚自己。」（文學的場所，五一、五三頁，昭和十六年一月出版）「出版統制，最近又成了議論的問題。但在今天的時局下，從嚴格的政治、社會的角度來看，出版取締是當然的，絕對的。」（文學的本願，二七二頁，昭和十六年出版）

末川博，立命館大學校長、學士院會員、民主主義科學者協會會長、日本學術會議委員、和平問題懇談會會員、自由人權協會理事、亞洲太平洋地區和平會議日本準備委員、日本法學界的權威人士。在戰前，末川法學博士曾在改造、中央公論、日本評論等雜誌鼓吹戰爭，並且就法律的觀點闡釋强調「國家總動員法」之必須實施。昭和十七年四月，大東亞戰爭初期勝利時，他在「從歷史的側面來看」一書中，積極地肯定戰爭，歌頌大東亞共榮圈的理想。他說：「大東亞戰爭刻正隨輝煌的戰果，在偉大的構想下，逐漸展開。……大東亞共榮圈建設之客觀的、現實的各種條件，業已着着具備。……當我們想到法律、政治的時候，倘把它與戰爭的關連性剔除，勢將一無所獲。至於經濟、商業亦復如是。……總之，這些都與今日之戰爭具有緊密的關連而活動着，如果我們說這一活動的原動力就是戰爭，那正是現實的、實際的說法。無論在任何一個時代，戰爭會給人類的歷史帶來了飛躍的結果的情形很多。換句話說，在平時需要長年的過程，而戰爭却會使它在極短的時間內達成目的的例子，頗不鮮見。」現在，末川博士竟是世界、中央公論、學園評論等雜誌的反美、反政府、反對再武裝的反戰筆客！

以歌頌希特勒而聞名於戰前新聞界的大記者——淡德三郎，現在是日本文化人會議副會長、世界和平評議員、日蘇親善協會理事、和平擁護日本委員會常任理事。這位和平反戰的評論家，在戰前，歌頌希特勒；在戰後，攻擊法西斯。在戰前，謳歌戰爭；在戰後，高喊和平。在昭和十六年四月號改造，以「戰爭與人民」爲題，這樣寫道：『牛油與大砲相較，寧要大砲。』這句口號，不過是到達『大砲與牛油相較，寧要牛油。』的過渡手段。如何實現一個沒有不安、可以豐富生產牛油與衣着的和平時代，厥爲納粹的眞正理想，亦爲人類共通之願望！」「從事戰爭，則戰爭的目的必須明確指出，毋庸贅言。例如中日事變係以建設『東亞新秩序』爲其目的。因爲有了這一自覺，凡我國民應該勇於忍受苦難，而且可以把生命比做鴻毛！」(昭和十五年二月號中央公論) 這位把生命與鴻毛相比的戰爭論者，現在竟爲實現「和平」不遺餘力。

此外，諸如叫囂解放東亞的「文化販子」——「世界」雜誌編輯長吉野源三郎、提倡女性犧牲說的婦女評論家羽仁說子、主張日支提携建設大東亞共榮圈的平野義太郎(「日中友好協會」副會長、「日中貿易促會議」議長、大學教授)、譴責「蘇俄是侵略者」、高喊擊滅美英的紅色教授前芝確三(日蘇親善協會理事、學術會議會員)、力主彈壓民主運動的名大教授戶澤鐵彥、「尊皇攘夷論」者堀眞琴、闡釋大東亞侵略戰爭世界史的意義的法學博士鈴木安藏、鼓吹「日德伊三國軍事同盟」的名大法學院長信夫清三郎、歌頌莫索里尼的詩人深尾須磨子、謳歌戰爭的「日本文化人會議」會長阿部眞二、頌揚特攻精神的「日中友好協會」理事岩上順一、皇國文學的御用理論家窪川鶴次郎(新日本文學會常任幹事、Pen Club 會員)、攻擊蘇俄侵略日本(昭和十四年二月號中央公論)的全日本民主主義文化會議常任委員及日蘇親善協會副會長堀江邑一、搜購自己的反動言論而焚毀滅跡的歌人伊豆公夫、歌頌納粹侵略必勝的教授名和統一、强調强化汪精衞僞政權的新聞人岩村三千夫、强制兵役教育論的權威論者宗像誠也東大教授、武士道教育論者宮原誠一東大教授(日教組講師團講師)、曾任大日本青少年團教養部長及「神皇正統記」論者矢川德光(和平教育委員會委員)、認爲日本爲大東亞盟主的文學博士長田新(世界和平中心理事長)、曾任陸軍報導部支那民衆宣撫員的新日本文學會中央常任委員國分一太郎、日本軍部諜報宣傳御用文人的內山書店老闆及「日中友好協會」理事內山完造等「進步的文化人」，無法在這一短篇中一一詳介，深以爲憾！

至於日本報紙的編輯態度，「中立」是其主要特徵。外國的報紙，以英國的 Times, Manchester Guardian 爲例，前者對於政府的意向，比較忠實的向讀者傳達，而後者則站在批評政府的立場。其他報紙幾乎也都有保守黨或工黨的背景。在美國，當選舉總統時，各報對於自己推荐的候選人，完全採取積極的支持態度。各州的報紙，對於州長、上下兩院議員的改選，也都採取積極推荐候選人的方法。但是，日本最具代表性的幾家大報，對於支持政黨的問題，儘可能採取中立的立場，超然的態度。日本報紙的這種「中立性」，就是一種商業主義。因爲明確的表示支持某一政黨，是否還能維持現在的發行數字，保持目前龐大的組織，實在是一個問題。因之，社會潮流的變動，讀者愛憎的變化，就決定了報紙的態度與信條。

僅就今日日本的左傾現象而言，令人憂慮。但是進一步的剖視，則事實告訴我們這種現象不過是「商魂」的又一表現。在戰前，就是今天這些進步的文化人替日本的神道杜撰了「八紘一宇」的理論根據，爲軍閥政客描述了「大東亞共榮圈」的美麗遠景。在侵略的文化面，鞠躬盡力，使出混身解數的工夫。到了今天，還是這些人，又是那枝筆，打着「進步的」招牌，借屍還魂。皇國、神道、聖戰，以及人民的、羣衆的、社會主義的，對於這些進步的文化人而言，都是同義語。因爲殊途同歸，目的祇有一個，就是鈔票，所謂商魂。禮讚蘇俄，謳歌中共，因爲大多數的讀者喜歡這個。讀者的愛憎決定了報紙的態度，也決定了文化人執筆的方向。但是，根據讀者的愛憎所決定的言論，却回過頭來牽着九千萬讀者的鼻子走。今天日本言論界的左傾現象，紅色陰謀，並非主因。紅色勢力的滲透，再加上文化人自已的商魂，才造成這一惡性循環。紀德也曾歌頌過共產主義，但當他發現共產暴政下的許多罪惡時，不惜承認錯誤而寫出了「蘇俄紀行」的名著。反之，日本的這些文化人，對於戰前自己的反動言論，不但毫無懺悔之意，反而進一步的搜購焚毀，以期滅跡。戰敗的悲慘體驗，使日本人厭惡戰爭；原子彈殺傷威力的餘悸，使日本人反對氫彈實驗。歷史不再重演，也不能讓它重演。不知道這些兩重人格的、進步的文化人，當午夜夢回、良知恢復之際，曾否想過今天的「進步的」言論，又將給明天的日本帶來些什麼影響？

四十七年三月五日於東京。

紐約（詩）

周策縱

啊，紐約！
啊，紐約！
你人的蟻窠！
你多麼高啊，
你的摩天大厦把天堂戳破；
你多麼低啊，
你的地下道打從地獄的最下層經過；
你是多麼大啊，
你懷孕着無邊的災禍；
你又是多麼小啊，
華爾街的錢包把你全部包裹！
哦，紐約，
我要為你的天堂和地獄而歌，
我要為你的黃金和災禍而歌，
我要把你譜進醉人的音樂，
我要用五彩的詩句來繡出你的花朵，
我要伸出指頭直向你的鼻尖指着，
我要把喉嚨喊破，
對日月星辰和長江大河
控告你一切的罪惡！

那是在一個冬天的黃昏，
我來到了你的後門。
你的電炬照暗了三百里外的繁星。
展翅的飛機是倦了的蜻蜓，
紛紛落到你低濕的草坪。
千萬條車輛像毛蟲在你背上爬走，
爬蟲也把我拖進了你這迷魂陣。
看啊，這巍峩的帝國大厦——你的正廳，
你的觸角，和你的貪心，
牠站在我面前活像僵屍般直挺。
當升降機把我抬舉到你的頭頂，
哪，紐約，我哪能一瞬眼就把你這副面孔認淸？
那天邊籠罩着莽莽的烟雲，
烟雲裏重重疊疊地堆砌着方塊的建築物
是孩子們在把玩具湊拼，
像剛才斫出的豆腐乾那般稜角嶄新，
是無數塊玲瓏的人造冰，
是印刷機上排立着密密麻麻的字模，
却是大小高低不勻。
呀，呀，都不是，都不是，
是抽象的模型，
是立體幾何的圖形，
是骷髏的幻影！
那點點的窗口射出刺人的電燈，
比天河裏一片片的星雲
還要輝煌和混沌，
像億萬顆燦爛的珍珠
撒佈在漆黑的陷阱。

你看那千萬顆珍珠，
你看那千萬顆碎星，
你看那裹住珍珠的烏雲，
你看那嵌出碎星的黑影，
是黑暗和光明在交織，
是點和線在鬭爭，
你看啊這天堂和地獄的夜景！
那窗戶流出的是什麼淫蕩的聲音？
那屋角映出的是什麼謀殺的陰影？

那烟囱冒出的是什麼壓榨的機聲？
那電話線彈出的是什麼撒謊的諾言？
那自來水瀉出的是什麼冷熱的疫病？
那地平線已被你砍遍了傷痕，
你那深沉的海灣在和海潮同謀欺隱！
遠遠地還躺着那塊廣濶的公園，
綠蔭裏藏着多少黃金可買的愛情！
啊，紐約，你這副面孔實在美麗動人，
美麗得過於猙獰，
像一條花花綠綠的茶花蛇，
你在每個屋頂
伸出了舌端顫巍巍的毒針，
用你的芳香，美色，和媚音
定要來搶奪稚弱易感的心靈。

我就做夢般走向你的十字街頭，
隨着那無數的肌肉和屍首奔走。
到處殘留着昨夜的狂歡和夢魘，
到處浮動着當時的浪漫和害羞。
擁擠啊擁擠，
奔走啊奔走，
浮動啊浮動，
殘留啊殘留，
處處是水樣媚人的眼珠，
處處是朱唇像花片漂流，
處處是毛髮森森的黑手，
處處是不可抗的脂粉的香臭。
他們要走向什麼地方？
他們可有個歸休？
他們是獄卒還是流囚？
是奴隸還是奴隸主？
他們是在笑還是在哭？
不啊，不！
他們都是在趕路。
路就是他們的生命，
路就是他們的歸宿。

你看那個瘦弱的青年，
他皺着眉，搖着頭，望着那條歧路，
街燈綠變成紅，紅又變成綠，
他前進了一步，又忽然退縮，
他要向左轉又忽然向右，
啊，他不能走，也不能留，
他的路鋪滿了猶豫和躊躕，
他的路消失在無窮的引誘，
他只能在人縫裏隨波逐流，
漂流到白髮滿頭，
和她永遠分了手，
呀，和她永遠永遠分了手！
他匆匆溜過那霓虹的窗燈下，
怎逃得了舊夢在心上浮游，
他攀登那往來的快車，
快車也載不動他的憂愁，
又抛錨在死巷的盡頭。
他不能自救，
却伸出了求救的手，
抓不到時代的主流，
只葬進了一個浮漚，
在屍首堆上又添了一具年輕的屍首，
再浮向另一個十字街頭。

我不能把這街道的蛛網理完，
早被那芳洌的酒香吸進了酒館。
看呀看呀，臺上的細腰像風一般妞妮，
滿屋的歌聲像嘴唇般柔軟。
黑影裏哪兒找得到靈魂？
酒杯底下儘藏着利劍。
是什麼流動在這人與人之間？
是什麼在彈撥着這些心絃？
是什麼勾起了肉慾的震顫？
是什麼賞賜了狂歡？
是不是夢裏的警幻？
是不是知慧的嬉玩？
是不是孩子們的天眞？
是不是少年男女的愛戀？
是不是母親們的關懷？
是不是詩人們的桂冠？
這些，這些都不能使他們旋轉。
是什麼喲？是什麼喲？
金錢，金錢，金錢！
你昨天纔盛得幾滴薪水，
今天就傾倒在粉紅色的裙邊；
你本來想給你孩子們做件衣裳，
怎奈心頭有個無底的深淵，
總不能不把牠補塡。
你股票的美夢正濃，
叫鬧中隨着命運打轉，
又一次試驗了信用和欺騙，
終於要到這兒來度過今天。
金髮和大腿，睡衣和羅帶，
這纔是你藕斷絲連的生命線。
只可惜酒精已難於使化石陶醉，
肉感又不能把神經催眠，
你聽，逢逢逢！欠欠欠！
逢逢逢！欠欠欠！
爵士樂竟打不進你的心田，
你的家已是多麼遙遠！……

啊！我爲你一口把紅酒喝光，
出來還黏着你的頹喪和悲傷。
街上已是細雨濛濛，
我踉蹌，踉蹌，
我流浪，流浪，
偶然從大理石的七級臺階上，
走進了一座美術和古物的殿堂，
這兒站着個米蓋郞其羅的幻想，
羅丹用粘土揑成了造物者的手掌。
中古時代端莊嚴肅的畫像
伴着那赤裸裸的年輕的姑娘。
春風細柳點綴着小池塘。
濃蔭欲滴的牧場上
疏疏落落地現出幾隻牛羊，
尤缺羅的山水一片憂鬱，
德加舞女的姿態全是動蕩，
雷瓦和勞缺克把彩色塗滿熱情，
皮卡索和馬體斯把生命渲染得多麼緊張！
這兒還有愛斯基摩人的雪車，
這兒有印第安人的村莊，
這兒有埃及的木乃伊，
又有希臘女神的翅膀和乳房。
那幾片甲骨刻着我們祖先的遺囑，
襯托着圖書滿架琳瑯。
這兒也許是王維、馬遠、或者董其昌，
爲什麼連殷、周的鐘鼎也出了洋？
就在這光陰和美術之林裏
我遇見一個老人在把什麼欣賞，
他模樣兒簡直和浮士德相像，
一個六七歲的孩子跟在他身旁。
他們指手畫脚地講了又講。
孩子把大眼睛睜得發亮，
美麗的故事在他心上放光
像花蕊對着朝陽。
他消瘦蒼白的臉龐
比那潔白的大理石還要漂亮。
呀！這是幅多麼莊嚴的景象？
這是個多麼遠大的希望？
然而他們又是多麼孤單，
一朵小花開在沙漠的石頭上！
我慌忙帶着酒館的頹唐
偷偷地溜出這白玉的明堂。
我想着那老人頭上的白髮，
牠像是在給這現代的文明弔喪，
他臉上和衣上的皺紋
在人類的良知上劃着創傷。

孩子呀！你是否會聞到那邊，
那邊濃洌的酒香？

這兒也有個理想更是遠大，
人們把它叫做「天下一家」。
成功湖壯麗的高樓
稱得上冠蓋雲集的世界京華。
我來到這魚鱗密密的玻璃窗下，
就取出我絃索哀怨的琵琶，
彈起我帶着熱帶風情的良夜情歌，
來挑逗這窗口裏男男女女的心花。
我彈唱着愛情沒有禁忌，
我彈唱着鄰居不要籬笆
我勸岩鷹和畫眉合作，
讓白鴿情願匹配烏鴉。
你來自亞、美、澳、非、歐洲的男女啊，
展開吧，展開你心頭愛的萌芽。
我彈着彈着把琴絃都已彈斷，
我唱着唱着把喉嚨唱到嘶啞。
窗口裏却只傳出一片爭吵的聲音，
嘩啦嘩啦是多麼嘈雜！
他們用同樣的氣憤講着不同的故事，
不同的語言說着不同的話。
那麼多花花綠綠的旗幟飄揚，
像原始人的圖騰畫滿了虎豹龍蛇。
有人在爲了房間和座位而抗議，
又有人把持着門口不肯相下。
裏裏外外是一片亂痲，
有人說要談，又有人說要打。
堂屋裏那個赤膊的宙士也沒了主張，
牆壁上的力士們也只是幅圖畫。
呀！這到底是不是人類的廟祉？
爲什麼祉裏容了許多惡霸？
歎壓着一羣媳婦，婆婆，公公，和娃娃，
還吵着，吵着，只是要分家！
把這所嚴肅的高樓大厦
弄得比我們唐人街的「堂戰」還要笑話！
我只好匆匆把我的情歌收起，
今夜裏再也莫去想她！
回頭看看那一片玻璃窗口，
牠們忽然都張大，張大，
像無數隻明亮的眼睛，
眼淚汪汪忽然要說什麼話：
「鄉下的孩子呀！
你只懂得牛羊和鷄鴨，
牛羊和鷄鴨也要吵架。
牧童在山歌裏也有諷刺，
小姑娘也會把他笑罵。」
但是啊那兒只有天眞和自然，
哪有這惡夢裏爭執的可怕！
我依然帶着憂鬱病離開，
心頭只添了些傷疤。

唉，唉，這黃昏細雨中的長街，
潑滿了大都會的悲哀。
紅綠的燈光是那麼無常地眨眼，
連飛走的車輛也捉摸不到牠的憎愛。
路上水光照出的人影
模糊得只像破爛的殘骸。
我孤單地數着自己的脚步，
只像在無人的荒野裏徘徊。
這疏落的電燈可就是我故鄉的星月？
這電線桿許是我兒時爬過的秋槐。
我只是聞不到我那田園泥土的芳香，
檢不到兒伴們揀集的乾柴。
也是黃昏時我媽在門口曾經等我回家，
弟弟們在天井裏跑去跑來。
我要問這一片茫茫的人海：
你在什麼地方把我的童年掩埋？
爲什麼這裏千千萬萬的往來過客
都互相用冷冰冰的眼光看待？
難道他們生來就沒有眼淚？
難道他們從來沒做過小孩？
難道他們都是聾啞？
難道他們都是痴呆？
唉，唉，這大都會是何等的悲哀！
你把我們兄弟姊妹的熱情完全破壞。
我伸出手來也得不到握手，
打開懷抱也只添了些疑猜。
於是我永遠在街上徘徊，徘徊，
我永遠在這兒呀，徘徊，徘徊！
只看到店招和廣告在向我招手，
我的手就不自覺地摸摸空虛的口袋。
唉，唉，這兒原來是只有買賣，
買賣，買賣，買賣，
這兒是只有買賣，
含着眼淚的人呀，請你走開！

啊，紐約，紐約，紐約！
我不能再爲你而歌，
我的家是另外一個，
是田園繞着一道小河，
那兒有平靜也有風波，
有眼淚又有快樂。
那兒的喜鵲做自己的窠，
那兒的姑娘愛唱我的歌，
天晴天雨都在一塊兒工作。
我本來也想攀住你自由神的臂膊，
用她那火炬來點起人生的烽火；
誰知她的火炬快要被逆風吹沒，
正要人們來把牠救活。

啊，紐約，在你那無線電之城，
誰能把那位卜羅米修士搖醒？
好讓他用慘痛的犧牲
來照亮你樓臺的陰影。

——一九五六年一月於密西根，
四月改定於哈佛。

八高三年和中京景物（四續）

雷震

茲以養蠶一事來說。我浙自民國元年起，政府就仿效日本及意大利的辦法，開設「蠶絲學館」，培植蠶絲人材。後來在大學的農學院中，復設有蠶絲學系，建設廳還設有改良蠶絲的機構，且接連不斷的派遣具有蠶絲學識(？)的人員到外國去視察和學習。我在日本的時候就碰到不少這類留學生和考察人員。他們是不是認眞在學習和考察，那我就不得而知了。在表面看起來，政府是在充分的注意於蠶絲之改良，而連年培植的人材也不在少數，可是鄉下人養蠶還是遵守祖宗傳來之「古法」，一點沒有受到科學敎育的影響，連新法的改良蠶種，也沒有行到鄉下去。

我在八高讀書的時候，曾到附近的鄉間看過農家飼蠶，完全應用科學方法，遵照蠶事試驗機構所傳授的知識而行事，蠶房置有溫度表、濕度表及通風設備，視天氣的變化而增減室的溫度和濕度。養蠶工具用過一遍之後，立刻予以洗滌消毒。蠶種則由國家設立的「育種製造所」每年悉心配製，照成本售與農民，而農民絕對不許自己育種。其實，日本的農民並不比中國農民來得高明，惟他們的敎育機關能切實和農民聯繫，並使農民能與敎育機關充分配合耳。當地農民夏季養蠶，也是農家一種副業。其他尙有專以養蠶爲業之公私機構，其設備和飼蠶方法，完全以科學爲準繩，更可給農民作觀摩和參考。

選擇蠶種對於育蠶工作是一件極爲重要的事情。換句話說，欲要蠶子養得好，首須挑選優良的蠶種。根據科學研究的結論：蠶種須用中國種、意大利種或日本種雜交產卵，或用中國種的某種蠶子和另一種蠶子，或用日本種的某種蠶子和另一種蠶子交配產卵，次年育蠶始能發達。就是說，同一種的種蠶的雌雄交配所產的種子，養起來比較不發達，蠶子必須雜種交配，年年更換，次年育蠶才能興旺。在養育「種蠶」時，且須時時檢查每一條種蠶有無病菌，如發現有病蠶，必須將此病蠶立刻除去。甚至採行「隔離」手續，將這一簸箕的蠶子完全隔開，以免傳染。其次，種蠶產卵後，且須對每條種蠶所產的卵子復行檢查一次，如發現某條種蠶所產卵子含有病菌時，須立將此一種蠶所產卵子全部剪掉。故製造蠶種是一件比較麻煩而需要相當設備的工作，自非農民一家所能單獨勝任的。

中國農民過去養蠶係自己製種，既不懂得這一套雜交的道理，又不曉得除掉有傳染病之種蠶，所以中國人養蠶，完全是聽天由命，靠天吃飯，常有因養蠶中途蠶子發瘟而傾家蕩產者，因爲蠶子發瘟，傳染極其迅速，可能於一二日內把飼養的蠶子全部死光。但農人不曉得這一套科學方法，只怪自己運氣欠佳，從不怨天尤人。對日抗戰前，聞浙江建設廳已開始製造優良蠶種售與農民飼養，惟未能大量製造，致農民自製的蠶種仍未能根絕。他們往往混合飼養而失去政府配給蠶種優良的好處，同時政府又未傳授科學的飼養方法，不曉得病蠶傳染的道理，而採用隔離和消毒的方法。職此之故，配種不僅收效不宏，農民甚至懷疑政府機構所育的蠶種並不見得比他們自己育的蠶種優良，可見科學方法之使用，全部過程是要有一整套的，一鱗半爪是沒有用處的。有時反足以僨事，如抗戰前江蘇醫政學院招收一批中醫，給以短期訓練，授以打針等方法，沒有醫學的基本訓練，往往害了病人。因爲僅僅得打針之術，是不能夠爲病人打針的。

日本政府對於農民出售的繭子，對其所含水分清潔程度等等，須經過嚴格檢查，必須合於政府規定的標準方准出售，故日本所產的繭子在國際市場上著有信譽。而中國農民出售繭子，不顧信譽，往往把爛繭、僵蠶繭等夾在裏頭，政府又未設有檢查機構，故在國際市場上，中國繭子要比日本的價格低得許多。我於民國七年罷學歸國過上海時，在旅邸遇到一批做繭子生意的同鄉人，他們從鄉間收集繭子，然後焙乾裝成大包賣給日本人，而日本人則原包不動的賣給美國人，其每包價格要比中國人自己出售的時候，高出百分之五乃至百分之十的價錢。這完全是「賣牌子」。於此可見日本人在國際商場上之信用，而這批日本商人完全靠這一信用而坐獲厚利矣。中國茶商過去有將柳樹葉子混和在磚茶裏面售與外國人，後來被外國人發覺而拒買中國茶，從此中國磚茶在外面市場上便一落千丈。可見商場上要靠商業信用，不能僅靠一時之欺騙朦混獲利也。

九　澤庵漬和裸體祭

名古屋鄉間田裏出產各種蘿蔔，圓的，長的，大的，小的，眞是形形色色，應有盡有。日本人稱蘿蔔爲「大根」(daikon)，以其形狀而得名也。名古屋的大根，在日本則是頂頂有名的。一到冬季收取的時候，蘿蔔在田中東一堆西一堆，好像坆堆一樣。還有連同蘿蔔纓子用草繩捆好掛在搭好的木架上讓風和太陽來吹晒，一排一排的排列，猶如軍隊露營操演時所置放的槍枝一般。蘿蔔這樣風吹日晒，俟其所含的水分減少之後，再放在米糠拌入食鹽裏面醃起來，另外加上特別的香料和黃色素，使其變成有特殊氣味之「黃蘿蔔」。有的加上一點糖，有的另加酒糟，故黃蘿蔔的製法，也有許多種之不同。這樣方法醃製的黃蘿蔔，日本人叫做「澤庵」(takuan)或「澤庵漬」(takuantsuki)，和臺灣菜市場上一年到頭出售的黃蘿蔔一樣，吃起來淸脆可口，每日早午晚三餐用以佐食，極易下飯。惟臺灣人製的黃蘿蔔，較日人製的甜味特重，而特殊香味則遠不如，大概是臺灣產糖，糖在臺灣的價錢比日本便宜的緣故。「澤庵漬」是名古屋有名醃菜之一。

名古屋一帶還產有一種細而且長的蘿蔔，叫做「守口」(moriguchi) 或「守口大根」，約有四五尺長，只有大姆指般粗細。原爲河內國「守口」町附近所產，故有「守口大根」之名。這種蘿蔔不適於煮食或生吃，用米糠拌和食鹽醃起來，再酌加酒糟，清脆可口，特別好吃。這種蘿蔔的醃法，不另加醃製澤庵的特殊氣味的香料，也不加上黃的色素，叫做「守口漬」，而與「奈良漬」(用菜瓜爲原料而醃成的醬菜) 同爲日本全國馳名的醬菜。

夷考「澤庵」醬菜的由來，據說這種黃蘿蔔的醃法，係江戶時代初期臨濟宗的和尙「澤庵」(名宗彭) 大師所創製，在他晚年開山的萬松山東海寺(在江戶的品川地方)內，爲諸僧素食的主要副食品。因爲大家喜歡吃，故不久即風行全國，遂以他的別號「澤庵」名此醬菜。今天日本全國，無論富貴與貧賤，均以此物佐餐，終年不缺。臺灣全省的菜市場上和出售醬菜的店鋪裏，也可以隨時看到這種黃蘿蔔在出售。

日本過去的元老西園寺公望氏極好吃澤庵醬菜，每飯非有此物佐餐，則食不下嚥，尤以晚年食慾衰退後爲甚。民國八年他任日本首席代表前往巴黎出席結束第一次大戰的和會時，係乘坐歐洲籍國家的船隻。他於上船時，帶上許多木桶盛裝的黃蘿蔔，以備在船上及到巴黎後食用。這種黃蘿蔔在醃製的時候，因爲加上了一種特殊氣味很重的香料，吃的時候固然感覺特別味道，即盛裝在木桶的時候，也要散發這種特殊氣味，使人一聞而知其爲澤庵醬菜的氣味，好像中國江浙地方夏天吃的油炸臭豆腐乾，要發出特殊氣味使人一聞而知其爲臭豆腐乾一樣，在未曾習慣這種味道的人初嗅起來，頗有強烈刺鼻之感。

歐洲人船客未嗅慣這種氣味，而在船艙內和飯廳內時時嗅到這種刺鼻欲淚的怪味，羣相驚異，奔走五告。旋經船長查明來源，始知乃是日本首席代表西園寺老頭子(時已七十有餘)所帶的副食品所發出的怪味。船長因他爲勝利國一方面的首席代表，而日本當時的國勢，乃煊赫莫可一世的時候，故未加以取締和干涉，可是船長及其以下重要船員們，沿途極感狼狽不安。蓋澤庵漬之氣味，滿佈船艙和餐廳，其他船客嗅之時感苦惱，自不免嘖有煩言，而老太婆們更是大驚小怪，喋喋不休。日本當時的報刊記載這一段趣聞，正和記載爾後西園寺氏在巴黎和會用日語致詞一樣，頗有驕矜自負之態。一個國家之不可不強盛者，在這種芝蔴綦荳的小事中，就可窺見其一斑。而留學生愛祖國之心特別旺盛者，主要是隨時隨地受到類似的刺激的緣故。

我在八高附近的鄉間 (以後在京都鄉間也時常看到)，還發現一件極其細微却和中國迥異其趣的習俗，似乎値得在此說一說。這裏的旱地上春天生產了許多萵苣菜，其品種和中國的完全一樣。其所不同者，中國人吃萵苣的時候，只吃其莖部，不食其葉子，一般人稱萵苣爲「萵苣筍」者，以吃時削去莖部之外皮而食其內莖，正和剝掉筍子的箬葉而吃箬內的筍肉一樣。而日本人的吃法，完全反其道而行之，只吃萵苣外面上部的嫩葉，不食其莖部，却把莖部棄之於田野而不稍可惜。其吃法乃是將嫩葉切細，用鹽揉和之，再撒些現炒的芝蔴，或加醬油，或加酸醋，然後拌和作爲副食品。

這裏面還有一點也和中國的習俗不全相同，就是中國人吃拌菜的時候，是把芝蔴搾出的蔴油澆在菜上，一般人要吃小磨蔴油者，以其芳香馥郁，可以增進食慾。而日本人吃拌菜的時候，不用蔴油，只把現炒的一粒一粒的熱芝蔴撒在菜上。兩者的原理完全相同，都是要在拌菜上加點香味的意思，而方法上彼此却有不同。於此可見兩國的習俗、來源儘管相同，而嬗遞演變的結果，其方法則往往互有差異。

名古屋地方，不僅建有名城，產有名米，和醃有名菜，還有一件聞名全國而爲日本獨一無二的奇怪的祭祀，叫做「裸祭」(Hadakamatsuri)。就是參與祭祀的人，一律赤身裸體，一絲不掛。裸祭地點在愛知縣、中島郡、稻澤町、大字國府宮的「大國靈神社」，時間爲每年陰曆正月十三日。當祭祀舉行之日，由赤身裸體 (每人只用白布一條纏住生殖器，這是今日改良的，古時完全裸體。) 而精強力壯的雄糾糾的男子十二三人組成一隊，於祭祀之日中午，手持以五顏六色的布巾纏着的青竹竿子在神社前面街上遊行揮舞，呼么唱六，厲聲不絕，境內男女老幼圍觀如堵。至午後，町民和兒童，競相裸體，，並以布巾或布條拋擲於這批裸體遊行的男子身上，他們即將這些布巾布條用力撕裂成條後拋棄於地上。這是表示布巾布條爲惡魔，撕之而拋棄於地者，是已將惡魔撕碎丟掉。這樣可以「驅邪降福」，境內人民今年可以無災無難，大吉大利。及至下午四時許，「神官」(即管理神社之人，若佛敎之和尙與道敎之道士) 帶着預先選定爲「殉祭」之人出現，其四周則有壯丁十數名前後扶擁的保護之，而這批裸體的男子見之即上前猛烈爭奪，表示「搶救」不予殉葬之意。經過約一小時的混爭搶奪之後，裸體男子羣爭奪失敗而散開，原來保護殉祭者的壯丁羣則將殉祭者交付神社，至夜半丑時左右，殉祭者於祈禱之後，即與是日在神前供桌上所供的糕餅等物一併埋葬，裸祭就此告畢。惟今日實際埋葬的已不用活生生的人，而是以草桿紮成的草人代之。

十　新年景象——雜煮、魚子和屠蘇酒

我到名古屋後第一個陽曆年快要過年的時候，同住宿舍一部分平素來往較爲親密的同學們，特地發起湊集份子，商請我要我於除夕之日做幾樣中國菜，俾除夕的晚間大家可以大吃大喝一頓而歡樂度歲。此時名古屋地方尚無中國菜館子，很不容易嚐到中國的口味，而大家都已饞涎久垂，頗想飽餐中國菜一頓。我住在慶親館這段期間，每逢週末或假日，常和鴻詔君合夥燒一兩樣中國菜而饕餮大嚼，有時還和另外幾個同學同餐共享，故爾大家曉得我

懂得一點烹飪之術，也有人認爲我的烹調手藝相當高明。我懇辭不允，只有勉爲其難，爲同學們的口福，只有特別辛苦一天。

這一天我擔任大司務，羅君鴻詔與蔣君文鰲二兄助之。我們拂曉卽上菜市場採購所需材料，回寓後洗刷切割，配成各色菜餚，然後下鍋烹調，煎炒燒燉，居然做成十幾樣菜餚，雖無四冷四熱的花樣，而鷄蝦魚肉則樣樣俱全。因爲是過年，我們特地做了一碗甜羹，配以油炸餈粑澆上糖醬，權作「布丁」。我家鄉有句俗語：「一年甜到頭，來年都不愁」。我們也要取其吉利順遂之意。燒菜本身並不怎麽困難，而諸般用具不湊手，權把臥室充廚房，且將火盆作爐灶，不僅火力不足，煎炒困難，而油烟滿屋，炭氣薰人，蹲在塌塌米上炒菜，迨各樣餚饌做成了，而我已是頭昏腦脹，腰酸背痛了。等到諸菜齊備之後，放得滿滿一大桌子，大家圍聚吃年飯的時候，其狼吞虎嚥，喝酒猜拳，眞是興高采烈，到也歡欣忘年。這是我到日本後過的第一個快樂年。第二個陽曆年除夕之晚聚餐，還是由我一手承辦其事。第三年我因華工共濟會的事情去神戶和豐橋兩處辦交涉，無暇及此，故未舉行聚餐，我自己僅在火車上吃了一個辨當，也就算過了年了。

這裏第一個陽曆新年，才算是眞正在日本的新年習俗之中歡度的。過去在東京旅次，無論過年或過節，都是在中國人的圈子裏消磨的，對於日本人過年過節的習俗，可以說是茫然一無所知。日本人在除夕(日本人稱除夕之日爲「大晦日(Omisoka)」)的晚上沒有「吃年夜飯」的習慣，社會上不曰過年，而曰「過正月」(卽過新年之意)，就是這個緣故。元旦早晨起來盥洗後，除互相鞠躬賀年外(在旅邸的朋友是如此)，要吃「雜煮(zoni)」(亦稱雜煮餅)和生魚子。雜煮就是把餈粑切成小塊放在湯裏煮，加上白菜、肉片、大葱，或者加些「鰹節Katsuobusbi」(由魚肉製成的，有七八寸長，酒杯口粗，像一根木棒)的碎末，以增加其香味。吃雜煮乃表示祝賀新年之意，正和中國人元旦的晨餐，視地方不同，或吃年糕，或吃元宵，或吃水餃子一樣。魚子原是晒乾的，除夕之日浸在溫水中洗滌乾淨，臨吃時再加些醬油和酸醋。可是吃起來，嚼得咯吱咯吱作響聲，別無味道，只有腥氣逼人，我也只是嚐嚐罷了。魚子就是取其「多得很」的意思，這和中國南方(江浙皖)新年吃「十景菜」是一樣的意義，也是希望吉利，和中國的春聯上：「多福多壽多男子」是同一旨趣。

依照八高學校當時的不成文法，每一個學生應於新年裏向他的「指導教授」拜年，表示敬意和謝意。所謂謝意，卽謝其過去一年中惠予指導照拂之意。還有更多禮的學生，並向校長和其他上過課的教授拜年。我與羅鴻詔的指導教授爲教英語的岡部先生，前面已經說過。這一年他患嚴重的眼病而請假休息，其指導的職務則由教務長小松原隆二英語教授代理。因此我和鴻詔兄於元旦日上午往兩處拜年。這是我這一次往日本人家中向他們拜年。還有在元旦日上午九時，學校師生在禮堂上向天皇皇后照片拜年，要行九十度鞠躬的最敬禮，惟只行一鞠躬。這個儀式在「天長節」(卽天皇誕辰)之日的上午，學校也要舉行一次，表示向天皇祝壽之意。學校禮堂上面，正中有一塊凹進的地方，懸掛天皇夫婦照片，平時用拉門關住，到了祝拜之時，才將拉門拉開，照片就露出來，拜完又將拉門關上，故平時看不到這種照片。照日本當時的規矩，人們見到了天皇皇后本人或其照片，卽須脫帽鞠躬行禮，如將照片露在外頭，學生平時見到亦須行禮，故採用這種辦法，以免學生時常行禮。這種場合，學校不點名，故有很多學生不到，我在八高三年中，上述兩種場合，都只去過一次，爲的是看看他們究在幹些什麽玩意。這也是「入境問俗」之意。

日本人家中新年的規矩，就是一進大門，在玄關脫皮鞋或木屐而走上塌塌米的地方，橫置一張矮小的條桌，上面並排放着七個大小和樣式相同的小酒杯。凡來賀年的客人，須先依次喝完這七杯屠蘇酒，然後進入內室跪在塌塌米上對着主人，叩頭如搗蒜，口中念念有詞，大致是祝賀對方去年平安如意，今年大吉大利，並問候全家大小安好等等，念一句，叩一頭，而婦人女子尤其多禮。主人則還禮如儀，祝賀如儀，叩頭亦如禮。我們不會說這麽多的吉利話，看到對方叩頭，也只跟着照樣叩頭而已。其不能飲酒者，則將屠蘇酒傾倒幾滴於每一個杯中，然後倂成一杯飲下，表示仍是喝過七杯之意。我能飲酒，依次飲了七杯，而鴻詔兄只能飲下合成的半杯。主客互相叩頭祝賀完畢之後，主人敬茶敬點心，或說些天氣好、下雪很大和過年很熱鬧一類的話。這和中國拜年的情景一樣。洋派較重的人，不大行飲屠蘇酒這一套舊規矩，岡部先生就是一個例子。

日本的屠蘇酒，是用幾種草藥，如山椒、防風、肉桂、桔梗、白朮等，放在一個小布袋裏浸入清酒之中，使藥味慢慢的滲透到酒裏，故清酒變成黃色而帶有特別的藥味。這種草藥，在年前有特別配好出賣的。中國人在端午節吃「雄黃酒」，也是把藥粉放在酒中，使藥與酒混合，惟雄黃酒是赭色的。

屠蘇酒原是中國過去的習俗，謂元旦飲屠蘇酒，可辟不正之氣。「荆楚歲時記」有曰：「正月一日是三元之日也，長幼以次拜年，進屠蘇酒。」可是中國今天已經沒有這種習俗，最少我在家鄉過元旦日是沒有喝過這種酒的，僅在書本上讀到屠蘇酒之名耳。有人說許多中國過去的習俗，在中國早已蕩然無存，但日本人到今天却還保留着，觀此信不誣也。這是民國十年我在日本讀書時所目擊身受的情形，不悉日本人在戰後以「美俗是競」的今天，還保存這種習俗沒有？又日本人於五月五日(現在改爲陽曆五月五日)把新鮮菖蒲葉子放在浴池內，叫做菖蒲湯，謂浴之可以却病延年。這可能也是仿照中國過去的習俗，惟中國人今日則於端陽節那天把菖蒲葉和艾枝捆在一起懸於門楣之上，以禳除毒氣。兩者方法雖異，而用意則完全相同。(待續)

讀者投書

請政府在出版界放條生路

汪新明

編者先生：最近我在四月六日的「自立晚報」上面，看到一條獨家新聞，標題叫做「旅美四權威急電求情」。現在，我先將原文照抄如下：

『關係方面消息：此間某書局因翻印「中國文學史」一書涉嫌被扣，竟因我旅美四科學家吳大猷、吳劍雄、楊振甯、李政道電請當局從寬處理，立獲保釋，內中經過足值一述。

位於重慶南路之啓明書局，爲沈志明之妻應文嬋出名領照，由沈志明夫婦共同主持。該書局於四十七年間翻印馮沅君(馮友蘭之妹)所著「中國文學史」一書，因聞該書係馮廿二年在安徽大學之講稿，其中曾有「無產階級文學興趣」一節，經有關機關檢查後認爲涉嫌「爲匪宣傳」，曾于去年八月間被傳訊，沈氏夫婦終被治安機關扣押偵訊。

沈氏有女名瓊玉，畢業臺大化工系，然後赴美入哥倫比亞大學及麻省理工學院深造，得博士學位，其夫王凱肇(譯音)現爲該學院物理系主任，與前述四科學家公私交誼均極深厚。當王氏夫婦接獲去自臺北之消息後，對岳父母被拘，自感驚惶，乃商之於吳、吳、楊、李等人。吳等立電胡博士陳情，懇請設法先行保釋，(沈志明爲胡適博士當年長吳淞中國公學之學生)，一面致電華府葉公超大使，請其設法，葉氏立電外長黃少谷，以此事既已由吳等出面求情，似宜愼重處理，聞黃外長與有關方面洽談後，沈氏夫婦乃於三月廿八日獲得保釋，恢復自由。』

記得我在去年九月秋季開學時，曾一度到啓明書局去買這本書，結果聽到書店裏的人說沒有書賣了，又在重慶南路跑了好幾家，結果還是一樣。我還以爲是這本書的銷路太好呢！現在，看了這一則新聞報導，才曉得原來如此！

由於這件事，不禁又使我想起幾件買書的事來了。

中華書局本來在四十六年六月裏出過一部書，書名叫「中國文學發展史」，這部書分上下兩卷，總共大約有九百頁，我有幾位同學，都買到過這部書。但是在編著者下面沒有寫姓名，而是寫的「本局編輯部」。因爲我們很多同學看過以後，都覺得很好，但沒有作者的姓名；總認爲是件十分遺憾的事，便請教我們的老師，才知道是劉大杰寫的。據我們的老師推測，可能是因爲劉先生還陷身在匪區，所以書局不敢把作者的眞姓名寫出來。我們的那位老師還認爲，這種做法是不智的，但又認爲對書局的苦衷，我們應該原諒。一兩年以來，我一直想買這部書，但因爲家庭環境太苦，雖然只要幾十塊錢，我却無法籌措這筆錢。到了這學期開學之後，我好容易把辛辛苦苦從擔任家庭教師積蓄下來的幾十塊錢，拿着跑到重慶南路中華書局去，但是找來找去，却找不到那部書了；最後我便問書店裏的人，據說是他們的編輯部收回去了。我問究竟爲什麼收回去，那位朋友却笑而不答。現在，看到「自立晚報」的消息，我才恍然大悟。

另外還有一本開明書店在四十六年十一月出版的「修辭學發凡」，這部書的著作者，也是沒有寫姓名，而是寫的臺灣開明書店。我有幾位同學在去年二月和三月裏買過。據我的一位在另一大學的同學告訴我，他們有位老師，還公開在教室裏向他們推薦過。但是，等我去年九月裏到各書店去買這本書時，都說是收回不賣了。現在想起來，可能又是一樣的原因。

我上面說到的這兩本書，一望而知，都不是什麼政治性質的書。就是像「中國文學發展史」那部書，記得去年出版的「民主評論」上面，該社在「中共動態」欄裏面，還登載過一段消息，說是劉大杰因爲這部書遭受到共匪的清算呢！至於「修辭學發凡」，更是一本純粹講修辭學的書，尤其不可能有什麼問題。

像這種書也不能賣，我眞不知道究竟是何道理？

我們的出版界十分貧乏，出版不出什麼新書來，但能翻印舊書，總還不失爲一種補救辦法。但是，現在看起來，連翻印舊書也很困難了。難道我們只有讀三民主義嗎？難道我們只有研究三民主義這部國民黨聖經的自由嗎？

求求我們的政府，在出版方面，開條生路吧！否則，老是這樣下去，恐怕只有大家都成爲文盲了。

汪新明　四月九日。

出版法條文摘要

立法院第二一會期秘密會通過
總統於四七年六月廿八日公布

第六章　行政處分

第三十六條　出版品如違反本法規定，主管官署得爲左列行政處分。
一、警告。
二、罰鍰。
三、禁止出售、散佈、進口或扣押、沒入。
四、定期停止發行。
五、撤銷登記。

第三十七條　出版品違反第三十二條第三款及第三十三條之規定，情節輕微者，得予以警告。

第四十條　出版品有左列情形之一者，得定期停止其發行。
三、出版品之記載違反第三十二條第一款之規定者。
四、出版品之記載違反第三十二條第二款及第三款之規定，情節重大者。
五、出版品之記載違反第三十四條之規定，情節重大者。
六、出版品經依第三十七條之規定連續三次警告無效者。

第四十一條　出版品有左列情形之一者，由內政部予以撤銷登記。
一、出版品之記載，觸犯或煽動他人觸犯內亂罪、外患罪、情節重大，經依法判決確定者。
二、出版品之記載，以觸犯或煽動他人觸犯妨害風化罪爲主要內容，經予以三次定期停止發行處分而繼續違反者。

第四十二條　出版品經依法註銷登記或撤銷登記或予以定期停止發行處分後，仍繼續發行者，得沒入之。

編者按：在此項出版法未廢止之前，本刊決將上項條款繼續刊登，一方面以用自我警惕，一方面讓世人知道我們的出版自由，受到怎樣的限制。

短評

(一) 閉門造車

省政府在全省行政會議中新創的「各縣市政績考評」，現在已落到「閉門造車」之譏。南投縣近有民意代表指稱：漁業增產一項，該縣被列為第二十名，似乎有點委屈。因為該縣是全省唯一不靠海的縣份，所謂漁業生產，只有池塘養殖，但此項評分標準，却被漁港修建保養與漁船放領各佔去三十分，可惜該縣既無漁港可資保養，又無漁船可以放領云。

其實，在包括有四十一項的「各縣市政績考評」中，只有閉門造車的，又何止是漁業增產一項？又何止是對於南投一縣？例如其中農地改革、山地生活改進、林業生產等項，究如何對臺北市評定？

現在，好在大家對於此種考評之為閉門造車，已完全知道。所以，各縣市也不必重視，倒還是多多注意民意的反應。老實說，眞能給各縣市地方行政考評的，是選民，而非省政府。(正)

(二) 專家政治

臺北扶輪社近曾召開一次研究討論會，邀請了法律學、教育學、心理學、社會學等方面專家多人，從各種角度分析少年犯之形成、嚴重程度、及其預防之道。

綜觀與會各專家在匆忙中所提出的意見，雖未必已百分之百抓住了問題的中心，更未必已提出了足以澈底解決問題的辦法，然而這種聽取專家意見的方式，是值得取法以至進一步推廣運用的。

時至今日，由於公共事務之複雜，非少數行政人員的智慧所能應付，各國早已知道專家政治的重要性。可惜在我們中國，各級政府主管當局每逢有何問題發生，自己既缺乏解決問題的專門知識，又不向專家學者請教，往往迷信權力萬能，以為只要一紙命令便可了事。

其實，即就少年犯問題而言，倘政府能廣泛徵詢專家意見，甚至進一步約請大專學校有關學系，從事一次有計劃的調查、統計、研究、分析工作，又何嘗不能求得解決問題的答案？(田)

(三)「行易知難」？

行政院陳院長近在立法院報告施政計劃時，首先說到政治反攻主要有三方面工作，一為加強臺灣建設，二為團結海內外反共人士，三為加強外交運用。

觀乎陳院長此說，證明政府當局對政治反攻問題的認識，還能把握重點和原則。不過，這類說法，政府當局在近幾年來，也不知一次又一次說過多少遍，在認識上似乎不至有甚麼大問題，問題在沒有即說即做。

記得孫中山先生的「行易知難」說，認為「能知必能行」，甚至「不知亦能行」。此種「行易知難」的說法，世人未必全能同意，但現仍在國民黨訓練機構中普遍講解，想必為政府當局所深信，然何以竟不能拿事實來予以證明呢？(正)

(四) 貪汚與待遇

據「聯合報」報導：立法委員嚴廷颺近在質詢中指稱：「處處有貪汚，案案有舞弊，希望田部長拿出勇氣來整飭政治風氣及社會風氣。」內政部長田炯錦在答覆時則表示：「所以形成無人不貪的原因，當在待遇之太微薄，而影響形成不良風氣。」

從這一問一答看來，可見今日貪汚風氣的嚴重，已為民意代表和政府當局所共同承認。

田部長此種勇於承認事實的說話，較之於一般抹然事實、大吹政治進步的官腔，的確要進步得多。然而，看了田部長的解釋，問題的癥結，既然是在待遇，而行政院陳院長在立法院報告施政計劃時又早就表示：「在目前財政情況下，全面調整待遇，事實上很困難。」如此說來，「無人不貪」的風氣，豈非便無從整飭了嗎？(梅)

(五) 公欵「私」用

嘉義縣議會近在討論追加預算案時，因為縣政府把國民黨嘉義縣黨部主任委員的座車修理費也列在案內，曾有人認為一個黨部主任委員的座車，也要耗用民脂民膏，實在太不應該。而一度提出指責，但最後還是照案通過。

據該縣縣長黃宗焜訴苦說：「黨部有輛主委座車，黨部說已不能坐，拜託縣政府設法。起初，黨部方面說要交給公路局修理，費用約五千多元；但修竣以後送交縣政府報銷的，却要一萬五千多元；另外換了兩個輪胎，又要報銷六千元。因為無法報銷，只好掛在暫付欵帳上，列在這次追加預算中。」

現在，儘管此案業經通過，但我們仍然要公開追問：此筆座車修理費，國民黨縣黨部憑甚麼向縣政府報銷？縣政府又憑甚麼接受？縣議會更憑甚麼通過？老實說一句，國民黨的經費，要一般納稅人負擔，這完全是違憲違法的。(正)

(六) 新「官場現形記」

在兒童節前夕，臺北市社會局長李蘊權曾以二百元慰問金，做了一次慰問貧苦兒童工作。

這本來是件很有意義的工作，但據四月四日「聯合報」報導此事經過說：「一個人給李局長提出『指點』，教他化兩三百元公欵，找幾個貧苦兒童家庭，作象徵性的慰問一番，邀請記者們同往採訪，登出李局長慰問貧苦兒童的新聞來，當可出出風頭。李局長聽此計劃，即拍案叫絕，但時已將近下午六時，事先沒有調查這種貧苦兒童的對象在那裏，無從慰問，只有臨時『到雙園區去隨便找好了』，於是向記者們緊急邀請，浩浩蕩蕩到了雙園區公所時，區公所職員臨時也不知找甚麼對象，在區公所門口研究了半天，區公所職員只好臨時想辦法：……」於是便在雙園區一區之內，匆忙的跑了三家，甚至連一級貧民都沒有資格的一家，也勉強當做了慰問對象。所謂慰問貧苦兒童工作，便如此這般的完成了。

讀完這一則消息，如同看了一幕新「官場現形記」，眞使人啼笑皆非。但願做官的先生們，這種風頭以後還是少出的好。(田)

自由中國　第二十卷　第七期　內政部雜誌登記證內警臺誌字第三八一號　臺灣省雜誌事業協會會員　二六八

給讀者的報告

關於召開國是會議問題，自經「聯合報」連續以社論强調後，便很快的獲得了輿論界和在野黨的重視和支持。我們特在社論㈠「國是會議應該從速召開」中，提出了一些贊成的理由。在我們看來：由於近年來政治上反民主、反法治的趨勢，使政府一天天喪失人心，所以，爲反共，爲建國，應該召開；由於共匪大搞「人民公社」，以及西藏抗暴運動之發生，爲了把握政治反攻時機，也該召開。至於會議討論些甚麼具體問題，這該是沒有多大問題的。

外滙貿易管理當局之開放進口管制，顯然是政府在政策上一百八十度的大轉彎。我們鑒於此項措施之重要性，特發表社論㈡「論進口管制之開放」。我們指出今天所面臨的問題，並不是理論問題，而是事實問題；並不是原則問題，而是技術問題；甚至還不是經濟問題，而是政治問題。在這一社論中，我們爲了申論方便，特別舉出燈泡工業之成爲國民黨一黨獨佔經營的事實爲例證。因此，我們得到一個結論，像目前這樣的開放進口，是不能眞正做到自由貿易的。如果政府眞有意向自由貿易之途邁進，我們建議了兩個步驟，希望能愼重考慮一番。

政府近已決定在六月裏舉辦自費留學考試，但我們發現留學生出國現正普遍遭遇到一項最大的阻碍，就是留學國駐華使館的簽證。因此我們特發表社論㈢「留學生赴美的簽證問題」，指出歷年經自費留學考試錄取的學生，百分之八十以上是希望到美國去讀書的；可是，在辦理簽證手續上，却又以美國的最爲繁難。其實，舉凡美國大使館種種拒絕簽證的理由，幾乎沒有一項經得起檢討。窺其主要用意，似只在阻止中國學生赴美留學，但只要稍加分析，便知道這是不智的。因此，假使美國當局還不能自動加以合理的改善，希望我們的政府能據理交涉。

李先良先生的「今日臺灣之市政」大作，是針對目前臺灣市政實情，站在市政學的觀點，由市政制度上、市政建設計劃上、市政問題上，而一步步加以分析討論，然後提出客觀批評和具體建議。所以，在世界市政一日千里的今日，假使我們不自甘落伍，則無論李先生的批評和建議，都值得當局虛心檢討。

中國從五四高喊「科學」口號算起，也已經有四十年的歷史。近年來提倡科學研究的呼聲，雖然仍舊響澈雲霄，但若干事實却充分反映出有些人對於科學認識的缺乏。潘毓剛先生「科學是甚麼？」的大作，便是有鑑於此，而對科學意義加以說明。潘先生的說明，是從純粹科學與應用科學、科學研究的精神、科學家應具的條件三方面着手的，全文言簡意賅，很有助於一般人對於科學意義之認識。

自從編輯委員胡適先生「給本社編輯委員會一封信」在上期公開發表後，已引起了本刊讀者的關注。我們對於胡先生的意見，一向是尊重的。現在，我們鑒於「短評」欄難免引起某些讀者的誤會，決定從五月一日這一期起取消。至於社論，那是代表大家的意見，而非代表某一執筆者個人的看法，所以我們仍將採取臺灣各報刊的通例，暫時不用署名辦法。關於「讀者投書」，我們今後將盡力遵照胡先生的意見來處理，儘管事實上有若干困難。

自由中國 半月刊　總第二二七號　第二十卷第八期
中華民國四十八年四月十六日出版

發行人　雷震
主編　『自由中國』編輯委員會
出版者　自由中國社
社址：臺北市和平東路二段十八巷一號
Free China Fortnightly, 1, Lane 18, Ho Ping East Road (Section 2), Taipei, Taiwan.
電話：二八五七〇

航空版　友聯書報發行公司
（香港九龍窩打老道一〇號）
電話：五九一六四、五九一六五

總經銷　自由中國社發行部

經售者
美國　紐約友方圖書公司
Hansan Trading Company, 65, Bayer D Street, New York 13, N.Y. U.S.A.
紐約光明雜誌社
Sun Publishing Co., 112, Mulberry St., New York 13, N. Y. U. S. A.
韓國　漢城裕昌德號
馬尼剌　新疆書店
緬甸　仰光振成書報店
印度　阿拉哈巴中印文化出版社
北婆羅洲　西利亞坡青年書店
星加坡　友聯書報發行公司（小坡大馬路四六九號）
吉隆坡　友聯書報發行公司（馬華公會大厦三樓七室）
怡保　友聯書報發行公司（希尼華沙甘街十六號）
檳城　友聯書報發行公司（林連登律七十二號）
澳門　友聯圖書公司

印刷者　精華印書館股份有限公司
廠址：臺北市長沙街二段七一號
電話：二三四二九

本刊經中華郵政登記認為第一類新聞紙類　臺灣郵政管理局新聞紙類登記執照第五九七號　臺灣郵政劃撥儲金帳戶第八一三九號
（每份臺幣四元，平寄美金一角五分，航寄美金三角）

自由中國

FREE CHINA

第二十卷　第九期

目錄

中華民國四十八年五月一日出版
社址：臺北市和平東路二段十八巷一號

半月大事記

四月十日（星期五）

東南亞公約組織會議發表公報，强調防禦經濟顛覆，指出共黨侵略可能性繼續存在。

四月十一日（星期六）

西康漢族援助藏人反抗共匪。共匪發表西藏革命報告，稱上月在拉薩爆發的流血起義，使一個醞釀已久的革命達到高峯，並稱西藏的政府官員在七年前即着手組織「人民會議」，其目的在於計劃一次反對中共統治者的革命。

聯合國管制柏林建議，美國務院認有缺點，謂該建議忽視兩項重要因素，有將柏林問題孤立處理危險。

四月十二日（星期日）

達賴安抵邦廸拉，被派爲尼赫魯特使的梅倫前往迎接。

美國正在計劃製造動力强大太空飛車，能載人往返月球以及其他星球，目的在探測月球及太空。

美名流雷德福、道格拉斯、魯斯等組設委員會，援助西藏難民。

四月十三日（星期一）

印度官方正式宣佈，達賴將暫居墨蘇里。

伊拉克情勢趨緊張，將再爆發反共革命。阿拉伯聯合共和國擬出動軍隊實行直接干預；伊共謀解散軍隊另組外籍兵團。

美國空軍發射第一個受控制人造衛星成功。

四月十四日（星期二）

政府決修正兵役法，提早役齡爲十九歲。

蘇俄飛機又在通往柏林的空中走廊上生事，騷擾一架美國空軍運輸機的飛行。美在柏林航空中心向俄抗議，堅持美機可以飛行任何高度。

尼赫魯對共匪武力壓制西藏表示遺憾，認爲達賴目前不能返回西藏。

四月十五日（星期三）

美派赫特率代表團參加巴黎外長會議。

艾森豪宣佈患癌症的杜勒斯辭職。美國務院官員表示，美國外交政策堅定，不因杜勒斯辭職而改變。

四月十六日（星期四）

美運輸機進出柏林繼續採取高空飛行，對俄機騷擾將再提抗議。傳英敦促美國停止高空飛行。

美國防部長對記者聲明，美機使用柏林走廊，有權選擇任何高度。

尼克森定七月赴俄，主持美展覽會揭幕，預料將與蘇俄共酋舉行會談。

兩俄船載武器經過伊朗，前往伊拉克。

達賴入印前函告尼赫魯，匪圖在藏消滅佛教，並使用武力壓制他的反抗，以致生命受威脅。

四月十七日（星期五）

美陸軍部長布魯克警告蘇俄，美不姑息侵略，必要時將作戰保持柏林地位。

四月十八日（星期六）

艾森豪宣佈，提名赫特爲國務卿。

達賴喇嘛發表聲明，指斥共匪在藏暴行，責匪毁棄予藏胞充份自治的諾言，力言出奔印度係出於自由意志。

尼克森發表演說指出，美在未來與俄談判中，不接受俄飛彈勒索，强調盟國全面軍事力量永遠足以擊敗任何侵略。

四月十九日（星期日）

因西藏抗暴發展，匪報揚言對印以牙還牙，印方表示無懼威脅。

狄托演說斥史達林主義。南斯拉夫共黨不加入俄集團。

四月二十日（星期一）

尼赫魯對印國會表示，將限制達賴政治活動。

西德外長史特拉斯表示，蘇俄所製造的柏林危機——包括企圖限制飛機飛越柏林上空的高度——乃是特別爲測定西方弱點的政策；德不因此改變軍事計劃，三軍將於一九六一年充實力量。

北大西洋公約組織在挪威建基地，俄向挪提抗議。

四月二十一日（星期二）

艾森豪促赫魯雪夫打破日內瓦禁試核子談判的僵局。

尼伯爾國高級人士控匪侵入尼國廿哩，殺害數千人，促尼政府迅採措施阻止匪暴行，否則雪巴族人將被迫自採行動。

達賴抵達墨蘇里。

艾森豪向赫魯雪夫提出分期漸進裁軍計劃，停止卅哩以下大氣層核子試驗，外太空試驗管制問題待後解決。

四月二十二日（星期三）

赫魯雪夫圖使日本中立，建議訂俄日匪「三國」協定。

美國務院一致通過赫特國務卿任命案，赫特在參院外委會表示，倘因柏林演成戰爭，最初不應用原子彈，但俄如顯然圖發動全面戰爭，美即勢必需要考慮使用核子武器。

四月二十三日（星期四）

赫特相信西方對俄談判戰略可獲協議，盟國政見將在外長會議中解決。

四月二十四日（星期五）

艾森豪任杜勒斯爲外交顧問。

達賴晤尼赫魯，舉行秘密長談，尼氏不敢指責共匪壓制行動，僅對西藏抗暴人民寄與同情。

日本地方選舉揭曉，執政黨獲重大勝利，各左翼黨派均慘遭失敗。

「自由中國」的宗旨

第一、我們要向全國國民宣傳自由與民主的真實價值，並且要督促政府（各級的政府），切實改革政治經濟，努力建立自由民主的社會。

第二、我們要支持並督促政府用種種力量抵抗共產黨鐵幕之下剝奪一切自由的極權政治，不讓他擴張他的勢力範圍。

第三、我們要盡我們的努力，援助淪陷區域的同胞，幫助他們早日恢復自由。

第四、我們的最後目標是要使整個中華民國成爲自由的中國。

(3)

社論

(一)

展開啓蒙運動

四十一年前開始的五四運動，它的基本「勷理」是新文化運動。這一新文化運動的進行程序是「啓蒙 (enlightenment)」。這一啓蒙工作的目標，在今天看來是非常顯明的：在一方面回顧舊的，在另一方面接引新的。這一顧舊引新的工作在使中國從它自己的中古階段蛻變出來，步入近代和現代。這一歷史的行程，和歐洲的這一階歷史有相似之處。因此，歐洲的啓蒙運動和我們的這一段歷史對照起來，可以使我們多少得到一些了解，尤其可以得到一些借鑑。從人類自洪荒以來直到現代的發展洪流看來，全世界的歷史演變逐漸趨于整體化。今後步入核子能和太空時代的世界，尤其是一天一天地朝着「普遍歷史 (universal history)」之途邁進。在這樣一個激變的世界裏，如果尙泥守着部族思想，從部族的觀點來決定行爲方向，那末我們便是往死巷子裏鑽。往死巷子裏鑽的人，除了被時代所淘汰以外，找不到更好的結果。如果我們放大眼界，認清當前的世界局勢，和今後可能的大趨向，從而決定我們應走的道路，那末我們還有的是光明的遠景。

從中古脫離出來，經過文藝復興的醞釀時期，脫穎而出的歐洲啓蒙運動，有一項基本認識：一切的人都能够在這個地球上達到一個完滿的地步。我們知道，在啓蒙運動以前，在敎會思想權威籠罩之下的歐洲人，連做夢也不敢這樣想的。他們以爲祇有藉着神恩，人才能到達完滿的地步，必須等到死後才能實現。現在，受啓蒙思想影響者認爲人靠自己就能充分發展自己，無待乎神恩；並且就在現世能够實現，無待乎死後。這是一大思想的革進。這一大思想的革進，是思想從神權與經院哲學解放與獨立的結果。當時歐洲人有了這樣的思想，於是鼓起樂觀情緒，積極的進取精神，以及活潑的創造能力。爲了研究不受到傳統的桎梏與妨害，於是當時的學人在每一部門都要求思想自由、言論自由、和出版自由。前此敎會和國邦在信仰和行爲方面所保有的絕對權威，已被傑出的思想家所擯棄。福爾泰 (Voltaire) 更秉其如椽巨筆，對當時的愚昧、迷信、迫害，施以澈底的攻擊；並且極力鼓吹在科學、哲學、政治、和宗敎上的容忍。在英國，啓蒙運動得到更佳的果實。一六八八年的「光榮革進」，乃人民有權決定自己的政府形式之一標記。順着啓蒙運動這一條路下來，加上工業革進，於是歐洲人得到政治民主、經濟自由、宗敎寬容、思想言論出版自由、和社會進步；於是而有凌駕全人類的近代文明，和無與比匹的力量。這股啓蒙運動之風，由歐洲直接吹向新大陸。美國的獨立宣言和立國原則，是洛克 (J. Locke) 的人權學說之實現。在殖民時代，瓊遜 (Samuel Johnson)、艾德華 (Jonathan Edwards)、培英 (Thomas Paine)，把歐洲的啓蒙思想向美國灌輸。美國今日的政治制度、社會結構、和輝煌的科學成就，可說是啓蒙思想的具體果實。

「人爲萬物之權衡」。希臘辯士所說的這句說，在今日看來有嶄新的意義。一切文物、制度、學說、敎言、習俗、律則，都是爲了人而存在的。沒有了人，那末這一切都將失去其存在的意義。人不是爲了實現這些東西而生活的。一切應須爲「實現大家喜欲的生活」這一要求而服務。換句話說，「實現大家喜欲的生活」，這一要求應該是衡量一切道德、倫範、政體、傳統的標準。凡合於這一要求的道德、倫範、政體、傳統，都是值得保持與維護的。反之，必須予以修正甚至拋棄，而代之以新的道德、倫範、政體，並另造傳統。這其間根本沒有「大逆不道」與否的問題。我們拿這個標準來衡量中國傳統的制度、政敎、道德、倫範、文化，發現甚多必須從頭再造之處。因爲，在事實上，這些東西大多已不復能使大家得到一個「可喜欲的生活」。在閉關自守，四境沒有較强的文化壓力之下，中國文化尙可勉强維持；可是，一經有較强的文化壓力臨頭，中國文化便破綻百出，而無法維持下去。一八四二年的鴉片戰爭，可以說是西方文化對中國文化較量短長的開始。在這開始的第一個回合，中國文化即遭敗績。在與西方的政治制度，器用的成就，生活方式比照之下，中國的一套大爲相形見絀。於是，外而不能禦敵圖存，內而不能維繫社會的穩定。到了這種關頭，我們亟需變法圖存。我們必須檢討失敗的原因。五四新文化運動的開路先鋒們發現病根就在這裏。這可以說是中國知識分子的一個空前的大醒覺。

然而，五四新文化運動還不祇這消極的一面。它還有積極的一面。它的積極的一面就是尋求並提出老大古國起死回生的靈藥。中國應該怎樣起死回生呢？科學與民主！

科學與民主不是街頭叫賣的口號。科學與民主是根本改造中國的總原則，且是實踐的大計。反科學反民主，就事事落後，就出現一黨專政，就赤禍橫流，就民不聊生，中國永無新生的希望。習科學行民主就進步，就可富强康樂。美國的實例很明顯地擺在我們面前。何去何從，中國人應能依據自己切身的經驗敎訓作明智的選擇。

中國近幾十年來政治禍亂的基本病根就在一黨專政。一黨專政一行，則依照極少數人的見解甚至意氣及好惡與夫幻想，藉着政治權力，塑造中國，扭歪中國前進的方向。一黨專政一行，則事事造成「一孔之見」：對于一切都以「黨見」作出發點來定是非。一個黨從黨見出發來定是非猶以爲不足，更透過教育、宣傳、飯碗控制、和人身威脅等等方式，强迫擧國以黨見爲國是。馴致只有黨見，並無國是。一黨專政一行，則一切措施都以一黨的權利爲最高的衡斷標準。當着國家的利益與此一黨的利益衝突時，這一專政的黨必假借種種藉口和使用種種手段曲曲折折犧牲國家利益來滿足一黨利益。例如，將國家軍隊、法治機構、特殊組織、保安力量，一概置于一黨亦即極少數人的意志支配之下，作有利于一黨亦即極少數人的使用。一黨專政一行，黨費必從國庫開支，於是屬于國家的財政金融機構就變成該黨的賬房錢莊。整個國家也就變成一黨的「湯沐邑」。這種局面就是一黨天下。一黨天下的局面造成，人們想生活求存，必須仰承該黨的鼻息，必須迎合該黨的好惡，必須依照該黨的路線，必須遵從該黨的專斷規定。否則，他縱不被迫害以至於消滅，也必因失去生活的依憑而困頓以死。

現在，中國最大的問題是團結反共。反共必須有大的活力與智慧才有效。因此，我們必須盡一切可能來伸張民力，發展民智。可是，在這個樣子的一黨專政局面之下，有志之士逃避唯恐不及，那裏還談得到團結？在手續苛煩、桎梏重重的情境之中，工商各界就像掉進蜘蛛網裏的蚊蠅，怎麼談得上伸張民力？在黨化教育的籠罩之下，黨義即是宇宙間的唯一眞理，民智怎能得到正常發展？一黨專政是目前諸般病症的總根子。「解鈴還要繫鈴人」。我們要解決中國今日這些問題，必須從廢棄一黨專政着手。怎樣廢棄一黨專政呢？我們不贊同革命的方式。我們只贊同民主。民主一行，上述諸病即可逐漸袪除。

科學對于促進中國「內新」之重要作用，絲毫不下于民主。

我們一般人的生活水準距離西方國邦頗遠。在一般人的生活沒有基本的改善以前，一切大目標、大使命、大企圖都是空話。一年到頭爲最低的生活而掙扎的人是任何大事都做不起來的。我們要從基本上改善生活，不是喊口號和談主義所能辦到的，而需究習科學知識與科學技術。我們藉着科學知識與科學技術把一般人的基本生活水準提高了，平均的活力就可增加。社會平均的活力增加了，才能發生做大事業的興趣，才可有做大事業的力量。祇有從這一條道路來展望，中國的前途才有端倪可言。其他不是空話，就是歪路。

也許有的人會說，科學固屬重要，但只限于物質創建方面；至于文化、道德、倫範、大原理、大法則，等等方面，則非科學所能及。所以，我們要解決中國的問題，僅僅提倡科學是不够的。

這是一種普遍而又根本錯誤的見解。

這一錯誤的見解之所以產生，第一係由于不了解科學是怎麼回事；第二係由于把道德與科學分作兩橛；第三係由于對自己不懂而且沒有的東西因拒於傳統的虛憍自大之情而不肯虛心究察。

對于科學最流行的錯誤見解，即以爲科學有效的場合限制到「器用」領域。此外則「行人止步」。其實，我們找不到任何邏輯的根據說，科學有效的場合只限制到器用方面，且先天地不可能及于人理道德方面。一部人類文明文化學術思想發展的歷史一點也不支持這種看法。在遠古的時代，從物理世界到生物世界，從生物世界到行爲世界，大部分是神話與玄想籠罩之下的世界。自古至今，科學從這些反科學的勢力掙扎出來，是經過了一段漫長而艱苦的努力程序的，甚至是支付了若干科學思想家之生命代價的。首先從反科學勢力掙扎出來而得到決定性的勝利的，是物理科學。這時神話與玄想尚保有對生物世界和行爲世界的權威。後來，科學扣擊生物世界之門，生物化學、生物物理學，等等科學逐一揭露生命世界之奧密，以致生機論、新生機論，等等學說不復發生說明生命事象的作用，於是神話與玄想不得不逐漸讓位給科學。到了這個地步，神話與玄想只能瀰漫於行爲世界，即道德、倫範、價値、文化，等所關涉的這個層次。許多人士認爲這個層次非科學所能過問。可是，自從各種心理學、社會學、社會人類學這些行爲科學發展以來，科學足以進而窺人理之奧秘。科學的這一進展，已令神話與玄想的權威動搖。所以，建立于其上的道德倫範也失其依憑。

關于道德、倫範，這一類的問題，我們如不訴之於科學，而訴之於遠古遺教，簡直是一種「時代錯誤」。這裏所謂時代錯誤，意即我們在這方面的思想尙滯留在古代，而趕不上這一時代科學知識及科學技術的進步。依這一時代行爲科學知識與行爲科學技術所能到達的效力而論，關于道德與倫範等類的問題，已因能置基於實際經驗的基礎之上而可獲致妥善的解決。時至今日，古昔長老、法師、道德家所兼辦的對人羣知識方面的指引已逐漸被科學家所代替固不必論，即令是這種人物對人羣生活原理的指導與規範，也有逐漸被科學家代替的趨勢。在過去的農業社會，長老對于氣象變化預測的功能，在今日已被遠較精確的氣象臺所代替，牧師而兼醫生之事正與日俱減。既然在知識方面科學家已經決定地取過去的長老、法師、和道德家而代之，那末我們找不出理由說在生活原則、道德、倫範方面，科學家必不能代替長老、法師、和道德家。時至今日，一個人要求心情上的平靜，或袪除心理上的種種憂煩與困擾，請教心理病理學家所獲效益遠較牧師與和尙爲大。如果道德倫範是大家可喜欲的，那末道德倫範只有置基於包括心理學在內的行爲科學之上：接受全部行爲科學的知識與指導。唯有這樣以經驗知識爲基礎而建立起來的道德倫範，才是行得通的道德倫範。從事這類研究的科學，叫做「道德科學」。

政治事情之需要科學，其緊迫程度絲毫不下於道德倫範。政治事情之藉科學方法來研究，正與日俱增。「政策科學」方在形成之中。而在政治事情中，影響最爲普遍而深遠的，要算科學的態度之有無。迄今爲止，在世界許多地區，政治問題的解決，常藉篡奪、僭取、武力征伐、或「革命」。這些方式，既野蠻而又原始。依照科學態度來看，如果政治是關係於大家的事，那末從大家的意願出發並且運用聯合的智慧，那末妥善解決的蓋然程度大于從少數人的意願出發並且運用少數人的智慧。依照科學的態度看來，一切政策都是待證的假設。政治上的一切主張、主義、說法，都含有片面的價值判斷之選擇。既然如此，一切政策是否有利於大家，只有訴諸「實效的檢證」，而且我們沒有理由强迫別人接受我們自以爲好的「主義」。這麼一來，我們就可少談點主義，多談點問題。如果中國近幾十年來搞政治的人士抱持這種態度，那末我們的國家可以少受一些無謂的犧牲，人民可以少受一些不必受的痛苦。我們的國家、社會、和我們自己一定不是現在這個樣子。

「啓蒙」一詞之德文的意義是「淸除」；法文的意義是「光照」。淸除是消極方面的事；光照是積極方面的事。在一個啓蒙運動裏，這兩方面都是需要的。從事一個啓蒙工作，我們必須「淸除」自過去以迄現在一切不復爲大家喜欲的，不適合人生的，阻礙新生進步的制度、傳統、以及生活方式；同時，我們必須拿起一枝光來照耀大家，使大家看得見一條可通美善生活的方向。這一枝光就是科學知識構成的光炬。可是，要能把科學知識構成這個光炬，必須在一個自由不受干擾和威脅的民主環境裏才有可能。所以，爲了發展科學，我們還得爲民主之實現而努力。民主與科學是中國啓蒙運動之不可分的中心課題。「羅馬不是一天造成的」。要能完成這樣的事業，必須這一代的知識分子恢復樂觀的情緒和已經喪失了的自信力，一齊朝着這個目標工作。讓我們拿這一工作來證明給未來的一代人看：中國的問題，既非靠復古神話所能解決，更非靠暴力與「革命」這類方式所能解決：在一長遠歷程中，我們能够藉着啓蒙運動爲中國開啓一條有希望的道路。

社論

（二）「地方黨治」必須立即停止

我們在執筆之先，曾考慮過不用「黨化」和「黨治」的字樣來寫這篇文字。原因當然是爲了避免執政的國民黨由於刺激而惱羞成怒偏要堅持蠻幹到底。但經考慮再三，我們實在找不到比較恰當而切合實際的同義代用詞。人所共見，事實無法抹煞，現在臺灣的縣市政治，實在不算「地方自治」，而確確實實的是「黨化」和「黨治」。於是我們還是用了「黨治」字樣。

其次，我們也曾考慮過，已往我們所寫要求停止「地方黨治」的文章，已非一次兩次了；如果現在比從前的情形稍有改進，或者國民黨中央確具誠意謀求改進，只限於地方黨幹的改進不力而未著成效，則我們還仍願保持期待性的緘默，不想重提這個問題。然而事實昭彰，人所共見，現在地方黨幹不但未嘗改革作風，反而變本加厲。國民黨中央不但未曾通令查禁，督飭糾正，反而好像暗中鼓勵支持他們更深入、更惡性的推行「黨治」。因此我們爲了臺灣和中國的政治前途，不得不再將這一迫切的問題攤出來，向國民黨中央作更進一步的呼籲和忠告。

我們在前年（四十六）發表一系列的「今日的問題」之九——「我們的地方政制」那篇社論裏，卽曾指出：

「縣市自治權力的被割裂……它除了要接受上級的嚴密控制以外，還常常遭遇國民黨地方黨部的無端干擾。……本來，縣市施政，屬於技術性者爲多，牽涉政策性者極少，實在用不到政黨介入其間。但國民黨的地方黨部人員，却基於爲黨的以至於爲私的種種動機，以指揮從政黨員爲理由，既干涉縣市官長的行政，又操縱議會議員的活動，無形中成了地方的太上政府、太上議會。所以縱令省府權力偶有鞭長莫及之處，也都由地方黨官來塡補了這個隙縫，澈底消滅了地方政治中最後一分的民主氣息。」

這段文字，只不過是簡略地提一下，希望國民黨當局能有所憬悟。不料不僅未見改善，到去年（四十七）四月，竟然發生了嘉義縣議會議長王國柱被地方黨部活活逼死的殘酷事件。於是我們才在五月一日社論中揭載臺灣地方黨治的恐怖眞象，呼籲國民黨不要頑强推行黨治而扼殺自治，而要放棄黨治而收回千千萬萬已喪失的人心。然而這一呼籲，絲毫未見反響，反而令人發覺蠻幹的黨幹似在暗中得到他們上級的鼓勵和嘉勉。於是我們乃在七月一日的社論中，以三項惡化現象再提警告，指出：㈠今天地方的政務，統統須符合「黨」的要求。㈡今天所有的公務人員，已不像在爲國家工作，而是在替一黨服務。㈢今天各縣市政治，已被一些受黨指揮的非政府機關所侵擾而陷於癱化。

時至今日，又是十個月了，地方黨治的惡性推進，一步步深入而普遍，且已到了危及社會基礎的程度。面對這一局面，我們也曾冷靜地設想過，設想國民黨如果不是居心要用黨治葬送民治，則無論如何也要替自己和國家社會的前途打算一番。因爲這樣的黨治，不僅會把六十多年的黨譽黨基從根本上斲喪毀滅，而且聯帶會把社會國家導入厄劫。並不是我們在這裏危言聳聽，今天社會上已有不少的墮落事象是由黨治所造成的。具體的事例，容在下文說明。

今天黨治的可怕，不在於它的秘密進行，而在於它竟公然蠻幹。不在於某一事、某一點、某一時、某一人，而在於全面的、普遍的、同時的、影響到每一個人的，包括了地方政治的各個部門，統統被囊括在惡性黨治的範圍之內。

只要是稍微留意地方現狀的人，不難看到，縣市地方從行政到議會、從教育到財政、從新聞文化到人民社團、從公事到私事、從個人到社會，眞是全盤籠罩在惡性黨治的氣氛裏。我們不妨略舉幾個事例以證明。

㈠議會——①各縣市議會的秘書，是變相的「黨代表」。名爲秘書，受議長指揮；實爲黨方派去的監督人和監察使。凡事無分鉅細，議案無分大小，秘書有幕後決定及支配的權威。他的意見，其效力絕不下於全體議員的共同意見。因他身負黨所交予的特殊使命。不但黨籍議員不能不尊重，即少數的非黨籍議員亦不便輕率與之衝突，因爲他可以通過黨的關係而運用「力量」。這種情形，已早爲公開的秘密。

②具有黨籍的議長、議員，無論提案、發言、質詢、以及投票，即令不是涉及政策性的，也幾乎都須奉命行事，不得違誤。議員的言行活動，雖非事前檢查，但只要黨方示意，即須撤回或中止。

嘉義縣無黨籍議員詹振泰，本年四月七日在議會中指責縣府動用公欵替縣黨部購買汽油和輪胎，修理黨部主委的座車爲不合法；立即遭到國民黨籍議員包圍，使眼色予以警告。詹議員雖心有不甘，但亦只得無可奈何地落座，中止發言。（見四月八日聯合報南部版）。

從這一新聞報導中，可見議會中黨的恐怖氣氛和控制力量之廣與強。秘書在監視，衆多黨籍議員在「使眼色」和「包圍」，無黨籍的議員連充分的發言權也遭剝奪了。而黨籍議員懾於黨部的威勢，更不敢不照案通過。去年桃園縣議會及今年臺中縣議會罷免議長的風波，都起因於幕後的操縱唆使；特別是臺中縣的黨籍議員簽署罷免書的情形，都可證明今日縣市議會完全處於「傀儡」地位。議會如此，「地方」如何能順利實行「自治」？

㈡教育——實行「黨化教育」的手段，最厲害的不僅在訓育黨化、課本黨化及學生思想的黨化，而尤在於根本上由黨派員在縣市政府教育科（局）內秘密設置的特權機構。它的權力，既大且廣，歸納言之，計有：（甲）控制教育預算——從編造新預算的分配欵項，到平常動支，這一小型特權機構有「權」左右。例如撥欵補助青年救國團的活動費及黨部發動的學生活動費，均可「便宜行事」。（乙）主管全縣各校敎職員之升降調免及任用審查、平日工作考績，以及所謂「思想」的調查。去年夏季，全省各縣市大學調動國校校長敎職員（有的縣市調動千人之衆），造成教育界的全面不穩，即其「傑作」之一。事經監察院糾正有案。由於主管考績，遂使敎員校長競相夤緣奔走；而奔走的結果，落伍者被黜免，倖進者恃勢傲衆，在校內舉止乖戾，氣燄高張；大焉者，製造派系，互相傾軋；小焉者，侮辱同仁，濫打學生，行同瘋狂。本年三月卅一日省立宜蘭中學發生的軍訓教官顧盛瑾（曾被法院起訴，嗣經和解）强對學生剪褲案，即其顯例（見聯合報四月十二日南部版）。一般而言，凡能獲得黨部（包括教育科小型機構）支持的，儼如護符在身，職位牢固。

像這樣的黨治教育，欲求敎員保重人格，學生不成太保，敎育提高水準，眞要比「緣木求魚」更爲難了。

㈢財政——①縣市黨部的經費，由縣市政府在「人民團體補助費」及種種名目項下撥給，已爲盡人皆知的「秘密」。各縣市議會審查預決算之流於表演形式，不能眞正代表人民控制預算掌握錢包，原因在此。據最保守的估計，每一縣市年需撥給編額僅有十人之黨部經費在一百五十萬至二百萬元之間。這還是「列入縣預算」的；其他向縣府臨時需索及巨額借欵之數尙不在內。

②地方黨部的日常開支，也隨意交由縣市政府撥付。前述嘉義縣黨部主任委員的座車修理費，一筆即達三萬餘元（另見公論報）。臺中市黨部主委購買新汽車，臺中市政府於去年九月間由預備費項下一筆撥給三萬餘元。市議員何春木四月十一日在議會指責市府說：「此種『慷慨』作風令人不服，因黨部不過是普通的人民團體而已」（見聯合報四月十二日南部版）。

此外，還有各縣市的民衆服務處及鄉鎮民衆服務站的經費，也完全是由縣預算中支給。因爲它是不折不扣的黨部分支機構，每縣每年的開支至少也要三四十萬元之鉅。表面上掛的招牌是爲民衆服務，而實際上是爲國民黨服務，兼司國民黨的耳目的任務。

縣市財政預算的不能嚴格審查控制，「黨治財政」作祟爲主要原因。「黨治」對地方的桎梏一日不解除，縣市地方的財政永不能納入正軌——也即是人民的錢包永不能自己把握、自己作主。

㈣新聞文化——①除臺北市以外，各縣市地方的報紙雜誌，均經常受黨部的約束，特別是所謂「從報黨員」爲然。中部有家報館，黨員記者有將社內情況隨時向黨部報告的義務。甚至主持人的行踪私事，亦在報告之列。至於平日各報紙雜誌的言論新聞及人事安排、言行思想調查，更不在話下。

②北市報館派駐各縣市的新聞記者，除官報例有優待者外，其餘民營報的記者，經常被列爲「精神管制」及行動調查的對象。發出郵件及新聞稿，常遭檢查。即交火車隨班提寄的新聞稿件，亦不例外。去年公論報臺中記者交火車寄臺北的省議員李萬居省政質詢全文被檢扣（事後僞稱遺失），即一顯例。

③一部分民營報紙雜誌之遭受禁訂禁閱，已非一日。然而最奇特者，爲刊物遭「密令」查禁的原因，是由於地方黨幹閱讀能力低弱而發生誤解或斷章取義。去年香港祖國周刊內銷遭查扣達三個月之久，及最近臺北「世界評論」雜誌被「神秘的」禁銷（無一機關承認下令），即其鐵證。

㈤人民團體——黨治手段施之於人民團體而加以控制掌握，不自今日始；訓政時期即已「行之有素」，襲爲定規。但近年來變本加厲。如去年的中國地方自治研究會備案被駁，較之訓政時期尤爲嚴厲。再舉一最小的事例：嘉義市婦女會理事長任期屆滿準備改選，地方人士咸支持一位無黨籍的職業婦女競選，當選無疑，勢成定局；惟黨部以其並非黨員，竟出而阻撓，致使選舉擱淺，造成僵局。

以上所舉的事例，不過是萬分之一二。但這些已經足夠讓我們瞭解「地方黨治」之無孔不入及惡化之深了。說到這裏，我們不禁要問：假如這個局面的造成，都與國民黨中央無干，只是地方幹部的「創作」，那麼黨幹作得這樣久，黨中央總不致漠然無聞；這樣長的時間，任由幹部肆意摧殘地方自治的生機，不知黨中央究何所愛於黨幹？又何所惡於地方？

據熟悉地方情形的人士表示，現在一般人從黨治的事實中所感受的刺激，很明顯而且不容忽視的，是大多數人在心目中已把「黨幹」和「公衆」看成了兩大敵對體。如果這話屬實，則我們敢於肯定的斷言，兩大敵對體隨著時間的推移，只有背馳各走極端。這種背馳，是因爲缺少一種爲雙方所共同趨向的標準，例如公平、道德、秩序、守法等觀念所培養的標準。在此情況下，恰巧黨方偏不器重這些可以調協社會關係的標準，只憑恃一個愚昧的原則行事：幹部之所惡者惡之，公衆之所好者拒之。因而臺灣二十一個縣市地方，形成了「黨」與「非黨」的大分野；連窮鄉僻壤也不例外，到處有着對立的氣氛和陰影存在！將來會走到怎樣的結局，國民黨當局不能不細細地想一想！

事態的可怕者還不止此。國民黨這樣的偏愛黨幹，無非是想叫他們替黨在社會上建立下牢固的統治基礎。殊不知，越放縱黨幹，與社會的敵對越尖銳、關係越惡化。處境越惡化，越放任幹部，而幹部的格調行徑越墮落，黨基黨譽越加速崩潰，社會的瓦解越不可挽救。這幾年來，在黨治的要求下，若干黨員幹部已經日趨墮落。例如議會中的奉令舉手，除了造成他們揚棄理性趨向麻痺之外，且正所以培養他們喪廉恥、墮德行、棄信義、絕是非的習性。縱使一天社會每個人都入了黨，訓練成這樣的幹部，這個社會還有什麼希望！我們稱之爲「惡性黨治」，一點兒也不錯。

我們願藉此機會，提醒國民黨當局推行黨治的一項思想上最錯誤的根據，那就是它所不斷强調的「符合黨的要求」一語。所謂「黨的要求」，實應基於人民的要求而決定。任何政黨脫離了民意，不惟不能成功，而且不能生存。十年前在大陸的慘敗，敗於失去民心、違背民意，共匪才得蹈隙以逞。世上沒有一個聰明的政黨甘願脫離民意的。要民意符合黨意，就注定了「以黨治國」的失敗命運。中國有四億五千萬人口；即使國民黨全體黨員統統順從地「符合了黨的要求」，也無法與絕大多數的民意相對抗，更談不到扭轉民意了。如果黨中央不顧這一點淺顯的道理，硬要幹部强制推行黨治，幹部所遇阻力必大；爲了服從命令，必將不擇手段、不恤民心地蠻幹一通，結果是民怨沸騰、人心激憤。難道所謂「黨的要求」就是如此悲慘的結局麼？

社論

（三）柏林危機與日內瓦四外長會議

自本月十一日起，美英法蘇四國外長又要在日內瓦舉行會議。這是近六年來四國外長所舉行的第三次會議。首次會議舉行於一九五四年初的柏林，二次會議舉行於一九五五年十月的日內瓦，兩次會議均以德國問題爲主要的商討對象，但兩次會議均在這一問題上宣告失敗。這次四外長會議，正如過去兩次會議以及戰後以來所有的外長會議一樣，亦着眼於解決這一棘手的德國問題。但這次會議在此方面將獲得成功的機會，實並不比過去更多。不過這次會議的性質及其在整個德國問題談判中所擔負的任務，與過去兩次會議略有不同。一九五四年初的四外長會議，是一項獨立的會議；一九五五年十月的二次會議，是當年高階層會議的延長，在更進一步檢討那次高階層會議的決議；而這次四外長會議只不過在爲本年較後期間所舉行的另次高階層會議作準備而已。所以這次會議不論成功與否，它本身並不具備決定性質。這次會議若獲得成功，一次高階層會議勢必隨之召開，即使不獲成功，高階層會議同樣亦要舉行。這次四外長會議的任務，只在探討問題，隨之召開的高階層會議才是決定問題。這是我們應首先認清的一點。

不過，這次四外長會議能於短短數月內獲得協議舉行，對於緩和當前因柏林及德國問題所引起的危機，確是有重大貢獻。假若這次四外長會議不能如西方要求按時召開，那我們便不能想像在最近期內柏林及德國危機將惡化到何種地步。現在這一會議的得以舉行，至少表示這一危機已暫時緩和下來。因自去年十一月十日以來，由於蘇俄一連串要求西方退出西柏林，要求建立西柏林自由市，以及簽訂全德和約，使局勢頓現緊張。蘇俄在提出此種要求時，曾交骨表示若西方不接受這種要求，蘇俄即將把盟國通往西柏林的交通管制權移至於東德，若西方再不與東德舉行直接談判，暗示即將面臨一種戰爭情況。這次四外長會議，就是爲解決這一危機，適應這一要求而舉行的。造成這一危機的是蘇俄，可是提議舉行四外長會議以商討這一危機的，却是西方國家。所以這一四外長會議的能以舉行，並非蘇俄恫嚇政策的結果，而是西方的合理進行談判政策的結果，並不是蘇俄外交攻勢的勝利，而是英國首相麥米倫協調努力的勝利。甚至可以說，這一局勢的如此這般的變化，背後的一個主導力量便是麥米倫。若沒有英國首相麥米倫的堅持，西方便不可能提出四外長會議的建議；若沒有麥米倫的說服，蘇俄亦不可能很快接受四外長會議的建議；同樣，假若沒有麥米倫的「談判先於一切」的說法，這一外長會議亦不可能如此順利舉行。

這次四外長會議的得以舉行，已證明不論西方國家或蘇俄，均已接受談判解決問題的基本方式。但同意談判是一回事，能否使談判獲致協議，又是另一回事。蘇俄對於柏林問題及德國問題，早已攤出了它的牌。對於西柏林是所謂自由市計劃；對於德國問題是四十八條的全德和約。可是西方國家的對案是什麼，遲至現在還未正式攤出。這次四外長會議最後能否有所協議，主要就看雙方的計劃互相折衷到何種程度。本年三月間英首相麥米倫的接連訪問法德加美各國，主要就在尋求一項共同的對案。本年四月初在華府所擧行英美法德四外長會議，以及北大西洋公約理事會議，亦都在尋求這一共同協議。四月十三日在倫敦開始的四國工作小組會議，和四月二十七日在巴黎所擧行的西方四外長會議，同樣都是在尋求這一協議。西方在決定這一對蘇俄的共同方案上，確曾經過相當的困難，在若干問題上存有頗大歧見，也是一項無法否認的事實。可是不論這一原有歧見如何，不論在協調過程中歷經何種困難，但當本月十一日西方三外長與蘇俄外長共坐在一個桌邊時，世人當會發現西方已有一個堅强的共同方案存在。即令這一最後所協議的對案不是一個積極應作什麼的共同方案，至少也是一個消極不應作什麼和不接受蘇俄敲詐的共同方案。因此，這一會議對於自由世界，雖然不可能有何利益，但也不會有太多的片面的損失。蘇俄假若希望西方在西柏林地位上有任何讓步，就必須要它在別的方面先作讓步。沒有蘇俄的讓步，西方的讓步是不可能的；假若蘇俄先作讓步，西方要作合理的退讓，事實也屬不可避免。

正如前面所說，這一四外長會議本質上是一個探討性的會議，而不是一個決定問題的會議。因此這一會議若有若干成就，這一成就只是一種建議，若無成就，也可發現問題的困難何在。而要解決這些困難，或批准一項對柏林問題和德國問題的方案，那是高階層會議的任務，這次四外長會議實無能爲力。正因爲這一四外長會議爲達到高階層會議的一種過程，蘇俄的眞正目的在彼不在此，所以不論雙方如何重視這一會議，而在事實上這一外長會議將變爲討價還價的宣傳性會議者居多，趨於眞正成功的機會則頗少。假若這一會議認眞解決問題，其結果必然是會議期中各外長一再向各國政府請示機宜，會期將勢必延長；反之，這一會議若只漫天叫價，其目的不過在敷衍西方，所堅持的高階層會議必先經外長會的要求，其結果必然是各不相讓，會期短暫，藉使高階層會議能在最短期內隨之召開。由於西方國家過去並未堅持高階層會議的擧行須以外長會議獲得具體成就爲條件，所以這一外長會議也就不可能認眞商討問題。

這一四外長會議，事實上只是欲商解柏林及德國危機的一種前臺表演，而在此期內眞正決定問題的所在，也許根本不在前臺，而在幕後。這種幕後的發展，一是要看邱吉爾的訪美，將影響艾森豪至何種程度；二是要看尼克森的訪蘇，對美蘇關係有何作用；三是要看這一期間美蘇兩國在外交途徑方面的一般接觸。總而言之，這次四外長會議只是一副緩和歐洲危機的清涼劑，而不是眞正決定問題的場所，至於柏林及德國問題最後如何解決，我們還須等待未來的演變。

讀者投書

慰出洋不成的童軍朋友

何愚

世界童軍大露營將於本年七月在菲律賓擧行。隨後又在印度開世界童軍領袖會議。據前各報發表，我國決派幾百名童軍代表前往參加。又從各報看到各地方爲爭取出洋的機會及名額多少等問題，鬧得很不愉快。甚至有人向各方面控訴，有人散發傳單，又有人在議會提出質詢。形形式式，大鳴其不平。我亦遇到好幾位落選的童軍朋友，竟爲此事灰心失意，牢騷滿腹。筆者雖是局外人，認爲大可不必，謹爲文以慰之。

按童軍信條是忠誠，服從，快樂，勇敢的。爲社會服務，日行一善，不望酬報，更是童軍的一貫精神。因此一位眞正的童軍，必定能夠實踐他們的信條，而不爲個人的利益作打算，不然的話，只是一位虛有其表，掛羊頭賣狗肉的冒牌童軍罷了。

再談到代表國出國的事情，這是一種責任，而不是一種機會。在今日國家與國家之間，互爭雄長，各顯神通。我們自己若是弄得不好，結果適得其反，出盡洋相。不但不能爲國爭光，反而有辱國體。

據各方面傳說出來：有某童軍領袖代表赴英出席會議，沒有帶通譯同去。到了國外竟像啞吧聾子一樣，所問非所答。又有一個童軍代表團定期訪問中東某國，結果失信不去。累得人家空預備一場，提出嚴重抗議，最後還是苦了我外交當局，正式向該國道歉始了其事。又有幾位領袖童軍領袖到馬尼拉出席某會議，去的人只有一位會說英語。僑胞迫得無法，替他們各配給一位通譯。那些代表先生連吃飯睡覺都要通譯幫忙。像這樣童軍代表出國，對國家不但沒有好處，反而大獻其醜。

同時國家正在反共復國時期，國庫支付孔亟，人民生活困難。大批人馬出洋露營，勞師勳衆，浪費多少外滙，眞是天曉得。前年日本童軍來臺參加我國童軍大露營，有人問他們爲什麼人來得這樣少？他們答說很多人都想來，但是大藏省爲節省外滙，只批准九個人。想我們今天不見得比日本人富有，又何必爲這玩意兒花費如許鉅大呢!?

你們去不成，反而節省一些錢，更樂得心安理得。

朋友，你們現在不要氣餒，要抬起你的頭，挺起你的胸，露出你的笑容，努力實行你們童軍的信條，多做些童軍應該做的事情，多替國家及社會謀些福利。這才是一位眞正的童軍！何必一定要出洋露營呢！

胡適與國運

殷海光

這篇文章脫胎於一個講演。自由中國主辦人建議作者將這個講演底內容寫成文章在自由中國發表。作者覺得這一建議很好：第一可使尙未聽到那個講演而又對此問題有興趣的讀者知道我講的內容。第二作者可以將在講演中尙未說到和尙不够明確的思想在這裏補說一下。自由中國主辦人這樣熱心於中國思想的啓導工作。這在今日的臺灣是很少見的。又去年十二月十五日晚七時至十時作者在臺灣大學就這個題目作公開講演時，聽衆表現着高度的興趣，且發問踴躍。中國前途是否有望，端賴青年對於這類問題是否關切而定。所以，這也是很可紀誌的事。

——作者附記　於四十八年一月六日。

一　引　論

爲了方便說明而且僅僅爲了方便說明起見，我們引用英國歷史家陶英貝(A. Toynbee) 所構作的基本公式「挑戰——反應」來觀察中國自一八四二年迄今的這一段歷史。如果我們依照這個公式來觀察中國底這一段歷史，那末我們可以這樣下個總結：自從一八四二年以來，中國所受的挑戰是基本而又嚴重的，可是中國底反應之主流則是不適當的和不健康的，以至弄得今日赤流泛濫。這種狀況之形成，在一切可計量的原因之中，支配中國社會政治之傳統的正統所發生負性的作用之牽制著中國直前的新生與進步，實在是一個最具決定力的原因。

自一八四二年以來，中國陷入一個大動亂時代。正在這個大動亂之中，中國發生大的蛻變。這一大動亂之激發的力量，有來自西方文明的，也有來自中國社會結構內部的。一八四二年的鴉片戰爭，一八五〇年的太平天國之變，一八五七年及一八六〇年的英法聯軍，震撼着這個古老的帝國。跟着這些震撼所作的一連串反應，有同治中興，有戊戌維新，有辛亥革命，有五四運動，有北伐戰爭，有抗日戰爭。然而，短短十年的同治中興夭折了，可貴的戊戌維新胎死腹中，轟轟烈烈的辛亥革命只換了一塊招牌，五四運動未曾得到充分的發展卽告萎縮，北伐戰爭底動力轉變成一個集團私利的工具，抗日戰爭底慘勝只是曇花一現。

在這個大動亂裏的大蛻變中，維持了二千多年的孔制崩解；外交，內政，社會，問題叢生。於是，中國人，尤其是曾作中國人之中堅領導的知識分子，開始反應這一新的情勢：尋求怎樣解決這些問題的途徑。因對於這些問題的認識之不同和解決方式之各異，於是產生了許許多多派別。我們在這許許多多派別之中，去小異而求大同，可以類歸爲下列幾種：

第一，復古派。復古派者認爲要解決中國底這些問題，必須「回到古代去」，一切「遵古泡製」。古代是個黃金時代，古代底建制足爲今日範型。復古派又可分爲二股：一股是國粹派；另一股是玄學派。國粹派認爲中國底一切器物與發明等具體事物在世界上都是最早而且最好的。然而，具體事物之好壞，較易藉經驗來證實，也很難得避免與現代科學工業底成果比較。於是，幾十年來，國粹派一直在打敗仗。現在，到了臺灣，國粹派退守到强迫中小學生寫毛筆字，中醫治癌，官禮祀孔，這幾個據點之上。可是，復古派最安全的逋逃藪要算玄學。玄學者說「玄學於道最高」，不屑與科學比較。柏拉圖說古代是典型。離開古代愈遠便愈走樣。復古派所說的理性竟如此特殊：它與中國的「精神文化」有內在而不可分的關聯，它特別爲中國文化服務。如果有人批評玄學派底這些說法，他們近之則搬出「大逆不道」的正統感來威脅；遠之援引斐希特來自重。這麼一來，批評者除了遭遇由中小學敎科書所製造的狂激心理以外，還得費無窮的筆墨作語言文字的捉迷藏戲。這是很不經濟的事。

第二，維新派。維新派底特點是主張保持舊有的帝制形態不變，而在這形態之中去行「內新」運動。

第三，革命派。戊戌維新流產，促成革命派底抬頭和擴張。這一派又分兩個階段或兩股。

第四，雜揉派。雜揉派係將古，今，中，外，合一爐冶之。張之洞底「中體西用」說可以說是這一派底思想之代表標語。

第五派，現代化派。這一派主張「科學與民主」。

二　中國現代最具影響力的三派思想

我們在此所指的「中國現代」是從一九一一年算起直到目前的這一段時間。在五四運動前後，定於一尊的傳統建制崩解，學人底思想得到空前的大解放。西方新思想新學說被介紹到中國來，紛然雜陳。當時的學人士子，一方面急于尋求中國緊逼的根本大問題之解決方案，另一方面被新接觸的思想學說所刺激，於是在思想上所表現的可謂「異說爭鳴」，而形之於社會政治上的建構則爲各種大小黨派或研究社團林立。民主主義，工團主義，無政府主義，種種名色，不一而足。諸派互相激盪，互相兼併，結果，在基本上，最具影響力的有三派。第一派是保守派。第二派是社會主義派。第三派是自由思想派。

保守派是中國土生土長的東西。它與若干守舊人物底情感，生活習慣，甚至切身的利害榮辱交織在一起。自一九一一年迄今，這一派底情狀可用「百足之蟲，死而不殭」這句話來形容。近幾十年來，這一派所處態勢，時而是退守，時而是出擊。幾十年來，保守派底基本工作計有三大端：一是反對白話文；二是保存國粹；三是保衞「歷史文化」。保存國粹之最顯著而持久的實例是保衞中醫。遷臺以來，中醫師們將「中醫」改稱「國醫」。這是套滙「國家」這個名詞底積威：誰要再反對「國醫」就形同「叛國」。叛國，是一件不得了的事。照作者看來，依此邏輯，我們吃的炒菜可以叫做「國菜」；我們用的毛筆應該叫做「國筆」；臺北大街小巷日以繼夜打個不停的痲將如果叫做「國藝」，那末警察就不敢取締了。豈不更好？

我們知道，在北伐前後的「革命集團」裏有兩股重要的分子：一股是布爾希維克分子；另一股是抱負一腔「救國救民」雄心而思想守舊的分子。這兩股分子有許多共同之處，但也有些相異之處。共同之處發生作用時，他們就「聯合起來」。相異之處擴大時，他們就鬧「分裂」。近幾十年來這兩股分子之「聯合」與「分裂」，支配着中國底命運。一九二七年「清共」以後，這個「革命集團」裏的思想守舊分子脫穎而出，著「唯生論」，提倡「禮義廉恥」，重彈「四維八德」。於是，保守派在現實政治上找到靠山。北伐以後，中國除了北方學界和「物質建設」以外，思想則向後轉退地回頭走着「復古主義」之路。

一九四九年以來，赤禍滔天，這一情勢，替保守派找到一個很好的藉口。他們說，中國之所以弄到這個地步，係五四運動破壞舊道德所致。至於他們自己呢？一點責任也沒有。十年以來，保守派在赤禍滔天這一大形勢之下，在危亡感的威脅之下，在現實政治的卵翼之下，作着空前如意的發展。從表象看來，在這類分子之中，有的不直現實政治的作風，有的受當權人物冷落，好像是別立一格的樣子。然而，一究其實，這類分子對於當權人物嫉視之程度遠不若對自由思想者之深且刻。無寧，這些分子時時流露對當權人物底形式上的種種復古措施之讚歎與激感。他們所感遺憾者，正像教主之於國王，責怪國王「信道不堅」，做得尙「不够尺寸」而已。這樣看來，這類分子與現實政治中的當權人物在思想上是很能「鎔接的」。這類分子把中國的「歷史文化」當作供在神座上的牌位。無論用什麼花花綠綠的名詞來潤飾，這是十足的「初民心理」之表現。我們是把文化看作一種工具。如果原有的工具因不合用而予以更新，正如一件衣服穿舊了再換一件似的，有何不可？

社會主義派的思想在中國傳統裏和社會建構中是有着根源的，「不患寡而患不均」等道德正義感本來就瀰漫士人思想中，加之中國近代貧困日甚。所以，社會主義派的思想一傳到中國，便如水之就下，氾濫不已。這一派底創導人物可推陳獨秀。這一派是中國現代赤化運動之先河。

中國在基本上是一水利農田帝國。「聖王之言」和「長老之敎」曾經一直是中國人民生活傳統的和一致遵守的倫範。自由思想在中國並沒有根源。它是純粹外來的東西。它只散播於接受西方思想的知識分子之間。這些人在中國啓蒙運動和新文化建設上起着巨大的推進作用。如果中國今日尙有一點點現代化的萌芽和痕跡，那末主要地是由于這些人底努力所致。自由思想派底創導人物頗多。但是，無疑，胡適是其中最具影響力的代表人物。

三　中國近五十年來思想上最具影響力的兩對人物

我們現在依照思想底性質將思想分作兩種：一種是專門性的思想；另一種是社會性的思想。專門性的思想之內容，所涉及的是後設科學，語意學，知識底理論，經驗科學的論旨，等等思想。我們要能接近這類思想，必須事先多少具備這些方面的訓練和知識。而一般人並沒有這些方面的準備，所以這類思想不能發生社會規模的影響，至少沒有直接的社會影響。社會性的思想之內容，所涉及的是有關大家行爲的原理原則，意欲，情感，人生觀，或意諦牢結(Ideology)，等等。中國傳統的哲學，和西方底「人文哲學」，就屬這類思想。這類思想所涉及的是大家共同具有或關心的問題，而且多無高不可攀的專門學術性的裝備，所以它常可發生社會規模的影響。我們在這裏所說的「思想」就是指這類思想而言的。

在中國近五十年來思想上最具影響力的兩對人物中，第一對是康梁，第二對是陳胡。所謂康梁，當然是指着康有爲和梁啓超這師徒二人而言。所謂陳胡，指的是陳獨秀和胡適之這兩個老朋友。爲着便於了解陳獨秀和胡適二人在中國現代的況位 (Status)，尤其是了解胡適在中國現代的況位，我們不能不稍稍提及康有爲和梁啓超二人底思想。

康有爲是戊戌維新運動底創導人物。不過，他對于西方學術思想並無深切瞭解。他清算舊籍的著作是「新學僞經考」。他所著作的「孔子改制考」之功用在使人讀古書時「提起新精神」。有名的「大同書」則爲發表他個人理想境界的著作。這一書所表現的是圖象式的烏托邦式的想象，頗富於浪漫色彩。我們必須明白，一個人底學識之多少，尤其是文章之好壞，與他底思想是否成熟並無必然的關聯。思想成熟的人誠然必須相當的學識，但具相當的學識者却不一定思想成熟。有許多人具相當的學識，但是他們底思想質素還在人類思想之童年階段。然而，一般人與他們首先接觸的往往是他們底學識或美妙生花的文筆，而不一定是他們底思想質素，於是易于接受他們底結論，因此而被他們所誤。遠之，藉語言構造「理想國」，近之鼓吹藉「革命」來「建國」，都屬此類。康有爲底「大同書」不過其中一例而已。理想主義也是此類幼稚思想底一種產品。如果一個人底思想質素很原始，而他底學識淹博，且文筆多彩，那末便很富於說服力。但是，我們千萬要覺悟：富於說服力的言詞不一定是眞理，眞理也不一定有說服力。梁啓超對于西方學術思想的瞭解無疑超過他底老師。他在

「新民叢報」中，對于中國舊思想，頗加抨擊。雖然他未能對西洋學術思想作有系統的介紹，但是在他那豪邁而帶情感的筆尖底下却作過不少零碎的引介。這對於當時中國知識界的確影響不少。在政治思想方面，他將自由平等這些觀念讓國人知道。這是他比只重「西藝」而不重「西政」的張之洞進步的地方。

我們略論了康梁，現在來列論陳胡。爲了易於瞭解陳胡二人底基本分別，我們現在列一個表在下面：

陳獨秀	①主激進 ②馬克斯底信徒 ③走入玄學——求超科學的解釋
胡　適	①主漸進 ②杜威底學生 ③謹守考證的方法之思想模態

我們在此雖然只列舉了二人底差別之三項，可是這三項差別是如此之基本，所以我們不可等閒視之。語云：「差之毫釐，謬以千里」。順着這三項差別發展下去，這兩位北京大學的同事整個的思想竟是如此之不同，而且對于中國近四十年來在思想上和實際上的影響也是如此之不同。

凡屬稍懂近代西洋思想的人都可明瞭，馬克斯底思想崛起於十九世紀歐洲的「意諦牢結時代」(The Age of Ideology)」。馬克斯底思想之材料雖然是當時英國經濟的情況，可是他底思想架構是黑格爾式的(Hegelian)。時至今日，稍治方法學的人都可明瞭，在許多條件或情況之下，材料多少必須受架構安排。馬克斯派宣傳馬克斯底思想是「科學的社會主義」。這種說法，不是出於無知，便是有意套取科學的信譽。這有點像與胡適只有一面之緣的人開口閉口「我底朋友胡適之」似的。一堆材料底本身，根本說不上是合於科學的或不合於科學的。這正猶之乎海灘上的一粒沙無所謂「是科學的」或「不科學的」一樣。一堆材料，必須在被安排於一合於科學的架構以內的條件之下，才說得上是否合於科學的。(這話一點也不涵蘊此一架構有何先天性，亦如康德所夢想者)馬克斯藉以安排他底材料的思想架構是黑格爾式的玄學架構。玄學是由一堆只能滿足宇宙情緒 (Cosmic feeling) 或統合感 (Sense of integration) 但却沒有認知意義 (cognitive meaning) 的語句組成的。因此，如果它要取代科學底功能，那末它就是反科學的。所以，馬克斯底思想是反科學的。既然馬克斯底思想是反科學的，於是師法馬克斯思想的陳獨秀思想也是反科學的。我們在「科學與人生觀」及「獨秀文存」這些書中可以看到，四十年前陳獨秀把「唯物論」看做與「科學」是一回事。這種混淆，在我們現在看來，頗爲有趣！但想不到在四十年後的今日，臺灣島上大言炎炎，高談「心性」「文化」的知識分子，還在把「唯物論」看作與「科學」是一回事。可見進步之難！我們從陳獨秀當時的著作看來，陳獨秀不滿意於「科學的零零碎碎」。他在上海被捕以後，追求對於政治，經濟，……作「一以貫之的一元論的解釋」。從這一思路出發，他走入唯物史觀，走入玄學。這種思想，再與中國傳統的理想主義和「士以天下爲己任」的觀念化合，在貧困，混亂，落後的中國裏，社會主義的思想遂行發酵起來！

關於胡適底思想，作者在中央研究院歷史語言研究所集刊第二十八本所載的一篇短文裏作過梗概的論列。在那篇文章裏所論的若干項目，我們只在這裏列舉綱目，內容不再複述。胡適底思想，除了前面所說的主漸進以外，還有重具體，反教條，個人本位，存疑，重實證，和啓蒙。作者那篇文章成于一九五六年。現在，作者認爲在胡適思想底這幾種性質之外，必須再加一種，就是獨立。獨立，是記述胡適思想之一不可遺漏的特點。而且，獨立思想，在目前看來，尤其具有它底「時代意義」。獨立思想眞是今日的「救時良方」。時至今日，沒有獨立思想的人，只有被人推着滾至深淵！

談到胡適底獨立思想，我們很容易聯想起他在一九二〇年將離開江南的前一日所寫「介紹我自己的思想」這篇文章後面的一段話：「從前禪宗和尙曾說，『菩提達摩東來，只要尋一個不受人惑的人』。我這裏千言萬語，也只是要教人一個不受人惑的方法。被孔丘朱熹牽着鼻子走，固然不算高明；被馬克斯列寧斯大林牽着鼻子走，也算不得好漢。我自己決不想牽着誰的鼻子走。我只希望盡我的微薄的能力，教我的少年朋友們學一點防身的本領，努力做一個不受人惑的人。」這不是我們今日亟需的思想原則嗎？

「漸進」這個名詞，尙有待作清晰的界定。「漸進」一詞，在中國人用來，常常引起「溫和緩慢」這類情緒的意義。情緒的意義不合於用作認知的標準。因此，我們現在應該撇開「漸進」一詞之這方面底意義不談。我們現在從「可運作的程序之先後陳列」(the sequential order of operationable procedures)」，或「技術的可能性」(technical possibilities)」，來界定「漸進」一詞。如果從這一方面來界定「漸進」一詞，那末我們對于中國近五十年來的大變動可以得到與近三四十年來流行的觀念截然不同的新眼光。依據這個新眼光，我們可以知道，如果俄國不鬧布爾希維克式的激進革命，而是一直照着十九世紀開始的土地改革，憲政改革，以及歐化運動穩步前進，那末俄國土地上不僅不能建立起斯達林式的窮兇極惡的新沙皇統治，而且以俄國的潛力之大，已經成爲一片康樂富裕之土。同理，如果中國幾十年來居於創導地位的知識分子沒有患幼稚的躁進妄想狂，而是照着嚴復所說的原則做去，或顧到「可運作的程序之先後陳列」，或考慮到任何大變革之「技術的可能性」及其結果，那末中國人民近五十年來白白遭受的寃枉痛苦和慘重犧牲不僅可以避免，並且以中國潛力之雄厚，經過幾十年來的現代化建構工作，那末中國不僅不會亂出一個「秧歌王朝」，而且人民會享有與美國相差無幾的自由和康樂。如果我們從這一「社會政治變動」的角度來了解胡適所强調的「主漸進」的思想，其意義是够重大的。

胡適說：「科學態度在於撇開成見，擱起感情，只認得事實，只跟着證據走。」又說：「科學方法只是『大膽的假設，小心的求證』十個字。」胡適所了解的「科學方法」是順着晚清樸學研究發展下來，受西方學人如赫胥黎 (T. H. Huxley) 底啓發，將晚清樸學研究中所含藏的方法意識明文地透露出來的東西。這是晚清以來中國人治學方法之前進的一步。不過，胡適不僅將這種「科學方法」以及由這種「科學方法」之習作所形成的思想模態用來治學，而且用來認識社會，政治，並且用來論政議事。

「大膽假設，小心求證」這個口號揭櫫數十年了。可是，大多數中國作學問的人並沒有照着這個口號上路。不料去年有人對着這個口號提出異議。這多年來，中國學壇（如果有學壇的話）裏眞是太寂聊了。沒有討論，就難得引起進步。有人能提出任何問題來討論，總是有益的事。不過，從事學術討論，至少有兩個條件必須嚴格滿足：第一，謹守學術行規；第二，對于所談論的題材，有個起碼的常識——我們暫且不要求「有專門的知識和訓練」。只要稍懂學術行規和方法學常識的人，一看去年少數人士對「大膽假設，小心求證」的異議，立刻可以看出只是一堆不着邊際的浮詞泛語，只是放了一陣子空炮，距離稍微像樣的「學術討論」何止十萬八千里！無論怎樣，批評「大膽假設，小心求證」的人，對於這一點的了解至少要超過胡適，才有資格對他此話提出批評。可是，這些批評的言論所表現的，尙比胡適差得遠，而且又不像是認眞做過學術研究工作的樣子。既然如此，這樣的異議批評所發生的結果至少是未能促致學術進步。

胡適對于科學方法的了解並不算錯。他底缺點在將科學方法看得太簡單了。這是因爲他了解科學方法之來路係歷史考證，而不是自然科學。他因受這一來路底限制，所以對于科學方法的了解難免陷於過份簡單的認識。不僅如此，並且由于這一認識，遂使胡適底思想頗像詹美士所說「澈底的經驗論 (radical empiricism)」，而缺乏必要的「抽離性 (abstractivity)」和「推廣性 (generality)。」我們知道，適度的抽離性和推廣性，乃現代科學思想之必要的建構條件。所以，他底「科學方法」用來做考證還可以；用來對付現代複雜的政象，就現得不太够了。

四　胡適與啓蒙運動

如果我們暫時撇開空虛的面子，而是能够勇敢地正視事實並且認眞地把中國和西方進步的國邦作一比較，那末我們就不能不承認我們在實際上有許許多多事不如人：我們不僅在科學和政治方面比西方進步的國邦差，而且卽令在我們自己艶稱的道德方面也遠落西方文明國家之後。面對這一事實，我們不能不承認中國亟需改造。而改造中國的根本途徑，就是從事啓蒙運動。在這一運動中，毫無疑問，胡適是主將。我們在這裏談胡適與啓蒙運動，並不涉及胡適這個人本身。我們也不重視他底言論和行動之一枝一節。我們在這裏談胡適，只是把他當一個象徵。我們只注意他所象徵的中國啓蒙運動發展底主要趨向，以及他這個象徵在此主要趨向中所發生的作用。

胡適對于中國近四十年來啓蒙運動的貢獻有三大節目：一，提倡白話文；二，掃蕩舊思想和舊制度；三，介紹新思想。

我們知道，中國可以說是一個「文章國」。自來有多少人藉文章而富貴顯達。文章與若干人底利害攸關着，並且與他們底情感聯繫着。不過，他們所寫的文章是文言文。文言文與口語不同。它艱澀難寫，因此不能作大衆交通意念的工具，也不能作普及知識的媒介。五四時代，胡適等人倡議廢除文言文，創用白話文。這種主張一提出，立刻遭到藉文言文起家並且與文言文發生深厚感情的守舊文人之痛詆。然而，較少數人之痛詆，畢竟抵不住最大多數人之便利與需要。到了現在，白話文之普遍，已經和自來水一樣了。（我們在這裏可以順便一提，因着有了這個方便大衆化的工具，後來在廣東搞「革命」的人才得到一種便利的宣傳工具。因爲他們得到這種便利的宣傳工具，他們才能「喚醒民衆」，並且使「革命迅速成功」。）因着有了這個便利的工具，中國底文盲才逐漸減少，而且新式敎育之普及較快。

談到掃蕩舊思想和舊制度，吳虞可以說是一位開路先鋒，吳稚暉是一位力敵萬人的大將。這些先生眞正是有助於「撥雲霧而見青天」的先覺。而胡適則是將這種工具做得最有成績和卓著勳勞的健者。五四以後，胡適拿起他那一枝流暢，清晰，而又鋒利的筆，對于中國底舊思想，舊制度，舊的生活方式，所謂的「東方精神文明」，以及汚暗和墮落的一面，加以毫不留情的掃蕩。他當時所寫的這類文章之代表作，例如「請大家來照照鏡子」，「我們對于西洋近代文明的態度」，「漫遊的感想」，「論名敎」，等等。我們今天重讀他這些文章，仍覺光芒萬丈！

我們且看他對于中國此類問題底見解是怎樣的。在「新思潮的意義」這篇文章中，他說：「爲什麼要研究問題呢？因爲我們的社會現在正當根本動搖的時候，有許多風俗制度，向來不發生問題的，現在因爲不能適應時勢的需要，不能使人滿意，都漸漸的變成困難的問題，不能不澈底研究，不能不考問舊日的解決法是否錯誤；如果錯了，錯在什麼地方；錯誤尋出了，可有什麼更好的解決方法；有什麼方法可以適應現時的要求。例如孔敎的問題，向來不成什麼問題；後來東方文化與西方文化接近，孔敎的勢力漸漸衰微，於是有一班信仰孔敎的人妄想要用政府法令的勢力來恢復孔敎的尊嚴；却不知道這種高壓的手段恰好挑起一種懷疑的反動。因此，民國四、五年的時候，孔敎會的活動最大，反對孔教的人也最多。孔教成爲問題就在這個時候。現在大多數明白事理的人，已打破了孔教的迷夢，這問題又漸漸的不成問題了，故安福部的議員通過孔教爲修身大本的議案時國內竟沒有人睬他們了！」

胡適這篇文章成於一九一九年十一月，距今已四十年了。四十年後的今日，一般人對此類問題的見解是否比胡適「高明」？現在臺灣底一股子氣氛比「民國四五年的時候」有何不同？「安福部的議員」之幽靈是否在目前的臺灣作祟作怪？

我們在前面說過，胡適是杜威底學生。杜威是一位實效論的哲學家。胡適所做的介紹新思想的工作，主要地或直接地就是介紹杜威底思想。至于其他西方思想家底思想，胡適自已介紹的很少。不過，胡適憑着他底創導力，却鼓起其後中國人介紹西方思想的興趣。因着這一番興趣，中國人介紹西方思想的工作做了不少。中國若干知識分子之稔知羅素，也是從那個時候開始的。

五　他們爲什麼反胡適思想？

我們所說的「他們」是些什麼人？我們所說的「他們」列指的係現在大陸的赤色分子以及一部分在臺灣的反共保守分子。我們現在將赤色分子與反共分子相提並論，也許有人感到奇怪。其實，稍加解析，奇怪之感便會立刻消失：對于同一組事物，如果標準不同，那末我們所作的分類也可隨之而不同。例如，同是臺大學生，依據性別來分類，可得男生與女生二類；但是，如果依在學的進程來分，我們便得一年級，二年級，三年級，……。在這一分類標準之下，原來依性別不同所作的男生與女生之別便消失不見了。如果我們拿臺大學生是否來自臺灣或海外作標準，那末我們可得「僑生」和「非僑生」的分類。……推廣地說，對于任何一組事物a，如果我們有n個分類標準，那末我們對於a便可作n個分類。依照這條原則，從現實政治的觀標來看，赤色分子和保守的反共分子誠然是水火不相容的；可是，從反胡適思想這一觀標來看，二者既然都反胡適思想，所以二者可劃歸一類。這裏所作的完全是記述性的解析，毫無價值評判攙雜其間。

在原則上，胡適思想是可以批評的，也可以反對。胡適並非羅馬教皇。任何一種新思想在舊社會出現，它之遭到批評或反對，這應該視爲一種正常的反應，如果沒有人去批評或反對它，那才是一件怪事哩！但是，我們在此所應注意的幾點是：我們在反胡適思想的時候，一、所抱持的是什麼態度；二、所須據以出發的是何種動機；三、所本的是某種價值判斷或記述的解析；四、所用的是什麼功能的語言；五、以及是否感情用事。這五者如果稍有「欠妥」之處，那末無論是批評胡適思想或反對胡適思想，都是白費。

他們爲什麼反對胡適思想，我們可以先從赤色勢力與反赤的保守分子思想之基本相同的方面來觀察。無論是赤色勢力還是保守的反赤分子，在思想之基本上都是：一，「絕對主義的」，即「肯定」眞理有而且只有一個，這一個眞理在而且只在我底口袋裏；同時這唯一的眞理是最後的，不容修正的。二，「權威主義的」。權威即是眞理，眞理即是敎條，敎條只許信奉，不許懷疑。三，羣體至上，組織第一的。歷史的或政治的羣體或組織是一切是非底標準，是價值判斷底主體。個人沒有置喙的餘地。四，「歷史中心主義的」。無論是黑格爾之徒或是馬克斯之徒，都堅持「歷史中心主義」，因此都相信「歷史發展的必然性」，並且都認爲「歷史的必然發展」是朝着有利于我的方向前進的。於是，都强調要「實現偉大的歷史使命」。這一偉大的思想，正好作「吾儕不出，於蒼生何」這一偉大的抱負之「哲學的基礎」。五，只問目標，不擇手段。赤色勢力之奉此條作圭臯，固不必論。保守的反赤分子也是相信「目的可使手段成爲正確」的。因此，當他們口裏反共而手上採取共黨方法時，自已並不引以爲怪。這五項與我們在第三節所說的胡適思想之重具體，反敎條，個人本位，存疑，重實證，和啓蒙諸特點剛好針鋒相對，所以他們都反胡適思想。

可是，如果胡適思想不能產生動力或實際影響人心，那末雙方是不會這樣反胡適思想的。無如近四十年來胡適思想對于中國知識分子之直接或間接的影響頗大。而且，順着胡適思想發展下去，在實際上，會產生兩種結果：㈠中國走上自由與民主之路。如果中國走上自由與民主之路，那末任何極權暴政建立不起來。如果任何極權暴政建立不起來，那末共產式的極權暴政也建立不起來。英美就是最有力的例證。這一結果不是赤色勢力所能忍受的。所以，爲了滌淨胡適思想對于中國知識分子的影響，爲了從思想上掃除極權統治建立的障碍，赤色分子必須「清算胡適思想」。這幾年來，在赤色勢力高壓之下，大陸若干文人爲了清算胡適思想所寫的文字，不下二百餘萬言。作者在中央研究院所看到的清算胡適思想的書刊眞是洋洋大觀。這些文字，收集起來，可成一部「反胡叢書」哩！㈡如果順着胡適思想發展下去，那末具權威性的傳統都會失去作用。如果一切具權威性的傳統都失去作用，那末建立於其上的現實權威和思想權威也隨之大江東去。這種結果，保守的反共分子是不能忍受的。所以，他們也要反胡適思想。

依據以上的指陳，左右雙方之反胡適思想，無論說得怎樣冠冕堂皇，骨子裏却是一個「利害悠關」和情感的問題。除此以外，左派分子之反胡適思想所採用的方式是消滅「英美資產階級的思想」。這是「人身攻擊」的一種形式。右派之反胡適思想，是擺出一副「衞道」的架式。照這類分子底心理狀態看來，對于所謂的「道」你只有信服或不信服，此外沒有討價還價的餘地。照我們看來，這都是「不講理」。復次，左右雙方之反胡適思想都是從各自所作的價值判斷出發的：左派從「階段利益」來「批判胡適思想」；右派高懸「先驗道德」或「文化價值」來衡量胡適思想。至于他們這些價值標準底本身是否站得住呢？他們對之「肯定」爲最後的準繩，不再追問。如再追問，那末反胡者不是搬出「違背階級利益」，便是搬出「違逆聖敎」來唬人。實實在在，這都是「中古精神」底翻版！復次，左右雙方討論問題，從來不願也不能用記述的及解析的語言，而總是像用幾股線搓成一根繩子似的，用應然的聲訴語言，圖像的語言，決意的聲訴語言，情緒的聲訴語言攪在一起。於是，你與他們談這時，他們以那來應。你與他們談那時，他們以這應。這樣再胡亂攪混一百年，也與胡適思想毫不相干的。稍有語意學和現代思想方法訓練的人不做這樣的事。

六　今後的展望

談到今後的展望，我們所需要的並非只是信心，而是知識。信心而無知識是盲目的。一談到知識，總離不開解析。關于未來的展望，我們可以分析于下：

A　從目前的死胡同裡退出來

中國目前的糾結是社會動亂和政治紛擾所構成的。外力作用于這一大動亂和紛擾，益使這些動亂和紛擾加深並且擴大。從表象觀察，目前的動亂和紛擾分作赤化和反赤兩條陣線；可是，形成這一大動亂的基本元素則同爲中國傳統文化之不能適應現代生活的部分，尤其是中國傳統裏動輒以正統自居的思想模態，以及情感反應的軌序。關于這類問題，我們在別的機會再討論。我們現在只預備指出一點：俄國布爾希維克底那一套法寶和「意締牢結」，在經驗論的思想模態瀰漫的英國生不了根，在有科學思想習慣的美國也無從發酵；可是，一到了中國，正如其會在俄國一樣，便風行草偃，如癡如狂，洪水泛濫。爲什麼呢？因爲，二者在文化底根子上有着「化學的親和力」，一接觸着便「化合」了。這一事實之擺在作者面前，正像看見太陽一般明白。而號稱反赤者連想都不敢朝這個方向想，連正視這個事實一眼的知識勇氣也沒有。實在未免太「軟心腸（tender-minded）」了！

說來眞是一個悲劇，目前反赤者之反赤，係從與他們所反的對象同一立足點出發的。他們動輒「以主義對主義」，「以組織對組織」，「以宣傳對宣傳」，「以黨對黨」，……身居臺灣的一般人，被泡在這種氣氛裏，「如入鮑魚之肆，久而不聞其臭」。可是，面對此情此境，又怎能禁止西方一般稍具觀察力的人說二者「隔海同唱」！這樣反赤，只有把問題愈弄愈糟，糾結愈弄愈亂。我們要反赤成功，必須從這條死胡同裏退出來。

B　擺脫傳統的糾結

任何人愛戀他自己底文化，這是一件很自然的事。這一件很自然的事，是屬于感情範圍以內的事，說不上有無價值。如果一個人眞心愛戀中國傳統文化，那末似乎比愛戀黃金美鈔要可愛一點。不過，自己個人是否愛戀中國傳統文化是一件事，中國傳統文化是否可用來救國救世則是另一件事。就作者個人底愛好說，中國傳統文化中的某些點作者也有愛好的。例如，羅素所盛讚的「老莊人生態度」，作者也頗愛好；從前那種鬆舒的生活方式，作者尤其企望。美國那種一天到晚汽車衝，衝，衝的光景，實在是「吃勿消」。但是，我們不以爲個人所愛好的東西「必然」有什麼「眞理」存乎其間。我們更不能因爲一個文化傳統支配社會長久了說它一定是什麼眞理。包小脚，八股文，尤其是專制政體，這些文化內容在中國盛行了很久，我們能說它們是「眞理」嗎？我們不能因有人反對在傳統文化中支配了很久的那些不適用的教條而批評他是「有違祖教」。如果「祖教」有碍進步，違之豈非一大佳事？姓李底祖人中有李自成者，難道姓李的人因此就不能罵他是一「流寇」嗎？我們只問是非，不問祖與非祖。我們一點也不拖泥帶水。農業社會愛談「祖」。時至今日，「祖」最多只是紀念的對象，並非依照的對象。沒有希望的人，才兩隻眼睛向後望。有希望的人，兩隻眼睛是向前看的。

復古者要把傳統的教條或孔制作爲當前大家奉行的倫範或「反共救國良方」，他們將傳統教條或孔制說成是先天的，垂諸萬世而皆準的。我們現在沒有時間反駁這類說法。我們現在祇提出下列幾個問題：

㈠何以證明傳統教條或孔制是先天的？

㈡歐基理德幾何學之被看作「絕對的眞理」，垂二千餘年，尚且能够移換。何以證明孔制能垂諸萬世而皆準？

㈢何以見得倫教發展到孔氏就空前絕後的完備而不能更動？

㈣孔氏亦一人也。彼一人在那老遠老遠的古代簡單社會中所制定的倫教何以能適用於今日在繁複社會中的千千萬萬人？

㈤如果適於古代社會的倫教也適於現代社會，那末何以現在不復發生維繫的作用，而要以「哀懇」之態或出之以怒目横眉來推銷？

對於這些問題的解答，我們只看見四種：一，權威的聲訴；二，情感的聲訴；三，玄學字眼的搬弄；四，訴諸片面的價值判斷。如果一個人也相信這四者，那末這些問題當然「已求得最後的答案」。可是，萬一有人對這四者「歉難苟同」的話，那末似乎只有拿出獄牢的鑰匙了。

如果我們要說中國傳統倫範在今天尙能發生什麼作用，那末這種作用簡直是壞的：在統治方面，多一頂壓人的帽子；在社會方面，多一層虛飾。目前在臺灣，如果有人提出仁義道德或廉恥禮義，大概沒有人敢于正面反對，說我不仁不義不道不德或不顧廉恥也不講禮義。然而，是否眞正有人因着這一番提倡而從內心發生一股對他底行爲的拘束力或規範作用呢？作者見聞有限，不敢說沒有。可是，從臺灣找到香港，作者找到的很少很少。此外，不是僞君子，便是古裝掩不住打手？

何以致此呢？因爲社會變了，古裝已不適用了，它已不復能發生實際的規範作用。我們今後要建立大家能共守的行爲倫範，古代倫教只有參考價值，主要地必須從行爲科學去求解答。

C　我們需要再啓蒙

中國何處去呢？十年來官方人士所表現的態度似乎滿有把握，口裏叫的似乎也很堅定。可是，一究其實，他們是把這隻船向霧裏開。「霧裏乾坤猜不透」。霧，使人視線模糊。霧，使人看不見眞相。祇有在朦朧之霧的景色裏，人才可因忘懷於眞實的世界而沉醉於一時。這霧，就是殘餘的傳統加上宣傳。

如果一個人一輩子沉醉於微醉狀態，那是最幸福的。就怕酒醒後的悽涼。

十年來，臺灣底技術建設似乎有些進步，可是思想則倒退不止四十年。目前，專制的「意識形態」藉反共的權威建立而復活。十年來，中國底「歷史文化」竟是隨官權擴張這一需要之鋒背而「實現它自己」。這一「理性」未免太「機智」了。我們隨處可見，一個小小的所長向下屬談的話叫做「諭」。「奉諭」要空一格抬頭寫。其他更無論矣。你能說這是美援的輸入品嗎？這不是「歷史文化」裏的結晶嗎？難道中國底「歷史文化」有而且只有藉着價值判斷的篩子篩剩的「仁」，「義」，這幾個字兒嗎？寫毛筆字，行中醫，誠然是「民族的符誌」。念憶過去的事物，誠然可以塡補若干人現在的空虛。然而，何有助於打開今後的局面？拿不出有效的辦法時，「哭靈牌」又有什麼用？孔制誠然維繫了中國社會二千餘年，但它也僵凍了中國社會二千餘年。到頭來我們因此失去適應的能力。如果中國底傳統敎條或孔制果眞是「救國」的靈丹妙藥，那末中國何至於有今天？如果傳統敎條或孔制果眞有何「挽救狂瀾」的無邊法力，那末何至連它自己都保不住？在中國目前這種「天下滔滔」的亂況之中，中國底傳統文化可說是「泥神菩薩下水，自身難保」。在這種情形中，若干泥醉的人士之提倡中國文化出口救世，這等于掉在水裏快要淹死的人大叫要救岸上的人！

自同治中興失敗以來，在基本的人理建構上我們是徘徊於中古的邊沿。我們在人理底實質上並未進入近代。在人類歷史的途程上，我們躑躅浪費得太多了。經過赤禍滔天這樣慘痛的敎訓，許多人還不覺悟，還要把倖存的一部分中國人拉着往回頭路走，這眞是悲劇中的悲劇！五四時代胡適等人所指出的「科學與民主」，毫無疑問是中國人走向光明的平坦大路。我們要想中國有前途，還得走這條大路。此外都是死巷子。

科學敎我們種種技能。尤其重要的，科學是無顏色的東西。我們由科學這一無顏色的東西，學習怎樣客觀地認識事實，並且了解人理。科學這東西既無顏色，所以也就是中性的。中性的眞理，「不爲堯存，不爲桀亡」。科學不特別幫助羅斯福，也不特別幫助斯達林。它獨立於任何民族，集團，政黨，及個人之利害。科學無古今之別，更無中外之分。「全盤西化」不是科學。「本位文化」更非科學。「厚古薄今」的結論在科學裏找不到根據。「薄古厚今」也在科學裡找不到根據。科學底基本設準乃「什麼就是什麼」：只問眞假，不問古今；只問對錯，不問中外。該怎麼的就怎麼的。全人類共同需要的就是這種最低度的眞理。中國人要想在世界上站得住更需要這樣的眞理。然而，我們却最缺乏它。所以，我們需「迎頭趕上」。

民主則是打開中國治亂死結的唯一有效的方式。自古至今，中國改朝換代多矣。歷次的改朝換代，在形態上及動理中，似乎有一公式可察。哈佛大學某一位歷史學者所說的合治 (Synarchy) 是有史實作基礎的。這種說法，如果未作「不適切的推廣」，那末是可以成立的。當然，這種說法並非不可批評。可是，有人對此說法的批評只是從「民族自尊心」出發的，這就毫無學術價值可言。我們看不出從「民族自尊心」出發比從「階段立場」出發來講學問有何更接近純理之處。純理，並不爲任何特定的集體服務。除了合治論所說的情形以外，中國歷代之治亂常與權力鬬爭結不解之緣。我們現在可列一架構於下：

強者帶頭打天下→奪得政權→遲早玩弄權力→另一批人起來打倒他→取代者遲早玩弄權力→又被另一批人打倒→……

反反覆覆，禍亂相尋，吾民苦矣。帝制崩潰以後，餘毒四散，殺伐無間，吾民更苦。這樣看來，政治權力怎樣安頓的問題，實在是中國自古以來最直接而最緊逼的問題。這個問題不妥當解決，其他問題都受到牽連。怎樣解決呢？自古至今，除了少數禪讓的例子以外，其餘就是篡位，傳子，和武力奪取。這些辦法都不是安頓政治權力的妥當辦法。幸好，西方人給了我們很好的啓示。這個啓示就是五四時代胡適等人所提出的「民主」。我們積歷史中長久經驗的觀察，深知要打開中國治亂循環的死結，最見效的方式，有而且只有實行民主。有而且只有實行民主，中國才能希望結束目前的禍亂，而步入一個新的里程。目前臺灣所行的一黨專政，在政治的實質上，實在是專制政體和貴族統治底一種變形。所以，如果我們希望中國眞正走上民主的道路，那末先決條件就是結束一黨專政。現在以覇力行一黨專政者似乎是因反共抗俄之需要而「義不容辭」的樣子。然而，作者窮思力之所及，除了發現骨子中係爲着少數人底面子和一個團體底現實利益以外，找不出任何一條理由來爲一黨專政應該永遠繼續下去作辯護。誠如胡適所說，中國底問題很不簡單，並不能因組織反對黨而解決。但是，一黨專政確是卡死滿盤棋子的絕着。走活這一着棋，則新生之機立見。所以，結束一黨專政，至少是中國國運轉機底必要條件。如果不然，臺灣底今後，只有借兩句話來形容：「春蠶到死絲方盡，蠟炬成灰淚始乾」。作者現在把這兩句話寫在紙上。可是，我並不希望將來寫的歷史爲我作證。

在陰黯矛盾中演變的大陸文藝(下)

東方既白

七

要談到那些所謂「暴露黑暗」，所謂「寫眞實」的被認爲舊式的「現實主義」精神的創作，在鳴放的時期中，各地雲擁風起，我們無法一一讀到，讀到的也無法一一紹介，不過爲讓讀者明瞭一點現實，我且舉一些例子。但讀者不要誤會以爲這是存在大陸裏的什麼反共作品。這些所謂「暴露黑暗」「寫眞實」「反映實生活」的作品，實際上都是鳴放期中出現的，也正是響應黨的整風號召而已。這些作品，在形式與內容都可說是很平庸的，而所暴露的黑暗，也多是大同小異的官僚主義。我這裏介紹的雖祇是幾篇，但也是可以見其一斑。

A　王若望的兩篇特寫

「……一個具有『大炮』性格而又被工廠黨政領導劃入『一貫調皮』那類車工張愛良，有一次在過年的最後一天，因爲批判了一個車間主任(一個黨員)不該宣佈提前半小時關車，舉行車間裏的清潔大掃除命令，而遭到壓制，那位車間主任也不問個靑紅皀白，就給他扣上一頂『抗拒領導，損害威信』的大帽子，他一急，也以『官僚主義，不講理，領導破壞勞動紀律』回敬一下，于是車間主任又下一個命令：決定扣發他『一個月獎金，作爲處罰』，理由是平時『這傢伙，一貫搗蛋，經濟主義嚴重。幹活不老實，虛報空額，想多得獎金』，就索性扣他的獎金，叫他腦袋裏印象好深一點，這叫做對症下藥。張愛良對這個處罰表示不服，就向監察室去『告密』，一場富有喜劇性的矛盾衝突就這樣展開了……

「這件『公案』鬧得黨政領導和工人羣衆都六神不安起來，人事科長認爲車間主任對張愛良的處罰是錯誤的，可惜無權過問。監察室副主任明知車間主任不對，就因爲怕黨政領導，故而不敢向黨員提出批評。黨委組織委員會也認爲處罰不當，但祇好皺了眉頭，馬上考慮到要收回成命，將來車間主任不好當了。他又是黨員幹部，遷就了張愛良，黨的威信和主任的威信就會受到影響。最後結論是：『怎麼辦呢？扣一月就扣一月吧，誰叫他「一貫調皮」。』副廠長對這案子的看法是這樣的：『車間主任這樣做是不對的，應該批評他。』可是當他知道了黨委組織委員的意見時，口氣馬上改變了，認爲組織委員的意見就是『黨委的意見』，總是正確的。因而也不能不隨聲附和：『就這麼辦吧！』至于廠長呢，覺得這件處理上有毛病，但爲了照顧黨內團結，不好改變他們的決定，結果祇是把扣一個月獎金，偷偷地改扣十天。車間裏工人羣衆都同情張愛良，然懾于『車間主任，廠長，黨委書記』的威勢，都不敢替張愛良講一句公道話，只能『悄悄地』說話，你要問他們，他們就會『縮緊了嘴吧搖搖頭』。

「張愛良因此招來了工廠黨委行政領導從上到下『永遠拔不掉的歧視，他在廠裏變成到處碰壁，申訴無門。因此他想告到外面去，告到全國總工會華東辦事處。告到黨報去，可是監事室副主任說，他們忙得很，那有時間管這些小事，他也就不再妄想。不幸的是他的這個『念頭』竟招來了黨委組織委員會更大的報復和打擊，組織委員會一面找他談話，『穩住他』，一方面利用車間黨支部去搜集他的資料，準備開會鬪爭，這樣，黨委由被動取得主動。這個一直被歧視的工人最後被借故踢出他勞動過多年的工廠。那位膽小怕事見黨委眼色行事的監察室副主任，忽然領悟到張愛良是個無辜者，甚至他的大砲搗蛋的性格也不是他的錯處，而是在『不斷受歧視之後才形成的』，都要領導負主要責任。並且意味深長地對他作了『進一步敎育』：

「『你這個人一向態度不好，爲什麼你總是要和領導對立呢？你要知道現在的領導都是共產黨呀！』」

這一篇特寫題目叫做「成見」。是被批判爲作者對黨所領導社會主義建設抱着不滿心理與敵對情緒的。

另外一篇是五分鐘電影特寫：「見大人」

「一個六十幾光景挾着一件簑衣，背上馱着一個包袱的農民父親，從山東千里迢迢的到上海來探望他的在高級領導機關當部長的兒子曹廷中。他走到門口掛着一塊足有一丈五尺長的招牌的他的兒在做官的政府機關時，就被那個機關的傳達奚落，而遭了擋駕，直到他說出他兒子的名字是曹部長，才『轉爲恭敬』，替他通報到部長辦公室的秘書，秘書聽說是『部長的老太爺』馬上誠惶誠恐的通報了部長。

「接着，鏡頭搖到父子會面了，先是『保持相當距離』，繼之嘲笑一番『鄉下老頭』的簑衣和他帶的『土產』。兒子于是命令秘書用『走七十里要化一擔麥子』的汽車送父親回公館。

「兒子的公館是有衛兵把守的，豪濶萬分，沙發彈簧床等等擺設使父親的樣子更顯得寒傖，于是部長太太就爲哪個『一副叫化子樣子』的農民公民住在家裏太影響部長的威信。于是就接着『人要衣裝，佛要金裝』的原則去改造父親，連七八歲的小孩子也譏笑『猴子爺爺』，把他山東帶來的土產當作『喂豬的東西』而任意糟糨。

「最後這個農民父親不得不『傷心地』結束了這一次不如意的訪問，他氣咻咻地說：

『……這裏衙門。實在呆不慣，索性我走了。』

于是：

「老人孤獨地在大街上踯躅着，身後拖着一個長長的影子。」像這樣的特寫，自然可以說反映一部分生活的眞實的，但是這是違背了社會主義現實主義的寫作原則，所以是必須被清算的。

B　劉紹棠兩篇小說

劉紹棠被認爲反動的兩篇小說，一篇是「田野落霞」，一篇是「西苑草」，前者是寫農村的，後者是寫大學生活的。

在「田野落霞」中，作者創造出幾個農村黨員與領導者的形象。

一個是高金海——是游擊戰爭時騎兵連的排長，參加過掃蕩。他是區委的副書記，他對「這個職務已經鑽營很久，他的老上司張震武也替他四處奔走，」最後總算抓到了這個職位。

一個是劉秋果——是新調來的代理區委書記，未經改造，心理上時呈狂熱，時呈陰暗的小資產階級知識份子。他與高金海是對待的，高金海就拉攏區委裏一羣老油條與劉秋果作對。

一個是楊紅桃——她在游擊戰爭時期死了丈夫，守了五年寡才嫁給高金海。高金海在這女人身上施加了慘無人道的蹂躪。她還說高金海明目張膽的在農村裏找了一個十八歲的富農女兒做他的「拼頭」。這個女黨員，在黨的鬪爭中生活了十二年，而現在竟也是一個沒有生氣，道德墮落，一無可取的女人。她還是黨支部書記。

一個是副縣長張震武——他在游擊戰爭時做過運河地區的區委書記。但他竟是一個非常庸俗的人，愚昧無知，把唯物論辯證法說成了「辯證論唯物法」。當高金海受到黨紀處分的時候，他還千方百計的包庇高金海。因爲楊紅桃批評了他，他取消了楊紅桃黨支部書記的職位。

故事就在這些人糾紛中展開，所暴露的是黨組織的癱瘓，黨領導的墮落，這些雖有多期在黨中鍛鍊的黨員們的愚昧無知。

「西苑草」則是反對集體主義教育的一篇小說。寫出大學生活的不民主，不自由，任憑別人擺佈的情形。唱歌要集體，跳舞要集體，逛公園要集體。同學間沒有友誼，愛情也比「目前文學作品所描寫的愛情還要公式化」——一個月兩封信，見一次面，每封信一頁信紙，每次見面兩個鐘頭，如此而已。」要是星期日「跟愛人一起佔去過多的時間，要被批評爲脫離羣衆。」……諸如此類的，最後連投稿的自由也被壓制。

上面我們談到過劉紹棠是北大中文系讀過書，後來要求退學的，這裏所寫，當然是他的經歷；他大概是受到了「投稿被壓制」所以想退學的。

流沙河的草木篇

一九五七年春，在四川出版了一本詩刋，叫做「星星」，創刋號上發表了流沙河的「草木篇」。這不是什麼了不得或新鮮的作品，只是一組把植物象徵社會的人們與世態，一共也不過短短一千字，但是竟掀起一個大鬪爭。批評它，檢查它，反對它，批評它的一類的文章，發表的少說說也有二三十萬字。進行鬪爭有半年之久，牽涉了「星星」詩刋的編輯石天河、文滙記者范琰，以及四川大學民盟的教授們，關于這一件鬪爭的案子，這裏不擬詳述，這裏僅將草木篇全文轉抄這裏，特別要說明的是作者流沙河是一個青年作家，是四川省文聯的一個幹部，是共產黨青年團的團員，他的父親是一九五一年鎮反時被鬪爭死的。

草木篇　　　流沙河

寄言立身者；勿學柔弱苗——唐、白居易

白揚

她，一柄綠光閃閃的長劍，孤另另地立在平原，高指藍天。也許一場暴風會把她連根拔去。但，縱然死了吧，她的腰也不肯向誰彎一彎！

藤

他糾纏着丁香，往上爬，爬，爬……終于把花掛到了樹梢。丁香被纏死了，砍作柴燒了。他倒在地上，喘着氣窺覗着另一株樹……。

仙人掌

她不想用鮮花向主人獻媚，遍身披上刺刀。主人把她逐出花園也不給水喝。在野地裏，在沙漠中，她活着，繁殖着兒女……

梅

在姐姐妹妹裏，她的愛情來得最遲。春天，百花用媚笑引誘蝴蝶的時候，她却自己悄悄地許了冬天的白雪。輕佻的蝴蝶是不配吻她的，正如別的花不配被白雪撫愛一樣。在姐姐妹妹裏，她笑得最晚，笑得最美麗。

毒菌

在陽光照不到的河岸，他出現了。白天，用美麗的彩衣；黑夜，用暗綠的燐火，誘惑人類。然而，連三歲孩子也不去睬他。因爲，媽媽說過，那是毒蛇的唾液。

一九五六年十月三十日

就是這短短的幾段，不到一千字的東西，可是批評它鬪爭它，以及清算它的報導至少有三十萬字。要說是錯誤吧，也祇是個人主義脫離羣衆的作品，並沒有什麼重大的對政治的諷刺。我想它之所以引起這麼大的風浪，大概是這草木篇所指的或許是針對着四川文聯或是共青團裏一些現實的人與世態，所以遭受到清算的命運了。

曉楓　(黃澤榮)的兩篇「向黨反映」

曉楓是四川成都日報的編輯，是與流沙河一起，作爲四川的右派份子小集團而被清算的。這裏是他的兩個「續篇」。

一、在糧食統購統銷區、鄉、村三級會議中，宣傳動員結束，立刻轉入摸底排隊。大多數的摸底排隊後，統計出的統購數字，與區委分配的任務符合，其中方順風所在的太平鄉——全區重點鄉，還超出任務百分之三八，只有陳望重負責的單石鄉，工作進行緩慢，其統購字數與區委相差百分之二五。自然陳望重變成落伍而被上級批判了。

故事展開方順風之所以超額是完全不顧農民死活壓榨農民而來的，陳望重則切實地了解農民情況，覺得黨的統購政策並不是包括農民的口糧，而「代表戶」的產量也並沒有哪麼高，比如謝海清「豐產互助組」原評的七百五十斤，經過陳望重的實地調查，最高不到六二〇斤。總之是因為陳望重正確地了解農民實況，所以不願不顧農民死活去徵購。

可是上級怎麼樣呢，陳望重對作者說：

「……目前我們區上有這樣一種遍向，凡下級幹部的思想與領導的意圖不相一致，或對問題有獨立的見解，便被批評『思想落伍』『目無組織』，這樣便無不形成了一種順風駛舵的思想方法……」

作者于是說到他隨方順風去學習工作方法，看他聲色俱厲的對謝海清說：「老謝，你是黨員，又是全省豐產互助組組長，買糧要帶頭啊！不可能推三碍四的。」可是謝海清則膽怯怯地說：「我知道，方同志，就是產量……」于是方順風就打斷了他的話斬釘截鐵的訓他一頓，什麼經不住考驗啦，好了傷疤忘了痛啦……駡得謝海清抬不起頭，只好咬着牙巴向他表示態度：「這樣吧，方同志，請你放心好了，我們互助組勒緊褲帶也要賣够上級配下的數字。」

這樣，方順風回來就向范明彙報說：「謝海清互助組經過動員後，全組組員熱情很高，紛紛表示一定提前完成國家統購任務。」作者覺得不對頭，就說：「這不是全體互助員的態度，是你强迫謝海清說的。」方順風就說：「組長代表誰？當然是代表全體組員。至于說到强迫，哪要看你怎麼樣在看問題。是的，我們應當堅持說明的政策，但是對那個別的頑固分子，拒不把糧食賣給國家，我們就應該硬性一點。」他說得在理極了，沒有一點漏洞。

……………

這是上篇，下篇叫做「上北京」（續向黨反映）

這是不久以後的事情。

作者碰巧在守電話，謝海清打來電話說：「……我想問問還要我們農民吃飯不？鄉工作組方順風同志快把我們逼死了。」「我們今年互助組平均產量不上六百斤，可是在評產時方同志估着要六四〇斤，不然就過不到關。那時我們本不承認，他又哄我說：你們暫時做個粧粧，以後入會時少入點就行了。可是現在，少一個也不行！一天到晚帶着人逼死逼活的到各處去催，弄得全組男女老少哭哭啼啼，就像弔喪一樣。」

「你咋不來區裏？」

「走不了呀！這幾天正是小春追肥。」謝海清嘆口氣說：「唉，咋個辦法呀，成心逼死人。」

「有什麼咋個辦？賣不够就不賣！」

「能行？」

「咋不行，黨的政策只統購農民餘糧，不統購農民口糧，如果他再來逼你們，就這麼回答他。」

由接電話的作者作主寬鬆了農民。

第二個電話，報告說是太平鄉中農鄭光興吊頸自殺」，當時晉書記非常着慌，最後他決定不許這個消息傳出來。

隔了幾天，謝海清的事情發作，作者受到檢討，但他覺得自己沒有錯誤，他說：「我不能看黨的政策被歪曲，我不能讓太平鄉的事件在單石鄉重演。」

于是李區長捶着桌子說：

「喲，你在放屁。不要提着黃牛硬說馬，告訴你，太平鄉中農鄭光興自殺是因為破壞糧食統購統銷。」

最後作者被開除團籍。

十二月統購統銷工作結束，李區長報告勝利完成了上級分配下來的任務，並全部入倉。

于是一片掌聲，李區長又揮着手說：

「同志們，我們工作成績是主要的，缺點是次要的，再重復一句，成績是重要的，缺點是次要的，同時，這缺點是前進中的缺點，也是不可避免的缺點。」

曉楓的哪兩篇題目是「向黨反映」，第一篇的副標題是：「續給團省委的一封信」。很顯然的，他想把農民的哀怨與痛苦向上級反映，而對于不顧農民死活的下級幹部有許多揭發與諷刺。而這就犯了「寫眞實」「暴露黑暗」的「現實主義」的錯誤，而被清算批判，當作右派反黨分子了。

劉賓雁的特寫：「本報內部消息」

劉賓雁的「本報內部消息」發表于一九五六年六月號的人民文學上，也是對于「官僚主義」的暴露。那篇特寫裏有三個主要人物，一個是陳立棟——有二十年黨齡和長期工作經驗的新聞領導幹部，現任省黨報光明日報領導。他的優點能堅決地執行黨的決議，對工作負責踏實，幹勁十足，從不感到疲乏，也從未發過怨言，可是性情急躁，作風粗暴，主觀片面，思想僵化，驕傲自滿，保守落後，趣味庸俗，是一個獨行的官僚主義者。

一個是馬文元——他本來是一個大膽熱情活潑有朝氣的人，但解放後，在市委宣傳部當科長的時候，他才慢慢的變成喪失了政治熱情和生活興趣，學會了把一切生動活潑的事物和複雜尖銳的鬬爭變成抽象的概念和公式，把人們的喜怒哀樂都歸于「階級立場」「人生觀」和「思想作風」這三條法則或規律，變成了一個冷淡，疲懶，麻木不仁的庸人。到了報館以後，在陳立棟的打擊壓制之下，變成了更輭弱，更庸俗，更安于現狀。

一個是黃佳英——二十五歲的女孩子，勇敢、坦白、眞誠、喜歡打抱不平，有獨力思考，熱情活潑，有辯才，有魄力，有創造性。

故事是寫陳立棟的官僚主義，束縛幹部們的創造性與積極性，與黃佳英的處處想革新的精神對立。馬文元則懦弱地在陳立棟的權威守舊思想與黃佳英的革新思想間徘徊，但最後終于挺身而出，克服了優柔寡斷的懦弱，堅決地爲黃佳英說話，擊退了那股逆流。

作者顯然是從實生活中寫出陳立棟這種官僚主義的典型，重視「請示」「報告」，重視省委員會的決定和省委書記的指示，而不能反映羣衆眞實的生活，滿足該報讀者的要求。自然因此也諷刺到黨的人事工作。

這當然也是一篇注定要遭清算的作品。

這篇文章發表時，編者秦兆陽寫了一篇「從特寫眞實性談起」的文章，又寫了一篇編者的話，向讀者鄭重推薦。于是秦兆陽也遭到了清算。

最後我在這裏要把秦兆陽介紹一下。

秦兆陽是共產黨員，曾寫過兩本關於農村的書，一本是「農村散記」，一本是「在田野上，前進」，那是歌頌農業合作化而被中共賞識的書，在清算胡風的時候，他也是一個出力的打手。他在一九五六年春天到一九五七年夏天擔任「人民文學」副主編。他在發表劉賓雁的「本報內部消息」時，還寫了一封信給劉賓雁說：「『本報內部消息』至少是給我們的創作開始打開了一條新路」。又說：「你在開闢了一條自己的現實主義的新路，同時也在給別人作出榜樣來，這有何等重大的意義呀！」

一九五六年九月，秦兆陽在人民文學上寫了一篇「現實主義——廣濶的道路。」他似乎很想改革「人民文學」，他擬了一個「人民文學改進計劃要點」十八條，這改革計劃十八條因作協的領導同志制止，所以沒有發表，後來揭發出來，正是根據他的理論「現實主義——廣濶的道路」而訂的一種改革。秦兆陽是緊靠着黨的路線來對胡風作過批判的，可是大概因爲是迎着「鳴」「放」的高潮，竟在那篇文章裏對于目前文壇狀況寫了下面這樣的話：

「……不應該寫過去的題材呀，過多地從是否配合任務來估計作品的社會主義呀，出題目作文章並限時交卷呀，必須像工作總結似的反映政策執行的過程呀，以各種工作方法爲作品的主旨和基本內容而忘記了人物的形象呀，不應該寫知識分子呀，不應以資本家或地主富農爲作品的主要人物呀，作家最激動最熟悉的『過去的題材』不要寫而硬要去寫那些不激動不熟悉的東西呀，生活本身就是公式化呀，離開了形象及其意義去找主題思想呀，用行政命令的方式去領導創作呀，政治加技術呀……還有：我提倡寫新人物，你就不該寫落後人物呀，如果你寫了落後黨員，就是『歪曲共產黨員的形象』呀，創造新人物最好是按照幾條規則來進行呀，大衆都習慣地把人機械地分成先進人物與落後人物兩大類呀，寫先進人物不應該寫他缺點和一定要寫缺點呀，機械地把生活的內容分成主要矛盾與次要矛盾、並用之作爲衡量作品的標準呀，把對于作品的批評變成對作家的政治鑒定呀……」

我這裏所以要抄這一段文章，因爲我覺得這正是很清楚地紀錄了中共的所爲「社會主義的現實主義」的敎條，而這段對于敎條主義的諷刺，在被清算的時候，就被認爲與胡風的文藝思想不謀而合了。

秦兆陽既然反對這些敎條，那麽他主張什麽呢？他說：

「……從現實主義文學已經發展到了對于客觀的空前自覺的階段，以及由此而來的現實主義文學的某些必然的發展，我們也許可以稱當前的現實主義爲社會主義時代的現實主義。」

這裏可以看出他所主張的還是「現實主義」，他可是主張把「社會主義的現實主義」改爲「社會主義時代的現實主義」了。

他還同許多人一樣，對于政治任務影響文學不能同意，他說：「簡單地想用藝術去圖解政治，那結果必然只會產生虛偽的概念化公式化的東西，……人們甚至對于這樣的藝術作品產生厭惡的情緒。……人們願意聽政治報告和讀理論書籍，而某些概念公式的影片都沒有人看，就充分證明了這一點。」

所以秦兆陽的錯誤，也正是胡風的錯誤，也正是馮雪峯的錯誤。

八

上面所說那些暴露黑暗寫眞實的作品與主張「寫眞實」的人，在中共看來是敵視中共的領導的。這所以他們要主張「社會主義的現實主義」。所謂「社會主義的現實主義」是必須把現實粉飾得光明燦爛，隱藏所有的黑暗，如果稍稍透露一點暗影，也祇是爲作爲光明的襯托。至于正面人物，則要無保留的犧牲，永遠的樂觀與盲目的信從黨的領導。愛好勞動，任憑剝削，臨死還是感謝「黨」的恩惠，這才是新英雄典型。所以暴露領導上的缺點，目的雖是爲向黨的上級反映，也是可成爲不服從領導與反黨的罪狀的。因此，中共對于作家的任務的要求實在非常明顯與簡單，可以說是一種「幫凶」的工作，盡量把人民痛苦的呻吟改成勇敢的叫喊，把憤怒的暗咒改作順從的歡呼。

關于作家在大陸的生活，一般人都以爲很苦，其實不然，如果我們仔細分析他們的生活，就會知道他們實際上都是特權階級。他們做了作協會員，成爲專業作家，即使一字不寫，每個月也有薪金可領。如果寫些什麽，則另外還有稿費，普通「一篇萬字左右的作品的稿，往往超過了一般工人一個月的薪金」，一九五八年十月人民文學等刊物在減低稿費的啓事中說：「九月份起改變過去的稿酬辦法，第一步卽按過去的稿費標準壓低一半發付稿費，同時減少稿費的等級差距。」這可見萬字的稿子仍有一個工人半月的薪金，而萬字的「上級」的稿酬也仍是有工人一月的薪金。其次他們要寫些什麼，還可以要求到風景區作家之「家」裏去寫作，如北戴河，如青島，如杭州西湖，如頤和園，都有講究的作家之「家」。說到下廠下鄉下連隊，絕沒有眞參加什麼實際勞動之事，祇是如矛盾所謂的「走馬看花」或「下馬看花」。除非是那些被貶的作家，下鄉上山就變成勞動改造。普通作家在體驗生活，到鄉村落戶，說是深入生活，實際上都有特殊的待遇。其特權情形，等級差別很大，有帶着保姆妻子，住在別墅裏的，有被供給最好的民房的，有當地政府派警衛同志供其使役的。有的隨去隨來，三個月六個月，悉聽尊便。如趙樹理，到太行山鄉下去落戶，住了不過五個月，去的時候農會開歡迎會，走的時候開歡送會，住的吃的幾曾與農民相同？如被清算前的丁玲于一九五五年曾到太湖去落戶，當時的情形是這樣的：「他們（她同她的丈夫陳明）住在一所舒適的小洋樓裏，除了他們自帶的警衛人員外，還有無錫市特爲他們指派的警衛人員，每天還有人從療養院爲他們送飯。」至于他們到太湖去體驗漁民生活：「一天，陳明給漁業合作社打了電話，隨卽派來一條洗得乾乾淨淨的小船，在明淨的船艙裏，還鋪了涼蓆，並且還特地爲他掛了蚊帳。但陳明仍怕有什麼傳染病，他特別自備食物；嫌白天太熱，黃昏時才出發，湖光山色中，住了一夜，第二天清晨便體驗生活完畢，回到小洋房。」可是丁玲在「到羣衆中去落戶」一文中說：

「……我們不要做一個隨風飄蕩的小船，在這個碼頭上停一天，在那個港口灣一夜，我們要在那裏發現新大陸，要開闢，要建設，要在那裏把根子扎下去。……」

這可見共產黨是什麼樣一個政權了。

譬如劉紹棠，是一個青年，寫了兩三本書，被黨一提拔，就有足夠在北京買房子的版稅與稿費的收入。而所謂版稅與稿費，實際上是一種黨所撥付的特別費，這些作家不但生活優裕而且隨時可以申請到國內外遊歷，費用自然都是國家的。所以當他們被清算時，黨的領導人說：

「到底黨在什麼地方不照顧你，什麼地方虧待過你，你要這樣忘恩負義，這樣仇恨黨的領導……」了。

在十五年前，毛澤東就號召作家要深入工農兵中生活，可是十五年以後，「且不說長期地生活在工農兵羣衆中，就是經常和勞動人民保持接觸的人，也是極少數的。而絕大多數的作家，是長期地無條件地全身心地脫離了工農兵羣衆，脫離火熱的鬭爭生活。……」（一九五七年十二號文藝月報）不但如此，原來生活在羣衆的青年作家，剛剛寫了一兩篇比較像樣的作品，「就被調到作家協會的機關裏當專業作家，或者到報刊裏來當編輯。」（同上）「在上海，從前年起，幾乎上海所有這幾年發現的幾個比較好的工人作者，都被報刊編輯部調出來了。」（同上）

這可見作家深入羣衆生活是一句謊話了。

一九五七年底，反右派鬭爭以來，北京忽然刮起一陣風，號召作家們到工農兵羣衆中去生活，于是大批作家下鄉下廠下連隊，到工農兵羣衆中去安家落戶，我分析這個號召，則覺得這正是一種對作家們洗擇的手段。這辦法：

㈠對有些作家，是一種勞動改造，卽是不許他再從事寫作，而要他去勞動服役了。

㈡對有些作家，則仍有一切意想不到的特權，玩一陣，收集一點「材料」，又回到北京了。（趙樹理就是一個剛從太行山鄉下由農會歡送回到北京的作家）

關于作家下鄉參加勞動與工農兵一起生活，如果眞如所號召的話，我們很容易可以想到兩個必然的結果。

㈠如某眞是與工農兵一起生活，沒有任何特殊待遇，那麼這所謂「作家」也決不可能是「作家」，誰都知道這些工農兵的生活，在中共領導下，一天勞動十二——十四小時，怎麼還能有時間與精力寫作。

㈡如果這些作家下鄉下廠下連隊去生活，而眞是參加同樣的勞動，生活在同樣的待遇上，則我可以保證，像郭沫若茅盾老舍巴金……等作家，決無法活到一個月一定死亡，而年輕一輩的恐怕也很難活過三個月的。

㈢還有一點，卽如果稿費制度版稅制度是存在的，那麼卽使參加了工農兵的勞動，一個作家的生活總是遠優于工農兵，這在事實上就不是生活在工農兵中。

許多下鄉下廠下部隊的作家，現在已經有成績表現了，這表現就是在搜集羣衆作品。所謂搜集羣衆作品，實際上可說一種「特務」工作。大鳴大放時期，是要知識階級表示意見。號召羣衆創作，正是要羣衆透露意見與感情，我不知道這些作家是怎麼搜集的，從發表上看，當然都是歌頌的呼聲，如：

「共產黨恩情長又長，
要唱不知唱那椿，
好比鮮花千萬朶，
朶朶紅來朶朶香。」

可是，如果羣衆文藝中有如鳴放中的「毒草」，自然不會有機會發表出來，而那位羣衆作者，恐怕也早就變成反革命份子而被消滅了。

九

仔細看看大陸已成名的作家們的情形，覺得一方面他們已經成爲一個特權階級，另一方面則他們已不想，也無能再產生什麼作品，有之，不過是：

①幫凶文學——如隨着黨的號召 罵罵 西方帝國主義，響應卽景的政治事

件。如在清算某人時跟着寫些鬥爭的文章。

②幫閒文學——如嚷嚷偉大，叫叫萬歲；紀念日的祝詞，與註銓「偉大領袖」的詩詞與言論。

③幫忙文學——如寫旅行參觀的報導文章，對東歐蘇聯以及中國各地之紹介，歌頌工農們的勞動熱情，號召生產的躍進。別人在忙時，他們在文章中「幫」忙。

他們不但文章如此，生活也整天在幫凶幫閒幫忙之中，完全成爲一種「太監型」的特權階級人物。

老作家以外，有許多有才華的青年，因鑒于作家的地位有上述的種種特權，所以很想成爲「專業作家」。這羣年青人，憑着他們熱誠，不斷地寫小說詩歌，希望得領導的青睞與提携，俾得擠入專業作家之林，所以經常都會依照黨的意旨與所定的標準寫作。這是眞正文藝的幹部。可是問題在他們成了作家之後，是否會像劉紹棠一樣，忽然「獨立思考」起來呢？或者是馬上學會了老作家的明哲保身，專寫三「幫」的文學而不寫創作了呢？這則是很值得所謂「領導」者的擔憂的。

以文藝論文藝，我們也不能說中共治下的文藝眞正沒有一篇可讀的東西，在上述所謂幫忙文學中，也很有許多很精煉的報導文章。至于年青的作家，憑他們的生活經驗與寫作熱情，往往也有新鮮活潑的作品，但這當然是偶然的事情。可是要能沉下氣安心地埋頭寫超脫的不落敎條的窠臼，像蘇俄的巴斯端納克那樣，可以說是絕對不可能的。

讀到巴斯端納克寫「齊伐哥醫生」之過程之報導，不禁使我爲中共治下的作家羨慕蘇俄作家的生活。因爲無論如何，蘇俄在某一方面，似乎稍稍比中共更要文化與文藝。在反右派以後，中共控制文藝似更嚴厲，大陸上一時恐怕不會有什麼值得注意的作品產生的了。寫至此，忽然想到在自由國家的朋友們對于共產黨治下的作家之生活與心理太不了解，往往發表許多幼稚的銓釋，我這裏就我最近所見的兩篇文章談一談。

第一篇是自由中國十九卷十二期董鼎山的「從『齊伐哥醫生』論蘇俄知識分子」裏面有一段話：

「他們雖對現狀不滿，但自知本人命運與其本國聯在一起。這是又可引巴斯特納克案爲例。巴在接受而又拒絕諾貝爾文學奬後，赫魯雪夫及莫斯科各報揚言，巴斯特納克如對本國不滿可以自由離境赴外國渡其餘生，政府當局決不截阻。巴斯特納克立卽惶恐不堪，祈求赫魯雪夫勿將他放逐。赫魯雪夫這種揚言實是對知識份子一握一放的約束策略，他無疑是在利用知識份子對本國鄉土留戀的情感。」

董鼎山先生對于赫魯雪夫，竟認爲「無疑是在利用知識分子對本國鄉土留戀的情感。」我想董鼎山先生也是知識分子，對中國的鄉土留戀情感是怎麼樣呢？爲什麼要在美國而不回去？

在大陸上反右派運動後，羅隆基被清算了，清算時謠傳周恩來問羅隆基是不是認罪？如不肯對人民低頭認罪，可以出香港到美國去，羅隆基當時也是「惶恐不堪」，願意認罪。我想羅隆基卽使沒有「知識分子對本國鄉土留戀的情感」，想也不敢希望活着出國門的吧？祇有巴斯端納克知道赫魯雪夫的話，目的是叫他向國際上表示他的「對本國鄉土留戀的情感」，他祇能這樣表示吧了。如果他眞的表示願意到國外渡其餘生，董先生難道相信，巴斯端納克眞可以「活着」出來嗎？

第二篇是文學雜誌五卷三期朱介凡先生的「意在言外」，作者以爲大陸的作家們在發言中還有言外之意。這是由于一種錯覺，這錯覺許多人都有，不僅是朱先生爲然。

這錯覺的原因大概出于㊀作者對這些大陸作家們期愛之心，㊁對于大陸作家們的情形不够了解，㊂由于自由世界的與極權世界言語心理已經很有出入。

㊀對于大陸作家們期愛之心，這是人人都有的，尤其對于我們熟悉了解的朋友。

㊁由于大陸的材料大多或不易得，或未求多看，偶而看到一點，就在片斷的印象中下結論，或由于根本不是研究這一個學科的朋友，隨與談談，所以話多外行。

㊂言語心理的分歧，如大陸上被清算的人，向「人民認罪」時這種自責自駡的言語，我們在自由世界中聽起來，就會覺得很不習慣。覺得不是夢囈，就必有言外之意了。還有是那些歌功頌德的文章，肉麻過份得出人意外，這在自由世界裏，如果我把這些話對一個人恭維，他很自然會想到我在駡他的。因此我們聽起來，很容易猜其「言外之意」。

朱先生所認爲有「言外之意」的那些「言語」，不過是意外之「言」而已。

我這裏就以老舍爲例來說說，且不說他是不是一個善于做官專爲奉迎的人，他不是黨員，但是這些年來，他之所以可以安逸地享受特權，的確是由于他的善于奉迎，不怕肉麻的寫各種各樣無耻的文章。

老舍的歌頌毛澤東的大鼓詞，當然是大家都讀過的東西，我且不說；這裏祇引兩段他的大作，看看有什麼言外之意沒有？在紀念毛澤東「在延安文藝座談會上講話」十週年的時候，老舍寫了一篇「毛主席給我新的文藝生命」，你看他是怎麼說的：

「讀完了這篇偉大的文章，(指「在延安文藝座談會上的講話」)不禁狂喜。在我以前所看過的文藝理論裏，沒有一篇這麼明確地告訴我：文藝是爲誰服務，和怎麼去服務的……

「首先，我決定了態度，我要聽毛主席的話，跟着毛主席走！聽從毛主席的話是光榮的，假若我不求進步，還以老作家自居，連毛主席的話都不肯聽，就是自暴自棄，我要在毛主席指示裏，找到自己新文藝生命。

「……我得忘了我是有三十多年寫作經驗的作家，而須自居爲小學生，從頭學起。這樣我決定先寫通俗文藝，這並不是說通俗文藝容易寫。而是說通俗文藝像快報與相聲，篇幅可以不求很長，較比容易掌握。」

我不知朱先生讀這兩段文字，也覺得有言外之「意」麼？

老舍的「狂喜」，實際上祇是諂媚的笑容。在人民文學一九五八年一月號中，載有他去蘇俄觀光的「狂喜扎記」，你看，又是「狂喜」！他在文中居然寫得出這樣無恥的話：

「至于能够在參加偉大十月社會主義革命四十週年紀念盛典的觀禮，就一定不能不歡喜得無可形容了，……

「是呀，在觀禮的四五個鐘頭裏，我看着的是蘇俄的新事物，而心裏始終想着中國。沒有蘇俄給世界人民創造出進步的開端，中國人民怎能忽然想起社會主義革命呢？沒有蘇俄人民的革命經驗與建設經驗，沒有蘇俄人民在精神上物質上的支持與援助，中國哪裏會進步的這麼快，中國人民怎能會已經得到那麼多幸福與自由呢？

「我歡喜，我也衷心地感激，飲水必要思源。這麼一想，我就更恨國內那些反蘇反共的右派分子了，他們眞是忘恩負義的小人！」

朱先生難道也找得出他有什麼言外之「意」了罷？

在獨裁的淫威下，一個人爲求生存，低頭屈膝的事情，我們都應該同情與原諒，究竟英雄與烈士並不是人人可做。可是要如此肉麻無恥的幫凶與幫閒，則眞是鄙佞已極，怪不得馮雪峯要當面叱他了。（事見清算馮雪峯時，老舍的話。）

在大陸作家之中，當然越是鄙佞無恥，也越是成爲特權階級，稍微有點良心或自尊就很容易受到批判與打擊。像巴斯端納克這樣能長期地不受騷擾，不需要時常趕這個那個任務的生活，這在中國大陸是絕對不可能的。固然我們沒有理由要求在高壓下的每個作家都有「獨立思考」或不熱心于任務，但要像老舍這樣的諂媚賣笑去博得主人的嘉獎，實際上也不是必要的。

在臺灣的朋友們所記得起的作家們，都已經老了。稍有勇氣與自尊心的也都被清算，已剩的除了寫點幫凶幫閒幫忙的文章以保持自己特權的地位外，不會再有作爲。反右派運動後，那些「聰敏」人都在慶幸自己沒有鳴放。我們如果無法同情那些在大鳴大放中說眞話而被清算的人的話，我們大可不必再想在那些仍維持着特權的作家們去尋言外之「意」了。

然而，中國還有千千萬萬的作家要生長，不管他們要怎麼迎合黨的口味去寫什麼，可是當他們成長以後，當他們有較敏銳的觀察力，有較深刻的體驗，有較獨立的思考時，他們永遠會像劉紹棠一樣，他的文藝天才永遠會站在眞美善方面說話的。而這些值得我們期望的人，竟不是我們可以溝通與接觸，讓他們知道一點民主的眞理，這則是我們在自由世界的人感到非常寂寞的。（完）

一九五九、一、一〇。

蘇丹政變面面觀

魯　冀

蘇丹共和國於本年十一月十七日清晨發生的政變，算起來該是最近六個月中，繼伊拉克、巴基斯坦、泰國及緬甸之後的第五次軍人政變。這次蘇丹政變的發動者是軍隊統帥阿布德 (Ibrahim Pacha Abboud) 將軍。自晨曦四時開始行動，軍隊未放一槍一砲，也沒有傷人流血，僅在短短的一個多鐘頭內，即全部佔領了首都喀土穆 (Khartoum) 各要塞及政府大廈，推翻政府。阿布德於當日發表的第一道命令，即解散國會，廢除憲法，解散所有的政黨，並通令嚴禁一切公開集會及遊行示威事件，實行新聞與廣播的檢查。

被推翻的政府是由反對埃及的國家黨 (Al Oumma) 黨魁喀里 (Abdallah Khalil) 爲主，並聯合阿曼 (Ali Abdel Rahman) 領導的人民民主黨組織成立的。前者產生於 Ansariah 教派，後者屬於 Khatmia 教派。最初兩教派政見互相抵觸，非僅無法合作，且有水火不相容的情勢。Ansariah 教派由馬赫第 (Sayed Abdel Rahman El Mahdi) 主持，初時主張與英國合作，至蘇丹脫離英埃共管後，則激烈反對埃及，主張獨立。Khatmia 教派的首領爲米爾加尼 (Sayed Ali Mirghari)，本來主張尼羅河區的團結，也就是說主張蘇丹與埃及兩國的合併；及至納吉布 (Neguib) 將軍（其母爲蘇丹人，其本人頗受蘇丹人的愛戴及擁護）爲埃及現任總統納塞爾所擯除拘禁後，該派政見始有轉變，而表示反對埃及贊成獨立。本年二月大選後，國家黨雖在國會一七三議席中獲得七二議席；其敵對政黨，以阿佐依 (Sayed Ismail El Azhari) 爲首，積極主張與埃及統一的「民族統一黨」則少二九議席，但國家黨仍不能獲得國會中的多數。國會內尙有人民民主黨（三十二席）和自由黨（二十五席）。但自由黨是蘇丹南方地區的勢力集團，其政治主張爲南方地區應在蘇丹聯邦中實行自治。故此喀里在當時唯有選擇與人民民主黨合作的一條路；而是時正値蘇（丹）埃（及）邊界糾紛，人民民主黨亦在主張維護國家主權的完整。但自此以後，埃及方面却對人民民主黨盡量獻媚拉攏，因是該黨對埃態度漸趨融洽。

政變發生後，西方各國的初步反應頗爲良好，英美各國且多認爲蘇丹的政變是由於內政問題而發生的。而且阿布德自己也持此論調，在廣播宣言中稱：

「吾人不得忽略在國內各層行政組織貪污腐敗的嚴重情形……」由此看來，這次政變主要目的在清除貪污腐敗的政治及無能的政黨政治。但自以色列臺拉維夫(Tel-Aviv)方面透露出來的可靠消息，謂蘇丹政變的發生實由內閣總理喀里所主動，要求軍方掌握政權以抵制親埃派勢力的活動。雖經阿布德的否認，但由當時的情形看來，這次蘇丹政變實在與蘇(丹)埃(及)兩國的關係及尼羅河的糾紛有直接關係。

蘇丹與埃及兩國的主要問題，卽尼羅河水量分配問題。埃及計劃建立的阿算(Aswan)水壩，水源來自尼羅河上流，也就是說水源來自蘇丹，故無論如何必須首先得到蘇丹方面的同意。蘇丹方面本來並不反對埃及建立阿算水壩的計劃，使尼羅河每年平均水量可增為九〇〇億立方公尺，但要求享受百分之三十的水量以供應其人民所需；埃及方面却僅允給予一九〇億立方公尺(目前蘇丹享受量為八十億立方公尺)，保留其餘額為己有。在此雙方的條件無法協調，却又互不讓步的情形下，蘇丹不但廢除一九二九年簽定的尼羅河水量分配協定，同時宣佈準備建築兩個水壩。一個建於尼羅河支流藍尼羅河歐再爾(Roseires)地方，另一個建於尼羅河幹流上，在喀土穆與蘇(丹)埃(及)邊界的中間的梅歐衛(Mérowé)地方，如此計劃能够實現，蘇丹濟則烈(Djeizreh)區的耕地則可於一九六〇年增加一倍。蘇丹此一計劃的提出並非在專對埃及。蘇丹的人口目前為一千萬，但其出生率為百分之三·三，遠較世界平均人口出生率百分之一·一為高，如此增加，則在二十年後蘇丹的人口將為今日的一倍，因此蘇丹急切需要開發其富源以應人民的需要。然而蘇丹建設水壩的計劃對埃及說來却是迎頭的打擊，如蘇丹建壩計劃實現，則阿算水壩的建設已毫無價值；況且蘇丹和埃及均為出產長纖維棉花的國家，如蘇丹棉花產量因水利的開發而增加，在銷售方面亦使埃及受到嚴重的打擊。由於諸如此類的因素，埃及方面致向蘇丹內閣總理喀里發動總攻勢。一方面利用「阿拉伯之聲」的廣播攻擊喀里總理，另一方面利用其在蘇丹所有的力量從事推翻喀里政府，同時更邀請反對黨「民族統一黨」的頭領阿佐依及「人民民主黨」主席阿曼赴埃。阿曼是當時喀里政府的商業部長，行前並未知照內閣總理，更不消說沒有得到後者的同意。此類行動足以影響國家黨與人民民主黨的合作。莫怪阿佐依在十一月十三日卽宣稱：「一星期後我們卽將推翻為美國人指使統治蘇丹的喀里政府。」

反對派攻擊喀里，以其為「美帝國主義的走狗」為藉口，指責其在接受美援修築公路及鐵路時，未能預先對蘇俄的援助加以考慮。雖在近月來蘇俄儘力提出誘人條件，如允購其未能售出的棉花，援助設立工廠，開發礦藏及長期貸欵，但喀里對蘇俄的討好態度頗表示懷疑；却為了中和反對派的抨擊又不得不接受蘇俄經濟訪問團的訪問(該團本決定於十一月二十一日抵達喀土穆)。只不過事先已接受美援及英國運來的軍火，同時繼續維持在蘇丹工作的西方技術人才。正因此，反對派纔決意在十一月十七日國會集會時發難推翻喀里政府。後者的對策則將國會會期首先延至十二月八日，以爭取時間，俾在此期間設法整頓蘇(丹)埃(及)兩國的關係，並已接受納塞爾的邀請，赴開羅直接商談處理阿算水壩興建的有關問題，期以鞏固其地位。

就在喀里卽將赴埃及的前夕，且又值反對黨氣勢洶洶行將舉事的時候，阿布德突然發動政變，因而阻止了親埃派人物的主政，如此說則那條來自臺拉維夫的消息可能正確。阿布德在這次行動中的助手是瓦哈伯(Ahmed Abdel Wahab)將軍。前者屬於 Khatmia 教派，後者則是 Ansariah 教派的信徒。在政變後的政府中瓦哈伯更是副總理兼內政部長。如兩人能合作，蘇丹今後的政治動向似不致有多大的變動，況且 Ansariah Khatmia 兩教派的負責人對阿布德的行動均予支持呢。然而蘇丹在政治經濟上所面臨的嚴重問題，並未因政變的發生而解決。南方人民在自由黨領導下一向要求訂立聯邦憲法以實現該地區的自治。在經濟上，棉花外銷不暢，在社會方面，若干工人在親共分子的唆使下，要求組織工會的權力等等。這都是新政府感到頭痛的問題，況且尚有蘇(丹)埃(及)關係問題懸而未決呢。今日發動政變的蘇丹軍隊，也就是在去冬抵禦埃及南犯的軍隊，雖然他們是不會聽受埃及的指使，但是蘇(丹)埃(及)兩國同在尼羅河流域，民族性亦頗為接近，故無論在那一方面來說，兩國間友好關係的維持是必需的。正因此阿布德在主政後當日廣播中就說：「至於對埃關係問題，我們將盡力使兩國關係好轉，以謀求各項懸案的解決。」

在蘇丹新政府中的實力派人士當屬瓦哈伯，這位青年將領的政見，主要點在維護國家主權的獨立。至於新政府政治動向，就政變後半月來的演變，以及近來所宣佈的一切政策看來，今日的蘇丹是毫無疑問的走向中立的途徑。絕對中立的本身本無害處可言，但新近獨立而經濟落後的國家，因民族主義心理的過度發展，同時為了國家的建設，難免不受共產集團宣傳的誘惑，並以經濟協助以實行陰謀滲透的危險。目前蘇丹又已承認中共政權，將來共產集團在蘇丹境內，又多出一個宣傳滲透的機關。這是蘇丹及有關國家政府和人民所應該提防的。

伊拉克的政變及至今日的蘇丹政變，在某方面說來，可說是納塞爾主義的傳染所致。伊拉克今日對共產國家的關係已很微妙；據說蘇俄軍事代表團已到巴格達，蘇俄軍火已運到伊拉克。伊拉克政局的未來演變實難預測。蘇丹的前途如何亦難早下斷語。今後對中東及近東的政策，已不是在設法拉攏某國或某政府，而是將如何協助這些國家的經濟建設，扶植強大的中產階級；如是可望政治安定，建立民主的代議制度。

一九五八、十二、五。

古巴往何處去？

古巴通訊・三月二十七日

漢聲

在現階段中要談古巴問題，必須先從革命領袖非代爾・卡斯特羅說起。如所周知，今年元月一日古巴革命勝利，是卡斯特羅領導的；革命後六個星期，政府改組，出馬組閣的仍是卡斯特羅。所以有人說，古巴是卡斯特羅的古巴；卡斯特羅就是政府。

卡斯特羅在古巴人民中間的聲望，用一句封建話說，是「金口玉牙」；是哥倫布發現新大陸後，古巴歷史上的第一號英雄。革命成功後，卡斯特羅從東部聖地牙各城到哈瓦那的九百餘公里的勝利進軍，沿途萬人空巷競相歡迎的偉大場面，就是一個最好說明(筆者曾目睹其盛況，故敢誇下如此海口)。造成卡斯特羅崇高聲譽的因素，不外是卡氏的堅苦卓絕的奮鬪精神，和古巴人民對於他的崇功報德心理，加以拉丁民族的熱情表現，更使卡斯特羅的人格偶像化。其次，是卡氏態度的誠懇坦白，和他的驚人辯才了。因此，一般人民都樂於和他接近，而且談起話來，總是知無不言，言無不盡，所以愈益造成他的身份大衆化，聲望名譽鵲噪一時。

不可否認的，卡氏雖然具有許多政治舞臺上的優點，但不是一個成熟的人，不是一個政治家。他雖然具有悲天憫人的胸懷，而時時處處仍然在學習中，個人如此，他領導的政府亦是如此。在革命勝利之初，卡斯特羅任命臨時總統，組織革命政府，他的用人原則就是：第一、青年；第二、正直。事實上，青年和正直兩個條件，是否就能完成治國平天下的政治任務？他都置之不理。他的原理是：我們學習執政。革命政府的高級官員，全部是清一色的七月二十六日運動的革命分子，其他人等休想染指。當時曾引起全國大學生領導的三月十三日革命運動總部的不滿，發生磨擦。可是，終由於卡斯特羅的無礙辯才給說服了。

卡斯特羅的自信，是促成革命成功的最大因素；但是革命成功後，他的自負，是否也能給國家帶來更多的光榮，現在未免言之過早。在革命政府組織中，卡氏沒有擔任什麼職務，只是在軍事方面拜領三軍統帥的一個官銜，可是由於他是古巴革命的最高領袖，一般人民對於他的信仰、以及他的責任心和義務感的旺盛，却無形中給他造成了一個無冕皇帝的地位，說一不二；同時，在人民中間也形成一種空氣，認爲卡氏忠誠體國，是救世英雄。雖然，卡斯特羅一再聲明，對於政治毫無野心，可是政治環境却一天一天地有利於他的未來出處。革命後，卡斯特羅聲明，在十個月至二年以內實行大選，產生正式政府。於是有人立刻想到卡氏爲適當人選。按照古巴憲法，做總統的人必須年滿三十五歲，才有當選資格。卡斯特羅現年三十二歲，即在二年之後，亦不過三十四歲。所以臨時政府立即修改憲法，把當選總統的年齡資格降低到三十歲。結果即便今天實行大選，卡氏亦可穩妥地拿到總統寶座。

卡斯特羅的政治法寶是「輿論」和「人民」。一切訴諸「輿論」，一切取決於「人民」。這一件法寶運用得當，一切問題都可迎刃而解。卡斯特羅在向人民說敎時，口口聲聲說：我是律師，我有法律頭腦，一切按法律處理。可是當他做出一件不合法律的事件時，他說這是「輿論」如此，「人民」願意如此。卡氏本人是古巴的「革命最高領袖」。他的弟弟拉吾爾和他是難兄難弟，從事革命多年，於是他便任命他的弟弟爲「革命第二領袖」。他說，他絕對反對政治裙帶關係，但是拉吾爾從事革命功在國家，與論和人民要求他如此。所以，最近卡氏組閣從政，便把三軍統帥的寶座讓賢給他的「難弟」了。

卡斯特羅的談鋒是非常銳利的，無話不談，而又談無不盡。我國古語說：「言多必失」，卡氏大概沒有注意及此。所謂公共講話，便不止三四點鐘，他每天從早上起床，一直要講到午夜一點或兩點鐘，對於古巴政治問題，無所不談，不管在其位或不在其位。一次當着一個五十萬人集會的場面中，卡斯特羅爲他的多講話作辯護道：我講話是總統授權讓我講的；否則我就可以緘口不言了。所以他可以高談潤論，奢言改革一切了。由於他這種淸談而不大負責任的態度，很嚴酷地影響了他的革命政府，不能圓滑的進行。終於演變成密羅・卡爾多納內閣總理的辭休。卡爾多納名正言順的提出，卡氏是革命領袖，他可以在政府內大展鴻圖。言外之音，你或者在政言政，或者免開尊口，不要給政府製造意外的麻煩。

卡斯特羅的組閣，和卡爾多納的辭職，一般的說法是對於禁賭和放賭問題的意見不同所致。事實上，賭博是古巴財政上的一筆大收入，革命後，臨時政府宣布禁賭，卡爾多納內閣雷厲執行，絕不放縱。卡斯特羅最初亦主張禁賭，可是以後經不住一萬多名旅館飯店娛樂行業的失業工人的請願要求，而改變了初衷，主張有限度的開放賭博。實際上卡爾多納的辭職，還是過不慣卡斯特羅整日的聒聒不休，牽涉政府工作的進度，因而掛冠求去。

卡斯特羅組閣後，政府各部首長仍是原班人馬。這位三十二歲的內閣總理，是古巴歷史上最年青的一位總理，承擔了一件最艱鉅的任務，他自己也認爲比在山上横槍桿打游擊艱難萬倍。但爲了完成革命，他毅然就任。在第一次內閣會議中，卡氏即提出：開放賭博，減薪裁員和結束戰犯公審。於是賭徒們有福了，部長們倒霉了。以前部長月薪一千三百五十元，現在只拿到九百元。至於結束處置戰犯一幕，早該收場了。那種明火執仗的殺戮報復行動，不僅引起國際間的反感，而且連有頭腦的古巴人民，也嫌過火。現在死者已矣，且看新朝人物如何善後，並要把國家帶到什麼路向上去？

卡斯特羅組閣就任總理，是古巴革命後六個星期混亂時期的結束，現在正是他大刀濶斧大展鴻圖的開始。無疑的，他正面臨到無數困難。卡氏領導革命的目標，是自由民主、經濟獨立、政治獨立。但古巴目前急待解決的問題，則不外勞工與經濟兩項。勞工方面，古巴失業人數達五十餘萬，這絕非一時可以解決的問題。卽在平時，許多工人每年只在割蔗時期工作三四個月，其他時間都在賦閑中。許多農民生活情形愈形可憐，終年衣食不足，文盲一生。這一般人的生活指數，平均每天尙不及二角五分，所以極易爲一般野心分子所逞。古巴勞工聯盟，現在七月二十六日革命運動主持的全國勞工聯合陣線領導之下，加入分子相當複雜，並且經常以罷工和加薪爲要挾，勞工部長費南代茲不能解決這些問題，只好留給卡斯特羅。卡氏要求工人撤消要求，從事犧牲，但這仍然沒有解決了問題。

談到勞工問題，不能不提共產黨。古巴政治向來政黨紛雜，有一個流行在民間的小幽默說：古巴人沒有錢，一切資本都掌握在外國人手裏。大資本在美國英國和西班牙人手裏，小資本掌握在中國人手裏。古巴僅存的惟一資本是政治，所以大家都來搞政治。但這一次革命後，過去的一切政黨都噤若寒蟬，唯一敢在外面招搖的，只是人民社會黨—共產黨的別號。儘管政府一再否認有共產黨，然事實勝過雄辯，共產黨報紙「今天」的發行，共產黨在工會中的控制與滲透，都是不能掩人耳目的事實。據最低的估計，現在古巴共產黨員有一萬名之譜，在巴提斯達解除共黨組織以前，約有十萬餘黨員。由於共產黨的巧妙運用，雖在巴提斯達非共時期，一部份人仍潛伏在政府中發展，另一部份人則參加革命陣營反抗獨裁。革命勝利後，卡斯特羅聲明一切有功於革命的政黨皆享有政治自由，於是許多共黨分子都搖身一變，大勢活躍了。最近革命政府又取締巴提斯達時代的反共委員會，禁閉反共委員會首腦人物，認爲是取消思想自由的障礙。這一連串事件，說明革命政府對於共產黨的寬宏大量。所以最近有一位卡斯特羅的老戰友戴畢納，臨陣脫逃，在美境美亞美城組織團體，反抗卡斯特羅，說卡斯特羅是共產黨的工具，他指明卡氏的弟弟拉吾爾和阿根廷籍醫生，卡氏的左右手的蓋外瘟都是共產份子。老實說，古巴人民是不喜歡共產黨的，如果這是事實，古巴將來或許難免再來一次革命。

其次，關於經濟方面，大家都知道古巴是世界上有名的糖國，每年產量達五百餘萬噸，可以替國家嫌回六億至七億美元的外滙，是國家財富的一大富源。可是事實上，古巴經濟並不十分獨立，可說只是美國的一個附庸而已。因爲她的一切皆仰給於美國，而美國在古巴的投資，總數卽在十億美元以上。例如哈瓦那的電燈公司電話公司，都是美國人的資本。以古巴的出口物資來說，糖佔百分之七十九，淡巴菰佔百分之六，礦石百分之五，蜜糖百分之三，其他佔百分之七。但以其輸出國家來說，美國卽佔她輸出的百分之五十八。至於輸入方面，美國貨物又佔她的入口百分之七十一。其密切關係，可以想見。現在卡斯特羅爲了提高人民生活，實行土地改革，顯然地，許多利益雄厚的大農場、植園和地產，都反對瓜分一途。例如美國聯合產品公司在島國東部的兩大製糖廠，就佔有數千公頃的土地，如果實行土改，這椿買賣還怎麼做？此外，古巴經濟問題的難題，是財政的虧空，國債達十五億美元之多。由於國庫的空虛，和經濟的拮据，四十四年來與美鈔同値的古幣貝索，也走上貶値的路子。現在古幣貝索一元，只等於美金七角五分。雖然政府方面再三申明維持古幣價値的決心，但是否回天有術，尙在未知之數。至於卡氏所提倡的其他釐訂稅賦，發展工商業，以及調整國際貿易等項，都是開源節流的一種辦法。不過怎樣能從目前的經濟泥淖中拔出脚來，才是最迫切的一個問題。

最後，古巴的外交方向似乎也有一提的必要。實際上，古巴的外交，主要的就是對美國的外交，其他國都無所謂。例如，拉丁美洲國家都擁有所謂政治庇護的慣例，革命政府竟不予以尊重，曾一度引起外交團杯葛政府的趣劇，就是一個最好說明。古巴與美國之間，無論在經濟政治或地理方面，都有着極其密切的關係。古巴絕對離不開美國的支持和援助，卡斯特羅對於這一點非常明白。可是在他的言論中，却不時流露出反美情緒，甚至說出如果美國膽敢干涉我們的內政，我們要把他們二十萬野種打死在哈瓦那街頭上的潑婦罵街式的話來。其中原因不外：第一、因爲仇視巴提斯達政權，而嫁禍於美國給予巴提斯達的支持行爲；第二、以親共和容共的姿態，做爲向美國爭取經濟援助的手法。事實上，古巴是否眞正親共或眞正容共，卡斯特羅心裏自然有數。可是站在美國方面，果眞能容許近隣古巴赤化嗎？臥楊之內，豈容他人鼾睡！假使古巴眞正走上赤化之路，則眞不嗇在南北美的心臟部分插進一把箭刀。卡斯特羅明白美國人的心理，所以才敢信口言所欲言，到處給美國人顏色看。因爲他知道美國人決不肯踼開古巴的。唯其如此，他才敢講出：古巴有糖，誰給錢，賣給誰！言外是說美國人雖然有錢，如果不付合理的價錢，休想來買！又說什麼美國干涉古巴內政五十多年了，現在應該讓古巴人來管理古巴自己的事了！這些話，美國人聽來自然心裏不舒服，可是結果還得支持卡斯特羅領導的革命政府，大批的美援依然得拱手送給古巴革命政府！世界上果眞有這樣的傻人傻事嗎？有！不信？且看看卡斯特羅玩的這一套把戲！

總之，古巴的前途是光明的，却不是一條坦然大道。說它是光明的，因爲它的理想是民主自由；它的基礎是國家和人民的尊嚴；它的施政原則是廉潔正直；說它不是一條坦然大道，因爲這一批革命青年雖然具有熱情誠意，但却沒有從政的經驗，需要在困苦艱難中摸索探討。卡斯特羅的政治理想是國家主義，和中間偏左的社會主義。說它是國家主義，因爲他要求政治獨立，古巴人有古巴人的使命，其他國家不得干與；說它是中間偏左的社會主義，因爲他主張民主自由，要求經濟獨立和社會正義，提高工人待遇，改善農民生活。最近據報導稱，卡斯特羅經過一個多星期的執政，已經改變得前後如出二人。需知「天之將降大任於斯人也，必先苦其心志，勞其筋骨，餓其體膚，空乏其身，行拂亂其所爲，所以動心忍性，增益其所不能」，如果卡斯特羅能深悟此中奧理，則將來的總統寶座自然能夠名至實歸，非他莫屬！

三月二十七日。

勇敢的新世界中的科學

(寓言小說)

赫胥黎原著
劉世超譯

英國小說家赫胥黎 (Aldous Leonard Huxley) 爲著名的生物學家湯姆斯·亨利·赫胥黎的孫子，父兄亦均爲英國名作家。他的著作包括小說、戲劇、詩等。他於本年三月三十一日獲得美國文學藝術學會的一九五九年的小說獎。本刊特將劉世超先生所譯赫胥黎名著「勇敢的新世界」中的一章登出，以饗讀者。——編者

引言

去年蘇俄發射人造衞星，以其社會主義的科學在世界炫耀一時。隨後又有大陸上共產黨轟轟烈烈地實行人民公社制度。在這兩樁事發生以後我讀到了這篇譯文的原文，覺得很有意思，便把它譯出來。可惜筆者在這方面的能力很有限，恐怕只能道出個大意。希望讀者鑒諒。

共產黨徒對人、對幸福以及對科學究竟具有何種觀念，我們很難找出正式和準確的答案，而這篇譯文或者可以給我們一些靈感，而有助於我們的理解。本譯文原爲小說「勇敢的新世界」中的一章，著者爲小赫胥黎。出版時間是二十多年前的一九三二年。他在小說中所描寫的可說是一個負值的烏托邦。類似的書在他以前有名家威爾斯寫的「當睡者醒來時」，在其後又有喬治奧威爾的「一九八四年」。但究竟以小赫胥黎的這部小說給予世界的振動最大。可惜他這書問世的時間太早，當時的讀者儘管爲其所動，但多數並未透澈了解書中深意，甚至還沒有感到他的諷刺呢。但是現在的讀者就很容易理解它了，因爲它所指的許多已成爲人們實際的經驗。爲此筆者非常佩服這位出自赫胥黎世家的著者的才華和遠見。然而爲了幫助讀者更多地了解這篇譯文，我似還要把整個小說的大意略作介紹。

時間是佛特後六三二年。這個社會崇拜大規模生產。他們已經開始以大規模生產的方式養育兒童。佛特被視爲大規模生產的先知，已替代上帝而被政府所扶植的宗教神話尊爲天神。波堪納夫基的程序行使於一個孵化中心，能使受精的卵子分裂成九十六個同等的小卵子，然後在一排排試管中小心加以孵育。一套新巴夫洛夫的神經條件約制系統加上催眠術已產生一個定型的階級社會。最高的一層階級用拉丁字母之首來稱謂，曰愛魯發强 (α plus)，這一層人乃施行政的管理。自此以下則有最低的階級，曰伊普思龍弱 (ε minus)，專供賤役。一般公民皆靠科學而能保持年青和健康。又有政府管制的一組娛樂，特別重要的是 3D 彩色、有聲兼有嗅覺和觸覺的電影，其次是强迫的性行爲和索馬，他們以此而得保持快樂。索馬是一種鎭靜劑。它可以使人暫是逃避現實而又沒有不良副作用。「母親」已成了汚穢的名詞。那些「空氣」女郎吃的是含着性荷爾蒙的口香糖，身上隨帶携有避孕藥的馬氏帶，對喇叭的嚦嚦之音跳五步舞。她們會因發現自己過份專情於某一男子而對自己精神健康有失常態大感不安。結果是形成一個完全穩定的社會，它的公民都很快樂，都很好，就像嬰兒與蜜蜂之快樂和很好一樣。

小說中的主角約翰是一個野蠻人，他和一羣男女皆未受過神經的特殊條件約制(也就是未受過文明的洗禮)，原被當作標本留居於一個特殊的區域。一個危險分子伯納以心理學家的身份把他帶到倫敦來。他曾熟讀莎士比亞的作品。他希望能見到米蘭達的 (Miranda) 美好新世界 (the brave new world)。但他所見的却是一個高級快樂全被遺忘的世界。他因不喜歡這新文明而引來麻煩。本章故事的開始是他由伯納及一位高級政府官員華特生 (Watson) 陪同晉見世界的最高統治者蒙特，將接受這位統治者的審判。

×　　×　　×　　×

三個人被引進的那間房子是統治者的書房。

「蒙特陛下一會兒就下來。」第三階級的統管說完之後就離去了，把他們留在屋裏。

華特生高聲大笑。

「這那裏是審判，簡直是茶會嘛。」他說道，於是倒入一個極豪華的有扶手的氣椅中。這時他看到他朋友不樂的鐵青臉色便說：「伯納，打起精神，高興點。」但伯納實在高興不起來。他沒回答，甚至連看也沒有看他一下。他走過去，坐到一個最不舒服的椅子上。他特意挑上這張椅子，隱隱希望這樣做可以減輕上級權力者的憤怒。

在同時，那位野蠻人是在屋內不安的蕩來蕩去，帶着一種依稀有些淺薄的好奇神情去觀看架上的書，一卷卷的錄音帶，以及裝在有號碼的格子裏的讀書機線筒。在窗下的桌上放着一個巨册，用柔輭的黑色人造皮裝訂，上面印有金色的字 T's。他把這本書取過來打開一看。書名是「我的生活和工作」，著者爲「我們的神佛特」。這本書在底特律印行。出版者爲佛特學識傳播社。他懶散地，把書葉翻了翻，這裏看一句，那裏看一段。他正要下結論說，這書不使他發生興趣，這時西歐的總統治者蒙特已輕快地走進來。

蒙特和他們三個人都握握手。但他首先向那野蠻人發言：「野蠻先生，那麼你是不大喜歡文明的囉。」

野蠻人看看他。他本準備好撒謊，大嚷，或繃着臉不答腔。但統治者臉上帶着的是和善和智慧，他似乎受到了保證，乃決定直接了當地說出眞心話：「是的，我不喜歡。」他搖搖頭。

伯納一驚，顯着恐怖的樣子。統治者將作何想法呢？他竟說不喜歡文明，而且竟公然地對着統治者自己說的。要是被當作是此人的朋友，那多可怕！他於是開始搭腔：「但是，約翰……」但這時他看到蒙特的臉色，嚇得又卑下地沉默下來了。

野蠻人繼續地承認：「自然，這裏也有許多很好的東西，譬如，那些在空中蕩漾的音樂……」

蒙特打斷了他的話：「有時有一千種管絃的聲音在我耳邊繚繞，有時也有人聲。」

野蠻人聽到這個句子，臉上突然泛出高興之色。「你也讀過它嗎？」他對着統治者問道：「我以爲英國沒有人知道莎士比亞。」

「幾乎是沒有人知道的。我只是少數幾個知道這本書的人中的一個，因爲它是禁書，你知道。我是這兒訂法律的人，我也能不遵守它。並且可免於處罰。伯納先生，」這時他轉向伯納，接着說，「我恐怕這一點你就辦不到罷。」

伯納沉入一種更絕望的可憐狀態。

「但爲什麼它被列爲禁書呢？」，野蠻人這樣問。他因爲碰到一個竟讀過莎士比亞的人，極感興奮，其他的事便都一時忘懷了。

統治者聳聳肩說：「因爲它陳舊了，這就是主要的原因。在這裏，陳舊的東西是毫無用處的。」

「甚至包括美的事物嗎？」

「特別是美的事物。美是有引誘力的。我們不願人民受到舊有事物的引誘。我們要他們喜歡新的。」

「但這些新的事物都很愚蠢而可怕。那些戲劇中除了飛來飛去的螺旋槳飛機便什麼都沒有，你們感覺得到人們在接吻。」他做了一個鬼臉：「山羊和猿猴而已！」他覺得只有用奧賽羅的這個句子才能充分表達他的輕視和恨意。

「然而却是很好的馴良的動物。」統治者插進來這樣喃喃地說。

「但你們爲何不讓他們看奧賽羅呢？」

「我已告訴你，那是陳舊了。此外，他們也不能懂得它。」

是的，實情確是如此。野蠻人記得華特生曾如何譏笑「羅密歐與朱麗葉」。「那麼，」他停了一下說：「就是什麼新的東西，與奧賽羅相彷的，而又是他們所能够懂的。」

「這正是我們要想寫的。」華特生插進來這樣說。

「這正是你永不能寫的。」統治者說，「因爲它如果眞和奧賽羅相像，它就不會被人懂，不論怎樣新。反之，如果它眞是新的，它根本不可能和奧賽羅相像。」

「爲什麼呢？」

「對啦，爲什麼呢？」，華特生也重復地問。他現在也忘記了目前那種令人不愉快的處境。只有伯納一個人焦灼害怕地沒有忘。他們也沒有注意到他，還在問：「那爲什麼？」

「因爲我們的世界和奧賽羅的不一樣。你沒有鋼就不能造出汽車——同樣你沒有社會的不穩定就造不出悲劇。而現在社會已經穩定，人民很幸福。他們想要的都能得到。他們永也不要他們得不到的。他們過得很好，他們很安全。他們永沒有病痛；他們不怕死亡；他們很幸運地不知激情與老年爲何物；他們沒有父親與母親來煩擾；他們也沒有妻子、小孩或愛人來使他們具有强烈的情感；他們神經接受的特種的條件約制，使得他們應該做的正是他們心裏覺着非做不可的。如果還有什麼差錯，那就是鎮靜劑「索馬」。這個東西，你會以維護自由爲名將之摔出窗外，野蠻先生，所謂的自由呀！」他笑起來，「還期望第四階級的代魯它人能懂得什麼是自由！現在又期望他們懂得奧賽羅。唉呀，我的好孩子。」

野蠻人沉默片刻。然後堅持說：「我的意見還是照舊，奧賽羅是好的，奧賽羅比那些有觸覺的電影好。」

「這話當然不錯，」統治者同意說，「但這就是我們求得社會穩定所必須付的代價。你須得在人們所謂的高級藝術與快樂之間作一選擇。我們已經捨棄了高級藝術。我們有了有觸覺的電影以及嗅覺器。」

「但他們並無意義。」

「它們本身就有意義；它們的意義是能使觀衆產生許多愉快的感覺。」

「但他們是……是由一個白痴編造的。」

統治者大笑起來。「你對你的朋友，華特生先生有點不大禮貌，他是我們這裏一個最出色的情感製造工程師……」

「但他是對的。」華特生悒鬱地說，「那的確是白痴的東西，只是在毫無話可說的時候寫出來的……」

「一點也不錯。但那反需要最大的聰敏。你們從極少量的鋼之中製出汽車——實際上幾等於無中生有，從純感覺中便製出了藝術品。」

野蠻人搖搖頭，「我覺得這眞是可怕。」

「當然是如此。實有的幸福與對不幸所作的過度補償相比永遠是顯得汚穢的。當然，穩定的生活沒有不穩定的生活來得那樣壯觀。感到滿足一點兒也沒有與不幸奮戰那樣有魅力，也沒有與誘惑搏鬪或是被激情與疑慮所征服時那樣動人，總之幸福永不是偉大的。」

「我想是不偉大的，」野蠻人沉寂片刻說，「但是必須要糟到像你們那些模樣一般一樣的卵孵子那樣糟嗎？」，他這時把手在眼前愰了一下，好像要抹去記憶中，那些在桌子邊一長串一長串模樣相同的侏儒，那些在倫特弗單軌火車站進口紮着辮子模樣相像的兒童羣，那些擁擠在林達死床周圍的人蛆，還有會攻擊他的那些人，他們的面孔一個一個永遠是一樣的。他又看看自已紮着綳帶的左手，不禁戰慄。「可怕呀！」

「但是多麼有用！我知道你不喜歡我們用波堪納夫基法所造的人羣。但是我告訴你，他們是造成其他一切事物的基礎。他們是使這個在不穩軌道上行走的國家噴射機得以保持穩定的旋轉儀。」他深沉的嗓音在隆隆地震盪，他的手勢表示出一切的空間，以及那不可抵禦的機械的前進。蒙特的演說幾乎到了做作表演的標準。

「我在奇怪，」野蠻人說，「既然你們從那些瓶中要想得什麼就可以得什麼，你們何必一定要製造那麼一類人呢？你們造的時候爲什麼不把每一個人都造成加料的愛魯發人呢？」

蒙特又笑了。「這因爲我們不願被砍頭。」他回答說，「我們信仰幸福和安定。一個全是愛魯發人的社會一定會不安定和悲慘的。想想看，一個工廠的員工全是愛魯發人──換言之這些員工都是單獨的不相聯繫的具有優良遺傳的個人，他們所受的條件約制是使他們（在某種限度下）能作自由選擇，並能擔當責任。想想看吧！」他又重複這樣告訴他。

野蠻人努力想像了一陣，並無何結果。

「那是件荒謬的事。照着愛魯發的養育，和愛魯發條件所產生的人，如果讓他們去做伊普思龍末等人的賤工，他們是要發瘋的──發瘋而把一切打成粉碎。愛魯發人也可以有良好的社會關係──但只有在一個條件下，就是讓他們做愛魯發的工作。只有伊普思龍人才能去作伊普思龍的犧牲，理由就是他們不覺得那些是犧牲；那些對他們反成爲一種抵抗力最小的行業。他們所受條件約制已爲他們鋪好軌道，他們只在上面跑就是了；他們禁不住要那樣做，他們的命是注定了的。即使他們已從瓶中取出，他們仍然在一個瓶中──那是個無形的瓶，在嬰孩和胚胎期中就已固定了的瓶。其實我們每一個人，」統治者一邊沉思一邊繼續說，「整個生活過程都是在一瓶中。如果我們碰巧是愛魯發人，我們的瓶相對來說是非常大的。那麼，如果我們被關在一個比較狹小的空間，我們會感到尖銳的苦痛。你不可以把上等好酒注入下等瓶中。在理論上這是顯然的。但這在實踐上也會得到證明。賽普魯士島上的實驗很使人信服。」

「那是什麼實驗？」野蠻人問。

蒙特微笑說：「你如高興的話，可稱它作瓶子改裝的實驗。它在佛特後四七三年開始。當時的統治者把島上原有居民一概加以清除，移民過去的是一批特製的二萬二千個愛魯發人。所有農具和工業用具都交給他們，讓他們自理其事。實驗結果準確地符合了理論的預測。那個島經營得並不妥善；所有工廠中都有罷工；法律是等於零，秩序是沒人遵守的。被派遣作低級工作的人永遠在陰謀詭計以求高級工作。而從事高級工作的人又不顧一切代價地從事其反陰謀，以期保留原位。在六年之內就發生了第一等的大內戰。當二萬二千人死去了一萬九千人時，幸存者一致籲請世界統治者再掌該島政權。統治者們也那樣做了。這就是世界上曾僅見的愛魯發社會的結局。」

野蠻人深深地嘆息。

「最理想的人口，」蒙特說，「是彷照冰山來構成的──九分之八在水的下面，九分之一在上層。」

「那麼在下層的能快樂嗎！」

「比在上層的還快樂。舉例言之，比你這位朋友還快樂，」他指着華特生說。

「儘管他們作着那種可怕的工作？」

「可怕嗎？他們並不覺得如此。反之他們喜歡它。那很輕鬆，有孩子氣的簡單。沒有心靈和肌肉的重壓。每天只是七小時半的溫和的不耗費人精力的勞勤。然後是配給的索馬鎮靜劑，和遊戲，以及無限制的性交和觸覺電影。他們還要求什麼呢？對了，」他繼續說，「他們可能請求減少工作時間。而且我們當然能够給他們較短的工作時間。從技術上講，要想把所有較低層階級的工作時間縮減到每日三四小時，那是一件非常簡單的事。但他們會因此而變得更爲快樂嗎？那是不會的。在一百五十年以前，我們也作過實驗。全愛爾蘭都採用每日四小時制。結果怎樣呢？結果是騷動和索馬消耗的大量增加，不過如此而已。他們多出來的三小時半閒暇絕非他們快樂的泉源，結果他們感到需要而被迫取消一天假期。發明局有許多節省勞力的計劃，數目之多可以千計。」蒙特又作了一個過份的手勢，「我們爲何不把它們付諸實行呢？那還是爲了勞工們的緣故；因爲以過份的閒暇來使他們痛苦，那全然是殘忍的行動。在農業方面情形也是如此。我們用化學綜合法可以製出每一片麵包，只要我們願意這樣做。但我們未如此做。我們寧願保持三分之一的人在土地上工作。那還是爲了他們的原故──因爲從土地上產生食物要比從工廠中得到食物所需時間爲長。此外我們還要顧及我們的穩定，我們不願改變。每一改變就是穩定的一個威脅。這是我們慎於使用新發明的另一原因。純粹科學中的每一新發明都有潛伏的顛覆性；因此我們有時必需把科學當作一個可能的敵人看待。對啦，即使是科學。」

科學？野蠻人皺了皺眉。他曉得這個字。但他並不知道這字的確切意義。莎士比亞和那原始農村中的老年人從未提到過科學。而從已死的林達那裏他對這字的意義只能搜到點最模糊的暗示；科學是用來做螺旋槳飛機的東西，是使人譏笑穀舞的東西，它又可以使你免生皺紋和免落牙齒。他拼命地努力去抓住統治者話中的意義。

「是的，」蒙特說，「這就是我們爲穩定而付的另一代價。與幸福不相諧合者不僅藝術而已。科學也是的。科學是危險的；我們必需極小心地用鍊子把它拴起來，用套子把它蒙起來。」

「什麼？」華特生極爲震驚地說，「但我們不是永遠在說科學即是一切嗎？那已成了令人打瞌睡的老調了。」

「每星期有三次在十三時與十七時之間要談這個老調。」伯納也插進來，「還有我們在大學裏作的那麼多科學宣傳。」

「是的，但請問是那一種科學呢？」蒙特含着諷刺地問他，「你從未受過科學訓練，所以你不能下判斷。在我當年，我倒是個相當好的物理學家。我的程度是太好了──好到我竟能認爲我們所有的那些科學不過是一部烹飪的書而已，書上是一套任何人不許置疑的正統烹調理論，還列有固定的食譜，非經主廚允許不得增添。我現在是那個廚房頭目了。但在昔日我曾是一個好追究的小打雜。我開始試做一點我自己的烹調術。那是非正統的，和非法的烹調。事實上，那才是一點眞正的科學。」說到此他也沉默了。

「出了什麼事呢？」華特生問道。

統治者嘆道，「幾乎和你們這幾位青年人將要出的事一樣，我差點被送到一個島上去了。」

這幾個字像在伯納身上通了電流一樣，使他做出暴烈和不適合的動作。「送我到島上去？」他跳起來跑到屋子那邊，然後站在統治者面前做着手勢，「你不能送我去，我並未犯什麼事。是別人做的，我賭咒是別人做的。」他此話乃歸咎於華特生和野蠻人。「啊，請不要把我送到冰島去，我答應決定做我應做的事。請再給我一次機會。」他眼淚開始淌下，「我告訴你，那是他們的錯。」他啜泣着，「不要到冰島，求求你，佛特陛下，求求你……」他千懇萬求了一陣，便投身下跪在統治者之前，蒙特想把他拉起來。但伯納堅持地匍匐在地。他滔滔不絕的哀求着。最後統治者只有按鈴叫他的第四秘書來。

「帶三個人來，」他命令道，「把伯納先生弄到睡房去，給他點索馬蒸氣。然後把他放上床留在那裏。」

第四秘書走出去，又帶着三個穿綠色制服模樣一般的僕役進來。伯納一邊仍在叫喊，哭泣，被帶了出去。

「別人或許會認為他將被送去砍頭，」這時門關上了，統治者接着說，「其實一個人如還有一點點頭腦，他會了解他的懲罰實在是一種報酬。他正要被送到一個島上去。也就是他將被送到一個好地方，那裏他將遇到世界上最有趣的一羣男女，那裏所有的人都是為了某種原因而使自己變成自我意識太强的個人，以致不能適合社會生活。所有那些人都是不滿意正統的，他們都有他們自己獨立的觀念。總而言之，每一個人都是有特性的人，我幾乎嫉羨你們，華特生先生。」

華特生笑起來。「那麼你自己為什麼不到一個島上去呢？」

「因為我最後看中了這邊。」統治者回答說，「我被給與如下的選擇：一方面是被送到一個島上去，我在那裏還可以繼續我純科學的追求。另一方面是被安置在統治評議會裏，將來在適當的過程之後有掌握實際統治權的希望。我選擇了後者而拋棄了科學。」他停了一下又說，「有時候，我頗為科學後悔。幸福好比一個嚴厲的主人——特別是別人的幸福，如果一個人所受條件約制還未達到使他能毫無疑問地接待這位主人的程度，它將遠比眞理那個主人更為嚴厲。」他嘆息，再度沉入寂靜。然後又以較輕快的聲調繼續下去。「好了，責任終歸是責任。我們不能向自己的喜好去討商量，就喜好來說，我是對眞理有興趣的，我喜愛科學。但眞理是一種威脅，科學是個公共的危險。它的危險性與它賜給的福利相等。它已賜給我們有史以來最穩定的平衡。比較起來中國是太不安全了；甚至原始母系社會也比不上我們穩定。我重複說，感謝科學。但我們不能讓科學來抵消他自己的好成績。這就是我們何以那樣小心謹愼去限制它的研究範圍——也是我差一點被送到一個島上去的原因。我們不許它涉及任何題目，除非是眼前最迫切的問題。一切其他的探討皆用最謹愼的方法來加以阻撓。」他停一停又繼續說，「現在讀一讀佛特時代人們對科學進展的寫的東西是很新奇的。他們似乎想像科學的進展可以被允許無止境地進行下去而不顧慮其他的一切。知識就是最高的善和最高的價值；其餘皆在第二等而屬附餘。但實在就在當時，觀念也開始改變了。我神佛特自己即作過許多貢獻使得重點從眞與美方面轉移到舒適和幸福上去。大量生產就必須有此改變。普遍的幸福使輪子穩定轉進，而眞與美却不能。而且當然的，凡當羣衆握得政權時，幸福總是比眞與美更被重視。但儘管如此，無限制的科學研究仍被允許。人們仍繼續把眞與美當作至高無上的善來談論。這一切直到「九年戰爭」的發生才完全改變。這次戰爭使他們的論調完全改正過來。當傳染病炸彈紛紛落向你四周時，眞與善還算得什麼呢？就從那時起——九年戰爭之後——科學才首先被人加以管制。那時人們幾乎準備將他們的食慾都要加以管制了。一切都是為了一個平靜的生活。從那時起，我們一直管制到現在。這對眞理自然沒有什麼好處。但它對幸福却極有助。我們每作一事不能不付任何代價。取得幸福是要付出代價的。華特生先生，你正在付着代價——你付出代價是因為你碰巧對美的興趣太大了。我是太對眞理發生興趣；我也付出了代價。」

野蠻人打破長久的誠默說，「但你並沒有到島上去。」

統治者微笑說，「這就是我付出代價的方式。我選擇的方式是向幸福服務，是向別人的而非我自己的幸福服務。」他停了一下又說，「幸運的是世上有許多島嶼，我眞不知若沒有這些島我們該怎麼辦。我想那就只有把你們都放進一個煤氣屠殺室中了。對了，我想起來了，華特生先生，你喜歡熱帶的氣候嗎？譬如馬格桑，或薩莫？還是你喜歡更令人振奮的地方？」

華特生從氣椅上立起來，「我喜歡一個澈頭澈尾的壞天氣。」他回答說，「我相信如果氣候壞，一個人可以寫好一點的東西，舉例言之，如果有很多風暴之類的話……」

統治者點頭表示贊許，「我喜歡你的精神，華特生先生，我的確十分喜歡，雖然我站在官方立場是不贊成的。」他微笑一下，「那麼法克蘭島如何？」

「是的，我想那就行了。」華特生回答說，「現在，如果你不在意的話，我願意出去看看可憐的伯納如何了。」

本譯文及引言取自
Martin Gardner 編 Great Essays in Science
(每冊二十元臺幣)

八高三年和中京景物（五續）

雷震

十一　菰野溫泉和男女同浴

我一向很喜歡旅行風景區，遊山玩水，與大自然同在。這樣可以使人心曠神怡，無憂無慮；同時也可以鍛鍊身體。這種愛好也許多多少少是受了愛讀十九世紀自然主義小說和文學的影響。惟過去在預備升學考試的一段時期，眞是一刻千金，不敢浪費，故除春天偶爾在東京市區的公園或其近郊看看櫻花，暑季往海濱洗洗海水浴外，簡直沒有功夫去旅行。即令在看櫻花和洗海水浴的當兒，還是爲了換換環境，使疲乏的腦筋獲有少許休息的機會。所以往公園看花也好，到海邊沐浴也好，都不能拋開沉重的心思而盡興遊樂。到八高後第一年，因學校改變學制，縮短一學期而加緊趕課，連禮拜天有時還要補課，當然沒有功夫遊玩覽勝。及至第二學年之後，學校課程的進度已趨於正常狀態，故每年春假、暑假和年假，我常常往附近的風景區旅行，或登山，或涉水，總是乘興而往，盡興而歸。遠處我曾攀登富士山，徜徉於興津海濱的沙灘上，近處我遊過有名的犬山及其附近的名勝，以及湯山溫泉和伊勢海濱等處。關於前者，我擬另撰一文以紀其事，現在只想寫出遊歷湯山溫泉和伊勢神社二段趣事，俾可明瞭我在名古屋三年生活中的片段生活，亦可藉此了解名古屋的自然景色和當地習俗。

民國十年的春假中，我和戴君夏民（其弟名戴弘，與我同預科，後入東京帝大習農科）同遊湯山溫泉。戴君浙江江山人，習理科，比我高一班，八高畢業後繼入九州帝大習醫。

湯山溫泉在三重縣（與愛知縣爲鄰縣），屬於三重郡菰野町，故亦稱爲「菰野溫泉」。去程由名古屋市區乘關西線火車至「四日市」鎭，再換乘輕便鐵道小火車至湯山站下車，然後沿着叫名「三瀧川」的小溪步行登山。四日市在當時還是一個極小的市鎭，據說過去爲一個集場，每逢月之「四」的日子，如初四、十四、廿四各日，則趕場一次，故遺有此名。現已劃爲普通市了。因其位於伊勢海灣，爲一天然的良港，海洋輪船可停泊，而東海道幹線復穿過市區，另有若干民營的輕便鐵道經過其間，水陸交通極其便利，故近來工商業甚爲發達。二次大戰前，大工廠雲集，工業生產額已進至全國第十一位，尤以油脂工業，石油化學工業集中於此地，形成爲日本最大之石油總合化學工業的地帶。

由湯山車站徒步約二小時可達溫泉場，有幾家日本式旅館建築其間。上山沿途風景極爲秀美，四季咸宜。春日可看櫻花和杜鵑花。這裏的「山櫻」在日本是很有名的。山櫻乃櫻花之一種，開放較遲，開花時而枝已生葉，故花少葉多，不似八重櫻的花朶是一團一簇的。別的櫻花開花時尙未生葉，而山櫻開花時葉已滿枝，故花朶如天上疏星般的躲在葉子中間，另有一種風緻。日本詩人討厭八重櫻而喜歡山櫻，謂前者俗氣，後者清高。這也是詩人的怪僻。因爲在詩裏對山櫻加以特別渲染，世人遂受其影響，覺得山櫻珍貴可愛。在未讀這類詩的人看起來，並無如是之感覺。惟山櫻較少，物以稀爲貴，可能爲山櫻名貴的原因。湯山夏季避暑很適宜，較臺北之草山則雨少而空氣乾燥。秋天則古楓參天，紅葉遍山滿谷，非常美觀，眞有「霜葉紅於二月花」之感。有一個峽谷名曰「紅葉谷」，可見湯山紅葉之盛。冬季可洗溫泉。這裏的溫泉，乃是日本有名溫泉之一，因泉質特佳，無色無臭，係單純的「放射能泉」，浴之可治腸胃病、神經痛、半身不遂症、婦人病和脚氣病諸症。

我與夏民兄晨間各自寓所出發，在名古屋車站會齊，然後乘火車前往，沿途盤桓瀏覽，及到溫泉地方，而天色已暮，返寓實不可能，且人又疲乏，遂決定是晚住在山上。這裏建有疏疏落落的幾家旅館，完全是日本式的房子，位於山坳中一塊小小平原之上，與四週的景色頗爲調和。此次旅行遇到二件窘事，今日回想起來，猶感當時的窘況不置，特走筆記之，亦可窺知日人過去的生活實況。

我倆於晚飯後擬去旅館的溫泉池子洗浴。我們很久沒有走過這麼多路，而山路崎嶇坡陡，羊腸小道，步履維艱，所以上山走得很累。此地溫泉既是有名的鑛泉，故打算痛痛快快的洗浴一次，俾可滌去塵囂，恢復疲勞。旋經問明旅舍的下女，她說現在正好洗浴。我們就脫去身上的外裝，披上浴衣而走進浴室。

日本人的洗浴方式，那時都是洗大池子，用洋盆洗浴的，除東京帝國飯店等幾家西式旅館專用來招得歐美旅客者外，當時民間差不多是沒有的。一般浴室的建造方法，是把浴池建在浴室中間，其大小約爲浴室的三分之一，另有供給冷水和乾淨熱水的小池子。凡來沐浴者，於跨進浴室之後，須先蹲在浴池的旁邊，用小木桶舀取大池的溫水淋到身上，把身上的灰塵約略冲洗後，就進入溫水池內稍爲泡上一下。池內溫水約莫三尺多深，浴者在池中泡上刻把鐘後，再走出池子坐到池旁的小凳上用肥皂洗淨身上的污穢，再入溫水池中浸上刻把鐘就出來。然後用小木桶舀出乾淨的熱水把身子冲洗一下，因爲大池的溫水許多人浸過，可能不很清潔，尤以晚間爲然。這樣就算一次洗浴告畢，非常簡單，需費不多，而天天可浴。凡患有惡疾或傳染病如疥瘡癬瘡之類者，浴室可拒絕其入浴，或者不准其進入大池之內。

我們走到浴室的門口，拉開木門跨進門檻後，發現池內有好幾位老老少少的婦女浸在溫水中。當然她們一絲不掛，胸部背部都可看到一些，因爲她們都是蹲在池中，只露出頭部和一部分胸部。她們談笑自若，對於我們這兩個異性的闖入，毫不感到驚異，我們始悉這些地方是「男女同浴」的。我來日本雖已有數載，只聽說過去日本人是男女同浴，今日在鄉間和偏僻的地方，還留存有這類習慣，但今日大都市的浴室，男女早已分開洗浴。就是在一所浴室之內，一邊是男池，一邊是女池，中間用一塊木板隔開。有的地方，男女浴池只是一個，僅在浴池的上面當中隔一木板而已。不僅沐浴者彼此均隱約可見，而坐在櫃台上收錢的人，有時是男，有時是女，對浴者雙方均可看見。故其所謂分開，並不怎樣嚴格。洗浴一事在日本可說是「男女絕對平等」的。又如當時東京的浴室，擦背的人都是男士，即爲女客擦背的亦是男士。而長崎則反是，無論對男客女客擦背的都是女士。惟日本浴室擦背的，只擦浴客的背部胸部及兩手，不擦下部。故日本人對男女同浴，並不看做怎樣稀奇可驚之事。而日本人異性間的「神秘」之感，亦沒有中國人那樣敏銳和衝激。兩性愈是隔離，見面時則愈覺得神奇奧秘。

我倆的雙脚跨進浴室時，看到這種情形，欲繼續進內，則殊感不慣，欲退出不洗，又覺得極不自然，而身上肌肉緊張，心中跳躍不已，正在逡巡徘徊的一剎那之間，忽然在池內浸水的婦女中，有一位年紀較長的請我們進去洗浴。大概是旅館的主婦或管事人，看到我們欲前又止的樣子，可能猜出我們不甚習慣，故爾很客氣的招呼我們。可是她越是請我們進內，我們越想退出，而對她一番好意的招呼，又不便完全置之不理。其時眞是進退維谷，忐忑不安，當時尷尬難堪之情，殊非今日楮墨可以形容。結果只有硬着頭皮進去胡亂洗了一陣就出來，也不問有沒有洗去身上的塵垢。日本人對男女間的關係，比較看得平淡，沒有中國人那樣神乎其秘，授受尙且不親，遑論同浴；而且浴室光線暗淡，浴者都用浴巾遮蔽下體，同浴又算什麼了不得的事，不過我們過去沒有這種習慣罷了。第二晚我倆就不太理會有無異性在內，進浴室後加速度的洗了一陣就跑出來，似乎沒有昨天那樣緊張慌亂。天下的事大概是第一次爲難，過了頭一關就無所謂了，等到習以爲常的時候，就不覺得什麼奇怪，而反以爲那是理所當然了。在犯罪的紀錄之中，累犯要比初犯來得多，據說就是這個道理。

第二件窘事，是我們在旅途中把錢花光了，差一點要出洋相。我們在名古屋動身時，原打算遊玩湯山後，當天折返寓所。湯山溫泉只是聽人說過很有名，而菰野鈴鹿山景之美麗，也常常聽到同學們閒談過，惟究有多遠，途中所需時間多少，我們兩人都不大明白。我倆驟然遊興勃發，只知不甚遠，未經問明詳細路程，即匆匆出發，既不曉得火車開到的時間，而當時交通不便，火車每日班次不多，途中且走且遊，迨走到溫泉地方而天色已晚，欲返寓所則事實上爲不可能，故只有在山上旅館權住一宵，打算次晨就起程下山。好在兩人荷包中的鈔票，住一個晚上決無問題，不管這些旅館是如何的收費。不料是晚天忽下雨，而春雨連綿，一連下了兩天還不停止，山路泥濘滑蹶，對於我們這些沒有走慣山路的人，竟是寸步難行。而溫泉旅館收費極昂，學生雖略有優待，也不是我們可以長住久安的。日本旅館是英國式而帶飯的，一宿兩餐是多少錢，午飯則另行計費，一個人住一間，和兩個人乃至三個人住一間，其對每個人的收費是一樣的。

我們兩人荷包裏的錢，經住下兩天就快要完了，而春雨仍不停止，好像還要繼續再下幾天似的，我們到了第三天早晨勢非冒雨下山不可，否則就要出洋相了。山路泥濘易於滑跌，未走慣而又無草鞋的人，則寸步維艱，萬一滑跌到山澗裏頭，不僅要負重傷，可能還有性命之虞。承館主想法各給草鞋一雙綁在皮鞋的底部，好像套鞋一樣，以期避免滑跌。可是山路陡峻而且泥深，雖有草鞋止滑，依然不能舉步，最後由館主特別張羅，僱到二乘轎子抬我們下山。

日本人把轎子叫做「駕籠」(Kago)。其功用就是抬人上山下山。其樣式是圓的，用竹篾編成與籃筐一樣而格局特別大些，客人則盤脚趺坐在籃底上面鋪的蒲團上，四周則圍着油布以避風雨，上面穿着一根木棍等於轎桿，前後兩人肩着木棍行走。日本駕籠和中國轎子，其樣式完全不同，儘管功用是一樣的。我的身軀高大，盤膝坐在籃內，腰部不能伸直，後面又無靠背，路滑轎夫（日人稱轎夫爲「駕籠昇 Kagokaki」），亦不良於行，故下山竟走了兩個多鐘頭（天晴時下山只須一個半鐘頭），及抵山脚後，我不僅腰酸背痛，而兩腿兩脚竟痲木得不能站起來。這是我在日本第一次坐轎子，也是最後一次。我們下山後只吃了一碗白麵，即匆匆搭車返名古屋，到達寓所時天色已暮，囊中的餘欵只有幾塊零錢了。

這是三十七年以前的往事。據說，今日名古屋都市已有長足之進展，其衛星的都市，如四日市、桑名市等均因事實的需要而繼起發達。由於這一區域工商業的迅速發展，人口大量集中都市，更需要其附近的風景區，以爲這些都市居民星期日和假日的遊樂地和休息場所。湯山溫泉和鈴鹿山景正可滿足這個要求而大爲繁榮，故登山汽車路和滑雪場等均次第興建起來。由名古屋往溫泉場且有直達汽車，不論晴雨或下雪的天氣，均可上山下山，無復當年的障碍。湯山鈴鹿兩地今日對於名古屋和伊勢各地的居民，正如今日伊豆、箱根等勝地之於東京和橫濱的居民，供其休息和遊樂的場所一樣。三十幾年的歲月，使這個風景區的一切均爲之改觀。今日出國既不可能，不悉何日能够獲得重遊的機會，一溫舊夢，故略記舊遊，以實回憶。（待續）

啓事

本刋第二十卷第八期（四月十六日出版）短評「新官場現形記」一文，其中所引四月四日「聯合報」第三版新聞，現據臺北市政府公共關係室於四月廿二日來函稱：「此項報導，與事實並不相符。業經本室查明實情，於四月七日去函更正；並經聯合報查證後，於四月廿二日刋佈」，說明因某報記者告知社會局李蘊權局長：本市大埔街五十六巷十一號某寡婦，雙目失明，膝下孤子四人，均未成年，家徒四壁，饔餐不繼，李局長乃親往查訪，並順道在附近訪問貧民兩戶，各報記者係自動隨同前往，故社會局長固無「出風頭」之意向，新聞記者亦非因「邀請」而始奔走云。特此代爲聲明。

——編者

自由中國　第二十卷　第九期　內政部雜誌登記證內警臺誌字第三八一號　臺灣省雜誌事業協會會員　三〇〇

給讀者的報告

民國四十八年的「五四」，瞬將屆臨，我們特發表社論㈠「展開啓蒙運動」，指出四十年前五四運動中所鼓吹的科學與民主，仍是今日中國啓蒙運動之不可分的中心課題。

這幾年來，我們基於對地方自治的關心，已先後呼籲國民黨不要一味的加强「地方黨治」。可是，現在表現於地方的議會、教育、財政、新聞文化、人民團體各方面者，反而是黨治的程度愈普遍而深入，因此，我們不得不在社論㈡『地方黨治』必須立即停止」中，向國民黨再行呼籲。

日內瓦四外長會議的舉行，是最近國際政治上的一件大事，我們特在社論㈢「柏林危機與日內瓦四外長會議」中，指出這次會議，只是欲商討解決柏林及德國危機的一種前臺表演，而在此一期間內眞正決定問題的所在，却是在幕後。

殷海光先生的「胡適與國運」大文，原是脫胎於殷先生在臺灣大學的一個講演。殷先生在其大作中，從「中國現代最具影響力的三派思想」，說到「中國近五十年來思想上最具影響力的兩對人物」，進而說到「胡適與啓蒙運動」，接着指出「他們為甚麼反胡適思想」？最後歸結到「今後的展望」，其中每一問題，都有極為詳盡的分析和說明。

魯翼先生「蘇丹政變面面觀」大作，是從各方面簡要述蘇丹政變，幫助大家對此獲得概括的瞭解。本文因稿擠延擱，希作者原諒。

劉世超先生的譯文「勇敢的新世界中的科學」，意義深長，值得大家一讀。「出版法摘要」本期因稿擠暫停一期，特此敬告讀者。

一羣第二期青年軍學生的最近來信已拜讀到，但所詢「我們對政府的期望」一文，並未收到。署名「霉氣兵」的來信和附稿均收到，對於先生的處境，我們十分同情，但尊稿歉難刊登，請原諒。

自由中國　半月刊　第二十卷第九期　總第二二八號
中華民國四十八年五月一日出版

發行人　雷震
主編　『自由中國』編輯委員會
出版者　自由中國社
社址：臺北市和平東路二段十八巷一號
Free China Fortnightly, 1, Lane 18, Ho Ping East Road (Section 2), Taipei, Taiwan.
電話：二八五七〇

航空版
友聯書報發行公司
(香港九龍窩打老道一〇號)
電話：五九一六四、五九一六五

總經銷
自由中國社發行部

美國經售者
紐約友方圖書公司
Hansan Trading Company, 65, Bayer D Street, New York 13, N.Y. U.S.A.
紐約光明雜誌社
Sun Publishing Co., 112, Mulberry St., New York 13, N. Y. U. S. A.

韓國　漢城裕昌德號
馬尼刺　新疆書店
緬甸　仰光振成書報店
印度　阿拉哈巴中印文化出版社
北婆羅洲　西利亞坡青年書店
星加坡　友聯書報發行公司（小坡大馬路四六九號）
吉隆坡　友聯書報發行公司（馬華公會大廈三樓七室）
怡保　友聯書報發行公司（希尼華沙甘街十六號）
檳城　友聯書報發行公司（林連登律七十二號）
澳門　友聯圖書公司

印刷者　精華印書館股份有限公司
廠址：臺北市長沙街二段七一號
電話：三三四二九

本刊經中華郵政登記認為第一類新聞紙類　臺灣郵政管理局新聞紙類登記執照第五九七號　臺灣郵政劃撥儲金帳戶第八一三九號
(每份臺幣四元，平寄美金一角五分，航寄美金三角)

自由中國

FREE CHINA

第二十卷第十期

目錄

中華民國四十八年五月十六日出版
社址：臺北市和平東路二段十八巷一號

半月大事記

四月廿五日（星期六）

西方盟國對於有關柏林問題的具體對案，已獲致協議。

莫斯科電臺宣稱，俄將在外長會議中拒絕商討德國統一。

對於停試核子武器問題，俄又拒絕美國建議。

四月廿七日（星期一）

尼赫魯在印國會駁斥共匪對印的誣控，謂達賴逃印及聲明均出自願。

劉少奇繼毛澤東任僞「主席」，朱德任僞「人代常務委員長」，周恩來任僞「國務院總理」。

阿根廷政府發表聲明，共黨企圖造成變亂，阿決禁止共黨活動。

四月廿八日（星期二）

共匪揚言要「血洗西藏」，並警告印度不得干涉。

美以武器彈藥一批緊急運送巴拿馬。巴正奮力包圍叛軍據點。美洲國家組織委員會聲援巴拿馬反抗侵略。

匪僞政權無大變動，僅撤銷僞「司法」「監察」兩部，僞「副總理」已增加至十六名。

四月廿九日（星期三）

西方外長會議中，協議在未來日內瓦會議中，決對俄採强硬立場，絕不容俄陰謀將西方逐出柏林。

艾森豪在記者招待會上强調，西方國家永不背棄柏林人民。

俄對柏林問題詭計，附庸國家同聲附和，華沙共黨外長會議發表公報，重述俄帝舊調，無新的內容。

據得過諾貝爾獎金的科學家包林博士估計，美核子武器貯存量有七萬五千枚，能消滅二十倍的世界人口。

首批康巴族難民經不丹逃抵印度。匪在印邊境拘捕逃亡藏胞，印藏貿易通路均被封閉。

四月卅日（星期四）

四外長會議發表會議公報，表示西方對俄談判立場，四國獲致完全協議，盟國決保持在柏林的權利責任。

東德共酋又提威脅，揚言攫取柏林通路。

英國蒙哥馬利元帥在俄與赫魯雪夫曾兩度個別會談。

五月一日（星期五）

立法院繼續審議冤獄賠償法草案。

日本全國市長選舉，保守派再獲得勝利，共黨候選人已全部落選。

赫特向艾森豪報告，認爲盟國互讓，始擱置歧見，團結一致與俄週旋。

美國務院一高級官員提警告，俄已在處心積慮的企圖統治伊拉克。

五月二日（星期六）

入侵巴拿馬事件告一結束，八十七名叛徒已向巴國投降。

外交人士對巴黎外長會議完全達成協議表示懷疑；美官員透露西方如何行動未獲一致協議。

北大西洋公約組織一致通過對德問題整套計劃，同意西方四外長會議所擬對俄談判立場。

五月三日（星期日）

伊拉克北部庫逈部族兩次戰勝伊政府軍；傳卡塞姆將改組伊政府，使共產黨分子參加內閣。

西藏抗暴仍在持續中。共匪頒發緊急命令，採取三項行動，封鎖印藏邊界，切斷與外聯繫，大批部隊趕走居民，進駐南藏。

傳麥米倫與赫魯雪夫會談曾有默契，英俄密謀交換條件，由英修改對德及歐洲安全政策，俄勸止伊拉克實行石油國有化。

五月四日（星期一）

共匪續在藏調集重兵，對印實行武力恫嚇。尼赫魯在印度國會討論西藏情勢。

五月五日（星期二）

赫特在美國參議院報告與俄談判策略。

立法院今開始二讀冤獄賠償法草案。

五月六日（星期三）

赫魯雪夫向去莫斯科訪問的若干西德社會黨編輯人表示，對德問題如不獲協議，俄將與東德單獨簽約。

共匪警告印度不得干涉西藏問題，並且不承認該一漫延革命運動的西藏有成爲緩衝地帶或半獨立國的可能性。共匪並承認在四川、甘肅、青海等省也有反共運動發生。

五月七日（星期四）

美B52G噴射轟炸機完成九千餘哩飛行，時速五百哩，連續飛行十八小時，可裝載氫彈隨時給予敵人反擊。

美與荷、德、土締約，供給軍事核子情報，協助訓練使用飛彈核子武器。

『自由中國』的宗旨

第一、我們要向全國國民宣傳自由與民主的真實價值，並且要督促政府(各級的政府)，切實改革政治經濟，努力建立自由民主的社會。

第二、我們要支持並督促政府用種種力量抵抗共產黨鐵幕之下剝奪一切自由的極權政治，不讓他擴張他的勢力範圍。

第三、我們要盡我們的努力，援助淪陷區域的同胞，幫助他們早日恢復自由。

第四、我們的最後目標是要使整個中華民國成為自由的中國。

社論

(一)

反共的方法問題

——從日本此次地選舉看出自由民主的價值

自大陸播遷來臺，忽忽已逾十年。十年以來，政府的若干努力是以反共為中心目標。海內外一切愛自由尚民主的人士也莫不以反共為中心目標。我們可以說，在以反共為目標這一點上，大家已經一致。這也是十年來的一個基本的成就。可是，除了這一基本的成就以外，我們是否有其他基本的成就呢？這是一個極待澈底檢討的問題。

除了反共這個目標以外，有關緊要的問題，就是怎樣去反共的問題，或者，更明白一點說，用什麼方法去反共的問題。我們一提起這個問題，所得到的答案，就沒有前者一致。對于這個問題的答案，幾乎是「仁者見仁，智者見智」。雖然如此，大致分別起來可分兩大類：第一類的人主張用極權的方法來反共。第二類的人主張用民主的方法來反共。我們必須明白，這一分別不是枝枝節節的分別，而是基本的分別。有了這一基本的分別，跟着而來的種種作法也就大不相同。主張用極權的方法來反共的人士，主張「拿主義對主義」，「拿組織對組織」：你實行一黨專政，我就「以黨治國」；你把人當做「組織」的工具，我就把人當做命令的工具；你無視個人的尊嚴和價值，我就來「打擊個人主義」；你實行思想控制，我就實行「黨化敎育」；你實行經濟黨有，我就實行統制經濟；你以黨統軍，我就軍隊黨化；你有個什麼青年組織，我就來個什麼青年團；你標語口號滿天下，我就口號標語滿街飛；你「反右派」，我就打擊「自由主義者」；你實行特務統治，就就實行全面的社會控制；……這樣演發的結果，就成為「以共產黨的方法反共」了。因為，共產統治是集極權統治的大成。舉凡古今一切極權統治的原理原則以及方法技巧，幾乎無一不包括在共產統治以內。所以，凡用極權的方法來反共者，其無可避免的結果，就是「用共產黨的方法反共。」

如果用民主的方法來反共，那末結果便大不相同：共黨實行一黨專政，我們就容忍反對黨作合法的發展；共黨把人當組織的工具，我們要讓組織替人服務；共黨無視個人的尊嚴和價值，我們極力尊重人的尊嚴和價值；共黨實行思想控制，我們實行敎育自由；共黨實行經濟黨有，我們就實行自由經濟；共黨以黨統軍，我們實行軍隊國家化；共黨利用青年，我們愛惜青年；共黨標語口號滿天飛，我們不要這些浮囂的東西；共黨「反右派」，我們尊重自由思想者；共黨實行特務統治，我們要讓大家享有「無虞恐懼之自由」；……。這眞正是「事事與賊反」了。

無庸諱言，雖然政府和海內外自由民主反共的人士在反共的目標上並無二致，可是反共的方法上則認識大相懸殊。好以反共領導中心自居者極力沿用「用共產黨的方法反共」。而自由民主人士則認為必須用民主的方法反共。這一認識上的懸殊，在基本上影響着雙方對于政治的實際看法和作法，因而加深雙方的歧異。這些歧異，又嚴重地妨礙着一切反共力量的團結。一切反共力量的團結因長此受到妨礙而不能實現，怎樣能够共同對付當面强大的敵人？所以，關于覓取對反共的方法得到大家一致看法的問題，已經不是一個純理論的問題，而是一個嚴重的實際問題。

到了這個關頭，我們不能不問：我們該「用共產黨的方法反共」呢？還是用民主的方法反共？關于這類問題的解決，不能訴之於「談主義」的方式。近幾十年來，中國人很習慣地動輒把實際問題的解決，訴之於「談主義」。這是我們陷入目前這一個巨大的「時代悲劇」的根本原因之一。近多少年來，中國有着若干「主義」流行。任何主義，只要說的像是能够滿足人的需要，引起人的希望，合于人的幻想，挑動人的激情，給人以美麗的遠景，再加之似乎「言之成理，持之有故」，這種「主義」就可以流行。在這種情形之下，我們用言詞來爭辯「那個主義好」，實在是永遠得不到解決的。唯其因為永遠得不到解決，所以往往只有訴諸大打出手之一途。大打出手及其結果，無論搞出什麼花樣，總是百姓遭殃。實在說來，「主義」是「主張」一類的東西。「主張」無所謂眞假對錯，所以「主義」也無所謂眞假對錯。對於無所謂眞假對錯的言辭加以爭辯，豈非痴人說夢？我們要分辨任何「主義」的「好」或「壞」，唯一可靠的辦法，就是看由它所產生事實如何。任何「主義」，一旦付諸實行，可以引起一聯串的實際行為或結果。我們可藉這一聯串實際的行為或結果來檢證這一「主義」的「好」或「壞」。我們把這種程序叫做「實效的檢證」。從「實效的檢證」來決定任何主義的「好」或「壞」，較之大打出手，要文明得多，也科學得多，無謂的痛苦與犧牲也可以減少得多。

依據這一標準，我們就不難判斷我們該「用共產黨的方法反共」，還是該用民主的方法反共。

如果「用共產黨的方法反共」，那末就會在實際中使人切身感受到「共產黨的那一套」。如果在實際中使人切身感受到「共產黨的那一套」，那末究竟為什麼要反共，是令人不能無疑的。假定以反共領導中心自居者，毫無與友邦的實際利害關係的顧慮，毫無國際視聽的顧慮，而照着他們主觀的幻想和願望「放手幹去」，卽是百分之百地把人當做命令的工具，百分之百地實行黨化敎育，百分之百地實行思想控制，百分之百地實行統制經濟，百分之百地實行社會控制，百分之百地實行消滅自由民主思想者。這麼一來，在實踐的過程中是否「朝着共產統治形態前進」？如果在實踐過程中「朝着共產統治形態前進」，那末是否就在反共的實踐過程中取消了反共的目標？近數十年來，搞政治的人物之間，流行一種邪惡哲學，它就是「目的可以使手段成爲正確」。但是，很少人想到：手段可以取消目的。中國近幾十年來，談「主義」的理想與鬧「革命」所形成的動亂現實，二者的差別之尖銳對比，足可作這一句話的寫照。

即令現在權勢在握的人不考慮這樣的結果，「用共產黨的方法反共」也不是一種優良的方法。從實際上觀察，「用共產黨的方法反共」是一個吃力而不討好的辦法。「用共產黨的方法反共」，有一個基本的前題，就是，以反共領導中心自居者必須將整個國邦和社會置于絕對的控制之下。這項工作並不輕鬆，它需要使出大部甚至全部力量，對社會施展「長蛇封豕」之勢。他們的注意力也得大部向內部傾注。這麼一來，他們眞正使用于眞正敵人的力量和注意力能有幾許？大陸近幾年來迭起的抗暴運動之未能被反共者組織化，延續化，與擴大化，便是顯明的例證。

「用共產黨的方法反共」的乖運還不止此。「共產黨的方法」是出自共黨的心理背景的。他們的心理背景是猜疑、忌恨、扁狹、武斷、和虛誇。人的行爲方式是可以改變人的思想和性情的。因此，長期「用共產黨的方法反共」的結果，就很難免不多少染上共產黨的這些心理狀態。更何況目前臺灣的若干訓練機構是透過各種教材來培養這類的心理狀態？這類的心理狀一經培成，它是無法蓄而不發的。如果客觀的形勢限制這類心理之發洩，那末它就向抗力最小的地方發洩。口稱反共者在面對大的目標無可奈何之時，就難免要回過頭來向內尋找小的捕獲物。因此，他們總是覺得人人可疑，事事有問題，一切非官式的言論都是不利的，一切自發的政治行爲都是含有顚覆性的，一概都得施以懲處、鉗制、與消滅。一個國邦與社會經常處於這樣的陰影之下，除了極少數人獲得一點因發洩而產生的快感以外，那裏能有生氣？那裏能過正常的生活？更從何實現那些壯志雄圖？

用民主的方法反共呢？它的結果可以從正面和反面來觀察。

美國未嘗不反共，而且她是世界反共的主導國邦。自第二次世界大戰末期以來，如果沒有美國挾其實力與蘇俄共黨周旋，那末目前許多人高叫反共恐怕也叫不來。自與蘇俄共黨周旋以來，美國渡過一個一個國際危機。經過十幾年來經驗事實的考驗，證明她反共愈來愈有辦法。然而，美國並沒有「用共產黨的方法反共」。美國政府更不會藉口「反共抗俄的需要」，將整個國邦和社會置於控制之下，限制言論集會結社自由，並且打擊在野黨。或不許人民組織在野黨，其他西方國家更不用說了。

日本的情形，足資我們借鑑。戰後的日本政治，逐漸向民主途程發展。與民主政治同時發展的，有左派，有同情社會主義的人士，也有共產黨。有些中國觀察家，面對此情此景，戚戚爲慮，以爲日本之被赤化乃一無可救藥的事。有的人士甚至以爲，我們今晚在東京睡覺，明天早晨可能東京遍懸紅旗。然而，事實並非如此。盟軍總部撤退，日本的政權並沒有被共黨奪取。恰恰相反，新近三四月間日本在自由民主黨和社會黨對立之下的首次地方選舉所顯示的，是自由民主勢力之堅穩的進步，和重大的勝利；相反地，也正是左派以及共產勢力之沒落。日本這次改選的新知事加上尚未改選的知事，在日本全國四十六名都道府縣知事之中，屬于自由民主黨系統的佔三十二名；屬于社會黨及其同路人的只有七名；其他七名。自由民主力量與反自由民主力量的對比，何等懸殊！自由民主力量之足以抵制赤色勢力的發展，又何等明顯！

反觀我們中國，在大陸時代的執政黨派藉口防共，千方百計阻遏民主運動的抬頭，用盡一切手段打擊自由人士的正當政治活動，費盡一切心機來拆散方在形成中的中堅力量。於是，大批流散的政治力量被共黨收容利用以壯大自己，而可望穩定國家大局的中堅力量消失于無形。於是，極端的分子衝激橫決以至於大局無可收拾。這一慘痛的往事，值得憂國之士冷靜深思的。

一切形形色色的獨裁統治，愚昧自私的行爲，最後證明都是赤色勢力擴張的開路機。共產勢力的眞正敵人是自由，是民主，是開明，是公正。所有的魔鬼都是相成相因的。魔鬼却無法撲滅光明。魑魅魍魎喜歡黑暗，但却不能在光明裏施展邪術。戰後的日本本來甚有赤化之虞。但是，日本政治家們却堅定地把日本向民主之途航進，終于使日本渡過了危險的赤色灘頭，而走進風平浪靜的正常河流。在這裏，我們不能不欽佩日本政治家們的明智和遠見，以及眞正的謀國之忠。在民主自由社會裏，有充分的言論思想自由，因而人民養成了分辨的能力。這等於注入了抗毒素，因此不怕赤色細菌的侵襲。

顯然得很，藉反民主自由而反共者，腦海中充滿了「控制」、「鎮壓」、「打擊」、「排斥」、「消滅」，等等帶情緒的觀念。民主自由人士提出的看法與做法，只要是與他們的已成之見稍有不同，或稍微拗逆其情緒，他們就以爲這些人故意與他們爲難，或存心「妨害大計」，「違背國策」。彼等口頭上似乎高調什麼主義或原則或理想，其實內心陷于極度的虛無。彼等除了保持尚餘的權力與利益以外，任何事情都引不起眞正的興趣。因此，他們凡事只問利害，不問是非。在這類心理，這類態度，與這類作法的高壓之下，大多數人的意向無由伸張，大多數人的好惡受不到注意，大多數人的政見作不到主，大多數人的利害沒有被顧及。一切唯少數人之命是從。一切問題不能循合情合理的途徑解決。這樣一來，小之醞釀不安、失望、煩悶；大之激成變亂，以致不可收拾。這樣的社會根本就不是一個健康的社會。一個不健康的社會，對于赤色勢力之滲透是沒有自然抵抗力的。所以它得很緊張地訴諸軍警與特殊力量來維持一個表面的平靜。然而，在民主政治之下，大多數人的意向被列為「第一考慮」，大多數人的好惡是政治的決定力量，大多數人的政見作得到主，大多數人的利害一定是政治上最大的顧慮。總而言之，在民主政治之下，一切唯大多數人之命是從；一切問題可循合情合理的途徑解決。這樣一來，不安、失望、煩悶的原因都不存在，於是變亂也無從發生。所以，民主的社會之本身是一個健康的社會。這樣的健康社會，對于赤色勢力的滲透保有最大的抵抗力。許多民主國邦儘管讓共黨自由活動，可是共黨總造不起亂來。這一事實可作明證。

依據以上的解析，究竟「用共產黨的方法反共」，才穩妥有效，還是用民主的方法反共才穩妥有效，事與理二者都十分明顯地擺在大家面前。如果只有用民主的方法反共才穩妥有效而不用，偏要「用共產黨的方法反共」，那末這一類人士的動機和智慧，都是頗成問題的。總而言之，今日我們面臨的問題，已經不是反共與否的問題。毫無問題，大家是一致反共的。自由人先天地都是反共的。今日我們面臨的問題是反共的方法問題。這個問題，是今日海內外政治問題的基本癥結之所在。如果這個問題不能作合理的解決，那末海內外一切反共力量的團結也無從實現。所以，這個問題也就決定着反共前途之成敗。這個問題的關係既是如此重大，所以我們今天特別提出來，希望有心人士鄭重考慮。

社論

(二)

多災多難的「冤獄賠償法草案」

——未被寃埋，又有被肢解的危險

依據臺灣省各縣議會的請願、遵照憲法第二十四條的規定而制就的「冤獄賠償法草案」，在立法院的司法、法制、國防三委員會完成了審查程序以後，本月五日立法院的第十五次院會幾乎又把它寃埋了。

據報載，在這次立法院院會中，對於這個法案——已經討論經年且完成了審查程序的法案，居然有立委三十七人以「非常牽强」的理由，提出臨時動議，要把該法案重付審查。這一提議經連續表決兩次。第一次在場委員一七四人，贊成重付審查者七十六人；第二次在場委員仍為一七四人，贊成者增加到八十三人。但仍為少數。重付審查的提議卒被否決。

「重付審查」這一提議的眞實意義，正像另一些有責任感的立法委員們所指責的，是想「再拖」，是想「阻撓」，是想把該法案也弄得「寃沉海底」。我們奇怪，提議重付審查和贊成這一提議的立委們，不也是所謂「人民代表」嗎？作為人民代表的人，對於一件保障人民自由權利的法案，為什麼想把它埋葬掉呢？在我們百思不得其解的時候，有人說，這又是國民黨中央黨部的指示。

據說，五月四日國民黨中央政策委員會司法、國防、法制委員會會開過一次聯席會議。在這次會議中決定了寃獄賠償法草案要重付審查，並於當晚（五月四日晚）通知了國民黨籍的立委。所以第二天（五月五日）在立法院院會中就有一部份立委奉命提議了，但這一提議被否決了。這一提議被否決以後，當日（五月五日）國民黨中央政策委員會的三個委員會又開會商討「補救」辦法，經決定要把軍法割分出來，不列在該法案的裏面。這一決定，於第二天（五月六日）通知該黨的立法委員，所以本月八日在立法院院會中對於這一點又展開了激烈的辯論，以致該法案第一條在這次會議中尚未通過。

寃獄賠償制度，本應該早已建立。本刊第二十卷第五期曾根據這次立法院審議的法案（全文見本年一月三十日聯合報），發表過一篇社論。我們把這個法案與各國同類的法律略加比較以後，我們認為這一法案只是一種象徵性的寃獄賠償。因為它所規定的賠償範圍未免太狹，而賠償金額也顯得太少。可是，儘管如此，我們還是希望它能够早點完成立法程序，早點付諸實行。我們覺得，有了這個法，多少總可以叫執法者小心一點，多少可以使人民的自由權利少被侵害一點。想不到國民黨的中央決策者，竟連我們這一低度的願望也不讓達到，而要阻撓這個法案通過，想把它再拖延下去；想不到竟有一部分號稱「人民代表」的立委，也居然違背自己應有的立場，而接受黨部這個亂命。

用「重付審查」的辦法來拖延這一法案的通過，其所持的理由，據說是怕國庫負擔不起這一筆賠償費。因為照司法行政部長谷鳳翔在立法院的報告，一年來就刑事案件的正確性來說，刑事第一審的正確性僅為百分之五十六，第二審的正確性僅為百分之五十五（見四月二十六日中央日報）。換句話說，一年來的刑事案件，第一審的判決有百分之四十四是錯誤的，第二審有百分之四十五是錯誤的。這一事實的宣佈，確使我們驚訝今天刑事案件的判決，竟有這麼高的錯誤率。但正因爲刑事判決有這麼多的錯誤，所以我們更要趕快實行冤獄賠償法，一方面使受冤者多少得到一點補償，一方面使執法者有點警惕，因而減少錯誤。我們決不可反而因此來阻撓冤獄賠償法的通過。何況照該法案所擬定的賠償金額計算，每年可能支付的賠償費不會超過四百萬元（對本案有研究的立法委員曾作此估計）。以區區四百萬元的支出，來挽回歷年來因司法風紀之敗壞而喪失的人心，這是最便宜不過的事體。這樣的便宜事，國民黨的中央決策者竟有人要阻撓它。這些人究竟是愚昧呢，還是故意要拆國民黨的臺因而也拆政府的臺，故意叫人民憎惡國民黨因而也憎惡政府呢？愛護國民黨，愛護政府的人，不妨冷靜頭腦想想。

現在，該法案「重付審查」的提議，雖然被若干國民黨籍的立法委員站在人民代表的立場把它否決掉。但是新花樣又出來了。這就是國民黨中央黨部的第二次指示，要把軍法從這個法案中劃分出來。這個企圖，又是沒有道理的胡鬧。軍法與普通司法，管轄的範圍儘管不同，審判的程序儘管不一樣，但兩者對於冤獄所應負的責任，沒有理由不可一致。冤獄賠償的規定，可以適用於普通司法的，爲什麼不可以同樣地適用於軍法？何況這個法案在立法院初審的時候，列席的國防部代表也表示贊成，可見這個法案並沒有什麼不能適用於軍法的地方（見五月六日聯合報載立委張子揚所講的話）。主管軍法的國防部，對這一法案，不僅有其代表在口頭上作贊成的表示，而且也有書面意見，贊成軍法與普通司法的冤獄賠償，適用同一法律（見五月九日聯合報載立委徐漢豪引述的本年四月一日國防部函）。主管者對於所主管的事情，應該比非主管者了解得更清楚。爲什麼主管軍法的國防部，贊成軍法與普通司法同樣適用一個冤獄賠償法，而非主管軍法的國民黨中央決策者，偏要堅持相反的主張呢？堅持這一主張，無異於要肢解這個法案。原來想用「重付審查」的辦法來冤埋它。冤埋不成，就想肢解。這就是所謂「以圖補救」的妙策！

本文脫稿的時候，冤獄賠償法草案雖已突破了第一道關，不再「重付審查」了，但它還在第二道關裏面掙扎。突破這第二道關，使這個法案不致被肢解，而仍包括軍法的冤獄賠償在內，這還要靠國民黨籍而不願接受黨部亂命的立法委員們，不屈不撓地繼續力爭。本月五日在立法院院會中國民黨籍的鄧翔宇委員說：「有人勸我今日院會時最好不要說話。處在今日亂世，最好是不說話。但因爲感到本身的職務是立法委員，實有不能不說話的責任。」這是幾句很沉重而有責任感的話。我們希望它在立法院中發生點「立懦廉頑」的效果。去年出版法修正案的通過，立法院的聲譽曾經一落千丈，現在又臨到院譽消長之機了。

我們這麼積極主張冤獄賠償法的早日實施，還有兩點可說的。第一、我們之所以如此主張是基於一個樂觀的希望。希望今天的這般司法——爲大家所詬病的司法，終有好轉的一天，清明的一天。如果我們不是抱這種希望的話，我們寧可沒有冤獄賠償法這樣東西。因爲照近年來司法方面若干胡作妄爲，而又敢於蠻幹到底的作風（「奉令不上訴」案是蠻幹到底的一個顯例）看來，有了冤獄賠償法，或者更使受冤者永無平反的希望。明瞭今日臺灣司法實情的，不少人有這種想法。可是，我們不願意這樣想，我們基於司法有轉向清明的希望，所以仍積極主張冤獄賠償法的早日實行。第二、我們雖主張早日實行這個冤獄賠償法，但我們並不以這個法案爲我們法治的充分條件。冤獄賠償法只是實現憲法第二十四條後半段的規定，至於前半段「公務員違法侵害人民之自由或權利者，除依法懲戒外，應負刑事及民事責任」的規定，還要另制法律來實現。尤其是軍警機關到今天還在使用慘無人道的刑訊。（經報刊揭露過的如官家良案，大秦紗廠的技工趙震青與張成士案，不過是刑訊下許許多多的犧牲者之一二例子而已）刑訊，在我國現行法律中是找不出根據的。使用刑訊的公務員應負刑事責任，不能止於憲法上原則的規定，應該趕快制成法律，嚴格執行。行政院前有權責研究委員會所提出的「保障人權改進方案」，後有行政改革委員會所提出的「切實保障人權案」。要保障人權，還能讓刑訊繼續存在嗎？所以我們主張繼冤獄賠償法之後，應該趕緊制定公務員刑事責任法，進一步地來制裁公務員侵害人民自由權利的行爲。

社論

(三)

從權力政治說毛去劉來

這次大陸共匪人民代表大會選出了劉少奇充當僞政府的主席，似乎頗使我們這裏的「匪情專家」們感覺意外。我們的專家們都曾預測僞主席一職的繼承人選，是朱德而非劉少奇，甚至在劉當選消息傳到以前的數小時，仍然作如此斷定。及至預測已被事實所證明爲錯誤，就自然不免爲之惶惑，所以事後的解釋，也弄得莫衷一是，始終說不出一個所以然。

何以專家們當初會如此堅定的斷言？那是由於他們自始至終以爲毛澤東的勢力未嘗失墜，而且也不可能失墜。儘管毛在去年的武漢會議中表示今後將不續任僞主席之職，而會議亦已接受了他的「建議」，但由於毛的勢力未嘗失墜，繼承人選問題，仍將爲毛所一手控制。毛爲了便於操縱，不會把這樣一個重要職位交付於一個實力分子，而寧願選擇一個傀儡式的人物。根據這樣的理解，大家就把寶押在朱德一人身上。這中間，可能還有一些錯誤情報正好支持了此種推斷，那就更感覺到萬無一失。及至事實判明，大家在震驚之餘，忽忽忙忙提出解釋，自然更加的不易圓滿。

一種解釋是說：根據僞憲法的條文，僞主席一職有虛名而無實權，劉是明升暗降，實際權力仍將爲毛所一手把持。另一種解釋是說：毛劉一體，劉之升級無非是表示毛預先安排繼承人，免於將來權力之爭奪。我們對於共匪內情以及人事關係之認識，並不較諸任何人爲豐富，所以對那種種解釋，無法以瑣細的事實證據予以批評。但我們對權力政治的瞭解，卻使我們對上述的兩個解釋，都無法接受。前一個解釋，把共產政權看得過於制度化，好像僞憲法眞能夠生效似的；後一個解釋，則似竟顯示在權力政治下居然還能發揮「禪讓」的美德。這兩種想法，都是我們所無法相信的。

在人類歷史上，權力者會自動放棄權力，可以說是絕無僅有之事。權力的欲望決無止境，它在空間方面要追求無限制的擴展，在時間方面要追求無限止的延長，無論健康的考慮，年齡的考慮，以至於身後事的考慮，都不會對權力欲望發生絲毫阻遏作用。權力祇有爭奪，沒有禪讓。魏晉以下，固無論矣，甚至堯舜的史蹟都未必可靠。所謂「堯幽囚，舜野死，九疑綿綿皆相似」，明眼人早就把它一眼看穿。華盛頓之所以令後人敬佩，正因爲他幾乎是歷史上唯一的例外。我們如何能想像這樣的例外居然會出現於今日大陸，而毛澤東居然是華盛頓一流的人格！

要解釋毛去劉來，必需追溯到去年毛在武漢會議中的退讓。此一退讓，卽說明毛的領導地位業已動搖。卽使形式上退讓是出於毛的建議，而其動機則在於以退爲進，這「自動」也是由於萬不得已的情勢，也是被迫的「自動」。在當時，此種萬不得已的情勢確實是存在的。人民公社的瘋狂試驗正弄得焦頭爛額，進退兩難，俄國對它不滿，內部對它紛提指摘。整頓公社的決議與毛不再續任僞主席的決議之同時通過，正說明此二者間的聯繫。當時如果毛的勢力未嘗失墜，則卽使有人民公社的錯誤，毛的地位也是動搖不了。史大林在執政期間不知犯了多少嚴重的政策錯誤，但他的權力仍能屹立不動。而毛的權力，却早從「鳴放」時期開始，卽已開始動搖。「鳴放」使他喪失了黨內左翼分子的支持，而「鳴放」以後的反右派鬬爭，又使他喪失了右翼分子的支持。毛在「鳴放」以後的「雲游四海」，亦正表示他已漸漸離開了領導中心的地位，劉周乃能乘機平分秋色，漸漸布置好一個使毛非「自動」退讓不可的情勢。人民公社更給予反毛分子一個最佳機會，毛就無可選擇，祇能作「以退爲進」的打算。

至於所謂毛劉一體的說法，也是導源於對權力政治之無知。面臨最高權力的爭奪，卽使親如父子兄弟，也不可能長期保持「一體」的關係。我們知道過去毛劉的合作。但這個過去，從「鳴放」以後就已眞正的成爲過去了。這一年以來，劉佔毛上風的事，不一而足，其有逐漸凌駕之勢力，是顯而易見的。

劉攫取了僞主席職位以後，是否確能掌握實權，爬上獨裁者的寶座，抑或尙須維持一個較長期的集體領導，這是一個所無法解答的問題。但我們要在此指出：此一問題之最後解答，關鍵並不在於僞憲法所規定的制度，而還是在於權力的爭奪。在未來的爭奪戰中，毛當然依然要參加一分，因爲他究竟尙未遭遇最後的致命打擊，而尙能做到在劉周之間維持一個均勢。劉周均有贏得最後勝利的機會，甚至毛之捲土重來，亦非全無可能。對一切可能的結果，我們都不願作無根的推斷。能够確定的，就祇有爭奪將無可避免之一點。

從這一點，我們看到了民主政治與極權政治基本差異之所在。在民主政治下，並不是權力者會自動的約束權力欲望，但是權力欲望却不得不受制度的約束；而制度之所以成爲有效，乃是由於有一種深厚的民主傳統在給予制度以保障。缺乏此種眞正的民主傳統，則縱有制度，亦屬形式而已，權力者儘可以把它生吞活剝地運用，絲毫不受其約束。僞主席之是否虛位，不必看僞憲法的條文規定，而僅須看佔據此職位者在權力爭奪中是否能取得勝利。無論爲分析當前事態或是推測未來發展，我們千萬不要把適用於民主國家的原則，移用到極權政治上去。

自由中國　第二十卷　第十期　六論反對黨

六論反對黨

朱伴耘

這是作者朱伴耘先生論反對黨的第六篇文章。朱先生對於這個問題，可說做到了「殫精竭慮」的程度。他一貫的看法和主張，大體上與本刊是一致的。雖然在這篇文章中有若干點爲我們所不能同意，但我們敬佩朱先生是在認眞地考慮問題，是在負責地提出主張。我們爲尊重朱先生這種精神，所以對於若干不能同意之點，仍珍重保留，不稍刪節。

——編　者

一

中國之應有一個强大在野的反對黨，以及其性質、作風、進行之方式、及任務等項，已在前五論中分別討論，果然反對黨能順利成立，當然可以再論下去，直到中國成爲世所公認的不折不扣的民主國家爲止。在目前旨在呼籲反對黨之組成的前提下，我想談談這個大黨的組成特性，官方及民間對其組成應有的正常心理，與夫大家對於民主的「勢」的認識與夫重「勢」不重「人」的態度。

二

這個黨的基本特性不僅是民主的，一如我在四論中所詳述，同時又是强大的。很明顯的，黨的本身不民主，是構成獨裁專政的因素之一；同時這個黨如不够「强大」到足以發生監督並代替在朝黨的力量，那麽大家不必白費心力。因爲一個國家是否一黨專政與一國之內之黨有多少無關。黨國不分，一國只能有一黨，固是道地的一黨專政。同樣的，一國之內只能有一大黨高高在上，其餘的二三小黨只能作爲民主裝飾之用，也配不上稱爲民主政治。只有二黨能有輪流執政的機會，民主精神才能充分發揮，而廉潔政治之推進才較簡易。

因爲這個新黨是民主而又强大，我得向促進組黨諸君說明，組黨之目的，卽在以公平競選方式取得政權。有了這個目的，才能使在朝黨兢兢業業推行政務，因爲接替有人，不好好的取悅人民，一朝期滿，就得下臺。就在野黨方面言，他們在野再也不是以前作花瓶之用，必須盡監督之責表示其能力，以備人民的選用。在雙方爭取選票與民心的情況下，民主前途才有希望。何以我要在此强調組黨目的之一卽在以和平選擧方式取得政權呢？因爲不如此，這一新黨實質上等於一讀書會似的人民團體，無政黨性質之可言。近日時賢一方面主張知識分子敎育界人士應聯合起來組織一在野黨，另一方面又請在朝黨安心不要畏懼這一在野黨，因爲這一在野黨目的不在當選執政云云。這種說法是頗使人難以了解的。假定這一在野黨果如時賢的主張而成立的話，在個人看來實在多此一擧。這種無法而又不要取得政權的在野黨，臺灣現成的有民青二黨，何必又多加一黨？二個在野黨，既無補於民主政治的實現，難道增加一個不以取得政權爲目的的在野黨就有奇蹟出現嗎？有人以爲時賢這種委婉論調是有其苦衷的，目的在使在朝黨安心，進而減少在野黨進行的阻力。實際上這種論調我以爲是無法收到效果的。在朝黨不會接受這個不可靠的保證——事實上決定在野反對黨能否執政的大權操在人民的選票上，除非更進一步向在朝黨保證這個在野黨連大選時也不參加。果然如此，則這個在野黨也不是民主國家的政黨了。作者在「四論反對黨」一文中，對於這一新黨的標準是提得很高的，也聲明爲了民主政治的實現，新黨並不重視短期內是否於大選中取得政權，可是對於組黨目的之一，是在以和平選擧方式取得政權一節，無法放棄。因爲「能否」及「何時」可以取得政權是決之於人民的公意，除了在野黨不參加競選外，誰也無法保證。如果組黨之目的不是在取得政權，政黨失去工作的重心，豈不更是無人參加了嗎？這種不以取得政權爲目的的政黨(事實上也不成其爲政黨了)，我想卽令在極權國家裏也會生存的，何必要這些文人來一論再論白費時間？「取得政權」是一個政黨的象徵。這一象徵事前卽予以取消，作者是不敢苟同的。否則何必要它是强大的在野黨？是以作者在此要反復申述這一新黨之所以要强大，目的就在合法取得政權，儘管能否取得、何時取得爲一政治實況的問題，可是取得政權的目的不能事先放棄。因爲新黨能否組成是在當局者是否以「天下爲公」之一念。果爾，他們有「天下爲公」的誠意，無須這種無法兌現的保證。反之，如以天下爲私產的話，黨也無法組織，那種保證是多餘的。不僅無積極的作用，反而有消極的作用，試問誰願加入一個不以取得政權爲目的而發展政治抱負的政黨？

三

在未討論官方和民間對於此一新黨應有的正常心理與夫民主的「勢」這兩大問題以前，有一個問題在我過去未曾論及的，便是時賢對於新黨形成的主張。有人主張將國民黨分化爲二：一個在朝，一個在野。這個建議如果在二十年前提出而實現，倒不失爲方式之一。因爲在三民主義大原則下分化的二黨，會互相以政策的差異競爭執政的機會，以求共同所崇奉的原則的實現。果爾如此，政治也不會腐化得失盡人心。時至今日，第一、在朝黨內並沒有兩股勢均力敵的力量可以分化。第二、我們民主政治的目標是在全中國，是不折不扣能令全國人民心嚮往之。就全中國人看來，如臺灣的國民黨分化爲二黨交相執政，可以稱爲民主政治的話，萬一他日共產黨在大陸也分爲二黨互相執政是否也可稱爲民主政治？第三、這分化出來的在野黨如何命名？這一在野黨是否允許旁人參加？如不允旁人參加的話，等於又多添了一個小黨，於民主政治的前途絲毫無補。如此一分化出來的在野黨，既不便用國民黨之名（國民黨甲在朝，國民黨乙在野，總不是個妥善的命名），旁人又可自由加入，這與重新組織一强大的反對黨有什麼區別？除了實際上的困難已由李璜先生詳述外，這種建議假定在朝當局來個「敬謝不敏」，又將奈何？難道中國的民主問題就永遠只談下去嗎？另外一種主張是此一反對黨應由民青兩黨合併，不必另起爐灶，這種建議也頗令作者困惑。如此一反對黨僅做到「合併」的話，昔日之「二小」敬陪末座，既不能盡反對黨之責，難道合併爲「一小」來敬陪末座，就有回天之力嗎？那末儲安平藉鳴放之便大罵黨天下，又何必拿來用着宣傳的資料？若謂二黨合併後可以自由發展，任何人只要志趣相投即能參加，這不與大家主張各方在野人士聯合起來組織一强大反對黨的內容完全一致嗎？因爲二黨合併必有一個新的黨名，總不好稱爲青年民社黨或民社青年黨啊！

上述兩種建議，實際上就等於主張應有一强大反對黨的產生，否則就不好解釋。我之所以提出來討論，就是今天大家對於這個問題，應有吳稚暉先生常說：「實事求是，莫作調人」的態度。民主政治與一黨專政既不能並立，兩黨或三黨輪流當選執政又是民主政治的要件之一，在尋求民主政治的中國，不僅應有一個在野的反對黨，而這一反對黨必須强大有力，其目的是在以和平方式取得政權。在朝黨絕對不必恐懼在野黨會暗中興兵叛亂，因爲這是任何主張民主政治與成立强大反對黨的人所深惡痛絕的。但是在朝黨必要有小心謹愼，深恐於大選中失去政權的心情。這樣才能完成反對黨監督在朝黨消極去惡、積極爲善的任務，否則陪襯民主的小黨已不少，何必再來一個？是以大家今天不討論反對黨這個問題則已，如要討論這個問題，大家是以如何使民主政治在中國實現爲內容，而不是爲民主裝飾爲內容。也因此之故，討論者必要有「實事求是，不作調人」的態度！

四

現在我來討論一下國人對於反對黨成敗應有的「健康」心理。一個國家三年一造反，五年一革命，這是政治上的憂慮。造反也罷，革命也罷，斲喪的是國家元氣。要想使一國政局走上常態，只有推行民主政治。而强大反對黨的存在是民主政治必備的要件之一。今天討論組黨與主張組黨或參加組黨的人，是爲了國家政局今後能走上正軌，保存元氣，不是個人的恩怨問題，也不是失意與得意的問題。國事糟到今天，除了極少數的自私自利之徒自鳴得意外，全國人都可以說是失意分子。人人如有這種心情，在朝者如有這種雅量，對於組黨一事應樂觀其成才對。因爲反對黨能組成，而且發生督導與代替的作用等於國家向安定正常的路上走。事實上如何呢？老百姓不是人人會寫文章，在臺灣也不是容易辦一張報紙，對於組黨的反應，官方的態度最易表現出來，而這種態度是使人啼笑皆非的。

記得去年七八月間，不知那兒傳來消息謂胡適先生有出而領導組黨之意，許多人認爲此黨會聲勢浩大，必會奪去不少地盤飯碗，驚惶失措，密示頻發以防其「滲透」。及至胡先生聲明以身體不佳，同時對組黨並無興趣之際，人們又以久旱逢甘雨的心情來迎接胡先生的聲明。有家報紙描述得更是有趣：「當這個消息在臺北揭露之後，顯然的臺北方面有幾種不同的反應，對於那些認爲反對黨無必要的人們，這自然是椿喜訊，可是那些正致力於籌組活動的，都感到空前的驚訝，除了因爲胡適之已經『否認』給他們帶來希望落空羣龍已無首的惶恐之外，有少數人還對胡的這個『談話』，抱着懷疑的態度……」（引號以內係抄之於報紙）。我眞不懂胡先生之無意組黨，甚至於反對黨無法組成，那些反對反對黨的人又「喜」從何來？君不見「天下爲公」的橫匾到處皆是嗎？君不聞「人生以服務爲目的」的口號盈耳難忘嗎？既然是天下爲公而從政又屬服務，在野人士組黨目的不過是讓那些服務太久勞苦過度的人們，稍有卸却仔肩小作休息的機會，照理對於反對黨之組成才應「喜從天降」呀！怎可爲人家羣龍無首組不成功的消息而狂歡哩？豈不明明表示「服務的甜頭太多，値得永遠蟬聯下去嗎？」至於對海內外主張組黨的人言，胡先生願意加入或發起組織此新黨使中國政治走上以筆桿制槍桿的道路固好，如胡先生以興趣及健康關係不願出來，也並不絕對意味着反對黨的死亡，何致於「失望」？更何致是「惶恐」？如果讀者細嚼一下這些反應的內在含義，你是否會啼笑皆非？在一個自命民主自由的社會裏，有些人討論一番反對黨，有些人想組織一個反對黨，本屬平常之事，何來大驚小怪，更何來喜怒哀樂。

今天眞是大家「革心」的時候。我們談民主政治的人，着眼在國家的安定，國家的榮譽。只有國家民族是永生的，個人的名利及其對國家的功過，後世自有公平的裁決。以一個人或少數人來寫全中國的歷史的時期已過去了。愈對民主自由運動歧視或鎮壓，國家的前途愈是黑暗。民主政治絕不是一副毒藥。因此之故，對於反對黨成立的民主運動，正常健全的心理應是熱烈的支持與鼓勵，樂其成功，憂其失敗。

五

臺灣今日是否應該有個强大的反對黨以及這個黨能否組成，是「勢」的問題，不是「人」的問題。能否組成其權操諸多數同胞的認識與決定，而不操諸少數人的權力與聲望。滿清末葉的中國，是民族主義之「勢」盛行，中山先生及當時志士仁人，把握了這個「勢」，是以登高一呼，淸室瓦解。不然中國被滿淸統治數百年之久，有民族氣節之士歷代皆有，何以不能推翻淸室？勢未成熟之故也。淸末再腐敗無能，對付孫先生等幾位文人的武力總有，何以當時革命之士到處受到人民的支持與掩護？因爲當時人人都感到非推翻滿淸，中國無法得救。因爲有「人同此心」的潛在力量，只要有人把握運用，自然水到渠成。目前全世界尤其是中國，是民權主義之勢當道，現在「勢」已至此，只要有人把握運用不畏危艱，民主政治之會在中國實現也屬必然。這些爲鼓吹民主政治而寫文章的人，是希望將這個「勢」向國人指陳，大家能順勢而行，即可很容易地使中國政治走上舞文弄墨、舌槍唇劍的溫和坦道。果然有人決心「逆勢而行」的話，所費的「力」是太大了，縱然花了不少的「力」，誰也無法轉變「勢」的方向。君不見鐵幕國家如蘇俄者，也在設法與這個「勢」調協嗎？近年來外國記者自蘇發出的報導，儘管說蘇俄仍是警察國家，但都客觀的承認蘇俄人民已較在史太林時代享有較多的自由，同時鐵幕半開，蘇俄人民旅行各地的數目也在增多。何以蘇俄有此轉變？勢使之然也。民主不是一句空口號，而是人在一個社會環境中能獨立發展而維持其人格的生活內容。面對此「勢」，固然有死硬派主張逆勢而行，照目下情形看來，仍是主張與勢調協的人佔了上風，不如此馬上就可能發生亂子。

為了協助讀者對於我之所謂「勢」的了解，我再舉個實例同諸君討論一下。歷年來民主國家對共產集團的挑釁，至今仍然有效的，是攻擊他們以流血取得政權武力維持政權，不敢面對人民自由的選擇。可是自蘇俄宣佈和平共存提倡制度比賽以後，各地共黨的活動方式也在轉變，在許多容許共黨存在的國家，共產黨人居然也挺起胸膛放棄武力暴動的法寶而舞文弄墨來應付「人民自由選擇」的挑釁了。在爪哇，這是印尼共和國的主要，共黨曾在區域大選中，一舉而勝成爲爪哇的大黨；在印度南部的 Kerala 邦，共黨亦從容不迫於選票中獲勝。在拉丁美洲的英屬基亞那 (British Guiana)。也由在莫斯科受訓回來的佳甘博士 (Dr. C.B. Igana) 於普選中獲勝。上列各地的選擧，反共的美國雜誌如 U.S. News & World Report 也認爲是合法公平的美式競選，喇叭震耳，鑼鼓喧天。他們何以獲勝，也許在當時的情況下，共黨的宣傳頗有動人之處，爲人民樂於接受，我不擬對此多加討論，値得大家注意的是爲世人所責斥只知以武力陰謀奪取政權的共產黨人，在那些地區也走向「向人民公意投降」的道路，光明正大出來競選。這種轉變的原因何在？一言以蔽之，又是「勢使之然也」。靠武力奪取政權以及維持政權，不僅已不時髦，根本也不會持久。以武力起家的極權主義者尙不得不設法改變策略避免與「大勢」衝突。這種轉變難道不値得唯力論者的熟思深省？「民主」旣爲整個世界之「大勢」，中國豈能例外？作者本此認識，才敢一再爲文對反對黨這個問題作多方的討論。更有進者，即令世界上有一地區爲一個主義一個黨所統治，甚至於全國人都在信奉這個主義之下作了黨員，這樣淸一色的國家該不會有「反對黨」這個問題發生吧。因爲全國人皆是「同志」，如何有「反對」發生呢？諸位放心，被統治的多數「同志」遲早會對於那些高高在上的少數「同志」不盡放心而主張有一個候補者的反對派的，只有在執政者畏懼競爭及人民有充分選擇權的情況下，這個社會才有安寧，才有進步。這與主義是否深入人心及全國是否黨化，是沒有絕對因果關係的。再說簡明一點，人民之需要一個强大的反對黨，等於主婦爲了自身的利用必有數個僕人以供選用的情況一樣。假定這主婦只有一個非用不可的僕人，久之，要就是本末倒置，僕人欺壓主人，要就是主僕衝突，打得頭破血流。

六

因爲我對世界的民主大勢如此堅信，是以在我幾篇討論「反對黨」的文章中，從未涉及「人」的問題。在「四論反對黨」一文中更明白指出這個黨是無主義無領袖的。主義是大法師奴役人民的法寶，一如帝王時代的神權思想一樣，漢朝的皇帝只有姓劉的子孫才能做，是以談民主政治的人應拋棄此騙人的法寶。至於領袖制度的建立是偶像崇拜的結果，而偶像崇拜又是民主政治的潛敵。如果我們一方面高叫民主自由，同時又有斯人不出於蒼生何之嘆，豈不自相矛盾。什麽是「勢」的內容呢？那就是人民對於「反對黨之成立可以保護他們利益」的認識。一旦大多數人民認爲健全强大之反對黨是爲中國所需要時，誰也無力阻攔這個大勢。我們要將此黨之成敗建立於全民是否共信的基礎上，而不將它建立於一個人的所謂「聲望與號召」上面。由於今日「勢」已至此，在作者看來，誰來出而領導組成，只是一個偶然的事件。

我之所以重「勢」不重人，目的在打破社會上崇拜偶像的觀念。其動機在於去年官方對於胡適先生是否出而領導的反應。許多人以爲談民主政治的人，必要以胡先生爲象徵、爲招牌。只要胡先生聲明無意組黨，大家就「羣龍無首」。這是中了偶像崇拜之毒的結果：以爲維護極權旣要有一個萬能的領袖，這些談民主政治的人豈能不抬出一塊招牌來？如果大家記得胡先生於四十一年在「自由中國」半月刊三週年紀念會上給爲爭取民主自由人士的忠言——民主自由是靠每一個人爭取的，可見得他的民主風度，不願做一個什麽「自由英雄」要人家來崇拜。就胡先生言，如果他以爲目下出來領導新的反對黨以「加速」民主政治之實現，是合於他的興趣，同時也認定這是報國之道之一，他有百分之百的權利出來登高一呼，即令這是「胡適與國運」作者所稱的領袖慾的話，這種「民主自由」的主張，人們倒是希望能「世代相傳」下去。反之，胡先生如以為出而組黨不適合他的興趣，他同樣有此「不出而組黨」的自由。是以中國民主政治的前途並不是建在胡先生是否出來組黨的基礎上，任何人，尤其是知識青年都應先來一番打破偶像崇拜的革心運動，然後拿出勇氣來為民主前途努力。每一個人都有他的「時代使命」，不少的老年人都在他們的時代作了對國家的貢獻，人們到了風燭殘年之時，應當退休安享晚年。今日青年的時代使命是民主政治，是「民權主義」，在數千年專制獨裁的積習下，這副沉重的担子只有青年人才能挑起來。我們必要對人民公意的力量有信心，而不可對任何一種偶像作奢望。今後反對黨如無法實現，每一位主張民主政治的朋友們要多多自我檢討是否對公意的力量信仰不堅，不要將這個責任推在他人是否參加或領導的頭上。我承認主張極權政治的人，他們是要以偶像來作領導的。因為這些人不僅不相信公意的力量，同時也對自己毫無信心，必要有人領而導之。如果主張民主政治的人也抱同樣的態度，以為有人牽着鼻子走才放心，那只有遭受到主張極權者的熱嘲冷笑。

作者如此主張打倒偶像崇拜及重「勢」不重「人」，是意味深長的。以個人的經驗言，由於青年時代崇拜偶像的心理作祟，受騙太多，各類的偶像為了保持他們的威望，都會造出許多教條要人們盲目遵守與犧牲。在這種心理狀況的社會中，個人無法充分發揮自己的智慧與夫釐定辨別是非的標準，一切以為某某人曾如此說就是金科玉律，大家不必存疑。任何人對社會的功過，對國家的忠奸，偶像握有最高的裁決權，無客觀之標準可言。弊之所及，在政治上自然走向獨裁，在學術上也就同復了中古的黑暗時代。偶像崇拜是神權政治迷信時代的產物。每一個偶像尤其政治上的偶像，都是無數人的血肉塑成的。今天是民主時代，科學時代，任何偶像的教條或預言都得以科學方法去分析去證實。主張民主政治的人，沒有任何人意圖將自己造成「民主政治的偶像」，要旁人去瞭解。因此，更不要旁人盲目的附和。大家寫文章的目的，是在向讀者，尤其青年朋友們指出民主制度是近乎理想的制度。這一點從蘇俄也說他們是「民主」的，可以窺見。同時更要指出在一黨專政的情況下，民主精神是無從發揚的。也因此之故，對於强大反對黨之組成應當寄望於大家對於民主大勢的認識，而不可寄望於任何特定人物的領導。一九五八年已近尾聲，希望在臺為民主政治奮鬥的諸君，以組黨行動來迎接新年吧。一九六○年的大選轉瞬即至，豈能再來一個有選無競？

七

海外人士一再為民主政治呼籲，一再希望臺灣有一强大反對黨的出現，不僅談不上是政治陰謀，也談不上是個人的政治私慾。中國者全中國人之中國，這些人之應有政治慾望或野心來過問國事，其權利與任何人相等，只要他們對政治有興趣。今天大家在海外高呼民主政治的主要原因，是認為臺灣澈底實行民主，是當前有利於中國唯一能作而應作的事。

誠然中國問題是世界問題的一環。世界問題，尤其是美蘇之間，會一戰而決嗎？至少多數人的看法是雙方不願同歸於盡而走上和平共存的中間道路。就美國而言，今日之時局已遠非前兩次大戰所能比擬，即令美國握有飛彈核子武器優勢，同樣也畏懼蘇俄的報復。假定打仗只限用平常武器的話，更會一籌莫展。昔日所稱之「民主國家的兵工廠」的大後方的條件今已不復具備，戰爭已不是有利的投資了。再看，蘇俄的企圖，赫魯雪夫是否也有一戰而決的雄心呢？就這一點言，我最好借用一下史蒂文生先生的看法。這位兩度失敗的民主黨總統候選人，於今夏曾作訪蘇之行，蘇俄制度的好壞及人民生活的情況他有很客觀的報導，我不知道臺灣是否有這些報導的翻譯，現在我願將他的結論一章摘譯下來：

「不久以前，在美國並不視蘇俄是一個在原子能、工業生產、科學發達、教育及政治影響各方面的競爭者，最近政府高級人員更告訴我們蘇俄制度是動搖的，只要我們堅定，這個制度會被本身的缺點摧毀。是以今夏我決定去蘇一行。這是我三十年來第一次對蘇訪問以期眼見是實。我足跡所到是從俄國歐洲之部，經中亞細亞而至西北利亞。我曾與赫魯雪夫及各方面的領袖長談，我的觀感已在前幾篇報導中詳述，在這最後一篇報導中我要紀錄幾項結論。

第一點，我們對蘇俄的認識是誤傳與誤解，蘇俄是一個穩定的强權制度而不是走向內部崩潰的邊緣。最合理的希望不是它的瓦解而是它可以進化成為一個少帶侵略性而不危及和平與人民自由的制度。

第二點，是蘇俄並不是美國將來的第一點問題，美國同時也是蘇俄的第一個問題是中國，但這是另一個主題。

當我說蘇俄政府是安定的時候，這並不是說他們沒有內部的爭執。我是說如果生活會是樸實艱苦而現在是逐漸好轉，國內並無叛亂的跡象，極權結構是不會改變的，……對於獨裁主要修正的目的似在使之現代化，使這個行政制度能適應正在强大生長的工業經濟的需要，如此可以使國家在經濟方面產量更大，行政上更有效率，外形上更為現代化正常化，如此可以延長獨裁的新生命而加强一黨專政的制度。

我最快樂的結論是蘇俄同我們一樣不要戰爭。就人民言，他們飽受上次大戰之苦，不要戰爭的理由是很明顯的。就蘇俄領袖言，戰爭會防害他們偉大的發展計劃，同時由於他們相信社會主義是注定了會戰勝『衰敗的資本主義』。此外還有其他令人興奮的現象：其中之一是狂熱主義的低落。很多新起的蘇俄青年領袖人才，曾被訓練成為工程師及經濟學者都以行政部門為終身職業。在這一羣新的經理人才中理想重於衝動。他們不是教條主義的賭徒或革命家企圖專權，而是一些現實主義的幹材試使蘇維埃制度更為有效。我以為當這些人代替了上一代富有戰鬪性的共產黨員後，是較易同他們交往的。

當前的現實問題是被我們長期忽略而低估的蘇俄毫不留情的挑釁。他們將利用其富有彈性的政策使我們處於不利的被動。他們要繼續使亞非旁觀者視我們為威脅與嚴酷，除非一個協定是合於他們的目的，他們決不締結。當我想到蘇俄制度的張度隨時間而鬆弛的時候，對其早日的改變却不存奢望。在另一方面我們有不斷熟睡的危險，如果我們不能對莫斯科有所作為，至少可以對我們自己有所作為。自由世界必要使本身井然有序，而不能坐待全面和平的降臨。我以為我們必須有耐心的促成在國際監督下停止軍備競爭……我以為最現實而有益的是承認與蘇俄平等的原則……他們同東方人一樣，時間是不重要的，唯一的希望是逐一的將彼此敵我概念消除、減輕彼此的恐懼及猜忌。對於俄人我曾仔細觀察，他們强悍可怕，但是他們也非常有人情味。他們的希望與要求是和平及住宅，甚至於赫魯雪夫也希求達到美國的生活水準！」

近年來自蘇俄鐵幕漸開之後，對於蘇俄的現況報導幾乎日有所聞，關於蘇俄人民的自由已由有無而變為程度的問題，生活水準已由不堪一提而改變為與美國作比較，蘇俄所提出的和平競爭並不是一句空頭口號，這些報導如出自任何人之手筆皆可存疑，今天出自史蒂文生的親身觀察，除非我們說他也是親共分子，他的結論多少有些值得參考的價值。綜合他的報導及其結論，我們不難得到兩點啓示；第一點由於民主國家高呼政治自由，共產國家頭子的蘇俄，也不得不順應世界的民權潮流開始放鬆對其人民的控制。第二點美蘇如不互相毀滅，人類如不自掘墳墓，只有走上和平共存，雙方拖到美國方面能給人民更多經濟保障的時候，共產國家多給人民政治自由的時候，全人類毀滅的戰爭可能就因此而避免。今日美蘇何以如此僵持呢？就美國言是經濟問題，就蘇俄言是政治問題。國際局勢如遽然回復常態，美國無法以戰時經濟靠製飛機大砲來維持就業，必有根本的改變，蘇俄以失去被人包圍的藉口，不能再要求人民犧牲自由以保障國家的安全，勢必亦會發生政治上的根本改變。雙方多要時間來調整各自的環境以應付人類天賦政治平等經濟安全的要求。是以目前只有拖。面對現實的國際環境棄絕使用武力的時候，澈底實現民主政治是否為當前對中國最有效最偉大的貢獻呢？

一九五八、一二、三。

一個美國人眼中的孫中山先生與自由中國

——哥倫比亞大學葛古森教授三月七日於臺北中山堂歡迎會上講詞

毛樹清譯

主席，立法院諸位委員，諸位嘉賓：我首先得向諸位道歉，我不能在此地用貴國的語言演講，我但願能講流利的中國話像方才主席能講流利的英語一樣，我對於剛纔柯克上將所講的，表示百份之百的贊同，我和柯克上將的看法一致，認為今天的世界是整體性的，任何一個部份都不能孤立獨存，必須先認識每一部份與其它部份的關係，纔能夠了解世界的全貌。這正像生理學家必先摸清楚人體構造的每一部份一樣。

今天臺灣的一動一靜密切影響著自由世界的其它部份，我要特別告訴諸位：一百年以前，美國的培理提督於一八五三年早就說過：未來世界歷史的命運，建築在中國的海岸線上。培理提督的話完全沒錯，今天世界歷史的命運，正決定在中國沿海。培理提督當初也是把世界看成整個性的，並不局限於一隅。今天臺灣海峽對岸的大陸，共黨政權正在不擇手段摧毀中國的傳統文化，諸位一定知道得比我更清楚，用不著我多所敘述。現在諸君在臺灣，為了中國的前途，正在為保存發揚中國的傳統文化而戰，如果中國的文化傳統墮滅了，這不但是中國的損失，也是整個自由世界的損失。

近幾年來，我對於貴國國父孫中山先生的思想，感覺極深厚的興趣。說句極坦率的話，我可以說我對於孫先生著述的研究與了解，恐怕不下於在座諸君，我研究了好幾年三民主義及孫先生的有關於國際開發中國的著述（實業計劃），我對於這些巨著，曾經仔仔細細讀過很多遍，因此，今天我願意利用此一機會，一講一個美國人眼光中的三民主義及孫逸仙博士的建國理想。

首先，讓我解釋：孫中山先生原是習醫科出身的，他最初有興趣於人體生理學，我自己也是一個醫學生理學者，在過去二十多年間，我曾經在我的本行之內，作過幾項學術上的微小貢獻。因為有這點同行的關係，我深深了解孫中山先生當年所受教育所導致的科學的思維方式。孫先生寫了不少有關經濟與社會制度的書籍，在他的民生主義第三講中，他檢討了許多國家的不同經濟制度。他仔細觀察了當時許多國家施行的資本主義，他研究了社會主義。他也分析了共產主義。他在這許多不同的原則中推敲體味何者最適宜於中國的開發與建設。

諸位一定記得在民生主義那一講的最後一段中，孫先生特別提出這不是他的結論，他希望當時的聽衆和他的追隨者用腦筋共想想此一問題，去重新估價他所說的意思，然後再闡釋演繹他的主張。諸位一定能記得：當時孫先生自寫的三民主義的底稿，毀於陳烱明的叛軍礮火，現在的三民主義是中山先生記憶所及的演講筆錄，他既然自己說明並未作定論，而希望他的後繼信徒多多研究演繹，本人願以敬佩中山先生一員的資格，尋求他所說的本意。

在我敍說中山先生的經濟思想之前，我想先答覆一個極普通的問題。那些草草率率閱讀三民主義的人，以爲中山先生相信社會主義和馬克斯主義。是的，中山先生在民生主義演講中，提到過共產主義，但孫先生在民生主義第一講中很清楚的說過：「馬克斯只可說是一個社會病理學家，不能說是一個社會生理學家」，因爲「馬克斯的學說顚倒因果，本源不清楚」（民生主義第一講）。在民生主義第二講之中，孫中山先生不但用科學的方法，逐層駁斥馬克斯的邪說，而且一再指出：「馬克斯的辦法，在中國是行不通的」。孫逸仙博士在民生主義第二講裏說：「解決民生問題的方法，不是一種玄妙理想，不是一種空洞學問，是一種事實……我們要拿事實作材料，才能夠定出方法……因爲學理有眞的，有假的，要經過試驗才曉得對與不對……」中山先生那種以試驗求證的態度，是最科學的研究方法之一，像孫逸仙博士那樣一個受過認眞醫學教育的人，說這樣科學的話，原本極自然的。

孫逸仙博士告訴我們以事實推證經濟理論的至理是值得我們牢記的。今天我們在四十年之後來研究孫先生的主義，這四十年間的事實證據，是當時孫先生演講的時候所沒有看到的。因此，問題的重點就在這裏：這四十年來的事實成果是否符合當時孫先生所說的？或者，掉過來說：假如孫先生還和我們一樣同樣活著，他將說些什麼？他將作什麼結論？作什麼判斷？我現在感覺到已經非常接近孫先生的思維中心，我甚至膽敢用孫先生的口氣來說話，我希望諸位能够原諒我的唐突，但我深深相信，如果今天孫先生還活著，他於檢討了下面這些事實證明以後，他將與我所說的，完全符合。

讓我們看看過去四十年間世界的浮沉，看看若干國家的經濟發展，看那幾個國家的生活標準日見提高？那幾個國家反而下降？其中最明顯的對照，我以爲莫過於第二次大戰後的東德與西德，那裏是共產主義與自由企業制度最尖銳的對比。在西德，生活標準日見上升，人民生活日見優裕；在東德，老百姓生活於暗淡貧窮之中。不特此也，東德的人民整天想逃離東德，投奔西德的難民，數以萬計，但在西德的老百姓從來就沒有人想遷去東德，這是人民的眞正意志，也是我們在尋求適合人性的經濟制度之時，一項最有決定性的鐵證。

上面我所說的，是用壓力强迫加諸人民的馬克斯主義。現在，我們再看看若干志願施行馬克斯主義的國家，那就是習常所謂的社會主義。說到社會主義國家，我們該提出北歐斯堪的納維亞國家作例子。在座的諸位之中，有的知道我生有斯堪的納維亞的血統，我的父親和母親都是丹麥人，至今我還能說丹麥話，因此我對於那些北歐國家，了解得相當清楚，那幾個國家，在過去五十餘年之間，曾經實施過所謂溫和的社會主義，結果怎樣呢？我可以告訴你幾件事：第一，在丹麥，假使你現在還想取消一切的私人所有權或私人財產，全國將陷入一片恐慌，他們不能接受這一套學說。第二，在瑞典，他們試驗過若干社會主義的措置，現在他們正在重新走回自由企業的路上來。他們發現社會主義那一套理想並不符合實際，並不是符合他們社會的最優良學說。幾年以前，挪威出版了一部論叢名字叫作「北方的民主」，由各階層各方面的挪威社會名流執筆，在那本書裏，全體一致認爲社會主義並非人類社會求取發展的最好制度。

讓我們再扼要看看其他國家的情形如何？爲說明自由企業國家與社會主義國家的鮮明對照，我更願指出：第一，戰前的捷克和現今共產黨統治下的捷克的對照，在共產黨囊括政權以前，捷克完全採的美國自由企業的道路，工業獲得大量發展。第二，美國本身的自由企業自由競爭的成功歷史。第三，也許能對諸位特別引起興趣的一個小國，歐洲的瑞士，瑞士雖小，但經濟上非常成功，她是一個毫無天然資源與鑛藏的小國，但老百姓豐衣足食。

看了這些事實以後，我深深相信假如孫逸仙博士今天仍在這個世界上，他一定會講剛才我所提到的那些話，那就是我們所要選擇的那一個符合人性而又能使工業迅速發展的制度，便是通常所稱的自由經濟的資本主義，一個以自由資本爲工具的制度。這裏面包括許多方面，它包括私人所有權，包括企業的自由競爭，包括自由市場制度等等。內子（坐在我旁邊）剛才提醒我：這一個制度不包括社會福利，她說的是對的。丹麥有一個極廣泛的社會福利制度，但丹麥政府的國有財產極少，因此，丹麥的那些福利制度，有賴於私人的自動經營，例如各種保險公司的健康保險、醫藥保險等等，但必須注意這是民間自由志願合作所經營的，與强迫性的國家經營不同。說到這裏，我們就要涉及到一個最主要的問題，那便是爲什麼民營企業比公有企業或國營企業爲好？

諸位回答這一個問題，一定和我一樣清楚。我們可以遠溯到古希臘的亞里斯多德時代，遠在二千三百年以前，亞里斯多德在他的「政治」一書中說：「假如沒有人擁有此一事業，便沒有人照顧此一事業」，人們對於民營事業照顧的責任心，自必遠較國營事業爲高，這是毫無疑問的。至於說到自由競爭，是符合人性的一種鼓勵。人們如果知道他將獲得收獲與報酬，他自然將加倍賣力，促成事業的向上發展。

對於自由市場的理論，我想作一點生理學眼光的評論。自由市場的價格是基於供求關係自然決定的，並不取決於人爲的仲裁協議，這和生理學的基本有很多類似之點，大家知道人體的構成，有賴於許多自動的機能，這些機能決定人體的脈搏如何迅速，呼吸如何深沉，我們的腦力思維，可以緩和呼吸，但不能改變整個生理機能的正規行動，假如我們一天到晚去控制我們的呼吸和脈搏，那我們就根本沒有時間辨任何事。我可以告訴諸位，諸位的脈速、血壓、體溫，一切都有自然的生理機能在自動進行，這和自由市場的經濟制度有極爲相似之處。諸位聽了這一段話，便不難想見爲什麼像我這樣一個生理學家，會對經濟學發生起興趣來。

若干年前，當我開始研究經濟學並閱讀經濟學的名著之時，我發現亞當斯密士「原富」那本書的開宗明義的首要，就在人性。他主要寫的是人性，並非金錢。他對於人類的行爲有精湛的研究，並指出「人性的重點在交換與互易」。那是他在一七七六年寫的，到一九四八年，路得威·范·米賽斯 Ludwig Van Mises 寫他的經濟學典籍之時，他把這一種行爲，稱爲「人性的行動」。

當一七七六年亞當斯密士寫他的「原富」那一年，他指出英國正遭遇著嚴重的經濟困難，原因由於當局限制金錢與貨物的流通，使經濟陷於窒息。原富那本書出版以後，引起了各方面的重視，它改變了英國十八世紀末葉的整個經濟與貿易哲學，開啓了十九世紀英國工業發展的輝煌成就。當然，我不能完全拿一九五九年的臺灣，來和一七七六年的英國相比擬，但我不能不坦率指出這裏面有極爲相似之點，臺灣今天所面臨的問題與當年英國相同，臺灣和英國都是海權國家，兩者都需要靠貿易與工業來立國，假如我們能從這一個角度去想，看看一百五十年到兩百年前英國所身受的問題，然後再來研究臺灣當前的對策，我認爲該是一項睿智的舉措。兩百年前，英國一切都沒有開發，更遠沒有今天臺灣的工商業基礎。在美國，我參加過很多次現代經濟學家討論如何開發經濟落後地區的問題，第一件事我學到的，便是所有的經濟學者都同意的所謂落後國家的開發原則，完全和工業先進國家的開發原則一模一樣，世界上沒有兩種國家的劃分，同一的經濟的準則，適用於所有國度。

現在讓我們來考慮那些條件與因素是國家要求迅速開發所必需？需要那些特具的長處使一個國家在經濟上能獲得迅速而有效的工業化？關於這一個問題，國際經濟學家，曾經開過無數次會議，就我所參加的不少會議中，有一點是大家所一致同意的，那便是物質條件與鑛產資源等等僅在其次，最主要的還是在良好的國民性，就是那個國家的人民行爲的品質，掌握住經濟發展的主要樞紐。在這裏，我願意提出一位瑞士蘇黎支的經濟學權威教授亞爾伯特·亨諾，Prof. Albert Hunnold。他在一連串的經濟演講中所提出的關於工業化必需的國民性條件。亨諾教授於好幾年前，曾經在埃及發表一連串有關經濟學的演講，他的題目叫作「瑞士的經驗在埃及」，在他的演講中，他提出下列那幾點的國民性，是經濟開發的必備條件：

負責任
誠實
穩健
正確
精密
可靠
節儉
主動
接受危險的決心
警覺
恒心
尊重傳統文化
準備吃苦耐勞

此外，我曾和許多國家的經濟學家和工商業領袖們談過。那些國家包括墨西哥、玻利維亞、阿根廷、斯堪的納維亞、日本、美國、德國。他們都同意在工業化經濟開發的過程中，上述的幾點國民性遠較天然資源的條件更爲重要。最顯明的例子，便是瑞士。幾次來臺灣，我有一種感覺，覺得臺灣太重視投資的錢的多少，以爲祇有錢才是重要。實際上，許許多多美國的大企業，都是從極小的錢開始做起，因爲他們具有充沛的精力，精確的眼光，他們都獲得成功。成功的工商業，以減低成本出品精良爲目標，換句話說，便是以最高度的效率服務人民。就美國來說，大家所知道的一個例子，就是亨利福特，以及亨利福特所製造的汽車。

臺灣無須憂愁資本的缺乏，如果臺灣能創製一種吸引資本的氣候，資本自然就會來臨，但這是外面人所不能擅作主張的，這權力就在諸位自己手中。我曾經把這個意思面陳過蔣總統，我也告訴給貴國政府若干位重要官員。這裏面沒有什麼奧秘，全世界有的是資金，如果你需要它，你便能獲得資金。共產匪黨拿不到這些資金，但臺灣可以拿到，假如臺灣能創造一個有利於投資的環境，資金便會源源湧到這寶島來。當香港、馬來亞或美國的投資者，財團或工商業者，在選擇一處可以投資創建新企業的地點的時候，他們將首先研究那個國家對待他們本國的企業情形如何？民營企業自由發展的寬度如何？如果那個投資認定當地的工商業變到優惠而並無人爲的阻碍困難之時，他就將考慮在這個地方投資；反過來說，如果當地的工商業桎梏重重，投資者自必裹足不前。說到這裏，我要特別補充一點，那就是資金、人才、能力，必將選擇自由來往的去處留下，假如臺灣容許資金自由滙入與滙出，資金便會源源湧入臺灣；反過來說，殺雞取卵的外滙管制，必將阻遏資金的流進。不但是資金而已，人才也是如此，千萬別禁止某人出境或禁阻欵額外擕，但祇需非常小心注意其進入就够了，注意進入甚於外出，這是很重要的！

現在讓我轉換到另一個題目上去，諸位也許都想知道中國國際基金會的情形，乃至於國際基金會的信念與工作方向。當我在五年以前，被選爲中國國際基金會的會長之時，我看清了我的兩項重大責任，第一是替中國國際基金會用錢，捐欵給慈善救濟種種有意義的事業。其次是逐步了解工商企業的性能與經管那些由中國國際基金會所投資或補助的那些事業。我原是一個生理學教授，我不能假充內行說我自己統統都知道那些管理技術。但無論如何，我負責決定那些事業的最高一般性決策。至於那些事業機構的執行人，都是極能幹有為之士。他們闡精竭慮，辛勤策劃。使那些事業獲得高度效率的推動，這不是我的功勞。坐在我旁邊的華生先生，便是其中之一。魏重慶先生，一位貴國的企業家，我認定他是一位最卓越最肯專心致志的人才，魏先生任何場合，都竭其所能，一心幫助自由中國。華生先生和魏先生都是我重要的同事。我可以坦白告訴諸位，如果沒有他們的幫助，今天的三萬六千噸巨輪便造不起來，我向他們兩位，深深表示敬意。

當然，國際基金會願意儘量作有意義的捐欵，但基金的欵項有限，捐出去的錢我們得設法找回來，好在我們有的是卓越的人才，我們能在基金會所支助的事業機構之下，繼續開創新的企業。我曾經為這個問題仔細想過，我覺得國際基金會最有意義的任務，莫過於創造生產性的事業，它對於社會的貢獻，甚於幾百萬幾千萬的捐欵。諸位先生，就我的意見來說，我認為一個社會的最偉大的經濟性施主，便是生產性企業的創造者，他給予人們就業的機會，他提高人民生活的標準，他也替國家增加了財富。這就是中國國際基金會今天兢兢業業，正在努力的方向。哈布氏在「自由與自由企業」一書中（第七章第九十五頁）引用古猶太的格言說：「最崇高的慈善救濟，便是設法阻止人們接受救濟……最優惠的施捨，便是設法幫助人們能脫離依賴施捨」（原書引錄摩賽斯·曼穆尼地士「猶太戒律」「第十章第七節」）。換句話說，最有意義的捐贈，便是要幫助那些人成為經濟上的自由人。中國國際基金會投資在造船船塢公司，目的並不要在臺灣擁有或控制一個船廠，而是僅替將來必歸中國民營的船廠做一種開創工作，中國國際基金會現在擁有殷臺公司的最大股權，我們希望將來逐步能把股權轉移於中國的廣大民間，在自由中國造成一種像美國式的大企業公司的制度，使廣大民間都擁有大企業組織的股權，及分享股本的紅利，公司愈發展，業務愈擴張，利潤也就增加，國家的工業開發也就迅速獲得推進。我們的希望是：我們把股票逐步出售給此地民間，然後以出售股權所得的欵項，再開創新的企業。當兩年零四個月之前，當我在這裏與中國政府簽訂合約之時，我曾經宣佈過這層意思。現在，諸位當能了解我的意思，凡是諸君所作有助於船廠的事，幫助船廠的業務，或幫助業務的發展，都將歸屬於這個寶島上人民的利益，成為所有參加工作人員的共同權益。殷臺造船廠，現在雇有一千九百名員工，包括所有的工程師與工人，這是自由中國的一股龐大的勞工力量，這些「就業崗位」是殷臺這個企業組織所開創的。魏重慶先生，華生先生和我本人，現在正在設計策劃新的企業機構，開創更多的工作崗位。這些企業組織，將來都將一步步轉移給此地民間，將來都由中國人民自己經濟維持與擴展。中國國際基金會絕無意在此地包辦任何事物的夢想。我們祇希望能把臺灣自由中國作成一個自由企業經濟制度的示範，這對整個自由世界都有好處，對臺灣自然更有實益，自由企業對臺灣的成功，便是對共產黨徒的最有力打擊，間接便可以促成共產暴政的崩潰。有時候，我歡喜把臺灣這座寶島稱為「亞洲的瑞士」，假如諸位有決心向這一個經濟方向邁進，臺灣馬上可以做到這一步田地，這完全在諸位的掌握之間，用不著我再多說。

說到這裏，我倒有一個問題要向諸位請教，究竟是誰說的「不患貧而患不均」？有人說這句話出自孟夫子，姑不管是誰說的，這句話有問題。從生物學的觀點來說，人的天份是不同而且不均的，在座諸位的面型和我的不同，手紋也和我不同，在座諸位之間，每一個人都不相同，我並不需要變成和你的一樣，你也不需變成和我的或坐在你旁邊的人一樣。我曾經好幾次詢問過中國學者，對於孟夫子這句話的正確翻譯，彼此之間都有出入。大抵，美國人通常所說的「天賦平等」，是指政治意義上的法律之前人人平等的原意，並不是指生物學上的天賦智慧一律平等的意思。

諸位一定都記得孫逸仙博士在民權主義第三講中關於眞平等與假平等的分析。孫先生說：「如果不管各人的天賦聰明才力，就是以後有造就高的地位也要把他們壓下去，一律要平等，世界便沒有進步，人類便要退化」。可見「均」或「平等」是不能免强得來的，至於就當前的中國經濟問題來說，孫中山先生在民生主義第二講的最後兩節中，已明白告訴我們：「中國今日是患貧，不是患不均」，這意義更是顯明的了！

資本主義自由企業發展過程中一個最大的障碍，便是妬忌別人的成就，因此，建立自由競爭相互鼓勵的心理基礎，在工業化過程中非常急要。我們要鼓勵別人做好，為別人的成就慶賀，同時我們自己也要盡最大的努力，造成我們自己的成功。好多年來，我在美國主管一個實驗室，我深深知道不能全部把功勞歸諸我自己，特別是有成就的年青人，要讓他們分享榮譽，假如一個同事有了發現或成就，其他的同事都給予鼓勵和慶賀，這一種風氣滋長起來，便養成一種相互支助的心理，人們願意為坐在他旁邊的人比他更好而驕傲，那種胸懷，將大大有助於自由企業的經濟建設。

我已經耗費了諸位不少的時間，我總算向諸位表白了我的一小部份的理想。我不是一個政客，我也不是一個工商業者，我更不是一位經濟學家。我是一個生理學者，就我所看到的，所想到的，我總想對臺灣有所幫助。今天有機會能夠把我有興趣於生產工業的理想向諸位講述，而使諸位獲得彼此了解，使我非常愉快。我願意告訴諸位，我的這一點靈感，從閱讀孫中山先生的遺敎得來。今天在各位貴賓面前，我沒有預先仔細預備我的演講稿，我該向諸位表示歉意。諸位也許能了解這幾天我確實沒有預先準備的時間，我祇能很直率的說出了我心理的眞話，我希望我的心裏話能使我們大家成為好朋友，使今後能互相幫助，同為拯救自由世界而努力。

文藝政策的兩重涵義

李　經

如果我們眞誠地關切中國文學今後的趨向，我們無法忽視「文藝政策」這一問題。同時，如果我們想對「文藝政策」一辭獲得個明確的概念，我們又勢必無法避免探討「文藝」和「政治」之間的關係。只有在明確地指陳出政治與文學之間基本上的同和異，銜接和區別，我們才能够嘗試解答「我們是否需要一個文藝政策」或「我們需要怎樣的文藝政策」之類的問題。四年以前，筆者曾在本刊發表「從文藝的應用性談文藝政策」一文，以文學與政治之間的「同」爲焦點觀察這些問題。本文則想從這兩者之間的「異」來討論這些問題。

首先說政治。政治的目的是維護正義(justice)，政治的手段是權力 (power)，政治的工具是政府 (government)。政治思想史上，思想體系極盡分歧錯雜的能事；但是，這種分歧現象之所以發生，並非由於思想家對政治這一概念的基本性質有所爭辯，而是由於他們對正義的涵義、權力的形態、政府的結構各抱不同的意見，堅持不同的解釋。試以正義或公正的解釋爲例。我們只要學兩個例子也就可以說明我們的論點。有人目見國際之間，强大國家挾其文化、經濟、軍事上的優勢侵略奴役弱小國家，深感國際之間的不公不平，因同情弱小國家的遭遇，遂站在弱國的立場闡釋正義一辭的意義。將正義與民族獨立、國家自由等觀念結爲一體。政治上某一類型的國家主義隨之而起。另有人目擊落後地區文化落後、生活水準低落、辜負大好自然資源、浪費無限有用人力，深感强大民族應負積極開發落伍地區的責任。或絕對地站在强國的立場闡述正義，將正義與優秀民族的擴張混爲一談，造成政治上另一類型的國家主義；或站在人道的立場闡述正義，將正義一辭解釋爲國際間的互助，提創國際主義。這些思想家都以國際關係爲基點解釋正義。另有人以經濟關係解釋正義，將正義一辭和社會思想、社會意識結爲一體，政治上的社會主義隨之而起。但是無論思想家對正義一辭如何解釋，他們對於政治應化「暴力」爲「權力」，化「服從」爲「責任」或「義務」，這一點却是不存疑問的。(譬如說，在近代國家有人違反兵役法便是違背國民的「義」務，政府可以運用權力，加以處罰。)所以我們說，政治的目的是維護正義，政治的手段是權力，政治的工具是政府。

文藝的目的在擴大自我 (depersonalization) 和「解脫」(catharsis)。文藝以喚起情感的共鳴爲手段，以文藝作品爲工具。唯實論者和經驗論者對「解脫」一詞有種種不同的解釋。唯實論者以爲文藝是絕對的眞 (reality, being, etc.) 的象徵。「解脫」乃是人和眞際接觸時候的「體會」、「灼見」、「了悟」。在那一瞬間人從紛亂的現象界中窺見事物的秩序和意義，由「幻」入「眞」。在那一瞬間自我擺脫了束縛，進入文藝作品所構成的世界；因「解脫」而得到「快感」。這一解脫的程序，柏拉圖(Plato)稱之模倣，考律治 (Coleridge) 稱之爲想像，克羅齊 (Croce) 稱之爲直覺。紅樓夢的作者說得最好：「…不免帶他下界一走，了此未了之情。」經驗論者則以爲文藝是經驗的綜合；在綜合的過程中，經驗調協矛盾，獲得和諧，發現意義。經驗不斷和諧化的過程也就是人格不斷擴展的過程。這一過程近代美學家或稱之爲「交感」(sympathy)，或稱之爲「移情」(empathy)，或稱之爲「和美」(synaesthetics)。唯實論者假設一個終極觀念 (ultimate idea)，通過這個終極觀念討論「解脫」的過程。經驗論者假設一個動態的過程 (process)，通過這個過程觀察「解脫」的意義。兩者對於文藝的「解脫作用」的認識在基本上却是一致的。

「公而忘私」顯然地是擴大自我的一種方式。也正因爲這個緣故，我們不能否定文學上有「社會劇」「問題劇」「愛國詩」……等等的存在。它們所表現的經驗是人類經驗中重要的一部份。但是，同時，我們必須明白地指出一部份只是一部份，並非是全體。硬以某種模式的社會或某一特定民族爲擴大自我的最後目標，硬以「正義感」或甚至由正義感派生出來的「民族意識」「社會意識」爲「解脫」的最高境界；這樣非但沒有達成擴大自我的目的，沒有完成解脫作用，這種武斷的態度已經在根本上傷殘了「解脫」和「擴大」的意義，毀滅了文藝的目的。所有的狂熱者（文學統一論也是一種狂熱）的特色是「狂」(insanity)。他們爲某些特定的「意識形態」抽象概念所左右，無法解脫「意諦」的死結，結果是「狹」，是「偏」，是「蔽」，是「陋」；狹、偏、蔽、陋終至使心靈喪失清明 (sanity)。解脫也就是去蔽；擴大自我也就是除偏。文藝的目的是使心智保持清明，使感性保持活潑的警覺。這裏，我想順便指出張愛玲的「赤地之戀」在當代中國小說史上的意義。「赤地之戀」洋溢着當代中國小說罕有的悲劇感。作者並沒有運用淒楚的言辭來製造一種惻然的心情。「赤地之戀」的悲劇感是建立在「眞」與「幻」，「狂熱」與「清明」的對照上。是的，作者在這裏寫下以「社會意識」爲號召的大迫害、大屠殺的殘酷。但是她所寫的不是人道主義者所說的殘酷 (cruelty)，而是一種違反永恆的道德規律的罪惡 (evil)。作者側重的不是屠殺的恐怖，而是被屠殺者的無辜。作者側重的不是駁斥「社會意識」這一抽象概念，而在指出「正義」如何爲「正義的招牌」所虐殺。當我們開始覺察「狂熱」只是一種「狂熱」，「幻境」只是一種「幻境」，當我們的心智漸漸開朗時，一股無可抗拒的悲劇感滲透過我們的全身。

政治上，「政府」運用權力，達成維護正義的行動。文藝上，「作品」運用它的感召力引起某種態度。「政府」的組織爲政治學的基本課題；「作品」的藝術則爲文學上討論的焦點。上文曾提起曹雪芹的文學觀：「…不免帶他下界一走，了此未了之情。」文學家之所以成爲文學家也就因爲他能够帶人「下界一走」；因爲他能够運用文字符號創造一個作品中的「世界」。亞里斯多德所指的形式也正是修辭家所指的內容，李察慈 (Richards) 所指的內容也正是克羅齊所指的形式。近代語意學家繼承希臘羅馬修辭家的傳統，從文字入手探討作品的藝術。他們首先觀察文字語言的「行爲」(behaviour)，再則分析意義的元素 (parts)，進而區分文字爲「客觀的符號」(bare signs) 與「主觀的符號」(invested signs)，結果將表現的藝術分爲繁簡二種。從繁簡的程度、意義元素的結構辨認作品的特色。近代的唯實論者如艾略特等則從假定「眞際」與「實際」入手，進而將創作技術分爲寫實的與象徵的。更有人繼承「詩學」(poe-itcs) 的餘緒，以作品的類爲分析的對象，探究它們結構上的特徵。而考據家、傳記家、歷史家、社會學家更不斷地多方面地嘗試闡述作品的特色，幫助讀者瞭解作品，供給作者一些可參考的技術。作者從研究文學者的手裏偶然可以獲得一些創作技術上的啓示；創作傳統往往又供給作者一些粗糙的模型。但是，嚴格地說，每一個作家有意無意之間都在創造自己的獨特的表現「形式」和表現「技術」。他的成功或失敗也繫於他對「形式」和「技術」的控制能力。在這一方面，政治家是「愛莫能助」的。要是有人說莎士比亞在創作上的成功是伊利莎白女王指示的結果；說杜甫在創作上的成功是唐玄宗「文藝政策」的成功：這些都是不可思議的。

綜合上文的討論，我們不難獲得這樣的結論：㈠以政治的原則爲文學的原則，結果勢將使感性簡陋化，終致心靈喪失清明，「舉國若狂」。如果一個社會感性日漸僵化，心智喪失清明，則對「正義」一概念的認辨能力亦勢必隨之衰退。這樣很可能演變成以維護正義始而以虐殺正義終的局面。㈡文學家之可貴在他能引人「下界一走」。這引人「下界一走」的能力政治家可以設法摧殘之，但無法取代之。政治干涉文學可能摧殘文學，但無法提高作家的創造能力。

一個文藝政策如果嘗試以政治的原則取代文學的原則，其結果必然是可悲的。但是文藝政策並不一定就是以政治原則取代文學原則。這樣，我們的討論轉到了文藝政策的第二涵義。

從政治的立場，從公正 (justice) 的觀點來看：一個政治社會裏，每一分子應該有充分發揮他的能力的機會。有科學天才的應該有充分發揮科學天才的機會；有政治天才的應該有充分發揮政治天才的機會；有文學天才的應該有充分發揮文學天才的機會。在這一方面，政府消極地應該保障思想自由、創作自由、出版自由；積極地應該協助學術機關使文學家有施展天才的機會。

從政治的立場、從公正的觀點來看：當作家的酬報和他的努力失去平衡時，政府應該協助作家福利事業的展開。

目前，政府對文學除開干涉創作內容以外並非沒有可做的事。舉一例，如敎育當局購買原子爐之餘，不妨平心靜氣想一想，如果我們的社會失去了一股清明之氣，與維護這股清明之氣的文學，其後果將是如何？在選派留學生、交換敎授、籌設擴充研究機關等事項時，我們似乎應該考慮客觀情勢、經濟條件，使文學獲得比例上的機會。當一股狂熱之氣控制社會時，即使是意識到「心智的清明」這一問題，也需要睿智。當狂熱席捲一個社會時，心智的清明更特別重要，文學的責任也特別重大。只有忠於生活、忠於經驗、忠於藝術的文學家才能够負起這樣重大的責任。

一九五八年九月於紐約。

書刊評介

介紹「鸚鵡螺號的故事」

紹輔

趙浩生著．新聞天地社出版

第二次世界大戰結束之後，冷戰雖然佔據了不少人類的寶貴光陰，但在這段期間，人類在科學上的成就，也標示着一段光輝的歷史。蘇俄和美國的人造衞星連串的射入太空，還只是冷戰作用多，對人類的現實福利少，而最値得注意的，則是人類使用原子能動力的成功。

以原子能作動力的具體成功，是美國第一艘原子潛艇的建造，這個成功，曾經過一段艱辛無比的締造階段。雖然原子能可以用作動力的理論，在第二次世界大戰之後，已經盡人皆知，但在大戰結束之後，美國科學界，特別是國防科學界，在心情上希望有一段悠閒徜徉的休假歲月，原子能的實驗工作雖有各種新設的機構負責，但立卽應用的心情並不急切。當時有一位年靑的海軍上校，從國防和科學的觀點，認爲絕不可有此休假心情，力排衆議，在華府的無邊宦海中，打出一條雖則坎坷，但是指向動力革命的道路，最後他終于成功了，人類第一艘以原子能作動力的原子潛水艇「鸚鵡螺號 (Nautilus)」出現了。這艘原子潛艇，有取之不盡用之不竭的動力，有殺敵致果無往不利的效能，而其中的舒適設備，若當作平時的交通工具之用，則有如一座海底的游動宮殿。

一九五八年八月三日，這第一艘人類的原子交通工具，由北冰洋的冰川之底穿過北極，造成一件歷史上前所未有的大成功。從此，北極的冰川，已不再是神秘，世界兩邊的距離縮短了一半。這個成就，比蘇俄的人造衞星富有更具體和建設性的價値。整個「鸚鵡螺的故事」——從動力革命的前軔，到橫渡北極成功，這本書裏有生動的、完整的敍述，像作者所說，這本書是一册記述動力革命的「創世紀」的故事。

紐約通訊

火箭・飛彈・衛星・行星

——美國與蘇俄競爭飛彈現況

董鼎山

不久以前，美國放射一顆重達四噸半的衛星入太空軌道成功，正在自作慶幸之時，蘇俄所發射的火箭，却更進一步拔出地心吸力，飛越月球進入太陽軌道，而成爲人類歷史上第一顆人造行星。美國在火箭研究上似仍較蘇俄落後一步，這裏試就美國飛彈發展情形，作一個較爲詳盡的報導。

一　美國的飛彈研究進展

由於蘇俄火箭研究的驚人進展，美國已加警惕，不再有自滿的表示。政府鑒及于此，已在加緊採取步驟，加强洲際飛彈的力量。新年開始之時，美國國防部已正式在官方文件簽字，建議政府增加飛彈節目費用，將空軍方面之洲際飛彈中隊自十三個增爲三十個（每一中隊將擁有十個飛彈）。在目前計劃之下，七個新增中隊將皆爲「泰坦」飛彈(Titan)。原有計劃十三個中隊中的九個則爲「天神」飛彈(Atlas)。

美國政府之作此項含有重大意義的決定，主要乃由于不少有資格觀察家的警告。這些專家指出，美國如再不努力，將不能追上蘇聯所已成就的進展。過去十五個月，自從蘇俄發射首顆史巴尼克以來，美國在火箭工程方面並不是沒有進步。但蘇俄的領頭，則是不可否認的事實。同時，專家已將美國所將面臨的最危險時期改期。過去專家一向認爲未來二年爲最緊要關頭，但現已認爲最使美國顧慮的時期當開始于一九六一年。專家認爲，美國飛彈節目的落後，與其說是工程上的，不如說是生產上的。美國飛彈產量之不足，使蘇俄擁有王牌。美國如不趕緊，蘇俄可于一九六一年初期威脅大戰，美國便無法可措。這次七個飛彈中隊的增加，在數量上僅是最低限度的必需。但一九六〇年財政年（今年七月一日開始）的國防預算，並不增加飛彈方面的費用。以美國目前十三個中隊而論，每隊洲際飛彈十個，共總爲一百三十個。專家指出，蘇俄在太空飛行方面雖超越美國，但目前問題是在美國是否有足够洲際飛彈應付戰爭之萬一發生；而在飛彈增產方面，美國將並無困難。

自從蘇俄放射第一顆史巴尼克以來，美國火箭研究之進展以空軍方面最有成效。去年十一月廿八日，空軍之「天神」洲際飛彈首次飛射全程六千三百廿五里成功。十二月十八日，另一顆「天神」放射衛星成功。但爲釋明外界誤解，這裏必須指明，所謂四噸半重的衛星（實際重量爲八千七百磅），其重量包括放射衛星的「天神」火箭本身的重量。衛星所載儀器實重僅一百五十磅，不及蘇俄于去年五月十五日所射之史巴尼克第三號（儀器實重二千一百三十四磅），亦不及蘇俄于前年十一月三日所射之史巴尼克第二號(儀器實重一千一百二十磅)。美國這種誇大衛星重量（將放射的火箭重量亦計算在內）的宣傳，令人誤解，曾引起加拿大及其他各國報紙的批評。但無論如何，這顆衛星能收發人類語聲，表明美國科學家的研究確已大有進步。

「天神」目前爲美國最强有力的飛彈。此外空軍並擁有「陶爾」(Thor) 中程飛彈，射程一千七百里。首批「陶爾」飛彈已配備英國皇家空軍。在「天神」之前，陸軍的「裘畢特C」(Jupiter-C) 曾放射三顆小衛星，海軍的「梵茄」(Vanguard) 亦曾放射一顆小衛星。此外，海軍又在研究「波拉立斯」(Polaris)，此種飛彈可由潛水艇自水底或水面發射，射程一千七百里。美國科學家尚在研究一個外界人士所尚未知的洲際飛彈，名「微人」(Minuteman)，至早須于一九六二年時始可正式試用。

美國除加緊研究各項飛彈外，在估計美蘇二國戰略能力時，尙須考慮二個因素：一、蘇俄因飛彈之進步，已在減少由人類駕駛之轟炸機實力。二、美國正在不斷緊急加强其已有之抵禦空軍實力。十五個月前，在開首二顆史巴尼克升空時，世界一致公認蘇俄在大型火箭研究方面已經佔先。俄人放射數百顆中程飛彈(射程一千里)的消息不斷傳來。最後，俄人放射洲際飛彈的傳說也在美國由官方證實。但當時專家們的意見則甚有不同。有的認爲蘇俄大量製造洲際飛彈，至少較美國進步二三年，因此獲得結論，認蘇俄可能趁機在一九五九年中發動大戰。但也有若干專家以爲蘇俄最多不過比美國搶先數個月，因此在最近的將來不可能發動攻襲。這些都是當時的意見。在今日，由于美國的緊起直追，專家們一致認爲危險關頭已延期至一九六一年以後。美國人士悲觀方面的看法是，美國政府的預算並不加添飛彈節目的費用，于一九六一年時，美蘇二國間的飛彈差別恐更明顯，屆時蘇俄可趁機利用外交詐嚇威脅或輕氣彈攻擊來擊敗美國。

但樂觀方面則替政府的飛彈節目辯護。第一、他們指出美國決不致久讓蘇聯佔先而冒險發動戰爭。第二、他們指出悲觀主義僅不斷以假設性的蘇俄數字與不完全的美國數字作比較。第三、他們指出，目前尚無證據證明蘇俄已在大規模生產飛彈。批評政府者則謂，如果等到確實證明蘇俄大量生產，爲時已遲。

關于美國飛彈節目的論爭，已引起下列各項軍事問題：一、阻止敵人大規模飛彈攻襲的力量應有多少才算是足够？蘇俄是否會一舉毀滅二十個或三十個美國主要城市？二、目前由人類駕駛的轟炸機在未來戰爭中究竟是否有用？這類噴射轟炸機如果配以射程五百里的飛彈是否會增加效能？三、用以阻止敵人大規模飛彈攻襲的武力，是否也可用于地方性戰爭？換一句話說，美國如果集中于飛彈防勢，是否會忽視地方性戰爭的防勢？四、美國在過份關心于軍事危險之時，是否會忽視共黨的政治、經濟、心理攻勢？

二 「飛彈空缺」的討論

這類話題現在正由美國政府人員及各報時論家熱烈討論中。「飛彈空缺」(Missile Gap) 這個名詞已經很爲時髦。所謂「空缺」，即是美國未能追及蘇俄的空缺。時論家喬瑟夫·亞索普 (Joseph Alsop) 首先不斷論及這種空缺的危險。去年夏季麻州參議員凱乃迪 (Kennedy) 亦向國會呼籲，望國會能努力促成與蘇俄達成裁減軍備協議。目前各方辯論的中心，主要是在一九六〇年至一九六四年間美蘇洲際飛彈產量的比較。據專家估計，假使一九六〇年時蘇俄洲際飛彈爲一百個，美國僅爲三十個。一九六一年爲五百比七十，一九六二年爲一千比一百三十，一九六三年爲一千五百比一百三十，一九六四年爲二千比一百三十。換一句話說，美國飛彈製造速度不但極爲遲緩，而且到一九六三年，一九六四年時，趨入停滯狀態。專家此項數字係根據美蘇目前飛彈製造現況而估計。專家雖承認美國同時亦在研究製造「波拉立斯」與「微人」。但整個空缺之彌補完成須待一九六四年，屆時「波拉立斯」與「微人」始能大量製造。

關于「飛彈空缺」問題的意見雖各有不同，但大部份專家至少同意下列二點：一、所引據的美國數字，係從低的方面着想，專家未曾計算新設的七個飛彈中隊。二、單是在洲際飛彈數量方面比較二國實力，似乎過份簡單。比如說，如果由人類駕駛的轟炸機在未來戰爭中仍屬有效，則美國戰略空軍實力 (Strategic Air Command) 遠較蘇俄爲强。美國最新式轟炸機 B-70 正在研究製造中。此外，戰略空軍轟炸機將配備長程「空對陸」飛彈。美國一名高級國防要員謂，除非俄人已有數百個「可靠的」洲際飛彈，不然戰略空軍實力仍足可抵禦。而俄人在一九六一年前不致會有數百個可靠的洲際飛彈，因此在目前二年內，人類駕駛的轟炸機仍屬有效。而到一九六二年時，美國本身亦足能擁有相當數目的洲際飛彈。這個要員認爲，所謂「飛彈空缺」，目前尚不存在，至早須在一九六二年至一九六四年之間。

批評政府飛彈節目者亦有不同意見。有的主張集中于「天神」、「泰坦」、「陶爾」、「裘畢特」的製造，有的則認爲應加速「波拉立斯」、「微人」的製造。可是他們却一致認爲政府預算應加添飛彈節目的費用。

美國軍事目前仍較蘇俄爲優越，是無可否認的事實。但批評者所不滿的是政府過份自信，毫不注意蘇俄未來洲際飛彈的危險。據權威性的「航空週刊」最近報導，蘇俄的洲際飛彈生產速度約爲每月十五個。至一九六一年一九六二年，時擁有數百個當不成問題。

三 關于飛彈戰爭的三派理論

一般而論，美國專家對飛彈戰爭的理論可分三派。第一派人士認爲，核子毀壞能力龐大，除非瘋狂的希特拉再生，無人膽敢發動戰爭，使其本國亦蒙受核子彈轟炸的危險。因此這一派人士認爲美國所需者僅是足够的報復力量，在遇襲後，加以還擊懲罰。敵人一旦發現核子戰爭結果必是兩敗俱傷，便會休戰。這派人士認爲美國只要擁有足可毀滅蘇俄十個或廿個城市的飛彈便够。

第二派人士認爲，克里姆林宮統治者爲無情冷血動物，可能願意以本國一部份的毀滅來交換美國的全毀。因此爲謹慎起見，美國必須擁有足可毀滅蘇俄全國的核子飛彈的力量，以免共黨東山再起。這一派可以聯合參謀總長丁寧 (Twining) 做代表。他在去年秋季演說稱，防止蘇俄突襲的最佳辦法，是「擁有一個足能毀滅蘇俄全國的報復性軍力」。這派人士認美國在初度遇襲被毀若干城市後，必須以全力掃滅蘇俄全國，所擁有的飛彈實力至少需足能毀滅一百個城市。

第三派人士更爲激烈，認爲美國必須無限性添置實力，務須較蘇俄爲强，不能落後。因蘇俄可能不致一舉發動大戰，而先在各非共國家進佔。因此美國必須擁有極巨大的飛彈力量，務使蘇俄覺察美國實力足可消滅蘇俄全國。

對于第二派第三派人士的理論，第一派熱烈爭辯。第一派的理由是，雙方如果無限不斷競爭核子飛彈實力，結果失去競爭意義，因當雙方皆擁有足可毀滅對方全國之時，毀滅性已達飽和點，再競爭也無用。例如雙方如果只要有一百個飛彈，即可毀滅對方全國，有了一百五十個飛彈的一方不見得比擁有一百個飛彈的一方爲强，因屆時已雙方互相毀滅，誰勝誰敗，誰强誰弱，已無人能知。

四 美國洲際飛彈的類別

美國飛彈名目衆多，這裏就最近所獲的資料，對洲際飛彈分別加以介紹。

㈠天神 (Atlas)。天神爲一洲際飛彈，于本年十二月十八日飛入太空軌道後更名揚國際。美國于大戰以後即開始研究，首顆係于一九五七年六月十一日在佛洛立達州試驗中心發射，未能升空，即下墮入海。此後共有十六個天神發射。所有十七個發射的天神，根據空軍當局紀錄，十一個成功，四個失敗，二個部分成功。所有試驗發射中，十六個爲武器試驗，僅最後一個係載送衞星入太空，向地球發回艾森豪總統的聖誕賀詞。十一月廿八日所發射的一次中，天神升空共達六千三百廿五里，亦曾引起世界注意。天神的發展如可維持目前的速度，可于本年度正式準備作戰，較預期者早出數月，但此種可能並不大。

至今爲止，美國政府已決定組成九個天神中隊。洲際飛彈每一中隊約爲十顆，中程飛彈每一中隊則爲十五顆。在工程機構上而論，天神不如泰坦(Titan)進步。原因有二：一、天神較泰坦早設計。二、一九五四年時，政府命令停止設計，而專心于盡早製造洲際飛彈。因此與泰坦相比，天神較爲舊式。目前天神所已達到的射程爲六千三百廿五里。但專家稱，在天神正式達到作戰狀態時，其射程至少較原定者多出一千里至二千里。赫魯雪夫最近曾宣佈，蘇俄洲際飛彈射程達八千七百里，但美國科學家並不沮喪。

㈡泰坦 (Titan)。泰坦也是洲際飛彈，原定在天神正式運用一年後分派戰略空軍各中隊，但現已延期，正式可用的日期定在一九六〇年底或一九六一年初。首次試射係于去年十二月二十日舉行，未

獨立一年來的馬來亞

香港通訊・一月廿五日

佘陽

最近三月來，馬來亞聯合邦採取一連串值得注意的行動；其一是十月一日援引緊急法令，進行全國性第一次拘捕反顛覆份子，在一日間於吉隆坡、檳榔嶼、怡保、芙蓉等地拘捕了百餘人，同時並宣佈馬來亞社會主義青年同盟爲非法，勒令其解散。在此之前，馬來亞與新加坡曾斷然的將三百餘名共黨嫌疑份子（其中包括新加坡七十一名）逮解出境。

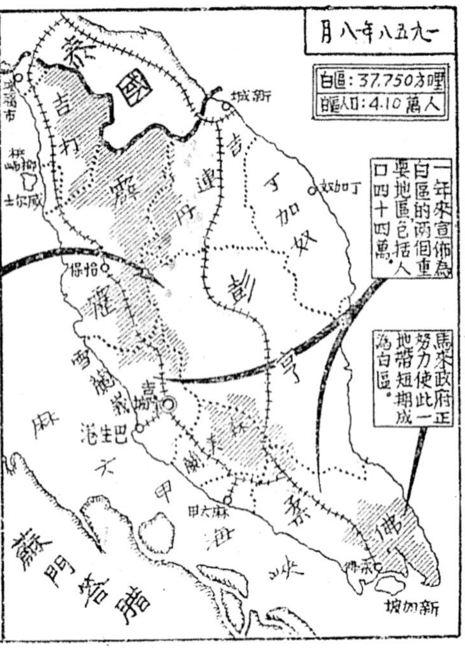

封鎖外來滲透

其二是引用出版刊物條例，禁止中共「中國新聞社」及其他共黨在香港經營的出版社所出版的刊物入口。且禁止中國大陸布匹入口。此一行動，並獲致新加坡的呼應，新加坡禁止中共及香港五十三家共黨出版社的出版物輸入銷售（其中若干純科學書籍另行單獨允許輸入），亦禁止大陸幾種布匹輸入。

其三是十月三日宣佈修正移民條例，限制非星馬公民入境，表面的理由說不是基於政治因素，是爲了防止黑社會人物潛入擾亂治安，事實上是斷絕來自赤色大陸及若干有關地區如香港、印尼等共黨嫌疑份子的滲透。

其四是執政黨華巫印聯盟，在準備來年大選之過程中，進行黨內反共調查，嚴密審查新入黨黨員，防止共黨潛伏在聯盟中從事挑撥離間活動。採取此一行動之時，馬來亞國防部長那昔稱：截至目前爲止（十月八日），巫統尚未發現有共黨滲透之事，但倘若有所發現，巫統將毫不躊躇採取防範行動；聯盟中的馬華公會，印國大黨，亦飭知各分支組織提高警惕。

其五是在軍事上、經濟上（物資及交通）、及宣傳上加緊進迫馬共殘餘份子。此一行動，接近

能成功。但由于泰坦是在天神之後發明，在理論上而言，其優點較天神爲多。泰坦較天神射程爲遠，其所載核子炸力亦較天神爲多。因此如果發射成功，其毀壞力亦較大。目前美國政府所已決定的爲九個天神中隊，四個泰坦中隊。爲彌補美蘇間「飛彈空缺」起見，專家認爲美國至少需要二十個中隊。上面曾述及的國防部建議增設七個中隊，將全爲泰坦。反對製造泰坦者曾謂，泰坦與天神相差無幾，何必另耗巨資研究泰坦的製造。但辯護者則舉出下列各原因，說明泰坦的必要：一、戰爭如果發生，飛彈載重量越多越佳，使能毀滅蘇俄藏在地下的飛彈，使能轟滅潛水艇基地，使能轟中不十分準確的目標。二、美國飛彈如能飛襲遼遠地帶如中國華南，天神射程不如泰坦之遠。三、對研究太空飛船而論，泰坦較天神更爲有助。

㈢微人（Minuteman）。微人爲洲際飛彈的第三代。各種零件如引擎等正在分別製造中。但整個長六十尺的三節微人，至少須待二年以上，始可完成試射。微人可于一九六二年中分交戰略空軍，惟直至一九六三年中始可大量製造。到一九六五年時，微人與海軍之波拉立斯將可成爲美國最堅強的飛彈武器。微人不但火力奇强，而且放射容易，猶如點燃爆竹。微人與泰坦同樣，都可藏在地下，使敵人難以測尋。

㈣史納爾克（Snark）。所謂史納爾克，實是一種翼狀的噴射飛機。但無須人類駕駛，可以載運大量核子彈頭，作洲際長距離飛行。其速度約爲每小時六百里，美國空軍已命令製造五十個。史納爾克的力量不能與其他洲際飛彈相比，但也可作爲彌補「飛彈空缺」的一小部份材料。

上述四種爲美國目前最有力的洲際飛彈。其餘中程飛彈如空軍的「陶爾」，陸軍的「裘畢特」，海軍的「梵茄」（或稱前鋒）等不另述。但這裏特別提出海軍的「波拉立斯」（Polaris），雖是射程僅一千七百里的海軍中程飛彈，但由于這飛彈可由潛水艇在海底發射，效果奇大，如與「微人」爲伍，將爲美國最重要二個武器。

二月十三日于紐約。

馬共武裝份子藏匿地區的近三十萬民衆，幾乎動員起來，與軍方及軍方政治部作密切合作。

政策有顯著轉變

在上述的一連串反共行動中，我人可看出，馬來亞自獨立一年餘以來，其執政者所採取的政策，確有顯著的演變。

馬來亞當前所採取的反共政策，比英治時期爲堅定積極。雖然英治時期，英國人對馬共的打擊，同樣是毫無容情，但是英國的剿共行動，一直囿於馬來亞範圍內，避免提及中共，甚至連「馬共游擊隊」的名稱亦不願輕用，而將之呼爲「暴徒」，在若干公報上，英國人尤其強調馬共武裝份子，多數人對共黨主義無深刻認識，他們有不少是無知的被誘騙而上山的。

在英治時期，格於英國與中共有外交關係，馬來亞的限制親自由中國者，較限制左傾份子之活動，尤爲苛嚴，現在，馬來亞與中共無外交關係，此種壓右派縱左派的變態現象已逐漸消除。

獨立後的馬來亞執政者，已經明確的認定：一、馬共武裝份子，與中共有密切不可分的關係；二、馬來亞的若干商業機構及文敎單位中，亦滲透有不少中共的特務人員，那些中共特務，與森林中的暴徒，同樣可怕；三、馬共武裝份子及共黨特務在馬來亞的種種活動，是中共顛覆馬來亞整個計劃的一部份，是中共侵略的前鋒。

較早，馬來亞當局曾一度誤會反共的華人，與自由中國有往來，誤會自由中國授意他們在馬來亞從事政黨組織。但是經過縝密的調查後，馬來亞終於明白，反共的華人除了憎恨共產黨外，別無所圖；而且明白，自由中國一開始就以友善態度，期待與獨立的馬來亞建立友好邦交關係。換言之，馬來亞明白自由中國與他們是利害相同的國家。經過事實證明後，李孝式與翁毓麟間之誤會亦告冰釋，他們兩人都對馬來政府有重大的貢獻。

，拘捕及驅逐共黨嫌疑份子，禁書禁布等等行動，可說是馬來亞一年來政策逐漸轉變的結論。

強調馬來亞化

在馬來亞聯合邦獨立之初，馬來亞人（巫族）曾畏懼華籍居民以其優越的經濟及敎育背境，取得政治領導權，可能對巫族不利，於是堅持限制華籍居民取得公民權，使巫族在選舉上佔絕對優勢。巫族此種偏狹態度（包括英國人的成見），初期引起華人極端不滿。當地的華人領袖指出：華人之到馬來亞，在歷史記載上與巫族同時；華人對馬來亞的開發，功勞不在巫族之下；而且在馬來亞的華人，數量上幾居全人口之半數；獨立後的馬來亞，強將條件優越的一半人口撇開，那是不合理不智的事！

經過華人不斷力爭，及巫族有見識者之共同努力後，對於公民權問題，尋求出一個協議（補救）辦法。那就是華人（在全人口六、二七六、九〇〇人中，華人有二、三七九、〇〇〇人，佔百分之三十八）及印巴居民（印度及巴基斯坦居馬來亞人口約有七四七、〇〇〇人，佔百分之十二）的領袖及社團，儘量鼓勵華印巴居民參加公民權登記，及登記爲選民，巫族則以協助態度，使之達到登記手續。

經過公民權問題之爭執後，馬來亞各族領導者認爲分別彼此或重我輕彼，實非馬來亞之福。於是，年來從各方面提倡「馬來亞化」，在敎育上、在宣傳上、甚至在建設上，强調國家觀念。使巫、華、印、巴各族，以做一個馬來亞聯合邦的國民爲榮。使每一個人有生於斯，創業於斯，獲得保障於斯的精神。

華巫融和相處

「馬來化」的推行，對馬來亞立憲中關於公民權的漏洞，顯然已起彌補作用。但無疑的，仍有賴於華巫兩族領袖開明的誠懇的合作。一位對馬來亞有研究的專家指出，巫族之畏懼華人在經濟上文化上的優越，是多餘的。巫族想從憲法上獲致優於他族的權利，可能會弄巧反拙。依過去數百年來的事實，華人與巫族能融和相處，其中之一的主要原因，可說是華人並沒有以其優越的條件（經濟上文化上）去欺凌或歧視巫族；華人勤勞地安份地經營他們的事業，和平地誠懇地對待任何民族。馬來亞獨立前如是，馬來亞獨立後亦如是。

獨立後華人除求取其事業及生活上的合法保障外，在政治上可說普遍的不感興趣。就如最近華人領袖及華人社團，大事鼓勵華人登記爲公民，再進一步登記爲選民，前者—公民登記，大家當然不願放棄，但後者—選民登記，卻不怎麼踴躍。雖經馬華公會負責人再三催促，登記爲選民的數字，仍然不多。依馬華公會預期，近百萬新獲有公民權的華人，至少應有百分之七十五左右前往登記爲選民，但結果祇有百分之五十左右參加選民登記，比預期的數字，相差達三分之一。華人參加選民登記的不踴躍，充分證明華人沒有政治興趣，當然更談不到對政權會有野心。

華人此種風範，多少已使巫族體會到，就近數月來的事實觀察，巫族之對華人，已不再如獨立之初那麼偏私或敵視。在馬來亞，華巫兩族能融和合作，那是一個可貴的現象呢！

經濟建設概貌

馬來亞，多年以來是大英帝國一個賺取鉅額英鎊的地區，獨立後一年來，馬來亞除努力清除馬共外，其次就是擬訂及進行有計劃的經濟建設。

初期的馬來亞經濟建設，祇是致力於錫礦業、橡膠業的整理，使受馬共暴徒竄擾破壞的錫礦、膠園的生產恢復正常。一九五一至一九五二年間，錫膠業受共黨暴徒破壞最慘重，百分之卅五的錫礦場被迫停工或需遷徙冶煉廠址。膠園受摧殘尤甚。至獨立前夕之調查，馬來亞之錫礦業及橡膠業尚有百分之十因馬共之擾亂未恢復生產。

今年年初膠價下跌百分之十，錫價下跌百分之五，後者加以蘇俄廉價拋售錫塊之打擊，小型錫礦場被迫停工者達百家以上。由於此一緣故，使一年來馬來亞針對錫業膠業的整理，進行後頗不順手，但是此種挫折，並未影響馬來亞經建計劃的擬訂及推行。

最近馬來亞增設專門機構，由英國聘專家負責從事膠質改良及優良膠樹之翻種等研究，並期以科學方法，以求減低生產成本，增加膠之產量，使能與日漸增加的人造膠競爭。

除對錫膠業的整理外，馬來亞全面的經濟建設計劃，其值得注意的幾項是：

一、開發土地增加食糧種植。此項計劃的實行，初步成就是容納了離開錫礦場的數千工人。馬來亞每年需由外國輸入約五分之二的米糧，過去由於錫膠業較易賺錢，故一般人都從事掘錫種膠；現膠錫業已達飽和狀態，馬來亞政府引導人民從事食糧種植，是需要且是正確的。據統計，馬來亞的可耕地多達三十五萬公頃，而目前種植食糧的耕地面積僅五萬餘公頃，只佔全部可耕地面積百分之十七，發展食糧種植及增加牧畜，是大有前途的。

二、開闢巴生港。此項工程如經完成，將來中部北部馬來亞的對外輸出及進口，可不必經新加坡港轉駁，而目前由於是項工程的進行，亦容納不少失業工人。

三、據馬來亞勞工部長翁毓麟去年十二月初在馬來亞立法議會上答覆代表勞工方面的官委議員泰華的詢問時指出：馬來亞政府正在鄉村及城市實施一項長期的工業發展計劃，一方面鼓勵本地的資本家投資，另一方面歡迎海外投資。翁氏又稱：馬來亞人口急速增加（按太平洋戰事爆發前的統計，馬來亞的人口約爲四、五〇〇、〇〇〇人，現在的人口爲六、二七六、九〇〇，十八年間增加約百分之廿九），爲使人民有充分的就業機會，發展工業是與開墾土地同等重要的。

四、增加耕地，灌溉條件需要改善。工廠增加，需要更多勤力。此項需要，馬來亞正與美聯邦發展財務公司接洽及通過可倫坡經濟計劃，將選擇適當地點進行水力建設。

進行經濟建設，在在需要錢，最近馬來亞財政部長李孝式往美屬北婆羅州向汶萊（卽婆羅乃酋長地）洽借一億叻幣。又美國亦決定對馬貸欵及經援，馬來亞有豐富資源，貿易出超，本身經濟力量已相當，再加以外來援助，其經建計劃應是樂觀的。

值得一提的是，最近馬來亞禁止中國大陸布匹輸入。馬來亞此項措施，有兩個原因，一是防止大陸的廉價傾銷，傷害馬來亞的新興工業，另一是阻止共黨的經濟滲透—在馬來亞，共黨的經濟滲透是與當地的武裝叛亂有直接關係的。

馬共將被剷滅

最近，馬來亞當局公佈了幾項有關淸剿馬共暴徒的數字：

第一、自一九四八年六月馬共發動暴亂以來，至本年九月底，馬共損失總計爲一〇、三七五名，其中被擊斃者六、六四一名，被俘者一、二七五名，自新者二、四五九名；此外另有二、八一四名被擊傷。

第二、自前年八月卅一日馬來亞獨立，至去年八月卅一日一年間，馬來亞聯合邦軍方所獲致的戰果是消滅馬共六九五名；一年來約有五千餘平方哩的地區被宣佈爲「白區」（全馬面積五〇、六九〇平方哩，被宣佈爲「白區」的面積約爲三五、〇〇〇平方哩），其中最重要的是柔佛北部中部四區，雪蘭莪南部兩區及森美蘭西北部兩區。

第三、據去年八月廿六日馬來亞總理拉曼及軍警首長招待新聞界時宣佈；目前殘存的馬共暴徒，約有一、〇七八名（其中有女性一五〇名），其分佈情形大約是：北部泰馬邊境（霹靂區）四七四名，吉打二六三名，吉連丹七〇名，檳榔嶼卅六名，丁加奴十名，森美蘭及彭亨交界地帶六十八名，柔佛區一五七名。柔佛區的馬共，三月來遭遇馬來軍方加强打擊，已頻於消滅。

馬來亞共黨武裝恐怖份子，十年前的估計，其實力約有五千人，現在祇有不足千名殘餘。一年來馬來亞剿共最顯著的一次戰果，是馬共「中委」何浪的自新，導致柔佛北部中部百六十名馬共的投降。由此一事之出現，馬來政府對消滅馬共的努力，更爲樂觀。事實上，目前分佈於森美蘭、柔佛、檳榔嶼等區的暴徒，都陷於絕境，相信不會久踞作亂的。

窗

聶華苓

怡心一走到巷口的路燈底下，便看到了巷底那扇嶄新的紅門，門旁兩個方形石柱上坎着門燈。天已黑了，剛下過一陣雨。她龔着那濕漉漉的、冷冰冰的石灰柱子，心突突地跳着，不知是因爲剛才走了那麼長一段路，還是因爲即將看到她日思夜想的孩子。六年了，她離開孩子六年了，她的心一直沒有寧靜過。現在她才知道，一個眞正幸福的人是有着一顆淸明的、無辜的良心的人，是一個爲自己創造了崇高記憶的人。直到現在，她還不明白當初如何會因爲亞楠而拋棄了孩子與天爵，還不能有條有理地分析她那時的心理過程，正和一個判徒一樣，經過了一次天翻地覆的大革命以後，還不能冷靜地去分析自己的所作所爲。對也罷，錯也罷，轉瞬間，一切都已風流雲散。她走了之後，天爵病重，臨死前將孩子送給一對姓喻的夫婦，亞楠和她在幻滅之後也分手了。現在只剩下她孑然一身，在這淸冷的路燈下，等待機會看她孩子一眼，只看一眼，她死也瞑目了！

怡心終於鼓足勇氣走到那扇巍然的紅門前面。門是虛掩着的，她探頭看了一下。一條碎石小路，通往一幢石砌的房子，房前臺階上牽着蔦蘿，小路兩旁是成格子形的草坪，右邊草坪上有一個鞦韆架，鐵鍊上閃着瑩瑩的雨滴，左邊草坪上什麼都沒有，只有一塊疏密有致的光與影的圖案，風一吹，那圖案便閃閃灼灼的，變幻成各種不同的幻麗的形狀，那是一叢吊鐘花的影，吊鐘花的後面，是一扇窗。

窗內正有一個孩子高聲叫道：「爸爸，媽媽，看，看，多好玩！」

怡心在門口一聽見那聲音，就怔了一下。那是她孩子的聲音，她一聽就知道。她離開孩子的時候，他才一歲多，只會說「爸爸喜歡寶寶，媽媽喜歡寶寶」這一類簡單的話，現在，他已經七歲四個月了，聲音必定改變了許多，然而，母子之間有一股神秘的感應力，那不是時間與空間所能阻隔的。她又探頭看了一下，沒有一個人，她放心了，便躡手躡脚走了進去，一直走到那叢吊鐘花後面的窗下。窗口很高，她必須蹻起脚，伸長了頸子，才能看到窗內。這樣正好，她偶而蹻起脚看一眼，可以減少她被窗內人發現的危險，假若是一個矮窗口，她站在那兒愛看多久就可以看多久，她的眼睛豈不要在孩子身上生了根！

她剛在窗下站定，便聽見右邊臺階上唧唧喳喳的鳥叫，接着屋角的一叢花樹颼颼地響了起來。她嚇了一跳，身子貼着牆，一動也不敢動。她再仔細一看，臺階上的蔦蘿架上掛着一個鳥籠，一隻大黑貓由花樹叢中竄了出來。怡心一隻手蒙着胸口，搖頭嘆了一口氣。像這種偷偷摸摸的行徑，對於她而言，還是破題兒第一遭。但是，比起幾年來她對孩子所感到的內咎與苦思，這又算得什麼呢？好比一個罪大惡極的犯人，在經過了灌辣湯、拔指甲、吞木焦這些酷刑之後，再受到一點輕微的刑罰時，便也能夠忍受了。她雙手攀着窗臺，蹻起脚，昂起頭，向窗內看了一下。她又害怕，又激動，眼睛上彷彿蒙了一層霧，什麼也看不清，她只看見了一張嘴，一張上唇厚厚的、翹翹的嘴，那是孩子的嘴，也是天爵的嘴。那張嘴好像一把燒紅了的鉗子，鉗着她的心，由暖而燙，以致於痛。不知是吊鐘花上的雨水，還是眼中的淚水，在她臉上流。

她第一次看見天爵，印象最深的便是他那張嘴，向上翻着，幾乎接上了他鼻尖上的大黑框眼鏡。「你瞧他那張嘴，就知道他是個實心眼兒的人！」怡心的母親很滿意這位自己相中的乘龍快婿。那話一點兒也不錯，天爵的確是一個好人，一個腦子沒有細密的紋路、個性沒有明暗合度的光與影、生活沒有可愛的小嗜好、感情沒有纖細觸鬚的好人。至於怡心呢，她不止像一般女性一樣，喜歡點綴外表的精緻的玩意兒，還喜歡點綴精神的精緻的玩意兒，譬如，一個眼色、一個微笑、一句半吞半吐的話。每當她對天爵開個小玩笑，或是逗他說點兒什麼滿足她女性虛榮的話，或是故意向他發點小脾氣爭取他的親蜜，而他木訥訥地瞪着兩眼、翹着厚嘴唇望着她的時候，她就在心裏說道：「簡直是個木頭人！」她記得發現懷孕的那一天，她懷着興奮的心情等着天爵下班回家，本來準備他一到家，就拉着他的手把這消息告訴他，但一見了他那木然的神情，她的話全嚥下去了，天爵見她神色有異，摸不着頭腦，望着她的時候，眼鏡又滑到鼻尖上，嘴唇更翹更厚了，上面還有幾根稀疏的鬍椿子。她畢竟沒有說什麼，轉身去看一本畫報，那畫報封面正是一個白胖的嬰兒張着嘴笑，手背上有一個個的小圓渦。怡心把這封面剪了下來，用四顆巴釘釘在牀頭牆上。她希望她的孩子像這畫中的嬰兒，尤其是那張嘴，像兩片新鮮的橘瓣，兩個手指頭尖兒一捏就會捏破的。「可千萬別像天爵那張嘴！」她心裏想。孩子生下來的時候，她躺在產牀上，好像一個由一場血戰中退下來的戰士，感到又疲倦，又寧靜，閉着眼，什麼也沒想，沒有死的恐佈，也沒有生的喜悅，她只意識到一點：她又活過來了！一位護士小姐抱着剛洗浴過的嬰兒走到她身邊，低聲說道：「喏，你的孩子，瞧這張小嘴，跟他爸爸一樣的！」

怡心想到此，窗內傳出了一陣鬨笑。她又蹻起脚望了一下。這一次，她已經鎮靜下來了，可以看清楚了。室內的佈置，與其說是爲了舒適，到不如說是爲了炫耀，像俱的貨色是上等的，帷幔的顏色是鮮艷的，然而，却沒有絲毫悅心的點綴，譬如花和畫。一個四十開外的男人坐在一張單人沙發上，黝黑的臉龐，好像摻多了發粉的黑麵包，粗而短的指頭，正擱在膝蓋上，兩條腿放肆地岔成八字，橫攤在一個女人面前。那女人敞着高而硬的衣領，吊梢眼，吊梢眉，腦後背着一個圓滾滾的大髻，兩耳貼着兩個圓滾滾的大耳環，三面夾攻，那張尖削的臉彷彿不勝其負荷似的。她和孩子同坐在一張長沙發上，正笑瞇瞇地斜睨着孩子。孩子正翹着嘴、楞着眼（她一眼就看出那雙眼睛還是她自己的，微垂的眼梢、黑晶晶的眼珠，一點兒也沒變！）看着手裏一個小小的橡皮裸體女人。孩子將那玩具背後的機扭上緊之後，便放在面前的一個圓形玻璃茶几上，那曲線玲瓏的橡皮女人便立刻扭動腰肢跳起舞來，它瘋狂地扭擺，那三個人便瘋狂地大笑，孩子滾在那女人懷裏拍着手笑，有時學那男人雙手拍着大腿笑。

怡心放下脚跟，厭惡地皺了一下眉頭。她頭有點兒昏眩，轉過身，靠着牆，雙手背在身後。她所感到的不知是失望，還是愧咎。她沒有想到孩子被安置在這樣的一個家庭裏，她早聽說喻先生是某大公司的經理，還慶幸孩子有了一個不虞匱乏的家，總比跟着自己受苦好，她現在一個小學教書，每月微薄的收入當然不足以好好地養育孩子。然而，現在她覺得孩子若跟着她，物質上雖然貧乏，心靈上總不至於貧乏。她此刻恨不得由喻太太懷中把孩子搶過來，並且大聲告訴他們，那是她的孩子，她的骨，她的肉！她眼前正垂着一朵吊鐘花，隨手扯了下來，放在手心輕輕揉着。柔柔潤潤的花，多像懷中帶淚的嬰兒的臉！

她記得孩子出生的第二天晚上，嬰兒室的門開了，遠遠地，她聽見一片嬰兒的啼哭聲，其中有一個嬰兒的哭聲最洪亮。她躺在床上笑了一下，心裏想：「誰家的大喇叭！」嬰兒車推到她的房門口，護士小姐由車中抱起來的正是那個大喇叭！乍一見，她有點兒失望，孩子一點兒也不像那畫中的嬰兒，哭起來像個小老頭兒，臉通紅，額頭上還有未脫掉的皮。護士小姐把孩子放在她懷裏。她等她離開以後，才羞怯怯地解開衣扣。孩子閉着眼、張着嘴，一股勁兒地哭。她費了好大力才將奶頭塞進孩子嘴裏。他開始吮的時候，她「喲！」了一下，那是一種近乎痛苦的快樂。她彷彿一下子跨進了另一個豐富的新奇的世界，那兒有無限的寶藏正待她去發掘。她甚至柔情地想到了天爵，無論如何，孩子是他給她的。她把孩子摟得更緊了。直到現在，她才意識到自己已經做了母親，一想到這，她就臉紅，婚後她第一次想到自己結了婚，也是臉紅。孩子吮了幾口奶，也不知是吃飽了，還是哭累了，便睡着了。她憐愛地拍拍孩子的小臉，希望他繼續吮下去，然後睜開眼，然後張開嘴，然後喊「媽媽」，然後和她咿咿唔唔地說話。孩子却不管那一套，仍然懵懵懂懂地睡着了，小臉貼在她胸口，她恍恍忽忽的，一隻手輕輕揉着孩子的臉，揉着，揉着，孩子果然開口叫了：「媽媽，媽媽，我們來下跳棋！」

怡心一下驚醒了，手中的吊鐘花已揉碎了，由指縫落在水溝中，盪盪漾漾地漂走了，漂得無影無踪，她想撈也撈不回來了！窗中隱約傳出了「玫瑰，玫瑰，我愛你」的流行歌曲，她又蹺起脚向窗內張望。那三個人正圍着那張圓形玻璃茶几下跳棋。喻氏夫婦微笑着望着孩子，孩子拿着一顆紅子跳了好幾步，跳一步，他眉峯便得意地揚一下，跳完了，便跟着屋角那個奶色黃的電動唱機唱着「玫瑰，玫瑰，我愛你」，終於那夫婦倆也跟着哼了起來。那確是一個融洽的家庭，孩子在那兒很快樂，怡心應該放心了。然而，她却有一股莫名的悵惘。她低下頭，不想再看下去了。每個家庭有它特有的生活習慣、特有的好惡，這一切像一堵堅固而冰冷的牆，比一切抽象的精神上的連繫，更有力地將家中每一份子圍在一起，外人是不能插足其間的。現在，她知道她永也不能把孩子由喻太太懷中搶過來了，孩子早已不屬於她了。窗內仍唱着「玫瑰，玫瑰，我愛你」，漸漸地，只剩下喻太太和孩子倆人在唱了，那女人尖而細的聲音像把生銹的鋸子，在她心上嗞嗞地鋸來鋸去。

她也曾夢想着有一天和孩子一起唱歌，唱幽谷裏的小花、藍天裏的雲雀、草原上的羊羣……但那時候孩子還不會唱，他才三個多月。每天上午，她都讓孩子在戶外晒晒太陽，把他的搖籃放在院子犄角一棵鳳凰木下，鳳凰木像一把綠底紅花的遮陽傘，她坐在搖籃旁邊，為孩子胡謅一些歌，用變音的沙啞的腔調對着孩子唱，脚在搖籃架上打着拍子。現在，孩子的小手小脚可長得和那畫中的嬰兒一樣了，有一個個的小圓渦，有時候她會忽然停止唱歌，抬起孩子胖嘟嘟的小脚，在他脚心上親一下，又繼續唱下去，孩子在搖籃中幌動着四肢，望着她咿唔唔地笑，「音樂是天使們最好的言語」，一點兒也不錯！在那樣的時刻，她眞以為孩子是在和天使們說話呢！就憑這一點，她斷定孩子喜歡音樂，每逢孩子一哭，她就扭開收音機找個古典音樂，她自己不懂古典音樂，但她認為那才適合她孩子的音樂鑑賞力。孩子一聽見了音樂，便立刻停止了哭聲，靜靜地聽着，連小手小脚也不幌動了，漸漸地便睡着了。現在她對天爵也有話講了，常常嘮嘮叨叨地對他講。孩子的音樂天才，但他對音樂不感興趣，沒有反應，頂多「喝喝」笑兩下而已，因此，她寧可對着搖籃裏的孩子講。熱戀中的愛人，搖籃旁的母親，都是瘋瘋癲癲的，能看見現實世界中所看不見的東西，說出別人所不了解的話，聽見常人所聽不見的自然的歡唱。怡心坐在孩子的搖籃邊，便一隻手輕點着他的鼻尖，點頭磕腦地說道：「啊，啊，寶寶將來是個音樂家。啊，三歲學鋼琴，九歲環遊世界開演奏會，臺前洒滿了玫瑰花。啊，啊，媽媽——」說到此她忽然放低了聲音，只到現在她還不好意思自稱媽媽，然後又繼續說了下去：「媽媽那才高興啦！啊，啊，我的兒子是中國的蕭邦，中國的李斯特，中國的——」她頓住了，不知如何說下去，她全部的音樂常識只限於這兩個音樂家的名字，還是看這兩位音樂家的傳記電影才知道的，但她望子成龍心切，僅僅是這兩個名銜還不足以表示她孩子未來的偉大，便風馬牛不相及地信口加上了一句：「中國的托爾斯泰！」她正在看「戰爭與和平」。誰說孩子不懂她的話!?她說一句，孩子就張着嘴笑一下，說到「中國的托斯泰」，他居然略略地笑出聲來，她第一次聽見孩子這樣笑法，恨不得拉住每一個路人，告訴他她的孩子會笑了，她當然也想告訴天爵，但他那天不在家，每當她需要他的時候，他不是不在家，便是不能滿足她。她只好把這與奮憋在心裏。其實，她還有好多話都憋在心裏，她的快樂，她的憂鬱，全沒人分擔。幸虧來了個天爵的好友亞楠，他寄住在他們家裏，她對他講孩子的事，他從不膩煩，她對孩子的一切如願想法，他全相信，尤其令她感動的是，他也堅持孩子有音樂天才，苦苦巴巴存了一筆錢，買了一個二手貨的電動唱機送給孩子，那個赫色的龐然大物放在他們那間簡陋的小屋裏實在不相襯，但每逢天爵不在家，他們爲孩子開着音樂，默默相對的時候，她從來沒有感到那樣單純的完美的和諧。有一次，聽完了音樂，亞楠俯在搖籃邊，學着她的口吻對孩子說道：「啊，啊，寶寶乖，啊，啊，寶寶快長大，長大了彈鋼琴給媽媽聽，媽媽就不寂寞了。啊，石伯伯將來送寶寶一架大鋼琴！啊，寶寶是個大音樂家！」

「不，媽媽，我要跟爸爸一樣，做大經理！」窗內的孩子大聲說道。怡心抖了一下，這才發現她站在窗下發楞已有很久了。她不由得又踮起脚向窗內望了一下。那三個人的一局棋還沒下完，夫婦倆一面下棋，一面在聊天，喻先生嘴裏叼着一根雪茄，喻太太挑着蘭花手夾着一枝香煙。只聽見喻先生說道：「做大經理？算啦，還是做大官吧！」喻太太尖着嘴瞇着眼抽了一口煙，把自己的一顆黃子跳了一步，說道：「對，還是做大官，將來你和爸爸官商合一，更要發大財啦！」說完拍拍孩子的肩。孩子拿着一顆紅子說道：「反正我不當教授，教授就是教書的，對不對？我們學校的萬老師，穿的衣服還沒有我們家的阿秀漂亮，便當盒子裏只有一塊醬蘿蔔，我最不喜歡吃醬蘿蔔！」那夫婦倆笑了，喻太太說道：「這孩子，人小鬼大！那你將來幹什麼？你說！」孩子把手中的紅子放在棋盤上，雙手一拍，大聲叫道：「要錢不要命！」那夫婦倆大笑，喻先生由嘴裏取下了雪茄，笑得只咳嗆，喻太太笑得只流眼淚，摘下了脇下的一塊腥紅手絹，跺着脚說道：「這孩子，這孩子，跟你說『要錢不要命』的神情一樣的，簡直是一個模子裏倒出來的。」趁着那夫婦倆笑的時候，孩子偷偷把自己的一顆紅子移動了一下，把他們一人瞟了一眼，便拉着喻太太說道：「媽媽，你快下，哪，哪，你這顆黃子應該走這條路，媽媽，我告訴你，下跳棋有兩個辦法，一個是建設，建設自己跳的機會，一個是破壞，破壞別人跳的機會。」喻太太望着丈夫連着嘖了幾下，說道：「你聽，你聽，你兒子，簡直是個小政客，將來準是你的好幫手！可了不起，我的乖兒子！」她湊了過去，尖着嘴準備親他，但他硬着頸子，望着她的臉說道：「媽媽，你流了淚，臉上有兩條黃印子，你的眉毛像兩把關刀，嚇死人！」喻太太用一根手指頭在孩子額頭上用力點了一下：「小雜種，兒不嫌母醜！」喻先生又是一陣哈哈，喻太太自己也笑。孩子又趁此機會偷偷把最後一顆紅子移到了終點，拍手叫道：「我贏了，我贏了，我贏了，爸爸媽媽一個人輸我一塊美金！哈，我贏了！」說完之後，便跳下沙發，在地上連翻了幾個觔斗，然後站在那兒肩膀一聳一聳地笑。

怡心站在窗外，覺得窗內的一切都與她扞格不入，然而，她仍然不得不跟着孩子一起笑，孩子的笑對她有感染性。她早就盼望有這麼一天，能看見孩子翻觔斗，那時候，他還只有七八個月，看見七八歲的男孩子翻觔斗，她就恨不得她的孩子立刻長得那麼大。她常常和亞楠把孩子放在床上，扶着他站穩，她只用兩隻手的食指讓孩子的小拳頭握着，然後身子一搖一擺地「得、得、得、得，寶寶會站啦！得、得、得、得，寶寶會跳啦，得、得、得、得，寶寶會翻觔斗啦！」她像唱歌，但不成調，像說話，但又有韻，就這麼一面連說帶唱的，一面由孩子的小拳頭中慢慢把自己的指頭抽了出來，孩子的小腿在床上顫顫抖抖的，嘴角的涎水一直流到那個心形的挑花十字布的涎兜上，終於突然撲在她懷裏。孩子笑，亞楠笑，她也笑。她將孩子摟得緊緊的，一隻手伸到他的背後，在他那光潤的小身體上滑來滑去。這是她另一個生命！這是她另一個自己！她感到微顫的快樂，像水面的漣漪，一個個盪漾開去，無休無止。在這樣的時候，亞楠總是微笑着站在一旁，看着她——不，看着她的孩子。亞楠對孩子的每一件小事都感興趣。第一個孩子的小母親總是笨手笨脚的，有一次，她由菜場那個老頭兒的菜攤上挑了兩個紅得透亮的大蕃茄，先用冷水洗淨，再用酒精消了毒，最後泡在一杯開水裏，她精心精意剝去了那層纖薄的皮，放在亞楠爲孩子買的一個藍邊白洋瓷小杯子裏，加了兩匙葡萄糖，用小匙把蕃茄攪融了，準備坐在窗口，一匙一匙的喂給孩子吃，但她拿着一杯蕃茄，便不知如何將孩子由車椅中抱起來，孩子看見了蕃茄，幌着兩手，哭着要吃，她急得不知如何是好。天爵拿着一本書坐在那兒，弓着背，鼻尖上兩個大眼鏡，像兩個瓶底，有着一圈圈的波紋，他就在那兩個瓶底後面木然望着她。亞楠看見她那狼狽樣兒，望着她笑了一下，搬了一張椅子放在窗下，還在椅子上加了個軟軟的海棉墊子，先用眼睛示意她在椅上坐下，然後爲她抱起了孩子，放在她懷裏，沒說一句話，抬頭時，他的眼正好碰着了她的眼，他那帶有煙味的氣息正好拂在她臉上，她低下了頭，看見了他放在孩子身上的一雙手，一雙有着很粗的筋絡的手。她的心抖了一下，連忙喂了一匙蕃茄在孩子口中。

這時，階臺上的沙門呱噠響了一下，怡心一驚，連忙貼身伏在牆上，假若被人發現了，她將如何解釋呢？那件不合身的褪色的花布旗袍，大概正如孩子剛才所說的，還不如喻家下女的衣服漂亮，他們準會把她當小偷。無論如何，她決不能說她是來看孩子的，那會損傷孩子的自尊心，破壞孩子對養父母的愛。而且，就是說明了，孩子是否會相信他會經有這麼一個母親呢？也許他會「呸！」的一下吐口唾沫，抱着喻太太的腿說道：「我才不是那女人的兒子！」想到此，她就心痛。門裏果然跳出了一個人，黑暗中，她只能看出是個小小的人形，怡心頓時覺得緊張起來，心卜卜跳着，兩隻手在那粗糙的石牆上擦來擦去。

「阿秀，跟我搬張櫈子來，我要看小鳥！」

那正是孩子的聲音！怡心不禁向階臺那邊移了一步，彷彿有股不可抗拒的磁力，把她吸向孩子。臺階上的燈亮了。怡心看見一個穿花裙的女孩子由屋內搬出了一個圓櫈子，放在鳥籠下面，便進屋內去了。孩子爬上了櫈子，叫道：「媽媽，來看喲！老鳥張開兩個翅膀伏在窠上，媽媽，來看喲！」「好，小心，別摔交！」那媽媽並未出來看鳥，只是在屋內這麼回應了一聲。

怡心倒抽了一口氣，仍屏神凝氣貼着牆站着。臺階上的燈光似眞似幻地照在孩子身上，他翻着那張又翹又厚的小嘴，睜大了那對黑晶晶的眼睛，望着籠內的小鳥。原來她對孩子只有些糢糢糊糊的想像：他長成什麼樣兒，是個什麼神情，喜歡什麼東西……現在，他就在她眼前，離她如此近，他不再是個虛幻的影像，而是一個眞實的存在，只要她奔過去，就可觸摸到的存在。她再也忍不住了，恨不得奔過去，把他一把摟在懷裏，要他喊一聲「媽媽！」讓她母子倆，在黑暗中，在蔦蘿架下，緊緊地依偎一刻，只一刻，她就滿足了。她把手絹塞在嘴裏，她怕自己會痛哭失聲。她來看孩子原來是求心安，但現在才知道她將被悔恨與思念折磨得更苦。

這時，孩子由鳥籠中拿出了兩個小杯子，跳下了櫈子，一面向屋內跑，一面嚷道：「水完了，鳥食也完了！」喻太太在屋內叫道：「小祖宗，你別管，明天阿秀跟你換！」「不，我要自己換，明天一淸早，鳥兒有水喝，有東西吃，叫得更好聽！」孩子的聲音越去越遠。怡心頹然靠着牆，今天幸虧有這堵堅固的石牆，否則，有好幾次她幾乎倒下去。不一會兒，孩子又由屋內跑了出來，一手拿着一個杯子，搖搖幌幌地爬上了櫈子，怡心的心也搖搖幌幌的，害怕孩子摔了下來。孩子畢竟站穩了，將兩個杯子放進鳥籠裏，然後大聲嚷道：「啊，媽媽，來看喲，小鳥孵出來了，小鳥孵出來了！」孩子一高興，忘了脚下的櫈子，就在櫈子上跳了起來，怡心的心也跟着跳了起來，孩子「哎呀！」叫了一聲，連人帶櫈子一起倒了下來，怡心向前跑了兩步，終於停住了，伸出兩手，「啊！」了一下。孩子坐在地上抱着腿哭，「好痛啊，好痛啊！」怡心用力咬着下唇，越咬越痛，彷彿這麼一來，她就代孩子受了苦。喻先生首先跑了出來，喻太太跟在後面。怡心一閃身，讓吊鐘花遮住了她。他們把孩子抱進屋內，喻太太連聲埋怨道：「誰叫你多事，叫你別管，你要管！」怡心回到窗下，焦灼地向窗內張望，不知道孩子究竟跌傷了什麼地方。孩子躺在沙發上，喻太太用手心揉着他的脚踝，喻先生站在沙發背後，說道：「不要緊，扭了一下，揉揉就好了。」

怡心放心了，放下脚跟，嘆了一口氣。孩子只摔了一交，她就如此心痛。幾年來，孩子不在她身邊，還不知經過了多少病痛，她都沒有分擔，現在想起來便覺對不起孩子。一個母親總是戰戰兢兢地怕孩子摔交，小時候，怕他在不平的路上摔交，長大了，怕他在不平的社會上摔交。她記得很淸楚，孩子剛滿一週歲，正是蹣跚學步的時候，有一次，他就差一點摔了交，嚇得她腿都軟了。最初她是用一條柔軟的紅綢子，繫在孩子的腰上，孩子在前面走，她就在後面提着那條紅綢子跟着孩子走，一天臨了，她的兩臂和兩腿都是酸痛的。漸漸地，孩子可以獨自走兩三步了，她就站在前面，對着孩子拍手，嘴裏念念有詞，逗引孩子向前走，她逐漸拉長她與孩子之間的距離。那一次，傍晚，在院子裏，她站得太遠了，孩子向她走來，一搖一擺的，像隻小鴨一樣，後來越走越快，兩隻小腿終於支持不住了，跌跌撞撞的，眼看着就要撲下去了，她迎着孩子跑去，一面嚷着：「糟了，糟了！」不料亞楠由側邊屋內跑了出來，也朝着孩子奔去，孩子倒在她懷裏，她倒在亞楠懷裏。他結實的兩臂多有力！刹那間，有一股什麼熱烘烘的東西，在她四週氾濫，一波又一波的，淹沒了一切，社會的禮義與習俗、人類的道義感與理智，全被淹沒了，只剩下他們三個人，眞眞實實的三個人，在那越縮越小的、渾渾沌沌的天地中，身偎着身，心偎着心。從此，一切事物都變了樣。她的熱情，以前彷彿是沉睡着的，現在一下子醒過來了，那種熱情，假若攤開來，舖滿一個人的一生，將會成爲一種溫和的、向上的力量；假若集中在一件事、或是一個人身上，便成爲一股有毀滅性的狂亂的激情，就像一朵藍色的火焰，用它的熱力，用它的光彩，引誘人投火焚身。怡心便是這朵美麗而陰惡的火焰的犧牲者。

不知那家的狗突然狂吠了起來，巷子裏有夜行人沉重的脚步聲。怡心這才感到已在這窗外站了很久了，應該是離去的時候了。她在離去之前，希望再看孩子一眼，以後不能再看到他了，爲了孩子，也爲了自己。她又躡起脚向窗內看，室內的燈光黯了一些，只開着牆角的一盞壁燈，喻先生卿着半截雪茄，靠在沙發上，伸了一個懶腰；孩子躺在原位，眼睛濕濡濡的，兩隻脚擱在喻太太膝上；喻太太一面爲孩子揉着脚踝，一面低聲對孩子說着什麼，孩子連連點頭。孩子好比一株幼苗，家是培養那幼苗的土壤，這個家，在怡心看來，不是一塊理想的肥沃的土壤，然而，孩子已適應了那兒的一切，已根深蒂固種植在那兒了，再也拔不起來了。怡心放下脚跟。天好黑！路好長！她不知是否還有力量走回去。但是，太陽畢竟會再升起來，這一段漫漫長路畢竟要走完的。她擦去了臉上的淚，轉過身，眼睛一黑，人也幌了一下，她扶着那叢吊鐘花定了定神，吊鐘花的樹葉沙沙作響，她不能再流連了，左右望了一下，沒有人，便踉踉蹌蹌向門口走去，走到門口，不禁扭過頭來，向那扇窗子望最後一眼，只聽見臺階上的沙門呱噠一響，孩子在臺階上嚷道：「媽媽，有人！是小偷！」

八高三年和中京景物（六續）

雷震

十二　日本神道與伊勢神社

日本人自己創設了一種宗教，叫做「神道(Shinto)」或「神道教」。這是奉祀過去皇室中業績輝煌的天皇和朝廷中有功於國家的文武高官，正和中國自己創制的「道教」殊相類似。神道的宗旨，依照他們自己的註釋，乃是日皇始祖「天照大神」（註二）之御道，亦卽天地自然之大道，而爲日本民族的精神生活的基礎（註二）。質言之，神道信仰的本體，不外乎崇拜和祭祀列祖列宗之意。有人稱神道或神道教爲祖先崇拜教者，卽是說明這個意思。此外，對自然現象中之不可思議者和恐怖者，如日月星辰雷電風雲等等，亦莫不以神祇視之而加以崇拜。這些都是受了中國文化的影響。

「神道」命名的由來，乃是擷取易經上「觀卦」的象辭：「觀天之『神道』，而四時不忒，聖人以『神道』設教，而天下服矣」一語中「神道」二字的意義。日本民族在建國之後，想把國家這個組織，視爲「以皇室爲本家，四民爲子弟」的世代相傳的大家族、大血族的團體，欲由此而團結全國人民，鞏固國家。日本人喜歡以「天皇萬世一系」相誇耀，視其邦國爲「神國」者，也就是這種心理在暗地裏發生作用。故神道教的目的，與其說是以「神道設教」，冀以維持社會之秩序與安寧，毋寧謂爲以「皇室爲中心」，來鞏固人民的團結以增强國家之地位，蓋日本人在宗教的信仰上，一般人乃是信奉佛教、基督教而非信仰神道教也。

洎乎明治維新之後，日本的國勢遂蒸蒸日上，由於中日、日俄兩次戰役的獲勝，暨第一次世界大戰的不勞而獲，遂進而與列强角逐世界霸權，於是更有加强神道信仰之必要。故神道教之發展，可謂一日千里，不僅遍及全國，且能漸植入人心。明治天皇逝世後，爲使國民追念其豐功偉績的維新大業起見，政府特別撥出巨欵，在東京郊區（當時還是東京市的郊區）建立「明治神宮」以奉祀之。並在神宮的範圍內，建立一個日本全國最大的運動場，俾全國的青年男女能够常常在這個地方作競賽運動，或練習技藝，或鍛鍊身體，冀在青年的心靈深處植下皇室的尊嚴和崇高的意像，俾可潛移默化的發生尊敬皇室之念，進而團結國民，集中力量對外發展。明治神宮規模之大和佔地之廣，已駕乎其他所有神宮之上，不僅要培養國民時時刻刻懷念皇室和尊敬皇室，且欲藉此來激發國民努力向上發展和爲國犧牲之念。

信奉神道的地方，有神社和神宮二種，這正和基督教的教堂，佛教道教的寺觀一樣。神宮是最高級的，全國只有伊勢神宮、熱田神宮、橿原神宮、明治神宮四座。神宮所奉祀的當然是過去的皇室人物，尤其是有名的天皇；而皇室中人，尤其是天皇皇后等只參拜神宮而不參拜神社。至神社之設置，則遍及於都府縣市和鄉鎭。據二次大戰前之統計，日本全國有十一萬一千七百餘市町村，卽有十一萬一千多座神社，幾乎每一個小村莊就有一座神社。神社除屬於中央級之官幣神社、國幣神社外，分爲四個等級，卽府縣社，鄉社、村社和無格社四種。人民朝拜神宮時，只能在神宮外面鞠躬禮拜，不能入內瞻仰，惟參拜神社時，可進入本殿前面的拜殿行禮。

神社和神宮入口的地方和前面甬道中，建有一種東西名「鳥居（torii）」者，亦稱「華表」，爲神宮神社之象徵，正如佛寺之山門，教堂的十字架一樣。鳥居的構造極其簡單，左右兩根柱子，頂上架二根橫樑以連結之，有木製，有石製，大小不一，而且每一神社不只一個。鳥居的樣式，亦有種種之不同，據說其種類約有二十種。這不過在基本構造上加以雕刻或飾以花紋來點綴耳，其基本形式則完全相同也。

日本人過去佔領韓國和臺灣的時候，卽在韓國和臺灣各地大建其神社，希望當地居民也隨同一起信奉神道以崇敬日本國家及其皇室。在韓國還建了神宮一所，名曰「朝鮮神宮」。抗戰中大陸淪陷部分，日本人又在南京等處廣建神社，以誇耀大和民族（日本人自稱爲「大和」民族）的武功。日本戰敗投降之後，南京五臺山附近的神社，由我政府改建爲忠烈祠，惟門口矗立之鳥居則並未撤除。聞英國收復香港後，立將建立在山頂上之神社和鳥居一併炸燬，以消滅其佔領的痕跡。日本軍人當出征時，要到附近的神社祈禱出征平安和打勝仗。神社還賜給「護身符」，令其佩在腰間，表示神靈在護衛保佑，冀可減少恐懼之念。凡此種種，均爲鼓勵軍人出征之勇氣，希望軍人可以勇敢作戰，效命疆場，揚耀國威，征服異族。惜神靈而不降靈，無力護助，第二次大戰日本終於戰敗而投降盟國。據說今日神道的信仰，已一落千丈矣。這種熱忱低降的原因，一面由於受了敗降的影響，一面也由於少了一批抱持侵略的狂熱者天天在那裏盲目地鼓吹了。

日本當時最有名的兩座神宮，均建立在中京這個區域，第一是伊勢神宮，第二是熱田神宮。

伊勢神宮建立在伊勢海灣的宇治山田市（今改稱伊勢市）內，爲奉祀日本皇室的始祖所謂天照大神。伊勢神宮分爲內宮和外宮，內宮又稱爲「皇大神宮」，（長崎縣和橫濱市亦有皇大神宮，亦係奉祀天照大神，惟社級列入縣社），外宮又稱爲「豐受大神宮」，奉祀「豐受大御神」。這兩個宮爲本宮。本宮包括有許多殿宇，佔地極廣，再加上其他宮社，故伊勢地方夙有「神都」之稱，正如山東的曲阜縣城內，有一大半地方爲孔廟所佔一樣。日本皇太子登極典禮和結婚典禮，天皇宣布成年典禮，立太子典禮，皇太孫結婚典禮等等舉行的時候，均須本人親到伊勢神宮來奉告。其用意是把國家這類重大事件，統統報告給列祖列宗備案。這些都規定在皇室令和登極令裏頭，已成爲日本國家的制度的一部分。此外國家遇有重大事情發生時，如頒佈憲法，中日戰爭，日俄戰爭，第一次世界大戰之對德宣戰，第二次大戰之對美英宣戰，等等，均由首相或大臣前來奉告。這是明治時代創立的慣例，正和中國過去皇帝遇有國家大事發生，必須祭告太廟是同一意義。惟不曉得日本戰敗投降一事，奉告了神宮沒有。如果只報喜而不報憂，那也是自擂自吹的作法。由於伊勢一帶風景美麗，有山有海，氣候溫和，而報刊又復終年宣傳伊勢神宮爲日本立國之本，偉大神奇，故二次大戰前每年前往朝拜或遊覽者，年達二百萬人之衆。

我爲好奇心所驅使，要親去看看這個號稱日本第一號神宮的神宮有怎樣的偉大和神奇，雖然在報刊上常常讀到有關伊勢神宮本身及官員民衆朝拜神宮的記載。民國十一年陽曆元月二日，晨起天氣晴朗，惠風和暢，正好爲遊樂之良辰。我於是日清早由名古屋坐火車至宇治山田市，大約路上走了二個多鐘頭。這一天我帶了一本日文翻譯的倫理學在車中閱讀，車抵宇治山田市時尚未讀及一半。下車後我隨着人潮往前走，好在途中不必問路，大家都是向着伊勢神宮這個方向前進的。

這一天，伊勢的天氣也特別好，不甚寒冷，而太陽高照，行人都面現愉快之情。我到達伊勢不過上午十點多鐘，由各地來朝拜的人已是人山人海，擁擠不堪，後浪推前浪，沿途壅塞，使人無法停步瞻覽風景，只有跟着大隊人潮一步不能停留的往前走。老百姓走到神宮前，正心誠意的作九十度的鞠躬敬禮後虔誠禱告，口中念念有詞，究不知在祈求什麼。我原是旅行參觀，宮內既不准進去，只有在外面看看。神宮裏面不許平民進入，乃表示神宮有莫大神秘的意味（委託官以上才能入頭門內參拜）。伊勢神宮除佔地極廣，附屬宮殿極多外，其他地方和別的神宮神社大致差不多，並無特別莊嚴和偉大之處。這和過去我想像的相差甚遠。於此可見報紙上的渲染記載，都是有其特別用意而非實有其事的。

這裏有一遐邇聞名的勝景，叫做「二見浦」，位於伊勢海灣的南頭，正當伊勢神宮之旁。此處海水碧清，眺望絕佳，爲一良好之海水浴場。相傳古時凡來朝宮者，須先躍至浦內淨潔其身，故遺有「淸渚」之名。立於浦邊海中有大小兩堆岩石，叫做「夫婦岩」，好事者以草繩數根連繫於兩岩之頂端，表示夫婦携手相愛之意。大岩石上並建有鳥居一座，惜兩島均極小，遊人無法登臨，只有立在海邊對之眺望欣賞而已。

正月乃是朝宮的季節，蓋新年有數日假期，日人喜於此時出外遊覽也。往神宮的道路，沿途攤販林立，大多是販賣風景照片和飲食店。此地出產蠑螺，日人稱之爲「榮螺」。這裏的吃法，則以蠑螺的外殼蒸煮他自己的螺肉，名之曰「壺燒（tsuboya-ki）」。就是把蠑螺的硬殼當做鍋子，而把螺肉挖出切成薄片後再放在殼內，加上溫水和作料，再將殼蓋蓋上，放在架着鐵絲網的火爐上烹煮。吃時掀開殼蓋，熱氣升騰，香味遠溢，用箸夾肉食之，味極鮮美，而風趣特佳。惟不能多吃，蓋不易消化也。我吃到這種「壺燒」的時候，往往聯想到「煮豆煮豆萁」的詩句，而心理泛起一種說不出的不愉快的感觸。

熱田神宮在名古屋市熱田車站附近，其在神宮中之地位，在當時僅次於伊勢神宮。及明治神宮建成之後，不曉得他的地位是不是降了一級？

日本當時政府的大官，尤其是內閣首相和各部大臣等等，凡新官上任，或出洋考察，或遊罷歸來，均要跑到熱田神宮來朝拜一番，表示他們對於國家的措施，一一奉告了神靈，而全國報紙則大事記載，以示全國尊敬神道，尊重皇室，而加强國民的團結。勝利後盟國統帥麥克阿瑟之不肯廢除日本皇室，當係有鑒於此，因爲保存日本人民崇敬之皇室，則易收投降之功，而日本戰敗之殘局，也易於收拾和恢復。（待續）

註一：天照大神亦稱天照大御神，爲高天原的主神，並爲日本皇室之祖先，爲國民最崇敬的神。據「古語拾遺」說：「天照大神者，惟祖惟宗，尊無二日，自餘諸神者，乃子乃臣，孰能敢抗」。天照大神被奉祀在伊勢皇大神宮，爲諸神之上。

註二：據「日本書記」所載：用明天皇說：「天皇信佛法，尊神道」。又同書記載孝德天皇大化三年四月的詔書曰：「惟神我子，應治故寄，是以與天地之初，君臨之國也」。

讀者投書

(一) 從臺北監(所)看司法

俞大問

依據四十八年四月廿七日中央日報第三版短評：谷鳳翔部長二十五日在立法院司法委員會報告，一年來司法案件審理的正確性：……第二審刑事案件，爲百分之五十五。那末換句話說，就是一百個犯罪人中間，便有四十五人是寃枉被判處罪刑的。

所以在監(所)之中，怨尤之聲，不絕如縷，他們在牢監裏漫罵政府，忿怒痛恨司法，只有權勢，沒有公理。他們蔑視法律，認爲法律之前人人平等是口號，法律是一種可笑的東西。這在我們民主法治的領域裏，難道不是使人値得驚訝的嗎？

但是，司法問題的嚴重性，實際上已到了何種程度，用不着多說，誰都是說必須改頭換面了。故此我們的司法到了今天這種地步，決非頭痛醫頭，脚痛醫脚，或根本就諱疾忌醫可能了的。卽以最近槍決的李寧而論，竟以手榴彈投擲警所，這便證明監所感化的失敗，反而逼使其走上報復之途，而犯下大罪。果然，其間一部分問題的發生，要怪我們的政府專門着重於某方面，而忽略了「法律」的尊嚴，也是非常不科學的。但負理司法全權的人，對於屬下所產生的弊病，未能盡其領導監督之能事，自亦不能辭其咎。尤其是臺北監(所)，幾乎已成了製造罪犯與罪犯泛濫的淵藪。

由於檢察人員過份信賴警察局筆錄或自白，卽不管初犯、累犯、或情節之輕重，總是收押、收押！加以司法官間又難免偏頗。比方那些逃亡帶，偷盜的犯者，往往被刑警以酷刑逼供，含寃默認，至使其恨入骨髓。司法如果再有失清明，則其嫉恨之深，更可想見，一旦恢復自由，便以暴力達其報復之目的。這種背底下激盪的暗流，正如流行性的瘧菌瀰漫於監(所)之中，久而久之，便影響到整個的社會。在社會上，只要你稍微留神，立卽可知今日犯罪人之多。在臺北監(所)的門口，每天都有一批一批的人民，往那罪惡的深淵中沉下去！假如司法者們能少下些收押命令，對案情調查詢問得詳細，根絕偏頗，多些公正，也許臺北監(所)不致於有今天這般糟。

臺北監(所)早有人滿之患，司法當局，竟熟視無睹，認其沒介事，是種極大的錯誤。照情理說，人民犯了法，被羈押、偵訊、審判、監禁或釋放之後，社會上應該多一分安寧；但事實却相反，社會上搶刼、偷盜、謀害……等的暴行事件，仍舊是日有所聞，並且一年比一年的增加。

臺北監(所)有兩大集團，一是煙毒犯，二是竊盜犯。據一般受過刑的人傳說：第一次到監(所)的犯罪程度是初中，第二次是高中，第三次是大學，最後第四次到職訓總隊的，便等於進入研究院。

這意思就是說，一個人初犯法紀，被拘禁時的犯罪意識是極爲單純，因爲沒有發生縱的聯繫；而經過監(所)羈押或執行刑罰之後，則犯罪的意識便由單純變爲複雜，說不定在起訴的一段眞空中間，(臺北地檢處檢察官的起訴書，到達被羈押者手裏，通常最少一月甚至一個半月不等)被告原來所犯的案件尙未開始審理，另一樁新的罪行，早已在被羈押者的心中蘊釀。

因爲臺北監(所)遇有人犯羈押或監禁，便不分其性質如何，把殺人、放火、欺詐、偷盜……等，混合起來關在一室。所以人犯中間，進進出出，不分天南地北，彼此難苦與共，在日以繼夜的生活中間，他們的感情也自然而然的由衷而起。於是，相互敍述案情，欺詐的言以秘奧；殺人的言其動機；搶奪的勇毅相誇；偷盜的激揚以技；寃抑者論以報復。總之，聚集一室，誨淫誨盜，大大小小，各有其謀。明白點說：這就是相互交換、學習、研討犯罪的方法，和擴大犯罪的開始。所以臺北監(所)不是消滅犯罪的地方，而似乎是罪犯泛濫的淵藪！因好的變壞，壞的變成更壞了。

加以一經判決，確定發監執行，司法者就認爲大功告成，事後也決不會再去作進一步的研究分析或檢討的。而監獄的工作人員，亦以將受刑人看管守護爲滿足。如此司法的效驗，當然產生不出眞正良好的結果，並且永遠也不會長進，時間一久，便自然趨向頹敗。

臺北監(所)裏聽說只要有錢有勢，什麼都有辦法，如中興新邨舞弊的主犯陳奮克之流，在看守所的時候，卽調爲敎化室，美其名曰幫辦敎化，倒不如說賄得較多的自由好聽。監獄中像林頂立、何濟周等，並沒有病，就能在潔靜的病舍常住，眞正有病的倒不能住病舍，本末倒置，莫此爲甚！還有那轟動全省的殺人犯黃效先，有時也會獨住一房，衣服有雜役爲洗，連本人洗澡水也有人替他預備，足見權貴們在監所裏舒適的情形。

刑罰的意義，本來是使犯罪者在監禁期內有悔改自己的錯誤意思而行之的，但受刑人在監牢裏獲得如許優厚的禮待，則殺人的罪犯又有何悔改之可言呢？

綜上所述，臺北監(所)與司法，其間積弊之深，概可相見，時至今日，實非澈底整頓，急圖改進不爲功。

代郵

電平先生：

承蒙你化了好幾天的功夫，給我們寫了一篇「投書」送來，我們十分感謝。先生的看法，我們完全贊同，但因爲文內所批評的刊物，是我們一直所不屑與之爭論的，所以大文只有割愛，還請原諒。

編輯部敬啓

讀者投書

（二）黑幕重重話違建

——謹將周大鵬的大違建內幕控訴於國人之前——

甘火文

不久前本市新生北路違建糾紛，所發生的議員、警察拆除人員以及住民百餘人混戰的「壯濶」場面，死的死，傷的傷，案猶未了，這幾天東門攤販市場違建糾紛，又有市民的我與周大鵬由市議會、工務局、而至互登啓事指摘，鬧個不休。本市違章建築問題以及主管方面處理違建問題，實在已成問題的問題，其嚴重情形已不容忽視。關於城東攤販的大樓怎麼蓋起來的，糾紛怎麼發生的，我們試把半個多月來臺北官方和民營的報紙陸續的新聞報導，平心審度，蛛絲馬跡，不難看出問題的複雜性。

謹將各報對於該項事件所作的新聞報導所寫的標題抄錄如次：1.三月十二日新生報的標題是：侵地建屋無人問，小屋違章却光顧，臨沂街居民向市議會請願。2.三月十四日聯合報的標題是：城東攤販供銷場，違法亦違章，三層大樓原是違章建築，議員多人指責工務局疏於取締。3.三月十七日聯合報的標題是：城東攤販大樓違章責任待追究，違法經營市場內情亦微妙，工務、財政、警局互相推諉。4.三月廿三日公論報的標題是：臨沂街周某目無法紀，工務局厚此薄彼，違建竟越建越高，合法房屋反要受拆除。5.三月廿五日聯合報的標題是：北市東門攤販問題議會一場激辯，兩派議員意見不一，最後決組專案小組調查。

我們不必再看官民營報紙所報導的新聞內容了。僅僅就各報大標題中已覘出事件的微妙、複雜、與主管方面的不公、偏袒。本問題有關違法經營市場部份不去說它，僅就違章建築糾紛經過，據報紙所載的在這裏略爲一提。我是業牙醫師的，原先於二年前在臨沂街六八巷一號建一洋樓，其屋邊弄巷通路空地留着給該號三四樓住家做出入口必須孔道，今被遠住在武昌街的光復里里長周大鵬所强占，擅自挖穿六八號房屋的屋壁，擴建該處攤販大樓，以至該號住民通路被遮斷，不得通行，影響安全至鉅。於是住戶劉燈榮與我向其交涉，竟被周大鵬糾衆行兇侮辱恐嚇，我與劉二人不甘受辱，旋則報警制止，均告無效。周大鵬亦擅自破壞林炮、林雪等屋頂，鋸斷屋簷，加高磚墻，違章建造其屋壁，杜塞他人窗戶，致使光明的屋內變爲黑暗，妨害他人的採光與空氣的流通，並且杜塞下水溝，使水流不通。經人抗議，但周大鵬則以恃衆行兇爲對付的恐嚇手段，於是一羣受害者乃向工務局、警察局、拆除大隊陳情請求維護權益，恢復交通秩序，保持環境衛生與公共安全等。不料迭經報告，均沓如黃鶴，不見下文。至此我則請余木成議員主持公道，一同到工務局，仍不得要領。偏巧周大鵬也請陳凱議員到工務局來。周大鵬一見我則刻盡辱罵之能事，繼則揪住我的襟領就打，幸而經人制止始罷休。我們眼看同巷一號僅及三尺高的小型違章建築先後被拆除四次，兩相對照，認爲其中必有文章。經過調查，原來該攤販大樓是一個大規模的違章建築，周大鵬向工務局申請建築執照（禁建區內，亦該地被法院查封假處分中，照規定不能發給建築執照的），不知以何項手段領到，而且短短三天工夫就如願領到該〇八〇四號執照，載明建築面積六〇坪，却蓋了一一〇坪，而且由許可二樓的擅自違章加建三樓，趕工違建。我覺得周大鵬設非神通廣大，不至如此大膽的杜人通路，侵地擴建，暢所欲爲，眼看自身權益受損，不甘委曲，遂向市議會請願，要求主持公道，制止不法，一項大規模的違章建築秘密，於焉開開。不料周大鵬企圖混淆是非，揑詞誣賴，也一面向市議會請願，一面刊登新聞啓事，攻擊我與劉燈榮。於是一場新聞啓事戰開始矣。請參看三月十四日的聯合報與三月二十日及二十一日的新生報啓事便知。

綜上不平事實，使我發生左列疑問：1.據報載該項大違章建築情形早經管區派出所報請取締，何以工務局拖延多月置之不理？2.該違建主持人周大鵬申請建築執照三天就可以領到，如此「速辦速決」，較之以往公文旅行先例令人費解，其中是否另有文章？3.該地因案涉訟而被法院查封假處分中，而周大鵬又不是大災後的受害者，怎能發給建築執照？4.建築執照建坪爲六〇坪，何以能蓋到一百多坪，而且加建一層做三樓，而主管方面經人檢舉却僞爲不知，是何道理？5.周大鵬經人告發違法違建，何以有關機關均置若罔聞？6.周大鵬活躍於市議會、工務局，左說省府某委員是其親戚，右拉中央委員、地方聞人是其長官，工務局是否另有苦衷，或者是「奉命不取締」？7.周大鵬侵人土地，毆辱人身，究竟有什麼憑恃？8.大規模違章建築可以任其侵占地盤，塞人通路，不斷加高擴建，何以貧民僅加三尺高的小型違建，却被拆除四次，是何道理？9.周大鵬以一紙陳情書能使工務局施令拆除已經地政機關登記有案的他人的合法房屋，是否我們也該保留此權利，來拆除周大鵬的大違章建築呢？

大家知道有錢有勢的可以橫行無阻，若果出了事情，求求有背景的議員出來向官府求情免究；其中最妙的一幕就是有一位議員竟大聲叱咤嚷道：「什麼都依法辦理？依法辦理叫人怎麼做生意？何必要議會？人民何必向議會來請願？議員閑着無事可扒瀾（臺語爲撫摸××）。」竟鼓勵非法。另一方面却利用流氓呼應威嚇，使人懾於淫威，好讓其魚肉。周大鵬，利用這明暗二把刀的手段，藐視法令，欺壓小民，希望有正義的讀者主持公道，共同以輿論制裁，以維社會秩序。

三月二十五日。

讀者投書

（三）

臺灣省議會的悲哀！

～～談建設審查會和財政審查會的非法選舉

文漢瑞

臺灣省臨時省議會本屆第五次大會已於四月二十九日在霧峰舉行了。報載：省議會建設審查委員會和財政審查委員會在第一次會議改選召集人時，因出席人數未超過法定人數，致發生非法選舉的事情。（公論報）

據我所知，事情是這樣的：建設審查委員會的委員爲八人，而出席會議的委員祇有賴森林與張振生二人，選舉的結果，賴森林以兩票當選建設審查委員會的召集人，包括賴森林自己的一票。而財政審查委員會原有委員十四人，出席者爲許振乾、王雲龍、林尚英、王新順、賴榮木、黃宗寬等六人，票選的結果，林尚英得四票當選爲召集人，另外一位候選人王雲龍僅得兩票，所以落選。

根據「臺灣省臨時省議會有關法規彙編」一書，按此項法規，係四十八年三月十七日第三屆第二次臨時大會修正通過。關於「臺灣省議會議案審查委員會組織辦法」，對各種審查委員會召集人如何產生，雖未說明，但是「臺灣省議會議事規則」第十一章第五十三條，卻明文規定「各組審查委員會召集人，由各組委員以投票方式互選之。」至於第五十六條：「審查會議，不因出席委員未過半數而延會，其決議以出席人過半數之同意爲之，至少數人意見並得列入紀錄。」所以建設與財政兩審查委員會根據五十六條的規定，不因出席委員未過半數而延會，致發生兩個人開會的笑話。但是該條文精神重於開會討論議案，而不是規定未足法定人數可以開會選舉召集人啊！且該規則第二十四條第二項規定：「開會時間已過，如不足法定人數，主席得宣告延會，改開座談會」。

行政院令頒的「臺灣省臨時省議會組織規程」中，關於省議會內的選舉，第十條規定：「議長、副議長之選舉，以議員過半數之出席投票，得票過半數者當選。」如果根據內政部公佈試行的「會議規範」第九章第六五條的規定：「委員會之議事，應遵守一般會議規則」。則臺灣省議會審查委員會召集人的選舉。必須受議事規則第二十四條的限制，不足法定人數不得開會。同時，省議會組織規程第十條，規定議員選舉議長或副議長，必須有過半數之議員出席投票，始爲合法。今建設和財政審查委員會選舉召集人，當然受到組織規程的限制，若是出席者未足半數而開會選舉，顯然是違法。

二人可以開會選舉召集人，這更是奇聞。如果說這是省議會的「傳統」，則這個「傳統」是一幕悲劇，也是省地方自治前途的悲哀。凡是民意機關，未聞二人可以開會，如果省議員連這點起碼的民主常識也沒有，簡直是自由中國民主政治制上的一大恥辱。

我們站在選民立場，目睹耳聞此醜事，不僅僅乎表示遺憾！議會政治，是地方自治——民主政治的基石，省議會尚且如此，視議會政治如同兒戲，則臺灣地方的民主與自治的政制，我們是可想而知了。

至於兩個審查會在選舉召集人時，爲甚麼出席人數是這樣少？這現象是值得重視的！這原因更是值得追究的！如果是由於議員的放棄職責，議員們便該嚴格檢討。如果是由於國民黨的操縱把持引起了反感，國民黨便該澈底改變作風。否則，長此下去，前途是不堪設想的。我站在選民的立場，有權要求議員先生實現競選時的諾言，切實負起責任來，我站在中華民國一分子的立場，更有權要求國民黨澈底改變非法把持民意機構的作風，誠意推行民主。

四十八年五月九日。

出版法條文摘要

立法院第二一會期秘密會通過
總統於四七年六月廿八日公布

第六章 行政處分

第三十六條 出版品如違反本法規定，主管官署得爲左列行政處分。
一、警告。
二、罰鍰。
三、禁止出售、散佈、進口或扣押、沒入。
四、定期停止發行。
五、撤銷登記。

第三十七條 出版品違反第三十二條第三款及第三十三條之規定，情節輕微者，得予以警告。

第四十條 出版品有左列情形之一者，得定期停止其發行。
三、出版品之記載違反第三十二條第一款之規定者。
四、出版品之記載違反第三十二條第二款及第三款之規定，情節重大者。
五、出版品之記載違反第三十四條之規定，情節重大者。
六、出版品經依第三十七條之規定連續三次警告無效者。

第四十一條 出版品有左列情形之一者由內政部予以撤銷登記。
一、出版品之記載，觸犯或煽動他人觸犯內亂罪、外患罪、情節重大，經依法判決確定者。
二、出版品之記載，以觸犯或煽動他人觸犯妨害風化罪爲主要內容，經予以三次定期停止發行處分而繼續違反者。

第四十二條 出版品經依法註銷登記或撤銷登記或予以定期停止發行處分後，仍繼續發行者，得沒入之。

編者按：在此項出版法未廢止之前，本刊決將上項條款繼續刊登，一方面以用自我警惕，一方面讓世人知道我們的出版自由，受到怎樣的限制。

自由中國　第二十卷　第十期　內政部雜誌登記證內警臺誌字第三八一號　臺灣省雜誌事業協會會員　三三二

給讀者的報告

我們在社論㈠「反共的方法問題」中，指出朝野的反共目標雖然一致，但對反共方法的認識則大爲懸殊，即在朝的當局沿襲「用共產黨的方法反共」，而海內外自由反共人士卻堅信必須以民主的方法反共。這問題是今日政治問題的基本癥結，希望有心人士鄭重考慮。

我們在第二十卷第五期上，曾發表過一篇「寃獄賠償制度之建立不容再緩了！」的社論，對於立法院擬議中的草案，提出批評。可是，國民黨對於此一法案，近竟促使一部份立委，採用「重付審查」的手法，企圖阻撓，結果雖然失敗，接着卻又企圖採用把軍法劃分出來的手法加以肢解。因此，本期特發表社論㈡「多災多難的『寃獄賠償法草案』」，提出我們的意見。

此次共產政權的毛去劉來，很使我們這裏的「匪情專家」們感到意外，因此，更是各有各的解釋。但我們認爲最恰當的還是從權力政治觀點去瞭解，特在社論㈢「從權力政治說毛去劉來」中，提出一些不同的看法。

朱伴耘先生的「六論反對黨」大作，是討論強大反對黨的組成特性、官方及民間對其組成應有的正常心理、與夫大家對於民主的「勢」的認識及重「勢」不重「人」的討論態度。朱先生過去會在本刊「陸續」發表過「五篇」討論反對黨的大文。這已是第六篇，值得大家重視。

毛樹清先生譯的「一個美國人眼中的孫中山先生與自由中國」大文，是哥倫比亞大學葛古森敎授的一篇講詞。從這篇講詞中，我們可以知道一位外國朋友，對於孫中山先生的主張，以及今日臺灣經濟措施的看法爲如何。儘管其中有關殷台公司的若干說法，我們未必完全同意，但仍樂於發表。

李經先生「文藝政策的兩重涵義」大作，是以文學與政治之間的「異」爲焦點，討論文藝政策問題。李先生一方面反對以政治的原則爲文學的原則而摧殘文學，一方面認爲政府可以消極的保障作家有施展天才的機會。

朱先生和李先生的大作均積壓過久，請原諒。

精華印書館又因故拒印本刊，本社現正設法救中，如於最近尚不能順利解決，則原應於六月一日出版的第二十卷第十一期可能脫期或發生其他事故，特此敬告讀者。

自由中國　半月刊　第二十卷第十期　總第二二九號

中華民國四十八年五月十六日出版

發行人　雷震

主編　『自由中國』編輯委員會

出版者　自由中國社

社址：臺北市和平東路二段十八巷一號

Free China Fortnightly, 1, Lane 18, Ho Ping East Road (Section 2), Taipei, Taiwan.

電話：二八五七〇

航空版　友聯書報發行公司（香港九龍窩打老道一二〇號）電話：五九一六四、五九二六五

總經銷　自由中國社發行部

經售者

美國　紐約友方圖書公司 Hansan Trading Company, 65, Bayer D Street, New York 13, N.Y. U.S.A.

紐約光明雜誌社 Sun Publishing Co., 112, Mulberry St., New York 13, N. Y. U. S. A.

韓國　漢城裕昌德號

馬尼刺　新疆書店

緬甸　仰光振成書報店

印度　阿拉哈巴中印文化出版社

北婆羅洲　西利亞坡青年書店

星加坡　友聯書報發行公司（小坡大馬路四六九號）

吉隆坡　友聯書報發行公司（馬華公會大廈三樓七室）

怡保　友聯書報發行公司（希尼亞沙廿街十六號）

檳城　友聯書報發行公司（林連登律七十二號）

澳門　友聯圖書公司

印刷者　精華印書館股份有限公司

廠址：臺北市長沙街二段七一號

電話：三三四二九號

本刊經中華郵政登記認爲第一類新聞紙類　臺灣郵政管理局新聞紙類登記執照第五九七號　臺灣郵政劃撥儲金帳戶第八一三九號

（每份臺幣四元，平寄美金一角五分，航寄美金三角）

自由中國

FREE CHINA

第二十卷 第十一期

目錄

中華民國四十八年六月一日出版

社址：臺北市和平東路二段十八巷一號

半月大事記

五月八日（星期五）

赫特廣播闡明西方立場，與俄談判關於柏林及德國問題決不姑息。

立法院舉行院會，繼續進行寃獄賠償法二讀程序。

英接受伊拉克要求，決以飛機坦克供伊。

俄若對柏林採蠻橫行動，外長會議乃遭破壞，艾森豪即拒絕參加最高層會議；美堅持外長會須首先有具體進展。

俄誣美企圖破壞外長會議；美國政府嚴正駁斥，責俄誤解西方計劃，照會俄促其在外長會議之時，作有意義談判以解決歐洲問題。

赫特率美代表團赴日內瓦參加外長會議。

五月九日（星期六）

對於停止核子試驗問題，艾森豪曾致函赫魯雪夫，修改美國所持立場，其旨在打破核子會談僵局，傳麥米倫亦有類似函件致赫氏。

五月十一日（星期一）

美英法俄四外長會議今在日內瓦揭幕。會議延遲數小時揭幕，葛羅米柯於會前曾圖挾東德與會，因西方堅決拒絕，終於使俄屈服，最後協議東西德以顧問地位出席會議。

英政府正式宣佈，決以武器供伊拉克。

穆懿爾在美國會宣佈，中韓越新年度經援，共四億八千五百萬。

五月十二日（星期二）

四國外長續集會；哈瑪紹提醒各國和平解決爭端；勞艾德敦促各國轉變東西關係情勢。

俄又謀挾波蘭、捷克參與外長會議，美英法已立予拒絕；西方協議拒絕其他共黨國家有代表權，祇在討論有關問題時邀波捷列席。荷蘭正式要求參加會議。

五月十三日（星期三）

蘇俄困擾外長會議，悍然拒絕德國統一。四外長會僵持在程序及組成的問題上。

艾森豪在記者會上表示，外長會議中程序爭執，係俄玩弄宣傳把戲。

赫特在四外長會議中保證，倘俄作建設性談判，美即參加最高層會議；葛羅米柯演說拒絕西方整套計劃。

五月十四日（星期四）

赫特在四外長會議中，提議分為四個階段恢復德國和平統一，首先在東西柏林舉行自由選舉，美俄各應削減軍隊至一百七十萬人。

五月十五日（星期五）

蘇俄為反擊西方整套計劃，提出對德和約草案，該草案並不以德國統一為基礎。美代表團發表聲明，認為該草案並無新的內容，責俄仍圖永遠分裂德國。

赫魯雪夫仍堅持與東德訂和約，並要求西柏林為自由市。

五月十六日（星期六）

赫特率直告知葛羅米柯，外長會議獲得進展，美始同意開高層會議。

五月十八日（星期一）

西方願意從西方所提的全德和平解決方案的整套計劃中，與俄分別討論柏林及其他問題，但這項計劃中的任何問題不能「單獨解決」。

外長會議瀕臨僵持邊緣，彼此拒絕對方計劃，葛羅米柯曾向勞艾德建議訂立協定，規定派中立性軍隊進入西柏林。

五月十九日（星期二）

赫特向葛羅米柯率直表示，若保證柏林維持現狀，西方始允開高階層會議，美決不在威脅下出席高階層會議。

葛羅米柯發表橫蠻演說，堅持分裂德國主張，西方外長堅持不能接受俄計劃。

三月廿日（星期三）

蘇俄態度突變溫和，願意修改所提計劃，但以西方願與東德訂約為條件。

葛羅米柯再度告知西方，俄願與西方談判四項協定，包括柏林問題及軍備限制等。

五月廿一日（星期四）

蘇俄提議東西德建立邦聯；西方外長已予拒絕。

五月廿二日（星期五）

東德發生反共暴動，農民反對組織集體農場，抗議共黨征糧數額過高。

西方國家要求蘇俄提出建設性新建議，俾能加速達成充分協議。

五月廿三日（星期六）

蘇俄向美國抗議北大西洋公約組織整軍，謂美國以核子武器裝備盟國，與外長會議任務互相矛盾。

五月廿四日（星期日）

杜勒斯病逝。

五月廿五日（星期一）

俄抗議盟國核子武裝，美國務院斷然拒絕。

五月廿六日（星期二）

四國外長宣佈，同意於本月廿九日舉行秘密談判，鄭重討論有關柏林情勢等問題，西方表示須在整套計劃外作臨時性安排。

「自由中國」的宗旨

第一、我們要向全國國民宣傳自由與民主的真實價值，並且要督促政府(各級的政府)，切實改革政治經濟，努力建立自由民主的社會。

第二、我們要支持並督促政府用種種力量抵抗共產黨鐵幕之下剝奪一切自由的極權政治，不讓他擴張他的勢力範圍。

第三、我們要盡我們的努力，援助淪陷區域的同胞，幫助他們早日恢復自由。

第四、我們的最後目標是要使整個中華民國成為自由的中國。

社論

(一)

當前臺灣警政問題的嚴重性！

(3)

臺北市警察局督察員李唐，不久以前因抓賭而被市民王彩英反控非法毆人及妨害名譽一案，由招待記者，而向地檢處指控，和市警察局、省警務處、以至市議會的調查，鬧得滿城風雨。這件由抓賭導致的糾紛，終於愈鬧愈大，一時成了最熱門的新聞，引起各報注意，而紛紛評論乃至用專欄特寫來詳細報導。現在，此一案件已進入司法階段，其本身的是非曲直，固可不必置評，然因此而暴露的臺灣警政問題，究不忍熟視無睹，而不得不提出來說一說。

很明顯，與論界非但不會反對警察人員的抓賭，而且還希望政府能進一步拿出適當辦法，有效的撲滅賭風。可是，這次臺北市抓賭糾紛所引起我們重視的，卻不是抓賭問題的本身，而是因此而連帶暴露的臺灣警政問題。

從前在我們的想像中，總以為在今天臺灣這種環境內，警政理該是最容易辦得好的，至少不應有太嚴重的問題。但是，由於這次抓賭糾紛中警察人員的公開揭發，使我們知道了一些驚人的內幕，於是連帶注意到其他若干縣市所發生的事件，才發現目前臺灣警政問題之嚴重性，居然大出意外。

現在，我們完全採取實例，先指明幾個最主要的警政問題。然為了說明簡便起見，所採實例，僅僅以今年四月十四日到五月十六日短短一個月左右為限，並且僅僅以這一小段時間內業經各報公開揭露的重大事件為限。

一、關於警察人事問題：同屬於臺北市警察局的督察員李唐與第九分局，這次居然公開互相指控，儘管市警察局長潘敦義對外宣稱：「臺北市警局的督察員與刑警人員，並無互相結怨的情事。」（五月四日中央日報）但此次抓賭糾紛之複雜化、明朗化，新聞界早已指出「涉及督察人員與刑警間的職責的衝突與恩怨。」（四月二十日大華晚報）而對於李唐負責調查的臺北市第九分局刑警上酒家一節，據說李在調查之後，「簽報局長潘敦義，對陳世椿及有關刑警予以撤換，而總局刑事科即與李唐所簽報的公文唱起反調來！會簽報請警務處復查，此段糾紛鬧到現在尚未結案，仍在警方裁奪中。」（五月二日大華晚報）更證明人事的糾紛，不止存在於李唐與九分局之間，且已嚴重到臺北市警察局本身無法自了的地步。在其他若干縣市，人事糾紛的演變，更造成了駭人聽聞的後果！高雄市警察局便有外事警官張馨堂服毒自殺，「在遺書中，痛述高市警局內部人事派系傾軋黑幕，對目前警政制度，好人被抑壓，無法出頭，跑內線者平步晉陞，表示痛惡欲絕。」（四月十八日聯合報）鐵路警察局第一警務段臺北派出所又有警員陳端森服毒自殺，在「遺書中除指出鐵路警局目前人事黑暗，有錢送禮可以升官，無錢的人只好永遠當一名警員，他在自殺前，本來想先行將他的上級主管數人打死然後自殺，但他為了保持退役軍人榮譽（陳係退役軍人），以及不忍看幾家孤兒寡婦哭哭啼啼的慘狀，故未下此毒手。他在遺書中並指出，希望能由他的自殺而引起有關當局的注意，則他死也可瞑目了。」（四月十九日自立晚報）雖然張馨堂在自殺獲救後，又發表公開聲明，宣稱其自殺「與警局無關」；而鐵路警察局長路鵬對於陳端森的自殺原因，也另有說明，但結果都未能取信於人，反而是欲蓋彌彰。至於基隆大武崙派出所內發生的警員搶殺警員案，兇手蕭仲懷被基隆地方法院「依殺人罪判處無期徒刑，褫奪公權終身。」（四月二十三日徵信新聞）以及「保警劉浩泉以衝鋒槍瘋狂掃射會議室造成一死二傷慘案，高雄法院昨宣判兇手處死刑，褫奪公權終身。」（五月十一日徵信新聞）更不過是人事糾紛弄到無法掩飾的兩例而已。以上所言，都證明警察人事上的糾紛，已危險到一觸即發的程度。

二、關於警察權限問題：省警務處長郭永在處理抓賭糾紛案時說：「督察員職務除了辦理查核警紀之外，可以協助辦理其他案件。」（五月一日大華晚報）同時，省警務處還通過一通訊社，「說明偵破刑案不是督察員的業務範圍，但秉承局長之命時，亦可協助偵破，惟必須會同管區派出所或分駐所執行，不得單獨為之。」（五月三日自立晚報）接着臺北市警察局副局長周尉廷在市議會又說：「警察人員抓賭，沒收賭欵只限於臺面的賭注，依法不得搜查賭博人的身上，如有搜查身體，那是違法。……不過，如果警察人員進入賭場，發現賭博人將賭欵藏入口袋裏時，則可以搜查。」（五月五日聯合報）果如所說，則過去經由李唐破獲的二百餘件大小賭案，是否都按照此項程序；尤其是在景美綜合賭場一次搜獲賭欵達一百一十萬元，是否早就超出權限，顯然都成了問題。假使過去經由李唐破獲的賭案，有或大或小的越權甚至濫權之處，而警政主管部門卻又一概承認，則是否權限原就劃分不清，顯然更成問題。在其他縣市，越權濫權之事，更時有所聞。在苗栗縣苑裡鎮，便有山脚里長陳生波向新竹地檢處控告該縣警察局督察員熊喜雪，「有假借職權，以非法剝奪他人行動自由」罪嫌案。（四月十四日聯合報）在基隆市又有「三警員利用職權凌虐違警人犯」，弄到「大小便都解在褲內」，已經高院於第二審認定「罪情成立。」（四月十五日徵信新聞）在高雄市又有「一位鐵工廠的技工，竟被警察以手槍毆傷。」（四月二十四日公論報）在草屯鎮上林里，一個十七歲的孩童「與警員因細故發生口角生恨」，事後竟被「不分黑白強拖到派出所加以體刑，而且和他同事出示手銬，不准出聲，威脅毆打後，再帶進草屯分局擅以妨害公務為由，加以處罰，飭即繳欵，否則不准放回，亦不准進餐之酷刑。」（四月二十日公論報）在新竹市又有「埔頂派出所主管和警員，無故打傷民衆」，而引起「開會中的縣議員不滿。」（五月九日聯合報）在高雄縣燕巢鄉又「發生軍警聯合抓賭開槍射擊賭徒事件」，終於造成「賭徒劉精雲臀部中彈受傷倒地。」（五月十一日聯合報）在花蓮縣鳳林鎮山興里，又有「四個平地山胞」，「控訴山興派出所警員劉紹錕傷害案。」（五月十五日聯合報）至於桃園縣大秦紗廠趙震青等向新竹地檢處控告桃園警察分局刑事局員陳中禹，於四月二十三日凌晨二時，「分別以電刑、灌水、膠帶毒打、以及不知名怪刑，硬逼口供」一案。(五月五日徵信新聞)更不過是警察人員恣意刑訊的一例而已。舉凡上述，都證明警察人員於大權在握之下，所造成的越權、濫權、以至侵犯人權的事件，幾乎無時無之，無處無之，已嚴重到被人民看做社會「四害」或「五害」之一的地步。

三、關於警察風紀問題：這次李唐宣稱：「他承辦九分局局員陳世椿率領全部刑警敲詐玩假牌的師傅胡孝君一案，他與其他六位督察人員合辦此案，結果證據確實。」(四月二十日大華晚報)則九分局所爲，顯已牽涉到風紀問題。除此之外，高雄市議員蔡旅濱指出：「有一警員曾化五千元活動費，要求到市府後面私娼大本營的大勇路派出所服務。」(四月十五日聯合報)雲林縣議會開會時，「部份議員認爲保警風紀太壞。」(四月十七日聯合報)高雄縣鳳山鎭養女柯某向鳳山民衆服務處泣訴稱：她的養母之敢於用毒打囚禁等方式迫她爲娼，「是因爲她養母的姘頭陳某在當警員」，「爲養母撐腰。」(四月十七日聯合報)高雄市警察局在處理大光明舞廳案時，旣准許開業在先，又勒令停業在後，却「未說明原委」，而被傳說有「神秘」理由存在。(五月一日聯合報)甚至據臺中市省立農學院附近的居民小販指出，連一個派在該院擔任警衛的鄭心田，居然也敢「時常施行敲詐勒索，不論鷄蛋、鴨蛋、青菜，均被抽作院路通行稅，每次拿去鴨蛋二三十個或五六十個不等。或藉口其他理由，要求附近農民小販，到酒家請客或物品之勒索等。農民因懾於該警衛之淫威，均敢怒而不敢言。」(四月十八日公論報)至於「臺北市警察局第×分局刑事組長蔡步雲，因辦理盜賣軍用汽油案，串通竊盜犯李鑽生向收買汽油的志誠礦油行股東林查某、簡海雲勒索賄欵數萬元，因事機不密，爲警察總局查獲，蔡步雲當被扣押偵辦。」(五月十六日自立晚報)只不過是貪污舞弊被查獲的一例而已。凡此種種，都證明警察風紀之蕩然無存，已可怕到在社會上受到普遍鄙視。

以上所說，只不過舉犖大者。同時，其中所引資料，僅僅以今年四月十四日到五月十六日短短一個月左右的時間爲限，而且僅僅以這一小段時間內業經各報公開報導的重大事件爲限。但是，僅由以上所說觀之，已足以反映出臺灣警政問題之危險、嚴重、可怕了！

不過，這些問題，從形式上看來，固然極爲複雜，甚至要想解決，也不知如何下手。其實，假使能仔細分析和澈底追究，並不難發現各個問題的根本癥結，實在還是警察法制問題。上面所說的人事問題、權限問題、風紀問題，都可以在法制上找出根源。例如警察人事之所以發生糾紛，主要的是由於警察人員的升、遷、調、補，沒有建立一套客觀公正的制度，使得警察人員，只有各找門路，各搞小圈子，彼此傾軋排擠，弄到恩怨無法疏解，裂痕無從彌補，乃至於自殺、兇殺，以「殺」了之。警察權限之所以混淆，主要的還是由於警察的指揮系統、權限劃分、以及行使權力的程序、方式、範圍等，都沒有一套完整詳盡的制度，使得警察行政的指揮不明，權限不淸，弄到越權、濫權、乃至於侵犯人權，時有所聞。警察風紀之所以蕩然，除了待遇太苦之外，主要的也是由於業務、獎懲、考核、監督、都沒有一套健全合理的制度，使得警察人員的業務繁複，獎懲分歧，弄到應付無方，唯利是圖，有功相爭，有過推諉，乃至於貪污舞弊案件，層出不窮。

其實，關於這一些簡單的道理，政府當局並非不淸楚。據我們所知，總統府臨時行政改革委員會提出的「調整警察權責案」，便是從法制上着眼。在此一方案中，該會對於當前警政上的若干問題，諸如指揮系統之未確立、警察權之不完整、憲警權責之劃分不淸、協辦業務之漫無限制，非但都已扼要指出，並且針對有關問題，提出了合理的解決辦法。同時，該會在「改進臺灣省縣市權責劃分及指揮系統案」中，又特別說明：「依照警察法規定，各縣市長對縣市警察局，具有指揮之權。而縣市長，亦必須具有此項權力，乃能確實負起維持治安與推行政令之責。」進而堅決的主張：「臺灣省各縣市長對縣市警察局，應同樣具有指揮監督考核之權。」諸如此類，都是從樹立法制上着眼。事實上，如果眞想解決臺灣警政問題，也必先從樹立法制的根本問題上着手不可。只要合理合法的制度建立，其他各項問題，都可以隨着而逐步解決。否則，僅在人事發生糾紛時加以調處，或僅在越權、濫權時加以制裁，或僅在貪污舞弊被揭發時加以懲處，那都只是頭痛醫頭，脚痛醫脚，而非根本解決問題之道。

可是，總統府臨時行政改革委員會的此類寶貴意見，却未能獲得有關單位的重視。最近，臺灣省政府在四月二十八日進一步劃分縣市政府與警察局的權責時，竟又將「警察機構裁併及員額編制」的最後核准權和決定權，都明白劃歸省政府，而公然否定了總統府臨時行政改革委員會的主張，使此一牽涉到制度的根本問題，首先給與論界帶來了失望。不過，由於臺北抓賭糾紛及其他縣市的某些事件所共同暴露出來的警政問題，却又到了非解決不可的時候；但願政府還是正視問題，不要再一味的掩飾問題。

社論

(二)

從兩個故事看公務員的待遇

高雄縣政府合作室股長高寶森，因爲薪水不够養活家人，不得已讓他的太太到妓女戶去做一個管帳的職員。當縣議員陸某指責他開設妓館的時候，他向縣長上了一個簽呈，說出這件辛酸事。高股長的簽呈中說：

「陸議員指責我在屏東開妓女戶，有碍公務，有辱官箴，雖有誤會之處，但亦非空穴來風。緣因我家人口浩繁……薪資收入不够餬口，長年典當舉債度日，累積虧空頗鉅。……苦撐到去年秋季，典當殆盡，羅掘俱窮，幾經籌劃，終無良策。妻遂不顧己身毁辱，毅然於去年十月往屏東龍鳳閣妓女戶司理記帳，月薪三百元及津貼二百元。含垢忍辱，苦度歲月至今。最近爲博取較優待遇，償債，又轉入屏東桃花鄉妓女戶工作。以上係實情。我並未當妓女戶老板。念我服務縣府十一年，向重職守，祇歎理財無術，服務公職半生，既不能善盡仰事俯蓄之責，復讓妻子淪爲妓女戶職員，夫復何言。」（見四十七年八月十一日聯合報第六版）

臺北市政府財政局財務課長林斯榮，因爲薪水不夠養活一家八口，乃利用職務，把市府公庫中籤的愛國公債賣掉，換購未中籤的公債存入公庫。盜得差額十五萬元，用以放債取息，彌補家用及還債。到了本年四月卅日，他用書面向市長自首，並繳還臺幣十五萬元，自請處分。

林課長的自首報告書中說：

「竊職服務本府，由辦事員而至課長，已垂十載於茲。……現雖身居課長職務，猶難支撐兒女敎育與健康問題。一家八口祇賴微薄薪津維持生計，又兼妻兒多病，所入更不敷出。其困苦狀況，自已亦不敢想像。去年八月奉命辦理本府持有三十八年愛國公債中籤還本一事，……遂乘全課同仁下班之後，陸續抽取五十元（銀元。每一元折合新臺幣三元）中籤券二千張出售，計得新臺幣三十萬元。再以十五萬元購進未中籤票二千張抵補，實際淨得差額十五萬元。以之放息以補家計，並償清零星欠人債務。然數個月來，自揣對於此種行爲，雖公家不蒙損失（？），而對職務上實有不忠，時常均在自譴自責之中。邇來內疚更深，幾難自容其身。乃於四月卅日適逢期滿提回本欵十萬元併存於家中（只放十萬元，餘存家中不敢用），意以此欵總是公欵，長期佔用殊屬非計。益且日夕造成心理不安，痛悔異常。無如一併歸公，家計再作打算，以免受人非議。茲謹將此欵十五萬元隨同報告，並瀝述坦情，敬請鈞長垂察，准將該欵繳解公庫，並對職務之蒙混罪過予職處分。」（見四十八年五月十四日聯合報第四版）

這兩個故事，代表些什麼呢？

高寶森夫婦的含垢忍辱，是我們大家所同情的；林斯榮的翻然悔悟，贏得很多人贊佩。可是除此以外，我們還有些更沉痛的感觸。

肚子餓了要吃飯。這是個冷冰冰的硬綳綳的現實問題。「衣食足而後知榮辱」。人，就是這樣。高寶森太太迫於生活，不得不到妓女戶去當職員，這不過是軍公敎人員的眷屬因生活關係含垢忍辱的一個事例而已。而且這個例子還不足以代表更辛酸更慘痛的事象。高寶森在他的簽呈結尾處，以「夫復何言」四字概括他的悲憤的心情。我們面對着這一類辛酸慘痛的事象，除掉責備政府無視公務人員的人格尊嚴而不認眞地改善其待遇外，也不免有「夫復何言」之感。

林斯榮這個故事——也因迫於生活，不得已，利用職務、侵佔公欵，後來又自首請罪，這件事的本身，自然也是很感動人的。因薪俸不足養廉，貪汚枉法者滔滔皆是；開始爲着生活煎迫而貪汚，後來貪汚成性，迷途忘返者滔滔皆是；爲發財而找官做，做了官就極盡搞錢的本領而毫無愧色者，滔滔皆是。在這個舉世滔滔的環境中，竟有林斯榮其人其事，本着勉人爲善的立場，我們自然贊成給他表揚。但是這一表揚，並不是給林斯榮什麼榮譽，而是給政府的諷刺和警惕。諷刺和警惕這兩個應有的效果，就從林斯榮的兩次書面報告中似乎也可以找得着。

林斯榮五月一日給市長提出的第二次書面報告中，有這麼一段：「數個月來，職對此事，雖於公家無損失（？），而實爲職務上之玷。……正感不安。最近復凜於鈞長每次勤員月會剴切訓詞，使職良心更感慚愧。……」有的報紙，也特別報導這一點，說「……黃市長每於勤員月會，剴切訓誡所屬，忠勤負責，清廉自守。林斯榮每次聞訓，益增愧疚。」關於這一點，即令林斯榮所寫的是實情，我們也難於從這一特例就結論到「訓話之用大矣哉！」若干年來公務員的聽訓讀訓，好像是在校學生的必修課程。禮義廉恥這一套，總是訓話人所「剴切」敎訓的。可是若干年來政風的敗壞（尤其是司法與稅務），却也到了寡廉鮮恥的地步。訓話的用處又在那裏呢？出自林斯榮筆下的黃市長訓話所發生的作用，可算是訓話的一個特例。如果眞有這一個特例的話，我們覺得這一特例對於其他喜歡訓話的首長們，不僅不是一個鼓勵，相反的，而是給政府絕大的諷刺：上行下效的若干年來訓話政治，其成績，只讓一位區區的市長獨得錦標！

林斯榮第一次書面報告裏面，還說到他把這次佔用的公欵一併歸公，以後，「家計再作打算」。這是說，市長的訓話雖然激發了他的良心，繳還公欵，但飯不够吃，還得再作打算。照林斯榮自己說的，他過去的家計是靠借債來彌補。債，借到無法再借的時候，就打起歪主意來。現在，債雖已還清了，歪主意的收入也沒有了，那末，今後怎麼辦？再作打算，如何打算法？再借債嗎？借到了無法再借的時候，又怎麼辦？這個問題不是林斯榮所獨有的，而是今天一般安分守己的軍公敎人員所共有的。政府既要僱用他們，而領有巨額特支費或其他花樣收入的首長們，又時時以「奉公守法」「清廉自守」訓勉他們，就得爲他們切實地解決這個問題。如果說「餓死事小，失節事大」，那末，就請這類話的大人先生們，來一個示範，率先守節餓死給大家看看。

軍公敎人員待遇問題，本刋在今年二月十六日出版的第二十卷第四期曾發表過社論，指出這個問題的合理解決，並不是絕不可能的。但是事實上政府當局始終沒有認眞地來解決這個問題。主要的原因，在於他們的政治觀念和財政觀念犯了一個最嚴重最基本的錯誤。現在我們再就高寶森和林斯榮的故事來看，我們不得不再正告政府當局：公務員待遇的改善，不能再拖了。愈是拖，愈是難於合理解決。同時，政治風氣，社會道德，也將拖得不可收拾。政府當局近年來的所作所爲，特別着重於統治權的鞏固。殊不知要鞏固統治權的本身，至少至少也得讓構成統治機構的軍公敎人員在不腐化的條件下活得下去。

社論

（三）

由節育問題說到敎條主義之爲害

最近期間，如何減輕本省人口壓力的問題，正由各方面討論得非常熱鬧。

這個問題，最初是由農復會主任委員蔣夢麟博士所提出。早在民國四十七年，蔣氏卽已看到了本省人口壓力之日趨嚴重，特撰寫「土地問題與人口」等文，希望促使國人的注意，他曾依當時的出生率與死亡率推算，到民國五十四年本省人口卽將達到一千萬人。但事實上，據民政廳調查，僅在去年年底，本省人口已超過千萬，較當時推算，竟提早了七年。蔣氏爲此更感覺節育運動，已急不容緩，乃在本年四月十四日聯合報發表「讓我們面對日益迫切的臺灣人口問題」一文，大聲疾呼；據說，蔣氏還對人表示，「卽使殺我的頭，我也要提倡節育」，迫切之情，溢於言表。

蔣氏在聯合報所發表的那篇專文之中，說明現在本省人口，正以百分之三·五的增加率在增加，每年淨增三十五萬人，相當於一個高雄市的現在人口。單單食米一項的消費，每年需增加五萬二千公噸，折合臺幣價值一億九千萬元；正在興建中的石門水庫，全般經費在六千萬美元以上，需時六年，但其所能增加糧產收穫，每年不值七萬二千公噸，祇要短短一年零四個月的人口增殖，就把它的全部利益抵銷。就整個說，耕地面積與單位產量的增加遠趕不上農民人數的增加，國民所得的增加也趕不上消費的增加，一切經濟建設，都難免於受收益遞減法則的支配，成本日重而效力日微，將一天比一天更無法適應人口增加後的需要。則這一切嚴重情況所可能達到的結果，將不止是國民生活水準之低落而已。蔣氏根據馬爾薩斯的人口理論指出：如果人口超過土地資源的負擔能力，「自然調節便會起來發生作用，如大規模的饑荒、疫病、生物間之自相殘殺等」。所以我們今天面臨的選擇是：還是寧願自勤的節育呢？還是讓大規模的饑荒、疫病與自相殘殺來替代解決將來的問題？蔣氏這篇專文，所提論據是如此堅強、週密，而詳盡；不僅使反對者無法找尋隙縫，甚且使贊成者也無法再提出什麼重要的補充理由。

我們非常欣幸，蔣氏這篇有力的文字，終於引起了社會一般的注意。綜合各方面對此一重要問題所發表的觀感，大致可以說，在專家們以及知識分子羣中，節育的主張確已贏得絕大多數的支持。這是由於，利害的選擇是如此顯然，清晰的理智已不可能使人作相反的想法。今天的知識分子，不僅贊同節育，並且有許多人已經實行節育。問題是，單靠知識分子的贊同與實行，並不能有效的緩和人口壓力；我們還需要把這一項運動推行至於廣大的人民，讓大家都能瞭解節育的意義，懂得節育的方法，並獲得實行的方便。這樣一個全面性的運動，不是少數人的力量所能勝任，而是需要各方面的合作；卽使熱心人士爲此而成立一個團體，倘不能獲得多方支持，則工作之進行將會遭逢甚多的困難與阻礙。

無可諱言的，截至今日，還有一些牢不可破的傳統觀念和一些傳統社會勢力，在那裏反對節育，而且很可能發生甚大的不利影響。在這些社會勢力之中，我們可以舉出天主敎會爲例。天主敎是一個世界性的組織，它有一整套長期不變而又絕不容許敎友們懷疑的敎義，對任何問題，世界各國的天主敎會都抱持一致的主張。不幸，這樣一個擁有龐大勢力的宗敎，卻是固執的反對節育，而同時亦並不能對人口問題另外提供一個解決辦法。在外國如此，在我國亦非例外。前幾天，中國青年商會會聯合英文中國郵報及徵信新聞兩個報社舉行人口問題的座談會，天主敎神父方豪敎授會代表郭若石主敎參加，就正式公開的說明了反對態度。方敎授表示天主敎會祇能同意節慾，却把人工避孕斥爲「不道德的方法」，敎會必需予以譴責與禁止。何以是不道德，方敎授提出的解釋是說它「違反自然」。也許，這還不過是一個適應敎外人的說法而已。所謂「違反自然」，如果是對敎內人說，那就是「違抗神意」，因爲人類之繁殖，以及必需要辛苦流汗才能生活下去，都是，神對「原罪」的懲罰；人對神的懲罰，祇有無條件的接受，決不容許違抗。大概這才是天主敎會之所以非反對節育不可的眞實理由。如果理由確是如此，我們還能用什麼方法來進行說服，使敎會改變態度呢？

還有一個觀念上的阻力則是出於不同的來源。人人都知道，中山先生是反對限制人口的。在三民主義書中，民族主義的第一講，差不多以三分之二的篇幅，來敍述世界各大強國人口增加的情形，而中國的人口，則永遠是四萬萬，甚至可能還不到。這樣「到一百年之後，如果我們的人口不增加，他們的人口增加倒很多，他們便用多數來征服少數，一定要併吞中國。」中山先生這一說法，主要是根據一位名叫樂克里耳的美國公使的調查，認爲中國人口至多不過三萬萬；中山先生是相信中國人口在乾隆年間卽有四萬萬，若照樂克里耳的調查，則不但不增，反而減少了四分之一，乃感覺警慌而發表此論。事實上，三萬萬與四萬萬之說，都不一定可靠。同時，近三十年世界人口的發展趨勢，反而是先進國家增加甚少，而落後國家則增加甚多，並不與中山先生所提警告相符合。儘管如此，中山先生此一觀點，仍留下深切印象；尤其是，在他的學說已成爲敎條的今日，其影響力更是不容我們忽視。蔣夢麟博士說：就是殺他的頭也要提倡節育。提倡節育並不是什麼罪大惡極，何至於說得如此嚴重？其所以嚴重，大概就是由於此一主張與當前所奉行的敎條相牴觸的原故。

當節育問題在各方面討論得非常熱鬧的今日，政府人員却自始至終沒有表示過一點點態度。他們是既未表示贊成，亦未表示反對。執政的國民黨人沒有像天主敎會那樣根據敎條來加以反對，這是他們的開明進步之處，值得我們贊揚。但是，他們卻還沒有開明進步到能勇敢的擺開敎條，對節育主張積極的予以支持。像這樣一個意義重大的運動，竟得不到政府的支持，實不能不說是一個難以補救的損失。誠然，政府並不能制定一個法律來限制人民的生育，但我們決不能否認政府的態度對節育運動實具有決定性的作用。倘若政府人員始終牽拘於敎條，不能有一個明確的人口政策，那麼節育運動很可能將始終停止於呼籲階段，而人口增加如故，祇好等待大規模的饑荒、疫病、與自相殘殺來收拾我們。

人口問題供給了我們一個活生生的例子，使我們深刻的意味到在處理一個現實問題時敎條主義爲害之烈。由於敎條的阻隔，許多人竟會無法接受理性的說服，有時候甚至內心已被說服而口頭還是沒有勇氣承認，以致善善而不能從。我們必需瞭解，一切經典都是過去時代的產物，幾千年前是過去，幾十年前也同樣是過去。而我們所要把握的，不是過去，而是現在與未來。在過去的經典中，可能有些話仍適用於今日，但另一些話則不復適用，此需要我們憑理性來予以抉擇。今天我們論節育問題，利害是非是如此的明白，尚且還會在觀念上遭遇阻礙，如逢到利害是非並不如此明白的問題，一味的牽拘經典敎條，豈不是更加的危險？

本年美國經濟的兩大問題

劉道元

一　前言

美國經濟自一九五七年八月衰退，去年四月終止，五月開始復蘇。此後各業一反萎縮現象，先後趨於上升，迄年底，就整個經濟情形看，幾已恢復了衰退九個月所曾喪失的陣地，入本年已轉入另一繁榮。

這次衰退，起初頗為凶猛。存貨、訂貨、生產、投資均有顯著的變化。失業、物價與股票價格的變動亦有相當的幅度。然以經濟基礎鞏固和反衰退的措施有力，僅只九個月即已復蘇向上。在全國總生產上，蒙受衰退損失的一九五七及五八兩年，均分別超過其上年。於以看出此次衰退程度的輕微，與一九三〇年代的經濟恐慌固絕對不同，較之戰後一九四八至四九，一九五三至五四兩次衰退也迥然有別。

雖然這次衰退來疾去速，未曾損害經濟的健康，但却給一九五九年帶來兩大問題：一是通貨膨脹，一是失業仍多，前者的態勢，業經構成，只看是否繼續發展。後者的人數去年十一月間仍在三百八十萬以上，年底以季節關係又晉入四百萬人大關。因之，引起美國政府注意，貨幣當局重視，學術界討論，即自由世界各國也關心領導國家的經濟狀況和美元幣值的大小。這兩大問題是如何形成的？現在情勢及發展趨勢各若何？兩者間又有什麼關聯？本文將分別扼要分析，至於這次衰退與復蘇的情形，曾在中國經濟民主評論及祖國等刊物分別討論，不再贅。

二　通貨膨脹

本月九日美國艾森豪總統致國會咨文說：「歷史明白指出未經堅定對付導致通貨膨脹的基本原因，致帶來種種危險，這些原因中兩項最重要者是工資與物價的逐步上升及財政的不斷透支。」又說：「通貨膨脹是可以制止的。但這需要企業與勞工領袖及各級政府都有卓異的能力。」至於如何制止，他接着說：「我們必須鼓勵自我約束，對抑止工資及物價上升作必須的克制，而且我們必須以現有的稅收應付現有的開支。」

艾氏所提的導致通貨膨脹的兩項基本原因，在美國是什麼情形？現在衰退剛剛結束，繁榮正待開始，為什麼又鬧通貨膨脹？可從十年來通貨膨脹的趨向和現在膨脹態勢的構成兩個階段，予以說明。

㈠十年來通貨膨脹趨向　通貨膨脹須從四方面來瞭解，即工資增加、財政透支、物價上升、與貨幣貶值。前兩者為膨脹的原因，後兩者為膨脹的結果。在美國十年來四者的變動幾是平行的。由四者十年來的變動才能瞭解現在所說的美國通貨膨脹是什麼情形。

先從工資提高說起。過去，在理論上學者總是認為減低工資可以擴大就業。且由於工資減，成本低，物價下降，消費擴大，使生產增加。在事實上，勞動市場總是屬於資本家，利潤的增加率大，工資的增加率小。在生產量日益增加之下，資本家的利潤所得，一定相對的大於勞動者的工資所得。一九三〇年代之後，理論和事實都有變化。理論上有效需要才可以擴大就業，增加生產。事實上以立法與勞工組織關係，勞動市場移轉於勞動者之手。工資率逐漸提高，成為一個長期趨勢。第二次世界大戰結束，情勢益加顯著。迄一九四八至四九衰退以後，利潤率益加降低，相反的工資率日益提高。一九五六年左右，在增加的比率上後者超越了前者。同時，工資率的增加且超過生產力的增加。一九五六年，前者的增加為百分之六，後者為百分之五點五。所以一九五七年一月二十三日艾森豪總統致國會咨文說：「一九五六的工資增加，超過了生產力的增加」，成為一個不合理的現象。

近一二年來，又有一種新的方法，使工資逐年增加。凡規模較大僱用工人較多的企業，與工人訂立契約時，明白規定以時或週計的工資若干，契約屆滿另訂新約時，將增加若干。舊約未滿不能削減，新約另訂亦不能不增。一九五七年較大工廠有一千一百九十七件工資契約，保證工資在約滿另訂時增加；每小時增加一至五分者計五十一件，四至六分者三百二十九件，七至九分者三百三十四件，十至十二分者二百七十九件，十三至十五分者九十六件，十五分以上者一百零八件。一九五八年亦有相同情形。罐頭、鋼鐵、銅、鋁、肉類、電業生產和鐵道運輸各業均與工人訂有這樣的契約。東海岸碼頭工人也曾聯合的或個別的與僱主方面訂有定時增加定額工資的契約。

由於這種契約的訂立，使工資制度有演成保證制的趨向，而造成工資直線上升之勢。以每小時平均工資論，一九五四年七月為一點八二元，五五年同期增加三分，五六年全年一點九八元，五七下半年增為二點零八元，去年上半年更增為二點一零元，下半可至二點一二元。福特汽車公司的工資在最近十年增加了百分之七十，可作為這一趨勢的有力例證。

更因為這種契約的存在，在衰退期間勞動市場完全為企業家所掌握，工資增加的趨勢亦未有任何改變，企業家儘管毫不留情的大量解僱工人，但在職工人的工資却不能減少。「美國新聞與世界報導」雜誌曾就美國八十二個最大城市工廠工人工資作調查統計，去年八月平均工資年率為四千二百六十七元，比諸一九五七年八月衰退未開始時，不僅沒有降低，反上升百分之零點一。

由衰退前後個人所得總額也可看出工資總額未因大量失業而有削減，反而大為增加。個人所得總額是由生產要素提供者的所得組成的，其中以勞動者的工資所得佔絕大多數，只要工資的總額不減，個人所得不會有偌大削減。反過來說，個人所得總額不減，也可以證明工資未曾削減。由上述雜誌所引美國農工商等部及聯邦準備局資料，美國個人所得，在衰退初期略降，繼則增。一九五七年八月最高年率為三千五百二十一億元，去年二月最低為三千四百六十四億元，計降低五十七億元。三月回升，六月達三千五百八十九億元，比二月最低超出一百二十五億，即比前年未衰退時亦高越六十八億元。

工資構成成本，並影響社會需要，在工資長期增加下，物價必然上漲的。

再看「財政的不斷透支」。

戰後，一九四八會計年度美國聯邦政府財政恢復平時的正常狀態，為三百四十億元。一九六〇年度達七百七十億元，恰為十二年前之一倍。政府支出增加固可導致通貨膨脹，如係「以現有的稅收應付現有的開支」，縱然支出年有增加，對通貨膨脹將無任何影響，且平衡的預算反可為穩定經濟的工具。如財政不斷透支，政府支出增加，無疑將促使通貨趨於膨脹了。

美國在第二次大戰期間透支最甚，致聯邦公債由戰前四百零四億元，增至一九四五年二千五百八十六億元。一九四八年降至二千五百二十二億元。一九五〇年以後，財政逐年透支，如一九五三年度為七十億元，五四年度為五十億元，五五年度亦達三十億元，五六、五七兩年度略有盈餘。五八、五九兩年度因衰退關係透支最多，本年度竟達一百二十億元之鉅。因之，國債亦由一九五六年的二千七百六十億元，增至一九五九年的二千八百五十三億元了。

長期間政府支出不斷增加，更「不斷透支」，對通貨之趨於膨脹所發生的影響自然要大了。

十年來，在工資上漲及不斷透支下，物價究是什麼情形呢？在批發物價方面，一九四九至一九五三繁榮時期，上升百分之十三；一九五三至五四衰退時期，只下降百分之零又十分之四。一九五五至五七繁榮時期，上升百分之七；一九五七至五八衰退時期，不僅沒降反而上升百分之一。

消費物價亦有相同情形。在前一繁榮時期上升百分之十三，後一繁榮時期上升百分之五。在前一衰退時期上升百分之零又十分之三，後一衰退時期更上升百分之二以上。

這樣看來，以一九四七至四九為基期基數一〇〇，去年四月批發物價為一一九點七，十年間幾漲了百分之二〇，消費物價則上漲百分之二〇點三。

十年間物價上漲百分之二。在一般國家極為平常，在美國未免太大。若以之與二十年前一九三九年相較，則通貨膨脹更見嚴重了。那時批發物價僅為五〇點一，消費物價四九點四而已。

若從美元購買力大小加以分析，則通貨膨脹情形更為明顯。以一九三九年為一〇〇，一九四五年為七七點二，戰爭期間貶值最甚，六年間降落百分之二二點八，一九四五至五〇，五年間又降落百分之一九點四，成為五七點八了。以後降勢略緩，至一九五七年為五〇點三，七年間降低百分之七點五，去年略降，估計為四八點八，如此又降低百分之一點五了。

十年來工資提高與財改透支行之於前，物價上漲與貨幣貶值追隨於後。工資與物價並駕齊驅，物價與幣值又等量齊觀。通貨膨脹的情勢至為顯然了。

㈢目前通貨膨脹態勢

衰退結束不久，另一繁榮正在開始，美國人民希望一九五九年將創造生產的新紀錄，艾森豪總統為什麼高呼通貨膨脹的危險呢？

美國經濟轉入一新的階段，因之在十年來的通貨膨脹趨向上，又形成了一新的膨脹態勢。進一步進入新的膨脹極有可能，現在就這兩點加以分析，即可瞭解艾氏的警告是有道理的了。

新的通貨膨脹態勢是由下述各項事實構成的。

首先，各級政府的巨額透支。為挽救經濟衰退，一九五九年度美國聯邦政府會有一百二十億元的預算赤字，州及地方政府亦有三十億元以上的財政透支。在此項巨大透支下的各種公共工程計劃：①為州際公路之開闢與改良，聯邦政府補助州及地方政府之經費，一九五九年度為三十七億七千五百萬元，一九六〇年度將為三十四億元左右，②住宅建築，去年第一季年率為九十一萬棟，由於聯邦住屋貸款銀行（Federal Home Loan Bank）及屋主貸款公司（Home Owners' Loan Corporation）等貸款機構放寬貸款條件，七月底增至年率一百二十萬棟。教堂、學校、醫院、社交和娛樂場所等建築亦趨於活躍。一九六〇年仍在繼續。③國家公園的道路及其土木工程，郵局現代化工程，防洪及水利工程，均須繼續辦理。④其他如擴展公用事業及開發天然資源計劃，無論其屬於公家或私人所有，均已開始辦理。這些計劃均非三二年內所能結束，而有相當時期的持續性。

其次是政府職務的擴張。近年政府的職務逐漸擴張，衰退後更甚。如國防經費自一九五七年十一月起，以與蘇俄競賽，空前增加。一九六〇年度預算到四百五十八億元，佔預算總額百分之五十九點五，冷戰繼續，國防將益加强。不僅他如退伍軍人計劃，勞工與社會福利，農業發展，以至政府的其他業務。經費逐年增加，業務範圍也日益擴張，尤其農業計劃及其他費用更直線上升，社會愈進步，政府職掌愈擴張。一九五九及六〇兩年美國政府的行動及其財政支出，充分地看出這一情勢。

再次也是最重要的，是社會的總支出的龐大。一九五九年的社會總支出顯明地表示出一個擴張的局面。社會總支出包括四部份，即政府支出，個人及家庭消費支出，投資支出，及外國支出，最後一項無關宏旨不予計算。政府支出，由一九五九年年度的六八〇億元增至一九六〇年度的七七〇億元，計增加九〇億元。連州及地方政府在內，在一千億元以上。僅以本年六月為止的一九五九年度支出計，竟高至八〇〇億元，美國男女老幼平均每人負擔四六二元。個人及家庭消費支出，一九五七年第三季年率為二、八三六億元，去年第一季降至二、八一三億元，本年將上升百分之九，達三、〇六〇億元。工商業企業投資支出，一九五七年第三季年率為六五五億元，去年第一季降為五八〇億元，年底已恢復了前年的最高數額。一般資料顯示，本年比去年，最低將有百分之二十的增加，在七二〇億元以上。

社會總支出形成社會總收入。以此，本年美國的總生產預計將達四、七五〇至四、八〇〇億之巨。比之去年第一季最低將有五百億元的增加，比之一九五八全年亦超過二七〇億元。這是一個顯著的擴張情勢。

最後，擴張的情勢還不止此。若由信用市場的鬆弛情形看，更予人以通貨量增加的印象，可以下列六點說明之：①低利政策的恢復，這次美國聯邦準備銀行的貼現率曾由行之多年二厘上下的貼現率，逐漸提高至一九五七年七月的四厘五。衰退發生，迭次降低至去年四月的一厘七五。衰退終止，六月才提至二厘。②加强會員銀行的放款能力。依聯邦準備制度，會員銀行所收存款，須有法定準備金提存聯邦準備銀行。其比率如爲百分之十五，減少準備金一元，經過若干時間並若干次的存放款流轉，可增加會員銀行放款能力至六點六六元。去年上半年曾三次降低存款準備金，數額各約爲五億元，則增加的放款將達約一百億元之巨。③公開市場活動，去年上半年分期購進政府債券淨值十一億元，以增加社會的貨幣量。④證券的買賣是信用周轉的主流，聯邦準備銀行爲靈活證券流轉，將信用購買證券的保證金由百分之七十降爲百分之五十。⑤聯邦住屋貸款銀行及屋主貸款公司等政府貸款機構，對於私人及公共團體的建築貸款，也放寬了條件。⑥上述都是聯邦準備銀行方面使銀根鬆動的方法。隨之，私人貸款組織如儲蓄銀行，放款公司以及人壽保險公司等，也都將放款條件放寬。

現在再看美國是否即將進入一項新的通貨膨脹。

一般的說，通貨膨脹態勢構成之後，極易走向膨脹，却不一定即成爲膨脹。這次衰退既已由復蘇轉入繁榮，造成了新的膨脹態勢。但去年三四兩季物價頗爲穩定，即偶有波動亦極爲微弱，正是一個正常現象。那末，一九五九年是否即爲一新通貨膨脹開始三年呢？須由以下兩點來瞭解。

第一，艾森豪總統前經濟顧問現任國家經濟研究所所長貝恩斯（Arthur F. Burns）博士，去年十月十八日在國家問題專家座談會第十四次年會中曾說：當經濟繁榮時期物價上升，衰退時期物價下降，貨幣的購買力不會長期的跌落。如物價於繁榮時上升，衰退時不變或亦上升，則下次繁榮時期將無可避免地繼續而長期的高漲。一九四八至四九，一九五三至五四兩次整個循環，證明了貝氏的說法。在這次衰退期間，物價不僅未跌，反上漲百分之二，走上新的繁榮之後，如無適當措施，物價隨繁榮的進展而配合的上漲，定屬必然。

第二，股票價格和物價一樣於衰退開始時跌落，其上升却早於一般物價，並於去年一月起一直昂揚。起先是消費財生產各業漲的多，耐用財生產各業漲的少。三四兩季情勢改變，後者的漲價超過了前者。最具有代表性的是杜瓊斯(Dow-Jones)工業股票。一九五七年七月十二日是五二〇點七七，十月二十三日跌至四一九點七九。去年十月漲至五四〇點七二了，據多數投資銀行業者觀察，本年將漲至五六〇左右。

這次衰退結束後股票上漲之速及持續力之强幾爲歷史所未有。這一事實可從兩點來看：一是投資於生產事業，獲利最多，爲資金之最佳出路。且在這次衰退期間利潤率多年來的降落傾向已有所改變，更誘使資金走上這一條路。團體方面的巨額基金，如社會安全基金，保險公司的保險金，私立大學的基金，公私機關職員的退休金，固多以購買股票爲得計。即來自儲蓄的社會大衆手頭現金，也以換存股票爲方便。求多於供，股票價格自然上升。二是一般人瞭解：當社會對貨物與勞務的需要增强時，工資與物價將競賽式的相互提高。如此，則通貨膨脹在所難免。在此項情勢下人民也以購買股票爲得計。因爲物價漲，股票也漲，後者可以抵銷前者，且更有紅利的分配。人民之購買股票，是通貨膨脹心理在作祟。

雖然一般物價目前尚屬穩定，由股票的持續漲價，事實上於一般人心理上，已經開始通貨膨脹了。

綜上所述，無論從十年歷史看，或目前情形看，新的通貨膨脹態勢業已在過去膨脹的基礎上形成。是否膨脹即行開始，那要看艾森豪總統所提的：「我們必須鼓勵自我約束，對抑止工資及物價上升作必須的克制。而且我們必須以現有的稅收應付現有的開支」等辦法，能否有效的見諸實行了。

三　失業仍多

現代經濟是充分水準以下的就業，在理論上和事實上相當的失業是正常現象。一九五七年七月是這次衰退的前夕，失業者爲二百五十五萬人，應當就業總額百分之三點八，學者視爲正常。但在衰退現象形成以後，失業却成爲一個特別突出的問題。

戰後美國經濟衰退，已有本質的轉變，所得、消費、物價、股票等均無劇烈升降的表現，過去兩次衰退已如此，這次更變動極微。有人認爲現代經濟的衰退僅是存貨積多與訂貨減少的變動，不是無根據的。但失業一事尚屬例外。

一九五七年八月衰退開始，失業情勢有如潮水一般一湧而至。年底達三百三十七萬人。去年一月最凶，增加近一百萬人。二月增加亦多，爲七十萬人。三月以後雖仍有增加，但情勢已緩。迄六月，失業人數高達五百四十三萬人，超過一九四八至四九年衰退時失業人數，爲自一九四一年以後十六年來之僅有數字。衰退不甚而失業特多，這是事之特殊者一。

這次衰退時間特別短暫，自一九五七年八月至五八年四月，共九個月。這是就整個情形說的。若個別而論，則有不同。物價與股票價格爲經濟衰退情形的測驗器。在衰退伊始，兩者均降落甚速，但自一九五七年十一月物價已部份回升，以後由升而穩。股票於去年一月間回漲，以後一路上升。其他經濟部門的復蘇雖先後緩急不同，總於一二兩季，開始回轉。獨失業繼續增加，一直到第三季終了，才算正式停止。這是事之特殊者二。

去年第二季各業多已復蘇，入第三季則迅速向上，至十月底工業生產自第一季的底點增加百分之十，失業人數從其六月最多僅減少百分之五。整個生產已恢復了在衰退中所曾損失的百分之五十以上，失業的減少尚不及百分之二十五。失業的減少比之生產的復蘇遲滯了一半。年底整個經濟的復蘇殆已完全恢復所曾喪失的陣地，全國總生產可達四千五百三十億元，比一九五七年增加一百八十億元。而失業人數，去年十一月尚有三百八十萬，年底又升至四百萬人以上。這是事之特殊者三。

什麼原因形成這些特殊現象？

首先是工資提高，上節已論及，在工資長期的增加中，無論是工資率或工資絕對額的增加，逐漸超過利潤率或利潤絕對額的增加。工資構成成本，與利潤有絕對關係，企業者除非提高物價以抵銷由工資增加而增加的成本，只有聽任利潤降低了。這是企業者所不能甘心的。再則近年工資契約保證工資增加。在衰退期只能解僱工人，不能減少工資。企業者一定是在衰退時解僱惟恐太少，復蘇時再僱惟恐其太多。而且在解僱與再僱時的唯一考慮，是勞動對於利潤的貢獻。換言之，工人的去留一以勞動者的邊際生產力爲標準了。工資高影響了勞動者的邊際生產力，僱傭量自必減少。古典派降低工資可以增加僱傭的理論，在這個地方還是正確的。

最足使企業者減少勞力者是技術的進步。一九五三至五四衰退以後，開始所謂「技術革命」(Technical Revolution)。起初是以機械代人力，例如福特汽車公司使用新的機器製備帶，所需人力由過去一百一十七人減爲四十一人。又如一架新的鍊鋼機，使用六千五百工人的生產量，相當於以往一萬一千人所能生產者。再如一九四七年大食品店的僱員每人每小時經手〇·九一噸貨物至一九五四年能經手二·五六噸。機械進步，人力減少，繼則趨於自動化。在一個佔地數英畝的工廠裏，生產自動進行，不需多人管理。這種生產設備，一面可由機器自動的控制整個生產進行，在生產過程中能自動的調整生產條件；一另面可由機器自動的將原料整理加工，裝配成爲生產品。最後再自動的將產品打包送到運輸車上。這種設備的生產，只需少數工程師熟練工人和保養人員就可以了。自動化程度加深，人力更加減少了。

在一九五五至五七年，經濟擴張期間，大工商企業新的投資，多着重於上述兩方面的技術改進，迄現在已相當的普遍化。技術增進一分，人力減少一分。

自動化運動不僅工業方面如此，商業方面亦然。商業企業者爲減少人力擴大利潤，競先裝置「自助」(self-service) 商店。僱客在選擇貨品之後，自行付錢，自行取物。起初限於食品，慢慢擴大至於衣服、藥品、傢具以至家庭中的一切用具。

近一二年來這種商店所出賣的物品範圍更廣，一個商店裏的部門也更多。例如華盛頓京城的自助商店，出賣木板、牆板、各種硬貨、以至一般建築材料。又如米爾華其郊區正在建築一座自助百貨商店，佔地五十六英畝，內分七十五個部門。顧主走進商店，可至任何一個部門，任意選擇所願意購買的貨品。付錢取物，一切出於自動。汽車則停在商店的四週，極爲方便。

現在全美這樣的自助商店中心，已達二千五百座以上，仍在發展中。而且這種發展不僅限於大城及大城的中心，隨人口之郊移，自助商店也配合的在郊區設立，小城也有大公司的自助分支店。

這種自助商店的創設與發展，在美國叫做「零售業革命」(Retalling Revolution)，確是減少成本提高利潤的有效方法。

與技術革命和零售革命同時進行尚未達到成熟階段的是「生活革命」，卽原子能和平用途。一九五四年二月二十二日艾森豪咨請國會修改一九四六年原子能法案，鼓勵美國私人擴大參與原子能和平用途的發展。現在已在人類生活很多方面開始應用，將來普及之後，人力又必大爲節省。

企業者以工資日高不能多僱用，又以技術進步不必多僱用，以較少的勞力獲得較多的生產，勞動者於解僱之後，再回復原工作或另尋新工作自必大爲遲滯了。

兩者之外，又一使失業減少甚緩的因素是人口的增加，現在美國人口年約增加三百萬人，每年走進勞動行列者尙不及現時生殖者三分之一，約爲七十至一百萬人，舊的失業尙遲滯吸收，新的勞力又告失業。

有此三因，故自去年五月以後各業復蘇均快，失業減少獨慢，成爲一個不相配合的特殊現象。

在這一不配合的情形下，本年的新繁榮能否大量吸收失業，使就業臻於正常狀態呢？須從新繁榮的程度與失業應該減少的數字兩相比較來看。

本年美國經濟雖轉入另一繁榮，並將創造一新的紀錄。但據各種資料顯示，工業生產以一九四七至四九年爲基期基數一〇〇，一九五七年第三季最高爲一四五，去年第一季最低爲一二八，去年底爲一四四，本年將爲一四八。由去年的最低上升百分之二十，比前年最高僅上升百分之三，全國總生產將爲四、七五〇至四、八〇〇億元。與去年最低有五〇〇億元的增加相較，比其全年亦超過二七〇億元。

失業人數去年底爲四百萬人，就是失業當應就業總額百分之四上下的水準。須在本年內陸續減少一百三十萬至一百六十萬人，才能達成所謂正常狀態。

由去年五月以後各業復蘇快，失業減少慢，在程度上後者僅爲前者之一半的情形看，本年生產的增加絕難消除應該消除的失業人數。那末，在本年內仍將有三百萬人以上失業的事實存在。而且一定在美國人民的慾望再行增强，消費與生產的範圍再行擴展之後，就業恢復正常，才有可能。

如此，失業問題將非本年所能够解決的了。

四　結　論

通貨膨脹與失業仍多不是各自獨立的，而是相互關聯的問題。同時，是相互依存的，而又是對立矛盾的問題。

在理論上，銀根鬆動，投資的負擔減輕，資本的邊際效率大，企業者樂於投資。就業是決定於投資的，在經濟衰退結束繁榮正待開始之時，一切條件適於企業者作擴張的活動。同時，就業增加，促成社會的有效需要，人民對於貨物與勞務的需要增加，物價上漲，又誘使投資擴大生產增加。凱恩斯派的赤字政策及適度的通貨膨脹以幫助就業的理論是有道理的。故這兩個問題是依存的。

事實上，爲減少失業只有繼續採取衰退時期的低利及信用擴張政策。然有關此兩政策的一切措施，都將促使通貨膨脹。於是事實排在美國人面前：通貨相當時期並相當程度的膨脹，才能迅速吸收應當減少的約一百四十萬失業者，使就業回復正常狀態；然在通貨長期膨脹，而新的膨脹態勢又已形成的今天，反膨脹才是美國貨幣當局的正確政策，顧此就要失彼。故這兩個問題又成爲對立的了。

由於問題的對立矛盾，增加了在本年內解決這兩個問題的困難性。

四八、一、二五，于臺中農學院。

論民主自由運動與反對黨

王厚生

在我看來，我國的民主自由運動有二個重要的工作待做，第一，是理論上的研究和宣揚工作，這項工作實際上已經做了幾十年，不能說一點沒有成績，但不民主不自由的現實情況，充分說明了這項工作還做得不够，至少也是理論本身或研究方法上仍有缺點或毛病。今天和今後，我們應加强和深入理論的鑽研工作，一掃民主自由全屬空洞口號的錯誤想法。在英美先進民主國家，它們現在將民主自由說成爲一種生活方式，這確是比較具體和易於了解的說法；即是說，民主自由既爲一種生活方式，那末，我們每天都是生活在民主自由之中，民主自由乃是我們日常生活中不能或缺的部分。譬如說信仰自由，甲可以信仰佛教，乙可以信仰基督教，二人每日的宗教生活是互不干涉的，也沒有第三者出來干涉他們。又譬如說言論自由，每個人可以依據自己的主張暢所欲言，或者寫成文章和書籍，刊印出來，以傳播他的主張，其他的人根據言論自由的原則和權利，當然可以對別人的主張表示贊成或反對，但決不能禁止別人的主張，或不准別人再有所主張。換句話說，爭論是容許的，壓制別人言論是不可以的。再說，人民有遷徙的自由和通訊的自由等，這些都是要在平常的生活中表現出來的，構成每個人的生活的一部分。凡無法表現這些自由於日常生活之中的，這就談不到有什麼民主自由了。所以，民主自由是應該能够當下求證的，它們不是口號和標語，也不是懸空的理想。要問我們是否有民主自由，即刻可以到自己的生活中去找答案。只能找出一部分答案的，即說明民主自由並不完全，換句話說，民主自由已被打了折扣。凡根本不能從生活中找出答案的，即說明民主自由已遭壓制，這社會已無民主自由可言。

我們唯有在思想上、理論上做深入的研究工夫，和將民主自由思想做到普及的程度，使人人充分明白民主自由的眞正意義，與對個人每日生活的重要性。然後，民主自由運動將爲社會大衆所接受，所歡迎，民主自由運動才能如水到渠成般在我國成功。

關於理論研究和宣揚的作用，我想至少有三點：首先，是對於一切反民主反自由的極權思想的撥正和廓清，這是一種破極權主義的作用；其次，是爲民主自由運動本身建立堅固的理論基礎，這是一種立民主主義自由主義的作用；再次，是爲今後我國民主自由的大潮流做準備的工作。共產政權必垮，鐵幕統治必崩，這是民主自由分子共抱的信心。但是，一旦當共產政權垮下來、鐵幕統治崩裂的形勢降臨時，我們對於國家今後的問題是否已有準備，這是應該深切考慮的事。同時，經過九年來的共黨統治，無可諱言的，極權思想將在社會上和某些人的心中保持其影響，我們可以預見得到，當共產政權垮臺後，極權主義在一定時期內將繼續表現在一部分人的言論、行動和習氣上，這對我國今後的民主自由運動無疑是不利的。因此，我國的民主自由運動不因共產政權之垮臺而宣告成功，困難還在前頭。要使運動成功，還需要長時期的努力和奮鬪。這樣一個遠景，也迫使我們不能忽略基本的理論工作。

我們應怎樣從事理論的研究和宣揚工作呢？大家都能對這個問題提些意見。我的意見是：個別研究和團體研究可以並頭齊進，無論是研究的成績或西洋名著譯述，我們應盡力協助其出版和發行，俾擴大其影響。經費應自籌和來自同情者。今天因爲海外市場的狹小和發行工作的困難，出版書刊往往連成本都收不回來，這自然直接間接地影響經費和研究工作，但是我相信，只要我們能够苦撑一個時期，拿出良好的研究成果，等到局面一有變化，大陸的銷書市場開放，廣大的知識分子和工農羣衆渴望新的精神食糧，到那時候，文化界出版界必然會呈現出蓬勃的氣象，誰在事先有了良好的準備工作，誰就有文化事業的前途。鼓吹民主自由運動的人士不應漠視這個行將來臨的機會，故必須做準備的研究工作。今天和將來，敎條式的陳舊理論必不受讀者們的歡迎，如果民主自由運動這方面不能及時推出大量各色各樣的讀物，勢必會使很多民衆感覺失望，而對民主自由運動來說，將是喪失一個爭取羣衆的良機。

任何一種運動的發生和推進，總有一些志同道合的創導人，他們鑑於時代的需要，倡風氣之先，除聲明其旨趣和目的外，當然不免要有所動作，即是說，將理論付諸實踐，並以團體的合作力量，展開運動。在實踐方面，組黨幾乎成了他們必取的步驟，因爲凡是實行民主憲政的國家，人民依據憲法不僅有信仰、言論等自由權，且有結社之自由，所以，人民組織政黨是任何民主國家中極普通的現象。我國民主自由運動當前待做的第二個重要工作就是組成政黨了。

有人說，目前自由中國已有二個民主小黨：民社黨和青年黨，故毋須乎另起爐灶，另外組黨。這話的立論是不健全的，自由中國除國民黨以外，已有民、青二黨是事實，但另一個不可否認的事實是還有許多非民、青二黨黨籍的人士，他們對政治問題有一種獨立的主張，或者，他們在做法上是另有一套的。那末，由這些有獨立主張和做法的人士來組織一個政黨，的確是合乎理想和值得嘉許的。

除此而外，將所有在野的民主小黨和民主自由分子聯合起來，組成一個巨型的政黨，和國民黨形成二大黨並存之勢，這也不失是理想的做法。但不管是組大黨或小黨，組黨的意義則一，而且，在組織的時候，將依環境和條件而定，能組大黨是最好，如有困難，也不必勉强，先組成小黨，徐圖發展，也是辦法。不過，在正式進行組織之前，應以組大黨爲目標。所以，組織之前的磋商和討論是少不了的事，這是各方面溝通意見、消滅成見的重要步驟。

假使組黨成功了，它是反對黨抑是在野黨？在胡適之先生主張組織「在野黨」之前，大家都說組織「反對黨」。適之先生的用心甚苦，認爲「在野黨」較少刺激性，足以使現在的執政黨——國民黨安心。我以爲「在野黨」和「反對黨」在本質上沒有分別，凡居反對黨地位者，必定是在野黨；凡居在野黨地位者，其職能即在對執政黨有所反對，如果在野黨對政府沒有反對，又要在野黨何用？沒有反對主張的在野黨例應自動解散，其黨員就可去加入執政黨了。不過，現代的民主國家，常以沒有在野黨爲國家政治的憂患，不僅不怕在野黨，反而唯恐沒有在野黨。在正常的情形之下，對在野黨的器重既如此，我們就大可不必在「在野」和「反對」二種形容詞上費心思，反正在野黨和反對黨都是一樣，無分軒輊，不組在野黨則已，如要組黨，不發揮對執政黨的反對職能，是不能自圓其說的，組織起來幹什麼？

在「在野黨」和「反對黨」二個名詞之間，我喜歡後一個，不取前一個，因爲採用前一個名詞很易誤導 (misleading) 一般人的觀念，使用後一個名詞比較直率，沒有混淆思想的危險。如果我們費了很多筆墨去解釋「在野黨」，後果未必是好的，可能還是壞的，倒不如費些筆墨解釋「反對」的意義較可收到效果。現在是民主時代，我們已不需要對政府忌諱，有話盡可直說，是反對，就說反對；是支持，就說支持，用不着在文字上取悅政府。要在文字上取悅政府的做法是已經落伍了，不但與時代不合，且與民主自由運動的精神不符。

很顯然的，現在有很多人誤解「反對」的意義和作用，他們有意無意地將「反對」和搗蛋、傾覆同等看待，視爲一物。其實這是大錯特錯了，要是我們不把「反對」的意義和作用解釋清楚，卽使是用「在野黨」這個名詞，他們還是不放心，還是忌恨「在野黨」。所以，解釋「反對」是首要的，選用「在野黨」或「反對黨」的名稱是次要的。

對於「反對」的意義和作用，我只想提要地說一說，所謂「反對」，是對事而不對人的，是反對執政黨的某一些政策而不是意氣用事的。在反對執政黨的政策時，需要說得出理由，而且要能提得出自己的政策，謾罵不算政策，也不是正當的反對。「反對」是謀國而不是謀私的方法，雖然，反對政府含有你的不行我的行、你走開讓我來的意味，但讓我來是謀國。其次，反對的作用不限於眼前政權的爭奪，它的作用是監督，防阻政府採取錯誤的政策；它的作用是向全國人民提示一項政策的正反兩面和利害得失，有許多佳好的意見，都是從反對中演繹出來的。

假使我們認定世界上有一位全能的神，那末，我們便得自認是無能的，是易於犯錯的。既然除神以外的人都是有缺點的，並非萬能的，則我們便應相當的謙遜，樂於聽取他人的意見和批評，爲了避免錯誤，我們更要鼓勵和歡迎反對的意見。

將「反對」的意義說明以後，我們很可以堂堂正正地採取反對黨這個名詞，不要有所廻避，因爲反對執政黨的政策是件光明磊落的事，是對國家政治有很大益處的事，是人民所希望的事。「反對」的態度嚴正，理由充足，爲什麼不可以直言自己的反對立場呢？

可是，我們也不必諱言，在現階段組成反對黨，因受實際環境的限制，它所能發揮的作用不會很大。因爲在正常的情形之下，所謂反對黨卽是立法機關中的反對黨，這種反對黨在立法機關中的主要活動是反對或修改執政黨所提出的議案，是質詢政府的政策，迫使政府對於每一項國內和國際問題的態度明白地負責地向國人說出，俾人民不致被蒙在鼓裏，一任政府的擺佈。今天自由中國的情形是立法機關有不能改選的困難(增選或補選比較易辦)，新組的反對黨進不了立法機關，就無從進行它的主要活動，可說是英雄無用武之地。不過，話說回來，假使新組的反對黨無論就政治主張、人物和合作精神來看，都是相當健全的理想的， 我想這樣子的反對黨仍能替國家做很多有益的事情，換言之，仍可發揮它的作用至最大的限度。

只要本身健全，反對黨卽使進不了立法機關，它却可以從其他的方面發揮它的政治作用，它可以加强對執政黨的輿論壓力，它可以在海外僑胞中鼓吹反共復國，它可以協助執政黨做一點國民外交的活動(特別是在與政府已斷絕邦交的國家中)，它可以迫使政府做團結反共非共力量的實際工作，它可以參加地方性的選舉活動，它可以採用各種合理的方法影響立法機關的立法，它可以選派精幹而有修養的黨員在公園或其他適當的公共場所發表政治性演說等等。總之，可做的事還是很多，只怕反對黨本身不健全，只是曇花一現，才使人心灰意冷，非但赢不到民衆的好感，卽黨員也多趦趄不前，不願大賣力氣了。

拿目前自由中國的情形來說，成立一個反對黨至少需要解決四個問題，卽：政見、領導者、經費和活動地區。就政見來說，可有資本主義抑社會主義、自由經濟抑計劃經濟的差異，可有毀黨造黨或就現有政黨進行大團結的差異，可有反共方法的差異，可有反對黨本身組織思想的差異。就領導者來說，可有一人領導或集體領導的差異，可有名義領導者和實際領導者的差異。在民主黨派中，我覺得還可考慮領導者的任期問題，我們固然反對極權政黨中領導者的終身制，當然更不願見到民主黨派的領導者有終身擔任主席的現象，因爲領導的時間一長，正如掌握權力太久一般，無不發生弊端，獨裁的作風和拒聽批評的不民主習氣是很難避免的。經費對於政黨活動的重要性是不言可喻的，在我國，因爲工商百業不甚發達，政黨籌措經費相當困難，縱使可籌措於一時，却不能籌措於永久。至於黨員，多數是知識分子，生活都極清苦，能够不仰給於黨已算難得，更說不到黨員養黨。這情形自退出大陸後尤爲嚴重，從前在大陸上，空間大，事業多，各人憑其社會關係，多數可以不靠黨而參加政黨活動，即使不能給黨以財政支持，至少也可以不增加黨的負擔。現在的情形則大異於前，今日的知識分子過着流亡生活，救國的責任是空前的沉重，流亡的生活也是空前的貧乏。所以，黨員養黨是絕對的不可能。反之，黨養黨員是不稀奇的現象。這樣一來，籌經費固難，當領導人也不容易。再說活動地區，這個問題還比較簡單，如果自由中國所在地的臺灣不能公開地打出反對黨的招牌或活動，海外有廣大的空間，大可發展。當年中山先生鼓吹革命，也在海外。黨員多是深明愛國大義的華僑。或許把主要的活動放在海外還有一個便於籌集經費的好處。雖然如此，反對黨組成以後，仍應根據憲法，力爭在臺灣的活動自由和權利。

我不贊成諱疾忌醫，所以說了上面一段話，是將事實和困難說出來，以便引起注意，促使解決困難的努力。我們要做好一件事，不能只講好話，也應說出困難。只講好話也許可以動人，炫耀於一時，但於事未必有補。不說困難，困難依舊存在，成爲事的潛在危機，隔不了多久，終究是要爆發的，「愼始善終」，的確是個不易的道理。

在困難面前，我們不應裹足不前，而應該一面認淸困難，一面解決困難，沉着堅毅地肩負起國民應盡的責任。組織反對黨，是我國民主自由分子所能做和所應做的，因此，我國的民主自由分子應義無反顧地從事組黨的工作。

在這方面，作者有一個比較具體的意見，特爲提出以供參考。我主張將來的反對黨應以個人而不以政團爲參加單位，「中國自由民主主義者聯盟」是一個較好的名稱。這是一個新黨，以個人參加爲是，政團同盟常生同床異夢的現象，拆伙和分道揚鑣也是屢見不鮮的情形。同時，在籌備組織時，不能不考慮到大陸上的自由民主分子，一旦局面有變，以某黨或政團同盟名義出面，不易收到良好的效果。老實說來，今天在大陸上的政團多數是不得民心的，它們的名稱和歷史都有問題，假使以自由民主主義者聯盟的名義出面，又以個人爲參加單位，則不僅可以吸收到許許多多自由民主主義的信仰者，且可防止與聲名狼藉的政團和人物同流合汚。我國民主自由運動的高潮還未來臨，目前只是預備階段，所以，將來的問題應加嚴肅的考慮。同時，作者深深感覺到，搞一陣的玩意兒再也做不得，近年來自由民主分子的動作不大受人重視，未嘗不是搞一陣罷手的後果，這對自由民主分子本身是一種無可估計的損失，於今後的民主自由運動在無形中構成很大的障礙。

「中國自由民主主義者聯盟」是一個新黨，它以個人爲參加單位，它是一個有長遠打算的政黨，它的宗旨明白地標誌在名稱之上，它的宗旨不受時間性限制。自由民主，永遠是人民的要求，它的名稱和宗旨將得到海外和大陸上所有自由民主主義者的歡迎。因而，它的力量一定是巨大的，它一定是個大黨，它將有助於二大黨並存和交替執政的局面的形成，換句話說，有助於民主憲政的實施。在我國，有這樣的一個政黨興起，誰還會表示異議而不感覺欣喜呢？

在領導方面，我提議將名義領導者和實際領導者分開，這使二種領導者的任期不可能太長，防止黨內的獨裁。名義領導者只辦黨的事務，如黨員登記、黨費籌措、策劃黨內選擧和協助實際領導者參加競選等工作。實際領導者不是黨的主席，但他是黨內聲望最高的人物，他的影響力使他成爲黨的實際領導者，總統和行政院長的候選人。

關於經費，應設法從民間籌集，數目不大也可開創，務使每一塊錢都作有效的使用。對於黨員，既爲民主政黨，就不應有太嚴格的紀律，也毋須强迫黨員非爲黨工作不可，這樣，黨員較有自由求發展的機會，不必依賴黨。但自由民主分子多屬生活清苦的知識分子，黨中央仍不妨斟酌實際情形，予黨員以能力範圍內的協助，這不能算是吃黨飯，這是一反共產黨强調黨性消滅人性的做法，這是降低黨性提高人性的互助行爲。至於活動地區，上面已經提到，可依情況而定。

四十七年九月一日香港。

一個警察人員籲請重視警察界的危機

盧楚白

一　前言

日前報載有關警察人員自殺消息二則，一爲鐵路警察局警員服毒自殺身亡，一爲高雄市警察局外事巡官自殺獲救。此種事實之表面化，已極爲嚴重，而隱藏其後之危機，更千百倍於此。筆者深感死者已矣，而此數以萬計之後死者，應如何予以適當之安排，誠屬目前警察當局之重要課題。

我相信許多現在服務警界的同人，必有一種共同的感覺——那是一種挫折與無望心情的混合物。造成這種因素的主要原因，當然在於大陸沉淪後，國土日蹙，人事擁擠所致。但倘使有合理而較完善的制度，且有公正有恒執行的決心，則此項缺點當可彌補。本省自卅四年光復後，主持全省警政最高的主管—自胡福相，王民寧、胡國振、王成章、陶一珊、陳仙洲、樂幹以至現在的郭永諸先生，先後已歷八任，其間人員增加，制度變遷，與初期自不可同日而語，每一任處長，固然均有一套計劃，以期改善警察之制度及地位，可是總是半途而廢。我們四顧歷任各處長，任期最長者爲陶一珊先生，約爲三年半，最短者爲胡國振先生，約僅三個月。但是一個良好制度的建立，必須顧到客觀的事實與環境，以及將來能預期的發展，再加上有恒不斷的改進及澈底的執行，逐步實施，方期有望。然而，筆者服務警界已十年於茲，每見各任處長更換時，必有一套「自以爲是」的辦法，深感如骨鯁在喉，不吐不快。今就個人的親身經歷，對於十年來本省之警察實況，作較深切的檢討，以期促起政府當局對警察界危機的重視。

二　造成警界危機的因素

(甲)缺乏新陳代謝作用

毋庸諱言的，今日本省警界造成如此頹唐不振之最大原因，厥爲警察人員缺乏新陳代謝作用。本省自光復之初，警界人員不足一萬人，而今歷年不斷增加結果，將近四萬人左右。由於退休制度之尙未建立，有進無出，而年齡大者旣不退休，後進者自然無擢升之機會。以此有限之職位，而應付每年不斷增加之新進人員，當然易感人滿之患，因之易於形成一種普遍失望與挫折之心。倘如今日三軍之人事制度，某項職位均規定有一定之年齡，倘逾此而仍無法上升者，卽令退役。如此則年輕資淺者奮發有爲，個個上進，而年長資老者亦有所養，便易形成一種朝氣蓬勃現象。若警察退休制度不予建立，則警察之良好制度卽永無實現之一天，遑論其他？但警察人員何以每年均有不斷增加之現象呢？察其原因所在，有下列二點：

①主管之推薦——由於本省警察主管人員任期不長，人事迭更，致使每一任主管上任之初，均推薦一批新進人員，安插在本省警察各單位，俟其下臺後，此批人員仍留原職或改派較次要之職位，因此造成有增無減。

②非警察人員之轉入警界——因爲警察人員之工作並非技術性質，雖有警察及警官學校之設立，但外界人士只要有力者之推薦，均可來警界服務，尤其歷任處長中以軍人充任者最多，因此軍界人士認爲退役後最佳之出路爲警界，這是由於生活安定，又無退休制度，便於終老。同時警界尙有一種可笑而可悲現象，卽充任警員者必須警察學校畢業，而分局長科長以上却不論資格。

(乙)警察主管更換頻繁

本省光復迄今，短短十四年間，已更換處長八任，平均每任不足二年。若苛求每一任處長於此短促二年期間內，有所建樹，實屬不可能之事，何況每一任處長均有他們自己的一套理想與計劃。同時由於歷任處長大半係軍人出身，雖說警察工作並非技術性質，但若一個外行人初入其中，欲求瞭解此項業務，非一年半載，實不能窺其全貌。憶過去曾有二三位處長初次接事時，並不瞭解課員、局員、督察員以及巡佐之間之大小及職掌，以致笑話百出，但俟其稍能瞭解一般業務性質，可開始着手改革事宜時，但實施未及一年又已更換，而繼任者又須慢慢摸索，從頭做起。其結果，年復一年，一如舊貫。

(丙)勤務與敎育繁重

誠如衆所周知，警察工作爲行政部門中最低層最接近民衆的工作。除日常守望巡邏工作外，尙有其他數不清的額外負擔，如催稅、召集令之送達、拆除違章建築、戶口調查等項，致使每一員警，疲於奔命。此外，尙須接受永無止境的常年敎育，諸如柔道、擒拿、讀訓、考試等，使得每個人都有分身無術之苦。在事實上收效如何呢？各人肚裏明白。但是各單位的局長或分局長等在上級查詢時，沒有一個敢膽說「不好」二字。其實我並不反對所謂常年敎育，但我認爲必須有適當時間的安排及顧全員警的體力。例如每當一個警員剛剛下了四至八的班，匆匆吃了飯又要參加九點鐘的柔道擒拿，試問這是「敎育」嗎？還有一點最不合理的事，是有的同仁派往山地工作，爲了參加分局的常年敎育，須從山上下來，走了整整兩個半鐘點，到達分局參加柔道擒拿二個鐘頭，再回去又要走三個鐘頭的路程（因爲下山容易上山難）。因此有的員警乾脆就住一天旅館，第二天再回去，至第三天又須下山。這種「敎育」，非但浪費精力、金錢、時間，並且妨碍了勤務。

(丁)階級和服裝紊亂

在我國各機關中，沒有像警界人員階級之紊亂，有的人明明只能掛二條槓二顆星的階級，却偏要掛二條槓三顆星，好像非如此不足以顯示他的高官厚祿。同時更奇怪的，這樣隨便亂掛，竟也沒有人干涉。在實際上，警察機關人員的職俸頗低，例如一個分局長依照規定是委任或薦任，一個薦任七八級的人員，充其量不過是二條槓二顆星，可是現在呢？一律是二槓三星。我記得軍隊裏一個少校升中校或上尉升少校，其階級之核掛必須上級批准，並有一簡單儀式以示尊重，但警察界却似乎將階級及金星當作女人的手飾一樣看待，只是爲了好看，並非爲這一階級的尊嚴。更奇怪的，縱使上級不發給他掛，他仍可在街上買一副並自行加星典禮，這是什麼制度？雖然內政部規定有警察制服條例，可是有幾個照這樣做？迄至目前爲止，警察人員之階級是依照其現在的職位掛星？抑是依照其薪俸掛星？尙無明文規定。這一點是值得注意的。因爲階級是代表這一職務的尊嚴，倘使隨便亂掛，則無怪乎人民視如無物了。

(戊)命令及規定如毛

還有一點值得一提的，就是警界的命令或規定如毛，不管它的命令或規定是否牴觸法律，可是命令就是命令。一般人認爲行政命令是可由主管隨心所欲，別人或其他法律是無法予以約束或限制的，這一點實有値得商榷的必要。這裏可以舉二個例子：一是警察人員夜間無燈騎脚踏車，如經發覺將予開革。一是警察人員結婚，必須早一個半月報告上級，以便派員調查女方之家世是否淸白；結婚時委任職請客不得超過四桌，薦任職不得超過六桌，否則如經發覺予以開革。依照上述二條，最有趣的是委任職的四桌及薦任職的六桌，我不知道擬訂本條的起草人，是以什麼方式去衡量兩者間剛剛相差二桌？我更無法瞭解這些命令及規定的根據是什麼？與憲法及公務員懲戒法有無牴觸？可是沒有人考慮這些事；因爲這是命令。此外，還有其他十三項禁令，眞是不勝枚舉。我知道這是主管警政人員的苦心，以防外界物議，一方面想將警察人員每個人都變成「聖人」，使別人無話可批評。而另一方面反把他們當作不停的鐘擺，每天廿四小時不能休息，這完全忽略了事實與後果，致造成今日警界普遍萎靡不振的風氣。

三　解決警界危機的辦法

(甲)由內政部擬訂整套的警察制度，由警務處奉行實施。

依照憲法一〇八條第一項之規定，警察制度應由中央立法並執行，或交由省縣執行之。當然擬訂一套警察制度，而能適合當地情形，固非易事。但能抓住基本原理原則，並非難事。例如現在我國之各行政機關中，以海關及郵政的各項制度(包括人事的升遷，人員之任用及退休。)比較完善，它不論服務人員過去的資格如何，倘擬進入該處工作，就得從頭做起，再一年一年的計算年資。但警界則不然，來去自由，有好位置通常都是一些不相干的人充任，所以由內政部來擬訂一套警察制度——包括人事的升遷、任用、退休以及各項組織規章及職掌勤務等，由省機關逐步實施，其優點有三：

①不受歷任主管更動，而影響制度之推行。

②由內政部擬訂制度，比較顧到客觀的事實，不受主觀影響。

③能有監督權——這是最重要的一點。

在這裏我必須附帶聲明的，就是上述各項（指人事升遷、任用、以及組織規程等）制度，實際上內政部一部份早有規定，但由於本省警察情形特殊，致形成尾大不掉狀態，我行我素，內政部無權顧問罷了。所以我在第三點上，特別强調內政部主管警察的警政司應有監督權，像過去大陸時期之警察總署一樣，以期收事權劃分之效。

(乙)暫時停止警官學校及警察學校招生，但調訓各級人員仍可繼續辦理

由於退休制度未能建立，各方非警察人員仍源源參加警察界服務。因此警察人員之出路，成了一絕大的問題。而每年由警官及警察學校畢業出來之同學，更是無處可予安插。有的同學畢業了很久仍是實習員。有的得了薦任待遇六七年，而連考七八年的甲等，仍是無法擢升。所以在警界幹十幾年的科員、局員、巡官以及巡佐警員等，差不多佔總數百分之九十五以上。難道說這些人的能力、經驗、學識、資歷以及考績，不如分局長科長或局長之流嗎？不，決不。我並且可武斷的說，現在全省警察的各項成績以及工作，百分之百是靠上述這些人在推動、在執行。所以我建議暫時停止官警二校的招生，並非因噎廢食，而是面對實現的一個必要措施。至於說到調訓問題，這是一種必需的方法，因爲在警界之中如上述其他非警察出身的人員太多，假使能予適當時間的訓練，使他們非但可以獲得一種資格，而且對警察常識，也不至於完全陌生。

四　結　論

上述各點，是根據我個人服務警察界十年來的經驗，認爲比較不爲別人所注意的問題而提出加以檢討。至於其他如衆所週知的待遇太差，主管與低級人員間津貼費相差太遠，以及員警宿舍問題，歷年間均有討論，故不再予以贅述。

總之我國自有警察名稱以來，爲時非短，爲什麼到現在仍沒有一個良好的制度？我想任何人都會感到懷疑，爲什麼歷任的警務處長均由軍界人士充任？而我們這些警官高等學校，浙江警官學校以及中央警官學校畢業的同學們，就沒有一個有資格充任這個職位？我認爲這是警界同仁値得反省的一件事，我希望警察界的同學們，能相互策勵、共勉、檢討、努力。開拓警察前途的責任，應由我們警察同仁來擔當，不要希冀予別人，因爲別人沒有將此項工作當作他終身職業的打算。我希望我們的職業與地位，能受到社會人士有禮貌的待遇——這就是我終身所嚮往的。

教師與「窮」！

——介紹中學教師的待遇及其生活

胡虛一

目下社會流傳着一種說法，即：今日在自由中國的人，生活最窮苦的，要算下列兩種人：一軍人，二教師。因此，早就有所謂「窮丘八」和「窮教員」的口頭禪。筆者回顧：遠當民國卅八年大陸慘敗，流入軍門，隨軍來臺之際，也曾當過一段時間的軍人。在那段期間，我深深嚐到做軍人的許多窮苦辛酸的滋味，現在要說起來，眞是一言難盡！自離開軍職以後，又一直以教書維生。關於目前的教書生涯，是個甚麼味道？現在打算加以簡單的介紹。

首先要說明的：筆者之撰此短文，絕無意在此「故作窮相」，以博世人之垂憐和同情；我們只顧本着「是什麼就說什麼」的基準，極忠實地說明我們目前所得到的待遇，已使我們在生活上所感受到的「窮困之痛」，實已到了無法忍受的程度！今日大家爲生活奔命，已弄到惶惶不可終日。臺灣大學的殷海光教授對我講，他每月領回來的薪水，只够維持其一家半月的家用開支，爲了補貼家用的不够，預備要請太太開洋裁店了（現已實際工作了）。堂堂大學教授，所得待遇要維持生活，還得要請太太開洋裁店來補貼家用，更何況我們這些等而下之的中學教師待遇呢？所以目前的教育工作人員，實在只是在「以工作換麵包」，求個「食無求飽，居無求安」的生活而已，那裏談得上在爲「百年大計的教育」而獻身呢？

現在請以筆者每月所得的薪給待遇爲例，以見中學教師待遇之一斑。本人目前底薪已達三一〇元，就教學歷史言，已算是頗有年資的人。茲將待遇分爲「薪餉」、「實物配給」兩類，表述於次：

筆者每月薪餉（表一）

薪餉項目	金額（新臺幣）	說明
本俸	三一〇元	係底薪，只有表示教學年資作用。另據此折算之統一薪俸數，才是實得薪水金額。如本人底薪三一〇元，經折算得統一薪俸二四〇元，乃本人實得薪額。
統一薪俸	二四〇元	「職務加給」一項，凡教員兼導師者，另多發導師加給七〇元，合得一五〇元。
職務加給	八〇元	惟自導師加給調整增加後，兼充導師者多爲國民黨黨員，非一般與校長和訓導主任毫無親密關係者所得兼任。
研究費	一三〇元	「研究費」原爲三〇，自四七年八月份起，每月增發一〇〇元，合原有共爲一三〇元。
服裝補助	五〇元	
醫藥補助	四五元	
總計	五四五元	

筆者每月實物配給（表二）

配給物品	數量	折價（新臺幣）	說明
糙米	二六公斤	約七二元	1. 各項配給折合現金，每月時價不一，須隨物價而定。依目前物價，四種配給，每月可折算得新臺幣一〇〇元左右。或多或少，相差無幾。
食油	0·六三五公斤	約八元	2. 凡單身，大多參加公伙。凡參加公伙者，照例將每月全部配給繳與管伙人員，按照當月物價折算。
食鹽	0·五〇公斤	約二元	
熟煤	二五公斤	一七·七元	
折價金額總計		約一〇〇元	

綜合「表一」的薪餉總計金額和「表二」的實物配給折價金額總計，兩者共爲新臺幣六百四十五元左右。這六百四十五元左右的新臺幣，就是筆者現在每月的待遇。凡與筆者同底薪的單身中學教師，也都是享受與筆者同樣待遇，每月可拿新臺幣六百四十五元。至於有眷屬的教師，按其眷屬人口，每口每月另發「眷屬補助」新臺幣二十元。實物配給的數量，則有「大口」、「中口」、「小口」之不同：

眷屬實物配給（表三）

配給物品	數量：大口	數量：中口	數量：小口	說明
糙米	一四公斤	一〇公斤	五公斤	凡有眷屬之教師，其實物配給，都親領實物自用，很少折價出售者。
食油	0·六三五公斤	0·三三五公斤	0·三三五公斤	
食鹽	0·五〇公斤	0·二五公斤	0·二五公斤	
熟煤	二五公斤	一三·五公斤	一三·五公斤	

同時，每位有眷屬的教師，其眷屬人數，規定限報五口（不論大口、中口、小口）。如有眷屬六人，則有一人卽無法領得「眷屬補助」新臺幣二十元和實物配給。設有某一與筆者同底薪的教師，共有眷屬五口，計爲太太和子女各二。按年齡分別核定：太太爲大口，二子中口，二女小口，則其全月的收入如下表：

薪津實物配給

薪津	
項目	金額（新臺幣）
本人薪餉	五四五元
眷屬補助費	一〇〇元
總計	六四五元

實物配給					
物品	數量				總計
	本人	大口	中口	小口	
糙米	二六公斤	一四公斤	二〇公斤	一〇公斤	七〇公斤
食油	〇·六二五公斤	〇·六二五公斤	〇·六二五公斤	〇·六二五公斤	二·五公斤
食鹽	〇·五〇公斤	〇·五〇公斤	〇·五〇公斤	〇·五〇公斤	二公斤
熟煤	二五公斤	二五公斤	二五公斤	二五公斤	一〇〇公斤

上表所列薪津總計新臺幣六百四十五元，再加上糙米七十公斤，食油二·五公斤，食鹽二公斤，熟煤一〇〇公斤，就是這位六口之家的教師每月的全部收入。本人無理家經驗，這一薪津加食物配給的全部收入，在此百物高漲之際，是否够此一家一月之開支？筆者不敢亂加肯定，也不敢亂加否定。不過凡有家眷者，就筆者所知，無不都被其一家生活的重擔，壓得喘不過氣來，不叫苦連天的，似乎沒有。筆者現雖行年卅，仍無「力」服膺「男子三十而娶」之古訓，但一個單身教師的生活，難道會過得較輕鬆瀉意了嗎？現再以筆者個人每月的開支，列表如次，藉和上述筆者的每月收入，作一比照：

筆者每月開支表（表五）

開支項目	金額（新臺幣）	說明
1. 人壽保險費	7.7元	發薪時扣。
2. 伙食費	220元	含全部配給折價。
3. 加菜費	30元	每週加菜一次每次每人十元以內。
4. 香烟（新樂園）	70元	每月20包，每包3.5元。
5. 火柴	3元	
6. 服裝鞋襪	40元	全年12個月平均數，並含面巾用費。
7. 牙膏肥皂	30元	含自洗衣衫用皂。
8. 洗熨外衣	45元	含洗被褥床單各一次。
9. 茶葉	10元	自用兼待客。
10. 衞生紙	5元	
11. 理髮	10元	每月兩次
12. 文具用品	25元	含信紙信封和郵票。
13. 定報1份	30元	
14. 定期刊物1份	8元	每月兩期。
15. 交通費（公共汽車）	25元	
16. 娛樂費（電影）	30元	預定每週1次。
總計	588.7元	固定支出。

上表所列十六個項目的開支，乃每月固定的開支項目（當然其中還有些可減省的！像第四項的香烟，第五項的火柴，第九項的茶葉，還可以戒省；再像第八項的洗熨衣物，第十五項的交通費，第十六項的電影娛樂費，也都可以考慮再作減少。至於第(13)(14)兩項的報刊費支出，我固也可以考慮減除，無奈這兩種報刊都是筆者所嗜愛而又爲學校所未訂有者，我是教書的讀書人，不能連這一點兒興趣的嗜好享受都給「克難而去」）。這十六項固定的支出，總計爲新臺幣五百八十八元七角。就筆者每月所得的待遇——新臺幣六百四十五元（內含全部實物配給折價金額）言，這十六項支出的總額，即已佔去本人待遇百分之九十强，所剩下的五十六元三角，可說是我全月的零用錢，也可說是我的應變費。舉凡一切其他的意外需用，都要告賴於它。自然遇到重大的需要，比如一位許久不見的老友之突然來訪，粗茶淡飯，不能不備；又如忽然染上流行感冒，爲了救命，不能不吃藥打針。要是遇到這類需要，那就非要「狼狽不堪」了！筆者去年，害病一週，借錢醫病，弄得我半年經濟不能平衡。托福自來臺灣，尚未生過什麽絕症險疾。我常想：假如筆者一日患上一次沒有錢就無法活命的大病，我除了用「命」去拼外，我是毫無辦法的。思念及此，頓覺毛骨悚然！咱們的生命，想不到竟是這樣的危殆！可憐！自然這區區五十來元新臺幣，更談不上什麽「登高賦詩」，「以文會友」，就連想買點有益於知識的名著來作來研讀也不可得。可是居然還有人喜愛對我們下命令，打官腔，說什麽「公教人員要實行儉樸生活呀！」「公教人員的生活要節約呀！」打官腔的大人先生們！是不是要把我們這條上氣不接下氣的老命，都給節約掉了才算甘心呢⁉現在我將校長室四十八年元月十九日給我的一則油印通知，抄錄於後：

「一、奉臺灣省政府教育廳(48)1、13教人字第一〇四六八號令略以：『層奉行政院令發公務人員實行儉樸生活要項一種，正遵辦間，復奉省政府(47)12、31府社三字第一二〇一一一號令：爲年節（指四八年農曆新年，亦即春節——筆者按）在邇，希切實遵行，公務人員實行儉樸生活要項第五點之規定：公務人員逢年過節，除至親友好外，不得相互送禮，拜年限於團拜，令仰遵照，並轉飭所屬切實遵照。』等因

二、特此通知。

附公務人員實行儉樸生活要項（條文從略——筆者按）」

筆者收到這則通知時，距離過四八年的農曆新年，還有半月之遙。當時我已快囊空如洗，「一文莫名」了！而且還正爲這一至富中國人情味的舊曆新年的即要來臨而不知如何是好？突然來上這張通知，正觸引起我無窮的心思愁緒，乃揮筆而成此文，藉以引發憫我「窮教師」者之同慨！

四十八年的農曆新正。

通訊

西藏戰火的火種

——前共產國際情報局的「解放亞洲」方案

吳彥傑

一 一項早就由共產國際情報局預定的「方案」

本年四月二十三日報載中央社巴黎二十一日專電稱：本期「基督教世紀週刊社」社論謂：「世界共產主義，企圖從西藏高山地區中殺出一條路的情形，似乎在遵照列寧從莫斯科到巴黎，是經由北平與加爾各達」的指示。吾人可知中共匪幫出動大兵撲滅西藏抗暴運動的血腥行爲，並不僅爲那不毛之地的西藏一隅，而是要從世界屋脊上殺出一條血路來侵略西南亞洲的警報！但這警報並不是現在才發出來，而是在韓戰前半年的一九四九年的秋天，共產國際情報局便製定了「解放亞洲」方案，命令中共匪幫執行。該方案的軍事行動：分東、中、西三路戰線。印度、巴基斯坦、阿富汗、錫蘭等國，爲西路戰線首被吞併的國家。當時它們深信三年之內，可以完全解放亞洲，十年之內可以完成世界革命。後來因共產匪幫採取軍事行動的東路戰線，一開始便在南韓遭受重大犧牲，一時無力在其他地區放火，故對于西路戰線的侵略行動，暫時沉寂。可是實際上共產匪幫時時刻刻都在「世界心臟」區的新疆、西藏等地加緊完成吞併西南亞洲的準備，待機而動。作者於四十一年七月二十六日在香港「新聞天地」一二三四期，將共匪解放亞洲西路戰線軍事部署情形，以「紅軍四十萬牧馬印邊」一文詳細報導，喚起民主國家切實注意，並籲請印度特別當心。無如印度當局囿於「中立主義」，經常冀於共匪虎口討餘酸之私圖；而忘卻幕下燕巢之危了！

近年來共產集團在東西雙方到處點火，因民主國家已經醒覺，團結防堵，侵略行動到處碰壁。專以向外擴張來鎮壓內部革命的共產匪幫，迫得轉向它一向認爲「抵抗力最弱」之一環動手，只要找到「藉口」，很可能採取「閃電式」的軍事行動。故目前西藏戰火，仍是「解放亞洲」警報之舊事重提。茲將前共產國際情報局「解放亞洲」方案，及共產匪幫在「世界心臟」區之新疆、西藏地方，對征服世界準備行將成熟諸陰謀揭露，籲請自由世界及早思患預防，更希望印度當局尼赫魯要注意及之。

二 和共幹「對白」中的「世界革命」

三十九年一月一日北疆西游擊隊由景化南山南逾天山，集中阿爾金山總游擊根據地時，作者覺得被入新匪軍沿途各個擊破之反共國軍，散在山林水澤者，尚約二萬人，人地生疏，任其坐以待斃，殊屬可惜！遂先行離山，藉籌「晉關」旅費爲名漫遊南疆，就近指導伊等順便投奔各游擊根據地。適於三十九年一月二十九日在南疆焉耆「各界歡迎王司令員大會」，聽到匪「一野副司令員兼一兵團司令員與兼代新疆軍區司令員」王震，面對焉耆各民族領袖靠攏各法團首長投降國軍與匪軍上尉以上男女幹部共數百人，公開發表一篇侵略印度（他所指的印度包括巴基斯坦、錫蘭在內）、英國必然成功的講演。在中共匪幫因三十八年一年中騙得中國大陸，咸以爲是從古未有之奇迹？匪酋都趾高氣揚，睥睨世界，一切均從心所欲，毫無顧慮，更無所謂秘密，尤以在「雙重鐵幕」插翅難飛的新疆，只須鼓舞人民，更不慮洩漏秘密。因此匪酋王震即已公開講說：一聲令下，不要半年，可以攻下印度，一年可以解放馬來亞，三年解放亞洲，十年完成世界革命云云。此事已非秘密，祇要有膽量而爲不露痕迹之搜索，不難將其內幕和盤托出。作者當時認爲王震公開講演的事實，決不會空谷生風，似有搜索調查之必要，因於晚間與共幹談論王震公開講演的一切內容，所談非常廣濶，其與「解放亞洲」完成「世界革命」有關者，最重要的記得有下面幾個問答：

問：今天你們王司令員在焉耆各界歡迎大會席上，公開講演要攻取印度馬來亞和英國的話，到底是眞是假？

答：解放印度和馬來亞那些地方，是解放亞洲之一環。解放亞洲是世界革命之一環。自去（一九四九）年秋世界革命領袖史達林，獲得新疆陶總司令（峙岳）允相機起義密息後，即以中國解放可預期成功，故由共產國際情報局，製定解放亞洲方案，交由中蘇兩國共同執行。我們去年在酒泉時，就接到了這個方案，現在是照方案行事，那裏是假。

問：截至現在止，你們到新疆的部隊，不到八萬人，今天王司令員說崑崙山下，已經準備了二十萬大軍，那些部隊是從何處來的呢？

答：這一點王司令員未免言之過早，但他講是準備了二十萬人，並沒有講崑崙山下已經開進了二十萬人。至於攻打印度的兵力，我們去年在酒泉的時候，早有準備。你要知道，我們共產黨的長處，就是動作迅速，說到那裏做到那裏，決不會講空話，只要準備做的事，莫說二十萬人，就是再多幾十萬，也容易做到。何況這是配合共產國際情報局解放亞洲方案，是世界革命過程中應做的事，更是不能不做的。

在反復探詢中，對共產匪幫解放亞洲，征服世界的一定步驟，大致已明，但對「共產國際情報局解放亞洲方案」內容如何？仍有繼續探查之必要，終於費盡心機，找到了這個事關世界安危的「方案」。現在，我把他們的陰謀揭露在下面。

三 共產國際情報局解放亞洲方案內容

該方案由北平僞解放軍總部於一九四九年九月轉匪一野曆到第一兵團，（僞中華人民共和國是一九四九年十月一日成立的，故當時尚未成立。）附文云（一二兩項略）：（三）；我野戰軍在方案內所負擔任務需要之部隊，由本部抽調交貴兵團負責指導進行。(四)：抄附方案與藍圖及方案說明書各一份，希遵方案與藍圖指示各項切實施行，隨時報核。方案全文如下：

㈠本情報局為乘美國帝國主義亞洲政策根本動搖之機會爭取時間，除迅速另訂「中蘇友好同盟條約」(該同盟條約係一九五〇年春毛周二匪首第一次朝俄時訂立——作者按。)外，為順利完成解放亞洲任務起見，而製定本方案(以下簡稱本方案)。

㈡本方案解放亞洲所需地面部隊：概由中華人民共和國，與蘇維埃聯邦共和國分別擔任，組成中蘇聯軍執行之。

㈢為符合亞洲人解放亞洲之宗旨，與適應亞洲生活習慣起見，中蘇聯軍所負擔之戰鬥任務，蘇聯部隊概為總預備隊，中國軍隊為前進戰鬥部隊。

㈣為減少亞洲地面戰鬥起見，以中蘇兩國軍事重大壓力，壓迫美帝洗手退出亞洲為第一要着。以聯合各國共產黨員及各國無產階級與民族主義共同奮鬥為第二要着。故中蘇聯軍須隨時與各國共產黨及共產國際駐在各國情報局密切聯繫，配合行動為要。

㈤中華人民共和國，應於一九五〇年三月以前解放海南島，作為蘇俄海空軍解放亞洲前進基地。

㈥解放亞洲前進戰鬥路線：分東、中、西、三路：

①東路戰鬥路線

該路戰鬥路線，以朝鮮人民共和國為基地，援助該國解放南韓後，卽成立該戰鬥路線中蘇聯軍司令部，以解放日本為第一步工作，限一九五〇年完成。以解放臺灣、菲律賓、印尼、婆羅洲，及太平洋一切亞洲島嶼為第二步工作。但推進第二步工作時，須與中、西、兩路戰線密切聯絡執行，進行方向與步驟如藍圖。

②兵力

上述戰鬥路線所需地面部隊暫定為：㈠中華人民共和國十二個建制軍(約三十六萬人，作者按。)，由中共第四野戰軍與東北軍區調派，須於一九四九年十二月以前集在中朝兩國邊境，候命開拔。㈡蘇維埃聯邦共和國為十個建制師，由蘇俄東海軍區調派，須於一九五〇年一月以前集中蘇朝兩國邊境與庫頁島，俟南韓解放後，候命開拔。

③中路戰鬥路線

該路戰鬥路線，以解放越南、緬甸、暹羅、馬來亞為第一步工作。以解放印尼、婆羅洲、及亞洲太平洋一切島嶼為第二步工作。本戰鬥路線所列各國，多為英法帝國主義殖民地，民族主義最發達與帝國主義早已形成對立，為最易解放之地區。除由中蘇兩國視情況需要，儘量予以軍事技術及軍需物資，援助各該國人民解放軍而加强其行動外，在東、西、兩路戰線第一步工作尙未完成之前，暫不實行軍事援助。

④上述戰鬥路線，如情報局認為情況變更，需要軍事援助時，另定辦法通知。

⑤西路戰鬥路線

該路戰鬥路線，以解放印度、巴基斯坦、阿富汗、錫蘭為第一步工作。上列地區，為英帝國主義壓迫最力之區，解放較易，定一九五一年完成。俟與東路戰線配合鉗形攻勢後，以解放印尼、婆羅洲、及亞洲太平洋各島嶼為第二步工作。但推進第二步工作時，須與東、中兩路戰線密切聯絡執行，進行方向與步驟如藍圖。

⑥兵力

上述戰鬥路線所需地面部隊暫定為：㈠中華人民共和國七個建制軍(共約二十一萬人，作者按。)由中共第一野戰軍調派，須於一九五〇年六月以前，秘密集中中印兩國邊境，候命開拔。㈡蘇維埃聯邦共和國七個建制師，由蘇俄中亞軍區調派，須於一九五〇年八月以前集中中蘇兩國邊境，候命開拔。俟開拔時，即着手組織中蘇聯軍司令部。

⑦為中蘇聯軍順利完成解放亞洲第一第二兩部工作計，其水路運輸所需之艦艇，與陸路運輸所需之車輛，概由蘇維埃聯邦共和國供給。

⑧為順利完成解放亞洲第一第二兩部工作計，各戰鬥路線所需之海空軍，概由蘇維埃聯邦共和國擔任。

⑨本方案認為適合情況需要，如有變更時，另行通知。

⑩本方案附藍圖一份，方案說明一份，除分知外，特此通知。

中華人民共和國政府。

因為蓄意調查此一方案，故於獲閱時，用心披讀數遍，而能牢記錄述如上，雖字句與原文或略有出入，但條文與意義完全無訛。惟理由說明書，長達二萬餘字，其內容分軍事與政治兩部，無非說明帝國主義必敗，解放亞洲必勝必成，以提高士氣而增加其必勝信念。其說法，則政治重於軍事，與上述「共幹對白」大致相同，因原文太長，無法記憶錄出。

四　中路戰線踵起的越戰

一九五〇年元月新疆共酋王震公開發表侵略印度、英國的講演，說出崑崙山下已準備了二十萬大軍，只要明年春雪溶化，一聲令下，翻過山就是印度的話時，當時崑崙北麓，尙無一兵一卒。等到是年舊歷六月底，匪軍交通復活，北疆游擊隊化整為零，廸化解圍，大陸匪軍源源入新，並在大陸投降國軍中挑選官兵精壯青年「反革命」中之青年子弟，共計四十萬人陸續運赴南疆，化裝墾民牧民，進入喀什蒲犂二千餘里崑崙山地，晨暮操練，白日墾種畜牧，與爬山練習，是一枝神不知鬼不覺的侵印奇兵。據四十三年由新疆到香港的朋友云：「中共在崑崙山下之屯墾軍，不獨沒有減少，而且六畜成羣，糧秣年有儲積，且因生活充裕，中共現利用伊等力量，由百五十人小組住宅，分別建築五人一宅，每人兩間的土房，準備為他們完婚，俾長留山中備用。」這是中共匪黨侵略西南亞各國而預先準備的「過河卒」！又南疆喀什向為中印通商大埠，向有英國總領事設置其間，歷年來尼赫魯討好中共，無微不至，但疊次要求在喀什設立印度領事館，恢復中印邊境商務時，因中共為隱蔽崑崙山下四十萬屯墾奇兵起見，始終拒不承認，乃為值得注意的事件。韓戰停止，共產匪幫回到「避重就輕」的侵略老路，對崑崙北麓早有準備的中共匪幫，爲什麼還沒有揭開侵印戰爭序幕？這是因爲侵韓戰爭的教訓。韓戰場有鐵路、公路，可供運輸之用，但因兵員太多，軍火耗費太大，補給尚時常中斷，利用落伍的牛馬車輛和人力，輸送補給品到前線，總是杯水車薪，無濟於事，如果不是聯軍限於不得超過「三八線」之警察行動的話，則入侵南韓的中共匪軍早已全部殲滅！共匪方知越過崑崙山千餘里山地，全靠陸路人畜運輸補給，是無法持久作戰。遂一面選定水陸交通便利之東南亞入侵，故韓戰甫停，越戰踵起，而印度因交通閉塞之故，仍能偷安於一時。但共匪對於侵略西南亞的兩路戰線各國仍未忘懷：先在印度大門前的西藏先爲穩健之準備，於三十九（一九五〇）十一月由川康邊境向西藏進侵。昌都一役，西藏地方軍五千主力，全部擊潰，迫得西藏當局派遣代表赴僞都議和，於四十年（一九五一）五月二十三日與中共訂立「西藏和平解放協議」。但因西藏高原，空氣稀薄，除拉薩小平原宜於耕種外，大都春遲秋早，冬春墮指裂膚，夏節滂沱大雨，僅產低麥類之「青稞」，爲全藏人民「糌粑」原料之主要食糧，牲畜年產僅及新疆十分之一，亦難大量蕃殖，除以前驛路外，交通極端困難，須先期充分準備，故遲到四十一（一九五二）年二月韓戰和議將成之際，中共二野十八軍三萬人，才開進西藏首都拉薩。惟萬里遠戍，兵少易啓戎心，兵多則糧運不濟。三萬匪軍不足鎭壓西藏廣大地區，如操之過激，易引起反抗。且共匪佔領西藏主要目的，經濟價值較小，軍事價值較大。因西藏爲世界屋脊，居印度河上游，俯瞰印度，故匪軍入藏初期，佯採寬柔政策，使藏民仍享自由，而另有澈底「解放西藏」辦法，俾肅清入侵西南亞時後顧之憂。是世界心臟之新疆、西藏，乃自由人類潛伏之禍害也。

韓戰甫停，東南亞日趨緊急，中共除以槍砲彈藥大量援助胡志明外，並派大部軍隊滲入北越人民解放軍作戰，法國堅持殖民政策不放，美國宣布不單獨作戰，故共軍所向無敵，連戰皆捷，東南亞全境已瀕於危，法國才被迫放棄越南，美國積極援助南越，始穩定殘局，而成今日南北越對峙局勢。近年來，除西南亞洲各國，均陶醉中立主義中，仍成世界缺口外，東南亞反共公約，與北大西洋反共公約各國，團結日益堅強，共匪侵略，到處碰壁，如稍加思索，便知共產匪幫下一侵略目標指向也！

五、尼赫魯再不要惹火自焚

鴉片戰後，西藏即爲英帝國主義侵略之目標：風潮疊起，擾攘百年，迄未平息。二次大戰告終，印度始得獨立，遂忘「由莫斯科到巴黎倫敦的捷徑，，是經北平與加爾各達」之大患！貪目前小利，承襲英帝侵略衣缽，謀奪西藏。多年來在若即若離的微妙局勢中，我雖暫保西藏宗主權，迨我剿匪軍事失利，無暇西顧之時，印度便認爲是侵略西藏之良機，遂嗾使西藏當局，於三十八年（一九四九年）七月八日，發動「西藏政變」，强迫我政府駐藏人員撤離拉薩，事出奇突，我駐藏各員，損失甚大！在英帝求之百年而不得者，尼赫魯乘我之危，毫不費力，欲置西藏爲印度保護國，殊不知螳螂捕蟬，黃雀已襲其後矣！

新疆崑崙北麓四十萬屯墾「奇兵」，是共產匪幫西南下略取印度洋之軍事基地。至於西藏高原，係配合崑崙基地略取印度洋之東南鉗。軍事價值重於經濟價值，惟西藏文化落後，宗教信仰太深，思想不易改造，故中共在表面上不獨沒有「土地改革」「農業合作化」與「人民公社」，並禁止使用僞人民幣，併從內地運去大批銀元，活潑西藏經濟不少，故歷時七年，相安無事。而共匪所以向西藏「現實」低頭者，正謀澈底實行「解放西藏」辦法。其辦法：㈠百萬移民，藉以解決澈底解放西藏與進侵西南亞之兵源與糧援。㈡藉教育製造藏奸，作爲根本消滅「封建主義」「帝國主義」「宗教迷信」之主力。㈢培植班禪喇嘛爲全藏傀儡領袖，以鎭壓叛亂。㈣趕築川藏、青藏兩公路便利軍運。四者齊頭併進，均大著成效。依中共計劃在四十九（一九六〇）年內，西藏每一「庚布」，即村鎭須有兩個由中共培植出來的藏族幹部和一個漢族幹部，切實掌握西藏鄉村基層組織。並據四十七（一九五八）年十二月北平出版「建設祖國的邊疆」報導，謂一九五八年夏季，進入西藏的移民已達三十萬人。以上四者爲赤化西藏與解放西南亞洲行將成熟的狠毒陰謀，乃震醒了西藏貴族僧侶及印度中立主義者之偷安迷夢，故有今年三月十日以康巴族人爲主的「西藏抗暴運動」之爆發，並遍及全西藏。據本年五月四日報載：由華北及北平雲南昆明四川成都陝西西安空運到西藏的步砲化學兵二十萬，另新疆騎兵萬餘人，連原駐西藏匪軍在三十五萬人以上之確息；吾人如以冷靜頭腦分析，則對付男女老少共不過一百二十七萬餘人之後藏叛亂，決不需要此龐大兵力。同時中央社華盛頓二日專電華府空軍雜誌稱：共產匪幫近在西藏拔海高處山嶺中，建築洲際彈道飛彈基地，並謂西藏對內對外之特殊地理形勢，使它在今日的戰略形勢中具有極大價值。而中共匪幫在大陸發動反英反印運動，比較以往「反美運動」更加激烈。由以上種種消息，推測：這似乎是中共在「解放亞洲」的西路戰線中，採取侵略行動的「前奏」！

面臨緊急關頭的印度：應付方法爲二：㈠是在共匪威嚇之下，把達賴送回西藏，作換取印度苟且偷安之交換條件。在擴張欲最烈之無膽英雄尼赫魯主持下之印度，似有採取此不利形勢之趨向，但偷安期間，最多不過三年，印度與西藏便將同歸於盡。㈡竭全力支持西藏反共運動，迅速空投補給，接濟西藏義民。蓋入藏匪軍雖多，裝備雖精，但氣候不宜，地形不熟，峻嶺行軍，重兵效力低微，反共藏民只要彈藥不缺，是可持久抵抗的。匪軍除以重兵防守重鎭外，決無法將反共力量全部撲滅，結果因有後顧之憂，便不敢以重兵進侵西南亞，所以積極援助藏民反共，正所以保全印度之道。至於達賴在印度，不獨應享絕對自由，且促其游歷世界各反共國家，令其將中共違背協議摧殘藏民一切罪惡眞相向世界宣佈，獲得自由人類同情與援助，以宣傳之道反擊宣傳者，是屬必要。不過崑崙北麓，中共屯墾的四十萬奇兵，已經精練八年，士馬飽騰，氣候適宜，地形熟習，已成進侵西南亞之「勁旅」：故印度西北喀喇崑崙各峽口，應預先特別防範。捨

香港通訊・五月廿四日

海外對總統三任問題的反應

方望思

從蔣總統在去年十二月二十三日發表反對修憲聲明後，這半年以來，海外自由反共人士對于這一牽涉到總統三任的重大問題，表示了一致的關切。在「自由中國」半月刊第二十卷第四期上，我已在「請看香港發出的臺灣政治颱風警報」中，做了一次初步的報導。現在這一篇通訊，便是對這一問題的進一步報導。

最近從臺北發出的消息，蔣總統此次在國民黨二中全會總理紀念週上，對修憲及三任問題發表意見時，雖堅持反對修憲的一貫立場，却對三任問題沒有做明確的表示。據說這是由于目前有三項顧慮：㈠不使敵人感到稱心。㈡不使大陸億萬同胞感到失望。㈢不使海內外軍民感到惶惑。但另據合衆國際社從臺北發出的電訊稱：「未經證實的消息說：蔣總統的第二任任期于明年三月屆滿後，繼續留任的可能性，似已不成問題。」「在黨內，甚至據稱「發言者曾保證，無論是國內或是在海外僑胞社會中，絕大多數的與論都擁護蔣總統繼續爲國家服務。」」然而，據我們所知，事實與「發言者的保證」，似乎還有一段距離。至少在這個最足以反映海外與情的香港，對于這一問題，便是仁者見仁，智者見智。大體上說來，倒還是「反對者」多于「擁護者」。現在，爲了使臺灣的人，能眞正明瞭海外的反應，特將正反兩方面的意見，都客觀地扼要介紹如下。

現在先說贊成蔣總統連任三任的意見。

幾個月以前，香港便有若干人用「大陸流港難民」的名義，拍電報回臺灣，而促請修改憲法，懇請蔣總統連任。據說電文中有這樣幾句話：「在此反攻復國期中，應以蔣公繼續連任總統爲宜，副座陳公曾謂：總統一職，是不能由任何人充任。」儘管據熟悉內情的人說，這是政府派在海外的工作人員發動的，但我們不妨姑妄誌之。

最近，在反對修憲和連任之聲大起之後，香港「天文臺」和「工商日報」，曾表示過一些贊同的意見。儘管這兩個報紙的意見，說話還難免有些含糊之處，然大體上是站在擁護總統連任三任這一邊，是絕無問題的。所可怪者，倒是「香港時報」却始終緘口不言，所以無從報導。

在五月二十日出版的「天文臺」上，任畢明先生在「憲法與總統問題」中，表示了他個人的意見。任先生開宗明義便說：「修憲呢？不修憲呢？蔣總統應不應連任呢？這刻許多人在談論着。我個人對于這個問題所感覺興趣的，只有一個事實，因爲我所見到的，也是一個事實。」因此任先生認爲：「我不想對此說什麼，因爲這是一個鐵一般的事實問題，蔣不做，誰來？最好能夠清清楚楚地提出一個更適宜的人來！一個面臨事實的問題，決不是囫圇、虛擬、空論所能解決的。有位讀者向我開玩笑：『請毛澤東劉少奇來吧！』這雖笑話，但反蔣最烈的，當推他們兩位。」任先生幾乎是想一用「開玩笑」的口吻，給反對修憲和連任者，戴上一頂紅帽子，便可見任先生擁護之情爲如何了！

不過，一般認爲比較明白表示擁護總統連任三任意見的，倒非「天文臺」，而是「工商日報」。「工商日報」在五月二十四日有一篇社論，題目是「從國家觀點去解決下屆總統人選問題」。該社論雖然認爲「那些主張用修憲方法，以解決總統任期的，不僅技術有問題，而事實亦決難取得多數國人的同意，這次國民黨二中全會不把修憲問題提出討論，我們認爲，這是相當聰明之舉。」然這只是表示不贊成「任何拿着憲法去討論總統任期」而已。該社論主要的還是強調連任的需要：「在事實方面，大多數人都認爲在這非常時期，由蔣總統去繼續領導政府，無論對內外觀感都總要比「中流易馬」，爲更少不良的影響。同時人們也還記得，以前蔣總統固曾一度退休，但退休的結果，卻使當時的中國政局，陷于不可收拾。基于這一難忘的教訓，所以人們

此之外，別無他圖，希望尼赫魯先生要注意及之。

六　民主國家應切實注意世界心臟地區之動態

當三十八（一九四九）年八月蘇俄駐華大使兼共產國際情報局亞洲局長羅申，由廣州北上時，已接到共產國際情報局解放亞洲方案。在僞都北平與朱毛二匪首，商洽解放亞洲東西二路戰線軍事部署，集結百數萬大軍，準備歷半年之久，才開始進攻南韓。而民主國家事前毫無所知，可見鐵幕內情報之艱難。尤以新疆哈漢回蒙四民族七萬反共騎步兵苦戰十年，擊斃俄中兩匪黨十餘萬人，而外間茫無所知，故一九四九年共產國際情報局解放亞洲方案的西路戰線上，係世界戰略地區，也是世界最大的「反共缺口」，仍有重要參考與防範之傳值。

現在「世界心臟」地區之新疆與西藏地方，已成共產匪黨解放印度洋東西鉗形軍事基地，尤以新疆動植鑛物出產特別豐富，更成共匪征服世界取用不竭之「金庫」，掠奪之巨，年成幾何式之發展。但共匪在新疆與西藏所背負之「包袱」亦特別重大。因西藏與新疆係游擊戰鬬最有利之地區，西藏高原，氣候嚴寒，空氣稀薄，人煙稀少，糧秣奇缺，匪軍大部隊行動困難，補給維艱。至三十萬康巴族爲主的反共力量，雖人力限制，目前不易發展，但只要彈藥不缺，在廣大崇山峻嶺中，是可長期牽制匪軍。因接鄰印度緬甸之故，接濟較易，民主國家，應迅速設法予以軍需及物資之援助。至於六十萬哈薩克與漢回蒙三民族九十萬人爲主的新疆各游擊根據地，因帝俄屠殺新疆三百年「血仇」，在中共匪軍尚未入新之前，已預先集合力量，擇險建立游擊根據地，伊等騎射精良，地形熟悉，行動敏捷，會在各會戰，大勝中，擊斃俄中兩匪軍十餘萬人，奪獲槍械彈藥，足供長期需要。卽零星出擊，每年約殲滅匪軍萬人以上。外障萬里無根之戈壁，內恃各千數百里之崇山，力量雄厚，羽翼已成，決非俄中兩匪軍所可飛渡。但因新疆四面環山，內盆外凸，外間毫無所知，誠爲恨事。

總之：「世界心臟」中之新疆與西藏地方，已成共產匪黨戰略重要據點！亦爲反共力量最雄之地區，所有民主國家均不可忽視！

都覺得由蔣總統繼續連任，以期反攻大業的及早完成，實爲目前國家所需要。」

然而，反對蔣總統連任三任的意見，卻也說得振振有詞，其聲勢之大，在目前確實是壓倒了擁護者。因爲意見太多，無法詳細介紹，只能略述最近一些最具有代表性而且影響最大的意見。

在香港最足以反映海外自由反共人士共同意見的「聯合評論」，近在五月八日便發表過一篇胡越的「蔣眞要連任第三屆總統嗎？」現于五月十五日出版的第三十九號第一版又發表了一篇轟動一時的文章，正題是「反對修憲」，副題是「不贊成蔣連任第三任總統」，而署名又破例用「本社同人」四字，特別表示這是代表該社的共同意見。在五月二十日出版的「自由人」，還用「本報訊」方式在第二版加以扼要報導，並在第一版報頭旁邊特別加注了一行大字：「聯合評論社同人反對修憲的意見（詳見第二版）」，卽此一事，已足見海外自由反共人士對于此項意見是如何的重視了。可惜「自由人」限于篇幅，報導不詳，現特將該文第三節「蔣何以非做第三任總統不可？」的意見，按原文照抄如下：

「以下還要就蔣總統是否適宜於連任第三任總統的問題，把我們的意見歸納爲下列的四點：

一、蔣總統實際掌握中華民國的政權，已歷三十年以上，在三十年以上悠長的歲月中，他不僅不會爲國家奠定一個安全鞏固的基礎，反而把國家弄成如目前這一殘破不完的景象；說再假以六年的時間（到那時候他已屆八十的高齡），他便可以一反過去之所爲，而爲國家求得一新生命，我們必須坦白說明，我們確實不能再對他寄以這種信心。

二、最近這個十一年，本來已進入行憲時期，照理說，蔣總統既已接受國民的付託，立於國家元首的地位，應如何發揮這部憲法的精神，使一切政象納於憲政的常軌？但這十年以來臺灣的政治，所與過去在大陸沒有憲法以前的不同之點，究竟在那裏？不要說一黨專政的推行，比較過去大陸時期已變本加厲，也不要說憲法所規定人民的基本自由已被剝奪無餘；甚至期待政府實踐諾言、召集一個類似二十二年前廬山談話會那樣的反共救國會議，給予一般國民以一個對國是貢獻意見的機會，他也斷然不許！其獨裁專制不求進步的態度一至如此，說我們還要變更憲法，非請他做十八年乃至終身的總統不可，我們不能不坦白的說：有人主張這樣做的儘管好自爲之，我們反對這樣做的，一定斷然反對。

三、據某官員說：『蔣氏一生不應被任何人替代。』同時還說：『人們深信，國內外並無角色能比得他。』請問：假定這位官員所說是對的，以中國之大，人民之多，何以只能剩下如蔣總統這樣一個孤家寡人，其餘一切的人則盡屬奴才，無足齒數？大家試平心靜氣的想一想：這是不是與蔣總統三十餘年所造成的政治風氣，有一種不可分的關係？會國藩說：『辦大事者，以能找替手爲第一義。』蔣總統負責領導中國的政治已歷三十年以上，平日應有維護人才之心，也應有培植人才之責！可是由蔣總統的性格所能採取的途徑，則不僅不能維護，唯有摧殘，不僅不能培植，唯有不斷加以奴化；今天到了他的垂暮之年，仍不能找出一個可以代他而起的替手，豈不是事理之當然？更從另一觀點來說，也假定某官員所說是對的，則蔣總統至少應該是一位舉國無敵的超人，但何以共黨踞居大陸已歷十年之久，而蔣總統卻只能困處臺灣一隅，而不能損及他們的一根毫髮呢？凡此，可見某官員這種不通的說法，都只能作爲蔣總統不適于續任的鐵證，而決定不能作爲非他續任不可的論據。

四、中國能否反攻復國，決于世界是否能有更大的變化，但世界的變與不變，卻與蔣是否續任總統無關。質言之，世界要變，蔣不任總統還是會變，不變，蔣就是續任總統也還是不變。至于不憑藉武力反攻大陸，這是蔣總統親自對美國的一種諾言，蔣總統在任一天，要變更頗不容易，換一個人，卻或許有逐漸改變的可能，這說明爲了認眞要反攻復國，蔣總統也不能再幹了。

反對修改憲法，不贊成蔣總統連任第三任總統，這是我們的主張。」

「聯合評論」的意見儘管在措辭上顯得率直和激烈一點，然其基本觀點，都可代表大部份海外人士。所以一經提出，接着在五月十八日同一天出版的「祖國周刊」和「自由陣線」，也都用社論發表了類似的意見。

「祖國周刊」在「再論總統連任與修憲」中，首先强調「憲法之莊嚴，不容任何人以任何藉口違犯忽視。」而認爲：「如果在此時勉强修憲，則是違憲。如果另行設法通過某種條文使總統可以連任三次，則與憲法第四十七條牴觸，亦是違憲。」但該刊特別聲明：「並非反對蔣先生繼續領導自由中國」，卻坦白指許多「力勸蔣先生連任總統」的人，是「爲了自身利益」。主張「如果蔣先生決心維護憲法，他可以向黨內黨外誠懇地重申其反對修憲的意見，並明確表示不再任總統候選人。」

「自由陣線」則在「當前臺灣問題的重點」中，特別强調當前的重大問題，不是「第三任總統問題」，進而認爲蔣總統「在明年總統任期屆滿之前，此時正該明白宣佈不做第三任總統。」

左舜生先生接着也在五月二十日的「自由人」於「蔣總統連任問題」評論中，提出了一些個人的意見。左先生儘管承認「反攻復國依然少不了蔣先生的領導」，卻認爲：「假定去年蔣先生發表反對修憲的時候，同時聲明他決不願連任第三屆總統，這次的紛擾便根本不會起來；就在今天，如果他願補作這樣一個聲明，這種紛擾也可立卽平靜下去：如果他始終避免不談，則難免不有種種的推測、紛擾或且愈趨複雜，最後的結果，不僅于蔣先生個人不利，其損害或且及于國家，瞻望前途，我們確實不能不有點憂慮。」最後，左先生還進一步說了一番「不僅不贊成蔣先生連任第三屆總統，而且自始卽不贊成蔣先生任總統」的道理。

李璜先生接着也在五月廿二日出版的「聯合評論」上，發表了一篇題爲「勸進的歷史還要重演嗎？」的大文。李先生認爲這事足以說明：「中國士大夫之不長進，不爭氣，永遠停留在攀龍附鳳，拉住轎子，苦苦要抬的階段。」因爲李先生的基本看法是：「元首之于民國，也不過是國民的公僕，並非帝國時代的皇帝，卽使這一公僕服務得特別好，也不能說『一生不應被任何人代替』的。何況在民衆十分苦悶之中，國際友人又主張『變下較好』。」且據某民主自由人士兼政論家由美返國過港時說過，美國朋友的看法是：「Change is better。」

從以上這一些簡單介紹看來，相信臺灣的人看了，便不難知道海外人士對這一問題的反應爲如何了！

五月廿四日寄于香港。

江湖行（一）

徐訏

江湖行是一部幾十萬字的小說，故事複雜，人物繁多，它的第一部曾有單行本(長風出版社發行)，第二部也曾在祖國週刊上發表。第三部，因作者這些年來生活不安，一直擱着。現在作者已開始寫下去，擬在本刊陸續發表。

要讀這第三部的江湖行，自然最好先讀第一第二部的江湖行。但爲未能讀到前兩部的讀者便于讀本書起見，特將前面的故事輪廓介紹如下：

第一部

野壯子于他的父親死後，離開農村，隨着父執舵伯流浪。

舵伯駛一隻船，包與越劇班到各村各鎮演越劇，野壯子就做了舵伯的助手。並與舵伯合伙做買賣，慢慢地賺了一些錢。

在偶一機會中，野壯子忽然愛上越劇班的旦角葛衣情，葛衣情也愛他，彼此訂了婚。可是當葛衣情到小城裏演戲以後，她與她母親悔婚，並譏野壯子不是讀書人。

野壯子於是拿了他經商的錢到上海去讀書，非常用功，幾年後就做了大學生。那時候，葛衣情由結婚、離婚，再演越劇，到了上海。與野壯子重新晤面。

野壯子問起舵伯，葛衣情告他，舵伯因走私與賣軍火，在杭州獄中，野壯子趁暑假之便，到杭州山居，去探獄訪舵伯。

野壯子山居安靜，但有一天偶而看到一個小尼姑因懷孕在尋短見，他去勸她，反被其師誤會爲小尼姑之情夫。

野壯子一方面可憐這個小尼姑，一方面也發現小尼姑可愛，乃允暫充其情人帶她還俗，於暑假後到上海，小尼姑改名映弓，他把她安頓在友人家。

舵伯出獄後，因其走私與販賣軍火之積蓄，儼然富翁，卜居上海；映弓生一子，即遷入舵伯家，爲舵伯處理家務。

野壯子在學校的學生會中，鬧政治失意；得葛衣情介紹韓琴師，由韓琴師介紹江湖班主老江湖重新過流浪賣藝生活。

有一天，當他們船泊某鄉村之時，有一盲目的老人帶一少女賣唱。與老江湖交談之中，正彼此相熟，乃留其參加賣藝。

盲目何老，精於音律與野壯子合作製歌，由何之孫女紫裳唱演，竟一舉而成功。於是由小鎮而城市，受上海戲院之聘。

班中同人中，野壯子與穆鬍子最契合，穆鬍子有兩個領養的孩子。後穆因犯偷竊罪被拘，留兩個孩子在班中，與野壯子甚接近，並得野壯子之照拂。這兩個孩子叫大夏與大冬，到第三部江湖行開始時，已是電影明星了。

當在小城演出之時，何老忽然病倒，臨死時叮嚀紫裳勿再過賣藝生活。何老喪事由野壯子辦理，就在停柩的尼庵中，野壯子發現愛上了紫裳，但因老江湖之子小江湖在愛紫裳，野壯子沒有表示。

到上海後，紫裳在恆新舞臺演出，一時大紅。野壯子與紫裳相愛，因紫裳發現他與葛衣情之關係，因而疏遠。

那時，映弓已與情夫重晤，相偕遠行。葛衣情則移居舵伯之家，成影響舵伯及其事業之人物。野壯子發現與舵伯的情誼已與以前不同；與葛衣情之關係，又不舒服；與紫裳的愛情，又常痛苦，乃有遠遊出國議。但因老江湖相邀，請其幫同演完與恆新舞臺之約，故一再拖延。

在上海，班中的團員收入很好，許多人空閒時都去玩舞場，小江湖在舞場中認識一舞女，爲野壯子學校裏的同學黃文娟，野壯子鼓勵他們結合，他們就計劃等黃文娟與舞場合約滿後結婚。當時哄動一時，大家都去看黃文娟。野壯子也就在那個場合上得與紫裳單獨談話。紫裳約他到她住處去訪她。

野壯子與紫裳把晤，誤會頓釋，言歸于好。

但是紫裳實在太紅太忙，野壯子慢慢的變成寄生在紫裳身上，外面謠言尤多。這使野壯子常有出國的意向，但是一拖再拖，迄未成行。當時黃文娟因交友不愼牽涉在一個謀殺案中，野壯子與小江湖百般爲她奔走。後文娟終于被判徒刑兩年。

這時候，穆鬍子出獄來上海，向野壯子借盤費，說要去投土匪。野壯子一時動興，就請穆鬍子帶他同行。

野壯子離開了上海。

第二部

野壯子與穆鬍子投在唐凌雲部下，唐凌雲是寄存在國共夾縫裏的一股土匪，他統治了一個相當大的山區。野壯子在哪裏受了許多戰爭的訓練，並且在哪裏爲唐凌雲設立小學校等事項。

後來唐凌雲受挫于國軍。共軍來聯絡爭取，所派代表中有一個竟是映弓，她極力避開與野壯子談話。

後來唐凌雲中共方之計，把總部撤退到共區，僅留幾股部下在山區潛伏。穆鬍子即被派爲潛伏在山區的一股首領。而野壯子則隨唐凌雲後移。唐凌雲到了共區自然被共方所併吞。野壯子則借機逃離共區。

野壯子到穆鬍子山區裏就了一回，穆鬍子給他盤費乾糧、手槍等裝備,他一個人登上流浪的途徑。

野壯子爲避免國軍的稽查，通宵在荒野中趕路。他在路上遇到土匪，搶盡了他所有的財物。

第二天，野壯子拖着饑寒交迫的生命，才翻登山嶺找到一個破菴，破菴裏和尙正燒着山薯，延長了他的生命。

宿了一宵，野壯子從山嶺下來，投宿在農家周泰成家，周泰成有一個女兒叫阿清，發現野壯子很像她棄家遠遊不明下落的哥哥。當夜周泰成就想留野壯子住下，把女兒嫁他。野壯子甚爲感動，允許一年後再來。但如一年內不來，務請不要等他。

野壯子走時，周泰成給他盤費，他不肯受。祇接受了一套棉襖袴。

到了廻峯集，有公路車可搭。野壯子把棉襖賣去，以充盤費。但當天的車子已經趕不及，祇得投宿在一個茶館裏。

茶館的老闆娘是一個三十多歲的婦人，答應爲野壯子介紹C城通成旅館老闆——她的舅父毛揮國。並引誘野壯子陪夜。事後，野壯子非常悔恨自己的懦怯。

第二天，野壯子搭車到C城，他到通成旅館做茶役，遇到茶役領頭老耿。老耿告訴他老闆的外甥女的種種。野壯子怕她趕來找他，得老耿介紹，到一個煙土販子李白飛哪裏去送土，這工作雖有危險，但待遇好，工作不繁重，野壯子也就就下來。

野壯子慢慢發現穆鬍子所領養之二子卽老耿之親子，老耿知道了，卽想去上海找兒子。本定與野壯子一同回去，後來等不及，野壯子就打發他先去上海。

就在送土的當兒，野壯子認識了野鳳凰，野鳳凰就是紫裳的母親，她的小女兒小鳳凰，則是唱大鼓的。野鳳凰靠小鳳凰供給自不够用，因此舉債纍纍。野壯子發現廻峯集的哪個婦人正是對她放高利貸的。野壯子于是把積蓄爲她還了債，與野鳳凰做了很好的朋友。

野壯子勸野鳳凰到上海投靠女兒紫裳，但是野鳳凰不肯。她要野壯千介紹李白飛，爲她戒去嗜好。後來小鳳凰回來，野鳳凰通過李白飛在上海接洽了蓮香閣。于是組班子出發到上海去，野壯子就做了她們的班子的經理。 ——編者

× × × ×

四十八

我沒有通知任何一個人，我知道通知任何一個朋友都會使許多人知道。當我離開上海的時候，我大有不得志不回去的壯志，可是如今我竟一無所成。我有什麼面目去通知這些朋友？而事實上，野鳳凰也不願預先讓紫裳曉得，她似乎要有一點成功的姿態去重見她已失的女兒。

在野鳳凰的家裏，後來她整天同李白飛在一起，我們很少傾談，如今在旅途中，大家的心裏瞻望着前程，自然有很多機會，讓我們交換夢想。我們的友誼已經可以使我們無話不談，因此我慢慢了解，她對紫裳的某種心理正如我對舵伯的心理，她之不想依靠紫裳，正如我之不想依靠舵伯。她想在有點成功以後去會紫裳，正如我想有點成就去會舵伯一樣。

可是，野鳳凰對于我的心理並不能了解，他的成功與夢想，似乎都寄託在舵伯對于小鳳凰的提携，這當然是希望通過我去接近舵伯的。我雖然一再申說我不想依賴舵伯去尋覓我的出路，可是她竟覺得，祇要我爲她介紹認識，正像我介紹李白飛一樣，她就可以自己影響舵伯了。

如今野鳳凰很相信我一直愛着紫裳，還覺得我這次到上海祇有在她與紫裳團聚後，才可以使我重獲紫裳的愛，我倒覺得紫裳的愛我並不是問題，問題是我沒有面目再去見她，當初我沒有照她的意思出國去謀一個前途，如今回來了還是沒有錢，沒有事業，也沒有任何的成就。那麼情形同以前有什麼兩樣？倘若沒有野鳳凰這個團體，我除了依賴舵伯外，我的結局恐怕就會同穆鬍子一樣的。野鳳凰的團體使我可以有面目去重會紫裳，也祇有依靠我同她的友誼，我才有接近紫裳的地位，否則我就是有一點積蓄，到上海來有什麼用呢？

懷着這些複雜的情緒，在各種夢想與計劃探索悲觀的結局，我時而興奮，時而憂鬱，我的心境非常不安與紊亂。可是野鳳凰則一直非常樂觀，她對這次的振作很有自信。每當我不安的時候，她總是給我一種支持與鼓勵，我們的性格不同，對于許多事情的看法不同，但有一個共同的目標。

各抱着自己的夢想，我們同和暖的春天一同到了上海。

上海依舊是擁擠的高樓與擁擠的人羣。面對着這個龐大混亂的都市，我突然感到一種說不出的自卑。這個都市裏沒有我已經很久，但是它並不因我的不在而有所變化。一瞬間，一切我所想所夢的似乎都落了空，這正如我們預備許多話要同一個久別的故舊傾訴，一見面才發現沒有一句話是用得着的一樣。

願可以了解我一點的人，會原諒我的懦怯。但我竟比懦怯還可恥。當我站在甲板上望着快靠近的碼頭，我久久已遺忘的阿清，這時候竟在我心裏浮起，她站在村落間向我揮手的情影一時竟是這樣的清楚。我爲什麼不能帶我一點積蓄回到她的身邊，而要重新漂泊到這個如此輕視我而不需要我的都市呢？

凝望碼頭上的人羣，我發現哪裏沒有一個人是需要我的，我頓然想到阿清同她的父母是多麼需要我這個壯健的身軀與應該忠誠的心靈呢？

「野壯子！」

一回頭我見到了小鳳凰站在走廊口對我招手，她又說：

「你在這裏，母親在找你呢。」

我跟着小鳳凰婀娜的輕盈的身軀過去，阿清的影子又清失了。

來接我們的有李白飛的朋友同蓮香閣主人佟千鈞，他們已爲我們在春明飯店定了房間。他們把我們送到哪裏就走了，約定晚上來接我們一起吃飯。

春明飯店是一家第二三流的旅館，主人是佟千鈞的親戚，所以招呼我們很好。我們的房間共有兩間小房，兩間大房。照野鳳凰的意思，要我同陸夢標佔一間小房，我覺得不必；所以把兩間小房給女的，兩間大房給男的。女的除野鳳凰母女胡嬷翠味以外，還有一個唱蓮花大鼓的喬堯花同她的姨媽。野鳳凰母女佔一間，其餘四個女的佔一間。我們九個男的因此就擠在兩間大房間裏。我很想先可以看看大夏大冬，倘若他們的房子還大，想同他們商量，讓一間房給野鳳凰母女去住，這祇是我偶而想到，並沒有同野鳳凰談起。

當我們安頓好一切，沐浴換衣以後，野鳳凰要我陪她到百貨公司去走走，她看我的衣服太不够上海水準，順便陪我去買兩套衣服，我還購置襯衫一類東西，又買了一個手提的皮箱；她也買了不少東西，我們叫公司把這些東西送到旅館去，以後我們在咖啡店坐了一回。

這時候，野鳳凰忽然要我為她另取一個名字，她說她不喜歡再以野鳳凰這個名字在社會上露面。我覺得大家都知道小鳳凰的母親是野鳳凰，改名字恐怕很難，在宣傳上廣告上恐怕不方便，可是她很固執，最後我還是為她取了曇芳的名字，她對于採用紫裳的姓氏與小鳳凰的姓氏似乎也很有考慮，可是我在這點上竟沒有意見可以給她；結果她採用小鳳凰的姓，因此就叫做劉曇芳。可是後來在宣傳上，我們仍不能不說明野鳳凰是劉曇芳以前的藝名。因為事實上，當夜我們到蓮香閣去，四周早已貼出預告，而佟千鈞還給我們看板上的文章，他在我們到上海以前已經在宣傳了。

我們同佟千鈞商量了許多關于上演的問題。照預告我們于第三天晚上就要上演的，可是我與野鳳凰都覺得太忽促。後來我知道野鳳凰有一個意念，希望小鳳凰上臺的第一天，可以有舵伯來捧場。我則有另外一種想法，我想從側面讓紫裳知道我同她母親在一起，而小鳳凰是她的妹妹，看她是不是會來看她登場。我們的夢想不同，但是意見一致，最後終于說服了佟千鈞，第三天晚上先由全體演員登場，而小鳳凰則定晚一星期出籠。

我曾經翻閱佟千鈞給我看的一些板上宣傳文字；裏面都用了小鳳凰的母親是野鳳凰的材料，但始終沒有利用紫裳的名聲。我知道他們也許都不知道紫裳是野鳳凰的女兒，也是小鳳凰的姊姊，但是李白飛應當是知道的，在他與上海接洽蓮香閣的時候，理應會提到這一點的。可是後來我知道這是野鳳凰阻止李白飛這樣做的。

從蓮香閣回到春明飯店後，野鳳凰開始要我積極進行為她介紹舵伯的事情。我則談到宣傳方面應當盡量利用她是紫裳的母親，她極力反對。我用整夜的時間說服她這一點，她還是不願意，我說：

「祇有用這個方法宣傳，小鳳凰才能吸引所有紫裳的友好與觀衆，也才能吸引舵伯。到哪時候很自然的介紹豈不是好？」

「可是我不希望借紫裳的關係去認識他。也不要借小鳳凰的關係去接近他。」她說：「我要的是我想離開了一切關係單獨的同他見面談談。」

我不知道野鳳凰為什麼一定要這樣。我可以去看舵伯，要他訂一個時間帶野鳳凰去看他。可是我竟覺得這樣去看舵伯反而像是要求他什麼一樣。為什麼不能先從宣傳上取到效果後，再會面，顯得我們自己打出來的路呢？在宣傳上講，我們並不需要在廣告上寫出小鳳凰是紫裳的妹妹，祇要在宣傳文字上作這個事實的透露就是。我還不希望在小鳳凰走紅以前，先有衣情一些人參加，好像小鳳凰的走紅也是她們的力量一樣，我於是把我所顧慮的都告訴了野鳳凰。我又說：

「現在舵伯的環境不同，有許多人包圍他。你去見他，大家沒有不知道的。我們自己到這裏來闖天下，到哪時又好像是靠他們的了。所以我覺得你同他單獨見面同宣傳是兩件事情，一面我儘管設法同他去約，一面不妨發動宣傳，好在這宣傳不用我們出面，當新聞界都知道你是紫裳的親母親的時候，他們都樂于報導這個事實的。」

「可是，如果有人要打擊我們，或者利用紫裳說出我過去遺棄她，使她流落成為乞丐，這對我多麼不好，我以後再無法說明我當時對紫裳前途的想法了。」

野鳳凰的話使我沉默許久，因為我實在無法保險不會有這樣的事情發生，最後我答應她盡我的能力先去進行使她與舵伯見面，但是說要找機會，不知是不是可以在小鳳凰登台前辦到。

野鳳凰見我允許了照她所想的去做以後，她開始寬心一點，最後她忽然說：

「你大概不知道我與舵伯的關係。」

「你不是告訴我你不認識他麼？」我詫異地問。

「我不能說認識他，但是，他愛過我。」

「這怎麼講？」

「這是很久以前的事情了。」她閉了一下眼睛，忽然露出神秘的笑容說：

「好，我告訴你也沒有什麼。」

「到底怎麼回事？」我說。

「你真想知道？」她望着我說：「我從來沒有告訴過別人。」

「哪我一定也不會去告訴別人的，你放心。」

「你知道他年輕時候是幹什麼的麼？」

「誰？」

「舵堂。」她說：「他那時就叫舵堂，是有名的海盜。」

「海盜？」

「但是我哪時候也不知道他是海盜。哪時候我才十六歲。我們是很窮的漁民，我們一家都住在船上，他大概幫助過我父親，所以同我父親有來往。以後常常到我們船上來，每次都送我們許多東西。我一直叫他舵叔，他很喜歡我，有一天，他帶我到市集去，回來的時候，他問我肯不肯嫁給他。我哪時候才十六歲，自然還不很懂，我沒有理他。晚上，我媽媽就同我說，說我父親年紀已經老了，對我很不放心，倘若我肯嫁給小舵，也算了却一個心事。我當時就說，一切聽媽媽作主。過了兩天，他就送了我們一些聘禮，還請我們去吃一餐飯。不知怎麼，當時我心理就當他是我的男人了。我對他反而害羞起來。」野鳳凰說到這裏忽然歇了一回，我就問她：

「哪時候，你有沒有愛他？」

「我也不懂得什麼是愛，但是我喜歡他。你知道我父親一直很窮苦，難得有說有笑，但每次舵叔來，我父親就高興起來，我記得舵叔那時候不過三十一二歲，總是精神飽滿，會唱會笑的，他一來我們家裏就熱鬧起來。所以媽也很喜歡他。」

「以後怎麼樣？」

「有一天晚上，在我們船上，」她又閉了一下眼睛，像在追憶過去似的又說：「我的爸爸媽媽都上岸去了，他同我兩個人在一起，他忽然走過來拉着我的手說：『我明天要出海了，我想再做一次生意回來娶你。』我當時不懂得他做什麼生意，但是我知道他一走往往是兩個三個月才回來。所以我說：『是不是要三個月？』他說：『不一定，也許半年也說不一定。不過你千萬放心，我一回來就來娶你。』」

「這樣，第二天他就不見了。我眞是常常很想念他。」她說到這裏點起一支香煙歇了一回。

「後來怎麼樣呢？」我急于想知道的問。

「他走了二個月另二十天，我們出海去，遇到風浪，船翻了，我的父母都死了，我被人家救出來。

「救活我命的人恰巧是賣藝的，我也就走上了賣藝的路，搭這個班，換那個班；最後我就在何老的班子裏，遇見了何棍。」

「以後，你一直沒有碰見舵伯？」我問。

「起初，我自然還想打聽他，希望他會找到我，後來我自然也把他忘了。」

「可是他不是何老的老朋友麼？」

「何老的朋友很多，但都沒有來班子找他的。我怎麼會想得到呢？一直到我同何棍結婚的哪一天，何老忽然帶了幾個朋友來吃喜酒。其中一個就是舵叔，雖是隔了許多年，我還是認得他的，我當時吃了一驚，但不知怎麼，我竟不想認他。自然他也早就變了，我哪天又是新娘，打扮不同。客人很多，我想他不會認得我的。」

「哪麼以後就沒有再碰見過？」我問。

「沒有。」她說：「但是第二天，何老忽然給我們一對玉鐲。他說是昨天一位來吃喜酒的朋友，因為臨時沒有帶禮物，所以把那對玉鐲給我們新夫婦。我當時心裏一動，想到這一定是舵叔認出我是誰了。但是我什麼都沒有說。」

「以後你再沒有見他？」

「沒有。我已經結婚，我也不想再打聽他。」她說：「這一對玉鐲，何棍死後，一隻我留給了紫裳，一隻我帶去了。紫裳那隻，我想就是何老臨死時托你帶給舵伯的一隻。」

當時我忽然想到了他們當舖裏贖出來的首飾裏哪隻玉鐲。怪不得同給舵伯的一隻很相像，想不到這裏面竟有這樣的一個故事。我沉思了一回，覺得她何不把哪個玉鐲交我，讓我交給舵伯。我說：

「哪麼，你能不能把哪隻玉鐲給我，我去交給他去，看他會不會想起過去的種種。」

「他不會忘記的，這是他第一次愛情，也是我第一次愛情；我一生不會忘記，他也不會忘記的。」

關于舵伯戀愛的經驗，他從來沒有對我說過；經野鳳凰一說，我恍然悟到為什麼舵伯一直不談男女問題的原因了。

野鳳凰這時候忽然站起，她從衣櫃裏拿出一隻手皮箱，放在床上開始打開來。她從裏面拿出哪隻玉鐲，在手裏把玩着說：

「也好，你去交他，說我很想見他。他如果不來看我，我去看他。」

她說着把玉鐲交給我，我拿在手裏，現在眞覺得同以前何老交我的一隻眞沒有什麼不同了。

「你最好告訴他，」野鳳凰吸起一支煙，踱了兩步，又說：「我身體很不好，這次祇是跟着小鳳凰的班子來上海，等小鳳凰上演了就要走的。」

「我想這樣說很好。我現在既然知道你們的過去，我想我一定可以設法叫他來看你，或者叫他約一個地方單獨同你談談的。」

在我們談話的時候，團體裏許多人都去逛街了，小鳳凰也同他們在一起，這時他們已經回來；外面很熱鬧；我就收起那隻玉鐲走了出來。

四十九

睡在床上，我開始想到去看舵伯的事情。這些年來，我不知他有什麼變化，衣情又怎麼樣了？還有映弓的孩子藝中，應該已經有五六歲了。

我也想到老江湖與小江湖，黃文娟該已出獄，是不是與小江湖結合。他們是不是都在上海？還有韓濤壽，他可是一直在燕子窩裏麼？

在我顚簸不安的生活中，我已經久久不想到這些朋友，當我收到大夏大冬的信時，我曾經一度想起這些人，怪大夏大冬沒有告訴我一點他們的消息，可是我也沒有再寫信去問。我想大夏大冬應當知道他們的下落的。我決定第二天先去看大夏大冬，我想老耿現在一定很舒服的做老太爺了，我在去看舵伯以前，也應當先知道他一些情形，也許大夏大冬不會知道，但我可以由他們那裏打聽韓濤壽，韓濤壽同衣情比較接近，他一定可以告訴我一些外人不知道的情形的。

我這樣想着，才慢慢睡去，第二天我十點鐘醒來，盥洗後，小鳳凰就來叫我，說她母親在等我。

野鳳凰正要出門，她問我什麼旅館較大，倘若舵伯答應來看她，她必須一個人搬到一個大一點的旅館去。從我談話中，我發現她對于舵伯來看她比昨天更有信心。我也覺得如果我照昨天所計劃去講，舵伯一定會來看她的。我想在團體上演後，我總可以看到舵伯。所以就鼓勵她等上演後搬到國泰飯店去，當時我就同她出來，到國泰飯店定一個房間，預備三天後搬去。

以後，我就一個人去看大夏大冬。

大夏大冬住在學規路，我按他們寫給我的地址去找，一點沒有困難。

開門的是一個女佣，她告訴我兩兄弟昨夜拍戲，所以還沒有起來，我就問他們的父親。

于是老耿就出來了，他見了我非常高興，一手就拉我到裏面。

這是一幢三層樓的弄堂房子，客廳佈置得很像樣，我看得出他們生活還不錯，我想老耿眞是幸運，找到了兒子，現成來做老太爺。

他的樣子並沒有什麼改變，但是反瘦了一些，他穿了一套綢的襖袴，很整齊。他先問我幾時到的，怎麼不先通知他們。我看看他的神色，問他身體好否？是不是很快樂？

現在我眞不知道該怎麼樣解釋人生，一個家庭的情形正如一個人的心理一樣，我們無從知道裏面的錯綜，像老耿這樣的找到兒子，現成做老太爺，還有什麼問題呢？但是出我意外的，老耿一點沒有感謝我使他們父子團聚，他一開口就說他兒子不孝。甚至說他還情願回到C城通成旅館去做伙計。他祇是不斷地發些牢騷，可是等我要知道一些事實的時候，他可一點說不出來。他祇說他們祇是自己管自己，一時出去，一時回來，一時同許多朋友鬨進鬨出，從來不管他。有時候幾天見不到他們，不同他說一句話。我當時就勸慰他，說這也不全是他兒子們的錯，他自己也該有自己的生活；老耿于是又說他到外面去打牌，他兒子也不肯多給他錢。我當時就想到他問我要錢的情形，同他關照我不要給他錢的話，我就提起他當時爲要錢同我吵架的事情，我說：

「你也應當想想，他們賺錢也不容易；你有正當用途，他們不給你是他們不對，但是賭錢，這就不能怪他們了。」

「可是他們自己化錢並不省，對我就特別苛刻，究竟我是他們的父親。」老耿怒氣冲冲的說。

「你是他們的父親，你養過他們麼？你管過他們麼？」我說：「當初你問我要錢時候的脾氣我是知道的，老耿，我覺得這是你不對。」

「我不對？你還幫他們。你是我的朋友，不給我錢，我沒有話說，但是他們是我的兒子。」他盛氣地大聲的說。

「你對我還幫過忙，我的事情還是你介紹的。」我說：「你對他們作過什麼，他們自己奮鬪出來，現在現成讓你來住來吃，還怎麼樣。老耿，我是你的好朋友，不要怪我說公道話，我覺得你口口聲聲像煞有介事擺父親的架子是不對的。」

「你還幫他們說我！幫他們說我！」老耿被我盛氣所挫，一時他忽然放低聲音，自言自語地說。

「我還沒有見過他們，他們也沒有同我談你什麼。我既然是你們的朋友，我總希望你們和和睦睦的。」我說：「他們雖是你的兒子，但是現在都大了，你應該像朋友一樣看待他們，哪就可以處得好了。」

就在我對老耿說這些話的時候，大夏大冬從樓上下來了。他們一見我竟像小孩子似的叫起來了：

「野壯子，啊，野壯子，你什麼時候來的？」

大夏穿一件灰色的晨衣，大冬穿一件淺黃色的毛線衣，兩個人都長得很高，很結實，已經是很漂亮的青年了。

沒有看到他們，我還覺得我同以前一樣，看到他們，我忽然感到我已經不是青年了。我迎上去同他們握手，他們挽着我的手到桌子邊，大冬叫佣人開早餐；大夏問我怎麼不早通知他們，好讓他們來接我。

就在哪時候，我發現老耿已經不在。我說：

「你爸爸呢？」

「不要管他，他大概出去了，」大夏說：「你住在什麼地方，搬這裏來住怎麼樣？」

「我的事情，一言難盡。」我說：「先談談你的吧。怎麼你爸爸來了，他並不快樂？」

「也是一言難盡，你來了，我希望你可以爲我們勸勸他。」

這時候，佣人已拿了早餐進來，在餐桌上，大夏與大冬都同我談他父親的事情。

他們告訴我他父親來的時候很好，很少出去，自管自的，給他的錢總是不肯化；慢慢的，他知道了大夏大冬的情形，就開始管他們的閒事。有時有朋友來，他就在旁邊多嘴，破壞他們的空氣，後來知道別人討厭他，他就獨自出去，再後來，他就常出去賭錢，每月規他錢，總是不够用。還同佣人擺架子，他們爲他已經換了四個佣人；這還不說，他還想結婚，要兒子替他找對象。吃飯也是，因爲生活不同，大家不能在一塊吃飯，他就說佣人們不給他好的吃，駡佣人。……總之，這些情形都是日常瑣事，時時碰到，他們實在不知怎麼辦才好。最後大夏大冬又說：

「如果他有人同他結婚，搬出去住，我們每月規他一定的錢，這樣倒比較好。」

當他們細細碎碎同我談這些事情時候，我心裏覺得有說不出的內疚。我覺得使他們父子相聚的是我，如果這祇是使他們兩方面都痛苦，哪麼豈不是還是不認識不重聚好麼？老耿也不是沒有吃過苦見過世面的人，怎麼這樣不通情理。一個人也許永遠有許多障蔽，處在現成的環境中對自己就會越來越糊塗。

朋友的關係可以合，可以分，夫妻的關係就比較不容易說分就分；父子姊妹的關係，哪就怎麼也難完全分開了。常常會有一種合又不是分又不能的困難。一時間，我感到使他們父子重聚的多事了，我馬上想到野鳳凰；是不是使她與紫裳母女重聚也是多事呢。

整個吃飯的時間都是談他們的家務，飯後大夏大冬有應酬，結果我要同他們談的反而一句話都沒有說。

他們邀我到他們家來住，我說我要參觀他們的房子。飯後我伴他們到樓上。他們就忙于換衣服，我就隨便的看看，一面同他們談話。

這是普通三層樓的弄堂房子，二層樓是大夏的房間，三層樓是大冬的房間。

房間是代表一個人個性的。大夏的房中牆上掛着一些西洋電影明星的照相，還有幾件中國的樂器。旁邊有一隻無線電，一隻小小書架。書架旁是一個書桌，桌上放着許多流行的刊物，一本字典與一本英文教科書。我說：

「你在學英文？」

「是的，大冬在學日文。」

「眞的，哪眞不錯；你們還肯用功。」

我當時就看他的書架上的書，裏面除了一些話劇的劇本外，有幾本翻譯的小說，還有幾本是屬于馬克斯主義一派的關于思想與藝術的譯著。

我又走到三樓，大冬在浴間裏叫我隨便坐，一面說：

「你如果來住，我可以搬到我哥哥房間去，把這間房子讓給你。」

「你爸爸呢？」

「他住在亭子間裏。」他說。

我一面走進他的房間。房間內傢具的顏色同大夏的不同，但是所有的佈置，則幾乎是一樣的。連書桌上書架上的書刊都差不多，除了多一二本日文的電影雜誌。書桌上有他的日文教科書，日華字典，還有幾本練習簿。這時大冬從浴室出來了，我說：

「你的日文，學得很好了？」

「簡單的書，可以看看。我還跟一個日本先生在學。」

「這眞不錯，我很高興看到你們都求上進。」

大夏這時候已經打扮好，他走上來。他穿一件方格的上衣，黃灰的袴子，眞是一個很漂亮的小生。他說：

「怎麼樣，你搬來麼？這間房間給你住。」

「慢慢再說好麼？」我說：「我有許多事情要同你談，你們今天什麼時候回來？」

「今天沒有戲，不過晚上，晚上我們要開會。」

「大概幾點鐘完？」

「總要到十點鐘。」

「哪麼我今天晚上回到你們這裏來，我們談一晚。」

「好極了。你要早的話，就隨便先睡一覺也好。」大夏說。

「我會帶點點心回來的。」大冬一面穿衣服，一面說。

「哪麼你現在哪裏去？」大夏說。

「隨便溜溜。」我說。

「你有沒有看到紫裳？」

「沒有，」我說：「我還不想馬上看見她，你們碰見熟人，最好不要談起我又來上海了。」

「剛才祇談我們的家務，沒有聽你談什麼；爸爸到底現在在哪裏？——啊，我是說穆翡子。」大夏叫穆翡子一直叫爸爸，現在知道我會弄不淸楚，所以加了一句。

「他很好，我們慢慢再談；現在我們走吧。」

我們下樓的時候，老耿正在客廳沙發上抽煙。大冬說：

「爸，我們走啦，晚上野壯子也回來住在我們這裏。」

老耿沒有理睬他，當時我說：

「你們有事先走吧。我同你爸爸談一回。」

「也好。」大夏說。

我送他們兄弟兩個人到了門口，一直望他們遠去，在這一對兄弟的後面，我看到他們愉快的積極的青春，他們正踏着錦繡的前程，似乎還不知地上的陷阱與荆棘；對着他們漂亮的壯健的背影，我有一種說不出的感慨。

我猛然悟到我的青春已經輕輕的消逝了。回到客廳裏，一眼看到在喝濃茶的老耿，我發現他雖是比在通成旅館時打扮得整齊一點，但也老了不少；不知怎麼，一下子我看到了他內心的寂寞，我心裏浮起了一種同情。是這份同情，使我馬上了解了他的痛苦。他之所以想他兒子，想重會他的兒子，決不是爲生活，也不是爲想來這個繁華的都市；他所要的是一個家庭的溫暖，一種骨肉的溫存，但是現在他住在這裏，等于作客，一天到晚也見不到他的兒子，連吃飯都很少在一起。而在這個社會裏並沒有他的朋友；倒不如在通成旅館，他至少有他自己的世界，有像李白飛像我一樣的朋友們。

老耿這時靠在沙發上，閉着眼睛，眼角下兩道皺紋一直連到鼻葉邊的皺紋，鼻葉邊的縐紋，又一直連到嘴角的縐紋。他似乎並不覺得我在他旁邊，沒有說話。我拿出紙烟，遞了一支給他，借此碰了碰他的手臂，我說：

「老耿，怎麼了；你不舒服麼？」

「啊，你怎麼不同他們一起走？」他突然張開眼睛說。

「你對我剛才的話生氣了？」

「生氣，我這樣容易生氣，還不早氣死了。」

他接過紙烟，我爲他點上了火，說：

「我剛才的話，也不是說你什麼，祇是希望你在這裏可以享享福。」

「我不要享福。」他嘴角忽然掛起了一絲笑容，看我一眼說：「我祇想自己的兒子把我當一個人。現在他們把我當作死了的祖宗一樣，誰也不理我，什麼事情也不同我商量，我活在這裏幹麼？」

「但是，老耿，你知道，他們的事情，我們都外行；他們也大了，我們何必再去管他們的閒事。」

「誰要管他們的閒事，」老耿說：「我所以要獨自出去賭錢。可是他們又要管我。我雖然窮，一輩子誰也沒有管過我老子化錢，他們倒管我起來。」

「但是你在問他們要錢啊？」

「我不希罕他們的錢，所以我想回去。在通成旅館，哪面誰都當我是老大哥，誰有什麼事都同我商量，就以李白飛說吧，多少大事也同我商量。別的不說，我老耿總比他們多看過一些，誰好誰壞，我一眼看過去都不會大差，但是這裏他們不相信我；我說小劉這像伙就不是好東西，他們不相信，借錢給他，五十一百的從來沒有來還過，他們倒一點沒有什麼，自己父親化一點錢，就這樣哪樣的逢人便說。……」老耿說到這裏，好像怕我在討厭他的嚕囌似的，他嘆了一口氣，喝了兩口茶，又靠倒在沙發上，像是不想同我談了。我從他的話中，開始發現除了我所想到的以外，他所不能忍受的是他的自尊心之被損。一個人被人當作完全是寄生的時候，他就會感到自己在被侮辱的。他並不是廢物，他在別個社會中可能被人所重視，可是在兒子的身邊，竟毫無發揮他長處的餘地，這大概正是他的悲劇，我當時不知說什麼好。靜默好一回，我才想到我應當表示一點意見。我說：

「老耿，這樣下去我想總不是辦法，你是不是想幹點什麼，譬如我們大家湊一點錢，做點小生意

讀者投書

今日小學教育中該糾正的兩件事

金　重

儆寰先生：

讀自由中國二十卷五期陳康教授的「今日小學教育」一文，所主張應修改的幾點意見，確極重要，不過還有兩件事，平日不爲人所注意的，我覺得也應該糾正：

第一件是國民學校所辦的員生消費合作社，這大概是合作事業管理處爲推行合作教育所規定要辦理的用意甚善，只是這種合作社是叫國校裏的教員校長辦理呢？還是要學生去辦理呢？要是教員校長辦理的話，則每個學校的教員校長名額有限，平日擔任功課很多，還要負訓導之責，那有時間來辦合作社？若是叫學生來辦，則一二三年級學生，年齡幼小，初識之無，根本不懂合作社是什麼東西，叫他們如何去辦？至於四、五、六年級學生雖年齡稍長，可是功課很忙，還要參加惡性補習，那有時間去辦合作社？但學生雖然不辦合作社，而股金仍要繳納，此項股金規定畢業後可以申請退還，大都沒人去申請，因此一般不良的教員校長，就可利用機會揩油，我覺得國民學校辦理合作社，弊多利少，徒增學校麻煩，大可停辦，要是爲灌輸合作教育的話，儘可在教科書本上加上合作一課足矣。

第二件是國民學校要訂閱國語日報。爲推行國語教育訂閱國語日報，自未可厚非，可是國語日報的編者沒有搞清楚對象。要是國語日報是給小學生看的，則裏面的文章太深奧了，小學生大都看不懂；要是給大中學生看的，則旁邊添注的注音字母，令人看了刺目。我覺得國語日報的主編人，對此應加檢討，如果要向國民學校推銷報紙，最好把內容改善，着重兒童常識故事，及國內外時事要聞刊載，則小學生易於接受，樂於訂閱。

以上兩點意見，不知先生以爲然否？耑此敬頌

撰安

讀者　金　重　敬上　四月十一日。

來函照登

自由中國半月刊主編先生：頃閱貴刊第二十卷第十期刊載俞大問先生投書「從臺北監(所)看司法」一文，略謂「監獄中像林頂立、何濟周等，並沒有病，就能在潔靜的病舍常住，眞正有病的倒不能住病舍，本末倒置，莫此爲甚！」等語。其中涉及家父何濟周部份，殊與事實不符。謹將家父病況奉陳如次：

一、家父於四十五年八月廿八日至十月八日，因糖尿病及肺病同時併發，住臺大醫院治療四十餘天，經X光診斷右肺已經穿孔，有該院第一五一八五五號病歷可資查證。

二、四十五年十一月十日，家父不幸繫獄，病況愈趨惡化。於四十六年六月經臺北結核病防治院以X光診斷，係「兩側中度開放性肺結核」，原診斷書已呈最高法院存卷有案。嗣於本年一月廿八日接防治院通知複查，再經X光診斷，仍係兩側中度肺結核，同日驗痰結果爲陽性反應，有該院第二七〇七八號病歷可查。該院四十八年一月卅日通知書及三月廿日驗痰結果通知單均存臺北監獄有案。

三、家父所患糖尿病，症狀原係血糖多於尿糖，入獄後，血糖無法檢查，尿糖經醫檢查數次，結果總在兩個或三個「十」字以上，有存在臺北監獄之臺灣醫學化驗院化驗單可查。

依上情形，家父所患糖尿病及肺病，兩症併發，實屬病性衝突，治療至感困難。今臺北監獄爲避免傳染他人及患者安全計，准予留住病舍，基於法理人道，實爲公允適當之措施，並無徇私之處。家父秉性剛直，忠於職守，任監委八年，不避權要，因而開罪於人極多，復以「友黨」關係，致遭人忌，身罹重刑，已屬不幸，尚祈社會各方面主持公道，則感激無涯矣！素仰貴刊言論公正，願借一角予以披露，至爲盼禱！敬頌　撰安

何麟瑞　謹上　四十八年五月廿二日

附臺北結核病防治院診斷書北結防診字第一八七五五號一紙(略)

；或者，你去找點事做。」

「是啊！」老耿忽然又興奮起來，說：「這正是我的意思，可是他們以爲我已經老悖，不能做什麼事。祇希望我現成的在這裏等死。老實說，我什麼事情不能做？我不過腿有點壞，可是我還是走得動，拿得動……」

「如果你眞的這麼想，」我打斷了他的話，說：「我就去想辦法。」

「可是他們說我去做什麼事，好像會丟他們的臉似的。其實我去做事，管他們什麼事，他們也沒有把我當做父親。」

「老耿，你聽我說，他們也有他們的想法，他們以爲你去做事，辛辛苦苦賺的錢也不會多，何必不現成吃口飯，也是一種孝心。不當你父親，就養你了？不過現在的父親不比從前的父親，你也不必這樣想。我們得慢慢想個辦法。」

「你眞的替我想辦法？」

「你放心。」

「我祇想有口飯吃，搬出這裏。」

「他們說你還想討個老婆，你眞有這個意思麼？」

「我，我想再養個孩子，這兩個孩子不當我是父親，我要養兩個孝順的孩子。」

「老耿，不瞞你說，孩子像他們這樣，也算不錯了，你再養孩子，等他們大了，你就要九十歲，你難道打算活一百歲？」

這句話，竟使老耿自己也失笑了，這是我回上海來第一次看見他的笑容。當時我就站起來說：

「你跟我出去走走，好不好？下午我也不打算作什麼。晚上我還要同大夏大冬商量些事情。」

「你看，」老耿忽然又說：「你來了，他們都不陪你，自己又同女朋友去鬼混……」

「不要說了，他們有他們的事，」我說：「就同女朋友鬼混，還是他們年輕，我們年輕，也還不是一樣？是不？」

老耿果然又笑起來，他說：

「你？你同我比？你說這話，哈哈，好像同我一樣老了。」

(待續)

八高三年和中京景物(七續)

雷震

十三　青田人行商和苦工

在八高讀書的最後一段期間，我犧牲了很大一部分光陰，去為流落在日本作苦工、而受盡了日本人的虐待與歧視的中國勞工，做了一年多的福利事業，儘管個人能力棉薄，幫助華工有限，而且地區不廣，澤惠不能普及。這純粹是盡義務的事情，有時還要貼些小錢。

民國八九年以後，日本全國各地忽然出現了大批中國勞工和中國行商。這些勞工和行商，極大部分是浙江省青田縣人，也有少數是青田縣附近各縣的人混雜其間，還有一小部分是山東省人和青島市人。據說，其中一小部分係最初來到日本的，是第一次大戰中被招募到法國去作工的。迨大戰告終，工作解散，他們有的則被遣送返國，有的則私自逃走，經過歐陸、俄國、西伯利亞、東三省而輾轉流浪到了日本。他們所經過的路線並不完全一致，因為誰都沒有預先籌劃週到，只有適應當時的情況和機會而隨行隨定，隨遇而安。所以也有一部分人，是流落在西伯利亞和海參威一帶做工的。

日本在第一次大戰期間，發了「戰爭財」而淨賺了十六億日圓（當時日美滙率，規定日金二圓折合美金一圓），許多新興事業正着手計劃，新的工廠正開始建築，故亟需大批勞工，而中國工人此時正可滿足這個需要。這些苦工在日本有工可做、有錢可賺的消息傳到他們家鄉青田縣之後，馬上不脛而走，他們的同鄉和親友們就絡繹不絕的跟蹤跑到日本去找工作。此時中日兩國之間，人民來往不需要護照簽證等等手續，完全和國內各地旅行一樣；而上海到日本長崎、門司和神戶等埠的客貨船的三等艙，不過十幾塊中國錢，故來往一趟非常容易。由於大家以為到了日本就可大發其洋財，幾年之後，可以衣錦還鄉，做個富家翁，故來日謀生的人絡繹不絕，日益增多。還有一些和日本工頭勾結的中國工頭們，特地往青田縣一帶招募鄉下工人，故華工增加的速度極其迅速。由於來日本的工人急劇的增多，而各種問題就自然而然的跟着相繼發生了。

中國工人以東京與名古屋兩地為最多。因為東京這個都市正在急劇的擴充發展，而名古屋，為一新起的都市，百廢待舉，闢路築港，建廠造屋，風起雲湧，故兩地均需要大批工人，尤其是需要粗工。而中國勞工所能愉快勝任的，正是這類粗工，如挖泥、挑土、築路、開礦、挖煤、鑿石等等，只要賣氣力而不需乎什麼技術的工作。

行商乃是提着出售的物品沿門挨戶叫賣的。他們中間除極少數是賣山東府綢的山東人外，大都是浙江省青田縣人。而所賣的東西是一些中國的文房四寶和以青田石雕刻出來的石器。所謂文房四寶者，就是各色各樣的中國毛筆，大小不一的黃銅白銅筆套，標出五百斤油字樣的松烟黑墨，和圓形、方形、矩形的各種硯池，只有紙張一寶不在售賣之列。雕刻品則是毛筆架、毛筆筒、水盂等文具，和小象、小獅、小猴等玩具。筆筒、筆架和水盂則雕有各種不同的樣式和花紋，小獅、小象和小猴的姿態，有站的，有坐的，有臥的，而雕刻技術則極其粗劣。這些東西放在一個竹製的「考籃」（即從前科舉過考時所用之考籃，係用竹篾編成，內分數層，上面有個蓋子罩住，可用鎖鏈之，以免藏物遺失）之中，用手臂提着到各村各家去兜售。他們不會說很多的日本話，人家問他價錢多少的時候，即伸出手指作答。兩指就是表示日金兩圓。這些東西本不值什麼錢，而他們偏偏胡亂喊價，動輒一件索價日金五圓甚至十圓，人家還價三圓、兩圓，甚至一圓，他們最後還是出賣。鄉村婦女好奇，看到這類東西，不過拿起來看看玩玩，隨便問價，隨便還價，並不是眞正要買這些東西。可是人家一還價，他們就要出賣，並且非賣不可，將東西送到人家場場米上，這樣很使鄉人難於應付。而他們自己對於這些物品的眞正價格，又無一定的標準。這樣的買賣就不像是在做生意，倒像在存心欺騙和敲詐了。

還有，中國行商們，經常穿着不三不四的中國工人的短裝，也有穿着破舊不堪的學生裝，而外表都不清潔，衣領翻着，鈕扣常不扣齊。他們看到人家大門開了，就隨便闖入，倘遇關門閉戶之家，又任意乒乓敲門。日本人的習慣，外面來人敲門時，俟對方開門後，要向主人說一聲「對不起」或「請原諒」的話。他們既不明瞭日人的習慣，也不會說這套客氣話，看見人家把門打開了，就馬上闖入而把考籃揭開，立將籃內貨物擺出來向人家兜售。起初人家不過好奇，還要看看東西和詢問價錢，久而久之，不僅不問價錢，竟討厭生氣立刻揮手令他們出去。即使人家如此對待，他們仍然置諸不理而我行我素。他們同行既多，今日這一羣過來敲門一次，明天那一羣過去又敲門一次，住戶因之厭惡極了。此時名古屋一帶行商極多，我們每日上課下課的往返途中，常常看到他們呆頭呆腦的東張西望，四處徘徊瞻顧。有時我們和他們講話，也是一語不通，他們還以為我們也是要買他們東西的。中國人彼此之間竟無法表示意見，殊令人啼笑皆非。他們這種奇特方式的行商。當然不會行得很久，故行商後來都變成「行工」了。我們稱之為行工者，因為這些工人也是經常流動的。

山東工人多是修補磁器和陶器的。他們人數很少，而修補的技術並不弱，就是胡亂要錢，使人下次不敢請教。還有一批肩販山東府綢的山東人行商，其做生意的方法與青田人行商也是大同小異。青島工人有會做水泥瓦的，據說這種工業係德國人佔據青島時期傳授的。日本奪取青島後，日人覺得水泥瓦堅固耐用，雖不如日本瓦之美觀，對於工廠建築則較日本瓦為佳，乃開始經營這一新興工業。因為日本工人沒有精於此道者，遂僱用中國技工來日本製造(註八)，何況中國工人的工資只有日本同類工人的一半呢。

由於渡日的中國勞工急劇增加，遂發生了下列各種問題。一為語言問題，二為住宿問題，三為清潔問題，四為賭博問題，五為和日本工人競爭工作的問題。

日本語言對於他們，乃是一個最迫切需要而又不是短時期內可以獲得解決的問題。他們中間只有極少數的人會說簡單而不完全的日本話，其餘的人連這一點本領都沒有。對於中國文字，也只有極少數人略識之無，大多數的人都是文盲白丁。他們竟敢飄洋渡海，遠適異國去謀生求利，這不能不佩服他們有膽量和不畏艱苦的冒險精神。中國華僑之遍佈世界，和出生入死的遠涉重洋而與其他民族競爭圖存者，大都由於這種冒險犯難和刻苦耐勞的精神在背後推動的。

工人住宿問題極為嚴重。他們初來名古屋時，大家合作在離開鬧市極其偏僻的地方租下住宅，房屋簡陋不堪，內部只有兩三個房間。像四疊半大小的房間，常常要住上十來個人，為怕警察取締，晚上則將窗子和門戶關緊睡覺。由於空氣不能流通之故，致身體虛弱和罹有疾病的人常有夜間突然死去的情事，而他們同伴到次晨起身時始發覺。其不講求衛生而輕視生命有如此者，聞之令人感慨萬千。他們中間還有一些狡黠之徒，看到這樣宿舍可獲厚利，竟不想去做工謀生，而專以經營這種「沙丁魚」式的宿舍來賺錢。其居心之可惡，又誠非我們想像所及了。

中國工人一般的是不够清潔，不講究衛生。他們中間有很多人早起不刷牙，臉也不洗乾淨，指甲裏漆黑一條。內衣不常更換，看上去像抹布一樣，又不常去洗澡。他們做的都是粗工，如挖土、挑泥、開煤、盤石、做漆布、替染坊漂布、給工廠搬運東西等等，都是很容易把手臉和身上弄髒的工作。故放工之後，他們的手脚嘴臉都髒得厲害，有的人讓煤灰和塵土堆在臉上很像戲臺上的三花臉一樣，如果每天放工後不即去洗澡，眞有三分像人七分像鬼的樣子。日本人不准赤脚，最少要穿一雙木屐或橡皮底足袋，他們不懂得這些規矩，常常赤着脚在街上亂跑。他們偶爾去澡堂洗浴一次，又不懂得日人洗浴的規矩，常常因他們一個人進室入浴而把一池熱水弄髒(日本人雖是洗大池子，其方法則和中國人迥然不同，不能在大池內洗身子或用肥皂，必須把身子洗淨後始能入池浸身)，以致浴室主人和其他來浴者都不願意，後來索興拒絕中國工人入浴。這是如何喪失體面的事情，而他們自己則毫不在乎。由於他們不能入浴，更是無法解決清潔和衛生問題。

賭博為工人們消閒遣興之唯一娛樂，宿舍裏面常常賭到夜靜更深，甚至天明才歇手。這些工人本來嗜賭如命，而他們中間還有一些壞蛋，看到賭博要比做工不吃苦而更易於賺錢，因而白天不去做工，在寓所睡覺來養精蓄銳，晚上聚精會神的專心和工人賭博，故一到晚上，各室即大賭而特賭，有的擲骰子，有的推牌九，呼么喝六，聲震屋瓦，惟搓麻將在當時則尙屬絕無而僅有的。有些工人白天做工已經很疲乏，晚上賭博時則精神不濟，常常把一天所賺的工錢輸光了還不罷手，而賭場上偏偏有人願意借錢，以致寅吃卯糧的把未作工的工資都預借輸掉了。賭博的時候，最易發生爭吵而至於動武打架，時常半夜三更打起架來，弄到左隣右舍鷄犬不寧。因此，住所就漸漸發生問題，租屋每屆到期時，房東常常不肯繼續租與他們居住。

中國工人的工資比較日本同類工人便宜得多，致令日本工人吃醋。日本工人要四圓、五圓一天的工資，他們有時三圓、兩圓就接受，甚至比這再低的些也樂於接受，致令日本工人無法與之競爭。那時中國內地工人的工資原極低微，青田縣這樣粗工的工資，每人每日不過角把中國錢，而此時日幣一圓可換上國幣六七角(到了民國十八九年，日幣一圓可兌國幣二元多)，縱然工資較日工低些，他們仍然願意接受。何況他們離鄉背井，人地生疏，既無隔宿之糧，非做工就要挨餓，即令工資比這再低些，他們還是樂意的去做，而且爭先恐後去做。

還有，這類工作又不是天天都有的，一遇天雨或下雪的時候，常常幾天無工可做。這些工作都是由一個日本工頭，整個的承包下來，再分給零工去做，或者由他招募工人去做。工頭在這裏面，當然要賺一些錢，每一工人如果工資低，工頭自然獲利厚，每一工人工資高，工頭就獲利薄，故工人每日工資之多寡，正和工頭獲利之多寡成一反比例。什麼國家觀念，民族意識，還是賺錢第一。因為中國人工資低，工頭們自然願意多雇中國工人去做。而中國工人原是立於不平等的地位，不可能為工資的多寡而過分爭執，甚至做出罷工、怠工一類的事情。因此，遇到這裏中國工人不敷應用的時候，日本工頭還慫慂中國工頭寫信到別個碼頭去尋找中國工人。由於這許多因素，日本同行的工人常恨中國工人壓低了工資而搶去他們的飯碗，使他們喪失了和工頭們分庭抗禮的地位。日本警察時而聽信日本工人的話，藉故壓迫中國工人，時而受到狡黠工頭的禮遇，又裝聾作啞的不聞不問。

中國工人們省吃儉用，刻苦積蓄，故每月滙回中國的欵子，一天多過一天。據說有一個月滙回中國的錢，合計起來竟達日幣一二百萬日元之鉅，致引起日本政府當局的深切注意。他們認為這樣下去，日本國內的不熟練勞工可能失業，最少要受到很大的影響，於是考慮加以取締。中國人在日本向來很多是消費者，要由中國滙錢去花用的，今竟發生倒流現象，日本當局自然感到驚異。因此，日本警察常來吹毛求疵，找中國工人的麻煩，動輒加以拘留或處以罰欵。可是日本經濟界正在突飛猛晉，各方正需要這類粗工，還有許多汚穢不堪的工作，日本工人非索鉅額的工資是不願意去做的。(待續)

註：愛知縣的豐橋鎭，距名古屋市約有二小時火車。當地有一水泥瓦廠，老闆為日人，從青島雇用了七個技術工人，為工資問題，老闆不遵守當時講定的條件，我於民國十二年元月二日至丰橋辦交涉，對方請當地高等刑事(特務之一)出來干涉，我狠狠的責備了他一頓。他見我不可欺，乃邀我同去妓院吃酒，我知其要我請客，但身上帶的錢不多，我就拒絕了，不僅交涉十分困難，亦未獲得圓滿的結果。事後囘想起來如果當時我身邊有錢，請他大吃一餐，可能交涉順利，而結果圓滿。

自由中國　第二十卷　第十一期　內政部雜誌登記證內警臺誌字第三八一號　臺灣省雜誌事業協會會員　三六四

給讀者的報告

由於臺北抓賭糾紛中警察人員的公開揭發，使我們獲知若干驚人的內幕，於是連帶注意到其他若干縣市所發生的事件，深感臺灣警政問題之嚴重性，實不忍熟視無睹。因此，特發表社論㈠「當前臺灣警政問題的嚴重性！」僅僅以四月十四日到五月十六日短短一個月左右之內，業經各報公開報導的事件為限，用實例說明警察的人事問題、權限問題、風紀問題。最後，我們特別指出各項問題的根本癥結，還是警察法制問題。同時，本期另發表了盧楚白先生「一個警察人員籲請重視警察界的危機」大文。盧先生擔任警察工作，已有十年以上的寶貴經驗，盧先生的最後結論，正與我們的看法不謀而合。

我們在社論㈡「從兩個故事看公務員的待遇」中，首先提出兩個活生生的故事，然後歸結到待遇之必須調整，已至拖到不能再拖的地步了。同時，我們又發表了胡虛一先生「教師與『窮』！」的大文，胡先生在文內扼要的「介紹中學教師的待遇和生活」。相信大家看過胡先生的文章，必更能感到待遇之必須趕快調整。

我們在社論㈢「由節育問題說到教條主義之為害」中，指出最近農復會主任委員蔣夢麟博士發表一篇論文，大聲疾呼的提倡節育，由於論據之堅強、週密，而詳盡，獲得了社會上的廣泛重視。但目前仍有一些牢不可破的傳統觀念和傳統社會勢力，在那裏反對節育，觀之於政府對於這一重大問題之始終不表示態度，多半是教條主義作祟。這更使我們深刻的意味到，在處理一個現實問題時，教條主義為害之烈。因此，我們不得不在這裏附帶奉勸國民黨的黨政要員們，不要老在教條中繞圈子吧！

劉道元先生在「本年美國經濟的兩大問題」一大作中，對於美國因經濟衰退而給一九五九年帶來的通貨膨脹與失業仍多兩大問題，是如何形成的？現在情勢及發展趨勢各若何？兩者間又有甚麼關聯？都引證具體資料，分別加以扼要的分析。最後指出這兩大問題，不是各自獨立的，而是相互關聯的；同時，是相互依存的，而又是對立矛盾的。

王厚生先生在「論民主自由運動與反對黨」的大文中，指出我國的民主自由運動，有兩個重要的工作待做，第一是理論的研究和宣揚，第二是組織工作。王先生在其大文內，對於如何從事這兩項反對黨工作，雖都簡要的提出了一些意見，但對組織反對黨一事，顯然特別關切，所以意見也較多。以上劉先生與王先生大作，一直因為編排困難而再三延擱，殊感抱歉，敬希原諒。

徐訏先生的「江湖行」是一部幾十萬字的小說，故事複雜，人物繁多，其中第一部及第二部，曾先後在香港出版的「今日世界」和「祖國周刊」發表，而轟動一時，該稿所剩下來的最後一部，也就是第三部，由本刊從本期起陸續發表，以饗讀者，敬希注意。此部刊完後，將由臺北市長風出版社印行單行本。

本刊印刷問題尚未解決，現承精華印書館幫忙代印這一期，下期能否印出，尚無把握。本期稿擠，「出版法摘要」暫停一期。特此一併奉告讀者。

自由中國　半月刊　第二十卷第十一期　總第二三〇號
中華民國四十八年六月一日出版

發行人　雷　震
主編　『自由中國』編輯委員會
出版者　自由中國社
社址：臺北市和平東路二段十八巷一號
Free China Fortnightly, 1, Lane 18, Ho Ping East Road (Section 2), Taipei, Taiwan.
電話：二　八　五　七　〇

航空版　友聯書報發行公司
（香港九龍高打老道一二〇號）
電話：五九一六四、五九二六五

總經銷　自由中國社發行部

經售者
美國　紐約友方圖書公司
Hansan Trading Company, 65, Bayer D Street, New York 13, N.Y. U.S.A.
紐約光明雜誌社
Sun Publishing Co., 112, Mulberry St., New York 13, N. Y. U.S.A.
韓國　漢城裕昌德號
馬尼剌　新疆書店
緬甸　仰光振成書報店
印度　阿拉哈巴中印文化出版社
北婆羅洲　西利亞坡青年書店
星加坡　友聯書報發行公司（小坡大馬路四六九號）
吉隆坡　友聯書報發行公司（馬華公會大廈三樓七室）
怡保　友聯書報發行公司（希尼亞沙甘街十六號）
檳城　友聯書報發行公司（林連登律七十二號）
澳門　友聯圖書公司

印刷者　精華印書館股份有限公司
廠址：臺北市長沙街二段七一號
電話：三　三　四　二　九

本刊經中華郵政登記認為第一類新聞紙類　臺灣郵政管理局新聞紙類登記執照第五九七號　臺灣郵政劃撥儲金帳戶第八一三九號
（每份臺幣四元，平寄美金一角五分，航寄美金三角）

自由中國

FREE CHINA

第二十卷 第十二期

目錄

中華民國四十八年六月十六日出版
社址：臺北市和平東路二段十八巷一號

半月大事記

五月廿七日（星期三）

赫特在外長會議中提出柏林七點計劃並表示，柏林全城或其任何部份的地位，不能不經四國同意而予以改變。

美衆院外委會通過援外法案，總額爲卅六億四千餘萬元。

赫魯雪夫向義大利、希臘恫嚇，揚言在阿爾巴尼亞設飛彈基地。

五月廿八日（星期四）

艾森豪對葛羅米柯重申立場，日內瓦會須有進展，高階層會始能召開。

美衆院撥欵委員會通過防務撥欵法案，授權艾森豪使用所需一切欵項，使美轟炸機經常保持警戒狀態，建議加速發展長程飛彈。

五月廿九日（星期五）

西方三强國與蘇俄舉行正式的秘密談判。

美認赫魯雪夫威脅希義兩國之宣傳運動，決不能增進任何談判成功機會，斥俄在重要時期，撩起國際緊張情勢。

五月卅日（星期六）

四外長開十二次全體會，俄向西方正式要求，將柏林變成「自由市」，西方外長立卽予以拒絕。

赫魯雪夫發表演說，拒絕統一柏林建議，謂西方計劃沒有一項可供談判。

六月一日（星期一）

四國外長繼續秘密會談，美英法力促蘇俄，停止對西柏林威脅，應卽談判一項權宜解決方案，以緩和該一城市的緊張情勢。

赫魯雪夫在阿爾巴尼亞大肆抨擊資本主義。

阿爾巴尼亞與蘇俄發表聯合公報，揚言對世界政策獲協議。

美拒絕俄要求，不放棄對鐵幕廣播。

六月二日（星期二）

立法院三讀修正通過冤獄賠償法。軍法冤獄賠償有待另訂專法。

美國務院發表聲明，促請奧林匹克委員會恢復我國運動員地位。

六月三日（星期三）

日本參院選舉，執政黨獲得勝利。

艾森豪在記者會中表示，外長會議如有進展，美始參加最高層會議。盟國軍隊留駐柏林，須到德國統一爲止，指出赫魯雪夫所作幾次談話，其目的並不在緩和世界局勢。

美衆議院通過議案，世運如無中國參加，美決停付預定捐款。

美衆院大多數通過三八八億國防法案。

六月四日（星期四）

西方國家向俄提出柏林問題四點方案，力促蘇俄放棄其對西柏林威脅，俾能於今年夏末舉行最高層會議。

赫魯雪夫抵匈。

六月五日（星期五）

艾德諾宣佈繼續留任總理，不競選西德的總理。此乃因艾氏反對歐哈德，歐氏的外交主張與艾氏不同。外長會西方代表團表示不安的沉默，認爲西德內部的政治緊張情勢，將影響西德在國際會議中地位。

四外長續開全德會議。赫特列舉共黨破壞活動紀錄，要求俄國說明詳情，指斥俄在西柏林從事間諜活動。

國際法學委員會發表報告，中共屠殺六萬餘藏人，構成消滅種族罪行，會使用轟炸機從事可怖壓抑，並强驅大陸千萬同胞流徙西藏。

六月六日（星期六）

四外長秘密會議，柏林問題依然僵持，葛羅米柯要求西方放棄西柏林佔領，美英法提出答覆，斷然拒絕。

赫魯雪夫又恫嚇西方，謂西方若拒設巴爾幹非核子區，俄將在阿爾巴尼亞和保加利亞兩國建立火箭基地。

六月七日（星期日）

四外長會議中，西方將要求俄承諾不爲柏林發動戰爭，並承認西方駐西柏林合法地位。

六月八日（星期一）

德共頭目率代表團抵莫斯科；東德揚言將與俄單獨締結和約。

六月九日（星期二）

法國要求共享原子秘密，美認係一困難問題，因美國法律嚴格規定予以禁止。

法建議將法國在阿爾及尼亞的軍事努力，成爲北大西洋公約組織戰略的一部份，大西洋會議予以拒絕。法與北約盟國緊張情勢加深。

西方國家致俄最後通牒，除非俄停止延宕，外長會議卽應停開，並提出暫時解決柏林問題條件。

「自由中國」的宗旨

第一、我們要向全國國民宣傳自由與民主的真實價值，並且要督促政府(各級的政府)，切實改革政治經濟，努力建立自由民主的社會。

第二、我們要支持並督促政府用種種力量抵抗共產黨鐵幕之下剝奪一切自由的極權政治，不讓他擴張他的勢力範圍。

第三、我們要盡我們的努力，援助淪陷區域的同胞，幫助他們早日恢復自由。

第四、我們的最後目標是要使整個中華民國成爲自由的中國。

社論

(一)

蔣總統不會作錯了決定吧？

早在一年以前，臺北方面有一件不見於文字的政治新聞，就是說蔣總統恐怕還要做第三任。做第三任是違憲的，因爲憲法第四十七條明明白白規定：「總統、副總統之任期爲六年。連選得連任一次。」如果蔣總統眞要做第三任的話，就得修改憲法。此所以「修憲」與「做第三任」，實際上只是一回事的兩種說法。

這一件政治新聞，在當時曾引起海內外關心國事的人特別注意，也使得他們特別惶惑。後來，到了四十七年十二月二十三日，蔣總統在光復大陸設計委員會第五次全體會議上，以斬釘截鐵的語氣說：

「我可以代表中國國民黨、代表政府來說，我們不僅是沒有修改憲法的意思，並且反對修改憲法。

「反共復國的武器，如軍事、政治、經濟、文化等等，莫不皆是，而憲法則尤爲反攻復國的有力的武器。所以必須尊重它，而且維護它，才能達到反共復國的目的。」

「反對修改憲法」這一句話，任何人——只要他有一點政治常識，都會了解這就是蔣總統決心不要做第三任的明確表示。對於這一表示，除當時在場的胡適先生說要舉起雙手贊成以外(見四十七年十二月二十五日中央日報)，海外的輿論也接着一陣喝采。大家都認爲這是蔣總統明智的決定；過去的惶惑，似乎可以澄清了。

但是，事情究竟不是這麼簡單。自蔣總統聲明反對修憲以後，有許多不可理解的事象接二連三地發生。其中最值得注意的，是㊀官方與國民黨的報紙對於蔣總統這樣一個重要的聲明，沒有發表社論來闡揚，同時對於海外輿論的反應，也不轉載一點消息。㊁蔣總統明白地說，他是代表國民黨、代表政府表示反對修改憲法，可是某些國民黨籍的國大代表仍然不斷地在搞修憲運動。到了最近，以國民黨員爲絕大多數而又以國民黨員爲中堅的所謂「各省國大代表座談會」，居然公開地乾脆地表示擁護蔣總統再連任。㊂反對修憲，當然是反對以任何方法變更憲法條文的規定，可是自蔣總統說出了反對修憲的話以後，各方面還在盛傳蔣總統如要連任第三任，不必修憲也可以經由其他的方法達成，如增加臨時條款這一類的作法。

以上這些事象或傳說，又給蔣總統那個聲明投射了一層陰影。

所以本刊第二十卷第一期的社論，是以「欣幸中的疑慮」做題目來評論這件事，我們在那篇文章中的結論，是希望蔣總統能更進一步對於大家的疑慮再作澄清。

到了最近，蔣總統對於這件事畢竟又講話了。但是他這一次的講話，並不是澄淸大家的疑慮；相反地，而是加深大家的疑慮。

蔣總統對於這件事的最近一次講話，是五月十八日在國民黨二中全會紀念週上說的。除再度聲明反對修憲以外，關於再連任問題，他說：「我一向不爲自己的出處考慮。但目前應顧慮的有三點。即㊀不要使敵人感到稱心；㊁不要使大陸億萬同胞感到失望；㊂不要使海內外軍民感到惶惑。」這一段啓人疑竇的話，正是當前海內外輿論界評論的中心。在香港，有好幾個爲爭自由而反共的刊物，如「聯合評論」、「祖國周刊」、「自由人」、「自由陣線」等等，不斷地在明白表示反對蔣總統做第三任。他們所擧的理由是多方面的。有的是從國家法制的觀點講，有的是從團結反共的角度講，有的評論到三十年來蔣總統對於國家的功過，有的擧了近代史的某些事例，而力勸蔣總統珍惜身後的令名。本刊上一期那篇香港通訊，報導了香港這般輿論的一部分，但那只是一部分而已。臺北方面，眞正的輿論一向是流傳於街談巷議而不大見諸文字的。關於這件事尤其如此。可是本月一日出版的「民主中國」(民社黨的刊物)却發表了一篇「修憲與連任」的社論。委婉陳詞，而其結論是說：「吾人確信蔣總統的反對修憲，係出於至誠。吾人更信蔣總統絕不會失去憲法的依據，而連任三屆總統。」

、本刊對於這件事的態度，簡單地講，就是擁護蔣總統反對修憲的主張，同時也就是不贊成某些人所搞的連任運動。我們始終認爲，今天所說的「不修憲」，當然包括着「不連任」，這是二而一、一而二的事體。

我們保持這個態度，不自今日始，早在四十三年蔣總統當選第二任總統的時候，我們已明確地表示出來。那時，本刊（四十三年四月一日出版的第十卷第七期）發表了一篇社論，題目是「敬以諍言慶祝蔣總統當選連任」。在那裏，我們特就「憲法遵行」與「憲政根基的培養」這兩點講。我們說過，「憲政的實行，一方面要靠一部憲法，更重要的一方面，要靠行憲當局對於憲法的認識和誠意。尤其是在憲政實行的初期，更是如此。」接着，我們還特別强調地說：「僅憑主觀的認識和誠意，是不够的。認識和誠意，必須體現在制度的建立。」同時我們更說到，如果蔣總統能够在這第二任的六年當中，確實地做到「以自由對奴役，以民主對極權，以憲政對黨治」，則中華民國歷史中的蔣總統，將等於美國史中的華盛頓再加上哲斐生。五年前我們所講的這些話，大可以作爲我們今天的態度的註脚。

（4）

蔣總統反對修憲，他已一再地、公開地、鄭重地，講過。這應該是確定了的。那末，在不修憲的前提下，他究竟還要不要再做第三任呢？這個問題，照正常的道理講，根本不應當發生。因爲既不修憲，當然說不上連任不連任。但是，現在居然發生了連任的問題！這是我們最不能理解的。我們無論如何想不出一個不修憲而可以連任的道理來。增加臨時條欵，也卽是修憲。既不修憲，當然包括着不增加臨時條欵。此外還有什麼方法達到連任呢？如果由大法官對憲法明文限定的任期擅作法外的解釋，那就是公然違憲。如果由國民大會來一個決議擁護蔣總統再連任，不管憲法不憲法，那更是根本毀憲。違憲毀憲以圖把持權位，那是北洋軍閥所幹的把戲。以北洋軍閥爲革命對象，而又經常强調法治的蔣總統，總該不會做出這樣的事來。何況蔣總統迄今還能够用以號召反共的唯一有力的憑藉，就是這一部憲法。如果連這部憲法都可丟掉不管而連任下去，我們眞不知道蔣總統將憑什麼而能安於其位？

憲法，本來不是不可以修改的，但修改必須嚴格遵守憲法本身所規定的程序，否則也是違憲。這是就「法」的觀點講。再就政治的觀點說，憲法的基本功用之一，是在防止政府權力的擅自擴張，是在給當政者權力使用的限制。本着這個觀點來談修憲問題，卽令修憲有合法的路子可走，我們也不贊成反乎憲法的根本功用而把總統任期改長。這不是對蔣總統個人的問題，而是爲國家長治久安計，所必須奠定的一個憲政根基。好在蔣總統在這方面既已一再表明態度——反對修憲，我們也就不必多講了。

離開憲法問題，單從政治觀點來討論應否連任的問題。正反兩方面，都可以說出許多理由來。不過有的站得住，有的站不住。關於贊成蔣總統連任的政治理由，我們在臺灣刊物中可以隨時看到。可是在海外享有充分言論自由的人，也可以從政治觀點說出許多理由來反對蔣總統連任。例如五月十五日出版的「聯合評論」，以該社同人的名義發表的那篇宣言式的文章「反對修憲」(副題是「不贊成蔣總統連任第三任總統」)，以及五月廿九日左舜生先生在「聯合評論」發表的「再說蔣連任問題」，都是從政治的觀點講了許多話。這兩篇文章的要點，在五月二十日及六月三日出版的「自由人」曾經先後摘登過。「聯合評論」那篇宣言式的文章，本刊上一期的香港通訊，也把它的要點轉述過。現在我們再把左舜生先生「再說蔣連任問題」那篇文章最後一段，根據「自由人」的轉載，摘錄如下：

對於蔣總統在國民黨二中全會紀念週上所說的三點顧慮，表示不能同意。他說：「第一點所謂『不使敵人感到稱心』，據我看，共產黨所最稱心的，乃是蔣先生繼續做總統。因爲必如此，……共產黨才有間隙繼續統戰下去。尤其要緊的，乃是必須保存了蔣先生這一套，共產黨對大陸人民才有以自解。……假定第三任總統換上另外一個人，情形便可能兩樣，敵人不會感到『稱心』的。第二點所謂『不使大陸億萬同胞感到失望』，我看這一點顧慮也大可不必。大陸人民在過去十年所受的痛苦，可以說已登峯造極。他們確實天天希望得到拯救。可是過去十年蔣先生在臺灣做總統，對他們終究不能得到拯救。……蔣先生做總統，大陸老百姓的痛苦不因之而減；蔣先生不做總統，他們的痛苦不一定因之而加。大陸百姓對這件事，漠不關心則有之，失望不失望，無從說起。第三點所謂『不使海內外軍民感到惶惑』，是要分別來看的。蔣先生不做總統，臺灣人是不是會感到惶惑，要問臺灣人……至於海外人民，眼看臺灣種種措施，早已惶惑了十年。」

關於這一類的評論(包括本刊上一期香港通訊所轉述的)，我們雖不能說百分之百地同意，但我們覺得蔣總統應該有足够的雅量參考這些議論，平心靜氣前前後後好好地想一想。在這一方面，我們不想再說什麼。一兩個世代以後寫歷史的人，或許比我們更客觀一點。我們今天所要調强的，仍然是五年前希望於蔣總統的那兩點：㈠「憲法的遵行」與㈡「憲政根基的培養」。這是關係國家長治久安的基本問題，我們不能把它當作一人一時的得失問題來看。我們常常想到，假使民國成立的初年，我們好好地奠定了一個憲政基礎，像美國開國時候那樣，那末，四十多年來的這般苦難，大概是不會有的。「上無道揆，下無法守」，這是必然的歸趨。「道揆」二字的現代意義，就是在上者守法以示範。

蔣總統第二任的任期還有一年。我們在慶祝他當選第二任總統的那篇社論中，表示了一個熱烈的希望，希望他在中華民國歷史上的地位，等於美國歷史上的華盛頓再加上哲斐生。華盛頓留在美國歷史上的光輝，除革命時期的功績以外，是在總統任期方面，以身作則，留下一個優良的憲政傳統——不連任三屆的範例(而且當時的美國憲法並無明文限定總統的任期)。哲斐生是美國第三任總統，獨立宣言的起草人。他是民主政治最忠實的信仰者。他使美國的初期政治更趨向於民主。我們想，蔣總統的第二任任期，雖已過去了六分之五，但在未來的一年當中，如果要扭轉政治趨勢，使其趨向於民主，使其有這一趨向的開始，時間並不是不够的。至於以身作則，遵守憲法規定，不以任何方法再做第三任，這只是蔣總統個人一念之間就可決定的事。所以我們到現在仍未放棄五年前對蔣總統的那個希望，希望他在中國歷史上留下的地位，等於美國史中的華盛頓再加上哲斐生。我們在這篇文章中，引述了海外輿論反對蔣總統連任的議論，以及本刊上一期登載那篇香港通訊，是想給蔣總統的聽聞開一個窗戶。希望蔣總統千萬不要以爲官方報刊揣摩意旨所寫的東西，眞可領導輿論；千萬不要以爲天天親耳聽到的那些阿諛取寵的言詞，眞的代表民意。我們以前曾經講過這樣一段話：「我們知道，蔣總統是敬佩王陽明先生的言行而常讀其遺著的。『山近月遠覺月小，便道此山大於月。』陽明先生這兩句詩，指出了主觀直覺的危險，而一切事理當求證於客觀。」現在，我們再說這一段話作本文的結束，更希望蔣總統在考慮連任問題的時候——如果眞的還要考慮這個問題的話——不要在「此山大於月」的直覺下作錯了決定。

社論

（二）

由兩件不愉快的事看我們的外交

上月二十八日，國際奧林匹克委員會在德國開會，以三十四票對十九票，另二十二票沒有出席，對中國的會籍問題作了如下的決議：「國際奧林匹克委員會秘書長將通知會址設在臺灣臺北的中國奧林匹克委員會，告以該委員會因未控制中國之體育，不能以該名義繼續接受承認，其名義將自正式名單剔除，倘其以另一名義申請承認，國際奧林匹克委員會將予考慮」。上月二十九日，日本報界趁歡迎中國新任張大使上任之際，對中國在日的外交作了一番露骨的批評。每日新聞指出過去我們駐日外交官以其缺乏主動靈活作風，件件向臺北請示，致使中國對日外交變得僵硬。英文日本時報更認爲：「國民政府的大使館，在東京的外交機關中被目爲最無能的一個。一般評論都指責這個大使館的內部充滿了無效率和派系傾軋」。以上這兩件事情同時發生，對我們是一個重大的警告，是一種不幸，也充分表示了我們外交方面的失敗和危機。雖然日本報界的批評我們，並沒有奧林匹克委員會的取銷我們的會籍來得嚴重，但任何一個有自尊心和責任感的中國人看了日本報界的這種說法，一定都會深深感到無限慚愧。現在我們就對這兩件事情表示一點我們的看法與感想。

國際奧林匹克委員會對我國會籍的那項決議，從技術觀點來看，只是要求我們更換一個名稱；但從政治觀點來看，它是在公然取銷我們的合法會籍。所謂更換名稱另行申請入會之說，歸根究底，只是爲取銷我國會籍這一不法行動作掩飾而已。國際奧林匹克委員會的主席布倫德治在談到這一決定時，認爲這一決定只是一個普通的常識決定，而非政治的決定，更沒有人施用壓力；但我們只要注意一下在短短數日之內奧會對此問題的出爾反爾，一再改變態度，以及在此決議中的所謂「因未控制」等說法，我們即可知道奧會這一決定完全是一項政治決定，而且是受了環境的壓力所致。因此自奧會宣布對中國會籍的這一決定以後，不但我國奧會立即提出抗議，要求重新恢復中國的合法會籍；而且自由世界的所有公正人士，特別是美國的輿論及國會議員，對奧會這一決定都表示非常憤慨。美國奧克蘭論壇報指責奧會這一決定是荒謬的，可笑的，不現實的，不智的，不幸的，及無理的。本月二日美國務院對此所發表的正式聲明，更認奧會這一決定爲體育世界所不應有的明顯的政治歧視，它不止是對一個向來忠實支持奧林匹克原則的會員國的公然的不公正行動，即普遍所遵守的奧林匹克運動會的崇高精神的維持，也遭受了一次嚴重打擊。

國際奧會對中國會籍的這一決定，若說是一種普通常識決定，它違反了道義立場；若說是一種體育決定，它違反了奧林匹克的傳統體育精神；若說是一種政治決定，它也違反了政治原則。今日在臺灣的自由中國政府，是爲聯合國四十五個會員國所承認的，換言之，這最大多數的會員國都一致承認自由中國政府對大陸地區的合法管轄權。而國際奧會以「因未控制中國之體育」，而取銷中國奧會的合法會籍，實際便和這一世界最大多數國家的公意相牴觸，完全無視於國際行爲所賴以存在的道義基礎。固說體育不同於政治，但體育亦要顧及國際關係的一般標準，絕不能脫離國際現實而超然於物外；否則的話，那麼二次大戰期中數年何以奧林匹克委員會完全不能有所作爲？因此我們嚴重抗議國際奧會對中國會籍的這一不當措施，縱使在明年國際奧會舉行下屆會議以前，我們的重新恢復會籍無法及早作一決定，我們也得爲重新恢復奧會會籍而奮鬬到底。

現在我們所須追問的是，國際奧會取銷我國會籍這一事件究竟是如何發生的？在有些人看來，這一情勢也許是無可避免的；但在我們看來，這一問題的所以到來，完全是由於我們自己的無知、顢頇、和大意。我們注意到此次國際奧會對中國會籍首次作出不利決議時，我們的奧會負責人員，尙在赴西歐的途中；在此次國際奧會在慕尼黑開會之前，我們似乎也根本未考慮及我們的會籍會發生問題；甚至國際奧會對我們會籍首次作出不利決議後，我們尙不知道眞實消息究竟爲何。本月六日我國體協常務理事兼總幹事江良規對體協會議報告謂：「綜合非、法、葡、韓等國所給與我們的報告中，可見各該國委員均未對是項決議有所重視，只是糊裏糊塗地隨蘇俄共產集團的叫囂而決定」。江良規氏這一報告坦白明快，爲這一事件作了一種最透徹的解釋。由這一報告中我們可以看出，從我們的外交部門至體協諸位先生，正如江氏所說都是糊裏糊塗。這次我們在國際奧會的失敗，並非失敗於一種不可避免的情勢，而是失敗於我們的澈底的糊塗。由於我們的糊塗，才造成出席奧會的我們盟國代表的糊塗，也才造成國際奧會自身的糊塗。假若我們能事先警覺，經由各種途徑促請出席國際奧會的盟國代表隨時注意這一危機的發生，共產集團的任何壓力都將無法施展其技。而且這次投票的情形，並不比過去兩屆聯大對我代表權問題投票的情勢壞了很多，只要我們敦促我們的友邦事先都能重視這一問題，一起出席投票，試問這一危機如何能發生？這一結果除了證明我們的體育負責者的無能及外交的癱瘓外，實別無意義。

由這一事件，我們深切感覺到人的重要。任何一個工作的能否作得成功，領導和負責人是一項決定性的因素。我們這次在國際奧會的失敗，推源究底，還是和人的問題有關。我們對任何個人沒有成見，但我們願坦白指出，現在負責我國體育、擔任我國奧會主席的鄧傳楷，實在不是一個最適當的人選。要擔任這份工作，我們應挑選：第一、這個人應是體育界的權威，他應在這方面有成就、有經驗、有地位，能瞭解國際體育的大勢；第二、他應該具有相當的國際外交才能，在國際體育壇上能運用裕如，爲我國體育發展爭取國際便利。現在我國體育負責人鄧傳楷，兩者都不具備，試問他如何能勝任斯職？既不勝任，何以又非他不可？是否再無其他更好人選？這些問題的最後答案，要牽涉到我們今天的政治氣度及人事，當不在本文評論之列。不過我們覺得這次國際奧會對我們的教訓，實在是不應該輕易忘記的。

至於說到日本報界對我們的批評，我們感到比這次國際奧會的荒謬決定還要難過。我們是一個國家，我們駐日大使館是代表我們國家的聲譽和光榮，可是我們的駐日大使館竟在日本人民的心目中，變成了東京外交機關中最無能的一個，最無效率和派系傾軋的一個，則日人對我們的國家作何看法，自可想而知。所謂冰凍三尺，非一日之寒。我們駐日使館對外所以會有這種惡劣印象，並非是昨天和今日才造成的，亦不應由其中一兩位館員來負責的，而是自戰後以來我們駐日使館長期腐化的結果。早在五六年以前，我們就會向此間有關方面當面提出過這一問題，要求政府及早注意這一情勢的不良傾向，力加整頓，但我們的這番建議並未帶來任何效果。假使當時政府方面肯多少注意到這一問題的嚴重，立作糾正，局勢何至於會演變到這一地步？何至於要日本輿論向我們提出這種警告？我們一向知道政府是不喜歡輿論批評的，總以爲我們的批評不是故作吹毛求疵，便是「別有用心」，那麼現在就聽聽日本輿論對我們的批評吧！

日本對我們的批評，我們固然感到慚愧與難過，但我們對於這些日本友人的一番好意與勸機，衷心實在銘感。假若不是它們這種他山之石可以錯玉的評言提醒我們，我們駐日使館的這種黑幕將永不會爲外界和我們的主管方面所獲知；同樣，由於日本報界對我們駐日使館這種腐敗情形的首次公開揭露，使我們也不得不想到其他駐外使館的類似情形。誰能保證我們的駐美、駐韓、駐越等國的使館就完全沒有這種情形？誰又能保證這些使館的大小館員都已完全克盡了他們的職責？所以我們認爲，這次日本報界的露骨批評我們，一方面對我們是一種難堪，一方面對我們也是一種警鐘，我們希望政府有關方面藉此虛心檢討一下才好。現在亡羊補牢，爲時未晚，由於最近國際奧會的這一荒謬決定與日本報界對我們的這種批評，我們願對整個外交工作提出兩點意見：

㊀我們認爲外交工作是一項非常複雜及多變的工作，也是一項需要高度智慧才能適應的工作，要想在這種工作中永遠常握主動與優勢，不僅要有機智與靈活的作風，而且要有遠大與週密的事先計劃。凡事豫則立，不豫則廢，爲治事的常理，在外交方面尤其如是。若不根據一個外交問題的各種情況事先準備好一套必要的方案，預作主動應付打算，則一遇緊急局面發生，必然弄得手忙脚亂，焦頭爛額，仍無法挽救情勢的惡化。但事後的焦頭爛額，又何若事先的未雨綢繆？這次國際奧會對中國會籍的決定，再一次證明我們的外交工作完全缺乏一種事先的計劃。這種情形過去如此，現在亦然，假若今後還不加以徹底改正，那麼未來局面的如何演變，恐非我們所能想像的。

㊁正由於外交工作是一個需要高度智慧才能適應的工作，所以我們要求政府在這方面的人事上，徹底打開大門，擢用一些眞正的人才，不要把圈子限制在黨或派系的狹小的範圍內。政府應該知道，眞正的人才並不一定是喜歡鑽營和活動的，也並不一定是屬於國民黨的系統的，更不一定是靠國民黨的機構來維生的。這些人雖然不屬於國民黨，不願接受國民黨的頤指氣使，但他們是中國人，是反共的自由中國人，只要對國家有所貢獻，他們應該是可以效勞的。因此我們以爲，政府在一切有關外交的工作方面應該是因事而擇人，不應是因人而安排位置。選擇人只應顧及他的才智與對國家的忠忱，不應顧及黨派的關係。因人擇事的方式在一般政治上已經够壞，若運用到外交方面，實在是糟透。這次國際奧會對我國會籍的決定，便是一個明顯的鐵證。

總之，由於最近這兩個國際外交問題的連續發生，我們國人應該作一反省，尤其執政的國民黨人，更應作一澈底反省。因爲我們清楚知道，今日我們外交上的這些毛病，絕不是現在才有的，也不是現在的外交當局所能負責的，而是整個政府長期無知和顢頇的結果。因此只有執政的國民黨的反省，才能把這種病症徹底挽救過來。

教育與文化·科學與黨化

蔣勻田

概括點說，教育有兩大功能：一、加强知識系統的類別深度，與廣延知識系統的網狀領域。在加强知識系統類別深度的過程中，必然增强了每一系統內的一致性；而化分出若干新的知識系統。這是一個知識系統精分的網狀內延。每個知識系統內分的精度，往往發現與另一知識系統的某點有連鎖關係，因而擴張了知識領域的外延網狀。近二十年來，生物學與化學連鎖而發展爲生物化學；因生物化學的新發現，又與醫藥學發生了連鎖。此類自然科學因精分而廣延的連鎖關係，將無止境的在試驗室內求證與進展。加强控制自然環境的知識與技術。發展爲文化一面的主要興趣。

二、促成個人的社會化與擴大文化系統的整合化。在促成個人社會化的過程中，演成了許多人羣行動的模式、社會規範、與表達性的符號。這些模式、規範與符號，可以看成一個文化模式，而成爲價值定向。它構成行動者的外在規範，也可能被行動者內化而變成了他的人格結構。這樣內化的文化價值定向累進成一個民族的價值系統後，往往拒絕接受新的價值觀念。又發展爲文化另一面的主要興趣。

文化模式不僅是民族的特徵，也是社羣的安定力。文化模式內在的一致性愈强，它的安定力愈大。安定的傾向太强，可能變成故步自封，阻滯進步與創新。針對文化模式的故我一面，需要介紹新的價值定向。這是擴大文化系統的整合功能。

以上簡要的述說了教育的功能。已推演出學習的作用。「學習不僅是對於外在世界的性質獲得知識，同時也是一種定向模式（pattern of orientation）的獲得。就是說，它包含着一種新的料事方法，新的要求作風，和新的估價辦法的獲得。」這段話是柏生思（Talcott Parsons）教授在他的「行動通論」第一章論述「學習」一節的論斷。實等說明了文化模式，無論偏於上文所說的第一功能，或偏於第二功能，都是有蔽，應有自動調節的機能。近年社會人類學和社會學已證明文化相對性（cultural relativity）的理論。文化既不是絕對的，偏於一種價值定向，似乎不可能長期阻滯文化協調發展的傾向；阻碍社會的進步。現在世界各類型的文化，不能自動求得多元的協調，往往係政治權力作祟。

人們常說：西方文化是物質文明；中國文化是精神文明。饒斯若伯（Northrop）在他的「東西會合」(The Meeting of East and West)大作中，强調西方文化是理智的；中國文化是直覺的。這兩種對東西文化模式的分法，雖都失之於籠統，然已證明東西文化都有一種「肥腫發展」的特殊形態。「肥腫發展」一詞是取譬於生物機體演化的現象。美國已故人類學家林頓（Ralph Linton)的遺著「文化之樹」(The Tree of Culture)曾有這樣一段話：「文化在發展中有許多肥腫發展的例子。我們在文化組織的討論中：曾提到每個社會都有它的主要興趣，使行爲益向此面繁縟化。這種興趣和繁縟化可能進而致它們於毫無實際功能的田地，甚至會妨礙文化中其它的或更需要方面的成功。美國社會就是一個最好的例子。因爲我們在技術上的領先發展，導致了我們對『社會發明』(social invention)的疏忽，這種疏忽很可能成爲災害的。例如我們對機械上驚人的興趣，使我們的生產力異常迅速地增加，而對產品的分配却想不出適當的方法。現在戰爭和戰備似乎是我們機械工業充分生產的唯一方法。雖然我們的社會上仍有很多地方是衣食不足，住屋缺乏，這是分配技術犯了錯誤，即平時從事大量的工業生產，結果却造成了生產過剩、工人失業及經濟癱瘓。」與這一肥腫發展相反的例子，林頓又舉出另一個例子：「在那些比較落後的文化中，我們也可發見這樣肥腫之例。美國西南印第安人發展了一種『儀禮主義』(ritualism) 及許多儀式擧動，致使他們消耗了大部份時間和精力，而不把時間和精力用在獲取食物的事業上去。」

老實說：我們中國的文化又是一種肥腫發展的例子。即它特別向人文方面發展，而輕忽了自然科學。饒斯若泊說我們的文化屬於直覺型，實在不够正確。所謂直覺乃憑感官的印象而成的意識。這未免太低估了我們的文化成就。我們的先哲在思想（idea）一方面，不僅未限於感官的意識；而且深深的用過理智思考工夫。先秦諸子的遺著，尤其孟子與荀子，我們都可以看出其思考的邏輯系統，與感官的直覺印象截然不同。然無論儒家、道家、墨家與法家，皆偏向人文主義一面肥腫的發展，而忽略機械技術的創新，確係事實。但這並不是說我們沒有技術；更不能說我們沒有物質生活的一面。只是說我們在這一面的進步，比諸西方，約有四百年的停滯。停滯的歷史原因，留待下文交代。現在要說明的不是我們只有直覺的意識，沒有理解的工夫，造成自然科學的落後。而是我們對文化的價值取向（value orientation）與美國不同，因而方法亦異。美國的價值取向，重在控制自然，講究技術，趨於認知（cognitive）。我們的取向重在人格系統，高談心性，流爲表情（expressive）。他們的方法是觀察、理解與求證。而我們的方法是直覺、理解與內省。他們的研究對向是可以分析的，可以經驗的，更可以證明的。凡是可以證明的問題，就不容許主觀的意見存在；不容許傳統的評價長期壟斷；更不容許政治的權力橫加支配。我們的研究對象爲心性與道德，不易有客觀的分析。現在所有的分析心理學（psychoanalysis），則非所語於我先儒的心性分析。我先儒討論心性與道德的體驗工夫，偏於主觀的內省，而非客觀的經驗，所以更難提出客觀的證明。凡是勿須提出證明的研究，即便於主觀的意見流行，而不易提出客觀的證據以定其眞僞。陸象山即有是非易辯、意見難除之感。我們先儒的討論問題，不求證明而偏重符號(文字)的表情，以增其流傳的權威。所以流傳到今天的名山之作，無一非擅有極美觀的文字，就是這個緣故。流傳愈廣愈久，其傳統的權威愈大，寖假而變爲不易挑戰的傳統。於是握有政權的人，乃利用社羣尊重傳統的精神，選擇特別有利於政權維護的說法，爲之表彰宣揚，演成爲社羣顯著的規範。此類規範，輾轉經過人格系統的內化，乃變成人格的建構與價值取向的標準。於是對於物的研究，乃被忽略。所以各類文化模式，開始的分殊雖微，終乃變成不易調和的距離。誠所謂「差之毫釐，謬以千里。」

美國開國不過兩百年，在科學上的成就，已贏得全世首屈一指的地位。筆者去年赴美考查，專注意其大學教育一面。我發現美國眞正學術研究的開始，在讀博士學位的階段。而博士後的研究工作 (research work of post doctorate)，尤富「不顧天、不顧地」的精神，專心致志於新知識之發現。有了新發現，無論是物理領域、化學領域、生物化學領域、或醫藥領域，立刻在學術上發生大的影響；在生產事業上發生大的變化；有時且對國防設備發生大的指導作用。自然科學有個新的理論成立，社會科學與哲學亦嘗有很大的激發。可以說美國一切進步的動力，都發之於大學的試驗室內。一個問題，在試驗室內可從各種不同的方式，求其新的發展和證明。指導博士論文的老師，每天遇見所指導的學生，口頭禪的問話是：「有什麼新發現嗎？」有了重要新發現的學生，不但一舉成名，而成爲甚有學術地位的教授；且可立爲工業鉅子所禮聘；或爲政府所延納，居於重要指導的位置。美國社會取人的標準，極爲普遍。只要有成功的表現，不問你有什麼關係。且只要求你所成就的一點，而不注意你爲人的全面。換言之，所求於你者乃專家身分，而非你作人的標準，不必注意你的廣泛關係。至於你屬於民主黨與共和黨則更無關係。所以美國社會價值的取向，重在個人的成就，而不重在人事的關係；重在新知的發現，而不重在傳統的墨守。所以它的科學智識、生產組織、交通事業、國防設備、社會文化與政治觀念，皆日在推陳出新，邁進無已之境。我們若只羨慕其日新月異，而不識其所以新異之因，將無從下手效法。因不憚繁瑣，介紹柏生思教授的五對價值模示變項，並進而比較中美兩國所用的模示，再一次說明中美兩國文化異向的本源，希望我們今後有個新的取向。

柏生思教授在他的「價值，動機和行動系統」(Value, Motive and System of Action) 大作中說：「當行動者面對着處境，對於各種對象的看法，必從相互對立的五對立場中，先作選擇，然後這個處境對他才生確定的意義，然後他才能開始作具體的行動。」柏氏列五種對分 (dichotomies) 模式變項爲：

一、感情主義與感情中立 (affectivity-affective neutrality)；

二、爲己主義與爲公主義 (self-orientation-collectivity-orientation)；

三、普遍主義與個別主義 (universalism-particutarism)；

四、品質主義與成就主義 (quality-performance) 在「行動的通用理論」(Toward a general theory of action) 裏則寫成 (ascription-achievement)，惟意義則一；

五、特殊主義與廣泛主義 (specificity-diffuseness)。

現在欲比較中美兩個社會一般行動的價值定向，及其所根據的模式變項。謹將兩對相反的模式，先行略加解釋，以便讀者一目了然。

普遍主義意指行動者都可以一般的普通眼光觀察其對象。個別主義專就其對於行動者之特殊關係而以特別的眼光觀之。如對一張普通的相片與一張愛人的相片之不同，就是這個選項的作用。

品質主義意指「它」是什麼？「他」能作什麼？「他」與我有何瓜葛。而成就主義則專注意選擇對象的成就如何，「他」能作什麼？不問「他」與我的關係。

柏生思教授說：「美國職業系統的價值定向是普遍的，有成就的與特殊的。」特殊之意，只注意其所要被取的一點技能，而不廣泛注意其全面。換句話說：美國社會的價值定向系統，是普遍主義與成就主義型。普遍主義的作用，使地位、方便和報酬的分配，都能依據普通規律執行。對文化方面，注重認知性的興趣，所以偏重於新知識的獲取。普遍主義與成就主義結合，評價的重點，專注意目的的完成。各種目的的選擇，必須符合各種「一般」的價值標準。所以團體的利益，不認爲重要。因爲團體只是「工具行動」(instrumental action)，藉以達到某種本身有價值的目的而已。在這種價值系統中，團體利益既不被重視，强烈的個人主義自然而生。

成就主義成了基本價值定向時，這種選擇本身的價值，既在開新的表現，所以一方面排斥了目的選擇上的傳統主義。一方面也抵制了目的選擇上的「絕對主義」。成就主義和普遍主義的結合，促成了一種目的的「多元化」(goalpluralism)。這一個多元化是和一切有動力的文化模式，天然的具有相互吸引和結合的力量。

具有這樣一個價值定向的人們，主要的目標是透過工具動作以達到一個多元化的、個人主義的「目的表現」的系統。他們所尊重的是工作成就，而不是親友關係。這一類社羣系統的中心點，建立在一種「多區分的工具性的集合體」(differentiated instrumental complex)之上，以「成就」爲目的，以「認知」爲首要。這兩種定向之結合，將促使這樣的社羣系統，成爲富有動力的、富有發展力的社羣系統，鼓勵各種新目的之發展和追求，致力於各種工具效能之改善。這一個工具性集合體將成爲一個本身趨向於逐步發展和逐步區分分工的社會，而逐日造成區分更爲精細的各種職業角色。這是工業社會的結構類型，今日的美國是最好的一個代表。

「個別主義」與「成就主義」型，上文已經說過，成就主義成了價值基本定向，則一個人之被尊重，不在乎他「是」誰，而在乎他能「作」什麼。但是在個別主義代替了普遍主義的條件下，何種成就內容，始有被尊重的價值，這裏不再適用各種「一般」的標準，而「關係系統」(relational system) 實主其事。如血統的關係、地區的位置、時間的區分，就成了主要的指涉點。所以集體間親疏遠近的關係，人與人間長幼尊卑的秩序，在這裏的社羣關係結構上，都發生重要的作用。

成就主義的因素，促使人積極行動，努力追求和保持一種「適當」的適應模式。但是「關係系統」的重心，限制了成就的方向，而使它不追求各種超越於現有系統以外的目標。所以對於科學知識，遂忽焉不講。既以人事關係的適應爲能事，於是自反而求作人之道，上焉者乃終極於心性之談，而識爲本體之論。這就是韋伯 (Max Weber) 所謂「適應世界」(adaptation to the world) 而不是「控制世界」(mastery over the world)。

中國過去，以家族爲中心的社會結構，很適當的說明了這一種價值模式。

以上中美兩國社會價值定向的比較觀，係摘錄自徐道鄰先生節譯柏氏「社羣系統」的學說，而略爲增益。目的在反覆說明中美兩個文化系統的不同，根本在於價值定向的各異。中國今日欲發展科學，講求控制自然的技術，目的固在拯貧拯弱；然若不從根本下手，於價值定向之際，即掘出求新的動力，則仍係「西學爲用，中學爲體」的工具行動，建立不起美國大學試驗室內的追求精神，不會倖有美國今日科學發展的成效，此可斷言。

上文已經說過，文化模式，無論蔽於何所，向那一面肥腫發展，應有自動調節的機能。中國文化偏於人文主義一面的肥腫發展，積漸固久；然近六十年來已有單元文化不足之感，大批派遣留學生，向西方學習，而進步甚鮮，此亦有目共覩的事實。究竟是什麼東西，阻塞了自動調節的機能？這是下文要交代的問題。

美國政治學家拉士威爾 (Harold D. Lawswell) 的大作「權力與社會」裏說：「我們既指說權力爲對有關價值的慣用行式 (practice) 之控制，和對社會中價值分配模式之控制，故一言權力關係，先已預攝有對某些價值的評量，故凡制裁必涉及價值之剝奪，否則無效。」又說：「權力本身自是一種極其重要的價值。但這並不意謂何時何地權力都比其他價值更爲重要。以類別言，權力爲受尊重價值 (deference value) 之一。人的舉動必考慮及有權者的反應如何，這便是受尊重。」

佛烈德里克 (G. J. Friedrich) 在他的「憲政政府與政治」一書中曾說：「任何事物或觀念，僅就其本身言，不成爲權力。在權力追求者手中，這些可成一種工具。然必有人焉，重視這些事物或觀念，然後會聽從權力追求者擺佈。」

上文已經說過，兩千年來，我國握政權的帝王，利用一部分傳統的價值模式，以維持其政權。就是「有關價值的慣用行式之控制」的作用。掌握權力可以進退百官，更能便利或阻碍社會財富之獵取，就是「社會中價值分配模式之控制」的作用。因此一般社羣的價值定向，甚難避免權力「一個價值」的支配。雖說「必有人焉，重視這些事物或觀念，然後會聽從權力追求者擺佈。」甚爲知言；然富貴功名的觀念，是大多數社會人羣所重視的，故權力者的擺佈力量必然很大。換言之，權力者對於支配和轉移價值定向，一方面可用剝奪某類價值的模式；一方面又可用鼓勵某種價值的模式。但求有利於政權的維持，任何方式都可以使用，此乃獨裁政治的特色。秦始皇的焚書坑儒；漢武帝的獨尊孔氏；曹孟德的崇獎闒修；朱洪武的八股取士；和康雍乾的文字之獄；或以政權干涉學術的自由；或以政權移轉價值的定向；結果都窒息了文化模式自動調節的機能。

十六世紀已是歐洲文藝復興成熟時期。由藝術與文學的解放，而導致天文、物理等學的創新；繼之而蘊育出十八世紀的工業革命。而我國此時尚停滯於八股取士，使「天下英雄盡入我彀中」的階段。所以說我國文化的進步，比西方停滯了四百年。假使自明萬曆十年，(即西元一五八二年) 利瑪竇東來以後，我們的文化模式與西方文化模式正式接觸，自動調節的機能，應可發生。然帝王的政權，始終利於維持傳統的價值觀念，使「新的料事方法，新的要求作風，和新的估價辦法」，無由產生。所以多元的文化模式，不能型成。沒有多元的文化模式，無由培養科學，只有停滯於人文一面的肥腫發展。

獨裁政治與絕對主義，有不解之緣。絕對主義被獨裁者用爲政治敎條，必排斥一切新的觀念，排斥一切與獨裁者不同意見的人物。希特勒逼走了愛因斯坦，因爲愛因斯坦不同意納粹主義的絕對性。史達林命李森科表揚米秋林的生物學，而否定孟德爾的遺傳學，因爲孟德爾的遺傳子 (gene) 不變之說，不同於共產黨人性可改的敎條。美國得用原子彈早結束第二次世界大戰，是絕對主義不容科學家存在於獨裁政治下的貢獻。李森科用米秋林之說，行之十餘年，初無成效之可言；[illegible]須史達林死後，又醞釀數年，始能放棄米秋林的學說，復返於孟德爾遺傳子不變之說。於此可知以科學遷就「黨義」，以權力干與知識，其影響科學的進步，不是社會的價值選項可以左右的。

美國民主黨前總統候選人史蒂文生 (Adalai E. Stevenson) 去年遊俄數月，連續發表遊俄報告。其中有兩點最引我注意。一爲蘇俄的科學研究人員與大學敎授，不但薪金特優，且不必要爲共產黨黨員。二爲蘇俄的青年多對共產主義冷淡了；即大學學生對必修的黨議課程，亦甚忽視。我曾函詢史氏對此兩點報告的確實性；且曾面詢去秋代表全美建築工程師出席莫斯科世界工程師會議的蔻里 (Professor Currie) 敎授，他們都予我以正面的證明。數年來對蘇俄在共產黨專政之下，發展科學的懷疑，爲之冰釋。不但此也，蘇俄在核子武器方面，竟能與美國並駕齊驅！誠屬怪事。今得史蒂文生氏的報告，始知蘇俄共產黨因急欲發展科學，在研究科學領域內，已向科學家讓步，暫時放棄黨化。提高科學家的待遇，即欲從分配價值以轉移社會對科學家的評價。不強求大學敎授與研究人員加入共產黨，已認識絕對的敎條主義，不容於科學的研究精神。更進而不以共產主義的絕對性，強迫困擾青年的客觀思路，以培養科學家追求眞理的態度。因此逼得蘇俄的共產黨對其科學人才，不得不改變其黨化模式。蓋黨化模式，有礙於科學的研究；受過科學訓練的頭腦，皆討厭黨化的模式。黨化模式，即是以一個絕對主義，涵蓋一切。這樣作風，絕不容於多元發展的科學領域。蘇俄從這個領域，轉變其價值定向，承認科學是多元的發展，提高了科學的水準，對內現未動搖俄共的政權，對外却增加了蘇俄國際的地位。其故可深長思之。

科學取證的客觀態度，在美國普遍的影響了社羣的組織和行動；也修正了社會科學和哲學的觀念。在一個科學發達的民主社會，不容許任何絕對主義抬頭，涵蓋一切。所以它的社會價值定向，隨時有變項選配的可能。所以林頓氏怕美國走向科學肥腫發展的一面，我並不重視他的這個杞憂。在一個民主的社會裏，這是不必要的杞憂。蘇俄科學的發展，現在是被逼於國防的要求。將來發展到某種程度，必普遍的影響了共產主義涵蓋的範圍。到那個時候，可能構成俄共的嚴重問題。到那個時候，俄共還是讓絕對主義亦漸自社會科學與哲學領域內退却呢？抑進而向科學領域的客觀研究反攻，廢止一切科學研究，重返李森科主義的舊態呢？這將是很難避免的煩擾。黨化一切與科學發展，兩不相容。黨化到某種地步，必然阻碍科學的發展。科學發展到某種程度，必然根除黨化。到了須以政治權力干擾科學眞知的時候，科學便無法進步。

國民黨執政，在大陸上有二十年，退到臺灣亦已十年。在這三十年中間，他們無時不高掛「黨化教育」的招牌；亦無時不高喊發展科學的呼聲。其實三民主義是個多元結構的思想，不是個成熟的絕對主義。在行黨化的過程中，必須增强組織圈子，排斥他人。這樣行動，就牴觸所標榜的民權主義。一個多元結構的政治主張，不能用爲黨化一切的武器。這是國民黨在國民的眼前，行與言背，授人以柄，結果失敗的主因。可是對於發展科學的要求，反受了排他性組織行動的限制，也始終落了空。前文已經介紹過，中國不利於發展科學的傳統模式，就是個別主義，專講人事關係。黨化的圈子主義，更加强了傳統的個別主義。如何能够培植成科學的客觀與創新的精神呢？所以今日要發展科學，必先要取銷黨化，打破用人的圈子主義。至少黨化作用，須先從教育方面退出。讓教育人員與青年學生不受政治教條的干擾。黨化作用，不從教育方面退却，不但妨害科學知識客觀的創新；也必阻塞價值規範略優的整合。結果必然窒息了教育的兩大功能。

現在是太空時代，一切不能離開科學。執政的國民黨，第一個使命是反共抗俄，不能離開科學；第二個使命是民主建國，更不能離開科學。科學不容於黨化。執政的國民黨應當衡量本身的使命，斟酌時代的需要，考慮環境的險惡，要從黨權的意識中，傳統的意識中，尋出新的價值定向，迎合民主與科學的大時代，使我們四千年的文化，有個開新的內延與外張的大整合。

來函照登

做寰先生大鑒：敬啓者，先生發行之自由中國第二十卷第十期讀者投書欄內，有兪大間先生以「從臺北監（所）看司法」一文一篇。從題目看，包括臺灣臺北監獄和臺灣臺北地方法院看守所兩個不相隸屬的機關，從文的內容看，不獨大部份，將兩個機關一爐而冶之，且東拉西扯，牽強附會，把兪先生心目中所認爲不滿的事與人與機關，一齊發洩到裏面去，大有萬方有罪，罪在臺灣臺北監獄和臺北地方法院看守所了；推而言之，國家就不應有這樣機關的設置，所以以許多惡毒的言語，加到她身上。我是監獄方面目前的主持人，對監獄部份，爲免淆亂聽聞，維持國家和政府的尊嚴，不得不將兪先生曲解，揑造，汚衊，毀謗等等的地方，提出幾點來，請你就本文在下期登出，以代替更正！兪先生如確有其人，我們深望他對他所說的非法的事情，正式檢具證據檢舉，以釋羣疑。

㈠所謂曲解：兪先生曲解谷部長所說的偵審案件正確性，貿然的說一百個犯罪人中間，有四十五個是寃枉判處罪刑的，於是扯到監所，謂：「怨尤之聲，不絕如縷……」等等，罵了一頓；姑無論監獄是行刑機關，推事檢察官的事情，怪不得她，她亦無權過問；就照兪先生所說的，請將一百個犯罪的中間被寃枉的四十五人舉出來，然後才能證明監獄裏寃氣沖天了。（按兪先生大文內，每將有關推檢，法律，不科學，政府，警察等問題，扯到監獄，舉一可以反三。）

㈡所謂揑造：在高雄擲手榴彈被槍決的李寧，既未經司法機關審判，又未入過臺北監所，硬揑造謂：「這便證明監所感化的失敗，反而逼使其走上報復之途，而犯下大罪……」，指責一般司法，指責政府，謂爲非常不科學，又歸結到：「尤其臺北監(所)，幾乎已成了製造罪犯與罪犯泛濫的淵藪」。不管兪先生似乎是李寧的知己，知道他的心理，而將他圖奪搶用爲搶刼財物之張本，統統概括爲憤恨上述機關，爲之卸罪，無形中予惡人以讚膝贊美；又將臺北監獄帶上，硬張冠李戴，希圖聳人聽聞，加重汚衊毀謗，豈得事理之平？

㈢所謂汚衊：前面已經提到兪先生之揑造事實，汚衊臺北監獄，再以武成任臺北監獄典獄長四年三個多月以來，在各級長官督導與社會人士協助之下，將第二次大戰被轟炸得破破爛爛的監舍工場，一一籌謀恢復，同人互相勉勵，抱宗教家犧牲精神，公廉自誓，含辛茹苦，努力奮鬬，希無負國家與同胞，並能將走錯路的人，再加以教育，增益其知能，培養其德性，使挽轉過來，重作新民，造福社會。中外人士，亦非常關心臺北監獄，來監參觀者，絡繹不絕，對獄政革新的結果，每承譽爲和學校工場醫院差不多；報章雜誌，報到甚多，不必細述。而兪先生統以「罪惡的深淵」，「罪犯泛濫的淵藪」，好的變壞，壞的變成更壞了」……等等」一類的惡毒名詞，加以汚衊，把社會人士，親身見到說出的話，一概加以否定，似乎那些人，都是瞎三話四。使外國人看了他的大文，誤認爲廢除不平等條約，讓中國收回法權爲錯誤之舉了。我們也不否認：臺北監獄的受刑人，分子非常複雜，各種罪刑的人都有，誠如中外報紙所說：「藏龍臥虎」，管教不易；加以國家在戡亂時期，財政困難，物質條件不够，監獄的難以適應各方的要求，打破一些人對現在監獄保守的偏差誤解，而仍待我們努力之處尚多，但決不如兪先生所說那樣，我們請兪先生，隨時來看看，就知道眞相。

㈣所謂毀謗：我們對受刑人，以「公平合理」四字相處，自入監到出監，法令固有規定的程序，現在又辦調查分類，以達到「公平合理」的目的。何濟周，林頂立，來監前即有病，現在仍未癒。何是中度肺結核，加上很重的糖尿病，臺大附屬醫院，防癆中心，均有證書及病歷可查；林是高血壓，省立臺北醫院，檢驗有案，他們帶病受刑，本監如不予治療，不准其住病監，必被人指爲虐待，准其住病監，予以治療，兪先生又

（下轉第16頁）

我國不是內閣制嗎？

傅正

一

一國政治制度，原只是歷史環境的特殊產物，在世界各國之間，歷史環境既非盡同，彼此所採取的政治制度，當然就難完全一樣。

不過，在研究比較政治制度時，爲求對各國憲法及政府便於認識，站在學術的立場，却常根據其基本精神與原則，而加以歸納分類爲幾種主要制度，因此，才有學術界公認的所謂內閣制、總統制、及委員制。很顯然，這種分類，也只是就其大而同者言；假若就其小而異者詳加區別，則通常公認爲同屬某種制度的某些國家，自又不難找出若干差別來。這道理，相信理該是討論比較政治制度者所共有的常識，當不待贅述。

可是，我國自現行憲法制定以來，關於中央政治制度的解釋，眞是衆說紛紜。某些人常因爲我們這部憲法，既不完全同於英國，又不完全同於美國，便批評爲非驢非馬制，或稱之爲四不像制。少數懷有強烈政治成見的人，常因爲這部憲法，並未按照其所嚮往的某種藍圖而制定，而大加詆毁。若干別有用心的人，甚至站在現實政治的立場，抓住憲法中一兩條和基本精神與原則無關的條文，而作牽強附會的解釋。

其實，我們這部憲法，誠然不是至善至美，相反的，還有若干缺點。然而，要說這部憲法，根本缺乏基本的精神與原則，而無法歸屬於那一類，却又不合實情。很明顯，現行憲法，固然受了我國歷史環境的特殊影響，也沒有完全根據某種主義或理想而制定，多少帶有若干妥協的成分；但從實質上分析，却可發現某種基本精神與原則，始終貫穿在全部憲法內。這一點，實在是無法否認的事實。

這種基本精神與原則，究竟是屬於內閣制抑或總統制，便是研究我國中央政治制度時，所該重視的最好依據。

二

研究我國中央政治制度屬於那一類型，既應以其所具有的基本精神與原則是屬於內閣制或總統制爲準，則現行各國政治制度中，所謂內閣制與總統制，其基本精神與原則爲何，顯然便是評判時所當採取的標準。

雖然，如上所述，我國政治制度，是我們歷史環境的特殊產物，不與英美任何一國完全相同。然而，爲求便於說明內閣制與總統制的基本精神與原則，却不妨以英美爲例。因爲英國是實行內閣制最有成績的國家，美國又是推行總統制最爲著名的國家。

但是，此所謂內閣制與總統制，各人說明的方法却未必盡同。然無論其爲內閣制或總統則，這裏都是指民主政治的一種，所以爲了說明的方便起見，不妨根據民主政治的本質去分析。現代民主政治，本質上是一種責任政治。然責任是與權力而俱來，所以，此所謂責任政治，並非指一國的最高行政首長，只有行政責任，而無行政權力。相反的，是指有責者有權，有權者有責，即權責相連。現在所謂內閣制與總統制，由於運用責任政治的方式不同，才形成了政治制度上基本精神與原則的差別；然不管差別如何，都是一種責任政治。所以，在說明內閣制與總統制兩者，其基本精神與原則有何不同時，自可根據責任政治的觀點而分析，即從行政權力與行政責任兩方面分析。雖然，這兩方面牽涉的範圍很大，但較爲重要的，在行政權力方面：包括內閣官員的任免，行政政策的決定，及法律的公布與命令的發布；在行政責任方面：包括負責的主體，負責的對象，及負責的方式。現在，我們便根據這標準，先對英國的內閣制和美國的總統制，加以分別說明。

在英國，其所以稱之爲內閣制的基本精神與原則，簡言之，是指行政上的權力和責任，事實上都集中在內閣，而非國家元首。分言之，第一、在行政權力方面：內閣官員的任免權力，事實上是操於內閣總理而非元首，所以內閣總理推荐的人選，元首必須接受；即連內閣總理本身的任免，其權力，事實上也不屬於元首，而是以國會的信任爲依歸。至於行政政策的決定權力，事實上也是操於內閣而非元首，所以內閣決定的政策，元首必須容納。至於法律的公布與命令的發布權力，事實上也是操於內閣而非元首，因而元首的行爲，必須有內閣的副署才有效。這種副署制度，並非指元首所欲推行的法令，有權要求內閣副署，而是指內閣所欲推行的法令，可要求元首簽署；所以元首必須根據內閣的請求，而在法令上簽署。第二、在行政責任方面：負責的主體，是內閣而非元首，所以凡用元首名義所行使的行政權力，內閣必須代負責任。至於負責的對象，內閣是向國會負責，而非向元首負責，所以內閣必須取得國會的信任。至於負責的方式，一方面是行政權和立法權密切結合，一方面是立法權和行政權彼此對抗。所謂密切結合，是指閣員可兼任國會議員，以致能隨時出席國會，說明政策，答覆質詢，以及提出法案。即使閣員不兼任議員，也可以列席國會，說明政策，以及答覆質詢。所謂彼此對抗，是指國會不贊成內閣政策時，可以用「不信任」權，而迫使內閣辭職；同時，內閣也可以用解散權，而將國會解散，重行改選，看看民意究竟在那一方面。總之，在內閣制下，行政權力都集中在內閣，元首不過徒擁虛位而已！所以內閣制下的內閣，絕非元首的幕僚單位，而是國家的最高行政機關。因此，內閣總理也非元首的幕僚長，而是國家的最高行政首長。各種行政權力，雖然名義上是元首在行使，但事實上是內閣在推動。其所以如此，並非人民厚於內閣而薄於元首，這是因爲內閣須負全部行政責任，而元首則不需負此項責任。

在美國，其所以稱之爲總統制的基本精神和原則，簡言之，是指行政上的權力和責任，事實上都集中在總統，而非各部首長。分言之，第一、在行政權力方面：內閣官員亦卽各部首長的任免權力，事實上是操在總統；所以各部首長的去留，是以能否取得總統的信任爲依歸，雖然任命須徵求上議院同意。至於行政政策的決定權力，事實上也是操在總統，而非各部首長所合稱的所謂內閣，所以總統所決定的政策，各部首長必須接受。至於法律的公布和命令的發布權力，事實上也是操在總統，而非各部首長，所以總統的行爲，不需有各部首長的副署始有效。第二、在行政責任方面：負責的主體，是總統而非各部首長所合稱的所謂內閣，所以凡用總統名義所行使的行政權力，總統均須自行負責。至於負責的對象，總統是向選民負責，而非向國會負責，所以總統不需取得國會的信任。至於負責的方式，一方面是行政權和立法權嚴格分立，一方面是立法權和行政權相互牽制而不對抗。所謂嚴格分立，是指各部首長不兼任國會議員，以致不能隨時出席或列席國會，說明政策，答覆質詢，以及提出法案。各部首長僅能在國會委員會的邀請下，而列席國會委員會。總統也僅能託同黨議員向國會提出所需法案，或利用咨文建議而已。所謂相互牽制而不對抗，是指國會不贊成總統政策時，也不能利用不信任方式，迫使總統辭職；同時，總統也無權解散國會。不過，總統對於國會通過的法案，如不贊成時，可以退回覆議。總之，在總統制下，行政權力都集中於總統，總統絕非徒擁虛位。所以總統制下的所謂內閣，只是總統的幕僚單位。因此，各部首長也只是總統的幕僚人員。各項行政權力，非但名義上是總統在行使，而實際上也是總統在推動。其所以如此，並非人民厚於總統而薄於各部首長，這是由於總統須負全部行政責任，而各部首長則不需負此種責任。

根據以上所說，則英國的內閣制與美國的總統制，其基本精神與原則究有何差別，便極爲明顯。現在，要進而判斷我國中央政治制度是屬於那一類型時，便是採取這一標準去識別。假若在判斷過程中，仍遇到若干難題，且已多少引起懷疑時，則引用上述藉以說明內閣制與總統制的基本觀點，卽責任政治的觀點去說明。

三

我國中央政治制度，在行政權力方面，究具有何種基本精神與原則，這是這一節必須先行解答的問題。此一問題所包含的主要項目，卽說明內閣制與總統制時所討論到的，是指內閣官員的任免，行政政策的決定，及法律的公布與命令的發布。現在，便依照此一程序，而加以逐一分析。

關於內閣官員的任免，其基本精神與原則如何，是理當研究的第一個項目。就是說，我國內閣官員的任免權，是屬於總統抑或行政院院長？便是判斷我國中央政治制度，究屬於何種類型的一個重大因素。

依據憲法第四十一條規定：「總統依法任免文武官員。」此所謂依法，係指依據憲法及有關法律而言。對於內閣官員的任免，按憲法第五十六條規定：「行政院副院長，各部會首長及不管部會之政務委員，由行政院院長提請總統任命之。」這一條的主要意義，極爲明顯；卽此等官員的任命權，是操在行政院院長，而非總統。就是說，重點在「提請」。故凡行政院院長所不「提請」者，總統無權任命；又凡行政院院長所「提請」者，總統必須任命。所以總統必須接受行政院院長推薦的人選，總統的任命，只不過形式而已！一如英國國王之必須根據內閣總理之請，而任命內閣閣員。其所以如此解釋，因爲此等官員，將來能否圓滿推行政務，責任不由總統擔負，而行政院院長勢將分擔責任，所以必須享有任命權。同時，此等官員的免職權，雖無明文規定，然依理推論，更非操在總統，而是操在行政院院長。卽各部會首長或政務委員，如不幸而意見與行政院院長衝突，甚至無法繼續合作，理應自動辭職；否則，行政院長理得以局部改組方式，提請總統另行任命適當人選。如此解釋，實在是爲求行政院院長眞能負責的必然結論。所以說，若對上引憲法第五十六條的規定，竟認爲總統在事實上操有任命權，顯然已是錯誤，更遑論免職權？

在內閣官員的任免權方面，易爲某些人所誤解者，卽關於行政院院長本身的任免。據憲法第五十五條規定：「行政院院長由總統提名，經立法院同意任命之。立法院休會期間，行政院院長辭職或出缺時，由行政院副院長代理其職務，但總統須於四十日內咨請立法院召集會議，提出行政院院長人選徵求同意。……」因有人不明白此一條文的主要意義，甚或便認爲總統享有所謂提名權，對行政院院長人選有決定性作用。其實，這一條的主要意義，是指行政院院長的任命權，操在立法院，而非總統。就是說，重點在「同意」。故總統理當根據立法院的意見而提名，因總統所提人選，如不能獲得立法院「同意」，總統絕無權任命。所以總統對行政院院長的提名，在形式上似享有自由，但在事實上却並不自由。一如英國國王之必須選擇下議院多數黨領袖爲內閣總理，並無眞正的自由。其所以如此解釋，因行政院院長將來能否圓滿推行政務，並不由總統負責任，也不向總統負責任，故免職權更不操在總統。依據憲法第五十七條規定，如行政院院長意見與立法院相左，而又不願屈從立法院，便必須辭職，而總統則無權迫使行政院院長接受其意見。所以說，行政院院長的進退，主要是決定在立法院，而非總統。因此，若對上引憲法第五十五條規定，竟認爲總統在事實上享有提名權，顯然便不正確，更不用說免職權了。

總之，從這些條文中觀之，證明我國中央政治制度，在內閣官員任免權方面，是採取內閣制的基本精神與原則，而與總統制不同。

關於行政政策的決定，其基本精神與原則如何，是理應研究的第二個項目。就是說，我國行政政策的決定權，是屬於總統抑或行政院？又是判斷我國中央政治制度，究屬於何種類型的另一重大因素。

依據憲法第五十八條第二項規定：「行政院院長，各部會首長，須將應行提出於立法院之法律案，預算案，戒嚴案，大赦案，宣戰案，媾和案，條約案及其他重要事項，或涉及各部會共同關係之事項，提出於行政院會議議決之。」足見行政院會議有權議決的事項，都直接間接與行政政策有關，因其不僅影響人民的權利義務，且關係於國家的安危存亡。即以「動員戡亂時期臨時條欵」所規定的緊急處分而言，此項權力之行使，也須經「行政院會議之決議」，總統絕無權逕行決定。且按此條欵的全部精神推論，主要權力仍操在行政院。即總統之處分，應以行政院意見爲依歸。因爲此項處分，「立法院得依憲法第五十七條第二欵規定之程序，變更或廢止之。」所以說，行政院會議，是決定行政政策的最高機關。

然此一決定行政政策的最高機關，據憲法第五十八條第一項規定：「行政院設行政院會議，由行政院院長，副院長，各部會首長及不管部會之政務委員組織之，以院長爲主席。」很顯然，此一行政院會議，總統既不能出席，又不能列席，是毫無地位可言，所以主席是行政院院長，而非總統。這是說，在決定行政政策的最高機關，總統根本無權參與，一如英國國王之不能參與。

雖然，此一會議之決議，諸如戒嚴案、大赦案、宣戰案、媾和案、以及條約案等，均須用總統名義咨送立法院，然此只是形式上的一種手續。其所以如此解釋，因爲這類法案推行的後果，並不需總統負責，而是由行政院負責，因此總統必須容納行政院的政策。所以說，行政政策的決定，權力是操在行政院，而不是總統。

總之，由此等條文中分析，又證明我國中央政治制度，在行政政策決定權方面，也是採取內閣制的基本精神與原則，而與總統制不同。

關於法律的公布與命令的發布，其基本精神與原則如何，是理該研究的第三個項目。就是說，我國法律公布與命令發布權，是屬於總統抑或行政院？更是判斷我國中央政治制度，究屬於何種類型的又一重大因素。

依據憲法第三十七條規定：「總統依法公布法律，發布命令，須經行政院院長之副署，或行政院院長及有關部會首長之副署。」這一條的主要意義，十分明顯，即公布法律與發布命令權，是操在行政院，而非總統。就是說，重點在「副署」。故凡未經行政院院長之副署，或行政院院長及有關部會首長之副署，則總統絕無權擅自公布法律或發布命令。其所以如此解釋，因所謂副署制度，意在證明這是副署人的行爲，而非總統的行爲，故副署即所以表示負責。此項法律或命令，將來實施的後果，是由行政院院長及有關部會首長負責，雖用總統名義公布或發布，總統却並不負責。所以，此項所謂副署制度，並非指總統所欲推行的法令，可要求行政院院長副署，或行政院院長及有關部會首長副署；而是指行政院所欲推行的法令，要求總統簽署而已。故總統必須根據行政院的請求，而在法令上簽署，一如英國國王之必須根據內閣請求而簽署。

另據憲法第七十二條規定：「立法院法律案通過後，移送總統及行政院，總統應於收到後十日內公布之，但總統得依照本憲法第五十七條之規定辦理。」足見公布法律，還是總統的一種法定義務，除行政院要求交還覆議外，總統並無拒絕公布之權。換言之，只要行政院需要，已由立法院通過，經行政院有關官員副署後，總統便當簽署公布。總統此一行爲，僅證明法律的制定，是依照法定程序。即總統對於法律，只享有一種形式上的審查權而已。所以說，法律的公布與命令的發布，權力是操在行政院，而不是總統。

總之，從此類條文中探求，更證明我國中央政治制度，在法律公布與命令發布權方面，還是採取內閣制的基本精神與原則，而與總統制不同。

根據以上分析，我國中央政治制度，在行政權力方面，本已足夠證明是具有內閣制的基本精神與原則；但還有兩個似是疑難的問題，或已多少引起一些不必要的誤解，所以有在這裏附帶說明的必要，這便是所謂總統的調和權與統帥權問題。

關於所謂總統的調和權問題：依據憲法第四十四條規定：「總統對於院與院間之爭執，除本憲法有規定者外，得召集有關各院院長會商解決之。」此便是某些人所說的調和權。其實，這是不通的，因爲這一條根本不能發生實際作用。事實上，如院與院之間已發生爭執，縱然經總統召集會商後，仍不能解決時，總統並無權强迫任何院長，接受其解決意見。嚴格說來，倘院與院的爭執，在憲法規定外，已到過分嚴重階段，也非召集各院院長會商所能濟事。

關於所謂總統的統帥權問題：依據憲法第三十六條規定：「總統統帥全國陸海空軍。」這就是某些人所說的統帥權。其實，總統身爲國家元首，對內對外都象徵着統一，所以用元首的名義，而統帥全國陸海空三軍，乃表示都是國家的武力，是集中在一個旗幟之下。但總統之擁有此項權力，仍只是名義上的，而非事實上的，即總統並不能直接主動行使。一如英國的軍隊，在名義上，雖然稱之爲英王的軍隊或陛下的軍隊，但在事實上，統帥權並不是操在英王。所以，我國全國陸海空三軍的統帥，仍只是行政院的行政權力之一，故總統的統帥理當以行政院的意見爲依歸。其所以如此解釋，因軍事不能離開政治而另成指揮系統；而三軍統帥的行政責任，是由行政院擔負，而非由總統擔負。

綜合本節以上所述，足證從行政權力方面分析，無論其爲任免內閣官員，決定行政政策，以及公布法律與發布命令，都是具有內閣制的基本精神與原則。所以說，我國中央政治制度，其基本精神與原則，實與英國的內閣制接近，而與美國的總統制不同。卽另就所謂總統的調和權與統帥權而言，仍然不能推翻這一個結論。

四

根據上節從行政權力方面分析的結果，雖證明我國中央政治制度，確具有內閣制的基本精神與原則，但行政責任方面是否也如此，顯又爲必須在這一節進而解答的問題。這一問題所包含的主要項目，卽說明內閣制與總統制的差別時所研究過的，是指負責的主體，負責的對象，及負責的方式。現在，就順着這一次序，而予以逐項分析。

關於負責的主體，其基本精神與原則如何，是理應探討的第一個項目。這是說，我國中央政府負責的主體，是總統抑或行政院？便是判斷我國中央政治制度，究爲何種類型的一個重大因素。

依據憲法第五十七條規定：「行政院依左列規定，對立法院負責。一、行政院有向立法院提出施政方針及施政報告之責。立法委員在開會時，有向行政院院長及行政院各部會首長質詢之權。……」足見負責的主體，是行政院而非總統。這一條的規定，實在是既淸楚而又明確，當然不需要多加解釋。

不過，在負責的主體方面，或不免引起少數人誤解者，卽關於總統的責任問題。據憲法第二十七條規定：「國民大會之職權如左：……二、罷免總統副總統。……」又據憲法第一百條規定：「監察院對於總統副總統之彈劾案，須有全體監察委員四分之一以上之提議，全體監察委員過半數之審查及決議，向國民大會提出之。」及憲法第三十條規定：「國民大會遇有左列情形之一時，召集臨時會。……二、依監察院之決議，對於總統副總統提出彈劾案時。……」因此，便有人由於總統可以被彈劾或罷免，而認爲總統也是負責的主體。其實，憲法上的這類規定，只是鑒於總統雖爲國家元首，有其特殊的地位和尊嚴，而須加以特別的保障；但究非古代君主，所以並無神聖不可侵犯權。因此，若總統竟犯內亂或外患之類的大罪，監察院自可依法彈劾，而提請國民大會罷免之，或由國民大會直接提案罷免之，使總統終不能逃避法律上的責任。不過，此所謂責任，顯非隨行政權力而俱來的行政責任。所以監察院的彈劾與國民大會的罷免，理均應限於總統的違法行爲。因按論理的解釋，實際的行政權力既非操於總統，總統又何能憑空負責？事實上，由行政權力而造成的行政責任，既已由行政院擔負，總統尙有何實際行政責任之可言？所以行政院用總統名義行使行政權力的後果，總統都不負實際行政責任，而是由行政院代負責任。其所以如此解釋，並非有所偏袒於總統，而是根據行政權力與行政責任相連的基本觀點。所以說，負責的主體是行政院這一結論，並未因此而動搖。

總之，從上引條文中觀之，證明我國中央政治制度，在負責的主體方面，並非採用總統制的基本精神與原則，而是內閣制。

關於負責的對象，其基本精神與原則如何，是理該探討的第二個項目，這是說，我國行政院負責的對象，是總統抑或立法院？又是判斷我國中央政治制度，究爲何種類型的另一重大因素。

依據憲法第五十七條規定：「行政院依左列規定，對立法院負責。一、行政院有向立法院提出施政方針及施政報告之責。立法委員在開會時，有向行政院院長及行政院各部會首長質詢之權。二、立法院對於行政院之重要政策不贊同時，得以決議移請行政院變更之。行政院對於立法院之決議，得經總統之核可，移請立法院覆議。覆議時，如經出席立法委員三分之二維持原決議，行政院院長應卽接受該決議或辭職。三、行政院對於立法院決議之法律案，預算案，條約案，如認爲有窒礙難行時，得經總統之核可，於該決議案送達行政院十日內，移請立法院覆議。覆議時，如經出席立法委員三分之二維持原案，行政院院長應卽接受該決議或辭職。」足見行政院負責的對象是立法院，絕非總統。換言之，卽行政院僅對立法院負責，而不對總統負責。所以，無論是施政方針或施政報告，均須向立法院提出，而非向總統提出。有權向行政院方面質詢的，也是立法院，而非總統。對於行政院的重要政策，可以不贊同而移請變更的，又是立法院，而非總統。以至於可以迫使行政院院長除接受其決議外必須辭職的，更是立法院，而非總統。因此，行政院必須取得立法院的信任。所以說，行政院負責的對象，是立法院而非總統。

總之，由上列條文中分析，又證明我國中央政治制度，在負責的對象方面，也非採用總統制的基本精神與原則，而是內閣制。

關於負責的方式，其基本精神與原則如何，是理當探討的第三個項目。這是說，我國行政院負責的方式，一方面，行政權和立法權是密切結合，抑或嚴格分立？一方面，立法權和行政權是彼此對抗，抑或相互牽制而不對抗？更是判斷我國中央政治制度，究爲何種類型的又一重大因素。

先就行政權和立法權兩者，是密切結合抑或嚴格分立而言：依據憲法第七十五條規定：「立法委員不得兼任官吏。」按此項所謂「立法委員不得兼任」八字，固極爲明顯，但所謂「官吏」兩字，究否應作廣義解釋，卽是否必須包括行政院院長及行政院各部會首長等政務官在內，事實上，並非絕無可疑之處。假使根本不應作廣義解釋，則行政院院長及行政院各部會首長，當然便可以兼任立法委員。不過，現在不妨姑採一般說法，假定應作廣義解釋，則結果便很明顯，因爲這一規定，行政院院長及行政院各部會首長，當然就不能兼任立法委員。由此觀之，行政權和立法權兩者，似乎是嚴格分立，而非密切結合。因此，便有人認爲此與美國總統制一樣，而與英國內閣制不同。其實，若僅就這一條條文而解釋，且又是採取廣義的解釋，固可作如是觀。但又據憲法第五十七條第一項第一款規定：「行政院有向立法院提出施政方針及施政報告之責。立法委員在開會時，有向行政院院長及行政院各部會首長質詢之權。」由於這兩條規定，可見我國行政院院長及行政院各部會首長，縱然都不能兼任立法委員，但却可以列席立法院，說明政策，答覆質詢。其中尤其是答覆質詢，實爲內閣制下平時主要而有效的負責方式。又據憲法第五十八條第二項規定：「行政院院長，各部會首長，須將應行提出於立法院之法律案……」足見行政院院長及各部會首長，非但可以列席立法院，說明政策，答覆質詢，且可向立法院提出法律案等。因此，行政院院長及行政院各部會首長之是否兼任立法委員，在實際意義上，已顯得毫不重要。就是說，縱然行政院院長及行政院各部會首長，確不應兼任立法委員，但由於諸如此類的規定，已收到兼任的實效。

次就立法權和行政權兩者，是彼此對抗抑或相互牽制而不對抗而言：依據憲法第五十七條第一項第二第三兩款規定：「二、立法院對於行政院之重要政策不贊同時，得以決議移請行政院變更之。行政院對於立法院之決議，得經總統之核可，移請立法院覆議。覆議時，如經出席立法委員三分之二維持原決議，行政院院長應即接受該決議或辭職。三、行政院對於立法院決議之法律案，預算案，條約案，如認爲有窒礙難行時，得經總統之核可，於該決議案送達行政院十日內，移請立法院覆議。覆議時，如經出席立法委員三分之二維持原案，行政院院長應即接受該決議或辭職。」由於此條規定，可見立法院既不能迫使行政院院長非辭職不可，而行政院更不能解散立法院，且又有覆議的辦法。據此觀之，立法權和行政權兩者，似乎是相互牽制而不對抗。所以，便有人認爲這與美國總統制一樣，而與英國內閣制不同。其實，若對此一條文，僅作文理的解釋，或可勉强作如是觀，但憲法又應作論理的解釋，而不該完全拘泥於文理解釋。按所謂不信任與解散，其主要目的和意義，原僅在發揮彼此對抗的作用而已。但是，爲發揮彼此對抗的作用，並非唯有用這種方法。換言之，這並非唯一的方法。按理論上說來，只要能發揮彼此對抗的實際作用，究竟用甚麼方法都無關緊要。所以，問題的癥結，不在方法如何，而在效果怎樣。就是說，問題在能否發生實際的作用。現據這一條條文推論，確能發生實際的對抗作用。這是說，根據憲法第五十七條第一項第二第三兩款的規定，對於立法院要求變更重要政策的決議，及要求推行窒礙難行的法案之決議，行政院都可用移請立法院覆議的方法，而求對抗立法院。同時，對於行政院要求的覆議案，立法院又可用出席立法委員三分之二維持原案的方法，而迫使行政院院長除接受外必須辭職，而求對抗行政院。很顯然，立法權和行政權的對抗作用，並不因方法的不同而喪失。我國在制憲的當時，其所以如此規定者，既由於不信任辦法容易倒閣，不太適於地區遼濶交通困難的國家；才不得已而改用覆議辦法來代替和補救。但這一所謂覆議的辦法，在形式上，因與美國憲法第一條第七項第二款很相似，所以，又常有人據此而推論到我國是採總統制。其實，這是一種似是而非的說法。因爲我國之採取這一辦法，原在代替與補救立法權和行政權的彼此對抗；故所謂覆議權，是操在行政院，而非總統。總統對於立法院的決議或法案，並無權要求覆議，只有行政院才有此權。所以說，這所謂覆議權，並非總統牽制立法院的武器，而是立法院和行政院彼此對抗的方法，顯然與美國制度的精神不同。事實上，非但我國總統沒有美國總統的覆議權，而且卽連一般所謂核可權也談不上。因按理推論，將來執行立法院的決議或法案，其行政責任，既是由行政院負擔，則總統之核可與否，理當完全根據行政院的意見而定。否則，如果行政院認爲須移請立法院覆議，而總統竟不予核可，以致不能交還覆議，則此項決議或法案的責任，又須由行政院負擔，豈非不合責任政治的理論？很明顯，一般所謂總統的核可，只是一項沒有實際意義的手續而已！這是說，總統根本沒有核可不核可的自由，唯有根據行政院的請求而行動。所以有人擔憂總統可以利用核可權而與立法院聯合，進而抵制行政院，那不過是一種杞憂罷了。反正一句話，我國憲法雖然沒有採用不信任及解散的方法，但由於覆議辦法的代替和補救，已發揮了彼此對抗的作用。雖然覆議辦法有些與美國相似，但由於精神的不同，却產生了代替和補救的功效。

總之，由上述條文中探求，更證明我國中央政治制度，在負責的方式方面，仍非採用總統制的基本精神與原則，而是內閣制。

綜合本節以上所述，足證從行政責任方面分析，無論其爲負責的主體，負責的對象，以及負責的方式，都是具有內閣制的基本精神與原則。所以說，我國中央政治制度，其基本精神與原則，又與英國的內閣制相接近，而與美國的總統制不同。

五

總結以上所說，無論從行政權力或行政責任方面判斷，都證明我國中央政治制度，其基本精神與原則，是內閣制而非總統制。

事實上，憲法第五十三條已有相當明白的規定：「行政院爲國家最高行政機關。」換言之，我國的行政院，既是掌握國家最高行政權力的機關，又是擔負國家最高行政責任的機關。至於總統，固然有其崇高的地位，却既不掌握國家的最高行政權力，又不擔負國家的最高行政責任，只是依法爲國家元首，並對外代表中華民國而已。所以說，行政院絕非總統的幕僚單位，而是國家的最高行政機關；行政院院長也絕非總統的幕僚長，而是國家的最高行政首長。

其實，只要對於制憲經過，還沒有完全遺忘，則對於我國中央政治制度是內閣制的結論，便不該懷疑了。

誠如雷震先生在其「制憲述要」一書中所指出：「中華民國現在所行的這

部憲法，是根據三十五年一月十日在重慶召開的政治協商會議所協定的『憲法修改原則』而起草的。故當時稱謂這部憲法草案爲『政協憲草』，用以別於其他的憲草。三十五年十一月十五日在南京召開的制憲國民大會，由國民政府提出討論的，就是以這部憲草爲底案。同年十二月二十五日經制憲國民大會修正通過，而於三十六年一月一日由國民政府公布，規定於同年十二月二十五日開始實施的現行『中華民國憲法』，雖和政協憲草原案有若干出入，但重要的原則，一點沒有變更。」這一切，都是有目共睹的事實。

不過，現行這部憲法，雖係根據「政協憲草」而制定，但制憲之初，在憲法草案方面，卻發生過一次極大的爭執，此即所謂「五五憲草」與「政協憲草」之爭。據前一草案第五十六條第一項規定：「行政院設院長副院長各一人，政務委員若干人，由總統任免之。」及第五十九條規定：「行政院院長，副院長，各部部長，各委員會委員長，各對總統負其責任。」很明顯，前一草案是採取總統制的基本精神與原則。另據後一草案第五十六條規定：「行政院院長由總統提名，經立法院同意任命之。……」及第五十七條規定：「行政院各部會首長，及不管部會之政務委員，由行政院長提請總統任命之。」以及第五十八規定：「行政院依左列規定，對立法院負責。……」很清楚，後一草案是採用內閣制的基本精神與原則。但爭執的結果，一如上述，是選擇了後者而非前者，亦即選擇了內閣制而非總統制。

至於在我國憲法的前言裏，雖然有所謂：「中華民國國民大會受全體國民之付託，依據孫中山先生創立中華民國之遺教……制定本憲法……」云云，但現行憲法在中央政治制度方面，事實上卻完全放棄了孫中山先生的遺教。這件事，曾使謝瀛洲先生在其「中華民國憲法論」一書中不勝感慨的說：「憲法前言尚稱『依據孫中山先生創立中華民國之遺教』，則不能不令人有『掛羊頭賣狗肉之感矣』！」總之，現在不管是否應該感慨，如仍有人僅據前言所云，而置全部有關條文於不顧，以至於便引用孫中山先生某一時期反對內閣制的某項言論，即斷定現行憲法非內閣制，勢難被人接受，當不消多說了。

歸結而言，我國中央政治制度，雖非完全同於英國，儘管研究憲法的學者，或稱爲不純粹的內閣制，或稱爲修正的內閣制，或稱爲新型的內閣制，甚或稱爲有限度的內閣制，名稱雖有不同，然其具有內閣制的基本精神與原則，則應歸類於內閣制，則絕無疑義。

但是，這一項結論，是站在純學術研究的立場而得來，至於我國自從號稱行憲以來，現實政治的運用，是否一如憲法之規定，即是否完全合乎憲法所具有的基本精神與原則，那是另一個問題，不屬於這裏所要討論的範圍，恕不能表示意見。其實，只要我們能認清客觀的現實，相信便不難獲得公正的結論。不過，有一點似乎要說明的，即在研究我國中央政治制度時，若將現實政治的運行，便當做是政治制度的規定，顯然是一項不太小的錯誤；若更站在現實政治的立場，而公然大膽的曲解政治制度，那更是大錯而特錯了！

國語日報社來函

主編先生：

貴刊第二十卷第十一期的讀者金重先生的投書，提到本報的「對象」跟「內容」，謹爲說明如下：

本報以推行國語教育爲宗旨，其讀者對象是一切需要並且願意學國語的人。小學生最需要學國語，所以本報以小學生爲主要對象；但是應該學國語的人並不限於小學生，所以本報並不以小學生爲唯一的對象。小學教師，小學生的家長，以及中學生，大學生，一般社會人士，都應該學國語，本報也儘可能供給他們閱讀的材料。

本報的文字，除了隨報附送的「古今文選」之外，似乎都不算太深奧；也正因爲拿古人的文章作今日的中學生、大學生的國文教材，似乎太深奧，我們的「古今文選」才選出一些常用作教材的古文，加以詳細的註解。

本報的文字全部注音，是要幫助識字不多的讀者（學會了注音符號的兒童跟一般民衆），藉注音符號來認字；幫助讀音不正確的讀者（依方音讀國字或誤讀字音知識分子），藉注音符號來正音。對於自己已經認識並且能依國音讀出的字，自然就不必再去看注音符號。不認識注音符號而只認識國字的人，當然也可以而且只能單看國字；不過我們還是很虔誠地希望他們肯跟自己的小弟弟、小妹妹、兒子、孫子，學一學注音符號，藉以改正自己的方音或誤讀。自己學會了注音符號，就會覺得把它加在國字的旁邊，有用而並不「刺目」了。（附帶說明：「注音字母」這個名稱從民國十九年五月就由政府明令改爲「注音符號」了。）

「刊載國內外時事要聞」，是一個日報的基本任務；國語日報的一四版就是這樣做的。「着重兒童常識故事」，是以小學生爲主要對象的報紙應有的特點，國語日報的二三版就是這樣做的。不過，要着重到什麼程度，可能各人的看法不完全相同。

以上的說明，請　惠予刊登爲感。專此，敬祝：

撰安！

國語日報社社長洪炎秋敬啓　四十八年六月八日

（上接第10頁）

說：「並沒有病就能在潔靜的病舍常住，眞正有病的，倒不能住病舍，本末倒置，莫此爲甚！」更扯上黃效先，硬誣說有雜役替他洗衣服，預備洗澡水，又肯定加上臺北監獄一個罪過，說是得了錢，說是「足見權貴們在監所裏舒適的情形」。我們不講俞先生的大文前後矛盾，一忽兒說臺北監獄壞得無以復加，一忽兒又說「潔靜」「舒適」；前頭說對人犯不好，是「罪惡的深淵」，後頭又說「受刑人在監牢裏獲得如許優待，則殺人的罪犯又何悔改之可言呢？」眞是所謂：「欲加之罪，何患無詞」了。這些無中生有，汚辱譭謗的話，我們要請俞先生提出證據來。我們要請教俞先生的太多，恐怕影響　貴刊篇幅，不願多說。最後我要要求　儆寰先生，除請將這更正信登載出來外，更希望　你介紹我們與俞大問先生見見面，如何盼示知！專此敬頌

撰安！

臺灣臺北監獄典獄長朱武成拜啓　五月廿七日

關於改進初中入學考試問題

趙英若

近幾年來，初中考生的錄取比率，並不太低，其錄取率，約佔考生的百分之五十以上。換言之，即每兩人中必有一人被錄取。以前在大陸上，一般公立中學新生的錄取比率，通常約僅及考生的七八分或十分之一，以與今日的情形比較，其難易之程度，不難想像。今日初中新生錄取比率如是之高，而一般家長，對於國民學校畢業子弟之考入初中，竟視若登天之難，以致造成惡性補習之果，寧非怪事！此無他，臺灣處此反共抗俄時期的特殊情形下，國民學校畢業生之就學率，遠超於過去在大陸時期。數年以來，中學班級未能緊隨比例擴充，故雖略微提高錄取名額，而容量仍感不敷。這些現象之發生，乃由於臺灣人口急速膨脹的必然結果，因而形成了今日的所謂升學難。

本省教育當局，在此無法避免的升學難情形下，曾屢謀改進初中入學考試之道，力求其合理而公允。最近省教育廳爲改進初中入學試驗，又曾分區舉行改進初中入學考試命題座談會。其中臺北區座談會，於三月七日在師大附中舉行。據報紙所載，這一座談會由師大附中校長主持，參加此一座談會的有臺北市、臺北縣、基隆市、宜蘭縣、桃園縣、新竹縣、陽明山等七個地區的教育科局長，公私立中等學校校長，及國校校長一〇五人，並有省教育廳廳長、科長，教育部中等教育司科長、國民教育司科長等列席指導。據報導云，會中對考試有關問題，獲得結論。筆者對其所獲結論，稍有管見，茲分述如下。

一 國算常三科佔分比例問題

按現行國民學校課程標準每週教學時間之規定，國語科的時間最多，不論低中高年級，每週均在四百分鐘以上，計低年級每週四百二十分鐘，中高年級各每週四百五十分鐘。算術科的時間，自第三學年開始(低年級並無正式的數的訓練，亦即並無算術科，此應特別說明)，計中高年級每週平均各約二百分鐘(包括珠算在內)，尙不及國語科時間的二分之一。常識科的時間，低中年級各每週一百五十分鐘，高年級每週二百七十分鐘(包括自然一百二十分鐘)。三科相較，算常兩科合計，尙不及國語一科所佔時間之多。由於此點重要事實，我們必須體味課程標準對於此種規定的重要意義及其精神所在。很顯然的，這意義在於國民學校的學科訓練，要以大部分時間來着重於本國語文的訓練。這本是天經地義，不容懷疑的。此項本國語文的訓練，無疑的應植基於國民學校，而延續至中學時期——尤其是初中時期。

今日學校中的本國語文訓練工作，殊嫌不够，已無可諱言。在國民學校時期，既未打好基礎；進入初中後，不獲補救，又乏妥善的教材與教法。最近行政改革委員會之建議廢止初中英語課程，而期着重於本國語文的訓練，確有其不可輕視之價值。試想今日的本國語文訓練，經過小學中學十二年的時間，確有何以畢業於小學者固未必能粗通文字，即畢業於中學而文理清通者，亦並不太多。就以上種種理由而論，關於初中入學試驗政策的決定，至少須不否定現行國民學校課程標準所規定之本國語文訓練的重要性。據該座談會所獲結論：『國語、算術、常識三科，在入學考試總成績中所佔得分比例，多數仍贊成維持現狀，各佔三分之一』。此種結論，實屬否定現行國民學校課程標準所規定國語科時間的意義，而有違悖國民教育基本政策之嫌。因此，筆者主張，應改正國、算、常三科在初中入學試驗中的佔分比例爲：

國語科佔百分之五十
算術科佔百分之二十或二十五
常識科佔百分之二十五或三十

抑尤有進者，國民教育爲國民基礎教育，自應着重於本國語文的訓練。目前國民學校畢業生的實際升學率，約佔總數的百分之三十，不升學或因入學試驗落第而無法升學者，則約佔百分之七十。倘由於入學試驗政策之不正確，規定國語科得分僅佔三分之一，結果必將使這百分之七十學生在學時的國語文訓練，因被漠視而致蒙受甚大的損害，豈不寃哉！

況且，即使就幸被錄取而獲升學的學生言，其所受國語文的訓練，倘在國民學校時不獲應有之重視，亦必將影響及其中學時期國語文的學習進度。結果則導致中等學校學生國語文程度的普遍低落，識者早引爲隱憂。

二 是非法與選擇法扣分問題

關於是非法與選擇法之如何計算分數，乃爲成績考查法中的普通常識，教育工作人員應知之甚諗，且爲數年來所習用的方法，宜無問題可言。但就該會所獲結論：「是非法與選擇法答錯的題目，較多贊成倒扣分數」一點言，則無疑的尙有提出商討的必要，試分述之：

是非法：採用是非法製成的題目，稱爲是非題。這在使學生辨別題中所學的語句，是對還是錯的。學生回答這種題目的時候，只要在每題後面的括弧內，註明「是」或「非」，或以「十」號代「是」，「一」號代「非」。這種方式的題目，在於考查學生是否有精密的思考，並訓練其辨別是非的能力。因在回答題目時，只有是非兩方面，其答案中必然有很多猜中的機遇，所以在計算時，必須按照「對減錯」的公式，從對的題數中減去錯的題數。應該注意的是，並非從全部答案中減去錯的題數，而是「對減錯」，當然也不能隨意規定「作錯倒扣若干分」。尤須注意者，此種方式的題目，應該愈多愈好，而且不可單獨使用，必須與選擇法、問題法、塡充法等配合運用。這因爲是非法的計算公式是「對減錯」，在學生方面，可能受到損失，以致得分甚少。

用「一對減錯」的公式計算，有時結果或者竟是負數。就是錯的太多，非且沒有分數，反要減去幾分。此次該座談會獲得之結論中，所謂「是非法與選擇法答錯的問題，較多贊成倒扣分數」一語，意義雖不甚明晰，但是倒扣分數，總是不妥當的。依考查的原理言，我們遇到這種情形，本有兩個不同的處理態度：㈠錯誤的知識盤踞他的腦府，比不識不知還要不好，那時應該給他負分；㈡他本來一無所知，不過隨意猜猜，竟猜錯了許多，那時給他零分就好了。在兒童們天眞的腦子裏，不大會有第㈠種情形，所以在計算時，負分殊可不計，就是至少給以零分。如果要倒扣而計算其負數，未免不合情理，失之太苛。兒童雖一無所知，但也不能令其負此負分的責任。有時候，某種錯誤觀念的形成，其責任並不全在兒童方面也。

選擇法：採用選擇法製成的題目，謂之選擇題。就是在一個題目下面，列舉幾個答案，在這幾個答案中，只有一個是正的，或是最好的，而令學生把正的或最好的選出來。選擇題在選擇的時候，與是非題同樣的免不了有機遇，不過機遇要比是非題少些。這就是說，一個學生對於某一題目，本來不知道選擇那一個答案，他就隨便猜了一個，有時竟被他猜中了。所以，選擇題的計算，應該根據機遇的公例而定爲：

選擇答案數	公式
2	對　減錯
3	對減1/2錯
4	對減1/3錯
5	對減1/4錯

選擇題的答案，愈多愈好，選擇的答案愈多，機遇也一定愈少，如選擇的答案多的時候，這公式就可以不用了。依照右列公式計算，選擇題也可能有負分，但其機遇總要比是非題少些。該座談會對於是非法或選擇法答錯的題目，多數贊成倒扣分數的結論，實在不妥。筆者主張，如遇有此種情形，以給零分爲度。若要倒扣分數，實在不合情理。前既言之，對於此種情形的處理態度，本有兩種，依照第㈠種態度的理由，固可給以負分，但若依照第㈡種態度的理由，則給以零分可矣。權衡其間，理應採取第㈡種態度，不應倒扣分數，而令其負擔負分的責任，其理由已如上述。至於有些人編製是非題或選擇題，硬性規定「一作錯倒扣若干分」，那更屬妄自杜撰，荒謬之至。

三　國語科考試辦法問題

現行國民學校課程標準規定國語科的教學項目，雖有說話、讀書、作文、寫字等，但國語科教學最重要的目的不外兩端：其一爲自己情意的表達，其二爲對於他人所發表的情意的理解。換言之，關於語文訓練的最大目的，一方面在求其能以文字來表達自己的意思，另一方面則求其能理解他人所發表的文學。語文訓練的目的，既在培植上述兩方面的能力，而最能表現此項能力者，厥惟作文。因此，作文在國語科考試中，應佔有重要的分量，應自過去所佔分量的百分之三十(此次該座談會所獲結論，國語科作文部分的得分比率，多數贊成仍佔百分之三十）提高至百分之五十或六十。其他的測驗，最多不能超過百分之四十或五十。因爲作文是發表能力的整個的表現，其他的測驗，只是零碎的、片斷的知識，其在表達的功能上所發生的作用甚小。所以，提高國語科入學考試中所佔的百分比，是一種正確的辦法。這一正確的辦法，足以發生兩大影響：第一，足以糾正目前國民學校不重視作文訓練的嚴重現象；第二，足以糾正目前一般初中學生作文程度的低劣。目前一般初中學生，多數由於根抵太差，甚至永遠在似通非通或簡直不通的境界裏徘徊。一旦由初中而進入高中，更將無法補償前此作文訓練的缺陷。

或者以爲作文成績的評定，很難有客觀的標準，見仁見智，主觀的成分殊不少，但這多半是就其作文技巧的優劣而言。我們只須放棄這技巧優劣的觀點，而專注重於通與不通，這不是很簡單了嗎？大概評其文的通與不通，總是富有客觀性的。通順者取之，不通者舍之。關於意思及選詞的好壞等較富抽象的觀點，一概摒棄，字寫得好不好，更無論矣。然後再用通順者之中，視其錯字別字的多少而略定其前後之序，而各給以相當的分數。同是通順文卷，分數距離不必太大。假定以六十分及格爲起點，別最多者給以七八十分足矣，如其中有數十本不相上下的卷子，即使一概給以相同之分數，亦屬無妨。至於不通的卷子，亦酌量給以及格以下的分數可也。

近年來，初中入學試驗的錄取率，約佔考生的百分之五十强。估計全部考生中，求其作文通順者，大概也不會超過此百分之五六十之數。這便可斷言，如果眞以通與不通作爲取捨的標準，則作文成績的評定，並不如一般想像的有多大困難。所以在國語科的考試中，亟應糾正過去輕視作文的嚴重後果，而將作文所佔的比率，至少提高至百分之五十，其理由已如上述。

由於改進初中入學試驗問題，筆者又想起另一個重大問題，即在升學主義與惡性補習的潮流下，不知犧牲了多少不升學的無辜的國民學校學生。筆者確悉某縣某鎭某國民學校，學生多至四千餘人，其學生素有考試班(卽升學班)與不考試班(卽不升學班)的分別。教師們從二年級起，卽開始調查學生的升學與否，而問其是否參加考試班。凡參加考試班者，另行予以補習，二三年級每人每月收費二十元，四五六年級每人每月收費三十元。自本學期教育廳嚴格取締之後，據說該校仍照常辦理，且自四年級起，仍每人每月收費三十元。與該校有類似情形者，想必不在少數。其實，補習費之依照規定(按合法規定爲每月十元)與否，無關宏旨，問題的嚴重性在於造成了升學與不升學間的歧視。此種歧視的後果，除嚴重影響兒童心理（諸如不參加考試班兒童的自卑感等）外，無疑的將是對於不升學學生的某種不負責任態度，漸致未來的公民中，必有不少受過此種國民教育的準文盲。此在個人的損失猶小，國家的損失實在太大了。因此，筆者建議教育當局學辦國民學校學生畢業會考，藉以齊一市鄉國民學校學生的程度，而測量當前國民教育的眞正效果。我們務須認清，國民教育爲義務教育，爲國民基本教育，其主要任務，是要爲兒童建立一切做國民的基礎，使兒童具備一切做公民的基本條件，決非僅爲升學而已。

東京通訊・三月十日

我所知道的日本人

念　鹿

這一段文字，是以日本人在性格上的劣點爲着眼而加描述的。也許它正表現着過份的個人偏見，只是，我們希望除了懂得崇尚日本人的優點以外，如果還能從另一角度，去了解一點他們的短處，方有助於對觀念的澄淸。——編者

剛到日本的時候，我曾經在信裏告訴國內的朋友說：「要分辨一個中國人和日本人，比分辨一個我們臺灣人和內地人還難。」的確，同屬於黃色人種的民族，原來容貌就沒有太大的差異，加諸臺灣被日本五十多年嚴酷統治後，由生活習慣，以至於行動擧止，都受了極深的影響。所以，就一個住慣臺灣的我來說，委實認爲中國人與日本人在外形上是一模一樣的。不過，人類的相互交接，並不像動物界僅以軀體爲背景的。正如哲學家們所强調的，人類最善於利用他們的心來與外界保持着聯繫。人類社會就是一張心與心綴織着的網，一支心與心交響着的曲子。當我的心跟日本人的心發生接觸以後，我便由於他們的心跟我的不同，而意識到我所處的社會畢竟是另外一個社會，我也才覺悟到自己是所謂置身異域了。

日本是一個窄隘的島國，原來在這塊荒瘠之地，聚居着一羣蠻蠹之民，一方面以海洋爲關闕而自守，他方面蠅營狗苟，自相燒殺，在我們東亞强國千百年的漠視之下，一直也沒有什麼光輝成績的表現。想不到當那人妖西太后作孽中原的同時，他們却出了一個英明的君主。他利用美國培里將軍鐵船鋼礮的一枝刺激的針，截穿了日本人的腦筋，使大將軍不得不拱手提出辭呈，而結束了將近七百年的幕府政治。值得讚揚的那件明治維新的大事，便驀地傳奇般地完成了。接着，憑杖着他們神秘的模倣力，着實硬幹一番。於是，日本一躍而爲世界上一等强國。

二次世界大戰時期，日本軍閥的兇焰，幾乎燃遍了整個東亞，終於也自墜於焚坑。戰後，雖然他們幸運地在美國的苦心扶植之下，算是復興得異常迅速。但是，十三年後的今天，我隱約還看到他們的累累傷痕。他們的國民每月所得額、商品購買力、工業生產水準，這些有明確數字的統計表，可以喚起他們對戰時所受損失而造成災害的痛苦記憶。因此，一般年老的日本人，有時還嚮往於軍國主義時代那一度呈現的盛世。而年青的這一代，他們則閉着眼沉迷於紊雜的現實，卽使是有遠見的，也只管憧憬着他們自己的屬於利益方面的未來美景。

戰後的日本社會，由於文化教育的澈底改革，曾經掀起了一陣思想和觀念嬗變的狂潮。他們保持着那股傳統的善於模倣的精神，十幾年來，一直醉心於歐美化生活的努力。縱使是屬於頑固份子的老年人，他們也會不甘寂寞地摒棄古舊習俗的枷鎖，嘗試着自由生涯的享受。至於那批從小就接受新式教育的青年人，如以舊時帝國的子民的尺度來衡量，他們簡直就等於另一國家的國民。怪不得當我跟那個年僅二十多歲的生長在臺灣的同學去參觀東京的一所公立初級中學的校運會時，他就不禁地這樣嘆道：「這些學生根本就不像是日本學生，他們跟當時的我們全然不同！」

日本的老年人和青年人的生活習慣容有不同，帝國的臣民和民主國的國民的思想觀念容有轉變；然而，凡是日本人，他們總是具有同樣的美國心理學家詹姆士所說的「精神的我」，或是歐洲教育家裴斯泰洛齊所說的「道德情狀」。換言之，大和民族的性格，是永遠屬於那一個類型的。當我們的心跟他們的心發生交接的時候，兩者之間所顯示的懸殊現象，像是黃昏裏日光與水份輝映時所形成的彩虹般地鮮明而呈現着。

中國人所講究的「禮」字，在日本，似乎不但被他們所吸收，甚或嘗爲發揚而光大之。試看日本家庭裏夫婦之禮、學校裏師生之禮、機關團體裏尊卑之禮，以至於社會上一般職員、店員、車掌的待人之禮等等，幾乎是有目共睹的事實，也是擧世同稱的德行了。只是，我們中國人認爲：「禮者，理也。」這個文明社會產物的「禮」字，它不僅從外表要能表現出溫文恭敬的態度，而且還須具有一顆富有理性而活生生的誠摯的心。我承認，日本人的禮貌很是週到，他們在一天二十四小時當中，編出了各種場合的禮貌的話，在廣大的社會裏，各種職業的人有自己一套專用的禮貌的話，他們可以用陪罪的話來向人招呼，以謝罪的態度跟人告辭。他們往往擺出那一派畏首縮尾、欠身點頭的風度，你能說那不是克己而待人嗎？但是，日本人對人的種種禮貌，正因爲是無理性的機械性的反應，既呆板而缺乏親切感，既煩叨而失却眞誠性，那根本是對「禮」的誤解，「禮」的變質。所以，當兩個日本人互相保持着低首欠腰的恭謹姿勢而大放其禮礮（唸着客套的話）之際，他們當然自己沒有意會到那是種多餘而無謂的形式，更不會憬悟到那是種浪費時間與精力的陋習。但是，作爲一個旁觀者的我們，則替他們興起無限的感慨；而當他們把這一套拿來對付我們時，我們所能够感受的，該是什麼滋味呢？

況且，日本人在那種虛僞、呆硬的禮貌的後面，隱藏着的是一顆褊狹的心。凡是到過外國的人，尤其是接觸過現代歐美工商業社會的，大家都會感覺到外國人那種人、我之辨、利害之別的强烈觀念，實在是不可與我們大國民風度同日而語的。關於日本人在個人生活上所表現出那種小心眼兒、小氣的性格，我們毋庸多贅。現在，讓我們試看日本

的國家對待我們的國家是怎麼樣的。他們的自命不凡的政治家，究竟是爲着政治的理想？國際的道義？世界的和平？或是任何其他偉大的理由而寧肯擺出那副「中立」的態度呢？直截了當地說一句，他們除了圖利以外，也不過是想到聯合國裏去求名。最能表現出偏激的自私心的，莫過於日本人夢想做生意的貪財謀利和寧願失體面而爭奪名勢了。他們的社會黨狂熱於近乎走私生意的利益，當然要吶喊着大陸僞政權是社會主義的實行者。另一件事，在這次三屆亞運所發生的，他們那種過份強烈的國家觀念，只要自己拿到的金牌比別人多，雖然處處失去地主國的風度，也無關緊要。連世界奧林匹克委員會會長勃朗臺奇正聲厲色地提出裁判水準不够的批評，他們不但置若罔聞，而且還始終自誇着全盤成功。其實，所謂「運動員的精神」，正是歐美社會所崇尚的美德。那種藐視屬於文化教育水準的運動競賽風度的精神評價，縱使能訓練出一批四肢發達的運動員，仍是有失運動的眞義。

談到日本的女性，大家腦海裏也許會頓然飄起一陣如墜溫柔陷阱的幽思吧！其實，解放後的日本婦女，才不是那麼回事。當然，她們在外表的姿態上，還保持着注重禮貌的傳統，她們的嬌媚濃艷的裝束，敎人不忍用明銳的目光去仔細端詳；她們的叮嚀叨嘮的言語，敎人沒有法子用耳朵耐心地聆聽着。相反地，你跟她們所接觸到的一切，在你的心裏將會引起一陣陣對虛僞、煩瑣、貪婪、勢利、野潑、卑屈的反感。在烟花里街裏的人不必說，就是一般正當的就業者、學生，以至於閨中之秀，她們在那種公開追求着娛樂、社交的自由而浪漫的生活的過程中，都會充分地表現出這種性格。有四個字曾經被人用來形容日本的女性，那便是：「有禮無體」。我認爲它眞是恰當不過了。日本女性確實在外表上表現得多麼地有禮貌，但是那種禮貌看起來又似乎是變了質，走了樣，反而令人感覺到不倫不類，不成體統。另一方面，那一副卑賤的骨骼，永遠保存着她們在生活習慣上自棄自卑的作風。所以，說她們有「禮貌」倘可，說她們有「禮節」則斷斷不可。

至於日本的男性，我願意提出一件小事，來促醒大家注意。在日本的電影裏，男人的哭泣鏡頭是特別多的。固然，哭是一種眞情的流露，那也許是表示他們情感的豐富。但是，我們正可以從此一小事，來了解他們。軍閥時代的最優秀民族的論調，正是一種自卑自賤的反動作用；自命英雄而動輒對人拔劍豎目，正可表示是一個懦弱的匹夫。日本的男人對一椿艱危的事情的處理步驟通常是如此的：當聽見事件發生的起初，先是嚎頭慟哭一場，繼之則拊膺頓足，挺身而起。所以，如果說日本的男人具有武士道的勇敢精神，我們便要補充一句，他們是：「有勇無謀」。一個中國的男子跟日本的男人在一起時，我們會感覺到他們由刻板的生活模型所塑成的腦筋，是四方形的，直線形的。一個中國的女孩子跟日本的男人在一起時，他們那種輕佻的意念和粗暴的態度，像是一匹兇猛的野狼，又會敎女孩子嚇得魂不附體的。

最後，讓我們談談日本人的嗜好吧！他們的圍棋，摔角，是些馳譽國際的名產，我們暫置勿論。只是他們有一種不良的嗜好，影響於生活而表露於性格上極大極深的，應有一提的必要。那便是他們對於酒的嗜好。原來，歐美人酗酒滋事，乃是司空見慣。美國在一九五五年中車禍所造成的死亡人數（三萬八千五百人）竟超過三載韓戰的美軍死亡人數（三萬三千六百人），而這些車禍的原因，有百分之八十以上是由於酒醉。那麼，日本人的鬧酒，其視諸白種人，可謂小巫見大巫了。不過，酒在日本，確實引起了最大的煩惱。大至於高官顯吏的貪汚案件，小至於醉臥街頭、吐瀉如傾的妨碍衞生交通事件，莫不時常與嗜酒有關。日本人見了酒，就像是沒了命；狂飲了一陣以後，就是賣了命，亦無所謂。平日，在花樓酒肆，我們可以看到醉熏無態的貴人；在道旁車箱，我們可以看到酩酊未醒的賤民。如逢例假節日，或是球賽決賽期，更是大家開懷痛飲的良好機會。今年六月間，我在東京的銀座、新宿，看到慶大、早大學生們棒球比賽的慶功狂歡，那簡直等於街頭的集體暴動，但是警察也無可奈何。

記得臺灣剛光復的時候，我們臺灣人叫日本人是「四條腿」。因爲日本人特別喜歡餵狗，家家戶戶，都有一條與主人共遊共宿的狗。所以我們便賦予人、狗同名。來到日本，從他們養的狗，我又可以發現他們的另一人性。他們愛惜自己的狗，儘管牠是爲了哀愁或是快樂而整天狂吠，徹夜不休，四鄰的工作情緒被破壞了，睡眠時間被騷擾了，他們也不願用較强硬的方式來制止牠，有時他們甚至竟會自私地辯白那是他和他的狗的自由。另外一件事，就是日本人自認爲學習西洋人的優良習慣到家，凡是食物入口，絕對不輕易吐出來，這也是隨地吐痰的另一有效的禁令。但是，日本人在這個世界第二大都市（人口衆多僅次於紐約）的東京，通衢大道，處處可以隨地便溺。不止此也，他們的心愛的狗，在每天傍晚主人帶牠散步的時候，也會上行下效地替柏油路點綴着一堆金黃的色彩。當火傘高張，人畜的溲物臭味冲天；而驟雨初歇，硫磺遍地，沆瀣一氣，便造成了街心卽景，供人淸賞了。

來函照登

敬啟者頃閱

貴刊第廿卷第十期讀者投書欄內所載俞大問君撰述「從臺北監（所）看司法」一文其中有關被告陳奮克在所期間被調敎化室服役情節與事實頗多出入誠非盡然查本所敎化組因基于編刊壁報及整理圖書等需要經常就被告中行狀善良曾受高等敎育者遴選配役前所長周震歐任內曾以被告陳奮克受過高等敎育且擅長文藝技術經于四十七年四月十六日由承辦敎化人員簽准調役在案至俞大問君投書所云「倒不如說賄得較多的自由……」一語未免道聽途說歪曲事實殊屬有損本所信譽特此函請惠予更正倘有不肖份子藉端詐財等不法行爲亦盼轉知俞君檢具具體事證逕向有關機關依法檢舉以儆刁頑而正視聽無任感荷　此致

自由中國社

臺北地方法院看守所謹啟四十八年五月二十八日

臺中通訊・五月八日

胎死腹中的臺中議長王地答辯書

王正言

臺灣學步民主政治，九年於茲，因限於種種環境，殊少燦爛成就。但國民黨黨外人士王地，在一年前，竟能脫穎而出，躍登臺中縣議會第四屆議長寶座，破空前未有紀錄，足證學步中之省民，對民主政治亦已漸有認識，多所憬悟，確屬可喜可賀現象。

不過，臺中縣議會在最近召開之四次大會中，突因大會決議修改議事規則，通過更換二、三不稱職之審查會召集人，竟爾掀起軒然大波。除國民黨籍議員悍然罷會四天示威外，更聯名申請罷免議長。以致惹起臺中縣第一選區之豐原、后里兩鄉鎮人民，發動罷免豐原鎮籍始作俑者之議員林有德之所謂「雙罷案」，和黨外議員集體聯名決心追隨議長共進退之聲明，暨王議長、及全體國民黨黨外議員分別發表告全縣同胞書等一連串舉動，破本省實行民主政治後空前未有紀錄，其驚心動魄，引人重視，亦為破天荒者。

尚幸無風起浪，報章騰傳，民意沸騰，野心者亦知衆怒難犯，早存鳴鑼收兵心意。又經中縣地方元老李晨鐘等，及時鼓勇出面調停。加以王地議長亦懷息事寧人素志。故數場險惡風波，出之兒戲，收之兒戲，乃隨之偃旗息鼓了事。個中內情，明眼慧心者，莫不肚中有數，而嗤其首鼠兩端，輕舉妄動，貽笑大方。

然而，黨籍議員罷免議長五點理由，似乎言之成理，持之有據；却因匆促罷兵，未由縣民政局依法送請王地答辯，究竟內情如何？實為各方人士所煞費猜疑。為解開此一謎底，公諸於世計，經筆者多方探討，得悉王議長之答辯書，早在黨籍議員罷免申請書送達縣民政局，而報章騰傳後，已先行擬就，惜因和解，而告胎死腹中矣！為解開各方懸疑，雖日事過境遷，仍有一讀必要。何況，在學步中之本省民主政治里程碑上，偌大事件，豈可令其泯滅。故謹將罷免申請書全文以及答辯書完豹，照錄於下：

一 罷免書

一、本屆議會成立，王議長當選就職後，同仁等為共體時艱，並本和衷共濟，捨己為衆之心情，支持王議長，俾議會能眞正成為民主殿堂，惟靜觀一年來其所作所為，實令人大失所望，尤以本(四)次大會第十次會議時，王議長主持會議不公，剝奪同仁等應有之權利，因而羣情憤慨，難安緘默，特將王議長當選議長後之違法行為，公之於次：

①本會議事規則修改案，係屬於單行法規，理應依據本會議事規則第二章第十二條以書面為之，第十三條應有議員總額四分之一以上之聯署，第十四條應擬具條文，並附具理由書，及第廿二條三讀通過之規定行之，惟本次大會第八次會議，王議長採納未依照議事規章規定所提出之口頭緊急動議，(附議者僅十三人)單行法規修改案，且限制合法意見之提出，草率通過，而於第十次會議，同仁等以緊急動議程序所提出之覆議案，王議長竟公然藐視議事規則，硬以其個人意志控制議會，限制同仁等發言，更不提付表決，剝奪同仁等應有權利，並縱容其心腹議員，百般謾罵，無理侮辱，磨拳擦掌，幾致動武，會場秩序大亂，為與會者同所共覩，身為議長，如此專制專橫主持會議，實有玷議壇聲譽，有違民主常軌，使同仁等憤慨莫銘，民怨亦為之沸騰。

②王地當選議長時之口號，高唱致力建設，服務民衆，究其實於議長當選不久，在本縣財政極度枯竭，預算無法容納之下，廢棄尚堪使用之舊車，利用議長職權，由縣府以預撥方式撥出臺幣廿一萬五千元，親赴臺北購返色彩鮮艷之高級小轎車，貪圖個人享受，浪費國家公帑，影響地方建設經費，忽視人民負擔痛苦，所謂致力建設者如此，服務民衆者又如斯，是以車行過處，路人盡為之側目，該款當提出追認時，同仁等認為已造成既成事實，為維持議長之顏面，委屈求全，勉強通過，事後同仁等始悉車價過高，超出稽查限額，未依規定先送審計部核准行之，迄今猶未蒙批准，身為議長，故意蔑視國家法令，何堪坐對羣倫。

③無故調降省府核派有案之議會薦任秘書許等為雇員，並即以其私人唐贊六接替，且事前既未報經省核准，復未按照規定予許等以相當之職務，致許員憤而去職，其目無法紀，濫用私人，可概其餘。

④王地身為本縣最高民意機關首長，理應潔身自愛，倡導社會優良習尚，為民表率，而其行為仍不自檢點，常以進出酒家，酗酒滋事，去年五月間與其友林柏濤因酗酒而發生鬪毆，並鬧至頂街派出所報案，事經大華晚報揭載，民情沸騰。

⑤不尊重議會決議，擅自變更縣有財產處理協助小組委員人選，其居心何在，不問可知。

二、綜觀上陳事實，議長王地自劃圈子，排斥衆議，處事不公，領導無能，種種不法情事，昭然若揭，同仁等激於義憤，為維護民主憲政，及議壇之尊嚴，與同仁等應有之權利，爰經鄭重考慮，一致同意提出本罷免案，敬請依法處理，以宏正義，而慰本縣五十六萬民衆喁喁之望。

二 答辯書

一、地學疏德薄，惟醉心民主政治，熱心為桑梓造福之愚誠，縣民共鑒。辱承各界父老前輩扶掖鼓舞，本會大多數議員同志支持，自當選議長以還，兢兢業業，臨深履薄，中夜自問，誠恐有失初衷。故待人和藹，接物謹愼，處事心正，對外博採衆意，對內同心戮力，時求會務之改進，期不負爲民喉舌責志。詎料不能見容於二、三野心家，企圖個人權益，爲未來之選擧舖路，伺機打擊，興風作浪，藉故生端，脅誘同志出而罷免，純爲少數議員同仁居中操縱作祟之成果。人心險惡，實深慨嘆！茲就所擧罷免議長理由各點逐條加以申辯如次：

㈠本屆第四次大會八次會議中（四月二一日下午），楊秋澤議員有鑒於部份審查會召集人私務冗忙，經常缺席，對審查議案，諸多窒礙，乃提出緊急動議，要求比照他縣市議會成例，各審查會召集人由大會公推或輪流擔任之。因該動議係與本會議事規則第五十九條「各審查會委員之人數人選，由議長就議員之志願提請大會通過，各審查委員會召集人，由各審查委員會委員互選之。」相牴觸，故經議員袁深禾提出替代動議，經表決後通過將該條文後段修改爲：「各審查委員會召集人由大會公推之。」並依照本會議事規則第七三條規定，當場公推議員王子癸等十二人爲各審查委員會召集人在案。該案係依照本會議事規則第十七條之規定於動議成立後，同次會議中補具書面案由及理由，連署人達十六人，超過議員總額四分之一以上，經出席議員過半數之同意，省略三讀程序，純屬合法，並無「限制合法意見之提出，草率通過」一事實。至十次會議中陳添丁議員於地政科、建設局、示範林場等單位工作報告後進行詢問時，提出緊急動議，要求對修改議事規則案之覆議，因依照議事規則規定，覆議案之提出，須具符合條件，於是雙方展開激辯，各自引據法規說明，皆以權宜問題爭先發言。其間胡嘯風議員不顧王子癸議員既得發言地位，從中强自插入發言，致而引起林大亨議員等人不滿，一時情緒猛烈激昂，幾至動武，地主持議壇，曾一再制止，更不能坐視雙方鬧出意外，乃宣告暫時休息五分鐘。無如復會後，爭執仍烈，並涉及議案着手執行，得勝方面，復議案提出時效等等有關法規條文疑義，且時間已過下午五時半，故再宣告除請示省方解釋外，明（四）日繼續討論後散會。該次會議計共先後發言者三十九人次（附發言名單於後——名單略，編者），足證並無「專制專橫主持會議」事實。議案之進行，悉遵議事規則辦理，議案既尙討論未結，自不能遽予提付表決，事實眞象，是日與會者暨來賓、記者先生、以及旁聽民衆皆所目睹；並有錄音可證，與地何尤？

㈡本會舊有轎車，係一九四七年式，使用超過十年，行駛里程達五十八萬公里以上，每年修理及保養費用，超過新購車價百分三十以上，迭經公路監理機關檢驗證明「各部機件腐蝕不堪再用」，依照公務汽車管理辦法規定，報奉行政院公務汽車監察小組臺(47)事監字第三六八三號核定「准予報廢換新」在案。係按照法定手續辦理，換購新車預算則經本會第四屆第四次臨時大會審議通過，車價較之市面結滙進口者爲廉。該車爲本會公物，專案小組委員及各議員同仁常多利用，事實俱在。是以並非「貪圖個人享受」明矣。返觀縣府及某部（按即國民黨縣黨部）亦經先後購置新車，專供首長乘用，若論其情形，本會依法報准換新公車並不爲過，何獨責於地耳。

㈢地與唐贊六君素昧生平，祇以本會過去對於文書處理，及議事錄輯印，未臻完善，對外貽笑大方，對內時受議員同仁指責，命加改進。唐君具行政經驗，對於文書處理尙見熟手，故延攬接替總務組主任出缺，代理因案在押秘書朱進職務。任用手續，悉依法定程序，報奉臺灣省政府府人甲字第四三七四〇號令核派，銓敍部臺考三字第七八六四號審定合格經總統任命之國家公務員。唐員到職以來，工作表現有目共睹，並非「濫用私人」。秘書許等係據自動請辭，報奉核准離職有案，更與唐員之任職風馬牛不相關。

㈣地自當選議長以後，時自惕勵檢點，並以身體健康關係盡力戒酒，議員同仁及親朋中多數可爲佐證，然以處身社會，及職務上關係，公私酬應，在所難免。試問議員同仁中，除婦女者外，從未涉足酒家者幾人？至地前與同窗袁柏濤一時之誤會，隨後即言歸於好，此純屬私事，並不涉及公務。

㈤卷查「臺中縣出售不動產協助小組」乙案，原動議辦法：「縣議會成立『臺中縣出售不動產協助小組』，該小組委員名額定爲十五名。」經第四屆第二次臨時大會議決通過，委員人選由議長選派。並無「不遵重決議，擅自變更小組委員人選」事實，有案可證。

二、綜上申辯各節，事實昭然，案證齊全，是非曲直，明眼人不難立辨。古人云：「欲加之罪，何患無詞。」地個人得失固在所不計；惟念當此國事緊急，匪氛未靖，藏胞抗暴運動熾烈，大陸父老兄弟姊妹處身水深火熱痛苦日亟，翹望我反攻復國基地——臺灣，厲精圖治，整軍經武，及時解救之際，而我議員同志受民所託，爲國族社會職責重大，尙圖一己私慾，從事意氣之爭，挑撥離間，分散建設力量，蔑視公衆福利，忍置地方於不幸，稍有良知者豈不痛心疾首，更何以仰對國父在天之靈，總統英明領導！地雖一介庸夫，從不違反國策，不違背人民意志，捫心無愧，誓必本諸初衷，爲民主自由而奮鬪到底。相信公理不泯，正義自在人心，願議員同志鑒吾衷誠，遽遭無辜，惠賜正義支持，感禱不盡。

江湖行（三續）

徐訏

五十

我同老耿從大夏大冬的房子出來，心境有說不出的感慨。他們父子的團聚，可以說是我一手所造成，但是他們都不快樂。在我這次拜訪的短短時間中，我的想法就有了四種變化，我來的時候以爲他們一定是非常快樂的；等到老耿同我訴苦以後，我知道他並不快樂，但是我一心以爲是他不好，是他不會做人，愛找麻煩；等到大夏大冬走了以後，我突然看到老耿痛苦的原因；如今，當我同他一起出門的時候，我了解老耿的眞正的感覺。這是一個悲劇，是時代的悲劇。當上一代還覺得自己是重要的角色時，下一代已經認爲祗配在家裏過過安靜的日子了。老年人之愛弄權勢，大概也就是爲維持這點點的尊嚴。人類的歷史也正是在這種衝突中進行的。

老耿有了笑容以後，似乎他已找到了自己的世界。他一變剛才消沉的態度，一時恢復了在通成旅館時的面目。

我叫了一輛車子，同老耿一直到了春明旅館。我並沒有任何的用意，祗是隨便讓他換換環境，看看我們的生活而已。沒有想到人生竟隨時有我們想不到的際遇。

陸夢標正在拉胡琴，爲一個同伴吊嗓子；一見我們進去，他楞了一下，我正要爲他們介紹，老耿忽然嚷了出來：

「夢標！你不是夢標麼？」

陸夢標馬上放下胡琴，他說：

「老耿，你是老耿，你怎麼會來呀？」

「你們認識？」我詫異地問。

「我們是老朋友了。」夢標說：「老耿，你的打扮，我不敢認你了，怎麼，發了財了？」

「發財！哼哼，」老耿走近夢標，拍了他一下。

「他是老太爺了，他的兒子在這裏發財。」我說。

「眞的，老耿。」

「你聽他的。」

「請坐，請坐。」夢標讓老耿坐下，倒了一杯茶給老耿，于是說：「怎麼，你幾時來上海的。」

「你們談談，我去看看野鳳凰。」說着我就離開了他們。我想不到他們也是老朋友，我想老耿以後應當多有一個地方可以走走了。

我到野鳳凰的房間，野鳳凰不在，祇有小鳳凰一個人坐在梳妝檯前面在打扮。我說：

「你一個人在家？」

「我上哪里去呀？」小鳳凰似乎在對誰生氣。

「怎麼，有什麼不高興嗎？」

「我不高興你。」

「我？」

「你們都有地方去，叫我一個人在家裏；也不叫我上埸，也不帶我去走走。」

「我們才到了一天，還不是忙你上埸的事。」

「你去看我姐姐了麼？」

「沒有。」

「眞的沒有？」小鳳凰說：「哪麼一上午在幹什麼？」

「我爲你師父帶來一個朋友。」

「誰？」

「我想你不會認識的。」

「現在你打算幹嗎？」

「沒有打算。」

「哪麼你帶我去玩玩，好麼？」

「眞的你想同我出去？」

「我要你陪我去買點東西，還有，你應當帶我去看看上海，是不？像你以前帶我姊姊一樣。」

「好的，好的，」我說：「哪麼你快打扮，我們就出去。」

小鳳凰笑了一下，從新看她鏡子裏的自已。驀地，她鬆一下她的頭髮，她的頭髮直垂到地上，像瀑布一樣的在流動。這使我頓想到紫裳，紫裳的長髮是在上海剪去的，如今要看小鳳凰能保持多久了。我說：

「我第一次知道你也有這樣美麗的長髮。」

「同我姊姊的一樣，是不？」她諷刺似的笑着，對着鏡子在抹口紅。

「但是她已經剪掉了。」

「我要是剪去，也送給你好不好？」

「爲什麼你不說你要保留這美麗的長髮？」

小鳳凰沒再說什麼，她霍然站起，用手掠一下長髮說：

「你出去吧，我換了衣服叫你。」

我出來又到了陸夢標哪裏，老耿與夢標正談得熱絡，老耿一見我進去，就說：

「他來了。」我說：

「老耿，你在這裏玩玩怎樣，我要陪小鳳凰去買東西。」

「我正要同你商量，讓我在這裏幫幫忙，好不好？」老耿說：「我搬到這裏來。」

「你老太爺不做，搬到這裏幹什麼？」

「你不要同我開玩笑，我是眞話。」

「你來這裏幹什麼，又不會拉，又不會唱。」

「我同夢標是老朋友啦，也跑過碼頭，我什麼事情不能做？」

「現在我們人手都齊了。」我說：「要說來後臺，打雜，一個月也沒有幾個錢。」

「不要講錢，也壯；老子講交情，不講錢；事情，我能作什麼就作什麼；錢，你分我多少就多少。」

「老耿，你先祇想找你兒子；找到兒子了，又祇想離開你兒子。這算幹麼？我想你儘管來住，要玩儘管來玩。何必做什麼事呢？」

「我也正勸他，他說他要自己打個出路。」陸夢標在旁邊說。

「算了，算了，你兒子知道了也不會答應的。」我說：「慢慢再說吧。」

「啊！你也看我這樣沒有用？」老耿忽然發怒了，他大聲地說：「我也幫過你忙。沒有我把你介紹到李白飛哪裏，你就認識野鳳凰？現在我求你，你倒這樣哪樣的！」

「這是什麼話？我並不是不要你來。祇是覺得你何苦安安靜靜福不享，要來幹苦活？」

「他願意，就讓他來吧。反正我們大家有粥吃粥，有飯吃飯。」

「隨便你，隨便你；晚上我還到你家去，我們再詳細談談。」

「我的家？我有什麼家？」老耿說：「他們也管不着我的事情。」

這時候，小鳳凰從裏面出來找我，我就說：

「陸師父，你陪陪老耿，我陪她去買點東西。」

陸夢標當時就爲老耿介紹說：

「小鳳凰，這位是耿伯伯。」

小鳳凰叫了一聲「耿伯伯」。

「夢標，還是你；你有這樣一個徒弟。上海不就是你的？」

「你自己的兒子，還不是電影明星了。」我說。

「狗矢，」老耿說：「我可看不起這羣明星，他們壓根兒就不講究玩藝兒，到我們家進進出出，從來不當我是一個人。」

「我們小鳳凰也許也要做電影明星呢。」我說。

「啊，你要演電影，哪還了得。可不要跟他們學。」

我知道小鳳凰叫老耿耿伯伯，這已經可使老耿覺得這裏比在家裏更有人看重他了。當時我沒再說什麼，反正我晚上要去看大夏大冬，關於老耿的參加我們團體，祇好留到哪時候再談。事實上，老耿既是陸夢標的朋友，他不計較錢，參加我們來打打雜，原也沒有什麼，問題是他祇是爲想離開大夏大冬而來，也許目的還想跟這個團體離開上海，這個團體本無什麼一定的計劃，離開上海後，老耿還不是一個人要流落在通成旅館一類地方。他已經老了，脾氣也很古怪，不容易同人相處，好容易找到兒子，當然應當消除與大夏大冬的隔膜，安詳地度他晚年才對，沒有再出來奔波的道理。

「陸師父，」我說，「你們談談，晚上你有空，最好也到耿家去，會會他的兩個少爺，我們一起談談。」

說着，我就伴着小鳳凰出來。

五十一

我同小鳳凰到了外面，馬上使我想到我第一次帶紫裳進入這個大都市的情形，但是二者的感覺竟很不同。紫裳到上海是爲依靠舵伯，原不想一定要成爲紅角，可是一夕間竟成了明星，在我第一次帶她遊宴之時，如果我有決心，她可能成爲我的妻子而放棄演出的。小鳳凰則是必須在下星期出現，她母親還必須要舵伯的幫忙，來使小鳳凰成功。紫裳當時是我的情人，我們彼此知道是相愛的，而我同小鳳凰感情自然是不同的。所以，不知怎麼，我並不能在小鳳凰身上而忘去我其他的生活，我滿心是過去與未來的各種憂慮與打算。

小鳳凰那天穿一件黃色棱條的旗袍，薄施脂粉，使我更注意到她皮膚的白皙與青春的活力，可是她所穿的一雙黑色高跟鞋則頗不合時，我忽然發覺高跟鞋對于她實在反而有損她的自然的美麗。所以一出門，在我未問她要買些什麼的時候，我先提議我要送她一雙時式一點的鞋子。

當時我們就到了公司，我先陪她到皮鞋部買了兩雙黃色的平底鞋，一雙半高跟鞋，我叫她換上哪雙黃色的平底鞋子。以後她又買了幾件衣料，還買了一些化粧品；錢並不多，我爲她付時她一定不肯，最後我說：

「如果你不肯讓我送你，哪麼回家叫你母親再算給我好了。」她才不再爭執。

買了東西出來，正是茶舞時間，我原想帶她到舞廳去坐一回，可是到了門口，小鳳凰被櫥窗所吸引了。櫥窗裏展覽的是男女結婚的禮服。一對木偶正穿着禮服站在牧師面前。我不知道小鳳凰所注意的是正在進行的婚禮，還是新娘的禮服，她一時似乎很想發現櫥窗裏擺設的細節，我自然也陪着站了一回。

「野壯子！」突然有人叫我，我還沒有找到熟識的面孔，一隻手已經拍到我的肩頭。我馬上認出是韓濤壽。我拉着他焦黃纖削的右手說：

「是你？」

「你什麼時候來的？」他問：「怎麼也不找我？」

「我正想找你。」我說。這時候小鳳凰也回過頭來，我說：「我替你們介紹，這是韓濤壽先生，這是小鳳凰，你聽見過麼？」

「怎麼，你們要買結婚禮服？」韓濤壽雖是低聲的說，可是小鳳凰已經聽見了，她紅了臉，我馬上打岔的說：

「韓先生是琴師，他……」我當然想說出是她姊姊班子裏的琴師，但是怕太突兀，所以接着我就說：「到新雅去坐坐吧。」

「好極了，你有工夫？」韓濤壽說着就幫我分拿我手上的東西。一面說：「你這幾年怎麼樣？」

「說來話長，我們慢慢再談吧。」我說着一面挽着小鳳凰說：

「我們去吃點點心，他是我的老朋友，你可以聽到許多上海的事情。」

這時候韓濤壽走在我的前面。我發現他的頭髮眞是白了許多。他穿一件古銅色的長袍，一擺一搖的走路還是同以前一樣的淸健。我想他大概是正從燕子窩出來的。

在新雅，我們坐了一個多鐘點，但似乎也沒有談什麼。我祇約略地知道老江湖又組了小班，在小城小鎭裏走江湖；王文娟同小江湖結了婚，由韓濤壽替他策劃，在閘北開了一家中國樂器的舖子，已經有了孩子，生活過得很平安；葛衣情還是同以前一樣，舵伯已經正式認她作爲乾女兒，她一直在服侍舵伯。他還聽說舵伯的事業這些年來並不很好，幸虧電影公司及恆新舞台賺錢。而電影公司的賺錢，幾乎都是因爲紫裳的號召。紫裳眞是奇怪的走紅，任何的片子，祇要她主演的都賺錢。

小鳳凰不相信似的聽着，我當時就說：

「你知道這是誰麼？」

小鳳凰當時釘我一眼，我說：

「他是我老朋友，不會說出去的。」于是我對韓濤壽說：「她是紫裳的妹妹，但是你千萬不要說出去。」

接着我就把我隨同野鳳凰的班子來上海的事情約略地告訴了韓濤壽，我關照他暫時不要告訴別人，並且約他來幫忙。

茶座上的人陸續散了，我們也走了出來。我約韓濤壽于第二天傍晚到春明飯店來看我，我可以同他一同吃飯。

與韓濤壽分手後，我就叫了車子同小鳳凰一同到旅館，路上，小鳳凰責怪我不應該把她是紫裳妹妹的事情告訴別人，我說：

「不告訴他，他也會發現的，他自己發現一定要說出去，告訴了他，他才肯守秘密。而且他是我的朋友。」

「可是你也沒有先得我的同意。」

「你還年輕。」我說：「但是你可以記住一個事實，對醉鬼容易守秘密，但不容易共秘密；對煙鬼不容易守秘密，但容易共秘密。——你知道他是一個煙鬼。」

小鳳凰雖是沒有再說什麼，但仍是有點不高興。這原因我後來發覺，是她再不願意人家當她是小孩子了。

從韓濤壽哪裏知道的一些朋友情形，雖是不詳細，但我可以想到紫裳現在的地位了，她無形之中在支持舵伯的電影公司，而舵伯的電影公司竟支持了舵伯整個的社會地位。而現在野鳳凰則想利用舵伯的社會地位來爲小鳳凰發展前途。哪麼豈不是直接找紫裳，讓小鳳凰進電影公司來得簡單？可是社會的關係，竟往往就需要繞這些奇怪的圈子。

小鳳凰可能成功。每個人成功都以爲是自己的能耐，而不知道都是在依靠別人，甚至是在不想依靠的別人身上，社會複雜的關係不是人可以解釋，勉强可以說明的，祇能說是命運了。

到春明飯店，野鳳凰已經回來，正在與裁縫談製衣裳；小鳳凰正好把衣料交給裁縫。野鳳凰覺得小鳳凰買的衣料太樸實，她自己選購的倒反而花色些，所以要同小鳳凰換一二件。小鳳凰接着就說這些錢都是我付的，一定要還我，我說：

「將來送你衣料首飾的人不知有多少，這是你第一次在上海買衣料，就讓我送你吧。以後每當我想起你接受我這些衣料，我都會感到說不出的驕傲的。」

「算了，就讓他送你吧。」野鳳凰說。

小鳳凰瞟我一眼，微笑着說：

「我姊姊初到上海時，也是你送她衣料的嗎？」

「這倒沒有，」我說：「可是她成名時的衣裳，被人家叫做『活觀音』的白袍，倒是我設計的。」

這使我想到了野鳳凰供奉在家裏的哪尊觀音像，我說：

「我一直沒有同你談到你哪尊觀音像，我想這與紫裳的成功是有神秘的關係的。」

「我早就想到了。」野鳳凰笑了。她說：「我這次也帶來了，將來我想送給紫裳去。」

陸夢標這時候進來，因爲晚上她要陪野鳳凰去赴一個飯局。他說老耿已經一個人回家，預備明天就搬來。

陸夢標與野鳳凰走後，我約小鳳凰到霞飛路費蒙達飯店吃飯，費蒙達是一家白俄所開的飯館，佈置得很雅潔，以前有三個樂手在哪裏奏幽靜的音樂，不知現在有什麼改變。

小鳳凰換了一件藍花綢子的旗袍，很高興的同我出來；時間還早，我們先在霞飛路上散散步；走過國泰戲院，我順便買了兩張戲票。我計劃看完電影，送小鳳凰回家，再到成都路上去看大夏大冬，該是最合適的時間。

可是到了費蒙達，在桃紅色的燈光下，在幽靜的音樂中，我忽然發覺面對着小鳳凰有一種說不出安適與愉快，小鳳凰的神態非常安詳；一瞬間我好像對小鳳凰有更深的認識，她面部的特點也好像清楚起來，她的淡淡的笑渦與淺淺的黑痣以及充滿了青春的無邪的眼光，好像都是我所忽略的，現在重新在我心中起了新鮮的印象。我曾經在她嘴唇上見到阿清的嘴唇，從她哪雙手上看到了紫裳的手指，但是在當時，我什麼都沒有聯想，我清清楚楚接觸了整個的小鳳凰。我們曾經有不少時間單獨在一起，可是小鳳凰始終是靠着她母親的一個影子，我似乎從來都沒把她同她母親分離過，可是今天，她在我的面前是一個獨立的人，是一個獨立的成年的人。

就是在這樣的感覺中，我們的談話進入了從來未有的境界。我久久已不想到的一種念頭忽然又從我心上浮起。我覺得她應當接受紫裳的幫忙去讀書，我去進學校，重新走一條路，而這也正是紫裳所肯供給的。

我當時還想到何老對紫裳的期望，他不希望她成爲紅角；如今該正是紫裳對小鳳凰的期望才對。我還想到紫裳的成功也許正是造成紫裳的一種心理錯綜。她鼓勵我出國求學也正是她下意識的對自己失學的一種補償。但是我是已經完了，流落江湖，經過了如許的人生，再無法回到書本裏去，而小鳳凰也許正可以代替我，去完成紫裳的一種滿足。

這些感想也許是後來慢慢形成的。但在當時，小鳳凰一種對現實生活之不關心，對特殊的人情情調氣氛的敏感的個性，使我感到她的不適宜于在上海社會去打天下是很確定的。

小鳳凰初初見到繁華的都市，但是她沒有談到這些繁華的現實方面，她談到的是今天所見到的櫥窗的佈置；那迥乎不同于她所習常的音樂——費蒙達仍有三個樂手；那桃紅色燈光下我領帶的色采，以及哪洋火匣上的圖案；在我大學生活中，也曾經同女同學到這種地方消磨疲懶的週末，許多都市裏的小姐往往注意到別人的服飾與價值，對環境注意到富麗與實用，而小鳳凰所注意的則是完全不同的方面。這不知不覺的使我走上探索她靈魂的途徑，這正如一個人在幽美清靜的山景中閒步，被風聲鳥鳴或夕陽所誘，無意識的順着小徑走去一樣。

這些日子來，因爲協助野鳳凰這個班子來上海，我對于小鳳凰當初的期望早已湮沒。在有一個時期，我曾經很想爭取小鳳凰對于讀書發生興趣，而對于演唱發生厭倦。我與陸夢標有一種對立的想法。以後不知怎麼我就放棄了這個意圖。這原因自然是因爲野鳳凰組班的種種，可是，在以後，當我靜靜分析之下，我發現我還有一種心理上的變質，哪就是我哪次突然擁吻了小鳳凰的擧動。這大概使我在道德意義上自己感到沒有陸夢標爲純正了，于是使我下意識的使我失去了一種情操上的自信。

但那天在費蒙達，我這份自信突然恢復，我好像被已經擊潰的政客，想重新掌握力量一樣，我感到這些時候，隨從着他們去創造小鳳凰成紅角是不對的。

野鳳凰要創造小鳳凰成紅角有一種心理上的倔强，她要使小鳳凰掩蓋紫裳，成爲更紅的明星。陸夢標要創造小鳳凰成紅角是等于創造他的作品。

而我，我有什麼理由追隨着他們？爲小鳳凰她的個姓並不宜走這條路，她對讀書的聰敏使她可以有許多路可以選擇。她沒有現實的虛榮，沒有理由要迫她走入這水深火熱充滿了黑暗的社會。爲紫裳，更沒有理由要使她與妹妹間發展矛盾。爲野鳳凰，她已經不必再有什麼野心，祇要紫裳對她諒解，她很可以依賴紫裳過很安適的生活，而且也可以給紫裳許多安慰與幫助，哪麼究竟是爲什麼呢？——非常自私的，我沒有想到陸夢標。

在與小鳳凰對面着靜談之中，時候過去得很快；我們喝了點酒，跳了幾支舞，竟忘記了我們曾經買了兩張戲票。

一直到有一對男女進來，他們就坐在我們鄰座；男的手裡拿着國泰戲院的一張說明書，還彼此談着電影裏的演員，我才發現他們竟是電影散場後來跳舞的。看錶正是已過十一時半。我說：

「電影已經散場了。」

「這不比看電影好麼？」小鳳凰說。

「比什麼都好。」我說：「如今你總可以原諒我了。」

「原諒你什麼？」

「原諒我哪天，你記得我沒有得你允許擁吻了你。」

小鳳凰沒有回答，低一下頭閃動着眼光，微笑着說：

「我們該回去了麼？我想母親一定已經回來了。」

「好的，好的。」我說：「我還要去看大夏大冬去。」

「誰是大夏大冬？」

「啊，你記得剛才同你介紹的老耿麼？大夏大冬就是他的孩子，現在也是電影明星了。」

五十二

在去學規路的路上，我一直想着小鳳凰脫離賣藝與成紅星的生活，我一方面覺得小鳳凰不可能有紫裳一樣順利的命運，另一方面又覺得小鳳凰的性格並不適宜于求這方面的成功。小鳳凰奮鬥的受阻，很容易會怪紫裳的作梗；而她如果有所收穫，哪可能就是對紫裳的打擊。這不但將使兩姊妹成爲敵對的角色，而且也會使野鳳凰與紫裳母女的感情日趨分裂。不但如此，而且也會使我們這羣在愛護她們的一羣朋友很難自處。我覺得倘若要及時阻止這個發展，除了說服野鳳凰外，祇有要舵伯有我一樣的想法才對。

就是在這樣胡思亂想中，我走進大夏大冬的家裏；我原以爲我一定又要在他們父子的矛盾中，爲他們解決家庭中的問題了，可是事實上並不如此，老耿已經睡了；大夏大冬正在盼待我，我談到老耿要搬出家庭裏的事，他們說老耿已經提出過，明天預備搬到春明旅館去參加野鳳凰的團體，他們沒有反對，他們祇是告訴他，隨時不想在哪邊，隨時都可以回來。

接着我們就大家敍述彼此別後的情形。我原以爲我可聽的一定比該說的多，可是事實上他們竟是沒有什麼可以告訴我的，小江湖同他們很少來往，舵伯衣情的事情他們一點都不知道，老江湖也不同他們通消息，他們祇從韓濤壽哪裏知道一點紫裳，除了片廠或應酬場合上常有會見以外，也很少有個別的往還。唯一有點走動的是韓濤壽，說他有時還常來看他們，並且同他父親很談得來。他們說韓濤壽現在生活得舒服，兩年來，他寫劍俠小說很成功，在好幾種報刊上發表，已經出了十幾種書，所以他也懶得再到什麼班子裏去拉琴了。我忽然想到韓濤壽的嗜好，我麼：

「韓濤壽同你父親很談得來，你父親倒沒有跟他去燕子窩？」

「這倒沒有，我父親最恨哪玩意，他唯一的嗜好就是賭錢。」大夏說。

「啊，他們祇在韓濤壽來的時候談談，並不在一起玩的。」大冬說。

「大概還是我們沒有工夫陪他，父親太孤獨。他們唯一相同的，就是大家會喝幾杯酒。」大夏說。

「父親喜歡談談過去所見所聞一些不着邊際的事情，韓濤壽聽去了就改頭換面寫在劍俠小說裏。」大冬說。

「韓濤壽來過一次，父親可以有兩天不發脾氣，所以我們很喜歡韓濤壽常來，可是哪傢伙來的時候三天兩天來，不來的時候，幾個月不來；您想找他，沒有地方找得到他，住的地方也沒有，電話也沒有。」

「哪可眞巧了。我居然昨天在南京路上踫見他。要不然我想踫見他還不容易呢。」我說：「不過，我知道他要常去的燕子窩，我本來想到哪面去找他的。」

「他從來沒有告訴過我們。」

現在我知道，即使他們認爲常有來往的韓濤壽；同他們也是很疏遠的。我由此馬上發現，大夏大冬在成長之中，已經交到了新的朋友，走進了新的社會，他們的年齡正是變化最多的年齡，而一切的變化恐怕連自己都是無法作主的。

我自然也約略地告訴一些別後的情形，他們對于我的生活可好奇地發生了莫大的興趣，不厭細煩的問個究竟，對于穆鬍子的崗位與工作，尤其感到與奮與驕傲，他們甚至想放棄現在的生活去隨從穆鬍子。

在長長談話之中，我慢慢地感到寂寞起來，我發覺在他們與我之間，竟沒有一點了解的橋樑；諸凡我所厭倦的，他們覺得新鮮；而我所希望的，他們也許覺得庸俗；好像彼此越談越感到隔膜。

在某一方面我發現了他們的進步，他們對于各種智識似乎都有了接觸；對于國際政治有一種看法；對于時局有莫大的關心；對于中國有一種熱愛；我馬上看到自己在這些年來的落伍，我一直都祇注意身邊的人物與事件，而他們則在注意動盪的世界與人類的前途。對于時局，對于世界，我像是已經脫節，我對于許多在國際上在國內所演變的種種大事，幾乎一點都不知道；我覺得我應當重新把自己活過，我有點說不出的自慚形穢。

可是在另一方面，我又覺得他們奇怪的幼稚，他們在安逸的生活中幻想流浪，在書本報刋中虛構革命；他們把自己看作可以擔任任何大事業、可吃任何苦難的英雄，而對于自己生活上的一切則都有所執戀，他們對于我的離開所謂戰鬬看作小資產階級意識的作祟，對于我回來上海完全是個人主義的打算。

我很想對他們說說我的感覺與情感，但是他們對我的體驗不但完全隔膜，而且毫無同情；他們要用許多他們從流行報刋中聽到的公式與名詞來接近我的思想，但是竟把我愈推愈遠。我盡我最大的能力想重新繼續我們以前的友誼的空氣，但是竟是不可能了。以前哪種彼此的很自然的可以無分彼此的情緒已經無法再有，也許他們把我想成英雄，而我把他們太想成點江湖的藝員。如今他們發覺我的知識太有限，意志太薄弱，而我則發現他們已經是都市裏的大學生，沒有江湖上的氣派，學到一些知識上的皮毛，想用此批評他們從未接近的人生與無法了解的人物。

朋友的關係眞是有點玄妙，接近時不知道從何接近，疏遠時也無法知道從何疏遠。我當時心裏有一種奇怪的落寞與悲哀，同時我也想到，這也許正是小江湖紫裳一類朋友同大夏大冬沒有來往的原因了。

我與大夏大冬的隔膜或者正是我進了學校以後與舵老的隔膜，但是祇有我永遠在孤獨與貧窮的一面，他們都有了安定的生活與新的朋友，而我則永遠還祇是一個無所寄託的生命。

夜已深了，大夏大冬拿出他們準備了的茶點與水果，我開始避免我們當時所談的問題，我尋找一些碎屑的有趣的事情來改換我們談話的內容，談到他們的娛樂與消遣，詢問他們是否還在玩中國樂器之類的事情。茶點以後，他們陪我到大冬的房間休息，又坐了許久；他們約我搬到他們那裏來住，說可以爲我把三樓佈置一下，他們的態度非常誠懇，我也就暫時接受，我說：

「祇要有一鋪位就好了，我也不一定天天回來睡的。」

他們等我睡下了，才下樓去；這時候已過早晨四時，可是我並不能馬上睡着，我感到奇怪的孤獨與空虛。

我原先想從大夏大冬地方知道一些那些以前在老江湖團體中的朋友的情形，可是他們竟比韓濤壽在新雅茶座上短短時間中所告訴我的還少。在長長談話中，他們問我以後的計劃，我竟說不出什麼。我跟着野鳳凰來上海，同陸夢標一樣，原想爲小鳳凰爭取一個紅角與明星的前途。可是在昨夜與小鳳凰單獨一起吃飯以後，我已經變了初衷。我沒有陸夢標一樣的單純，他完全把小鳳凰當作自己的創作一樣，除了使小鳳凰成功以外，可以不想到別的。而她對于成功的了解也祇是見紅于社會而已。我看到小鳳凰不適宜于走那條路，我看到她有更幸福的途徑，我還看到她在哪條路上，即便成功了，對于野鳳凰與她自己都不見得有什麼幸福，天下的事情也許有命運的安排，我則在孤獨之中感到這些命運。

老江湖的團體在上海是算成功的，但是這羣人都散了；野鳳凰的團體即使成功，成功的也祇是小鳳凰而已；我所可滿足的也許祇是掩蓋了我來上海的面子，對于我自己的前途又有些什麼呢？我也許根本就是沒有前途的，從小鳳凰在蓮香閣演唱起，到她——如果照野鳳凰所設想的——進了電影公司充任主角，我會有許多工作，可是她一旦走進了電影公司，我的工作就告了一個段落，以後又是怎麼樣呢？可是如今連這個目標都被我移去，我連暫時可以充實我生活的工作都沒有了。目前我想做的是消除野鳳凰奇怪的野心，是使紫裳與野鳳凰見面而團聚，是使小鳳凰脫離這個生活；但是于我自己究竟有什麼關係呢？

這也許是我的愛，我對于紫裳的愛，對于小鳳凰的愛，對于野鳳凰的愛，這些不同的愛，使我無形中在犧牲自己，而這犧牲竟是沒有人能了解會了解的。

隣雞啼了三四次以後，我才入睡。

我久久沒有想到死去的何老，可是哪一天，我竟夢見了他。

在長長流浪生活中，我也曾夢見何老，但是這夢境是糊塗的，連他的面目都不很淸楚，可是哪天的夢則非常奇怪。

我淸淸楚楚坐在他臨死的床邊，他盲目的眼框中流着淚水說：

「我的時間已經到了。希望你好好照顧她。」

「自然自然，我已經照你的意思把她交給了舵老。」

「哪是紫裳，我是說綠羽，」

「綠羽？是誰呀？」

「你沒有見過她，她是我另外一個孫女。」

「但是我怎麼去找她？」

何老想回答可是已經語不成聲，他手緊握着我的手，一陣痙攣，他已經死去。

我就在我被握的手的隱痛中醒來，我的右頰正流着淚水。

悵臥在床上，回憶這奇怪的夢境，我忽然想到一切我設想的也許正是何老所設想的。

看錶已是十一時一刻。我起身下樓，發現大夏大冬早已出門，佣人告訴我，老耿也已經搬去春明旅館了。

我吃了一點點心，洗了一個澡後才離開學規路。

（待續）

八高三年和中京景物（續完）

雷　震

十四　華工共濟會

上述這類事情，接連不斷的在各地發生，而中國使領館方面依然採取袖手旁觀的態度，不聞不問；如一旦工人找上門來，則採用紆迴戰略、極盡推托敷衍之能事，從不打算積極設法改善，以盡保護之責。像名古屋這個地方，根本沒有中國領事館，距離神戶領事館尙有三個鐘頭火車的路程，工人也就無法去找（中國當時在日本設有三個領事館，即橫濱、神戶和長崎三地）。此時日本「救世軍」(註)總部負責人有一上校某君很同情中國工人的境遇，希望找出一個補救之道，就和東京中國青年會負責人商量。救世軍與青年會都是信奉基督教的社會事業團體，觀點相同，助人濟世，熱心服務社會，故都願盡他們一點力量來幫助中國工人，俾可多多少少解決上述的一些問題。正在這個時候，日本警察方面雖討厭中國勞工，但因社會上需要這類粗工，故亦願有人出來協助解決，俾可安定社會的秩序。

在八高讀過二年書因肺病休學過久而自動退學的王君希天，東北吉林省人，乃一虔誠之基督徒，此時在東京中國青年會任幹事，擔任連絡學生事宜。青年會負責人就把這件事交給他去計劃和辦理。於是由中國青年會發起，由日本救世軍贊助，成立了華工共濟會總會於東京，由王希天主持其事。總會會址設在東京市外「築地」。這個地方是東京中國工人集中之地。

八高理科學生名王兆澄者（八高畢業後入東京帝大習農業化學，民國三十八年曾代理長沙南嶽師範學院院長，往廣州請欵，教育部發了些銀元，歸途不愼洩露，爲土共覬覦，在途中遇害），安徽天長縣人，亦虔誠之基督徒也。當王君希天在八高讀書的時候，二人過從甚密，感情特好。共濟會總會成立之後，王君希天邀他出來成立分會於名古屋，辦理這一區域華工的福利事業，因爲這一區的中國工人，有時候還比東京來得多一些。

王君兆澄爲人老實，熱心有餘而計劃不週，我們同住在慶親館裏，於是他常來和我商量。我也提供了若干意見給他作參考。他總覺得一人能力有限，不够應付分會的全般事務，堅決邀我出來幫忙。我當年離開東京來到鄉間的目的，原爲想多讀一點書，故不欲爲外務而分去讀書之心，起初數度拒絕其請，無奈他一再誠意相邀，情不可却，而我有一天和工人談過一次零落不接氣的話，使我覺到工人的境遇，確實可憐而令人同情；看到他們不顧一切和藐視一切的行動，又深覺他們有玷國家的榮譽。在這種周圍情勢相逼而來之情形下，我遂決定出任華工共濟會名古屋分會副會長兼夜校校長。

名古屋共濟會分會除自己經營宿舍二所外，並辦理夜間學校一所。

夜校的主要目的，一面敎給華工日常生活必需應用的會話，一面敎些在日常生活上的各種起碼的習俗，俾他們不僅可以繼續在日本獲得工作，還可多賺一些錢。我除負責協助會務和主持校務之外，並擔任敎課，另約比我低一班的同學劉楚青、朱得安二君幫同敎書。每晚授課約爲二小時，星期日晚間規定特別講演，大都請救世軍名古屋支部派人講話，也邀過當地警察當局來校講話。

學校敎書和講演，均要用翻譯。這些青田人，不懂得普通話，我們又不懂得青田話，故要找一位會說普通話的青田人做舌人。遇到日本人來講話的時候，還需要雙重的翻譯，因爲這位會說普通話的青田人，又不懂得很多日本話，我們只有把日本話譯成普通話後，再由他來譯成青田話。故夜校的進展是非常的緩慢。青田人把「王」字讀成「約(yo)」字的聲音，可見青田話和普通話相距之遠。可是經過一年敎育之後，我們做了一次簡單的測驗，發現他們居然學會了許多應用的日本話，和若干待人接物的日本規矩，如早晨和人見面時，向對方喊一聲「早安」，敲門等到人家開門時，喊一聲「請原諒」或「失禮」之類。其中有特別用功的工人，還學會了不少的慣用語，能和日人作簡單的會話。

這裏有一極其矛盾之事，就是約有半數工人不大願意來校念書。他們白天做工，晚上已是疲倦不堪，實在沒有精神再來讀書，何況他們對於求知識一事根本缺乏興趣。故有時還要到他們住的宿舍請他們來上課，好像上課不是爲了他們自己，而是爲着我們似的，眞是令人啼笑皆非。還有許多人雖然按時來校上課，只是等於虛應故事的應卯敷衍一番，毫不用心聽課。更有甚者，上課聽講不久就打瞌睡，起來，有時還鼾聲如雷。當日本人來校講演的時候，有些人依然不改，更使我不好意思，令人易生「中國人是沒有出息的國民」之感。中國各地民衆補習敎育之不易辦好，也是由於農民和工人晚間沒有精力和缺乏興趣來學習的緣故。世間矛盾之事，這也可以算得是其中的一個。故爲政者不可不從各方面去設想，施政若單憑「自己本位」而出發，其結果往往會失敗的。蓋在主觀上覺得是好的東西或者有利的事情，對方可能不感興趣甚或覺得對他們根本無益。

宿舍裏面問題最多，而清潔、賭博和吵架三事最難處理。關於清潔一項，我們規定的起碼條件，就是每日晨起必須洗臉、刷牙，夏季每晚洗浴一次，在宿舍裏面洗，冬季隔日或三日一次，往附近的浴室裏去洗。如在染坊、漆布店工作者和挑泥、挖土、挑煤者，無論寒暑，每晚均須洗浴一次。可是這一起碼的條件，開始時竟不能實行，直到後來仍不能澈底實行，殊令人沮喪之至。

吵嘴和打架幾乎無日無之，無舍無之。先是彼此鬬嘴爭吵，三言兩語不合式，就繼之以動武打架。工人之易於衝動，甚難與之理喻。不得已規定：在宿舍裏打架一次，凡參加打架者，每人各罰日金一圓，不問誰先動手，也不問誰人有理，其罰欵則充宿舍裏福利之用，不願受罰者須立即離開宿舍。由於此項規定，果然打架大大地減少了。罰金之具有莫大的制裁性，於此可見。蓋他們每日的工資，有時不過兩圓多，還要扣除房飯錢，今打架一次，竟要破費一圓，未免太不合算，所以打架動武之事，立即自動收斂了。

賭博乃宿舍裏最爲嚴重之事，也是最難取締和絕滅之事。一幢宿舍裏住上了頭二十個人，飯後閒來無事，又無正當娛樂，工人很多目不識丁，不能讀書看報，自易聚衆賭博，蓋賭博自亦有其消遣的作用。故此每晚必有賭，而吵嘴和打架多是跟着賭博而俱來。賭博與吵嘴打架也可以說是一對「孿生子」。我們在開辦宿舍頭一個月之內，就抓到三十幾副牌九(包括共濟會以外之宿舍)和上百顆骰子，其數目之鉅，殊堪驚人。迨竹子做的牌九抓光了，以硬紙板製成的牌九又出現了。骨頭做的骰子抓光了，竹製的骰子又出現了。於此可見中國工人的嗜賭習慣，而我們禁賭之技幾乎窮矣。分會自辦的宿舍，禁賭比較容易，他們自己經營的宿舍，抓賭反爲困難，因爲他們在聚賭的時候，常常專雇一人在門口「把風」，一聞我們走來脚步之聲，不待敲門，他們就已先行收場，往往使我們撲上一個空。

對於共濟會的工作，我與王君兆澄確實花掉不少功夫。從我住的旅館到分會會所，來回至少要走上半個鐘頭，以我的急行大步來計算。而雨天泥濘難行，路上又無路燈，更要花費時間。當名古屋分會開辦之初，我幾乎每晚前往照料，迨諸事安排停當後，每週尚有兩晚要去教書，而星期天晚上的特別講演，大都是我去主持的。王君兆澄比我花去的時間更多，他除司理會務之外，還須兼管宿舍的工作。而宿舍裏面的工作，眞是一波未平，一波又起，幾乎無法做完。他常常在學校散課後就逕往分會辦事，有時遲到夜半更深始返寓就寢，而晚飯只携帶一兩塊麵包去充饑。他之服務精神，即令在基督徒當中，也是不易多覯的。

在這裏我們遇到一件極爲氣惱而又可笑的事情。當分會成立之後，在名古屋的中國工人在晚間或假日常來會所盤桓或找朋友聊天。這裏備有一些書報和象棋圍棋，他們也可以來消遣。日本人有一販賣鴉片烟者常來會所找工人們閒聊，希望在工人中間找到幾個合作者，可爲其在中國內地推銷烟土。奈他的中國話半生不熟，而工人的日本話也是一知半解，彼此相談則格格不入。工人中有將此事報告會長王兆澄者，請他設法應付。王君特於某日邀約那個日本人來會談話。他以爲找到了合作者，屆時欣然前往，並說明他們可將烟土運至上海漢口等埠交貨，在交貨之前出了事情，由他負責，北方如天津青島和南方的廣州汕頭等埠，另有販烟團體，非他們的勢力範圍。當貨物交到後，只須繳納預先講定的貨欵的一半或三分之一，餘欵俟貨物出售後再交。如在上海或漢口等商埠出售，我們洽妥後，他還可根據交貨地點將貨物送到那裏，以免中途有失。他們在這一帶，勾結當地流氓，組有龐大的販毒團體，保證萬無一失。王君聽畢那個日本人的談話後，嚴詞申斥一番，囑其以後勿再來會作癡心妄想之舉，如若不然，當報告當地警察機關拘捕究辦。那個日本人看到苗頭不對，始悻悻然而去。我們想到中國各地毒物之多，吸食者之衆，這類傷天害理的販毒團體，實有以致之。我們本擬追究一番，無奈我們勢孤力弱，在在賴人幫忙，故不敢多事。

共濟會經費極度困難，許多工作不易展開，經王君希天提議，於民國十一年寒假，要我和王君家楨(王君吉林省人，時肄業於東京慶應大學，習經濟，在東京總會工作。畢業返國後曾任外交部次長及國民參政會參政員)，到神戶向華僑殷實商家募捐一次，作爲總會發展會務之用。我在分會工作快要一年，策劃與執行兩方面均使王君滿意，故他堅請我辛苦一趟。此次募捐所得雖不如理想之巨，以我們之人微言輕，對神戶商埠之華僑又極生疏，居然捐到了五千多日金(合美金二千五百餘元)，對於總會之事業費則不無小補。惟有一寧波巨商名吳觀堂者，當時積有百萬日金資財，爲富不仁，起初是一毛不拔，嗣經托人要求，才捐到了一點錢。他一家住在神戶海濱，宅邸寬宏，園內花草樹木極爲茂盛，我們去時連見面都不可能。據說那時他已入了日本籍，和華僑社會不大來往。

還有當時駐神戶中國總領事吳某(已忘其名，四川人，年約五十餘歲)，對於我們要求協助募捐之事，總是推托支吾，毫不開誠相助，而神戶華僑社會亦深惡其處事爲人，認爲他是一個標準的中國官僚。吳君對於國民黨黨員更是敬鬼神而遠之，生怕一和他們來往，則貽悞他的前程，但又不敢公開得罪這些黨員，深恐其中有亡命之徒要和他搗亂。可是民國十三年冬國民黨總理孫中山先生過神戶，我去謁見時，看到他那副侍奉左右必恭必敬的神態，我心中暗自好笑，大概他想到國民黨可能快要得勢了。這一天他對去謁見孫先生的我們三人，非常客氣，硬要我們參加那一晚神戶各界的歡迎會。可是我們謁見後仍托詞外出，特到中國飯館去飽餐中國料理去了。

民國十二年春，我與王君兆澄同時畢業於八高，共濟會名古屋分會的工作則交與劉君楚青、朱君得安接辦。二君非常熱心，據說接辦後會務仍能照常進行，惟自關東大地震之後，王君希天被害去世，總會工作陷於停頓狀態，而分會也維持不久即行停頓了。王君希天之去世和日本政府之不欲華工存在，都是迫使共濟會關門的原因。

十五　王希天遇難

民國十二年春天，我於八高畢業後曾去東京一次，而王君兆澄已辦妥註冊入東京帝大農化科的手續。爲檢討共濟會過去一年多工作之得失，並進而謀求未來的開展起見，王君希天特地邀約我們到箱根溫泉去聚會一次，充分交換發展會務之意見。「星」牌製藥公司在箱根有招待所一處，其主人與王君希天甚友善，特地招待我們在他那裏住宿，食宿各費全免，我們除路費外，不費分文。希天計劃之周到，於此可以想見。此時登箱根溫泉的辦法，要坐一段單軌的登山火車，正和今天阿里山登山火車一樣，至汽車路不僅未開通，似尚無着手之計劃。我們在會後暢遊山頂上的「蘆之湖」和其他風景。時在初春，蘆之湖寒氣逼人，而湖中景色很平常，故登舟划了一趟即上岸返寓。

我們每天早餐的時候，王君希天總是不參加早餐，而虔心在露天作禱告。他告訴我他近來已廢止早餐，身體較前更好，若偶爾吃了一頓早餐，這一天反而感到不舒服。於是他向我宣傳不吃早餐的好處，我以後一直早餐特別少吃，就是受了他的影響。這幾十年的生活經驗，早餐少吃，可使胃部得以充分休息，這一天的胃部，總是感到舒適，如果連日飽吃早餐，胃部就會難過，於是馬上節制早餐，胃部又可平復。有人主張早餐要多吃，這和我的經驗恰相反。可見人之體格不同，習慣不同，而養生之道也就不必完全一致。我不是要說早餐少吃或早餐多吃那一套理論是正確的，僅略述個人一點小小經驗耳。

民國十二年初夏，三弟忽患病亡故，母親痛不欲生，晝夜哭泣，親戚促我返國一行，俾可暫時承歡膝下，冀略減少她的悲傷之情。王君希天趁我返國省親的機會，路過上海時，要我向各方呼籲，希望國內各界給以援助。我到滬後曾參加五月九日舉行之上海各界聯合「國恥紀念大會」。是日大會由居覺生先生任主席，我在大會上詳細報告華工在日之處境和共濟會年來之工作，並散發預先印好之傳單，請上海各界對華工現在處境予以同情，對共濟會現在工作給以幫助。會後我又向上海中國國民黨黨部呼籲，黨部似在法租界環龍路四十四號（前述之國恥紀念大會亦在此處舉行的），我先後見到居覺生、徐謙、黃宗漢諸先生，請他們登高一呼，號召各界發起援助華工，並促政府改善留日華工之境遇。經我奔走呼號了十多天，各方在口頭上雖表示十分同情，願意盡力幫忙，可是無一人採取實際行動，迨旅費告罄，我只有悄然返里。

民國十二年九月一日正午，日本關東地方，即東京、橫濱、千葉、相州灣、橫須賀一帶，發生了亘古未有之大地震和海嘯，山崩地裂，齊發併作，好像世界末日快要降臨似的。東京市受了強烈的地震，而時間又恰在中午，正是家家戶戶炊飯燒菜之時，各家煤氣爐和炭火灶均已升起應用，因房屋忽然倒坍，家人奔走避難，致火頭四起，立即蔓延燃燒，而自來水水管因地震爆裂，救火竟無滴水可用，社會秩序因而大亂，居民避難街頭或公園，大家惶惶不安而陷於極度恐慌的境地，東京市內民衆之死傷當在數萬人。據云，淺草區原陸軍被服廠的空地上（因被服廠他遷，廠屋拆除，只留一塊空地），當地震與大火災迸發之時，附近居民扶老携幼前來空地上避難，以為此地空曠可保無虞，不料民衆愈聚愈多，而大火蔓及四周，致空地居民無路逃出，饑渴交加，四周火氣蒸人，結果難民全部被火烤死，而無一人生還，其數目約為三萬人之衆，此為關東大地震中第一件慘極人寰的事。事後中國佛教會捐鐘一只，立於被服廠空地上，以紀念其事。

在此極度恐慌的期間，忽然謠諑四佈，有的說韓國人要計劃革命，打算在各地實行暴動。有的更說有些大火硬是韓國人特意放的，擬乘火打刼，擾亂人心。謠言說得活神活現，傳佈得原原本本。日本人向來富於神經質，生怕韓國人起來革命，故一向預防綦嚴。在國家之防衛機構中，本已施有防制韓人造反之教育，今既有此謠言發生，自然不脛而走，立刻傳到市區，內外各個角落，而憲兵、警察、特務、流氓、浪人，以及為維持秩序而臨時組織之自衛隊等等，更是神經過敏，如臨大敵，到處盤查行人。有的更藉此發洩獸性，發現有說日本話不甚流利、和發音不很正確的人，認為這些人不是韓國人就是中國人，立刻用手中持為防衛之用的鐵棍將對方擊斃，拋屍遍地。其無法無天的橫暴行動，使韓國人和中國人見之生畏。當時韓國人和中國工人被擊斃者確實不少，而韓國人尤衆。中國學生受害者不多，因為學生穿着學校制服而且持有「學生身分證」，可資證明也。

地震後數日，市區秩序已逐漸恢復，王君希天懷念中國工人的情況，親往樂地共濟會會所及工人住的地方視察。並對受災工人予以親切的慰問。其態度之和藹可親，猶如家長之對待子弟，而他所到之家，工人鼓掌歡迎，極為欣悅，一如孩童之看到父母返家似的。此種情景，大概被憲兵、特務、流氓等看在眼中。希天於工作完畢後，擬返回神田青年會時，不意甫離工人的住所，即被憲兵強迫傳喚至當地憲兵派出所盤問，以後誰也沒有看見他出來，連屍身也沒有再發現。事後據大家研究，必為日本憲兵殺害後滅跡無疑。憲兵這種行為，究竟出於何種動機，或有什麼目的，誰也不能斷定，事後據大家猜測，可能為迫使共濟會缺乏領導人而陷於癱瘓的狀態，即可對華工加以壓迫而勒令返國。以後的事實確是如此演變的：就是共濟會自動停辦，而工人亦陸續被迫遣送回國。

不管實際理由如何，由於此一事實，可見日本軍人、憲兵、警察、流氓和極右派分子，在第二次大戰前的蠻橫無理，殘忍任性，做了許多暗無天日的事情，實不僅殺害了日本首相原敬、濱口雄幸和犬養毅諸氏而已，其和共匪在大陸上殺人不眨眼的行為究竟差不了多少。所以說，共產黨和法西斯是一對孿生子，他們是以暴力和殺人來作統治手段的。蓋王君希天出來視察的時候，東京最恐慌之期已過，而秩序亦大部恢復，實不容再有這類情事發生。據說，日本軍人、特務和黑社會裏的人，抗戰前在東北殺害中國同胞甚多，皇姑屯之殺害張作霖不過殺害事件中之最著焉者耳。惟日本軍人在關東大地震期間之擔任救災工作，其奮不顧身之勇敢精神，對災民之親切週到，而且不眠不休，使東京一帶的混亂狀態，在極短時內得以恢復，這是值得我們贊佩的。

註：救世軍(The Salvation Army)是基督教的別派，與普通宗教不同，內部組織，完全仿效軍隊，着重於社會運動，由英人蒲式(William Booth)剏建，於一八七七年正式成立救世軍，自稱為上帝的軍隊，不僅圖精神改造，尤注重對於貧民、失業者、墮落者等的救濟。除設立貧民學校、廉價旅館與廉價食堂、勞動介紹所，和自辦工場外，並設有出獄者救濟所、飲酒感化院、育兒院、保育所、婦女寄宿舍、娼婦收容所、病院、村落銀行和貧民社會傳道部等等，對於社會救濟事業，貢獻甚大。

讀者投書

請看軍人之「友」社！

源夫

主編先生：

立法院最近在五月卅日審議四十八年度中央政府總預算案時，曾附帶決議了十一項應辦事項，迻請行政院辦理。這十一項決議，都是當前大家所關心的事，其中最後一項說：「中華民國軍人之友社，組織龐大，開支浩繁，應由主管部嚴加監督，酌予緊縮，撙節開支。嗣後該社募集之勞軍捐欵，應以現金慰勞官兵爲原則，俾切實際。」我們做軍人的，看到這一項決議，可以說沒有一個不喝采。

這許多年來，每到戰事發生，或者逢年過節，我們在報紙上，總會不斷的看到各方面勞軍捐欵的消息。我們每逢看到這種消息，總是有着說不出的感動。但是，每一次捐欵的結果，對我們做軍人的却又沒有多大實際好處，因此，最後我們老是莫大的失望。

我們常常這樣想：報紙上今天也有勞軍捐欵的消息，明天也有勞軍捐欵的消息，那麼許多錢究竟捐到那裏去了呢？難道報紙上是在共同欺騙我們當兵的嗎？難道那些錢弄到別的地方去了嗎？

直到我們看到了立法院對于軍人之友社決議的：「組織龐大，開支浩繁」八個大字，我們才多少瞭解是怎麼一回事。

我們當兵的都知道，有一個打着敬軍、勞軍招牌的軍人之友社，是專門負責辦理勞軍工作的。可是，這個社的本身，誠如立法院所說「組織龐大，開支浩繁」。所謂「組織龐大」，當然要浪費錢。所謂「開支浩繁」，當然更要浪費錢。然而，浪費的錢從那裏來呢？既不可能是該社理事長總幹事袋裏拿出來的錢，也不可能是軍人之友社工作人員拿出來的錢，而是一塊兩塊一角兩角從老百姓身上用「敬軍」「勞軍」名義弄來的錢。換句話說，老百姓好心好意捐欵來慰勞我們軍人的錢，却被軍人之友社「組織龐大，開支浩繁」之下給浪費完了。難怪社會上每次勞軍捐欵的結果，我們却沒有得到什麼實惠！

在我們當兵的看來，社會上要勞軍，根本用不着成立一個什麼「軍人之友社」。多了一個這樣的社，便多了一筆無謂的開支，也就使得我們當兵的少了一分實惠。何況軍人之友社的組織又是那麼龐大！開支又是那麼浩繁！記得在該社沒有成立以前，社會上實際捐出的勞軍款項，不像現在一樣的名目繁多，我們所得到的實惠，却並不比現在少。這情形，任何在軍隊中比較久一點的人，都能感覺得到。

這次，軍人之友社召開社員代表大會，我們總以爲對于立法院的決議，一定會特別重視，至少也不該過于忽視，然事實告我們的，却恰恰相反，眞令人失望。我們站在中華民國軍人的立場，有權要求軍人之友社重視立法院的決議。把這許多年來的工作，切切實實的檢討一番，充分改進。否則，單靠軍人之「友」社這塊牌子，我們當兵的，並不會眞的把那些從中浪費勞軍捐欵的人當做「友人」看待的。

不過，我們對于軍人之友社的工作，實在已經沒有信心可說，我們只有把希望寄托在民意機關及輿論界。

第一、希望民意機關對于該社的組織、工作、以及一切開支，能加以澈底的調查，看看這些年來，究竟有多少勞軍捐欵發生了實際作用？又有多少勞軍捐欵是浪費了？假使其中有貪污，又有多少勞軍捐欵被貪污了？一切務必要查個清清楚楚，弄個水落石出。

第二、希望各報章雜誌對于該社的內幕，加以詳細報導，並對于該社的一切浪費之處，提出批評和指責，使得軍人之友社不再敢把大家捐出來勞軍的錢，任意浪費掉。

最後，希望軍人之友社的工作人員，凡眞想做名副其實的軍人之「友」而無意做軍人之「敵」的人，便該自行檢舉，切實反省。此祝

編安

讀者源夫敬上　六月七日

出版法條文摘要

立法院第二一會期秘密會通過
總統於四七年六月廿八日公布

第六章　行政處分

第三十六條　出版品如違反本法規定，主管官署得爲左列行政處分。
一、警告。
二、罰鍰。
三、禁止出售、散佈、進口或扣押、沒入。
四、定期停止發行。
五、撤銷登記。

第三十七條　出版品違反第三十二條第三欵及第三十三條之規定，情節輕微者，得予以警告。

第四十條　出版品有左列情形之一者，得定期停止其發行。
三、出版品之記載違反第三十二條第一欵之規定者。
四、出版品之記載違反第三十二條第二欵及第三欵之規定，情節重大者。
五、出版品之記載違反第三十四條之規定，情節重大者。
六、出版品經依第三十七條之規定連續三次警告無效者。

第四十一條　出版品有左列情形之一者由內政部予以撤銷登記。
一、出版品之記載，觸犯或煽動他人觸犯內亂罪、外患罪、情節重大，經依法判決確定者。
二、出版品之記載，以觸犯或煽動他人觸犯妨害風化罪爲主要內容，經予以三次定期停止發行處分而繼續違反者。

第四十二條　出版品經依法註銷登記或撤銷登記或予以定期停止發行處分後，仍繼續發行者，得沒入之。

編者按：在此項出版法未廢止之前，本刊決將上項條欵繼續刊登，一方面以用自我警惕，一方面讓世人知道我們的出版自由，受到怎樣的限制。

自由中國　第二十卷　第十二期　內政部雜誌登記證內警臺誌字第三八一號　臺灣省雜誌事業協會會員　三九六

給讀者的報告

蔣總統是否連任第三任總統的問題，顯爲海內外所密切關注。在臺北方面，儘管眞正的輿論一向是流於街談巷議，而不大見諸文字，但我們作爲一份純粹民間的政論性刊物，勢不容不反映一點眞正的民意。因此，我們特發表社論㈠「蔣總統不會作錯了決定吧？」簡單地說，我們是擁護蔣總統反對修憲的主張，也就是不贊成某些人所搞的連任運動。我們引述了海外輿論反對蔣總統連任的議論，以及本刊上一期登載那篇香港通訊，無非是希望蔣總統千萬不要以爲官方報刊揣摩意旨所寫的東西，眞可領導輿論；更千萬不要以爲天天親耳聽到的那些阿諛取寵的言詞，眞的代表民意。總之，我們希望蔣總統在中國歷史上留下的地位，等於美國歷史上的華盛頓加上哲斐生，別在直覺下做錯了決定。同時，本期所載傅正先生「我國不是內閣制嗎？」的專論，是站在純學術研究的立場，根據憲法規定，而指明我國中央政治制度的基本精神與原則，是屬於內閣制的一類。所以，在我們看來，搞勸進運動的人，以希望蔣總統在政治上多負實際責任爲由，實在是說不通的。

我們在社論㈡「由兩件不愉快的事看我們的外交」中，對於最近發生的兩件外交事件，提出了一些看法，也是代表街談巷議的看法。根據我們的冷靜分析，國際奧林匹克委員會之取銷我們會籍，完全是失敗於我們的澈底糊塗；至於日本報界批評我們在日外交的事實，更是我們駐日使館長期腐化的結果。由於這兩件事的連續發生，我們國人應該作一番反省，尤其是執政的國民黨人，更須作一澈底反省。

蔣匀田先生的「教育與文化‧科學與黨化」大作，由教育的功能，說到我們中國文化肥腫發展的情形，進而指出絕對主義之足以阻滯文化自動調節的功能，歸結到科學不容於黨化。我們特刊希望迷信黨化教育的國民黨當局，能細心一讀，趕快取銷黨化教育，停止青年救國團的活動。

初中入學考試問題，現正爲教育當局及學生家長所共同關注。趙英若先生在「關於改進初中入學考試問題」大作中，對於國算常三科佔分比例問題，是非法與選擇法扣分問題，及國語科考試辦法問題，均提出了寶貴的意見。

本刊印刷問題，拖延月餘，現承胡適之先生出來呼籲，以及民意代表、政府要員、社會人士的奔走和協助，已圓滿解決，繼續由精華印書館再承印一年。我們除對諸位爲本刊印刷問題而奔忙的先生表示謝意外，對於各位讀者的關懷，也一併致謝。

自由中國 半月刊　總第二三一號　第二十卷第十二期
中華民國四十八年六月十六日出版

發行人　雷震
主編　『自由中國』編輯委員會
出版者　自由中國社
社址：臺北市和平東路二段十八巷一號
Free China Fortnightly, 1, Lane 18, Ho Ping East Road (Section 2), Taipei, Taiwan.
電話：二八五七〇

航空版
友聯書報發行公司
(香港九龍窩打老道一一〇號)
電話：五九一六四、五九一六五

總經銷　自由中國社發行部

經售者
美國　紐約友方圖書公司 Hansan Trading Company, 65, Bayer D Street, New York 13, N.Y. U.S.A.
　　　紐約光明雜誌社 Sun Publishing Co., 112, Mulberry St., New York 13, N. Y. U.S.A.
韓國　漢城裕昌德號
馬尼剌　新疆書店
緬甸　仰光振成書報店
印度　阿拉哈巴中印文化出版社
北婆羅洲　西利亞坡青年書店
星加坡　友聯書報發行公司(小坡大馬路四六九號)
吉隆坡　友聯書報發行公司(馬華公會大厦三樓七室)
怡保　友聯書報發行公司(希尼華沙甘街十六號)
檳城　友聯書報發行公司(林連登律七十二號)
澳門　友聯圖書公司

印刷者　精華印書館股份有限公司
廠址：臺北市長沙街二段七一號
電話：三三四二九號

本刊經中華郵政登記認爲第一類新聞紙類　臺灣郵政管理局新聞紙類登記執照第五九七號　臺灣郵政劃撥儲金帳戶第八一三九號　(每份臺幣四元，平寄美金一角五分，航寄美金三角)

自由中國
第十九集

第二十卷第一期至第二十卷第十二期
1959.01-1959.06

數位重製・印刷　秀威資訊科技股份有限公司
http://www.showwe.com.tw
114 台北市內湖區瑞光路 76 巷 65 號 1 樓
電話：+886-2-2796-3638
傳真：+886-2-2796-1377
劃 撥 帳 號　19563868　戶名：秀威資訊科技股份有限公司
讀者服務信箱：service@showwe.com.tw
網 路 訂 購　秀威網路書店：https://store.showwe.tw
網路訂購：order@showwe.com.tw

2013 年 9 月
全套精裝印製工本費：新台幣 50,000 元（不分售）

Printed in Taiwan

本期刊僅收精裝印製工本費，僅供學術研究參考使用